# Direito Penal 1

**PARTE GERAL**

ARTIGOS 1º A 120

O GEN | Grupo Editorial Nacional – maior plataforma editorial brasileira no segmento científico, técnico e profissional – publica conteúdos nas áreas de concursos, ciências jurídicas, humanas, exatas, da saúde e sociais aplicadas, além de prover serviços direcionados à educação continuada.

As editoras que integram o GEN, das mais respeitadas no mercado editorial, construíram catálogos inigualáveis, com obras decisivas para a formação acadêmica e o aperfeiçoamento de várias gerações de profissionais e estudantes, tendo se tornado sinônimo de qualidade e seriedade.

A missão do GEN e dos núcleos de conteúdo que o compõem é prover a melhor informação científica e distribuí-la de maneira flexível e conveniente, a preços justos, gerando benefícios e servindo a autores, docentes, livreiros, funcionários, colaboradores e acionistas.

Nosso comportamento ético incondicional e nossa responsabilidade social e ambiental são reforçados pela natureza educacional de nossa atividade e dão sustentabilidade ao crescimento contínuo e à rentabilidade do grupo.

Cleber

# MASSON

## Direito Penal

**1**

**PARTE GERAL**

ARTIGOS 1º A 120

19.ª ed.
revista,
atualizada
e ampliada

- O autor deste livro e a editora empenharam seus melhores esforços para assegurar que as informações e os procedimentos apresentados no texto estejam em acordo com os padrões aceitos à época da publicação, e todos os dados foram atualizados pelo autor até a data de fechamento do livro. Entretanto, tendo em conta a evolução das ciências, as atualizações legislativas, as mudanças regulamentares governamentais e o constante fluxo de novas informações sobre os temas que constam do livro, recomendamos enfaticamente que os leitores consultem sempre outras fontes fidedignas, de modo a se certificarem de que as informações contidas no texto estão corretas e de que não houve alterações nas recomendações ou na legislação regulamentadora.

- Fechamento desta edição: *21.12.2024*

- O Autor e a editora se empenharam para citar adequadamente e dar o devido crédito a todos os detentores de direitos autorais de qualquer material utilizado neste livro, dispondo-se a possíveis acertos posteriores caso, inadvertida e involuntariamente, a identificação de algum deles tenha sido omitida.

- **Atendimento ao cliente: (11) 5080-0751 | faleconosco@grupogen.com.br**

- Direitos exclusivos para a língua portuguesa
  *Copyright © 2025 by*
  **Editora Forense Ltda.**
  *Uma editora integrante do GEN | Grupo Editorial Nacional*
  Travessa do Ouvidor, 11 – Térreo e 6º andar
  Rio de Janeiro – RJ – 20040-040
  www.grupogen.com.br

- Reservados todos os direitos. É proibida a duplicação ou reprodução deste volume, no todo ou em parte, em quaisquer formas ou por quaisquer meios (eletrônico, mecânico, gravação, fotocópia, distribuição pela Internet ou outros), sem permissão, por escrito, da Editora Forense Ltda.

- Capa: Aurélio Corrêa

- **CIP-BRASIL. CATALOGAÇÃO NA PUBLICAÇÃO**
  **SINDICATO NACIONAL DOS EDITORES DE LIVROS, RJ**

M372d
19. ed.
v. 1

    Masson, Cleber
        Direito penal : parte geral (arts. 1º a 120) / Cleber Masson. - 19. ed., rev., atual. e ampl. - Rio de Janeiro : Método, 2025.
        864 p. ; 23 cm.      (Direito penal ; 1)

        Continua com: Direito penal : parte geral (arts. 1 a 120)
        Inclui bibliografia
        ISBN 978-85-3099-600-0

        1. Direito penal - Brasil. I. Título. II. Série.

25-95747

Gabriela Faray Ferreira Lopes - Bibliotecária - CRB-7/6643

*Aos meus pais e à minha irmã. Com a sustentação moral e afetiva de uma família maravilhosa, encontrei forças para chegar até aqui e ir adiante.*

*À Carol, companheira de todos os momentos, a quem entrego minha vida.*

*Às minhas princesas, Maria Luísa e Rafaela. Vocês roubaram para sempre meu coração, mesmo antes de ter escutado os seus batendo. Filhas, vocês são o sentido de tudo! O amor que tenho por cada uma de vocês é algo que não se pode descrever com simples palavras, e sim pela preocupação constante, pelos sorrisos desinteressados, pelos olhares apaixonados e por todos os mais lindos sentimentos que vocês despertam em mim.*

*Aos meus sobrinhos, Maria Eduarda, Anna Lara, Lorenzo e Chiara, pelo carinho e pelos momentos de alegria que me proporcionam.*

*Ao Doutor Cássio Juvenal Faria, mestre e amigo, modelo de retidão e de brilhantismo profissional, exemplo de membro do Ministério Público e de professor, o qual busco seguir diariamente.*

*A todos os estudantes de Direito e, em especial, aos candidatos de concursos públicos. Aos nossos alunos, presenciais ou via satélite, e aos nossos leitores, aos quais empresto meu apoio e minha fé nessa fase tão difícil, mas necessária, de nossa vida. Juntos enfrentaremos e superaremos o árduo caminho que leva à vitória.*

# AGRADECIMENTOS

Inúmeras pessoas são importantes durante o desenrolar de nossa vida. Enumerá-las seria tarefa impossível, além de ingrata, em face da certeza de que erros graves seriam cometidos. Algumas pessoas e também instituições, entretanto, foram de fundamental importância para a concretização deste trabalho, a saber:

Aloísio Masson, mais do que um primo, o irmão que não tive. Presente em todos os momentos: de luta, de frustrações, de alegrias e de conquistas;

Professor Doutor Damásio E. de Jesus, reconhecido como um dos maiores penalistas de todos os tempos e mundialmente respeitado, visionário, que com seu talento revolucionou o ensino jurídico no País, por nos honrar com a oportunidade de ter integrado, no período de 2006 a 2011, a seleta equipe de docentes do seu Complexo Jurídico;

Vauledir Ribeiro Santos, por acreditar neste trabalho, e Adriano Koenigkam, pelo excelente trabalho de revisão que muito enriqueceu a obra;

Professor Doutor Marco Antonio Marques da Silva, desembargador do Tribunal de Justiça de São Paulo e professor titular da Faculdade de Direito da Pontifícia Universidade Católica de São Paulo, pela maestria e pelo zelo com que nos conduziu durante os trabalhos de orientação no curso de mestrado;

Ministério Público do Estado de São Paulo, uma das reservas morais deste País, instituição de que me orgulho fazer parte e a qual prometo sempre defender;

Rede LFG, pela confiança depositada em nosso trabalho e, principalmente, pela generosidade com que fui recebido em seus quadros a partir do mês de novembro de 2011;

Curso G7 Jurídico e todos os meus amigos que o integram, por lutarem ao meu lado na realização de um sonho;

Estagiários e servidores do Ministério Público, que comigo trabalham ou já trabalharam, e especialmente ao Thiago e ao Gustavo. Sou grato a todos vocês pela lealdade, pela amizade e pelo apoio constante;

E, é claro, aos colegas promotores de Justiça e professores com quem convivemos diariamente, pelo compromisso ético no desempenho de relevantes funções e por estarem sempre dispostos a compartilhar seus inesgotáveis conhecimentos;

A todos os que sempre nos ajudaram, os meus sinceros agradecimentos. Que a vida lhes recompense com muita saúde, paz e alegria. Muito obrigado.

**O Autor**

# NOTA DO AUTOR À 19.ª EDIÇÃO

Esta 19.ª edição do nosso *Direito Penal – volume 1 – Parte Geral* encontra-se atualizada com a legislação penal produzida ao longo de 2024, destacando-se as Leis 14.811 (intimidação sistemática: bullying e *cyberbullying*), 14.843 (Lei Sargento PM Dias, com alterações na Lei 7.210/1984 – Lei de Execução Penal), 14.967 (Estatuto da Segurança Privada e da Segurança das Instituições Financeiras), 14.994 (Pacote Antifeminicídio), bem como a Resolução 558 do CNJ – Conselho Nacional de Justiça, que estabelece diretrizes para a gestão e destinação de valores e bens oriundos de pena de multa, perda de bens e valores e prestações pecuniárias decorrentes de condenações criminais, colaboração premiada, acordos de leniência e acordos de cooperação internacional no âmbito do Poder Judiciário.

Também acrescentamos e analisamos os julgados do Supremo Tribunal Federal e do Superior Tribunal de Justiça noticiados nos respectivos *Informativos* publicados em 2024, relacionados à Parte Geral do Código Penal.

Sem prejuízo, a obra passa a contar com novas teorias e propostas doutrinárias, surgidas tanto no direito comparado como no âmbito nacional.

Nossa finalidade continua inalterada: oferecer aos nossos leitores um livro cada vez mais completo e atualizado, funcionando como importante ferramenta na formação dos estudantes, na atuação prática dos operadores do Direito Penal e na preparação aos mais variados concursos públicos.

Agradecemos novamente a confiança depositada nesse trabalho, com a esperança de lhe ajudar a alcançar o merecido sucesso.

Um abraço,

**Cleber Masson**

# APRESENTAÇÃO

Quando cursava a faculdade de Direito, buscava sempre conciliar a doutrina e a jurisprudência em meus estudos. A tarefa era difícil e, principalmente, dispendiosa. Livros custam caro e o acesso aos principais julgados dos Tribunais não é simples. Demanda muito tempo a localização de ementas e acórdãos, notadamente quando se pretende sistematizar a jurisprudência por assunto. Em razão disso, não raras vezes, esse estudo completo era colocado em segundo plano, o que me levava a constatar um sensível vazio acerca das matérias cujo conhecimento era necessário.

Com a colação de grau, sobreveio a preparação para o concurso público. A dificuldade, outrora existente, acentuou-se significativamente. Era preciso dominar novos assuntos a cada dia que se passava. Somavam-se a isso a elevada concorrência, que aumenta anualmente, a pressão (própria e das pessoas próximas) para a aprovação, a ansiedade inerente ao concursando e, ainda, a luta incansável contra o relógio, pois o tempo para os estudos era desproporcional à quantidade de matéria exigida pelo edital. Além disso, sabia que, depois da primeira prova, enfrentaria outra e, depois, mais outra. E, caso fracassasse, precisaria aguardar longo período até o próximo edital, o que nem sempre seria possível, além de amargar a frustração da derrota.

Felizmente, depois de muita luta, a aprovação veio. E logo no primeiro concurso. No entanto, foi intensa a preparação: exigiu sacrifício, dedicação desmedida e inúmeras privações. Mas tudo valeu a pena. E como valeu. Se precisasse, trilhava todo o caminho novamente. Não há nada no mundo mais gratificante do que vencer pelo próprio esforço, do que alcançar reconhecimento e satisfação com o exercício de um trabalho que se escolheu livremente, pelo qual muito se lutou.

Porém, decidi não parar por aí. Era necessário repartir com outras pessoas o conhecimento adquirido, ajudá-las a enfrentar com segurança o tortuoso caminho que leva ao sucesso em concursos públicos. Então, comecei a lecionar em cursos preparatórios, a compartilhar os medos e as angústias dos candidatos, a colher com emoção as vitórias, a festejar a tão almejada aprovação.

Depois de insistentes pedidos e de muito incentivo por parte dos alunos, surgiu a ideia de escrever um livro. Mais um desafio. Não é simples atender às expectativas dos estudantes, sejam acadêmicos, sejam concursandos. Reveste-se de enorme responsabilidade a tarefa de corresponder à confiança depositada na leitura de uma obra, pois todos esperam que as palavras lançadas ao papel sejam capazes de auxiliar na conquista de seus objetivos.

Após certa relutância, resolvi encarar mais essa prova da vida. Espero, sinceramente, vencê-la. O trabalho de meses resultou nesta obra que você ora nos dá o orgulho de ler.

Trata-se de um livro completo que envolve a Parte Geral do Código Penal, incluindo toda a Teoria Geral do Direito Penal. Escrita em linguagem clara e didática, a obra abrange todas as questões relevantes dessa disciplina, revelando-se como suficiente para a aprovação em qualquer prova, exame ou concurso público.

Além da doutrina clássica, da história e da evolução do Direito Penal, o livro aborda as mais recentes ideias penais, de diversos países e variados doutrinadores. Temas de vanguarda foram analisados, tais como o funcionalismo penal, a coculpabilidade, a teoria da imputação objetiva, a teoria do domínio do fato no concurso de pessoas, a autoria por determinação, o direito penal do inimigo, as velocidades do direito penal, o direito de intervenção, entre tantos outros.

Nas matérias controversas, foram expostas as diversas posições da doutrina e da jurisprudência, destacando-se sempre a mais aceita, bem como se indicando a melhor corrente a ser adotada em cada perfil de concurso público. Sabe-se que cada concurso público, variando conforme seu perfil, espera do candidato um pensamento coerente com a instituição cujo ingresso se pretende.

E, é claro, não podia ser olvidada a jurisprudência. De elevada incidência em concursos públicos, é indicada a posição do Supremo Tribunal Federal e a do Superior Tribunal de Justiça, quando existentes, em cada um dos tópicos abordados nos 46 capítulos que compõem o nosso *Direito penal – Parte geral*.

Para facilitar a compreensão da matéria, especialmente nos assuntos mais complexos, o trabalho foi ilustrado com inúmeros exemplos, sem prejuízo de gráficos e esquemas destinados à revisão do que foi lido e à assimilação visual de cada tema. Dessa forma, o leitor muitas vezes sentir-se-á em sala de aula, como se estivesse lendo no quadro o que foi dito.

Também estão disponíveis, em ambiente virtual, questões objetivas de vários concursos públicos. Além de simular uma prova, esse recurso permite ao concursando (atual ou futuro), com a análise do número de questões acerca de cada assunto, saber quais são os pontos mais cobrados pelas comissões examinadoras.

Espero colaborar para sua aprovação. Estamos unidos em torno de um mesmo ideal: sua vitória. Agradeço pela confiança com que recebe esta obra e fico demasiadamente honrado com sua aceitação.

Críticas e sugestões serão muito bem-vindas. Torço por você. Acredite, lute com todas as suas forças por seu sonho. Você é capaz!

Um forte abraço e boa sorte.

**O Autor**

# PREFÁCIO

Colega de Ministério Público e de magistério, *Cleber Rogério Masson* facultou-me o privilégio de ter acesso aos originais de seu *Direito penal – Parte geral*, assim como me concedeu a honra de escrever algumas notas sobre o autor e a obra, à guisa de prefácio.

O autor é bacharel em Direito e mestre em Direito Penal pela Pontifícia Universidade Católica de São Paulo. Promotor de Justiça por vocação muito cedo despertada, ingressou no Ministério Público de São Paulo em 2000, já no primeiro concurso realizado após a colação de grau, passando a desempenhar com invulgar brilhantismo as suas funções institucionais, para tanto conciliando o seu espírito jovem e aguerrido com uma precoce e ponderada maturidade.

Estudioso do Direito Penal, logo tomou o caminho paralelo do magistério, passando a lecionar em cursos preparatórios e a vivenciar as dificuldades e as preocupações de seus alunos, candidatos a concursos públicos. Hoje, empresta o seu nome à magnificência do corpo docente do Complexo Jurídico Damásio de Jesus, em São Paulo.

A leitura dos originais da primeira parte da obra (eis que a ela se seguirá a Parte Especial) trouxe-me a certeza do acerto de sua planificação. A obra se destina, precipuamente, aos concursandos, e vem suprir uma lacuna editorial, uma vez que oferece, de forma consolidada e primando pela clareza de linguagem, ao lado dos ensinamentos da doutrina clássica, a análise dos temas hodiernos do Direito Penal, assim como possibilita a imediata pesquisa da jurisprudência mais atualizada do STF e do STJ, assegurando àqueles o estudo completo dessa disciplina fundamental em uma única e acessível fonte de consulta.

Nada obstante seja essa a destinação precípua da obra, a densidade e a atualização de seu conteúdo doutrinário e jurisprudencial fazem-na de molde a tornar-se valiosa fonte de consulta também para aqueles que não têm a pretensão do concurso, mas atuam profissionalmente com o Direito Penal.

Fica a expectativa de que, para proveito de todos, concursandos ou não, também venha a lume, o quanto antes, o projetado complemento da Parte Especial.

São Paulo, setembro de 2008.

**Cássio Juvenal Faria**
*Procurador de Justiça aposentado e Professor no Complexo
Jurídico Damásio de Jesus, em São Paulo.*

Parabéns!

Além da edição mais completa e atualizada do livro *Direito Penal – Parte Geral – Volume 1*, agora você tem acesso à **Sala de Aula Virtual CLEBER MASSON**, com vídeos para complementar os temas mais relevantes, além de **questões de concurso para treino** e **simulados**. A ideia da Sala de Aula é aproximar o leitor do autor, proporcionando um espaço para interação por meio de webinários sobre temas diversos e fórum de discussão.

*Acesse o QR Code e assista ao vídeo do autor sobre a obra:*

*https://youtu.be/jR2kb4GR5x0*

Sempre que o ícone abaixo aparecer, há um conteúdo disponível na Sala de Aula Virtual CLEBER MASSON.

# SUMÁRIO

## PARTE I

### TEORIA GERAL DO DIREITO PENAL

**CAPÍTULO 1 – DIREITO PENAL: NOÇÕES INTRODUTÓRIAS** ........................... 3

| | | |
|---|---|---|
| 1.1. | Conceito de Direito Penal ........................... | 3 |
| 1.2. | Alocação na Teoria Geral do Direito ........................... | 3 |
| 1.3. | Nomenclatura ........................... | 3 |
| 1.4. | Características do Direito Penal ........................... | 4 |
| 1.5. | Criminalização primária e criminalização secundária. Seletividade e vulnerabilidade no Direito Penal ........................... | 4 |
| 1.6. | Relações do Direito Penal com outros ramos do Direito ........................... | 5 |
| | 1.6.1. Com o Direito Processual Penal ........................... | 5 |
| | 1.6.2. Com o Direito Constitucional ........................... | 5 |
| | 1.6.3. Com o Direito Administrativo ........................... | 6 |
| | 1.6.4. Com o Direito Civil ........................... | 6 |
| | 1.6.5. Com o Direito Internacional ........................... | 7 |
| 1.7. | Funções do Direito Penal ........................... | 7 |
| | 1.7.1. Direito Penal como proteção de bens jurídicos ........................... | 7 |
| | 1.7.2. Direito Penal como instrumento de controle social ........................... | 8 |
| | 1.7.3. Direito Penal como garantia ........................... | 8 |
| | 1.7.4. Função ético-social do Direito Penal ........................... | 8 |
| | 1.7.5. Função simbólica do Direito Penal ........................... | 8 |
| | 1.7.6. Função motivadora do Direito Penal ........................... | 9 |
| | 1.7.7. Função de redução da violência estatal ........................... | 9 |
| | 1.7.8. Função promocional do Direito Penal ........................... | 9 |
| 1.8. | A ciência do Direito Penal ........................... | 9 |
| | 1.8.1. Introdução ........................... | 9 |
| | 1.8.2. Dogmática penal ........................... | 10 |
| | 1.8.3. Política criminal ........................... | 10 |
| | 1.8.4. Criminologia ........................... | 10 |
| | 1.8.5. Vitimologia ........................... | 11 |
| 1.9. | Divisões do Direito Penal ........................... | 11 |
| | 1.9.1. Direito Penal fundamental ou Direito Penal primário ........................... | 11 |

XVI | DIREITO PENAL – PARTE GERAL – VOL. 1 • CLEBER MASSON

| | | |
|---|---|---|
| 1.9.2. | Direito Penal complementar ou Direito Penal secundário | 12 |
| 1.9.3. | Direito Penal comum | 12 |
| 1.9.4. | Direito Penal especial | 12 |
| 1.9.5. | Direito Penal geral | 12 |
| 1.9.6. | Direito Penal local | 12 |
| 1.9.7. | Direito Penal objetivo | 12 |
| 1.9.8. | Direito Penal subjetivo | 12 |
| 1.9.9. | Direito Penal material | 13 |
| 1.9.10. | Direito Penal formal | 13 |

1.10. Fontes do Direito Penal ........................................................................... 13
- 1.10.1. Introdução ........................................................................................ 13
- 1.10.2. Fontes materiais, substanciais ou de produção ....................... 13
- 1.10.3. Fontes formais, cognitivas ou de conhecimento ...................... 13
  - 1.10.3.1. Constituição Federal ..................................................... 14
  - 1.10.3.2. Jurisprudência ................................................................ 14
  - 1.10.3.3. Doutrina ........................................................................... 15
  - 1.10.3.4. Tratados e convenções internacionais sobre direitos humanos ............................................................. 15
  - 1.10.3.5. Costumes .......................................................................... 16
  - 1.10.3.6. Princípios gerais do Direito ....................................... 17
  - 1.10.3.7. Atos da Administração Pública .................................. 17

## CAPÍTULO 2 – PRINCÍPIOS DO DIREITO PENAL ............................ 19

2.1. Conceito ........................................................................................................ 19

2.2. Princípios em espécie ............................................................................... 19
- 2.2.1. Princípio da reserva legal ou da estrita legalidade ................. 19
  - 2.2.1.1. Princípio da reserva legal e mandados de criminalização 21
  - 2.2.1.2. Homofobia (ou transfobia), omissão legislativa e Supremo Tribunal Federal ........................................ 22
- 2.2.2. Princípio da anterioridade .......................................................... 24
- 2.2.3. Princípio da insignificância ou da criminalidade de bagatela ...... 24
  - 2.2.3.1. Introdução ....................................................................... 24
  - 2.2.3.2. Finalidade ........................................................................ 24
  - 2.2.3.3. Natureza jurídica ........................................................... 25
  - 2.2.3.4. Requisitos ........................................................................ 25
  - 2.2.3.5. Aplicabilidade ................................................................ 30
  - 2.2.3.6. Princípio da insignificância e infrações penais de menor potencial ofensivo .............................................. 39
  - 2.2.3.7. A questão do furto privilegiado ................................ 39
  - 2.2.3.8. Princípio da insignificância e sua valoração pela autoridade policial .......................................................... 40
  - 2.2.3.9. Princípio da insignificância imprópria ou da criminalidade de bagatela imprópria ................................... 40
- 2.2.4. Princípio da individualização da pena ...................................... 41

| | | |
|---|---|---|
| 2.2.5. | Princípio da alteridade | 41 |
| 2.2.6. | Princípio da confiança | 42 |
| 2.2.7. | Princípio da adequação social | 42 |
| 2.2.8. | Princípio da intervenção mínima | 42 |
| | 2.2.8.1. Princípio da fragmentariedade ou caráter fragmentário do Direito Penal | 43 |
| | 2.2.8.2. Princípio da subsidiariedade | 45 |
| 2.2.9. | Princípio da proporcionalidade | 45 |
| 2.2.10. | Princípio da humanidade | 47 |
| 2.2.11. | Princípio da ofensividade ou da lesividade | 47 |
| 2.2.12. | Princípio da exclusiva proteção do bem jurídico | 48 |
| | 2.2.12.1. Eleição de bens jurídicos e a teoria constitucional do Direito Penal | 49 |
| | 2.2.12.2. A espiritualização (desmaterialização ou liquefação) de bens jurídicos no Direito Penal | 49 |
| 2.2.13. | Princípio da imputação pessoal | 50 |
| 2.2.14. | Princípio da responsabilidade pelo fato | 50 |
| 2.2.15. | Princípio da personalidade ou da intranscendência | 50 |
| 2.2.16. | Princípio da responsabilidade penal subjetiva | 50 |
| 2.2.17. | Princípio do *ne bis in idem* | 51 |
| 2.2.18. | Princípio da isonomia | 54 |

## CAPÍTULO 3 – A EVOLUÇÃO HISTÓRICA DO DIREITO PENAL — 55

| | | |
|---|---|---|
| 3.1. | O Direito Penal dos povos primitivos | 55 |
| | 3.1.1. Introdução | 55 |
| | 3.1.2. Vingança divina | 55 |
| | 3.1.3. Vingança privada | 56 |
| | 3.1.4. Vingança pública | 57 |
| 3.2. | Idade antiga: Direito Penal grego e Direito Penal romano | 58 |
| | 3.2.1. Direito Penal grego | 58 |
| | 3.2.2. Direito Penal romano | 58 |
| 3.3. | Idade Média | 59 |
| | 3.3.1. Direito Penal germânico | 59 |
| | 3.3.2. Direito Penal canônico | 59 |
| 3.4. | Idade Moderna | 61 |
| | 3.4.1. Período humanitário – O pensamento de Beccaria | 61 |

## CAPÍTULO 4 – A HISTÓRIA DO DIREITO PENAL BRASILEIRO — 63

| | | |
|---|---|---|
| 4.1. | Período Colonial | 63 |
| 4.2. | Código Criminal do Império | 64 |
| 4.3. | Período Republicano | 64 |

## CAPÍTULO 5 – ESCOLAS PENAIS — 67

| | | |
|---|---|---|
| 5.1. | Escola Clássica | 67 |
| 5.2. | Escola Positiva | 68 |

| | | |
|---|---|---|
| 5.3. | Correcionalismo Penal | 69 |
| 5.4. | Tecnicismo Jurídico-Penal | 70 |
| 5.5. | A defesa social | 71 |

## CAPÍTULO 6 – A EVOLUÇÃO DOUTRINÁRIA DO DIREITO PENAL ... 73

| | | |
|---|---|---|
| 6.1. | Positivismo jurídico | 73 |
| 6.2. | Neokantismo penal | 74 |
| 6.3. | Garantismo penal | 74 |
| 6.4. | Funcionalismo penal | 75 |
| | 6.4.1. Posição de Claus Roxin – Escola de Munique | 76 |
| | 6.4.2. Posição de Günther Jakobs – Escola de Bonn | 77 |
| 6.5. | Novas propostas doutrinárias: Direito Penal e enfrentamento da criminalidade moderna | 77 |
| | 6.5.1. Introdução | 77 |
| | 6.5.2. Direito intervencionista ou de intervenção | 79 |
| | 6.5.3. As velocidades do Direito Penal | 81 |
| | 6.5.4. Direito Penal do inimigo | 82 |
| |     6.5.4.1. Noções preliminares | 82 |
| |     6.5.4.2. Conceito de inimigo | 83 |
| |     6.5.4.3. Efeitos da aplicação da teoria do Direito Penal do inimigo | 84 |
| | 6.5.5. Neopunitivismo: a quarta velocidade do Direito Penal | 86 |
| | 6.5.6. Direito Penal como proteção de contextos da vida em sociedade .... | 87 |

## CAPÍTULO 7 – LEI PENAL ... 89

| | | |
|---|---|---|
| 7.1. | Introdução | 89 |
| 7.2. | Classificação | 89 |
| 7.3. | Características da lei penal | 90 |
| 7.4. | Lei penal em branco | 91 |
| | 7.4.1. A origem do complemento da lei penal em branco | 92 |
| 7.5. | Interpretação da lei penal | 93 |
| | 7.5.1. Introdução | 93 |
| | 7.5.2. Quanto ao sujeito: autêntica, judicial ou doutrinária | 93 |
| | 7.5.3. Quanto aos meios ou métodos: gramatical e lógica | 94 |
| | 7.5.4. Quanto ao resultado: declaratória, extensiva e restritiva | 94 |
| | 7.5.5. Interpretação progressiva | 95 |
| | 7.5.6. Interpretação analógica | 95 |
| | 7.5.7. Interpretação exofórica e endofórica | 95 |
| 7.6. | Analogia | 96 |
| | 7.6.1. Introdução | 96 |
| | 7.6.2. Espécies | 96 |
| 7.7. | Lei penal no tempo | 97 |
| | 7.7.1. Introdução | 97 |
| | 7.7.2. Direito Penal intertemporal e o conflito de leis penais no tempo .... | 98 |
| |     7.7.2.1. *Novatio legis* incriminadora | 98 |

| | | |
|---|---|---|
| 7.7.2.2. | Lei penal mais grave ou *lex gravior* | 98 |
| 7.7.2.3. | *Abolitio criminis* e lei posterior benéfica | 99 |
| 7.7.2.4. | Combinação de leis penais (*lex tertia*) | 103 |
| 7.7.2.5. | Lei penal intermediária | 105 |
| 7.7.3. | Lei penal temporária e lei penal excepcional | 105 |
| 7.7.4. | As leis penais em branco e o conflito de leis no tempo | 106 |
| 7.8. | Conflito aparente de leis penais | 108 |
| 7.8.1. | Conceito | 108 |
| 7.8.2. | Requisitos | 108 |
| 7.8.3. | Localização no Direito Penal | 108 |
| 7.8.4. | Finalidade | 109 |
| 7.8.5. | Diferença com o concurso de crimes | 109 |
| 7.8.6. | Diferença com o conflito de leis penais no tempo | 110 |
| 7.8.7. | Princípios para solução do conflito | 110 |
| 7.8.7.1. | Princípio da especialidade | 110 |
| 7.8.7.2. | Princípio da subsidiariedade | 113 |
| 7.8.7.3. | Princípio da consunção ou da absorção | 114 |
| 7.8.7.4. | Princípio da alternatividade | 118 |
| 7.8.8. | Ausência de previsão legal | 120 |
| 7.9. | Tempo do crime | 120 |
| 7.10. | Lei penal no espaço | 122 |
| 7.10.1. | Introdução | 122 |
| 7.10.2. | Princípio da territorialidade | 122 |
| 7.10.2.1. | Conceito de território | 122 |
| 7.10.2.2. | Território brasileiro por extensão | 123 |
| 7.10.3. | Outros princípios | 123 |
| 7.10.3.1. | Princípio da personalidade ou da nacionalidade | 123 |
| 7.10.3.2. | Princípio do domicílio | 125 |
| 7.10.3.3. | Princípio da defesa, real ou da proteção | 125 |
| 7.10.3.4. | Princípio da justiça universal | 125 |
| 7.10.3.5. | Princípio da representação | 125 |
| 7.11. | Lugar do crime | 126 |
| 7.11.1. | Não aplicação da teoria da ubiquidade em outras hipóteses | 127 |
| 7.12. | Extraterritorialidade | 127 |
| 7.12.1. | Introdução | 127 |
| 7.12.2. | Extraterritorialidade incondicionada | 128 |
| 7.12.2.1. | Extraterritorialidade incondicionada e o art. 8.º do Código Penal – Proibição do *bis in idem* | 128 |
| 7.12.2.2. | Extraterritorialidade incondicionada e a Lei de Tortura | 128 |
| 7.12.3. | Extraterritorialidade condicionada | 128 |
| 7.13. | Lei penal em relação às pessoas | 129 |
| 7.13.1. | Introdução | 129 |
| 7.13.2. | Imunidades diplomáticas e de chefes de governos estrangeiros | 130 |
| 7.13.3. | Imunidades parlamentares | 131 |

XX | DIREITO PENAL – PARTE GERAL – VOL. 1 • CLEBER MASSON

|  | | 7.13.3.1. | Alocação | 131 |
|  | | 7.13.3.2. | Introdução | 131 |
|  | | 7.13.3.3. | Conceito e finalidade | 131 |
|  | | 7.13.3.4. | Imunidade material ou inviolabilidade | 132 |
|  | | 7.13.3.5. | Imunidade formal | 135 |
|  | | 7.13.3.6. | Pessoas abrangidas pela imunidade | 137 |
|  | | 7.13.3.7. | Suspensão e renúncia da imunidade | 138 |
|  | | 7.13.3.8. | Imunidades e estado de sítio | 138 |
| 7.14. | Disposições finais acerca da aplicação da lei penal | | | 139 |
|  | 7.14.1. | Introdução | | 139 |
|  | 7.14.2. | Eficácia da sentença estrangeira | | 139 |
|  | 7.14.3. | Contagem de prazo | | 140 |
|  | 7.14.4. | Frações não computáveis da pena | | 141 |
|  | 7.14.5. | Legislação especial | | 142 |

## PARTE II

## TEORIA GERAL DO CRIME

## CAPÍTULO 8 – CRIME: NOÇÕES INTRODUTÓRIAS ..... 145

| 8.1. | Conceito de crime | | | 145 |
|  | 8.1.1. | Critério material ou substancial | | 145 |
|  | 8.1.2. | Critério legal | | 146 |
|  | | 8.1.2.1. | Crime e contravenção penal: outras distinções | 147 |
|  | | 8.1.2.2. | Conceito legal de crime e o art. 28 da Lei 11.343/2006 – Lei de Drogas | 148 |
|  | 8.1.3. | Critério analítico | | 149 |
|  | 8.1.4. | Critério adotado pelo Código Penal | | 151 |
| 8.2. | Ilícito penal e outros ilícitos | | | 151 |
| 8.3. | Sujeitos do crime | | | 152 |
|  | 8.3.1. | Sujeito ativo | | 152 |
|  | | 8.3.1.1. | A pessoa jurídica como sujeito ativo de crimes | 152 |
|  | 8.3.2. | Sujeito passivo | | 155 |
| 8.4. | Objeto do crime | | | 156 |

## CAPÍTULO 9 – CLASSIFICAÇÃO DOS CRIMES ..... 157

| 9.1. | Introdução | | 157 |
|  | 9.1.1. | Crimes comuns, próprios e de mão própria | 157 |
|  | 9.1.2. | Crimes simples e complexos | 158 |
|  | | 9.1.2.1. Crime ultracomplexo (ou supercomplexo) | 159 |
|  | 9.1.3. | Crimes materiais, formais e de mera conduta | 159 |
|  | 9.1.4. | Crimes instantâneos, permanentes, de efeitos permanentes e a prazo | 160 |
|  | 9.1.5. | Crimes unissubjetivos, plurissubjetivos e eventualmente coletivos | 160 |

| | | |
|---|---|---|
| 9.1.6. | Crimes de subjetividade passiva única e de dupla subjetividade passiva | 161 |
| 9.1.7. | Crimes de dano e de perigo | 161 |
| 9.1.8. | Crimes unissubsistentes e plurissubsistentes | 162 |
| 9.1.9. | Crimes comissivos, omissivos e de conduta mista | 162 |
| 9.1.10. | Crimes de forma livre e de forma vinculada | 164 |
| 9.1.11. | Crimes mono-ofensivos e pluriofensivos | 164 |
| 9.1.12. | Crimes principais e acessórios | 165 |
| 9.1.13. | Crimes transeuntes e não transeuntes | 165 |
| 9.1.14. | Crimes à distância, plurilocais e em trânsito | 165 |
| 9.1.15. | Crimes independentes e conexos | 165 |
| 9.1.16. | Crimes condicionados e incondicionados | 166 |
| 9.1.17. | Crimes naturais, plásticos e vazios | 166 |
| 9.1.18. | Crimes de mínimo, de menor, de médio, de elevado e de máximo potencial ofensivo | 167 |
| 9.1.19. | Outras classificações | 167 |
| | 9.1.19.1. Crime gratuito | 167 |
| | 9.1.19.2. Crime de ímpeto | 167 |
| | 9.1.19.3. Crime exaurido | 168 |
| | 9.1.19.4. Crime de circulação | 168 |
| | 9.1.19.5. Crime de atentado ou de empreendimento | 168 |
| | 9.1.19.6. Crime de opinião ou de palavra | 168 |
| | 9.1.19.7. Crime multitudinário | 168 |
| | 9.1.19.8. Crime vago | 168 |
| | 9.1.19.9. Crime internacional | 169 |
| | 9.1.19.10. Crime de mera suspeita, sem ação ou de mera posição | 169 |
| | 9.1.19.11. Crime inominado | 169 |
| | 9.1.19.12. Crime habitual | 169 |
| | 9.1.19.13. Crime profissional | 169 |
| | 9.1.19.14. Quase crime | 169 |
| | 9.1.19.15. Crime subsidiário | 169 |
| | 9.1.19.16. Crime hediondo | 169 |
| | 9.1.19.17. Crime de expressão | 170 |
| | 9.1.19.18. Crime de intenção ou de tendência interna transcendente | 170 |
| | 9.1.19.19. Crime de tendência ou de atitude pessoal | 170 |
| | 9.1.19.20. Crime mutilado de dois atos ou tipos imperfeitos de dois atos | 170 |
| | 9.1.19.21. Crime de ação violenta | 170 |
| | 9.1.19.22. Crime de ação astuciosa | 170 |
| | 9.1.19.23. Crime falho | 170 |
| | 9.1.19.24. Crime putativo, imaginário ou erroneamente suposto | 170 |
| | 9.1.19.25. Crime remetido | 171 |
| | 9.1.19.26. Crimes de responsabilidade | 171 |
| | 9.1.19.27. Crime obstáculo | 171 |

| | | |
|---|---|---|
| 9.1.19.28. Crime progressivo | | 171 |
| 9.1.19.29. Progressão criminosa | | 171 |
| 9.1.19.30. Crimes de impressão | | 171 |
| 9.1.19.31. Crimes militares | | 172 |
| 9.1.19.32. Crimes falimentares | | 173 |
| 9.1.19.33. Crimes funcionais ou *delicta in officio* | | 173 |
| 9.1.19.34. Crimes parcelares | | 174 |
| 9.1.19.35. Crimes de hermenêutica | | 174 |
| 9.1.19.36. Crimes de rua, crimes do colarinho branco e do colarinho azul | | 174 |
| 9.1.19.37. Crime liliputiano | | 175 |
| 9.1.19.38. Crimes de catálogo | | 175 |
| 9.1.19.39. Crimes de acumulação ou crimes de dano cumulativo | | 175 |
| 9.1.19.40. Crimes de olvido | | 175 |
| 9.1.19.41. Crimes aberrantes | | 176 |
| 9.1.19.42. Crime achado | | 176 |
| 9.1.19.43. Crime de clima | | 176 |

## CAPÍTULO 10 – FATO TÍPICO ............ 177

| | | | |
|---|---|---|---|
| 10.1. | Introdução | | 177 |
| 10.2. | Conduta | | 178 |
| | 10.2.1. | Teoria clássica, naturalística, mecanicista ou causal | 178 |
| | 10.2.2. | Teoria final ou finalista | 179 |
| | 10.2.3. | Teoria cibernética | 181 |
| | 10.2.4. | Teoria social | 181 |
| | 10.2.5. | Teoria jurídico-penal | 182 |
| | 10.2.6. | Teoria da ação significativa | 182 |
| | 10.2.7. | Apontamentos gerais sobre a conduta | 183 |
| | 10.2.8. | Formas de conduta | 184 |
| | 10.2.9. | Teorias acerca da omissão | 185 |
| | 10.2.10. | Caracteres da conduta | 185 |
| | 10.2.11. | Exclusão da conduta | 185 |
| 10.3. | Resultado | | 187 |
| | 10.3.1. | Conceito | 187 |
| | 10.3.2. | Denominação | 187 |
| | 10.3.3. | Espécies | 187 |
| 10.4. | Relação de causalidade ou nexo causal | | 187 |
| | 10.4.1. | Denominação | 187 |
| | 10.4.2. | Dispositivo legal | 188 |
| | 10.4.3. | Conceito | 188 |
| | 10.4.4. | Âmbito de aplicação | 188 |
| | 10.4.5. | Teorias | 188 |
| | | 10.4.5.1. Teorias adotadas pelo Código Penal | 189 |
| | 10.4.6. | Concausas | 190 |

| | | |
|---|---|---|
| | 10.4.6.1. Introdução | 190 |
| | 10.4.6.2. Causas dependentes e independentes | 190 |
| 10.4.7. | Relevância da omissão | 194 |
| | 10.4.7.1. Conceito e alcance | 194 |
| | 10.4.7.2. Teoria adotada | 195 |
| | 10.4.7.3. Dever de agir: critérios existentes para sua definição | 195 |
| | 10.4.7.4. Poder de agir | 196 |
| | 10.4.7.5. Hipóteses de dever de agir | 196 |
| 10.4.8. | A questão da dupla causalidade | 198 |
| 10.4.9. | Teoria da imputação objetiva | 199 |
| | 10.4.9.1. Evolução histórica | 199 |
| | 10.4.9.2. Introdução | 199 |
| | 10.4.9.3. Conceito e análise dos pressupostos | 200 |
| | 10.4.9.4. A imputação objetiva para Jakobs e Roxin | 204 |
| | 10.4.9.5. Conclusões | 204 |
| | 10.4.9.6. Direito Penal Quântico | 205 |
| 10.4.10. | Teoria da condição mínima | 205 |
| 10.5. | Tipicidade | 206 |
| 10.5.1. | Conceito | 206 |
| 10.5.2. | Evolução doutrinária | 206 |
| | 10.5.2.1. Tipicidade como indício da ilicitude e o art. 386, inc. VI, do Código de Processo Penal | 207 |
| 10.5.3. | Teoria dos elementos negativos do tipo | 208 |
| 10.5.4. | Teoria da tipicidade conglobante | 208 |
| 10.5.5. | Adequação típica: conceito e espécies | 209 |

## CAPÍTULO 11 – TEORIA DO TIPO ... 211

| | | |
|---|---|---|
| 11.1. | Conceito | 211 |
| 11.2. | Espécies | 211 |
| 11.3. | Tipo legal | 211 |
| 11.4. | Funções do tipo legal | 211 |
| 11.4.1. | Função de garantia | 212 |
| 11.4.2. | Função fundamentadora | 212 |
| 11.4.3. | Função indiciária da ilicitude | 212 |
| 11.4.4. | Função diferenciadora do erro | 213 |
| 11.4.5. | Função seletiva | 213 |
| 11.5. | Estrutura do tipo legal | 213 |
| 11.5.1. | Elementos modais | 215 |
| 11.6. | Classificação doutrinária do tipo legal | 215 |
| 11.6.1. | Tipo normal e tipo anormal | 215 |
| 11.6.2. | Tipo fundamental e tipo derivado | 215 |
| 11.6.3. | Tipo fechado e tipo aberto | 215 |
| 11.6.4. | Tipo de autor e tipo de fato | 216 |
| 11.6.5. | Tipo simples e tipo misto | 216 |

# DIREITO PENAL – PARTE GERAL – VOL. 1 • CLEBER MASSON

| | | |
|---|---|---|
| 11.6.6. | Tipo congruente e tipo incongruente | 216 |
| 11.6.7. | Tipo complexo | 216 |
| 11.6.8. | Tipo preventivo | 217 |

## CAPÍTULO 12 – CRIME DOLOSO ........................ 219

| | | |
|---|---|---|
| 12.1. | Introdução | 219 |
| 12.2. | Teorias do dolo | 219 |
| | 12.2.1. Teorias adotadas pelo Código Penal | 219 |
| 12.3. | Elementos do dolo | 220 |
| 12.4. | Dolo natural e dolo normativo | 220 |
| 12.5. | Espécies de dolo | 221 |
| | 12.5.1. Dolo direto e dolo indireto | 221 |
| | 12.5.1.1. Dolo eventual e os crimes de trânsito | 223 |
| | 12.5.2. *Dolus bonus* e *dolus malus* | 224 |
| | 12.5.3. Dolo de propósito e dolo de ímpeto (ou repentino) | 224 |
| | 12.5.4. Dolo genérico e dolo específico | 224 |
| | 12.5.5. Dolo presumido | 224 |
| | 12.5.6. Dolo de dano e dolo de perigo | 225 |
| | 12.5.7. Dolo de primeiro grau e dolo de segundo grau | 225 |
| | 12.5.8. Dolo geral, por erro sucessivo ou *dolus generalis* | 225 |
| | 12.5.9. Dolo antecedente, dolo atual e dolo subsequente | 226 |
| | 12.5.10. Dolo abandonado | 227 |
| | 12.5.11. Dolo unitário ou global | 227 |
| 12.6. | O dolo nas contravenções penais | 227 |
| 12.7. | Prova do dolo e teoria dos indicadores externos | 228 |
| 12.8. | Dolo sem vontade | 228 |

## CAPÍTULO 13 – CRIME CULPOSO ........................ 231

| | | |
|---|---|---|
| 13.1. | Introdução | 231 |
| 13.2. | Fundamento da punibilidade da culpa | 231 |
| 13.3. | Conceito de crime culposo | 232 |
| 13.4. | Elementos do crime culposo | 232 |
| | 13.4.1. Conduta voluntária | 233 |
| | 13.4.2. Violação do dever objetivo de cuidado | 233 |
| | 13.4.2.1. Apontamentos gerais | 233 |
| | 13.4.2.2. Modalidades de culpa | 234 |
| | 13.4.3. Resultado naturalístico involuntário | 236 |
| | 13.4.4. Nexo causal | 236 |
| | 13.4.5. Tipicidade | 236 |
| | 13.4.6. Previsibilidade objetiva | 236 |
| | 13.4.7. Ausência de previsão | 238 |
| 13.5. | Espécies de culpa | 238 |
| | 13.5.1. Culpa inconsciente e culpa consciente | 238 |
| | 13.5.2. Culpa própria e culpa imprópria | 239 |

SUMÁRIO | **XXV**

13.5.3. Culpa mediata ou indireta ................................................ 239
13.5.4. Culpa presumida ................................................................ 240
13.6. Graus de culpa ................................................................................ 240
13.7. Compensação de culpas ................................................................ 241
13.8. Concorrência de culpas ................................................................. 241
13.9. Caráter excepcional do crime culposo .................................... 241
13.10. Exclusão da culpa ........................................................................... 242

## CAPÍTULO 14 – CRIME PRETERDOLOSO ......................................... 245

14.1. Conceito ............................................................................................. 245
14.2. Relação entre dolo e culpa .......................................................... 245
14.3. *Versari in re illicita* ...................................................................... 246
14.4. Crimes qualificados pelo resultado ......................................... 246

## CAPÍTULO 15 – ERRO DE TIPO ......................................................... 249

15.1. Introdução ......................................................................................... 249
15.2. Previsão legal ................................................................................... 249
15.3. Erro e ignorância: distinção e tratamento ........................... 249
15.4. Conceito ............................................................................................. 249
15.4.1. Erro de tipo e crimes omissivos impróprios ............ 250
15.5. Espécies ............................................................................................. 250
15.6. Efeitos ................................................................................................. 251
15.7. Erro de tipo e crime putativo por erro de tipo .................... 251
15.8. Descriminantes putativas ............................................................ 251
15.9. Erro determinado por terceiro ................................................... 253
15.9.1. Erro determinado por terceiro e concurso de pessoas ..... 254
15.10. Erro de tipo acidental ................................................................... 254
15.10.1. Erro sobre a pessoa ou *error in persona* ................. 254
15.10.2. Erro sobre o objeto ......................................................... 255
15.10.3. Erro sobre as qualificadoras ........................................ 255
15.10.4. Erro sobre o nexo causal ou *aberratio causae* ....... 255
15.10.5. Erro na execução ou *aberratio ictus* ........................ 256
15.10.5.1. Espécies de erro na execução ................... 257
15.10.6. Resultado diverso do pretendido, *aberratio delicti* ou *aberratio criminis* ...................................................................... 257
15.10.6.1. Espécies ......................................................... 258
15.11. Gráfico conclusivo ......................................................................... 258

## CAPÍTULO 16 – *ITER CRIMINIS* ..................................................... 261

16.1. Conceito ............................................................................................. 261
16.2. Fase interna: cogitação ................................................................. 261
16.3. Fase externa ..................................................................................... 262
16.3.1. Preparação .......................................................................... 262

| | | |
|---|---|---|
| 16.3.2. | Execução | 262 |
| 16.3.3. | Transição dos atos preparatórios para os atos executórios | 263 |
| 16.3.4. | Consumação | 265 |
| 16.4. | O exaurimento | 265 |

## CAPÍTULO 17 – TENTATIVA ..... 267

| | | |
|---|---|---|
| 17.1. | Dispositivo legal | 267 |
| 17.2. | Conceito | 267 |
| 17.3. | Denominação | 267 |
| 17.4. | Elementos | 267 |
| 17.5. | Natureza jurídica | 268 |
| 17.6. | Teorias sobre a punibilidade da tentativa | 268 |
| 17.7. | Teoria adotada pelo Código Penal | 269 |
| | 17.7.1. Critério para diminuição da pena | 269 |
| 17.8. | Tentativa e crimes de competência dos Juizados Especiais Criminais | 270 |
| 17.9. | Tentativa e diminuição da pena no Código Penal Militar | 270 |
| 17.10. | Espécies de tentativa | 270 |
| | 17.10.1. Tentativa branca ou incruenta | 270 |
| | 17.10.2. Tentativa cruenta ou vermelha | 270 |
| | 17.10.3. Tentativa perfeita, acabada ou crime falho | 271 |
| | 17.10.4. Tentativa imperfeita, inacabada ou tentativa propriamente dita | 271 |
| 17.11. | Tentativa e crimes de ímpeto | 271 |
| 17.12. | Tentativa e dolo eventual | 271 |
| 17.13. | Inadmissibilidade da tentativa | 272 |
| 17.14. | Crimes punidos somente na forma tentada | 275 |

## CAPÍTULO 18 – DESISTÊNCIA VOLUNTÁRIA E ARREPENDIMENTO EFICAZ ..... 277

| | | |
|---|---|---|
| 18.1. | Dispositivo legal | 277 |
| 18.2. | Distinção com a tentativa | 277 |
| 18.3. | Fundamento | 277 |
| 18.4. | Natureza jurídica | 278 |
| 18.5. | Desistência voluntária | 278 |
| 18.6. | Arrependimento eficaz | 279 |
| 18.7. | Requisitos | 279 |
| 18.8. | Motivos | 279 |
| 18.9. | Efeito | 280 |
| 18.10. | Incompatibilidade com os crimes culposos | 280 |
| 18.11. | Adiamento da prática do crime | 280 |
| 18.12. | Comunicabilidade da desistência voluntária e do arrependimento eficaz | 280 |
| 18.13. | Tentativa qualificada | 281 |
| 18.14. | Desistência voluntária, arrependimento eficaz e Lei de Terrorismo | 281 |

## CAPÍTULO 19 – ARREPENDIMENTO POSTERIOR ..... 283

| | | |
|---|---|---|
| 19.1. | Conceito | 283 |
| 19.2. | Alocação do instituto | 283 |

| | | |
|---|---|---|
| 19.3. | Natureza jurídica | 283 |
| 19.4. | Extensão do benefício | 283 |
| 19.5. | Fundamentos | 284 |
| 19.6. | Requisitos | 284 |
| 19.7. | Comunicabilidade do arrependimento posterior no concurso de pessoas | 286 |
| 19.8. | Critério para redução da pena | 286 |
| 19.9. | Recusa do ofendido em aceitar a reparação do dano ou a restituição da coisa | 286 |
| 19.10. | Dispositivos especiais acerca da reparação do dano | 287 |
| | 19.10.1. Peculato culposo | 287 |
| | 19.10.2. Juizados Especiais Criminais | 287 |
| | 19.10.3. Apropriação indébita previdenciária | 287 |
| | 19.10.4. Súmula 554 do Supremo Tribunal Federal | 287 |

## CAPÍTULO 20 – CRIME IMPOSSÍVEL — 289

| | | |
|---|---|---|
| 20.1. | Conceito | 289 |
| 20.2. | Natureza jurídica | 289 |
| 20.3. | Teorias sobre o crime impossível | 290 |
| 20.4. | Espécies de crime impossível | 291 |
| 20.5. | Momento adequado para aferição da inidoneidade absoluta | 291 |
| 20.6. | Aspectos processuais inerentes ao crime impossível | 292 |
| 20.7. | Crime putativo e crime impossível | 292 |
| | 20.7.1. Conceito de crime putativo | 292 |
| | 20.7.2. Espécies de crime putativo | 293 |
| | 20.7.3. Diferença entre crime impossível e crime putativo | 294 |

## CAPÍTULO 21 – ILICITUDE — 297

| | | |
|---|---|---|
| 21.1. | Conceito | 297 |
| 21.2. | Ilicitude formal e ilicitude material | 297 |
| 21.3. | Concepção unitária | 297 |
| 21.4. | Terminologia | 298 |
| 21.5. | Ilícito e injusto | 298 |
| 21.6. | Ilicitude genérica e ilicitude específica | 299 |
| 21.7. | Ilicitude objetiva e ilicitude subjetiva | 299 |
| 21.8. | Ilicitude penal e ilicitude extrapenal | 300 |
| 21.9. | Causas de exclusão da ilicitude | 300 |
| | 21.9.1. Introdução | 300 |
| | 21.9.2. Nomenclatura | 300 |
| | 21.9.3. Previsão legal | 301 |
| | 21.9.4. Elementos objetivos e subjetivos das causas de exclusão da ilicitude | 301 |
| | 21.9.5. Causas de exclusão da ilicitude e aspectos processuais | 302 |
| | 21.9.5.1. Prisão provisória e causas de exclusão da ilicitude | 303 |
| | 21.9.6. Causas supralegais de exclusão da ilicitude | 304 |
| | 21.9.6.1. Consentimento do ofendido | 305 |

| | | |
|---|---|---|
| 21.9.7. | Descriminante em branco (ou excludente da ilicitude em branco) ..... | 307 |
| 21.9.8. | Visão geral ................................................................................ | 308 |

## CAPÍTULO 22 – ESTADO DE NECESSIDADE ................................................ 309

| | | |
|---|---|---|
| 22.1. | Dispositivo legal ................................................................................ | 309 |
| 22.2. | Conceito ................................................................................ | 309 |
| 22.3. | Natureza jurídica ................................................................................ | 309 |
| 22.4. | Teorias ................................................................................ | 310 |
| 22.5. | Requisitos ................................................................................ | 311 |
| | 22.5.1. Situação de necessidade ................................................ | 311 |
| | 22.5.1.1. Perigo atual ................................................ | 311 |
| | 22.5.1.2. Perigo não provocado voluntariamente pelo agente ........ | 312 |
| | 22.5.1.3. Ameaça a direito próprio ou alheio ................. | 313 |
| | 22.5.1.4. Ausência do dever legal de enfrentar o perigo ............ | 313 |
| | 22.5.2. Fato necessitado ................................................ | 315 |
| | 22.5.2.1. Inevitabilidade do perigo por outro modo ........ | 315 |
| | 22.5.2.2. Proporcionalidade ................................................ | 315 |
| 22.6. | Causa de diminuição da pena ................................................ | 315 |
| 22.7. | Espécies de estado de necessidade ................................................ | 315 |
| | 22.7.1. Quanto ao bem sacrificado ................................................ | 315 |
| | 22.7.2. Quanto à titularidade do bem jurídico preservado .......... | 316 |
| | 22.7.3. Quanto à origem da situação de perigo ........................... | 316 |
| | 22.7.4. Quanto ao aspecto subjetivo do agente ........................... | 316 |
| 22.8. | Estado de necessidade recíproco ................................................ | 316 |
| 22.9. | Casos específicos de estado de necessidade ................................ | 317 |
| 22.10. | Comunicabilidade do estado de necessidade ................................ | 317 |
| 22.11. | Estado de necessidade e crimes permanentes e habituais ............ | 317 |
| 22.12. | Estado de necessidade e erro na execução ................................ | 318 |
| 22.13. | Estado de necessidade e dificuldades econômicas ........................ | 318 |

## CAPÍTULO 23 – LEGÍTIMA DEFESA ................................................ 319

| | | |
|---|---|---|
| 23.1. | Fundamento ................................................................................ | 319 |
| 23.2. | Dispositivo legal ................................................................................ | 319 |
| 23.3. | Natureza jurídica e conceito ................................................ | 319 |
| 23.4. | Requisitos legais ................................................................................ | 320 |
| | 23.4.1. Agressão injusta ................................................ | 320 |
| | 23.4.2. Agressão atual ou iminente ................................................ | 321 |
| | 23.4.3. Agressão a direito próprio ou alheio ........................... | 321 |
| | 23.4.4. Reação com os meios necessários ................................ | 322 |
| | 23.4.5. Uso moderado dos meios necessários ........................... | 323 |
| 23.5. | Agente de segurança pública e vítima refém de crime ................ | 323 |
| 23.6. | Legítima defesa e vingança ................................................ | 324 |
| 23.7. | Desafio e legítima defesa ................................................ | 324 |
| 23.8. | Espécies de legítima defesa ................................................ | 324 |

| | | |
|---|---|---|
| 23.8.1. | Quanto à forma de reação | 324 |
| 23.8.2. | Quanto à titularidade do bem jurídico protegido | 325 |
| 23.8.3. | Quanto ao aspecto subjetivo de quem se defende | 325 |
| 23.8.4. | Legítima defesa da honra | 325 |
| 23.8.5. | Legítima defesa presumida | 327 |
| 23.8.6. | Legítima defesa sucessiva | 328 |

23.9. Legítima defesa contra a multidão ......................................................... 328
23.10. Legítima defesa contra pessoa jurídica ................................................. 328
23.11. Legítima defesa nas relações familiares ................................................ 328
23.12. Legítima defesa e *aberratio ictus* ........................................................ 329
23.13. Legítima defesa de terceiro e consentimento do ofendido ................... 329
23.14. Diferença entre estado de necessidade e legítima defesa ..................... 329
23.15. Existência simultânea de legítima defesa e de estado de necessidade ...... 330
23.16. Legítima defesa e relação com outras excludentes: admissibilidade ............... 330
23.17. Legítima defesa e relação com outras excludentes: inadmissibilidade ........... 331
23.18. Legítima defesa e desobediência civil: distinção ................................. 331

## CAPÍTULO 24 – ESTRITO CUMPRIMENTO DE DEVER LEGAL ............................ 333

24.1. Dispositivo legal .................................................................................. 333
24.2. Natureza jurídica ................................................................................ 333
24.3. Conceito .............................................................................................. 333
24.4. Fundamento ........................................................................................ 333
24.5. Dever legal .......................................................................................... 334
24.6. Destinatários da excludente ................................................................ 334
24.7. Limites da excludente ......................................................................... 334
24.8. Estrito cumprimento de dever legal e crimes culposos ....................... 335
24.9. Comunicabilidade da excludente da ilicitude ..................................... 335
24.10. Atuação policial e Lei do Crime Organizado ...................................... 335

## CAPÍTULO 25 – EXERCÍCIO REGULAR DE DIREITO ................................................ 337

25.1. Dispositivo legal .................................................................................. 337
25.2. Natureza jurídica ................................................................................ 337
25.3. Conceito .............................................................................................. 337
25.4. Limites da excludente ......................................................................... 338
25.5. Costumes ............................................................................................. 338
25.6. Distinções entre estrito cumprimento de dever legal e exercício regular de direito ............................................................................................ 338
25.7. Lesões em atividades esportivas .......................................................... 339
25.8. Intervenções médicas ou cirúrgicas .................................................... 339
25.9. Ofendículas ......................................................................................... 340
25.10. Meios mecânicos predispostos de defesa da propriedade .................... 340
25.11. Exercício regular de direito e utilização de cadáver para estudos e pesquisas científicas ........................................................................................... 340

## CAPÍTULO 26 – EXCESSO ................................................................................................ 343

26.1. Introdução ........................................................................................... 343

| | | |
|---|---|---|
| 26.2. | Dispositivo legal e alcance | 343 |
| 26.3. | Conceito | 344 |
| 26.4. | Espécies | 344 |
| | 26.4.1. Doloso, culposo, acidental ou exculpante | 344 |
| | 26.4.2. Intensivo e extensivo | 344 |
| 26.5. | Legítima defesa e excesso | 345 |
| 26.6. | Exemplo de quesitos em crime de competência do Tribunal do Júri, incluindo o excesso | 345 |

## CAPÍTULO 27 – CULPABILIDADE ............ 349

| | | |
|---|---|---|
| 27.1. | Introdução | 349 |
| 27.2. | Conceito | 349 |
| 27.3. | Culpabilidade pelo fato | 350 |
| 27.4. | Fundamento da culpabilidade | 350 |
| 27.5. | Evolução do conceito de culpabilidade | 350 |
| | 27.5.1. Teoria psicológica | 350 |
| | 27.5.2. Teoria normativa ou psicológico-normativa | 351 |
| | 27.5.3. Teoria normativa pura | 352 |
| 27.6. | Teoria adotada pelo Código Penal | 353 |
| 27.7. | Teoria funcional da culpabilidade | 354 |
| 27.8. | Tipo positivo e tipo negativo de culpabilidade | 354 |
| 27.9. | Coculpabilidade | 355 |
| | 27.9.1. Coculpabilidade às avessas | 355 |
| 27.10. | Culpabilidade formal e culpabilidade material | 356 |
| 27.11. | Graus de culpabilidade | 356 |
| 27.12. | Dirimentes | 357 |

## CAPÍTULO 28 – IMPUTABILIDADE PENAL ............ 359

| | | |
|---|---|---|
| 28.1. | Introdução | 359 |
| 28.2. | Conceito | 359 |
| 28.3. | Momento para constatação da imputabilidade | 359 |
| 28.4. | Sistemas ou critérios para identificação da inimputabilidade | 360 |
| 28.5. | Causas de inimputabilidade | 361 |
| 28.6. | Menoridade | 361 |
| | 28.6.1. Menor de 18 anos de idade e a emancipação civil | 361 |
| | 28.6.2. Redução da maioridade penal | 361 |
| | 28.6.3. Crimes permanentes e superveniência da maioridade penal | 362 |
| | 28.6.4. Menoridade penal e crimes militares | 362 |
| 28.7. | Inimputabilidade por doença mental | 362 |
| | 28.7.1. Doente mental e intervalos de lucidez | 363 |
| 28.8. | Inimputabilidade por desenvolvimento mental incompleto | 363 |
| 28.9. | Inimputabilidade por desenvolvimento mental retardado | 363 |
| 28.10. | A perícia médica | 364 |
| 28.11. | Efeitos da inimputabilidade | 365 |
| 28.12. | Imputabilidade diminuída ou restrita | 365 |

| | | |
|---|---|---|
| 28.12.1. | Dispositivo legal | 365 |
| 28.12.2. | Nomenclatura | 365 |
| 28.12.3. | Conceito | 366 |
| 28.12.4. | Sistema adotado | 366 |
| 28.12.5. | Natureza jurídica | 367 |
| 28.12.6. | Efeitos | 367 |

28.13. Emoção e paixão ............................................................................... 368

| | | |
|---|---|---|
| 28.13.1. | Apontamento histórico | 368 |
| 28.13.2. | Introdução e critério utilizado pelo Código Penal | 368 |
| 28.13.3. | Emoção e paixão: conceitos e distinções | 368 |
| 28.13.4. | Efeitos | 369 |
| 28.13.5. | Emoção e paixão patológicas | 369 |
| 28.13.6. | Espécies | 369 |
| 28.13.7. | Disposições especiais no Código Penal | 369 |
| 28.13.8. | A questão do homicídio passional | 370 |

28.14. Embriaguez ......................................................................................... 370

| | | |
|---|---|---|
| 28.14.1. | Conceito | 370 |
| 28.14.2. | Denominação | 371 |
| 28.14.3. | Embriaguez crônica ou patológica, ou alcoolismo crônico | 371 |
| 28.14.4. | Períodos, fases ou etapas da embriaguez | 371 |
| 28.14.5. | Espécies de embriaguez | 371 |
| | 28.14.5.1. Quanto à intensidade | 371 |
| | 28.14.5.2. Quanto à origem | 372 |
| 28.14.6. | Embriaguez acidental completa e medida de segurança | 372 |
| 28.14.7. | Prova da embriaguez | 373 |
| | 28.14.7.1. Prova da embriaguez e o Código de Trânsito Brasileiro | 373 |
| 28.14.8. | A teoria da *actio libera in causa* | 376 |

## CAPÍTULO 29 – POTENCIAL CONSCIÊNCIA DA ILICITUDE ............................. 381

| | | |
|---|---|---|
| 29.1. | Introdução | 381 |
| 29.2. | Evolução | 381 |
| 29.3. | Critérios para determinação do objeto da consciência da ilicitude | 382 |
| 29.4. | Exclusão | 382 |
| | 29.4.1. Erro de proibição | 382 |
| | 29.4.1.1. Introdução | 382 |
| | 29.4.1.2. Desconhecimento da lei (*ignorantia legis*) | 383 |
| | 29.4.1.3. Conceito de erro de proibição | 383 |
| | 29.4.1.4. Efeitos: escusável e inescusável | 384 |
| | 29.4.1.5. Critérios para identificação da escusabilidade ou inescusabilidade do erro de proibição | 385 |
| | 29.4.1.6. Espécies de erro de proibição: direto, indireto e mandamental | 385 |
| | 29.4.1.7. Erro de proibição e crime putativo por erro de proibição | 386 |
| | 29.4.1.8. Diferença entre erro de tipo e erro de proibição | 386 |
| | 29.4.1.9. O erro de tipo que incide sobre a ilicitude do fato | 387 |

# CAPÍTULO 30 – EXIGIBILIDADE DE CONDUTA DIVERSA ... 389

30.1. Conceito ... 389
30.2. Causas supralegais de exclusão da culpabilidade ... 389
    30.2.1. Origem histórica ... 389
    30.2.2. Situação atual: admissibilidade e fundamentos ... 390
30.3. Coação moral irresistível ... 391
    30.3.1. Dispositivo legal e incidência ... 391
    30.3.2. Fundamento ... 391
    30.3.3. Requisitos ... 391
    30.3.4. Efeitos ... 392
    30.3.5. Temor reverencial ... 393
30.4. Obediência hierárquica ... 393
    30.4.1. Dispositivo legal ... 393
    30.4.2. Conceito ... 393
    30.4.3. Fundamentos ... 393
    30.4.4. Requisitos ... 393
    30.4.5. Efeitos ... 394

# CAPÍTULO 31 – CONCURSO DE PESSOAS ... 395

31.1. Tratamento legislativo ... 395
31.2. Denominação ... 395
31.3. Conceito ... 395
31.4. Requisitos ... 395
    31.4.1. Pluralidade de agentes culpáveis ... 395
    31.4.2. Relevância causal das condutas para a produção do resultado ... 397
    31.4.3. Vínculo subjetivo ... 397
    31.4.4. Unidade de infração penal para todos os agentes ... 398
    31.4.5. Existência de fato punível ... 399
31.5. Autoria ... 399
    31.5.1. Teorias ... 399
    31.5.2. Teoria adotada pelo Código Penal ... 402
31.6. Punibilidade no concurso de pessoas ... 402
31.7. Cooperação dolosamente distinta ... 403
31.8. Modalidades de concurso de pessoas: coautoria e participação ... 404
    31.8.1. Coautoria ... 404
        31.8.1.1. Coautoria, crimes próprios e crimes de mão própria ... 405
        31.8.1.2. O executor de reserva ... 405
        31.8.1.3. Coautoria sucessiva ... 406
        31.8.1.4. Coautoria em crimes omissivos ... 406
        31.8.1.5. A autoria mediata ... 407
        31.8.1.6. Autoria por determinação ... 408
        31.8.1.7. Autoria de escritório ... 409
        31.8.1.8. A teoria do domínio da organização ... 409
        31.8.1.9. Autoria por convicção ... 410

| | | |
|---|---|---|
| 31.8.2. | Participação | 410 |
| | 31.8.2.1. Espécies | 410 |
| | 31.8.2.2. Punição do partícipe: teorias da acessoriedade | 411 |
| | 31.8.2.3. Participação de menor importância | 413 |
| | 31.8.2.4. Participação impunível | 414 |
| | 31.8.2.5. Participação por omissão | 414 |
| | 31.8.2.6. Conivência | 415 |
| | 31.8.2.7. Participação sucessiva | 415 |
| | 31.8.2.8. Participação em cadeia ou participação da participação | 415 |
| | 31.8.2.9. Participação em ação alheia | 415 |
| 31.9. | Circunstâncias incomunicáveis: o art. 30 do Código Penal | 416 |
| | 31.9.1. Distinção entre elementares e circunstâncias | 416 |
| | 31.9.2. Espécies de elementares e de circunstâncias | 416 |
| | 31.9.3. Condições de caráter pessoal | 416 |
| | 31.9.4. As regras do art. 30 do Código Penal | 417 |
| | 31.9.5. Elementares personalíssimas e a questão do estado puerperal no infanticídio | 417 |
| 31.10. | O excesso no mandato criminal | 418 |
| 31.11. | Questões diversas | 418 |
| | 31.11.1. Autoria colateral | 418 |
| | 31.11.2. Autoria incerta | 419 |
| | 31.11.3. Autoria desconhecida | 420 |
| | 31.11.4. Autoria complementar (ou acessória) | 420 |
| | 31.11.5. Autoria sucessiva (ou subsequente) | 420 |
| 31.12. | Concurso de pessoas e crimes de autoria coletiva | 420 |
| | 31.12.1. Denúncia geral *versus* processo penal kafkiano ("criptoimputação") | 421 |
| 31.13. | Concurso de pessoas e crimes culposos | 422 |
| | 31.13.1. Coautoria e crimes culposos | 423 |
| | 31.13.2. Participação e crimes culposos | 423 |

## PARTE III

### TEORIA GERAL DA PENA

| | | |
|---|---|---|
| **CAPÍTULO 32 – PENA: ASPECTOS GERAIS** | | 427 |
| 32.1. | Sanção penal | 427 |
| 32.2. | Conceito | 427 |
| 32.3. | Princípios | 428 |
| 32.4. | Teorias e finalidades | 430 |
| | 32.4.1. Teoria absoluta e finalidade retributiva | 430 |
| | 32.4.2. Teoria relativa e finalidades preventivas | 431 |
| | 32.4.3. Teoria mista ou unificadora e dupla finalidade: retribuição e prevenção | 432 |
| | 32.4.4. Teoria agnóstica | 433 |
| 32.5. | Função social da pena | 433 |

# DIREITO PENAL – PARTE GERAL – VOL. 1 • CLEBER MASSON

32.6. Fundamentos da pena ............................................................................ 434

32.7. Cominação das penas ........................................................................... 435

32.8. Classificação das penas ......................................................................... 435

    32.8.1. Quanto ao bem jurídico do condenado atingido pela pena ........... 435

    32.8.2. Quanto ao critério constitucional ....................................... 436

    32.8.3. Quanto ao critério adotado pelo Código Penal .................... 436

32.9. Abolicionismo penal .............................................................................. 437

32.10. Justiça restaurativa ............................................................................... 438

32.11. Justiça penal negociada ......................................................................... 440

32.12. Teoria das janelas quebradas (*"broken windows theory"*) ...................... 441

## CAPÍTULO 33 – PENA PRIVATIVA DE LIBERDADE ........................................ 443

33.1. Conceito ............................................................................................... 443

33.2. Espécies ................................................................................................ 443

33.3. Regimes penitenciários .......................................................................... 443

33.4. Fixação do regime inicial de cumprimento da pena privativa de liberdade ..... 443

    33.4.1. Regime inicial de cumprimento da pena privativa de liberdade e crimes hediondos ou equiparados ............................................. 444

    33.4.2. Tráfico de drogas privilegiado e Lei dos Crimes Hediondos ........... 446

33.5. Competência para execução da pena privativa de liberdade ................. 447

33.6. Jurisdicionalização da execução penal .................................................. 447

    33.6.1. Diretrizes e parâmetros para o processamento da execução penal nos tribunais brasileiros ......................................................... 448

33.7. Pena de reclusão ................................................................................... 448

33.8. Pena de detenção .................................................................................. 450

33.9. Pena de prisão simples .......................................................................... 450

33.10. Diferenças entre reclusão e detenção .................................................... 450

33.11. Pena-base aplicada no mínimo legal e regime prisional mais rigoroso ......... 451

33.12. Impossibilidade de modificação, pelo juízo da execução, do regime prisional equivocadamente fixado na decisão condenatória ................... 451

33.13. Obrigatoriedade de prévia execução das penas mais graves ................. 451

33.14. Progressão de regime prisional ............................................................. 452

    33.14.1. Progressão especial para mulher gestante ou que for mãe ou responsável por crianças ou pessoas com deficiência ................... 457

    33.14.2. Proibição da progressão "por saltos" ..................................... 459

    33.14.3. Progressão e crimes contra a Administração Pública ............ 459

    33.14.4. Progressão e crimes hediondos ou equiparados .................... 460

    33.14.5. Requisito temporal para progressão em caso de execução conjunta por crime hediondo (ou equiparado) e crime comum ................... 462

    33.14.6. Progressão e nova condenação .............................................. 463

    33.14.7. Processamento do pedido de progressão ............................... 464

    33.14.8. Progressão e prática de falta grave ....................................... 465

    33.14.9. Progressão e *habeas corpus* ................................................... 467

    33.14.10. Progressão de regime, organização criminosa e manutenção do agrupamento ilícito ............................................................... 467

    33.14.11. Progressão de regime, colaboração premiada e Lei do Crime Organizado ............................................................................... 467

33.14.12. Progressão de regime prisional, condenado estrangeiro e processo de expulsão em trâmite .................................................................... 467

33.14.13. Progressão de regime e prisão em unidade militar ....................... 468

33.14.14. Progressão de regime e cumprimento da pena em penitenciária federal de segurança máxima .................................................................... 468

33.14.15. Progressão de regime, custódia cautelar e termo inicial ................ 468

33.14.16. Progressão de regime e inadimplemento da pena de multa cumulativamente aplicada .................................................................... 469

33.15. Regressão ................................................................................................... 469

33.15.1. Regressão "por saltos" ................................................................... 472

33.15.2. Regressão a regime mais grave do que o fixado na sentença condenatória .................................................................... 472

33.15.3. Regressão cautelar .......................................................................... 472

33.16. Execução provisória ................................................................................. 473

33.16.1. Execução provisória de réu preso .................................................. 473

33.16.2. Execução provisória de réu solto .................................................... 474

33.16.2.1. Introdução ...................................................................... 474

33.16.2.2. A execução provisória da pena no direito comparado ..... 476

33.16.2.3. A relatividade da presunção de inocência ...................... 476

33.16.2.4. Presunção de inocência *versus* efetividade da Justiça penal .................................................................... 477

33.16.2.5. As vantagens proporcionadas pela execução provisória ... 479

33.16.2.6. Análise do art. 283 do Código de Processo Penal ........ 479

33.16.3. Execução provisória de pena e desaforamento .............................. 480

33.16.4. Execução provisória e prisão especial ............................................ 481

33.16.5. Execução provisória e Tribunal do Júri ......................................... 481

33.16.5.1. Direito intertemporal .................................................... 483

33.17. Autorizações de saída .............................................................................. 483

33.17.1. Permissão de saída ......................................................................... 483

33.17.2. Saída temporária ............................................................................ 483

33.17.2.1. Saída temporária e monitoração eletrônica .................. 485

33.18. Regras do regime fechado ....................................................................... 486

33.18.1. Local de cumprimento da pena ..................................................... 488

33.18.1.1. Violência doméstica e familiar contra a mulher .......... 489

33.18.2. Estabelecimentos penais de segurança máxima ............................. 489

33.18.2.1. Juízos colegiados ........................................................... 491

33.18.2.2. Líderes de organizações criminosas .............................. 491

33.18.3. Regime Disciplinar Diferenciado (RDD) ...................................... 492

33.19. Regras do regime semiaberto .................................................................. 495

33.19.1. Falta de colônia agrícola ou industrial e cumprimento da pena em estabelecimento adequado .................................................................... 496

33.19.2. Regime semiaberto e recurso da defesa .......................................... 496

33.19.3. Pandemia causada pela Covid-19, suspensão temporária do trabalho externo e prisão domiciliar .................................................................... 496

33.20. Regras do regime aberto ......................................................................... 498

33.20.1. Regime aberto e prestação de serviços à comunidade .................... 499

| | |
|---|---|
| 33.20.2. Legislação local | 499 |
| 33.20.3. Prisão albergue domiciliar | 500 |
| 33.20.3.1. Prisão albergue domiciliar e prisão domiciliar: distinção | 501 |
| 33.20.3.2. Gestantes e mães presas preventivamente e substituição por prisão domiciliar: *habeas corpus* coletivo e arts. 318-A e 318-B do Código de Processo Penal | 501 |
| 33.20.3.3. Prisão domiciliar e monitoração eletrônica | 503 |
| 33.20.3.4. Monitoração eletrônica e Resolução CNPCP 05/2017 | 503 |
| 33.20.4. Regime aberto e crimes militares | 503 |
| 33.21. A Súmula Vinculante 56: aplicabilidade aos regimes semiaberto e aberto | 504 |
| 33.22. Tabela comparativa entre os regimes | 505 |
| 33.23. Regime especial | 506 |
| 33.23.1. Execução penal, mães presas e filhos recém-nascidos | 506 |
| 33.23.2. Proibição (ou não) de revista íntima | 507 |
| 33.24. Direitos do preso | 508 |
| 33.24.1. A questão da visita íntima | 509 |
| 33.24.1.1. Visita íntima e condenado por crime cometido contra a mulher, por razões da condição do sexo feminino | 509 |
| 33.24.2. Visita social | 510 |
| 33.24.3. Limitação ao uso de algemas | 510 |
| 33.24.3.1. Uso de algemas pela polícia para apresentação do preso à imprensa | 513 |
| 33.24.4. A separação dos presos nos estabelecimentos penais | 513 |
| 33.24.5. Obras emergenciais em presídios: a reserva do possível e a separação dos Poderes do Estado | 514 |
| 33.24.6. Superlotação carcerária e responsabilidade civil do Estado | 515 |
| 33.24.7. Cumprimento da pena em condições degradantes e cômputo da pena em dobro | 516 |
| 33.25. Trabalho do preso | 517 |
| 33.25.1. A remuneração do trabalho do preso | 518 |
| 33.25.2. Política Nacional de Trabalho no sistema prisional | 519 |
| 33.26. Legislação especial | 519 |
| 33.27. Remição | 519 |
| 33.27.1. Remição pelo trabalho | 519 |
| 33.27.2. Remição pelo estudo | 521 |
| 33.27.3. Regras comuns à remição | 525 |
| 33.27.4. Cumulatividade da remição pelo trabalho e pelo estudo | 526 |
| 33.27.5. Falta grave e perda dos dias remidos | 527 |
| 33.27.6. Ausência de trabalho ou de estudo por falta de condições no estabelecimento penal | 530 |
| 33.28. Detração penal | 531 |
| 33.28.1. Detração penal e medidas cautelares | 532 |
| 33.28.2. Competência para aplicação da detração penal e reflexos no regime inicial de cumprimento da pena privativa de liberdade | 533 |
| 33.28.3. Detração penal e penas restritivas de direitos | 533 |

SUMÁRIO | XXXVII

33.28.4. Detração penal e pena de multa ........................................................ 533

33.28.5. Detração penal e suspensão condicional da execução da pena privativa de liberdade (*sursis*) ............................................................. 533

33.28.6. Detração penal e prescrição ............................................................. 534

33.28.7. Detração penal e prisão provisória em outro processo ................... 534

## CAPÍTULO 34 – APLICAÇÃO DA PENA PRIVATIVA DE LIBERDADE ................ 537

34.1. Conceito ...................................................................................................... 537

34.2. Pressuposto ................................................................................................. 537

34.3. Sistemas ou critérios para aplicação da pena............................................ 538

34.4. Elementares e circunstâncias..................................................................... 538

    34.4.1. Classificação das circunstâncias ...................................................... 539

34.5. Agravantes genéricas e causas de aumento da pena.................................. 539

34.6. Causas de aumento da pena e qualificadoras ........................................... 539

34.7. Atenuantes genéricas e causas de diminuição da pena............................. 540

34.8. O critério trifásico...................................................................................... 540

34.9. A primeira fase da dosimetria da pena: fixação da pena-base................... 542

    34.9.1. Culpabilidade.................................................................................... 545

    34.9.2. Antecedentes..................................................................................... 547

    34.9.3. Conduta social .................................................................................. 549

    34.9.4. Personalidade do agente................................................................... 550

    34.9.5. Motivos do crime .............................................................................. 551

    34.9.6. Circunstâncias do crime.................................................................... 551

    34.9.7. Consequências do crime ................................................................... 552

    34.9.8. Comportamento da vítima................................................................ 553

34.10. A segunda fase da dosimetria da pena: atenuantes e agravantes.............. 553

    34.10.1. Reincidência (art. 61, I, do CP)...................................................... 556

        34.10.1.1. Introdução ....................................................................... 556

        34.10.1.2. Conceito........................................................................... 557

        34.10.1.3. Requisitos......................................................................... 557

        34.10.1.4. Natureza jurídica ............................................................. 560

        34.10.1.5. Prova da reincidência....................................................... 560

        34.10.1.6. Espécies............................................................................ 561

        34.10.1.7. Validade da condenação anterior para fins de reincidência ............................................................................... 562

        34.10.1.8. Extinção da punibilidade do crime anterior................... 563

        34.10.1.9. Terminologias: reincidente, primário e tecnicamente primário ......................................................................... 563

        34.10.1.10. Efeitos da reincidência ................................................... 564

        34.10.1.11. Crimes militares próprios, crimes políticos e a reincidência ........................................................................... 564

        34.10.1.12. Reincidência e maus antecedentes................................. 565

        34.10.1.13. Reconhecimento equivocado da reincidência, prejuízo ao réu e indenização pelo erro judiciário ..................... 566

34.10.1.14. Falta de reconhecimento da reincidência pelo juízo da condenação e proclamação pelo juízo da execução para fins de benefícios ...................................................... 567

34.10.2. Ter o agente cometido o crime (art. 61, II, do CP) ....................... 567

34.10.2.1. Por motivo fútil ou torpe (alínea "a") ............................ 567

34.10.2.2. Para facilitar ou assegurar a execução, a ocultação, a impunidade ou a vantagem de outro crime (alínea "b") 568

34.10.2.3. À traição, de emboscada, ou mediante dissimulação, ou outro recurso que dificultou ou tornou impossível a defesa do ofendido (alínea "c") .................................... 568

34.10.2.4. Com emprego de veneno, fogo, explosivo, tortura ou outro meio insidioso ou cruel, ou de que possa resultar perigo comum (alínea "d") ................................................. 569

34.10.2.5. Contra descendente, ascendente, irmão ou cônjuge (alínea "e") ................................................................ 569

34.10.2.6. Com abuso de autoridade ou prevalecendo-se de relações domésticas, de coabitação ou de hospitalidade, ou com violência contra a mulher na forma da lei específica (alínea "f") .................................................................. 569

34.10.2.7. Com abuso de poder ou violação de dever inerente a cargo, ofício, ministério ou profissão (alínea "g") ......... 570

34.10.2.8. Contra criança, maior de 60 (sessenta) anos, enfermo ou mulher grávida (alínea "h") ...................................... 571

34.10.2.9. Quando o ofendido estava sob a imediata proteção da autoridade (alínea "i") ............................................... 572

34.10.2.10. Em ocasião de incêndio, naufrágio, inundação ou qualquer calamidade pública, ou de desgraça particular do ofendido (alínea "j") ................................................. 572

34.10.2.11. Em estado de embriaguez preordenada (alínea "l") ..... 572

34.10.3. Agravantes no concurso de pessoas (art. 62 do CP) ...................... 572

34.10.3.1. Promove, ou organiza a cooperação no crime ou dirige a atividade dos demais agentes (inciso I) ....................... 573

34.10.3.2. Coage ou induz outrem à execução material do crime (inciso II) ................................................................ 574

34.10.3.3. Instiga ou determina a cometer o crime alguém sujeito à sua autoridade ou não punível em virtude de condição ou qualidade pessoal (inciso III) ................................... 574

34.10.3.4. Executa o crime, ou nele participa, mediante paga ou promessa de recompensa (inciso IV) ............................ 574

34.10.4. Atenuantes genéricas (arts. 65 e 66 do CP) ................................. 574

34.10.4.1. Ser o agente menor de 21 (vinte e um), na data do fato, ou maior de 70 (setenta) anos, na data da sentença (inciso I) ................................................................... 574

34.10.4.2. O desconhecimento da lei (inciso II) ............................ 575

34.10.4.3. Ter o agente (inciso III) ............................................. 576

34.10.4.4. Atenuantes inominadas (art. 66 do CP) ...................... 580

34.10.5. Concurso de circunstâncias agravantes e atenuantes genéricas ....... 581

SUMÁRIO | XXXIX

34.10.5.1. Concurso entre reincidência e confissão espontânea...... 581

34.10.5.2. Concurso entre promessa de recompensa e confissão espontânea.................................................................................. 582

34.10.5.3. Concurso entre dissimulação e confissão espontânea .... 582

34.10.5.4. Concurso entre confissão espontânea e qualificadora deslocada para a segunda fase da dosimetria da pena... 583

34.11. A terceira fase da dosimetria da pena: causas de diminuição (minorantes) e de aumento (majorantes)................................................................................. 583

## CAPÍTULO 35 – PENAS RESTRITIVAS DE DIREITOS.......................................... 587

35.1. Conceito .................................................................................................... 587

35.2. Espécies...................................................................................................... 588

35.3. Natureza jurídica....................................................................................... 588

35.4. Duração das penas restritivas de direitos ............................................... 589

35.5. Requisitos .................................................................................................. 589

    35.5.1. Requisitos objetivos.................................................................... 589

    35.5.2. Requisitos subjetivos .................................................................. 592

35.6. Crimes hediondos e equiparados e penas restritivas de direitos .................. 593

    35.6.1. A problemática relacionada ao tráfico de drogas......................... 594

35.7. Violência doméstica ou familiar contra a mulher e penas restritivas de direitos......................................................................................................... 595

35.8. Penas restritivas de direitos e crimes militares........................................ 596

35.9. Momento da substituição.......................................................................... 596

35.10. Regras da substituição .............................................................................. 596

35.11. Reconversão obrigatória da pena restritiva de direitos em privativa de liberdade......................................................................................................... 597

    35.11.1. Reconversão da pena restritiva de direitos em privativa de liberdade e princípio da boa-fé objetiva ................................................. 598

    35.11.2. Impossibilidade de reconversão da pena restritiva de direitos em privativa de liberdade a pedido do réu.................................... 598

35.12. Reconversão facultativa da pena restritiva de direitos em privativa de liberdade......................................................................................................... 599

35.13. Início da execução das penas restritivas de direitos................................ 600

    35.13.1. Penas restritivas de direitos e execução provisória........................ 600

35.14. Política Nacional de Alternativas Penais................................................ 601

35.15. Penas restritivas de direitos em espécie ................................................. 601

    35.15.1. Classificação.................................................................................. 601

    35.15.2. Prestação pecuniária ................................................................... 601

        35.15.2.1. Prestação pecuniária e pena de multa: distinções.......... 604

        35.15.2.2. Prestação pecuniária, entidade pública ou privada e destinação dos valores ...................................................... 604

    35.15.3. Perda de bens e valores................................................................ 605

        35.15.3.1. Perda de bens e valores e confisco como efeito da condenação: distinções................................................................ 606

    35.15.4. Prestação de serviços à comunidade ou a entidades públicas......... 606

        35.15.4.1. Execução da prestação de serviços à comunidade.......... 607

XL | DIREITO PENAL – PARTE GERAL – VOL. 1 • CLEBER MASSON

35.15.4.2. Prestação de serviços à comunidade e trabalhos for-
çados.................................................................................................. 607

35.15.4.3. Prestação de serviços à comunidade e crimes ambien-
tais...................................................................................................... 608

35.15.4.4. Ausência de local adequado para execução da prestação
de serviços à comunidade.......................................................... 608

35.15.4.5. Prestação de serviços à comunidade e crimes previstos
no Código de Trânsito Brasileiro ........................................... 608

35.15.5. Interdição temporária de direitos................................................. 609

35.15.5.1. Proibição de exercício de cargo, função ou atividade
pública, bem como de mandato eletivo ............................. 609

35.15.5.2. Proibição do exercício de profissão, atividade ou ofício
que dependam de habilitação especial, de licença ou
autorização do poder público.................................................. 610

35.15.5.3. Suspensão de autorização ou habilitação para dirigir
veículo............................................................................................... 610

35.15.5.4. Proibição de frequentar determinados lugares................ 611

35.15.5.5. Proibição de inscrever-se em concurso, avaliação ou
exame públicos .............................................................................. 611

35.15.6. Limitação de fim de semana ............................................................. 612

# CAPÍTULO 36 – PENA DE MULTA................................................................................ 613

36.1. Conceito ....................................................................................................................... 613

36.2. Fundo Penitenciário................................................................................................. 613

36.3. Critério adotado para a pena de multa............................................................ 613

36.3.1. Crimes em licitações e contratos administrativos.................... 614

36.4. Aplicação da pena de multa ................................................................................. 615

36.5. Valor ineficaz da pena de multa......................................................................... 616

36.6. Multa excessiva.......................................................................................................... 616

36.7. Multa irrisória ............................................................................................................ 616

36.8. Pagamento voluntário da multa.......................................................................... 616

36.9. Execução da pena de multa................................................................................... 617

36.9.1. Cumprimento da pena privativa de liberdade, condenado economicamente hipossuficiente, inadimplemento da pena de multa e
reflexos jurídicos ..................................................................................... 619

36.10. Causas suspensivas e interruptivas da prescrição da pena de multa ............ 619

36.11. Pena de multa e *habeas corpus* ........................................................................ 620

36.12. Multa e correção monetária ................................................................................. 620

36.13. Suspensão da execução da multa ...................................................................... 620

36.14. Multa substitutiva ..................................................................................................... 620

36.15. Súmula 171 do Superior Tribunal de Justiça ............................................... 620

36.16. Pena de multa na Lei de Drogas........................................................................ 621

36.17. Pena de multa e violência doméstica e familiar contra a mulher ......... 622

# CAPÍTULO 37 – CONCURSO DE CRIMES............................................................... 623

37.1. Conceito ....................................................................................................................... 623

| | | |
|---|---|---|
| 37.2. | Espécies | 623 |
| 37.3. | Sistemas de aplicação da pena no concurso de crimes | 623 |
| | 37.3.1. Sistema do cúmulo material | 623 |
| | 37.3.2. Sistema da exasperação | 623 |
| | 37.3.3. Sistema da absorção | 623 |
| 37.4. | Concurso material | 624 |
| | 37.4.1. Conceito e dispositivo legal | 624 |
| | 37.4.2. Espécies | 625 |
| | 37.4.3. Momento adequado para a soma das penas | 625 |
| | 37.4.4. Imposição cumulativa de penas de reclusão e detenção | 625 |
| | 37.4.5. Cumulação de pena privativa de liberdade com restritiva de direitos | 625 |
| | 37.4.6. Cumprimento sucessivo ou simultâneo de penas restritivas de direitos | 625 |
| | 37.4.7. Concurso material e suspensão condicional do processo (art. 89 da Lei 9.099/1995) | 625 |
| 37.5. | Concurso formal | 626 |
| | 37.5.1. Conceito e dispositivo legal | 626 |
| | 37.5.2. Espécies | 626 |
| | 37.5.2.1. Homogêneo e heterogêneo | 626 |
| | 37.5.2.2. Perfeito e imperfeito | 626 |
| | 37.5.3. Teorias sobre o concurso formal | 627 |
| | 37.5.4. Aplicação da pena no concurso formal | 627 |
| | 37.5.5. Concurso material benéfico | 628 |
| 37.6. | Crime continuado | 629 |
| | 37.6.1. Conceito e dispositivo legal | 629 |
| | 37.6.2. Origem histórica | 629 |
| | 37.6.3. Natureza jurídica | 629 |
| | 37.6.4. Requisitos do crime continuado | 630 |
| | 37.6.4.1. Pluralidade de condutas | 630 |
| | 37.6.4.2. Pluralidade de crimes da mesma espécie | 630 |
| | 37.6.4.3. Conexão temporal | 631 |
| | 37.6.4.4. Conexão espacial | 631 |
| | 37.6.4.5. Conexão modal | 632 |
| | 37.6.4.6. Conexão ocasional | 632 |
| | 37.6.4.7. Crime continuado e unidade de desígnio | 632 |
| | 37.6.5. Espécies de crime continuado e dosimetria da pena | 633 |
| | 37.6.6. Concurso material benéfico | 635 |
| | 37.6.7. Crime continuado e conflito de leis no tempo | 635 |
| | 37.6.8. Crime continuado e prescrição | 635 |
| | 37.6.9. Crime continuado e suspensão condicional do processo | 636 |
| | 37.6.10. Crime continuado e crime habitual: diferenças | 636 |
| 37.7. | Multa no concurso de crimes | 637 |
| 37.8. | Apontamentos diversos sobre o concurso de crimes | 637 |
| | 37.8.1. Concurso de crimes moderado ou limitado | 637 |

| | | |
|---|---|---|
| 37.8.2. | Concurso de concursos de crimes ou concorrência de concursos.... | 637 |
| 37.8.3. | Concurso de crimes e competência dos Juizados Especiais Criminais | 638 |
| 37.8.4. | Concurso entre crimes e contravenções penais | 638 |

## CAPÍTULO 38 – LIMITE DAS PENAS ... 639

| | | |
|---|---|---|
| 38.1. | Introdução | 639 |
| 38.2. | Fundamentos | 639 |
| 38.3. | Unificação de penas | 640 |
| 38.4. | Competência para unificação das penas | 641 |
| 38.5. | Nova condenação e unificação das penas | 641 |
| 38.6. | Fuga do réu e cumprimento da pena unificada | 641 |

## CAPÍTULO 39 – SUSPENSÃO CONDICIONAL DA PENA ... 643

| | | |
|---|---|---|
| 39.1. | Origem histórica | 643 |
| 39.2. | Sistemas | 643 |
| 39.3. | Conceito | 644 |
| 39.4. | Natureza jurídica | 644 |
| | 39.4.1. Política Nacional de Alternativas Penais | 644 |
| 39.5. | Requisitos | 644 |
| | 39.5.1. Requisitos objetivos | 645 |
| | 39.5.2. Requisitos subjetivos | 646 |
| 39.6. | Momento adequado para concessão do *sursis* | 646 |
| 39.7. | Espécies de *sursis* | 647 |
| 39.8. | Condições | 647 |
| 39.9. | *Sursis* incondicionado | 648 |
| 39.10. | Período de prova | 648 |
| 39.11. | Fiscalização das condições impostas durante o período de prova | 649 |
| 39.12. | Revogação | 649 |
| | 39.12.1. Revogação obrigatória | 649 |
| | 39.12.2. Revogação facultativa | 650 |
| | 39.12.3. Revogação do *sursis* e do livramento condicional | 651 |
| 39.13. | Revogação do *sursis* e prévia oitiva do condenado | 651 |
| 39.14. | Revogação obrigatória do *sursis* pela condenação irrecorrível por crime doloso durante o curso do prazo e término do período de prova | 652 |
| 39.15. | Cassação do *sursis* | 652 |
| 39.16. | *Sursis* sucessivos | 653 |
| 39.17. | *Sursis* simultâneos | 653 |
| 39.18. | Prorrogação do período de prova | 653 |
| 39.19. | Término do período de prova e possibilidade de sua prorrogação e revogação do benefício | 654 |
| 39.20. | Extinção da pena | 654 |
| 39.21. | *Sursis* e crimes hediondos ou equiparados | 654 |
| 39.22. | *Sursis* para estrangeiro | 655 |
| 39.23. | *Sursis* e suspensão dos direitos políticos | 655 |

SUMÁRIO | XLIII

39.24. *Sursis* e *habeas corpus* ................................................................................ 655
39.25. *Sursis* e detração penal .................................................................................. 656
39.26. *Sursis* e indulto .............................................................................................. 656
39.27. *Sursis* e regime penitenciário ....................................................................... 656

## CAPÍTULO 40 – LIVRAMENTO CONDICIONAL ................................................ 657

40.1. Evolução histórica ............................................................................................. 657
40.2. Conceito ............................................................................................................. 657
40.3. Natureza jurídica ............................................................................................... 658
40.4. Diferenças com o *sursis* .................................................................................. 658
40.5. Juízo competente para concessão do livramento condicional ...................... 659
40.6. Egresso .............................................................................................................. 659
40.7. Requisitos .......................................................................................................... 659
    40.7.1. Requisitos objetivos ......................................................................... 660
    40.7.2. Requisitos subjetivos ........................................................................ 662
40.8. Rito do livramento condicional ....................................................................... 665
40.9. Condições ........................................................................................................... 667
40.10. Revogação do livramento condicional ........................................................... 668
    40.10.1. Revogação obrigatória .................................................................... 668
        40.10.1.1. Inciso I ......................................................................... 669
        40.10.1.2. Inciso II ........................................................................ 669
    40.10.2. Revogação facultativa ...................................................................... 670
40.11. Suspensão do livramento condicional ............................................................ 671
40.12. Prorrogação do período de prova ................................................................... 672
40.13. Extinção da pena .............................................................................................. 673
40.14. Questões diversas sobre livramento condicional ........................................... 673
    40.14.1. Livramento condicional insubsistente ............................................ 673
    40.14.2. Livramento condicional e *habeas corpus* .................................... 673
    40.14.3. Livramento condicional humanitário .............................................. 674
    40.14.4. Livramento condicional cautelar .................................................... 674
    40.14.5. Livramento condicional para estrangeiro ....................................... 674
    40.14.6. Livramento condicional e Lei do Crime Organizado ..................... 674
    40.14.7. Livramento condicional e limite de cumprimento da pena ............ 675

## CAPÍTULO 41 – EFEITOS DA CONDENAÇÃO ................................................... 677

41.1. Introdução .......................................................................................................... 677
41.2. Pressuposto ........................................................................................................ 677
41.3. Divisão dos efeitos da condenação .................................................................. 678
    41.3.1. Efeitos principais .............................................................................. 678
    41.3.2. Efeitos secundários ........................................................................... 678
        41.3.2.1. Efeitos secundários de natureza penal ........................ 678
        41.3.2.2. Efeitos secundários de natureza extrapenal previstos no Código Penal ........................................................................ 679
41.4. Efeitos da condenação previstos fora do código penal ................................... 689

| | | | |
|---|---|---|---|
| 41.4.1. | Abuso de autoridade | | 689 |
| 41.4.2. | Suspensão dos direitos políticos | | 689 |
| 41.4.3. | Rescisão contratual na Justiça do Trabalho | | 690 |
| 41.4.4. | Lei de Falências | | 690 |
| 41.4.5. | Lei de Tortura | | 691 |
| 41.4.6. | Lei de Drogas | | 691 |
| 41.4.7. | Crimes resultantes de preconceitos de raça e de cor | | 691 |
| 41.4.8. | Lavagem de capitais | | 691 |
| 41.4.9. | Crime organizado | | 692 |
| 41.4.10. | Cadastro Nacional das Pessoas Condenadas por Crime de Estupro | | 692 |
| 41.4.11. | Código Civil, indignidade e exclusão da sucessão | | 692 |
| 41.5. | Quadro esquemático | | 693 |

## CAPÍTULO 42 – REABILITAÇÃO ....... 695

| | | | |
|---|---|---|---|
| 42.1. | Conceito | | 695 |
| 42.2. | Origem histórica | | 695 |
| 42.3. | Natureza jurídica | | 695 |
| 42.4. | Modalidades de reabilitação no Código Penal | | 696 |
| | 42.4.1. | Sigilo das condenações: art. 93, *caput* | 696 |
| | 42.4.2. | Efeitos secundários de natureza extrapenal e específicos da condenação: art. 93, parágrafo único | 696 |
| | | 42.4.2.1. Perda de cargo, função pública ou mandato eletivo | 696 |
| | | 42.4.2.2. Incapacidade para o exercício do poder familiar, da tutela ou da curatela | 697 |
| | | 42.4.2.3. Inabilitação para dirigir veículo | 697 |
| | | 42.4.2.4. Vedação da nomeação, designação ou diplomação em cargo, função pública ou mandato eletivo | 697 |
| 42.5. | Reabilitação e reincidência | | 697 |
| 42.6. | Pressuposto e requisitos da reabilitação | | 698 |
| | 42.6.1. | Pressuposto | 698 |
| | 42.6.2. | Requisitos | 698 |
| | | 42.6.2.1. Requisitos objetivos | 698 |
| | | 42.6.2.2. Requisitos subjetivos | 700 |
| 42.7. | Pedido de reabilitação | | 701 |
| 42.8. | Revogação da reabilitação | | 701 |
| 42.9. | Reabilitação e *habeas corpus* | | 701 |

## CAPÍTULO 43 – MEDIDAS DE SEGURANÇA ....... 703

| | | | |
|---|---|---|---|
| 43.1. | Conceito | | 703 |
| 43.2. | Distinções entre pena e medida de segurança | | 703 |
| 43.3. | Princípios das medidas de segurança | | 704 |
| | 43.3.1. | Legalidade | 704 |
| | 43.3.2. | Anterioridade | 704 |
| | 43.3.3. | Jurisdicionalidade | 704 |

| | | |
|---|---|---|
| 43.4. | Requisitos para aplicação | 704 |
| 43.5. | Conceito de periculosidade | 705 |
| 43.6. | Espécies de periculosidade | 706 |
| 43.7. | Aplicação da medida de segurança | 706 |
| 43.8. | Espécies de medidas de segurança | 707 |
| 43.9. | Prazo mínimo da medida de segurança | 708 |
| 43.10. | Prazo máximo da medida de segurança | 708 |
| 43.11. | Execução das medidas de segurança | 709 |
| 43.12. | Medida de segurança provisória ou preventiva | 711 |
| 43.13. | Conversão do tratamento ambulatorial para internação | 711 |
| 43.14. | Desinternação progressiva | 712 |
| 43.15. | Conversão da pena em medida de segurança | 712 |
| 43.16. | Direitos do internado | 713 |
| 43.17. | Medidas de segurança na Lei de Drogas | 714 |
| 43.18. | Adolescente infrator e medidas de segurança | 714 |

## CAPÍTULO 44 – AÇÃO PENAL .......... 715

| | | |
|---|---|---|
| 44.1. | Introdução | 715 |
| 44.2. | Conceito | 715 |
| 44.3. | Características | 715 |
| 44.4. | Classificação da ação penal | 715 |
| | 44.4.1. Divisão com base na tutela jurisdicional invocada | 716 |
| | 44.4.2. Divisão subjetiva | 716 |
| 44.5. | Condições da ação penal | 716 |
| | 44.5.1. Condições genéricas | 716 |
| | 44.5.1.1. Possibilidade jurídica do pedido | 716 |
| | 44.5.1.2. Legitimidade ad causam ou legitimidade para agir | 717 |
| | 44.5.1.3. Interesse processual | 717 |
| | 44.5.1.4. Justa causa | 718 |
| | 44.5.2. Condições específicas ou condições de procedibilidade | 718 |
| 44.6. | Ação penal pública | 720 |
| | 44.6.1. Princípios | 720 |
| | 44.6.2. Ação penal pública incondicionada | 721 |
| | 44.6.3. Ação penal pública condicionada | 722 |
| | 44.6.3.1. Representação do ofendido e requisição do Ministro da Justiça: natureza jurídica | 722 |
| | 44.6.3.2. Representação do ofendido | 722 |
| 44.7. | Ação penal privada | 726 |
| | 44.7.1. Prazo | 726 |
| | 44.7.2. Princípios | 727 |
| | 44.7.3. Espécies | 728 |
| | 44.7.3.1. Ação penal exclusivamente privada ou ação penal privada propriamente dita | 728 |
| | 44.7.3.2. Ação penal privada personalíssima | 728 |
| | 44.7.3.3. Ação penal privada subsidiária da pública | 729 |
| | 44.7.3.4. Ação penal privada concorrente | 729 |

## DIREITO PENAL – PARTE GERAL – VOL. 1 • CLEBER MASSON

| | | |
|---|---|---|
| 44.8. | Ação penal nos crimes complexos | 730 |
| 44.9. | Ação penal nos crimes contra a dignidade sexual | 730 |
| 44.10. | Ação penal e crime de lesão corporaL praticado com violência doméstica e familiar contra a mulher | 731 |

## CAPÍTULO 45 – EXTINÇÃO DA PUNIBILIDADE ........ 733

| | | |
|---|---|---|
| 45.1. | Introdução | 733 |
| 45.2. | O art. 107 do Código Penal | 733 |
| 45.3. | Momento de ocorrência: antes ou depois do trânsito em julgado da condenação | 734 |
| 45.4. | Efeitos | 735 |
| 45.5. | Extinção da punibilidade nos crimes acessórios, complexos e conexos | 735 |
| 45.6. | Análise do art. 107 do Código Penal | 736 |
| | 45.6.1. Morte do agente (inciso I) | 736 |
| |     45.6.1.1. Extinção da pessoa jurídica, crimes ambientais e princípio da personalidade da pena | 737 |
| | 45.6.2. Anistia, graça e indulto (inciso II) | 737 |
| |     45.6.2.1. Anistia | 738 |
| |     45.6.2.2. Graça | 739 |
| |     45.6.2.3. Indulto | 739 |
| | 45.6.3. *Abolitio criminis* (inciso III) | 744 |
| | 45.6.4. Prescrição, decadência e perempção (inciso IV) | 744 |
| |     45.6.4.1. Prescrição | 744 |
| |     45.6.4.2. Decadência | 744 |
| |     45.6.4.3. Perempção | 745 |
| | 45.6.5. Renúncia ao direito de queixa ou perdão aceito nos crimes de ação privada (inciso V) | 747 |
| |     45.6.5.1. Renúncia ao direito de queixa | 747 |
| |     45.6.5.2. Perdão aceito | 748 |
| | 45.6.6. Retratação do agente, nos casos em que a lei a admite (inciso VI) | 749 |
| | 45.6.7. Inciso VII – Revogado pela Lei 11.106/2005 | 749 |
| | 45.6.8. Inciso VIII – Revogado pela Lei 11.106/2005 | 749 |
| | 45.6.9. Perdão judicial (inciso IX) | 750 |
| |     45.6.9.1. Introdução | 750 |
| |     45.6.9.2. Natureza jurídica | 751 |
| |     45.6.9.3. Aplicabilidade | 751 |
| |     45.6.9.4. Incomunicabilidade | 752 |
| |     45.6.9.5. Natureza jurídica da sentença concessiva do perdão judicial | 752 |
| |     45.6.9.6. Distinção entre perdão judicial e escusas absolutórias | 753 |
| |     45.6.9.7. Distinção entre perdão judicial e perdão do ofendido | 754 |

## CAPÍTULO 46 – PRESCRIÇÃO ........ 755

| | | |
|---|---|---|
| 46.1. | Introdução | 755 |

| | | |
|---|---|---|
| 46.2. | Origem histórica | 756 |
| 46.3. | Conceito | 756 |
| 46.4. | Fundamentos | 756 |
| 46.5. | Natureza jurídica | 757 |
| 46.6. | Alocação | 757 |
| 46.7. | Imprescritibilidade penal | 757 |
| | 46.7.1. Injúria racial *versus* racismo: o entendimento do Supremo Tribunal Federal | 759 |
| 46.8. | Diferenças entre prescrição e decadência | 760 |
| 46.9. | Espécies de prescrição | 761 |
| | 46.9.1. Introdução | 761 |
| | 46.9.2. Efeitos da prescrição e competência para sua declaração | 762 |
| 46.10. | Prescrição da pena privativa de liberdade | 763 |
| | 46.10.1. Prescrição da pretensão punitiva propriamente dita ou prescrição da ação penal | 763 |
| | 46.10.1.1. Dispositivo legal | 763 |
| | 46.10.1.2. Fundamento | 763 |
| | 46.10.1.3. Cálculo | 763 |
| | 46.10.1.4. Termo inicial | 768 |
| | 46.10.1.5. Termo inicial da prescrição da pretensão punitiva e regra especial da Lei de Falências | 771 |
| | 46.10.1.6. Causas interruptivas | 771 |
| | 46.10.1.7. Comunicabilidade das causas interruptivas da prescrição da pretensão punitiva | 775 |
| | 46.10.1.8. Causa especial de interrupção da prescrição da pretensão punitiva nos crimes falimentares | 776 |
| | 46.10.1.9. Causas impeditivas | 776 |
| | 46.10.1.10. Natureza do rol das causas impeditivas e suspensivas previstas no Código Penal | 778 |
| | 46.10.1.11. Causas impeditivas e suspensivas da prescrição da pretensão punitiva previstas fora do Código Penal | 778 |
| | 46.10.1.12. Recurso extraordinário com repercussão geral, suspensão dos processos pendentes em todo o território nacional e suspensão da prescrição | 779 |
| | 46.10.2. Prescrição superveniente, intercorrente ou subsequente | 781 |
| | 46.10.2.1. Conceito | 781 |
| | 46.10.2.2. Cálculo | 781 |
| | 46.10.2.3. Termo inicial | 782 |
| | 46.10.2.4. Motivos para sua ocorrência | 782 |
| | 46.10.2.5. Momento adequado para o seu reconhecimento | 782 |
| | 46.10.2.6. Redução da pena imposta pela sentença e pendência de recurso da acusação | 783 |
| | 46.10.3. Prescrição retroativa | 783 |
| | 46.10.3.1. Origem | 783 |
| | 46.10.3.2. Cálculo | 783 |

| | | |
|---|---|---|
| | 46.10.3.3. Termo inicial | 784 |
| | 46.10.3.4. Momento adequado para o seu reconhecimento | 786 |
| 46.10.4. | Prescrição da pretensão executória ou prescrição da condenação | 786 |
| | 46.10.4.1. Conceito | 786 |
| | 46.10.4.2. Forma de contagem | 786 |
| | 46.10.4.3. Termo inicial | 787 |
| | 46.10.4.4. Causas interruptivas | 789 |
| | 46.10.4.5. Incomunicabilidade das causas interruptivas da prescrição da pretensão executória | 790 |
| | 46.10.4.6. Causa impeditiva da prescrição da pretensão executória | 790 |
| | 46.10.4.7. Prescrição da pretensão executória e indulto | 791 |
| 46.10.5. | Prescrição virtual, projetada, antecipada, prognostical ou retroativa em perspectiva | 791 |

46.11. Prescrição das penas restritivas de direitos ........................................................ 793
46.12. Prescrição e detração penal ............................................................................ 793
46.13. Prescrição das medidas de segurança ................................................................ 794
46.14. Prescrição e absorção de penas ....................................................................... 795
46.15. Prescrição no concurso de crimes ................................................................... 795
46.16. Prescrição da pena de multa .......................................................................... 796
46.17. Prescrição na legislação penal especial ............................................................. 797

| | | |
|---|---|---|
| 46.17.1. | Lei de Drogas – Lei 11.343/2006 | 798 |
| 46.17.2. | Código Penal Militar – Decreto-lei 1.001/1969 | 798 |
| 46.17.3. | Prescrição e Estatuto da Criança e do Adolescente | 798 |

46.18. Falta grave na Lei de Execução Penal e prescrição de infração disciplinar ... 799

**BIBLIOGRAFIA** ................................................................................................ 801

# PARTE I

# TEORIA GERAL DO DIREITO PENAL

# CAPÍTULO 1

# DIREITO PENAL: NOÇÕES INTRODUTÓRIAS

## 1.1. CONCEITO DE DIREITO PENAL

Direito Penal é o **conjunto de princípios e regras** destinados a combater o **crime e a contravenção penal,** mediante a imposição de **sanção penal.** Na lição de Aníbal Bruno:

> O conjunto das normas jurídicas que regulam a atuação estatal nesse combate contra o crime, através de medidas aplicadas aos criminosos, é o Direito Penal. Nele se definem os fatos puníveis e se cominam as respectivas sanções – os dois grupos dos seus componentes essenciais, tipos penais e sanções. É um Direito que se distingue entre os outros pela gravidade das sanções que impõe e a severidade de sua estrutura, bem definida e rigorosamente delimitada.[1]

## 1.2. ALOCAÇÃO NA TEORIA GERAL DO DIREITO

Cuida-se de **ramo do Direito Público**, por ser composto de regras indisponíveis e obrigatoriamente impostas a todas as pessoas. Além disso, o Estado é o titular exclusivo do direito de punir e figura como sujeito passivo constante nas relações jurídico-penais.

## 1.3. NOMENCLATURA

Discute-se em seara doutrinária a terminologia mais adequada. Deve-se falar em Direito Penal ou em Direito Criminal?

A expressão **Direito Penal** induz à ideia de pena, de um direito inerente exclusivamente à pena. Por outro lado, **Direito Criminal** traz à tona um direito relativo ao crime.

Alega-se a insuficiência da denominação Direito Penal, uma vez que não abrangeria a medida de segurança, uma das espécies de sanção penal. Destarte, seria mais coerente falar em Direito Criminal, mais abrangente, porque enfatiza o crime, e não diretamente a pena. Foi a opção adotada pelo Código Criminal do Império de 1830.

Como crime e pena guardam estreita relação, ambas as denominações são aceitáveis. Contudo, é manifesta a preferência por Direito Penal, não só no Brasil, mas também em outros países.[2]

---

[1]  BRUNO, Aníbal. *Direito penal*: parte geral. 3. ed. Rio de Janeiro: Forense, 1967. t. I, p. 11-12.

[2]  É o caso de *Derecho Penal*, na Espanha e na Argentina, de *Droit Pénal*, na França, e de *Diritto Penale*, na Itália.

DIREITO PENAL – PARTE GERAL – VOL. 1 • CLEBER MASSON

Atualmente, todavia, afigura-se mais apropriado falar em **Direito Penal**, pois o Decreto-lei 2.848, de 7 de dezembro de 1940, recepcionado pela Constituição Federal de 1988 como lei ordinária, instituiu o Código Penal em vigor.[3] Para Basileu Garcia: "E forte motivo de ordem prática nos submete ao critério dominante. Possuímos um Código Penal, não um Código Criminal. Deve ser aceito, pois, para título da matéria, o sugerido pela lei positiva".[4]

Se não bastasse, a Constituição Federal de 1988, em seu art. 22, I, adotou também a expressão **Direito Penal**.

## 1.4. CARACTERÍSTICAS DO DIREITO PENAL

Sustentava Magalhães Noronha: "é o Direito Penal ciência cultural normativa, valorativa e finalista".[5]

É, em primeiro lugar, uma **ciência**. Suas regras compõem a **dogmática jurídico-penal**.[6]

Além disso, é **cultural**, pois pertence à classe das ciências do "dever ser", ao contrário das ciências naturais, que cultuam o "ser".

É **normativa**, porque tem como objeto o estudo da lei penal, ou seja, o Direito positivo.

**Valorativa**, porque estabelece a sua própria escala de valores, a qual varia em conformidade com o fato que lhe dá conteúdo. O Direito Penal valoriza hierarquicamente as suas normas.

Ainda, é **finalista**, uma vez que se preocupa com a proteção de bens jurídicos fundamentais. Sua missão é prática, e não simplesmente teórica ou acadêmica.

Se não bastasse, convém mencionar que o Direito Penal tem natureza **constitutiva** (autônoma, autonomista ou originária), mas também **sancionatória**. Ou, como prefere Zaffaroni, é "predominantemente sancionador e excepcionalmente constitutivo".[7]

**Sancionador** porque não cria bens jurídicos, mas acrescenta uma proteção penal aos bens jurídicos disciplinados por outras áreas do Direito. O Direito Administrativo, por exemplo, protege os bens públicos, mas o Direito Penal cria diversos crimes contra a Administração Pública para reforçar esta tutela.

Nada obstante, pode ser **constitutivo**, ainda que excepcionalmente, quando protege interesses não regulados em outras áreas do Direito, tais como o uso indevido de drogas, indicando a independência do Direito Penal no tocante às demais áreas do Direito.

Destaca-se, ainda, como característica do Direito Penal o seu **caráter fragmentário**, pois não tutela todos os valores ou interesses, mas somente os mais importantes para a manutenção e o desenvolvimento do indivíduo e da sociedade.

## 1.5. CRIMINALIZAÇÃO PRIMÁRIA E CRIMINALIZAÇÃO SECUNDÁRIA. SELETIVIDADE E VULNERABILIDADE NO DIREITO PENAL

A atividade de criminalização, desempenhada pelo Estado, desenvolve-se em duas etapas, denominadas respectivamente de criminalização primária e criminalização secundária.

**Criminalização primária** é o ato e o efeito de sancionar de uma lei primária material, que incrimina ou permite a punição de determinadas pessoas. Trata-se de ato formal, fundamentalmente programático, pois, quando se estabelece que uma conduta deve ser punida,

---

[3] O Código Penal é também chamado de **pergaminho penal**. Essa denominação foi utilizada pelo Tribunal de Justiça de Santa Catarina, nos autos da Apelação Criminal 2006.009105-4, Rel. José Carlos Carstens Köhlher, j. 20.03.2007.

[4] GARCIA, Basileu. *Instituições de direito penal*. 4. ed. 37. tir. São Paulo: Max Limonad, 1975. v. 1, t. I, p. 7-8.

[5] NORONHA, Edgard. *Direito penal*. 33. ed. São Paulo: Saraiva, 1998. v. 1, p. 5.

[6] Dogmática penal encarada como a visão das leis penais em vigor, o Direito em vigor. É o que ensina CERNICCHIARO, Luiz Vicente. *Estrutura do direito penal*. 2. ed. São Paulo: José Bushatsky, 1976. p. 115.

[7] ZAFFARONI, Eugenio Raúl. *Manual de derecho penal*. 6. ed. Buenos Aires: Ediar, 1991. p. 57.

CAP. 1 – DIREITO PENAL: NOÇÕES INTRODUTÓRIAS | 5

enuncia-se um programa, o qual deve ser cumprido pelos entes estatais (polícias, Ministério Público, Poder Judiciário etc.).

De seu turno, **criminalização secundária** é a ação punitiva exercida sobre pessoas concretas. Verifica-se quando os órgãos estatais detectam um indivíduo, a quem se atribui a prática de um ato primariamente criminalizado, sobre ele recaindo a persecução penal. Para Zaffaroni, a criminalização secundária possui duas características: **seletividade** e **vulnerabilidade,** pois há forte tendência de ser o poder punitivo exercido precipuamente sobre pessoas previamente escolhidas em face de suas fraquezas, a exemplo dos moradores de rua, prostitutas e usuários de drogas.[8] Este fenômeno guarda íntima relação com o movimento criminológico conhecido como *labeling approach* (**teoria da reação social, da rotulação social ou do etiquetamento social**): aqueles que integram a população criminosa são estigmatizados, rotulados ou etiquetados como sujeitos contra quem normalmente se dirige o poder punitivo estatal.

## 1.6. RELAÇÕES DO DIREITO PENAL COM OUTROS RAMOS DO DIREITO

O Direito é uno. O ordenamento jurídico, com efeito, é composto pelo conjunto de normas e princípios em vigor. Sua divisão em blocos se dá estritamente para **fins didáticos**.

Dessa forma, o Direito Penal se relaciona com todos os demais ramos jurídicos. Interessam-nos, contudo, somente aqueles mais úteis para o seu estudo técnico e a sua aplicação teórica. Vejamos:

### 1.6.1. Com o Direito Processual Penal

É pelo processo penal que as leis penais se concretizam, servindo de suporte para a sua aplicação.

Praticada uma infração penal, cabe ao Estado identificar o seu autor, a fim de lhe impor a sanção penal correspondente, por meio de regras preestabelecidas, as quais compõem o Direito Processual Penal.

A finalidade precípua do Direito Processual Penal é, portanto, garantir a efetiva e justa incidência ao caso concreto das leis penais objetivas.

Com efeito, as leis penais, mormente as de índole incriminadora, somente podem ser aplicadas com respeito ao devido processo legal: *nulla poena sine judicio* (CF, art. 5.º, LIV).

Em síntese, **o processo é o instrumento adequado para o exercício da jurisdição**. O Direito Penal precisa do direito processual, porque este último permite verificar, caso a caso, se concorrem os requisitos genéricos do fato punível (conduta, tipicidade, antijuricidade, culpabilidade e punibilidade), assim como os específicos de cada tipo penal.[9]

São tão íntimas as suas relações que o Direito Penal e o Direito Processual Penal disciplinam em conjunto diversas matérias, tais como ação penal, decadência e reabilitação, entre outras.

Em nosso sistema jurídico, os princípios e regras processuais penais estão contidos na Constituição Federal, no Código de Processo Penal e na legislação extravagante.

### 1.6.2. Com o Direito Constitucional

As regras e princípios constitucionais são os **parâmetros de legitimidade** das leis penais e delimitam o **âmbito de sua aplicação**. O Direito Penal deve se harmonizar com as liberdades, as garantias e os direitos estatuídos pela Constituição Federal, pois nela encontram o seu fundamento de validade.

---

[8]   ZAFFARONI, Eugenio Raúl. *Derecho penal.* Parte general. 2. ed. Buenos Aires: Ediar, 2002. p. 08.

[9]   GOMES, Luiz Flávio; PABLOS DE MOLINA, Antonio García; BIANCHINI, Alice. *Direito penal:* introdução e princípios fundamentais. São Paulo: RT, 2007. v. 1, p. 72.

Dessa forma, qualquer lei, penal ou não, elaborada ou aplicada em descompasso com o texto constitucional, não goza de validade. Exemplo: o art. 5.º, XLVII, *a*, da Constituição Federal proíbe, em situação de normalidade, a pena de morte. Consequentemente, o Direito Penal não pode criar ou impor a pena capital, seja por apelo da população, seja a pedido do próprio condenado.

O Direito Penal desempenha **função complementar** das normas constitucionais. Destarte, a tipificação penal do homicídio tem o propósito de resguardar o direito constitucional à vida, o crime de calúnia protege a honra, e assim por diante.

Conclui-se, pois, que a definição de condutas criminosas é válida apenas quando alberga valores constitucionalmente consagrados. É o que se convencionou chamar de **teoria constitucionalista do delito**.

### 1.6.3. Com o Direito Administrativo

Direito Administrativo é o conjunto de normas e princípios que regulam a organização e o funcionamento da Administração Pública, bem como as suas relações com os particulares no exercício das atividades de interesse público.

Os arts. 312 a 359-H do Código Penal disciplinam os crimes contra a Administração Pública.

Diversas outras leis também foram editadas para a tutela penal dos interesses da Administração Pública, como é o caso da Lei 8.137/1990 – Crimes contra a Ordem Tributária e da Lei 9.613/1998 – Lavagem de Capitais.

O art. 327 do Código Penal fornece o conceito de funcionário público para fins penais, que não guarda necessária identidade com o conceito apresentado pelo Direito Administrativo.

Essa relação se evidencia com a tarefa de prevenção e investigação de crimes pelas Polícias, bem como com a execução da sanção penal imposta ao condenado em estabelecimentos prisionais, missões reservadas à Administração Pública.

E, como lembra Aníbal Bruno: "Considere-se ainda que, à proporção que a pena for acentuando a sua finalidade de recuperação social do criminoso, mais próximo da ciência da administração irá ficando o Direito Penal".[10]

De outra banda, o Direito Administrativo se socorre aos conceitos penais de dolo e culpa nas ocorrências dos ilícitos administrativos.

Por derradeiro, merecem destaque as leis penais em branco heterogêneas, em que o preceito primário deve ser complementado por atos administrativos, tal como se dá nos crimes previstos na Lei 11.343/2006 – Lei de Drogas.

### 1.6.4. Com o Direito Civil

As leis civis há longa data se relacionam com as leis penais. Nas civilizações antigas, inclusive, confundiam-se entre si. Separaram-se em face da necessidade de especialização, na medida em que as sociedades cresceram e se desenvolveram.

A relação do Direito Penal com o Direito Civil se torna mais nítida quando se trata de crimes contra o patrimônio, em que conceitos como propriedade, posse, detenção e coisa são utilizados pelos dois ramos do Direito.

Também os crimes contra o casamento dependem de conhecimentos referentes a regras inerentes ao Direito de Família.

Se não bastasse, a diferença entre o Direito Penal e o Direito Civil **é de grau, e não de essência**; é dizer, se o ato ilícito merecer maior reprimenda por violar interesses indispensáveis

---

[10] BRUNO, Aníbal. *Direito penal*: parte geral. 3. ed. Rio de Janeiro: Forense, 1967. t. I, p. 48.

ao indivíduo ou à sociedade, será cabível a atuação do Direito Penal. Se, contudo, a infração possuir menor gravidade, reserva-se ao Direito Civil a reparação do dano. Essa distinção justifica, inclusive, o princípio da insignificância ou da criminalidade de bagatela.

Anote-se que um mesmo fato pode desencadear a atuação dos dois ramos do Direito. Exemplo: o crime de dano (CP, art. 163) pode ensejar tanto uma sanção penal como também uma reprimenda civil (CC, art. 186).

### 1.6.5. Com o Direito Internacional

Fala-se atualmente em Direito Penal Internacional e em crimes internacionais, como corolário do desenvolvimento tecnológico e da globalização, fatores modernos que permitem um contato próximo e acelerado entre pessoas que estão espacialmente distantes entre si. É o caso do tráfico internacional de armas ou do tráfico internacional de pessoas.

Essa relação se acentua com o estudo do instituto da extradição, pois não raras vezes os criminosos fogem para outro país com a finalidade de evitar a aplicação da lei penal, permanecendo na impunidade, bem como das imunidades diplomáticas e das penas cumpridas no estrangeiro.

## 1.7. FUNÇÕES DO DIREITO PENAL

O Direito Penal não se constitui em disciplina meramente acadêmica. Cuida-se, ao contrário, de importante **instrumento para a convivência dos homens em sociedade.** Mas não é só. Possui, atualmente, diversas funções. Vejamos as principais:

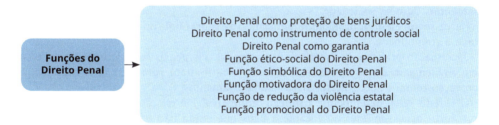

### 1.7.1. Direito Penal como proteção de bens jurídicos

O Direito Penal tem como função a **proteção de bens jurídicos**, isto é, valores ou interesses reconhecidos pelo Direito e imprescindíveis à satisfação do indivíduo ou da sociedade.[11]

Apenas os interesses **mais relevantes** são erigidos à categoria de bens jurídicos penais, em face do caráter fragmentário e da subsidiariedade do Direito Penal. O legislador **seleciona**, em um Estado Democrático de Direito, os bens especialmente relevantes para a vida social e, por isso mesmo, merecedores da tutela penal.

Dessa forma, a noção de bem jurídico acarreta na realização de um **juízo de valor positivo** acerca de determinado objeto ou situação social e de sua importância para o desenvolvimento do ser humano. E, para coibir e reprimir as condutas lesivas ou perigosas a bens jurídicos fundamentais, a lei penal se utiliza de rigorosas formas de reação, quais sejam, penas e medidas de segurança.

A proteção de bens jurídicos é a **missão precípua**, que **fundamenta e confere legitimidade** ao Direito Penal. Em conformidade com a orientação do Superior Tribunal de Justiça:

---

[11] Para uma análise minuciosa do assunto: ROXIN, Claus. *A proteção de bens jurídicos como função do direito penal.* Org. e trad. André Luís Callegari e Nereu José Giacomolli. Porto Alegre: Livraria do Advogado, 2006.

O respeito aos bens jurídicos protegidos pela norma penal é, primariamente, interesse de toda a coletividade, sendo manifesta a legitimidade do Poder do Estado para a imposição da resposta penal, cuja efetividade atende a uma necessidade social.[12]

## 1.7.2. Direito Penal como instrumento de controle social

Ao Direito Penal é também reservado o controle social ou a preservação da paz pública, compreendida como a ordem que deve existir em determinada coletividade. Dirige-se a todas as pessoas, embora nem todas elas se envolvam com a prática de infrações penais. Ao contrário, apenas a minoria envereda pelo caminho da criminalidade, seja por questões morais, seja pelo receio de aplicação da lei penal.

Essa função, embora relevante, não tem se mostrado plenamente eficaz.[13]

## 1.7.3. Direito Penal como garantia

Por mais paradoxal que possa parecer, o Direito Penal tem a função de garantia. De fato, funciona como um **escudo** aos cidadãos, uma vez que só pode haver punição caso sejam praticados os fatos expressamente previstos em lei como infração penal. Por esse motivo, Franz von Liszt dizia: **"o Código Penal é a Magna Carta do delinquente"**.

## 1.7.4. Função ético-social do Direito Penal

Também conhecida como **função criadora** ou **configuradora dos costumes**, tem origem na estreita vinculação existente tradicionalmente entre a matéria penal e os **valores éticos fundamentais** de uma sociedade.

Busca-se um **efeito moralizador**, almejando assegurar um "mínimo ético" que deve reinar em toda a comunidade.

Sua atuação prática é indiscutível. É o caso das leis penais sobre crimes fiscais e contra o meio ambiente, as quais, sem dúvida alguma, contribuíram para criar uma conscientização e reprovação moral e social acerca destes comportamentos.

O Direito Penal desempenha a **função "educativa"** em relação aos cidadãos, fomentando valores ético-sociais, mesmo no tocante a bens que ainda não tenham sido assumidos pela sociedade como fundamentais.

Discute-se em doutrina se o Estado tem legitimidade para proceder a tarefas educativas com o emprego do Direito Penal, em face do radicalismo da intervenção punitiva. Prevalece o entendimento de que o Estado deve educar seus cidadãos, mas não com o emprego do Direito Penal, pois a maturidade moral se alcança pela interação social, e não com estruturas autoritárias de coação.

## 1.7.5. Função simbólica do Direito Penal

A função simbólica é inerente a todas as leis, não dizendo respeito somente às de cunho penal. Não produz efeitos externos, mas somente **na mente dos governantes e dos cidadãos**.

Em relação aos primeiros, acarreta a sensação de terem feito algo para a proteção da paz pública. No tocante aos últimos, proporciona a falsa impressão de que o problema da criminalidade se encontra sob o controle das autoridades, buscando transmitir à opinião pública a impressão tranquilizadora de um legislador atento e decidido.

---

[12] AgRg no REsp 887.240/MG, rel. Min. Hamilton Carvalhido, 6.ª Turma, j. 26.04.2007.

[13] REALE, Miguel. *Instituições de direito penal* – parte geral. 2. ed. Rio de Janeiro: Forense, 2004. v. 1, p. 11.

Manifesta-se, comumente, no **direito penal do terror**, que se verifica com a **inflação legislativa** (**Direito Penal de emergência**), criando-se exageradamente figuras penais desnecessárias, ou então com o aumento desproporcional e injustificado das penas para os casos pontuais (**hipertrofia do Direito Penal**).

A função simbólica deve ser afastada, pois, em curto prazo, cumpre funções educativas e promocionais dos programas de governo, tarefa que não pode ser atribuída ao Direito Penal. Além disso, em longo prazo resulta na perda de credibilidade do ordenamento jurídico, bloqueando as suas funções instrumentais.

Como pontuado por Ney Moura Teles: "querer combater a criminalidade com o Direito Penal é querer eliminar a infecção com analgésico".[14]

## 1.7.6. Função motivadora do Direito Penal

O Direito Penal motiva os indivíduos a não violarem suas normas, mediante a ameaça de imposição cogente de sanção na hipótese de ser lesado ou colocado em perigo determinado bem jurídico. É como se as leis penais dissessem: "não matar", "não roubar", "não furtar" etc.

## 1.7.7. Função de redução da violência estatal

O Direito Penal moderno apresenta uma nova finalidade, qual seja, a de **reduzir ao mínimo a própria violência estatal**, já que a imposição de pena, embora legítima, representa sempre uma agressão aos cidadãos.

Destarte, deve-se buscar de forma constante a incriminação de condutas somente nos casos estritamente necessários, em homenagem ao direito à liberdade constitucionalmente reservado a todas as pessoas.[15]

## 1.7.8. Função promocional do Direito Penal

Para essa teoria, o Direito Penal não deve se preocupar em manter os valores da sociedade em que se insere. Ao revés, destina-se a atuar como **instrumento de transformação social**.

Não deve o Direito Penal constituir-se em empecilho ao progresso, e sim em ferramenta que auxilie a dinamizar a ordem social e promover as mudanças estruturais necessárias para a evolução da comunidade.

## 1.8. A CIÊNCIA DO DIREITO PENAL

### 1.8.1. Introdução

O crime, o criminoso, a sanção penal e a vítima são objeto de estudo de diversas ciências, também denominadas **enciclopédia de ciências penais**.[16]

Não há consenso em doutrina sobre o número e a variedade dessas ciências penais, pois se discute o caráter autônomo de cada uma delas. Por tal motivo, e também por serem as mais importantes para provas e concursos públicos, estudaremos a dogmática, a criminologia, a política criminal e a vitimologia.

---

[14] TELES, Ney Moura. *Direito penal* – parte geral. São Paulo: Atlas, 2004. v. 1, p. 46.

[15] Por não ser a abordagem minuciosa de propostas internacionais o objetivo da presente obra, indicamos aos interessados a leitura de SILVA SÁNCHEZ, Jesús-María. *Aproximación al derecho penal contemporáneo*. Reimpresión. Barcelona: Bosch, 2002. p. 241-310.

[16] CEREZO MIR, José. *Derecho penal* – parte geral. São Paulo: RT, 2007. p. 91.

## 1.8.2. Dogmática penal

A palavra dogmática deriva de "dogma", pois para o intérprete os princípios e regras ordenados metodicamente pelo Direito Penal são normas absolutas a que deve se vincular.

A dogmática penal tem a missão de conhecer o sentido das normas e princípios jurídico-penais positivos e desenvolver de modo sistemático o conteúdo do Direito Penal. Tem as normas positivas como ponto de partida para solução dos problemas.

O direito é parte componente da cultura humana e deve ser interpretado de modo que lhe permita cumprir as tarefas éticas, sociais e econômicas da atualidade. Nesse sentido, **a dogmática penal é a interpretação, sistematização e aplicação lógico-racional do Direito Penal**.

Não deve, entretanto, ser confundida com o **dogmatismo,** é dizer, aceitação cega e sem críticas de uma verdade absoluta e imutável, incompatível com a própria ideia de ciência.

## 1.8.3. Política criminal

Cuida-se de ciência independente, que tem por objeto a **apresentação de críticas e propostas para a reforma do Direito Penal em vigor**. Para Basileu Garcia, "constitui uma ponte entre a teoria jurídico-penal e a realidade".[17]

Visa a análise crítica e metajurídica do direito positivo, no sentido de **ajustá-lo aos ideais jurídico-penais e de justiça**.

Encontra-se intimamente relacionada com a dogmática, uma vez que na interpretação e aplicação da lei penal interferem critérios de política criminal.

Baseia-se em considerações filosóficas, sociológicas e políticas, e também de oportunidade, em sintonia com a realidade social, para propor modificações no sistema penal vigente.

As leis penais são frutos de uma determinada vontade política manifestada pelos cidadãos por intermédio de seus representantes junto aos Poderes do Estado. Na instituição ou adoção de princípios e regras refletidas pelo sistema penal de um povo estão as marcas sensíveis de sua civilização e cultura, razão pela qual pode-se falar em *leis que pegam* e *leis que não pegam* como demonstração da afinidade ou do divórcio entre os interesses dos indivíduos e a vontade do Estado.

A política criminal é o **filtro** para revelar esses fenômenos.

Para Franz von Liszt, compete à Política Criminal fornecer e avaliar os critérios para se apreciar o valor do Direito vigente e revelar qual deve vigorar. Cabe também a ela ensinar-nos a compreender o Direito à luz de considerações extraídas dos fins a que ele se dirige e a aplicá-lo nos casos singulares em atenção a esses fins.

Em suma, essa ciência analisa de forma crítica a dinâmica dos fatos sociais e, comparando-a com o sistema penal vigente, propõe inclusões, exclusões ou mudanças, visando atender o ideal de justiça, colaborando, pois, com a Dogmática Penal.

## 1.8.4. Criminologia

Para Antonio García-Pablos de Molina, a criminologia é uma **ciência empírica e interdisciplinar**, que se ocupa do estudo do crime, da pessoa do infrator, da vítima e do controle social do comportamento delitivo, e trata de ministrar uma informação válida e contrastada sobre a gênese, dinâmica e variações principais do crime, contemplando-o como problema individual e social, assim como sobre os programas para sua prevenção especial, as técnicas de intervenção positiva no homem delinquente e os diversos modelos ou sistemas de resposta ao delito.[18]

---

[17]  GARCIA, Basileu. Op. cit., p. 37.

[18]  PABLOS DE MOLINA, Antonio García. *Criminología*: una introducción a sus fundamentos teóricos. 6. ed. Santiago: Lexis-Nexis, 2008. p. 1.

CAP. 1 – DIREITO PENAL: NOÇÕES INTRODUTÓRIAS | 11

Ocupa-se das circunstâncias humanas e sociais relacionadas com o surgimento, a prática e a maneira de evitar o crime, assim como do tratamento dos criminosos. Para a maioria dos autores, Lombroso foi o fundador da criminologia moderna.[19]

O Direito Penal se dedica ao estudo das consequências jurídicas do delito. A Criminologia, por seu turno, preocupa-se com os **aspectos sintomáticos, individuais e sociais do crime e da criminalidade**, isto é, aborda cientificamente os fatores que podem conduzir o homem ao crime.

Ao fornecer informações sobre o delinquente, o delito, a vítima e o controle social (objetos da Criminologia), ela contribui com o estudo das causas do crime.

O Direito Penal é uma disciplina normativa que declara "o que deve ser". Por sua vez, **a Criminologia é uma ciência empírica que estuda "o que é"**.

### 1.8.5. Vitimologia

Vitimologia é a ciência auxiliar do Direito Penal que tem como objeto o estudo da vítima em seu aspecto global, levando em conta sua personalidade, do ponto de vista biológico, social e psicológico, sua proteção social e jurídica, bem como as formas de vitimização, sua relação com o vitimizador e também aspectos interdisciplinares e comparativos com outras áreas do conhecimento humano (psicologia e medicina, por exemplo).

Destacam-se, entre seus criadores e notáveis estudiosos, o israelense Benjamin Mendelsohn, primeiro a utilizar o termo "vitimologia", e o alemão Hans von Hentig.

Em uma visão tradicional, o Direito Penal sempre se amparou na trilogia "crime, criminoso e sanção penal". A vítima era esquecida, deixada de lado, como se não merecesse estudo científico e, sobretudo, proteção do Estado. Nas poucas hipóteses em que a legislação penal se referia ao ofendido, normalmente o fazia visando proporcionar algum benefício ao responsável pela infração penal. É o que se dá no art. 16 do Código Penal (arrependimento posterior), em que a reparação do dano (ou restituição da coisa) à vítima pode acarretar na diminuição da pena do acusado.

No Direito Penal moderno felizmente nota-se maior preocupação com a vítima, tanto visando a reparação do dano por ela suportado – é o caso da justiça restaurativa –, como também sua participação no processo penal, conferindo-se relevante valor às declarações prestadas em juízo como meio de prova. Uma manifestação marcante e louvável da vitimologia encontra-se no art. 15-A da Lei 13.869/2019, o qual tipifica a **violência institucional** como forma de abuso de autoridade:

> Art. 15-A. Submeter a vítima de infração penal ou a testemunha de crimes violentos a procedimentos desnecessários, repetitivos ou invasivos, que a leve a reviver, sem estrita necessidade:
>
> I – a situação de violência; ou
>
> II – outras situações potencialmente geradoras de sofrimento ou estigmatização:
>
> Pena – detenção, de 3 (três) meses a 1 (um) ano, e multa.
>
> § 1.º Se o agente público permitir que terceiro intimide a vítima de crimes violentos, gerando indevida revitimização, aplica-se a pena aumentada de 2/3 (dois terços).
>
> § 2.º Se o agente público intimidar a vítima de crimes violentos, gerando indevida revitimização, aplica-se a pena em dobro.

## 1.9. DIVISÕES DO DIREITO PENAL

### 1.9.1. Direito Penal fundamental ou Direito Penal primário

Engloba o conjunto de normas e princípios gerais, aplicáveis inclusive às leis penais especiais, desde que estas não possuam disposição expressa em sentido contrário (art. 12 do

---

[19] ZAFFARONI, Eugenio Raúl. *Criminología: aproximación desde un margen.* Tercera reimpresión. Bogotá: Temis, 2003. p. 99.

Código Penal). É composto pelas normas da Parte Geral do Código Penal e, excepcionalmente, por algumas de amplo conteúdo, previstas na Parte Especial, como é o caso do conceito de domicílio (art. 150, §§ 4.º e 5.º) e de funcionário público (art. 327).

Essa denominação, amplamente aceita pela doutrina, já foi utilizada inclusive pelo Superior Tribunal de Justiça:

> O Direito Penal reúne o Código Penal e as leis especiais. O Código, por sua vez, é a matriz dessa área jurídica, denominado, por isso, de direito penal fundamental, válido para todo o Direito Penal, a não ser que lei especial disponha diferentemente.[20]

### 1.9.2. Direito Penal complementar ou Direito Penal secundário

É o conjunto de normas que integram o acervo da legislação penal extravagante. Exemplos: Lei 9.455/1997 (crimes de tortura), Lei 8.137/1990 (crimes de sonegação fiscal), Lei 13.869/2019 (crimes de abuso de autoridade), Lei 7.492/1986 (crimes contra o sistema financeiro nacional), entre tantas outras.

### 1.9.3. Direito Penal comum

Aplica-se indistintamente a todas as pessoas. É o caso do Código Penal, e também de diversas leis especiais, tais como o Decreto-lei 3.688/1941 (Lei das Contravenções Penais), a Lei 1.521/1951 (Crimes contra a Economia Popular) e a Lei 11.343/2006 (Drogas), etc., sujeitos à aplicação pela Justiça Comum.

### 1.9.4. Direito Penal especial

Aplica-se apenas às pessoas que preenchem certas condições legalmente exigidas. Exemplo: Código Penal Militar (Decreto-lei 1.001/1969), Lei 1.079/1950 (crimes de responsabilidade do Presidente da República, Ministros de Estado, Ministros do Supremo Tribunal Federal, Procurador-Geral da República, Governadores e Secretários dos Estados) e Decreto-lei 201/1967 (crimes de responsabilidade de prefeitos).

### 1.9.5. Direito Penal geral

Tem incidência em todo o território nacional. É o produzido pela União, ente federativo com competência legislativa privativa para tanto (CF, art. 22, I).

### 1.9.6. Direito Penal local

Aplica-se somente sobre parte delimitada do território nacional. É o Direito Penal elaborado pelos Estados-membros, desde que autorizados por lei complementar a legislar sobre questões específicas (CF, art. 22, parágrafo único).

### 1.9.7. Direito Penal objetivo

É o conjunto de leis penais em vigor, ou seja, todas as já produzidas e ainda não revogadas.

### 1.9.8. Direito Penal subjetivo

É o direito de punir, o *ius puniendi*, exclusivo do Estado, o qual nasce no momento em que é violado o conteúdo da lei penal incriminadora.

---

[20] REsp 71.521/MG, rel. Min. Luiz Vicente Cernicchiaro, 6.ª Turma, j. 19.12.1996.

## 1.9.9. Direito Penal material

Também conhecido como **substantivo**, por ele se entende a totalidade de leis penais em vigor. É o Direito Penal propriamente dito.

## 1.9.10. Direito Penal formal

Denominado ainda de **adjetivo**, é o grupo de leis processuais penais em vigor. É o Direito Processual Penal.

## 1.10. FONTES DO DIREITO PENAL

### 1.10.1. Introdução

Fonte representa não só a **origem,** mas também a **forma de manifestação** do Direito Penal. Por tal motivo, as fontes são divididas em formais ou materiais.

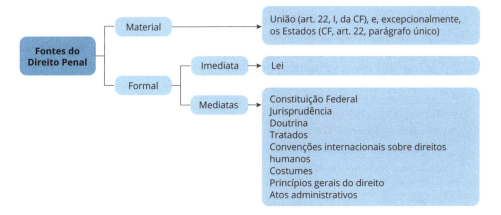

### 1.10.2. Fontes materiais, substanciais ou de produção

São os órgãos constitucionalmente encarregados de elaborar o Direito Penal. Essa tarefa é precipuamente da **União**, nos moldes do art. 22, I, da Constituição Federal.

Não se pode olvidar, ainda, que lei complementar da União pode autorizar os **Estados-membros** a legislar sobre **questões específicas**, de interesse local (CF, art. 22, parágrafo único).

### 1.10.3. Fontes formais, cognitivas ou de conhecimento

São os modos pelos quais o Direito Penal se revela. Subdividem-se em:

a) **Fonte formal imediata:** é a lei, regra escrita concretizada pelo Poder Legislativo em consonância com a forma determinada pela Constituição Federal. Em obediência ao princípio da reserva legal ou da estrita legalidade (CF, art. 5.º, XXXIX, e CP, art. 1.º), constitui-se na **única** fonte formal imediata do Direito Penal, pois somente ela pode criar crimes (e contravenções penais) e cominar penas.

b) **Fontes formais mediatas ou secundárias:** a Constituição Federal, a jurisprudência, a doutrina, os tratados e convenções internacionais sobre direitos humanos, os costumes, os princípios gerais do Direito e os atos administrativos são apontados como fontes formais mediatas do Direito Penal. Passemos à análise de cada uma dessas hipóteses.

## 1.10.3.1. Constituição Federal

A Constituição Federal, situada no ápice do ordenamento jurídico brasileiro, não cria crimes nem comina penas. Esta tarefa é por ela acometida à lei, ao incluir entre os direitos e garantias fundamentais o princípio da reserva legal ou da estrita legalidade (art. 5.º, XXXIX).

Porém, a Lei Suprema contém inúmeras disposições aplicáveis ao Direito Penal, a exemplo dos princípios da irretroatividade da lei penal (art. 5.º, XL), da intransmissibilidade ou da personalidade da pena (art. 5.º, XLV) e da individualização da pena (art. 5.º, XLVI), sem prejuízo da previsão de diversos mandados de criminalização.[21]

A Constituição Federal de 1988, com visão democrática e protetiva do ser humano, foi especialmente detalhista ao estabelecer um amplo rol de normas destinadas a limitar o poder punitivo do Estado. Por esta razão, é comum falar-se em "Constituição Penal", expressão utilizada no tocante ao conjunto de princípios e regras de Direito Penal contidas no texto constitucional.

## 1.10.3.2. Jurisprudência

A jurisprudência revela o entendimento dos tribunais sobre determinado tema jurídico, servindo como vetor ao aplicador do Direito. Entretanto, nem sempre se reveste de natureza cogente, razão pela qual não pode ser automaticamente compreendida como fonte do Direito Penal. As hipóteses em que a jurisprudência funciona como fonte formal mediata do Direito Penal estão previstas no art. 927 do Código de Processo Civil:

> Art. 927. Os juízes e os tribunais observarão:
>
> I – as decisões do Supremo Tribunal Federal em controle concentrado de constitucionalidade;
>
> II – os enunciados de súmula vinculante;[22]
>
> III – os acórdãos em incidente de assunção de competência ou de resolução de demandas repetitivas e em julgamento de recursos extraordinário e especial repetitivos;
>
> IV – os enunciados das súmulas do Supremo Tribunal Federal em matéria constitucional e do Superior Tribunal de Justiça em matéria infraconstitucional;
>
> V – a orientação do plenário ou do órgão especial aos quais estiverem vinculados.

A vinculação a tais decisões, classificadas como precedentes obrigatórios, é indispensável ao bom funcionamento da Justiça. Na esfera penal, os Tribunais Superiores (STF e STJ) devem ser compreendidos como centros irradiadores da jurisprudência em âmbito nacional. Por sua vez, o juiz isoladamente considerado, independentemente do seu cargo ou instância, é uma peça no sistema de distribuição da justiça. Isso não importa em reconhecer o magistrado como um subalterno do Tribunal Superior, e sim em visualizar o Poder Judiciário como um sistema no qual os órgãos judiciários têm competências distintas.[23]

Nesse contexto, os precedentes obrigatórios tutelam valores fundamentais do ordenamento jurídico, destacando-se:

---

[21] O estudo detalhado dos mandados de criminalização encontra-se no Capítulo 2, mais especificamente no item 2.2.1.1.

[22] Art. 103-A da Constituição Federal: "O Supremo Tribunal Federal poderá, de ofício ou por provocação, mediante decisão de dois terços dos seus membros, após reiteradas decisões sobre matéria constitucional, aprovar súmula que, a partir de sua publicação na imprensa oficial, terá efeito vinculante em relação aos demais órgãos do Poder Judiciário e à administração pública direta e indireta, nas esferas federal, estadual e municipal, bem como proceder à sua revisão ou cancelamento, na forma estabelecida em lei".

[23] Um exemplo de aplicação prática dos precedentes obrigatórios ocorreu no cancelamento, pelo Superior Tribunal de Justiça, da Súmula 512, em razão do entendimento adotado pelo Plenário do Supremo Tribunal Federal no julgamento do HC 118.533/MS, no sentido da inaplicabilidade da Lei dos Crimes Hediondos ao tráfico de drogas privilegiado (Lei 11.343/2006, art. 33, § 4.º).

CAP. 1 – DIREITO PENAL: NOÇÕES INTRODUTÓRIAS | 15

- **Segurança jurídica:** um dos principais alicerces do Estado Democrático de Direito, confere estabilidade e certeza nas relações jurídicas, e proporciona a previsibilidade das consequências jurídicas das condutas praticadas pelos membros da coletividade;

- **Igualdade:** a igualdade de todos perante a lei acarreta na igualdade de todos diante da prestação jurisdicional. Não se admite que pessoas em idêntica (ou similar) situação jurídica recebam tratamentos judiciais diametralmente opostos;

- **Unidade e coerência sistêmica:** é inaceitável que cada magistrado (juiz, desembargador ou ministro) ou tribunal produza, de forma arbitrária e desequilibrada, "seu" próprio Direito Penal; e

- **Proteção da confiança:** casos iguais ou semelhantes devem receber tratamento jurídico de igual natureza, para não gerar incredulidade da população acerca da imparcialidade e da lisura da prestação jurisdicional.

## 1.10.3.3. Doutrina

Os autores em geral, nas variadas áreas do conhecimento jurídico, e não somente no Direito Penal, elevam a doutrina à categoria de fonte formal mediata do Direito Penal. Essa afirmação, a nosso ver, deve ser encarada com cautela.

Em primeiro lugar, a doutrina, por mais abalizada e respeitada que seja, representa um estudo científico, e não se reveste de obrigatoriedade, nada obstante funcione como instrumento útil na interpretação e na aplicação prática do Direito Penal.

Além disso, o bom senso e a lógica não permitem visualizar qualquer escrito, artigo ou mesmo livro como fonte inspiradora do Direito Penal.

Felizmente, vivemos em um país que tem o pluralismo político como um dos seus fundamentos (CF, art. 1.º, inc. V), e consagra a liberdade de manifestação do pensamento como direito fundamental (CF, art. 5.º, inc. IV). Tais predicados, indispensáveis à democracia, podem abrir espaços para abusos. Basta pensar em uma "doutrina" sustentando preconceituosamente a pena de morte para pessoas de determinada religião ou etnia, para promover uma "faxina social". Evidentemente, não se pode conceber uma manifestação desse jaez como fonte do Direito Penal.

## 1.10.3.4. Tratados e convenções internacionais sobre direitos humanos

Os tratados e convenções internacionais sobre direitos humanos somente podem ser considerados fontes formais mediatas do Direito Penal depois de terem efetivamente ingressado em nosso ordenamento jurídico, com respeito a procedimento complexo destinado a esta finalidade.

Depois de cumpridas as etapas perante os Poderes Legislativo e Executivo, terão *status* constitucional, se aprovados em cada Casa do Congresso Nacional, em dois turnos, por três quintos dos votos dos respectivos membros (CF, art. 5.º, § 3.º), ou supralegal, se aprovados de forma diversa.

Em homenagem ao princípio da reserva legal, consagrado no art. 5.º, XXXIX, da Constituição Federal, e no art. 1.º do Código Penal, os tratados e convenções internacionais evidentemente não podem criar crimes nem cominar penas, ainda que já tenham sido internalizados pelo Brasil. Como já decidido pelo Superior Tribunal de Justiça:

> É necessária a edição de lei em sentido formal para a tipificação do crime contra a humanidade trazida pelo Estatuto de Roma, mesmo se cuidando de Tratado internalizado. O conceito de crime contra a humanidade se encontra positivado no art. 7.º do Estatuto de Roma do Tribunal Penal Internacional, o qual foi adotado em 17/07/1998, porém apenas passou a vigorar em 01/07/2002, quando conseguiu o quórum de 60 países ratificando a convenção, sendo internalizado por meio

do Decreto n. 4.388/2002. No Brasil, no entanto, ainda não há lei que tipifique os crimes contra a humanidade. (...) Nesse contexto, o Supremo Tribunal Federal já teve a oportunidade de se manifestar no sentido de que não é possível utilizar tipo penal descrito em tratado internacional para tipificar condutas internamente, sob pena de se violar o princípio da legalidade – art. 5.º, XXXIX, da CF/1988 segundo o qual "não há crime sem lei anterior que o defina, nem pena sem prévia cominação legal" – art. 5.º, XXXIX, da CF/1988.[24]

## 1.10.3.5. Costumes

Costume é a reiteração de uma conduta, de modo constante e uniforme, por força da convicção de sua obrigatoriedade. Possui dois elementos, um **objetivo**, relativo ao fato (reiteração da conduta), e outro **subjetivo**, inerente ao agente (convicção da obrigatoriedade). Ambos devem estar simultaneamente presentes.

O costume não se confunde com o hábito. Deveras, o último, ainda que praticado reiteradamente, não impõe ao agente a convicção da sua obrigatoriedade. Dirigir ao volante apenas com uma das mãos pode ser um hábito de diversos motoristas, mas jamais um costume. Ninguém, certamente, reputa tal conduta como obrigatória.

No Direito Penal, o costume nunca pode ser empregado para criar delitos ou aumentar penas. A lei é a sua única fonte formal imediata.

Os costumes se dividem em três blocos:

a) *secundum legem* **ou interpretativo:** auxilia o intérprete a esclarecer o conteúdo de elementos ou circunstâncias do tipo penal. No passado, pode ser lembrada a expressão "mulher honesta", a qual era compreendida de diversas formas ao longo do território nacional.

Exemplo atual é o conceito de ato obsceno, previsto no art. 233 do Código Penal e mutável de acordo com as condições regionais e culturais de cada sociedade. Utilizar um biquíni de pequenas proporções em uma praia é atividade normal, mas seria repudiada e até mesmo considerada criminosa caso uma mulher dele se valesse dentro de uma igreja em cidade interiorana extremamente conservadora;[25]

b) *contra legem* **ou negativo:** também conhecido como **desuetudo**, é aquele que contraria a lei, mas não tem o condão de revogá-la. É o caso da contravenção penal de jogo do bicho, definida pelo art. 58 do Decreto-lei 3.688/1941. Como já decidido pelo Superior Tribunal de Justiça:

> Jogo do bicho. Impossibilidade de absolvição em razão do costume. [...] O sistema jurídico brasileiro não admite possa uma lei perecer pelo desuso, porquanto, assentado no princípio da supremacia da lei escrita (fonte principal do direito), sua obrigatoriedade só termina com sua revogação por outra lei. Noutros termos, significa que não pode ter existência jurídica o costume *contra legem*.[26]

Com efeito, uma lei somente pode ser revogada por outra lei, nos termos do art. 2.º, § 1.º, da Lei de Introdução às Normas do Direito Brasileiro. É o que se denomina de **princípio da continuidade das leis;**

c) *praeter legem* **ou integrativo:** supre a lacuna da lei, e somente pode ser utilizado na seara das normas penais não incriminadoras, notadamente para possibilitar o surgimento de

---

24 STJ: REsp 1.798.903/RJ, rel. Min. Reynaldo Soares da Fonseca, 3.ª Seção, j. 25.09.2019, noticiado no *Informativo* 659.

25 "A moral vigente não se dissocia do costume vigente. Assim, quando os costumes mudam, avançando contra os preconceitos, os conceitos morais também mudam. O conceito de obsceno hoje não é mais o mesmo da inspiração do legislador do Código Penal em 1940" (STJ: HC 7.809/SP, rel. Min. José Arnaldo da Fonseca, rel. p/ acórdão Min. Edson Vidigal, 5.ª Turma, j. 24.11.1998).

26 STJ: REsp 1.435.872/MG, rel. Min. Sebastião Reis Júnior, rel. p/ acórdão Min. Rogério Schietti Cruz, 6.ª Turma, j. 03.06.2014.

causas supralegais de exclusão da ilicitude ou da culpabilidade. Menciona-se, frequentemente, a circuncisão empregada como rito religioso pelos israelitas.

### 1.10.3.6. Princípios gerais do Direito

São os **valores fundamentais** que inspiram a elaboração e a preservação do ordenamento jurídico.

No campo penal, em face do império da lei como fonte formal imediata exclusiva, os princípios não podem, em hipótese alguma, ser utilizados para tipificação de condutas ou cominação de penas. Sua atuação se reserva ao âmbito das normas penais não incriminadoras.

### 1.10.3.7. Atos da Administração Pública

Os atos administrativos, no Direito Penal, funcionam como complemento de algumas **normas penais em branco**.[27]

---

[27] Essa matéria será analisada no Capítulo 7, no item 7.4.

# CAPÍTULO 2

# PRINCÍPIOS DO DIREITO PENAL

## 2.1. CONCEITO

Princípios são os **valores fundamentais** que inspiram a criação e a manutenção do sistema jurídico. Na clássica definição de Celso Antônio Bandeira de Mello:

> Princípio é, por definição, mandamento nuclear de um sistema, verdadeiro alicerce dele, disposição fundamental que se irradia sobre diferentes normas compondo-lhes o espírito e servindo de critério para sua exata compreensão e inteligência exatamente por definir a lógica e a racionalidade do sistema normativo, no que lhe confere a tônica e lhe dá sentido harmônico. É o conhecimento dos princípios que preside a intelecção das diferentes partes componentes do todo unitário que há por nome sistema jurídico positivo.[1]

Os princípios têm a função de **orientar o legislador ordinário**, e também o aplicador do Direito Penal, no intuito de limitar o poder punitivo estatal mediante a imposição de garantias aos cidadãos.

A quantidade e a denominação dos princípios penais variam entre os doutrinadores. Vejamos os principais e de forte incidência em provas e concursos públicos.

## 2.2. PRINCÍPIOS EM ESPÉCIE

### 2.2.1. Princípio da reserva legal ou da estrita legalidade

Encontra-se previsto no art. 5.º, XXXIX, da Constituição Federal, bem como no art. 1.º do Código Penal. Trata-se de **cláusula pétrea**. Portanto, ainda que seja extirpado do Código Penal, o princípio da reserva legal continuará atuando como vetor do sistema, por força do mandamento constitucional.

Preceitua, basicamente, a **exclusividade da lei** para a criação de delitos (e contravenções penais) e cominação das respectivas penas. De fato, não há crime sem lei que o defina, nem pena sem cominação legal (*nullum crimen nulla poena sine lege*).

---

[1] BANDEIRA DE MELLO, Celso Antônio. *Curso de direito administrativo*. 14. ed. São Paulo: Malheiros, 2002. p. 807-808.

No Brasil, os crimes (e também as contravenções penais) são instituídos por leis ordinárias. Em tese, nada impede o desempenho dessa função pela lei complementar. Mas, como se sabe, a Constituição Federal indica expressamente as hipóteses de cabimento de tal espécie legislativa, entre as quais não se encaixam a criação de crimes e a cominação de penas.

É vedada a edição de medidas provisórias sobre matéria relativa a Direito Penal (CF, art. 62, § 1.º, I, alínea *b*), seja ela prejudicial ou mesmo favorável ao réu. Nada obstante, o Supremo Tribunal Federal historicamente firmou jurisprudência no sentido de que as medidas provisórias podem ser utilizadas na esfera penal, desde que benéficas ao agente.[2]

Seu mais seguro antecedente histórico é a Magna Carta de João sem Terra, imposta pelos barões ingleses em 1215, ao estabelecer em seu art. 39 que nenhum homem livre poderia ser submetido à pena sem prévia lei em vigor naquela terra. Posteriormente, o princípio da reserva legal foi desenvolvido nos moldes atuais por Paul Johan Anselm Ritter von Feuerbach, com base em sua teoria da **coação psicológica**. Para ele, toda imposição de pena pressupõe uma lei penal. Somente a ameaça de um mal por meio da lei fundamenta a noção e a possibilidade jurídica da pena.[3]

Aplica-se não somente ao crime, mas também às **contravenções penais**. Com efeito, a palavra "crime" foi utilizada em sentido genérico tanto pelo Código Penal como pela Constituição Federal. E, ainda, o art. 1.º do Decreto-lei 3.688/1941 (Lei das Contravenções Penais), diz que se aplicam às contravenções as regras gerais do Código Penal quando não houver disposição em sentido contrário, a qual inexiste.

O princípio da reserva legal **possui três fundamentos**, um de natureza jurídica, um de cunho político e outro de índole democrática.

O fundamento **jurídico** é a **taxatividade, certeza** ou **determinação**, pois implica, por parte do legislador, a determinação precisa, ainda que mínima,[4] do conteúdo do tipo penal e da sanção penal a ser aplicada, bem como, da parte do juiz, na máxima vinculação ao mandamento legal, inclusive na apreciação de benefícios legais. Nesse sentido é o entendimento do Superior Tribunal de Justiça:

> O princípio da reserva legal atua como expressiva limitação constitucional ao aplicador judicial da lei, cuja competência jurisdicional, por tal razão, não se reveste de idoneidade suficiente para lhe permita a ordem jurídica ao ponto de conceder benefícios proibidos pela norma vigente, sob pena de incidir em domínio reservado ao âmbito de atuação do Poder Legislativo.[5]

Como desdobramento lógico da taxatividade, o Direito Penal não tolera a analogia *in malam partem*. Se os crimes e as penas devem estar expressamente previstos em lei, é vedada a utilização de regra análoga, em prejuízo do ser humano, nas situações de vácuo legislativo.

O fundamento **político** é a **proteção do ser humano** em face do arbítrio do Estado no exercício do seu poder punitivo. Enquadra-se, destarte, entre os **direitos fundamentais de 1.ª geração** (ou **dimensão**).

Por sua vez, o fundamento **democrático** ("dimensão democrática do princípio da reserva legal") revela a aceitação pelo povo, representado pelo Congresso Nacional, da opção legislativa no âmbito criminal. De fato, os parlamentares, eleitos pelos cidadãos brasileiros, elaboram a

---

[2] RHC 117.566/SP, rel. Min. Luiz Fux, 1.ª Turma, j. 24.09.2013.

[3] FRAGOSO, Heleno Cláudio. *Lições de direito penal*: parte geral. 15. ed. rev. e atual. por Fernando Fragoso. Rio de Janeiro: Forense, 1994. p. 92.

[4] Por esse motivo, é perfeitamente compatível com as leis penais em branco, com os tipos penais abertos e com os crimes culposos. A Constituição Federal e o Código Penal não impõem ao tipo penal a definição de todos os elementos da conduta criminosa, mas apenas dos mais relevantes, podendo os demais ser transferidos a outras leis, a atos administrativos, ou, finalmente, à interpretação do magistrado.

[5] HC 92.010/ES, rel. Min. Napoleão Nunes Maia Filho, 5.ª Turma, j. 21.02.2008.

legislação penal. Portanto, ao menos em tese, é o povo quem escolhe os crimes e as penas que devem vigorar no Brasil.

A denominação do princípio merece especial cautela nas provas e nos concursos públicos. A doutrina consagrou, corretamente, as expressões **reserva legal** e **estrita legalidade**, pois somente se admite **lei em sentido material** (matéria constitucionalmente reservada à lei) e **formal** (lei editada em consonância com o processo legislativo previsto na Constituição Federal).

Contudo, algumas provas adotam rotineiramente o termo **legalidade**, o que não é correto, pois nele se enquadram quaisquer das espécies normativas elencadas pelo art. 59 da Constituição Federal, e não apenas a lei.

De fato, se tais denominações fossem sinônimas não existiria razão para o texto constitucional utilizar dois incisos do seu art. 5.º para se referir ao mesmo princípio. Em verdade, no inc. II encontra-se o princípio da legalidade ("ninguém será obrigado a fazer ou deixar de fazer alguma coisa senão em virtude de lei"), enquanto no inc. XXXIX repousa o princípio da reserva legal, atribuindo à lei em sentido estrito o monopólio na criação de crimes e na cominação das penas.

O melhor caminho a seguir é o da coerência. Se as alternativas em provas objetivas apontarem somente o princípio da legalidade, adote essa nomenclatura, até mesmo por exclusão. Por outro lado, no confronto entre legalidade e reserva legal ou estrita legalidade, fique com os últimos.

Se a prova for dissertativa ou oral, argumente sobre o assunto, sempre de forma equilibrada, até porque geralmente não se conhecem as preferências da banca examinadora. Em hipóteses de risco, a posição fundada no equilíbrio sempre é a melhor a ser acolhida.

### 2.2.1.1. Princípio da reserva legal e mandados de criminalização

A Constituição Federal brasileira, seguindo o modelo de algumas constituições europeias, como as da Alemanha, Espanha, Itália, França e da própria Comunidade Europeia, estabelece mandados expressos (ou explícitos) e tácitos (ou implícitos) de criminalização (ou penalização). Cuida-se de hipóteses de obrigatória intervenção do legislador penal.

Com efeito, os mandados de criminalização indicam matérias sobre as quais o legislador ordinário não tem a faculdade de legislar, mas a obrigatoriedade de tratar, protegendo determinados bens ou interesses de forma adequada e, dentro do possível, integral.

Os mandados de criminalização expressos contidos na Constituição Federal são encontrados nos arts. 5.º, incisos XLII (racismo), XLIII (tortura, tráfico ilícito de entorpecentes e drogas afins, terrorismo e crimes hediondos) e XLIV (ação de grupos armados, civis ou militares, contra a ordem constitucional e o Estado democrático), e § 3.º (os tratados e convenções internacionais sobre direitos humanos que forem aprovados, em cada Casa do Congresso Nacional, em dois turnos, por três quintos dos votos dos respectivos membros, serão equivalentes às emendas constitucionais), 7.º, inciso X (retenção dolosa do salário dos trabalhadores), 227, § 4.º (abuso, violência e exploração sexual da criança ou adolescente), 225 (condutas lesivas ao meio ambiente). Para o Supremo Tribunal Federal:

> A Constituição de 1988 contém significativo elenco de normas que, em princípio, não outorgam direitos, mas que, antes, determinam a criminalização de condutas (CF, art. 5.º, XLI, XLII, XLIII, XLIV; art. 7.º, X; art. 227, § 4.º). Em todas essas é possível identificar um mandado de criminalização expresso, tendo em vista os bens e valores envolvidos. Os direitos fundamentais não podem ser considerados apenas proibições de intervenção, expressando também um postulado de proteção.[6]

---

[6] HC 102.087/MG, rel. Min. Celso de Mello, rel. p/ acórdão Min. Gilmar Mendes, 2.ª Turma, j. 28.02.2012.

## 22 | DIREITO PENAL – PARTE GERAL – VOL. 1 • CLEBER MASSON

Há também mandados tácitos de criminalização, podendo ser citado o exemplo do necessário e urgente combate eficaz à corrupção eleitoral.

Alguns dos mandados de criminalização já foram atendidos pelo legislador ordinário de modo satisfatório, a exemplo da Lei 13.260/2016, que regulamentou o art. 5.º, inc. XLIII, da Constituição Federal, para tipificar o terrorismo; outros de forma insuficiente; vários simplesmente ignorados.

### 2.2.1.2. Homofobia (ou transfobia), omissão legislativa e Supremo Tribunal Federal

O Plenário do Supremo Tribunal Federal, no julgamento conjunto da Ação Direta de Inconstitucionalidade por Omissão n.º 26/DF e do Mandado de Injunção 4.733/DF, decidiu pela aplicabilidade das disposições contidas na Lei 7.716/1989 – Crimes de Preconceito e Discriminação aos delitos envolvendo homofobia e transfobia.[7]

A Corte Constitucional reconheceu o estado de mora do Congresso Nacional em face da omissão legislativa no tocante ao enfrentamento de tais temas, nada obstante a existência de projetos de lei há muito tempo em trâmite, bem como a necessidade de criminalização de comportamentos movidos pelo ódio e pela intolerância provocadoras de violência de gênero ou de orientação sexual.

A efetiva proteção jurídico-social aos integrantes da comunidade LGBTI+ – Lésbicas, Gays, Bissexuais, Transgêneros, Intersexuais e outras identidades de gênero e de sexualidade não contempladas na sigla atualmente adotada, e notadamente a implementação dos mandados de criminalização contidos no art. 5.º, XLI ("a lei punirá qualquer discriminação atentatória dos direitos e liberdades fundamentais") e XLII ("a prática do racismo constitui crime inafiançável e imprescritível, sujeito à pena de reclusão, nos termos da lei"), da Constituição Federal, levou o Supremo Tribunal Federal a ocupar o vácuo deixado pelo Poder Legislativo. Nesse contexto, decidiu-se que, para fins de proteção pelo Direito Penal:

> Até que sobrevenha lei emanada do Congresso Nacional destinada a implementar os mandados de criminalização definidos nos incisos XLI e XLII do art. 5.º da Constituição da República, as condutas homofóbicas e transfóbicas, reais ou supostas, que envolvem aversão odiosa à orientação sexual ou à identidade de gênero de alguém, por traduzirem expressões de racismo, compreendido este em sua dimensão social, ajustam-se, por identidade de razão e mediante adequação típica, aos preceitos primários de incriminação definidos na Lei nº 7.716, de 08.01.1989, constituindo, também, na hipótese de homicídio doloso, circunstância que o qualifica, por configurar motivo torpe (Código Penal, art. 121, § 2.º, I, "in fine");
>
> A repressão penal à prática da homotransfobia não alcança nem restringe ou limita o exercício da liberdade religiosa, qualquer que seja a denominação confessional professada, a cujos fiéis e ministros (sacerdotes, pastores, rabinos, mulás ou clérigos muçulmanos e líderes ou celebrantes das religiões afro-brasileiras, entre outros) é assegurado o direito de pregar e de divulgar, livremente, pela palavra, pela imagem ou por qualquer outro meio, o seu pensamento e de externar suas convicções de acordo com o que se contiver em seus livros e códigos sagrados, bem assim o de ensinar segundo sua orientação doutrinária e/ou teológica, podendo buscar e conquistar prosélitos e praticar os atos de culto e respectiva liturgia, independentemente do espaço, público ou privado, de sua atuação individual ou coletiva, desde que tais manifestações não configurem discurso de ódio, assim entendidas aquelas exteriorizações que incitem a discriminação, a hostilidade ou a violência contra pessoas em razão de sua orientação sexual ou de sua identidade de gênero.
>
> O conceito de racismo, compreendido em sua dimensão social, projeta-se para além de aspectos estritamente biológicos ou fenotípicos, pois resulta, enquanto manifestação de poder, de uma cons-

---

[7]  ADO 26/DF, rel. Min. Celso de Mello, Plenário, j. 13.06.2019; e MI 4.733/DF, rel. Min. Edson Fachin, Plenário, j. 13.06.2019, noticiados no *Informativo* 944.

trução de índole histórico-cultural motivada pelo objetivo de justificar a desigualdade e destinada ao controle ideológico, à dominação política, à subjugação social e à negação da alteridade, da dignidade e da humanidade daqueles que, por integrarem grupo vulnerável (LGBTI+) e por não pertencerem ao estamento que detém posição de hegemonia em uma dada estrutura social, são considerados estranhos e diferentes, degradados à condição de marginais do ordenamento jurídico, expostos, em consequência de odiosa inferiorização e de perversa estigmatização, a uma injusta e lesiva situação de exclusão do sistema geral de proteção do direito.

Além de dar interpretação conforme a Constituição Federal, em face dos mandados de criminalização contidos em seu art. 5.º, XLI e XLII, para enquadrar a homofobia e a transfobia, qualquer que seja a forma de sua manifestação, nos diversos tipos penais da Lei 7.716/1989, até que sobrevenha legislação autônoma editada pelo Congresso Nacional, e de reconhecer a omissão do Poder Legislativo, o Supremo Tribunal deu ciência ao Congresso Nacional, para os fins e efeitos do art. 103, § 2.º, da Constituição Federal,[8] combinado com o art. 12-H, *caput*, da Lei 9.868/1999.[9]

Em uma comunidade verdadeiramente civilizada, composta de pessoas minimamente educadas, éticas e respeitadoras das orientações sexuais alheias, sequer seria discutida a criminalização da homofobia e da transfobia. Uma sociedade deste jaez, contudo, ainda está longe de existir. Discursos e ações de ódio e de intolerância de gênero e de identidade sexual vilipendiam as liberdades fundamentais e a dignidade da pessoa humana.

Embora exista proteção por outros tipos penais – matar por questões de gênero, por exemplo, configura feminicídio ou então homicídio qualificado pelo motivo torpe, dependendo do caso concreto – é indiscutível a imprescindibilidade da incriminação urgente de comportamentos que se esgotam na homofobia e da transfobia, como na hipótese do dono de um restaurante que não permite a entrada em seu estabelecimento de um transexual, unicamente em razão da questão de gênero.

Nesse cenário, a decisão do Supremo Tribunal Federal tem o mérito de jogar luzes para o grave cenário de omissão legislativa, baseada sobretudo no preconceito e no falso moralismo, e pressionar o Congresso Nacional a finalmente, mais de três décadas após a entrada em vigor da Constituição Federal, fazer seu papel e dispensar tratamento do Direito Penal a crimes motivados pela homofobia e pela transfobia.

É preciso reconhecer, entretanto, que para tutelar algumas liberdades fundamentais o Supremo Tribunal Federal incidiu em grave erro, e olvidou-se de outra liberdade fundamental, conquistada a duras penas ao longo da história da humanidade: o princípio da reserva legal, insculpido no art. 5.º, XXXIX, da Constituição Federal.

Com efeito, crimes e penas somente podem ser criados por lei, nunca por decisão judicial, ainda que emanada da Corte Suprema. A taxatividade, compreendida como fundamento jurídico do princípio da reserva legal, impede a utilização da analogia prejudicial ao réu (*in malam partem*) no Direito Penal. Cuida-se de direito fundamental do ser humano, que não poderia ser sacrificado sob o argumento de tutela de outros direitos.

De fato, o art. 1.º, da Lei 7.716/1989, utilizado pelo Supremo Tribunal Federal para criminalização da homofobia e da transfobia, estatui: "Serão punidos, na forma desta Lei, os crimes resultantes de discriminação ou preconceito de raça, cor, etnia, religião ou procedência nacional."

---

[8] "Declarada a inconstitucionalidade por omissão de medida para tornar efetiva norma constitucional, será dada ciência ao Poder competente para a adoção das providências necessárias e, em se tratando de órgão administrativo, para fazê-lo em trinta dias."

[9] "Declarada a inconstitucionalidade por omissão, com observância do disposto no art. 22, será dada ciência ao Poder competente para a adoção das providências necessárias."

Raça, cor, etnia, religião ou procedência nacional. **Não se fala em gênero ou orientação sexual**. A Corte Constitucional alargou demais a lei, para englobar fatos que não estão ao seu alcance.

Convém repetir: não se pode aniquilar direitos para tutelar outros direitos, sob pena de insegurança jurídica e, acima de tudo, de desrespeito à Constituição Federal. Nosso papel, enquanto sociedade democrática e detentora de amplo espectro de poder, é mobilizar-se no sentido de exigir firme e séria atuação do Poder Legislativo.

### 2.2.2. Princípio da anterioridade

Decorre também do art. 5.º, XXXIX, da Constituição Federal, e do art. 1.º do Código Penal, quando estabelecem que o crime e a pena devem estar definidos em lei **prévia** ao fato cuja punição se pretende.

A lei penal produz efeitos a partir da data em que entra em vigor. Daí deriva a sua irretroatividade: não se aplica a comportamentos pretéritos, salvo se beneficiar o réu (CF, art. 5º, XL).

É proibida a aplicação da lei penal inclusive aos fatos praticados durante seu período de *vacatio*. Embora já publicada e formalmente válida, a lei ainda não estará em vigor e não alcançará as condutas praticadas em tal período.

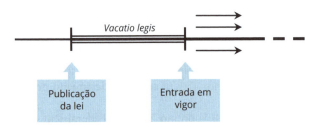

### 2.2.3. Princípio da insignificância ou da criminalidade de bagatela

#### 2.2.3.1. Introdução

O princípio da insignificância surgiu no Direito Romano, porém limitado ao direito privado. Invocava-se o brocardo *de minimus non curat praetor*, ou seja, os juízes e tribunais não devem se ocupar de assuntos irrelevantes.

Este princípio foi incorporado ao Direito Penal somente na década de 1970, pelos estudos de Claus Roxin. Também conhecido como criminalidade de bagatela, sustenta ser vedada a atuação penal do Estado quando a conduta não é capaz de lesar ou no mínimo de colocar em perigo o bem jurídico tutelado pela norma penal.

#### 2.2.3.2. Finalidade

O princípio da insignificância, fundamentado em valores de **política criminal** (aplicação do Direito Penal em sintonia com os anseios da sociedade), destina-se a realizar uma **interpretação restritiva da lei penal**. Em outras palavras, o tipo penal é amplo e abrangente, e o postulado da criminalidade de bagatela serve para limitar sua incidência prática. Para o Supremo Tribunal Federal:

O princípio da insignificância é vetor interpretativo do tipo penal, tendo por escopo restringir a qualificação de condutas que se traduzam em ínfima lesão ao bem jurídico nele (tipo penal) albergado. Tal forma de interpretação insere-se num quadro de válida medida de política criminal, visando, para além da descarcerização, ao descongestionamento da Justiça Penal, que deve ocupar-se apenas das infrações tidas por socialmente mais graves. Numa visão humanitária do Direito Penal, então, é de se prestigiar esse princípio da tolerância, que, se bem aplicado, não chega a estimular a ideia de impunidade. Ao tempo que se verificam patentes a necessidade e a utilidade do princípio da insignificância, é imprescindível que aplicação se dê de maneira criteriosa, contribuindo sempre tendo em conta a realidade brasileira, para evitar que a atuação estatal vá além dos limites do razoável na proteção do interesse público.[10]

Exemplificativamente, a redação do art. 155, *caput,* do Código Penal – "subtrair, para si ou para outrem, coisa alheia móvel" – abarca qualquer objeto material, independentemente do seu valor e da importância para seu titular. Mas, é evidente, o Direito Penal não presta a tutelar a subtração de um grampo de cabelo ou de uma folha de papel. Não há falar em crime de furto em tais situações.

Em suma, o princípio da insignificância destina-se a diminuir a intervenção do Direito Penal, não podendo em hipótese alguma ampliá-la.

### 2.2.3.3. Natureza jurídica

O princípio da insignificância é **causa de exclusão da tipicidade**. Sua presença acarreta na atipicidade do fato. Com efeito, a tipicidade penal é constituída pela união da tipicidade formal com a tipicidade material.

Na sua incidência, opera-se tão somente a **tipicidade formal** (juízo de adequação entre o fato praticado na vida real e o modelo de crime descrito na norma penal). Falta a **tipicidade material** (lesão ou perigo de lesão ao bem jurídico). Em síntese, exclui-se a tipicidade pela ausência da sua vertente material. Na linha da jurisprudência do Supremo Tribunal Federal:

> O princípio da insignificância qualifica-se como fator de descaracterização material da tipicidade penal. O princípio da insignificância – que deve ser analisado em conexão com os postulados da fragmentariedade e da intervenção mínima do Estado em matéria penal – tem o sentido de excluir ou de afastar a própria tipicidade penal, examinada na perspectiva de seu caráter material.[11]

Como corolário da atipicidade do fato, nada impede a **concessão de ofício de *habeas corpus*** pelo Poder Judiciário,[12] quando caracterizado o princípio da insignificância. Além disso, **o trânsito em julgado da condenação** não impede seu reconhecimento.[13]

### 2.2.3.4. Requisitos

O reconhecimento do princípio da insignificância depende de requisitos objetivos, relacionados ao fato, e de requisitos subjetivos, vinculados ao agente e à vítima. Por esta razão, seu cabimento deve ser analisado no **caso concreto**, de acordo com as suas especificidades, e não no plano abstrato.[14]

---

[10] HC 104.787/RJ, rel. Min. Ayres Britto, 2.ª Turma, j. 26.10.2010.

[11] RHC 122.464/BA, rel. Min. Celso de Mello, 2.ª Turma, j. 10.06.2014.

[12] STF: HC 97.836/RS, rel. Min. Celso de Mello, 2.ª Turma, j. 19.05.2009, noticiado no *Informativo* 547.

[13] HC 95.570/SC, rel. Min. Dias Toffoli, 1.ª Turma, j. 01.06.2010, noticiado no *Informativo* 589.

[14] STF: HC 123.108/MG, rel. Min. Roberto Barroso, Plenário, j. 03.08.2015, noticiado no *Informativo* 793; e STJ: AgRg no RHC 44.461/RS, rel. Min. Marco Aurélio Bellizze, 5.ª Turma, j. 27.05.2014, noticiado no *Informativo* 542.

### 2.2.3.4.1. Requisitos objetivos

São quatro os requisitos objetivos exigidos pelo princípio da insignificância: (a) mínima ofensividade da conduta; (b) ausência de periculosidade social da ação; (c) reduzido grau de reprovabilidade do comportamento; e (d) inexpressividade da lesão jurídica. Estes vetores encontram-se consolidados na jurisprudência do Supremo Tribunal Federal:

> Para a incidência do princípio da insignificância, devem ser relevados o valor do objeto do crime e os aspectos objetivos do fato, tais como, a mínima ofensividade da conduta do agente, a ausência de periculosidade social da ação, o reduzido grau de reprovabilidade do comportamento e a inexpressividade da lesão jurídica causada.[15]

Tais requisitos são muito próximos entre si. O Supremo Tribunal Federal não faz distinção entre eles. Na verdade, é impossível diferenciá-los. A explicação para esse fenômeno é simples.

Mais do que um princípio, a insignificância penal é um fator de política criminal. Portanto, é necessário conferir ampla flexibilidade ao operador do Direito para aplicá-lo, ou então para negá-lo, sempre levando em conta as peculiaridades do caso concreto. É imprescindível analisar o contexto em que a conduta foi praticada para, ao final, concluir se é oportuna (ou não) a incidência do tipo penal. Este é o motivo pelo qual a jurisprudência muitas vezes apresenta resultados diversos para casos aparentemente semelhantes.

No âmbito dos delitos patrimoniais, é fácil notar, o reduzido valor do objeto material não se revela como o único parâmetro para a configuração da criminalidade de bagatela. Vale a pena conhecer um interessante caso apreciado pelo Superior Tribunal de Justiça:

> Não se aplica o princípio da insignificância ao furto de bem de inexpressivo valor pecuniário de associação sem fins lucrativos com o induzimento de filho menor a participar do ato. No caso em análise, teria a paciente, segundo a denúncia, subtraído um cofrinho contendo R$ 4,80 (quatro reais e oitenta centavos) da Associação dos Voluntários de Combate ao Câncer – AVCC, induzindo seu filho de apenas 09 anos a pegar o objeto e colocá-lo na sua bolsa. Nesse contexto, verifica-se que o princípio da insignificância não se aplica ao caso, porquanto as características dos fatos revelam reprovabilidade suficiente para a consumação do delito, embora o ínfimo valor da coisa subtraída. O referido princípio se aplica a fatos dotados de mínima ofensividade, desprovidos de periculosidade social, de reduzido grau de reprovabilidade do comportamento e que a lesão jurídica provocada seja inexpressiva. Observa-se, assim, que não há falar em mínima ofensividade nem em reduzido grau de reprovabilidade do comportamento, porquanto foi subtraído o bem com o induzimento do próprio filho menor da ora paciente a pegá-lo e, lamentavelmente, contra uma instituição sem fins lucrativos que dá amparo a crianças com câncer. Ainda que irrelevante a lesão pecuniária provocada, porque inexpressivo o valor do bem, a repulsa social do comportamento é evidente.[16]

No campo específico do furto, delito em que a bagatela mais frequentemente tem incidência, é importante destacar que "a restituição imediata e integral do bem furtado não constitui, por si só, motivo suficiente para a incidência do princípio da insignificância." Essa foi a tese adotada pelo Superior Tribunal de Justiça no **Tema 1.205 do Recurso Repetitivo**.[17]

### 2.2.3.4.2. Requisitos subjetivos

Os requisitos subjetivos não dizem respeito ao fato. Ao contrário, relacionam-se ao agente e à vítima do fato descrito em lei como crime ou contravenção penal. Vejamos.

---

[15] RHC 118.972/MG, rel. Min. Gilmar Mendes, rel. p/ acórdão Min. Cármen Lúcia, 2.ª Turma, j. 03.06.2014.

[16] RHC 93.472/Ms, rel. Min. Maria Thereza de Assis Moura, 6.ª Turma, j. 15.03.2018, noticiado no *Informativo* 622.

[17] REsp 2.062.095/AL, rel. Min. Sebastião Reis Júnior, 3.ª Seção, j. 25.10.2023; e REsp 2.062.375/AL, rel. Min. Sebastião Reis Júnior, 3.ª Seção, j. 25.10.2023, noticiados no *Informativo* 793.

### – Condições pessoais do agente

Nessa seara, três situações merecem análise: reincidente, criminoso habitual e militar.

*a) Reincidente*

Existem duas posições acerca da possibilidade de aplicação do princípio da insignificância ao reincidente:

***1.ª posição***: É vedada a incidência do princípio da insignificância ao reincidente. Cuida-se de instituto de política criminal e, nesse contexto, não há interesse da sociedade no deferimento do benefício àquele que já foi definitivamente condenado pela prática de uma infração penal. Como já decidido pelo Supremo Tribunal Federal:

> Após ter sido absolvido pelo juízo de primeiro grau ante o princípio da insignificância, o paciente foi condenado pelo Tribunal de Justiça à pena de um ano e nove meses de reclusão em regime inicial semiaberto. A Corte de origem levou em consideração os maus antecedentes, como circunstância judicial desfavorável, e a reincidência para afastar a aplicação do princípio da insignificância. A Turma rememorou que o Plenário, ao reconhecer a possibilidade de afastamento do princípio da insignificância ante a reincidência, aquiesceu não haver impedimento para a fixação do regime aberto na hipótese de aplicação do referido princípio.[18]

***2.ª posição:*** Admite-se o princípio da insignificância em favor do reincidente. Esse postulado exclui a tipicidade do fato, e a reincidência (agravante genérica) é utilizada somente na dosimetria da pena. Em outras palavras, não há relevância penal tanto para o primário como para o reincidente. O Supremo Tribunal Federal já se posicionou nesse sentido:

> Reincidência ou maus antecedentes não impedem, por si sós, a aplicação do postulado da insignificância. A despeito de restar patente a existência da tipicidade formal, não incide, na situação dos autos, a material, que se traduz na lesividade efetiva e concreta ao bem jurídico tutelado, sendo atípica a conduta imputada. Em uma leitura conjunta do princípio da ofensividade com o princípio da insignificância, estar-se-á diante de uma conduta atípica quando a conduta não representar, pela irrisória ofensa ao bem jurídico tutelado, um dano (nos crimes de dano), uma certeza de risco de dano (nos crimes de perigo concreto) ou, ao menos, uma possibilidade de risco de dano (nos crimes de perigo abstrato), conquanto haja, de fato, uma subsunção formal do comportamento ao tipo penal. Em verdade, não haverá crime quando o comportamento não for suficiente para causar um dano, ou um perigo efetivo de dano, ao bem jurídico – quando um dano, ou um risco de dano, ao bem jurídico não for possível diante da mínima ofensividade da conduta.[19]

*b) Criminoso habitual*

Criminoso habitual é aquele que faz da prática de delitos o seu meio de vida. A ele não se permite a incidência do princípio da insignificância, pois a lei penal seria inócua se

---

[18]  HC 135.164/MT, rel. Min. Marco Aurélio, red. p/ ac. Min. Alexandre de Moraes, 1.ª Turma, j. 23.04.2019, noticiado no *Informativo* 938. No mesmo sentido: HC 123.108/MG, rel. Min. Roberto Barroso, Plenário, j. 03.08.2015, noticiado no *Informativo* 793.

[19]  HC 181.389 AgR/SP, rel. Min. Gilmar Mendes, 2.ª Turma, j. 14.04.2020, noticiado no *Informativo* 973. No sentido de autorizar a aplicação do princípio da insignificância ao agente portador de maus antecedentes: STF – RHC 174.784/MS, rel. orig. Min. Marco Aurélio, red. p/ o ac. Min. Alexandre de Moraes, 1.ª Turma, j. 11.02.2020, noticiado no *Informativo* 966. O STJ tem admitido a incidência do princípio da bagatela aos reincidentes, dependendo da análise do caso concreto: REsp 1.957.218/MG, rel. Min. Olindo Menezes (Desembargador convocado do TRF 1.ª Região), 6.ª Turma, j. 23.08.2022, noticiado no *Informativo* 746.

tolerada a reiteração do mesmo crime, seguidas vezes, em frações que, isoladamente, não superassem um determinado valor tido como irrelevante, mas o excedesse em sua totalidade. Pensemos em um exemplo: "A" subtrai, diariamente, R$ 30,00 do caixa do supermercado em que trabalha. Ao final de um mês, terá subtraído aproximadamente R$ 900,00. Se cada conduta fosse considerada como insignificante, o furto jamais se concretizaria, mesmo com a dimensão do valor final.

Se não bastasse, o entendimento em sentido contrário representaria um autêntico incentivo ao descumprimento do Direito Penal, especialmente para aqueles que fazem da criminalidade um estilo de vida. Para o Supremo Tribunal Federal:

> Para se afirmar que a insignificância pode conduzir à atipicidade é indispensável, portanto, averiguar a adequação da conduta do agente em seu sentido social amplo, a fim de apurar se o fato imputado, que é formalmente típico, tem ou não relevância penal. Esse contexto social ampliado certamente comporta, também, juízo sobre a contumácia da conduta do agente. Não se pode considerar atípica, por irrelevante, a conduta formalmente típica, de delito contra o patrimônio, praticada por paciente que é costumeiro na prática de crimes da espécie.[20]

O Supremo Tribunal Federal, entretanto, já acolheu o princípio da insignificância em uma hipótese excepcional de habitualidade criminosa, que na verdade contemplava uma situação de furto famélico, ou seja, praticado para saciar a fome do agente ou de pessoa a ele ligada por laços de parentesco ou de amizade:

> A Segunda Turma deu provimento a agravo regimental para conceder a ordem de "habeas corpus" a fim de absolver paciente da acusação de furto qualificado [CP, art. 155, § 4.º, IV] em face da aplicação do princípio da insignificância. Para o colegiado, como regra, a habitualidade delitiva específica é um parâmetro que afasta a análise do valor do bem jurídico tutelado para fins de aplicação do princípio da bagatela. Excepcionalmente, no entanto, as peculiaridades do caso concreto podem justificar a exclusão dessa restrição, com base na ideia da proporcionalidade em sentido concreto. Essa é justamente a situação dos autos, de furto de um galo, quatro galinhas caipiras, uma galinha garnisé e três quilos de feijão, bens avaliados em pouco mais de cem reais. O valor dos bens é inexpressivo e não houve emprego de violência. Enfim, é caso de mínima ofensividade, ausência de periculosidade social, reduzido grau de reprovabilidade e inexpressividade da lesão jurídica. Mesmo que conste em desfavor do paciente outra ação penal instaurada por igual conduta, ainda em trâmite, a hipótese é de típico crime famélico. A excepcionalidade também se justifica por se tratar de hipossuficiente. Não é razoável que o Direito Penal e todo o aparelho do Estado-polícia e do Estado-juiz movimente-se no sentido de atribuir relevância a estas situações.[21]

No tocante ao **acordo de não persecução penal**, cumpre destacar que a conduta criminal habitual, reiterada ou profissional não impede a celebração da avença entre o Ministério Público e o investigado, acompanhado pelo seu defensor, **se as infrações penais pretéritas**

---

[20]  RHC 118.014/ES, rel. Min. Gilmar Mendes, rel. p/ acórdão Min. Teori Zavascki, 2.ª Turma, j. 12.11.2013. No STJ: AgRg no REsp 1.986.729/MG, rel. Min. Rogerio Schietti Cruz, 6.ª Turma, j. 28.06.2022, noticiado no *Informativo* 744.

[21]  HC 141.440 AgR/MG, rel. Min. Dias Toffoli, 2.ª Turma, j. 14.08.2018, noticiado no *Informativo* 911. O STJ reconheceu o princípio da insignificância em tentativa de furto de 08 (oito) shampoos, em valor global aproximado inferior a R$ 100,00 (cem reais), mesmo diante da reiteração de condutas dessa natureza. Extrai-se do julgado: "Em homenagem ao direito penal do fato, ao se afirmar que determinada conduta é atípica, ainda que ela ocorra reiteradas vezes, em todas essas vezes estará ausente a proteção jurídica de envergadura penal. Ou seja, a reiteração é incapaz de transformar um fato atípico em uma conduta com relevância penal. Repetir várias vezes algo atípico não torna esse fato um crime." (AgRg no HC 834.558/GO, rel. Min. Messod Azulay Neto, rel. para acórdão Min. Daniela Teixeira, 5.ª Turma, j. 12.12.2023, noticiado no *Informativo* 800).

**forem insignificantes** (CPP, art. 28-A, § 2.º, II). Nota-se aqui uma impropriedade técnica: se as infrações penais pretéritas forem insignificantes, na verdade não eram "infrações penais", em face da atipicidade (material) dos fatos praticados pelo agente, e por tal razão não impedem, e não poderiam impedir, o acordo de não persecução penal.

### c) Militares

É vedada a utilização do princípio da insignificância nos crimes cometidos por militares, em face da elevada reprovabilidade da conduta, da autoridade e da hierarquia que regulam a atuação castrense, bem como do desprestígio ao Estado, responsável pela segurança pública. Na visão do Supremo Tribunal Federal:

> A jurisprudência do Supremo Tribunal Federal – ressalvada a posição pessoal do relator – não admite a aplicabilidade, aos crimes militares, do princípio da insignificância, mesmo que se trate de crime de posse de substância entorpecente, em quantidade ínfima, para uso próprio, cometido no interior de Organização Militar.[22]

### – Condições da vítima

A configuração do princípio da insignificância também depende das condições do ofendido. Há que se conjugar a importância do objeto material para a vítima, levando-se em consideração a sua condição econômica, o valor sentimental do bem, como também as circunstâncias e o resultado do crime, tudo de modo a determinar, subjetivamente, se houve relevante lesão. Nas lições do Supremo Tribunal Federal:

> Já do ângulo da vítima, o exame da relevância ou irrelevância penal deve atentar para o seu peculiarmente reduzido sentimento de perda por efeito da conduta do agente, a ponto de não experimentar revoltante sensação de impunidade ante a não incidência da norma penal que, a princípio, lhe favorecia.[23]

Não há dúvida sobre a existência de uma relação diretamente proporcional, para estabelecimento da importância do bem para a vítima, entre a sua condição econômica e o valor do objeto material. Vejamos um exemplo: O agente subtrai uma bicicleta, velha e repleta de defeitos, quase sem nenhum valor econômico. Certamente não se pode falar em lesão patrimonial a uma pessoa dotada de alguma riqueza, e será cabível o princípio da insignificância. Mas se a vítima é um servente de pedreiro, pilar de família e pai de 5 filhos, que utiliza a bicicleta para atravessar a cidade e trabalhar diariamente em uma construção, estará caracterizado o furto, sem espaço para a criminalidade de bagatela.[24]

Portanto, a análise da **extensão do dano** causado ao ofendido é imprescindível para aquilatar a pertinência do princípio da insignificância.[25]

O **valor sentimental do bem** para a vítima impede a utilização da insignificância, ainda que o objeto material do crime não apresente relevante aspecto econômico. A propósito, o Supre-

---

[22] HC 114.194 AgR/SP, rel. Min. Celso de Mello, 2.ª Turma, j. 06.08.2013. No mesmo sentido: HC 118.255/PR, rel. Min. Ricardo Lewandowski, 2.ª Turma, j. 19.11.2013; e HC 114.097/PA, rel. Min. Teori Zavascki, 2.ª Turma, j. 01.04.2014.

[23] HC 111.017/RS, rel. Min. Ayres Britto, 2.ª Turma, j. 07.02.2012. Na ótica do STJ: "Consoante a jurisprudência do STJ, a verificação da lesividade mínima da conduta, apta a torná-la atípica, deve levar em consideração não só o valor econômico e a importância do objeto material subtraído, mas também a condição econômica da vítima e as circunstâncias e consequências do delito cometido, a fim de se determinar se houve ou não relevante lesão ao bem jurídico tutelado" (STJ: HC 247.349/MS, rel. Min. Assusete Magalhães, 6.ª Turma, j. 19.02.2013).

[24] HC 96.003/MS, rel. Min. Ricardo Lewandowski, 1.ª Turma, j. 02.06.2009, noticiado no *Informativo* 549.

[25] "Não se aplica o princípio da insignificância ao furto de uma máquina de cortar cerâmica avaliada em R$ 130 que a vítima utilizava usualmente para exercer seu trabalho" (STJ: HC 241.713/DF, rel. Min. Rogerio Schietti Cruz, 6.ª Turma, j. 10.12.2013, noticiado no *Informativo* 534).

mo Tribunal Federal afastou este princípio na subtração de um "Disco de Ouro" de músico brasileiro, considerando também a infungibilidade da coisa.[26]

Ainda em razão da dimensão do dano, não se aplica o princípio da insignificância quando a conduta do agente atingir bem de grande relevância para a população, a exemplo do dano em aparelho de telefone público. Em situações desse jaez, as consequências do ato perpetrado transcendem a esfera patrimonial da concessionária de serviço público, em face da privação causada à coletividade, especialmente das pessoas mais carentes no plano econômico, as quais ficam alijadas do meio público de comunicação.[27]

### 2.2.3.5. Aplicabilidade

O princípio da insignificância é aplicável a qualquer **delito que seja com ele compatível**, e não somente aos crimes patrimoniais. Sua maior incidência prática ocorre no furto (CP, art. 155, *caput*), mas é evidente que a este não se limita.[28]

A propósito, é importante destacar que, no âmbito dos crimes contra o patrimônio, não há um valor máximo (teto) a limitar a incidência do princípio da insignificância. Sua análise há de ser efetuada levando-se em conta o contexto em que se deu a prática da conduta, especialmente a importância do objeto material, a condição econômica da vítima, as circunstâncias do fato e o resultado produzido, bem como as características pessoais do agente.[29]

Porém, há delitos que são logicamente incompatíveis com a criminalidade de bagatela. É o que se verifica nos crimes hediondos e equiparados (tráfico de drogas, tortura e terrorismo), no racismo e na ação de grupos armados, civis ou militares, contra a ordem constitucional e o Estado Democrático.

Tais crimes, de máximo potencial ofensivo, receberam um tratamento mais rigoroso do Poder Constituinte Originário (CF, art. 5.º, XLII, XLIII e XLIV). Em outras palavras, a Lei Suprema teve o cuidado de deixar inequívoca a sua intenção de punir, com maior gravidade, os responsáveis por delitos desta estirpe, circunstância indicativa da relevância penal destes fatos, e automaticamente impeditiva do princípio da insignificância.

Vejamos as principais situações em que se discute a incidência ou a proibição do reconhecimento da criminalidade de bagatela.

### a) Roubo e demais crimes cometidos com grave ameaça ou violência à pessoa

Não há espaço para o princípio da insignificância, pois os reflexos derivados destes crimes não podem ser considerados irrelevantes, ainda que o objeto material apresente ínfimo valor econômico. Especificamente no tocante ao roubo, o Superior Tribunal de Justiça assim se pronunciou:

> Não há como aplicar, ao crime de roubo, o princípio da insignificância, pois, tratando-se de delito complexo, em que há ofensa a bens jurídicos diversos (o patrimônio e a integridade da pessoa), é inviável a afirmação do desinteresse estatal à sua repressão.[30]

---

[26] HC 107.615/MG, rel. Min. Dias Toffoli, 1.ª Turma, j. 06.09.2011, noticiado no *Informativo 639*. O Superior Tribunal de Justiça compartilha deste raciocínio: HC 190.002/MG, rel. Min. Og Fernandes, 6.ª Turma, j. 03.02.2011, noticiado no *Informativo 461*.

[27] STF: HC 115.383/RS, rel. Min. Gilmar Mendes, 2.ª Turma, j. 25.06.2013, noticiado no *Informativo 712*.

[28] O STF não admite a incidência do princípio da insignificância no furto qualificado (HC 123.108/MG, rel. Min. Roberto Barroso, Plenário, j. 03.08.2015, noticiado no *Informativo 793*).

[29] STJ: REsp 1.218.765/MG, rel. Min. Gilson Dipp, 5.ª Turma, j. 01.03.2011, noticiado no *Informativo 465*. No furto simples, o STJ reconheceu a exclusão da tipicidade material, pelo princípio da insignificância, na subtração de bem móvel de valor equivalente a pouco mais de 23% do salário mínimo vigente no tempo do fato (AgRg no HC 254.651/PE, rel. Min. Jorge Mussi, 5.ª Turma, j. 12.03.2013, noticiado no *Informativo 516*).

[30] HC 60.185/MG, rel. Min. Laurita Vaz, 5.ª Turma, j. 03.04.2007. E ainda: REsp 1.159.735/MG, rel. Min. Arnaldo Esteves Lima, 5.ª Turma, j. 15.06.2010, noticiado no *Informativo 439*. É também a jurisprudência consolidada no âmbito do STF: HC 97.190/GO, rel. Min. Dias Toffoli, 1.ª Turma, j. 10.8.2010, noticiado no *Informativo 595*.

CAP. 2 – PRINCÍPIOS DO DIREITO PENAL    31

### b) Crimes contra a Administração Pública

Em uma visão tradicional, o princípio da insignificância jamais foi admitido nos crimes contra a Administração Pública, pois em tais delitos, ainda que a lesão econômica seja irrisória, há ofensa à moralidade administrativa e à probidade dos agentes públicos. Este é o entendimento consagrado na **Súmula 599 do Superior Tribunal de Justiça**: "O princípio da insignificância é inaplicável aos crimes contra a Administração Pública".

O Supremo Tribunal Federal, contudo, já decidiu em sentido contrário, admitindo o princípio da insignificância em hipóteses extremas.[31] É a posição a que nos filiamos. Exemplificativamente, não há falar em peculato (CP, art. 312) quando o funcionário público se apropria de poucas folhas em branco ou de alguns clips de metal pertencentes a determinado órgão público. Não é legítima a utilização do Direito Penal em tais hipóteses. Eventuais ilícitos de baixíssima gravidade devem ser enfrentados na instância administrativa.

Cumpre destacar que o próprio Superior Tribunal de Justiça tem mitigado sua Súmula, para o fim de aceitar, "excepcionalmente, a aplicação do princípio da insignificância a crime praticado em prejuízo da administração pública quando for ínfima a lesão ao bem jurídico tutelado".[32]

### c) Crimes previstos na Lei 11.343/2006 – Lei de Drogas

Os crimes tipificados na Lei 11.343/2006 – Lei de Drogas são de perigo abstrato (ou presumido) e tutelam a saúde pública. No tráfico de drogas, delito constitucionalmente equiparado a hediondo, é firme o entendimento pela inadmissibilidade do princípio da insignificância.[33] Igual raciocínio deve ser utilizado na posse de droga para consumo pessoal, pois entendimento diverso seria equivalente a descriminalizar, contra o espírito da lei, o porte de pequenas quantidades de drogas.[34] Na linha da jurisprudência do Superior Tribunal de Justiça:

> Não é possível afastar a tipicidade material do porte de substância entorpecente para consumo próprio com base no princípio da insignificância, ainda que ínfima a quantidade de droga apreendida. A despeito da subsunção formal de determinada conduta humana a um tipo penal, é possível se vislumbrar atipicidade material da referida conduta, por diversos motivos, entre os quais a ausência de ofensividade penal do comportamento em análise. Isso porque, além da adequação típica formal, deve haver uma atuação seletiva, subsidiária e fragmentária do Direito Penal, conferindo-se maior relevância à proteção de valores tidos como indispensáveis à ordem social, a exemplo da vida, da liberdade, da propriedade, do patrimônio, quando efetivamente ofendidos. A par disso, frise-se que o porte ilegal de drogas é crime de perigo abstrato ou presumido, visto que prescinde da comprovação da existência de situação que tenha colocado em risco o bem jurídico tutelado. Assim, para a caracterização do delito descrito no art. 28 da Lei 11.343/2006, não se faz necessária a ocorrência de efetiva lesão ao bem jurídico protegido, bastando a realização da conduta proibida para que se presuma o perigo ao bem tutelado. Isso porque, ao adquirir droga para seu consumo, o usuário realimenta o comércio ilícito, contribuindo para difusão dos tóxicos. Ademais, após certo tempo e grau de consumo, o usuário de drogas precisa de maiores quantidades para

---

[31] HC 107.370/SP, rel. Min. Gilmar Mendes, 2.ª Turma, j. 26.04.2011, noticiado no *Informativo* 624.

[32] RHC 153.480/SP, rel. Min. Laurita Vaz, 6.ª Turma, j. 24.05.2022, noticiado no *Informativo* 7 – Edição Especial; e RHC 85.272/RS, rel. Min. Nefi Cordeiro, 6.ª Turma, j. 14.08.2018.

[33] Em caso envolvendo a posse de 1 g (um grama) de maconha, o STF aplicou o princípio da insignificância – em conjunto com os princípios da ofensividade e da proporcionalidade – em favor de acusado pelo crime de tráfico de drogas (HC 127.573/SP, rel. Min. Gilmar Mendes, 2.ª Turma, j. 11.11.2019).

[34] "É pacífica a jurisprudência desta Corte Suprema no sentido de não ser aplicável o princípio da insignificância ou bagatela aos crimes relacionados a entorpecentes, seja qual for a qualidade do condenado" (STF: HC 91.759/MG, rel. Min. Menezes Direito, 1.ª Turma, j. 09.10.2007).

atingir o mesmo efeito obtido quando do início do consumo, gerando, assim, uma compulsão quase incontrolável pela próxima dose. Nesse passo, não há como negar que o usuário de drogas, ao buscar alimentar o seu vício, acaba estimulando diretamente o comércio ilegal de drogas e, com ele, todos os outros crimes relacionados ao narcotráfico: homicídio, roubo, corrupção, tráfico de armas etc. O consumo de drogas ilícitas é proibido não apenas pelo mal que a substância faz ao usuário, mas, também, pelo perigo que o consumidor dessas gera à sociedade. Essa ilação é corroborada pelo expressivo número de relatos de crimes envolvendo violência ou grave ameaça contra pessoa, associados aos efeitos do consumo de drogas ou à obtenção de recursos ilícitos para a aquisição de mais substância entorpecente. Portanto, o objeto jurídico tutelado pela norma em comento é a saúde pública, e não apenas a saúde do usuário, visto que sua conduta atinge não somente a sua esfera pessoal, mas toda a coletividade, diante da potencialidade ofensiva do delito de porte de entorpecentes. Além disso, a reduzida quantidade de drogas integra a própria essência do crime de porte de substância entorpecente para consumo próprio, visto que, do contrário, poder-se-ia estar diante da hipótese do delito de tráfico de drogas, previsto no art. 33 da Lei 11.343/2006. Vale dizer, o tipo previsto no art. 28 da Lei 11.343/2006 esgota-se, simplesmente, no fato de o agente trazer consigo, para uso próprio, qualquer substância entorpecente que possa causar dependência, sendo, por isso mesmo, irrelevante que a quantidade de drogas não produza, concretamente, danos ao bem jurídico tutelado. Por fim, não se pode olvidar que o legislador, ao editar a Lei 11.343/2006, optou por abrandar as sanções cominadas ao usuário de drogas, afastando a possibilidade de aplicação de penas privativas de liberdade e prevendo somente as sanções de advertência, de prestação de serviços à comunidade e de medida educativa de comparecimento a programa ou curso educativo, conforme os incisos do art. 28 do referido diploma legal, a fim de possibilitar a sua recuperação. Dessa maneira, a intenção do legislador foi a de impor ao usuário medidas de caráter educativo, objetivando, assim, alertá-lo sobre o risco de sua conduta para a sua saúde, além de evitar a reiteração do delito. Nesse contexto, em razão da política criminal adotada pela Lei 11.343/2006, há de se reconhecer a tipicidade material do porte de substância entorpecente para consumo próprio, ainda que ínfima a quantidade de droga apreendida.[35]

O Supremo Tribunal Federal, todavia, já decidiu em sentido diverso, acolhendo o princípio da insignificância no crime catalogado no art. 28 da Lei 11.343/2006:

> Ao aplicar o princípio da insignificância, a 1.ª Turma concedeu *habeas corpus* para trancar procedimento penal instaurado contra o réu e invalidar todos os atos processuais, desde a denúncia até a condenação, por ausência de tipicidade material da conduta imputada. No caso, o paciente fora condenado, com fulcro no art. 28, *caput*, da Lei 11.343/2006, à pena de 3 meses e 15 dias de prestação de serviços à comunidade por portar 0,6 g de maconha. Destacou-se que a incidência do postulado da insignificância, de modo a tornar a conduta atípica, exigiria o preenchimento concomitante dos seguintes requisitos: mínima ofensividade da conduta do agente; nenhuma periculosidade social da ação; reduzido grau de reprovabilidade do comportamento; e inexpressividade da lesão jurídica provocada. Consignou-se que o sistema jurídico exigiria considerar a relevantíssima circunstância de que a privação da liberdade e a restrição de direitos do indivíduo somente se justificariam quando estritamente necessárias à própria proteção das pessoas, da sociedade e de outros bens jurídicos que lhes fossem essenciais, notadamente naqueles casos em que os valores penalmente tutelados se expusessem a dano, efetivo ou potencial, impregnado de significativa lesividade. Deste modo, o direito penal não deveria se ocupar de condutas que produzissem resultados cujo desvalor – por não importar em lesão significativa a bens jurídicos relevantes – não representaria, por isso mesmo, expressivo prejuízo, seja ao titular do bem jurídico tutelado, seja à integridade da própria ordem social.[36]

---

[35] RHC 35.920/DF, rel. Min. Rogerio Schietti Cruz, 6.ª Turma, j. 20.05.2014, noticiado no *Informativo* 541.
[36] HC 110.475/SC, rel. Min. Dias Toffoli, 1.ª Turma, j. 14.02.2012, noticiado no *Informativo* 655.

## CAP. 2 – PRINCÍPIOS DO DIREITO PENAL

### d) Descaminho e crimes tributários federais

O princípio da insignificância também incide nos **crimes federais de natureza tributária**, especialmente no **descaminho** (CP, art. 334), quando o tributo devido não ultrapassa o valor de R$ 20.000,00 (vinte mil reais). Essa conclusão baseia-se no art. 20 da Lei 10.522/2002, com a redação dada pela Lei 13.874/2019, regulamentado pelo art. 2.º da Portaria MF 75/2012: "Art. 2.º O Procurador da Fazenda Nacional requererá o arquivamento, sem baixa na distribuição, das execuções fiscais de débitos com a Fazenda Nacional, cujo valor consolidado seja igual ou inferior a R$ 20.000,00 (vinte mil reais), desde que não conste dos autos garantia, integral ou parcial, útil à satisfação do crédito."

Os Tribunais Superiores, consequentemente, firmaram jurisprudência no sentido de que não se admite seja uma conduta irrelevante no âmbito fiscal (não cobrança do tributo pela União) e simultaneamente típica no Direito Penal, pois este somente deve atuar quando extremamente necessário para a tutela do bem jurídico protegido, quando falharem os outros meios de proteção e não forem suficientes as tutelas estabelecidas nos demais ramos do Direito. Na visão do Supremo Tribunal Federal:

> A jurisprudência desta Suprema Corte é pacífica no sentido de que o princípio da insignificância poderá ser aplicado ao delito de descaminho quando o valor sonegado for inferior ao estabelecido no art. 20 da Lei 10.522/2002, com as atualizações instituídas pelas Portarias 75/2012 e 130/2012, ambas do Ministério da Fazenda, ressalvados os casos de reincidência ou comprovada habitualidade delitiva, que impedirão a aplicação desse princípio, em razão do elevado grau de reprovabilidade da conduta do agente.[37]

A reiteração delitiva impede a criminalidade de bagatela no descaminho, pouco importando o montante do tributo não recolhido, salvo diante de peculiaridades do caso concreto. Essa foi a tese adotada pelo Superior Tribunal de Justiça no **Tema 1.218 do Recurso Repetitivo**:

> A reiteração da conduta delitiva obsta a aplicação do princípio da insignificância ao crime de descaminho – independentemente do valor do tributo não recolhido –, ressalvada a possibilidade de, no caso concreto, se concluir que a medida é socialmente recomendável. A contumácia pode ser aferida a partir de procedimentos penais e fiscais pendentes de definitividade, sendo inaplicável o prazo previsto no art. 64, I, do CP, incumbindo ao julgador avaliar o lapso temporal transcorrido desde o último evento delituoso à luz dos princípios da proporcionalidade e razoabilidade.[38]

É preciso salientar que o limite imposto pelo art. 20 da Lei 10.522/2002, atualizado pelas Portarias MF 75/2012 e 130/2012, alcança somente os **tributos federais**. Com efeito, para os tributos estaduais e municipais deve existir previsão específica por cada ente federativo, no exercício da respectiva competência tributária. De fato, para a aplicação desse teto aos delitos tributários concernentes a tributos que não sejam da competência da União, seria necessária a existência de lei do ente federativo competente, porque a arrecadação da Fazenda Nacional não se equipara à dos demais entes federativos. Ademais, um dos requisitos indispensáveis à aplicação do princípio da insignificância é a inexpressividade da lesão jurídica provocada, que pode se alterar de acordo com o sujeito passivo.[39]

---

[37] HC 161.848 AgR-segundo/PR, rel. Min. Ricardo Lewandowski, 2.ª Turma, j. 05.11.2019. É também o entendimento do STJ: RHC 106.210/CE, rel. Min. Ribeiro Dantas, 5.ª Turma, j. 06.08.2019.

[38] REsp 2.083.701/SP, rel. Min. Sebastião Reis Júnior, 3.ª Seção, j. 28.02.2024, noticiado no *Informativo* 802.

[39] Na hipótese em que a Administração Pública eleva o valor mínimo do tributo para fins de ajuizamento da execução fiscal, o STJ já decidiu que não há falar em retroatividade benéfica do ato administrativo, pois tal instrumento não se equipara a

É curioso destacar que na apropriação indébita previdenciária (CP, art. 168-A), a qual, nada obstante capitulada entre os crimes contra o patrimônio, apresenta indiscutível natureza tributária, o Supremo Tribunal Federal já rechaçou o princípio da insignificância, com fundamento no valor supraindividual do bem jurídico tutelado, o que torna irrelevante o pequeno valor das contribuições sociais desviadas da Previdência Social.[40]

### e) Contrabando

O princípio da insignificância não é aplicável ao delito de contrabando, tipificado no art. 334-A do Código Penal, em face da natureza proibida da mercadoria importada ou exportada. Este crime não tem natureza tributária. Outros bens jurídicos são tutelados, a exemplo da saúde, da segurança, da moralidade administrativa e da ordem pública. Em síntese, não se pode reputar insignificante a entrada ou saída ilícita do território nacional de produto classificado como proibido pelas autoridades brasileiras. Para o Supremo Tribunal Federal:

> A importação de arma de pressão por ação de gás comprimido, ainda que de calibre inferior a 6 mm, configura o crime de contrabando, sendo inaplicável o princípio da insignificância. Com base nessa orientação, a Segunda Turma, por maioria e em conclusão de julgamento, denegou a ordem em *habeas corpus* no qual se discutia a tipificação da conduta de réu surpreendido pela Polícia Rodoviária Federal em poder de arma de pressão importada, de baixo calibre, desacompanhada da respectiva documentação. A Turma ressaltou que a redação originária do art. 334 do Código Penal previa que o 'contrabando' ocorreria quando importada ou exportada 'mercadoria proibida'. Já o inciso LXIX do art. 3.º e o art. 8.º do Decreto 3.665/2000 referem-se à arma de pressão como produto controlado pelo Exército, submetido também à Portaria 2/2010 do Ministério da Defesa. Essa situação jurídica se enquadra na denominada 'proibição relativa'. O contrabando requer, assim, a importação ou exportação de mercadoria proibida. No descaminho, o que a lei discrimina é o ato de burlar, iludir, total ou parcialmente, o pagamento de direito ou imposto devido pela entrada ou saída de produto. Na espécie, a conduta verificada não consiste em apenas desembaraço alfandegário. Em realidade, a autorização prévia da autoridade competente era necessária, mas não ocorreu, o que configurou o crime de contrabando. A Turma salientou que o princípio da insignificância não deve ser aplicado, porquanto, além do interesse econômico, estão envolvidos no caso outros bens jurídicos relevantes à Administração Pública, como a segurança e a tranquilidade.[41]

O Superior Tribunal de Justiça, contudo, admite o princípio da insignificância no **contrabando de cigarros**, quando a apreensão não ultrapassar 1.000 (mil) maços, inclusive com a fixação da seguinte tese no **Tema 1.143 do Recurso Repetitivo**: "O princípio da insignificância é aplicável ao crime de contrabando de cigarros quando a quantidade apreendida não ultrapassar 1.000 (mil) maços, seja pela diminuta reprovabilidade da conduta, seja pela necessidade de se dar efetividade à repressão ao contrabando de vulto, excetuada a hipótese de reiteração da conduta, circunstância apta a indicar maior reprovabilidade e periculosidade social da ação".[42]

---

uma lei penal em sentido estrito, na forma exigida pelo art. 2.º, parágrafo único, do Código Penal (AgRg no HC 920.735/SC, rel. Min. Daniela Teixeira, 5.ª Turma, j. 24.09.2024, noticiado no *Informativo* 834).

[40] HC 107.331/RS, rel. Min. Gilmar Mendes, 2.ª Turma, j. 28.05.2013; e HC 110.124/SP, rel. Min. Cármen Lúcia, 1.ª Turma, j. 14.02.2012.

[41] HC 131.943/RS, rel. Min. Gilmar Mendes, red. p/ o ac. Min. Edson Fachin, 1.ª Turma, j. 07.05.2019, noticiado no *Informativo* 939. É também a posição consolidada no STJ: REsp 1.427.796/RS, rel. Min. Maria Thereza de Assis Moura, 6.ª Turma, j. 14.10.2014, noticiado no *Informativo* 551.

[42] REsp 1.971.993/SP, rel. Min. Joel Ilan Paciornik, rel. p/ o ac. Min. Sebastião Reis Júnior, 3.ª Seção, j. 13.09.2023, noticiado no *Informativo* 787.

## f) Crimes ambientais

Em uma primeira análise, o princípio da insignificância soa como incompatível com os delitos ambientais, em face da natureza difusa e da relevância do bem jurídico protegido, reservado inclusive às futuras gerações.[43] Em situações excepcionais, contudo, há espaço para a criminalidade de bagatela. Como já decidido pelo Supremo Tribunal Federal:

> A Segunda Turma, em conclusão de julgamento, reputou improcedente acusação formulada contra deputado federal pela suposta prática do crime previsto no art. 34, *caput*, da Lei 9.605/1998 ("Pescar em período no qual a pesca seja proibida ou em lugares interditados por órgão competente: Pena – detenção de um ano a três anos ou multa, ou ambas as penas cumulativamente"). No caso, de acordo com o relatório de fiscalização, a autoridade ambiental abordara o deputado e outras duas pessoas em embarcação fundeada em área marítima pertencente à unidade de conservação federal de proteção integral. [...] Em seguida, reputou não existir, no caso concreto, o requisito da justa causa a propiciar o prosseguimento da ação penal, especialmente pela mínima ofensividade da conduta do agente, pela ausência de periculosidade social da ação, pelo reduzido grau de reprovabilidade do comportamento e pela inexpressividade da lesão jurídica provocada. Assim, apesar de a conduta do denunciado amoldar-se à tipicidade formal e subjetiva, não haveria a tipicidade material, consistente na relevância penal da conduta e no resultado típico, em razão da insignificância da lesão produzida no bem jurídico tutelado. A jurisprudência seria no sentido da aplicabilidade do princípio da insignificância aos crimes ambientais, tanto com relação aos de perigo concreto – em que haveria dano efetivo ao bem jurídico tutelado –, quanto aos de perigo abstrato, como no art. 34, *caput*, da Lei 9.605/1998. No processo em exame, não se produzira prova material de qualquer dano efetivo ao meio ambiente. Ademais, mesmo diante de crime de perigo abstrato, não seria possível dispensar a verificação *in concreto* do perigo real ou mesmo potencial da conduta praticada pelo acusado com relação ao bem jurídico tutelado. Esse perigo real não se verificaria na espécie vertente. Portanto, seria imperioso assentar a atipicidade material da conduta, pela completa ausência de ofensividade ao bem jurídico tutelado pela norma penal. O acusado estaria em pequena embarcação quando teria sido surpreendido em contexto de pesca rústica, com vara de pescar, linha e anzol. Não estaria em barco grande, munido de redes, arrasto nem com instrumentos de maior potencialidade lesiva ao meio ambiente.[44]

## g) Crimes contra a fé pública

Nos crimes contra a fé pública, o bem jurídico tutelado é a credibilidade depositada nos documentos, nos sinais e símbolos empregados nas relações indispensáveis à vida em sociedade. Em face desta dimensão, não há espaço para o princípio da insignificância.[45] A propósito, o Supremo Tribunal Federal assim se manifestou no tocante ao crime de moeda falsa:

> Ambas as Turmas do Supremo Tribunal Federal já consolidaram o entendimento de que é "inaplicável o princípio da insignificância aos crimes de moeda falsa, em que objeto de tutela da norma a fé pública e a credibilidade do sistema financeiro, não sendo determinante para a tipicidade o valor posto em circulação (HC 105.638, rel. Min. Rosa Weber). Precedentes."[46]

---

[43] STF: HC 122.560/SC, rel. Min. Marco Aurélio, 1.ª Turma, j. 08.05.2018, noticiado no *Informativo* 901; e RHC 125.566/PR e HC 127.926/SC, rel. Min. Dias Toffoli, 2.ª Turma, j. 26.10.2016, noticiados no *Informativo* 845.

[44] Inq 3788/DF, rel. Min. Cármen Lúcia, 2.ª Turma, j. 01.03.2016, noticiado no *Informativo* 816. Em igual sentido: HC 112.563/SC, rel. orig. Min. Ricardo Lewandowski, red. p/ o acórdão Min. Cezar Peluso, 2.ª Turma, j. 21.08.2012, noticiado no *Informativo* 676. No STJ: HC 93.859/SP, rel. Min. Maria Thereza de Assis Moura, 6.ª Turma, j. 13.08.2009, noticiado no *Informativo* 402. Com conclusão oposta, vedando o princípio da insignificância nos crimes ambientais: STJ – HC 192.696/SC, rel. Min. Gilson Dipp, 5.ª Turma, j. 17.03.2011, noticiado no *Informativo* 466.

[45] STF: HC 117.638/RJ, rel. Min. Gilmar Mendes, 2.ª Turma, j. 11.03.2014.

[46] No STF: HC 108.193/SP, rel. Min. Roberto Barroso, 1.ª Turma, j. 19.08.2014. No STJ: AgRg no AREsp 1.131.701/SP, rel. Min. Rogerio Schietti Cruz, 6.ª Turma, j. 17.04.2018.

## h) Tráfico internacional de arma de fogo

O tráfico internacional de arma de fogo, definido no art. 18 da Lei 10.826/2003 – Estatuto do Desarmamento, não comporta o princípio da insignificância, pois se trata de crime de perigo abstrato e atentatório à segurança pública. Para o Supremo Tribunal Federal:

> A objetividade jurídica da norma penal transcende a mera proteção da incolumidade pessoal, para alcançar também a tutela da liberdade individual e do corpo social como um todo, asseguradas ambas pelo incremento dos níveis de segurança coletiva que a lei propicia. No caso em exame, a proibição da conduta pela qual o paciente está sendo processado visa, especialmente, combater e prevenir o tráfico internacional de armas e munições, cuja maior clientela é o crime organizado transnacional, que, via de regra, abastece o seu arsenal por meio do mercado ilegal, nacional ou internacional, de armas. Mostra-se irrelevante, no caso, cogitar-se da mínima ofensividade da conduta (em face da quantidade apreendida), ou, também, da ausência de periculosidade da ação, porque a hipótese é de crime de perigo abstrato, para o qual não importa o resultado concreto da ação, o que também afasta a possibilidade de aplicação do princípio da insignificância.[47]

## i) Porte e posse ilegal de munição

Existem duas posições em sede jurisprudencial acerca da incidência do princípio da insignificância ao delito de **porte ilegal de munição:**

**1.ª posição:** Não se aplica o princípio da insignificância, por se tratar de crime de perigo abstrato:

> A Primeira Turma denegou a ordem em *habeas corpus,* no qual se pretendia o reconhecimento da atipicidade material da conduta do paciente, caracterizada pelo porte ilegal de munição de uso permitido (art. 14, *caput,* da Lei 10.863/2003). No caso, o paciente foi condenado à pena de dois anos e dois meses de reclusão, em regime aberto, e ao pagamento de 11 dias-multa, em razão do porte de projétil de arma de fogo. A pena privativa foi substituída por duas restritivas de direito. A defesa alegava ser irrelevante a conduta praticada pelo paciente, bem como estarem presentes todos os requisitos exigidos pela Corte para a incidência do princípio da bagatela. Destacava a existência de precedentes deste Tribunal, nos quais assentada a aplicabilidade desse princípio a delitos de perigo abstrato (porte de drogas para consumo, desenvolvimento de atividade clandestina de telecomunicações, pesca irregular e moeda falsa, por exemplo). Apontava, ademais, a desproporcionalidade entre a conduta do paciente e a reprimenda imposta. Para o Colegiado, porém, a configuração da conduta tipificada no art. 14, *caput,* da Lei 10.826/2003 ("Art. 14. Portar, deter, adquirir, fornecer, receber, ter em depósito, transportar, ceder, ainda que gratuitamente, emprestar, remeter, empregar, manter sob guarda ou ocultar arma de fogo, acessório ou munição, de uso permitido, sem autorização e em desacordo com determinação legal ou regulamentar") não depende do tipo ou da quantidade da munição portada pelo agente.[48]

**2.ª posição:** Aplica-se o princípio da insignificância, em situações excepcionais:

> A análise dos documentos pelos quais se instrui pedido e dos demais argumentos articulados na inicial demonstra a presença dos requisitos essenciais à incidência do princípio da insignificância e a excepcionalidade do caso a justificar a flexibilização da jurisprudência deste Supremo Tribunal segundo a qual o delito de porte de munição de uso restrito, tipificado no art. 16 da Lei n. 10.826/2003, é crime de mera conduta. A conduta do Paciente não resultou em dano ou perigo

---

[47] HC 97.777/MS, rel. Min. Ricardo Lewandowski, 1.ª Turma, j. 26.10.2010, noticiado no *Informativo* 606.

[48] STF: HC 131.771/RJ, rel. Min. Marco Aurélio, 1.ª Turma, j. 19.10.2016, noticiado no *Informativo* 844.

concreto relevante para a sociedade, de modo a lesionar ou colocar em perigo bem jurídico na intensidade reclamada pelo princípio da ofensividade. Não se há subestimar a natureza subsidiária, fragmentária do direito penal, que somente deve ser acionado quando os outros ramos do direito não forem suficientes para a proteção dos bens jurídicos envolvidos.[49]

De seu turno, no delito de **posse ilegal de munição**, o Supremo Tribunal Federal tem admitido o cabimento do princípio da insignificância:

> O paciente foi condenado pelo delito de posse de munição de uso restrito (art. 16 da Lei n.º 10.826/03), sendo apenado em 3 (três) anos e 6 (seis) meses de reclusão em regime fechado e ao pagamento de 11 dias-multa. Na linha de precedentes, o porte ilegal de arma ou munições é crime de perigo abstrato, cuja consumação independe de demonstração de sua potencialidade lesiva. A hipótese retratada autoriza a mitigação do referido entendimento, uma vez que a conduta do paciente de manter em sua posse uma única munição de fuzil (calibre 762), recebida, segundo a sentença, de amigos que trabalharam no Exército, não tem o condão de gerar perigo para a sociedade, de modo a contundir o bem jurídico tutelado pela norma penal incriminadora.[50]

### j) Rádio pirata

O Supremo Tribunal Federal já admitiu o princípio da insignificância no delito de desenvolvimento de atividade de radiofrequência sem autorização do órgão regulador, previsto no art. 183 da Lei 9.472/1997.[51] Esse entendimento, contudo, não é pacífico: a Corte Suprema possui decisão pela inaplicabilidade do princípio da insignificância, mesmo na hipótese de baixa frequência das ondas de radiodifusão emitidas por rádio clandestina, por se tratar de delito formal e de perigo abstrato, pois compromete a regularidade do sistema de telecomunicações, independentemente da comprovação de qualquer prejuízo.

Esta última posição também se encontra consagrada na **Súmula 606 do Superior Tribunal de Justiça:** "Não se aplica o princípio da insignificância a casos de transmissão clandestina de sinal de internet via radiofrequência, que caracteriza o fato típico previsto no art. 183 da Lei 9.472/1997".

### k) Atos infracionais

Atos infracionais são os crimes e as contravenções penais cometidos por crianças ou adolescentes. É o que se extrai do art. 103 da Lei 8.069/1990 – Estatuto da Criança e do Adolescente. E, dependendo da natureza do ato infracional, o Supremo Tribunal Federal aceita a incidência do princípio da insignificância.[52]

O raciocínio é simples. Se para um indivíduo maior de idade é cabível o reconhecimento da criminalidade de bagatela, para um menor de 18 anos também o será.

### l) Evasão de divisas

No crime de evasão de divisas, praticado mediante operação da modalidade "dólar-cabo", tipificado no art. 22, parágrafo único, 1.ª parte, da Lei 7.492/1986 – Crimes contra o Sistema

---

[49] STF: HC 133.984/MG, rel. Min. Cármen Lúcia, 2.ª Turma, j. 17.05.2016.

[50] STF: HC 154.390/SC, rel. Min. Dias Toffoli, 2.ª Turma, j. 14.04.2018. É também o entendimento do STJ, com a ressalva da imprescindibilidade da análise das peculiaridades do caso concreto. Exemplificativamente, não se reconheceu a criminalidade de bagatela na apreensão de munições em quantidade relevante, aliada a apreensão de droga, petrechos do tráfico e expressivas quantias em dinheiro (STJ: AgRg no AREsp 2.744.867/SC, rel. Min. Antonio Saldanha Palheiro, 6.ª Turma, j. 10.12.2024, noticiado no *Informativo* 837).

[51] HC 157.014 AgR/SE, rel. orig. Min. Cármen Lúcia, red. p/ o ac. Min. Ricardo Lewandowski, 2.ª Turma, j. 17.09.2019, noticiado no *Informativo* 952.

[52] HC 112.400/RS, rel. Min. Gilmar Mendes, 2.ª Turma, j. 22.05.2012, noticiado no *Informativo* 667; e HC 102.655/RS, rel. Min. Celso de Mello, 2.ª Turma, j. 22.06.2010, noticiado no *Informativo* 592.

# DIREITO PENAL – PARTE GERAL – VOL. 1 • CLEBER MASSON

Financeiro Nacional –, não se aplica o teto indicado pela Lei 10.522/2002 e fixado em R$ 20.000,00 pelo art. 2.º da Portaria MF 130/2012 como parâmetro para incidência do princípio da insignificância. Na linha da jurisprudência do Superior Tribunal de Justiça:

> Nos casos de evasão de divisas praticada mediante operação do tipo "dólar-cabo", não é possível utilizar o valor de R$ 10 mil como parâmetro para fins de aplicação do princípio da insignificância. Conforme entendimento adotado pelo STF na AP 470, as transações conhecidas como operações "dólar-cabo" – nas quais são efetuados pagamentos em reais no Brasil, com o objetivo de disponibilizar, por meio de quem recebe tal pagamento, o respectivo montante em moeda estrangeira no exterior – preenchem os elementos do delito de evasão de divisas, na forma do art. 22, parágrafo único, primeira parte, da Lei n. 7.492/1986, que tipifica a conduta daquele que, "a qualquer título, promove, sem autorização legal, a saída de moeda ou divisa para o exterior". As regras que disciplinam a transferência internacional de valores – e que, portanto, estabelecem o significado de saída de divisa ou moeda sem autorização legal – são diversas em relação à saída física e à saída eletrônica. Para bem compreender tais diferenças, transcreve-se integralmente o art. 65 da Lei n. 9.069/1995, com a redação vigente à época dos fatos: "Art. 65. O ingresso no País e a saída do País, de moeda nacional e estrangeira serão processados exclusivamente através de transferência bancária, cabendo ao estabelecimento bancário a perfeita identificação do cliente ou do beneficiário. § 1.º Excetua-se do disposto no *caput* deste artigo o porte, em espécie, dos valores: I – quando em moeda nacional, até R$ 10.000,00 (dez mil reais); II – quando em moeda estrangeira, o equivalente a R$ 10.000,00 (dez mil reais); III – quando comprovada a sua entrada no País ou sua saída do País, na forma prevista na regulamentação pertinente. § 2.º O Conselho Monetário Nacional, segundo diretrizes do Presidente da República, regulamentará o disposto neste artigo, dispondo, inclusive, sobre os limites e as condições de ingresso no País e saída do País da moeda nacional. § 3.º A não observância do contido neste artigo, além das sanções penais previstas na legislação específica, e após o devido processo legal, acarretará a perda do valor excedente dos limites referidos no § 1.º deste artigo, em favor do Tesouro Nacional". O referido dispositivo excetua apenas o porte, em espécie, do valor de até R$ 10 mil ou o equivalente em moeda estrangeira, além de remeter ao estabelecimento de outras hipóteses, na forma prevista na regulamentação pertinente. Assim, não prospera a tese de que deve ser considerado atípico o envio de moeda ou divisas ao exterior se o volume de cada operação não exceder a R$ 10 mil. Isso porque, em primeiro lugar, ressalvada a hipótese do porte de valores em espécie, o ingresso no país e a saída do país, de moeda nacional e estrangeira "serão processados exclusivamente através de transferência bancária, cabendo ao estabelecimento bancário a perfeita identificação do cliente ou do beneficiário" (art. 65, *caput*, da Lei n. 9.069/1995). Ou seja, a legislação excepcionou, em relação ao valor inferior a R$ 10 mil (ou seu equivalente em moeda estrangeira), apenas a saída física de moeda. No caso de transferência eletrônica, saída meramente escritural da moeda, a lei exige, de forma exclusiva, o processamento através do sistema bancário, com perfeita identificação do cliente ou beneficiário. Além disso, no caso da transferência clandestina internacional, por meio de operações do tipo "dólar-cabo" ou equivalente, existe uma facilidade muito grande na realização de centenas ou até milhares de operações fragmentadas sequenciais. É muito mais simples do que a transposição física, por diversas vezes, das fronteiras do país com valores inferiores a R$ 10 mil. Admitir a atipicidade das operações do tipo "dólar-cabo" com valores inferiores a R$ 10 mil é fechar a janela, mas deixar a porta aberta para a saída clandestina de divisas.[53]

### m) Violência doméstica ou familiar contra a mulher

Não se aplica o princípio da insignificância em qualquer dos crimes praticados com violência doméstica ou familiar contra a mulher. Para o Supremo Tribunal Federal:

---

[53] REsp 1.535.956/RS, rel. Min. Maria Thereza de Assis Moura, 6.ª Turma, j. 01.03.2016, noticiado no *Informativo* 578.

Inadmissível a aplicação do princípio da insignificância aos delitos praticados em situação de violência doméstica. Com base nessa orientação, a Segunda Turma negou provimento a recurso ordinário em *habeas corpus* no qual se pleiteava a incidência de tal princípio ao crime de lesão corporal cometido em âmbito de violência doméstica contra a mulher (Lei 11.340/2006, Lei Maria da Penha).[54]

Esse entendimento também se encontra consolidado na **Súmula 589 do Superior Tribunal de Justiça:** "É inaplicável o princípio da insignificância nos crimes ou contravenções penais praticados contra a mulher no âmbito das relações domésticas".

### 2.2.3.6. Princípio da insignificância e infrações penais de menor potencial ofensivo

Não se pode confundir a criminalidade de bagatela com as **infrações penais de menor potencial ofensivo**, definidas pelo art. 61 da Lei 9.099/1995, a saber, todas as contravenções penais e os crimes com pena privativa de liberdade em abstrato igual ou inferior a dois anos. Nessas últimas, não há falar em automática insignificância da conduta, notadamente porque a situação foi expressamente prevista no art. 98, I, da Constituição Federal, e regulamentada posteriormente pela legislação ordinária, revelando a existência de gravidade suficiente para justificar a intervenção estatal. Na dicção do Supremo Tribunal Federal:

> Ao prever, por exemplo, a categoria de infrações de menor potencial ofensivo (inciso I do art. 98), a Constituição Federal logicamente nega a significância penal de tudo que ficar aquém desse potencial, de logo rotulado de "menor"; ou seja, quando a Constituição Federal concebe a categoria das infrações de menor potencial ofensivo, parece mesmo que o faz na perspectiva de uma conduta atenuadamente danosa para a vítima e a sociedade, é certo, mas ainda assim em grau suficiente de lesividade para justificar uma reação estatal punitiva. Pelo que estabelece um vínculo operacional direto entre o efetivo dano ao bem jurídico tutelado, por menor que seja, e a necessidade de uma resposta punitiva do Estado.[55]

### 2.2.3.7. A questão do furto privilegiado

No campo do furto, é preciso distinguir o princípio da insignificância da figura privilegiada (CP, art. 155, § 2.º). Nesta, a coisa é de pequeno valor (inferior a um salário mínimo), enquanto naquele seu valor é irrelevante para o Direito Penal, por não colocar em risco o bem jurídico penalmente tutelado. Para o Supremo Tribunal Federal:

> É necessário distinguir o "furto insignificante" daquele referente à subtração de bem de pequeno valor, de modo a não estimular a prática de condutas criminosas e obstar a aplicação da figura do "furto privilegiado", previsto no art. 155, § 2.º, do Código Penal. No caso, o valor dos bens subtraídos não pode ser considerado ínfimo de modo a caracterizar a conduta como minimamente ofensiva. Conforme destacou o Superior Tribunal de Justiça, "os bens subtraídos foram avaliados em 225,00 (duzentos e vinte e cinco reais), aproximadamente 65% do valor do salário mínimo vigente à época dos fatos (R$ 350,00), não havendo que se falar em irrelevância da conduta". Precedentes.[56]

Este raciocínio é igualmente aplicável aos demais delitos contra o patrimônio que admitem o privilégio, a exemplo da apropriação indébita (CP, art. 170), do estelionato (CP, art. 171, § 1.º) e da receptação (CP, art. 180, § 5.º, *in fine*).

---

[54] RHC 133.043/MT, rel. Min. Cármen Lúcia, 2.ª Turma, j. 10.05.2016, noticiado no *Informativo* 825.
[55] HC 111.017/RS, rel. Min. Ayres Britto, 2.ª Turma, j. 07.02.2012.
[56] HC 120.083/SC, rel. Min. Teori Zavascki, 2.ª Turma, j. 03.06.2014.

# DIREITO PENAL – PARTE GERAL – VOL. 1 • CLEBER MASSON

## 2.2.3.8. Princípio da insignificância e sua valoração pela autoridade policial

A quem compete valorar a incidência do princípio da insignificância? Em outros termos, a autoridade policial pode deixar de efetuar a prisão em flagrante, por reputar presente a criminalidade de bagatela?

O Superior Tribunal de Justiça entende que somente o Poder Judiciário é dotado de poderes para efetuar o reconhecimento do princípio da insignificância. Destarte, a autoridade policial está obrigada a efetuar a prisão em flagrante, cabendo-lhe submeter imediatamente a questão à autoridade judiciária competente. Como já se decidiu, no momento em que toma conhecimento de um delito, surge para a autoridade policial o dever legal de agir e efetuar o ato prisional. O juízo acerca da incidência do princípio da insignificância é realizado apenas em momento posterior pelo Poder Judiciário, de acordo com as circunstâncias atinentes ao caso concreto.[57]

Com o devido respeito, ousamos discordar desta linha de pensamento, por uma simples razão: o princípio da insignificância afasta a tipicidade do fato. Logo, se o fato é atípico para a autoridade judiciária, também apresenta igual natureza para a autoridade policial.

Não se pode conceber, exemplificativamente, a obrigatoriedade da prisão em flagrante no tocante à conduta de subtrair um único pãozinho, avaliado em poucos centavos, do balcão de uma padaria, sob pena de banalização do Direito Penal e do esquecimento de outros relevantes princípios, tais como o da intervenção mínima, da subsidiariedade, da proporcionalidade e da lesividade.

Para nós, o mais correto é agir com prudência no caso concreto, acolhendo o princípio da insignificância quando a situação fática efetivamente comportar sua incidência.

## 2.2.3.9. Princípio da insignificância imprópria ou da criminalidade de bagatela imprópria

De acordo com esse princípio, também sem previsão legal no Brasil, inexiste legitimidade na imposição da pena nas hipóteses em que, nada obstante a infração penal esteja indiscutivelmente caracterizada, a aplicação da reprimenda desponte como desnecessária e inoportuna.

Em outras palavras, infração (crime ou contravenção penal) de bagatela imprópria é aquela que surge como relevante para o Direito Penal, pois apresenta desvalor da conduta e desvalor do resultado. O fato é típico e ilícito, o agente é dotado de culpabilidade e o Estado possui o direito de punir (punibilidade).

Mas, após a prática do fato, a pena revela-se incabível no caso concreto, pois diversos fatores recomendam seu afastamento, tais como: sujeito com personalidade ajustada ao convívio social (primário e sem antecedentes criminais), colaboração com a Justiça, reparação do dano causado à vítima, reduzida reprovabilidade do comportamento, reconhecimento da culpa, ônus provocado pelo fato de ter sido processado ou preso provisoriamente etc.

A análise da pertinência da bagatela imprópria há de ser realizada, obrigatoriamente, na situação fática, e jamais no plano abstrato. Nesse contexto, o fato real deve ser confrontado com um princípio basilar do Direito Penal, qual seja, o da **necessidade da pena**, consagrado no art. 59, *caput*, do Código Penal. O juiz, levando em conta as circunstâncias simultâneas e posteriores ao fato típico e ilícito cometido por agente culpável, deixa de aplicar a pena, pois falta interesse para tanto. Exemplo: "A" cometeu o crime furto privilegiado (CP, art. 155, § 2.º). Dois anos depois do fato, sem ter ainda se verificado a prescrição, nota-se que ele não apre-

---

[57] HC 154.949/MG, rel. Min. Felix Fischer, 5.ª Turma, j. 03.08.2010, noticiado no *Informativo* 441.

sentou nenhum outro deslize em seu comportamento, razão pela qual a pena quiçá revele-se prescindível para atender às finalidades do Direito Penal.

Veja-se que, ao contrário do que se verifica no princípio da insignificância (própria), o sujeito é regularmente processado. A ação penal precisa ser iniciada, mas a análise das circunstâncias do fato submetido ao crivo do Poder Judiciário recomenda a exclusão da pena. Destarte, a bagatela imprópria funciona como **causa supralegal de extinção da punibilidade**.

Finalmente, é de se observar que a bagatela imprópria tem como pressuposto inafastável a não incidência do princípio da insignificância (própria). Com efeito, se o fato não era merecedor da tutela penal, em decorrência da sua atipicidade, descabe enveredar pela discussão acerca da necessidade ou não de pena.

### 2.2.4. Princípio da individualização da pena

Expressamente indicado pelo **art. 5.º, XLVI**, da Constituição Federal, repousa no princípio de justiça segundo o qual se deve distribuir a cada indivíduo o que lhe cabe, de acordo com as circunstâncias específicas do seu comportamento – o que em matéria penal significa a aplicação da pena levando em conta não a norma penal em abstrato, mas, especialmente, os **aspectos subjetivos e objetivos** do crime.[58]

O princípio da individualização da pena desenvolve-se em três planos: legislativo, judicial e administrativo.

No prisma **legislativo**, é respeitado quando o legislador descreve o tipo penal e estabelece as sanções adequadas, indicando precisamente seus limites, mínimo e máximo, e também as circunstâncias aptas a aumentar ou diminuir as reprimendas cabíveis.

A individualização **judicial (ou jurisdicional)** complementa a legislativa, pois esta não pode ser extremamente detalhista nem é capaz de prever todas as situações da vida concreta que possam aumentar ou diminuir a sanção penal. É efetivada pelo magistrado, mediante a aplicação da pena, utilizando-se de todos os instrumentais fornecidos pelos autos da ação penal, em obediência ao sistema trifásico delineado pelo art. 68 do Código Penal (pena privativa de liberdade), ou ainda ao sistema bifásico inerente à sanção pecuniária (CP, art. 49).

Finalmente, a individualização **administrativa** é efetuada durante a execução da pena, quando o Estado deve zelar por cada condenado de forma singular, mediante tratamento penitenciário ou sistema alternativo no qual se afigure possível a integral realização das finalidades da pena: retribuição, prevenção (geral e especial) e ressocialização.

### 2.2.5. Princípio da alteridade

Criado por Claus Roxin, esse princípio proíbe a incriminação de atitude meramente interna do agente, bem como do pensamento ou de condutas moralmente censuráveis, incapazes de invadir o patrimônio jurídico alheio. Em síntese, **ninguém pode ser punido por causar mal apenas a si próprio,** pois uma das características inerentes ao Direito Penal moderno repousa na necessidade de intersubjetividade nas relações penalmente relevantes.[59] Como já advertia Stuart Mill, citado por Raúl Cervini:

> Nenhuma lei criminal deve ser usada para obrigar as pessoas a atuar em seu próprio benefício; o único propósito para o qual o poder público pode exercitar-se com direito sobre qualquer membro da comunidade civilizada, contra sua vontade, é para prevenir danos a outros. Seu próprio bem, seja físico ou moral, não é uma razão suficiente.[60]

---

[58]  SILVA, José Afonso da. *Comentário contextual à Constituição*. 4. ed. São Paulo: Malheiros, 2007. p. 145.

[59]  STJ: HC 81.175/SC, rel. Min. Maria Thereza de Assis Moura, 6.ª Turma, j. 09.11.2010, noticiado no *Informativo* 455.

[60]  CERVINI, Raúl. *Los procesos de descriminalización*. 2. ed. Montevidéu: Ed. Universidad, 1993. p. 87.

DIREITO PENAL – PARTE GERAL – VOL. 1 • CLEBER MASSON

Nesse princípio se fundamenta a impossibilidade de punição da autolesão, bem como a atipicidade da conduta de consumir drogas, uma vez que o crime tipificado pelo art. 28 da Lei 11.343/2006 tem a saúde pública como objetividade jurídica.

## 2.2.6. Princípio da confiança

Bastante difundido no Direito Penal espanhol, trata-se de requisito para a existência do fato típico e se baseia na premissa de que todos devem esperar por parte das demais pessoas comportamentos responsáveis e em consonância com o ordenamento jurídico, almejando evitar danos a terceiros.

Deve-se confiar que o comportamento dos outros se dará de acordo com as regras da experiência, levando-se em conta um juízo estatístico alicerçado naquilo que normalmente acontece (*id quod plerumque accidit*).

Foi desenvolvido inicialmente pela jurisprudência para enfrentar os problemas resultantes dos crimes praticados na direção de veículo automotor. Atualmente, sua utilização é bastante ampla, notadamente nos setores em que exista atuação conjunta de indivíduos, entendendo-se por isso as atividades comunitárias ou em divisão de trabalho. Para Juarez Tavares:

> Segundo este princípio, todo aquele que atende adequadamente ao cuidado objetivamente exigido, pode confiar que os demais coparticipantes da mesma atividade também operem cuidadosamente. A consequência da aplicação deste pensamento no direito penal será a de excluir a responsabilidade dos agentes em relação a fatos que se estendam para além do dever concreto que lhes é imposto nas circunstâncias e nas condições existentes no momento de realizar a atividade. Como seria absolutamente impossível exigir-se de cada pessoa uma atenção extraordinária que pudesse ir além daquela que lhe era atribuível segundo juízo concreto de adequação, este princípio vigora como limitador do dever de cuidado, precisamente no âmbito da atividade concreta.[61]

## 2.2.7. Princípio da adequação social

Não pode ser confundido com a teoria social da conduta, idealizada por Johannes Wessels (Capítulo 10, item 10.2.4).

De acordo com esse princípio, que funciona como **causa supralegal de exclusão da tipicidade**, pela ausência da tipicidade material, não pode ser considerado criminoso o comportamento humano que, embora tipificado em lei, **não afrontar o sentimento social de Justiça**.[62] É o caso, exemplificativamente, dos trotes acadêmicos moderados e da circuncisão realizada pelos judeus.

Advirta-se, porém, que a autorização legal para o exercício de determinada profissão não implica, automaticamente, na adequação social dos crimes praticados em seu bojo. Já decidiu o Superior Tribunal de Justiça que, em crime de descaminho praticado por camelô, a existência de lei regulamentando tal atividade não conduz ao reconhecimento de que o descaminho é socialmente aceitável.[63]

## 2.2.8. Princípio da intervenção mínima

No campo penal, o princípio da reserva legal não basta para salvaguardar o indivíduo. O Estado, respeitada a prévia legalidade dos delitos e das penas, pode criar tipos penais iníquos e instituir penas vexatórias à dignidade da pessoa humana.

---

[61] TAVARES, Juarez. *Direito penal da negligência*: uma contribuição à teoria do crime culposo. 2. ed. Rio de Janeiro: Lumen Juris, 2003. p. 294.

[62] "É incabível a aplicação do princípio da adequação social, segundo o qual, dada a natureza subsidiária e fragmentária do direito penal, não se pode reputar como criminosa uma ação ou uma omissão aceita e tolerada pela sociedade, ainda que formalmente subsumida a um tipo legal incriminador" (STJ: RHC 60.611/DF, rel. Min. Rogerio Schietti Cruz, 6.ª Turma, j. 15.09.2015).

[63] HC 45.153/SC, rel. Min. Maria Thereza de Assis Moura, 6.ª Turma, j. 30.10.2007.

CAP. 2 – PRINCÍPIOS DO DIREITO PENAL | 43

Para enfrentar esse problema, estatuiu a Declaração dos Direitos do Homem e do Cidadão, de 1789, em seu art. 8.º, que a lei somente deve prever as penas estrita e evidentemente necessárias. Surgia o princípio da intervenção mínima ou da **necessidade**, afirmando ser legítima a intervenção penal apenas quando a criminalização de um fato se constitui **meio indispensável para a proteção de determinado bem ou interesse**, não podendo ser tutelado por outros ramos do ordenamento jurídico. Nesse contexto, já decidiu o Superior Tribunal de Justiça:

> A missão do Direito Penal moderno consiste em tutelar os bens jurídicos mais relevantes. Em decorrência disso, a intervenção penal deve ter o caráter fragmentário, protegendo apenas os bens jurídicos mais importantes e em casos de lesões de maior gravidade.[64]

A intervenção mínima tem como **destinatários principais o legislador e o intérprete do Direito**. Àquele, recomenda moderação no momento de eleger as condutas dignas de proteção penal, abstendo-se de incriminar qualquer comportamento. Somente deverão ser castigados aqueles que não puderem ser contidos por outros ramos do Direito. Como enfatiza Claus Roxin, "é evidente que nada favorece tanto a criminalidade como a penalização de qualquer bagatela".[65]

Mas não é só. Ao operador do Direito exige não proceder à operação de tipicidade quando constatar que a pendência pode ser satisfatoriamente resolvida com a atuação de outros ramos do sistema jurídico, em que pese a criação, pelo legislador, do tipo penal incriminador.

É utilizado para amparar a corrente do **direito penal mínimo**. Vale ressaltar, contudo, que a compreensão daquilo que se entende por intervenção mínima varia de acordo com as correntes penais e com a interpretação dos operadores do Direito. Confira-se o posicionamento do Supremo Tribunal Federal:

> O sistema jurídico há de considerar a relevantíssima circunstância de que a privação da liberdade e a restrição de direitos do indivíduo somente se justificam quando estritamente necessárias à própria proteção das pessoas, da sociedade e de outros bens jurídicos que lhes sejam essenciais, notadamente naqueles casos em que os valores penalmente tutelados se exponham a dano, efetivo ou potencial, impregnado de significativa lesividade. O direito penal não se deve ocupar de condutas que produzam resultado, cujo desvalor – por não importar em lesão significativa a bens jurídicos relevantes – não represente, por isso mesmo, prejuízo importante, seja ao titular do bem jurídico tutelado, seja à integridade da própria ordem social.[66]

Do princípio da intervenção mínima decorrem outros dois: fragmentariedade e subsidiariedade.

### 2.2.8.1. Princípio da fragmentariedade ou caráter fragmentário do Direito Penal

Estabelece que nem todos os ilícitos configuram infrações penais, mas apenas os que **atentam contra valores fundamentais para a manutenção e o progresso do ser humano e da sociedade**. Em resumo, todo ilícito penal será também ilícito perante os demais ramos do Direito, mas a recíproca não é verdadeira.

Imaginemos dois círculos, e assim poderemos visualizar que um deles, representando o Direito Penal, de tamanho menor, está envolto por outro maior. Dessa forma, todo conteúdo

---

64 HC 50.863/PE, Rel. Min. Hélio Quaglia Barbosa, 6.ª Turma, j. 04.04.2006.

65 ROXIN, Claus. *Problemas fundamentais de direito penal*. Trad. Ana Paula dos Santos e Luís Natscheradetz. 3. ed. Lisboa: Vega, 2004. p. 29.

66 HC 92.463/RS, rel. Min. Celso de Mello, 2.ª Turma, j. 16.10.2007.

do ilícito penal estaria absorvido pelo círculo mais amplo, representativo do ilícito genérico. Entretanto, parte da figura maior não teria contato com aquela que aloja o Direito Penal e estaria protegida pela fragmentariedade.

Tomemos como exemplo o crime de furto. Agora, raciocinemos levando em conta o gráfico acima apontado.

É fácil concluir que, uma vez praticado o delito contra o patrimônio, a conduta do agente também será considerada ilícita nos demais ramos do ordenamento jurídico, notadamente perante o Direito Civil. De outro lado, nem todo ilícito civil (como é o caso da violação da posse ou da propriedade, sem subtração) caracterizará o crime de furto.

Destarte, pode-se afirmar que, em razão de seu caráter fragmentário, **o Direito Penal é a última etapa de proteção do bem jurídico.**

Esse princípio deve ser utilizado no **plano abstrato**, para o fim de permitir a criação de tipos penais somente quando os demais ramos do Direito tiverem falhado na tarefa de proteção de um bem jurídico.[67] Refere-se, assim, à **atividade legislativa**. Nas palavras de Luiz Luisi:

> O direito penal, – como já notara Binding, – não encerra um sistema exaustivo de proteção e bens jurídicos, mas um sistema descontínuo de ilícitos decorrentes da necessidade de criminalizá-los, por ser este o meio indispensável de tutela jurídica.[68]

Portanto, o Direito Penal preocupa-se unicamente com alguns comportamentos ("fragmentos") contrários ao ordenamento jurídico, tutelando somente os bens jurídicos mais importantes à manutenção e ao desenvolvimento do indivíduo e da coletividade.

Em conclusão, a palavra **"fragmentariedade"** emana de **"fragmento"**: no universo da ilicitude, somente alguns blocos, alguns poucos fragmentos constituem-se em ilícitos penais. Pensemos em uma visão noturna: o céu representaria a ilicitude em geral; as estrelas seriam os ilícitos penais.

Com a evolução da sociedade e a modificação dos seus valores, nada impede a **fragmentariedade às avessas**, nas situações em que um comportamento inicialmente típico deixa de interessar ao Direito Penal, sem prejuízo da sua tutela pelos demais ramos do Direito. Foi o que aconteceu, a título ilustrativo, com o adultério. Esta conduta foi descriminalizada com a revogação do art. 240 do Código Penal pela Lei 11.106/2005, mas continua ilícita perante o Direito Civil.

---

[67] Nesse sentido: STF: HC 86.553/SC, rel. Min. Joaquim Barbosa, 2.ª Turma, j. 07.03.2006.
[68] LUISI, Luiz. *Os princípios constitucionais penais*. 2. ed. Porto Alegre: Sergio Fabris, 2003. p. 40.

## 2.2.8.2. Princípio da subsidiariedade

De acordo com o princípio da subsidiariedade, a atuação do Direito Penal é cabível unicamente quando os outros ramos do Direito e os demais meios estatais de controle social tiverem se revelado impotentes para o controle da ordem pública.

Em outras palavras, o Direito Penal funciona como um **executor de reserva**, entrando em cena somente quando outros meios estatais de proteção mais brandos, e, portanto, menos invasivos da liberdade individual não forem suficientes para a proteção do bem jurídico tutelado. Caso não seja necessário dele lançar mão, ficará de prontidão, aguardando ser chamado pelo operador do Direito para, aí sim, enfrentar uma conduta que coloca em risco a estrutura da sociedade. Nas palavras de Santiago Mir Puig:

> O Direito Penal deixa de ser necessário para proteger a sociedade quando isto se pode conseguir por outros meios, que serão preferíveis enquanto sejam menos lesivos para os direitos individuais. Trata-se de uma exigência de economia social coerente com a lógica do Estado social, que deve buscar o maior bem social com o menor custo social. O princípio da "máxima utilidade possível" para as possíveis vítimas deve combinar-se com o de "mínimo sofrimento necessário" para os delinquentes. Ele conduz a uma fundamentação utilitarista do Direito Penal no tendente à maior prevenção possível, senão ao mínimo de prevenção imprescindível. Entra em jogo assim o **"princípio da subsidiariedade"**, segundo o qual o Direito Penal há de ser a *ultima ratio*, o último recurso a utilizar à falta de outros menos lesivos.[69]

Este princípio, ao contrário do postulado da fragmentariedade, se projeta no **plano concreto**, isto é, em sua **atuação prática** o Direito Penal somente se legitima quando os demais meios disponíveis já tiverem sido empregados, sem sucesso, para proteção do bem jurídico. Guarda relação, portanto, com a tarefa de **aplicação da lei penal**. Em outras palavras, o crime já existe, mas, no plano da realidade, o tipo penal não pode ser utilizado, pois, nesta hipótese, não há legitimidade na atuação do Direito Penal. Na ótica do Superior Tribunal de Justiça:

> O paciente foi denunciado porque se constatou, em imóvel de sua propriedade, suposta subtração de água mediante ligação direta com a rede da concessionária do serviço público. Anote-se que, à época dos fatos, ele não residia no imóvel, mas quitou o respectivo débito. Dessarte, é aplicável o princípio da subsidiariedade, pelo qual a intervenção penal só é admissível quando os outros ramos do Direito não conseguem bem solucionar os conflitos sociais. Daí que, na hipótese, em que o ilícito toma contornos meramente contratuais e tem equacionamento no plano civil, não está justificada a persecução penal.[70]

## 2.2.9. Princípio da proporcionalidade

De acordo com o princípio da proporcionalidade, também conhecido como **princípio da razoabilidade** ou da **convivência das liberdades públicas**, a criação de tipos penais incriminadores deve constituir-se em **atividade vantajosa** para os membros da sociedade, eis que impõe um ônus a todos os cidadãos, decorrente da ameaça de punição que a eles acarreta. Sua origem normativa remonta aos itens 20 e 21 da Magna Carta do Rei João sem Terra, de 1215.[71]

---

[69] MIR PUIG, Santiago. *Derecho penal*. Parte general. 5. ed. Barcelona: Reppertor, 1998. p. 89.

[70] HC 197.601/RJ, rel. Min. Maria Thereza de Assis Moura, 6.ª Turma, j. 28.06.2011, noticiado no *Informativo* 479. E também: AgRg no REsp 928.851/RS, rel. Min. Jane Silva (Desembargadora convocada do TJ/MG), 6.ª Turma, j. 14.10.2008.

[71] FELDENS, Luciano. *A Constituição penal*: a dupla face da proporcionalidade no controle de normas penais. Porto Alegre: Livraria do Advogado, 2005. p. 157.

Nos moldes atuais, foi desenvolvido inicialmente na Alemanha, sob inspiração de pensamentos jusnaturalistas e iluministas, com os quais se afirmaram as ideias de que a limitação da liberdade individual só se justifica para a concretização de interesses coletivos superiores.[72]

O princípio da proporcionalidade funciona como **forte barreira impositiva de limites ao legislador**. Por corolário, a lei penal que não protege um bem jurídico é ineficaz, por se tratar de intervenção excessiva na vida dos indivíduos em geral.

Se não bastasse, incide também na dosimetria da pena-base. Como já decidido pelo Superior Tribunal de Justiça:

> Na fixação da pena-base, além do respeito aos ditames legais e da avaliação criteriosa das circunstâncias judiciais, deve ser observado o princípio da proporcionalidade, para que a resposta penal seja justa e suficiente para cumprir o papel de reprovação do ilícito.[73]

Em outras palavras, o princípio da proporcionalidade possui três destinatários: o **legislador** (**proporcionalidade abstrata**), o **juiz da ação penal** (**proporcionalidade concreta**), e os **órgãos da execução penal** (**proporcionalidade executória**).

Na **proporcionalidade abstrata** (ou legislativa), são eleitas as penas mais apropriadas para cada infração penal (seleção qualitativa), bem como as respectivas graduações – mínimo e máximo (seleção quantitativa). Na **proporcionalidade concreta** (ou judicial), orienta-se o magistrado no julgamento da ação penal, promovendo a individualização da pena adequada ao caso concreto. Finalmente, na **proporcionalidade executória** (ou administrativa) incidem regras inerentes ao cumprimento da pena, levando-se em conta as condições pessoais e o mérito do condenado.

Vale destacar que, modernamente, o princípio da proporcionalidade deve ser analisado sobre uma **dupla face**. Inicialmente, constitui-se em **proibição ao excesso**, pois é vedada a cominação e aplicação de penas em dose exagerada e desnecessária. Um exemplo marcante disto encontra-se na exagerada reprimenda cominada ao delito tipificado no art. 273, § 1.º-B, I, do Código Penal.

Nesse contexto, o Plenário do Supremo Tribunal Federal decidiu, com repercussão geral (Tema 1003), pela inconstitucionalidade da pena cominada a essa figura delitiva, em face da violação dos princípios da proporcionalidade, em sua vertente da proibição do excesso, e da individualização da pena, e determinou a repristinação da pena prevista ao art. 273 do Código Penal, em sua redação original – antes das alterações promovidas pela Lei 9.677/1998, qual seja, reclusão, de 1 (um) a 3 (três) anos, e multa:

> É inconstitucional a cominação da pena em abstrato atualmente prevista no art. 273 do Código Penal – reclusão, de dez a quinze anos, e multa – para a importação de medicamentos sem registro no órgão de vigilância sanitária competente, conduta tipificada no art. 273, § 1º-B, I, do CP. O vício decorre da ofensa à vedação de penas cruéis e da afronta a princípios constitucionais, como o da proporcionalidade e o da individualização da pena. Presente contexto de clamor público, houve a modificação do art. 273 do CP pela Lei 9.677/1998 (Lei dos Remédios), inclusive com a criação de figuras delitivas. Atualmente, o CP equipara situações de fato bastante distintas quanto à conduta e as consequências potenciais. Nesse sentido, pune-se a mera importação e comercialização de medicamento sem registro sanitário com as mesmas penas da falsificação ou da adulteração de medicamentos. Ocorre que, se a norma trata com idêntica gravidade situações de reprovabilidade diversas, não há individualização da pena. Impende registrar que o princípio da proporcionalidade proíbe a proteção deficiente e também o excesso. A respeito do comportamento em debate, a pena mínima é maior do que aquela prevista para o estupro de vulnerável, a extorsão mediante sequestro e a tortura seguida de morte. Em matéria

---

[72] FERNANDES, Antonio Scarance. *Processo penal constitucional.* 4. ed. São Paulo: RT, 2005. p. 54.
[73] HC 84.427/RJ, rel. Min. Napoleão Nunes Maia Filho, 5.ª Turma, j. 28.02.2008.

## CAP. 2 – PRINCÍPIOS DO DIREITO PENAL | 47

penal, a proporcionalidade deve levar em conta a importância do bem jurídico tutelado, o grau de afetação do bem jurídico, o elemento subjetivo e a forma de participação do agente no delito. Dessa maneira, é evidente a desproporcionalidade do preceito secundário impugnado considerada a conduta específica de importar medicação sem registro sanitário. Agrega-se não serem admitidas penas cruéis e incomuns. Aplicam-se os efeitos repristinatórios da declaração de inconstitucionalidade, com o retorno do preceito secundário do art. 273 do CP em sua redação original – reclusão, de um a três anos, e multa – na hipótese de importação de medicamentos sem o mencionado registro. A sanção estipulada irá abarcar apenas a conduta delitiva de importar medicação sem registro, uma vez que não foi declarada a inconstitucionalidade de toda a alteração legislativa do art. 273 do CP. Ressalta-se que a objetividade jurídica defendida pelo aludido artigo – o bem jurídico tutelado – é a saúde pública. Além disso, embora possa parecer razoável, permitir a aplicação de norma secundária de tipo penal diverso pode gerar insegurança jurídica.[74]

Se de um lado o princípio da proporcionalidade impõe a proibição do excesso, de outro lado este postulado também impede a **proteção insuficiente de bens jurídicos**, pois não tolera a punição abaixo da medida correta. Nas palavras de Paulo Queiroz:

> Convém notar, todavia, que o princípio da proporcionalidade compreende, além da proibição de excesso, a proibição de insuficiência da intervenção jurídico-penal. Significa dizer que, se, por um lado, deve ser combatida a sanção desproporcional porque excessiva, por outro lado, cumpre também evitar a resposta penal que fique muito aquém do seu efetivo merecimento, dado o seu grau de ofensividade e significação político-criminal, afinal a desproporção tanto pode dar-se para mais quanto para menos.[75]

## 2.2.10. Princípio da humanidade

Esse princípio apregoa a inconstitucionalidade da criação de tipos penais ou a cominação de penas que violam a incolumidade física ou moral de alguém. Dele resulta a impossibilidade de a pena passar da pessoa do condenado, com exceção de alguns efeitos extrapenais da condenação, como a obrigação de reparar o dano na esfera civil (CF, art. 5.º, XLV).

Decorre da **dignidade da pessoa humana**,[76] consagrada no art. 1.º, III, da Constituição Federal como fundamento da República Federativa do Brasil. Foi com base nesse princípio, entre outros, que o Supremo Tribunal Federal declarou inconstitucional o regime integralmente fechado para cumprimento da pena privativa de liberdade nos crimes hediondos e equiparados, problema superado com a edição da Lei 11.464/2007.

## 2.2.11. Princípio da ofensividade ou da lesividade

Não há infração penal quando a conduta não tiver oferecido ao menos **perigo de lesão ao bem jurídico**. Este princípio atende a manifesta exigência de **dclimitação do Direito Penal**,

---

[74] RE 979.962/RS, rel. Min. Roberto Barroso, Plenário, j. 24.03.2021, noticiado no *Informativo* 1.011.

[75] QUEIROZ, Paulo. *Direito penal*. Parte geral. 3. ed. São Paulo: Saraiva, 2006. p. 45. Na dicção do STF: "Os direitos fundamentais não podem ser considerados apenas proibições de intervenção (*Eingriffsverbote*), expressando também um postulado de proteção (*Schutzgebote*). Pode-se dizer que os direitos fundamentais expressam não apenas uma proibição do excesso (*Übermassverbote*), como também podem ser traduzidos como proibições de proteção insuficiente ou imperativos de tutela (*Untermassverbote*)" (HC 102.087/MG, rel. Min. Celso de Mello, rel. p/ acórdão Min. Gilmar Mendes, 2.ª Turma, j. 28.02.2012).

[76] A dignidade da pessoa humana deve ser entendida como corolário da natureza humana, pois o ser humano deve ser sempre tratado de modo diferenciado em face da sua natureza racional. Manifesta-se em todas as pessoas, já que cada um, ao respeitar o outro, tem a visão do outro. A dignidade humana existe em todos os indivíduos e impõe o respeito mútuo entre as pessoas. Nesse sentido: SILVA, Marco Antonio Marques da. *Acesso à justiça penal e Estado Democrático de Direito*. São Paulo: Juarez de Oliveira, 2001. p. 1.

tanto em nível legislativo como no âmbito jurisdicional. De acordo com o clássico ensinamento de Francesco Palazzo:

> Em nível legislativo, o princípio da lesividade (ou ofensividade), enquanto dotado de natureza constitucional, deve impedir o legislador de configurar tipos penais que já hajam sido construídos, *in abstracto,* como fatores indiferentes e preexistentes à norma. Do ponto de vista, pois, do valor e dos interesses sociais, já foram consagrados como inofensivos. Em nível jurisdicional-aplicativo, a integral atuação do princípio da lesividade deve comportar, para o juiz, o dever de excluir a subsistência do crime quando o fato, no mais, em tudo se apresenta na conformidade do tipo, mas, ainda assim, concretamente é inofensivo ao bem jurídico específico tutelado pela norma.[77]

No tocante à contravenção penal tipificada no art. 19 do Decreto-Lei 3.688/1941 – Lei das Contravenções Penais, vigente no tocante ao **porte ilegal de arma branca,**[78] tutelam-se bens jurídicos relevantes, notadamente a segurança nacional, a incolumidade pública e a saúde das pessoas. O legislador incrimina tal conduta com a finalidade de prevenir crimes violentos (homicídios, roubos e estupros, por exemplo), proteger a paz pública e restringir comportamentos perigosos.

O Supremo Tribunal Federal, decidindo pela ofensividade desta contravenção penal, fixou a seguinte tese no **Tema 857 da Repercussão Geral**: "O art. 19 da Lei de Contravenções penais permanece válido e é aplicável ao porte de arma branca, cuja potencialidade lesiva deve ser aferida com base nas circunstâncias do caso concreto, tendo em conta, inclusive, o elemento subjetivo do agente."[79]

## 2.2.12. Princípio da exclusiva proteção do bem jurídico

O Direito Penal moderno é o Direito Penal do bem jurídico. Nessa seara, o princípio da exclusiva proteção do bem jurídico veda ao Direito Penal a preocupação com as intenções e pensamentos das pessoas, do seu modo de viver ou de pensar, ou ainda de suas condutas internas, enquanto não exteriorizada a atividade delitiva.

O Direito Penal se destina à tutela de bens jurídicos, não podendo ser utilizado para resguardar questões de ordem moral, ética, ideológica, religiosa, política ou semelhantes.[80] Com efeito, a função primordial do Direito Penal é a proteção de bens jurídicos fundamentais para a preservação e o desenvolvimento do indivíduo e da sociedade. Como já decidido pelo Supremo Tribunal Federal:

> Pelo que é possível extrair do ordenamento jurídico brasileiro a premissa de que toda conduta penalmente típica só é penalmente típica porque significante, de alguma forma, para a sociedade e a própria vítima. É falar: em tema de política criminal, a Constituição Federal pressupõe lesão

---

[77] PALAZZO, Francesco C. *Valores constitucionais e direito penal.* Trad. Gérson Pereira dos Santos. Porto Alegre: Fabris, 1989. p. 80.

[78] Os tipos penais atinentes às armas de fogo encontram-se disciplinados na Lei 10.826/2003 – Estatuto do Desarmamento.

[79] ARE 901.623/SP, rel. Min. Edson Fachin, redator do acórdão Min. Alexandre de Moraes, Plenário, j. 04.10.2024, noticiado no *Informativo* 1.153.

[80] O Direito Penal moderno é secularizado, ou seja, tanto na análise do crime como na imposição da sanção penal não se admite a confusão das normas jurídicas com valores morais e, principalmente, religiosos. A propósito, estatui o art. 19, I, da Constituição Federal: "Art. 19. É vedado à União, aos Estados, ao Distrito Federal e aos Municípios: I – estabelecer cultos religiosos ou igrejas, subvencioná-los, embaraçar-lhes o funcionamento ou manter com eles ou seus representantes relações de dependência ou aliança, ressalvada, na forma da lei, a colaboração de interesse público".

CAP. 2 – PRINCÍPIOS DO DIREITO PENAL | 49

significante a interesses e valores (os chamados "bens jurídicos") por ela avaliados como dignos de proteção normativa.[81]

O princípio da exclusiva proteção do bem jurídico não se confunde com o princípio da alteridade. Neste, há um bem jurídico a ser penalmente tutelado, mas pertencente exclusivamente ao responsável pela conduta legalmente prevista, razão pela qual o Direito Penal não está autorizado a intervir; naquele, por sua vez, não há interesse legítimo a ser protegido pelo Direito Penal.

### 2.2.12.1. Eleição de bens jurídicos e a teoria constitucional do Direito Penal

De acordo com a teoria constitucional do Direito Penal, a tarefa de criação de crimes e cominação de penas somente se legitima quando são tutelados valores consagrados na Constituição Federal. Em outras palavras, a eleição dos bens jurídicos dignos de proteção penal deriva dos mandamentos constitucionais. Exemplificativamente, o fundamento de validade do delito de homicídio é o direito à vida (CF, art. 5.º, *caput*), assim como o arrimo dos crimes de calúnia, difamação e injúria encontra-se no art. 5.º, X, da Lei Suprema, relativo à inviolabilidade da honra. Como leciona Claus Roxin:

> O ponto de partida correto consiste em reconhecer que a única restrição previamente dada para o legislador se encontra nos princípios constitucionais. Portanto, um conceito de bem jurídico vinculante político-criminalmente só pode derivar dos valores garantidos na Lei Fundamental, do nosso Estado de Direito baseado na liberdade do indivíduo, através dos quais são marcados os limites da atividade punitiva do Estado.[82]

### 2.2.12.2. A espiritualização (desmaterialização ou liquefação) de bens jurídicos no Direito Penal

A ideia de bem jurídico sempre girou em torno da pessoa humana, posteriormente vindo a alcançar também as pessoas jurídicas. Nesse contexto, somente se configurava uma infração penal quando presente uma lesão (dano) a interesses individuais das pessoas, a exemplo da vida, da integridade física, do patrimônio, da liberdade sexual etc.

Com a evolução dos tempos, e visando a antecipação da tutela penal, pois assim mostrou-se possível a prevenção de lesões às pessoas, o Direito Penal passou a também se preocupar com momentos anteriores ao dano, incriminando condutas limitadas à causação do perigo (crimes de perigo concreto e abstrato), ou seja, à exposição de bens jurídicos – notadamente de natureza transindividual – à probabilidade de dano. Exemplificativamente, surgiram crimes ambientais, pois é sabido que a manutenção do meio ambiente sadio e equilibrado é imprescindível à boa qualidade de vida, e do interesse das presentes e futuras gerações, nos moldes do art. 225, *caput*, da Constituição Federal. Para o Supremo Tribunal Federal:

> A criação de crimes de perigo abstrato não representa, por si só, comportamento inconstitucional por parte do legislador penal. A tipificação de condutas que geram perigo em abstrato, muitas vezes, acaba sendo a melhor alternativa ou a medida mais eficaz para a proteção de bens jurídico-penais supraindividuais ou de caráter coletivo, como, por exemplo, o meio ambiente, a saúde etc. Portanto, pode o legislador, dentro de suas amplas margens de avaliação e de decisão, definir quais

---

[81]  HC 111.017/RS, rel. Min. Ayres Britto, 2.ª Turma, j. 07.02.2012.

[82]  ROXIN, Claus. *Derecho penal*. Parte general. Fundamentos. La estructura de la teoría del delito. Trad. espanhola Diego-Manuel Luzón Peña, Miguel Díaz y García Conlledo e Javier de Vicente Remensal. Madrid: Civitas, 2006. t. I, p. 55-56.

# DIREITO PENAL – PARTE GERAL – VOL. 1 • CLEBER MASSON

as medidas mais adequadas e necessárias para a efetiva proteção de determinado bem jurídico, o que lhe permite escolher espécies de tipificação próprias de um direito penal preventivo.[83]

A crescente incursão pela seara dos interesses metaindividuais e dos crimes de perigo, especialmente os de índole abstrata – definidos como os delitos em que a lei presume, de forma absoluta, a situação de risco ao bem jurídico penalmente tutelado –, tem sido chamada de **espiritualização, desmaterialização** ou **liquefação** de bens jurídicos no Direito Penal.[84]

## 2.2.13. Princípio da imputação pessoal

O Direito Penal não pode castigar um fato cometido por agente que atue sem culpabilidade. Em outras palavras, não se admite a punição quando se tratar de agente inimputável, sem potencial consciência da ilicitude ou de quem não se possa exigir conduta diversa.

O fundamento da responsabilidade penal pessoal é a culpabilidade (*nulla poena sine culpa*).

## 2.2.14. Princípio da responsabilidade pelo fato

Os tipos penais devem definir fatos, associando-lhes as penas respectivas, e não estereotipar autores em razão de alguma condição específica. Não se admite um **Direito Penal do autor**, mas somente um **Direito Penal do fato**.

Ninguém pode ser punido exclusivamente por questões pessoais. Ao contrário, a pena se destina ao agente culpável condenado, após o devido processo legal, pela prática de um fato típico e ilícito.

Historicamente, pode ser lembrado como *Direito Penal do autor* o da Alemanha nazista, no qual não existiam propriamente crimes, mas criminosos. Em tempos atuais, com ele guarda sintonia o **Direito Penal do inimigo,** idealizado pelo alemão Günther Jakobs, estudado mais adiante (Capítulo 6, item 6.5.4).

A tese que sustenta ser a agravante genérica da reincidência resquício de um Direito Penal do autor não pode ser acolhida. Com efeito, uma vez caracterizada a recidiva, a agravação da pena é obrigatória, por se constituir em elemento que representa maior reprovação da conduta, pelo cometimento de novo crime depois da imposição definitiva de uma pena pela prática de um crime anterior, revelando que a sanção penal não atingiu suas finalidades de reprovação e prevenção de novos delitos.

## 2.2.15. Princípio da personalidade ou da intranscendência

Ninguém pode ser responsabilizado por fato cometido por terceira pessoa. Consequentemente, a pena não pode passar da pessoa do condenado (CF, art. 5.º, XLV). Como reconhecido pelo Supremo Tribunal Federal: "O postulado da intranscendência impede que sanções e restrições de ordem jurídica superem a dimensão estritamente pessoal do infrator".[85]

## 2.2.16. Princípio da responsabilidade penal subjetiva

Nenhum resultado penalmente relevante pode ser atribuído a quem não o tenha produzido por dolo ou culpa.[86] A disposição contida no art. 19 do Código Penal – "Pelo resultado que

---

[83]  HC 102.087/MG, rel. Min. Celso de Mello, rel. p/ acórdão Min. Gilmar Mendes, 2.ª Turma, j. 28.02.2012.

[84]  Cf. ROXIN, Claus. *Derecho penal* Parte general. Fundamentos. La estructura de la teoría del delito. Trad. espanhola Diego--Manuel Luzón Peña, Miguel Díaz y García Conlledo e Javier de Vicente Remensal. Madrid: Civitas, 2006. t. I, p. 410.

[85]  Agr-QO 1.033/DF, rel. Min. Celso de Mello, Tribunal Pleno, j. 25.05.2006.

[86]  Há doutrinadores que denominam esse postulado de "princípio da culpabilidade". É o caso de LUISI, Luiz. *Os princípios constitucionais penais*. 2. ed. Porto Alegre: Fabris, 2003. p. 32. Com o devido respeito, essa posição não nos parece

agrava especialmente a pena, só responde o agente que o houver causado ao menos culposamente" – exclui a responsabilidade penal objetiva. O Direito penal moderno é Direito Penal da culpa. Não se prescinde do elemento subjetivo. É intolerável a responsabilidade pelo fato de outrem. À sanção, medida político-jurídica de resposta ao delinquente, deve ajustar-se a conduta delituosa. Conduta é fenômeno ocorrente no plano da experiência. É fato. Fato não se presume. Existe ou não existe. Para o Supremo Tribunal Federal:

> (...) vige no ordenamento jurídico-penal pátrio o princípio da responsabilidade subjetiva, como corolário do Direito Penal do fato, adequado ao plexo de garantias vigente no Estado Democrático de Direito. Tal sistemática impõe ao órgão acusatório o ônus da prova acerca dos elementos constitutivos do tipo penal incriminador, nos termos do art. 156 do CPP, a ser exercido no seio do contraditório estabelecido em juízo, em respeito à cláusula do devido processo legal.[87]

Apontam-se vestígios da responsabilidade objetiva em duas situações no Direito Penal brasileiro. Seriam as seguintes:

1) Rixa qualificada (art. 137, parágrafo único, do Código Penal); e
2) Punição das infrações penais praticadas em estado de embriaguez voluntária ou culposa, decorrente da ação da teoria da *actio libera in causa* (art. 28, II, do CP).[88]

### 2.2.17. Princípio do *ne bis in idem*

Este princípio, derivado da dignidade da pessoa humana e consagrado no art. 8.º, 4, do Pacto de São José da Costa Rica, o qual foi ratificado no Brasil pelo Decreto 678/1992, proíbe de forma absoluta a **dupla punição pelo mesmo fato**.[89] Com base nesse postulado foi editada a Súmula 241 do Superior Tribunal de Justiça: "A reincidência penal não pode ser considerada como circunstância agravante e, simultaneamente, como circunstância judicial".

A reincidência como agravante genérica quando da prática de novo crime, contudo, não importa em violação desse princípio. A regra prevista no art. 61, I, do Código Penal encontra-se em sintonia com o ordenamento jurídico em vigor. Na visão do Supremo Tribunal Federal:

> É constitucional a aplicação da reincidência como agravante da pena em processos criminais (CP, art. 61, I). Essa a conclusão do Plenário ao desprover recurso extraordinário em que alegado que o instituto configuraria *bis in idem*, bem como ofenderia os princípios da proporcionalidade e da individualização da pena. Registrou-se que as repercussões legais da reincidência seriam múltiplas, não restritas ao agravamento da pena.

---

adequada. Culpabilidade, dependendo da estrutura do crime e da teoria da conduta que se adotem, deve ser entendida como elemento do delito ou pressuposto de aplicação da pena. Não se confunde com os elementos subjetivos do delito, os quais, na teoria clássica da conduta, funcionam como requisitos da culpabilidade.

[87] Inq 4483 AgR-segundo-DF e Inq 4327 AgR-segundo-DF, rel. Min. Edson Fachin, Plenário, j. 14.12.2017 e 19.12.2017, noticiados no *Informativo* 888.

[88] Falava-se, também, em violação ao princípio em estudo na responsabilidade penal sucessiva, ou responsabilidade penal "em cascata", nos crimes previstos na Lei de Imprensa (arts. 37 a 39 da Lei 5.250/1967). Esta Lei, entretanto, não foi recepcionada pela Constituição Federal, como restou decidido pelo Supremo Tribunal Federal no julgamento da Arguição de Descumprimento de Preceito Fundamental 130-7/DF, ajuizada pelo PDT – Partido Democrático Trabalhista (STF: ADPF 130-7/DF, rel. Min. Carlos Britto, Plenário, j. 30.04.2009). O STF fundamentou sua decisão especialmente na incompatibilidade entre os dispositivos da Lei de Imprensa perante os valores do Estado Democrático de Direito acolhidos pela Constituição Federal, notadamente a liberdade de expressão e o princípio da isonomia. Para um estudo aprofundado do tema, vide: ANDRADE, Manuel da Costa. *Liberdade de imprensa e inviolabilidade pessoal*. Coimbra: Coimbra Editora, 1996.

[89] STF: HC 112.776/MS, rel. Min. Teori Zavascki, Plenário, j. 19.12.2013, noticiado no *Informativo* 733.

# DIREITO PENAL – PARTE GERAL – VOL. 1 • CLEBER MASSON

Nesse sentido, ela obstaculizaria: a) cumprimento de pena nos regimes semiaberto e aberto (CP, art. 33, § 2.º, *b* e *c*); b) substituição de pena privativa de liberdade por restritiva de direito ou multa (CP, artigos 44, II; e 60, § 2.º); c) *sursis* (CP, art. 77, I); d) diminuição de pena, reabilitação e prestação de fiança; e e) transação e *sursis* processual em juizados especiais (Lei 9.099/95, artigos 76, § 2.º, I, e 89). Além disso, a recidiva seria levada em conta para: a) deslinde do concurso de agravantes e atenuantes (CP, art. 67); b) efeito de lapso temporal quanto ao livramento condicional (CP, art. 83, I e II); c) interrupção da prescrição (CP, art. 117, VI); e d) revogação de *sursis* e livramento condicional, a impossibilitar, em alguns casos, a diminuição da pena, a reabilitação e a prestação de fiança (CP, artigos 155, § 2.º; 170; 171, § 1.º; 95; e CPP, art. 323, III). (...)

Considerou-se que a reincidência comporia consagrado sistema de política criminal de combate à delinquência e que eventual inconstitucionalidade do instituto alcançaria todas as normas acima declinadas. Asseverou-se que sua aplicação não significaria duplicidade, porquanto não alcançaria delito pretérito, mas novo ilícito, que ocorrera sem que ultrapassado o interregno do art. 64 do CP. Asseverou-se que o julgador deveria ter parâmetros para estabelecer a pena adequada ao caso concreto. Nesse contexto, a reincidência significaria o cometimento de novo fato antijurídico, além do anterior. Reputou-se razoável o fator de discriminação, considerado o perfil do réu, merecedor de maior repreensão porque voltara a delinquir a despeito da condenação havida, que deveria ter sido tomada como advertência no que tange à necessidade de adoção de postura própria ao homem médio.

Explicou-se que os tipos penais previriam limites mínimo e máximo de apenação, somente alijados se verificada causa de diminuição ou de aumento da reprimenda. A definição da pena adequada levaria em conta particularidades da situação, inclusive se o agente voltara a claudicar. Estaria respaldado, então, o instituto constitucional da individualização da pena, na medida em que se evitaria colocar o reincidente e o agente episódico no mesmo patamar.

Frisou-se que a jurisprudência da Corte filiar-se-ia, predominantemente, à corrente doutrinária segundo a qual o instituto encontraria fundamento constitucional, porquanto atenderia ao princípio da individualização da pena. Assinalou-se que não se poderia, a partir da exacerbação do garantismo penal, desmantelar o sistema no ponto consagrador da cabível distinção, ao se tratar os desiguais de forma igual. A regência da matéria, harmônica com a Constituição, denotaria razoável política normativa criminal.[90]

Vale ressaltar, porém, que a existência de duas ou mais ações penais, em searas judiciais diversas, pela suposta prática de fatos distintos, não acarreta violação a esse princípio. No trágico acidente envolvendo avião da empresa Gol Linhas Aéreas, pronunciou-se o Superior Tribunal de Justiça:

Não ofende o princípio do *ne bis in idem* o fato de os controladores de voo estarem respondendo a processo na Justiça Militar e na Justiça comum pelo mesmo fato da vida, qual seja o acidente aéreo que ocasionou a queda do Boeing 737/800 da Gol Linhas Aéreas no Município de Peixoto de Azevedo, no Estado do Mato Grosso, com a morte de todos os seus ocupantes, uma vez que as imputações são distintas. Solução que se encontra, *mutatis mutandis*, no enunciado da Súmula 90/STJ: "Compete à Justiça Estadual Militar processar e julgar o policial militar pela prática do crime militar, e à Comum pela prática do crime comum simultâneo àquele".[91]

Na seara deste princípio, pode ocorrer uma situação curiosa, consistente na existência de duas condenações definitivas proferidas contra o mesmo agente, e com base em idêntico fato, a primeira, lançada por juízo incompetente (com pena maior), e a segunda, editada por juízo competente (com pena mais branda). Nesse caso, a solução adequada é a anulação da

---

[90]  RE 453.000/RS, rel. Min. Marco Aurélio, Plenário, j. 04.04.2013, noticiado no *Informativo* 700.
[91]  CC 91.016/MT, rel. Min. Paulo Gallotti, 3.ª Seção, j. 27.02.2008.

primeira decisão judicial, com a necessária relativização dos efeitos da coisa julgada. Como já decidido pelo Superior Tribunal de Justiça:

> Constatado o trânsito em julgado de duas decisões condenando o agente pela prática de um único crime – a primeira proferida por juízo estadual absolutamente incompetente e a segunda proferida pelo juízo federal constitucionalmente competente –, a condenação anterior deve ser anulada caso se verifique que nela fora imposta pena maior do que a fixada posteriormente. Em primeiro lugar, faz-se necessário asseverar que o STJ já se pronunciou no sentido de que "A sentença proferida por juízo absolutamente incompetente impede o exame dos mesmos fatos ainda que pela justiça constitucionalmente competente, pois, ao contrário, estar-se-ia não só diante de vedado *bis in idem* como também na contramão da necessária segurança jurídica que a imutabilidade da coisa julgada visa garantir" (RHC 29.775-PI, Quinta Turma, *DJe* 25.06.2013). Com efeito, sopesando a garantia do juiz natural em face do princípio do *ne bis in idem*, deve preponderar este último como decorrência do princípio fundamental da dignidade da pessoa humana, princípio basilar do Estado Dem.crático de Direito, consoante explicita o inciso III do art. 1.º da CF. Cabe ressaltar, a propósito, que esse entendimento foi consolidado para, dando efetividade ao princípio do *favor rei*, impedir o início ou a continuidade de outro processo que tenha por objetivo discutir os mesmos fatos que já foram objeto de decisão anterior. A situação em análise, entretanto, é peculiar. Existem duas condenações transitadas em julgado, sendo que a primeira foi proferida por juízo estadual absolutamente incompetente, e a segunda pelo juízo constitucionalmente competente, tendo este estabelecido, inclusive, *quantum* de pena inferior ao definido anteriormente. Dessa forma, nessa hipótese, considerando a situação mais favorável ao réu, bem como a existência de trânsito em julgado perante a justiça competente para análise do feito, deve ser relativizada a coisa julgada, de modo a tornar possível a prevalência do princípio fundamental da dignidade da pessoa humana.[92]

Finalmente, a vedação do *bis in idem* impede a imputação ao agente de um crime (e de uma nova ação penal), cometido no contexto fático de outro delito, o qual era desconhecido na ação penal a este correspondente. Para o Superior Tribunal de Justiça:

> O agente que, numa primeira ação penal, tenha sido condenado pela prática de crime de roubo contra uma instituição bancária não poderá ser, numa segunda ação penal, condenado por crime de roubo supostamente cometido contra o gerente do banco no mesmo contexto fático considerado na primeira ação penal, ainda que a conduta referente a este suposto roubo contra o gerente não tenha sido sequer levada ao conhecimento do juízo da primeira ação penal, vindo à tona somente no segundo processo. De fato, conquanto o suposto roubo contra o gerente do banco não tenha sido sequer levado ao conhecimento do juízo da primeira ação penal, ele se encontra sob o âmbito de incidência do princípio *ne bis in idem*, na medida em que praticado no mesmo contexto fático da primeira ação. Além disso, do contrário ocorreria violação da garantia constitucional da coisa julgada. Sobre o tema, há entendimento doutrinário no sentido de que "Com o trânsito em julgado da sentença condenatória, o ato adquire a autoridade de coisa julgada, tornando-se imutável tanto no processo em que veio a ser proferida a decisão (coisa julgada formal) quanto em qualquer ou-tro processo onde se pretenda discutir o mesmo fato criminoso objeto da decisão original (coisa julgada material). No direito brasileiro, a sentença condenatória evita se instaure novo processo contra o réu condenado, em razão do mesmo fato, quer para impingir ao sentenciado acusação mais gravosa, quer para aplicar-lhe pena mais elevada". Portanto, não há se falar, na hipótese em análise, em arquivamento implícito, inadmitido pela doutrina e pela jurisprudência, tendo em vista que não se cuida de fatos diversos, mas sim de um mesmo fato com desdobramentos diversos e apreciáveis ao tempo da instauração da primeira ação penal. Ademais, a doutrina sustenta que "a proibição (*ne*) de imposição de mais de uma (*bis*) consequência jurídico-repressiva pela prática

---

[92] HC 297.482/CE, rel. Min. Felix Fischer, 5.ª Turma, j. 12.05.2015, noticiado no *Informativo* 562.

DIREITO PENAL – PARTE GERAL – VOL. 1 • CLEBER MASSON

dos mesmos fatos (*idem*) ocorre, ainda, quando o comportamento definido espaço-temporalmente imputado ao acusado não foi trazido por inteiro para apreciação do juízo. Isso porque o objeto do processo é informado pelo princípio da consunção, pelo qual tudo aquilo que poderia ter sido imputado ao acusado, em referência a dada situação histórica e não o foi, jamais poderá vir a sê-lo novamente. E também se orienta pelos princípios da unidade e da indivisibilidade, devendo o caso penal ser conhecido e julgado na sua totalidade – unitária e indivisivelmente – e, mesmo quando não o tenha sido, considerar-se-á irrepetivelmente decidido". Assim, em Direito Penal, "deve-se reconhecer a prevalência dos princípios do favor rei, *favor libertatis* e *ne bis in idem*, de modo a preservar a segurança jurídica que o ordenamento jurídico demanda" (HC 173.397-RS, Sexta Turma, *DJe* 17.03.2011).[93]

### 2.2.18. Princípio da isonomia

Consagrou-se o princípio da isonomia, ou da igualdade, como a obrigação de tratar igualmente aos iguais, e desigualmente aos desiguais, na medida de suas desigualdades. Como acentua Celso Antônio Bandeira de Mello:

> O preceito magno da igualdade é norma voltada quer para o aplicador da lei quer para o próprio legislador. Deveras, não só perante a norma posta se nivelam os indivíduos, mas, a própria edição dela assujeita-se ao dever de dispensar tratamento equânime às pessoas.[94]

No Direito Penal, importa em dizer que as pessoas (nacionais ou estrangeiras) em igual situação devem receber idêntico tratamento jurídico, e aquelas que se encontram em posições diferentes merecem um enquadramento diverso, tanto por parte do legislador como também pelo juiz.[95] Exemplificativamente, um traficante de drogas, primário e com o qual foi apreendida a quantidade de dez gramas de cocaína, deve ser apenado mais suavemente do que outro traficante reincidente e preso em flagrante pelo depósito de uma tonelada da mesma droga.

---

[93] HC 285.589/MG, rel. Min. Felix Fischer, 5.ª Turma, j. 04.08.2015, noticiado no *Informativo* 569.
[94] BANDEIRA DE MELLO, Celso Antônio. *Conteúdo jurídico do princípio da igualdade.* 3. ed. São Paulo: Malheiros, 1993. p. 9.
[95] STF: HC 103.311/PR, rel. Min. Luiz Fux, 1.ª Turma, j. 07.06.2011, noticiado no *Informativo* 630.

# CAPÍTULO 3

# A EVOLUÇÃO HISTÓRICA DO DIREITO PENAL

## 3.1. O DIREITO PENAL DOS POVOS PRIMITIVOS

### 3.1.1. Introdução

Pode-se afirmar, com segurança, que a história da pena e, consequentemente, do Direito Penal, embora não sistematizado, se confunde com a história da própria humanidade.

De fato, o ponto de partida da história da pena coincide com o ponto de partida da história da humanidade. Em todos os tempos, em todas as raças, vislumbra-se a pena como uma ingerência na esfera do poder e da vontade do indivíduo que ofendeu e porque ofendeu as esferas de poder e da vontade de outrem.

É correto, pois, reconhecer a existência da pena como um fato histórico primitivo, bem como considerar o Direito Penal a primeira e mais antiga camada da história da evolução do Direito. Além disso, as diversas fases da evolução da vingança penal deixam evidente que não se trata de uma progressão sistemática, com princípios, períodos e épocas capazes de distinguir cada um de seus estágios, mas algo que foi se desenvolvendo para atender as necessidades de seu tempo.

Por tal razão, pode ser adotada uma **tríplice divisão**, representada pelas seguintes fases: (1) vingança divina; (2) vingança privada; e (3) vingança pública. Todas essas etapas foram marcadas por forte sentimento religioso e espiritual. Vale ressaltar ser essa divisão meramente didática, haja vista uma fase se interligar e conviver com outra durante os tempos primitivos.

### 3.1.2. Vingança divina

O homem primitivo não regulava sua conduta pelos princípios da causalidade e da consciência em torno de sua essência e circunstância, mas sim no "temor religioso ou mágico, sobretudo em relação com o culto dos antepassados, cumpridores das normas, e com certas instituições de fundo mágico ou religioso".[1]

Essa visão mágica e contraditória do homem e do mundo era nutrida pelos *totens* e *tabus*, os quais marcavam presença nas diversas modalidades da pena, com nítido e singular **caráter expiatório**.

---

[1]    BRUNO, Aníbal. *Direito penal*: parte geral. 3. ed. Rio de Janeiro: Forense, 1967. t. I, p. 54.

Os totens assumiam as mais variadas formas de animais, vegetais ou qualquer outro objeto considerado como ancestral ou símbolo de uma coletividade, caracterizando-se como seu protetor e objetos de tabus e deveres particulares. Para Freud, o totem,

> via de regra, é um animal (comível e inofensivo, ou perigoso e temido) e mais raramente um vegetal ou um fenômeno natural (como a chuva e a água), que mantém relação peculiar com todo o clã. Em primeiro lugar, o totem é o passado comum do clã; ao mesmo tempo, é o seu espírito guardião e auxiliar, que lhe envia oráculos, e embora perigoso para os outros, reconhece e poupa seus próprios filhos. Em compensação, os integrantes estão na obrigação sagrada (sujeita a sanções automáticas) de não matar nem destruir seu totem e evitar comer sua carne (ou tirar proveito dele de outras maneiras).[2]

O tabu consistia na proibição dos profanos de se relacionarem com pessoas, objetos ou lugares determinados, ou dele se aproximarem, em virtude do caráter sagrado que possuíam, e a sua violação acarretava ao culpado ou ao seu grupo o castigo da divindade.

Pelo fato de que para esses povos a lei tinha origem divina e, como tal, sua violação consistia numa ofensa aos deuses, **punia-se o infrator para desagravar a divindade**, bem como para purgar o seu grupo das impurezas trazidas pelo crime.

Uma das reações contra o criminoso era a expulsão do grupo (desterro), medida que se destinava, além de eliminar aquele que se tornara um inimigo da comunidade e dos seus deuses e forças mágicas, a evitar que a classe social fosse contagiada pela mácula que impregnava o agente, bem como as reações vingativas dos seres sobrenaturais a que o grupo estava submetido.

Destarte, **o castigo consistia no sacrifício de sua vida**. Castigava-se com rigor, com notória crueldade, eis que o castigo deveria estar em consonância com a grandeza do deus ofendido, a fim de amenizar sua cólera e reconquistar sua benevolência para com o seu povo.

Destacava-se a pena de **perda da paz**: como a paz está sob a proteção dos deuses, a vingança tem o seu fundamento no preceito divino. Uma vez perdida a paz, o delinquente perdia a proteção do clã, ficando exposto à sua própria sorte.

### 3.1.3. Vingança privada

Surge, posteriormente à vingança divina, a fase da vingança privada, em decorrência principalmente do crescimento dos povos e da complexidade social daí resultante. Era uma vingança entre os grupos, eis que encaravam a infração como uma ofensa não relacionada diretamente à vítima, mas, sobretudo, ao grupo a que pertencia.

O homem primitivo tinha forte laço com sua comunidade, uma vez que, fora dela, sentia-se desprotegido ante sua imaginação mágica. Fica nítida a inter-relação entre a vingança divina e a privada.

Desse modo, **imperava a lei do mais forte, a vingança de sangue**, em que o próprio ofendido ou outra pessoa do seu grupo exercia o direito de voltar-se contra o agressor, fazendo "justiça pelas próprias mãos", cometendo, na maioria dos casos, excessos e demasias, o que culminava com a disseminação do ódio e consequentes guerras entre grupos.

Para demonstrar a intensa ligação do homem primitivo com sua comunidade, "se uma pessoa de determinado grupo era atingida por um grupo estrangeiro, a vingança era coletiva e incidia sobre todo o grupo agressor".[3]

---

[2] FREUD, Sigmund. *Totem e tabu*. Trad. Órizon Carneiro Muniz. 2. ed. Rio de Janeiro: Imago, 1995. v. 13, p. 22. (Obras completas de Sigmund Freud.)

[3] MARQUES, Oswaldo Henrique Duek. *Fundamentos da pena*. São Paulo: Juarez de Oliveira, 2000. p. 3.

Portanto, inexistia qualquer proporção entre o delito praticado e a pena imposta, e, nesse sentido, envolvia desde o indivíduo isoladamente considerado até o seu grupo social, com sangrentas batalhas, causando, muitas vezes, a completa eliminação das tribos.

Tamanha era a desproporção da vingança que um crime praticado por um indivíduo não raras vezes atingia como retribuição crianças e pessoas doentes, integrantes do grupo do infrator. Recaía, inclusive, sobre animais ou coisas.

Com o propósito de evitar a dizimação dos grupos, surge a **Lei do Talião**, do latim *talis = tal qual:* "Pagará a vida com a vida; mão com mão, pé por pé, olho por olho, queimadura por queimadura" (Êxodo, XXI, versículos 23 a 25).

Por mais impressionante que essa afirmação possa se revelar, cuida-se da **pioneira manifestação do princípio da proporcionalidade**, por representar tratamento igualitário entre autor e vítima. Foi a primeira tentativa de humanização da sanção penal, apesar de nos dias atuais revelar-se como brutal e cruel, e restou acolhida pelo Código de Hamurabi (Babilônia), pelo Êxodo (hebreus) e na Lei das XII Tábuas (romanos).

A título de exemplificação, dispunha o Código de Hamurabi: "Art. 209. Se alguém bate numa mulher livre e a faz abortar, deverá pagar dez siclos pelo feto".[4] E também: "Art. 210. Se essa mulher morre, então deverá matar o filho dele".

No Êxodo dos hebreus: "Aquele que ferir, mortalmente, um homem, será morto".

E na Lei das XII Tábuas: "Se alguém difama outrem com palavras ou cânticos, que seja fustigado". Ainda: "Se alguém profere um falso testemunho, que seja precipitado da rocha Tarpeia". E também: "Se alguém matou o pai ou a mãe, que se lhe envolva a cabeça e seja colocado em um saco costurado e lançado ao rio".

Com o passar do tempo, diante do elevado número de infratores, as populações ficavam deformadas, motivo pelo qual se evoluiu para o **sistema da composição**, forma de conciliação entre o ofensor e o ofendido ou seus familiares, pela prestação pecuniária como forma de reparar o dano (dinheiro da paz). O ofensor comprava sua liberdade, evitando o castigo.

Por exemplo, dispunha a norma das Leis Mosaicas: "Se um homem furtar um boi ou um carneiro, e o matar ou vender, pagará cinco bois pelo boi e quatro carneiros pelo carneiro".

A composição – largamente aceita em sua época – constitui um dos antecedentes da moderna reparação do dano do Direito Civil e das penas pecuniárias.

### 3.1.4. Vingança pública

Com a evolução política da sociedade e melhor organização comunitária, o Estado avocou o poder-dever de manter a ordem e a segurança social, conferindo a seus agentes a autoridade para punir em nome de seus súditos. A pena assume nítido caráter público.

Os ofendidos não mais necessitam recorrer às suas próprias forças.

A finalidade dessa fase era garantir a segurança do soberano, por meio da aplicação da sanção penal, ainda dominada pela crueldade e desumanidade, característica do direito penal então vigente.

Cabia a uma terceira pessoa, no caso o Estado – representante da coletividade e em tese sem interesse no conflito existente –, decidir impessoalmente a questão posta à sua análise, ainda que de maneira arbitrária.

Nessa época, as penas ainda eram largamente intimidatórias e cruéis, destacando-se o esquartejamento, a roda, a fogueira, a decapitação, a forca, os castigos corporais e amputações, entre outras.

---

[4] Siclos é uma antiga moeda dos hebreus, de prata, cujo peso equivalia a seis gramas.

## 3.2. IDADE ANTIGA: DIREITO PENAL GREGO E DIREITO PENAL ROMANO

### 3.2.1. Direito Penal grego

Na Grécia Antiga, em seus primórdios, o crime e a pena se inspiravam no sentimento religioso. Governava-se em nome de Zeus.

A civilização grega produziu filósofos, historiadores, escritores e grandes pensadores, que iniciaram o estudo da ciência política. Como expoentes, podem ser lembrados Sócrates, Platão, Aristóteles, Ésquilo, Sófocles e Eurípedes.

Com a Ciência Política iniciaram-se as grandes discussões sobre política, ética, liberdade e justiça, bem como noções e fundamento do direito de punir e da finalidade da pena, influenciando profundamente a Ciência do Direito.

Em que pesem os estudos democráticos e filosóficos então reinantes, os gregos pouco se preocuparam com os direitos fundamentais. De fato, todas as questões da vida, seja no campo social ou político, giravam em torno da cidade (*polis*). O homem não era concebido em sua individualidade. A própria noção de democracia estava ligada à integração do homem ao Estado e, por essa razão, a escravidão era plenamente justificada.

Contribuíram ao colocar em pauta discussões relevantes acerca do fundamento do direito de punir e a finalidade da pena que, no futuro e até nos dias de hoje, atormentam as mentes dos juristas.

Na justiça ateniense, as penas passaram a ser dotadas de certa dose de humanidade. Autorizava-se, exemplificativamente, a absolvição do culpado, quando a sua eliminação fosse capaz de prejudicar os inocentes dele dependentes para sobreviver. Pensava-se, no caso, no desenvolvimento da sociedade, e não propriamente no acusado.

### 3.2.2. Direito Penal romano

A história do Direito Romano divide-se em várias etapas, as quais percorreram 22 séculos (de 753 a.C. a 1453 d.C.) de grandes transformações.

Em matéria penal, o poder dos magistrados, intitulado *coercitio,* era totalmente discricionário e limitado apenas pela apelação ao povo (*provocatio ad populum*), direito exclusivo do cidadão romano. Portanto, dele não se podiam valer as mulheres, os escravos e os estrangeiros.

Por força da possibilidade de apelação ao povo, mesmo não existindo o princípio da reserva legal, as decisões passaram a se revestir de fundamentação, proporcionando maior segurança jurídica aos cidadãos romanos.

A elaboração da Lei das XII Tábuas foi fundamental para a evolução do Direito Romano, já que disciplinou a utilização da vingança privada. Com o passar do tempo a administração da justiça foi transferida do particular para um poder estatal central.

De igual modo, o Direito Romano passou por um período de laicização, deixando a lei de ser uma mensagem dos deuses. Prescrevia a Lei das XII Tábuas: "O que os sufrágios do povo ordenaram em último lugar, essa é a lei".

Em toda a sua existência, o Império Romano teve como prioridade a busca pelo poder e pela prosperidade. Por tal motivo, não se ateve à proteção dos direitos fundamentais em face do arbítrio estatal. O que se garantia eram os direitos das classes privilegiadas, como os imperadores e patrícios.

Somente com o Cristianismo houve maior percepção da importância pelo respeito aos direitos fundamentais do homem, que passou a ser concebido como **imagem e semelhança de Deus**.

Em Roma surgiu a distinção entre crimes públicos e crimes privados.

**Crimes públicos** envolviam a traição ou a conspiração política contra o Estado e o assassinato, **enquanto os demais eram crimes privados** (critério residual). O julgamento dos crimes públicos era atribuição do Estado, por meio de um magistrado, e realizado por tribunais especiais. A sanção aplicada era a pena capital.

Já o julgamento dos crimes privados era confiado ao particular ofendido, interferindo o Estado apenas para regular o seu exercício. Tais delitos pertenciam ao Direito privado e não passavam de meras fontes de obrigações.

Na visão de Sêneca àquela época, as finalidades atribuídas à pena eram: castigo, emenda, satisfação à vítima, prevenção geral pela intimidação e segurança social.

Ao final da República foram publicadas as *leges corneliae* e *juliae*, as quais criaram uma verdadeira tipologia de crimes para a época, catalogando os comportamentos criminosos. Foi a primeira manifestação do princípio da reserva legal, **ainda que tímida** e muito aquém do modelo apresentado na Inglaterra pela Magna Carta do Rei João sem Terra, em 1215.

Os romanos também conheceram alguns institutos importantes: nexo causal, dolo e culpa, caso fortuito, inimputabilidade, menoridade, concurso de pessoas, legítima defesa, penas e sua dosagem. Não procuraram defini-los. Ao contrário, os utilizavam casuisticamente, sem o apego à criação de uma teoria geral do Direito Penal.

## 3.3. IDADE MÉDIA

O Direito Penal da Idade Média compreende, principalmente, o Direito Penal germânico e o Direito Penal canônico.

### 3.3.1. Direito Penal germânico

**Não tinha leis escritas**. Caracterizava-se como direito consuetudinário, concebido como uma **ordem de paz**. Sua transgressão poderia assumir caráter público ou privado: se público, impunha-se a perda da paz, consistente na ausência de proteção jurídica, podendo o agressor ser perseguido e morto por qualquer pessoa; se privado o crime, o infrator era entregue à vítima ou a seus familiares para que exercessem o direito de vingança. Havia penas de morte, corporais (mutilação), exílio etc.

Mais tarde, por influência do Direito Romano e do Cristianismo, foram adotadas a Lei do Talião e a composição, demonstrando traços de proporcionalidade no Direito Penal germânico.

Em decorrência da instituição de um poder público, representante da vontade do povo, a pena de morte passou a poder ser substituída por um *preço da paz* (semelhante a uma fiança), em que o violador da lei pagava uma pecúnia em troca de sua liberdade. Como destaca Aníbal Bruno:

> A porção penal das leis germânicas – *Leges barbarorum*, da época franca, e outras posteriores a essa compilação – tornou-se, na sua maior parte, um minucioso tabelamento de taxas penais, variáveis segundo a gravidade das lesões e também a categoria do ofendido, ou a sua idade ou sexo.[5]

Era o **sistema da composição pecuniária** (*Vehgeld*), que muito bem substituía a vingança privada, no qual predominava a responsabilidade penal objetiva.

Em relação às provas, acolhiam-se as **ordálias** ou **juízos de deus**, caracterizadas por superstições e atos cruéis, sem chances de defesa para os réus, que deveriam, por exemplo, caminhar sobre o fogo ou mergulhar em água fervente, sem suportar ferimentos, para que fosse provada a sua inocência, razão pela qual quase nunca se livravam das bárbaras punições.

### 3.3.2. Direito Penal canônico

É o ordenamento jurídico da **Igreja Católica Apostólica Romana**, e a primeira consolidação de suas normas e regras se deu por volta do ano de 1140, por decreto de Graciano.

---

5 BRUNO, Aníbal. *Direito penal*: parte geral. 3. ed. Rio de Janeiro: Forense, 1967. t. I, p. 69-70.

# 60 | DIREITO PENAL - PARTE GERAL - VOL. 1 • CLEBER MASSON

Inicialmente, teve caráter meramente disciplinar, destinando-se apenas aos seus membros. Aos poucos, com a crescente influência da Igreja e enfraquecimento do Estado, estendeu-se a religiosos e leigos, desde que os fatos tivessem conotação religiosa. Serviu-se do **procedimento de inquisição**: início de ofício, utilização de tortura e penas cruéis.

Nada obstante predominasse à época o caráter retributivo da pena, no Direito Penal canônico a pena se dirigia à cura do delinquente, à sua recuperação, pois se destinavam ao seu arrependimento perante a divindade (*poenas medicinales*). Nas palavras de Aníbal Bruno:

> Era natural que nesse Direito a pena tivesse caráter sacral, mas, embora fosse, em princípio, de base retribucionista, vingança divina, vingança *zelo justitiae et bono animo* e não vingança *amore ipsius vindictae*, dirigia-se também à correção do criminoso. Apesar da rudeza dos tempos e dos excessos e crueldades dos hereges, deve-se à Igreja ter contribuído para a disciplina da repressão anticriminal e o fortalecimento da autoridade pública; pelo combate à prática da vingança privada com a instituição das tréguas de Deus e do asilo religioso. Reagiu, assim, contra o espírito individualista do Direito germânico, apressando a marcha do Direito punitivo para a pena pública como única sanção justa e regular.[6]

Diferentemente dos germanos, aqui preponderava o elemento subjetivo para a incriminação de alguém.

A jurisdição eclesiástica era dividida em dois grupos: **em razão da pessoa** (*ratione personae*) e **em razão da matéria** (*ratione materiae*). Na primeira, o religioso era sempre julgado por um Tribunal da Igreja, independentemente do crime praticado. Na segunda, por seu turno, a competência eclesiástica era fixada ainda que o crime fosse cometido por um leigo. Os delitos se dividiam em:

a)  *Delicta eclesiastica*: ofendiam o direito divino, eram da competência dos tribunais eclesiásticos e punidos com penitências;

b)  *Delicta mera secularia*: ofendiam apenas a ordem jurídica laica, eram julgados pelos tribunais do Estado e suportavam as penas comuns. Eventualmente, sofriam punição eclesiástica com as *poena medicinales;* e

c)  *Delicta mixta*: violavam as ordens religiosa e laica, e eram julgados pelo Tribunal que primeiro tivesse conhecimento da ofensa. Pela Igreja eram punidos com as *poena vindicativae.*

Essa fase do Direito Penal contribuiu consideravelmente para o **surgimento da prisão moderna**, principalmente no tocante à reforma do criminoso. Do vocábulo "penitência" derivam os termos "penitenciária" e "penitenciário". O cárcere, como instrumento espiritual de castigo, foi desenvolvido pelo Direito Canônico, uma vez que, pelo sofrimento e pela solidão, a alma do homem se depura e purga o pecado. A penitência visava aproximar o criminoso de Deus. Como informa João Bernardino Gonzaga:

> De acordo com o pensamento da Igreja, a prisão penal não se destinava a castigar o condenado, mas a levá-lo ao isolamento propício à reflexão salvadora, bem como servia para impedir que ele continuasse a exercer más influências no rebanho cristão.[7]

Com a doutrina da Igreja, a prática das ordálias ou juízos de Deus, comum ao povo germânico, decaiu significativamente.

---

6  Idem, ibidem, t. I, p. 72.

7  GONZAGA, João Bernardino. *A inquisição em seu mundo*. 4. ed. São Paulo: Saraiva, 1993. p. 135.

CAP. 3 - A EVOLUÇÃO HISTÓRICA DO DIREITO PENAL | 61

Ainda na Idade Média havia o Direito comum, produto da reunião do Direito Romano, do Direito germânico e do Direito Canônico com os direitos locais.

Importante ressaltar que essa época foi palco de grandes injustiças e horrores, caracterizada pela arbitrariedade do Judiciário, o qual criava e extinguia definições de crimes a seu bel-prazer, de acordo com seus interesses, bem como pela crueldade na execução das penas que, aliás, eram diferentes para nobres e plebeus, muito mais brutais para os últimos.

Podem ser apontadas como penas desse tempo: forca, fogueira, arrancamento das vísceras, enterramento com vida, afogamento, esquartejamento, mutilações (pés, mãos, lábios, orelhas e castração), entre outras de semelhante natureza.

Os condenados eram julgados mediante o arbítrio do Estado, intimamente vinculado com a ordem cristã, sem a possibilidade de defesa ou de um devido processo legal. Torturava-se para a obtenção de confissões e da verdade, mormente em relação às "feiticeiras" (mulheres que detinham conhecimentos medicinais).

A razão da vingança social ou divina e o objetivo da intimidação e exemplaridade justificavam os excessos, amparados pelas leis confusas e indeterminadas, normalmente prolixas, e interpretadas em conformidade com o arbítrio da Igreja e dos juízes por ela doutrinados.

Nessa época havia uma autêntica confusão entre Estado e Igreja. Com o enfraquecimento do Direito Canônico no mundo em geral, surge um **Direito Penal secularizado**, ou seja, tanto na análise do crime como na imposição da sanção penal não se admite confusão entre Direito Penal, moral e, sobretudo, religião. Convém lembrar, nessa seara, a regra contida no art. 19, I, da Constituição Federal:

> Art. 19. É vedado à União, aos Estados, ao Distrito Federal e aos Municípios:
>
> I – estabelecer cultos religiosos ou igrejas, subvencioná-los, embaraçar-lhes o funcionamento ou manter com eles ou seus representantes relações de dependência ou aliança, ressalvada, na forma da lei, a colaboração de interesse público.

## 3.4. IDADE MODERNA

Sob o influxo do **iluminismo**, destaca-se a clássica obra *Dos delitos e das penas*, de Cesare Bonesana, Marquês de Beccaria.

### 3.4.1. Período humanitário – O pensamento de Beccaria

O Absolutismo impunha atos de punição crudelíssimos e arbitrários, por meio de graves suplícios. A sociedade não mais suportava tal forma de agir do Estado e a filosofia iluminista do século XVIII orientava a evolução da humanidade. Preparava-se o espírito dos indivíduos para a eclosão da Revolução Francesa.

De forma impressionante para a época, Cesare Bonesana, Marquês de Beccaria, antecipa as ideias posteriormente consagradas na Declaração Universal dos Direitos do Homem e do Cidadão, de 1789, pugnando de maneira universal pela abolição da pena de morte.

Publica, em Milão, no ano de 1764, a famosa obra *Dei delitti e delle pene*, que abre caminho ao movimento da Escola Clássica.[8]

Baseia seu pensamento no **contrato social de Rousseau**, de forma que o criminoso passa a ser reputado como violador do pacto social, sendo então considerado adversário da sociedade. A pena perdia seu caráter religioso, predominando a razão sobre questões espirituais.

---

[8] Consultamos a obra: BECCARIA, Cesare. *Dos delitos e das penas*. Trad. Lucia Guidicini e Alessandro Berti Contessa. São Paulo: Martins Fontes, 1991.

Surge a questão do **livre-arbítrio**, ou seja, o homem pratica um crime consciente de sua conduta antissocial. Como consequência do controle do indivíduo sobre os seus atos, decorre que **a pena deve ser sempre legalmente prevista**, para que todos saibam diferenciar o vedado do permitido e escolher o caminho a trilhar, devendo ainda a sanção penal guardar proporcionalidade com o crime praticado, na medida exata da retribuição necessária.

No pensamento de Beccaria, **a pena deve ser proporcional**, uma vez que os gritos de horror como consequências das torturas não retiram a realidade da ação já praticada, revelando a inutilidade dos tormentos. Dessa forma, à medida da crueldade dos tormentos, enrijece-se a alma pelo espetáculo da barbárie, e, quanto maiores os castigos, mais o indivíduo se dispõe a praticar novos crimes para subtrair-se da pena que por primeiro mereceu.

Para ele, a pena deveria ser imposta somente para que o condenado não voltasse a cometer crimes, servindo de exemplo à sociedade. Com efeito, no sistema então reinante a prática de infrações penais era um negócio de risco, no qual compensava assumir desafios e lucrar com a prática de delitos, já que, se qualquer um deles viesse a ser descoberto, idêntica e desproporcional seria a punição.

Ademais, quanto mais atrozes os tormentos, mais graves, por consequência, serão os crimes praticados, e o mal causado pela punição vai sempre além do proveito obtido com a prática delitiva. Destarte, conclui que outros meios, mais eficazes, existem para prevenir os crimes.

Inicialmente, **as leis devem ser certas, claras e precisas**, uma vez que a incerteza das normas faz crescer a inatividade e a estupidez. Com efeito, o legislador sábio busca impedir o mal antes de repará-lo com a elaboração de leis, já que um cidadão de alma sensível constata que, protegido por boas leis, de simples compreensão, perde a iníqua liberdade de praticar o mal, e os crimes são prevenidos compensando-se a virtude.

Se não bastasse, uma autoridade severa produz obediência hipócrita e passageira, e apenas com o aperfeiçoamento da educação estar-se-iam criando homens menos propensos ao cometimento do mal.

Somente poderia o magistrado aplicar penas previstas em lei. É o princípio da legalidade.

Finalmente, para que cada pena não seja uma violência de um ou de muitos contra um cidadão privado, **deve ser essencialmente pública, rápida, necessária, a mínima possível nas circunstâncias dadas, proporcional aos delitos e ditadas pelas leis.**

# CAPÍTULO 4

# A HISTÓRIA DO DIREITO PENAL BRASILEIRO

## 4.1. PERÍODO COLONIAL

Antes do descobrimento do Brasil, enquanto dominava a civilização primitiva, adotava-se a vingança privada, sem uniformidade nas reações penais. Informam os historiadores que nossos silvícolas não desconheceram o sistema do talião e, ainda que empiricamente, sem qualquer fonte teórica, se depararam com a composição e a expulsão da tribo.

No tocante às formas punitivas, predominavam as penas corporais, sem o emprego da tortura.

Não havia uma autêntica organização jurídico-social, mas apenas regras consuetudinárias (tabus), comuns ao mínimo convívio social, transmitidas verbalmente e quase sempre dominadas pelo misticismo.

A partir de 1500, com o descobrimento do Brasil, passou a vigorar o Direito lusitano, aplicando-se sucessivamente:

**1) Ordenações Afonsinas:**[1] Promulgadas em 1446, por D. Afonso V, vigoraram até 1514, e apresentavam conteúdo do Direito Romano de Justiniano e do Direito Canônico.

Tinham como traços marcantes a crueldade das penas, a inexistência de princípios sagrados como o da legalidade e o da ampla defesa, predominando a arbitrariedade dos juízes quando da fixação da pena.

A prisão tinha caráter preventivo. Mantinha-se o delinquente preso para evitar sua fuga até ser julgado, ou para obrigá-lo ao pagamento da pena pecuniária.

**2) Ordenações Manuelinas:** Editadas em 1514, por Dom Manuel, o Venturoso. Pouco se diferenciavam das Ordenações Afonsinas, em que as penas também eram crudelíssimas. Correspondiam ainda à fase da vingança pública.

Como no território pátrio existiam as denominadas capitanias hereditárias, o Direito era aplicado pelos respectivos donatários.

---

[1] As Ordenações Afonsinas foram consideradas o primeiro código completo da Europa. Destaque-se: "Portugal foi o primeiro país da Europa a possuir um Código completo dispondo sobre quase todas as matérias da administração de um Estado: as Ordenações Afonsinas. O Código Afonsino é, por si só, um acontecimento notável na Legislação dos Povos Cristãos. Foi um incontestável progresso, e revela os adiantamentos que Portugal tinha em Jurisprudência". PINHO, Ruy Rebello. *História do direito penal brasileiro: Período Colonial.* São Paulo: Bushatsky, Editora da Universidade de São Paulo, 1973. p. 5.

**3) Ordenações Filipinas:** Datadas de 1603, em razão de medida do Rei Filipe II, subsistiram até o ano de 1830. Mantiveram as características das Ordenações anteriores (penas cruéis e desproporcionais, arbitrariedade dos julgadores, inexistência do princípio da legalidade e da defesa etc.).

A matéria penal era regulamentada pelo Livro V, e foi sob a égide desse ordenamento que Tiradentes foi executado, estendendo as consequências penais de seu comportamento também aos seus descendentes. Não se respeitava o princípio da personalidade da pena, ficando ao arbítrio do julgador a escolha da sanção penal a ser aplicada, bem como sequer tinha o delinquente direito de defesa, e predominava a desigualdade de classes em relação ao tratamento punitivo (fidalgos, cavaleiros, escravos etc.).

Marcadas pela fase da vingança pública, todas se orientavam no sentido de uma **ampla e generalizada criminalização**, com severas punições, as quais objetivavam infundir o temor pela punição. Além do **predomínio da pena de morte**, eram usadas outras **sanções bárbaras e infamantes**, como o açoite, a amputação de membros, o confisco de bens, as galés (eram aplicadas como comutação da pena de morte, ou, em grau mínimo, para os crimes de perjuro, pirataria ou de ofensa física irreparável da qual resultasse aleijão ou deformidade). Os punidos pelas galés deviam andar com calceta no pé e corrente de ferro, além de serem obrigados a trabalhos públicos e ao degredo (consiste na fixação de residência em local determinado pela sentença).

## 4.2. CÓDIGO CRIMINAL DO IMPÉRIO

O art. 179, XVIII, da Constituição de 1824 determinou a urgente e necessária elaboração de um Código Criminal, "fundado nas sólidas bases da justiça, e equidade".

Em 1827, Bernardo Pereira de Vasconcellos apresentou o seu projeto, o qual foi sancionado em 1830 pelo imperador Dom Pedro I, destacando-se como o primeiro código autônomo da América Latina.

Com a elaboração desses dois ordenamentos, Constituição e Código Criminal do Império, o Direito Penal deu nítidos sinais de evolução em prol da humanização.

Dispunha a Constituição de 1824 em seu art. 179, XIX: "Desde já ficam abolidos os açoites, a tortura, a marca de ferro quente, e todas as mais penas cruéis".

E no item XX do mesmo dispositivo: "Nenhuma pena passará da pessoa do delinquente. Por tanto não haverá em caso algum confiscação de bens, nem a infamia do Réo se transmittirá aos parentes em qualquer gráo, que seja". **Foi a primeira manifestação do princípio da personalidade da pena no Brasil**.

Apesar disso, eram permitidas as penas de morte na forca, de galés, de trabalhos forçados, de banimento, degredo e desterro.

Entre as grandes inovações, consagrou-se no art. 55 do Código Criminal do Império o **sistema do dia-multa**. Nada obstante as características positivas, não foi definida a figura da culpa e imperava a desigualdade, principalmente em relação aos escravos, que, aliás, eram equiparados a animais, e, portanto, considerados como bens semoventes.

## 4.3. PERÍODO REPUBLICANO

Com o advento da República, João Baptista Pereira foi encarregado de elaborar um projeto de Código Penal, que restou aprovado e publicado em 1890, antes, portanto, da Constituição de 1891.

Esse Código, criado às pressas, desapontou pelas suas inúmeras falhas. Ignorou os avanços e tendências mundiais que se faziam sentir em razão do positivismo, bem como os exemplos de códigos estrangeiros, notadamente o Código Zanardelli.

Seus equívocos e deficiências acabaram transformando-o em verdadeira colcha de retalhos. Era enorme a quantidade de leis extravagantes que, finalmente, se concentraram na *Consolidação das Leis Penais,* de Vicente Piragibe, promulgada em 1932.

Durante o Estado Novo, em 1937, Alcântara Machado apresentou um projeto de Código Penal brasileiro, o qual foi sancionado em 1940, passando a vigorar desde 1942 até os dias atuais, alterado por diversas leis contemporâneas, tais como a Lei 6.414/1977, atualizando as sanções penais, e a Lei 7.209/1984 – Reforma da Parte Geral do Código Penal.

A reforma da Parte Geral humanizou as sanções penais e adotou penas alternativas à prisão, além de reintroduzir o sistema de dias-multa.

Em 1969 foi aprovado o Projeto de Nélson Hungria para criação de um novo Código Penal. Entretanto, deu-se sua revogação quando ainda se encontrava em *vacatio legis*.

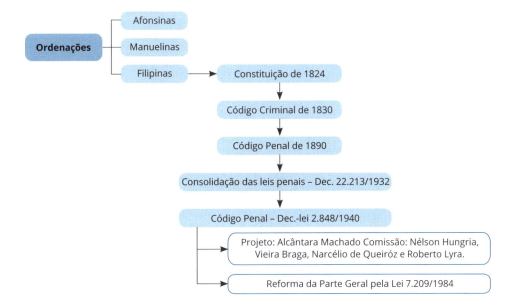

# CAPÍTULO 5

# ESCOLAS PENAIS

## 5.1. ESCOLA CLÁSSICA

A nomenclatura Escola "Clássica" foi desenvolvida pejorativamente pelos positivistas, em face da divergência de pensamentos sobre os conceitos estruturais do Direito Penal.

A Escola Clássica nasceu entre o final do século XVIII e a metade do século XIX como reação ao totalitarismo do Estado Absolutista, filiando-se ao movimento revolucionário e libertário do Iluminismo. Vivia-se o "século das luzes".

Seus fundamentos tiveram origem nos estudos de Beccaria e foram lapidados e desenvolvidos, principalmente, pelos italianos Francesco Carrara, autor da obra *Programa del corso di diritto criminale*, publicada em 1859; Carmignani, que escreveu *Elementa juris criminalis*, publicado em 1847; e Rossi, que contribuiu com o *Trattato di diritto penale*, de 1859.

Outros famosos representantes da Escola Clássica foram Mittermaier e Birkmeyer, na Alemanha, Ortolan e Tissot, na França, e F. Pacheco e J. Montes, na Espanha.

Todos eles tinham em comum a utilização do **método racionalista e dedutivo (lógico)** e eram, em regra, **jusnaturalistas**, ou seja, aceitavam que normas absolutas e naturais prevalecessem sobre as normas do direito posto.

Basicamente, suas notas fundamentais eram:

1) entendiam o **crime como um conceito meramente jurídico**, tendo como sustentáculo o direito natural. Para Francesco Carrara, crime é "a infração da lei do Estado promulgada para proteger a segurança dos cidadãos, resultante de um ato externo do homem, positivo ou negativo, moralmente imputável e politicamente danoso";

2) predominava a **concepção do livre-arbítrio**, isto é, o homem age segundo a sua própria vontade, tem a liberdade de escolha independentemente de motivos alheios (autodeterminação). Logo, por ser possuidor da faculdade de agir, o homem é moralmente responsável pelos seus atos; e

3) por ser responsável, àquele que infringiu a norma penal deve ser imposta uma pena, como forma de **retribuição** pelo crime cometido. Se, ao contrário, o agente não estava em suas perfeitas condições psíquicas (ausência da faculdade de agir, inimputabilidade), não pode ser punido.

Foi sob a influência dos pensamentos de Kant e Hegel que a concepção retribucionista do Direito Penal se desenvolveu. Ou seja, a única finalidade da pena consistia na aplicação de um mal ao infrator da lei penal. A sanção penal era, na verdade, um castigo necessário para o restabelecimento do Direito e da justiça. Para Moniz Sodré, em relação ao condenado, a pena:

# DIREITO PENAL - PARTE GERAL - VOL. 1 • CLEBER MASSON

Não lhe é imposta somente como um meio eficaz de defesa social, senão também, e muito principalmente, como um castigo devido a todo culpado; não é considerada um remédio contra o crime, mas uma punição merecida, em vista do mal que voluntariamente fez. Ela é aplicada, não em nome da conservação da sociedade, mas para a satisfação da justiça.[1]

Em decorrência do ideal iluminista, prevaleceu a tendência de eliminar as penas corporais e os suplícios. Além disso, outra contribuição dessa escola refere-se à passagem do caráter de vingança real ou religioso da pena para aquela tida como uma resposta da própria sociedade, a fim de manter sua própria segurança.

## 5.2. ESCOLA POSITIVA

A Escola Clássica havia conseguido enfrentar com êxito as barbáries do Absolutismo, e o respeito do indivíduo como ser humano já despontava nos países civilizados. Entretanto, os ambientes político e filosófico, em meados do século XIX, revelavam grande preocupação com a luta eficiente contra a crescente criminalidade. Manifestava-se a necessidade de defesa da sociedade e os estudos biológicos e sociológicos assumiam relevante importância, principalmente com as doutrinas evolucionistas de Darwin e Lamarck e sociológicas de Comte e Spencer.

Nasce, então, a Escola Positiva, também denominada Positivismo Criminológico, despontando os estudos dos "três mosqueteiros":[2] Cesare Lombroso, Enrico Ferri e Rafael Garofalo. Chamou-se positiva pelo **método**, e não por aceitar a filosofia do positivismo de Augusto Comte.

Cesare Lombroso, médico, representou a **fase antropológica** da Escola Positiva. Autor das obras "O cretinismo na Lombardia" (1859) e "O homem delinquente" (1876), a ele se imputa o ensinamento de que o homem não é livre em sua vontade. Ao contrário, sua conduta é determinada por forças inatas.

Com ele se iniciou, de forma científica, a **aplicação do método experimental no estudo da criminalidade**. Também ofereceu à comunidade jurídica a **teoria do criminoso nato**, predeterminado à prática de infrações penais por características antropológicas, nele presentes de modo atávico. Em seguida, acrescentou ao atavismo, como causas do crime, também a loucura moral e a epilepsia larvada e, finalmente, por influência de Ferri, alia às causas antropológicas também os fatores físicos e sociais.

Enrico Ferri empunha a bandeira da **fase sociológica** no Positivismo Criminológico, destacando-se suas obras "*Sociologia criminal*" (1892) e "*Princípios de direito criminal*" (1926).

Com seus estudos, contribuiu para a reafirmação e defesa da tese negativa do livre-arbítrio (determinismo biológico-social), fundamentando a responsabilidade penal na **responsabilidade social**. De suas posições surge a mais nítida concepção da pena como mecanismo de defesa social. Em suas palavras:

> Porque a sociedade humana (nação) pode ser ameaçada e prejudicada no exterior e internamente, o Estado tem duas funções supremas de defesa social, que são: a defesa militar (contra as agressões externas) e a justiça penal (contra as agressões internas, quando estas já se verificaram, e a polícia de segurança, antes que se venham a cometer).[3]

Finalmente, Rafael Garofalo é o baluarte da **fase jurídica da Escola Positiva**. Empregou e imortalizou a expressão "Criminologia", título de sua principal obra, publicada em 1885, conferindo aspectos estritamente jurídicos ao movimento. Atribui-se a ele o conceito de de-

---

[1]  SODRÉ, Moniz. *As três escolas penais*. 5. ed. Rio de Janeiro: Freitas Bastos, 1952. p. 262.
[2]  ANCEL, Marc. *A nova defesa social* – um movimento de política criminal humanista. Trad. Osvaldo Melo. Rio de Janeiro: Forense, 1979. p. 84.
[3]  FERRI, Enrico. *Princípios de direito criminal*. Trad. Paolo Capitanio. 2. ed. Campinas: Bookseller, 1999. p. 123.

lito natural, compreendido como "ação prejudicial e que fere ao mesmo tempo alguns desses sentimentos que se convencionou chamar o senso moral de uma agregação humana".

Influenciado pela **teoria da seleção natural**, sustentava que os criminosos não assimiláveis deveriam ser eliminados pela deportação ou pela morte.

Na Escola Positiva, destacou-se o método experimental, no qual o crime e o criminoso deveriam ser estudados individualmente, inclusive com o auxílio de outras ciências. Ganhou relevo o **determinismo,** negando-se o livre-arbítrio, haja vista que a responsabilidade penal se fundamentava na responsabilidade social, no papel que cada ser humano desempenhava na coletividade.

## 5.3. CORRECIONALISMO PENAL

O Correcionalismo Penal, também chamado de Escola Correcionalista, surgiu na Alemanha, em 1839, com a publicação da obra *"Comentatio na poena malum esse debeat"*, de Karl David August Röeder, professor da Universidade de Heidelberg.

Esse posicionamento surgiu de forma inovadora e revolucionária em relação às tendências da época, submetendo a uma detalhada análise as teorias fundamentais sobre o delito e a pena. Para Röeder, **a pena tem a finalidade de corrigir a injusta e perversa vontade do criminoso e, dessa forma, não pode ser fixa e determinada**, como na visão da Escola Clássica.

Ao contrário, **a sanção penal deve ser indeterminada e passível de cessação de sua execução quando se tornar prescindível**. Este foi o grande mérito do jurista: ter lançado no Direito Penal a semente da **sentença indeterminada**.

Com efeito, o fim da pena jamais seria a repressão ou a punição, afastando destarte as teorias absolutistas. Também não seria a prevenção geral, mas apenas a **prevenção especial**. Destaca-se a célebre frase de Concépcion Arenal: "não há criminosos incorrigíveis, e sim incorrigidos". Busca-se, assim, a emenda de todos os delinquentes.

Curioso anotar que o penalista alemão não ganhou asseclas em seu país. Contudo, sua teoria disseminou-se pela Europa, principalmente na Espanha, com importantes cultores, destacando-se Pedro Dorado Montero (*El derecho protector de los criminales, El derecho y sus sacerdotes*), Concepción Arenal (*El visitador del pobre, Estudios peninntenciarios,* entre outros), Alfredo Calderón, Giner de los Rios, Romero y Girón e Rafael Salillas.

Dorado Montero pugnou pela implementação de **métodos corretivos e tutelares** que, sem a índole de castigo, redimissem o criminoso, tido como um ser incapaz para o Direito e a pena como um meio para a realização do bem social.

Dai a razão de sustentar que o criminoso tem o direito de exigir a execução da pena e não o dever de cumpri-la. Somente assim, acentua:

> (...) a função penal de hoje perderá o caráter odioso que inevitavelmente a acompanha. De repressiva, tornar-se-á preventiva; de punitiva, passará a ser correicional, educativa e protetora de certos indivíduos a quem se dá o nome de delinquentes.[4]

Deveras, a Escola Correcionalista sustenta que o direito de reprimir os delitos deve ser utilizado pela sociedade com fim terapêutico, isto é, reprimir curando. Não se deve pretender castigar, punir, infligir o mal, mas apenas regenerar o criminoso. Nas palavras de Basileu Garcia:

> O Direito Penal visa converter o criminoso em homem de bem. É preciso subtraí-lo à esfera das causas perversoras que o rodeiam e o conduzem à prática do mal. Devem ser-lhe aplicados os meios ressocializadores adequados às suas tendências, às falhas da sua personalidade. Ao Estado

---

4  DORADO MONTERO, Pedro. *Bases para um nuevo derecho penal.* Buenos Aires: Depalma, 1973. p. 12.

cabe ampará-lo, tal qual faz com outros deficientes, porquanto dá curador ao louco e tutor ao menor a que falta a assistência dos pais.[5]

Toda esta orientação da Escola Correcionalista encontra-se inserida no ideário humanista reinante nas civilizações modernas. Cumpre consignar que o natimorto Código Penal de 1969 estabeleceu a pena relativamente indeterminada para os criminosos habituais e por tendência.[6]

Modernamente, pode-se dizer que o correcionalismo idealizado por Röeder, transfundido e divulgado nas obras de Dorado Montero e Concépcion Arenal, teve em Luis Jiménez de Asúa seu maior entusiasta e o mais eficiente dos expositores, ao defender a ressocialização como finalidade precípua da sanção penal.[7]

## 5.4. TECNICISMO JURÍDICO-PENAL

O Tecnicismo Jurídico iniciou-se na Itália quando, em aula histórica sobre *Il problema e il metodo della scienza del diritto penalle,* proferida na Universidade de Sassari, em 15 de janeiro de 1910, **Arturo Rocco** delimitou o método de estudo do Direito Penal como o **positivo**, restrito às leis vigentes, dele abstraindo o conteúdo causal-explicativo inerente à antropologia, sociologia e filosofia.

O mérito do movimento, atualmente dominante na Itália e abraçado pela maioria das nações, foi excluir do Direito Penal toda carga de investigação filosófica, limitando-o aos ditames legais. Com efeito, o jurista deve valer-se da **exegese** para concentrar-se no estudo do direito positivo. As preocupações causais-explicativas pertencem a outros campos, filosóficos, sociológicos e antropológicos, que se valem do método experimental.

Por sua vez, o Direito Penal tem **conteúdo dogmático**, razão pela qual seu intérprete deve utilizar apenas o **método técnico-jurídico**, cujo objeto é o **estudo da norma jurídica em vigor**.

Em sua origem, o tecnicismo jurídico, liderado por Arturo Rocco, Vicenzo Manzini, Massari e Delitala, entre outros, todos eles inspirados nos estudos de dogmática jurídico-penal elaborados por Karl Binding, negava a abordagem do livre-arbítrio, bem como a existência do direito natural, sustentando ser a sanção penal mero meio de defesa do Estado contra a periculosidade do agente.

Tais razões levaram Aníbal Bruno a concluir que o tecnicismo jurídico "é uma forma de classicismo, grandemente influenciada pela doutrina alemã, sobretudo depois de Binding".[8]

Todavia, em uma segunda etapa, mais moderna, capitaneada por Maggiore, Giuseppe Bettiol, Petrocelli e Giulio Battaglini, o tecnicismo jurídico acabou acolhendo a existência do direito natural, admitindo o livre-arbítrio como fundamento do direito punitivo, voltando a pena a assumir sua índole retributiva.

No estudo do Direito Penal, há três ordens de pesquisa e investigação.

A primeira delas é a **exegese**, na opinião de Rocco utilizada sempre de forma restrita e limitada ao aspecto gramatical, ao passo que se deveriam buscar o alcance e a vontade da lei.

A segunda é a **dogmática**, que, responsável pela exposição dos princípios fundamentais do direito positivo, oferece critérios para a integração e criação do Direito pela sistematização dos princípios. Constitui-se na conjunção sistemática das normas jurídicas postas em relações recíprocas, abstraindo conceitos até o mais geral, retornando, em seguida, ao particular.

Por último, a terceira ordem de pesquisa e investigação apontada é a **crítica**, que estuda o Direito como ele deveria ser, buscando a sua construção e apresentando propostas de reforma.

---

[5]   GARCIA, Basileu. *Instituições de direito penal.* 4. ed. 37. tir. São Paulo: Max Limonad, 1975. v. 1, t. I, p. 72.

[6]   Cf. Itens 26, 27 e 28 da Exposição de Motivos do Decreto-lei 1.004, de 21 de outubro de 1969.

[7]   JIMENEZ DE ASÚA, Luis. *Tratado de derecho penal.* 5. ed. Buenos Aires: Losada, 1992. t. II, p. 56-60.

[8]   BRUNO, Aníbal. *Direito penal* cit., p. 116.

Atua em dois âmbitos, quais sejam, direito penal positivo vigente e política criminal, com os contornos da filosofia do Direito.

Para Arturo Rocco, o tecnicismo jurídico seria o equilíbrio resultante do embate entre a lenta evolução da Escola Clássica e a violenta reação da Escola Positiva.

O tecnicismo jurídico representou um movimento de restauração metodológica sobre o estudo do Direito Penal. Dessa forma, não constituiu uma nova Escola Penal, haja vista que não se preocupou com as questões inerentes à etiologia do delito, à natureza da criminalidade e ao fundamento da responsabilidade penal, nem com o conceito acerca da pessoa do delinquente.

Cumpre ressaltar que essa corrente posiciona-se da mesma forma que os clássicos diante dos principais problemas do Direito Penal, é dizer, o conceito do crime, a persistência da ideia de responsabilidade moral, com a diferenciação entre imputáveis e inimputáveis, além da pena com índole retributiva e expiatória.

## 5.5. A DEFESA SOCIAL

A verdadeira ideia de defesa social surgiu no início do século XX, em decorrência dos pensamentos da Escola Positiva do Direito Penal. Em outras palavras, não é possível conceber uma teoria da defesa social sem considerar a revolta positivista. Todavia, a defesa social não se confunde com a doutrina positivista e, como teoria autônoma, não se inclui nos ensinamentos do Positivismo.

Em verdade, surge como uma **reação anticlássica**, reforçada pelas ideias delineadas pelos representantes do Positivismo: Lombroso, Ferri e Garofalo. Era uma doutrina preocupada unicamente com a proteção da sociedade contra o crime. Nesse sentido, os positivistas falam em "movimento da defesa social".

Essa função de defesa social deveria ser garantida da forma mais eficaz e integral possível, repudiando a imposição de penas insuficientes, rotineiramente abrandadas pela indulgência dos tribunais. O combate à periculosidade tornara-se a principal finalidade do Direito Penal.

Deveras, surgiu apenas no século XX, com a União Internacional de Direito Penal, fundada por Von Liszt, Van Hamel e Adolphe Prins, este último seu maior estudioso, tendo seus ideais, posteriormente, sido consolidados por Fillipo Gramatica e Marc Ancel.

O primeiro estatuto da União Internacional desprezava os postulados tradicionais, sustentando ser a missão do Direito Penal a luta contra a criminalidade, vista como fenômeno social. Desejava com os esforços de seus membros que a ciência penal e a legislação da época acolhessem os resultados dos estudos antropológicos e sociológicos.

O fim único da justiça penal é garantir, da melhor maneira possível, a proteção da pessoa, da vida, do patrimônio e da honra dos cidadãos. Para tanto, fazia-se imprescindível a substituição da noção da responsabilidade moral pelo critério da periculosidade do delinquente.

Aplicam-se com frequência os institutos das **medidas de segurança e das penas indeterminadas**, as quais devem subsistir enquanto durar a periculosidade, possibilitando a proteção eficaz e refletida da sociedade, finalidade precípua, mesmo sabendo-se que com elas poderá ser tolhido o interesse individual do condenado.[9]

Como ideia principal, extrai-se a reclamação de segregação dos delinquentes perigosos com intuito de submetê-los a um regime de rigor. Ao mesmo tempo, buscava-se uma medida de neutralização de tais pessoas, privando-as da eliminação radical com o emprego da pena capital, considerando que o ser antissocial, apesar de tudo, continua sendo um homem, merecendo tratamento coerente com uma política criminal humanista e racional.

Já no período compreendido entre as duas grandes Guerras Mundiais desenvolveu-se a **profilaxia criminal**, baseada na assistência educativa e na organização de uma prevenção

---

[9] PRINS, Adolphe. *Ciência penal e direito positivo*. Trad. Henrique de Carvalho. Lisboa: Livraria Clássica, 1915. p. 753.

calcada no estudo completo da personalidade do delinquente, não se esquecendo do respeito pela pessoa humana.

Entretanto, regimes autoritários que eclodiram na Europa começaram a imprimir ao Direito Penal nova dinâmica, marcada pelo retorno ofensivo e brutal das ideias de castigo e intimidação.

Inicia-se, então, uma nova fase da defesa social que, ante os horrores dos regimes autoritários, impõe importantes manifestações: a **prevenção do crime** e o **tratamento do menor delinquente**, bem como a **reforma penitenciária**.

Começava, assim, a aproximar-se das ciências criminológicas e penitenciárias, buscando uma política criminal alicerçada na dignidade da pessoa humana.

Para Gramatica, grande expoente da Escola, a defesa social tinha por principal objetivo o **aprimoramento da sociedade**, mais inclusive do que a sua defesa, e tal aprimoramento somente seria obtido por um progresso, por uma adaptação do indivíduo. Nesses termos, a sociedade não passava de uma necessidade de fato, de forma que as suas regras da vida não eram mais do que convenções, o que demonstrava a relatividade das leis e impunha limites ao Estado no estabelecimento de uma ordem jurídica.

No seu pensamento, um "direito de defesa social" deveria substituir o Direito Penal então existente, pois a finalidade daquele era a adaptação do indivíduo à ordem social, e não a sanção de seus atos ilícitos. Delineavam-se os dois critérios essenciais para Gramatica: subjetivação e antissocialidade.

Sua teoria de defesa social encerra as seguintes conclusões: o Estado não deve punir, pois sua função é melhorar o indivíduo. A causa da antissocialidade está na organização social. Contra ela o Estado deve operar preventivamente e não somente pela repressão. Os cárceres são inúteis e prejudiciais, devendo ser abolidos. As penas devem ser substituídas por medidas educativas e curativas. O violador da lei não perigoso pode ser perdoado, não necessitando sanção. A pena, como medida de defesa social, deve ser fixa ou dosada, não na base do dano, mas segundo a personalidade do agente. Gramatica diz:

> [...] não uma pena para todo crime, um provimento para cada pessoa. A noção objetiva do crime é substituída pela noção subjetiva da antissocialidade pessoal. Deve ser, portanto, aprofundado o estudo da personalidade humana. Os direitos fundamentais da pessoa devem ser sempre respeitados.[10]

---

[10] LYRA, Roberto. *Novíssimas escolas penais*. Rio de Janeiro: Borsoi, 1956. p. 76-77.

# CAPÍTULO 6

# A EVOLUÇÃO DOUTRINÁRIA DO DIREITO PENAL

## 6.1. POSITIVISMO JURÍDICO

Encontra sua origem na Alemanha, com os estudos de Binding, em sua obra *Die Normen und ihre Ubertretung*, maior expoente do positivismo jurídico, que triunfou na década de 70 do século XIX.

O positivismo jurídico tinha nítida preferência pela **cientificidade**, excluindo os juízos de valor e limitando seu objeto ao direito positivo.

Deve-se a esta doutrina, que não se confunde com a Escola Positiva, o **conceito clássico de delito**, afastado de qualquer contribuição filosófica, psicológica ou sociológica.

Conferiu tratamento exageradamente formal ao comportamento humano definido como delituoso, de forma que a conduta seria um mero movimento corporal que produz uma modificação no mundo exterior. A conduta, portanto, era meramente objetiva, vinculada ao resultado pela relação de causalidade.

Pretendeu aplicar ao direito os mesmos métodos de observação e investigação que eram utilizados nas ciências experimentais, o que rapidamente se percebeu inaplicável no tocante a algo tão circunstancial como a norma jurídica. Para Luiz Flávio Gomes, Antonio García-Pablos de Molina e Alice Bianchini:

> O Direito positivo estuda-se em si mesmo, separado do resto da realidade, isolado desta, como se fosse uma realidade independente. Com o que acaba por se transformar em um formalismo normativista, que se ocupa exclusivamente da norma, afastando-se o jurista (completamente) do social e do valorativo. Em um mimetismo fiel aos métodos próprios das ciências da natureza, procura-se apenas a ligação formal dos conceitos jurídico-positivos; com base neles, por indução, constrói-se o sistema; depois podem ser extraídos novos conceitos e se obter as lógicas consequências por via dedutiva, fechando-se assim o ciclo: indução-dedução, que caracteriza todos os métodos das ciências experimentais.[1]

Constituía-se em posição extremamente normativista e formal, assim justificada por seus partidários por respeitar excessivamente o princípio da legalidade e a segurança jurídica.

---

[1] GOMES, Luiz Flávio; GARCÍA-PABLOS DE MOLINA, Antonio; BIANCHINI, Alice. *Direito penal*: introdução e princípios fundamentais. São Paulo: RT, 2007. v. 1, p. 131.

## 6.2. NEOKANTISMO PENAL

Esse sistema tem bases idênticas às do Positivismo, surgindo no fim do século XIX. Teve como principais representantes Rudolf Stammler e Gustav Radbruch.

Entretanto, os positivistas atribuíam prioridade ao *ser* do direito, ao passo que os neokantistas propunham um conceito que supervaloriza o *dever ser*, mediante a introdução de **considerações axiológicas** e **materiais**.

Desta forma, o neokantismo substitui o método puramente jurídico-formal do positivismo, acolhendo como objetivo fundamental a compreensão do conteúdo dos fenômenos e categorias jurídicas, muito além de sua simples definição formal ou explicação causal.

A Ciência do Direito, ao contrário da ciência natural, preocupa-se com os "fins" e não com as "causas", por isso há uma independência entre elas. Assim, ao lado das ciências naturais, mas separadamente delas, o Direito deve promover e construir uma ciência de fins humanos.

Consequentemente, esta teoria **permitiu graduar o injusto de acordo com a gravidade da lesão produzida**. A conduta passou a ter um significado social, e já não mais era considerada como mero movimento corporal.

Permitiu, ainda, a introdução de elementos normativos e subjetivos nos tipos penais. A ilicitude passou a ter uma concepção material, sendo aceita como lesividade social, com o auxílio do conceito de bem jurídico. Por sua vez, adotou-se a teoria psicológico-normativa, revestindo a culpabilidade com o juízo de reprovabilidade. Como bem destaca Jesús-María Silva Sánchez acerca do neokantismo penal:

> No marco estrito da teoria do delito, permite fundamentar a introdução de elementos valorativos na causalidade (antes física), de elementos subjetivos no tipo (antes objetivo), de considerações materiais na ilicitude (antes basicamente formal) e normativa na culpabilidade (antes entendida como relação de causalidade psicológica).
>
> Uma teoria dogmática que conseguiu elaborar os princípios materiais regulatórios da ilicitude no Direito Penal e deles extrair a fundamentação de possíveis causas supralegais de justificação, uma teoria que construiu o princípio da inexigibilidade no âmbito da culpabilidade, constitui provavelmente algo mais que um mero complemento do positivismo.[2]

## 6.3. GARANTISMO PENAL

A doutrina do garantismo penal tem em **Luigi Ferrajoli** a figura do seu principal entusiasta. Surge com a obra *Direito e razão*, considerada por muitos a "bíblia" dos estudos garantistas.

Trata-se de modelo universal – e por essa razão se transforma em uma meta a ser alcançada pelos operadores do Direito – destinado a contribuir com a moderna crise que assola os sistemas penais, desde o nascedouro da lei até o final do cumprimento da sanção penal, atingindo inclusive particularidades inerentes ao acusado depois da execução penal.

Engloba, assim, diversas fases: criação da lei penal, com eleição dos bens jurídicos tutelados, validade das normas e princípios do direito e do processo penal, respeito pelas regras e garantias inerentes à atividade jurisdicional, a regular função dos sujeitos processuais, as peculiaridades da execução penal etc.

Ferrajoli assenta seu sistema garantista (também chamado de **cognitivo** ou **de legalidade estrita**) em dez axiomas ou princípios axiológicos fundamentais, a saber:

1) *Nulla poena sine crimine*: princípio da retributividade ou da consequencialidade da pena em relação ao delito;

---

[2] SILVA SÁNCHEZ, Jesús-María. *Aproximación al derecho penal contemporáneo*. Reimpresión. Barcelona: J.M. Bosch, 2002. p. 57.

2) *Nullum crimen sine lege*: princípio da reserva legal;

3) *Nulla lex (poenalis) sine necessitate*: princípio da necessidade ou da economia do direito penal;

4) *Nulla necessitas sine injuria*: princípio da lesividade ou da ofensividade do resultado;

5) *Nulla injuria sine actione*: princípio da materialidade ou da exterioridade da ação;

6) *Nulla actio sine culpa*: princípio da culpabilidade ou da responsabilidade pessoal;

7) *Nulla culpa sine judicio*: princípio da jurisdicionalidade;

8) *Nullum judicium sine accusatione*: princípio acusatório ou da separação entre juiz e acusação;

9) *Nulla accusatio sine probatione*: princípio do ônus da prova ou da verificação; e

10) *Nulla probatio sine defensione*: princípio do contraditório ou da defesa, ou da falseabilidade.

Esses princípios, de índole penal e processual penal, compõem um **modelo-limite**, apenas tendencialmente e jamais perfeitamente capazes de atender todos os direitos e garantias do ser humano. Irradiam reflexos em todo o sistema, alterando as regras do jogo fundamental do Direito Penal.[3]

A doutrina moderna divide o garantismo penal em monocular e binocular (ou integral). O primeiro preocupa-se unicamente com os interesses do acusado. Em situações extremas, caracterizadas pelo favorecimento exagerado aos anseios do agente, é rotulado como **hiperbólico monocular**. O segundo (binocular ou integral) volta sua atenção igualmente às pretensões do acusado e da sociedade.

## 6.4. FUNCIONALISMO PENAL

Iniciou-se na Alemanha, a partir dos idos de 1970, uma forte revolução entre os penalistas, com o intuito de submeter a dogmática penal aos fins específicos do Direito Penal. Como esse movimento é posterior ao finalismo, e aproveitou muitos dos seus fundamentos, é também chamado de **pós-finalismo**.

Pretendia-se abandonar o tecnicismo jurídico no enfoque da adequação típica, possibilitando ao tipo penal desempenhar sua efetiva função de mantenedor da paz social e aplicador da política criminal. Essa é a razão do nome desse sistema: funcional.

O funcionalismo penal questiona a validade do conceito de conduta desenvolvido pelos sistemas clássico e finalista. E, ao conceber o Direito como regulador da sociedade, delimita o âmbito das expectativas normativas de conduta, vinculando-se à **teoria da imputação objetiva**.

Busca-se o desempenho pelo Direito Penal de sua tarefa primordial, qual seja, possibilitar o adequado funcionamento da sociedade. Isso é mais importante do que seguir à risca a letra fria da lei, sem desconsiderá-la totalmente, sob pena de autorizar o arbítrio da atuação jurisdicional. O intérprete deve almejar a real vontade da lei e empregá-la de forma máxima, a fim de desempenhar com esmero o papel que lhe foi atribuído pelo ordenamento jurídico.

No entanto, essa mitigação do texto legal encontra limites e, neste ponto, o funcionalismo apresenta duas concepções: 1) funcionalismo moderado, dualista ou de política criminal, capitaneado por Claus Roxin (Escola de Munique); e 2) funcionalismo radical, monista ou sistêmico, liderado por Günther Jakobs (Escola de Bonn).

---

[3] FERRAJOLI, Luigi. *Direito e razão*: teoria do garantismo penal. Trad. Ana Paula Zomer Sica, Fauzi Hassan Choukr, Juarez Tavarez e Luiz Flávio Gomes. 2. ed. São Paulo: RT, 2006. p. 91.

# DIREITO PENAL – PARTE GERAL – VOL. 1 • CLEBER MASSON

Com efeito, o funcionalismo de Roxin preocupa-se com os fins do Direito Penal, ao passo que a concepção de Jakobs se satisfaz com os fins da pena, ou seja, a vertente de Roxin norteia-se por finalidades político-criminais, priorizando valores e princípios garantistas, enquanto a orientação de Jakobs leva em consideração apenas necessidades sistêmicas, e o Direito Penal é que deve se ajustar a elas.

Em suma, sustenta o funcionalismo que a dogmática penal deve ser direcionada à finalidade precípua do Direito Penal, ou seja, à política criminal. Essa finalidade seria a reafirmação da autoridade do Direito, que não encontra limites externos, mas somente internos (Günther Jakobs) ou então a proteção de bens jurídicos indispensáveis ao desenvolvimento do indivíduo e da sociedade, respeitando os limites impostos pelo ordenamento jurídico (Claus Roxin).

E, justamente nesse ponto, o funcionalismo recebe sua maior crítica, consistente na opção de conferir elevado destaque à política criminal, resultando em sua fusão com a dogmática penal, e, por corolário, confundindo a missão do legislador com a do aplicador da lei.

Com essa introdução básica, é válido discorrer um pouco mais acerca dessa moderna orientação penal, cada vez mais aceita e difundida em âmbito doutrinário. Dividiremos o tema entre as duas vertentes, levando em conta o pensamento de seus autores, Claus Roxin e Günther Jakobs.

## 6.4.1. Posição de Claus Roxin – Escola de Munique

Suas ideias alcançaram amplo destaque a partir da publicação, em 1970, da monografia intitulada *Política criminal e sistema de direito penal*, que parte de um ponto de vista teleológico do Direito Penal, almejando superar as visões ontológicas do causalismo e do finalismo, bem como a análise puramente sistemática da teoria do delito, introduzindo como critério norteador para uma melhor solução dos problemas dogmáticos a **política criminal**. A formação do sistema jurídico-penal não pode vincular-se a realidades ontológicas prévias, devendo guiar-se única e exclusivamente pelas finalidades do Direito Penal.[4]

Desenvolveu novas posições sobre a teoria da pena e a sua concepção preventiva geral positiva (prevenção de integração), e, especialmente, acerca do âmbito da relação entre o fato e o seu autor, como ao reintroduzir o conceito de imputação objetiva no campo da tipicidade. Na seara da autoria, sistematizou e desenvolveu a teoria do domínio do fato.

Contudo, a principal contribuição de Roxin reside na circunstância de ter chamado a atenção sobre a necessidade que a construção dogmática está a serviço da resolução dos problemas que apresentam a realidade da vida social, tarefa que parecia já olvidada em favor da mera elucubração teórica.

Para ele, o tipo objetivo não pode ser reduzido à conexão de condições entre comportamentos e resultados, senão que os resultados, conforme as regras político-criminais, teriam que ser imputados ao autor como sua obra.

Claus Roxin elaborou sua teoria, calcada na política criminal, vinculando aos elementos do delito, individualmente, diversos valores predominantes:[5]

a) Para a **tipicidade** associa-se a determinação da lei penal em conformidade com o princípio da reserva legal.

Aqui se realiza uma das mais significativas contribuições da tendência doutrinária liderada por Roxin, que se reflete no redescobrimento e dotação funcional da teoria da imputação objetiva no marco da tipicidade. Com efeito, enquanto para as doutrinas clássica, neoclássica e finalista

---

[4] ROXIN, Claus. *Derecho penal*. Parte geral. Fundamentos. La estructura de la teoría del delito. Trad. espanhola Diego-Manuel Luzón Peña, Miguel Díaz y García Conlledo e Javier de Vicente Remensal. Madrid: Civitas, 2006. t. I, p. 203.

[5] ROXIN, Claus. *Política criminal e sistema jurídico-penal*. Trad. Luís Greco. Rio de Janeiro: Renovar, 2002. p. 32 e ss.

os problemas de relação nos delitos de resultado entre este e a ação se reduziriam, na maioria dos casos, a uma questão de relação de causalidade, a nova tendência utiliza como critério decisivo de imputação do resultado no tipo objetivo a regra em virtude da qual se examina a criação, por meio da ação, de um risco não permitido dentro do fim de proteção da norma.

b) Para a **ilicitude** se assinala o âmbito de soluções sociais dos conflitos. Roxin concebe a ilicitude como uma espécie de elemento negativo do tipo.

c) Para a **culpabilidade** associa-se a necessidade de pena com uma finalidade predominantemente preventiva.

Claus Roxin privilegia um **conceito bipartido do delito**, em que se consideram seus elementos fundamentais dois juízos de valor: o **injusto penal** (fato típico + ilicitude) e a **responsabilidade**, que inclui a culpabilidade.

### 6.4.2. Posição de Günther Jakobs – Escola de Bonn

A Günther Jakobs se atribui a responsabilidade de ter adaptado o Direito Penal à teoria dos sistemas sociais de Luhmann, com a sua **teoria da imputação normativa**.

Para ele, o Direito Penal está determinado pela função que cumpre no sistema social, e inclusive o próprio Direito Penal é considerado um **sistema autônomo, autorreferente e autopoiético**, dentro do sistema mais amplo da sociedade. Tem suas regras próprias e a elas se submete.

Jakobs reconhece estar correto o que fora afirmado por Hans Welzel, seu mestre, no sentido de que o Direito Penal tem como função assegurar os valores éticos e sociais da ação. Todavia, separa-se da doutrina do pai do finalismo penal, com uma mudança no enfoque metodológico, que parte da missão do Direito Penal e não da essência dos objetos da dogmática, levando aos extremos de uma renormatização dos conceitos perante o naturalismo psicológico de Welzel.

Para ele, um sujeito não é aquele que pode ocasionar ou impedir um sucesso, senão aquele que pode ser responsável por este. Os dois pilares básicos de sua perspectiva normativista estão constituídos pela função preventiva geral positiva atribuída à pena e pelas normas jurídico-penais como objeto de proteção.

Destarte, quando descumpre sua função na sociedade, o sujeito deve ser eficazmente punido, inclusive porque a autoridade da lei penal somente é obtida com sua rígida e constante aplicação.[6] Em suma, a função do Direito Penal é aplicar o comando contido na norma penal, pois somente sua reiterada incidência lhe confere o merecido respeito.

Como consectário de seu funcionalismo sistêmico, Günther Jakobs desenvolveu a **teoria do direito penal do inimigo**.

## 6.5. NOVAS PROPOSTAS DOUTRINÁRIAS: DIREITO PENAL E ENFRENTAMENTO DA CRIMINALIDADE MODERNA

### 6.5.1. Introdução

As modificações introduzidas na humanidade ao longo dos últimos anos, com fenômenos como a globalização, a massificação dos problemas e, principalmente, a configuração de uma sociedade de risco, implicaram em profundas alterações no Direito Penal. Criou-se um "direito penal do risco". Nas palavras de Luis Gracia Martín:

---

[6] JAKOBS, Günther. *Derecho penal*. Parte general. Fundamentos y teoría de la imputación. Trad. espanhola Joaquin Cuello Contreras e Jose Luis Serrano Gonzales de Murillo. 2. ed. Madrid: Marcial Pons, 1997. p. 167 e ss.

O direito penal moderno é próprio e característico da "sociedade de risco". O controle, a prevenção e a gestão de riscos gerais são tarefas que o Estado deve assumir, e assume efetivamente de modo relevante. Para a realização de tais objetivos o legislador recorre ao tipo penal de perigo abstrato como instrumento técnico adequado por excelência. Por ele, o direito penal moderno, ou ao menos uma parte considerável dele, se denomina como "direito penal do risco".[7]

Nesse contexto, a sociedade moderna destaca-se por ser uma sociedade de massas, o que no contexto atual significa que se tem de administrar comportamentos de massa distintos, mas também uniformes dos cidadãos. O comportamento uniforme acarreta especiais dificuldades.[8]

Com efeito, o fato de o Direito Penal ser frequentemente convocado a controlar os novos problemas sociais acarretou mudanças na sua estrutura clássica, deturpando-se inclusive conceitos arraigados ao longo da história. O poder por ele transmitido mostra-se necessário para enfrentar os novos riscos da sociedade, na qual desponta a sensação de insegurança, profundamente institucionalizada, o delineamento de uma classe de "sujeitos passivos" dos recentes problemas, a identificação da maioria dos membros da comunidade com a vítima do delito e o descrédito de outras instâncias de proteção.

Daí resultou de modo quase natural a "expansão do Direito Penal",[9] entrando essa disciplina em profundo dilema: Como enfrentar todas essas novas complicações? Com intervenção máxima, incriminando o maior número possível de condutas, mesmo sabendo ser seu arsenal insuficiente para tanto? Ou deveria limitar-se somente aos casos extremos, de afronta a bens jurídicos individuais, relegando para outros ramos do Direito a proteção de interesses diversos?

Em suma, deveria o Direito Penal manter seu perfil clássico ou, então, seria mais coerente adaptar-se aos novos tempos, com todas as alterações exigidas para alcançar esse patamar?

É óbvio que, em qualquer das hipóteses, não se pode olvidar a subsidiariedade do Direito Penal, muito menos o seu caráter fragmentário, destinando-se exclusivamente à proteção de bens jurídicos.

Como se sabe, o caráter subsidiário do Direito Penal resulta também da função limitadora instituída pelo Estado Democrático de Direito ao ordenamento penal, qual seja, a proteção de bens jurídicos fundamentais à coexistência em sociedade, promovendo o livre desenvolvimento da personalidade humana.

Além disso, refere-se também à necessidade da tutela penal, pois sua fundamentação teórica remete ao conceito de Estado que, na acepção sob a qual foi instituído pela Constituição, obriga a intervenção punitiva a ter a menor intensidade possível, eis que impregnada de elevado índice de restrição e violação de direitos. De fato, deve o Poder Público interferir o mínimo possível na vida do cidadão, garantindo-lhe a máxima liberdade.

Intrinsecamente relacionado à subsidiariedade, desponta o caráter fragmentário do Direito Penal, ou seja, nem toda categoria de ilícitos constitui-se em infração penal, mas todo crime ou contravenção necessariamente representa um ato ilícito perante o ordenamento jurídico. Dessa forma, o Direito Penal somente se legitima quando todos os demais ramos se mostrarem impotentes, uma vez que nele está contida a mais forte agressão estatal contra os direitos do cidadão. Como ensina Jesús-María Silva Sánchez:

> Há, pois, ataques contra bens jurídicos penais que não dão lugar à punibilidade da conduta correspondente. A ele se refere o princípio da fragmentariedade na proteção dos bens jurídicos penais,

---

[7] GRACIA MARTÍN, Luis. *Modernización del derecho penal y derecho penal del enemigo.* Lima: IDEMSA, 2007. p. 45.

[8] JAKOBS, Günther. *Ciência do direito e ciência do direito penal.* Trad. Maurício Antonio Ribeiro Lopes. Barueri: Manole, 2003. p. 44.

[9] SILVA SÁNCHEZ, Jesús-María. *A expansão do direito penal:* aspectos da política criminal nas sociedades pós-industriais. Trad. Luiz Otávio de Oliveira Rocha. São Paulo: RT, 2002.

CAP. 6 – A EVOLUÇÃO DOUTRINÁRIA DO DIREITO PENAL | 79

segundo o qual apenas podem constituir fatos penalmente relevantes as modalidades de ataques mais graves contra tais bens jurídicos penais.[10]

A análise da legislação moderna indica que o Direito Penal tem preferido um **meio-termo**, buscando a sua adaptação aos novos tempos sem, entretanto, relegar a outros ramos do Direito a relevante missão de combate à criminalidade e garantia da paz pública. Possivelmente, como afirma Paulo da Silva Fernandes, em razão da "badalada 'fuga' para o direito penal, fruto do aumento da insegurança e do medo. Aquele é tido por muitos, dada a natureza e o âmbito da panóplia de sanções ao seu dispor, como o garante *par exelénce* (do repor) da segurança".[11]

Daí surgem, inexoravelmente, alguns problemas.

Devem-se evitar a funcionalização e a desformalização do Direito Penal. A expansão incontrolável pode provocar o esquecimento de sua função precípua, qual seja, a proteção exclusiva de bens jurídicos indispensáveis para o desenvolvimento do indivíduo e da sociedade, em face de sua administrativização, e, consequentemente, com a criação de leis penais meramente simbólicas e de tipos penais de perigo abstrato em prejuízo de crimes de dano e de perigo concreto.[12]

Essa desmedida funcionalização acarretaria, ainda, na opção constante ao recurso às leis penais em branco, a conceitos indeterminados e a cláusulas gerais, flexibilizando, ou até mesmo eliminando, conceitos sólidos acerca da tentativa – em face da antecipação da tutela penal –, do dolo e da culpa, permitindo, em alguns casos, a responsabilidade objetiva, além das definições de autoria e participação.

Como destaca Manuel da Costa Andrade, almeja-se, dessa forma, conferir à sociedade o "efeito analgésico ou tranquilizante"[13] do Direito Penal.

Para solucionar esse impasse, e todos os problemas daí decorrentes, a doutrina estrangeira apresenta algumas formas de solução para o "mergulho do Direito Penal nas turbulentas águas do risco":[14] o direito intervencionista, as velocidades do Direito Penal, o Direito Penal do inimigo e o Direito Penal como proteção de contextos da vida em sociedade.

Passemos à análise de cada uma das teorias.

### 6.5.2. Direito intervencionista ou de intervenção

Ao contrário do que a mera análise gramatical da expressão quer indicar, o direito intervencionista ou de intervenção não se contrapõe ao princípio da intervenção mínima, consagrado pelas legislações modernas desde que foi previsto originariamente no art. 8.º da Declaração de Direitos do Homem e do Cidadão, datada de 1789. O direito intervencionista respeita o princípio da intervenção mínima mais, inclusive, do que o Direito Penal clássico. Nem poderia ser diferente, por força da finalidade a que se propõe.

Seu criador e principal defensor é o alemão **Winfried Hassemer**. Para ele, o Direito Penal não oferece resposta satisfatória para a criminalidade oriunda das sociedades modernas. Além disso, o poder punitivo estatal deveria limitar-se ao **núcleo do Direito Penal**, isto é, à estrutura clássica dessa disciplina, sendo os problemas resultantes dos riscos da modernidade resolvidos pelo direito de intervenção, única solução apta a enfrentar a atual criminalidade.[15]

---

[10] SILVA SÁNCHEZ, Jesús-María. *Aproximación al derecho penal contemporáneo*. Reimpresión, Barcelona: Bosch, 2002. p. 290.

[11] FERNANDES, Paulo Silva. *Globalização, "sociedade de risco" e o futuro do direito penal*. Coimbra: Almedina, 2001. p. 75.

[12] SILVA SÁNCHEZ, Jesús-María. *A expansão do direito penal*: aspectos da política criminal nas sociedades pós-industriais. Trad. Luiz Otávio de Oliveira Rocha. São Paulo: RT, 2002. p. 127.

[13] ANDRADE, Manuel da Costa. *Liberdade de imprensa e inviolabilidade pessoal*: uma perspectiva jurídico-criminal. Coimbra: Coimbra Editora, 1996. p. 37.

[14] FERNANDES, Paulo Silva. *Globalização, "sociedade de risco" e o futuro do direito penal*. Coimbra: Almedina, 2001. p. 70.

[15] HASSEMER, Winfried. *Persona, mundo y responsabilidad penal*: bases para una teoría de la imputación en derecho penal. Trad. Francisco Munõz Conde e Maria del Mar Díaz Pita. Valencia: Tirant lo Blanch, 1999. p. 67-73.

E o direito de intervenção consiste na eliminação de uma parte da atual modernidade do Direito Penal, mediante a busca de uma dupla tarefa. Inicialmente, reduzindo-o ao Direito Penal básico, fazendo parte deste cerne somente as **lesões de bens jurídicos individuais e sua colocação concreta em perigo**. Em segundo plano, concedendo aos bens jurídicos "universais" – objetos dos maiores riscos e ameaças da atualidade, de natureza difusa e relativamente controláveis – um tratamento jurídico diverso do conferido aos bens individuais. Abra-se espaço para o **discurso da resistência à tutela penal de bens jurídicos difusos e coletivos**.

Deveras, Hassemer afirma que deve ser almejada a criação de um direito intervencionista que possibilite tratar adequadamente os problemas que apenas de modo forçado podem ser tratados no âmbito do Direito Penal clássico, já que este não tem vocação para lidar com as questões inerentes à modernidade. Assim, cabe aos aplicadores optar pela sequência na modernização do Direito Penal ou, então, por libertá-lo das modernas exigências.

Em sua opinião, a primeira opção importa no aumento de custos, esvaziando as instituições centrais do Direito Penal, que passaria a ter função meramente simbólica. Destarte, para não o sobrecarregar com o peso da modernização, deveriam ser regulamentados os problemas por ela causados com um direito de intervenção, situado entre o Direito Penal e o Contravencional, entre o Direito Civil e o Direito Público, **dotado de garantias menos amplas das que regem o Direito Penal clássico, com a consequente imposição de sanções menos drásticas**.

Ademais, como observado por Alberto Silva Franco, essa nova faceta se situaria fora do âmbito do Direito Penal, **"nas vizinhanças do direito administrativo sancionador"**.[16]

Em síntese, portanto, o direito de intervenção, na forma proposta por Winfried Hassemer, consiste na manutenção, no âmbito do Direito Penal, somente das condutas lesivas aos bens jurídicos individuais e também daquelas que causam perigo concreto. As demais, de índole difusa ou coletiva, e causadoras de perigo abstrato, por serem apenadas de maneira mais branda, seriam reguladas por um sistema jurídico diverso, com garantias materiais e processuais mais flexíveis, possibilitando um tratamento mais célere e amplo dessas questões, sob pena de tornar o Direito Penal inócuo e simbólico. Além disso, não seria tarefa do Poder Judiciário aplicá-las, e sim da Administração Pública.

Cumpre consignar que o direito de intervenção, para ser efetivo, teria de contemplar preceitos que atualmente encontram-se no Direito Penal, como os ilícitos econômicos e ambientais. **Não se destina a ampliar a intervenção punitiva do Estado, mas a diminuí-la**. Exemplificativamente, seria muito melhor a retirada do Direito Penal das condutas que hoje constituem crimes ambientais, transportando-as para o direito de intervenção, em que os ilícitos seriam combatidos com sanções diversas, mais céleres, tais como a multa, a suspensão e a interdição de atividades etc.

Como afirma o penalista germânico, os limites do Direito de Intervenção ainda não estão muito detalhados e a sua própria aplicação revela-se por ora um tanto quanto temerária. São suas palavras:

> [...] a não intervenção pressupõe o aperfeiçoamento e a complementação do *saber criminológico*, com isso ela torna em prática o interesse preventivo-individual, a relação com os problemas concretos do caso. Dificilmente se pode aceitar que essas alternativas à execução da pena privativa de liberdade se tornem possíveis para os delitos e os delinquentes em um tempo previsível. Portanto, para isso, depende de que se reúnam, o mais rápido possível, experiências seguras sobre os meios não interventivos face a determinadas situações.[17]

---

[16] FRANCO, Alberto Silva. Globalização e criminalidade dos poderosos. *Revista Portuguesa de Ciência Criminal*, Coimbra, ano 10, fascículo 2, p. 224, abr.-jun. 2000.

[17] HASSEMER, Winfried. *Introdução aos fundamentos do direito penal*. Trad. Pablo Rodrigo Alflen da Silva. Porto Alegre: Fabris, 2005. p. 398.

Sua proposta, contudo, recebe fortes críticas. A propósito, Jorge de Figueiredo Dias assim se refere a essa construção doutrinária:

> Outra coisa, em minha opinião inexacta, é pensar que o sancionamento das ofensas "hoc sensu" inadmissíveis possa ser atribuído a sanções administrativas [...], ainda que intensificadas. Não falta quem a propósito lembre a velha crítica da "burla de etiquetas"; com razão até a um ponto em que eu me atreveria a falar de nada menos que de um pôr o princípio jurídico-penal da subsidiariedade de "pernas para o ar", ao subtrair à tutela penal precisamente as condutas socialmente tão gravosas que põem simultaneamente em causa a vida planetária, a dignidade das pessoas e a solidariedade com as outras pessoas – as que existem e as que hão-se de vir.[18]

Para Figueiredo Dias, o direito de intervenção seria uma inversão temerária dos princípios da subsidiariedade e da proporcionalidade, uma vez que relegaria a seara mais suave do ordenamento jurídico justamente as infrações que colocam em maior risco a estrutura da sociedade, ao mesmo tempo em que, para elas, de grave repercussão difusa, estariam previstas sanções muito brandas e insuficientes para a punição e ressocialização de seus autores.

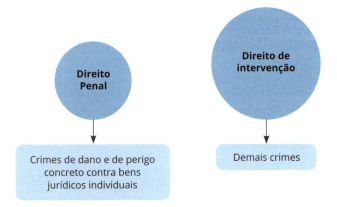

### 6.5.3. As velocidades do Direito Penal

Em primeira análise de maneira parecida com o direito intervencionista, mas bastante diversa quando estudada em sua essência, **Jesús-María Silva Sánchez**, professor catedrático da Universidade Pompeu Fabra, apresenta a teoria das velocidades do Direito Penal, revelando uma nítida preocupação com a consolidação de um único "Direito Penal moderno", ou seja, busca evitar a modernização generalizada caracterizada pela expansão e flexibilização dos princípios político-criminais e regras de imputação inerentes às penas privativas de liberdade.

Parte do pressuposto de que o Direito Penal, no interior de sua unidade substancial, contém **dois grandes blocos, distintos, de ilícitos:** o primeiro, das infrações penais às quais são cominadas penas de prisão (**direito penal nuclear**), e o segundo, daquelas que se vinculam aos gêneros diversos de sanções penais (**direito penal periférico**).

Aquele é o modelo padrão, vigente no âmbito cultural da grande maioria das nações. Ademais, a pena privativa de liberdade não pode, em um Estado que é e precisa manter-se democrático e de direito, ser imposta pela Administração Pública. Consequentemente:

> Seria razoável que em um Direito Penal mais distante do núcleo do criminal e no qual se impusessem penas mais próximas das sanções administrativas (privativas de direitos, multas, sanções

---

[18] DIAS, Jorge de Figueiredo. *Direito penal.* Coimbra: João Abrantes, 1975. p. 15.

que recaem sobre pessoas jurídicas) se flexibilizassem os critérios de imputação e as garantias político-criminais. A característica essencial de tal setor continuaria sendo a judicialização (e a consequente imparcialidade máxima), da mesma forma que a manutenção do significado "penal" dos ilícitos e das sanções, sem que estas, contudo, tivessem a repercussão pessoal da pena de prisão.[19]

Dessa forma, haveria manifesta distinção entre um Direito Penal amplo e flexível e um Direito Penal mínimo e rígido. Somente essa separação seria apta a impedir que a modernização acabe apoderando-se, ainda que paulatinamente, de todos os espaços do Direito Penal clássico.

Note-se que, ao contrário da doutrina apregoada por Winfried Hassemer, **todos os ilícitos guardam natureza penal e devem ser processados e julgados pelo Poder Judiciário**. Não se fala, portanto, em retirada de infrações penais para serem cuidadas pelo chamado "direito administrativo sancionador".

E quais seriam, especificamente, as duas velocidades do Direito Penal? Invoquemos, uma vez mais, os ensinamentos de Jesús María Silva Sánchez:

> Uma primeira velocidade, representada pelo Direito Penal "da prisão", na qual haver-se-iam de manter rigidamente os princípios político-criminais clássicos, as regras de imputação e os princípios processuais; e uma segunda velocidade, para os casos em que, por não se tratar já de prisão, senão de penas de privação de direitos ou pecuniárias, aqueles princípios e regras poderiam experimentar uma flexibilização proporcional à menor intensidade da sanção.[20]

Em outras palavras, exige-se um procedimento amplo e garantista para os crimes nos quais possa resultar a imposição de pena privativa de liberdade. Por outro turno, quando a sanção penal possível de ser aplicada no caso concreto se limitar às restrições de direitos, ou à multa, a ação penal pode ser mais ágil, eis que a disputa entre o acusado e o Estado não envolve tão relevante bem jurídico: a liberdade do ser humano.

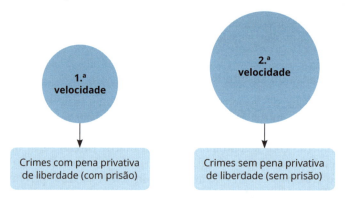

### 6.5.4. Direito Penal do inimigo

#### 6.5.4.1. Noções preliminares

A teoria do Direito Penal do inimigo foi desenvolvida por **Günther Jakobs**, professor catedrático de Direito Penal e Filosofia do Direito na Universidade de Bonn, Alemanha, reconhecido mundialmente como um dos maiores criminalistas da atualidade.

---

[19] SILVA SÁNCHEZ, Jesús-María. *A expansão do direito penal:* aspectos da política criminal nas sociedades pós-industriais. Trad. Luiz Otávio de Oliveira Rocha. São Paulo: RT, 2002. p. 145.
[20] Idem, ibidem, p. 148.

## CAP. 6 – A EVOLUÇÃO DOUTRINÁRIA DO DIREITO PENAL

A ele é também atribuída a criação de uma nova teoria da ação jurídico-penal, o funcionalismo radical, monista ou sistêmico, ou seja, o pensamento que reserva elevado valor à norma jurídica como fator de proteção social. Para ele, apenas a aplicação constante da norma penal é que imprime à sociedade as condutas aceitas e os comportamentos indesejados.

Na década de 1980, Jakobs traçou os primeiros lineamentos da teoria em análise, voltando ao seu estudo no final dos anos 1990, mas, em 2003, de maneira corajosa, assumiu postura inequívoca na defesa da adoção do Direito Penal do inimigo, justificando com toda uma obra doutrinária[21] a necessidade de revolucionar conceitos clássicos arraigados na mente dos doutrinadores.

Seu pensamento coloca em discussão a real efetividade do Direito Penal existente, pugnando pela flexibilização ou mesmo supressão de diversas garantias materiais e processuais até então reputadas em uníssono como absolutas e intocáveis.

### 6.5.4.2. Conceito de inimigo

Em seu aspecto léxico, extrai-se o seguinte significado:

> **INIMIGO** adj. (Do lat. *inimicus.*) **1.** Não amigo, hostil, adverso, contrário. – **2.** Malquistado, indisposto. – **3.** De ou pertencente a partido, facção ou grupo oposto.
>
> ♦ s.m. **1.** Aquele que tem inimizade, ódio a alguém. – **2.** Aquele com o qual se entra em guerra. – **3.** O que é prejudicial, oposto, contrário. – **4.** Aquele que experimenta aversão, antipatia por certas coisas.
>
> || *Inimigo alugado,* pessoa a quem se mata por mandado de outrem. || *Inimigo declarado, jurado,* pessoa que jurou agir contra alguém ou alguma coisa. || *Inimigo público,* indivíduo nocivo à sociedade.[22]

Constata-se, em qualquer das hipóteses acima mencionadas, que o termo "inimigo" representa aquele que, em situação de confronto, deve ser enfrentado e a qualquer custo vencido.

Sempre que se pretende um duelo, uma disputa ou, de modo geral, iniciar um movimento de inquietação, deve-se escolher alguém ou alguma entidade para mostrar inconformismo com a situação que se pretende modificar. No pensamento de Jakobs não é diferente.

Inimigo, para ele, é o indivíduo que **afronta a estrutura do Estado**, pretendendo desestabilizar a ordem nele reinante ou, quiçá, destruí-lo. É a pessoa que revela um modo de vida contrário às normas jurídicas, não aceitando as regras impostas pelo Direito para a manutenção da coletividade. Agindo assim, demonstra **não ser um cidadão** e, por consequência, todas as garantias inerentes às pessoas de bem não podem ser a ele aplicadas.

Em síntese, trata-se de um indivíduo que, não apenas de maneira incidental, em seu comportamento ou em sua ocupação profissional ou, principalmente, por meio de vinculação a uma organização criminosa, vale dizer, em qualquer caso de forma presumivelmente permanente, abandonou o direito e, por conseguinte, **não garante o mínimo de segurança cognitiva do comportamento pessoal** e o manifesta por meio de sua conduta.

Para Silva Sánchez, a transição do "cidadão" ao "inimigo" seria produzida mediante a reincidência, a habitualidade, a delinquência profissional e, finalmente, a integração em organizações delitivas estruturadas.[23]

Günther Jakobs fundamenta filosoficamente sua teoria nas ideias de **Jean Jacques Rousseau**, já que o inimigo, ao desrespeitar o contrato social, guerreando com o Estado, deixa de ser

---

[21] JAKOBS, Günther. *Derecho penal del enemigo.* Trad. Manuel Cancio Meliá. Madrid: Civitas, 2003.

[22] LAROUSSE Cultural. *Grande dicionário da língua portuguesa.* São Paulo: Nova Cultural, 1999. p. 526.

[23] SILVA SÁNCHEZ, Jesús-María. *A expansão do direito penal:* aspectos da política criminal nas sociedades pós-industriais. Trad. Luiz Otávio de Oliveira Rocha. São Paulo: RT, 2002. p. 149.

# 84 | DIREITO PENAL – PARTE GERAL – VOL. 1 • CLEBER MASSON

um de seus membros, e também em Johann Gottlieb Fichte ("teoria do contrato cidadão"). Ademais, abeberando-se em **Immanuel Kant**, sustenta que uma pessoa ameaçadora contumaz da comunidade e do Estado, que não acolhe o Estado comunitário-legal, deve ser tratada como inimiga.

Como exemplos de pessoas identificadas como inimigas, após citar o ataque às torres gêmeas de Nova York, em 11 de setembro de 2001, como conduta inequívoca de indivíduos de tal estirpe, aponta os integrantes de organizações criminosas, delinquentes econômicos, terroristas, autores de crimes contra a liberdade sexual e, residualmente, os responsáveis pela prática de infrações penais graves e perigosas.[24]

Vê-se claramente, portanto, que, na contramão das ideias penais hodiernamente reinantes nas mais diversas partes do mundo, Jakobs abraça um **Direito Penal do autor**, rotulando indivíduos, em oposição a um Direito Penal do fato, preocupado com a ofensividade de ações e omissões relevantes.

## 6.5.4.3. Efeitos da aplicação da teoria do Direito Penal do inimigo

Inicialmente, o Estado não deve reconhecer os direitos do inimigo, por ele não se enquadrar no conceito de cidadão. Consequentemente, não pode ser tratado como pessoa, pois entendimento diverso colocaria em risco o direito à segurança da comunidade.

O inimigo, assim, não pode gozar de direitos processuais, como o da ampla defesa e o de constituir defensor, haja vista que, sendo uma ameaça à ordem pública, desconsidera-se sua posição de sujeito na relação jurídico-processual. Possível, inclusive, a sua incomunicabilidade. Em uma guerra, o importante é vencer, ainda que para isso haja deslealdade com o adversário.

Como representa grande perigo à sociedade, deixa-se de lado o juízo de culpabilidade para a fixação da reprimenda imposta ao inimigo, privilegiando-se sua periculosidade. Em síntese, as penas são substituídas por medidas de segurança. De fato, a pena teria duração determinada, ao contrário da medida de segurança, possibilitando sua retirada do convívio público por todo o tempo em que persistir sua situação de perigo, compreendida como a probabilidade de tornar a cometer infrações penais.

Dessa forma, trata-se de um **Direito Penal prospectivo**, com visão para o futuro, encontrando amparo no positivismo criminológico de Cesare Lombroso, Enrico Ferri e Rafael Garofalo, que clamava por um sistema penal em consonância com a real necessidade de defesa social, mormente quando estava assombrado por criminosos revestidos de indissociáveis aspectos endógenos.

Deve ainda o Direito Penal do inimigo antecipar a esfera de proteção da norma jurídica, **adiantando a tutela penal para atingir inclusive atos preparatórios, sem redução quantitativa da punição.**[25] Ora, se o inimigo é um ser manifestamente voltado para os crimes e se a sua condição pessoal revela a ilicitude de sua atuação, não se pode esperar que ele pratique infrações penais para, posteriormente, cobrar-se repressão pelo Estado, como se dá com cidadãos comuns. Ao contrário, para a manutenção da ordem deve ser combatida a sua periculosidade, impondo-se uma medida de segurança com a mera demonstração da futura e eventual prática de um crime.

Essa antecipação não se importa com a quantidade da sanção penal a ser aplicada, pois o que se tem em mente é a garantia da sociedade. O inimigo não tem direitos e, assim, seu

---

[24] JAKOBS, Günther. *Derecho penal del enemigo.* Trad. Manuel Cancio Meliá. Madrid: Civitas, 2003. p. 39.

[25] A Lei 13.260/2016 – Lei de Terrorismo – contém em seu art. 5.º um tipo incriminador que guarda alguma relação com essa característica do Direito Penal do inimigo, uma vez que admite a punição de atos preparatórios de terrorismo, porém com diminuição da pena ("Art. 5.º Realizar atos preparatórios de terrorismo com o propósito inequívoco de consumar tal delito: Pena – a correspondente ao delito consumado, diminuída de um quarto até a metade").

CAP. 6 – A EVOLUÇÃO DOUTRINÁRIA DO DIREITO PENAL | 85

sacrifício se impõe para a proteção do interesse público. No caso do fatídico atentado de 11 de setembro de 2001, inúmeras vidas seriam salvas se a atuação inimiga tivesse sido interceptada previamente.

Para viabilizar esse adiantamento, deve o Estado valer-se abundantemente da ação controlada para retardar a prisão em flagrante ao momento em que possa ser capturado o maior número de inimigos. Compete providenciar, também, a infiltração de agentes policiais nas organizações criminosas, para eficaz desbaratamento. Medidas preventivas e cautelares têm seu campo de incidência alargado, autorizando-se mais facilmente interceptações telefônicas e quebras de sigilos bancário e fiscal.

Se não bastasse, na investigação dos inimigos, o Estado está legitimado a aplicar medidas processuais e penais às pessoas que exercem atividades lícitas, em razão de alguns membros da classe guardarem íntima relação com organizações criminosas, grupos de traficantes e responsáveis por lavagem de dinheiro, como se dá com bancos, joalheiros e leiloeiros. Cuida-se de meios de defesa contra agressões futuras.

Dele decorre também a mitigação do princípio da reserva legal ou estrita legalidade, pois a periculosidade do inimigo impede a previsão de todos os atos que possam ser por ele praticados. Reclama-se, assim, uma narrativa vaga e pouco precisa dos crimes e das penas, que devem variar no caso concreto, dependendo da ameaça representada pelo combatente da guerra.

Mesmo nos crimes minuciosamente tipificados, as penas devem ser severamente majoradas, com o intuito de intimidar o inimigo, mantendo em estado latente todo o perigo que pode ser por ele causado.

Autoriza-se, também, a criação artificial de delitos, inflacionando a legislação penal, ainda que os bens juridicamente tutelados não sejam muito claros e até mesmo não reconhecidos pela sociedade. Como corolário, deve ser mais rigorosa a execução penal, na tentativa de emendar o inimigo e evitar a proliferação de outros, que deverão sentir a força e o poder do Estado legalizado.

Possível, assim, a eliminação de direitos e garantias individuais, uma vez que não paira necessidade de obediência ao devido processo legal, mas a um procedimento de guerra, de intolerância e repúdio ao inimigo. A propósito, é cabível inclusive a utilização da **tortura** como **meio de prova**, e também para desbaratar as atividades ilícitas do criminoso e dos seus comparsas.[26]

O inimigo arrependido, disposto a auxiliar o Estado no combate de seus antigos companheiros, contudo, deve receber benefícios, desde que os delate, permitindo o desmantelamento de quadrilhas, prisões em massa e recuperação dos produtos e proveitos dos crimes.

Nitidamente, enxerga-se na concepção de Jakobs a convivência de dois direitos em um mesmo ordenamento jurídico. Em primeiro lugar, um **direito penal do cidadão**, amplo e dotado de todas as garantias constitucionais, processuais e penais, típico de um Estado Democrático de Direito. Sem prejuízo, em parcela menor e restrita a grupos determinados, com ele coexiste o **Direito Penal do inimigo**, no qual o seu sujeito deve ser enfrentado como fonte de perigo e, portanto, a sua eliminação da sociedade é o fim último do Estado.

---

[26] Nos Estados Unidos da América desenvolveu-se a teoria do "**cenário da bomba relógio**", com a finalidade de justificar o uso da tortura em situações excepcionais, em que não exista outra maneira eficaz de conter uma atividade terrorista. O raciocínio é o seguinte: uma ameaça de grandes proporções está na iminência de ser concretizada – a bomba vai explodir –, e somente a tortura contra um prisioneiro constitui-se em meio idôneo para preservar a vida ou outro bem jurídico de pessoas de bem.

E, nesse contexto, o Direito Penal do inimigo seria definido por Silva Sánchez como a **terceira velocidade do Direito Penal**: privação da liberdade e suavização ou eliminação de direitos e garantias penais e processuais.[27]

Como não poderia ser diferente, essa proposta recebe inúmeras críticas, fundadas principalmente na violação de direitos e garantias constitucionais e legais.[28]

### 6.5.5. Neopunitivismo: a quarta velocidade do Direito Penal

Na sequência da teoria das velocidades do Direito Penal, apresentada por Jesús María Silva Sánchez (item 6.5.3) e do Direito Penal do Inimigo – rotulado como a "terceira velocidade do Direito Penal" – de Günther Jakobs (item 6.5.4), o argentino Daniel Pastor desenvolve o **neopunitivismo**, também conhecido como a **quarta velocidade do Direito Penal**.[29]

O neopunitivismo relaciona-se ao Direito Penal Internacional, caracterizado pelo alto nível de incidência política e pela seletividade (escolha dos criminosos e do tratamento dispensado), com elevado desrespeito às regras básicas do poder punitivo, a exemplo dos princípios da reserva legal, do juiz natural e da irretroatividade da lei penal. No conflito entre países, os vencedores são os julgadores dos Estados derrotados, como aconteceu nos tribunais internacionais *ad hoc* para Ruanda e para a antiga Iugoslávia.

Nessa linha de raciocínio, o neopunitivismo se destaca como um movimento do **panpenalismo**, que busca a todo custo o aumento do arsenal punitivo do Estado, inclusive de forma mais arbitrária e abusiva do que o Direito Penal do Inimigo. Cria-se, em outras palavras, um **direito penal absoluto**.

De fato, o panpenalismo promove a diminuição (ou eliminação) de garantias penais e processuais, o aumento desordenado das forças policiais e a inflação legislativa mediante o aumento das penas, com finalidades altamente retributivas e intimidatórias. Para quem se filia a esta concepção doutrinária, a **defesa social** legitima o Direito Penal, visualizando o delito como uma problemática vinculada exclusivamente ao Direito Penal.

---

[27] SILVA SÁNCHEZ, Jesús María. *A expansão do direito penal:* aspectos da política criminal nas sociedades pós-industriais. Trad. Luiz Otávio de Oliveira Rocha. São Paulo: RT, 2002. p. 55.

[28] Conferir, a propósito: MASSON, Cleber Rogério. O direito penal do inimigo. In: SILVA, Marco Antonio Marques da (Coord.). *Processo penal e garantias constitucionais.* São Paulo: Quartier Latin, 2006; e ZAFFARONI, Eugenio Raúl. *O inimigo no direito penal.* Trad. Sérgio Lamarão. Rio de Janeiro: Revan, 2007.

[29] Para o estudo aprofundado do tema: PASTOR, Daniel R. *Neopunitivismo y neoinquisición:* un análisis de políticas y prácticas penales violatorias de los derechos fundamentales del imputado. Buenos Aires: Ad-Hoc, 2008.

## 6.5.6. Direito Penal como proteção de contextos da vida em sociedade

Cuida-se de proposta formulada por **Günter Stratenwerth** e, com a finalidade de garantir o futuro da sociedade, deixa em segundo plano a proteção dos interesses individuais, para salvaguardar imediatamente os bens jurídicos inerentes a toda a coletividade.

Ao contrário, portanto, da teoria proposta por Winfried Hassemer, busca de modo precípuo a **proteção dos bens jurídicos difusos**, pois considera mais importante a salvaguarda do todo social para, secundariamente, assegurar o patrimônio jurídico de cada indivíduo isoladamente considerado. Como explica Paulo Silva Fernandes:

> [...] pronunciando-se contra um direito penal que, segundo esse autor, demasiado arraigado a uma protecção de bens jurídicos de natureza essencialmente antropocêntrica, deveria caminhar no sentido de uma chamada protecção de "relações (ou contextos) da vida enquanto tais", sem que fosse necessário reconduzir a necessidade de protecção a interesses (pessoais) de qualquer dos participantes num dado contexto (nomeadamente nos domínios do ambiente ou da genética). Por isso propõe proteger jurídico-penalmente "normas de conduta referidas ao futuro" sem "retro-referência a interesses individuais", podendo-se, segundo o autor, chegar a bons resultados.[30]

Corolário desse entendimento, opera-se uma antecipação das fronteiras da tutela penal, com rápida transição do modelo tradicional de criação de infrações penais (proteção de bens individuais contra lesões efetivas) para o de crimes de perigo abstrato, para bens jurídicos transindividuais, passando por todas as modalidades intermediárias. Interesses até há pouco desconhecidos são imediatamente consagrados ao *status* de penalmente protegidos, como se verifica no tocante aos crimes ambientais e econômicos.

Após ser estabelecido um perfil de gestão dos interesses difusos e coletivos a ser seguido, protege-se o contexto que passa a legitimar a intervenção do Direito Penal quando determinado modelo de comportamento é desrespeitado. Antecipa-se de maneira sensível a tutela penal, ainda que sirva apenas para a proteção do ambiente desejado pelo legislador. Nas palavras de Jesús María Silva Sánchez:

---

[30] FERNANDES, Paulo Silva. *Globalização, "sociedade de risco" e o futuro do direito penal*. Coimbra: Almedina, 2001. p. 81.

De fato, essa orientação à proteção de *contextos* cada vez mais genéricos (no espaço e no tempo) da fruição dos bens jurídicos clássicos leva o Direito Penal a relacionar-se com fenômenos de dimensões estruturais, globais ou sistêmicas, no que as aportações individuais, autonomamente contempladas, são, ao contrário, de "intensidade baixa". Com isso, tem-se produzido certamente a culminação do processo: o Direito Penal, que reagia *a posteriori* contra um fato lesivo individualmente delimitado (quanto ao sujeito ativo e ao passivo), se converte em um direito de gestão (punitiva) de riscos gerais e, nessa medida, está administrativizado.[31]

Desse modo, imaginando a aplicação da referida teoria ao Direito Penal pátrio, poderíamos concluir ser mais relevante a proteção do meio ambiente contra a poluição, na forma prevista na Lei 9.605/1998, do que a simples punição de um crime de ameaça, pois a sociedade estaria garantida imediatamente com a preservação do meio ambiente, ao passo que, com a segunda incriminação, somente um indivíduo teria seu bem jurídico (liberdade individual) resguardado, o que coletivamente não seria de elevada importância.

Sem dúvida, cuida-se de proposta audaciosa que ganhará importância ao longo do século XXI, para o enfrentamento dos riscos da sociedade moderna. Como afirma Claus Roxin, conduzirá a uma "certa relativização, e não a um abandono da ideia de bem jurídico",[32] sempre considerado ao longo da história principalmente em face do patrimônio jurídico de cada indivíduo, isoladamente.

---

[31] SILVA SÁNCHEZ, Jesús María. *A expansão do direito penal:* aspectos da política criminal nas sociedades pós-industriais. Trad. Luiz Otávio de Oliveira Rocha. São Paulo: RT, 2002. p. 114.

[32] ROXIN, Claus. *Problemas fundamentais de direito penal.* Trad. Ana Paula dos Santos Luís Natscheradetz. 3. ed. Lisboa: Vega, 2004. p. 62.

# CAPÍTULO 7

# LEI PENAL

## 7.1. INTRODUÇÃO

É a **fonte formal imediata** do Direito Penal, uma vez que, por expressa determinação constitucional, tem a si reservado, exclusivamente, o papel de criar infrações penais e cominar-lhes as penas respectivas.

Sua estrutura apresenta dois **preceitos**, um **primário** (conduta) e outro **secundário** (pena). No crime de homicídio simples, tipificado pelo art. 121 do Código Penal, o preceito primário é "matar alguém", enquanto a pena de "reclusão, de 6 a 20 anos" desempenha a função de preceito secundário.

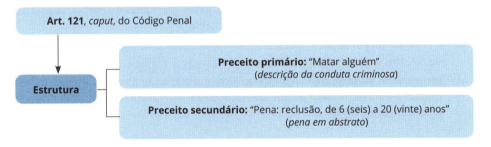

Deve-se observar que a lei penal não é proibitiva, mas **descritiva**. Não proíbe a conduta de "matar alguém", e sim descreve tal comportamento como criminoso, impondo a pena a ser aplicada caso seja ele praticado. A legislação penal brasileira não contém, como outrora, mandamentos diretos, a exemplo de "não furtar", "não roubar" etc. Optou pela **proibição indireta**, descrevendo o fato como pressuposto da sanção.

Essa técnica legislativa foi desenvolvida por **Karl Binding**, por ele chamada de **teoria das normas**, segundo a qual é necessária a distinção entre norma e lei penal. A norma cria o ilícito, a lei cria o delito. A conduta criminosa viola a norma, mas não a lei, pois o agente realiza exatamente a ação que esta descreve.

## 7.2. CLASSIFICAÇÃO

As leis penais apresentam diversas divisões. Podem ser:

a) **incriminadoras:** são as que criam crimes e cominam penas. Estão contidas na Parte Especial do Código Penal e na legislação penal especial;

b) **não incriminadoras:** são as que não criam crimes nem cominam penas. Subdividem-se em:

- **b.1) permissivas:** autorizam a prática de condutas típicas, ou seja, são as **causas de exclusão da ilicitude**. Em regra, estão previstas na Parte Geral (CP, art. 23), mas algumas são também encontradas na Parte Especial, tal como ocorre nos arts. 128 (aborto legal) e 142 (exclusão da ilicitude nos crimes contra a honra) do Código Penal;

- **b.2) exculpantes:** estabelecem a não culpabilidade do agente ou ainda a impunidade de determinados delitos. Exemplos: doença mental, menoridade, prescrição e perdão judicial. Encontram-se comumente na Parte Geral, mas também podem ser identificadas na Parte Especial do Código Penal, tais como no art. 312, § 3.º, 1.ª parte (reparação do dano antes da sentença no crime de peculato), e art. 342, § 2.º (retratação antes da sentença no processo em que ocorreu o ilícito no crime de falso testemunho ou falsa perícia);

- **b.3) interpretativas:** esclarecem o conteúdo e o significado de outras leis penais. Exemplos: arts. 150, § 4.º (conceito de domicílio), e 327 (conceito de funcionário público para fins penais) do Código Penal;

- **b.4) de aplicação, finais ou complementares:** delimitam o campo de validade das leis incriminadoras. Exemplos: arts. 2.º e 5.º do Código Penal;

- **b.5) diretivas:** são as que estabelecem os princípios de determinada matéria. Exemplo: princípio da reserva legal (CP, art. 1.º);

- **b.6) integrativas ou de extensão:** são as que complementam a tipicidade no tocante ao nexo causal nos crimes omissivos impróprios, à tentativa e à participação (CP, arts. 13, § 2.º, 14, II, e 29, *caput*, respectivamente);

c) **completas ou perfeitas:** apresentam todos os elementos da conduta criminosa. É o caso do art. 157, *caput*, do Código Penal;

d) **incompletas ou imperfeitas:** reservam a complementação da definição da conduta criminosa a uma outra lei, a um ato da Administração Pública ou ao julgador. São as leis penais em branco, nos dois primeiros casos, e os tipos penais abertos, no último.

## 7.3. CARACTERÍSTICAS DA LEI PENAL

a) **Exclusividade:** só a lei pode criar delitos e penas (CF, art. 5.º, XXXIX, e CP, art. 1.º).

b) **Imperatividade:** o seu descumprimento acarreta a imposição de pena ou de medida de segurança, tornando obrigatório o seu respeito.

c) **Generalidade:** dirige-se indistintamente a todas as pessoas, inclusive aos inimputáveis. Destina-se a todas as pessoas que vivem sob a jurisdição do Brasil, estejam no território nacional ou no exterior. Justifica-se pelo caráter de coercibilidade que devem ter todas as leis em vigor, com efeito imediato e geral (Lei de Introdução às Normas do Direito Brasileiro, art. 6.º).

d) **Impessoalidade:** projeta os seus efeitos abstratamente a fatos futuros, para qualquer pessoa que venha a praticá-los. Há duas exceções, relativas às leis que preveem anistia e *abolitio criminis,* as quais alcançam fatos concretos.

e) **Anterioridade:** as leis penais incriminadoras apenas podem ser aplicadas se estavam em vigor quando da prática da infração penal, salvo no caso da retroatividade da lei benéfica.

## 7.4. LEI PENAL EM BRANCO

Para Franz von Liszt, leis penais em branco são como **"corpos errantes em busca de alma"**. Existem fisicamente no universo jurídico, mas não podem ser aplicadas em razão de sua incompletude.

A lei penal em branco é também denominada de **cega** ou **aberta**, e pode ser definida como a espécie de lei penal cuja definição da conduta criminosa reclama complementação, seja por outra lei, seja por ato da Administração Pública.[1] O seu preceito secundário é completo, o que não se verifica no tocante ao primário, carente de implementação. Divide-se em:

a) **Lei penal em branco em sentido lato** ou **homogênea:** o complemento tem a **mesma natureza jurídica** e provém do **mesmo órgão** que elaborou a lei penal incriminadora. Em síntese, o complemento consiste em outra lei. Veja-se o art. 169, parágrafo único, I, do Código Penal, complementado pelo art. 1.264 do Código Civil, em que se encontra a definição de tesouro. Além disso, tanto a lei civil como a penal têm como fonte de produção o Poder Legislativo federal (CF, art. 22, inc. I).

Podem ser **homovitelinas**, quando a lei incriminadora e seu complemento (outra lei) encontram-se no mesmo diploma legislativo, a exemplo do que ocorre no uso de documento falso (CP, art. 304), ou **heterovitelinas**, se a norma incriminadora e seu complemento estiverem alocados em diplomas diversos, tal como se dá no mencionado crime de apropriação de tesouro (CP, art. 169, parágrafo único, I).

b) **Lei penal em branco em sentido estrito** ou **heterogênea:** o complemento tem **natureza jurídica diversa** e emana de **órgão distinto** daquele que elaborou a lei penal incriminadora. É o caso dos crimes previstos na Lei 11.343/2006 – Lei de Drogas –, editada pelo Poder Legislativo federal, mas complementada por portaria da Agência Nacional de Vigilância Sanitária (Portaria SVS/MS 344/1998), pertencente ao Poder Executivo, pois nela está a relação das drogas. Veja-se também o julgado do Superior Tribunal de Justiça:

> O art. 1.º, I, da Lei 8.176/91, ao proibir o comércio de combustíveis "em desacordo com as normas estabelecidas na forma da lei", é norma penal em branco em sentido estrito, porque não exige a complementação mediante lei formal, podendo sê-lo por normas administrativas infralegais, estas, sim, estabelecidas "na forma da lei".[2]

c) **Lei penal em branco inversa ou ao avesso:** o preceito primário é completo, mas o preceito secundário reclama complementação. Nesse caso, o complemento deve ser obrigatoriamente

---

[1] Utiliza-se a expressão "lei penal em preto" para se referir à lei penal completa, ou seja, aquela que não depende de nenhum tipo de complementação.
[2] RHC 21.624, rel. Min. Felix Fischer, 5.ª Turma, j. 07.02.2008.

uma lei, sob pena de violação ao princípio da reserva legal. Exemplos dessa espécie de lei penal em branco são encontrados no art. 1.º da Lei 2.889/1956, relativo aos crimes de genocídio.

**d) Lei penal em branco de fundo constitucional**: o complemento do preceito primário constitui-se em norma constitucional. É o que se verifica no crime de abandono intelectual, definido no art. 246 do Código Penal, pois o conceito de "instrução primária" encontra-se no art. 208, inc. I, da Constituição Federal, e também no homicídio praticado contra integrantes dos órgãos de segurança pública, uma vez que o art. 121, § 2.º, inc. VII, do Código Penal é complementado pelos arts. 142 e 144 da Lei Suprema.

**e) Lei penal em branco ao quadrado**: é aquela cujo complemento também depende de complementação. Em síntese, o tipo penal é duplamente complementado. Um exemplo marcante encontra-se no art. 38 da Lei 9.605/1998 – Crimes Ambientais, cuja redação é a seguinte: "Destruir ou danificar floresta considerada de preservação permanente, mesmo que em formação, ou utilizá-la com infringência das normas de proteção". Este dispositivo é complementado pelo art. 6.º da Lei 12.651/2012 – Código Florestal, que apresenta uma relação de áreas de preservação permanente, e reclama nova complementação por ato do chefe do Poder Executivo.

## 7.4.1. A origem do complemento da lei penal em branco

A competência para legislar sobre Direito Penal é privativa da União, a teor da regra contida no art. 22, I, da Constituição Federal. Em razão disso, questiona-se: o complemento da lei penal em branco deve ser produzido unicamente pela União, ou também pode advir dos Estados, Distrito Federal ou Municípios?

Na tradição brasileira, o complemento normalmente tem origem na União. Nada impede, entretanto, seja tal complementação elaborada pelos Estados (ou Distrito Federal) ou Municípios. Além da excepcionalidade dessa atuação complementar por tais entes federados, é imprescindível que a matéria versada no complemento tenha espaço assegurado na Constituição Federal, é dizer, que se trate de assunto de competência dos Estados, Distrito Federal e Municípios.

Dessa forma, respeitam-se o princípio da reserva legal e a competência da União para legislar sobre Direito Penal. De fato, o crime (e a pena) foi criado por lei federal, e somente sua complementação foi efetuada por unidade federativa diversa.

Vejamos uma situação que ganhou importância com a pandemia decorrente da Covid-19. O art. 268 do Código Penal contempla o crime de infração de medida sanitária preventiva, com a seguinte conduta típica: "Infringir determinação do poder público, destinada a impedir introdução ou propagação de doença contagiosa".

A expressão "determinação do poder público" muitas vezes consistiu em ordem provenientes de Estados e Municípios, a exemplo do *lockdown*, da obrigatoriedade de uso de máscaras faciais, da restrição ao funcionamento de estabelecimentos comerciais etc.[3] Exemplificativamente, se uma pessoa descumpriu, sem justa causa, a ordem de *lockdown* decretada no município em que reside, a ela deve ser imputado o mencionado delito contra a saúde pública. Essa posição, que sustentamos desde o início da pandemia, foi posteriormente consagrada pelo Supremo Tribunal Federal, no **Tema 1.246 da Repercussão Geral**, com a seguinte tese: "O art. 268 do Código Penal veicula norma penal em branco que pode ser complementada por atos normativos infralegais editados pelos entes federados (União, Estados, Distrito Federal

---

[3] A Lei 13.979/2020 dispõe sobre as medidas para enfrentamento da emergência de saúde pública de importância internacional decorrente do coronavírus. De seu turno, a Lei 14.019/2020 alterou a Lei 13.979/2020 para, dentre outras finalidades, dispor sobre a obrigatoriedade do uso de máscaras de proteção individual para circulação em espaços públicos e privados acessíveis ao público, em vias públicas e em transportes públicos.

e Municípios), respeitadas as respectivas esferas de atuação, sem que isso implique ofensa à competência privativa da União para legislar sobre direito penal (CF, art. 22, I)".

De acordo com a fundamentação adotada pelo Plenário da Suprema Corte:

> A complementação de norma penal em branco por ato normativo estadual, distrital ou municipal, para aplicação do tipo de infração de medida sanitária preventiva (Código Penal, art. 268), não viola a competência privativa da União para legislar sobre direito penal (CF/1988, art. 22, I). O art. 268 do Código Penal veicula, em sua redação, o preceito primário incriminador, isto é, o núcleo essencial da conduta punível, de modo que a União exerceu, de forma legítima e com objetivo de salvaguardar a incolumidade da saúde pública, sua competência privativa de legislar sobre direito penal. No entanto, o referido tipo penal configura norma penal em branco heterogênea, razão pela qual necessita de complementação por atos normativos infralegais, tais como decretos, portarias e resoluções. Na espécie, essa complementação se faz mediante ato do poder público, compreendida a competência de quaisquer dos entes federados. Ademais, ela não se reveste de natureza criminal, mas, via de regra, administrativa e técnico-científica, o que justifica a possibilidade de edição do ato normativo suplementador pelo ente federado com competência administrativa para tanto. Nesse contexto, de acordo com o entendimento desta Corte, a competência para proteção da saúde, no plano administrativo e no legislativo, é compartilhada entre a União, o Distrito Federal, os estados e os municípios, inclusive para impor medidas restritivas destinadas a impedir a introdução ou propagação de doença contagiosa. Assim, o descumprimento das medidas e dos atos normativos de controle epidemiológico previstos na Lei 13.979/2020, editados pelos entes federados em prol da incolumidade pública, enseja consequências no campo do direito penal.[4]

## 7.5. INTERPRETAÇÃO DA LEI PENAL

### 7.5.1. Introdução

Interpretação é a tarefa mental que procura estabelecer a vontade da lei, ou seja, o seu conteúdo e significado. Na insuperável lição de Carlos Maximiliano:

> Interpretar é explicar, esclarecer; dar o significado de vocábulo, atitude ou gesto; reproduzir por outras palavras um pensamento exteriorizado; mostrar o sentido verdadeiro de uma expressão; extrair, de frase, sentença ou norma, tudo o que na mesma se contém.[5]

Deve buscar a **vontade da lei** (*mens legis*), isto é, o sentido normativo nela contido, e não de quem a fez (*mens legislatoris*).[6]

A ciência que disciplina este estudo é a **hermenêutica jurídica**. A atividade prática de interpretação da lei é chamada de **exegese**.

A interpretação sempre é necessária, ainda que a lei se mostre, inicialmente, inteiramente clara, pois podem surgir dúvidas quanto ao seu efetivo alcance. O que ela abrange de modo imediato eventualmente não é tudo quanto pode incidir no seu campo de atuação.

Pode a interpretação ser classificada levando-se em conta o sujeito responsável pela sua realização, os meios de que se serve o intérprete e, por último, os resultados obtidos.

### 7.5.2. Quanto ao sujeito: autêntica, judicial ou doutrinária

Cuida-se do sujeito ou órgão que realiza a interpretação, classificando-se em autêntica, judicial e doutrinária.

---

[4] ARE 1.418.846, rel. Min. Rosa Weber, Plenário, j. 24.03.2023, noticiado no *Informativo* 1.088.
[5] MAXIMILIANO, Carlos. *Hermenêutica e aplicação do direito*. 19. ed. Rio de Janeiro: Forense, 2004. p. 7.
[6] LARENZ, Karl. *Metodologia da ciência do direito*. 3. ed. Lisboa: Fundação Calouste Gulbenkian, 1997. p. 445.

# 94 | DIREITO PENAL – PARTE GERAL – VOL. 1 • CLEBER MASSON

**Autêntica**, também chamada de **legislativa**, é aquela de que se incumbe o próprio legislador, quando edita uma lei com o propósito de esclarecer o alcance e o significado de outra. É chamada de **interpretativa** e tem natureza cogente, obrigatória, dela não podendo se afastar o intérprete. É o caso do conceito de causa, fornecido pelo art. 13, *caput*, do Código Penal, e também do conceito legal de funcionário público para fins penais, previsto no art. 327 do citado diploma legislativo.

Por se limitar à interpretação, tem eficácia **retroativa** (*ex tunc*), ainda que seja mais gravosa ao réu. Em respeito à força e à autoridade da coisa julgada, por óbvio não atinge os casos já definitivamente julgados.

Pode ser **contextual**, quando se situa no próprio corpo da lei a ser interpretada, ou **posterior**, quando surge ulteriormente.

**Doutrinária**, ou **científica**, é a **interpretação** exercida pelos doutrinadores, escritores e articulistas, **enfim,** comentadores do texto legal. Não tem força obrigatória e vinculante, em hipótese alguma. A **Exposição de Motivos do Código Penal** deve ser encarada como **interpretação doutrinária**, e não autêntica, por não fazer parte da estrutura da lei.

**Judicial ou jurisprudencial** é interpretação executada pelos membros do Poder Judiciário, na decisão dos litígios que lhes são submetidos. Sua reiteração constitui a jurisprudência. Em regra, não tem força obrigatória, salvo em três casos: (a) na **situação concreta**, em virtude da formação da coisa julgada material; (b) quando constituir **súmula vinculante** (CF, art. 103-A); e (c) nas demais hipóteses previstas no art. 927 do Código de Processo Civil.[7]

## 7.5.3. Quanto aos meios ou métodos: gramatical e lógica

Cuida-se do meio de que se serve o intérprete para descobrir o significado da lei penal. Classifica-se em gramatical e lógica.

**Gramatical**, também denominada **literal** ou **sintática**, é a que flui da acepção literal das palavras contidas na lei. Despreza quaisquer outros elementos que não os visíveis na singela leitura do texto legal. É a mais precária, em face da ausência de técnica científica.

**Lógica**, ou **teleológica**, é aquela realizada com a finalidade de desvendar a genuína vontade manifestada na lei, nos moldes do art. 5.º da Lei de Introdução às Normas do Direito Brasileiro. É mais profunda e, consequentemente, merecedora de maior grau de confiabilidade.

Serve-se o intérprete de todos os elementos que tem à sua disposição, quais sejam, **histórico** (evolução histórica da lei e do objeto nela tratado), **sistemático** (análise da lei em compasso com o sistema em que se insere), **direito comparado** (tratamento do assunto em outros países) e, inclusive, de **elementos extrajurídicos**, quando o significado de determinados institutos se encontra fora do âmbito do Direito (exemplo: conceito de veneno, relacionado à química).

## 7.5.4. Quanto ao resultado: declaratória, extensiva e restritiva

Refere-se à conclusão extraída pelo intérprete, classificando-se em declaratória, extensiva e restritiva.

**Declaratória, declarativa** ou **estrita** é aquela que resulta da perfeita sintonia entre o texto da lei e a sua vontade. Nada resta a ser retirado ou acrescentado.

---

[7] "Art. 927. Os juízes e os tribunais observarão: I – as decisões do Supremo Tribunal Federal em controle concentrado de constitucionalidade; II – os enunciados de súmula vinculante; III – os acórdãos em incidente de assunção de competência ou de resolução de demandas repetitivas e em julgamento de recursos extraordinário e especial repetitivos; IV – os enunciados das súmulas do Supremo Tribunal Federal em matéria constitucional e do Superior Tribunal de Justiça em matéria infraconstitucional; V – a orientação do plenário ou do órgão especial aos quais estiverem vinculados".

**Extensiva** é a que se destina a corrigir uma fórmula legal excessivamente estreita. A lei disse menos do que desejava (*minus dixit quam voluit*). Amplia-se o texto da lei, para amoldá-lo à sua efetiva vontade.

Por se tratar de mera atividade interpretativa, buscando o efetivo alcance da lei, é possível a sua utilização até mesmo em relação àquelas de natureza incriminadora. Exemplo disso é o art. 159 do Código Penal, legalmente definido como extorsão mediante sequestro, que também abrange a extorsão mediante **cárcere privado**.

É a posição consagrada em sede doutrinária. Deve ser utilizada em concursos que esperam do candidato uma posição mais rigorosa, tais como do Ministério Público, Polícia Civil e Polícia Federal.

Em concursos de tendência mais liberal, como é o caso da Defensoria Pública, razoável empregar uma posição favorável ao réu. Nesse contexto, já decidiu o Supremo Tribunal Federal: "O princípio da legalidade estrita, de observância cogente em matéria penal, impede a interpretação extensiva ou analógica das normas penais".[8]

**Restritiva** é a que consiste na diminuição do alcance da lei, concluindo-se que a sua vontade, manifestada de forma ampla, não permite seja atribuído à sua letra todo o sentido que em tese poderia ter. A lei disse mais do que desejava (*plus dixit quam voluit*).

### 7.5.5. Interpretação progressiva

**Interpretação progressiva, adaptativa** ou **evolutiva** é a que busca amoldar a lei à realidade atual. Evita a constante reforma legislativa e se destina a acompanhar as mudanças da sociedade. É o caso do conceito de ato obsceno, diferente atualmente do que era há algumas décadas.

### 7.5.6. Interpretação analógica

**Interpretação analógica ou *intra legem*** é a que se verifica quando a lei contém em seu bojo uma **fórmula casuística** seguida de uma **fórmula genérica**. É necessária para possibilitar a aplicação da lei aos inúmeros e imprevisíveis casos que as situações práticas podem apresentar.

Imagine-se na fase oral de um concurso público e toda a natural e inevitável tensão que a acompanha. O examinador faz a primeira pergunta: "Doutor, Doutora, apresente um exemplo de motivo torpe como qualificadora do crime de homicídio?"

Nessa hora a memória pode falhar, a ansiedade e o nervosismo podem atrapalhar, por mais preparado ou preparada que você esteja. Lembre-se, então, da interpretação analógica. Abra o Código Penal que estará à sua frente e leia o art. 121, § 2.º, I, respondendo em seguida: "Excelência, o homicídio praticado mediante paga ou promessa de recompensa".[9] É isso. Paga e promessa de recompensa são motivos torpes, que não excluem outros.

### 7.5.7. Interpretação exofórica e endofórica

Na **interpretação exofórica,** para descobrir o alcance e o significado da norma penal, o intérprete se socorre de termos que não estão alojados no ordenamento jurídico. Exemplo: o conceito de veneno (CP, art. 61, II, *d*, e art. 121, § 2.º, III) é fornecido pela Química, e não pelo Direito.

Por sua vez, na **interpretação endofórica,** para identificar o significado da norma penal o intérprete utiliza conceitos contidos em outras normas jurídicas. Esse método é muito frequente nas normas penais em branco, a exemplo do que se dá na palavra "tesouro", utilizada

---

[8]  RHC 85.217-3/SP, rel. Min. Eros Grau, 1.ª Turma, j. 02.08.2005.

[9]  Paga e promessa de recompensa caracterizam a cupidez. O crime que tem essa motivação é chamado de "mercenário" ou "por mandato remunerado".

pelo art. 169, parágrafo único, I, do Código Penal, e com definição dada pelo art. 1.264 do Código Civil. A interpretação endofórica subdivide-se em:

a) **Anafórica:** a norma penal faz referência a algum termo já utilizado no diploma legislativo. Exemplo: o art. 142 do Código Penal fala em "injúria", cuja definição típica já fora dada no art. 140 do citado diploma legal; e

b) **Catafórica:** a norma penal refere-se a algum termo que ainda será mencionado no texto da lei. Exemplo: o art. 312 do Código Penal utiliza a elementar "funcionário público", e sua conceituação vem a ser apresentada no art. 327 do mesmo diploma legislativo.

## 7.6. ANALOGIA

### 7.6.1. Introdução

Não se trata de interpretação da lei penal. De fato, sequer há lei a ser interpretada. Cuida-se, portanto, de **integração** ou **colmatação do ordenamento jurídico**. A lei pode ter lacunas, mas não o ordenamento jurídico.

Também conhecida como **integração analógica** ou **suplemento analógico**, é a aplicação, ao caso não previsto em lei, de lei reguladora de caso semelhante.

No Direito Penal, somente pode ser utilizada em relação às leis não incriminadoras, em respeito ao princípio da reserva legal.

Seu fundamento repousa na exigência de igual tratamento aos casos semelhantes. Por razões de justiça, fatos similares devem ser tratados da mesma maneira (*ubi eadem ratio ibi eadem iuris dispositio*).

### 7.6.2. Espécies

A analogia se apresenta pelas seguintes espécies:

a) **Analogia *in malam partem*,** é aquela pela qual aplica-se ao caso omisso uma lei maléfica ao réu, disciplinadora de caso semelhante. Não é admitida no Direito Penal, em homenagem ao princípio da reserva legal. Consoante a posição do Supremo Tribunal Federal:

> Não se pode pretender a aplicação da analogia para abarcar hipótese não mencionada no dispositivo legal (analogia *in malam partem*). Deve-se adotar o fundamento constitucional do princípio da estrita legalidade na esfera penal. Por mais reprovável que seja a lamentável prática da "cola eletrônica", a persecução penal não pode ser legitimamente instaurada sem o atendimento mínimo dos direitos e garantias constitucionais vigentes em nosso Estado Democrático de Direito.[10]

b) **Analogia *in bonam partem*,** é aquela pela qual se aplica ao caso omisso uma lei favorável ao réu, reguladora de caso semelhante. É possível no Direito Penal, exceto no que diz respeito às leis excepcionais, que não admitem analogia, justamente por seu caráter extraordinário.

Imagine uma adolescente de 13 anos de idade vítima de estupro de vulnerável (CP, art. 217-A, *caput*, com a redação conferida pela Lei 12.015/2009), crime do qual resultou sua

---

[10] Inq 1.145/PB, rel. Min. Maurício Corrêa, Tribunal Pleno, j. 19.12.2006. É também o entendimento do Superior Tribunal de Justiça: "Não cabe ao Julgador aplicar uma norma, por assemelhação, em substituição a outra validamente existente, simplesmente por entender que o legislador deveria ter regulado a situação de forma diversa da que adotou; não se pode, por analogia, criar sanção que o sistema legal não haja determinado, sob pena de violação do princípio da reserva legal" (REsp 956.876/RS, rel. Min. Napoleão Nunes Maia Filho, 5.ª Turma, j. 23.08.2007). Em igual sentido: REsp 1.244.377/PR, rel. Min. Sebastião Reis Júnior, 6.ª Turma, j. 03.04.2014; e REsp 1.201.880/RS, rel. Min. Maria Thereza de Assis Moura, 6.ª Turma, j. 07.05.2013.

gravidez. Questiona-se: seria possível o aborto? A lei nada diz. Entretanto, o art. 128, II, do Código Penal autoriza a interrupção da gravidez resultante de estupro (aborto sentimental), sem mencionar o estupro de vulnerável, crime inexistente à época em que foi redigido o art. 128 do Código Penal. Ora, a situação é semelhante: a gravidez é indesejada, pois originária de um delito contra a dignidade sexual. Ademais, o fundamento da autorização legal do aborto é evitar que a presença do filho traga à mãe recordações de um ato covarde contra ela praticado. Perfeitamente cabível, assim, a analogia.

**c) Analogia legal** (ou *legis*), é aquela em que se aplica ao caso omisso uma **lei** que trata de caso semelhante.

**d) Analogia jurídica** (ou *juris*) é aquela em que se aplica ao caso omisso um **princípio geral do direito**

## 7.7. LEI PENAL NO TEMPO

### 7.7.1. Introdução

Depois de cumprir todas as fases do processo legislativo previsto na Constituição Federal, a lei penal ingressa no ordenamento jurídico e, assim como as demais leis em geral, vigora até ser revogada por outro ato normativo de igual natureza. É o que se convencionou chamar de **princípio da continuidade das leis**.

A revogação é a **retirada da vigência de uma lei**. Essa é a regra geral: uma lei somente é revogada por outra lei. Há exceções no Direito Penal. As leis temporárias e excepcionais são autorrevogáveis, ou seja, não precisam ser revogadas por outra lei.

Toda e qualquer lei, por mais relevante e conhecida que seja, pode ser revogada. A atividade legislativa, como decorrência da soberania popular, é irrenunciável.

Os costumes, por mais consagrados que sejam em dada sociedade, não revogam leis. Dessa forma, a contravenção penal do jogo do bicho continua em vigor, embora muitas vezes indevidamente tolerada pela sociedade, e, pior, pelos órgãos estatais responsáveis pela segurança pública.

Da mesma forma, uma lei jamais é revogada por decisão judicial, ainda que oriunda do Supremo Tribunal Federal em controle concentrado de constitucionalidade. Como se sabe, a declaração de inconstitucionalidade limita-se a retirar a eficácia da lei em contrariedade com o texto constitucional, sem revogá-la, função exclusiva do Poder Legislativo.

A revogação da lei, dependendo do seu **alcance**, pode ser absoluta ou total, conhecida como **ab-rogação** (**ab**-rogação = **ab**soluta), ou parcial, denominada **derrogação**.

No tocante ao **modo** pelo qual se verifica, a revogação pode ser expressa, tácita ou global.

**(a) Expressa:** ocorre quando uma lei indica em seu corpo os dispositivos legais revogados. O art. 75 da Lei 11.343/2006 revogou expressamente as Leis 6.368/1976 e 10.409/2002, de modo que o tratamento legal da repressão ao uso e tráfico de drogas passou a ser por ela regulado;

**(b) Tácita:** ocorre no caso em que a lei nova se revela incompatível com a anterior, apesar de não haver menção expressa à revogação; e

**(c) Global:** ocorre quando a nova lei regula inteiramente a matéria disciplinada pela lei anterior, que passa a ser ultrapassada e desnecessária.

Em obediência às regras de hermenêutica, e observando o campo de incidência das leis, a lei de natureza geral não revoga a especial, da mesma forma pela qual a especial também

# DIREITO PENAL - PARTE GERAL - VOL. 1 • CLEBER MASSON

não revoga a geral. Não se trata de hierarquia, e sim de matérias diversas e diferentes âmbitos de atuação, uma não influindo sobre a outra.

## 7.7.2. Direito Penal intertemporal e o conflito de leis penais no tempo

Como a lei pode ser revogada, instauram-se situações de conflito. Nesse sentido, verifica-se o conflito de leis no tempo quando uma lei nova entra em vigor, revogando a anterior. De fato, situações problemáticas inevitavelmente surgirão, eis que a lei nova sempre tem conteúdo ao menos relativamente diverso da sua antecessora, mesmo porque, se fossem idênticas, não haveria razão lógica para a sua edição.

As regras e princípios que buscam solucionar o conflito de leis penais no tempo constituem o **direito penal intertemporal**.

A análise do art. 5.º, XL, da Constituição Federal e dos arts. 2.º e 3.º do Código Penal permite a conclusão de que, uma vez criada, a eficácia da lei penal no tempo deve obedecer a uma regra geral e a várias exceções.

A regra geral é a da prevalência da lei que se encontrava em vigor quando da prática do fato, vale dizer, aplica-se a lei vigente quando da prática da conduta (*tempus regit actum*). Dessa forma, resguarda-se a reserva legal, bem como a anterioridade da lei penal, em cumprimento às diretrizes do texto constitucional.

As exceções se verificam, por outro lado, na hipótese de sucessão de leis penais que disciplinem, total ou parcialmente, a mesma matéria. E, se o fato tiver sido praticado durante a vigência da lei anterior, cinco situações podem ocorrer:

a) a lei cria uma nova figura penal (*novatio legis* incriminadora);

b) a lei posterior se mostra mais rígida em comparação com a lei anterior (*lex gravior*);

c) a lei posterior extingue o crime (*abolitio criminis*);

d) a lei posterior é benigna em relação à sanção penal ou à forma de seu cumprimento (*lex mitior*); ou

e) a lei posterior contém alguns preceitos mais rígidos e outros mais brandos.

Vejamos cada uma delas.

## 7.7.2.1. Novatio legis *incriminadora*

É a lei que tipifica como infrações penais comportamentos até então considerados irrelevantes.

A **neocriminalização** somente pode atingir situações consumadas após sua entrada em vigor. Não poderá retroagir, em hipótese alguma, conforme determina o art. 5.º, XL, da Constituição Federal.

A *novatio legis* incriminadora, portanto, somente tem eficácia para o futuro. Jamais para o passado.

## 7.7.2.2. Lei penal mais grave ou lex gravior

Lei penal mais grave é a que **de qualquer modo** implicar tratamento mais rigoroso às condutas já classificadas como infrações penais.

A expressão "de qualquer modo" deve ser considerada de forma ampla, para atingir todo tipo de situação prejudicial ao réu. Exemplos: aumento de pena, criação de qualificadora, agravante genérica ou causa de aumento da pena, imposição de regime prisional mais rígido, aumento do prazo prescricional, supressão de atenuante genérica ou causa de diminuição da pena etc.

Se mais grave, a lei terá aplicação apenas a fatos posteriores à sua entrada em vigor. Jamais retroagirá, conforme expressa determinação constitucional.

Essa regra tem incidência sobre todas as leis com conteúdo material, estejam alocadas tanto no Código Penal (Parte Geral ou Parte Especial) ou na legislação penal extravagante, sejam incriminadoras ou reguladoras da imputabilidade, das causas excludentes da ilicitude, da aplicação da pena ou de qualquer outra classe jurídica atentatória do poder punitivo.

### 7.7.2.3. Abolitio criminis *e lei posterior benéfica*

*Abolitio criminis* é a nova lei que exclui do âmbito do Direito Penal um fato até então considerado criminoso. Encontra previsão legal no art. 2.º, *caput*, do Código Penal e tem natureza jurídica de causa de extinção da punibilidade (art. 107, III).[11]

Alcança a execução e os efeitos penais da sentença condenatória, não servindo como pressuposto da reincidência, e também não configura maus antecedentes. Sobrevivem, entretanto, os efeitos civis de eventual condenação, quais sejam, a obrigação de reparar o dano provocado pela infração penal e constituição de título executivo judicial.

A configuração da *abolitio criminis* reclama revogação total do preceito penal, e não somente de uma norma singular referente a um fato que, sem ela, se contém numa incriminação penal. Com efeito, são necessários dois requisitos para a caracterização da *abolitio criminis*: (a) revogação formal do tipo penal; e (b) supressão material do fato criminoso. Em outras palavras, não basta a simples revogação do tipo penal. É necessário que o fato outrora incriminado torne-se irrelevante perante o ordenamento jurídico, a exemplo do que aconteceu com o antigo crime de adultério, cuja definição encontrava-se no art. 240 do Código Penal.

De fato, não há falar em *abolitio criminis* nas hipóteses em que, nada obstante a revogação formal do tipo penal, o fato criminoso passa a ser disciplinado perante dispositivo legal diverso. Nesses casos, verifica-se a incidência do **princípio da continuidade normativa** (ou da continuidade típico-normativa),[12] operando-se simplesmente a alteração geográfica (ou topográfica) da conduta ilícita. Esse fenômeno foi constatado no campo do atentado violento ao pudor, pois o art. 214 do Código Penal foi revogado pela Lei 12.015/2009, mas o fato passou a ser alcançado pelo art. 213 do Estatuto Repressivo, agora sob o rótulo "estupro". Na visão do Superior Tribunal de Justiça:

> Cabe registrar que, diante do princípio da continuidade normativa, não há falar em *abolitio criminis* quanto ao crime de atentado violento ao pudor cometido antes da alteração legislativa conferida pela Lei 12.015/2009. A referida norma não descriminalizou a conduta prevista na antiga redação do art. 214 do CP (que tipificava a conduta de atentado violento ao pudor), mas apenas a deslocou para o art. 213 do CP, formando um tipo penal misto, com condutas alternativas (estupro e atentado violento ao pudor).[13]

Nada impede, por opção política do legislador, que um fato alcançado pela *abolitio criminis* venha a ser, no futuro, novamente incriminado. É evidente que essa lei somente será aplicável aos fatos cometidos após a sua entrada em vigor, em obediência ao princípio da anterioridade, um dos vetores do Direito Penal moderno e democrático.

---

[11] Na verdade, a *abolitio criminis* funciona como causa de exclusão da tipicidade, pois o crime deixa de existir. O legislador, contudo, preferiu alocá-la entre as causas extintivas da punibilidade.

[12] HC 101.035/RJ, rel. Min. Gilmar Mendes, 2.ª Turma, j. 26.10.2010, noticiado no *Informativo* 606.

[13] HC 213.305/DF, rel. Min. Marilza Maynard (Desembargadora Convocada do TJ/SE), 6.ª Turma, j. 24.04.2014, noticiado no *Informativo* 543. Em igual sentido: AgRg no AREsp 1.422.129/SP, rel. Min. Reynaldo Soares da Fonseca, 5.ª Turma, j. 05.11.2019, noticiado no *Informativo* 660.

# DIREITO PENAL – PARTE GERAL – VOL. 1 • CLEBER MASSON

É cabível o reconhecimento da *abolitio criminis* **temporária**, nas situações em que a lei prevê a descriminalização transitória de uma conduta. Esse fenômeno foi constatado nos arts. 30 a 32 da Lei 10.826/2003 – Estatuto do Desarmamento, ao autorizar a extinção da punibilidade no tocante aos responsáveis pelos crimes de posse e de porte ilegal de arma de fogo que efetuaram voluntariamente a entrega de armas de fogo de uso permitido dentro dos prazos neles estabelecidos.[14]

**Lei penal benéfica**, também conhecida como *lex mitior* ou *novatio legis in mellius*, é a que se verifica quando, ocorrendo sucessão de leis penais no tempo, o fato previsto como crime ou contravenção penal tenha sido praticado na vigência da lei anterior, e o novel instrumento legislativo seja mais vantajoso ao agente, favorecendo-o de qualquer modo. A lei mais favorável deve ser obtida no caso concreto, aplicando-se a que produzir o resultado mais vantajoso ao agente (teoria da ponderação concreta).[15]

Aqui também a expressão "de qualquer modo" deve ser compreendida na acepção mais ampla possível. Nos termos do art. 5.º, XL, da Constituição Federal, a *abolitio criminis* e a *novatio legis in mellius* devem retroagir, por configurar nítido benefício ao réu.

A retroatividade é automática, dispensa cláusula expressa e alcança inclusive os fatos já definitivamente julgados.[16]

E qual é o **juízo competente para aplicar a *abolitio criminis* e a nova lei mais favorável?** A resposta é simples. Guarde o seguinte raciocínio: a lei será sempre aplicada pelo órgão do Poder Judiciário em que a ação penal (ou inquérito policial) estiver em trâmite. Extraem-se as seguintes ilações:

1.ª) Em se tratando de inquérito policial ou de ação penal que se encontre em 1.º grau de jurisdição, ao juiz natural compete a aplicação da lei mais favorável. Exemplo: crime praticado na comarca de São Paulo, com inquérito policial distribuído e ação penal ajuizada na 10.ª Vara Criminal. O juiz de Direito responsável por esta Vara deverá aplicar a lei mais favorável.

2.ª) No caso de ação penal em grau de recurso, ou ainda na hipótese de crime de competência originária dos Tribunais, tal mister será tarefa do Tribunal respectivo.

3.ª) Se a condenação já tiver sido alcançada pelo trânsito em julgado, a competência será do juízo da Vara das Execuções Criminais. É o que se extrai do art. 66, I, da Lei de Execução Penal, e da **Súmula 611 do Supremo Tribunal Federal**.[17]

Atenção para um detalhe: vimos que a lei mais favorável é retroativa. Portanto, somente se pode falar em **retroatividade** quando a lei posterior for mais benéfica ao agente, em comparação àquela que estava em vigor quando o crime foi praticado.

---

14    STF: HC 120.077/RS, rel. Min. Rosa Weber, 1.ª Turma, j. 13.05.2014.

15    TAIPA DE CARVALHO, Américo A. *Sucessão de leis penais*. 3. ed. Coimbra: Coimbra Editora, 2008. p. 246.

16    STJ: AgRg no REsp 199.687/MS, rel. Min. Jorge Mussi, 5.ª Turma, j. 04.02.2014.

17    "Transitada em julgado a sentença condenatória, compete ao Juízo das execuções a aplicação de lei mais benigna".

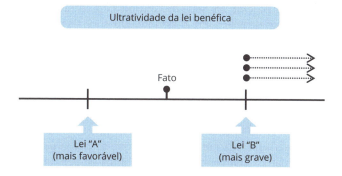

Pode ocorrer, ainda, **ultratividade** da lei mais benéfica. Tal se verifica quando o crime foi praticado durante a vigência de uma lei, posteriormente revogada por outra prejudicial ao agente. Subsistem, no caso, os efeitos da lei anterior, mais favorável. Isso porque, como já abordado, a lei penal mais grave jamais retroagirá.[18]

#### 7.7.2.3.1. Lei penal posterior e *vacatio legis*

Durante o período de *vacatio legis*, a lei penal não pode ser aplicada, mesmo que ela seja mais favorável ao réu. Com efeito, se a lei já foi publicada, mas ainda não entrou em vigor, ela ainda não tem eficácia, sendo impossível sua incidência no caso prático. É preciso manter coerência. Se a lei em período de vacância não pode ser utilizada para prejudicar o réu, porque ainda não está apta a produzir seus regulares efeitos, também não pode beneficiá-lo.

A propósito, basta recordar do Código Penal de 1969 (Decreto-lei 1.004/1969), que possuía diversas disposições mais favoráveis ao réu, se comparado, à época, com o Código Penal de 1940.

O Código Penal de 1969, originário do Anteprojeto Nélson Hungria, é notoriamente apontado como exemplo do período de mais longa *vacatio legis* já existente no ordenamento jurídico pátrio. Seu texto final foi publicado em 1963, e posteriormente sancionado em 21 de

---

[18] Na seara da lei penal no tempo, retroatividade e ultratividade são espécies do gênero extratividade, consistente em sua aptidão de, mesmo depois de revogada, ser aplicável aos fatos praticados quando estava em vigor (ultratividade), ou então de voltar no tempo para alcançar fatos cometidos antes da sua entrada em vigor (retroatividade).

outubro de 1969 pelo Governo Militar ("Comando Supremo da Revolução"), com fulcro no art. 3.º do Ato Institucional 16/1969, combinado com o § 1.º do art. 2.º do Ato Institucional 05/1968. Nada obstante, o Código Penal de 1969 nunca entrou em vigor.

Originariamente, o Código Penal de 1969 deveria ter entrado em vigor no dia 1.º.08.1970. Seu texto, entretanto, foi revisto pela Lei 6.016/1973. Após sucessivos prolongamentos das datas estipuladas para o início da sua aplicabilidade (cf. Lei 6.063/1974 e suas alterações), o diploma concebido por Nélson Hungria acabou revogado pela Lei 6.578/1978, quando ainda estava em período de *vacatio*, razão pela qual nenhuma de suas disposições – favoráveis ou prejudiciais ao réu – foi aplicada no lugar no Código Penal de 1940, ainda em vigor.

### 7.7.2.3.2. Precedente judicial favorável ao réu: retroatividade ou irretroatividade?

A Constituição Federal, no art. 5.º, XL, e o Código Penal, no parágrafo único do art. 2.º, impõem a retroatividade da lei favorável ao réu.

Quanto à retroatividade da lei penal benéfica, portanto, não há nenhuma dúvida. Cuida-se de direito fundamental do ser humano. Discute-se, entretanto, se é possível a retroatividade de precedente judicial favorável ao acusado. Pensemos em um exemplo: "A", após regular trâmite da ação penal contra ele movida, foi condenado pelo Poder Judiciário. No futuro, "B" vem a ser processado em caso envolvendo idêntica situação jurídica, porém acaba absolvido, uma vez que o Supremo Tribunal Federal, em sede de controle concentrado de constitucionalidade, passou a adotar entendimento diverso sobre o assunto. Questiona-se: "A" pode ser beneficiado pela tese posteriormente firmada em favor de "B"?

**A resposta é negativa**. A Lei Suprema, excepcionando a regra do *tempus regit actum* – aplica-se a lei que estava em vigor ao tempo da prática do fato – admite somente a retroatividade de lei favorável ao réu. Como se sabe, normas excepcionais devem ser interpretadas restritivamente, levando em conta sua natureza extraordinária. Não se pode criar hipótese de retroatividade não prevista pelo texto constitucional, sob risco de insegurança jurídica indispensável à manutenção do Estado de Direito. Além disso, a coisa julgada também tem assento constitucional (art. 5.º, XXXVI), e somente pode ser superada por disposição expressa criada pela própria Constituição Federal. O Supremo Tribunal Federal compartilha dessa linha de pensamento:

> Na reclamação fundada no descumprimento de decisão emanada pelo Supremo Tribunal Federal, o ato alvo de controle deve ser posterior ao paradigma. Essa foi a orientação adotada pela Segunda Turma ao negar provimento a agravo regimental em reclamação, na qual se apontava desrespeito à autoridade da decisão proferida pelo STF no julgamento da ADI 5.508, ocorrido em 2018. No acórdão paradigma, a Corte reconheceu a possibilidade de celebração de acordo de colaboração premiada por delegado de polícia. Na espécie, a reclamante formalizou dois acordos de colaboração premiada em período anterior ao do julgamento da referida ADI. O primeiro, com a Polícia Federal, não foi homologado judicialmente em razão da suposta ausência de atribuição da autoridade policial para, sem concordância do Ministério Público, celebrar acordo dessa natureza. O segundo, com o Ministério Público Federal, foi homologado, porém com termos mais gravosos em relação aos do primeiro. Tendo em conta o entendimento firmado no aludido precedente, a reclamante pretendia que fossem aplicados os termos mais benéficos previstos no primeiro acordo, com fundamento no art. 5.º, XL, da Constituição Federal. O colegiado considerou não ser viável a cogitação de afronta a precedente inexistente à época em que proferidos os atos impugnados. Observou serem anteriores ao paradigma invocado tanto a decisão judicial que resolveu pela não homologação do acordo formalizado com a autoridade policial quanto o acordo celebrado com o Parquet, o qual, inclusive, a defesa expressamente reputou válido e se comprometeu a não questionar judicialmente.[19]

---

[19] Rcl 32.655 AgR/PR, rel. Min. Edson Fachin, 2.ª Turma, j. 23.04.2019, noticiado no *Informativo* 938.

## 7.7.2.4. Combinação de leis penais (lex tertia)

Pode ocorrer o conflito entre duas leis penais sucessivas no tempo, cada qual com partes favoráveis e desfavoráveis ao réu. Exemplo: A Lei "X" comina a certo crime as penas de reclusão, de um a quatro anos, e multa. Posteriormente, tal lei é revogada por outra, "Y", a qual prevê ao mesmo delito a pena de reclusão de dois a seis anos, sem multa.

A discussão reside na possibilidade ou não de o juiz, na determinação da lei penal mais branda, acolher os preceitos favoráveis da primitiva e, ao mesmo tempo, os da posterior, combinando-os para utilizá-los no caso concreto, de modo a extrair o máximo benefício resultante da aplicação conjunta dos aspectos mais interessantes ao réu. O cerne da discussão reside em definir se cabe ou não ao Poder Judiciário a formação de uma *lex tertia*, ou seja, de uma lei híbrida.

Em nosso exemplo, poderia o magistrado combinar as leis "X" e "Y", da forma mais favorável ao réu, daí resultando a pena de um a quatro anos (da primeira), sem multa (da segunda)?

A doutrina se divide acerca do assunto.

Nélson Hungria revelava sua incredulidade nessa possibilidade de o membro do Poder Judiciário se arvorar em legislador, sob pena de violação da regra constitucional da separação dos Poderes.[20] Compartilham desse entendimento Heleno Cláudio Fragoso e Aníbal Bruno.

Com opinião diametralmente oposta, José Frederico Marques pugnava pela admissibilidade da combinação de leis. São suas as palavras:

> Dizer que o juiz está fazendo lei nova, ultrapassando assim suas funções constitucionais, é argumento sem consistência, pois o julgador, em obediência a princípios de equidade consagrados pela própria Constituição, está apenas movimentando-se dentro dos quadros legais para uma tarefa de integração perfeitamente legítima. O órgão judiciário não está tirando, *ex nihilo*, a regulamentação eclética que deve imperar *hic et nunc*. A norma do caso concreto é construída em função de um princípio constitucional, com o próprio material fornecido pelo legislador. Se ele pode escolher, para aplicar o mandamento da Lei Magna, entre duas séries de disposições legais, a que lhe pareça mais benigna, não vemos porque se lhe vede a combinação de ambas, para assim aplicar, mais retamente, a Constituição. Se lhe está afeto escolher o "todo", para que o réu tenha o tratamento mais favorável e benigno, nada há que lhe obste selecionar parte de um todo e parte de outro, para cumprir uma regra constitucional que deve sobrepairar a pruridos de lógica formal.[21]

Historicamente, o Supremo Tribunal Federal sempre se posicionou pela impossibilidade de combinação de leis penais, com o argumento de que extrair alguns dispositivos, de forma isolada, de um diploma legal, e outro preceito de outro diploma legal, implica alterar por completo o seu espírito normativo, criando um conteúdo diverso do previamente estabelecido pelo legislador.[22]

Entretanto, em alguns julgados o Supremo Tribunal Federal rompeu com seu posicionamento clássico, e decidiu pelo cabimento, a autor de crime de tráfico de drogas cometido sob a égide da Lei 6.368/1976, do benefício introduzido pelo art. 33, § 4.º, da nova Lei de Drogas – Lei 11.343/2006. Concluiu que aplicar a causa de diminuição não significa bara-

---

[20] HUNGRIA, Nélson. *Comentários ao Código Penal*. Rio de Janeiro: Forense, 1949. v. 1, p. 110.

[21] MARQUES, José Frederico. *Tratado de direito penal*. Campinas: Bookseller, 1997. v. 2, p. 256-257. Compartilham desse entendimento, entre outros, Basileu Garcia, E. Magalhães Noronha e Damásio E. de Jesus.

[22] HC 68.416/DF, rel. Min. Paulo Brossard, 2.ª Turma, j. 08.09.1992. E também: HC 86.459/RJ, rel. Min. Joaquim Barbosa, 2.ª Turma, j. 05.12.2006.

**104** | DIREITO PENAL – PARTE GERAL – VOL. 1 • CLEBER MASSON

lhar e confundir normas, uma vez que o juiz, ao assim proceder, não cria lei nova, mas apenas se movimenta dentro dos quadros legais para uma tarefa de integração perfeitamente possível. Enfatizou-se, também, que a vedação de junção de dispositivos de leis diversas é apenas produto de interpretação da doutrina e da jurisprudência, sem apoio direto em texto constitucional.[23]

Destarte, o Supremo Tribunal Federal abandonou a teoria da ponderação unitária ou global (a lei na sua totalidade, na globalidade das suas disposições, deve ser aplicada), e filiou-se à **teoria da ponderação diferenciada**, pela qual, considerada a complexidade de cada uma das leis em conflito no tempo e a relativa autonomia de cada uma das disposições, é preciso proceder-se ao confronto de cada uma das disposições de cada lei, podendo, portanto, acabar por se aplicar ao caso *sub iudice* disposições de ambas as leis.[24]

Entretanto, a inovação jurisprudencial não foi unânime, pois o Supremo Tribunal Federal rapidamente retomou sua posição tradicional, voltando a acolher a **teoria da ponderação unitária**, ou **global**, de modo a repelir a combinação de leis penais, em homenagem aos princípios da reserva legal e da separação dos Poderes do Estado, sob o argumento de ser vedada ao Poder Judiciário a criação de uma terceira pena. Este é o entendimento atualmente adotado pela Corte Suprema, **contrário à combinação de leis penais**:

> É vedada a incidência da causa de diminuição do art. 33, § 4.º, da Lei 11.343/2006 ("§ 4.º Nos delitos definidos no *caput* e no § 1.º deste artigo, as penas poderão ser reduzidas de um sexto a dois terços, desde que o agente seja primário, de bons antecedentes, não se dedique às atividades criminosas nem integre organização criminosa"), combinada com as penas previstas na Lei 6.368/76, no tocante a crimes praticados durante a vigência desta norma. Essa a conclusão do Plenário que, por maioria, proveu parcialmente recurso extraordinário para determinar o retorno dos autos à origem, instância na qual deverá ser realizada a dosimetria de acordo com cada uma das leis, para aplicar-se, na íntegra, a legislação mais favorável ao réu. Prevaleceu o voto do Ministro Ricardo Lewandowski, relator. Inicialmente, o relator frisou que o núcleo teleológico do princípio da retroatividade da lei penal mais benigna consistiria na estrita prevalência da *lex mitior*, de observância obrigatória, para aplicação em casos pretéritos. Afirmou que se trataria de garantia fundamental, prevista no art. 5.º, XL, da CF e que estaria albergada pelo Pacto de São José da Costa Rica (art. 9.º). Frisou que a Constituição disporia apenas que a lei penal deveria retroagir para beneficiar o réu, mas não faria menção sobre a incidência do postulado para autorizar que algumas partes de diversas leis pudessem ser aplicadas separadamente para favorecer o acusado.[25]

Com igual orientação, o **Superior Tribunal de Justiça** editou a **Súmula 501**: "É cabível a aplicação retroativa da Lei n. 11.343/2006, desde que o resultado da incidência das suas disposições, na íntegra, seja mais favorável ao réu do que o advindo da aplicação da Lei n. 6.368/1976, sendo vedada a combinação de leis".

Finalmente, o Código Penal Militar (Decreto-lei 1.001/1969), em seu art. 2.º, § 2.º, proíbe expressamente a combinação de leis.

---

[23]  HC 95.435/RS, rel. orig. Min. Ellen Gracie, rel. p/ o acórdão Min. Cezar Peluso, 2.ª Turma, j. 21.10.2008, noticiado no *Informativo* 525. Na mesma direção: HC 101.511/MG, rel. Min. Eros Grau, 2.ª Turma, j. 09.02.2010, noticiado no *Informativo* 574.

[24]  TAIPA DE CARVALHO, Américo A. *Sucessão de leis penais*. 3. ed. Coimbra: Coimbra Editora, 2008. p. 248.

[25]  RE 600.817/MS, rel. Min. Ricardo Lewandowski, Plenário, j. 07.11.2013, noticiado no *Informativo* 727. Em igual sentido: HC 104.193/RS, rel. Min. Marco Aurélio, 1.ª Turma, j. 09.08.2011, noticiado no *Informativo* 635; e HC 97.221/SP, rel. Min. Gilmar Mendes, 2.ª Turma, j. 19.10.2010, noticiado no *Informativo* 605.

## 7.7.2.5. Lei penal intermediária

É possível, em caso de sucessão de leis penais, a aplicação de uma lei intermediária mais favorável ao réu, ainda que não seja a lei em vigor quando da prática da infração penal ou a lei vigente à época do julgamento. Exemplo: Ao tempo da conduta estava em vigor a lei "A", sucedida pela lei "B", encontrando-se em vigor ao tempo da sentença a lei "C". Nada impede a aplicação da lei "B", desde que se trate, entre todas, da mais favorável ao agente.[26]

Essa é a posição consagrada no Supremo Tribunal Federal:

> Lei penal no tempo: incidência da norma intermediária mais favorável. Dada a garantia constitucional de retroatividade da lei penal mais benéfica ao réu, é consensual na doutrina que prevalece a norma mais favorável, que tenha tido vigência entre a data do fato e a da sentença: o contrário implicaria retroação da lei nova, mais severa, de modo a afastar a incidência da lei intermediária, cuja prevalência, sobre a do tempo do fato, o princípio da retroatividade *in mellius* já determinara.[27]

Em síntese, a lei penal intermediária é simultaneamente dotada de retroatividade e de ultratividade.

### 7.7.3. Lei penal temporária e lei penal excepcional

**Lei penal temporária** é aquela que tem a sua **vigência predeterminada no tempo**, isto é, o seu termo final é explicitamente previsto em data certa do calendário. É o caso da Lei 12.663/2012, conhecida como "Lei Geral da Copa do Mundo de Futebol de 2014", cujo art. 36 contém a seguinte redação: "Os tipos penais previstos neste Capítulo terão vigência até o dia 31 de dezembro de 2014".

**Lei penal excepcional,** por outro lado, é a que se verifica quando a sua duração está relacionada a **situações de anormalidade**. Exemplo: É editada uma lei que diz ser crime, punido com reclusão de seis meses a dois anos, tomar banho com mais de dez minutos de duração durante o período de racionamento de energia.

Essas leis são **autorrevogáveis**. Não precisam de outra lei que as revogue. Basta a superveniência do dia nela previsto (lei temporária) ou o fim da situação de anormalidade (lei excepcional) para que deixem, automaticamente, de produzir efeitos jurídicos. Por esse motivo, são classificadas como **leis intermitentes.**

Se não bastasse, possuem **ultratividade**, pois se aplicam ao fato praticado durante sua vigência, embora decorrido o período de sua duração (temporária) ou cessadas as circunstâncias que a determinaram (excepcional). É o que consta do art. 3.º do Código Penal.[28]

Em outras palavras, ultratividade significa a aplicação da lei mesmo depois de revogada. Imagine, no exemplo mencionado, que alguém tomou banho por mais de dez minutos durante o período de racionamento de energia. Configurou-se o crime tipificado pela lei excepcional. A pena será aplicada, mesmo após ser superada a situação de economia de força elétrica.

---

[26] É também o entendimento de MIRABETE, Julio Fabbrini. *Manual de direito penal.* Parte geral. 24. ed. São Paulo: Atlas, 2007. v. 1, p. 50.

[27] STF: RE 418.876/MT, rel. Min. Sepúlveda Pertence, 1.ª Turma, j. 30.03.2004.

[28] "Lei excepcional ou temporária não tem retroatividade. Tem ultratividade, em face da regra do art. 3.º do Código Penal" (STF: RE 768.494/GO, rel. Min. Luiz Fux, Plenário, j. 19.09.2013).

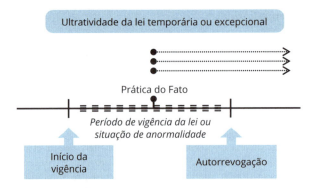

O fundamento da ultratividade é simples e foi suficientemente explicado pelo item "8" da Exposição de Motivos da antiga Parte Geral do Código Penal:[29]

> É especialmente decidida a hipótese da *lei excepcional* ou *temporária,* reconhecendo-se a sua *ultra--atividade.* Esta ressalva visa impedir que, tratando-se de leis previamente limitadas no tempo, possam ser frustradas as suas sanções por expedientes astuciosos no sentido do retardamento dos processos penais.

Busca-se, com a ultratividade, impedir injustiças. Sem essa característica da lei penal, alguns réus seriam inevitavelmente condenados, e outros não. Seriam punidos somente aqueles que tivessem praticado crimes em período muito anterior ao fim de sua vigência.

### 7.7.4. As leis penais em branco e o conflito de leis no tempo

Lei penal em branco é aquela cujo **preceito secundário é completo**, mas o **preceito primário necessita de complementação**. Há previsão precisa da sanção, mas a narrativa da conduta criminosa é incompleta. O complemento pode constituir-se em outra lei, ou ainda em ato da Administração Pública.

O problema relativo ao assunto consiste em saber se, uma vez alterado o complemento da lei penal em branco, posteriormente à realização da conduta criminosa, ou seja, com a infração penal já consumada, e beneficiando o agente, deve operar-se a retroatividade.

A descrição do tipo penal continua a mesma, mas a conduta praticada pelo agente não mais encontra adequação típica, em face de não mais se enquadrar no complemento a que anteriormente se sujeitava.

Não há consenso entre os estudiosos do Direito Penal. Basileu Garcia era favorável à retroatividade, em oposição a Magalhães Noronha e José Frederico Marques, entre outros.

Em que pese a acirrada discussão, a questão é simples. Para sua compreensão, basta encará-la em sintonia com o art. 3.º do Código Penal.

---

[29] O texto do art. 3.º do Código Penal de 1940, anteriormente à Reforma da Parte Geral pela Lei 7.209/1984, era idêntico ao atual: "A lei excepcional ou temporária, embora decorrido o período de sua duração ou cessadas as circunstâncias que a determinaram, aplica-se ao fato praticado durante sua vigência". E, como a Exposição de Motivos funciona como **interpretação doutrinária** do Código Penal, os fundamentos então indicados permanecem válidos e adequados para a compreensão do assunto.

Com efeito, o complemento da lei penal em branco pode assumir duas faces distintas: **normalidade** e **anormalidade**.

Quando o complemento se revestir de situação de **normalidade**, a sua modificação favorável ao réu revela a alteração do tratamento penal dispensado ao caso. Em outras palavras, a situação que se buscava incriminar passa a ser irrelevante. Nesse caso, a retroatividade é obrigatória. Vejamos um exemplo: Suponhamos que alguém seja preso em flagrante, por ter sido encontrada em seu poder relevante quantidade de determinada droga. O crime de tráfico, tipificado pelo art. 33, *caput*, da Lei 11.343/2006, constitui-se em lei penal em branco, pois a sua descrição fala somente em "droga" e a classificação de determinada substância nessa categoria depende de enquadramento em relação constante de Portaria editada pelo Poder Executivo Federal.

Se ao tempo em que a conduta foi praticada, a droga apreendida com o agente era definida como ilícita e se após o oferecimento de denúncia pelo Ministério Público, ou mesmo depois de proferida a condenação, inclusive com trânsito em julgado, a Portaria é modificada, e de seu rol deixa de constar a substância com que estava o agente, deve operar-se a retroatividade, uma vez que não havia situação de anormalidade.

O que era crime deixou de ser. Aplica-se ao caso, portanto, a regra delineada pelo art. 5.º, XL, da Constituição Federal.

Por seu turno, quando o complemento se inserir em um contexto de **anormalidade**, de **excepcionalidade**, a sua modificação, ainda que benéfica ao réu, não pode retroagir. Fundamenta-se essa posição na **ultratividade** das leis penais excepcionais, alicerçada no art. 3.º do Código Penal.

Se no momento em que estava em vigor o complemento havia algo de anormal, ou seja, se se tratava de situação que naquele momento – e não necessariamente no futuro – deveria ser reprimida, a modificação do complemento não pode produzir efeitos aos casos anteriormente praticados, ou seja, cometidos em período de anormalidade.

Como exemplo, podemos recordar a famosa passagem de tabelamento de preços de produtos e mercadorias em geral. O art. 2.º, VI, da Lei 1.521/1951 preceitua ser crime contra a economia popular transgredir tabelas oficiais de gêneros e mercadorias.

Imagine que, em razão de problemas nas plantações de trigo, e visando controlar acentuada inflação, seja editada tabela pela qual o quilo do pão francês não possa ser vendido por valor superior a cinco reais enquanto não for normalizada a situação. Nesse período, um comerciante ávido por lucros vende pães por sete reais o quilo. Sua conduta é descoberta e ele vem a ser condenado.

Em seguida, a situação é normalizada e deixa de existir o preço tabelado, liberando-se os valores por parte dos comerciantes. Nada obstante, a pena deverá ser cumprida. A modificação não poderá retroagir. Ao contrário, será ultrativa, isto é, produzirá efeitos mesmo depois de cessada a situação de excepcionalidade.

Essa é a posição do Supremo Tribunal Federal, lançada na análise de caso relativo ao art. 269 do Código Penal, por ter ocorrido alteração na relação de doenças de notificação compulsória pelo médico:

> Em princípio, o art. 3.º do Código Penal se aplica à norma penal em branco, na hipótese de o ato normativo que a integra ser revogado ou substituído por outro mais benéfico ao infrator, não se dando, portanto, a retroatividade. Essa aplicação só não se faz quando a norma, que complementa o preceito penal em branco, importa real modificação da figura abstrata nele prevista ou se assenta em motivo permanente, insusceptível de modificar-se por circunstâncias temporárias ou excepcionais, como sucede quando do elenco de doenças contagiosas se retira uma por se haver demonstrado que não tem ela tal característica.[30]

---

[30] HC 73.168-6/SP, rel. Min. Moreira Alves, 1.ª Turma, j. 21.11.1995. É também a orientação do STJ: RHC 16.172/SP, rel. Min. Laurita Vaz, 5.ª Turma, j. 23.08.2005, e REsp 474.989/RS, rel. Min. Gilson Dipp, 5.ª Turma, j. 10.06.2003.

Finalmente, nas **leis penais em branco ao avesso** – aquelas em que o preceito primário é completo, mas o preceito secundário depende de complementação – a revogação do complemento inviabiliza a punibilidade. Embora a conduta criminosa tenha perfeita descrição normativa, não será possível a imposição de pena, diante da lacuna legislativa a seu respeito.

## 7.8. CONFLITO APARENTE DE LEIS PENAIS

### 7.8.1. Conceito

Dá-se o conflito aparente de leis penais quando a um único fato se revela possível, em tese, a aplicação de dois ou mais tipos legais, ambos instituídos por leis de igual hierarquia e originárias da mesma fonte de produção, e também em vigor ao tempo da prática da infração penal. Na clássica lição de Oscar Stevenson:

> Trata-se da sistemática dos princípios, mercê dos quais determinada norma repressiva tem exclusividade de aplicação, diante de outras que também definem como delito o mesmo fato, correspondente ao comportamento no todo ou em parte. [...] O conflito de preceitos penais se resolve na unicidade de delito pela aplicação de uma só norma.[31]

Percebe-se, assim, a existência de um único fato punível. Ao contrário, despontam diversos tipos legais aptos a serem aplicados ao caso concreto. Mas, tratando-se de conduta singular, afigura-se injusta e desproporcional a incidência de mais de uma sanção penal, razão pela qual deve ser escolhido o dispositivo legal que, na vida real, apresenta melhor adequação típica.

O conflito é **aparente**, pois desaparece com a correta interpretação da lei penal, que se dá com a utilização de princípios adequados.

### 7.8.2. Requisitos

São três: (1) **unidade de fato;** (2) **pluralidade de leis penais;** e (3) **vigência simultânea de todas elas**.[32]

### 7.8.3. Localização no Direito Penal

O ponto de estudo do conflito aparente de leis penais é variável. Enquanto alguns autores preferem analisá-lo com o concurso de crimes,[33] outros o situam perante a teoria da lei penal,[34] passando, inclusive, pelo poder de punir do Estado, em face da proibição do *bis in idem*.[35]

Mais acertado, contudo, é o seu enquadramento na **interpretação da lei penal**.[36] Não sem motivo, Beling conceituou o instituto como a "relação que medeia entre duas leis penais, pela qual, enquanto uma é excluída, a outra é aplicada".[37]

---

[31] STEVENSON, Oscar. Concurso aparente de normas penais. *Estudos de direito e processo penal em homenagem a Nélson Hungria*. Rio de Janeiro: Forense, 1962. p. 28.

[32] "Saliente-se que o conflito aparente de normas ocorre quando há a incidência de mais de uma norma repressiva numa única conduta delituosa, sendo que tais normas possuem entre si relação de hierarquia ou dependência, de forma que somente uma é aplicável" (STJ: REsp 1.639.723/PR, rel. Min. Nefi Cordeiro, 6.ª Turma, j. 07.02.2017, noticiado no *Informativo* 597).

[33] É o caso de CARNELUTTI, Francesco. *Leciones de derecho penal*. El delito. Buenos Aires, 1952. p. 241, e de STRATENWERTH, Günter. *Derecho penal*. Parte general. El hecho punible. Trad. espanhola Gladys Romero. Madrid: Edersa, 1976. p. 343.

[34] Nesse sentido: ANTOLISEI, Francesco. *Manual de derecho penal*. Parte general. Trad. espanhola Juan Del Rosal e Ángel Tório. Buenos Aires: Uteha, 1960. p. 113, e MORILLAS CUEVA, Luís. *Curso de derecho penal español*. Parte general. Madrid: Marcial Pons, 1996. p. 98.

[35] HUNGRIA, Nélson. *Comentários ao Código Penal*. Rio de Janeiro: Forense, 1949. v. 1, p. 118.

[36] Compartilham desse entendimento: BRUNO, Aníbal. Op. cit., p. 260, e CORREIA, Eduardo Henriques da Silva. *A teoria do concurso em direito criminal*. Coimbra: Almedina, 1996. p. 34.

[37] BELING, Ernst von. *Esquema de derecho penal*: la doctrina del delito tipo. Trad. Sebastian Soler. Buenos Aires: Depalma, 1944. p. 135.

De fato, cuida-se de problema ligado à interpretação da lei, solucionável com o emprego dos princípios apresentados pela dogmática penal. A antinomia subsiste até o verdadeiro descobrimento da finalidade da lei penal, o que se dá com a correta análise do seu alcance e conteúdo.

### 7.8.4. Finalidade

A solução do conflito aparente de leis penais dedica-se a **manter a coerência sistemática do ordenamento jurídico**, bem como a **preservar a inaceitabilidade do *bis in idem***. Para Nélson Hungria:

> Não é admissível que duas ou mais leis penais ou dois ou mais dispositivos da mesma lei penal se disputem, *com igual autoridade,* exclusiva aplicação ao mesmo fato. Para evitar a perplexidade ou a intolerável solução pelo *bis in idem,* o direito penal (como o direito em geral) dispõe de regras, explícitas ou implícitas, que previnem a possibilidade de competição em seu seio.[38]

Inicialmente, portanto, o conflito aparente de leis penais presta-se a evitar o repudiável *bis in idem,* implicitamente vedado pelo sistema jurídico, como exigência de justiça.

Ora, se um de seus requisitos é a unidade de fato, em relação aos quais duas ou mais leis podem ser aplicadas, resta clara a inadmissibilidade de sua dupla punição. Não pode uma conduta ser duplamente castigada. Em síntese, não se admite, pelo mesmo fato, mais de uma punição.

Se não bastasse, busca o instituto a manutenção da unidade e da coerência do ordenamento jurídico.

Não se olvida que no sistema penal afloram leis incompatíveis entre si, tanto em face da imprecisão técnica do legislador como em virtude da variedade de situações que podem surgir na vida real, impossibilitando a previsão antecipada de todos os casos merecedores de regulamentação expressa.

Entretanto, se existem leis incompatíveis, o sistema deve apresentar uma solução para que tal incompatibilidade desapareça. A incompatibilidade entre elas deve ser tolhida mediante a exclusão de uma delas pelo Poder Judiciário. Em síntese, o Direito não tolera antinomias.[39]

### 7.8.5. Diferença com o concurso de crimes

Concurso de crimes é a situação que ocorre quando, mediante uma ou mais condutas, o agente pratica dois ou mais crimes, idênticos ou não. Está disciplinado pelos arts. 69 a 72 do Código Penal. São duas as diferenças fundamentais entre os institutos:

1) O conflito aparente não possui regramento legislativo, tratando-se atualmente de construção doutrinária e jurisprudencial, ao passo que o concurso de crimes foi regulamentado à risca pelo Código Penal.

2) No concurso de crimes, todas as leis violadas serão aplicadas no caso concreto, implicando a soma ou majoração das penas previstas para cada uma delas. Em suma, tudo o que foi praticado será imputado ao agente. Ao contrário, no conflito aparente de leis a

---

[38] *Comentários ao Código Penal*, p. 118.

[39] BOBBIO, Norberto. *Teoria do ordenamento jurídico.* Trad. Maria Celeste Cordeiro Leite dos Santos. 10. ed. Brasília: Editora Universidade de Brasília, 1999. p. 81. Para o autor, "para que possa ocorrer antinomia são necessárias duas condições, que, embora óbvias, devem ser explicitadas: 1) As duas normas devem pertencer ao mesmo ordenamento. [...] 2) As duas normas devem ter o mesmo âmbito de validade. Distinguem-se quatro âmbitos de validade de uma norma: temporal, espacial, pessoal e material".

DIREITO PENAL – PARTE GERAL – VOL. 1 • CLEBER MASSON

incidência de uma delas impede a aplicabilidade da outra. Como um de seus requisitos é a unidade de fato, restaria configurado o *bis in idem* se houvesse mais de uma punição. A um fato corresponde igualmente uma pena. As diversas leis buscam espaço, concorrem, mas, ao final, superado o processo exegético, apenas uma será utilizada, acarretando a incidência da sanção penal a ela destinada.

### 7.8.6. Diferença com o conflito de leis penais no tempo

No conflito de leis penais no tempo, regulado pelo direito intertemporal, duas ou mais leis disputam a aplicação a um fato típico e ilícito praticado por agente culpável. Somente uma delas poderá ser empregada, já que a outra não mais existe, não goza de vigência, não produz efeitos válidos no mundo fenomênico.

Dessa forma, e não se olvidando que um dos elementos do conflito aparente é a vigência simultânea de duas ou mais disposições inicialmente aplicáveis a um único fato, a diferença entre os institutos é flagrante.

Enquanto no conflito de leis no tempo somente uma delas existe e está em vigor, no conflito aparente ambas vigoram, mas apenas a adequada surtirá efeitos no caso real, sob pena de configuração do *bis in idem,* sem prejuízo da quebra de unidade lógica do sistema jurídico-penal.

### 7.8.7. Princípios para solução do conflito

A doutrina indica, em geral, quatro princípios para solucionar o conflito aparente de leis penais. São eles: (1) especialidade; (2) subsidiariedade; (3) consunção; e (4) alternatividade.

### 7.8.7.1. Princípio da especialidade

Com origem no Direito Romano, é aceito de forma unânime. Não se questiona que a lei especial prevalece sobre a lei geral (*lex specialis derogat generali; semper specialia generalibus insunt; generi per speciem derogatur*).

A lei especial, também chamada de específica, possui sentido diferenciado, particularizado. Cuida-se daquela cuja previsão reproduz, de modo expresso ou elíptico, a da lei geral, tornando-a especial pelo acréscimo de outros elementos.

Em outras palavras, lei especial é a que contém todos os dados típicos de uma lei geral, e também outros, denominados **especializantes**. A primeira prevê o crime genérico, ao passo que a última traz em seu bojo o crime específico. Exemplo: O crime de infanticídio, previsto no art. 123 do Código Penal, tem núcleo idêntico ao do crime de homicídio, tipificado pelo art. 121, *caput*, qual seja, "matar alguém". Torna-se, entretanto, figura especial, ao exigir elementos especiais, diferenciadores: a autora deve ser a genitora, e a vítima deve ser o seu próprio filho, nascente ou neonato, cometendo-se o delito durante o parto ou logo após, sob a influência do estado puerperal.

É o que também se verifica entre as mais diversas infrações penais em suas formas simples, quando comparadas com as modalidades derivadas, sejam estas qualificadoras ou instituidoras de figuras privilegiadas.

Visualiza-se na especialidade uma relação lógica de dependência própria de uma situação de subordinação legislativa,[40] eis que toda conduta que atende ao tipo especial realiza também, necessariamente e de forma simultânea, o crime previsto na lei geral, o que não ocorre em

---

[40] Expressão empregada por JESCHECK, Hans-Heinrich. *Tratado de derecho penal. Parte general.* 5. ed. Trad. espanhola Miguel Olmedo Cardenete. Granada: Comares, 2002, p. 790.

sentido diverso. Em suma, quem pratica o crime específico também o faz perante o crime genérico, mas quem executa este não obrigatoriamente realiza aquele.

Há entre as leis **relação de gênero e espécie**, ou seja, todos os elementos descritos pela lei geral são reproduzidos pela lei especial. Por tal razão a primeira é excluída quando comparada com a última. De fato, as diversas disposições têm por objeto o mesmo fato, mas a aplicação de uma delas, diferenciada, específica e mais adequada, além de ser dotada de elementos qualitativos, ilide a incidência da outra, de natureza residual e genérica.

Deve-se atentar, contudo, que entra em cena o critério da especialidade não só quando um crime se encontra expressamente compreendido em outro, tal como acontece entre infanticídio e homicídio, mas também nas situações em que a cuidadosa interpretação revela que um tipo penal acarreta em uma descrição mais próxima ou minuciosa para determinado fato punível.[41] É o que se verifica entre os crimes de calúnia e difamação, tipificados, respectivamente, pelos arts. 138 e 139 do Código Penal: ambos atentam contra honra objetiva e exigem a imputação de fato determinado, consumando-se no instante em que terceira pessoa toma conhecimento do teor da ofensa. No primeiro, todavia, a imputação refere-se ao cometimento de um crime que o agente sabe não ter sido praticado pela vítima, seja porque outra pessoa foi seu autor, seja porque jamais existiu. Por sua vez, na difamação a imputação diz respeito a um fato desabonador, de índole criminosa ou não, pouco importando seja verdadeiro ou falso.

Cumpre frisar que o princípio da especialidade impõe sejam os delitos genérico e específico praticados em **absoluta contemporaneidade**, isto é, **no mesmo contexto fático**. Com efeito, deve tratar-se de fato único, isolado, e não de reiteração criminosa. Exemplificativamente, temos a situação da mãe que tenta matar o próprio filho durante o próprio parto, sob a influência do estado puerperal, mas não obtém êxito por circunstâncias alheias à sua vontade, e depois vem a matá-lo, em outro momento, já com o desaparecimento do puerpério, caso em que responderá pelos dois crimes, em concurso material (tentativa de infanticídio e homicídio doloso consumado).

As disposições genérica e específica podem ser integrantes de um mesmo diploma legal, como se dá entre os crimes previstos no Código Penal, ou, ainda, constar de leis distintas, podendo ser lembrada a relação existente entre os crimes previstos no art. 334-A do Código Penal (contrabando) e pelo art. 33, *caput*, da Lei 11.343/2006 (tráfico de drogas): aquele que importa, clandestinamente, qualquer produto, incidirá na regra geral, prevista no Código Penal; de sua vez, se o produto importado for alguma droga, o crime será o de tráfico internacional de drogas, tipificado na lei extravagante.

Ademais, as leis podem ter sido promulgadas ao mesmo tempo ou em épocas diversas, e, nesse caso, tanto pode ser posterior a lei geral como a especial.

Nesse contexto, decidiu o Supremo Tribunal Federal que as novas disposições da Lei 11.343/2006 – Lei de Drogas não alteraram o art. 290 do Código Penal Militar.[42] Vejamos:

> O art. 290 do Código Penal Militar não sofreu alteração pela superveniência da Lei n. 11.343/06, por não ser o critério adotado, na espécie, o da retroatividade da lei penal mais benéfica, mas, sim, o da especialidade. O fundamento constitucional do crime militar é o art. 124, parágrafo único, da Constituição da República: tratamento diferenciado do crime militar de posse de entorpecente, definido no art. 290 do Código Penal Militar. Jurisprudência predominante do Supremo

---

[41] Cf. SOLER, Sebastian. *Derecho penal argentino*. Buenos Aires: La Ley, 1945. t. II, p. 190-191.

[42] "**Art. 290**. Receber, preparar, produzir, vender, fornecer, ainda que gratuitamente, ter em depósito, transportar, trazer consigo, ainda que para uso próprio, guardar, ministrar ou entregar de qualquer forma a consumo substância entorpecente, ou que determine dependência física ou psíquica, em lugar sujeito à administração militar, sem autorização ou em desacordo com determinação legal ou regulamentar: Pena – reclusão, até cinco anos."

Tribunal Federal reverencia a especialidade da legislação penal militar e da justiça castrense, sem a submissão à legislação penal comum do crime militar devidamente caracterizado.[43]

O conflito aparente de leis penais tem como requisito inafastável, portanto, a existência de duas leis penais concorrentes sobre o mesmo fato, e uma delas está contida na outra parcialmente, da qual é diferenciada por um ou mais elementos especializantes.

Uma vez configurada a especialidade, a **sua utilização é peremptória**. De fato, se fosse aplicada sempre a lei genérica, não haveria sentido na atuação do legislador ao contemplar mais especificamente um preceito penal perante outro qualquer.

Sua aferição se estabelece **em abstrato**, ou seja, para saber qual lei é geral e qual é especial, prescinde-se da análise do fato praticado. É suficiente a comparação em tese das condutas definidas nos tipos penais.

Destarte, para determinar a configuração da especialidade, deve o intérprete formular um **juízo hipotético negativo**, no qual se suprime mentalmente a existência do delito específico. Caso todo o fato, sem exceções dos ali contemplados, seja suscetível de ser qualificado perante o crime genérico, há de afirmar-se a sua presença.[44]

Se não bastasse, pouco importa a quantidade de sanção penal reservada para as infrações penais. **A comparação entre as leis não se faz da mais grave para a menos grave, pois a lei específica pode narrar um ilícito penal mais rigoroso ou mais brando.**

Em síntese, o critério da especialidade reclama duas leis penais em concurso, caracterizadas pela relação de gênero e espécie, na qual esta prefere àquela, excluindo a sua aplicação para fins de tipicidade. A lei específica deve abrigar todos os elementos da genérica, apresentando ainda outras particulares características que podem ser denominadas elementos especializantes, constituindo uma subespécie agravada ou atenuada daquela.

Em virtude de tais elementos, a lei especial abarca um âmbito de aplicação mais restrito, captando um menor número de condutas típicas e ilícitas. Pode, então, ser efetuada a comparação entre os tipos penais como dois círculos concêntricos de diferentes raios, sendo maior o especial (mais elementares) e menor o geral (menos elementares), razão pela qual, quando o tipo especial não restar caracterizado pela ausência dos elementos especializantes que formam a sua peculiar estrutura abstrata, a conduta poderá ser subsumida no tipo genérico, de natureza residual.

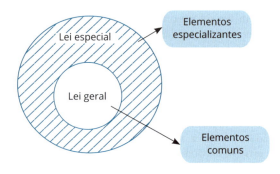

---

[43] HC 92.462/RS, rel. Min. Cármen Lúcia, 1.ª Turma, j. 23.10.2007.
[44] Cf. GARCÍA ALBERO, Ramón. *Non bis in idem material y concurso de leyes penales*. Barcelona: Marcial Pons, 1995. p. 321.

## 7.8.7.2. Princípio da subsidiariedade

Estabelece que a **lei primária** tem prevalência sobre a **lei subsidiária** (*lex primaria derogat legi subsidiarie*). Esta é a que define como crime um fato incluído por aquela na previsão de delito mais grave, como qualificadora, agravante, causa de aumento de pena ou, inclusive, modo de execução.

Portanto, há subsidiariedade entre duas leis penais quando se trata de estágios ou graus diversos de ofensa a um mesmo bem jurídico, de forma que a ofensa mais ampla e dotada de maior gravidade, descrita pela lei primária, engloba a menos ampla, contida na subsidiária, ficando a aplicabilidade desta condicionada à não incidência da outra.[45]

O crime tipificado pela lei subsidiária, além de menos grave do que o narrado pela lei primária, dele também difere quanto à forma de execução, já que corresponde a uma parte deste. Em outras palavras, **a figura subsidiária está inserida na principal**. O roubo, por exemplo, contém em seu arquétipo os crimes de furto e de ameaça ou lesão corporal.

Não por outra razão, a lei subsidiária exerce **função complementar** diante da principal. De fato, somente se aplica quando esta última (lei principal) não puder incidir no tocante ao fato punível. Corolário disso, ao contrário do que se opera na especialidade, aqui o fato tem de ser apreciado em concreto, para aferir qual a disposição legal em que se enquadra. Para Oscar Stevenson: "A aplicabilidade da norma subsidiária e a inaplicabilidade da principal não resultam da relação lógica e abstrata de uma com a outra, mas do juízo de valor do fato em face delas".[46]

Além disso, na subsidiariedade não existem elementos especializantes, mas **descrição típica de fato mais abrangente e mais grave**. Na hipótese de restar configurada a lei primária, instituidora de fato apenado mais gravemente, jamais terá incidência a lei subsidiária, com conduta sancionada mais levemente. Esta somente será utilizada na impossibilidade daquela, atuando como verdadeiro **"soldado de reserva"**.[47]

Em suma, as diferenças entre os princípios da especialidade e da subsidiariedade são manifestas.

No princípio da especialidade, a lei especial é aplicada mesmo se for mais branda do que a lei geral. No caso do princípio da subsidiariedade, ao contrário, a lei subsidiária, menos grave, sempre será excluída pela lei principal, mais grave.

Ainda, no princípio da especialidade a aferição do caráter geral ou especial das leis se estabelece em abstrato, ou seja, prescinde da análise do caso concreto, enquanto no princípio da subsidiariedade a comparação sempre deve ser efetuada **no caso concreto**, buscando a aplicação da lei mais grave.

Finalmente, no princípio da especialidade ocorre relação de gênero e espécie entre as leis em conflito, ao passo que no da subsidiariedade a lei subsidiária não deriva da principal.

A subsidiariedade pode ser expressa ou tácita.

Verifica-se a **subsidiariedade expressa** ou **explícita** nas situações em que é declarada formalmente na lei, mediante o emprego de locuções como: "se [...] as circunstâncias evidenciam que o agente não quis o resultado, nem assumiu o risco de produzi-lo" (CP, art. 129, § 3.º), "se o fato não constitui crime mais grave" (CP, art. 132), "se o fato não constitui elemento de outro crime" (CP, art. 249), entre outras análogas.

De outro lado, dá-se a **subsidiariedade tácita** ou **implícita** quando a lei residual não condiciona, taxativamente, a sua aplicação em caso de impossibilidade de incidência da primária. Possível, assim, a sua presença sem o apelo expresso do legislador, deduzindo-se da finalidade

---

[45] JIMÉNEZ DE ASÚA, Luis. *Tratado de derecho penal:* filosofia y ley penal. 5. ed. Buenos Aires: Losada, 1992. t. II, p. 550.

[46] *Concurso aparente de normas penais*, p. 39.

[47] Expressão de HUNGRIA, Nélson. *Comentários ao Código Penal*, p. 121.

almejada e dos meios que se relacionam entre as diversas disposições, ou seja, conclui-se pela sua existência diante da circunstância de encontrar-se o fato implicado na lei primária como elemento constitutivo, qualificadora, causa de aumento da pena, agravante genérica ou meio de execução. Exemplo: Constrangimento ilegal (CP, art. 146), subsidiário diante do estupro (CP, art. 213).

### 7.8.7.3. Princípio da consunção ou da absorção

De acordo com o princípio da consunção, ou da absorção, **o fato mais amplo e grave consome, absorve os demais fatos menos amplos e graves**, os quais atuam como meio normal de preparação ou execução daquele, ou ainda como seu mero exaurimento. Por tal razão, aplica-se somente a lei que o tipifica: *lex consumens derogat legi consumptae*. **A lei consuntiva prefere a lei consumida**. Como prefere Magalhães Noronha, "na consunção, o crime consuntivo é como que o vértice da montanha que se alcança, passando pela encosta do crime consumido".

Pressupõe, entre as leis penais em conflito, relação de *magis* para *minus*, ou seja, de continente para conteúdo, de forma que a lei instituidora de fato de mais longo espectro consome as demais.[48] Como decorrência da sanção penal prevista para a violação do bem jurídico mais extenso, torna-se prescindível e inaceitável a pena atribuída à violação do bem jurídico mais restrito, evitando-se a configuração do *bis in idem,* daí decorrendo a sua indiscutível finalidade prática.

Seus fundamentos são claros: o bem jurídico resguardado pela lei penal menos vasta já está protegido pela lei penal mais ampla, e a prática do ilícito por aquela definido é indispensável para a violação desta última. Como ressalta Jiménez de Asúa:[49]

> A maior amplitude da lei ou da disposição legal pode derivar do bem jurídico tutelado – que compreende também o tutelado por outra lei – ou da natureza dos meios adotados ou dos efeitos produzidos, ou bem de que aquela assuma como elemento constitutivo ou circunstância qualificadora de algum fato previsto por outra lei (tradução livre).

Ao contrário do que se dá no princípio da especialidade, aqui não se reclama a comparação abstrata entre as leis penais. **Comparam-se os fatos**, inferindo-se que o mais grave consome os demais, sobrando apenas a lei penal que o disciplina.

O cotejo se dá entre fatos concretos, de modo que o mais completo, o inteiro, prevalece sobre a fração. Não há um único fato buscando se abrigar em uma ou outra lei penal, caracterizada por notas especializantes, mas uma sucessão de fatos, todos penalmente tipificados, na qual o mais amplo consome o menos amplo, evitando-se seja este duplamente punido, como parte de um todo e como crime autônomo. Não por outro motivo, o crime consumado absorve o crime tentado, ocorrendo idêntico fenômeno entre os delitos de dano e os delitos de perigo.

O princípio da consunção reclama o nexo de dependência entre a sucessão de fatos. Se ficar demonstrado, na situação concreta, que um dos crimes é absolutamente autônomo, ou seja, sem relação de subordinação com outro delito, ambos deverão ser imputados ao agente, em concurso material.[50]

A distinção com o princípio da subsidiariedade também é evidente.

Na regra da subsidiariedade, em função do fato concreto praticado, comparam-se as leis para saber qual é a aplicável. Por seu turno, na consunção, sem buscar auxílio nas leis,

---

[48]  "Crime tipificado no Código Penal não pode ser absorvido por infração descrita na Lei de Contravenções Penais" (STF: HC 121.652/SC, rel. Min. Dias Toffoli, 2.ª Turma, j. 22.04.2014, noticiado no *Informativo* 743).

[49]  JIMÉNEZ DE ASÚA, Luis. *La ley y el delito*: principios de derecho penal. 13. ed. Buenos Aires: Sudamericana, 1984. p. 147.

[50]  STJ: REsp 1.579.578/PR, rel. Min. Rogerio Schietti Cruz, 6.ª Turma, j. 04.02.2020, noticiado no *Informativo* 666.

comparam-se os fatos, apurando-se que o mais amplo, completo e grave consome os demais. O fato principal absorve o acessório, sobrando apenas a lei que o disciplina.

Em oposição ao que se visualiza nos princípios da especialidade e da subsidiariedade, na consunção não há um fato único buscando amoldar-se em uma ou outra lei, mas uma sucessão de fatos em que o mais amplo e mais grave absorve os menos amplos e menos graves. Afasta-se, assim, o *bis in idem*, já que o fato menos amplo e menos grave seria duplamente punido, como parte do todo e como crime autônomo.

A consunção pode ter sua origem tanto em virtude da expressa declaração da lei,[51] como também na sua zelosa interpretação, utilizando-se para tanto de elementos de ordem gramatical, lógica, histórica e sistemática na apreciação jurídica do caso concreto.

### 7.8.7.3.1. Hipóteses em que se aplica o princípio da consunção

O princípio da consunção se concretiza em quatro situações: crime complexo, crime progressivo, progressão criminosa e atos impuníveis.

### 7.8.7.3.1.1. Crime complexo

Também conhecido como **crime composto**, é a modalidade que resulta da fusão de dois ou mais crimes, que passam a desempenhar a função de elementares ou circunstâncias daquele, tal como se dá no roubo, originário da união entre os delitos de furto e ameaça ou lesão corporal, dependendo do meio de execução empregado pelo agente. Para Jorge de Figueiredo Dias:[52]

> Se na maior parte dos tipos de crime – *tipos simples* – está em causa a proteção de apenas um bem jurídico (*v.g.*, a vida no art. 131.º, a honra no art. 180.º), nos *tipos complexos* pretende-se alcançar a protecção de vários bens jurídicos. Por exemplo, no roubo (art. 210.º) é tutelada não só a propriedade, mas também a integridade física e a liberdade individual de decisão e acção. O relevo normativo-prático desta distinção reside em que ela pode mostrar-se essencial para uma correcta interpretação (e aplicação) do tipo.

Indicado por relevante parcela doutrinária como hipótese da consunção,[53] parece-nos não ser esta a melhor escolha.

Em apertada síntese, alegam seus defensores que o crime complexo absorve os delitos autônomos que compõem a sua estrutura típica, razão pela qual prevalece a lei responsável pela sua definição.

Na verdade, o crime complexo constitui verdadeiro concurso de crimes, ainda que pela escolha técnico-legislativa exista a opção de castigar a atuação do agente pela figura final, que deverá prevalecer, por estabelecer uma valoração conjunta dos fatos em concurso.

Destarte, não se desnatura o concurso de crimes existente no complexo delitivo, convertendo-o em conflito aparente de leis penais. É óbvio, contudo, que o conflito aparente se realizará entre a figura complexa, de um lado, e as figuras simples, do outro.

Além disso, é fundamental que no conflito aparente todas as leis penais devem qualificar os mesmos fatos, atentatórios do mesmo bem jurídico, permitindo-se a aplicação da mais pertinente entre elas, coisa que aqui não sucede.

---

[51] É o que ocorre no art. 61 do Código Penal: "São circunstâncias que sempre agravam a pena, quando não constituem ou qualificam o crime".

[52] DIAS, Jorge de Figueiredo. *Direito penal*. Parte geral. Questões fundamentais. A doutrina geral do crime. Coimbra: Coimbra Editora, 2004. t. I, p. 294. Os dispositivos citados pelo autor referem-se ao Código Penal português.

[53] Podem ser lembrados: STEVENSON, Oscar. *Concurso aparente de normas penais*, p. 40; JIMÉNEZ DE ASÚA, Luis. *Tratado de derecho penal*, p. 561-565; e CASTELLÓ NICÁS, Nuria. *El concurso de normas penales*. Granada: Comares, 2000. p. 168.

### 7.8.7.3.1.2. Crime progressivo

É o que se opera quando o agente, almejando desde o início alcançar o resultado mais grave, pratica, mediante a reiteração de atos, crescentes violações ao bem jurídico.[54] Pressupõe necessariamente a existência de um crime plurissubsistente, isto é, uma única conduta orientada por um só propósito, mas fracionável em diversos atos. O ato final, gerador do evento originariamente desejado, consome os anteriores, que produziram violações mais brandas ao bem jurídico finalmente atacado, denominados de **crimes de ação de passagem**.[55]

Possui como requisitos, portanto, a unidade de elemento subjetivo e de conduta, composta de vários atos, e a progressividade no dano ao bem jurídico.

Desde o início de sua empreitada, o crime mais grave é desejado pelo sujeito, que vem a praticar uma única conduta, decomposta em vários executórios, lesando gradativamente o bem jurídico que se propôs a lesionar. Imagine-se a hipótese em que alguém, desejando eliminar um desafeto, começa a golpeá-lo em várias regiões do corpo, iniciando o processo de matá-lo, vindo finalmente a atingi-lo na cabeça, ceifando sua vida. As diversas lesões corporais, necessárias para a execução do homicídio, ficam por este absorvidas.

### 7.8.7.3.1.3. Progressão criminosa

Dá-se quando o agente pretende inicialmente produzir um resultado e, depois de alcançá-lo, opta por prosseguir na prática ilícita e reinicia outra conduta, produzindo um evento mais grave.[56] Exemplo: O agente que, após praticar vias de fato, opta por produzir lesões corporais na vítima e, ainda não satisfeito, acaba por matá-la responde exclusivamente pelo homicídio.

O sujeito é guiado por uma **pluralidade de desígnios, havendo alteração em seu dolo**, razão pela qual executa uma diversidade de fatos (mais de um crime), cada um correspondente a uma vontade, destacando-se a crescente lesão ao bem jurídico. Por tal motivo, a resposta penal se dará somente para o fato final, mais grave, ficando absorvidos os demais.

Com a punição do crime final, o Estado também sanciona os anteriores, efetuados no mesmo contexto fático. A penalização autônoma constituiria indisfarçável *bis in idem,* tendo em vista que seriam castigados como parte do resultado final e também de maneira independente.

### 7.8.7.3.1.4. Fatos impuníveis

São divididos em três grupos:[57] anteriores, simultâneos e posteriores, todos previstos como crimes ou contravenções penais por outras leis, as quais o agente realiza em virtude da mesma e única finalidade, qual seja, praticar o fato principal, ou então, como consequência deste, o seu exaurimento, por força do *id quod plerumque accidit,* isto é, de acordo com o que normalmente acontece, aquilatando-se a sua conduta com as máximas da experiência cotidiana.

---

[54] Na definição de Nélson Hungria: "Ocorre quando, da conduta inicial que realiza um tipo de crime, o agente passa a ulterior atividade, realizando outro tipo de crime, de que aquele é elemento constitutivo (reconhecida a unidade jurídica, segundo a regra do *ubi major, minor cessat*). *Comentários ao Código Penal*, p. 232-233.

[55] Expressão originária do Direito Penal italiano, referida por SABINO JÚNIOR, Vicente. *Direito penal*. São Paulo: Sugestões Literárias, 1967. v. 1, p. 188.

[56] "A única diferença conceitual que se pode estabelecer entre ambos os institutos situa-se no aspecto mutativo existente na progressão criminosa no tocante ao elemento subjetivo e não presente no crime progressivo. De fato, no crime progressivo, o agente, desde o início, desejava o resultado mais grave. Na progressão criminosa, o agente, de início, pretendia apenas o crime menos grave, alterando, porém, a sua intenção no desenrolar dos fatos até decidir produzir o resultado mais grave. No crime progressivo, o dolo do agente é um só, do começo ao fim; na progressão criminosa, o dolo passa por uma série de mutações." Cf. BARBOSA, Marcelo Fortes. *Concurso de normas penais*. São Paulo: RT, 1976. p. 100.

[57] Maggiore admite apenas a consunção do fato anterior, referindo-se ao posterior como um indiferente para a lei penal ou então como concurso real de crimes. Cf. MAGGIORE, Giuseppe. *Derecho penal*. Bogotá: Temis, 1971. v. 1, p. 186.

**Atos anteriores, prévios ou preliminares impuníveis** são os que funcionam como meios de execução do tipo principal, ficando por este absorvidos. No caso do roubo da bolsa da vítima que se encontra no interior de um automóvel, eventual destruição do vidro não acarreta na imputação ao agente do crime contido no art. 163, *caput,* do Código Penal.[58]

Em conformidade com a definição do princípio da consunção, o fato anterior componente dos atos preparatórios ou de execução apenas será absorvido quando apresentar menor ou igual gravidade quando comparado ao principal, para que este goze de força suficiente para consumir os demais, englobando-os em seu raio de atuação.

Nesse contexto, é manifesto o equívoco técnico da **Súmula 17 do Superior Tribunal de Justiça**: "Quando o falso se exaure no estelionato, sem mais potencialidade lesiva, é por este absorvido".

O enunciado jurisprudencial destina-se, precipuamente, às hipóteses em que o sujeito, com o escopo de praticar estelionato, falsifica materialmente uma cártula de cheque, documento particular equiparado a documento público por expressa determinação legal, nos termos do art. 297, § 2.º, do Código Penal.

Ora, tal crime é punido com reclusão de dois a seis anos, e multa. Sendo o fato mais amplo e grave, não pode ser consumido pelo estelionato, sancionado de forma mais branda. Mas não para por aí.

Os delitos apontados atingem bens jurídicos diversos. Enquanto o estelionato constitui crime contra o patrimônio, o falso agride a fé pública. Não há falar, tecnicamente, em conflito aparente de leis, mas em autêntico concurso material de delitos.[59] Portanto, se no rigor científico a súmula deve ser rejeitada, resta acreditar que a sua criação e manutenção se devem, exclusivamente, a motivos de política criminal, tornando a conduta cada vez mais próxima do âmbito civil, à medida que a pena pode ser, inclusive, reduzida pelo arrependimento posterior, benefício vedado ao crime de falso.

É importante ressaltar que o *ante factum* impunível e o crime progressivo não se confundem. No último, há incursão obrigatória pela infração penal menos grave, não se podendo, exemplificativamente, matar sem antes ferir. O primeiro, todavia, pode ser cometido sem violação da lei penal menos grave. Na hipótese aventada, não se discute que a bolsa da vítima pode ser roubada sem a destruição do vidro do veículo.

Já os **atos concomitantes**, ou **simultâneos não puníveis**, são aqueles praticados no instante em que se executa o fato principal. É o caso dos ferimentos leves suportados pela mulher violentada sexualmente, os quais restam consumidos pelo crime de estupro.

Finalmente, os **fatos posteriores não puníveis** são visualizados quando, depois de realizada a conduta, o sujeito pratica nova ofensa contra o mesmo bem jurídico, buscando alguma vantagem com o crime anterior.[60] O exaurimento deve ser aferido em consonância com a lógica do razoável, pois não há dúvida de que, exemplificativamente, o larápio usualmente vende os bens subtraídos, visando ao lucro financeiro. Se o furto ou roubo se deu por força de ânimo de lucro, não seria correto puni-lo mais uma vez por ter lucrado.[61] Cuida-se de previsível exaurimento, ficando consumidos os atos posteriores.

---

[58] É também o que se verifica no porte ilegal de arma de fogo voltado à prática de homicídio (STJ: HC 104.455/ES, rel. Min. Og Fernandes, 6.ª Turma, j. 21.10.2010, noticiado no *Informativo* 452).

[59] Em sintonia com a posição consagrada no Supremo Tribunal Federal: "É pacífica, de resto, a jurisprudência desta Corte no sentido de não ser admissível a absorção do crime de uso de documento falso pelo de estelionato" (HC 98.526/RS, rel. Min. Ricardo Lewandowski, 1.ª Turma, j. 29.06.2010).

[60] "O crime de sonegação fiscal absorve o de falsidade ideológica e o de uso de documento falso praticados posteriormente àquele unicamente para assegurar a evasão fiscal" (STJ: EREsp 1.154.361/MG, rel. Min. Laurita Vaz, 3.ª Seção, j. 26.02.2014, noticiado no *Informativo* 535). Com igual orientação: STJ: HC 309.939/SP, rel. Min. Newton Trisotto (Desembargador convocado do TJ-SC), 5.ª Turma, j. 28.04.2015, noticiado no *Informativo* 562.

[61] BETTIOL, Giuseppe. *Direito penal.* Trad. Paulo José da Costa Jr. e Alberto Silva Franco. São Paulo: RT, 1971. v. 2, p. 568: "Existe fato posterior não punível quando um comportamento que realiza uma tipicidade prevista por determinada norma penal deve considerar-se como implicitamente apreciado e valorado para todos seus fins pela norma que prevê pena para

# DIREITO PENAL – PARTE GERAL – VOL. 1 • CLEBER MASSON

Na seara dos fatos impuníveis, convém destacar a **Súmula 664 do Superior Tribunal de Justiça:** "É inaplicável a consunção entre o delito de embriaguez ao volante e o de condução de veículo automotor sem habilitação". Esse enunciado é acertado, uma vez que a embriaguez ao volante não funciona como meio de execução da condução de veículo automotor sem habilitação. Com efeito, o sujeito pode ser habilitado, e dirigir seu automóvel embriagado, bem como é possível conduzir veículo automotor sem habilitação, porém sem ter ingerido álcool ou substância de efeitos análogos.

### 7.8.7.3.1.4.1. Fatos anteriores e posteriores impuníveis e o crime conexo

A palavra "conexão" é utilizada para dirigir-se ao elo objetivo ou subjetivo entre duas ou mais infrações penais. Define-se, então, o crime conexo como aquele **ligado a outro delito**.

A conexão pode ser **teleológica**, quando o crime é praticado para assegurar a execução de outro, ou **consequencial**, se visar garantir a ocultação, impunidade ou vantagem de delito anterior. Funciona como qualificadora no homicídio e agravante genérica nos demais casos, como se infere dos arts. 121, § 2.º, V, e 61, II, alínea "b", respectivamente, ambos do Código Penal.

Entre os crimes há autêntico concurso material. Assim, quem mata o segurança de um empresário e priva este último da liberdade para obter vantagem como condição ou preço do resgate responde por homicídio e extorsão mediante sequestro, somando-se as penas. Se o último delito, todavia, não se produz nem na forma tentada, por ele não responde o agente, mas o crime contra a vida subsiste na forma qualificada. Leva-se em conta o tempo do crime, considerando-se a teoria da atividade, encampada pelo art. 4.º do Código Penal.

Há, assim, certa semelhança entre o crime conexo e os fatos anteriores e posteriores não puníveis, os primeiros relacionados com a conexão teleológica e os últimos, com a consequencial. Mas a diferença é nítida.

Na conexão, a prática do crime-meio e do crime-fim não é o que normalmente acontece na vida cotidiana, ao passo que no *ante factum* e no *post factum* impuníveis o crime principal e os demais são consequências naturais, no sentido de que o desrespeito de uma lei tem por resultado normal a posterior violação da outra.

Nesses termos, o agente que mata alguém e depois destrói o cadáver deve suportar a responsabilização do crime de homicídio em concurso com o de destruição de cadáver, tipificado no art. 211 do Código Penal. Cuida-se de conexão consequencial, e não de *post factum* impunível, haja vista não ser a violação do mencionado tipo penal consequência normal da prática do crime contra a vida.

Por seu turno, o sujeito que falsifica documento público e depois dele faz uso somente responde pelo crime de falso material, pois o delito tipificado no art. 304 do Código Penal é corolário lógico do previsto no art. 297 do citado diploma legal.

Não se deve, portanto, equiparar as situações. A forma de interpretação é bastante diversa, justificando a distinção no tocante ao tratamento penal dispensado.

## 7.8.7.4. Princípio da alternatividade

Seu conceito, em consonância com as posições fornecidas pela doutrina, deve levar em conta dois pontos de partida distintos.

Inicialmente, a alternatividade é definida como a situação em que duas ou mais disposições legais se repetem diante do mesmo fato. Para Luis Jiménez de Asúa:

---

um comportamento precedente, como na hipótese em que o segundo fato, sem lesionar um novo bem jurídico, consiste na realização do fim em virtude do qual, em correspondência com a tipicidade legal, devia estar dominada a primeira ação".

Há alternatividade quando os dois artigos "ou leis" se comportam como dois círculos secantes. O que interessa é definir qual deles deve ser eleito para a subsunção. Os autores se pronunciam pelo preceito que contém penas mais severas, fórmula que aceitamos porque mede a maior importância do bem jurídico protegido; mas, se forem iguais as sanções impostas, apenas por "via interpretativa" – segundo disse Fontecilla – pode descobrir-se o maior valor do bem jurídico tutelado[62] (tradução livre).

Oscar Stevenson compartilha desse entendimento: "Pelo princípio da alternatividade, a aplicação de uma norma a um fato exclui a aplicabilidade de outra que também o prevê como delito".[63] Exemplo: Se no caso concreto restar reconhecido que a conjunção carnal se enquadra na figura da violação sexual mediante fraude (CP, art. 215), descabe atribuir ao agente o crime de estupro (CP, art. 213).

De outro campo, notam-se também autores que entendem configurada a alternatividade na hipótese em que o tipo penal contém em seu corpo vários fatos, alternativamente, como modalidades de uma mesma infração penal. Assim, praticados pelo mesmo sujeito um ou mais núcleos, sucessivamente, restará configurado crime único.[64]

São os chamados **tipos mistos alternativos, de ação múltipla ou de conteúdo variado**, identificados assim quanto à conduta (ex.: Lei 11.343/2006, art. 33, *caput*), ao modo de execução (ex.: CP, art. 121, § 2.º, inc. IV), ao resultado naturalístico (ex.: CP, art. 129, § 2.º, inc. III), ao objeto material (ex.: CP, art. 234), aos meios de execução (ex.: CP, art. 121, § 2.º, inc. III), às circunstâncias de tempo (ex.: CP, art. 123), às circunstâncias de lugar (ex.: CP, art. 233), ou ainda perante outras situações apontadas pelo legislador.

O princípio da alternatividade não é aceito por relevante parcela da doutrina como útil para a solução do conflito aparente de leis penais.[65] Isto porque teria a sua função esvaziada pelo princípio da consunção.

Deveras, a variante inicial, denominada **alternatividade imprópria**, a qual se verifica quando o legislador disciplina o mesmo fato mediante o emprego de duas ou mais leis penais, deve ser rechaçada de plano.

Com efeito, nada mais é do que hipótese de inadmissível equívoco legislativo, solucionável pela **ab-rogação tácita**, pois uma lei posterior estaria versando integralmente acerca de matéria tratada por lei anterior, de igual natureza e hierarquia.

Por seu turno, a outra variante, conhecida como **alternatividade própria**, existente entre dois ou mais tipos penais protetores de único bem jurídico contra diversas ofensas, não tem espaço por questão de lógica, é dizer, a ausência de um dos requisitos basilares do instituto.

Inexiste propriamente conflito entre leis penais, mas sim **conflito interno na própria lei penal**. Ademais, o critério da consunção resolve com vantagens os problemas acaso surgidos nos tipos mistos alternativos. Veja-se a hipótese em que o indivíduo, exemplificativamente, importa, transporta, guarda, expõe à venda e, finalmente, vende a mesma droga. Estará configurado um único crime tipificado pelo art. 33, *caput*, da Lei 11.343/2006, não por aplicação do princípio da alternatividade, mas da consunção.

Contudo, se o mesmo sujeito importa cocaína, transporta ópio e vende heroína, responderá por três crimes distintos, em concurso material, na forma prevista no art. 69 do Código Penal, somando-se as penas.

---

[62] JIMÉNEZ DE ASÚA, Luis. *Tratado de derecho penal*, p. 541.

[63] STEVENSON, Oscar. *Concurso aparente de normas penais*, p. 43.

[64] É o caso de DOTTI, René Ariel. *Curso de direito penal*. Parte geral. 2. ed. Rio de Janeiro: Forense, 2004. p. 290.

[65] Podem ser citados, entre aqueles que não o recepcionam: MERKEL, Adolf. *Derecho penal*. Parte general. Trad. espanhola Pedro Dorado Montero. Buenos Aires: Julio César Faria, 2004. p. 280 e ss. JESCHECK, Hans-Heinrich. *Tratado de derecho penal*, p. 791; HUNGRIA, Nélson. *Comentários ao Código Penal*, p. 119; SIQUEIRA, Galdino. *Tratado de direito penal*. Parte geral. Rio de Janeiro: José Konfino, 1947. t. I, p. 151; BRUNO, Aníbal. *Direito penal*, p. 161.

Destarte, entendemos ser a alternatividade a consunção que se instrumentaliza no interior de um mesmo tipo penal entre condutas integrantes de leis de conteúdo variado. Em síntese, nada mais é do que a consunção que resolve o conflito entre condutas previstas na mesma lei penal.

Por tal razão, o princípio da alternatividade não é tolerado pela doutrina dominante como válido para solução do conflito aparente de leis penais.

### 7.8.8. Ausência de previsão legal

O conflito aparente de leis penais **não tem previsão legal**. O Código Penal não disciplinou expressamente o assunto.

Em que pesem alguns entendimentos em contrário, nem mesmo o princípio da especialidade foi tratado pelo Código Penal. De fato, o art. 12 cuida, na verdade, do princípio da convivência das esferas autônomas: relaciona-se à solução do conflito entre as regras previstas na Parte Geral do Código Penal e a legislação penal extravagante, o que não se confunde com o instituto em apreço.

Exemplificativamente, o art. 12 do Código Penal soluciona conflitos entre as regras inerentes à prescrição, diferenciando a sua aplicação entre os crimes previstos no Código Penal e outros delitos consagrados pela legislação especial que possuam um sistema prescricional diferenciado.

Não se presta, todavia, para cuidar da especialidade entre crimes de homicídio e de infanticídio, por exemplo, ou entre outros delitos delineados pelo Código Penal.

Repita-se: o art. 12 do Código Penal fala em **"regras gerais deste Código"**, motivo pelo qual não é apto a tratar da especialidade entre os diversos crimes, os quais se encontram tipificados na **Parte Especial**.

Seria oportuno, contudo, fosse o tema disciplinado expressamente pelo Código Penal, com o propósito de apresentar regras sistemáticas e, principalmente, possibilitar segurança jurídica em um assunto tão tormentoso nos âmbitos doutrinário e jurisprudencial. Mas, infelizmente, o legislador ainda não conferiu ao instituto a merecida atenção.

### 7.9.    TEMPO DO CRIME

É necessária a identificação do momento em que se considera praticado o crime, para que se opere a aplicação da lei penal ao seu responsável. Três teorias buscam explicar o momento em que o crime é cometido.

Pela **teoria da atividade**, considera-se praticado o crime no momento da conduta (ação ou omissão), pouco importando o momento do resultado.

A **teoria do resultado** ou do **evento** reputa praticado o crime no momento em que ocorre a consumação. É irrelevante a ocasião da conduta.

Por fim, a **teoria mista** ou da **ubiquidade** busca conciliar as anteriores. Para ela, momento do crime tanto é o da conduta como também o do resultado.

O art. 4.º do Código Penal acolheu a **teoria da atividade:** "Considera-se praticado o crime no momento da ação ou da omissão, ainda que outro seja o momento do resultado".[66]

Dessa forma, a identificação do tempo do crime leva em conta a prática da conduta. Exemplo: "A", com a idade de 17 anos, 11 meses e 20 dias, efetua disparos de arma de fogo contra "B", nele provocando diversos ferimentos. A vítima vem a ser socorrida e internada

---

[66]  Esta teoria interessa somente aos **crimes materiais** (ou **causais**), pois a consumação depende da produção do resultado naturalístico. Nos crimes formais (de consumação antecipada ou de resultado cortado) e também nos crimes de mera conduta (ou de simples atividade), a consumação se verifica no momento da prática da conduta.

em hospital, falecendo 15 dias depois. Não se aplicará ao autor o Código Penal, em face de sua inimputabilidade ao tempo do crime, mas sim as disposições do Estatuto da Criança e do Adolescente – Lei 8.069/1990.

A adoção da teoria da atividade apresenta relevantes consequências, tais como:

a) aplica-se a lei em vigor ao tempo da conduta, exceto se a do tempo do resultado for mais benéfica;
b) a imputabilidade é apurada ao tempo da conduta;
c) no crime permanente em que a conduta tenha se iniciado durante a vigência de uma lei, e prossiga durante o império de outra, aplica-se a lei nova, ainda que mais severa. Fundamenta-se o raciocínio na reiteração de ofensa ao bem jurídico, já que a conduta criminosa continua a ser praticada depois da entrada em vigor da lei nova, mais gravosa;[67]

d) no crime continuado em que os fatos anteriores eram punidos por uma lei, operando-se o aumento da pena por lei nova, aplica-se esta última a toda a unidade delitiva, desde que sob a sua vigência continue a ser praticada. O crime continuado, em que pese ser constituído de vários delitos parcelares, é considerado crime único para fins de aplicação da pena (teoria da ficção jurídica);

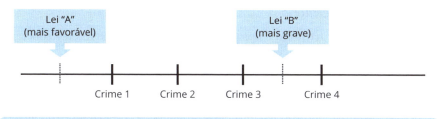

No tocante a estes dois casos, dispõe a **Súmula 711 do Supremo Tribunal Federal:** "A lei penal mais grave aplica-se ao crime continuado ou ao crime permanente, se a sua vigência é anterior à cessação da continuidade ou da permanência".

e) no crime habitual em que haja sucessão de leis, deve ser aplicada a nova, ainda que mais severa, se o agente insistir em reiterar a conduta criminosa.

**Cuidado:** Em matéria de **prescrição**, o art. 111, I, do Código Penal preferiu a **teoria do resultado**, uma vez que a causa extintiva da punibilidade tem por termo inicial a data da consumação da infração penal.

---

[67] STJ: HC 202.048/RN, rel. originário Min. Sebastião Reis, rel. para o acórdão Min. Og Fernandes, 6.ª Turma, j. 15.05.2012, noticiado no *Informativo* 497.

# 7.10. LEI PENAL NO ESPAÇO

## 7.10.1. Introdução

O Código Penal brasileiro limita o campo de validade da lei penal com observância de dois vetores fundamentais: a **territorialidade** (art. 5.º) e a **extraterritorialidade** (art. 7.º). Com base neles se estabelecem princípios que buscam solucionar os conflitos de leis penais no espaço.

**A territorialidade é a regra.**[68] Excepcionalmente, admitem-se outros princípios para o caso de extraterritorialidade, que são os da personalidade, do domicílio, da defesa, da justiça universal e da representação.

A matéria se relaciona ao **Direito Penal Internacional**, ramo do Direito Internacional Público que estabelece as regras de determinação da lei penal aplicável na hipótese de a conduta criminosa violar o sistema jurídico de mais de um país.

## 7.10.2. Princípio da territorialidade

Cuida-se da principal forma de delimitação do espaço geopolítico de validade da lei penal nas relações entre Estados soberanos.

A soberania do Estado, nota característica do princípio da **igualdade soberana** de todos os membros da comunidade internacional (art. 2.º, § 1.º, da Carta da ONU), fundamenta o exercício de todas as competências sobre crimes praticados em seu território.

Nesse sentido, dispõe o art. 5.º do Código Penal: "Aplica-se a lei brasileira, sem prejuízo de convenções, tratados e regras de direito internacional, ao crime cometido no território nacional".

**Essa é a regra geral.** Aplica-se a lei brasileira aos crimes cometidos no território nacional. Há exceções que ocorrem quando brasileiro pratica crime no exterior ou um estrangeiro comete delito no Brasil. Fala-se, assim, que o Código Penal adotou o princípio da **territorialidade temperada** ou **mitigada.**

### 7.10.2.1. Conceito de território

Em termos jurídicos, território é o **espaço em que o Estado exerce sua soberania política**. O território brasileiro compreende:

a) o espaço territorial delimitado pelas fronteiras, sem solução de continuidade, inclusive rios, lagos, mares interiores e ilhas, bem como o respectivo subsolo;

b) o mar territorial, ou marginal, que corre ao longo da costa como parte integrante do território brasileiro e que tem uma faixa de doze milhas marítimas de largura, medidas a partir da baixa-mar do litoral continental e insular brasileiro, na forma definida pela Lei 8.617/1993. A soberania brasileira alcança também o leito e o subsolo do mar territorial. O conceito de território não obsta, contudo, o **direito de passagem inocente**, isto é, a prerrogativa de navios mercantes ou militares de qualquer Estado de transitarem livremente pelo mar territorial, embora sujeitos ao poder de polícia do Brasil;[69]

---

[68] STF: Ext 1.354/DF, rel. orig. Min. Teori Zavascki, red. p/ o acórdão Min. Gilmar Mendes, 2.ª Turma, j. 30.06.2015, noticiado no *Informativo* 792.

[69] É o que se extrai do art. 3.º da Lei 8.617/1993: "Art. 3.º É reconhecido aos navios de todas as nacionalidades o direito de passagem inocente no mar territorial brasileiro. § 1.º A passagem será considerada inocente desde que não seja prejudicial à paz, à boa ordem ou à segurança do Brasil, devendo ser contínua e rápida. § 2.º A passagem inocente poderá compreender o parar e o fundear, mas apenas na medida em que tais procedimentos constituam incidentes comuns de navegação ou sejam impostos por motivos de força ou por dificuldade grave, ou tenham por fim prestar auxílio a pessoas ou a navios ou aeronaves em perigo ou em dificuldade grave. § 3.º Os navios estrangeiros no mar territorial brasileiro estarão sujeitos aos regulamentos estabelecidos pelo Governo brasileiro".

CAP. 7 – LEI PENAL | 123

c) a plataforma continental, medindo 200 milhas marítimas a partir do litoral brasileiro (ou 188 milhas, deduzidas as 12 milhas do mar territorial), como zona econômica exclusiva, instituída pela Lei 8.617/1993, que incorporou a Convenção da ONU de 1982, sobre o direito do mar;

d) o espaço aéreo, compreendido como a dimensão estatal da altitude. Em relação ao domínio aéreo, adotou-se a **teoria da absoluta soberania do país subjacente**, pela qual o Brasil exerce completa e exclusiva soberania sobre o espaço aéreo acima de seu território e mar territorial (art. 11 da Lei 7.565/1986);

e) os navios e aeronaves, de natureza particular, em alto-mar ou no espaço aéreo correspondente ao alto-mar;

f) os navios e aeronaves, de natureza pública, onde quer que se encontrem;

g) os rios e lagos internacionais, que são aqueles que atravessam mais de um Estado. Se forem **sucessivos**, ou seja, passarem por dois ou mais países, mas sem separá-los, considera-se o trecho que atravessa o Brasil. Caso sejam **simultâneos** ou **fronteiriços**, isto é, separarem os territórios de dois ou mais países, a delimitação da parte pertencente ao Brasil é fixada por tratados ou convenções internacionais entre os Estados interessados.

## 7.10.2.2. Território brasileiro por extensão

Na forma definida pelo art. 5.º, § 1.º, do CP, consideram-se como extensão do território nacional as embarcações e aeronaves brasileiras, de natureza pública ou a serviço do governo brasileiro onde quer que se encontrem, bem como as aeronaves e embarcações brasileiras, mercantes ou de propriedade privada, que se achem, respectivamente, no espaço aéreo correspondente ou em alto-mar.[70]

### 7.10.3. Outros princípios

O Código Penal adotou como regra geral o princípio da territorialidade. Há, entretanto, exceções, motivo pelo qual se fala em territorialidade temperada ou mitigada.[71] Vejamos quais são elas.

## 7.10.3.1. Princípio da personalidade ou da nacionalidade

Esse princípio autoriza a submissão à lei brasileira dos crimes praticados no estrangeiro por autor brasileiro (ativa) ou contra vítima brasileira (passiva).

De acordo com a **personalidade ativa**, o agente é punido de acordo com a lei brasileira, independentemente da nacionalidade do sujeito passivo e do bem jurídico ofendido. É previsto

---

[70] "Compete à Justiça Estadual o julgamento de crimes ocorridos a bordo de balões de ar quente tripulados. A definição de aeronave está prevista no artigo 106 da Lei n. 7.565, de 19 de dezembro de 1986, Código Brasileiro de Aeronáutica – CBA, a qual dispõe que: considera-se aeronave todo aparelho manobrável em voo, que possa sustentar-se e circular no espaço aéreo, mediante reações aerodinâmicas, apto a transportar pessoas ou coisas. Restringindo-se o alcance do termo "aeronave", previsto no art. 109, IX, da Constituição Federal, a interpretação que se dá ao referido dispositivo deve agregar o disposto no artigo 106 da Lei 7.565/1986, pois os balões e dirigíveis não são manobráveis, mas apenas controlados em voo, já que são guiados pela corrente de ar. (...) Assim, a competência para o processo e julgamento de eventual ação penal é da Justiça Estadual, porquanto o aeróstato (balões e dirigíveis), por não ser aparelho manobrável em voo e de sustentação por reações aerodinâmicas, não se amolda ao conceito de aeronave, previsto no art. 106 da Lei n. 7.565/1986" (STJ: CC 143.400/SP, rel. Min. Ribeiro Dantas, 3.ª Seção, j. 24.04.2019, noticiado no *Informativo* 648).

[71] "A extraterritorialidade da lei penal não constitui fenômeno estranho aos diversos sistemas jurídicos existentes nos Estados nacionais, pois o direito comparado – com apoio em princípios como o da nacionalidade ou da personalidade (ativa e/ou passiva), o da proteção, o da universalidade e o da representação (ou da bandeira) – reconhece legítima a possibilidade de incidência, em territórios estrangeiros, do ordenamento penal de outros Estados" (STF: Ext/EUA 1151, rel. Min. Celso de Mello, Plenário, j. 17.03.2011).

# 124 | DIREITO PENAL – PARTE GERAL – VOL. 1 • CLEBER MASSON

no art. 7.º, I, alínea "d" ("quando o agente for brasileiro"), e também pelo inciso II, alínea "b", do Código Penal.

Seu fundamento constitucional é a relativa proibição de extradição de brasileiros (art. 5.º, LI, da Constituição Federal), evitando a impunidade de nacionais que, após praticarem crimes no exterior, fogem para o Brasil. A propósito, confira-se o seguinte julgado do Supremo Tribunal Federal envolvendo o assunto:

> A Primeira Turma, por maioria, desproveu agravo interposto contra decisão que deu provimento a recurso extraordinário e fixou a competência de tribunal do júri estadual para julgar ação penal movida contra brasileiro nato, denunciado pela prática de homicídio de cidadão paraguaio, ocorrido no Paraguai. O pedido de extradição do brasileiro foi indeferido pelo Supremo Tribunal Federal (STF), em razão de sua condição de nacional [Constituição Federal de 1988 (CF/1988), art. 5, LI]. O colegiado entendeu que a prática do crime de homicídio por brasileiro nato no exterior não ofende bens, serviços ou interesses da União, sendo da Justiça estadual a competência para processar e julgar a respectiva ação penal. Asseverou, também, que o Decreto 4.975/2004, que promulgou o Acordo de Extradição entre os Estados-Partes do Mercosul, por si só não atrai a competência da Justiça Federal (CF/1988, art. 109, III, IV e X). Isso porque a persecução penal não é fundada no acordo de extradição, mas no Código Penal brasileiro.[72]

Por sua vez, aplica-se o princípio da **personalidade passiva** nos casos em que a vítima é brasileira. O autor do delito que se encontrar em território brasileiro, embora seja estrangeiro, deverá ser julgado de acordo com a nossa lei penal. É adotado pelo art. 7.º, § 3.º, do Código Penal.

## 7.10.3.1.1. A transferência da execução da pena

A proibição da extradição do brasileiro nato não pode ser instrumento de impunidade do nacional que pratica um crime em outro país e retorna ao território nacional. Admite-se, desta forma, a transferência da execução da pena imposta pela justiça estrangeira, com fundamento no art. 100 da Lei 13.445/2017 – Lei de Migração. Como decidido pelo Superior tribunal de Justiça no caso envolvendo o ex-jogador de futebol "Robinho", condenado pelo crime de estupro cometido na Itália:

> A transferência da execução de pena de brasileiro nato para ser cumprida no Brasil, imposta em outro país, não viola o núcleo do direito fundamental contido no art. 5º, inciso LI, da Constituição Federal. (...) A transferência de execução penal é instituto processual de cooperação internacional, previsto em tratados internacionais dos quais o Brasil é parte e está positivado na Lei n. 13.445/2017. Cuida de hipótese voltada à aplicação de pena privativa de liberdade, após seu regular reconhecimento pelo STJ, que for imposta no exterior a nacionais ou a estrangeiros que aqui tenham residência habitual. (...) De outro lado, esse modelo de solução alternativa está posto em diversos Tratados Internacionais (como as Convenções de Viena, Palermo e Mérida), nos quais há previsão expressa de transferência da execução sempre que a extradição for recusada pelo critério da nacionalidade. Destaca-se, ainda, que a negativa em homologar a sentença estrangeira geraria a impossibilidade completa de nova persecução penal, na medida em que não poderá ser novamente processado e julgado pelo mesmo fato que resultou em sua condenação na Itália. Trata-se do instituto do *non bis in idem*, também contemplado no art. 100 da Lei n. 13.445/2017, que assim dispõe: "Nas hipóteses em que couber solicitação de extradição executória, a autoridade competente poderá solicitar ou autorizar a transferência de execução da pena, desde que observado o princípio do *non bis in idem*." (...) Com a edição do art. 100 da Lei n. 13.445/2017, não há mais dúvida

---

[72] STF: RE 1.175.638 AgR/PR, rel. Min. Marco Aurélio, 1.ª Turma, j. 02.04.2019, noticiado no *Informativo* 936.

acerca da possibilidade da transferência da execução da pena, pois houve mitigação do princípio da territorialidade das penas previsto no art. 9º do Código Penal. Como o novo instituto veda a propositura de nova ação penal sobre o mesmo fato no território nacional, assegurou-se maior efetividade da jurisdição criminal. Reconhece-se, assim, o princípio do *non bis in idem* no plano internacional. (...) a homologação da transferência de execução da pena ao efetivar a cooperação internacional, tem o condão de, secundariamente, resguardar os direitos humanos das vítimas. A homologação da sentença não é um fim em si mesmo, mas um instrumento efetivação dos direitos fundamentais tanto do condenado como da vítima.[73]

### 7.10.3.2. Princípio do domicílio

De acordo com esse princípio, o autor do crime deve ser julgado em consonância com a lei do país em que for domiciliado, pouco importando sua nacionalidade. Previsto no art. 7.º, I, alínea "d" ("domiciliado no Brasil"), do Código Penal, no tocante ao crime de **genocídio** no qual o **agente não é brasileiro, mas apenas domiciliado no Brasil**.

### 7.10.3.3. Princípio da defesa, real ou da proteção

Permite submeter à lei penal brasileira os crimes praticados no estrangeiro que ofendam bens jurídicos pertencentes ao Brasil, qualquer que seja a nacionalidade do agente e o local do delito.

Adotado pelo Código Penal, em seu art. 7.º, I, alíneas "a", "b" e "c", compreendendo os crimes contra:

a) a vida ou a liberdade do Presidente da República;

b) o patrimônio ou a fé pública da União, do Distrito Federal, de Estado, de Território, de Município, de empresa pública, sociedade de economia mista, autarquia ou fundação instituída pelo Poder Público; e

c) a administração pública, por quem está a seu serviço.

### 7.10.3.4. Princípio da justiça universal

Conhecido também como princípio da **justiça cosmopolita**, da **competência universal**, da **jurisdição universal**, da **jurisdição mundial**, da **repressão mundial** ou da **universalidade do direito de punir**, é característico da cooperação penal internacional, porque todos os Estados da comunidade internacional podem punir os autores de determinados crimes que se encontrem em seu território, de acordo com as convenções ou tratados internacionais, pouco importando a nacionalidade do agente, o local do crime ou o bem jurídico atingido.

Fundamenta-se no dever de solidariedade na repressão de certos delitos cuja punição interessa a todos os povos. Exemplos: tráfico de drogas, comércio de seres humanos, genocídio etc.

É adotado no art. 7.º, II, "a", do Código Penal: "os crimes que, por tratado ou convenção, o Brasil se obrigou a reprimir".

### 7.10.3.5. Princípio da representação

Também denominado princípio do **pavilhão**, da **bandeira**, **subsidiário** ou da **substituição**.

---

[73] STJ: HDE 7.986/EX, rel. Min. Francisco Falcão, Corte Especial, j. 20.03.2024, noticiado no *Informativo* 805.

# DIREITO PENAL – PARTE GERAL – VOL. 1 • CLEBER MASSON

Segundo esse princípio, deve ser aplicada a lei penal brasileira aos crimes cometidos em aeronaves ou embarcações brasileiras, mercantes ou de propriedade privada, quando estiverem em território estrangeiro e aí não sejam julgados.

É adotado pelo art. 7.º, II, "c", do Código Penal.

**E se a aeronave ou embarcação brasileira for pública ou estiver a serviço do governo brasileiro?**

Essa questão, simples, mas capciosa, já foi formulada em diversos concursos federais. Não incide no caso o princípio da representação, mas sim o da territorialidade. Lembre-se: aeronaves e embarcações brasileiras, públicas ou a serviço do governo brasileiro, constituem extensão do território nacional (art. 5.º, § 1.º, do Código Penal).

## 7.11. LUGAR DO CRIME

A aplicação do princípio da territorialidade da lei penal no espaço depende da identificação do lugar do crime. Nesse diapasão, várias teorias buscam estabelecer o lugar do crime. Destacam-se três:

1.ª **Teoria da atividade**, ou **da ação:** Lugar do crime é aquele em que foi praticada a conduta (ação ou omissão);

2.ª **Teoria do resultado**, ou **do evento:** Lugar do crime é aquele em que se produziu ou deveria produzir-se o resultado, pouco importando o local da prática da conduta; e

3.ª **Teoria mista** ou **da ubiquidade:** Lugar do crime é tanto aquele em que foi praticada a conduta (ação ou omissão) quanto aquele em que se produziu ou deveria produzir-se o resultado. Foi adotada pelo Código Penal, em seu art. 6.º: "Considera-se praticado o crime no lugar em que ocorreu a ação ou omissão, no todo ou em parte, bem como onde se produziu ou deveria produzir-se o resultado".[74]

A discussão acerca do local do crime tem pertinência somente em relação aos **crimes a distância**, também conhecidos como **crimes de espaço máximo**, isto é, aqueles em que a conduta é praticada em um **país** e o resultado vem a ser produzido em **outro**. Não se trata, assim, de comarcas distintas. Exige-se a **pluralidade de países**.[75]

Como exemplo, imagine que o agente efetue disparos de arma de fogo contra a vítima em solo brasileiro, com a intenção de matá-la, mas esta consegue fugir e morre depois de atravessar a fronteira com o Paraguai. A adoção da teoria da ubiquidade permite a conclusão de que o lugar do crime tanto pode ser o Brasil como o Paraguai.

Não poderia ser diferente, em obediência às **soberanias dos países envolvidos**.

Para a incidência da lei brasileira é suficiente que um único ato executório atinja o território nacional, ou então que o resultado ocorra no Brasil. A teoria não se importa, contudo, com os atos preparatórios, nem com os atos realizados pelo agente após a consumação.

Em relação à tentativa, o lugar do crime abrange aquele em que se desenvolveram os atos executórios, bem como aquele em que deveria produzir-se o resultado.

No tocante ao coautor e ao partícipe, operando-se o concurso de pessoas no território brasileiro, aplica-se a lei penal nacional, ainda que o crime tenha sido integralmente executado no exterior.

---

[74] É comum a formulação de questões em provas objetivas e orais sobre as teorias adotadas pelo Código Penal em relação ao lugar e ao tempo do crime. Não há dificuldade no assunto, mas podem ocorrer os terríveis "brancos" na memória, que tanto assustam e atrapalham os candidatos. Lembre-se então da palavra LUTA. Veja: Lugar = Ubiquidade, Tempo = Atividade. Se a aprovação no tão sonhado concurso é uma luta, certamente há meios para facilitar nossa missão.

[75] Por sua vez, **crimes de espaço mínimo** são aqueles em que conduta e resultado ocorrem na mesma comarca. Exemplo: "A" furta um determinado bem na cidade de Niterói, local em que também se concretiza a consumação do delito.

## 7.11.1. Não aplicação da teoria da ubiquidade em outras hipóteses

A teoria da ubiquidade não se aplica nos seguintes casos:

**a) Crimes conexos:** São aqueles que de algum modo estão relacionados entre si. Não se aplica a teoria da ubiquidade, eis que os diversos crimes não constituem unidade jurídica. Deve cada um deles, portanto, ser processado e julgado no país em que foi cometido.

**b) Crimes plurilocais:** São aqueles em que a conduta e o resultado ocorrem em **comarcas diversas**, mas no mesmo país. Exemplo: "A", em determinada cidade, e com a intenção de produzir lesões corporais de natureza grave, efetua disparos de arma de fogo contra "B", o qual se encontra do lado oposto de uma ponte que faz a divisa com outra cidade. Aplica-se a regra delineada pelo art. 70, *caput*, do Código de Processo Penal, ou seja, a competência será determinada pelo lugar em que se consumar a infração ou, no caso de tentativa, pelo local em que for praticado o último ato de execução.

Na hipótese de **crimes dolosos contra a vida**, aplica-se a **teoria da atividade**, segundo pacífica jurisprudência, em razão da conveniência para a instrução criminal em juízo, possibilitando a descoberta da verdade real. De fato, é mais fácil e seguro produzir provas no local em que o crime se realizou. Além disso, não é possível obrigar as testemunhas do fato a comparecerem ao plenário do Júri em outra comarca.

Se não bastasse, um dos pilares que fundamenta o Tribunal do Júri é permitir a pacificação da sociedade perturbada pelo crime mediante o julgamento pelos seus membros. Nesse sentido: "A competência para julgar os crimes dolosos contra a vida e os que lhe são conexos é, em princípio, do Conselho de Sentença da comarca em que os fatos criminosos ocorreram, salvo excepcional motivação".[76]

**c) Infrações penais de menor potencial ofensivo:** O art. 63 da Lei 9.099/1995 adotou a **teoria da atividade:** "A competência do Juizado será determinada pelo lugar em que foi praticada a infração penal".

**d) Crimes falimentares:** Será competente o foro do local em que foi decretada a falência, concedida a recuperação judicial ou homologado o plano de recuperação extrajudicial (art. 183 da Lei 11.101/2005).

**e) Atos infracionais:** Para os crimes ou contravenções penais praticados por crianças e adolescentes, será competente a autoridade do lugar da ação ou da omissão (Lei 8.069/1990 – ECA, art. 147, § 1.º).

## 7.12. EXTRATERRITORIALIDADE

### 7.12.1. Introdução

Extraterritorialidade é a **aplicação da legislação penal brasileira aos crimes cometidos no exterior**.

Justifica-se pelo fato de o Brasil ter adotado, relativamente à lei penal no espaço, o princípio da **territorialidade temperada** ou **mitigada** (CP, art. 5.º), o que autoriza, excepcionalmente, a incidência da lei penal brasileira a crimes praticados fora do território nacional.

A extraterritorialidade pode ser **incondicionada** ou **condicionada**.

---

[76] STJ: HC 73.451/PE, rel. Min. Jane Silva (Desembargadora convocada do TJMG), 5.ª Turma, j. 04.10.2007. E também: REsp 1.195.265/MT, rel. Min. Gilson Dipp, 5.ª Turma, j. 06.09.2011, noticiado no *Informativo* 482.

Não se admite a aplicação da lei penal brasileira às **contravenções penais** praticadas no estrangeiro, de acordo com a regra estabelecida pelo art. 2.º do Decreto-lei 3.688/1941 – Lei das Contravenções Penais.

### 7.12.2. Extraterritorialidade incondicionada

**Não está sujeita a nenhuma condição.** A mera prática do crime em território estrangeiro autoriza a incidência da lei penal brasileira, independentemente de qualquer outro requisito.

As hipóteses de extraterritorialidade incondicionada encontram previsão no art. 7.º, I, do Código Penal, e, no tocante a esses crimes, o agente é punido segundo a lei brasileira, ainda que absolvido ou condenado no estrangeiro (art. 7.º, § 1.º). A lei brasileira é extraterritorial em relação aos crimes:

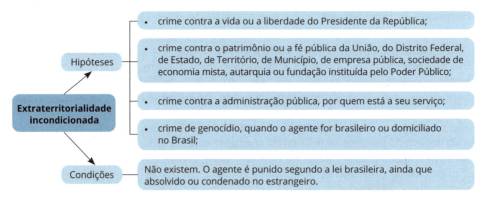

### 7.12.2.1. Extraterritorialidade incondicionada e o art. 8.º do Código Penal – Proibição do bis in idem

Em face da detração penal determinada pelo art. 8.º do Código Penal, no caso de extraterritorialidade incondicionada, a pena cumprida no estrangeiro atenua a pena imposta no Brasil pelo mesmo crime, quando diversas, ou nela é computada, quando idênticas.

Se o agente praticou um crime contra a vida do Presidente da República do Brasil em solo argentino, e lá foi condenado à pena de dez anos de reclusão, dos quais já cumpriu oito anos, e, posteriormente, fugiu para o Brasil, vindo aqui a ser condenado a doze anos de reclusão, não precisará cumprir toda a pena imposta em nosso país. Faltará o cumprimento de outros quatro anos, em consonância com a regra prevista no art. 8.º do Código Penal.[77]

### 7.12.2.2. Extraterritorialidade incondicionada e a Lei de Tortura

Sem prejuízo dos casos previstos no Código Penal, o art. 2.º da Lei 9.455/1997 estatuiu mais uma situação de extraterritorialidade incondicionada, nos seguintes termos: "O disposto nesta Lei aplica-se ainda quando o crime não tenha sido cometido em território nacional, sendo a vítima brasileira ou encontrando-se o agente em local sob jurisdição brasileira".

### 7.12.3. Extraterritorialidade condicionada

Relaciona-se aos crimes indicados pelo art. 7.º, II, e § 3.º, do Código Penal.

---

[77] "(...) o art. 8.º do Código Penal, que, embora não cuide propriamente da proibição de dupla punição e persecução penais, dispõe sobre o modo como deve ser resolvida a situação de quem é punido por distintos Estados soberanos pela prática do mesmo delito" (STJ: RHC 104.123/SP, rel. Min. Rogerio Schietti Cruz, 6.ª Turma, j. 17.09.2019, noticiado no *Informativo 656*).

A aplicação da lei penal brasileira aos crimes cometidos no exterior se sujeita às **condições descritas pelo art. 7.º, § 2.º, alíneas "a", "b", "c", "d" e "e", e § 3.º, do Código Penal.**
Tratando-se de extraterritorialidade condicionada, a lei penal brasileira é **subsidiária** em relação aos crimes praticados fora do território nacional, elencados pelo art. 7.º, II, e § 3.º, do Código Penal.
No que diz respeito aos crimes previstos no art. 7.º, II, e § 3.º, do Código Penal, a aplicação da lei brasileira depende das seguintes condições, **cumulativas:**

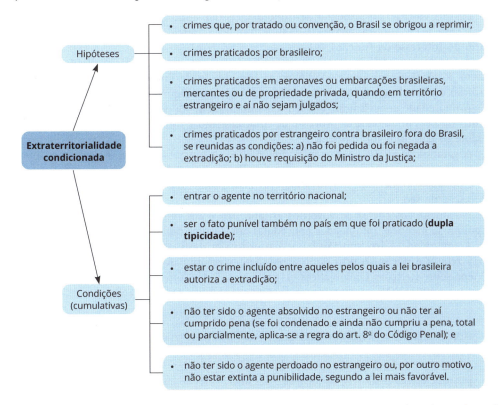

De outro lado, no caso de crime cometido por estrangeiro contra brasileiro, **fora do Brasil**, exigem-se outras duas condições, além das anteriormente indicadas, quais sejam:

a) não ter sido pedida ou ter sido negada a extradição; e
b) ter havido requisição do Ministro da Justiça.

## 7.13. LEI PENAL EM RELAÇÃO ÀS PESSOAS

### 7.13.1. Introdução

O princípio da territorialidade, adotado pelo Brasil, não é absoluto. A territorialidade é **temperada** ou **mitigada**. O art. 5.º, *caput*, do Código Penal é claro ao determinar que "aplica-se a lei brasileira, sem prejuízo de convenções, tratados e regras de direito internacional, ao crime cometido no território nacional".
A parte final – "sem prejuízo de convenções, tratados e regras de direito internacional", autoriza a criação das **imunidades diplomáticas e de chefes de governos estrangeiros**.
Por sua vez, as regras constitucionais instituem as **imunidades parlamentares**.

## 7.13.2. Imunidades diplomáticas e de chefes de governos estrangeiros

O deferimento de tratamento especial a representantes diplomáticos e a chefes de governos estrangeiros, no tocante a atos ilícitos por eles praticados, é medida aceita desde longa data pelo direito internacional, em respeito ao Estado representado, e também pela necessidade de garantir meios suficientes para o perfeito desempenho de seus misteres por tais pessoas.

As imunidades se fundam no **princípio da reciprocidade**, ou seja, o Brasil concede imunidade aos agentes dos países que também conferem iguais privilégios aos nossos representantes.

Não há violação ao princípio da isonomia, eis que a imunidade não é pessoal, mas **funcional**. Leva-se em conta a relevância da função pública exercida pelo representante estrangeiro (**teoria do interesse da função**).

A Convenção de Viena sobre Relações Diplomáticas, incorporada ao direito pátrio pelo Decreto 56.435/1965, assegura ao diplomata **imunidade de jurisdição penal**, sujeitando-o à jurisdição do Estado que representa.[78] **Abrange toda e qualquer espécie de delito**.

A imunidade de jurisdição, em sentido amplo, subdivide-se em **imunidade de jurisdição cognitiva**, isto é, imunidade ao processo de conhecimento, e **imunidade à jurisdição executiva**, referente ao cumprimento da pena.[79]

A garantia se estende aos agentes diplomáticos e funcionários das organizações internacionais, quando em serviço, incluindo seus familiares. A essas pessoas é assegurada **inviolabilidade pessoal**, já que não podem ser presas nem submetidas a qualquer procedimento sem autorização de seu país.

Por óbvio, aos chefes de governos estrangeiros e aos ministros das Relações Exteriores asseguram-se idênticas imunidades concedidas aos agentes diplomáticos.

A imunidade é **irrenunciável** por parte do seu destinatário. Nada impede, por outro lado, a renúncia por meio do Estado acreditante, com fundamento no art. 32 da Convenção de Viena sobre Relações Diplomáticas (1961) e art. 45 da Convenção de Viena sobre Relações Consulares (1963).[80] Nesse contexto, já decidiu o Supremo Tribunal Federal:

> [...] de acordo com a Convenção de Viena sobre Relações Diplomáticas, do qual o Brasil é signatário, os agentes diplomáticos estrangeiros estão imunes à jurisdição penal do Estado perante o qual estão acreditados. Assim, o chefe da missão diplomática e os membros do pessoal diplomático gozam, nos termos dos arts. 29 a 42 da Convenção de Viena de 1961, dos direitos da inviolabilidade pessoal e de sua residência, da totalidade das imunidades de jurisdição penal, etc. Tais privilégios e imunidades podem ser renunciados pelo Estado acreditante, a quem tais direitos pertencem, mediante declarações especiais e em cada caso particular ajuizado perante autoridades judiciais do Estado acreditado, *i.e.*, o Brasil.[81]

As imunidades não se aplicam aos empregados particulares dos diplomatas, ainda que oriundos do Estado representado.

Os cônsules, por seu turno, são funcionários públicos de carreira ou honorários e indicados para a realização de determinadas funções em outros países, com imunidades e privilégios inferiores aos dos diplomatas. A imunidade penal é **limitada aos atos de ofício**, podendo ser processados e condenados por outros crimes.[82]

---

[78] Como destaca o item 4 do art. 31: "a imunidade de jurisdição de um agente diplomático no Estado acreditado não o isenta da jurisdição do Estado acreditante".

[79] STJ: RHC 87.825/ES, rel. Min. Nefi Cordeiro, 6.ª Turma, j. 05.12.2017, noticiado no *Informativo* 618.

[80] STJ: HC 149.481/DF, rel. Min. Haroldo Rodrigues (Desembargador convocado do TJ-CE), 6.ª Turma, j. 19.10.2010, noticiado no *Informativo* 452.

[81] Pet 3.698/PR, rel. Min. Cármen Lúcia (decisão monocrática), j. 05.10.2006.

[82] MELLO, Celso D. Albuquerque. *Curso de direito internacional público*. Rio de Janeiro: Forense, 2001. p. 1.337-1.340.

CAP. 7 – LEI PENAL | **131**

De acordo com a Convenção de Viena, as sedes diplomáticas não admitem busca e apreensão, requisição, embargo ou qualquer tipo de medida de execução de natureza penal.

Malgrado opiniões em contrário, cada vez em maior declínio, pode-se afirmar que **as sedes das embaixadas não são extensões de territórios estrangeiros no Brasil**. De fato, localizam-se em território nacional, e, se alguém que não goza da imunidade praticar algum crime em seu âmbito, inevitavelmente será processado nos termos da legislação penal brasileira.

### 7.13.3. Imunidades parlamentares

#### 7.13.3.1. Alocação

Essa disciplina encontra seu nascedouro na **Constituição Federal**, razão pela qual seu estudo é aprofundado nas obras de Direito Constitucional. Contudo, sua sistemática produz inúmeros reflexos na aplicação da lei penal, motivo que nos autoriza a abordá-lo no presente trabalho.

#### 7.13.3.2. Introdução

O Poder Legislativo, constituído no âmbito da União pela Câmara dos Deputados e pelo Senado Federal, tem suas funções típicas tratadas nos arts. 44 e seguintes da Constituição Federal, consistindo, precipuamente, na atividade legislativa e na função fiscalizadora do Poder Executivo.

No exercício desses misteres, os representantes do povo e dos Estados necessitam de uma série de regras específicas, que estabeleçam os seus direitos, deveres e, notadamente, prerrogativas.

Consagrou-se denominar de **estatuto dos congressistas** o conjunto de normas constitucionais que estatui o regime jurídico dos membros do Congresso Nacional, prevendo suas prerrogativas e direitos, seus deveres e incompatibilidades.[83]

Entre as prerrogativas previstas na Constituição de 1988, estão a inviolabilidade e a imunidade, de natureza penal, e também o privilégio de foro e a isenção do serviço militar, previstas nas constituições anteriores, bem como a limitação ao dever de testemunhar, todas de caráter processual.

Abordaremos somente as **imunidades parlamentares**, por produzirem relevantes consequências na aplicação da lei penal.

#### 7.13.3.3. Conceito e finalidade

As imunidades parlamentares são **prerrogativas** ou **garantias inerentes ao exercício do mandato parlamentar**, preservando-se a instituição de ingerências externas.[84]

A Constituição Federal prevê duas espécies de imunidades:

a) **imunidade absoluta, material, real, substantiva ou inviolabilidade: art. 53, *caput*; e**

b) **imunidade processual, formal, adjetiva, ou imunidade propriamente dita: art. 53, §§ 1.º a 5.º.**

---

[83] SILVA, José Afonso da. *Curso de direito constitucional positivo*. 26. ed. São Paulo: Malheiros, 2006. p. 534.

[84] "O ministro afirmou que as imunidades parlamentares almejam conferir condições materiais ao exercício independente de mandatos eletivos. Funcionam, dessa maneira, como instrumento de proteção da autonomia da atuação dos mandatários que representam a sociedade. A finalidade dessa proteção, naturalmente, não se aplica a agentes públicos que não se encontrem investidos dessa condição. A determinação de busca e apreensão nas dependências do Senado Federal, desde que não direcionada a apurar conduta de congressista, não se relaciona com as imunidades parlamentares. Ao contrário do que ocorre quanto às imunidades diplomáticas, as prerrogativas e imunidades parlamentares não se estendem aos locais onde os parlamentares exercem suas atividades nem ao corpo auxiliar" (STF: Rcl 25.537/DF, rel. Min. Edson Fachin, Plenário, j. 26.06.2019; e AC 4.297/DF, rel. Min. Edson Fachin, Plenário, j. 26.06.2019, noticiados no *Informativo* 945).

# DIREITO PENAL – PARTE GERAL – VOL. 1 • CLEBER MASSON

A imunidade formal, por sua vez, pode referir-se à prisão do parlamentar ou ao ajuizamento da ação penal.

## 7.13.3.4. Imunidade material ou inviolabilidade

De acordo com o art. 53, *caput*, da Constituição Federal: "os Deputados e Senadores são invioláveis, civil e penalmente, por quaisquer de suas opiniões, palavras e votos".

A imunidade material protege o parlamentar em suas **opiniões, palavras e votos**, desde que **relacionadas às suas funções**, não abrangendo manifestações desarrazoadas e desprovidas de conexão com os seus deveres constitucionais. Na visão do Supremo Tribunal Federal:

> (...) a inviolabilidade material somente abarca as declarações que apresentem nexo direto e evidente com o exercício das funções parlamentares. No caso concreto, embora aludindo à Lei Rouanet, o parlamentar nada acrescentou ao debate público sobre a melhor forma de distribuição dos recursos destinados à cultura, limitando-se a proferir palavras ofensivas à dignidade dos querelantes. O Parlamento é o local por excelência para o livre mercado de ideias – não para o livre mercado de ofensas. A liberdade de expressão política dos parlamentares, ainda que vigorosa, deve se manter nos limites da civilidade. Ninguém pode se escudar na inviolabilidade parlamentar para, sem vinculação com a função, agredir a dignidade alheia ou difundir discursos de ódio, violência e discriminação.[85]

Essa inviolabilidade funciona como um **complemento constitucional à liberdade de expressão** reservada a todas as pessoas. Não se faz necessário, contudo, que o parlamentar se manifeste no recinto do Congresso Nacional para a incidência da inviolabilidade. Como já decidido pelo Supremo Tribunal Federal:

> A imunidade parlamentar é uma proteção adicional ao direito fundamental de todas as pessoas à liberdade de expressão, previsto no art. 5.º, IV e IX, da Constituição. Assim, mesmo quando desbordem e se enquadrem em tipos penais, as palavras dos congressistas, desde que guardem alguma pertinência com suas funções parlamentares, estarão cobertas pela imunidade material do art. 53, *caput*, da Constituição ("Art. 53. Os Deputados e Senadores são invioláveis, civil e penalmente, por quaisquer de suas opiniões, palavras e votos"). Com base nessa orientação, a Primeira Turma, em julgamento conjunto e por maioria, rejeitou a queixa-crime oferecida em face de senador a quem fora imputado a prática dos delitos de calúnia, injúria e difamação. Na espécie, parlamentar teria postado na rede social Facebook que ex-Presidente da República teria cometido crimes e, ainda, teria impetrado *habeas corpus* preventivo relativo a atos de corrupção ocorrido no âmbito da Petrobrás. De início, a Turma assentou o caráter reprovável e lamentável com o qual as críticas à suposta conduta de um ex-Presidente da República teriam sido feitas. Na sequência, ressaltou que a imunidade material conferida aos parlamentares não seria uma prerrogativa absoluta. Restringir-se-ia a opiniões e palavras externadas, dentro ou fora do recinto do Congresso Nacional, mas no exercício do mandato ou em razão dele. Prevaleceria, portanto, a compreensão de que a imunidade parlamentar não se estenderia para opiniões ou palavras que pudessem malferir a honra de alguém quando essa manifestação estivesse dissociada do exercício do mandato. Para o Colegiado, a Constituição teria garantido uma tolerância com o uso – que normalmente fosse considerado abusivo – do direito de expressar livremente suas opiniões, quando proveniente de parlamentar no exercício de seus respectivos mandatos. Essa condescendência se justificaria para assegurar um bem maior – a própria democracia. Entre um parlamentar acuado pelo eventual receio de um processo criminal e um parlamentar livre para expor as suspeitas que pairassem sobre outros homens públicos, mesmo que de forma que pudesse ser considerada abusiva e, portanto, criminosa, o caminho trilhado pela Constituição seria o de conferir liberdade ao congressista. Assim, a regra

---

[85] PET 7.174/DF, rel. Min. Alexandre de Moraes, red. p/ o ac. Min. Marco Aurélio, 1.ª Turma, j. 10.03.2020, noticiado no *Informativo 969*. Com igual orientação: AP 1.021/DF, rel. Min. Luiz Fux, 1.ª Turma, j. 18.08.2020, noticiado no *Informativo 987*.

da imunidade deveria prevalecer nas situações limítrofes em que não fosse delineada a conexão entre a atividade parlamentar e as ofensas irrogadas a pretexto de exercê-la, mas que, igualmente, não se pudesse, de plano, dizer que exorbitassem do exercício do mandato.[86]

O Supremo Tribunal Federal, reforçando esse entendimento, assim se pronunciou no polêmico caso em que o então Deputado Federal Jair Bolsonaro afirmou que sua colega de parlamento Maria do Rosário "não merecia ser estuprada":

A Turma assinalou que a garantia constitucional da imunidade material protege o parlamentar, qualquer que seja o âmbito espacial em que exerça a liberdade de opinião, sempre que suas manifestações guardem conexão com o desempenho da função legislativa ou tenham sido proferidas em razão dela. Para que as afirmações feitas pelo parlamentar possam ser relacionadas ao exercício do mandato, devem revelar teor minimamente político, referido a fatos que estejam sob debate público, sob investigação em CPI ou em órgãos de persecução penal ou, ainda, sobre qualquer tema que seja de interesse de setores da sociedade, do eleitorado, de organizações ou quaisquer grupos representados no parlamento ou com pretensão à representação democrática. Consequentemente, não há como relacionar ao desempenho da função legislativa, ou de atos praticados em razão do exercício de mandato parlamentar, as palavras e opiniões meramente pessoais, sem relação com o debate democrático de fatos ou ideias e, portanto, sem vínculo com o exercício das funções cometidas a um parlamentar. Na hipótese, trata-se de declarações que não guardam relação com o exercício do mandato.[87]

No célebre caso em que o Deputado Federal Daniel Silveira publicou um vídeo nas redes sociais ofendendo diversos Ministros do Supremo Tribunal Federal, a Corte Suprema afastou a incidência da imunidade parlamentar, com o fundamento de que tal instrumento não pode ser utilizado para acobertar condutas atentatórias ao Estado Democrático de Direito:

Atentar contra a democracia e o Estado de Direito não configura exercício da função parlamentar a invocar a imunidade constitucional prevista no art. 53, *caput*, da Constituição Federal. A imunidade material parlamentar não deve ser utilizada para atentar frontalmente contra a própria manutenção do Estado Democrático de Direito. Em nenhum momento histórico, em qualquer que seja o país que se analise, a imunidade parlamentar se confundiu com a impunidade. As imunidades parlamentares surgiram para garantir o Estado de Direito e a separação de Poderes. Modernamente foram se desenvolvendo para a preservação da própria democracia. A previsão constitucional do Estado Democrático de Direito consagra a obrigatoriedade de o País ser regido por normas democráticas, com observância da separação de Poderes, bem como vincula a todos, especialmente as autoridades públicas, ao absoluto respeito aos direitos e garantias fundamentais, com a finalidade de afastamento de qualquer tendência ao autoritarismo e concentração de poder. A CF não permite a propagação de ideias contrárias à ordem constitucional e ao Estado Democrático (arts. 5.º, XLIV; e 34, III e IV), nem tampouco a realização de manifestações nas redes sociais visando ao rompimento do Estado de Direito, com a extinção das cláusulas pétreas constitucionais – separação de Poderes (art. 60, § 1.º), com a consequente instalação do arbítrio. A liberdade de expressão e o pluralismo de ideias são valores estruturantes do sistema democrático. A livre discussão, a ampla participação política e o princípio democrático estão interligados com a liberdade de expressão, tendo por objeto não somente a proteção de pensamentos e ideias, mas também opiniões, crenças, realização de juízo de valor e críticas a agentes públicos, no sentido de garantir a real participação dos cidadãos na vida coletiva. Dessa maneira, tanto são inconstitucionais as condutas e manifestações que tenham a nítida finalidade de controlar ou mesmo aniquilar a força do pensamento crítico, indispensável

---

[86] Inq. 4.088/DF, rel. Min. Edson Fachin, 1.ª Turma, j. 01.12.2015, noticiado no *Informativo* 810.

[87] Inq. 3.932/DF e Pet 5.243/DF, rel. Min. Luiz Fux, 1.ª Turma, j. 21.06.2016, noticiados no *Informativo* 831.

# DIREITO PENAL – PARTE GERAL – VOL. 1 • CLEBER MASSON

ao regime democrático, quanto aquelas que pretendam destruí-lo, juntamente com suas instituições republicanas, pregando a violência, o arbítrio, o desrespeito à separação de Poderes e aos direitos fundamentais. Na hipótese, deputado federal publicou vídeo em rede social no qual, além de atacar frontalmente os ministros do Supremo Tribunal Federal (STF), por meio de diversas ameaças e ofensas, expressamente propagou a adoção de medidas antidemocráticas contra o STF, bem como instigou a adoção de medidas violentas contra a vida e a segurança de seus membros, em clara afronta aos princípios democráticos, republicanos e da separação de Poderes.[88]

Em outra ação penal polêmica, ajuizada por Vanderlan Cardoso contra Jorge Kajuru, ambos à época Senadores pelo estado de Goiás, o Supremo Tribunal Federal assim se pronunciou:

A liberdade de expressão não alcança a prática de discursos dolosos, com intuito manifestamente difamatório, de juízos depreciativos de mero valor, de injúrias em razão da forma ou de críticas aviltantes. É possível vislumbrar restrições à livre manifestação de ideias, inclusive mediante a aplicação da lei penal, em atos, discursos ou ações que envolvam, por exemplo, a pedofilia, nos casos de discursos que incitem a violência ou quando se tratar de discurso com intuito manifestamente difamatório. A garantia da imunidade parlamentar não alcança os atos praticados sem claro nexo de vinculação recíproca entre o discurso e o desempenho das funções parlamentares. Isso porque as garantias dos membros do Parlamento são vislumbradas sob uma perspectiva funcional, ou seja, de proteção apenas das funções consideradas essenciais aos integrantes do Poder Legislativo, independentemente de onde elas sejam exercidas. No caso, os discursos proferidos pelo querelado teriam sido proferidos com nítido caráter injurioso e difamatório, de forma manifestamente dolosa, sem qualquer hipótese de prévia provocação ou retorsão imediata capaz de excluir a tipificação, em tese, dos atos descritos nas queixas-crimes.[89]

### 7.13.3.4.1. Natureza jurídica da imunidade material

Há grande controvérsia doutrinária e jurisprudencial acerca da natureza jurídica da inviolabilidade. Destacam-se os seguintes entendimentos:

a)  causa de atipicidade: Celso Ribeiro Bastos;[90]

b)  causa excludente de crime: Nélson Hungria, José Afonso da Silva[91] e Pontes de Miranda;

c)  causa que se opõe à formação do crime: Basileu Garcia;

d)  causa pessoal e funcional de isenção de pena: Aníbal Bruno;

e)  causa de irresponsabilidade: Heleno Cláudio Fragoso; e

f)  causa de incapacidade penal por razões políticas: José Frederico Marques.

O **Supremo Tribunal Federal** tem considerado a manifestação parlamentar, nas hipóteses abrangidas pela inviolabilidade, como **fato atípico**:

As declarações proferidas pelo querelado, na qualidade de Presidente da Comissão de Direitos Humanos do Senado Federal, alusivas a denúncias de tortura sob investigação do Ministério Público são palavras absolutamente ligadas ao exercício do mandato, donde estarem cobertas pela imunidade parlamentar material. Não é cabível indagar sobre **nenhuma qualificação penal do fato**

---

[88]  Inq 4.781, rel. Min. Alexandre de Moraes, Plenário, j. 17.12.2021, noticiado no *Informativo* 1.006.

[89]  STF: Pet 8.242 AgR/DF, rel. Min. Celso de Mello, redator do acórdão Min. Gilmar Mendes, 2.ª Turma, j. 03.05.2022, noticiado no *Informativo* 1.053.

[90]  BASTOS, Celso Ribeiro. *Dicionário de direito constitucional*. São Paulo: Saraiva, 1994. p. 82.

[91]  SILVA, José Afonso da. *Curso de direito constitucional positivo*. São Paulo: Malheiros, 2006. p. 534-535.

objetivo, se ele está compreendido na área da inviolabilidade parlamentar (Inq. 2.282/DF, rel. Min. Sepúlveda Pertence, j. 30.06.2006 – *Informativo* 433).[92]

Qualquer que seja o posicionamento adotado, a inviolabilidade acarretará sempre a irresponsabilidade do agente por suas opiniões, palavras e votos, se presentes os demais elementos do instituto.

## 7.13.3.5. Imunidade formal

A imunidade formal, processual, adjetiva ou imunidade propriamente dita envolve a disciplina da **prisão** e do **processo** contra Deputados Federais e Senadores, e tem previsão no art. 53, §§ 1.º a 5.º, da Constituição Federal.

O instituto foi bastante alterado com o advento da Emenda Constitucional 35/2001, que buscou evitar o desvirtuamento da prerrogativa, tal qual estabelecida pela sua redação originária.

### 7.13.3.5.1. Imunidade formal para a prisão

Dispõe o art. 53, § 2.º, da Constituição Federal: "Desde a expedição do diploma, os membros do Congresso Nacional não poderão ser presos, salvo em flagrante de crime inafiançável. Nesse caso, os autos serão remetidos dentro de vinte e quatro horas à Casa respectiva, para que, pelo voto da maioria de seus membros, resolva sobre a prisão".

Assim, extrai-se a **regra geral** de que os parlamentares não poderão ser presos. A regra abrange tanto a prisão provisória, de cunho penal, em qualquer de suas modalidades, e também a prisão civil, uma vez que o texto constitucional não faz qualquer distinção.

Essa imunidade foi denominada de **relativa incoercibilidade pessoal** dos congressistas (*freedom from arrest*) pelo Supremo Tribunal Federal (Inquérito 510/DF, j. 01.02.2001, Tribunal Pleno), e evidentemente não engloba a prisão definitiva, ou seja, decorrente de decisão judicial condenatória com trânsito em julgado.

Em princípio, a única exceção admitida pela Constituição Federal é a hipótese de prisão em flagrante pela prática de crime inafiançável. Mas a Corte Suprema, no famoso caso "Delcídio do Amaral", decretou a **prisão preventiva** de Senador da República, no exercício do mandato. Vale a pena acompanhar um trecho do julgado:

> [...] a decisão ora referendada teria como um de seus principais fundamentos a garantia da instrução criminal, das investigações, aliado à higidez de eventuais ações penais vindouras, tendo em vista a concreta ocorrência e a possibilidade de interferência no depoimento de testemunhas e na produção de provas, circunstâncias que autorizariam a decretação da custódia cautelar, nos termos da jurisprudência da Corte. Assim, a necessidade de resguardar a ordem pública, seja pelos constantes atos praticados pelo grupo (cooptação de colaborador, tentativa de obtenção de decisões judiciais favoráveis, obtenção de documentos judiciais sigilosos), pela fundada suspeita de reiteração delitiva, pela atualidade dos delitos (reuniões ocorridas no corrente mês), ou ainda pela gravidade em concreto dos crimes, que atentariam diretamente contra os poderes constitucionalmente estabelecidos da República, não haveria outra medida cautelar suficiente para inibir a continuidade das práticas criminosas, que não a prisão preventiva.[93]

---

[92] Inq. 2297/DF, rel. Min. Cármen Lúcia, j. 20.09.2007, considerando os deputados federais e senadores isentos de enquadramento penal por suas opiniões, palavras e votos. Em igual sentido: Inq 2674/DF, rel. Min. Carlos Britto, Plenário, j. 26.11.2009.

[93] AC 4.036 Referendo-MC/DF, rel. Min. Teori Zavascki, 2.ª Turma, j. 25.11.2015, noticiado no *Informativo* 509. A natureza desta decisão causou celeuma doutrinária, pois o STF criou uma figura híbrida, ao decretar a prisão preventiva fazendo referência à situação de flagrância do crime permanente tipificado no art. 2.º da Lei 12.850/2013 – Crime Organizado.

DIREITO PENAL – PARTE GERAL – VOL. 1 • CLEBER MASSON

Na hipótese de prisão em flagrante de Deputado Federal ou Senador por crime inafiançável, os autos deverão ser remetidos à Casa Parlamentar respectiva no prazo de vinte e quatro horas, para que, pelo voto da maioria absoluta de seus membros, resolva sobre a prisão (CF, art. 53, § 2.º). A votação será **aberta**.

Nos casos em que for verificada a impossibilidade de apreciação da custódia cautelar pela Casa respectiva, a prisão será mantida independentemente desta manifestação. Veja-se a seguinte situação, de excepcional gravidade, já apreciada pelo Supremo Tribunal Federal:

> Os elementos contidos nos autos impõem interpretação que considere mais que a regra proibitiva da prisão de parlamentar, isoladamente, como previsto no art. 53, § 2.º, da Constituição da República. Há de se buscar interpretação que conduza à aplicação efetiva e eficaz do sistema constitucional como um todo. A norma constitucional que cuida da imunidade parlamentar e da proibição de prisão do membro de órgão legislativo não pode ser tomada em sua literalidade, menos ainda como regra isolada do sistema constitucional. Os princípios determinam a interpretação e aplicação corretas da norma, sempre se considerando os fins a que ela se destina. A Assembleia Legislativa do Estado de Rondônia, composta de vinte e quatro deputados, dos quais vinte e três estão indiciados em diversos inquéritos, afirma situação excepcional e, por isso, não se há de aplicar a regra constitucional do art. 53, § 2.º, da Constituição da República, de forma isolada e insujeita aos princípios fundamentais do sistema jurídico vigente.[94]

Apesar de a decisão referir-se à esfera estadual, o entendimento é válido para os deputados federais e senadores, uma vez que a imunidade em ambos os casos possui idêntica disciplina.

Por outro lado, José Afonso da Silva afirma que convém ponderar sobre a questão da afiançabilidade do crime, diante do disposto no art. 5.º, LXVI, da Constituição Federal, pois, se o crime for daqueles que admitem **liberdade provisória**, o tratamento a ser dado ao congressista teria de ser idêntico aos dos crimes afiançáveis, ou seja, vedada a prisão.[95]

A imunidade persiste desde a diplomação até o encerramento definitivo do mandato, independentemente do motivo, incluindo a não reeleição.

### 7.13.3.5.2. Imunidade formal para o processo

A disciplina da imunidade formal para o processo foi substancialmente alterada pela Emenda Constitucional 35/2001, que retirou a necessidade de prévia licença da Casa para a instauração da ação penal contra o parlamentar.

De acordo com a nova regra prevista no art. 53, § 3.º, do Código Político: "Recebida a denúncia contra o Senador ou Deputado, por crime ocorrido após a diplomação, o Supremo Tribunal Federal dará ciência à Casa respectiva, que, por iniciativa de partido político nela representado e pelo voto da maioria de seus membros, poderá, até a decisão final, sustar o andamento da ação".

Destarte, uma vez oferecida a denúncia contra o parlamentar, por crime ocorrido após a diplomação, o Ministro do Supremo Tribunal Federal poderá recebê-la, independentemente de prévia licença.

Nesse caso, o Tribunal dará ciência à Casa respectiva, que, por iniciativa de partido político nela representado e pelo voto da maioria absoluta de seus membros, poderá, até a decisão final, sustar o andamento da ação penal.

O pedido de sustação será apreciado pela Casa respectiva no prazo improrrogável de 45 dias do seu recebimento pela Mesa diretora, e a sustação do processo suspende a prescrição,

---

[94]  HC 89.417/RO, rel. Min. Cármen Lúcia, 1.ª Turma, j. 22.08.2006.
[95]  SILVA, José Afonso da. *Curso de direito constitucional positivo*. São Paulo: Malheiros, 2006. p. 535.

enquanto durar o mandato (CF, art. 53, §§ 3.º a 5.º). O pedido de sustação poderá ser feito, contudo, até a decisão final da ação penal movida contra o parlamentar.[96]

E atenção: pela nova regra, não haverá necessidade de o Supremo Tribunal Federal dar ciência à respectiva Casa em caso de ação penal por **crime praticado antes da diplomação**.[97] Nessas hipóteses, não é possível, pelo mesmo motivo, a suspensão da ação penal por iniciativa do partido político.

Nos crimes praticados após a diplomação, se houver sustação da ação penal, e o crime tiver sido praticado em concurso com agente não congressista, o processo deve ser desmembrado, em razão do regime de prescrição diferenciado, que só alcança o parlamentar.

### 7.13.3.6. Pessoas abrangidas pela imunidade

As imunidades acima abordadas abrangem os Deputados Federais e Senadores. Não são extensíveis aos suplentes, embora a Constituição de 1934 tenha incluído o primeiro suplente na garantia.[98]

De acordo com o art. 27, § 1.º, da Constituição Federal, aos deputados estaduais serão aplicadas as mesmas regras sobre sistema eleitoral, inviolabilidade, imunidades, remuneração, perda de mandato, licença, impedimentos e incorporação às forças armadas aplicáveis aos deputados federais e senadores. Como destacado pelo Supremo Tribunal Federal:

> O Colegiado entendeu que a leitura da Constituição da República revela que, sob os ângulos literal e sistemático, os deputados estaduais têm direito às imunidades formal e material e à inviolabilidade conferidas pelo constituinte aos congressistas, no que estendidas, expressamente, pelo § 1.º do art. 27 da CF. Asseverou que o dispositivo não abre campo a controvérsias semânticas em torno de quais imunidades são abrangidas pela norma extensora. A referência no plural, de cunho genérico, evidencia haver-se conferido a parlamentares estaduais proteção sob os campos material e formal. Se o constituinte quisesse estabelecer estatuto com menor amplitude para os deputados estaduais, o teria feito expressamente, como fez, no inciso VIII do art. 29, em relação aos vereadores. A extensão do estatuto dos congressistas federais aos parlamentares estaduais traduz dado significante do pacto federativo. O reconhecimento da importância do Legislativo estadual viabiliza a reprodução, no âmbito regional, da harmonia entre os Poderes da República. É inadequado, portanto, extrair da Constituição Federal proteção reduzida da atividade do Legislativo nos entes federados, como se fosse menor a relevância dos órgãos locais para o robustecimento do Estado Democrático de Direito.[99]

No tocante ao Poder Legislativo Municipal, dispõe o art. 29, VIII, da Constituição Federal que os municípios serão regidos por lei orgânica, que deverá obedecer, entre outras regras, a da inviolabilidade dos vereadores por suas opiniões, palavras e votos, no exercício do mandato e na circunscrição do Município.

Destarte, a Constituição Federal não consagra a imunidade formal ou processual para vereadores, ou de foro por prerrogativa de função, não podendo a legislação local prever tais garantias.[100]

---

[96] SILVA, José Afonso da. *Curso de direito constitucional positivo*. São Paulo: Malheiros, 2006. p. 533.

[97] STF: AI 769.798/RO, rel. Min. Cármen Lúcia, 1.ª Turma, j. 01.02.2011.

[98] Nesse sentido: STF: Inq AgRg 2453/MS, rel. Min. Ricardo Lewandowski, j. 17.05.2007: "[...] Não se cuida de prerrogativa *intuitu personae*, vinculando-se ao cargo, ainda que ocupado interinamente, razão pela qual se admite a sua perda ante o retorno do titular ao exercício daquele. A diplomação do suplente não lhe estende automaticamente o regime político--jurídico dos congressistas, por constituir mera formalidade anterior e essencial a possibilitar à posse interina ou definitiva no cargo na hipótese de licença do titular ou vacância permanente. Agravo desprovido".

[99] ADI 5.823 MC/RN, rel. Min. Marco Aurélio, Plenário, j. 08.05.2019; ADI 5.824 MC/RJ, rel. orig. Min. Edson Fachin, red. p/ o ac. Min. Marco Aurélio, Plenário, j. 08.05.2019; e ADI 5.825 MC/MT, rel. orig. Min. Edson Fachin, red. p/ o ac. Min. Marco Aurélio, Plenário, j. 08.05.2019, noticiados no *Informativo 939*.

[100] STF: ADIn 371/SE, rel. Min. Maurício Côrrea, j. 05.09.2002.

## 7.13.3.7. Suspensão e renúncia da imunidade

Os parlamentares afastados para o exercício de cargo de Ministro da República, Secretário de Estado ou de Município não mantêm as imunidades. Como esclarece Michel Temer, citado por Luiz Alberto David Araújo e Vidal Serrano Nunes Júnior:

> Tem-se discutido se continua inviolável o parlamentar que se licencia para exercer cargo executivo (Secretário de Estado, Ministro de Estado). Se continua, ou não, exercendo mandato. O Supremo Tribunal Federal decidiu que o licenciado não está no exercício do mandato e, por isso, dispensa-se a licença aqui referida.
>
> Parece-nos que o art. 56 da CF responde a essa indagação ao prescrever que: *não perderá o mandato* o deputado ou senador investido na função de Ministro de Estado, Governador do Distrito Federal, Governador de Território, Secretário de Estado, etc.
>
> "Não perderá o mandato." Significa: quando cessarem suas funções executivas, o parlamentar, que não perdeu o mandato, pode voltar a exercê-lo. O que demonstra que, quando afastado, não se encontra no exercício do mandato. Harmoniza-se com a prescrição da impossibilidade de exercício simultâneo em poderes diversos.[101]

De outro lado, por ser inerente ao cargo parlamentar, e não ao congressista propriamente, **não é possível a renúncia a tais prerrogativas**.[102]

## 7.13.3.8. Imunidades e estado de sítio

As imunidades de Deputados e Senadores subsistirão durante o estado de sítio, somente podendo ser suspensas pelo voto de dois terços dos membros da Casa respectiva, nos casos de atos praticados **fora do recinto** do Congresso Nacional que sejam incompatíveis com a execução da medida (CF, art. 53, § 8.º).

Vale dizer, se os atos forem praticados no recinto do Congresso Nacional, a imunidade é absoluta, não comportando a suspensão pela Casa respectiva. É uma garantia importante, porque se harmoniza com o disposto no art. 139, parágrafo único, da Lei Suprema, e porque afasta qualquer pretensão de aplicar a parlamentares as restrições previstas nos incisos desse artigo.[103]

### Quadro geral das imunidades

|  | Antes da EC 35/2001 | Após a EC 35/2001 |
|---|---|---|
| **Inviolabilidade** | Previsão expressa somente da irresponsabilidade penal. | Inclusão da irresponsabilidade civil. |
| **Imunidade formal para a prisão** | Votação secreta. | Votação pública. |

---

[101] ARAÚJO, Luiz Alberto David; NUNES JÚNIOR, Vidal Serrano. *Curso de direito constitucional.* São Paulo, Saraiva, 1999. p. 269.

[102] "O instituto da imunidade parlamentar atua, no contexto normativo delineado por nossa Constituição, como condição e garantia de independência do Poder Legislativo, seu real destinatário, em face dos outros poderes do Estado. Estende-se ao congressista, embora não constitua uma prerrogativa de ordem subjetiva deste. Trata-se de prerrogativa de caráter institucional, inerente ao Poder Legislativo, que só é conferida ao parlamentar *ratione muneris*, em função do cargo e do mandato que exerce. É por essa razão que não se reconhece ao congressista, em tema de imunidade parlamentar, a faculdade de a ela renunciar. Trata-se de garantia institucional deferida ao Congresso Nacional. O congressista, isoladamente considerado, não tem, sobre ela, qualquer poder de disposição. O exercício do mandato parlamentar recebeu expressiva tutela jurídica da ordem normativa" (STF: Inq. 510/DF, rel. Min. Celso de Mello, Pleno, j. 01.02.1991).

[103] SILVA, José Afonso da. *Curso de direito constitucional positivo*, p. 536.

| | Antes da EC 35/2001 | Após a EC 35/2001 |
|---|---|---|
| **Imunidade formal para o processo** | Nos crimes praticados após a diplomação havia a necessidade de licença prévia da Casa respectiva para ser possível o recebimento da denúncia. O indeferimento da licença ou ausência de manifestação suspendiam a prescrição, enquanto durasse o mandato. A necessidade de licença e comunicação à Casa aplicava-se aos crimes praticados antes da diplomação. | Nos crimes praticados após a diplomação, não há licença prévia. O STF pode receber diretamente a denúncia, comunicando posteriormente a Casa respectiva. É possível a suspensão da ação por iniciativa de partido político, desde que pelo voto da maioria absoluta dos membros da Casa. A suspensão da ação suspende a prescrição. Não há imunidade processual para crimes praticados antes da diplomação. |

## 7.14. DISPOSIÇÕES FINAIS ACERCA DA APLICAÇÃO DA LEI PENAL

### 7.14.1. Introdução

Os arts. 9.º, 10 e 11 do Código Penal apresentam as disposições finais do Título I do Código Penal, relativas à eficácia da sentença estrangeira, à contagem do prazo de natureza penal, às frações não computáveis da pena e à aplicação da legislação penal especial.

### 7.14.2. Eficácia da sentença estrangeira

A sentença judicial, emanada de Poder Constituído do Estado, é ato representativo de sua soberania. Para uma real valoração da sua autoridade, contudo, deve ser executada. E essa execução deveria ser feita sempre no país em que foi proferida.

Todavia, para enfrentar com maior eficiência, no âmbito de seus limites, a prática de infrações penais, o Estado se vale, excepcionalmente, de atos de soberania de outras nações, aos quais atribui efeitos certos e determinados. Para atingir essa finalidade, homologa a sentença penal estrangeira, mediante o procedimento constitucionalmente previsto, a fim de constituí-la em título executivo com validade em território nacional.[104]

Na tradição brasileira, sempre se entendeu que a homologação da sentença estrangeira dependia de prova do trânsito em julgado.[105] Atualmente, entretanto, o art. 963, inc. III, do Código de Processo Civil reclama somente a **eficácia da sentença no país em que foi proferida,** não exigindo seu trânsito em julgado.[106]

Nos termos do art. 9.º do Código Penal:

**Art. 9.º** A sentença estrangeira, quando a aplicação da lei brasileira produz na espécie as mesmas consequências, pode ser homologada no Brasil para:

I – obrigar o condenado à reparação do dano, a restituições e a outros efeitos civis;

II – sujeitá-lo a medida de segurança.

Parágrafo único. A homologação depende:

a) para os efeitos previstos no inciso I, de pedido da parte interessada;

b) para os outros efeitos, da existência de tratado de extradição com o país de cuja autoridade judiciária emanou a sentença, ou, na falta de tratado, de requisição do Ministro da Justiça.

---

[104] STF: Ext 1223/DF, rel. Min. Celso de Mello, 2.ª Turma, j. 22.11.2011.

[105] O Supremo Tribunal Federal chegou inclusive a editar a Súmula 420: "Não se homologa sentença proferida no estrangeiro sem prova do trânsito em julgado".

[106] STJ: SEC 14.812-EX, Rel. Min. Nancy Andrighi, Corte Especial, j. 16.05.2018, noticiado no *Informativo* 626.

140 | DIREITO PENAL – PARTE GERAL – VOL. 1 • CLEBER MASSON

Veja-se que a análise conjunta desse dispositivo com o art. 63 do Código Penal revela que não há necessidade de homologação da sentença estrangeira condenatória para caracterização da reincidência no Brasil. Basta sua existência.

A teor do art. 105, I, alínea "i", da Constituição Federal, compete ao **Superior Tribunal de Justiça** a homologação de sentenças estrangeiras e a concessão de *exequatur* às cartas rogatórias.

Convém ainda apontar que a sentença estrangeira homologada pelo Superior Tribunal de Justiça constitui-se em título executivo judicial, na forma definida pelo art. 515, VIII, do Código de Processo Civil.

### 7.14.3. Contagem de prazo

Dispõe o art. 10 do Código Penal: "O dia do começo inclui-se no cômputo do prazo. Contam-se os dias, os meses e os anos pelo calendário comum".

O dispositivo legal apresenta duas partes:

*1.ª parte: O dia do começo inclui-se no cômputo do prazo.*

Prazo é o intervalo de tempo dentro do qual se estabelece a prática de determinado ato. Deve ser calculado entre dois termos, o inicial (*a quo*) e o final (*ad quem*).

No Direito Penal, inclui-se no cômputo do prazo o dia do começo. Assim, o dia em que tiver início a prática de determinado ato deve ser descontado do período total. Exemplo: Um sujeito reincidente é condenado à pena de um mês de reclusão, em regime fechado. O mandado de prisão é cumprido no dia 10 de outubro, às 23 horas. Sua pena estará extinta no dia 9 de novembro.

Qualquer que seja a fração do dia do começo, deve ser computada integralmente, como um dia inteiro. Isso porque, como diz o Código Penal, o dia do começo inclui-se no cômputo do prazo.

Para facilitar os cálculos em provas, é importante observar a seguinte regra: deve ser considerada na operação, sempre, a diminuição de um dia, em razão de ser computado o dia do começo. Dessa forma, se a pena é de um ano, e teve início em 10 de outubro de determinado ano, estará integralmente cumprida no dia 9 de outubro do ano seguinte.

Os prazos de natureza penal são **improrrogáveis**, mesmo que terminem em sábados, domingos ou feriados. Assim, se o prazo decadencial para o oferecimento de queixa-crime encerrar em um domingo, o titular do direito de queixa ou de representação deverá exercê-lo até a sexta-feira anterior.

O fato de serem improrrogáveis não impede, contudo, a **suspensão** ou a **interrupção** dos prazos penais. Exemplos marcantes são as causas suspensivas e interruptivas da prescrição.

No Direito Processual Penal, por outro lado, a contagem dos prazos obedece fórmula diversa. Estabelece o art. 798, § 1.º, do Código de Processo Penal que "não se computará no prazo o dia do começo, incluindo-se, porém, o do vencimento".

Percebe-se, assim, ser o prazo processual penal mais amplo do que o penal. Exemplo: o prazo para interposição de apelação no processo penal comum é de cinco dias. Se o condenado for intimado na sexta-feira de carnaval, o prazo terá início somente na quarta-feira de cinzas, uma vez que não se inclui o dia do começo, fluindo a partir do primeiro dia útil posterior à intimação para o exercício do ato processual. Incide a **Súmula 310 do Supremo Tribunal Federal:** "Quando a intimação tiver lugar na sexta-feira, ou a publicação com efeito de intimação for feita nesse dia, o prazo judicial terá início na segunda-feira imediata, salvo se não houver expediente, caso em que começará no primeiro dia útil que se seguir".

O fundamento da distinção é manifesto: **beneficiar o réu e possibilitar a ele o efetivo exercício da ampla defesa.**

No Direito Processual Penal, o prazo favorecerá o réu quando maior for a sua duração ou tiver mais retardado o seu início. Ao contrário, no Direito Penal o prazo se relaciona diretamente com o poder punitivo do Estado, razão pela qual quanto mais curto, mais favorável será ao réu.

Vale lembrar que o prazo sempre terá natureza penal quando guardar pertinência com o *ius puniendi,* ainda que esteja previsto no Código de Processo Penal. Portanto, embora tenha a norma caráter híbrido ou misto, prevalecerá a sua face penal. É o caso da decadência, prevista no art. 38 do Código de Processo Penal. Como a sua ocorrência importa na extinção da punibilidade, retirando do Estado o direito de punir, obedece às regras do Código Penal.

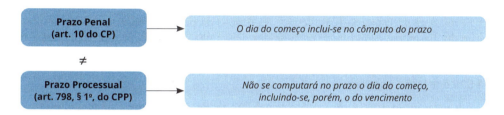

*2.ª parte: Contam-se os dias, os meses e os anos pelo calendário comum.*

Calendário **comum**, também denominado **gregoriano**, é aquele em que se entende por dia o hiato temporal entre a meia-noite e a meia-noite.

Os meses são calculados em consonância com o número correspondente a cada um deles, e não como o período de 30 dias. Exemplo: Se o réu foi condenado à pena de um mês, com início no dia 10 de fevereiro, o seu cumprimento integral ocorrerá no dia 9 de março seguinte. Pouco importa o número de dias do mês de fevereiro. Tenha o mês 28, 29, 30 ou 31 dias, será sempre considerado como um mês.

O mês é calculado até a véspera do mesmo dia do mês subsequente, encerrando o prazo às 24 horas. Por seu turno, o ano é contado até o mesmo mês do ano seguinte, terminando o prazo às 24 horas da véspera do dia idêntico ao do início.

Na prática, o critério acolhido pelo Código Penal provoca injustiças, tratando diversamente pessoas que se encontram em igual situação jurídica. Exemplo: "A" e "B" são condenados a um mês de reclusão. "A" é capturado no dia 10 de dezembro, e sua pena se encerra em 9 de janeiro. "B" foge, sendo capturado somente em 20 de fevereiro do ano seguinte. Sua pena estará cumprida em 19 de março. É evidente que nessa situação "B" teve privada sua liberdade por período inferior ao de "A".

O inconveniente, contudo, é preferível à confusão e até mesmo à impossibilidade física que a adoção de um critério diverso provocaria. Basta imaginar uma pena de 30 anos de reclusão na qual precisasse ser contado cada dia isoladamente, levando em consideração as peculiaridades de todos os meses e anos.

### 7.14.4. Frações não computáveis da pena

Preceitua o art. 11 do Código Penal: "Desprezam-se, nas penas privativas de liberdade e nas restritivas de direitos, as frações de dia, e, na pena de multa, as frações de cruzeiro".

Para fins didáticos, o dispositivo deve ser analisado em partes distintas, pois contém duas regras.

*1.ª Desprezam-se, nas penas privativas de liberdade e nas restritivas de direitos, as frações de dia.*

Frações de dia são as horas, as quais devem ser descontadas da pena final. Exemplo: Pena de 10 dias + 1/3 = 13 dias. As horas restantes são desprezadas.

A expressão "e nas restritivas de direitos" é desnecessária. Com efeito, as penas restritivas de direitos possuem a nota da **substitutividade**, isto é, primeiro o juiz fixa a privativa de liberdade, e depois, se presentes os requisitos legais, procede à substituição pela restritiva de direitos. Destarte, as frações de dia são desprezadas no momento de aplicação da pena privativa de liberdade.

*2.ª Desprezam-se, na pena de multa, as frações de cruzeiro.*

A palavra "cruzeiro" deve ser atualmente substituída por "real", e sua fração é composta pelos centavos, os quais são desprezados na liquidação da sanção patrimonial. Exemplo: Não há pena de multa com o valor de R$ 90,56 (noventa reais e cinquenta e seis centavos), mas sim de R$ 90,00 (noventa reais).

E, como anota Damásio E. de Jesus: "Na fixação da pena pecuniária deve ser desprezada a fração do dia-multa. Assim, uma pena de dez dias-multa, acrescida de um terço, perfaz treze dias-multa e não 13,33 dias-multa".[107]

## 7.14.5. Legislação especial

É a redação do art. 12 do Código Penal: "As regras gerais deste Código aplicam-se aos fatos incriminados por lei especial, se esta não dispuser de modo diverso".

Regras gerais são as normas não incriminadoras previstas no Código Penal. Estão previstas na Parte Geral, mas também há hipóteses que se encontram na Parte Especial. É o caso do conceito de funcionário público (art. 327).

Acolheu-se o **princípio da convivência das esferas autônomas**, segundo o qual as regras gerais do Código Penal convivem em sintonia com as previstas na legislação especial. Todavia, caso a lei especial contenha algum preceito geral, também disciplinado pelo Código Penal, prevalece a orientação da legislação especial, em face do seu específico campo de atuação.

Exemplo: A Lei 9.605/1998 não prevê regras especiais para a prescrição no tocante aos crimes ambientais nela previstos. Aplicam-se, consequentemente, as disposições do Código Penal. Por outro lado, o Código Penal Militar tem regras especiais para a prescrição nos crimes que tipifica. É aplicado, e não incide o Código Penal.

---

[107] JESUS, Damásio E. de. *Direito penal*. Parte geral. 28. ed. 2. tir. São Paulo: Saraiva, 2006. p. 145.

# PARTE II

# TEORIA GERAL DO CRIME

# CAPÍTULO 8

# CRIME: NOÇÕES INTRODUTÓRIAS

## 8.1. CONCEITO DE CRIME

O conceito de crime é o ponto de partida para a compreensão dos principais institutos do Direito Penal. Embora aparentemente simples, a sua definição completa e pormenorizada apresenta questões complexas que acarretam várias consequências ao estudo dos pontos mais exigidos em provas e concursos públicos.

Qualquer operador do Direito, iniciante ou avançado, ainda que não muito versado na área penal, se considera apto a fornecer o conceito de crime. Diz-se frequentemente: "Crime é o fato típico, ilícito...", sem maior preocupação científica.

Assim não deve ser. Quando lhe for indagado o conceito de crime, uma resposta mais técnica e minuciosa deve ser apresentada.

De fato, o crime pode ser conceituado levando em conta três aspectos: material, legal e formal ou analítico.

### 8.1.1. Critério material ou substancial

De acordo com esse critério, crime é toda **ação ou omissão humana** que **lesa ou expõe a perigo de lesão bens jurídicos penalmente tutelados.**

Essa fórmula leva em conta a **relevância do mal produzido** aos interesses e valores selecionados pelo legislador como merecedores da tutela penal. Destina-se a orientar a formulação de políticas criminais, funcionando como vetor ao legislador, incumbindo-lhe a tipificação como infrações penais exclusivamente das condutas que causarem danos ou ao menos colocarem em perigo bens jurídicos penalmente relevantes, assim reconhecidos pelo ordenamento jurídico.

Com efeito, esse conceito de crime serve como **fator de legitimação** do Direito Penal em um Estado Democrático de Direito. O mero atendimento do princípio da reserva legal se mostra insuficiente. Não basta uma lei para qualquer conduta ser considerada penalmente ilícita. Imagine um tipo penal com o seguinte conteúdo: "Sorrir por mais de 10 minutos, ininterruptamente. Pena: reclusão, de 2 a 8 anos, e multa". Nesta situação, o princípio da reserva legal ou estrita legalidade seria obedecido. Contudo, somente se legitima o crime quando a conduta proibida apresentar relevância jurídico-penal, mediante a provocação de dano ou ao menos exposição à situação de perigo em relação a bens jurídicos penalmente relevantes.

# 8.1.2. Critério legal

Segundo esse critério, o conceito de crime é o **fornecido pelo legislador**.

Em que pese o Código Penal não conter nenhum dispositivo estabelecendo o que se entende por crime, tal tarefa ficou a cargo do art. 1.º da Lei de Introdução ao Código Penal (Decreto-lei 3.914, de 9 de dezembro de 1941), assim redigido:

> Considera-se crime a infração penal a que a lei comina pena de reclusão ou de detenção, quer isoladamente, quer alternativa ou cumulativamente com a pena de multa; contravenção, a infração penal que a lei comina, isoladamente, pena de prisão simples ou de multa, ou ambas, alternativa ou cumulativamente.

A diferenciação, portanto, é nítida.

Quando o **preceito secundário cominar pena de reclusão ou detenção**, teremos um crime. Tais modalidades de pena podem estar previstas isoladamente, ou ainda alternativa ou cumulativamente com a pena pecuniária. Em resumo, se constarem as palavras "reclusão" ou "detenção", será crime, pouco importa a lei em que estiver inserida a figura penal. Ainda que de forma incorreta, nada impediria a inserção de um crime na Lei das Contravenções Penais, caso a conduta criminosa fosse apenada com "reclusão" ou "detenção".

Por outro lado, **se o preceito secundário não apresentar as palavras "reclusão" ou "detenção", estará se referindo a uma contravenção penal,** uma vez que **a lei a ela comina pena de prisão simples ou de multa**, isoladas, alternativa ou cumulativamente. Da mesma forma, uma contravenção penal pode ser inserida em qualquer lei, até mesmo no Código Penal, embora essa medida seja esdrúxula e desprovida de técnica.

Destarte, a distinção entre crime e contravenção penal é de **grau, quantitativa** (quantidade da pena), e também **qualitativa** (qualidade da pena) e não ontológica. Daí não nos parece correto denominar esta última de "crime-anão", inclusive pela ausência de critérios para tanto. Se tal terminologia fosse correta, não seria equivocado considerar que o homicídio é um "superdelito" e a injúria é um "crime pequenino".

Cuida-se, em essência, de **espécies do gênero infração penal,** diferenciando-se quanto à **gravidade da sanção penal**, mediante valores escolhidos pelo legislador. Note-se que tais valores, decisivos para a distinção, não são absolutos e pacificamente aceitos. Exemplo: A conduta de praticar ato obsceno em local público constitui crime. Por sua vez, o jogo do bicho configura contravenção penal e, certamente, caminhar nu em via pública (ato obsceno) reveste-se de menor lesividade quando comparada com a conduta de chefiar bancas do jogo do bicho em uma comunidade, com todas as mazelas daí decorrentes.

E o valor eleito pelo legislador para tipificar uma conduta como crime ou contravenção penal pode variar ao longo do tempo. Foi o que aconteceu com o porte ilegal de arma de fogo. Até 19 de fevereiro de 1997, a conduta era definida como contravenção penal (art. 19 do Decreto-lei 3.688/1941), qualquer que fosse a natureza da arma de fogo. Do dia 20 de fevereiro de 1997 até o dia 21 de dezembro de 2003, foi tipificada como crime pelo art. 10 da Lei 9.437/1997, sujeito às penas de detenção, de um a dois anos, e multa. A partir do dia 23 de dezembro de 2003, entrou em vigor o Estatuto do Desarmamento – Lei 10.826/2003, punindo de forma ainda mais rigorosa o porte ilegal, podendo a sanção penal ser aumentada em razão da natureza e da qualidade da arma de fogo.

Ainda nesse ponto, o Direito Penal brasileiro acolheu um **sistema dicotômico**, ao fracionar o gênero infração penal em duas espécies: **crime ou delito e contravenção penal**. Os termos *crime* e *delito* se equivalem, embora em algumas situações a Constituição Federal e a legislação ordinária utilizem a palavra delito, impropriamente, como sinônima de infração penal, tal como se verifica no art. 5.º, XI, da Lei Suprema, e nos arts. 301 e 302 do Código de Processo Penal.

CAP. 8 – CRIME: NOÇÕES INTRODUTÓRIAS | 147

| Crime ou delito | Contravenção penal |
|---|---|
| Pena de reclusão ou de detenção, isolada, alternativa ou cumulativamente com a pena de multa | Pena de prisão simples ou multa, isolada, alternativa ou cumulativamente |

Outros países, como Alemanha e França, adotaram um sistema tricotômico: crimes seriam as infrações mais graves, delitos as intermediárias e por último, as contravenções penais albergariam as de menor gravidade.

## 8.1.2.1. *Crime e contravenção penal: outras distinções*

Sem prejuízo da distinção quantitativa e qualitativa entre crime e contravenção penal, estas espécies de infração também apresentam outras distinções, previstas no Código Penal e na Lei das Contravenções Penais.[1] Vejamos.

| | Crimes | Contravenções |
|---|---|---|
| **Aplicação da lei penal** | a lei penal brasileira é aplicável, via de regra, aos crimes cometidos no território nacional (CP, art. 5.º, *caput*) e a diversos crimes praticados no estrangeiro, em razão da sua extraterritorialidade (CP, art. 7.º) | a lei brasileira somente incide no tocante às contravenções penais praticadas no território nacional (LCP, art. 2.º) |
| **Tentativa** | é punível a tentativa de crimes (CP, art. 14, II) | não se pune a tentativa de contravenção (LCP, art. 4.º) |
| **Elemento subjetivo** | os crimes podem ser dolosos, culposos ou preterdolosos (CP, arts. 18 e 19) | basta, para as contravenções penais, a ação ou omissão voluntária (LCP, art. 3.º) |
| **Culpabilidade** | os crimes são compatíveis com o erro de tipo (CP, art. 20) e com o erro de proibição (CP, art. 21) | as contravenções penais admitem unicamente a ignorância ou a errada compreensão da lei, se escusáveis (LCP, art. 8.º) |
| **Tempo de cumprimento das penas** | nos crimes, o tempo de cumprimento das penas privativas de liberdade não pode ser superior a 40 (quarenta) anos (CP, art. 75) | nas contravenções penais, a duração da pena de prisão simples não pode, em caso algum, ser superior a 5 (cinco) anos |
| **Período de prova do *sursis*** | nos crimes, o período de prova do *sursis* varia entre dois a quatro anos, e, excepcionalmente, de quatro a seis anos (CP, art. 77, *caput* e § 2.º) | nas contravenções penais, o período de prova do *sursis* é de um a três anos (LCP, art. 11) |
| **Prazo mínimo das medidas de segurança** | nos crimes, o prazo mínimo das medidas de segurança é de um a três anos (CP, art. 97, § 1.º) | nas contravenções penais, o prazo mínimo é de seis meses (LCP, art. 16) |
| **Ação penal[2]** | nos crimes, a ação penal pode ser pública, incondicionada ou condicionada, ou de iniciativa privada (CP, art. 100) | nas contravenções penais, a ação penal é pública incondicionada (LCP, art. 17) |

---

[1]  Existem outras diferenças disciplinadas em leis especiais (exemplo: *sursis* em crimes ambientais – art. 16 da Lei 9.605/1998), as quais serão abordadas ao longo desta obra.

# 148 | DIREITO PENAL – PARTE GERAL – VOL. 1 • CLEBER MASSON

## 8.1.2.2. Conceito legal de crime e o art. 28 da Lei 11.343/2006 – Lei de Drogas[2]

O art. 28 da Lei 11.343/2006 define o crime de **posse de droga para consumo pessoal**, a ele cominando as penas de advertência sobre os efeitos das drogas, prestação de serviços à comunidade e medida educativa de comparecimento a programa ou curso educativo.

Com isso, surgiram algumas discussões. A primeira delas, atinente à natureza jurídica do ato, no sentido de ser crime ou não.

Há posicionamento no sentido de que, como não foram previstas penas de reclusão ou de detenção, não se trata de crime e, estando ausentes as penas de prisão simples ou multa, também não configura contravenção penal, com fundamento no art. 1.º da Lei de Introdução ao Código Penal. Seria, residualmente, um **ilícito penal** *sui generis*.[3]

Uma segunda corrente, que nos parece acertada, sustenta a **manutenção do caráter criminoso da conduta,** com a cominação das penas previstas em lei. Cuida-se da posição amplamente dominante, e a ela nos filiamos.[4] Essa vertente apresenta diversos argumentos para justificar a existência de crime no art. 28 da Lei de Drogas, quais sejam:

a) A lei, ao tratar do tema, classificou a conduta como crime;

b) O processo e julgamento devem observar o rito do Juizado Especial Criminal (Lei 9.099/1995), reservado para as infrações penais de menor potencial ofensivo;

c) No tocante à prescrição, o art. 30 da Lei de Drogas determina a aplicação das regras estabelecidas pelos arts. 107 e seguintes do Código Penal, reservadas às infrações penais;

d) A finalidade do art. 1.º da Lei de Introdução ao Código Penal era apenas diferenciar os crimes das contravenções penais, uma vez que tais diplomas legais passaram a vigorar simultaneamente em 1.º de janeiro de 1942;

e) A Lei de Introdução ao Código Penal pode ser modificada por outra lei ordinária, como aconteceu com a Lei de Drogas; e

f) Não existiam penas alternativas quando foi editada a Lei de Introdução ao Código Penal.

Nesse contexto, o Supremo Tribunal Federal, com argumentos semelhantes aos que acolhemos, decidiu não ter havido descriminalização da conduta (existe crime), e sim **despenalização**, em face da supressão da pena privativa de liberdade:

> Posse de droga para consumo pessoal: (art. 28 da Lei 11.343/2006 – Nova Lei de Drogas): natureza jurídica de crime. O art. 1.º da LICP – que se limita a estabelecer um critério que permite distinguir quando se está diante de um crime ou de uma contravenção – não obsta a que lei ordinária superveniente adote outros critérios gerais de distinção, ou estabeleça para determinado crime – como o fez o art. 28 da Lei 11.343/2006 – pena diversa da privação ou restrição da liberdade, a qual constitui somente uma das opções constitucionais passíveis de adoção pela lei incriminadora (CF/1988, art. 5.º, XLVI e XLVII). Não se pode, na interpretação da Lei 11.343/2006, partir de um pressuposto desapreço do legislador pelo "rigor técnico", que o teria levado inadvertidamente a incluir as infrações relativas ao usuário de drogas em um capítulo denominado "Dos Crimes e das Penas", só a ele referentes. (Lei 11.343/2006, Título III, Capítulo III, arts. 27/30). Ao uso da expres-

---

[2] Nada obstante, firmou-se na doutrina e na jurisprudência o entendimento no sentido de que a contravenção penal de vias de fato (LCP, art. 21) é de ação penal pública condicionada, utilizando-se analogicamente as regras inerentes à lesão corporal de natureza leve (art. 129, *caput*, do Código Penal c/c art. 88 da Lei 9.099/1995).

[3] É o que sustentam GOMES, Luiz Flávio; BIANCHINI, Alice; CUNHA, Rogério Sanches; OLIVEIRA, William Terra de. *Nova Lei de Drogas comentada*. São Paulo: RT, 2006. p. 126.

[4] No mesmo sentido: GRECO FILHO, Vicente; RASSI, João Daniel. *Lei de Drogas anotada*. São Paulo: Saraiva, 2007. p. 43.

CAP. 8 – CRIME: NOÇÕES INTRODUTÓRIAS | **149**

são "reincidência", também não se pode emprestar um sentido "popular", especialmente porque, em linha de princípio, somente disposição expressa em contrário na Lei 11.343/2006 afastaria a regra geral do C. Penal (C. Penal, art. 12). Soma-se a tudo a previsão, como regra geral, ao processo de infrações atribuídas ao usuário de drogas, do rito estabelecido para os crimes de menor potencial ofensivo, possibilitando até mesmo a proposta de aplicação imediata da pena de que trata o art. 76 da Lei 9.099/1995 (art. 48, §§ 1.º e 5.º), bem como a disciplina da prescrição segundo as regras dos arts. 107 e seguintes do C. Penal (Lei 11.343/2006, art. 30). Ocorrência, pois, de "despenalização", entendida como exclusão, para o tipo, das penas privativas de liberdade.[5]

Conclui-se que a Lei de Introdução ao Código Penal fornece um conceito **genérico** de crime, aplicável sempre que não existir disposição especial em sentido contrário. Além disso, a sua finalidade precípua não é dizer sempre o que se entende por crime, mas diferenciá-lo da contravenção penal.

O art. 1.º da Lei de Introdução ao Código Penal permite, assim, a definição de conceito diverso de crim por leis extravagantes, reservando-se a sua aplicação para casos omissos.

Destarte, o **conceito geral ou genérico** de crime, sob o aspecto legal, continua a ser aquele constante do art. 1.º da Lei de Introdução ao Código Penal, ao passo que o art. 28 da Lei 11.343/2006 criou nova definição exclusivamente para o crime de posse de droga para consumo pessoal (**conceito específico**). Em relação aos demais delitos – tráfico, associação para o tráfico, financiamento ao tráfico etc. –, a Lei de Drogas segue o conceito geral apresentado pela Lei de Introdução ao Código Penal.

### 8.1.2.2.1. Art. 28 da Lei de Drogas, maconha e o entendimento do Supremo Tribunal Federal

A Suprema Corte fixou a seguinte tese no **Tema 506 da Repercussão Geral**: "Não comete infração penal quem adquirir, guardar, tiver em depósito, transportar ou trouxer consigo, para consumo pessoal, a substância *cannabis sativa*, sem prejuízo do reconhecimento da ilicitude extrapenal da conduta, com apreensão da droga e aplicação de sanções de advertência sobre os efeitos dela (art. 28, I) e medida educativa de comparecimento a programa ou curso educativo (art. 28, III)."[6]

Tal entendimento aplica-se unicamente à maconha, razão pela qual **não há falar em descriminalização da conduta tipificada no art. 28 da Lei 11.343/2006**, que permanece válida no tocante a todas as demais drogas indicadas na Portaria 344/1998 da ANVISA – Agência Nacional de Vigilância Sanitária.

## 8.1.3. Critério analítico

Esse critério, também chamado de **formal** ou **dogmático,** se funda nos **elementos** que compõem a **estrutura do crime.**

Basileu Garcia sustentava ser o crime composto por quatro elementos: **fato típico, ilicitude, culpabilidade** e **punibilidade.**[7]

Essa **posição quadripartida** é claramente minoritária e deve ser afastada, pois a **punibilidade** não é elemento do crime, mas **consequência** da sua prática. Não é porque se operou a prescrição de determinado crime, por exemplo, que ele desapareceu do mundo fático. Portanto, o crime existe independentemente da punibilidade.

---

5   RE 430.105 QO/RJ, rel. Min. Sepúlveda Pertence, 1.ª Turma, j. 13.02.2007. É também o entendimento do consolidado no STJ: HC 65.242/MG, rel. Min. Nefi Cordeiro, 6.ª Turma, j. 07.08.2014.

6   RE 635.659/SP, rel. Min. Gilmar Mendes, Plenário, j. 26.06.2024, noticiado no *Informativo* 1.143.

7   Com idêntica posição: BATTAGLINI, Giulio. *Direito penal.* Parte geral. Trad. Paulo José da Costa Jr. e Arminda Bergamini Miotto. São Paulo: Saraiva, Ed. Universidade de São Paulo, 1973. v. 1, p. 339.

Outros autores adotam uma **posição tripartida,** pela qual seriam elementos do crime: **fato típico, ilicitude** e **culpabilidade.** Perfilham desse entendimento, entre outros, Nélson Hungria, Aníbal Bruno, E. Magalhães Noronha, Francisco de Assis Toledo, Cezar Roberto Bitencourt e Luiz Regis Prado.

Muito cuidado nesse ponto.

Diversas pessoas, inadvertidamente, alegam que o acolhimento de um conceito tripartido de crime importa obrigatoriamente na adoção da teoria clássica ou causal da conduta.

Não é verdade. Quem aceita um conceito tripartido de crime tanto pode ser clássico como finalista. De fato, **Hans Welzel**, criador do finalismo penal, definia o crime como o fato típico, ilícito e culpável: "O conceito de culpabilidade acrescenta ao de ação antijurídica – tratando-se de uma ação dolosa ou não dolosa – um novo elemento, que a transforma em delito".[8]

A distinção entre os perfis clássico e finalista reside, principalmente, na alocação do dolo e da culpa, e não em um sistema bipartido ou tripartido relativamente à estrutura do delito, como veremos na análise da conduta.

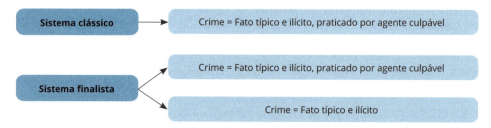

Por fim, há autores que entendem o crime como **fato típico** e **ilícito.** Constam desse rol René Ariel Dotti, Damásio E. de Jesus e Julio Fabbrini Mirabete, entre outros.

Para os seguidores dessa **teoria bipartida,** a **culpabilidade** deve ser excluída da composição do crime, uma vez que se trata de **pressuposto de aplicação da pena**. Destarte, para a configuração do delito bastam o fato típico e a ilicitude, ao passo que a presença ou não da culpabilidade importará na possibilidade ou não de a pena ser imposta.

A teoria bipartida relaciona-se intimamente com a teoria finalista da conduta. Como já abordado, nada impede a adoção de um conceito tripartido de crime por uma pessoa vinculada ao finalismo penal. Todavia, ao se adotar a teoria bipartida do crime, necessariamente será aceito o conceito finalista de conduta.

Isso porque na teoria clássica o dolo e a culpa situam-se na culpabilidade. E, se fosse possível um sistema clássico e bipartido, consagrar-se-ia a responsabilidade objetiva.

---

[8] WELZEL, Hans. *O novo sistema jurídico-penal*. Uma introdução à doutrina da ação finalista. Trad. Luiz Regis Prado. São Paulo: RT, 2001. p. 87.

## 8.1.4. Critério adotado pelo Código Penal

É usual a seguinte pergunta: "Em uma visão analítica, qual foi o conceito de crime adotado pelo Código Penal?". Não há resposta segura para esta questão.

O Código Penal de 1940, em sua redação original, acolhia um conceito tripartido de crime, relacionado com o sistema clássico. Eram, portanto, elementos do crime o *fato típico*, a *ilicitude* e a *culpabilidade*.

A situação mudou com a edição da Lei 7.209/1984, responsável pela redação da nova Parte Geral do Código Penal. A partir de então, **fica a impressão** de ter sido adotado um conceito bipartido de crime, ligado obrigatoriamente à teoria finalista da conduta. Vejamos quais são os indicativos dessa posição.

Em primeiro lugar, no Título II da Parte Geral o Código Penal trata "Do Crime", enquanto logo em seguida, no Título III, cuida "Da Imputabilidade Penal". Dessa forma, crime é o fato típico e ilícito, independentemente da culpabilidade, que tem a imputabilidade penal como um dos seus elementos. O crime existe sem a culpabilidade, bastando seja o fato típico e revestido de ilicitude.

Em igual sentido, ao tratar das causas de exclusão da ilicitude, determina o Código Penal em seu art. 23 que **"não há crime"**. Ao contrário, ao relacionar-se às causas de exclusão da culpabilidade (arts. 26, *caput*, e 28, § 1.º, por exemplo), diz que o autor é **"isento de pena"**.

Assim sendo, é necessário que o fato típico seja ilícito para a existência do crime. Ausente a ilicitude, **não há crime**.

Por outro lado, subsiste o crime com a ausência da culpabilidade. Sim, o fato é típico e ilícito, mas o agente é isento de pena. Em suma, há crime, sem a imposição de pena. O crime se refere ao fato (típico e ilícito), enquanto a culpabilidade guarda relação com o agente (merecedor ou não de pena).

Mas não é só.

O art. 180, § 4.º, do Código Penal preceitua: "A receptação é punível, ainda que desconhecido ou **isento de pena** o **autor do crime** de que proveio a coisa".

Conclui-se que, nada obstante a isenção de pena do agente e, portanto, da falta de culpabilidade (**isenção da pena = exclusão da culpabilidade**), ainda assim existe o crime do qual proveio a coisa. Em outras palavras, diz o Código Penal tratar-se o crime de fato típico e ilícito, pois subsiste mesmo com a isenção da pena em relação ao autor do **crime** anterior.

Em que pesem tais argumentos, há respeitados penalistas que adotam posições contrárias, no sentido de ter o Código Penal se filiado a um sistema tripartido, motivo que justifica o conhecimento de todos os enfoques por parte dos candidatos a concursos públicos.

## 8.2. ILÍCITO PENAL E OUTROS ILÍCITOS

Ilicitude é a relação de contrariedade entre o fato praticado por alguém e o ordenamento jurídico como um todo. Há, nesse contexto, ilícitos de natureza penal, civil, tributária, administrativa, ambiental etc., não existindo diferença entre eles quanto à origem.

O ilícito penal se separa dos demais, em relação à sua gravidade, por força da relevância da conduta praticada e da importância do bem jurídico tutelado. E o critério para essa distinção é meramente **político**. O que hoje se entende por ilícito tributário no futuro poderá ser compreendido como ilícito penal, dependendo da vontade do legislador e da conveniência para o interesse público, pois o Direito Penal somente deve se preocupar com os interesses e valores mais importantes para o desenvolvimento e manutenção do indivíduo e da sociedade, deixando os demais a cargo dos outros ramos do Direito (princípio da fragmentariedade).

E, por corolário, o ilícito penal se distingue de todos quanto à consequência. Enquanto se reserva a ele uma pena, até mesmo privativa de liberdade, as outras disciplinas jurídicas preveem sanções mais brandas.

## 8.3. SUJEITOS DO CRIME

Sujeitos do crime são as pessoas ou entes relacionados à prática e aos efeitos da empreitada criminosa. Dividem-se em sujeito ativo e sujeito passivo.

### 8.3.1. Sujeito ativo

Sujeito ativo é a pessoa que realiza direta ou indiretamente a conduta criminosa, seja isoladamente, seja em concurso.

Autor e coautor realizam o crime de forma direta, ao passo que o partícipe e o autor mediato o fazem indiretamente.

O sujeito ativo pode receber variadas denominações, dependendo do momento processual e do critério posto em exame, tais como *agente* (geral), *indiciado* (no inquérito policial), *acusado* (com o oferecimento da denúncia ou queixa), *réu* (após o recebimento da inicial acusatória), *sentenciado* (com a prolação da sentença), *condenado* (após o trânsito em julgado da condenação), *reeducando* (durante a execução penal), *egresso* (após o cumprimento da pena), *criminoso* e *delinquente* (objeto de estudo das ciências penais, como na criminologia). A regra é a de que apenas o ser humano pode ser sujeito ativo de infrações penais, mas também se discute a possibilidade de responsabilidade penal da pessoa jurídica.

Em que pesem as reminiscências históricas,[9] os animais podem funcionar como instrumento do crime, como no caso do cão bravio que cumpre ordem de ataque emanada de seu dono, mas jamais serão sujeito ativo de uma infração penal.

#### 8.3.1.1. A pessoa jurídica como sujeito ativo de crimes

Discute-se se a pessoa jurídica pode ser considerada sujeito ativo de crimes.

Para melhor compreensão do assunto, é necessário, inicialmente, abordar a natureza jurídica de tais entes.

Para a **teoria da ficção jurídica,** idealizada por **Savigny,** a pessoa jurídica não tem existência real, não tem vontade própria. Apenas o homem possui aptidão de ser sujeito de direitos. Essa teoria não pode subsistir. Com efeito, se a pessoa jurídica é uma ficção, o Direito também o é, porque provém do Estado, pessoa jurídica de direito público interno.

Para os adeptos dessa corrente, é impossível a prática de crimes por pessoas jurídicas. Não há como imaginar uma infração penal cometida por um ente fictício.

De outro lado, a **teoria da realidade, orgânica, organicista ou da personalidade real,** de **Otto Gierke,** sustenta ser a pessoa jurídica um ente autônomo e distinto de seus membros, dotado de vontade própria. É, assim, sujeito de direitos e obrigações, tais como uma pessoa física. É a teoria mais aceita no Direito.

Pode ser extraída, até aqui, uma primeira conclusão. Essas teorias guardam estreita relação com o Direito Civil, e, se for adotada a da ficção jurídica, é impossível a prática de crimes por pessoas jurídicas. Entretanto, com a preferência pela teoria orgânica, passa-se ao debate acerca da sujeição criminal ativa da pessoa jurídica.

Nesse ponto, há duas correntes. A primeira, no sentido da **impossibilidade de a pessoa jurídica ser sujeito ativo de infrações penais.** Destacam-se seus argumentos:

1) Desde o Direito Romano já se sustentava o postulado *societas delinquere non potest*, isto é, a sociedade não pode delinquir;

---

[9] "Cita-se o caso do elefante Charlie que foi absolvido por legítima defesa; é notável o exemplo de um galo condenado à morte por haver bicado os olhos de uma criança; recorda-se também o processo instaurado contra o papagaio que dava vivas ao rei, infringindo assim as novas concepções revolucionárias; assinalam-se exemplos, por igual, de cavalos homicidas, veados infanticidas e de cachorros acusados de *crimen bestialitatis*" (LINHARES, Marcello Jardim. *Legítima defesa.* 4. ed. São Paulo/Rio de Janeiro: Saraiva/Forense, 1994. p. 167).

CAP. 8 – CRIME: NOÇÕES INTRODUTÓRIAS | **153**

2) A pessoa jurídica não tem vontade própria, e, portanto, não pode praticar condutas;

3) A pessoa jurídica não é dotada de consciência própria para compreender o caráter intimidativo da pena;

4) A pessoa jurídica não é imputável, pois somente o ser humano adquire capacidade de entender o caráter ilícito de um fato e de determinar-se de acordo com esse entendimento;

5) A pessoa jurídica tem a sua atuação vinculada aos atos relacionados com o seu estatuto social, aí não se incluindo a prática de crimes;

6) A punição da pessoa jurídica alcançaria, ainda que indiretamente, seus integrantes, ofendendo o princípio constitucional da personalidade da pena; e

7) Não se pode aplicar pena privativa de liberdade, característica indissociável do Direito Penal, à pessoa jurídica.

A segunda corrente pugna pela **possibilidade de a pessoa jurídica figurar como sujeito ativo de crimes,** com os seguintes fundamentos:

1) A pessoa jurídica constitui-se em ente autônomo, dotado de consciência e vontade, razão pela qual pode realizar condutas e assimilar a natureza intimidatória da pena;

2) A pessoa jurídica deve responder por seus atos, adaptando-se o juízo de culpabilidade às suas características;

3) A pessoa jurídica possui vontade própria, razão pela qual o Direito Penal a ela reserva tratamento isonômico ao dispensado à pessoa física;

4) É óbvio que o estatuto social de uma pessoa jurídica não prevê a prática de crimes como uma de suas finalidades. Da mesma forma, não contém em seu bojo a realização de atos ilícitos, o que não os impede de serem realizados (inadimplência, por exemplo);

5) A punição da pessoa jurídica não viola o princípio da personalidade da pena. Deve-se distinguir a pena dos efeitos da condenação, os quais também se verificam com a punição da pessoa física; e

6) O Direito Penal não se limita à pena de prisão. Ao contrário, cada vez mais a pena privativa de liberdade deve ser entendida como medida excepcional (*ultima ratio*), preferindo-se a aplicação de penas alternativas.

Com a opção pela segunda corrente, pode-se dizer que a Constituição Federal admitiu a responsabilidade penal da pessoa jurídica nos crimes contra a ordem econômica e financeira, contra a economia popular e contra o meio ambiente, autorizando o legislador ordinário a cominar penas compatíveis com sua natureza, independentemente da responsabilidade individual dos seus dirigentes (CF, arts. 173, § 5.º, e 225, § 3.º).

Já foi editada a Lei 9.605/1998, no tocante aos crimes contra o meio ambiente, e o seu art. 3.º, parágrafo único, dispõe expressamente sobre a responsabilização penal da pessoa jurídica. O posicionamento atual do Supremo Tribunal Federal e do Superior Tribunal de Justiça é pela admissibilidade da responsabilidade penal da pessoa jurídica em todos os crimes ambientais, dolosos ou culposos.[10]

---

[10] STF: HC-MC 91.591/MG, rel. Min. Marco Aurélio, Pleno, j. 21.06.2007; e HC 92.921/BA, rel. Min. Ricardo Lewandowski, 1.ª Turma, j. 19.08.2008. No STJ: REsp 889.528/SC, rel. Felix Fischer, 5.ª Turma, j. 17.04.2007; e HC 92.822/SP, rel. originário Min. Arnaldo Esteves Lima, rel. para acórdão Min. Napoleão Nunes Maia Filho, 5.ª Turma, j. 17.06.2008, noticiado no *Informativo* 360.

Em relação aos crimes contra a economia popular e a ordem econômica e financeira, ainda não sobreveio lei definidora dos crimes da pessoa jurídica.[11]

Destarte, mesmo para quem admite a responsabilidade penal da pessoa jurídica, deve ser ressaltado que somente podem ser praticados os crimes previstos na Constituição Federal, desde que regulamentados por lei ordinária, a qual deverá instituir expressamente sua responsabilidade penal. É esse o entendimento atualmente dominante, no sentido de que a pessoa jurídica pode ser responsabilizada penalmente pela prática de crimes ambientais, posição que tende cada vez mais a se consolidar, seja por interpretação do texto constitucional, seja por opção de política criminal, capaz de proporcionar eficiente resultado prático em tema tão em evidência. Nas palavras de Fernando Galvão:

> [...] a sanção de natureza penal oferece um contraestímulo muito mais eficiente na proteção do meio ambiente, justamente por trabalhar em harmonia com a lógica do mercado capitalista. A pena criminal possui efeito estigmatizante que, para a pessoa física, sempre foi considerado um ponto negativo. A pessoa física tem maiores dificuldades para a reinserção após receber a marcação oficial de criminoso. No caso da pessoa jurídica, a marca da responsabilidade criminal dificulta os negócios da pessoa jurídica e, na defesa de seus interesses econômicos, os dirigentes da pessoa jurídica são estimulados a evitar o processo penal.[12]

Saliente-se que, mesmo com o texto constitucional, há entendimentos no sentido de que não foi prevista a responsabilidade penal da pessoa jurídica. Os defensores desta linha de pensamento interpretam o art. 225, § 3.º, da Constituição Federal[13] da seguinte maneira: pessoas físicas suportam sanções penais, ao passo que pessoas jurídicas suportam sanções administrativas.

Agora, ao se aceitar a responsabilidade penal da pessoa jurídica, deve destacar-se que esse reconhecimento não exclui a responsabilidade da pessoa física coautora ou partícipe do delito. É o que se denomina de **sistema paralelo de imputação (teoria da dupla imputação)**, previsto no art. 3.º, parágrafo único, da Lei 9.605/1998, e com amparo nos arts. 13, *caput*, e 29, *caput*, ambos do Código Penal.

É de se observar, entretanto, que a condenação da pessoa jurídica não acarreta, automaticamente, em igual medida no tocante à pessoa física, pelo mesmo crime. Exigem-se provas seguras da autoria e da materialidade do fato delituoso relativamente a todos os envolvidos na infração penal. De fato, nada impede a absolvição das pessoas físicas às quais se imputou a responsabilidade pelo crime ambiental, simultaneamente à condenação da pessoa jurídica beneficiada pelo delito. Na linha da jurisprudência do Supremo Tribunal Federal:

> É admissível a condenação de pessoa jurídica pela prática de crime ambiental, ainda que absolvidas as pessoas físicas ocupantes de cargo de presidência ou de direção do órgão responsável pela prática criminosa. Com base nesse entendimento, a 1.ª Turma, por maioria, conheceu, em parte, de recurso extraordinário e, nessa parte, deu-lhe provimento para cassar o acórdão recorrido. Neste, a imputação aos dirigentes responsáveis pelas condutas incriminadas (Lei 9.605/98, art. 54) teria sido excluída e, por isso, trancada a ação penal relativamente à pessoa jurídica. [...]. Sublinhou-se que, ao se condicionar a imputabilidade da pessoa jurídica à da pessoa humana, estar-se-ia quase que a subordinar a responsabilização jurídico-criminal do ente moral à efetiva condenação da pessoa física. Ressaltou-se que, ainda que se concluísse que o legislador ordinário não estabelecera por

---

[11] As Leis 1.521/1951 (crimes contra a economia popular), 7.492/1986 (crimes contra o sistema financeiro nacional) e 8.176/1991 (crimes contra a ordem econômica) cuidaram apenas da responsabilidade penal das pessoas físicas.

[12] GALVÃO, Fernando. *Responsabilidade penal da pessoa jurídica*. 2. ed. Belo Horizonte: Del Rey, 2003. p. 16.

[13] "As condutas e atividades consideradas lesivas ao meio ambiente sujeitarão os infratores, pessoas físicas ou jurídicas, a sanções penais e administrativas, independentemente da obrigação de reparar os danos causados."

CAP. 8 – CRIME: NOÇÕES INTRODUTÓRIAS | 155

completo os critérios de imputação da pessoa jurídica por crimes ambientais, não haveria como pretender transpor o paradigma de imputação das pessoas físicas aos entes coletivos.[14]

O Superior Tribunal de Justiça compartilha deste entendimento:

É possível a responsabilização penal da pessoa jurídica por delitos ambientais independentemente da responsabilização concomitante da pessoa física que agia em seu nome. Conforme orientação da Primeira Turma do STF, "O art. 225, § 3.º, da Constituição Federal não condiciona a responsabilização penal da pessoa jurídica por crimes ambientais à simultânea persecução penal da pessoa física em tese responsável no âmbito da empresa. A norma constitucional não impõe a necessária dupla imputação" (RE 548.181, Primeira Turma, *DJe* 29.10.2014). Diante dessa interpretação, o STJ modificou sua anterior orientação, de modo a entender que é possível a responsabilização penal da pessoa jurídica por delitos ambientais independentemente da responsabilização concomitante da pessoa física que agia em seu nome.[15]

#### 8.3.1.1.1. Responsabilidade penal e pessoa jurídica de direito público

Para os defensores da tese da pessoa jurídica como sujeito ativo de crimes, surge uma nova indagação: É possível a responsabilidade penal da **pessoa jurídica de direito público**? Existem duas posições sobre o assunto:

a) Sim, é possível, pois a Constituição Federal e a Lei 9.605/1998 – Crimes Ambientais – não fazem distinção entre a pessoa jurídica de direito privado e a pessoa jurídica de direito público; e

b) Não é possível, pois a sanção penal acabaria prejudicando a própria coletividade, seja em face da lesão ao patrimônio público (pena de multa), seja com a suspensão ou extinção de serviço de interesse público (nas demais penas).

### 8.3.2. Sujeito passivo

É o titular do bem jurídico protegido pela lei penal violada por meio da conduta criminosa. Pode ser denominado de **vítima** ou de **ofendido**, e divide-se em duas espécies:

**1) Sujeito passivo constante, mediato, formal, geral, genérico ou indireto:** é o Estado, pois a ele pertence o direito público subjetivo de exigir o cumprimento da legislação penal.

Figura como sujeito passivo de todos os crimes, pois qualquer violação da lei penal transgride interesse a ele reservado pelo ordenamento jurídico. Exemplo: em um crime de homicídio, ainda que a vítima direta seja a pessoa privada da sua vida, o Estado também foi ofendido, haja vista que a ele convém não sejam praticados crimes.

**2) Sujeito passivo eventual, imediato, material, particular, acidental ou direto:** é o titular do bem jurídico especificamente tutelado pela lei penal. Exemplo: o proprietário do carro subtraído no crime de furto.

---

[14] RE 548181/PR, rel. Min. Rosa Weber, 1.ª Turma, j. 06.08.2013, noticiado no *Informativo* 714. E ainda: "É possível a condenação de pessoa jurídica pela prática de crime ambiental, ainda que haja absolvição da pessoa física relativamente ao mesmo delito. Com base nesse entendimento, a 1.ª Turma manteve decisão de turma recursal criminal que absolvera gerente administrativo financeiro, diante de sua falta de ingerência, da imputação da prática do crime de licenciamento de instalação de antena por pessoa jurídica sem autorização dos órgãos ambientais. [...] Reputou-se que a Constituição respaldaria a cisão da responsabilidade das pessoas física e jurídica para efeito penal" (RE 628.582 AgR/RS, rel. Min. Dias Toffoli, 1.ª Turma, j. 06.09.2011, noticiado no *Informativo* 639).

[15] RMS 39.173/BA, rel. Min. Reynaldo Soares da Fonseca, 5.ª Turma, j. 06.08.2015, noticiado no *Informativo* 566.

O Estado sempre figura como sujeito passivo constante. Além disso, pode ser sujeito passivo eventual, tal como ocorre nos crimes contra a Administração Pública.

A pessoa jurídica pode ser vítima de diversos delitos, desde que compatíveis com a sua natureza.

Da mesma forma, há diversos crimes que podem ser praticados contra incapazes, e inclusive contra o nascituro, como é o caso do aborto.

É também possível a existência de **sujeito passivo indeterminado.** É o que ocorre nos **crimes vagos,** aqueles que têm como vítima um ente destituído de personalidade jurídica.

Os mortos e os animais não podem ser sujeitos passivos de crimes. Pergunta-se: E o crime previsto no art. 138, § 2.º, do Código Penal? E os crimes contra a fauna, tipificados pelos arts. 29 a 37 da Lei 9.605/1998?

No caso da figura definida pelo art. 138, § 2.º, do Código Penal, não é o morto o sujeito passivo do crime. Os ofendidos são os seus familiares, preocupados em zelar pelo respeito reservado às suas recordações. Daí falar Damásio E. de Jesus em **calúnia contra a memória dos mortos.**[16]

Em relação aos crimes contra a fauna, é a coletividade que figura como vítima. De fato, ela é a titular do interesse de ver preservado todo o patrimônio ambiental.

Anote-se, ainda, que ninguém pode praticar um crime contra si próprio. Em consonância com o princípio da alteridade do Direito Penal, inexiste delito na conduta maléfica somente a quem a praticou. Exemplos: No crime previsto no art. 171, § 2.º, V, do Código Penal (fraude para recebimento de indenização ou valor de seguro), a vítima é a seguradora que se pretende ludibriar. Na hipótese da autoacusação falsa (art. 341 do Código Penal), a vítima é o Estado, ofendido em sua função de administrar a Justiça.

Por último, não se deve confundir o sujeito passivo com o prejudicado pelo crime. Ainda que muitas vezes tais características se reúnam na mesma pessoa, as situações são diversas.

Sujeito passivo, como já analisado, é o titular do bem jurídico protegido pela lei penal violada. Prejudicado pelo crime, por outro lado, é qualquer pessoa a quem o crime traga danos, patrimoniais ou não. Exemplo: sujeito passivo do homicídio é o ser humano de quem foi tirada a vida, ao passo que prejudicado pelo crime é a esposa da vítima.

## 8.4. OBJETO DO CRIME

É o bem ou objeto contra o qual se dirige a conduta criminosa. Pode ser jurídico ou material.

**Objeto jurídico** é o bem jurídico, isto é, o interesse ou valor protegido pela norma penal. No art. 121 do Código Penal, a título ilustrativo, a objetividade jurídica recai na vida humana.

**Objeto material,** de seu turno, é a pessoa ou a coisa que suporta a conduta criminosa. No homicídio, exemplificativamente, é o ser humano que teve sua vida ceifada pelo comportamento do agente.

---

[16] JESUS, Damásio E. de. *Direito penal*. Parte especial. 27. ed. São Paulo: Saraiva, 2005. v. 2, p. 216.

# CAPÍTULO 9

# CLASSIFICAÇÃO DOS CRIMES

## 9.1. INTRODUÇÃO

A classificação dos crimes pode ser legal ou doutrinária.

**Classificação legal** é a qualificação, ou seja, o nome atribuído ao delito pela lei penal. A conduta de "matar alguém" é denominada pelo art. 121 do Código Penal de homicídio. Na Parte Especial do Código Penal, em regra, os crimes são acompanhados por sua denominação legal (*nomen iuris*), também chamada de **rubrica marginal.**

**Classificação doutrinária** é o nome dado pelos estudiosos do Direito Penal às infrações penais. Será, doravante, objeto do nosso estudo.

## 9.1.1. Crimes comuns, próprios e de mão própria

Essa divisão se baseia na qualidade do sujeito ativo.

**Crimes comuns** ou **gerais:** são aqueles que podem ser praticados por qualquer pessoa. O tipo penal não exige, em relação ao sujeito ativo, nenhuma condição especial. Exemplos: homicídio, furto, extorsão mediante sequestro, crimes contra a honra etc.

Fala-se também em **crimes bicomuns**, compreendidos como aqueles que podem ser cometidos por qualquer pessoa e contra qualquer pessoa, isto é, não se reclama nenhuma situação especial, seja em relação ao sujeito ativo, seja no tocante ao sujeito passivo. É o caso da lesão corporal e do estelionato, entre tantos outros delitos.

**Crimes próprios** ou **especiais:** são aqueles em que o tipo penal exige uma situação fática ou jurídica diferenciada por parte do sujeito ativo. Exemplos: peculato (só pode ser praticado por funcionário público) e receptação qualificada pelo exercício de atividade comercial ou industrial, delito previsto no art. 180, § 1.º, do Código Penal (somente pode ser praticado pelo comerciante ou industrial). Admitem coautoria e participação.[1]

Os crimes próprios dividem-se em **puros** e **impuros**. Naqueles, a ausência da condição imposta pelo tipo penal leva à atipicidade do fato (exemplo: prevaricação, pois, excluída a elementar "funcionário público", não subsiste crime algum), enquanto que nestes a exclusão da especial posição do sujeito ativo acarreta na desclassificação para outro delito (exemplo:

---

[1] STJ: REsp 975.962/CE, rel. Min. Felix Fischer, 5.ª Turma, j. 19.02.2009.

peculato doloso, pois, afastando-se a elementar "funcionário público", o fato passará a constituir crime de furto ou apropriação indébita, conforme o caso).

Fala-se ainda em **crimes próprios com estrutura inversa**, classificação relativa aos crimes praticados por funcionários públicos contra a Administração em geral (crimes funcionais). Como lecionam Antonio Pagliaro e Paulo José da Costa Junior:

> Os delitos funcionais dispõem, entretanto, entre os crimes próprios, de uma característica de todo particular. Neles, a qualificação subjetiva não precede o fato, mas deriva do sujeito por uma atividade que ele exercita no momento do fato. [...] Em outras palavras: o *prius* lógico dos crimes funcionais é que o sujeito, na situação concreta, esteja exercitando uma função pública. Desse dado de fato deriva a qualificação de funcionário público, necessária à configuração dos crimes. Logo, os delitos funcionais podem ser classificados como "delitos próprios com estrutura inversa", no sentido de que é necessário indagar sobre o fato antes de concluir que a qualificação subjetiva de funcionário público subsista realmente.[2]

Existem também os chamados **crimes bipróprios**, é dizer, delitos que exigem uma peculiar condição (fática ou jurídica) no tocante ao sujeito ativo e ao sujeito passivo. É o caso do infanticídio, que somente pode ser praticado pela mãe contra o próprio filho nascente ou recém-nascido.[3]

**Crimes de mão própria, de atuação pessoal** ou **de conduta infungível:** são aqueles que somente podem ser praticados pela pessoa expressamente indicada no tipo penal. É o caso do falso testemunho (CP, art. 342).

Tais crimes não admitem coautoria, mas somente participação, eis que a lei não permite delegar a execução do crime a terceira pessoa. No caso do falso testemunho, o advogado do réu pode, por exemplo, induzir, instigar ou auxiliar a testemunha a faltar com a verdade, mas jamais poderá, em juízo, mentir em seu lugar ou juntamente com ela.[4]

### 9.1.2. Crimes simples e complexos

A classificação se refere à estrutura da conduta delineada pelo tipo penal.

**Crime simples:** é aquele que se amolda em um único tipo penal. É o caso do furto (CP, art. 155).

**Crime complexo:** é aquele que resulta da união de dois ou mais tipos penais. Fala-se, nesse caso, em **crime complexo em sentido estrito**. O crime de roubo (CP, art. 157), por exemplo, é oriundo da fusão entre furto e ameaça (no caso de ser praticado com emprego de grave ameaça – CP, art. 147) ou furto e lesão corporal (se praticado mediante violência contra a pessoa – CP, art. 129). Denominam-se **famulativos** os delitos que compõem a estrutura unitária do crime complexo.[5]

De seu turno, **crime complexo em sentido amplo** é o que deriva da fusão de um crime com um comportamento por si só penalmente irrelevante, a exemplo da denunciação caluniosa (CP, art. 339), originária da união da calúnia (CP, art. 138) com a conduta lícita de noticiar à autoridade pública a prática de uma infração penal e sua respectiva autoria.[6]

---

[2] PAGLIARO, Antonio; e COSTA JÚNIOR, Paulo José da. *Dos crimes contra a administração pública.* 4. ed. São Paulo: Atlas, 2009. p. 24.

[3] Atente-se para um dado interessante: o estupro, na redação original do Código Penal, era crime bipróprio, pois somente podia ser praticado por homem contra mulher; entretanto, após a entrada em vigor da Lei 12.015/2009, passou a ser delito bicomum, pois qualquer pessoa (homem ou mulher) pode figurar como seu sujeito ativo ou passivo.

[4] Há somente uma exceção a esta regra, consistente no crime de falsa perícia (CP, art. 342) praticado em concurso por dois peritos, contadores, tradutores ou intérpretes. Trata-se de crime de mão própria cometido em coautoria. Entretanto, para a **teoria do domínio do fato** os crimes de mão própria admitem coautoria: o sujeito pode ser autor do delito sem realizar o núcleo do tipo. Basta que tenha o controle final do fato.

[5] STF: HC 71.069/SP, rel. Min. Celso de Mello, 1.ª Turma, j. 10.05.1994.

[6] Em face das alterações promovidas no *caput* do art. 339 do Código Penal pela Lei 14.110/2020, além da imputação falsa de crime a alguém, a denunciação caluniosa também pode ser caracterizada pela atribuição inverídica de infração ético-disciplinar ou ato ímprobo.

### 9.1.2.1. Crime ultracomplexo (ou supercomplexo)

Utiliza-se essa denominação para referir-se ao crime em que, além de resultar da fusão de dois outros delitos, incide também em sua estrutura um terceiro crime, o qual funciona como qualificadora ou causa de aumento de pena do delito complexo. Seriam exemplos de crime ultracomplexo (ou supercomplexo) o latrocínio (CP, art. 157, § 3.º, II), no qual há união entre roubo (crime complexo) e homicídio, a título de qualificadora, e também o roubo circunstanciado pelo emprego de arma de fogo (CP, art. 157, § 2.º-A, I, ou § 2.º-B), pois o crime patrimonial pode vir acompanhado dos delitos de posse ou porte ilegal de arma de fogo (Lei 10.826/2003 – Estatuto do Desarmamento, arts. 12, 14 ou 16), crimes autônomos que acabam funcionando, no caso concreto, como causa de aumento de pena.

Essa classificação, em nossa opinião, é desnecessária. O crime pode ser simples ou complexo e não há motivo razoável para criar mais um grau de "complexidade" em determinados delitos, rotulando-os como ultracomplexos.

## 9.1.3. Crimes materiais, formais e de mera conduta

A divisão diz respeito à relação entre a conduta e o resultado naturalístico, compreendido como a modificação do mundo exterior, provocada pela conduta do agente.

**Crimes materiais** ou **causais:** são aqueles em que o tipo penal aloja em seu interior uma conduta e um resultado naturalístico, sendo a ocorrência deste último necessária para a consumação. É o caso do homicídio (CP, art. 121). A conduta é "matar alguém", e o resultado naturalístico ocorre com o falecimento da vítima, operando-se com ele a consumação.

**Crimes formais, de consumação antecipada** ou **de resultado cortado:** são aqueles nos quais o tipo penal contém em seu bojo uma conduta e um resultado naturalístico, mas este último é desnecessário para a consumação. Em síntese, malgrado possa se produzir o resultado naturalístico, o crime estará consumado com a mera prática da conduta.

Na extorsão mediante sequestro (CP, art. 159), basta a privação da liberdade da vítima com o escopo de obter futura vantagem patrimonial indevida como condição ou preço do resgate. Ainda que a vantagem não seja obtida pelo agente, o crime estará consumado com a realização da conduta.

No caso da ameaça (CP, art. 147), a vítima pode até sentir-se amedrontada com a promessa de mal injusto e grave, mas isso não é necessário para a consumação do crime.

Na injúria (CP, art. 140), a pessoa contra quem foi dirigida a ofensa pode considerar-se menosprezada. Não se exige, contudo, que isso ocorra. Basta que as palavras proferidas tenham potencialidade para violar a honra subjetiva, isto é, a dignidade e o decoro que a pessoa tem no tocante a si própria.

Outro exemplo é o crime de extorsão (CP, art. 158). Nos moldes da **Súmula 96 do Superior Tribunal de Justiça**: "O crime de extorsão consuma-se independentemente da obtenção da vantagem indevida".

**Crimes de mera conduta** ou **de simples atividade:** são aqueles em que o tipo penal se limita a descrever uma conduta, ou seja, não contém resultado naturalístico, razão pela qual ele jamais poderá ser verificado. É o caso do ato obsceno (CP, art. 233) e do porte de munição de uso permitido (Lei 10.826/2003 – Estatuto do Desarmamento, art. 14).[7]

Na definição de Manoel Pedro Pimentel: "Crime de mera conduta é aquele em que a ação ou a omissão bastam para constituir o elemento material (objetivo) da figura típica penal".[8]

---

[7] STJ: AgRg no REsp 1.398.837/SC, rel. Min. Maria Thereza de Assis Moura, 6.ª Turma, j. 05.08.2014.

[8] PIMENTEL, Manoel Pedro. *Crimes de mera conduta*. 3. ed. São Paulo: RT, 1975. p. 64.

### 9.1.4. Crimes instantâneos, permanentes, de efeitos permanentes e a prazo

A classificação se refere ao momento em que o crime se consuma.

**Crimes instantâneos** ou **de estado:** são aqueles cuja consumação se verifica em um momento determinado, sem continuidade no tempo. É o caso do furto (CP, art. 155).

**Crimes permanentes:** são aqueles cuja consumação se prolonga no tempo, por vontade do agente. O ordenamento jurídico é agredido reiteradamente, razão pela qual a prisão em flagrante é cabível a qualquer momento, enquanto perdurar a situação de ilicitude. A prescrição da pretensão punitiva, de seu turno, somente começa a fluir a partir da data de cessação da permanência (CP, art. 111, III). Os crimes permanentes se subdividem em:

a) **necessariamente permanentes:** para a consumação é imprescindível a manutenção da situação contrária ao Direito por tempo juridicamente relevante. É o caso do sequestro (CP, art. 148);

b) **eventualmente permanentes:** em regra são instantâneos, mas, no caso concreto, a situação de ilicitude pode ser prorrogada no tempo pela vontade do agente. Como exemplo pode ser indicado o furto de energia elétrica (CP, art. 155, § 3.º).

**Crimes instantâneos de efeitos permanentes:** são aqueles cujos efeitos subsistem após a consumação, independentemente da vontade do agente, tal como ocorre na bigamia (CP, art. 235) e no estelionato previdenciário (CP, art. 171, *caput*), quando praticado por terceiro não beneficiário.[9]

O Superior Tribunal de Justiça, com lucidez, sintetiza a distinção entre crimes permanentes e instantâneos de efeitos permanentes:

> De antemão, é necessário fazer a distinção dos conceitos legais – crime permanente e crime instantâneo de efeitos permanentes – de modo a tornar claro o raciocínio jurídico empregado. A diferença de classificação consiste na ação tomada pelo agente quanto aos efeitos gerados pela conduta delitiva inicial, pois para o crime permanente, realizada a ação típica, os efeitos só perduram no tempo por nova ação do autor ou diante da sua inércia em cumprir determinação estipulada, enquanto nos crimes instantâneos de efeitos permanentes o delito se consuma tão somente no primeiro momento, sendo as consequências daí geradas independentes da sua vontade.[10]

**Crimes a prazo:** são aqueles cuja consumação exige a fluência de determinado período. É o caso da lesão corporal de natureza grave em decorrência da incapacidade para as ocupações habituais por mais de 30 dias (CP, art. 129, § 1.º, I), e do sequestro em que a privação da liberdade dura mais de 15 dias (CP, art. 148, § 1.º, III).

### 9.1.5. Crimes unissubjetivos, plurissubjetivos e eventualmente coletivos

Diz respeito ao número de agentes envolvidos com a conduta criminosa.

**Crimes unissubjetivos, unilaterais, monossubjetivos** ou **de concurso eventual:** são praticados por um único agente. Admitem, entretanto, o concurso de pessoas. É o caso do homicídio (CP, art. 121).

**Crimes plurissubjetivos, plurilaterais** ou **de concurso necessário:** são aqueles em que o tipo penal reclama a pluralidade de agentes, que podem ser coautores ou partícipes, imputáveis ou não, conhecidos ou desconhecidos, e inclusive pessoas em relação às quais já foi extinta a punibilidade. Subdividem-se em:

---

9   STJ: AgRg no Resp 1.347.082/RS, rel. Min. Moura Ribeiro, 5.ª Turma, j. 21.08.2014.

10  AgRg no REsp 1.847.097/PA, rel. Min. Joel Ilan Paciornik, 5.ª Turma, j. 05.03.2020, noticiado no *Informativo* 667.

CAP. 9 – CLASSIFICAÇÃO DOS CRIMES | **161**

a) **crimes bilaterais** ou **de encontro:** o tipo penal exige dois agentes, cujas condutas tendem a se encontrar. É o caso da bigamia (CP, art. 235);

b) **crimes coletivos** ou **de convergência:** o tipo penal reclama a existência de três ou mais agentes. Podem ser:

   **b.1) de condutas contrapostas:** os agentes devem atuar uns contra os outros. É o caso da rixa (CP, art. 137);

   **b.2) de condutas paralelas:** os agentes se auxiliam, mutuamente, com o objetivo de produzirem o mesmo resultado. É o caso da associação criminosa (CP, art. 288).

Não se devem confundir, todavia, os crimes plurissubjetivos com os **de participação necessária.** Estes podem ser praticados por uma única pessoa, nada obstante o tipo penal reclame a participação necessária de outra pessoa, que atua como sujeito passivo e, por esse motivo, não é punido (ex.: rufianismo – CP, art. 230).

**Crimes eventualmente coletivos:** são aqueles em que, não obstante o seu caráter unilateral, a diversidade de agentes atua como causa de elevação da pena, tal como se dá no furto qualificado (CP, art. 155, § 4.º, IV) e no roubo circunstanciado (CP, art. 157, § 2.º, II).

### 9.1.6. Crimes de subjetividade passiva única e de dupla subjetividade passiva

A classificação se relaciona com o número de vítimas.

**Crimes de subjetividade passiva única:** são aqueles em que consta no tipo penal uma única vítima. É o caso da lesão corporal (CP, art. 129).

**Crimes de dupla subjetividade passiva:** são aqueles em que o tipo penal prevê a existência de duas ou mais vítimas, tal como se dá no aborto sem o consentimento da gestante, em que se ofendem a gestante e o feto (CP, art. 125), e na violação de correspondência, na qual são vítimas o remetente e o destinatário (CP, art. 151).

### 9.1.7. Crimes de dano e de perigo

Essa classificação se refere ao grau de intensidade do resultado almejado pelo agente como consequência da prática da conduta.

**Crimes de dano** ou **de lesão:** são aqueles cuja consumação somente se produz com a efetiva lesão do bem jurídico. Como exemplos podem ser lembrados os crimes de homicídio (CP, art. 121), lesões corporais (CP, art. 129) e dano (CP, art. 163).

**Crimes de perigo:** são aqueles que se consumam com a mera exposição do bem jurídico penalmente tutelado a uma situação de perigo, ou seja, basta a probabilidade de dano. Subdividem-se em:

a) **crimes de perigo abstrato, presumido** ou **de simples desobediência:** consumam-se com a prática da conduta, automaticamente. Não se exige a comprovação da produção da situação de perigo. Ao contrário, há presunção absoluta (*iuris et de iure*) de que determinadas condutas acarretam perigo a bens jurídicos.[11] É o caso do tráfico de drogas (Lei 11.343/2006, art. 33, *caput*). Esses crimes estão em sintonia com a Constituição

---

[11] "Os crimes de perigo abstrato, por sua própria definição, se revelam por meio da simples realização da conduta descrita na norma penal, dispensando a necessidade de demonstração concreta do perigo. Isso significa que o perigo ao bem jurídico protegido é presumido pela lei, tornando irrelevante, sob o ponto de vista jurídico, a efetiva ocorrência de um dano." (STJ: AgRg no AREsp 2.349.885/BA, rel. Min. Joel Ilan Paciornik, rel. para acórdão Min. Ribeiro Dantas, 5.ª Turma, j. 03.09.2024, noticiado no *Informativo* 825).

# 162 | DIREITO PENAL – PARTE GERAL – VOL. 1 • CLEBER MASSON

Federal, mas devem ser instituídos pelo legislador com parcimônia, evitando-se a desnecessária inflação legislativa;[12]

b) **crimes de perigo concreto:** consumam-se com a efetiva comprovação, no caso concreto, da ocorrência da situação de perigo. É o caso do crime de perigo para a vida ou saúde de outrem (CP, art. 132);

c) **crimes de perigo individual:** atingem uma pessoa ou um número determinado de pessoas, tal como no perigo de contágio venéreo (CP, art. 130);

d) **crimes de perigo comum ou coletivo:** atingem um número indeterminado de pessoas, como no caso da explosão criminosa (CP, art. 251);

e) **crimes de perigo atual:** o perigo está ocorrendo, como no abandono de incapaz (CP, art. 133);

f) **crimes de perigo iminente:** o perigo está prestes a ocorrer;

g) **crimes de perigo futuro** ou **mediato:** a situação de perigo decorrente da conduta se projeta para o futuro, como no porte ilegal de arma de fogo de uso permitido ou restrito (Lei 10.826/2003, arts. 14 e 16), autorizando a criação de **tipos penais preventivos**.

## 9.1.8. Crimes unissubsistentes e plurissubsistentes

Dizem respeito ao número de atos executórios que integram a conduta criminosa.

**Crimes unissubsistentes:** são aqueles cuja conduta se revela mediante um único ato de execução, capaz de por si só produzir a consumação, tal como nos crimes contra a honra praticados com o emprego da palavra.

Não admitem a tentativa, pois a conduta não pode ser fracionada, e, uma vez realizada, acarreta automaticamente na consumação.

**Crimes plurissubsistentes:** são aqueles cuja conduta se exterioriza por meio de dois ou mais atos, os quais devem somar-se para produzir a consumação. É o caso do crime de homicídio praticado por diversos golpes de faca.

É possível a tentativa justamente em virtude da pluralidade de atos executórios.

## 9.1.9. Crimes comissivos, omissivos e de conduta mista

A divisão se relaciona com a forma pela qual é praticada a conduta criminosa.

**Crimes comissivos** ou **de ação:** são os praticados mediante uma conduta positiva, um fazer, tal como se dá no roubo (CP, art. 157). Nessa categoria se enquadra a ampla maioria dos crimes.

**Crimes omissivos** ou **de omissão:** são os cometidos por meio de uma conduta negativa, de uma inação, de um não fazer. Subdividem-se em:

a) **Crimes omissivos próprios** ou **puros:** a omissão está contida no tipo penal, ou seja, a descrição da conduta prevê a realização do crime por meio de uma conduta negativa.

Não há previsão legal do dever jurídico de agir, de forma que o crime pode ser praticado por qualquer pessoa que se encontre na posição indicada pelo tipo penal. Nesses casos, o omitente não responde pelo resultado naturalístico eventualmente produzido, mas somente pela sua omissão.

Exemplo típico é o crime de omissão de socorro, definido pelo art. 135 do Código Penal:

**Deixar de prestar** assistência, quando possível fazê-lo sem risco pessoal, à criança abandonada ou extraviada, ou à pessoa inválida ou ferida, ao desamparo ou em grave e iminente perigo; ou **não pedir,** nesses casos, o socorro da autoridade pública.

---

12 STF: HC 102.087/MG, rel. Min. Celso de Mello, rel. p/ acórdão Min. Gilmar Mendes, 2.ª Turma, j. 28.02.2013.

CAP. 9 – CLASSIFICAÇÃO DOS CRIMES | **163**

A leitura do tipo penal permite algumas conclusões:

1) A conduta omissiva está **descrita na lei,** seja na modalidade "deixar de prestar", seja na variante "não pedir". O agente responde penalmente pela sua inação, pois deixou de fazer algo determinado por lei;

2) **Qualquer pessoa pode praticar** o crime de omissão de socorro. Basta se omitir quando presente a possibilidade de prestar assistência, sem risco pessoal, à criança abandonada ou extraviada, ou à pessoa inválida ou ferida, ao desamparo ou em grave e iminente perigo. E, mediatamente, qualquer indivíduo pode se omitir quando não for possível prestar assistência sem risco pessoal, deixando de pedir o socorro da autoridade pública;

3) Os crimes omissivos próprios são **unissubsistentes**, isto é, a conduta é composta de um único ato. Dessa forma, ou o agente presta assistência, e não há crime, ou deixa de prestá-la, e o crime estará consumado. Enquadram-se, via de regra, no rol dos crimes de mera conduta;[13]

4) Como decorrência da conclusão anterior, os crimes omissivos próprios ou puros **não admitem a forma tentada**; e

5) Os delitos omissivos próprios normalmente são dolosos, mas existem infrações desta natureza punidas a título de culpa, a exemplo das figuras típicas contidas no art. 63, § 2.º, da Lei 8.078/1990 – Código de Defesa do Consumidor, e no art. 13, *caput*, da Lei 10.826/2003 – Estatuto do Desarmamento.

**b) Crimes omissivos impróprios, espúrios** ou **comissivos por omissão:** o tipo penal aloja em sua descrição uma ação, uma conduta positiva, mas a omissão do agente, que descumpre seu **dever jurídico de agir,** acarreta a produção do resultado naturalístico e a sua consequente responsabilização penal.

As hipóteses do dever de agir[14] foram previstas no art. 13, § 2.º, do Código Penal: (a) dever legal; (b) posição de garantidor; e (c) ingerência.

O crime de homicídio foi tipificado por uma conduta positiva: "Matar alguém". Questiona-se: **É possível praticar homicídio por omissão?**

Depende. Se presente o dever de agir, a resposta é positiva. Não se admite a responsabilização do agente pelo delito contra a vida, contudo, se ele não se encontrar em tal posição jurídica.

A título ilustrativo, uma mãe pode matar o próprio filho de tenra idade, seja ministrando-lhe veneno, seja deixando dolosamente de alimentá-lo, ceifando-lhe a vida.

Note-se que tais crimes entram também na categoria dos "próprios", uma vez que somente podem ser cometidos por quem possui o dever jurídico de agir.

São ainda **crimes materiais**, pois o advento do resultado naturalístico é imprescindível à consumação do delito.

Ademais, estes delitos **admitem a tentativa**. No exemplo citado, a genitora poderia abandonar a casa e fugir, lá deixando o filho esfomeado. Entretanto, o choro da criança poderia ser notado por um vizinho, o qual arrombaria a porta do imóvel e prestaria socorro à criança, alimentando-a e a ela dispensando os cuidados necessários. O resultado teria deixado de ocorrer por circunstâncias alheias à vontade da mãe, configurando a tentativa de homicídio.

---

[13] O Supremo Tribunal Federal, contudo, já decidiu que a apropriação indébita previdenciária (CP, art. 168-A) é delito omissivo próprio e material (Inq. 2.537 AgR/GO, rel. Min. Marco Aurélio, Plenário, j. 10.03.2008, noticiado no *Informativo* 528).

[14] A matéria será minuciosamente estudada por ocasião da análise da relação de causalidade.

Finalmente, os crimes omissivos impróprios são compatíveis com o dolo e também com a culpa.

**c) Crimes omissivos por comissão:** nestes crimes há uma ação provocadora da omissão. Exemplo: o funcionário público responsável por uma repartição impede que uma funcionária subalterna, com problemas de saúde, seja socorrida, e ela vem a falecer. Essa categoria não é reconhecida por grande parte da doutrina.

**d) Crimes omissivos "quase impróprios":** esta classificação, ignorada pelo direito penal brasileiro, diz respeito aos crimes em que a omissão não produz uma lesão ao bem jurídico, como nos crimes omissivos próprios, mas apenas um perigo, que pode ser abstrato ou concreto. Nas hipóteses de perigo concreto, tutela-se um bem jurídico naturalístico (exemplo: a vida humana), ao passo que, nos casos de perigo abstrato, busca-se a proteção de um bem jurídico normativo (exemplo: uma obrigação jurídica). Alberto Cadoppi, citado por Fabio Roberto D'Avila, assim se pronuncia ao discorrer sobre tais bens jurídicos:

> Bens esses que, em termos de ofensividade, detêm uma diferença substancial: a vida, como um bem "negativo" ou "absoluto", somente pode ser ofendida através da produção de um evento danoso e, nesta medida, por um crime comissivo (ou omissivo impróprio), enquanto a obrigação creditícia, como um bem "positivo" ou "relativo", somente pode ser ofendida pela ausência de produção de um evento vantajoso e, desta forma, por um crime omissivo próprio. Os crimes omissivos "quase impróprios" são, nessa medida, nada mais que crimes omissivos próprios postos na tutela de um interesse absoluto, estando, por isso, limitados às hipóteses de perigo abstrato ou concreto.[15]

**Crimes de conduta mista:** são aqueles em que o tipo penal é composto de duas fases distintas, uma inicial e positiva, outra final e omissiva. É o exemplo do crime de apropriação de coisa achada, definido pelo art. 169, parágrafo único, II, do Código Penal: "[...] quem acha coisa alheia perdida e dela se apropria, total ou parcialmente, deixando de restituí-la ao dono ou legítimo possuidor ou de entregá-la à autoridade competente, dentro no prazo de quinze dias". Inicialmente, o agente encontra uma coisa perdida e dela se apropria (conduta positiva). Depois, deixa de restituí-la a quem de direito ou de entregá-la à autoridade competente, no prazo de 15 dias (conduta negativa).

### 9.1.10. Crimes de forma livre e de forma vinculada

Essa divisão se relaciona ao modo de execução admitido pelo crime.

**Crimes de forma livre:** são aqueles que admitem qualquer meio de execução. É o caso da ameaça (CP, art. 147), que pode ser cometida com emprego de gestos, palavras, escritos, símbolos etc.

**Crimes de forma vinculada:** são aqueles que apenas podem ser executados pelos meios indicados no tipo penal. É o caso do crime de perigo de contágio venéreo (CP, art. 130), que somente admite a prática mediante relações sexuais ou atos libidinosos.

### 9.1.11. Crimes mono-ofensivos e pluriofensivos

Essa divisão é atinente ao número de bens jurídicos atingidos pela conduta criminosa, e guarda íntima relação com a estrutura do crime (crimes simples ou complexos).

**Crimes mono-ofensivos:** são aqueles que ofendem um único bem jurídico. É o caso do furto (CP, art. 155), que viola o patrimônio.

---

[15] D'AVILA, Fabio Roberto. *Ofensividade e crimes omissivos próprios.* Coimbra: Coimbra Editora, 2005. p. 291-292.

**Crimes pluriofensivos:** são aqueles que atingem dois ou mais bens jurídicos, tal como no latrocínio (CP, art. 157, § 3.º, inc. II), que afronta a vida e o patrimônio.

## 9.1.12. Crimes principais e acessórios

Refere-se à existência autônoma ou não do crime.

**Crimes principais:** são os que possuem existência autônoma, isto é, independem da prática de um crime anterior. É o caso do estupro (CP, art. 213).

**Crimes acessórios, de fusão** ou **parasitários:** dependem da prática de um crime anterior, tal como na receptação (CP, art. 180), nos crimes de favorecimento pessoal e real (CP, arts. 348 e 349) e na lavagem de dinheiro (Lei 9.613/1998, art. 1.º).

Nos termos do art. 108 do Código Penal, a extinção da punibilidade do crime principal não se estende ao crime acessório.

## 9.1.13. Crimes transeuntes e não transeuntes

Essa divisão se relaciona à necessidade ou não da elaboração de exame de corpo de delito para atuar como prova da existência do crime.

**Crimes transeuntes** ou **de fato transitório:** são aqueles que não deixam vestígios materiais, como no caso dos crimes praticados verbalmente (ameaça, desacato, injúria, calúnia, difamação etc.).

**Crimes não transeuntes** ou **de fato permanente:** são aqueles que deixam vestígios materiais, tais como o homicídio (CP, art. 121) e a lesão corporal (CP, art. 129).

Como estatui o art. 158-A, § 3.º, do Código de Processo Penal: "Vestígio é todo objeto ou material bruto, visível ou latente, constatado ou recolhido, que se relaciona à infração penal."

Nos crimes não transeuntes, a falta de exame de corpo de delito leva à nulidade da ação penal, salvo quando impossível a sua realização (exemplo: cadáver não encontrado, no delito de homicídio),[16] enquanto nos delitos transeuntes não se realiza a perícia (CPP, arts. 158 e 564, III, "b").

## 9.1.14. Crimes à distância, plurilocais e em trânsito

Essa classificação coaduna-se com o local em que se produz o resultado.

**Crimes à distância:** também conhecidos como "**crimes de espaço máximo**", são aqueles cuja conduta e resultado ocorrem em países diversos. Como analisado na parte relativa ao lugar do crime, o art. 6.º do Código Penal acolheu a **teoria mista ou da ubiquidade.**

**Crimes plurilocais:** são aqueles cuja conduta e resultado se desenvolvem em comarcas diversas, sediadas no mesmo país. No tocante às regras de competência, o art. 70 do Código de Processo Penal dispõe que, nesse caso, será competente para o processo e julgamento do crime o juízo do local em que se operou a consumação. Há, contudo, exceções.

**Crimes em trânsito:** são aqueles em que somente uma parte da conduta ocorre em um país, sem lesionar ou expor a situação de perigo bens jurídicos de pessoas que nele vivem. Exemplo: "A", da Argentina, envia para os Estados Unidos uma missiva com ofensas a "B", e essa carta passa pelo território brasileiro.

## 9.1.15. Crimes independentes e conexos

A classificação se importa com o vínculo existente entre dois ou mais crimes.

---

[16] STJ: HC 72.661/PE, rel. Min. Og Fernandes, rel. p/ acórdão Min. Sebastião Reis Júnior, 6.ª Turma, j. 24.04.2012.

**166** | DIREITO PENAL – PARTE GERAL – VOL. 1 • CLEBER MASSON

**Crimes independentes:** são aqueles que não apresentam nenhuma ligação com outros delitos.

**Crimes conexos:** são os que estão interligados entre si. Essa conexão pode ser penal ou processual penal. A **conexão material ou penal,** que nos interessa, divide-se em:

a)  **teleológica** ou **ideológica:** o crime é praticado para assegurar a execução de outro delito. É o caso de matar o segurança para sequestrar o empresário;

b)  **consequencial** ou **causal:** o crime é cometido para assegurar a ocultação, impunidade ou vantagem de outro delito. Exemplos: matar uma testemunha para manter impune o delito, e assassinar o comparsa para ficar com todo o produto do crime.

Essas duas espécies de conexão têm previsão legal. Funcionam como qualificadoras no crime de homicídio (CP, art. 121, § 2.º, V) e como agravantes genéricas nos demais crimes (CP, art. 61, II, alínea "b");

c)  **ocasional:** o crime é praticado como consequência da ocasião, da oportunidade proporcionada por outro delito. Exemplo: um ladrão, após praticar o roubo, decide estuprar a vítima que estava no interior da loja assaltada. O agente responde por ambos os crimes, em concurso material. Trata-se de criação doutrinária e jurisprudencial, sem amparo legal.

## 9.1.16. Crimes condicionados e incondicionados

O critério reside na liberdade ou não para iniciar a persecução penal contra o responsável pela prática de um crime.

**Crimes condicionados:** são aqueles em que a inauguração da persecução penal depende de uma condição objetiva de procedibilidade. É o caso do crime de ameaça, de ação penal pública condicionada à representação do ofendido ou de seu representante legal (CP, art. 147). Anote-se que a legislação penal indica expressamente a condição de procedibilidade, quando necessária, pois a ausência de menção direta acarreta a conclusão de tratar-se de crime de ação penal pública incondicionada.

**Crimes incondicionados:** são aqueles em que a instauração da persecução penal é livre. Constituem a ampla maioria de delitos no Brasil. O Estado pode iniciá-la sem nenhuma autorização, como ocorre no crime de homicídio, de ação penal pública incondicionada.

## 9.1.17. Crimes naturais, plásticos e vazios[17]

Crimes naturais (ou *mala per se*) são aqueles que violam valores éticos absolutos e universais, a exemplo do homicídio, o qual atenta contra a vida humana.

Plásticos (ou *mala prohibita*), de seu turno, são os delitos que, embora previstos em leis penais, não ofendem valores universais éticos e absolutos. É o que se dá com os crimes contra a Administração Pública e contra a ordem tributária, criados como meios de defesa do Estado contra o cidadão, em oposição à lógica do Direito Penal.

Finalmente, crimes vazios são modalidades específicas de delitos plásticos, porém caracterizados pela ausência de proteção a qualquer bem jurídico. Para os adeptos desta categoria – que não admitimos –, um exemplo seria o delito de embriaguez ao volante (Lei 9.503/1997 – Código de Trânsito Brasileiro, art. 306), notadamente nas hipóteses em que o condutor do

---

[17]  Esta classificação é apresentada por FÜHRER, Maximiliano Roberto Ernesto. *História do Direito Penal (crime material e crime de plástico)*. São Paulo: Malheiros, 2005, p. 114-115.

veículo automotor encontra-se em via pública deserta, sem colocar em risco nenhuma outra pessoa além dele próprio.

## 9.1.18. Crimes de mínimo, de menor, de médio, de elevado e de máximo potencial ofensivo

**Crimes de mínimo potencial ofensivo** são os que não comportam a pena privativa de liberdade. No Brasil, enquadra-se nesse grupo a posse de droga para consumo pessoal, tipificada no art. 28 da Lei 11.343/2006, ao qual são cominadas as penas de advertência sobre os efeitos das drogas, prestação de serviços à comunidade e medida educativa de comparecimento a programa ou curso educativo.

**Crimes de menor potencial ofensivo**, por sua vez, são aqueles cuja pena privativa de liberdade em abstrato não ultrapassa dois anos, cumulada ou não com multa. São assim definidos pelo art. 61 da Lei 9.099/1995, e ingressam na competência do Juizado Especial Criminal, obedecendo ao rito sumaríssimo e admitindo a transação penal e a composição dos danos civis. O art. 98, I, da Constituição Federal faz menção às "infrações penais de menor potencial ofensivo", expressão que também abrange todas as contravenções penais.

**Crimes de médio potencial ofensivo**, de seu turno, são aqueles cuja pena mínima não ultrapassa um ano, independentemente do máximo da pena privativa de liberdade cominada. Tais delitos admitem a suspensão condicional do processo, na forma delineada pelo art. 89 da Lei 9.099/1995.

**Crimes de elevado potencial ofensivo** são os que apresentam pena mínima superior a um ano, ou seja, pelo menos de dois anos, e, consequentemente, pena máxima acima de dois anos. Tais delitos não se compatibilizam com quaisquer dos benefícios elencados pela Lei 9.099/1995.

Finalmente, classificam-se como **crimes de máximo potencial ofensivo** os que recebem tratamento diferenciado pela Constituição Federal. São os hediondos e equiparados – tráfico de drogas, tortura e o terrorismo (CF, art. 5.º, XLIII), bem como os delitos cujas penas não se submetem à prescrição, quais sejam, racismo (CF, art. 5.º, XLII) e ação de grupos armados, civis ou militares, contra a ordem constitucional e o Estado Democrático (CF, art. 5.º, XLIV).[18]

## 9.1.19. Outras classificações

### 9.1.19.1. Crime gratuito

É o praticado sem motivo conhecido, porque todo crime tem uma motivação. Não se confunde com o motivo fútil, definido como aquele de menor importância, desproporcional ao resultado provocado pelo crime.

Com efeito, a **ausência de motivo conhecido** não deve ser equiparada ao motivo fútil. Destarte, o desconhecimento acerca do móvel do agente nao deve ser colocado no mesmo nível do motivo de somenos importância. Há, todavia, adeptos de posição contrária, os quais alegam que, se um motivo ínfimo justifica a elevação da pena, com maior razão deve ser punida mais gravemente a infração penal imotivada.

### 9.1.19.2. Crime de ímpeto

É o cometido sem premeditação, como decorrência de reação emocional repentina, tal como no homicídio privilegiado, cometido pelo agente sob o domínio de violenta emoção, logo em seguida a injusta provocação da vítima (CP, art. 121, § 1.º). Esses crimes são, normalmente, passionais (movidos pela paixão).

---

[18] STF: HC 111.017/RS, rel. Min. Ayres Britto, 2.ª Turma, j. 07.02.2012.

### 9.1.19.3. Crime exaurido

É aquele em que o agente, depois de já alcançada a consumação, insiste na agressão ao bem jurídico. Não caracteriza novo crime, constituindo-se em desdobramento de uma conduta perfeita e acabada.

Em outras palavras, é o crime que, depois de consumado, alcança suas consequências finais, as quais podem configurar um indiferente penal, como no falso testemunho (CP, art. 342), que se torna exaurido com o encerramento do julgamento relativo a este crime, ou então condição de maior punibilidade, como ocorre na resistência (CP, art. 329), em que a não execução do ato dá ensejo à forma qualificada do crime.

### 9.1.19.4. Crime de circulação

É o praticado com o emprego de veículo automotor, a título de dolo ou de culpa, com a incidência do Código Penal ou do Código de Trânsito Brasileiro (Lei 9.503/1997).

### 9.1.19.5. Crime de atentado ou de empreendimento

É aquele em que a lei pune de forma idêntica o crime consumado e a forma tentada, isto é, não há diminuição da pena em face da tentativa. É o caso do crime de evasão mediante violência contra a pessoa (CP, art. 352: "Evadir-se ou tentar evadir-se o preso ou o indivíduo submetido a medida de segurança detentiva, usando de violência contra a pessoa").

### 9.1.19.6. Crime de opinião ou de palavra

É o cometido pelo excesso abusivo na manifestação do pensamento, seja pela forma escrita, seja pela forma verbal, tal como ocorre na injúria (CP, art. 140).

### 9.1.19.7. Crime multitudinário

É aquele praticado pela multidão em tumulto. A lei não diz o que se entende por "multidão", razão pela qual sua configuração deve ser examinada no caso concreto. Exemplo: agressões praticadas em um estádio por torcedores de um time de futebol.

No Direito Canônico da Idade Média, exigiam-se ao menos 40 pessoas.

Como destacado pelo Supremo Tribunal Federal, no julgamento atinente aos atos cometidos no dia 8 de janeiro de 2023, em que diversas pessoas invadiram, vandalizaram e depredaram prédios públicos em Brasília:

> (...) No contexto dos crimes multitudinários (de multidão ou de autoria coletiva), e levando-se em consideração a responsabilidade penal subjetiva, todos os agentes respondem pelos resultados lesivos aos bens jurídicos. Em delitos dessa natureza, a individualização detalhada das condutas encontra barreiras intransponíveis que decorrem da própria característica coletiva dos atos. Contudo, é incontroverso que todos os agentes contribuem para o resultado, na medida em que, mediante ação conjunta, direcionam seus esforços para o mesmo fim. Os componentes exercem influência recíproca, uns sobre os outros, e cada indivíduo age com dolo ao aderir, de forma voluntária e consciente, à confusão, à desordem ou à perturbação, fazendo parte delas.[19]

### 9.1.19.8. Crime vago

É aquele em que figura como sujeito passivo uma entidade destituída de personalidade jurídica, como a família ou a sociedade. Exemplo: tráfico de drogas (Lei 11.343/2006, art. 33, *caput*), no qual o sujeito passivo é a coletividade.

---

[19]  AP 1.060/DF, rel. Min. Alexandre de Moraes, Plenário, j. 14.09.2023, noticiado no *Informativo* 1.108.

## CAP. 9 – CLASSIFICAÇÃO DOS CRIMES | 169

### 9.1.19.9. Crime internacional

É aquele que, por tratado ou convenção incorporado ao ordenamento jurídico pátrio, o Brasil se comprometeu a evitar e punir, tal como o tráfico internacional de pessoa (CP, art. 149-A).

### 9.1.19.10. Crime de mera suspeita, sem ação ou de mera posição

O agente não realiza conduta penalmente relevante. Ao contrário, ele é punido em razão da suspeita despertada pelo seu modo de agir. Essa modalidade, idealizada na Itália por Vicenzo Manzini, não encontrou amparo seguro na doutrina.

No Brasil, pode ser apresentada como exemplo a contravenção penal tipificada pelo art. 25 do Decreto-lei 3.688/1941 – Lei das Contravenções Penais (posse não justificada de instrumento de emprego usual na prática de furto).[20]

### 9.1.19.11. Crime inominado

Delineado pelo uruguaio Salvagno Campos, é o que ofende regra ética ou cultural consagrada pelo Direito Penal, embora não definido em lei como infração penal. Não pode ser aceito, haja vista que o princípio da reserva legal veda a analogia *in malam partem* em âmbito criminal.

### 9.1.19.12. Crime habitual

**Crime habitual próprio** é o que somente se consuma com a prática reiterada e uniforme de vários atos que revelam um criminoso estilo de vida do agente. Cada ato, isoladamente considerado, é atípico. Com efeito, se cada ato fosse típico, restaria configurado o crime continuado. Exemplos: exercício ilegal da medicina e curandeirismo (CP, arts. 282 e 284, respectivamente).

De seu turno, **crime habitual impróprio** é aquele em que uma só ação tem relevância para configurar o tipo, ainda que a sua reiteração não configure pluralidade de crimes, a exemplo do que se verifica no delito de gestão fraudulenta, previsto no art. 4.º, *caput*, da Lei 7.492/1986 – Crimes contra o Sistema Financeiro Nacional.[21]

### 9.1.19.13. Crime profissional

É o crime habitual, quando cometido com finalidade lucrativa. Exemplo: rufianismo (CP, art. 230).

### 9.1.19.14. Quase crime

É o nome doutrinário atribuído ao crime impossível (CP, art. 17) e à participação impunível (CP, art. 31). Na verdade, inexiste crime.

### 9.1.19.15. Crime subsidiário

É o que somente se verifica se o fato não constitui crime mais grave. É o caso do dano (CP, art. 163), subsidiário em relação ao crime de incêndio (CP, art. 250). Para Nélson Hungria, o crime subsidiário funciona como "soldado de reserva".

### 9.1.19.16. Crime hediondo

É todo aquele que se enquadra no rol do art. 1.º da Lei 8.072/1990, na forma consumada ou tentada. Adotou-se um critério legal: crime hediondo é aquele que a lei define como hediondo.[22]

---

[20] Para o STF, esta contravenção penal não foi recepcionada pela Constituição Federal (RE 583.523/RS, rel. Min. Gilmar Mendes, Plenário, j. 03.10.2013, noticiado no *Informativo* 722).

[21] STJ: HC 39.908/PR, rel. Min. Arnaldo Esteves Lima, 5.ª Turma, j. 06.12.2005.

[22] "O fato de não ter sido consumado o crime não afasta a hediondez do delito" (STJ: HC 220.978/RJ, rel. Min. Laurita Vaz, 5.ª Turma, j. 16.10.2012, noticiado no *Informativo* 506).

### 9.1.19.17. Crime de expressão

É o que se caracteriza pela existência de um processo intelectivo interno do autor. Exemplo: falso testemunho (CP, art. 342), no qual a conduta tipificada não se funda na veracidade ou na falsidade objetiva da informação, mas na desconformidade entre a informação e a convicção pessoal do seu autor.

### 9.1.19.18. Crime de intenção ou de tendência interna transcendente

É aquele em que o agente quer e persegue um resultado que não necessita ser alcançado para a consumação, como se dá na extorsão mediante sequestro (CP, art. 159).

### 9.1.19.19. Crime de tendência ou de atitude pessoal

É aquele em que a tendência afetiva do autor delimita a ação típica, ou seja, a tipicidade pode ou não ocorrer em razão da atitude pessoal e interna do agente. Exemplos: toque do ginecologista na realização do diagnóstico, que pode configurar mero agir profissional ou então algum crime de natureza sexual, dependendo da tendência (libidinosa ou não), bem como as palavras dirigidas contra alguém, que podem ou não caracterizar o crime de injúria em razão da intenção de ofender a honra ou de apenas criticar ou brincar.

### 9.1.19.20. Crime mutilado de dois atos ou tipos imperfeitos de dois atos

É aquele em que o sujeito pratica um delito, com a finalidade de obter um benefício posterior. Ex.: falsidade documental para cometer estelionato. Nas palavras de Juarez Cirino dos Santos:

> O resultado pretendido exige uma ação complementar (a falsificação do documento e a circulação do documento no tráfego jurídico). A intenção, como característica psíquica especial do tipo, aparece, geralmente, nas conjunções subordinativas finais *para, a fim de, com o fim de* etc., indicativas de finalidades transcendentes do tipo, como ocorre com a maioria dos crimes patrimoniais.[23]

### 9.1.19.21. Crime de ação violenta

É o cometido mediante o emprego de violência contra a pessoa ou grave ameaça, como no caso do roubo (CP, art. 157).

### 9.1.19.22. Crime de ação astuciosa

É o praticado por meio de fraude, engodo, tal como no estelionato (CP, art. 171).

### 9.1.19.23. Crime falho

É a denominação doutrinária atribuída à **tentativa perfeita** ou **acabada,** ou seja, aquela em que o agente esgota os meios executórios que tinha à sua disposição e, mesmo assim, o crime não se consuma por circunstâncias alheias à sua vontade. Exemplo: "A" desfere os seis tiros do revólver contra "B", que mesmo ferido consegue fugir e vem a ser eficazmente socorrido.

### 9.1.19.24. Crime putativo, imaginário ou erroneamente suposto

É aquele em que o agente acredita realmente ter praticado um crime, quando na verdade cometeu um indiferente penal. Exemplo: "A" vende um pó branco, acreditando tratar-se de cocaína. Na verdade, era talco.

---

[23] SANTOS, Juarez Cirino dos. *Direito penal – parte geral.* 2. ed. Curitiba: ICPC; Lumen Juris, 2007. p. 163.

Trata-se de um "não crime", que se divide em três espécies: a) crime putativo por erro de tipo; b) crime putativo por erro de proibição, também conhecido como "delito de alucinação" ou "crime de loucura"; e c) crime putativo por obra do agente provocador.

### 9.1.19.25. Crime remetido

É o que se verifica quando sua definição típica se reporta a outro crime, que passa a integrá-lo, como no uso de documento falso ("fazer uso de qualquer dos papéis falsificados ou alterados, a que se referem os arts. 297 a 302" – CP, art. 304).

### 9.1.19.26. Crimes de responsabilidade

Dividem-se em próprios (são, na verdade, crimes comuns) e impróprios (infrações político-administrativas). Esses últimos são apreciados pelo Poder Legislativo, e a sua prática redunda na imposição de sanções políticas.

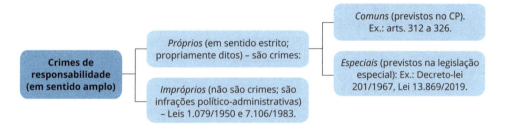

### 9.1.19.27. Crime obstáculo

É aquele que retrata atos preparatórios tipificados como crime autônomo pelo legislador. É o caso da associação criminosa (CP, art. 288) e dos petrechos para falsificação de moeda (CP, art. 291).

### 9.1.19.28. Crime progressivo

É aquele que para ser cometido deve o agente violar obrigatoriamente outra lei penal, a qual tipifica crime menos grave, chamado de **crime de ação de passagem**. Em síntese, o agente, pretendendo desde o início produzir o resultado mais grave, pratica sucessivas violações ao bem jurídico. Com a adoção do princípio da consunção para solução do conflito aparente de leis penais, o crime mais grave absorve o menos grave. Exemplo: relação entre homicídio e lesão corporal.

### 9.1.19.29. Progressão criminosa

Verifica-se quando ocorre mutação no dolo do agente, que inicialmente realiza um crime menos grave e, após, quando já alcançada a consumação, decide praticar outro delito de maior gravidade. Há dois crimes, mas o agente responde por apenas um deles, o mais grave, em face do princípio da consunção. Exemplo: "A" decide lesionar "B", com chutes e pontapés. Em seguida, com "B" já bastante ferido, vem a matá-lo. Responde apenas pelo homicídio, pois, uma vez punido pelo todo (morte), será também punido pela parte (lesões corporais).

### 9.1.19.30. Crimes de impressão

Nos dizeres de Mário O. Folchi, são aqueles que provocam determinado estado de ânimo na vítima. Dividem-se em:

172 | DIREITO PENAL – PARTE GERAL – VOL. 1 • CLEBER MASSON

a) *crimes de inteligência:* são praticados mediante o engano do sujeito passivo, como o estelionato (CP, art. 171);

b) *crimes de vontade:* recaem na vontade da vítima no tocante à sua esfera de autodeterminação, a exemplo do sequestro ou cárcere privado (CP, art. 148); e

c) *crimes de sentimento:* são os que incidem nas faculdades emocionais do ofendido, tal como a injúria (CP, art. 140).[24]

### 9.1.19.31. Crimes militares

O Decreto-lei 1.001/1969 – Código Penal Militar prevê crimes militares em tempo de paz e em tempo de guerra.

Os **crimes militares em tempo de paz** estão definidos no art. 9º:

Art. 9º Consideram-se crimes militares, em tempo de paz:

I – os crimes de que trata este Código, quando definidos de modo diverso na lei penal comum, ou nela não previstos, qualquer que seja o agente, salvo disposição especial;

II – os crimes previstos neste Código e os previstos na legislação penal, quando praticados:

a) por militar da ativa contra militar na mesma situação;

b) por militar da ativa, em lugar sujeito à administração militar, contra militar da reserva ou reformado ou contra civil;

c) por militar em serviço ou atuando em razão da função, em comissão de natureza militar, ou em formatura, ainda que fora do lugar sujeito à administração militar contra militar da reserva, ou reformado, ou civil;

d) por militar, durante o período de manobras ou exercício, contra militar da reserva ou reformado ou contra civil;

e) por militar da ativa contra o patrimônio sob a administração militar ou contra a ordem administrativa militar;

III – os crimes praticados por militar da reserva, ou reformado, ou por civil, contra as instituições militares, considerando-se como tais não só os compreendidos no inciso I, como os do inciso II, nos seguintes casos:

a) contra o patrimônio sob a administração militar, ou contra a ordem administrativa militar;

b) em lugar sujeito à administração militar, contra militar da ativa ou contra servidor público das instituições militares ou da Justiça Militar, no exercício de função inerente ao seu cargo;

c) contra militar em formatura, ou durante o período de prontidão, vigilância, observação, exploração, exercício, acampamento, acantonamento ou manobras;

d) ainda que fora do lugar sujeito à administração militar, contra militar em função de natureza militar, ou no desempenho de serviço de vigilância, garantia e preservação da ordem pública, administrativa ou judiciária, quando legalmente requisitado para aquele fim, ou em obediência a determinação legal superior.

De seu turno, os **crimes militares em tempo de guerra** encontram-se no art. 10:

Consideram-se crimes militares, em tempo de guerra:

I – os especialmente previstos neste Código para o tempo de guerra;

II – os crimes militares previstos para o tempo de paz;

---

[24] FOLCHI, Mário O. *La importancia de la tipicidade en derecho penal.* Buenos Aires: Depalma, 1960. p. 87.

III – os crimes previstos neste Código, embora também o sejam com igual definição na lei penal comum ou especial, quando praticados, qualquer que seja o agente:

a) em território nacional, ou estrangeiro, militarmente ocupado;

b) em qualquer lugar, se comprometem ou podem comprometer a preparação, a eficiência ou as operações militares ou, de qualquer outra forma, atentam contra a segurança externa do País ou podem expô-la a perigo;

IV – os crimes definidos na lei penal comum ou especial, embora não previstos neste Código, quando praticados em zona de efetivas operações militares ou em território estrangeiro, militarmente ocupado.

Além disso, os crimes militares também se subdividem em próprios e impróprios.

**Crimes militares próprios** (ou **puramente militares**) são os definidos exclusivamente pelo Código Penal Militar, pois ofendem apenas as instituições e valores militares.[25] Exemplos: deserção (CPM, art. 187) e amotinamento (CPM, art. 182).

Por outro lado, **crimes militares impróprios** são os que encontram previsão legislativa tanto no Código Penal Militar como também na legislação comum, a exemplo do furto, do roubo, do estupro e do homicídio.

Na identificação do crime militar, deve-se levar conta, além do bem jurídico tutelado, o ataque (ou não) à regularidade das instituições militares, estruturadas nos princípios da hierarquia e da disciplina. Para o Superior Tribunal de Justiça:

> De todo modo, vale o destaque de que, em muitos casos, o bem jurídico protegido pelo Código Penal Militar encontra igual guarida no Código Penal comum. Exemplo claro dessa situação é o art. 205 do CPM, que tipifica o delito de homicídio simples, tutelando, portanto, o direito à vida, também protegido pelo art. 121 do CP. Por isso, é importante ressaltar que a análise não pode se esgotar no bem jurídico tutelado pura e simplesmente. Deve-se necessariamente averiguar, na situação concreta, a existência ou não de vulneração, a partir da conduta, da regularidade das instituições militares, cujo pilar constitucional se baseia em dois princípios: hierarquia e disciplina. Por essas considerações, entende-se que, nos termos do art. 9.º do CPM, sempre que a conduta tiver potencial de vulnerar a regularidade das instituições militares, deve-se reconhecer a competência da Justiça especializada.[26]

### 9.1.19.32. *Crimes falimentares*

São os tipificados pela Lei de Falências (Lei 11.101/2005). Podem ser ante ou pós-falimentares, conforme sejam praticados antes ou depois da sentença declaratória da falência; ou ainda próprios ou impróprios, se forem cometidos pelo falido ou por outra pessoa (exemplo: administrador judicial, contador etc.).

### 9.1.19.33. *Crimes funcionais ou delicta in officio*

São aqueles cujo tipo penal exige seja o autor funcionário público.[27] Dividem-se em próprios e impróprios.

---

[25] Há posição específica da Justiça castrense que coloca em destaque um critério processual. Nesse sentido, crime militar próprio é aquele cuja ação penal possa ser proposta somente em face de um militar. NEVES, Cícero Robson Coimbra; STREIFINGER, Marcelo. *Apontamentos de direito penal militar*. Parte geral. São Paulo: Saraiva, 2005. v. 1, p. 50.

[26] HC 550.998/MG, rel. Min. Ribeiro Dantas, 5.ª Turma, j. 23.06.2020, noticiado no *Informativo* 675.

[27] Lembre-se que aos processos relativos a crimes funcionais **afiançáveis** aplica-se a regra prevista no art. 514 do Código de Processo Penal. E, com a entrada em vigor da Lei 12.403/2011, todos os crimes funcionais são afiançáveis, a teor da regra disciplinada no art. 323 do Código de Processo Penal.

**Crimes funcionais próprios** são aqueles em que a condição de funcionário público, no tocante ao sujeito ativo, é indispensável à tipicidade do fato. A ausência desta condição conduz à atipicidade absoluta, tal como ocorre na corrupção passiva e na prevaricação (CP, arts. 317 e 319, respectivamente).

Nos **crimes funcionais impróprios, ou mistos**, se ausente a qualidade funcional, opera-se a desclassificação para outro delito. Exemplo: no peculato-furto (CP, art. 312, § 1.º), se desaparecer a condição de funcionário público no tocante ao autor, subsiste o crime de furto (CP, art. 155).

### 9.1.19.34. Crimes parcelares

São os crimes da mesma espécie que compõem a série da continuidade delitiva, desde que presentes os demais requisitos exigidos pelo art. 71, *caput*, do Código Penal. Com efeito, o ordenamento penal brasileiro filiou-se, no campo do crime continuado, à teoria da ficção jurídica, razão pela qual os diversos delitos (parcelares) são considerados, para fins de aplicação da pena, como um único crime.

### 9.1.19.35. Crimes de hermenêutica

São os que resultam unicamente da interpretação dos operadores do Direito, pois na situação concreta não existem provas, nem sequer indícios consistentes, da prática de um fato legalmente descrito como criminoso.[28] Esta classificação foi idealizada por Rui Barbosa.

O art. 1.º, § 2.º, da Lei 13.869/2019 – Abuso de Autoridade expressamente afasta, em seu âmbito de incidência, os crimes de hermenêutica: "A divergência na interpretação de lei ou na avaliação de fatos e provas não configura abuso de autoridade".

### 9.1.19.36. Crimes de rua, crimes do colarinho branco e do colarinho azul

**Crimes de rua** são os praticados pelas pessoas de classes sociais desfavorecidas, a exemplo dos furtos executados por miseráveis, andarilhos e mendigos. Esses delitos são cometidos aos olhos da sociedade, em locais supervisionados pelo Estado (praças, parques, favelas etc.), e por essa razão são frequentemente objeto das instâncias de proteção (Polícia, Ministério Público e Poder Judiciário). Quando ficam alheios ao conhecimento do Poder Público, integram as **cifras negras do Direito Penal**.[29]

Os crimes de rua se contrapõem aos "**crimes do colarinho branco**" (*white collar crime*),[30] cometidos por aqueles que gozam e abusam da elevada condição econômica e do poder daí decorrente, como é o caso dos delitos contra o sistema financeiro nacional (Lei 7.492/1986), de lavagem de capitais (Lei 9.613/1998) e contra a ordem econômica (Lei 8.176/1991), entre tantos outros.

Nesses crimes socioeconômicos, surgem as "**cifras douradas do Direito Penal**", indicativas da diferença apresentada entre a criminalidade real e a criminalidade conhecida e enfrentada pelo Estado. Raramente existem registros envolvendo delitos dessa natureza, inviabilizando a persecução penal e acarretando a impunidade das pessoas privilegiadas no âmbito econômico.

De fato, em tais crimes o Poder Público pouco interfere, pois são praticados em locais privados (escritórios, restaurantes de luxo, casas, apartamentos etc.), resultando no desconhecimento pelo Estado e, consequentemente, na ausência do correspondente registro para viabilizar a persecução penal.

---

[28]  STF: Inq 2.424/RJ, rel. Min. Cezar Peluso, Plenário, j. 20.11.2008, noticiado no *Informativo* 529.

[29]  Acerca das cifras negras e do abolicionismo penal, recomenda-se a leitura do Capítulo 32, item 32.9.

[30]  Essa expressão foi idealizada em 1939, pelo sociólogo americano Edwin Sutherland.

CAP. 9 – CLASSIFICAÇÃO DOS CRIMES | **175**

Se os crimes econômicos são etiquetados como crimes do colarinho branco, os crimes de rua são rotulados como **crimes do colarinho azul**:[31] aqueles fazem alusão às finas camisas utilizadas pelos executivos das grandes empresas, enquanto estes se referem à cor dos macacões utilizados pelos operários norte-americanos da década de 1940.

### 9.1.19.37. Crime liliputiano

Crime liliputiano, também chamado de "crime anão" ou "crime vagabundo", é o nome doutrinário reservado às contravenções penais.[32] Esta terminologia tem origem no livro *Viagens de Gulliver*, do inglês Jonathan Swift, no qual o personagem principal viaja por um mundo imaginário, e em sua primeira jornada vai a Liliput, terra em que os habitantes medem apenas 15 (quinze) centímetros de altura.

Na verdade, não há crime (ou delito), em face da regra contida no art. 1.º do Decreto--lei 3.914/1941 – Lei de Introdução ao Código Penal: "Considera-se crime a infração penal que a lei comina pena de reclusão ou de detenção, quer isoladamente, quer alternativa ou cumulativamente com a pena de multa; contravenção, a infração penal a que a lei comina, isoladamente, pena de prisão simples ou de multa, ou ambas, alternativa ou cumulativamente".

### 9.1.19.38. Crimes de catálogo

Esta classificação surgiu em Portugal, e diz respeito aos delitos compatíveis com a interceptação telefônica, disciplinada pela Lei 9.296/1996, como meio de investigação ou de produção de provas durante a instrução em juízo.[33]

### 9.1.19.39. Crimes de acumulação ou crimes de dano cumulativo

Esta classificação tem origem na Dinamarca (*kumulations delikte*), e parte da seguinte premissa: determinadas condutas são incapazes, isoladamente, de ofender o valor ou interesse protegido pela norma penal. Contudo, a repetição delas, cumulativamente consideradas, constitui crime, em face da lesão ou perigo de lesão ao bem jurídico. Exemplo: Embora o comportamento seja imoral e ilícito, quem joga lixo uma única vez e em quantidade pequena às margens de um riacho não comete o crime de poluição. Contudo, se esta conduta for reiterada, surgirá o delito tipificado no art. 54 da Lei 9.605/1998 – Lei dos Crimes Ambientais.

### 9.1.19.40. Crimes de olvido

A palavra "olvido" deriva de "olvidar", ou seja, esquecer. Por esta razão, os delitos de olvido são também conhecidos como **delitos de esquecimento**.

Cuida-se de modalidade de crime omissivo impróprio, espúrio ou comissivo por omissão, caracterizado pela natureza culposa, mais especificamente pela culpa inconsciente (ou sem previsão). Em outras palavras, a omissão culposa do agente acarreta no descumprimento do seu dever de agir (CP, art. 13, § 2.º), daí decorrendo a produção do resultado naturalístico. Exemplo: O pai estaciona seu automóvel em via pública, em um dia de muito calor, e dirige--se ao supermercado, porém esquece seu filho de tenra idade no interior do veículo. Como

---

[31] Essa nomenclatura foi utilizada no STF, pelo Min. Luiz Fux, no julgamento do "Mensalão" (Ap 470/DF, rel. Min. Joaquim Barbosa, Plenário, j. 27.08.2012).

[32] "É da competência da Justiça estadual o julgamento de contravenções penais, mesmo que conexas com delitos de competência da Justiça Federal. A Constituição Federal expressamente excluiu, em seu art. 109, IV, a competência da Justiça Federal para o julgamento das contravenções penais, ainda que praticadas em detrimento de bens, serviços ou interesse da União. Tal orientação está consolidada na Súm. n. 38/STJ" (STJ: CC 120.406/RJ, rel. Min. Alderita Ramos de Oliveira (Desembargadora convocada do TJ/PE), 3.ª Seção, j. 12.12.2012, noticiado no *Informativo* 511).

[33] STF: HC 100.524/PR, rel. Min. Joaquim Barbosa, 2.ª Turma, j. 27.03.2012.

o genitor demora a retornar, a criança acaba falecendo em consequência da insolação e da asfixia a que foi submetida.

Não há falar em responsabilidade penal objetiva, em face da presença da culpa inconsciente.

### 9.1.19.41. Crimes aberrantes

Nessa classificação ingressam a *aberratio causae* (erro sobre o nexo causal), a *aberratio ictus* (erro na execução) e a *aberratio delicti* (resultado diverso do pretendido), modalidades de erro de tipo acidental.

### 9.1.19.42. Crime achado

Essa classificação guarda íntima relação com o encontro fortuito de provas no processo penal (princípio da serendipidade). Para o Supremo Tribunal Federal, crime achado é aquele desconhecido e não investigado até o momento em que vem a ser descoberto, em face da apuração de outro delito, a exemplo do que se verifica quando, no bojo de uma interceptação telefônica voltada a investigar a prática de tráfico de drogas, acaba por se revelar a autoria de um crime de homicídio.[34]

### 9.1.19.43. Crime de clima

É aquele que cria um cenário favorável ao cometimento de outros delitos ou à disseminação do discurso de ódio, tal como os delitos contra a honra divulgados em *fake news* nas redes sociais da *internet*.

---

[34] HC 129.678, rel. orig. Min. Marco Aurélio, red. p/ o ac. Min. Alexandre de Moraes, 1.ª Turma, j. 13.06.2017, noticiado no *Informativo* 869.

# CAPÍTULO 10

# FATO TÍPICO

## 10.1. INTRODUÇÃO

Fato típico é o fato humano[1] que se enquadra com perfeição aos elementos descritos pelo tipo penal. A conduta de subtrair dolosamente, para si, coisa alheia móvel, caracteriza o crime de furto, uma vez que se amolda ao modelo delineado pelo art. 155, *caput*, do Código Penal.

Em sentido contrário, fato atípico é a conduta que não encontra correspondência em nenhum tipo penal. Por exemplo, a ação do pai consistente em manter relação sexual consentida com sua filha maior de idade e plenamente capaz é atípica, pois o incesto, ainda que imoral, não é crime.

São quatro os elementos do fato típico: conduta, resultado naturalístico, relação de causalidade (nexo causal) e tipicidade.

Tais elementos estarão presentes, simultaneamente, nos crimes materiais consumados.

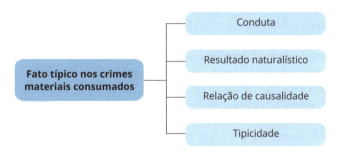

Com efeito, se o crime material é aquele em que o tipo penal aloja em seu interior uma conduta e um resultado naturalístico (modificação do mundo exterior, provocada pelo comportamento do agente), exigindo a produção deste último para a consumação, os quatro elementos estarão presentes quando consumado o delito.

De fato, a conduta produz o resultado naturalístico, ligados entre si pela relação de causalidade. E, finalmente, para ter relevância penal deve operar-se o juízo de tipicidade, isto é, subsunção entre a ação ou omissão do agente e o modelo previsto no tipo penal.

---

[1] Ou também o fato praticado por pessoa jurídica, em relação aos crimes ambientais definidos pela Lei 9.605/1998, para quem admite essa possibilidade. Reportamo-nos, porém, ao "fato humano" por corresponder a pessoa física como sujeito ativo da quase totalidade das infrações penais.

Em caso de tentativa, suprimem-se o resultado naturalístico (não produzido por circunstâncias alheias à vontade do agente) e o nexo causal, limitando-se o fato típico aos elementos conduta e tipicidade.

Nos crimes formais e de mera conduta, os componentes do fato típico também são a conduta e a tipicidade. Vale recordar que nos crimes de mera conduta jamais haverá resultado naturalístico, razão pela qual se subtrai a relação de causalidade, enquanto nos crimes formais o resultado naturalístico pode até ocorrer, mas não é necessário para a consumação.

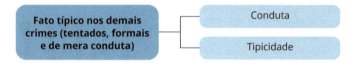

Passemos à análise de cada um dos elementos do fato típico.

## 10.2. CONDUTA

Na delimitação do conceito de conduta reside uma das maiores discussões do Direito Penal.

Não é exagerado afirmar que a forma como atualmente se encontra desenvolvida a teoria geral do crime se deve à evolução do conceito doutrinário de conduta.

Várias teorias buscam defini-la, e a adoção de cada uma delas importa em modificações estruturais na forma de encarar o Direito Penal. Vejamos as mais importantes.

### 10.2.1. Teoria clássica, naturalística, mecanicista ou causal

Conduta é o comportamento humano voluntário que produz modificação no mundo exterior.

Essa teoria foi idealizada no século XIX por **Liszt, Beling e Radbruch** e foi recepcionada no Brasil por diversos penalistas de destaque, tais como Aníbal Bruno, Costa e Silva, E. Magalhães Noronha, José Frederico Marques, Basileu Garcia, Manoel Pedro Pimentel e Nélson Hungria.

Submete o Direito Penal às regras inerentes às **ciências naturais, orientadas pelas leis da causalidade**. A vontade humana engloba duas partes diversas: uma externa, objetiva, correspondente ao processo causal, isto é, ao movimento corpóreo do ser humano, e outra interna, subjetiva, relacionada ao conteúdo final da ação.

Em síntese, a vontade é a causa da conduta, e a conduta é a causa do resultado. Não há vontade no tocante à produção do resultado. O elemento volitivo, interno, acarreta em um movimento corporal do agente, o qual, objetivamente, produz o resultado.

A caracterização da conduta criminosa depende somente da circunstância de o agente produzir fisicamente um resultado previsto em lei como infração penal, **independentemente de dolo ou culpa**.

Em outras palavras, para a configuração da conduta basta apenas uma **fotografia do resultado**.

Imagine-se o seguinte exemplo: "A" trafega cautelosamente com seu carro em via pública, a 40 km/h. O limite da pista é de 60 km/h, e o veículo reúne perfeitas condições de uso. De repente, uma criança se solta dos braços da mãe, passa por trás de um ônibus que estava estacionado em local permitido e impedia a visibilidade de "A", e, inesperadamente, lança-se na direção do automóvel, chocando-se contra ele. A criança morre. O agente não tinha dolo nem culpa.

Qual é a fotografia do evento?

Resposta: "A" na direção do seu veículo automotor, uma criança morta à sua frente e o para-choque do carro amassado.

Para a teoria clássica, "A" teria praticado uma conduta penalmente relevante. Com efeito, a sua ação (dirigir o automóvel) ensejou um resultado no mundo exterior (morte da criança). Trata-se de mera relação de causa e efeito. Daí o nome: teoria causal ou mecanicista.

Presentes, assim, conduta e resultado naturalístico, bem como o nexo causal, eis que a criança morreu em consequência do suposto atropelamento. Além disso, há tipicidade, pois a conduta de "matar alguém" encontra correspondência no art. 121 do Código Penal.

Configurado, portanto, o fato típico do crime de homicídio.

Em decorrência, questiona-se: "A teoria clássica consagra a responsabilidade penal objetiva"?

A resposta é negativa.

Porém, o examinador vai insistir: "Mas como fica o elemento subjetivo (dolo ou culpa)"?

E respondemos. Na teoria clássica, dolo e culpa se alojam no interior da culpabilidade, momento em que se procede à análise do **querer interno do agente**. Por essa razão, já dissemos ao abordar o conceito analítico de crime que, para os adeptos da teoria clássica, crime é necessariamente o **fato típico e ilícito, praticado por agente culpável**, sob pena de restar caracterizada a responsabilidade penal objetiva.

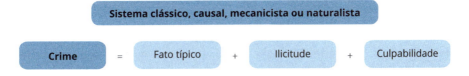

No exemplo citado, não haveria crime por ausência de culpabilidade. O fato seria típico e ilícito (pois não se encontra presente nenhuma causa de exclusão da ilicitude), mas não existiria a culpabilidade pela falta de um dos seus elementos (dolo ou culpa).

O principal defeito dessa teoria é separar a conduta praticada no mundo exterior (movimento corporal objetivo) da relação psíquica do agente (conteúdo volitivo), deixando de analisar a sua vontade.

Fica claro, portanto, que a teoria clássica não distingue a conduta dolosa da conduta culposa, pois ambas são analisadas objetivamente, uma vez que não se faz nenhuma indagação sobre a relação psíquica do agente para com o resultado.

Da mesma forma, não explica de modo idôneo os crimes omissivos próprios, nem os formais, nem os de mera conduta. Ainda, não convence no que diz respeito aos crimes tentados, pois em todos eles não há resultado naturalístico apto a possibilitar a fotografia do delito.

Bastante consagrada em décadas passadas, essa teoria foi ao longo do tempo cada vez mais abandonada, encontrando atualmente poucos seguidores.

## 10.2.2. Teoria final ou finalista

Foi criada por **Hans Welzel**, jusfilósofo e penalista alemão, no início da década de 30 do século passado. Posteriormente, teve grande acolhida no Brasil, compartilhando de seus ideais ilustres penalistas, como Heleno Cláudio Fragoso, René Ariel Dotti, Damásio E. de Jesus, Julio Fabbrini Mirabete e Miguel Reale Júnior.

Tem como ponto de partida a concepção do homem como ser livre e responsável pelos seus atos. Consequentemente, as regras do Direito não podem ordenar ou proibir meros processos causais, mas apenas atos dirigidos finalisticamente, ou então a omissão de tais atos.[2]

---

[2] "O ser humano é o ser que atua. Não está 'fixado', isto é, continua sendo para si mesmo um compromisso – é também, em outras palavras, o 'ser que toma postura'. Os atos de tomada de postura em direção externa chamamos de ações e, precisamente na medida em que continua sendo um compromisso para si mesmo, toma postura diante de si mesmo e

Para essa teoria, conduta é o comportamento humano, consciente e voluntário, **dirigido a um fim**. Daí o seu nome *finalista*, levando em conta a finalidade do agente. Não desprezou todos os postulados da teoria clássica. Ao contrário, preservou-os, a eles acrescentando a nota da finalidade.

Uma conduta pode ser contrária ou conforme ao Direito, dependendo do elemento subjetivo do agente. Destarte, dolo e culpa, que na teoria clássica residiam na culpabilidade, foram deslocados para o interior da conduta, e, portanto, para o fato típico. Formou-se, assim, uma **culpabilidade vazia**, desprovida do dolo e da culpa.

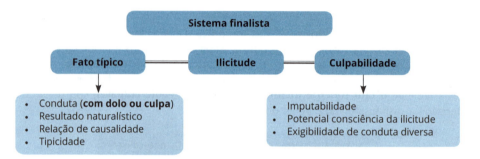

Desta forma, o partidário do finalismo penal pode adotar um conceito analítico de crime **tripartido ou bipartido**, conforme repute a culpabilidade como elemento do crime ou pressuposto de aplicação da pena.

Welzel sustentava que a causalidade exterior é **cega**, pois não analisa o querer interno do agente. Por seu turno, a finalidade, por ser guiada, é **vidente**.

No exemplo adotado em relação à teoria clássica, a resposta seria diversa no tocante à teoria finalista.

Com efeito, o comportamento de "A" não poderia ser considerado conduta penalmente relevante em face da ausência de dolo ou culpa. Não haveria crime, desde já, pela inexistência do fato típico "matar alguém".

O Código Penal em vigor, com a Reforma da Parte Geral pela Lei 7.209/1984, parece ter manifestado preferência pelo finalismo penal. Uma forte evidência se encontra no art. 20, *caput*: "O erro sobre elemento constitutivo do tipo legal de crime exclui o dolo, mas permite a punição por crime culposo, se previsto em lei".

Ora, se a ausência de dolo acarreta na exclusão do fato típico (ainda que somente na forma dolosa), é porque o dolo está na conduta do agente, que deixa de ser dolosa para ser culposa.

A teoria finalista foi bastante criticada no tocante aos **crimes culposos**, pois não se sustentava a finalidade da ação concernente ao resultado naturalístico involuntário.

Alega-se, todavia, que no crime culposo também há vontade dirigida a um fim. Mas esse fim será conforme ou não ao Direito, de maneira que a reprovação nos crimes culposos não incide na finalidade do agente, mas nos meios por ele escolhidos para atingir a finalidade desejada, indicativos da imprudência, da negligência ou da imperícia.

Entretanto, parece que nem mesmo Welzel conseguiu adequar com precisão a teoria finalista aos crimes culposos. Na última etapa de seus estudos, vislumbrou, ainda que superficialmente, substituir a teoria finalista por uma outra teoria, denominada cibernética.

---

'converte-se em algo'. O ser humano é previsor. Necessita do que está distante, do que não está presente no espaço e tempo, vive – ao contrário do animal – no futuro e não no presente. Esta determinação faz parte das circunstâncias de uma existência na qual se atua, e o que no ser humano é consciência humana, em sentido próprio, deve ser entendido sob esta perspectiva." JAKOBS, Günther. *Fundamentos de direito penal*. Trad. André Luís Callegari. São Paulo: RT, 2003. p. 53-54.

### 10.2.3. Teoria cibernética

Essa teoria, também conhecida como "**ação biociberneticamente antecipada**",[3] leva em conta o **controle da vontade**, presente tanto nos crimes dolosos como nos crimes culposos.

Como já mencionado, busca compatibilizar o finalismo penal com os crimes culposos. Na explicação de Everardo da Cunha Luna:

> Welzel informa que, ao tomar do campo da filosofia de Nicolai Hartmann, pela primeira vez e em 1935, o termo *finalidade,* outra expressão não existia que se adequasse ao seu pensamento sobre a ação humana. Ao surgir, porém, em 1948, com Norbert Wiener, o termo *cibernética,* seria melhor talvez preferi-lo ao termo *finalidade,* para designar a ação como fato dirigido e orientado pela vontade. Como, porém, o termo *cibernética* tem uma significação precisa no campo da matemática, deve ser mantido o uso linguístico jurídico-penal *finalidade,* sabendo-se, desde já, que ocasiona mal-entendidos ao ser interpretado de uma maneira estreita e literal. Se não fora o inconveniente indicado, a  ~ão *cibernética* compreenderia, com clareza, o dolo e a culpa, abrangendo, em ambos, o que existe de juridicamente relevante, ou seja, a *direção.*[4]

Destarte, pelo fato de ter sido consagrada no âmbito jurídico, e mostrar-se mais pertinente ao estudo do Direito Penal, manteve-se a denominação **finalismo penal**.

### 10.2.4. Teoria social

Para essa teoria, os ideais clássico e finalista são insuficientes para disciplinar a conduta, porque desconsiderariam uma nota essencial do comportamento humano: o seu **aspecto social**.

Nesse contexto, **Johannes Wessels**, na tentativa de equacionar esse problema, criou a teoria social da ação.

Hans-Heinrich Jescheck, partidário dessa teoria, define a conduta como **o comportamento humano com transcendência social**.[5]

Por comportamento deve-se entender a resposta do homem a exigências situacionais, mediante a concretização da possibilidade de reação que lhe é autorizada pela sua liberdade. Assim, socialmente relevante seria a conduta capaz de afetar o relacionamento do agente com o meio social em que se insere.

Essa teoria não exclui os conceitos causal e final de ação. Deles se vale, acrescentando-lhes o caráter da relevância social.

Para os seus defensores, a vantagem dessa teoria consiste no fato de o elemento sociológico cumprir a missão de permitir ao Poder Judiciário a supressão do vácuo criado pelo tempo entre a realidade jurídica e a realidade social.

Um fato não pode ser tipificado pela lei como infração penal e, simultaneamente, ser tolerado pela sociedade, caso em que estaria ausente um **elemento implícito** do tipo penal, presente em todo modelo descritivo legal, consistente na repercussão social da conduta.

Por corolário, para que o agente pratique uma infração penal é necessário que, além de realizar todos os elementos previstos no tipo penal, tenha também a intenção de produzir um **resultado socialmente relevante**.

A principal crítica que se faz a essa teoria repousa na extensão do conceito de transcendência ou relevância social, que se presta a tudo, inclusive a fenômenos acidentais e da natureza. A morte de uma pessoa provocada por uma enchente, por exemplo, possui relevância social, na medida em que enseja o nascimento, modificação e extinção de direitos e obrigações.

---

3   ZAFFARONI, Eugenio Raúl. *Derecho penal. Parte general.* 2. ed. Buenos Aires: Ediar, 2002. p. 407.

4   LUNA, Everardo da Cunha. *Capítulos de direito penal* – Parte geral. São Paulo: Saraiva, 1985. p. 108.

5   JESCHECK, Hans-Heinrich. *Tratado de derecho penal.* Parte general. Trad. espanhola Miguel Olmedo Cardenete. 5. ed. Granada: Comares, 2002. p. 239.

# 182 | DIREITO PENAL – PARTE GERAL – VOL. 1 • CLEBER MASSON

Com efeito, ao mesmo tempo em que não se pode negar relevância social ao delito, também se deve recordar que tal qualidade é inerente a todos os fatos jurídicos, e não apenas aos pertencentes ao Direito Penal.

## 10.2.5. Teoria jurídico-penal

É a teoria sustentada por **Francisco de Assis Toledo** para superar os entraves travados entre as vertentes clássica, finalista e social. Em suas palavras, essa definição almeja conciliar os pontos positivos extraídos de cada uma delas. Nesse sentido:

> Ação é o comportamento humano, dominado ou dominável pela vontade, dirigido para a lesão ou para a exposição a perigo de um bem jurídico, ou, ainda, para a causação de uma previsível lesão a um bem jurídico.[6]

Deve ser lembrado que a palavra "ação" é empregada por Assis Toledo em sentido amplo, como sinônimo de conduta, englobando, assim, a ação propriamente dita e a omissão.

Essa teoria coloca em destaque, segundo seu autor:

a)  o comportamento humano, englobando a ação e a omissão;

b)  a vontade, exclusiva do ser humano;

c)  o "poder de outro-modo" (poder agir de outro modo), que permite ao homem o domínio da vontade;

d)  o aspecto causal-teleológico do comportamento; e

e)  a lesão ou perigo a um bem jurídico.

## 10.2.6. Teoria da ação significativa

Com base nas lições filosóficas de Ludwig Wittgenstein e Jürgen Habermas, o penalista espanhol Tomás Salvador Vives Antón desenvolveu a **teoria da ação significativa (ou conceito significativo de ação), com substrato normativo,** apresentando uma nova definição de **conduta penalmente relevante.**

Essa proposta doutrinária tem como pilares fundamentais os conceitos de **ação e norma**, unidos pela ideia central de liberdade de ação, compreendida como aquela que permite identificar a ação como obra do agente, e não do acaso.

Vives Antón questiona o entendimento da ação no Direito Penal como consequência de uma concepção meramente cartesiana, ou seja, compreendida como um fato composto de um aspecto físico (movimento corporal) e de um aspecto mental (vontade), o qual possibilita tão somente distinguir os fatos humanos dos fatos naturais e dos fatos dos animais.

A ação deve ser visualizada de forma diversa, não como o que as pessoas fazem, mas como o significado do que fazem. As ações não são meros acontecimentos, têm um sentido (significado) e, por isso, não basta descrevê-las, é necessário entendê-las, interpretá-las. Diante dos fatos, que podem explicar-se segundo as leis físicas, químicas, biológicas ou matemáticas, as ações humanas devem ser interpretadas de acordo com as regras ou normas. Como destaca Paulo César Busato:

> As ações, não sendo meros acontecimentos, exigem interpretação. Vale dizer, não basta mais que as ações sejam meramente descritas, senão que é necessário que elas sejam interpretadas e com-

---

[6]  TOLEDO, Francisco de Assis. *Princípios básicos de direito penal.* 5. ed. 13. tir. São Paulo: Saraiva, 2007. p. 109.

preendidas. Enquanto os meros fatos da vida podem ser explicados por regras imutáveis como as leis da física, da química ou da biologia – conquanto ainda nessas ciências o componente da indeterminação já foi identificado –, as ações humanas têm a característica diferenciadora de que somente podem ser identificadas, classificadas e interpretadas conforme regras ou normas. Por exemplo, não se pode afirmar que um tapa no rosto seja uma lesão corporal, uma injúria, um comportamento rude ou até mesmo um ato reflexo sem uma análise das circunstâncias em que ocorre, para verificação de como deve ser interpretado e compreendido referido tapa, até mesmo para a definição de se pode mesmo ser considerado um tapa.[7]

Portanto, **não existe um conceito universal e ontológico de ação**. Não há um modelo matemático ou uma fórmula lógica que permita oferecer um conceito de ação humana válido para todas as diferentes espécies de ações que o ser humano pode realizar. Em outras palavras, as ações não existem previamente às regras que as definem. Nesse contexto, fala-se na ação de matar porque antes existe uma norma (art. 121 do Código Penal) definindo essa conduta.

O conceito de ação resume-se à ideia de conduta típica. Logo, não há um conceito geral de ação, mas tantos conceitos de ação como espécies de condutas relevantes para o Direito Penal, segundo as diversas características com as que são descritas normativamente.

Nesse contexto, somente se pode perguntar se houve ação humana relevante para o Direito Penal quando se puder relacioná-la a determinado tipo penal (homicídio, furto, estupro etc.). Apenas se houver a reunião dos elementos exigidos pela norma tipificadora teremos o significado jurídico do que denominamos crime de homicídio, furto, estupro etc.

Destarte, **a teoria significativa da ação sustenta que os fatos humanos somente podem ser compreendidos por meio das normas**, ou seja, o seu significado existe somente em virtude das normas, as quais lhes são preexistentes. O tipo incriminador passa a ser entendido como tipo de ação, um dos grandes marcos dessa proposta doutrinária.

## 10.2.7. Apontamentos gerais sobre a conduta

Adotamos uma posição finalista, indiscutivelmente a mais aceita em provas e concursos públicos.

Desse modo, conduta é a ação ou omissão humana, consciente e voluntária, dirigida a um fim, consistente em produzir um resultado tipificado em lei como crime ou contravenção penal.

**Não há crime sem conduta**, pois o Direito Penal, ao contrário do sugerido por Vicenzo Manzini, não aceita os **crimes de mera suspeita**, isto é, aqueles em que o agente não é punido por sua conduta, e sim pela suspeita despertada pelo seu modo de agir.

Nesse contexto, a contravenção penal prevista no art. 25 do Decreto-lei 3.688/1941 – Lei das Contravenções Penais ("Ter alguém em seu poder, depois de condenado, por crime de furto ou roubo, ou enquanto sujeito à liberdade vigiada ou quando conhecido como vadio ou mendigo, gazuas, chaves falsas ou alteradas ou instrumentos empregados usualmente na prática de crime de furto, desde que não prove destinação legítima") não foi recepcionada pela Constituição Federal de 1988. Constitui-se em resquício do "direito penal do autor", pois o agente é punido em virtude da sua condição pessoal, independentemente da prática de um fato concreto capaz de lesar ou expor a perigo de lesão um bem jurídico penalmente tutelado. Na ótica do Supremo Tribunal Federal:

> O art. 25 da Lei de Contravenções Penais – LCP (Decreto-lei 3.688/41: "Art. 25. Ter alguém em seu poder, depois de condenado, por crime de furto ou roubo, ou enquanto sujeito à liberdade vigiada ou quando conhecido como vadio ou mendigo, gazuas, chaves falsas ou alteradas ou instrumentos

---

[7] BUSATO, Paulo César. *Direito Penal*: parte geral. 2. ed. São Paulo: Atlas, 2015. p. 273.

empregados usualmente na prática de crime de furto, desde que não prove destinação legítima: Pena – prisão simples, de dois meses a um ano, e multa de duzentos mil réis a dois contos de réis") não é compatível com a Constituição de 1988, por violar os princípios da dignidade da pessoa humana (CF, art. 1.º, III) e da isonomia (CF, art. 5.º, *caput* e I). Essa a conclusão do Plenário, que deu provimento a recursos extraordinários, julgados em conjunto, e absolveu os recorrentes, nos termos do art. 386, III, do CPP. Discutia-se a temática relativa à recepção do mencionado art. 25 da LCP pelo novo ordenamento constitucional. No caso, os recorrentes foram condenados pela posse injustificada de instrumento de emprego usual na prática de furto, tendo em conta condenação anterior pelo aludido crime (CP, art. 155, § 4.º). [...] No mérito, destacou-se que o princípio da ofensividade deveria orientar a aplicação da lei penal, de modo a permitir a aferição do grau de potencial ou efetiva lesão ao bem jurídico protegido pela norma. Observou-se que, não obstante a contravenção impugnada ser de mera conduta, exigiria, para a sua configuração, que o agente tivesse sido condenado anteriormente por furto ou roubo; ou que estivesse em liberdade vigiada; ou que fosse conhecido como vadio ou mendigo. Assim, salientou-se que o legislador teria se antecipado a possíveis e prováveis resultados lesivos, o que caracterizaria a presente contravenção como uma infração de perigo abstrato. Frisou-se que a LCP fora concebida durante o regime ditatorial e, por isso, o anacronismo do tipo contravencional. Asseverou-se que a condição especial "ser conhecido como vadio ou mendigo", atribuível ao sujeito ativo, criminalizaria, em verdade, qualidade pessoal e econômica do agente, e não fatos objetivos que causassem relevante lesão a bens jurídicos importantes ao meio social. Consignou-se, no ponto, a inadmissão, pelo sistema penal brasileiro, do direito penal do autor em detrimento do direito penal do fato. No que diz respeito à consideração da vida pregressa do agente como elementar do tipo, afirmou-se o não cabimento da presunção de que determinados sujeitos teriam maior potencialidade de cometer novas infrações penais. Por fim, registrou-se que, sob o enfoque do princípio da proporcionalidade, a norma em questão não se mostraria adequada e necessária, bem como afrontaria o subprincípio da proporcionalidade em sentido estrito.[8]

Quando pratica uma infração penal, o ser humano viola o preceito proibitivo (crimes comissivos) ou preceptivo (crimes omissivos) contido na lei penal, a qual pode ser proibitiva ou preceptiva.

**Leis penais proibitivas** são as que proíbem determinados comportamentos e correspondem aos crimes comissivos. Quando o tipo penal descreve uma ação, a lei penal contém um preceito proibitivo. No art. 121 do Código Penal, o preceito proibitivo é "não matar".

Por seu turno, **leis penais preceptivas** são as que impõem a realização de uma ação, isto é, reclamam um comportamento positivo. Quando o tipo penal descreve uma omissão, a lei penal contém um preceito preceptivo, e o seu descumprimento se verifica com a omissão de um comportamento devido por lei. No art. 135 do CP, o mandamento é "prestar assistência".

## 10.2.8. Formas de conduta

A conduta pode se exteriorizar por ação ou por omissão.

A **ação** consiste em um movimento corporal exterior. Reclama do ser humano uma postura positiva, um fazer. Relaciona-se com a maioria dos delitos, por meio de uma norma proibitiva.

Por outro lado, a **omissão** não se constitui em um mero comportamento estático. É, sim, a conduta de não fazer aquilo que podia e devia ser feito em termos jurídicos, e se refere às normas preceptivas.

A omissão pode ser vislumbrada tanto quando o agente nada faz, bem como quando faz algo diferente daquilo que lhe impunha o dever jurídico de agir. Exemplo: pratica o crime de omissão de socorro, definido pelo art. 135 do Código Penal, o agente que per-

---

[8] RE 583.523/RS, rel. Min. Gilmar Mendes, Plenário, j. 03.10.2013, noticiado no *Informativo* 722.

manece inerte diante da pessoa necessitada, assim como aquele que se afasta do local sem prestar-lhe assistência.

## 10.2.9. Teorias acerca da omissão

A **teoria naturalística** sustenta ser a omissão um fenômeno causal que pode ser constatado no mundo fático, pois, em vez de ser considerada uma inatividade, caracteriza-se como verdadeira espécie de ação. Portanto, quem se omite efetivamente faz alguma coisa.

Já para a **teoria normativa,** a omissão é um indiferente penal, pois o nada não produz efeitos jurídicos. Destarte, o omitente não responde pelo resultado, pois não o provocou.

Essa teoria, contudo, aceita a responsabilização do omitente pela produção do resultado, desde que seja a ele atribuído, por uma norma, o dever jurídico de agir. Essa é a razão de sua denominação (normativa = norma). **A omissão é, assim, não fazer o que a lei determinava que se fizesse. Foi a teoria acolhida pelo Código Penal.**[9]

Em verdade, nos crimes omissivos próprios ou puros a norma impõe o dever de agir no próprio tipo penal (preceito preceptivo).

Já nos crimes omissivos impróprios, espúrios ou comissivos por omissão, o tipo penal descreve uma ação (preceito proibitivo), mas a omissão do agente, que descumpre o dever jurídico de agir, definido pelo art. 13, § 2.º, do Código Penal, acarreta a sua responsabilidade penal pela produção do resultado naturalístico.

## 10.2.10. Caracteres da conduta

A conduta se reveste das seguintes características:

1)  O ser humano, e apenas ele, pode praticar condutas penalmente relevantes. Os acontecimentos naturais e os atos dos seres irracionais, produzidos sem a interferência do homem, não interessam ao Direito Penal. É possível, também, para quem se filia a essa posição a prática de condutas por pessoas jurídicas, relativamente aos crimes ambientais.

2)  Somente a conduta voluntária interessa ao Direito Penal. A vontade, qualquer que seja a teoria adotada, é elemento constitutivo da conduta. O Direito Penal se alicerça na evitabilidade, razão pela qual só são pertinentes as condutas que poderiam ser evitadas.

3)  Apenas os atos lançados ao mundo exterior ingressam no conceito de conduta. O simples querer interno do agente (cogitação) é desprezado pelo Direito Penal, pois ainda não há sequer perigo de lesão ao bem jurídico protegido pela norma. Enquanto a vontade não for libertada do claustro psíquico, não produz efeitos jurídicos.[10]

4)  A conduta é composta de dois elementos: um ato de vontade, dirigido a um fim, e a manifestação da vontade no mundo exterior, por meio de uma ação ou omissão dominada ou dominável pela vontade. Esse é o elemento mecânico que concretiza no mundo fático o querer interno do agente.

## 10.2.11. Exclusão da conduta

Apontam-se as seguintes hipóteses como de exclusão da conduta:

---

[9]  STJ: HC 68.871/PR, rel. Min. Maria Thereza de Assis Moura, rel. p/ acórdão Min. Og Fernandes, 6.ª Turma, j. 06.08.2009.

[10]  Surge nesse ponto o "**direito à perversão**": as pessoas, ao menos em seus pensamentos, podem ser más, perversas, idealizando mentalmente diversos ilícitos penais, sem que haja qualquer tipo de represália da parte do Estado.

**1) Caso fortuito e força maior:** são os acontecimentos **imprevisíveis e inevitáveis**, que fogem do domínio da vontade do ser humano. E, se não há vontade, não há dolo nem culpa. Consequentemente, como dolo e culpa integram a conduta, não se configura esse elemento do fato típico.

Em que pese a ampla divergência doutrinária, pode-se entender o caso fortuito como o acontecimento imprevisível e inevitável provocado pelo homem (ex.: greve de ônibus), e por força maior o evento, com iguais predicados, mas decorrente da natureza (ex.: inundação provocada por uma tempestade).

**2) Atos ou movimentos reflexos:** consistem em reação motora ou secretora em consequência de uma excitação dos sentidos. O movimento corpóreo não se deve ao elemento volitivo, mas sim ao fisiológico. Ausente a vontade, estará ausente também a conduta.

É o caso do ortopedista que bate o martelinho contra o joelho do paciente. Se, em razão do reflexo, seu chute atingir o médico, não se poderá falar em lesões corporais ou na contravenção de vias de fato. Não houve vontade penalmente relevante, mas resposta fisiológica à provocação médica.

Os atos reflexos, entretanto, não se confundem com as **ações em curto-circuito**, derivadas dos atos impulsivos fundamentados em emoções ou paixões violentas. Nesses casos há o elemento volitivo que estimula a conduta criminosa. Exemplo: "A" passa na direção de "B" e dele zomba, motivando-o a, repentinamente, desferir socos no provocador. Há vontade e, por corolário, conduta penalmente relevante.

Os movimentos reflexos devem ser diferenciados, ainda, dos **atos habituais, mecânicos ou automáticos,** que consistem na reiteração de um comportamento. É o caso de conduzir veículo automotor com apenas uma das mãos ao volante. Caso o agente atropele e mate alguém, responderá pelo crime tipificado pelo art. 302 da Lei 9.503/1997 – Código de Trânsito Brasileiro, pois tal hábito era dominável pela vontade.

**3) Coação física irresistível:** também chamada de *vis absoluta,* ocorre quando o coagido não tem liberdade para agir. Não lhe resta nenhuma outra opção, a não ser praticar um ato em conformidade com a vontade do coator.

Imagine a situação em que um homem muito forte obriga fisicamente outra pessoa, bastante franzina, a apertar o gatilho de um revólver municiado na direção de seu desafeto. Em suma, pressiona o dedo do coagido contra o gatilho. A vítima é atingida e morre.

O coagido serviu como instrumento do crime. Não agiu de forma voluntária, excluindo-se sua conduta. Nesse caso, não se pode falar, em hipótese alguma, em concurso de agentes, por falta do elemento subjetivo (convergência de vontades) exigível para tanto.

Por outro lado, na **coação moral irresistível**, ou *vis compulsiva,* o coagido pode escolher o caminho a ser seguido: obedecer ou não a ordem do coator. Como a sua vontade existe, porém de forma viciada, exclui-se a culpabilidade, em face da inexigibilidade de conduta diversa.

Em suma, enquanto a **coação física irresistível exclui a conduta** e, portanto, o fato típico, **a coação moral irresistível funciona como causa excludente da culpabilidade**, em face da inexigibilidade de conduta diversa.

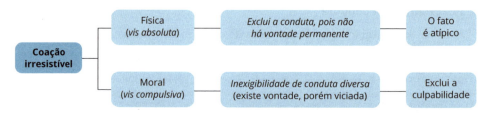

**4) Sonambulismo e hipnose:** também não há conduta, por falta de vontade nos comportamentos praticados em completo estado de inconsciência.

Anote-se que a embriaguez, voluntária ou culposa, embora completa, não exclui a conduta. Subsiste a imputabilidade e, consequentemente, a culpabilidade (CP, art. 28, II).

## 10.3. RESULTADO

### 10.3.1. Conceito

Resultado é a consequência provocada pela conduta do agente.

### 10.3.2. Denominação

Nada obstante algumas poucas divergências, as palavras "resultado" e "evento" podem ser utilizadas como sinônimas. Anote-se, porém, existir no Brasil a preferência por "resultado".

Essa distinção terminológica é irrelevante. Importa considerar somente o que ambas significam.[11]

### 10.3.3. Espécies

Em Direito Penal, o resultado pode ser jurídico ou naturalístico.

**Resultado jurídico,** ou **normativo,** é a lesão ou exposição a perigo de lesão do bem jurídico protegido pela lei penal. É, simplesmente, a violação da lei penal, mediante a agressão do valor ou interesse por ela tutelado.

**Resultado naturalístico,** ou **material,** é a modificação do mundo exterior provocada pela conduta do agente.

É comum a seguinte indagação: **Existe crime sem resultado?**

E a resposta, mais uma vez, é: **Depende.**

Não há crime sem resultado jurídico, pois todo delito agride bens jurídicos protegidos pelo Direito Penal. Recorde-se do conceito material de crime, segundo o qual não há crime quando a ação ou omissão humana não lesa ou expõe a perigo de lesão bens jurídicos penalmente tutelados.

Entretanto, é possível um crime sem resultado naturalístico.

O resultado naturalístico estará presente somente nos crimes materiais consumados. Se tentado o crime, ainda que material, não haverá resultado naturalístico.

Nos crimes formais, ainda que possível sua ocorrência, é dispensável o resultado naturalístico.

E, finalmente, nos crimes de mera conduta ou de simples atividade jamais se produzirá tal espécie de resultado.

Em síntese, **todo crime tem resultado jurídico, embora não se possa apresentar igual afirmativa em relação ao resultado naturalístico**.

## 10.4. RELAÇÃO DE CAUSALIDADE OU NEXO CAUSAL

### 10.4.1. Denominação

Emprega-se, comumente, a expressão "nexo causal" para referir-se à ligação entre a conduta e o resultado.

---

[11] Para um estudo aprofundado: PIMENTEL, Manoel Pedro. *Crimes de mera conduta*. 3. ed. São Paulo: RT, 1975. p. 24-26.

O art. 13 do Código Penal, todavia, preferiu falar em **"relação de causalidade"**. Essa, portanto, é a denominação legal.

### 10.4.2. Dispositivo legal

Estabelece o art. 13 do Código Penal:

**Art. 13.** O resultado, de que depende a existência do crime, somente é imputável a quem lhe deu causa. Considera-se causa a ação ou omissão sem a qual o resultado não teria ocorrido.

§ 1.º A superveniência de causa relativamente independente exclui a imputação quando, por si só, produziu o resultado; os fatos anteriores, entretanto, imputam-se a quem os praticou.

§ 2.º A omissão é penalmente relevante quando o omitente devia e podia agir para evitar o resultado. O dever de agir incumbe a quem:

*a*) tenha por lei obrigação de cuidado, proteção ou vigilância;

*b*) de outra forma, assumiu a responsabilidade de impedir o resultado;

*c*) com seu comportamento anterior, criou o risco da ocorrência do resultado.

### 10.4.3. Conceito

Relação de causalidade é o vínculo formado entre a conduta praticada por seu autor e o resultado por ele produzido.

É por meio dela que se conclui se o resultado foi ou não provocado pela conduta, autorizando, se presente a tipicidade, a configuração do fato típico.

### 10.4.4. Âmbito de aplicação

Prevalece na doutrina brasileira o entendimento de que a expressão **"o resultado"**, constante no início do art. 13, *caput*, do Código Penal, alcança somente o resultado naturalístico, isto é, a modificação externa provocada pela conduta praticada por alguém.

Destarte, o estudo da relação de causalidade tem pertinência apenas aos **crimes materiais.** Nesses delitos, o tipo penal descreve uma conduta e um resultado naturalístico, exigindo a produção desse último para a consumação. É aí que entra em cena o nexo causal, para ligar a conduta do agente ao resultado material.

Nos crimes de atividade, o resultado naturalístico pode ocorrer (formais) ou não (de mera conduta). De qualquer forma, é dispensável, pois se consumam com a simples prática da conduta ilícita.

### 10.4.5. Teorias

Destacam-se três teorias na busca de definir a relação de causalidade:[12]

**1.ª teoria: Equivalência dos antecedentes:** também chamada de **teoria da equivalência das condições, teoria da condição simples, teoria da condição generalizadora**, ou, finalmente, **teoria da *conditio sine qua non***, foi criada por **Glaser**,[13] e posteriormente desenvolvida por **Von Buri** e **Stuart Mill**, em 1873.

Para essa teoria, causa é todo fato humano sem o qual o resultado não teria ocorrido, quando ocorreu e como ocorreu.

---

[12] No item 10.4.10 abordamos a teoria da condição mínima ou "condição INUS", desenvolvida na Alemanha e ainda pouco debatida no Brasil.

[13] É comum olvidar-se de Glaser, mencionando Von Buri e Stuart Mill como os idealizadores dessa teoria.

**2.ª teoria: Teoria da causalidade adequada:** também chamada de **teoria da condição qualificada**, ou **teoria individualizadora**, originou-se dos estudos de **Von Kries**, um fisiólogo, e não jurista.

*Causa*, nesse contexto, é o antecedente, não só necessário, mas adequado à produção do resultado. Para que se possa atribuir um resultado à determinada pessoa, é necessário que ela, além de praticar um antecedente indispensável, realize uma atividade adequada à sua concretização.

Considera-se a conduta adequada quando é **idônea a gerar o efeito.** A idoneidade baseia-se na **regularidade estatística.** Destarte, conclui-se que a conduta adequada (humana e concreta) funda-se no *id quod plerumque accidit,* excluindo os acontecimentos extraordinários, fortuitos, excepcionais, anormais. Não são levadas em conta todas as circunstâncias necessárias, mas somente aquelas que, além de indispensáveis, sejam idôneas à produção do resultado.[14]

Portanto, a causa adequada é aferida de acordo com o juízo do homem médio e com a experiência comum. Não basta contribuir de qualquer modo para o resultado: a contribuição deve ser eficaz.

**3.ª teoria: Teoria da imputação objetiva:** será estudada em tópico separado.

### 10.4.5.1. Teorias adotadas pelo Código Penal

Acolheu-se, **como regra, a teoria da equivalência dos antecedentes.** É o que se extrai do art. 13, *caput, in fine*: "Considera-se causa a ação ou omissão sem a qual o resultado não teria ocorrido".

*Causa*, pois, é todo o comportamento humano, comissivo ou omissivo, que de qualquer modo concorreu para a produção do resultado naturalístico. Pouco importa o grau de contribuição. Basta que tenha contribuído para o resultado material, na forma e quando ocorreu.

Não há diferença entre **causa, condição** (fator que autoriza à causa a produção de seu efeito) ou **ocasião** (circunstância acidental que estimula favoravelmente a produção da causa).

E, para se constatar se algum acontecimento insere-se ou não no conceito de causa, emprega-se o **"processo hipotético de eliminação"**, desenvolvido em 1894 pelo sueco **Thyrén**. Suprime-se mentalmente determinado fato que compõe o histórico do crime: se desaparecer o resultado naturalístico, é porque era também sua causa; todavia, se com a sua eliminação permanecer íntegro o resultado material, não se pode falar que aquele acontecimento atuou como sua causa. Confira-se o famoso exemplo de Damásio E. de Jesus:

> Suponha-se que "A" tenha matado "B". A conduta típica do homicídio possui uma série de fatos, alguns antecedentes, dentre os quais podemos sugerir os seguintes: 1.º) a produção do revólver pela indústria; 2.º) aquisição da arma pelo comerciante; 3.º) compra do revólver pelo agente; 4.º) refeição tomada pelo homicida, 5.º) emboscada; 6.º) disparo de projéteis na vítima; 7.º) resultado morte. Dentro dessa cadeia de fatos, excluindo-se os fatos sob nos números 1.º a 3.º, 5.º e 6.º, o resultado não teria ocorrido. Logo, são considerados causa. Excluindo-se o fato sob o número 4.º (refeição), ainda assim o evento teria acontecido. Logo, a refeição tomada pelo sujeito não é considerada causa.[15]

Contra essa teoria foram endereçadas algumas críticas. A principal delas consistiria na circunstância de ser uma teoria **cega**, porque possibilitaria a regressão ao infinito (*regressus ad infinitum*).

---

[14] COSTA JR., Paulo José. *Nexo causal*. 2. ed. São Paulo: Malheiros, 1996. p. 88.

[15] JESUS, Damásio. E. de. *Direito penal*. Parte geral. 28. ed. 2. tir. São Paulo: Saraiva, 2006. v. 1, p. 248.

Como causa é todo acontecimento que de qualquer modo contribui para o resultado, poderia operar-se o retorno ao início dos tempos. "A" matou "B". Consequentemente, poderiam ser seus pais responsabilizados, pois sem a concepção do filho a vítima não teria morrido. E assim sucessivamente, até o primeiro dos seus antepassados.

Essa crítica, contudo, é despropositada. Para que um acontecimento ingresse na relação de causalidade, não basta a mera dependência física. Exige-se ainda a **causalidade psíquica** (*imputatio delicti*), é dizer, reclama-se a presença do dolo ou da culpa por parte do agente em relação ao resultado. De fato, a falta do dolo ou da culpa afasta a conduta, a qual, por seu turno, obsta a configuração do nexo causal.

A título ilustrativo, a venda lícita de uma arma de fogo, por si só, não ingressa no nexo causal de um homicídio com ela praticado. Entretanto, se o vendedor sabia da intenção do comprador e, desejando a morte do ofendido, facilitou de qualquer modo a alienação do produto, sua conduta será considerada causa do crime posteriormente cometido.

**Excepcionalmente**, o Código Penal adota, no § 1.º do art. 13, a **teoria da causalidade adequada**.

Em síntese, o art. 13 do Código Penal acolheu como regra a teoria da equivalência dos antecedentes (*caput, in fine)* e, excepcionalmente, a teoria da causalidade adequada (§ 1.º), o que nos remete ao estudo das **concausas**.

## 10.4.6. Concausas

### 10.4.6.1. Introdução

A palavra concausa diz respeito à concorrência de causas, ou seja, há mais de uma causa contribuindo para o resultado final. Em outras palavras, concausa é a convergência de uma causa externa à vontade do autor da conduta e que influi na produção do resultado naturalístico por ele desejado.

### 10.4.6.2. Causas dependentes e independentes

**Causa dependente** é a que precisa da conduta do agente para provocar o resultado, ou seja, não é capaz de produzi-lo por si própria, razão pela qual **não exclui a relação de causalidade**. Exemplo: "A" tem a intenção de matar "B". Após espancá-lo, coloca uma corda em seu pescoço, amarrando-a ao seu carro. Em seguida dirige o automóvel, arrastando a vítima ao longo da estrada, circunstância que provoca a sua morte. A estrada, a corda e o carro não são capazes de matar a vítima, se isoladamente consideradas. De fato, tais acontecimentos somente levaram ao óbito porque o agente havia previamente espancado a vítima e depois a amarrou com uma corda ao carro e arrastou o corpo pela via pública.

**Causa independente**, por sua vez, é aquela capaz de produzir por si só o resultado.[16] Pode ser de natureza absoluta ou relativa, dependendo da sua origem.

### 10.4.6.2.1. Causas absolutamente independentes

São aquelas que não se originam da conduta do agente, isto é, são absolutamente desvinculadas da sua ação ou omissão ilícita. E, por serem independentes, produzem por si sós o resultado naturalístico. Constituem a chamada **"causalidade antecipadora"**,[17] pois rompem o nexo causal.

Dividem-se em preexistentes (ou estado anterior), concomitantes e supervenientes.

---

[16] Toda causa independente tem força suficiente para produzir por conta própria o resultado. A diferença entre a qualidade de absoluta ou relativa refere-se exclusivamente à sua origem.

[17] BAUMANN, Jürgen. *Derecho penal:* conceptos fundamentales y sistema. Trad. espanhola Conrado A. Finzi. Buenos Aires: Depalma, 1973. p. 126.

### 10.4.6.2.1.1. Preexistente ou estado anterior

É aquela que existe **anteriormente** à prática da conduta. O resultado naturalístico teria ocorrido da mesma forma, mesmo sem o comportamento ilícito do agente. Exemplo: "A" efetua disparos de arma de fogo contra "B", atingindo-o em regiões vitais. O exame necroscópico, todavia, conclui ter sido a morte provocada pelo envenenamento anterior efetuado por "C".

### 10.4.6.2.1.2. Concomitante

É a que incide **simultaneamente** à prática da conduta. Surge no mesmo instante em que o agente realiza seu comportamento criminoso. Exemplo: "A" efetua disparos de arma de fogo contra "B" no momento em que o teto da casa deste último desaba sobre sua cabeça.

### 10.4.6.2.1.3. Superveniente

É a que se concretiza **posteriormente** à conduta praticada pelo agente. Exemplo: "A" subministra dose letal de veneno a "B", mas, antes que se produzisse o efeito almejado, surge "C", antigo desafeto de "B", que nele efetua inúmeros disparos de arma de fogo por todo o corpo, matando-o.

### 10.4.6.2.1.4. Efeitos jurídicos das causas absolutamente independentes

Em todas as modalidades (preexistentes, concomitantes e supervenientes), o resultado naturalístico ocorre independentemente da conduta do agente. As causas surgem de forma autônoma, isto é, não se ligam ao comportamento criminoso do agente. E, por serem independentes, produzem por si sós o resultado material.[18]

Por corolário, devem ser imputados ao agente somente os atos praticados, e não o resultado naturalístico, em face da quebra da relação de causalidade. De fato, suprimindo mentalmente sua conduta, ainda assim o resultado teria ocorrido como ocorreu. Respeita-se a teoria da equivalência dos antecedentes ou *conditio sine qua non,* adotada pelo art. 13, *caput, in fine,* do Código Penal. Nos exemplos mencionados, o agente responde somente por tentativa de homicídio, e não por homicídio consumado.

### 10.4.6.2.2. Causas relativamente independentes

**Originam-se da própria conduta efetuada pelo agente**. Daí serem relativas, pois não existiriam sem a atuação criminosa.

Como, entretanto, tais causas são independentes, têm idoneidade para produzir, por si sós, o resultado, já que nao se situam no normal trâmite do desenvolvimento causal.

Classificam-se em preexistentes (ou estado anterior), concomitantes e supervenientes.

### 10.4.6.2.2.1. Preexistente ou estado anterior

Existe **previamente** à prática da conduta do agente. Antes de seu agir ela já estava presente. Exemplo: "A", com ânimo homicida, efetua disparos de arma de fogo contra "B", atingindo-a de raspão. Os ferimentos, contudo, são agravados pela diabete da vítima, que vem a falecer.[19]

---

[18] BATTAGLINI, Giulio. *A interrupção do nexo causal.* Trad. Ricardo Rodrigues Gama. Campinas: LZN, 2003. p. 102-104.

[19] "A existência de doença cardíaca de que padecia a vítima configura-se como concausa preexistente relativamente independente, não sendo possível afastar o resultado mais grave (morte) e, por consequência, a imputação de latrocínio" (STJ: HC 704.718/SP, rel. Min. Laurita Vaz, 6.ª Turma, j. 16.05.2023, noticiado no *Informativo* 777).

## 192 | DIREITO PENAL – PARTE GERAL – VOL. 1 • CLEBER MASSON

### 10.4.6.2.2.2. Concomitante

É a que ocorre **simultaneamente** à prática da conduta. Exemplo: "A" aponta uma arma de fogo contra "B", o qual, assustado, corre em direção a movimentada via pública. No momento em que é alvejado pelos disparos, é atropelado por um caminhão, morrendo.

### 10.4.6.2.2.3. Efeitos jurídicos das causas preexistentes e concomitantes relativamente independentes

Em obediência à teoria da equivalência dos antecedentes ou *conditio sine qua non*, adotada pelo art. 13, *caput, in fine,* do Código Penal, nas duas hipóteses o agente responde pelo resultado naturalístico.

Com efeito, suprimindo-se mentalmente a sua conduta, o resultado material, que nos exemplos acima seria a morte da vítima, não teria ocorrido quando e como ocorreu.

### 10.4.6.2.2.4. A questão das causas supervenientes relativamente independentes

Em face da regra prevista no art. 13, § 1.º, do Código Penal, as causas supervenientes relativamente independentes podem ser divididas em dois grupos: (1) as que **produzem por si sós** o resultado; e (2) as que **não produzem por si sós** o resultado.

#### 10.4.6.2.2.4.1. Causas supervenientes relativamente independentes que não produzem por si sós o resultado

Incide a **teoria da equivalência dos antecedentes ou da conditio** *sine qua non,* adotada como regra geral no tocante à relação de causalidade (CP, art. 13, *caput, in fine).*

O agente responde pelo resultado naturalístico, pois, suprimindo-se mentalmente a sua conduta, o resultado não teria ocorrido como e quando ocorreu. Exemplo: "A", com a intenção de matar, efetua disparos de arma de fogo contra "B". Por má pontaria, atinge-o em uma das pernas, não oferecendo risco de vida. Contudo, "B" é conduzido a um hospital e, por imperícia médica, vem a morrer.

Nesse caso, "B" não teria morrido, ainda que por imperícia médica, sem a conduta inicial de "A". De fato, somente pode falecer por falta de qualidade do profissional da medicina aquele que foi submetido ao seu exame, no exemplo, justamente pela conduta homicida que redundou no encaminhamento da vítima ao hospital.

A imperícia médica, por si só, não é capaz de matar qualquer pessoa, mas somente aquela que necessita de cuidados médicos. Nesse sentido é a orientação do Superior Tribunal de Justiça:

> O fato de a vítima ter falecido no hospital em decorrência das lesões sofridas, ainda que se alegue eventual omissão no atendimento médico, encontra-se inserido no desdobramento físico do ato de atentar contra a vida da vítima, não caracterizando constrangimento ilegal a responsabilização criminal por homicídio consumado, em respeito à teoria da equivalência dos antecedentes causais adotada no Código Penal e diante da comprovação do *animus necandi* do agente.[20]

---

[20]  HC 42.559/PE, rel. Min. Arnaldo Esteves Lima, 5.ª Turma, j. 04.04.2006. E também: AgRg no AREsp 173.804/MG, rel. Min. Marco Aurélio Bellizze, 5.ª Turma, j. 19.09.2013.

## 10.4.6.2.2.4.2. Causas supervenientes relativamente independentes que produzem por si sós o resultado

É a situação tratada pelo § 1.º do art. 13 do Código Penal: "A superveniência de causa relativamente independente exclui a imputação quando, **por si só,** produziu o resultado; os fatos anteriores, entretanto, imputam-se a quem os praticou" (grifamos).

Nesse dispositivo foi acolhida a **teoria da causalidade adequada**. Logo, causa não é mais o acontecimento que de qualquer modo concorre para o resultado.

Muito pelo contrário, passa a ser causa apenas a conduta idônea – com base em um juízo estatístico e nas regras de experiência (*id quod plerumque accidit*) –, a provocar a produção do resultado naturalístico. Não basta qualquer contribuição. Exige-se uma contribuição adequada.

Os exemplos famosos são: (1) pessoa atingida por disparos de arma de fogo que, internada em um hospital, falece não em razão dos ferimentos, e sim queimada por um incêndio que destrói toda a área dos enfermos; e (2) ferido que morre durante o trajeto para o hospital, em face de acidente de tráfego que atinge a ambulância que o transportava.

Em ambos os casos, a incidência da teoria da equivalência dos antecedentes acarretaria a imputação do resultado naturalístico ao responsável pelos ferimentos, pois, eliminando-se em abstrato sua conduta, certamente a morte não teria ocorrido quando e como ocorreu.

Todavia, repita-se, não foi em vão a redação do § 1.º do art. 13 do Código Penal pelo legislador. Essa regra foi ali expressamente colocada por força da preferência, nesse caso, pela teoria da causalidade adequada.

A expressão **"por si só"** revela a autonomia da causa superveniente que, embora relativa, não se encontra no mesmo curso do desenvolvimento causal da conduta praticada pelo autor. Em outras palavras, depois do rompimento da relação de causalidade, a concausa manifesta a sua verdadeira eficácia, produzindo o resultado por sua própria força, ou seja, invoca para si a tarefa de concretizar o resultado naturalístico.

Nos exemplos acima mencionados, conclui-se que qualquer pessoa que estivesse na área da enfermaria do hospital, ou no interior da ambulância, poderia morrer em razão do acontecimento inesperado e imprevisível, e não somente a ferida pela conduta praticada pelo agente.

Portanto, a simples concorrência (de qualquer modo) não é suficiente para a imputação do resultado material, produzido, anote-se, por uma causa idônea e adequada, por si só, para fazê-lo.

O art. 13, § 1.º, cuidou exclusivamente das causas **supervenientes** relativamente independentes que produzem por si sós o resultado. Não falou das preexistentes nem das concomitantes, o que é alvo de crítica por parte da doutrina especializada. A propósito, aduz Paulo José da Costa Júnior:

> Não vemos motivo para que se levante uma barreira tão rígida entre causas que apresentam estrutura idêntica e eficiência equivalente. Consequentemente, teria sido preferível que a nova lei penal houvesse contemplado, no § 1.º do art. 13, a par da superveniência, a preexistência ou a intercorrência de causa relativamente independente.
>
> É com base em uma aplicação analógica que se pode coerentemente fazer semelhante extensão. Desde que o dispositivo em foco se destina a favorecer a posição do agente, tratando-se de uma analogia *in bonam partem,* é ela admissível em direito penal.[21]

---

[21]  COSTA JR., Paulo José. *Nexo causal*. 2. ed. São Paulo: Malheiros, 1996. p. 108-109.

O gráfico abaixo bem sintetiza tudo o que foi dito:

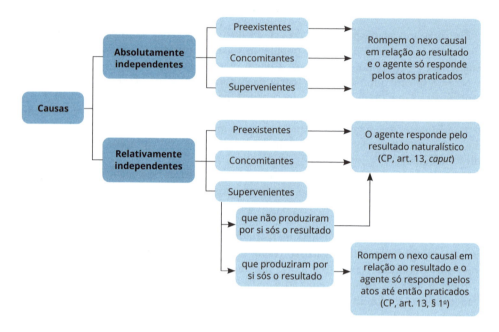

## 10.4.7. Relevância da omissão

### 10.4.7.1. Conceito e alcance

A **omissão penalmente relevante** encontra-se disciplinada pelo art. 13, § 2.º, do Código Penal: "A omissão é penalmente relevante quando o omitente devia e podia agir para evitar o resultado".

O dispositivo é aplicável somente aos **crimes omissivos impróprios, espúrios ou comissivos por omissão,** isto é, aqueles em que o tipo penal descreve uma ação, mas a inércia do agente, que podia e devia agir para impedir o resultado naturalístico, conduz à sua produção. São crimes materiais, como é o caso do homicídio, cometido em regra por ação, mas passível também de ser praticado por inação, desde que o agente ostente o poder e o dever de agir.

De fato, os crimes omissivos próprios ou puros não alojam em seu bojo um resultado naturalístico. A omissão é descrita pelo próprio tipo penal, e o crime se consuma com a simples inércia do agente. Não são, assim, compatíveis com a figura da tentativa. É o que se dá na omissão de socorro (CP, art. 135): ou o sujeito presta assistência ao necessitado, e não há crime; ou omite-se, consumando automaticamente o delito.

Esse é o significado da expressão **"penalmente relevante"**: a omissão que não é típica, por não estar descrita pelo tipo penal, somente se torna penalmente relevante quando presente o dever de agir.

Nos crimes omissivos impróprios, a omissão **pode**, com o dever de agir, ser penalmente relevante. Por outro lado, nos crimes omissivos próprios, a omissão **sempre é** penalmente relevante, pois se encontra descrita pelo tipo penal, tal como nos arts. 135 e 269 do Código Penal, e no art. 244-C da Lei 8.069/1990 – Estatuto da Criança e do Adolescente.

### 10.4.7.2. Teoria adotada

O art. 13, § 2.º, do Código Penal, no tocante à natureza jurídica da omissão, acolheu a **teoria normativa**, pela qual a omissão é um nada, e "do nada, nada surge". Não é punível de forma independente, ou seja, não se pune alguém pelo simples fato de ter se omitido. Só tem importância jurídico-penal quando presente o **dever de agir**. Daí a preferência pela teoria normativa. A omissão somente interessa ao Direito Penal quando, diante da inércia do agente, o ordenamento jurídico lhe impunha uma ação, um fazer.

### 10.4.7.3. Dever de agir: critérios existentes para sua definição

Há dois critérios acerca da fixação do dever de agir: legal e judicial.

Para o **critério legal**, é a lei que deve arrolar, taxativamente, as hipóteses do dever de agir. Cuida-se de critério mais seguro, por afastar incertezas e impedir variantes indesejadas que poderiam surgir na interpretação da situação submetida à análise do Poder Judiciário.

**Por ele optou o legislador pátrio**, ao indicar nas alíneas "a", "b" e "c" do § 2.º do art. 13 do Código Penal as pessoas a quem incumbe o dever de agir. Além disso, esse ônus precisa ser especificamente dirigido a pessoa ou pessoas determinadas, e não genericamente a todos os indivíduos. Na linha do entendimento do Superior Tribunal de Justiça:

> Nos termos do art. 13, § 2.º, do Código Penal, a omissão é penalmente relevante quando o agente devia e podia agir para evitar o resultado, o que não é a hipótese dos autos. A obrigação genérica atribuída a todos os cidadãos de preservar o meio ambiente para as gerações futuras, consoante o art. 225 da Constituição Federal, não se amolda ao dever imposto por lei de cuidar, proteger e/ou vigiar, exigido na hipótese de crime omissivo impróprio.[22]

Por sua vez, o **critério judicial** permite ao magistrado, no caso concreto, decidir pela presença ou não do dever de agir. É defendido por Alberto Silva Franco e Rui Stoco, para quem:

---

[22] REsp 897.426/SP, rel. Min. Laurita Vaz, 5.ª Turma, j. 27.03.2008.

É evidente que a inserção do dever ético resultante da solidariedade social, como fonte geradora do dever de atuar ao lado da lei, do contrato e da ingerência, torna cada vez mais amplo o tipo comissivo por omissão, aumentando a área de manobra do juiz, na definição de quem deva ocupar a posição de garante do bem jurídico tutelado. [...]

Diante da alternativa ou enumerar, em artigo de lei, as fontes geradoras do dever de atuar, ou compor, figuras típicas de omissão imprópria, não há dúvida de que a opção que melhor atende ao direito de liberdade do cidadão é a segunda.[23]

### 10.4.7.4. Poder de agir

O art. 13, § 2.º, do Código Penal é cristalino: não é suficiente o dever de agir. Exige-se mais: "A omissão é penalmente relevante quando o omitente **devia** e **podia** agir para evitar o resultado".

Quem tem o dever de agir não pratica, automaticamente, uma conduta penalmente reprovável. É necessário que tenha se omitido quando devia e podia agir de forma a impedir o resultado. Por essa razão, a possibilidade de agir tem sido considerada elemento ou pressuposto do conceito de omissão, que surge como a não realização de conduta possível e esperada.[24]

Poder de agir é a **possibilidade real e efetiva** de alguém, na situação concreta e em conformidade com o padrão do homem médio, evitar o resultado penalmente relevante. Exemplo: Um bombeiro tem o dever de impedir o afogamento de uma criança em uma praia. Não pode agir, contudo, se acidentalmente quebra suas duas pernas ao pisar em um buraco cavado por crianças quando corria em direção à infante que afundava.

### 10.4.7.5. Hipóteses de dever de agir

Estão disciplinadas pelas alíneas "a" a "c" do § 2.º do art. 13 do Código Penal,[25] pelo qual o dever de agir incumbe a quem:

*a) Tenha por lei obrigação de cuidado, proteção ou vigilância*

Trata-se do **dever legal,** relativo às pessoas que, por lei, têm a obrigação de impedir o resultado. É o que se dá com os pais em relação aos filhos menores, bem como com os policiais no tocante aos indivíduos em geral. O irmão maior de idade não tem o dever legal no tocante aos irmãos menores de 18 anos, ainda que o delito seja praticado no interior de sua residência. Nesse caso, entretanto, é possível a caracterização das hipóteses de dever de agir catalogadas nas alíneas "b" e "c" do § 2.º do art. 13 do Código Penal.[26]

---

[23] FRANCO, Alberto Silva; STOCO, Rui. *Código Penal e sua interpretação jurisprudencial*: parte geral. 7. ed. São Paulo: RT, 2001. v. 1, p. 228.

[24] FRAGOSO, Heleno Cláudio. *Conduta punível*. São Paulo: José Bushatsky, 1961. p. 54-55.

[25] O art. 2º da Lei 9.605/1998 prevê, na esfera dos crimes ambientais, uma outra hipótese de dever de agir: "Quem, de qualquer forma, concorre para a prática dos crimes previstos nesta Lei, incide nas penas a estes cominadas, na medida da sua culpabilidade, bem como o diretor, o administrador, o membro de conselho e de órgão técnico, o auditor, o gerente, o preposto ou mandatário de pessoa jurídica, que, sabendo da conduta criminosa de outrem, deixar de impedir a sua prática, quando podia agir para evitá-la".

[26] "Assim, muito embora uma irmã mais velha não possa ser enquadrada na alínea 'a' do art. 13, § 2.º, do CP, pois o mero parentesco não torna penalmente responsável um irmão para com o outro, caso caracterizada situação fática de assunção da figura do 'garantidor' pela irmã, nos termos previstos nas duas alíneas seguintes do referido artigo ('b' e 'c'), não há falar em atipicidade de sua conduta. Hipótese em que a acusada omitiu-se quanto aos abusos sexuais em tese praticados pelo seu marido na residência do casal contra suas irmãs menores durante anos. Assunção de responsabilidade ao levar as crianças para sua casa sem a companhia da genitora e criação de riscos ao não denunciar o agressor, mesmo ciente de suas condutas, bem como ao continuar deixando as meninas sozinhas em casa" (STJ: HC 603.195/PR, rel. Min. Ribeiro Dantas, 5.ª Turma, j. 06.10.2020, noticiado no *Informativo 681*).

O Código Penal utilizou a palavra "lei" em sentido amplo, valendo-se da **teoria das fontes.** Engloba os deveres impostos pela ordem jurídica considerada em sua totalidade. Nas palavras de Luiz Luisi:

> Neste dispositivo o nosso legislador se referiu não apenas à lei, mas especificou os deveres de cuidado, proteção, e de vigilância, e adotando essa redação não se limitou à chamada teoria formal, mas acolheu a teoria das fontes.
>
> Trata-se de deveres que são impostos pela ordem jurídica *lato sensu*. Não são apenas obrigações decorrentes de lei em sentido estrito, mas de qualquer disposição que tenha eficácia de forma a poder constituir um vínculo jurídico. É o caso dos decretos, dos regulamentos, das portarias, e mesmo das sentenças judiciais e provimentos judiciários em geral, e até de ordem legítima de autoridade hierarquicamente superior. Podem tais deveres, outrossim, derivar de norma penal, como de norma extrapenal, tanto de direito público como de direito privado.[27]

### b) De outra forma, assumiu a responsabilidade de impedir o resultado

A expressão **"de outra forma"** significa qualquer obrigação de impedir o resultado que não seja decorrente da lei, versada pela alínea "a".

É o que se convencionou chamar de **"garante"** ou **"dever de garantidor da não produção do resultado naturalístico"**.

Antes da Reforma da Parte Geral do Código Penal pela Lei 7.209/1984, apontava-se em sede doutrinária a relação contratual como fonte do dever de agir. Alargou-se, posteriormente à modificação legislativa, o conceito de "garantidor", visando abranger, além dos negócios jurídicos em geral, as relações advindas da vida cotidiana, independentemente de vinculação jurídica entre os envolvidos. Cuida-se de conceito a ser extensivamente compreendido.[28]

Nesse sentido, incumbe o dever de agir tanto ao professor de natação contratado para ensinar uma pessoa a nadar (negócio jurídico) como ao nadador experiente que convida um amigo iniciante a atravessar um canal de águas correntes e geladas (situação concreta da vida). Nos dois casos, se o principiante enfrentar problemas, o garantidor, se possível fazê-lo, deverá impedir o resultado, sob pena de tê-lo a si imputado. Com igual entendimento, sustenta Francisco de Assis Toledo:

> O Código, todavia, não definiu o "modo" ou os casos em que o obrigado assume a posição de "garante". Nem se deve restringir esta hipótese às obrigações de índole puramente contratual de sorte a permitir-se o transplante, para a área penal, de infindáveis discussões sobre questões prejudiciais em torno da validade ou da eficácia do contrato gerador da obrigação. [...] a posição de garante surge para todo aquele que, por ato voluntário, promessas, veiculação publicitária ou mesmo contratualmente, capta a confiança dos possíveis afetados por resultados perigosos, assumindo, com estes, a título oneroso ou não, a responsabilidade de intervir, quando necessário, para impedir o resultado lesivo.[29]

---

[27] LUISI, Luiz. *Os princípios constitucionais penais.* 2. ed. Porto Alegre: Fabris, 2003. p. 143.

[28] "No presente caso, o dever de assistência, que integra o tipo, adviria da assunção fática da posição de garante, nos precisos termos da alínea *b* do dispositivo supracitado. A esse respeito, não obstante a adoção da teoria formal pelo Código Penal – prevista no art. 13, § 2°, do CP –, a doutrina cuidou de reavaliar o instituto através de critérios materiais, pois aquelas não atendem suficientemente ao princípio da legalidade, nem são capazes de retratar todas as hipóteses geradoras de uma posição de garantidor. Dessa forma, inserida no contexto de especial posição de defesa de certos bens jurídicos, assentou-se que dela faz parte a 'assunção, por parte de alguém, de uma função protetiva unilateral ou bilateral, que independentemente de um contrato formal, conduza a que se lhe confie a proteção do bem jurídico'" (STJ: RHC 150.707/PE, rel. Min. João Otávio de Noronha, rel. p/ acórdão Min. Joel Ilan Paciornik, 5.ª Turma, j. 15.02.2022, noticiado no *Informativo* 725).

[29] TOLEDO, Francisco de Assis. *Princípios básicos de direito penal.* 5. ed. 13. tir. São Paulo: Saraiva, 2007. p. 117-118.

A responsabilidade do garantidor subsiste enquanto ele estiver no local em que tem a obrigação de impedir o resultado. Durante o tempo em que lá permanecer estará vinculado ao dever de agir, porque dele ainda não se desvencilhou. Exemplo: a enfermeira contratada para cuidar da pessoa idosa e doente, mesmo com encerramento da sua jornada, é obrigada a cuidar da sua paciente enquanto não tiver deixado o local de trabalho, transmitindo legitimamente a outra pessoa o nobre encargo.

No campo processual, é preciso destacar que a omissão penalmente relevante precisa ser expressamente descrita na inicial acusatória, sob pena de inépcia da denúncia ou da queixa-crime. Para o Superior Tribunal de Justiça:

> É inepta denúncia que impute a prática de homicídio na forma omissiva imprópria quando não há descrição clara e precisa de como a acusada – médica cirurgiã de sobreaviso – poderia ter impedido o resultado morte, sendo insuficiente a simples menção do não comparecimento da denunciada à unidade hospitalar, quando lhe foi solicitada a presença para prestar imediato atendimento a paciente que foi a óbito. Com efeito, o legislador estabeleceu alguns requisitos essenciais para a formalização da acusação, a fim de que seja assegurado ao acusado o escorreito exercício do contraditório e da ampla defesa, pois a higidez da denúncia é uma garantia do denunciado. Neste contexto, quando se imputa a alguém crime comissivo por omissão (art. 13, § 2.º, b, do CP), é necessário que se demonstre o nexo normativo entre a conduta omissiva e o resultado normativo, porque só se tem por constituída a relação de causalidade se, baseado em elementos empíricos, for possível concluir, com alto grau de probabilidade, que o resultado não ocorreria se a ação devida fosse efetivamente realizada.[30]

*c) Com seu comportamento anterior, criou o risco da ocorrência do resultado*

Cuida-se da **ingerência** ou **situação precedente**.

Em suma, aquele que, com o seu comportamento anterior, criou uma situação de perigo, tem o dever de agir para impedir o resultado lesivo ao bem jurídico. Exemplo: O marinheiro que lança ao mar um tripulante do navio tem o dever de salvá-lo da morte. Se não o fizer, responde pelo homicídio.

## 10.4.8. A questão da dupla causalidade

A dupla causalidade é de difícil ocorrência prática, o que não impede a sua formulação no plano teórico.

Cuida-se da situação em que duas ou mais condutas, independentes entre si e praticadas por pessoas diversas, que não se encontram subjetivamente ligadas, produzem simultaneamente o resultado naturalístico por elas desejado. Exemplo: "A" ministra veneno na comida de "B", enquanto almoçavam em um restaurante. Ao mesmo tempo, "C", que também estava sentado à mesa, coloca veneno na comida de "B". "A" e "C" não têm ciência do propósito criminoso alheio. As doses subministradas produzem, por si sós, efeito imediato, matando "B".

Questiona-se: Qual crime deve ser imputado aos agentes?

Poder-se-ia alegar que, suprimindo mentalmente a conduta de "A", mesmo assim "B" teria morrido. Da mesma forma, eliminada hipoteticamente a ação de "C", subsistiria a morte da vítima.

Seria então correto falar que nem "A" nem "C" mataram "B"? Se sim, quem matou?

Inclina-se a doutrina pela punição de ambos os autores por homicídio consumado. No Brasil, o crime seria inclusive qualificado pelo emprego de meio insidioso (veneno). A resposta

---

[30] RHC 39.627/RJ, rel. Min. Rogerio Schietti Cruz, 6.ª Turma, j. 08.04.2014, noticiado no *Informativo* 538.

seria diversa se o veneno ministrado por algum deles tivesse, ainda que por pouco tempo, apressado a morte, porque a conduta do outro poderia ser suprimida que ainda assim ocorreria o resultado naturalístico.[31]

## 10.4.9. Teoria da imputação objetiva

### 10.4.9.1. Evolução histórica

Em **1927, Karl Larenz** introduz no Direito o conceito de imputação, na obra intitulada *A teoria da imputação de Hegel e o conceito de imputação objetiva*, com a finalidade de distinguir as consequências de atos que podem ser atribuídos ao acaso e atos que são obras do ser humano.

**Richard Honig, em 1930,** no livro *Causalidade e imputação objetiva*, traz para o Direito Penal as ideias de Larenz, buscando delinear um critério seguro para a atribuição de um resultado ilícito a alguém.

Finalmente, **Claus Roxin, em 1970,** no ensaio *Reflexões sobre a problemática da imputação no direito penal*, desenvolve a moderna teoria da imputação objetiva.

### 10.4.9.2. Introdução

Em uma perspectiva clássica, o tipo penal apresentava apenas aspectos **objetivos**, representados na relação de causalidade. Considerava-se realizado o tipo toda vez que alguém causava o resultado nele previsto, de acordo com a teoria da equivalência dos antecedentes.

A causalidade gerava, assim, o problema do *regressus ad infinitum,* cuja restrição só podia ser efetuada no âmbito da ilicitude, ou, na maior parte das vezes, da culpabilidade, que englobava o dolo e a culpa.

Para resolver esse problema, o sistema **finalista** conferiu ao tipo penal também uma feição **subjetiva**, com a inclusão na conduta do dolo e da culpa. Exemplo: Se "A", fabricante de armas de fogo, produz aquela que posteriormente foi adquirida por "B" para matar "C", não poderá ser penalmente responsabilizado. Para a teoria clássica, por ausência de culpabilidade; para a teoria finalista, porque o fato é atípico (uma vez ausente o dolo ou a culpa).

Para os adeptos da teoria da imputação objetiva, contudo, o sistema finalista, ao limitar o tipo objetivo à relação de causalidade, de acordo com a teoria da equivalência dos antecedentes, não resolve todos os problemas inerentes à imputação. Vejamos o exemplo apresentado por Claus Roxin:

> Imaginemos que "A" venda heroína a "B". Os dois sabem que a injeção de certa quantidade de tóxico gera perigo de vida, mas assumem o risco de que a morte ocorra; "A" o faz, porque o que lhe interessa é principalmente o dinheiro, e "B", por considerar sua vida já estragada e só suportável sob estado de entorpecimento. Deve "A" ser punido por homicídio cometido com dolo eventual, na hipótese de "B" realmente injetar em si o tóxico e, em decorrência disso, morrer? A causalidade de "A" para a morte de "B", bem como seu dolo eventual, encontram-se fora de dúvida. Se considerarmos a causalidade suficiente para a realização do tipo objetivo, teremos que concluir pela punição.[32]

Assim, para resolver o caso narrado, entre outros sem solução possível pelo sistema finalista, a teoria da imputação objetiva insere duas novas **elementares**[33] no tipo objetivo, que deixa de ser só causalidade.

---

[31] Cf. BAUMANN, Jürgen. *Derecho penal*: conceptos fundamentales y sistema. Trad. espanhola de Conrado A. Finzi. Buenos Aires: Depalma, 1973. p. 127.

[32] ROXIN, Claus. *Estudos de direito penal*. Trad. Luís Greco. Rio de Janeiro: Renovar, 2006. p. 103.

[33] A análise das duas elementares traduz-se no que a doutrina denomina de causalidade normativa, em oposição à causalidade natural.

|  | Finalismo | Imputação Objetiva |
|---|---|---|
| Tipo objetivo | Relação de causalidade | 1. Causalidade<br>2. Criação de um risco proibido:<br>– existência do risco;<br>– risco proibido.<br>3. Realização do risco no resultado |
| Tipo subjetivo | Dolo ou culpa | Dolo ou culpa |

Logo, com a adoção da teoria da imputação objetiva, a relação de causalidade somente estaria caracterizada quando ultrapassadas três etapas:

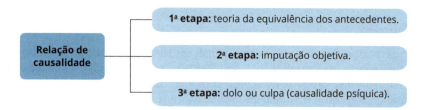

Ao contrário do que seu nome parece em princípio indicar, **não se confunde com a responsabilidade penal objetiva.** Sua função é completamente diversa: **limitar a responsabilidade penal,** pois a atribuição de um resultado a uma pessoa não é determinada pela relação de causalidade, mas é necessário outro nexo, de modo que esteja presente a realização de um risco proibido pela norma.[34]

Seria mais apropriado, portanto, falar em **teoria da não imputação objetiva,** pois a sua missão precípua é evitar a atribuição indevida e objetiva de um resultado típico a alguém.

Essa teoria é aplicável exclusivamente aos **crimes materiais,** nos quais pode ser produzido um **resultado naturalístico** cuja imputação deve ser cautelosamente atribuída ao agente. Não tem cabimento nos crimes formais e de mera conduta, já que neles inexiste resultado naturalístico ligado à conduta. Portanto, sequer é necessária a utilização da teoria da equivalência dos antecedentes.

### 10.4.9.3. Conceito e análise dos pressupostos

Para Luís Greco, a imputação objetiva enuncia o conjunto de pressupostos genéricos que fazem da causação uma causação objetivamente típica; e estes pressupostos são a criação de um risco juridicamente desaprovado e a realização deste risco no resultado.[35]

Assim, de acordo com a teoria, não basta a relação de causalidade para imputação do resultado, devendo estar presentes:

#### 1) A criação ou o aumento de um risco

Em face da sua função de proteção de bens jurídicos, o Direito Penal deveria limitar-se a proibir ações perigosas, que coloquem em risco esses mesmos bens.

No entanto, o que é risco?

---

[34] CAMARGO, Antonio Luís Chaves. *Imputação objetiva e direito penal brasileiro.* São Paulo: Cultural Paulista, 2002. p. 70.
[35] GRECO, Luís. *Um panorama da teoria da imputação objetiva.* Rio de Janeiro: Lumen Juris, 2007. p. 5-9.

CAP. 10 - FATO TÍPICO | 201

Podem ser consideradas como "risco" aquelas ações que, por meio de uma **prognose póstuma objetiva,** geram uma possibilidade de lesão ao bem jurídico.

**Prognose,** pois se refere à situação do agente no momento da ação; **póstuma,** porque será feita pelo magistrado depois da prática do fato; e **objetiva,** pois parte do conhecimento de um homem prudente (*homo medius*) na mesma hipótese analisada.

Como no exemplo clássico, em que um sobrinho manda um tio em uma viagem de avião, com a intenção de que o avião caia e o tio morra, não haveria responsabilidade do sobrinho se a sua intenção se concretizasse, pois viajar de avião não gera real possibilidade de dano. No entanto, a situação será diferente se o sobrinho tiver conhecimento de que haverá um ataque terrorista naquele determinado voo.

Em síntese, será perigosa a ação que, aos olhos de um observador objetivo dotado dos **conhecimentos especiais** do autor, situado no momento da prática da ação, gere **real possibilidade de dano** para um determinado bem.[36]

Por outro lado, afirma-se não haver ação perigosa quando:

a) o risco for juridicamente irrelevante (a ação não gera uma possibilidade **real** de dano); ou

b) há diminuição do risco, avaliado **antes** da ação pelo agente (como no exemplo de Roxin: quem convence o ladrão a furtar não 1.000, mas somente 100 marcos alemães, não é punível por participação no furto, pois sua conduta não elevou, mas diminuiu o risco de lesão).[37]

### 2) O risco criado deve ser proibido pelo Direito

**Nem toda ação perigosa é proibida pelo Direito.** Deve-se fazer uma ponderação entre a necessidade de proteção de determinado bem jurídico e o interesse geral de liberdade.

Exemplificativamente, embora dirigir um veículo automotor possa eventualmente causar acidentes, permite-se tal conduta. Da mesma forma, são regulamentados alguns esportes, como o automobilismo e o boxe, que podem causar lesões aos seus praticantes.

Veja-se que, pela teoria finalista, na lesão provocada em uma luta de boxe haveria uma causa de justificação (exclusão da ilicitude), enquanto para a imputação objetiva o fato é atípico, por se tratar de um risco permitido. Como esclarece Günther Jakobs:

> Um comportamento que gera um risco permitido é considerado socialmente normal, não porque no caso concreto esteja tolerado em virtude do contexto em que se encontra, mas porque nessa configuração é aceito de modo natural. Portanto, os comportamentos que criam riscos permitidos não são comportamentos que devam ser justificados, mas que não realizam tipo algum.[38]

Dentro do conceito de risco permitido se insere o **princípio da confiança**. De acordo com esse princípio, não pratica conduta típica quem, agindo de acordo com as regras legais, envolve-se em situação em que terceiro, descumprindo com o seu dever de cuidado, permite a produção do resultado.

Por exemplo, se estamos dirigindo e vemos, à distância, um cidadão aguardando um momento oportuno para cruzar a rua, confiamos que ele não vai tentar a travessia na frente do veículo em movimento. Da mesma forma, se entregamos nosso automóvel para o conserto dos freios, que apresentam deficiência, ao sair da oficina acreditamos que o defeito esteja

---

[36] GRECO, Luís. *Um panorama da teoria da imputação objetiva*. Rio de Janeiro: Lumen Juris, 2007. p. 25-27.

[37] ROXIN, Claus. *Estudos de direito penal*. Trad. Luís Greco. Rio de Janeiro: Renovar, 2006. p. 109-110.

[38] JAKOBS, Günther. *A imputação objetiva no direito penal*. São Paulo: RT, 2000. p. 38.

# 202 | DIREITO PENAL – PARTE GERAL – VOL. 1 • CLEBER MASSON

sanado. Assim, o risco de certos comportamentos não depende somente de nós, mas também dos outros cidadãos.[39]

Destarte, há confiança de que a conduta de terceiros, realizada na sequência, bem como a conduta anterior, será conforme ao Direito, de forma que, se essa expectativa não se realizar, será atípica a conduta daquele que age corretamente.

Há algumas decisões do Superior Tribunal de Justiça adotando a teoria da imputação objetiva:

> [...] De acordo com a Teoria Geral da Imputação Objetiva o resultado não pode ser imputado ao agente quando decorrer da prática de um risco permitido ou de uma ação que visa a diminuir um risco não permitido; o risco permitido não realize o resultado concreto; e o resultado se encontre fora da esfera de proteção da norma. O risco permitido deve ser verificado dentro das regras do ordenamento social, para o qual existe uma carga de tolerância genérica. É o risco inerente ao convívio social e, portanto, tolerável. Hipótese em que o agente agiu em desconformidade com as regras de trânsito (criou um risco não permitido), causando resultado jurídico abrangido pelo fim de proteção da norma de cuidado – morte da vítima, atraindo a incidência da imputabilidade objetiva.[40]
>
> [...] Ainda que se admita a existência de relação de causalidade entre a conduta dos acusados e a morte da vítima, à luz da teoria da imputação objetiva, necessária é a demonstração da criação pelos agentes de uma situação de risco não permitido, não ocorrente, na hipótese, porquanto é inviável exigir de uma Comissão de Formatura um rigor na fiscalização das substâncias ingeridas por todos os participantes de uma festa. Associada à teoria da imputação objetiva, sustenta a doutrina que vigora o princípio da confiança, as pessoas se comportarão em conformidade com o direito, o que não ocorreu *in casu*, pois a vítima veio a afogar-se, segundo a denúncia, em virtude de ter ingerido substâncias psicotrópicas, comportando-se, portanto, de forma contrária aos padrões esperados, afastando, assim, a responsabilidade dos pacientes, diante da inexistência de previsibilidade do resultado, acarretando a atipicidade da conduta.[41]

A doutrina aponta ainda como causas de exclusão do risco proibido:

a)  o comportamento exclusivo da vítima, que se coloca em perigo (autocolocação da vítima em situação de perigo);

b)  as contribuições socialmente neutras (como no exemplo de Jakobs, em que o padeiro vende o pão ao autor, consciente de que este o usará para envenenar alguém);

c)  os comportamentos socialmente adequados (princípio da adequação social); e

d)  a proibição de regresso.

Pela **proibição de regresso**, não haveria criação de um risco proibido nos casos em que a ação **não dolosa** de alguém **precedesse** a ação dolosa de um terceiro. Assim, aquele que esquece a sua arma, que vem a ser encontrada por outrem posteriormente e utilizada para a prática de um crime de homicídio, não seria responsabilizado.

Quanto aos últimos dois aspectos – comportamentos socialmente adequados e proibição de regresso –, não há consenso doutrinário acerca de serem causas de exclusão do risco, de forma que qualquer afirmação nesse sentido deve ser feita com redobrada cautela.[42]

---

[39]  JESUS, Damásio E. de Jesus. *A imputação objetiva*. 2. ed. São Paulo: Saraiva, 2002. p. 46-47.

[40]  REsp 822517/DF, rel. Min. Gilson Dipp, 5.ª Turma, j. 12.06.2007.

[41]  HC 46.525/MT, rel. Min. Arnaldo Esteves Lima, 5.ª Turma, j. 21.03.2006. No mesmo sentido: HC 68.871/PR, rel. Min. Maria Thereza de Assis Moura, rel. p/ acórdão Min. Og Fernandes, 6.ª Turma, j. 06.08.2009.

[42]  Jakobs, por exemplo, critica a adequação social, por ser muito ampla, não permitindo a concretização do risco permitido: JAKOBS, Günther. *A imputação objetiva no direito penal*. São Paulo: RT, 2000. p. 117-118. Contra a aplicação da proibição

CAP. 10 - FATO TÍPICO | 203

### 3) O risco foi realizado no resultado

A norma de proibição visa evitar que um certo bem jurídico seja afetado de uma determinada maneira. Assim, só haverá realização do risco se a proibição da conduta for justificada para evitar a lesão de determinado bem jurídico por meio de determinado curso causal, os quais venham efetivamente a ocorrer.[43]

É o **fim de proteção da norma** a que aludem os doutrinadores modernos.

Com o mesmo fundamento, aponta-se ainda a hipótese do aumento do risco pelo comportamento proibido, em comparação com o comportamento hipotético correto.

Tanto na realização do risco como no seu aumento, há exclusão da imputação:

a) na lesão ou curso causal sem relação com o risco proibido;

b) nos danos tardios, relacionados à lesão anterior causada ao bem jurídico (ex.: a vítima de lesões corporais, alguns anos depois, perde o equilíbrio em razão da lesão nunca completamente curada e cai, sofrendo várias fraturas);

c) nos danos causados a outrem, resultantes de choque causado pelo fato criminoso praticado (ex.: mãe cardíaca falece ao saber do assassinato do filho);

d) nas ações perigosas de salvamento (ex.: "A" ateia fogo na casa de "B" na ausência deste, mas "B" reentra para salvar sua coleção de CDs de *playstation 2* não piratas, falecendo); e

e) no comportamento indevido posterior de um terceiro (ex.: vítima de lesões que, necessitando de uma cirurgia, vem a falecer em razão de erro médico grosseiro).[44]

As ideias até aqui expostas podem ser resumidas pelo seguinte quadro:

| Requisito | Exclusão |
|---|---|
| Existência do risco | Risco juridicamente irrelevante; e<br>Diminuição do risco. |
| Risco proibido | Risco permitido (princípio da confiança);<br>Comportamento exclusivo da vítima;<br>Contribuições socialmente neutras;<br>Adequação social; e<br>Proibição do regresso. |
| Risco realizado no resultado | Lesão ou curso causal sem relação com o risco proibido;<br>Danos tardios;<br>Danos resultantes de choque;<br>Ações perigosas de salvamento; e<br>Comportamento indevido posterior de um terceiro. |

---

de regresso como excludente: GRECO, Luís. *Um panorama da teoria da imputação objetiva*. Rio de Janeiro: Lumen Juris, 2007. p. 75-77.

[43] GRECO, Luís. *Um panorama da teoria da imputação objetiva*. Rio de Janeiro: Lumen Juris, 2007. p. 95.

[44] Os exemplos são de GRECO, Luís. *Um panorama da teoria da imputação objetiva*. Rio de Janeiro: Lumen Juris, 2007. p. 109-125.

## 10.4.9.4. A imputação objetiva para Jakobs e Roxin

Apresentadas as linhas mestras da teoria da imputação objetiva, mister se faz analisar as variantes de seus maiores defensores na atualidade: Claus Roxin e Günther Jakobs.

### 10.4.9.4.1. O pensamento de Claus Roxin (Escola de Munique)

Claus Roxin visa, com o desenvolvimento da teoria, determinar um **critério de imputação capaz de concretizar a finalidade da norma penal**.[45]

Para ele, um resultado só deve ser imputado como sua obra e preenche o tipo objetivo unicamente quando: (1) o comportamento do autor cria um risco não permitido para o objeto da ação; (2) o risco se realiza no resultado concreto; e (3) este resultado se encontra dentro do alcance do tipo.[46]

### 10.4.9.4.2. O pensamento de Günther Jakobs (Escola de Bonn)

Günther Jakobs acrescenta ao conceito de imputação o elemento da **imputação objetiva do comportamento**. Nessa linha de raciocínio:

> 1) Os seres humanos encontram-se em um mundo social na condição de portadores de um papel, isto é, como pessoas que devem administrar um determinado segmento do acontecer social conforme um determinado padrão. 2) Entre autor, vítima e terceiros, segundo os papéis que desempenhem, deve determinar-se a quem compete, por si só, ou, junto com outros, o acontecer relevante, é dizer, quem por ter violado seu papel, administrando-o de modo deficiente, responde jurídico-penalmente – ou, se foi a vítima quem violou seu papel, deve assumir o dano por si mesma. Se todos se comportam conforme o papel só fica a possibilidade de explicar o ocorrido como fatalidade ou acidente. 3) Isto vale tanto para os fatos dolosos como para os fatos culposos; só que no âmbito dos fatos dolosos frequentemente a violação do papel é tão evidente que não necessita maior explicação – a qual é menos habitual nos fatos culposos.[47]

O penalista alemão entende pela ausência de imputação em quatro hipóteses: (1) risco permitido, (2) princípio da confiança, (3) proibição do regresso e (4) competência ou capacidade da vítima.

Sustenta a permanência da causalidade natural na aferição da responsabilidade criminal, funcionando a imputação como critério de restrição do nexo causal.

## 10.4.9.5. Conclusões

Conclui-se que a proposta dos defensores da teoria da imputação objetiva é a inclusão de novas elementares no tipo objetivo, criando-se o conceito de **causalidade normativa**, em oposição à causalidade natural presente na teoria finalista. A inclusão de tais elementos visa

---

[45] Vide a discussão sobre o **funcionalismo**, tratada quando do estudo sobre a evolução doutrinária do Direito Penal.

[46] ROXIN, Claus. *Estudos de direito penal.* Trad. Luís Greco. Rio de Janeiro: Renovar, 2006. p. 104. Ainda o autor, em igual sentido: Em consequência, o primeiro empenho da imputação no tipo objetivo é indicar quais as circunstâncias que fazem de uma causação (como limite extremo da possível imputação) uma ação típica, ou seja, p. ex., de uma causação de morte uma ação homicida relevante [...]. Na doutrina científica cada vez mais se impõe a concepção de que a imputação do tipo objetivo se produz conforme dois princípios sucessivamente estruturados: a) um resultado causado por um agente somente se pode imputar ao tipo objetivo se a conduta do autor houver criado um perigo para o bem jurídico não coberto por um risco permitido e esse perigo tenha se realizado no resultado concreto; [...] b) se o resultado se apresenta como realização de um perigo criado pelo autor; pela regra geral é imputado, de modo que se cumpre o tipo objetivo (*Derecho penal.* Parte geral. Fundamentos. La estructura de la teoría del delito. Trad. espanhola de Diego-Manuel Luzón Peña, Miguel Díaz y García Conlledo e Javier de Vicente Remensal. Madrid: Civitas, 2006. t. I, p. 363-364).

[47] JAKOBS, Günther. *A imputação objetiva no direito penal.* São Paulo: RT, 2000. p. 22.

resolver, no âmbito do fato típico, certos casos que para as demais teorias seriam solucionados em outros aspectos, como a ilicitude e a culpabilidade.

Rogério Greco faz uma compilação de conclusões acerca da teoria em análise, que podem ser aproveitadas no presente estudo:

a) a imputação objetiva é uma análise que antecede à imputação subjetiva;

b) a imputação objetiva pode dizer respeito ao resultado ou ao comportamento do agente;

c) a expressão mais apropriada seria teoria da não imputação, uma vez que a teoria visa, com as suas vertentes, evitar a imputação objetiva (do resultado ou do comportamento) do tipo penal a alguém;

d) a teoria da imputação foi criada, inicialmente, para se contrapor aos dogmas da teoria da equivalência, erigindo uma relação de causalidade jurídica ou normativa, ao lado daquela outra de natureza material;

e) uma vez concluída pela não imputação objetiva, afasta-se o fato típico.[48]

### 10.4.9.6. *Direito Penal Quântico*

No campo doutrinário, algumas vozes sustentam a íntima relação, no campo da causalidade, da teoria da imputação objetiva com as regras da física quântica. Não basta a mera relação de causa e efeito (causalidade física) entre conduta e resultado naturalístico.

Fala-se, por essa razão, em "**Direito Penal quântico**", destinado a solucionar as deficiências do Direito Penal tradicional, principalmente com a adoção da **teoria da imputação objetiva**: a tipicidade deixa de ser formal e assume um papel necessariamente material (**tipicidade material**), e o nexo causal abandona a simples fórmula de "causa e efeito", surgindo a **causalidade normativa**.

O Direito Penal quântico baseia-se no princípio da indeterminação (ou incerteza) da relação de causalidade, razão pela qual finca seu estudo em critérios de probabilidade, e não de exatidão (ou certeza). Nesse contexto, seria preciso alterar as estruturas centrais da justiça penal, pautada na lei e na jurisprudência, para encontrar seus alicerces nos valores reinantes na sociedade.

Para seus defensores, o Direito Penal quântico não representa propriamente um novo Direito Penal, e sim uma evolução doutrinária (e necessária) do Direito Penal, levando em conta os avanços do funcionalismo penal e da teoria da imputação objetiva. [49]

## 10.4.10. Teoria da condição mínima

Essa teoria foi desenvolvida pela alemã Ingeborg Puppe, e também é chamada de "fórmula da condição adequada a uma lei natural", "componente necessário de uma condição mínima suficiente" ou "condição INUS" (*insufficient non-redundant part of an unnecessary but sufficient condition*).

Para essa proposta, a relação de causalidade é a adequação do caso concreto a uma lei causal de natureza geral. Nesse cenário, uma lei causal deve ser compreendida como uma condição mínima suficiente para a produção de determinado resultado penalmente relevante. Tal condição mínima, entretanto, é composta de várias outras condições, necessárias para a formação dessa condição mínima. Nas palavras de Luís Greco:

---

[48]  GRECO, Rogério. *Curso de direito penal*: parte geral. 10. ed. Rio de Janeiro: Impetus, 2008. p. 246.

[49]  Para um estudo aprofundado do assunto: GONDIM, Reno Feitosa. *Epistemologia Quântica & Direito Penal*. Fundamentos para uma Teoria da Imputação Objetiva do Direito Penal. Curitiba: Juruá, 2005.

Um comportamento deve ser considerado causa de um resultado quando ele puder ser subsumido sob uma dessas condições necessárias – independentemente de se há outros comportamentos para os quais isso também seja verdadeiro. Diferentemente, pois, da fórmula da *conditio sine qua non*, essa teoria não procede a uma eliminação mental no plano do caso concreto, mas sim no plano abstrato da formulação da lei causal, isto é, no momento de formular a condição mínima.[50]

Para melhor visualização da teoria, pensemos em um exemplo: Pedro, João e Carlos planejam matar Fernando, cada um nele desferindo um único golpe de faca. Suponha-se que são necessárias duas facadas para matar a vítima, ou seja, a condição mínima do resultado é que dois golpes de faca sejam efetuados contra Fernando. Se os três agentes lançarem golpes de faca contra Fernando, poderão ser extraídas as seguintes conclusões: (a) as condutas de todos eles serão causas do resultado, consistente na morte de Fernando; e (b) as condutas de "Pedro e João", de "Pedro e Carlos" e de "João e Carlos" estarão amoldadas à condição mínima "duas facadas para matar a vítima".

## 10.5. TIPICIDADE

### 10.5.1. Conceito

A tipicidade, elemento do fato típico, divide-se em formal e material.

**Tipicidade formal** é o **juízo de subsunção** entre a conduta praticada pelo agente no mundo real e o modelo descrito pelo tipo penal ("adequação ao catálogo").[51]

É a operação pela qual se analisa se o fato praticado pelo agente encontra correspondência em uma conduta prevista em lei como crime ou contravenção penal. A conduta de matar alguém tem amparo no art. 121 do Código Penal. Há, portanto, tipicidade entre tal conduta e a lei penal.

De seu turno, **tipicidade material** (ou substancial) é a lesão ou perigo de lesão ao bem jurídico penalmente tutelado em razão da prática da conduta legalmente descrita.

A tipicidade material relaciona-se intimamente com o princípio da ofensividade (ou lesividade) do Direito Penal, pois nem todas as condutas que se encaixam nos modelos abstratos e sintéticos de crimes (tipicidade formal) acarretam dano ou perigo ao bem jurídico. É o que se dá, a título ilustrativo, nas hipóteses de incidência do princípio da insignificância, nas quais, nada obstante a tipicidade formal, não se verifica a tipicidade material.

A presença simultânea da tipicidade formal e da tipicidade material caracteriza a **tipicidade penal**.

### 10.5.2. Evolução doutrinária

A definição atual da tipicidade deriva das ideias do alemão Ernst von Beling, datadas de 1906.

Abandonou-se o ***corpus delicti***, denominado em alemão de ***Tatbestand***, o qual subsistia desde o Direito Romano com origem processual para abarcar todas as características e elementos do delito, abrangendo a materialidade do fato delituoso, a ilicitude e a culpabilidade, para se criar a concepção objetiva do tipo penal, operando-se a distinção entre a tipicidade e a ilicitude.

Na Alemanha, atualmente ainda se fala em *Tatbestand* (hipótese de fato), termo traduzido para o italiano como *fattispecie* e para o português como "tipo". Antes de 1906, contudo, não era destinado à palavra qualquer conteúdo sistemático semelhante ao atual.

---

[50] GRECO, Luís. *Problemas de causalidade e imputação objetiva nos crimes omissivos impróprios.* São Paulo: Marcial Pons, 2018. p. 54.

[51] BELING, Ernst von. *Esquema de derecho penal. La doctrina del delito-tipo.* Trad. Sebástian Soler. Buenos Aires: Depalma, 1944. p. 59.

Antes de Beling, pois, o crime se dividia em dois blocos: ilicitude, de ordem objetiva, e culpabilidade, de natureza subjetiva. Não se falava em tipicidade.

Posteriormente à criação de Beling, o delito passou a possuir três partes: tipicidade e ilicitude, ambas objetivas, e culpabilidade, de ordem subjetiva. Assim, o tipo englobava apenas os aspectos exteriores da conduta, dispensando os elementos internos do agente. Beling definiu a tipicidade como mero processo de adequação do fato concreto ao tipo penal.

Iniciava-se, assim, a **fase da independência do tipo**, desvinculando-se completamente a tipicidade da ilicitude, com função meramente descritiva, sem nenhum conteúdo valorativo.

Essa fase, intimamente relacionada com a teoria mecanicista, clássica, naturalista ou causal da conduta, perdeu espaço com o surgimento da teoria finalista da conduta e com o descobrimento dos elementos subjetivos do tipo.

Em 1915, **Max Ernst Mayer**, retomando os estudos de Beling, publica seu *Tratado de Direito Penal*, e nele revela seu objetivo de aprimorar a teoria da tipicidade, conferindo a ela a **função de indício da ilicitude** (teoria indiciária ou da *ratio cognoscendi*).

A tipicidade autoriza a presunção relativa de ilicitude, a qual cede diante de prova em sentido contrário, com a comprovação da ocorrência de alguma eximente. Nascia a **fase da tipicidade como indício da ilicitude**.

Além disso, Mayer também contribuiu ao Direito Penal com a introdução de elementos normativos no tipo penal, contrariando a proposta de Beling, que não admitia na tipicidade qualquer elemento relativo à ilicitude ou à culpabilidade.

**É, desde então, a teoria mais aceita no Direito Penal**. Consagra-se um sistema tripartido, dependendo a análise do crime de três fases distintas e sucessivas: tipicidade, ilicitude e culpabilidade.[52]

Sua utilidade prática repousa na **inversão do ônus da prova** no tocante às causas de exclusão da ilicitude. Em outras palavras, à acusação basta demonstrar a tipicidade do fato, pois desponta como a sua ilicitude. Em síntese, o fato típico presume-se igualmente ilícito. Mas esta presunção é relativa e, se a defesa invocar uma descriminante (estado de necessidade, legítima defesa etc.), a ela competirá o ônus de provar a sua tese.

Em 1931, porém, **Edmund Mezger** apresenta novos conceitos, iniciando a **fase da tipicidade como essência da ilicitude** (teoria da *ratio essendi* ou da identidade).

O tipo penal é transformado em tipo de injusto, ou seja, o tipo passa a ser conceituado como a **ilicitude tipificada**. Destarte, tipo e ilicitude fundiram-se de modo indissociável, embora seus conceitos não se confundam.

Essa teoria foi alvo de inúmeras críticas, eis que veda a correta separação entre os juízos da tipicidade e da ilicitude.

### 10.5.2.1. *Tipicidade como indício da ilicitude e o art. 386, inc. VI, do Código de Processo Penal*

Como estabelece o art. 386, inc. VI, do Código de Processo Penal, com a redação conferida pela Lei 11.690/2008: "Art. 386. O juiz absolverá o réu, mencionando a causa na parte dispositiva, desde que reconheça: (...) VI – existirem circunstâncias que excluam o crime ou isentem o réu de pena (arts. 20, 21, 22, 23, 26 e § 1.º do art. 28, todos do Código Penal), ou mesmo se houver fundada dúvida sobre sua existência".

A parte final do dispositivo legal – "ou mesmo se houver fundada dúvida sobre sua existência" – encontra-se em sintonia com a teoria da tipicidade como indício da ilicitude.

---

[52] Isso não impede, entretanto, a definição analítica do crime como fato típico e ilícito. A teoria de Mayer remonta ao início do século XX, e naquele contexto deve ser analisada. O conceito bipartido de delito, como se sabe, surgiu no Brasil após a Reforma da Parte Geral do Código Penal, efetuada pela Lei 7.209/1984.

De fato, a tipicidade do fato funciona como presunção da ilicitude, uma vez que a absolvição reclama "fundada dúvida" acerca da causa excludente da ilicitude.

Cuida-se, na verdade, de manifestação do princípio *in dubio pro reo* (a dúvida favorece o réu, pois o ônus da prova da imputação é da acusação), há muito consagrado nos ordenamentos jurídicos dos povos civilizados.

### 10.5.3. Teoria dos elementos negativos do tipo

Preconizada pelo alemão **Hellmuth von Weber**, propõe o **tipo total de injusto**, por meio do qual os pressupostos das causas de exclusão da ilicitude compõem o tipo penal como seus elementos negativos.

Tipicidade e ilicitude integram o tipo penal (tipo total). Consequentemente, se presente a tipicidade, automaticamente também estará delineada a ilicitude. Ao reverso, ausente a ilicitude, o fato será atípico.

Não há distinção entre os juízos da tipicidade e da ilicitude. Crime, assim, não é o fato típico e ilícito, e sim um **tipo total de injusto**, em uma única análise. Opera-se um sistema bipartido, com duas fases para aferição do crime: tipo total (tipicidade + ilicitude) e culpabilidade. Portanto, identificada a tipicidade, resultará identificada a ilicitude. Por outro lado, afastada a tipicidade, restará também afastada a ilicitude.

Se fosse adotada a referida teoria, o art. 121, *caput*, do Código Penal ficaria assim redigido: "Matar alguém, salvo em legítima defesa, estado de necessidade, exercício regular do direito ou estrito cumprimento de dever legal".

Não foi acolhida pelo nosso sistema penal, que distinguiu explicitamente os tipos incriminadores (Parte Especial do Código Penal e legislação especial) dos tipos permissivos ou causas de exclusão da ilicitude (em regra na Parte Geral do Código Penal, mais precisamente em seu art. 23).

### 10.5.4. Teoria da tipicidade conglobante

Criada pelo penalista argentino **Eugenio Raúl Zaffaroni**, essa teoria sustenta que todo fato típico se reveste de **antinormatividade**, pois, muito embora o agente atue em consonância com o que está descrito no tipo incriminador, na verdade contraria a norma, entendida como o conteúdo do tipo legal.

O nome "conglobante" deriva da necessidade de que a conduta seja **contrária ao ordenamento jurídico em geral**, conglobado, e não apenas ao Direito Penal. Não basta a violação da lei penal. Exige-se a ofensa a todo o ordenamento jurídico. Em suma, para a aferição da tipicidade reclama-se a presença da antinormatividade.

Assim, ou o fato praticado pelo agente, contrário à lei penal, desrespeita todo o ordenamento normativo, e há tipicidade, ou, ainda que em desconformidade com a lei penal, esteja em consonância com a ordem normativa, e ausente estará a tipicidade.

Para essa teoria, a tipicidade penal resulta da junção da tipicidade legal com a tipicidade conglobante: tipicidade penal = tipicidade legal + tipicidade conglobante.

**Tipicidade legal** (adequação à fórmula legal do tipo) é a individualização que a lei faz da conduta, mediante o conjunto dos elementos objetivos e normativos de que se vale o tipo penal.

Já a **tipicidade conglobante (antinormatividade)** é a comprovação de que a conduta legalmente típica está também proibida pela norma, o que se afere separando o alcance da norma proibitiva conglobada com as demais normas do sistema jurídico.

Finalmente, a tipicidade penal (adequação penal + antinormatividade) é a fusão da tipicidade legal com a tipicidade conglobante.

CAP. 10 – FATO TÍPICO | 209

Não basta, pois, a mera tipicidade legal, isto é, a contrariedade do fato à lei penal. É necessário mais. A conduta do agente, contrária à lei penal, deve violar todo o sistema normativo. Em suma, deve ser antinormativa.

Vale a pena citar a explicação de Zaffaroni e de Pierangeli, bastante elucidativa acerca do assunto:

> Suponhamos que somos juízes e que é levada a nosso conhecimento a conduta de uma pessoa que, na qualidade de oficial de justiça, recebeu uma ordem, emanada por juiz competente, de penhora e sequestro de um quadro, de propriedade de um devedor a quem se executa em processo regular, por seu legítimo credor, para a cobrança de um crédito vencido, e que, em cumprimento desta ordem judicial e das funções que por lei lhe competem, solicita o auxílio da força pública, e, com todas as formalidades requeridas, efetivamente sequestra a obra, colocando-a à disposição do Juízo. O mais elementar senso comum indica que esta conduta não pode ter qualquer relevância penal, que de modo algum pode ser delito, mas por quê?
>
> Receberemos a resposta de que essa conduta enquadra-se nas previsões do art. 23, III, do CP: "Não há crime quando o agente pratica o fato... em estrito cumprimento de dever legal...". É indiscutível que ela aí se enquadra, mas que caráter do delito desaparece quando um sujeito age em cumprimento de um dever?
>
> Para boa parte da doutrina, o oficial de justiça teria atuado ao amparo de uma causa de justificação, isto é, que faltaria a antijuridicidade da conduta, mas que ela seria típica.
>
> Para nós, esta resposta é inadmissível, porque tipicidade implica antinormatividade (contrariedade à norma) e não podemos admitir que na ordem normativa uma norma ordena o que a outra proíbe. Uma ordem normativa, na qual uma norma possa ordenar o que a outra pode proibir, deixa de ser ordem e de ser normativa e torna-se uma "desordem" arbitrária. As normas jurídicas não "vivem" isoladas, mas num entrelaçamento em que umas limitam as outras, e não podem ignorar-se mutuamente.[53]

Esta teoria, embora ainda se apresente como uma proposta doutrinária com resistência no Brasil, já foi acolhida pelo Superior Tribunal de Justiça:

> Queixa-crime oferecida por Juíza contra Desembargador que, durante processo de promoção por merecimento de magistrado, proferiu voto com expressões tidas por difamatórias pela querelante. O querelado, em sessão pública, proferiu seu voto, consoante previsto na Resolução 106/2010 do CNJ, não se extraindo da sua manifestação conduta que se amolde na figura típica do art. 139 do Código Penal. Ausência de *animus diffamandi*. O querelado agiu no estrito cumprimento do dever legal de fundamentação do voto, restando afastada a tipicidade conglobante do crime de difamação, nos termos do art. 142, III, do Código Penal e do art. 41 da LC 35/1979 (LOMAN). Queixa-crime rejeitada.[54]

## 10.5.5. Adequação típica: conceito e espécies

Adequação típica é o procedimento pelo qual se enquadra uma conduta individual e concreta na descrição genérica e abstrata da lei penal.

É o meio pelo qual se constata se existe ou não tipicidade entre a conduta praticada na vida real e o modelo definido pela lei penal.

A adequação típica pode se apresentar sob duas espécies: subordinação imediata e subordinação mediata.

---

[53] ZAFFARONI, Eugenio Raúl; PIERANGELI, José Henrique. *Manual de direito penal brasileiro*. Parte geral. 7. ed. São Paulo: RT, 2007. v. 1, p. 395.

[54] AP 683/AP, rel. Min. Eliana Calmon, Corte Especial, j. 21.11.2012.

Na adequação típica de **subordinação imediata**, a conduta humana se enquadra diretamente na lei penal incriminadora, sem necessidade de interposição de qualquer outro dispositivo legal. A ação ou omissão se transforma em fato típico com o "encaixe" adequado de todos os elementos do fato externo no modelo contido no preceito primário da lei incriminadora.

A conduta de subtrair coisa alheia móvel para si, mediante emprego de violência contra a pessoa, encontra correspondência direta no art. 157, *caput*, do Código Penal. Verifica-se, na hipótese, adequação típica de subordinação imediata.

Por sua vez, na **adequação típica de subordinação mediata, ampliada** ou **por extensão**, a conduta humana não se enquadra prontamente na lei penal incriminadora, reclamando-se, para complementar a tipicidade, a interposição de um dispositivo contido na Parte Geral do Código Penal. É o que se dá na tentativa, na participação e nos crimes omissivos impróprios.

Na **tentativa**, opera-se uma **ampliação temporal** da figura típica, pois, com a utilização da regra prevista no art. 14, II, do Código Penal, o alcance do tipo penal não se limita ao momento da consumação do crime, mas também aos períodos que o antecedem. Antecipa-se a tutela penal para abarcar os atos executórios prévios à consumação.

Na **participação**, há uma **ampliação espacial e pessoal** do tipo penal, que, em consequência do disposto pelo art. 29, *caput*, do Código Penal, passa a alcançar não só o sujeito que praticou os atos executórios do crime, como também outras pessoas que de qualquer modo concorreram para a realização do delito, sem, contudo, executá-lo.[55]

Finalmente, nos **crimes omissivos impróprios, espúrios** ou **comissivos por omissão**, ocorre uma **ampliação da conduta criminosa**, a qual, com o emprego do art. 13, § 2.º, do Código Penal, passa a englobar também a omissão daquele que indevidamente não cumpriu o seu dever jurídico de agir.

Esses dispositivos legais – arts. 13, § 2.º, 14, II, e 29, *caput*, do Código Penal – são denominados de **normas integrativas, de extensão** ou **complementares da tipicidade**.

---

[55] REsp 944.676/RS, rel. Min. Laurita Vaz, 5.ª Turma, j. 21.06.2011, noticiado no *Informativo* 478.

# CAPÍTULO 11

# TEORIA DO TIPO

## 11.1. CONCEITO

Tipo penal é o modelo genérico e abstrato, formulado pela lei penal, descritivo da conduta criminosa ou da conduta permitida.

Portanto, não é somente o conjunto dos elementos da infração penal descrito pela lei, mas também a indicação legal das hipóteses em que se autoriza a prática de um fato típico.

Tipo e tipicidade não se confundem. Como explica Zaffaroni, tipo é uma figura que resulta da imaginação do legislador, enquanto o juízo de tipicidade é a averiguação que sobre uma conduta se efetua para saber se apresenta os caracteres imaginados pelo legislador.[1]

## 11.2. ESPÉCIES

O tipo penal apresenta duas categorias: incriminadores e permissivos.

**Tipos incriminadores** ou **legais** são os tipos penais propriamente ditos, consistentes na síntese legal da definição da conduta criminosa.

**Tipos permissivos** ou **justificadores** são os que contêm a descrição legal da conduta permitida, isto é, as situações em que a lei considera lícito o cometimento de um fato típico. São as causas de exclusão da ilicitude, também denominadas eximentes ou justificativas.

## 11.3. TIPO LEGAL

Os tipos legais ou incriminadores estão definidos na Parte Especial do Código Penal e na legislação penal especial. Não há tipo incriminador na Parte Geral do Código Penal.

Tipo legal é o **modelo sintético, genérico e abstrato** da conduta definida em lei como crime ou contravenção penal.

## 11.4. FUNÇÕES DO TIPO LEGAL

O tipo legal não se destina simplesmente a criar infrações penais. Ao contrário, possui outras relevantes funções:

---

[1] ZAFFARONI, Eugenio Raúl. *Tratado de derecho penal* – Parte general. Buenos Aires: Ediar, 1982. v. 2, p. 172.

## 11.4.1. Função de garantia

Como decorrência da previsão constitucional do princípio da reserva legal ou da estrita legalidade, somente a lei em sentido material e formal pode criar um tipo incriminador.

Nesse sentido, o tipo penal funciona como **garantia do indivíduo**.[2] De fato, ao conhecer as condutas reputadas ilícitas pelo Direito Penal, o ser humano pode praticar livremente todas as demais não incriminadas. Sobra-lhe liberdade para gerir sua vida, ficando vedada somente a atuação em desconformidade com a lei penal, já que os casos de incriminação são taxativos (princípio da taxatividade).

Cuida-se, destarte, de **direito fundamental de 1.ª geração**, na medida em que limita o poder punitivo estatal. Não por outro motivo, proclamava Franz von Liszt ser o Código Penal a "Magna Carta do delinquente".

## 11.4.2. Função fundamentadora

A previsão de uma conduta criminosa por um tipo penal **fundamenta o direito de punir** do Estado quando o indivíduo viola a lei penal.

A existência de uma lei penal incriminadora é o fundamento da persecução penal exercida pelo Estado. Para Rogério Greco:

> Se, por um lado, o tipo exerce essa função garantista, também é certo afirmar que o Estado, por intermédio do tipo penal, fundamenta suas decisões, fazendo valer o seu *ius puniendi*. A relação entre essas funções do tipo – garantista e fundamentadora – é como se fosse duas faces da mesma moeda. Numa das faces está o tipo garantista, vedando qualquer responsabilização penal que não seja por ele expressamente prevista; na outra, a função fundamentadora por ele exercida, abrindo-se a possibilidade ao Estado de exercitar o seu direito de punir sempre que o seu tipo penal for violado.[3]

## 11.4.3. Função indiciária da ilicitude

O tipo penal delimita a conduta penalmente ilícita. Por corolário, a circunstância de uma ação ou omissão ser típica autoriza a presunção de ser também ilícita, contrária ao ordenamento jurídico.

Essa presunção é **relativa** (*iuris tantum*), pois admite prova em sentido contrário. Dessa forma, caso o agente sustente em juízo, como tese defensiva, a licitude do fato, deverá provar a existência de uma das excludentes indicadas pelo art. 23 do Código Penal.

---

[2] STF: Inq 1.145/PB, rel. Min. Maurício Corrêa, Tribunal Pleno, j. 19.12.2006.
[3] GRECO, Rogério. *Curso de direito penal* – Parte geral. 10. ed. Rio de Janeiro: Impetus, 2008. p. 181.

Opera-se a **inversão do ônus da prova**. Todo fato típico se presume ilícito, até prova em contrário, a ser apresentada e confirmada pelo responsável pela infração penal.

Exemplificativamente, se "A" efetuou disparos de arma de fogo contra "B", eliminando sua vida, presume-se automaticamente a ilicitude do fato. Se, entretanto, "A" alegar sua inocência, por ter agido acobertado pela legítima defesa, deverá provar sua ocorrência, pois, caso contrário, será condenado.

### 11.4.4. Função diferenciadora do erro

O dolo do agente deve alcançar todas as elementares do tipo legal, razão pela qual o autor de um fato típico somente poderá ser responsabilizado pela prática de um crime doloso quando conhecer todas as circunstâncias de fato que o compõem.

Eventual ignorância acerca de alguma elementar do tipo penal configura erro de tipo, afastando o dolo, nos termos do art. 20 do Código Penal.

Assim, delineado o tipo penal, com a presença do dolo, não há falar em erro. Ao contrário, sem o fato típico, por ausência de dolo, restará caracterizado o erro de tipo.

### 11.4.5. Função seletiva

Cabe ao tipo penal a tarefa de **selecionar as condutas** que deverão ser proibidas (crimes comissivos) ou ordenadas (crimes omissivos) pela lei penal, levando em conta os princípios vetores do Direito Penal em um Estado Democrático de Direito.

## 11.5. ESTRUTURA DO TIPO LEGAL

O tipo penal, qualquer que seja ele, é composto por um núcleo e elementos. Nas figuras qualificadas e privilegiadas são acrescentadas **circunstâncias**. Esta é a fórmula do tipo incriminador:

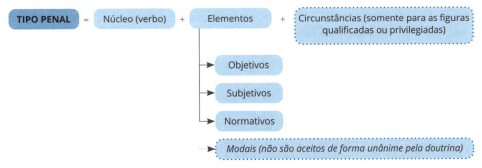

O **núcleo,** representado pelo **verbo**, é a primeira etapa para a construção de um tipo incriminador. No furto, é "subtrair", no estupro, "constranger", e assim por diante.

Toda infração penal contém um núcleo. No art. 121, *caput*, do Código Penal, em que se define o crime de homicídio simples, fórmula incriminadora mais sintética da legislação penal brasileira, há um núcleo ("matar") e apenas um elemento ("alguém").

Em torno do núcleo se agregam **elementos** ou **elementares**, que visam proporcionar a perfeita descrição da conduta criminosa.

Esses elementos podem ser de três espécies distintas: objetivos, subjetivos e normativos.

**Elementos objetivos** ou **descritivos** são os dados da conduta criminosa que não pertencem ao mundo anímico do agente. Possuem validade exterior que não se limita ao sujeito que o pratica. Ao contrário, podem ser constatados por qualquer pessoa, uma vez que exprimem um **juízo de certeza**.

# 214 | DIREITO PENAL – PARTE GERAL – VOL. 1 • CLEBER MASSON

Na identificação desses elementos se prescinde de valoração cultural ou jurídica. É o caso de "alguém" nos crimes de homicídio (CP, art. 121) e estupro (CP, art. 213), entre tantos outros.

**Elementos normativos**, por seu turno, são aqueles para cuja compreensão não pode o sujeito se limitar a uma mera atividade cognitiva. Reclamam, para perfeita aferição, uma interpretação valorativa, isto é, necessitam de um **juízo de valor** acerca da situação de fato por parte do destinatário da lei penal. Na definição de Luiz Luisi:

> Não são, portanto, elementos que se limitam a descrever o natural, mas que dão à ação, ao seu objeto, ou mesmo às circunstâncias, uma significação, um valor. As expressões "honesto", "indevidamente", "sem justa causa", e mesmo, "cruel", "insidioso" para qualificar os meios, são exemplos de elementos típicos normativos.[4]

Os elementos normativos podem ser jurídicos ou culturais.

**Elementos normativos jurídicos** são os que traduzem conceitos próprios do Direito, relativos à ilicitude ("indevidamente" e "sem justa causa", por exemplo), ou então atinentes a termos ou expressões jurídicas (tais como "documento", "funcionário público" e "duplicata"). Os elementos normativos que dizem respeito a termos ou expressões jurídicas são também denominados **elementos normativos impróprios**.

Por sua vez, **elementos normativos culturais, morais** ou **extrajurídicos** são os que envolvem conceitos próprios de outras disciplinas do conhecimento, artísticas, literais, científicas ou técnicas. São seus exemplos: "ato obsceno", "ato libidinoso", "arte" etc.

**Elementos subjetivos** são os que dizem respeito à **esfera anímica do agente**, isto é, à sua especial finalidade de agir e às demais tendências e intenções.

Sempre que o tipo penal alojar em seu bojo um elemento subjetivo, será necessário que o agente, além do dolo de realizar o núcleo da conduta, possua ainda a finalidade especial indicada expressamente pela descrição típica. No crime de furto (CP, art. 155), não basta a subtração da coisa alheia móvel: esta deve ser realizada pelo agente para si ou para outrem, ou seja, exige-se o ânimo de assenhoreamento definitivo (*animus rem sibi habendi*).

Diversos estudiosos do Direito Penal utilizam a expressão **elementos subjetivos do injusto**. Na pureza da técnica, essa terminologia, normalmente empregada como sinônima de elementos subjetivos do tipo, deve ser reservada somente àqueles que sustentam a identidade entre a tipicidade e a ilicitude, no sentido de que uma não existe sem a outra. Como bem explica Damásio E. de Jesus:

> Na verdade, as expressões se equivalem. A adoção de uma ou de outra depende da doutrina que se adote em relação à teoria do tipo e da antijuridicidade. Para aqueles que, como Mezger, acreditam numa ilicitude tipificada, isto é, afirmar que a antijuridicidade se encontra no tipo, a expressão é *elementos subjetivos do injusto* (elementos subjetivos da antijuridicidade). Significa que a antijuridicidade (o injusto) concretizada no tipo possui um elemento subjetivo que condiciona a sua existência. Para os que adotam o princípio de que a tipicidade constitui mero indício da antijuridicidade, como Mayer, separando a tipicidade da ilicitude, a expressão é elementos subjetivos do tipo. Significa que o tipo possui um elemento subjetivo, referente à situação anímica do sujeito, que condiciona a tipicidade do fato.[5]

---

[4] LUISI, Luiz. *O tipo penal, a teoria finalista e a nova legislação penal*. Porto Alegre: Fabris, 1987. p. 57. É importante observar que, atualmente, a única hipótese em que o Código Penal emprega a palavra "honesto" está no art. 83, III, atinente ao livramento condicional. Todas as demais outrora existentes foram revogadas pela Lei 11.106/2005.

[5] JESUS, Damásio E. de. *Direito penal*. Parte geral. 28. ed. 2. tir. São Paulo: Saraiva, 2006. v. 1, p. 275.

## 11.5.1. Elementos modais

Ao lado dos elementos objetivos, normativos e subjetivos, aceitos por toda a doutrina, alguns autores ainda apontam um quarto grupo, relativo aos elementos modais.

Elementos modais seriam os que expressam no tipo penal **condições específicas de tempo, local ou modo de execução**, indispensáveis para a caracterização do crime.

Aponta-se como exemplo o crime de infanticídio (CP, art. 123), em que a mãe deve matar o próprio filho, nascente ou recém-nascido, sob a influência do estado puerperal, *durante o parto ou logo após*. Há, portanto, a exigência de que o delito seja praticado em condições de tempo previamente fixadas pelo legislador.

É o que também ocorre no crime de violação de domicílio (CP, art. 150), no qual o agente deve entrar ou permanecer, clandestina ou astuciosamente, ou contra a vontade expressa ou tácita de quem de direito, *em casa alheia ou em suas dependências*. Nesse caso, a lei se refere a condições de locais, indispensáveis para o aperfeiçoamento do ilícito penal.

## 11.6. CLASSIFICAÇÃO DOUTRINÁRIA DO TIPO LEGAL

### 11.6.1. Tipo normal e tipo anormal

**Tipo normal** é o que prevê apenas **elementos de ordem objetiva.** Fala-se, no caso, em **tipicidade normal.**[6]

**Tipo anormal** é o que prevê, além de elementos objetivos, **também elementos subjetivos e/ou normativos**, acarretando na **tipicidade anormal**.

Vale ressaltar que **para os adeptos do finalismo penal todo tipo é anormal**. De fato, dolo (elemento subjetivo) e culpa (elemento normativo) compõem a estrutura da conduta, a qual integra o fato típico, e, consequentemente, o tipo penal.

### 11.6.2. Tipo fundamental e tipo derivado

**Tipo fundamental** ou **básico** é aquele que retrata a forma mais simples da conduta criminosa. É denominado **crime simples** e, em regra, está situado no *caput* do dispositivo legal. Exemplo: homicídio simples (CP, art. 121, *caput*).

Há uma exceção no Código Penal: o crime de excesso de exação se encontra no § 1.º do art. 316 do Código Penal. Trata-se da modalidade simples, básica e fundamental do crime, sem estar no *caput*.

**Tipo derivado** é aquele que se estrutura com base no tipo fundamental, a ele se somando circunstâncias que aumentam ou diminuem a pena. Dividem-se em tipos qualificados (qualificadoras) ou circunstanciados (causas de aumento da pena) e privilegiados, também chamados de *exceptum* (causas de diminuição da pena). Exemplos: homicídio privilegiado (CP, art. 121, § 1.º) e homicídio qualificado (CP, art. 121, § 2.º).

### 11.6.3. Tipo fechado e tipo aberto

**Tipo fechado**, ou **cerrado**, é o que possui **descrição minuciosa** da conduta criminosa. É o caso do furto.

**Tipo aberto** é o que não possui descrição minuciosa da conduta criminosa. Cabe ao Poder Judiciário, na análise do caso concreto, complementar a tipicidade mediante um **juízo de valor**. É o caso da rixa (CP, art. 137), pois somente na situação prática poderá se dizer se alguém participou da rixa, ou nela ingressou para separar os contendores.

---

[6]    O tipo normal é também conhecido como neutro, acromático ou avalorado, em razão de não guardar nenhuma vinculação com a ilicitude.

DIREITO PENAL – PARTE GERAL – VOL. 1 • CLEBER MASSON

No Código Penal, os crimes culposos estão previstos em tipos penais abertos, salvo no caso da receptação, em que o art. 180, § 3.º, apresenta detalhadamente a descrição típica.

### 11.6.4. Tipo de autor e tipo de fato

**Tipo de autor** é o que se relaciona ao **Direito Penal do autor**. É aquele, felizmente cada vez mais extirpado do Direito Penal, em que não se pune uma conduta, e sim uma determinada pessoa em razão de suas condições pessoais.

**Tipo de fato** é o que tem por objeto a incriminação de uma conduta criminosa. Representa as infrações penais do ordenamento jurídico brasileiro em vigor.

### 11.6.5. Tipo simples e tipo misto

**Tipo simples** é o que abriga em seu interior um **único núcleo.** Define, assim, uma única conduta típica, caracterizando os crimes de ação única. É o caso do roubo (CP, art. 157), em que existe apenas o núcleo "subtrair".

**Tipo misto** é o que tem na sua descrição típica **dois ou mais núcleos**, representando os crimes de ação múltipla ou de conteúdo variado. Subdivide-se em duas espécies: tipo misto alternativo e tipo misto cumulativo.

No **tipo misto alternativo**, a lei penal descreve duas ou mais condutas como hipóteses de realização de um mesmo crime, de maneira que a prática sucessiva dos diversos núcleos caracteriza um único delito. São os chamados crimes de ação múltipla, de condutas variáveis ou fungíveis. Na receptação simples (CP, art. 180, *caput*), por exemplo, pratica crime único o agente que adquire um veículo roubado e, ciente dessa origem ilícita, depois o conduz para sua casa, local em que finalmente vem a ocultá-lo.

No **tipo misto cumulativo**, a prática de mais de uma conduta leva ao concurso material, respondendo o agente por todos os delitos praticados, tal como se dá no de abandono material (CP, art. 244).

É importante não confundir os tipos mistos cumulativos com os **crimes de condutas conjugadas**, ou seja, delitos em que o tipo penal prevê somente um núcleo, associado com diversas condutas, e se o sujeito realizar mais de uma delas, responderá por vários crimes, em concurso material ou formal (impróprio ou imperfeito), dependendo do caso concreto. É o que se dá no crime de abandono moral, tipificado no art. 247 do Código Penal.

### 11.6.6. Tipo congruente e tipo incongruente

**Tipo congruente** é aquele em que há perfeita coincidência entre a vontade do autor e o fato descrito na lei penal. O agente realiza aquilo que efetivamente desejava. É o que ocorre nos crimes dolosos consumados.

**Tipo incongruente** é aquele em que não há coincidência entre a vontade do autor e o fato descrito na lei penal, ou seja, a conduta do agente provoca algo diverso do que era por ele desejado, tal como se dá na tentativa, nos crimes culposos e nos crimes preterdolosos.

### 11.6.7. Tipo complexo

O tipo penal possui uma parte objetiva, consistente na descrição da conduta criminosa.

Para a teoria clássica da conduta, é o que basta, uma vez que o dolo e a culpa estão alojados no interior da culpabilidade.

Em uma visão finalista, entretanto, os elementos anímicos foram transferidos da culpabilidade para a conduta. O tipo penal passa, então, a conter elementos de dois grupos: objetivos (modelo típico) e subjetivos (dolo e culpa).

Fala-se, assim, que para os finalistas o tipo penal é complexo, o que se justifica pela **fusão dos elementos objetivos**, situados no mundo exterior, **com os elementos subjetivos**, situados internamente, no psiquismo do agente.[7]

## 11.6.8. Tipo preventivo

O tipo penal preventivo, inerente aos **crimes-obstáculo**, é aquele de que se vale o legislador para antecipar a tutela do Direito Penal no tocante a determinados bens jurídicos, incriminando de forma autônoma atos que por si sós representariam a preparação de outros delitos. Como já se pronunciou o Superior Tribunal de Justiça:

> A Turma, acompanhando recente assentada, quando do julgamento, por maioria, do REsp 1.193.805-SP, manteve o entendimento de que o porte ilegal de arma de fogo é crime de perigo abstrato, cuja consumação se caracteriza pelo simples ato de alguém levar consigo arma de fogo sem autorização ou em desacordo com determinação legal – sendo irrelevante a demonstração de efetivo caráter ofensivo. Isso porque, nos termos do disposto no art. 16, parágrafo único, IV, da Lei n. 10.826/2003, o legislador teve como objetivo proteger a incolumidade pública, transcendendo a mera proteção à incolumidade pessoal, bastando, assim, para a configuração do delito em discussão, a probabilidade de dano, e não sua ocorrência. Segundo se observou, a lei antecipa a punição para o ato de portar arma de fogo; é, portanto, um tipo penal preventivo, que busca minimizar o risco de comportamentos que vêm produzindo efeitos danosos à sociedade, na tentativa de garantir aos cidadãos o exercício do direito à segurança e à própria vida. Conclui-se, assim, ser irrelevante aferir a eficácia da arma para a configuração do tipo penal, que é misto alternativo, em que se consubstanciam, justamente, as condutas que o legislador entendeu por bem prevenir, seja ela o simples porte de munição ou mesmo o porte de arma desmuniciada.[8]

---

[7] ZAFFARONI, Eugenio Raúl. *Derecho penal*. Parte general. 2. ed. Buenos Aires: Ediar, 2002. p. 433.

[8] HC 211.823/SP, rel. Min. Sebastião Reis Júnior, 6.ª Turma, j. 22.03.2012, noticiado no *Informativo* 493.

# CAPÍTULO 12

# CRIME DOLOSO

## 12.1. INTRODUÇÃO

O dolo, no sistema finalista, integra a conduta, e, consequentemente, o fato típico. Cuida-se do elemento psicológico do tipo penal, implícito e inerente a todo crime doloso.

Dentro de uma concepção causal, por outro lado, o dolo funciona como elemento da culpabilidade.

Em consonância com a orientação finalista, por nós adotada, o dolo consiste na vontade e consciência de realizar os elementos do tipo incriminador.

## 12.2. TEORIAS DO DOLO

Existem três teorias acerca do dolo:

**a) Teoria da representação**

Para essa teoria, a configuração do dolo exige apenas a **previsão do resultado**. Privilegia o lado intelectual, não se preocupando com o aspecto volitivo, pois pouco importa se o agente quis o resultado ou assumiu o risco de produzi-lo. Basta que o resultado tenha sido antevisto pelo sujeito. Em nosso sistema penal tal teoria deve ser afastada, por confundir o dolo com a culpa consciente.

**b) Teoria da vontade**

Essa teoria se vale da teoria da representação, ao exigir a previsão do resultado. Contudo, vai mais longe. Além da representação, reclama ainda a **vontade de produzir o resultado**.

**c) Teoria do assentimento**

Também chamada de **teoria do consentimento** ou **da anuência**, complementa a teoria da vontade, recepcionando sua premissa. Para essa teoria, há dolo não somente quando o agente quer o resultado, mas também quando realiza a conduta **assumindo o risco de produzi-lo**.

### 12.2.1. Teorias adotadas pelo Código Penal

Dispõe o art. 18, inciso I, do Código Penal:

**Art. 18.** Diz-se o crime:

I – doloso, quando o agente quis o resultado ou assumiu o risco de produzi-lo.

O dispositivo legal revela que foram duas as teorias adotadas pelo Código Penal: a da **vontade**, ao dizer "quis o resultado", e a do **assentimento**, no tocante à expressão "assumiu o risco de produzi-lo".

Dolo é, sobretudo, vontade de produzir o resultado. Mas não é só. Também há dolo na conduta de quem, após prever e estar ciente de que pode provocar o resultado, assume o risco de produzi-lo.

## 12.3. ELEMENTOS DO DOLO

O dolo é composto por consciência e vontade. A consciência é seu elemento **cognitivo** ou **intelectual**, ao passo que a vontade desponta como seu elemento **volitivo**. Como já se pronunciou o Superior Tribunal de Justiça:

> A doutrina penal brasileira instrui que o dolo, conquanto constitua elemento subjetivo do tipo, deve ser compreendido sob dois aspectos: o cognitivo, que traduz o conhecimento dos elementos objetivos do tipo, e o volitivo, configurado pela vontade de realizar a conduta típica. O elemento cognitivo consiste no efetivo conhecimento de que o resultado poderá ocorrer, isto é, o efetivo conhecimento dos elementos integrantes do tipo penal objetivo. A mera possibilidade de conhecimento, o chamado "conhecimento potencial", não basta para caracterizar o elemento cognitivo do dolo. No elemento volitivo, por seu turno, o agente quer a produção do resultado de forma direta – dolo direto – ou admite a possibilidade de que o resultado sobrevenha – dolo eventual.[1]

Tais elementos se relacionam em três momentos distintos e sucessivos.

Em primeiro lugar, opera-se a consciência da conduta e do resultado.

Depois, o sujeito manifesta sua consciência sobre o nexo de causalidade entre a conduta a ser praticada e o resultado que em decorrência dela será produzido.

Por fim, o agente exterioriza a vontade de realizar a conduta e produzir o resultado. Basta, para a verificação do dolo, que o resultado se produza em conformidade com a vontade esboçada pelo agente no momento da conduta. Exemplo: "A" queria matar "B". Efetua contra ele disparos de arma de fogo. Erra os tiros, mas "B", durante a fuga, despenca de um barranco, bate a cabeça ao solo e morre em decorrência de traumatismo craniano. "A" queria matar, e matou. Nessa situação, "A" responderá pelo resultado.

Destarte, no tocante ao nexo causal, não é preciso que o *iter criminis* transcorra na forma idealizada pelo agente. Subsiste o dolo se o objetivo almejado for alcançado, ainda que de modo diverso.

O dolo deve englobar todas as elementares e circunstâncias do tipo penal. Se restar constatada a sua ausência acerca de qualquer parte do crime, entra em cena o instituto do erro de tipo. Assim, no crime de homicídio, é necessário que o agente possua consciência de que com sua conduta "mata alguém", e tenha vontade de fazê-lo.

Como sustentava Hans Welzel, para o seu aperfeiçoamento o dolo precisa abranger o objetivo que o agente deseja alcançar, os meios que emprega para tanto, bem como as consequências secundárias necessariamente vinculadas com o emprego dos meios.[2]

## 12.4. DOLO NATURAL E DOLO NORMATIVO

A divisão do dolo em natural e normativo relaciona-se ao sistema penal (clássico ou finalista) e à teoria adotada para definição da conduta.

No **sistema clássico**, em que imperava a **teoria causalista ou mecanicista da conduta**, o dolo (e a culpa) estava alojado no interior da culpabilidade, a qual era composta por três elementos: imputabilidade, dolo (ou culpa) e exigibilidade de conduta diversa. O dolo ainda abrigava em seu bojo a consciência da ilicitude do fato.

---

[1]  AgRg no REsp 1.043.279/PR, rel. Min. Jane Silva (Desembargadora convocada do TJ/MG), 6.ª Turma, j. 14.10.2008.

[2]  WELZEL, Hans. *La teoría de la acción finalista*. Buenos Aires: Depalma, 1951. p. 21.

Esse dolo, revestido da consciência da ilicitude do fato, era chamado de **dolo normativo**, também conhecido como **dolo colorido ou valorado**.

Com o surgimento do **sistema finalista**, no qual vigora a **teoria finalista da conduta**, o dolo foi transferido da culpabilidade para a conduta. Passou, portanto, a integrar o fato típico. A culpabilidade continuou a ser composta de três elementos, porém distintos: imputabilidade, potencial consciência da ilicitude e exigibilidade de conduta diversa.

O dolo abandonou a culpabilidade para residir no fato típico. A consciência da ilicitude, que era atual, passou a ser potencial e deixou de habitar o interior do dolo, para ter existência autônoma como elemento da culpabilidade.

Tal dolo, livre da consciência da ilicitude, é chamado de **dolo natural**, **incolor** ou **avalorado**.[3]

Em síntese, o dolo normativo está umbilicalmente ligado ao sistema penal clássico, ao passo que o dolo natural se vincula ao sistema finalista.

## 12.5. ESPÉCIES DE DOLO

### 12.5.1. Dolo direto e dolo indireto

**Dolo direto**, também denominado **dolo determinado, intencional, imediato** ou, ainda, **dolo incondicionado**, é aquele em que a vontade do agente é voltada a determinado resultado. Ele dirige sua conduta a uma finalidade precisa. É o caso do assassino profissional que, desejando a morte da vítima, dispara contra ela um único tiro, certeiro e fatal.

**Dolo indireto** ou **indeterminado**, por sua vez, é aquele em que o agente não tem a vontade dirigida a um resultado determinado. Subdivide-se em dolo alternativo e em dolo eventual.

**Dolo alternativo** é o que se verifica quando o agente deseja, indistintamente, um ou outro resultado. Sua intenção se destina, **com igual intensidade**, a produzir um entre vários resultados previstos como possíveis. É o caso do sujeito que atira contra o seu desafeto, com o propósito de matar ou ferir. Se matar, responderá por homicídio. Mas, e se ferir, responderá por tentativa de homicídio ou por lesões corporais?

Em caso de dolo alternativo, o agente sempre responderá pelo resultado mais grave. Justifica-se esse raciocínio pelo fato de o Código Penal ter adotado em seu art. 18, I, a teoria da vontade. E, assim sendo, se teve a vontade de praticar um crime mais grave, por ele deve responder, ainda que na forma tentada.

**Dolo eventual** é a modalidade em que o agente não quer o resultado, por ele previsto, mas assume o risco de produzi-lo. É possível a sua existência em decorrência do acolhimento pelo Código Penal da teoria do assentimento, na expressão "assumiu o risco de produzi-lo", contida no art. 18, I, do Código Penal.

Imagine o exemplo de um fazendeiro, colecionador de armas de fogo, que treina tiro ao alvo em sua propriedade rural. Certo dia ele decide atirar com um fuzil de longo alcance. Sabe

---

[3] ZAFFARONI, Eugenio Raúl. *Derecho penal*. Parte general. 2. ed. Buenos Aires: Ediar, 2002, p. 731.

que os projéteis têm capacidade para chegar até uma estrada próxima, com pequeno fluxo de transeuntes. Prevê que, assim agindo, pode matar alguém. Nada obstante, assume o risco de produzir o resultado, e insiste em sua conduta. Acaba atingindo um pedestre que vem a falecer. Responde por homicídio doloso, pois presente se encontra o dolo eventual.

Deve-se ao alemão Reinhart Frank a formulação de um princípio, rotulado de **teoria positiva do conhecimento**,[4] que é útil como critério prático para identificar o dolo eventual. Para esse postulado, há dolo eventual quando o agente diz a si mesmo: "seja assim ou de outra maneira, suceda isto ou aquilo, em qualquer caso agirei", revelando a sua indiferença em relação resultado. Na esteira do entendimento do Supremo Tribunal Federal:

> Salientou-se que, no Direito Penal contemporâneo, além do dolo direto – em que o agente quer o resultado como fim de sua ação e o considera unido a esta última –, há o dolo eventual, em que o sujeito não deseja diretamente a realização do tipo penal, mas a aceita como possível ou provável (CP, art. 18, I, *in fine*). Relativamente a este ponto, aduziu-se que, dentre as várias teorias que buscam justificar o dolo eventual, destaca-se a do assentimento ou da assunção, consoante a qual o dolo exige que o agente aquiesça em causar o resultado, além de reputá-lo como possível. Assim, esclareceu-se que, na espécie, a questão principal diz respeito à distinção entre dolo eventual e culpa consciente, ambas apresentando em comum a previsão do resultado ilícito. Observou-se que para a configuração do dolo eventual não é necessário o consentimento explícito do agente, nem sua consciência reflexiva em relação às circunstâncias do evento, sendo imprescindível, isso sim, que delas (circunstâncias) se extraia o dolo eventual e não da mente do autor.[5]

O dolo eventual é admitido em todo e qualquer crime que seja com ele compatível, e deve ser detalhadamente descrito na inicial acusatória (denúncia ou queixa-crime).[6] Há casos, entretanto, em que o tipo penal exige expressamente o dolo direto, afastando o cabimento do dolo eventual. É o que se verifica no crime de receptação dolosa, no qual o art. 180, *caput*, do Código Penal utiliza a expressão "coisa que **sabe** ser produto de crime", indicativa de dolo direto. Da mesma forma, o crime de denunciação caluniosa (CP, art. 339) exige a imputação de crime, infração ético-disciplinar ou ato ímprobo "de que o **sabe** inocente".

Alguns autores criticam o dolo eventual, dizendo ser inócuo, pois a sua prova residiria exclusivamente na mente do autor. Não procedem tais alegações, pois o dolo eventual, assim como o dolo direto, não tem a sua comprovação limitada ao psiquismo interno do agente. Extrai-se, ao contrário, das **circunstâncias do caso concreto**, tais como os meios empregados, a apreciação da situação precedente, o comportamento do agente posteriormente ao crime e sua personalidade, entre tantos outros que somente a vida real pode esgotar. Como já decidido pelo Superior Tribunal de Justiça:

> O dolo eventual, na prática, não é extraído da mente do autor, mas, isto sim, das circunstâncias. Nele, não se exige que o resultado seja aceito como tal, o que seria adequado ao dolo direto, mas, isto sim, que a aceitação se mostre no plano do possível, provável.[7]

O dolo eventual não tem, por si só, reprovabilidade inferior ao dolo direto. O Código Penal os colocou em idêntica posição jurídica. A pena-base será fixada levando-se em conta

---

4  "Seja como for, dê no que der, em qualquer caso não deixo de agir."

5  HC 91.159/MG, rel. Min. Ellen Gracie, 2.ª Turma, j. 02.09.2008, noticiado no *Informativo* 518.

6  "É inepta a denúncia que, ao descrever a conduta do acusado como sendo dolosa, o faz de forma genérica, a ponto de ser possível enquadrá-la tanto como culpa consciente quanto como dolo eventual. Com efeito, o elemento psíquico que caracteriza o injusto penal, em sua forma dolosa ou culposa, deve estar bem caracterizado, desde a denúncia, pois é tênue a linha entre o dolo eventual e a culpa consciente" (STJ: RHC 39.267/RJ, rel. Min. Rogerio Schietti Cruz, 6.ª Turma, j. 08.04.2014, noticiado no *Informativo* 538).

7  REsp 247.263/MG, rel. Min. Felix Fischer, 5.ª Turma, j. 05.04.2001. E também: AgRg no REsp 1.043.279/PR, rel. Min. Jane Silva (Desembargadora convocada do TJ/MG), 6.ª Turma, j. 14.10.2008.

as circunstâncias judiciais previstas no art. 59, não se incluindo nesse rol a modalidade do dolo.

### 12.5.1.1. Dolo eventual e os crimes de trânsito

A jurisprudência posiciona-se no sentido de existir dolo eventual na conduta do agente responsável por graves crimes praticados na direção de veículo automotor. Esta escolha fundamenta-se nas diversas campanhas educativas realizadas nas últimas décadas, demonstrando os inúmeros riscos da direção ousada e perigosa, como se dá no racha e no excesso de velocidade em via pública.

Tais advertências são suficientes para esclarecer os motoristas da vedação legal de tais comportamentos, bem como dos resultados danosos que, em razão delas, são rotineiramente produzidos. E, se mesmo assim continua o condutor de veículo automotor a agir de forma imprudente, revela inequivocamente sua indiferença com a vida e a integridade corporal alheia, devendo responder pelo crime doloso a que der causa. Na visão do Supremo Tribunal Federal:

> O réu, ao lançar-se em prática de altíssima periculosidade em via pública e mediante alta velocidade, teria consentido com que o resultado se produzisse, de sorte a incidir em dolo eventual (CP, art. 18, I: "Diz-se o crime: I – doloso, quando o agente quis o resultado ou assumiu o risco de produzi-lo"). No ponto, assentou-se que o Supremo firmara jurisprudência no sentido de que o homicídio cometido na direção de veículo automotor em virtude de "pega" seria doloso.[8]

No tocante ao homicídio cometido na direção de veículo automotor, encontrando-se o condutor em estado de embriaguez, a análise da situação concreta é fundamental para a tipificação da conduta. Exemplificativamente, pode ser reconhecida a culpa consciente na atividade daquele que atropelou e matou um pedestre por ter perdido levemente o controle do automóvel após a ingestão de uma taça de vinho durante o almoço em família, mas certamente estará presente o dolo eventual no comportamento de quem atropela e mata alguém ao invadir uma calçada com seu veículo automotor, em excesso de velocidade, depois de ter bebido um litro de vodka em uma festa durante a madrugada. Na linha da jurisprudência do Supremo Tribunal Federal:

> A Primeira Turma, por maioria, denegou a ordem de "habeas corpus" em que se pleiteava a reforma da decisão que reconheceu a ocorrência de dolo eventual em relação a homicídio cometido por motorista embriagado na direção de veículo automotor, firmada a competência do tribunal do júri. O impetrante apontava equívoco no enquadramento legal realizado na origem. Pleiteava a desclassificação da conduta para o crime previsto no art. 302 do Código de Trânsito Brasileiro. O Colegiado considerou legítima a tipificação da conduta como crime doloso, de competência do tribunal do júri, ante o reconhecimento da evolução jurisprudencial na análise do que vem a ser dolo eventual e culpa consciente. No caso, verifica-se a existência de dolo eventual no ato de dirigir veículo automotor sob a influência de álcool, além de fazê-lo na contramão. Esse é, portanto, um caso específico que evidencia a diferença entre a culpa consciente e o dolo eventual. O condutor assumiu o risco ou, no mínimo, não se preocupou com o risco de, eventualmente, causar lesões ou mesmo a morte de outrem.[9]

Com efeito, a conclusão pelo dolo (direto ou eventual) acarreta na incidência do crime definido no art. 121 do Código Penal, de competência do Tribunal do Júri, ao passo que a

---

[8]  HC 101.698/RJ, rel. Min. Luiz Fux, 1.ª Turma, j. 18.10.2011, noticiado no *Informativo* 645.

[9]  HC 124.687/MS, rel. Min. Marco Aurélio, red. p/ o ac. Min. Roberto Barroso, 1.ª Turma, j. 29.05.2018, noticiado no *Informativo* 904. O STJ compartilha deste entendimento: REsp 1.689.173/SC, rel. Min. Rogerio Schietti Cruz, 6.ª Turma, j. 21.11.2017, noticiado no *Informativo* 623.

presença da culpa resulta no delito previsto no art. 302 da Lei 9.503/1997 – Código de Trânsito Brasileiro, cujo processo e julgamento é reservado ao juízo singular.[10]

### 12.5.2. *Dolus bonus* e *dolus malus*

Essa divisão diz respeito aos motivos do crime, que podem aumentar a pena, como no caso do motivo torpe, ou diminuí-la, tal como se dá no motivo de relevante valor social ou moral.

É mencionada pela doutrina, mas guarda maior intimidade com o Direito Civil.

### 12.5.3. Dolo de propósito e dolo de ímpeto (ou repentino)

**Dolo de propósito**, ou **refletido**, é o que emana da reflexão do agente, ainda que pequena, acerca da prática da conduta criminosa. Verifica-se nos **crimes premeditados**.

**Dolo de ímpeto**, ou **repentino**, é o que se caracteriza quando o autor pratica o crime motivado por paixão violenta ou excessiva perturbação de ânimo. Não há intervalo entre a cogitação do crime e a execução da conduta penalmente ilícita. Ocorre, geralmente, nos **crimes passionais**.

### 12.5.4. Dolo genérico e dolo específico

Essa classificação ganhou destaque na teoria clássica da conduta.

Falava-se em **dolo genérico** quando a vontade do agente se limitava à prática da conduta típica, sem nenhuma finalidade específica, tal como no crime de homicídio, em que é suficiente a intenção de matar alguém, pouco importando o motivo para a configuração da modalidade básica do crime.

Por outro lado, o **dolo específico** existia nos crimes em que a referida vontade era acrescida de uma **finalidade especial**. No caso da injúria, por exemplo, não basta a atribuição à vítima de uma qualidade negativa. Exige-se também tenha a conduta a finalidade de macular a honra subjetiva da pessoa ofendida.

Atualmente, com a superveniência da teoria finalista, utiliza-se o termo **dolo** para referir-se ao antigo dolo genérico.

A terminologia dolo específico, por sua vez, foi substituída por **elemento subjetivo do tipo** ou, ainda, **elemento subjetivo do injusto**.

### 12.5.5. Dolo presumido

**Dolo presumido**, ou **dolo *in re ipsa***, seria a espécie que dispensa comprovação no caso concreto. Não pode ser admitido no Direito Penal moderno, que não aceita a responsabilidade penal objetiva.[11]

---

[10] Para o Superior Tribunal de Justiça, "na primeira fase do Tribunal do Júri, ao juiz togado cabe apreciar a existência de dolo eventual ou culpa consciente do condutor do veículo que, após a ingestão de bebida alcoólica, ocasiona acidente de trânsito com resultado morte. (...) O legislador criou um procedimento bifásico para o julgamento dos crimes dolosos contra a vida, em que a primeira fase se encerra com uma avaliação técnica, empreendida por um juiz togado, o qual se socorre da dogmática penal e da prova dos autos, e mediante devida fundamentação, portanto, não se pode desprezar esse 'filtro de proteção para o acusado' e submetê-lo ao julgamento popular sem que se façam presentes as condições necessárias e suficientes para tanto" (REsp 1.689.173/SC, rel. Min. Rogerio Schietti Cruz, 6.ª Turma, j. 21.11.2017, noticiado no *Informativo* 623).

[11] "[...] o prefeito foi incluído entre os acusados unicamente em razão da função pública hierarquicamente superior à dos demais envolvidos, sem indicação mínima de sua participação em prática ilícita, o que evidencia, por conseguinte, violação à responsabilidade penal subjetiva, em contraposição à objetiva, cuja demonstração repele a responsabilidade presumida" (STF: AP 912/PB, rel. Min. Luiz Fux, 1.ª Turma, j. 07.03.2017, noticiado no *Informativo* 856). No STJ: AgRg no HC 891.584/MA, rel. Min. Antonio Saldanha Palheiro, rel. para acórdão Min. Sebastião Reis Júnior, 6.ª Turma, j. 05.11.2024, noticiado no *Informativo* 835; e AgRg no AREsp 2.349.885/BA, rel. Min. Joel Ilan Paciornik, rel. para acórdão Min. Ribeiro Dantas, 5.ª Turma, j. 03.09.2024, noticiado no *Informativo* 825.

Com efeito, vigora em nosso ordenamento jurídico-penal o princípio da responsabilidade subjetiva, como corolário do Direito Penal do fato, adequado ao plexo de garantias vigente no Estado Democrático de Direito. Tal sistemática impõe ao órgão acusatório o ônus da prova acerca dos elementos constitutivos do tipo penal incriminador, inclusive do dolo (e também na culpa), nos termos do art. 156 do Código de Processo Penal, a ser exercido no seio do contraditório estabelecido em juízo, em respeito à cláusula do devido processo legal.[12]

### 12.5.6. Dolo de dano e dolo de perigo

**Dolo de dano** ou **de lesão** é o que se dá quando o agente quer ou assume o risco de lesionar um bem jurídico penalmente tutelado. É exigido para a prática de um crime de dano. Na lesão corporal, por exemplo, exigem-se a consciência e a vontade de ofender a saúde ou a integridade corporal de outrem.

**Dolo de perigo** é o que ocorre quando o agente quer ou assume o risco de expor a perigo de lesão um bem jurídico penalmente tutelado. No crime tipificado pelo art. 130 do Código Penal, exemplificativamente, o dolo do agente se circunscreve à exposição de alguém, por meio de relações sexuais ou de ato libidinoso, a contágio de moléstia venérea, de que sabe ou deve saber que está contaminado.

### 12.5.7. Dolo de primeiro grau e dolo de segundo grau

O **dolo de primeiro grau** consiste na vontade do agente, direcionada a determinado resultado, efetivamente perseguido, englobando os meios necessários para tanto. Há a intenção de atingir um único bem jurídico. Exemplo: o matador de aluguel que persegue e mata, com golpes de faca, a vítima indicada pelo mandante.

**Dolo de segundo grau** ou **de consequências necessárias** é a vontade do agente dirigida a determinado resultado, efetivamente desejado, em que a utilização dos meios para alcançá--lo inclui, obrigatoriamente, efeitos colaterais de verificação praticamente certa. O agente não deseja imediatamente os efeitos colaterais, mas tem por certa a sua superveniência, caso se concretize o resultado pretendido.

Cita-se o exemplo do assassino que, desejando eliminar a vida de determinada pessoa que se encontra em lugar público, instala ali uma bomba, a qual, quando detonada, certamente matará outras pessoas ao seu redor. Mesmo que não queira atingir essas outras vítimas, tem por evidente o resultado se a bomba explodir como planejado.[13]

Não nos parece correto falar em **dolo de terceiro grau**, o qual funcionaria como consequência inevitável do dolo de segundo grau. No exemplo mencionado, se uma das pessoas mortas pela explosão da bomba fosse uma mulher grávida, o assassino também deveria responder pelo aborto, em face do seu dolo de terceiro grau.

Em nossa opinião, eventual responsabilização penal pelo aborto decorre do dolo de segundo grau, pois todo e qualquer crime praticado naquele contexto figura como consequência necessária da conduta do agente voltada ao resultado determinado, qual seja, a explosão da bomba para matar a pessoa por ele diretamente visada.

### 12.5.8. Dolo geral, por erro sucessivo ou *dolus generalis*

É o erro no tocante ao meio de execução do crime, relativamente à forma pela qual se produz o resultado inicialmente desejado pelo agente.

---

[12] Inq 4483 AgR-segundo/DF e Inq 4327 AgR-segundo/DF, rel. Min. Edson Fachin, Plenário, j. 14.12.2017 e 19.12.2017, noticiados no *Informativo* 888.

[13] ROXIN, Claus. *Derecho penal* – Parte general. Fundamentos. La estructura de la teoría del delito. Trad. espanhola Diego--Manuel Luzón Peña, Miguel Díaz y García Conlledo e Javier de Vicente Remensal. Madrid: Civitas, 2006. p. 423-424.

Ocorre quando o sujeito, acreditando já ter alcançado o resultado almejado, pratica uma nova conduta com finalidade diversa, e ao final, se constata que foi esta última que produziu o que se buscava desde o início. Esse erro é irrelevante no Direito Penal, de natureza **acidental**, pois o que importa é que o agente queria um resultado e o alcançou. O dolo é geral e envolve todo o desenrolar da ação típica, do início da execução até a consumação do delito.

Vejamos um exemplo: "A" encontra seu desafeto "B" em uma ponte. Após conversa enganosa, oferece-lhe uma bebida, misturada com veneno. "B", inocente, ingere o líquido. Em seguida, cai ao solo, e o autor acredita estar ele morto. Com o propósito de ocultar o cadáver, "A" coloca o corpo de "B" em um saco plástico e o lança ao mar. Dias depois, o cadáver é encontrado em uma praia, e, submetido a exame necroscópico, conclui-se ter a morte ocorrido por força de asfixia provocada por afogamento.

Nesse caso, o autor deve responder por homicídio consumado. Queria a morte de "B" e a ela deu causa. Há perfeita congruência entre sua vontade e o resultado naturalístico produzido.

Há polêmica no tocante à incidência da qualificadora. Para uma primeira corrente, deve ser considerado o meio de execução que o agente desejava empregar para a consumação (em nosso exemplo, o veneno), e não aquele que, acidentalmente, permitiu a eclosão do resultado naturalístico (asfixia provocada pelo afogamento). Entretanto, para uma segunda corrente é preciso levar em conta o meio que efetivamente levou à consumação do crime (asfixia), e não aquele visado pelo agente (veneno).[14]

## 12.5.9. Dolo antecedente, dolo atual e dolo subsequente

**Dolo antecedente,** também conhecido como **inicial** ou **preordenado,** é o que existe desde o início da execução do crime. É suficiente para fixar a responsabilidade penal do agente. Com efeito, não é necessário que o dolo subsista durante o integral desenvolvimento dos atos executórios.

Há quem não concorde com essa espécie de dolo. A propósito, discorre Guilherme de Souza Nucci: "Trata-se de elemento subjetivo inadequado para a teoria do crime. O autor deve agir, sempre, com dolo atual, isto é, concomitante à conduta desenvolve-se a sua intenção de realização do tipo penal".[15]

**Dolo atual,** ou **concomitante,** é aquele em que persiste a vontade do agente durante todo o desenvolvimento dos atos executórios.

**Dolo subsequente** ou **sucessivo,** finalmente, é o que se verifica quando o agente, depois de iniciar uma ação com boa-fé, passa a agir de forma ilícita e, por corolário, pratica um crime, ou ainda quando conhece posteriormente a ilicitude de sua conduta, e, ciente disso, não procura evitar suas consequências.

A diferença entre dolo antecedente e dolo subsequente é relevante para a distinção dos crimes de apropriação indébita (CP, art. 168) e estelionato (CP, art. 171).

Na apropriação indébita, o agente comporta-se como proprietário de uma coisa da qual tinha a posse ou detenção. Recebeu o bem licitamente, de boa-fé, mas posteriormente surge o dolo e ele não mais restitui a coisa, como se seu dono fosse. O dolo é subsequente. Exemplo: "A" vai a uma locadora da qual é filiado e toma emprestado um DVD, de forma correta. Após assistir ao filme, do qual gosta muito, e aproveitando-se que está se mudando de país, decide ficar com o bem para si, e não mais o devolve, dolosamente.

Já no estelionato o agente desde o início tem a intenção de obter ilicitamente para si o bem, utilizando-se de meio fraudulento para induzir a vítima a erro, alcançando vantagem pessoal em prejuízo alheio. O dolo é inicial. Exemplo: "B" vai à mesma locadora, da qual não

---

[14]   É a posição de COSTA JR., Paulo José da. *O crime aberrante.* Belo Horizonte: Del Rey, 1996. p. 78-79.

[15]   NUCCI, Guilherme de Souza. *Código Penal comentado.* 6. ed. São Paulo: RT, 2006. p. 191.

é sócio. Apresenta documentos falsos e cria uma ficha para locação. Pega um DVD, leva-o embora e não mais retorna para devolvê-lo.

### 12.5.10. Dolo abandonado

É a modalidade de dolo que se verifica na desistência voluntária e no arrependimento eficaz, institutos previstos no art. 15 do Código Penal e classificados pela doutrina como hipóteses de "tentativa abandonada".

O agente, por sua própria vontade, afasta-se do resultado inicialmente desejado, seja interrompendo o processo de execução do crime (desistência voluntária), seja adotando providências aptas a impedir a consumação do delito, se já esgotada sua fase executiva (arrependimento eficaz).

### 12.5.11. Dolo unitário ou global

Verifica-se no crime continuado (ou continuidade delitiva), em que a realização dos crimes parcelares, integrantes da série continuada, deve ser fruto de um plano previamente elaborado pelo agente. Essa modalidade do dolo decorre da unidade de desígnio exigida para a caracterização do crime continuado, em sintonia com a teoria mista ou objetivo-subjetiva adotada pela jurisprudência brasileira no tocante à unidade de desígnio.[16]

## 12.6. O DOLO NAS CONTRAVENÇÕES PENAIS

O art. 3.º do Decreto-lei 3.688/1941 – Lei das Contravenções Penais, com a rubrica "Voluntariedade. Dolo e culpa", estabelece: "Para a existência da contravenção basta a ação ou omissão voluntária. Deve-se, todavia, ter em conta o dolo ou a culpa, se a lei faz depender, de um ou de outra, qualquer efeito jurídico".

A primeira parte do dispositivo, dizendo que *para a existência da contravenção penal basta a ação ou omissão voluntária,* revela a íntima ligação entre a Lei das Contravenções Penais com a teoria clássica ou causal da conduta.

De fato, o diploma legal foi promulgado na década de 40 do século passado, mesma época em que entrou em vigor o Código Penal.

Entretanto, a Lei 7.209/1984 modificou substancialmente a Parte Geral do Código Penal, a ele conferindo uma sensível orientação finalista. A Lei das Contravenções Penais, por sua vez, foi mantida, e com ela a concepção clássica então reinante.

Por tal motivo, consta do texto de lei ser suficiente para a existência da contravenção a ação ou omissão voluntária. Como se sabe, na teoria clássica o dolo e a culpa figuravam como elementos da culpabilidade. Por corolário, para a conduta seria suficiente a ação ou omissão.

Mas a regra deve ser interpretada levando-se em conta que as contravenções penais são, geralmente, infrações penais de mera conduta, sem produção de resultado naturalístico. Assim, basta efetivamente a ação ou omissão voluntária, pois o dolo, em consonância com o art. 18 do Código Penal, ocorre quando o agente quis o **resultado** ou assumiu o risco de produzi-lo.

E, diz a segunda parte do dispositivo, deve-se ter em conta o dolo ou a culpa, se a lei faz depender, de um ou de outra, qualquer efeito jurídico. Destarte, quando a contravenção penal não se enquadrar como de mera conduta, aí sim a lei exige expressamente o dolo e a culpa.

Conclui-se, assim, que o dispositivo não consagra a responsabilidade penal objetiva. Quando se fala em ação ou omissão voluntária, refere-se à vontade, elemento da conduta e, também, do dolo. Não há, assim, diferença entre o tipo subjetivo do crime e o tipo subjetivo da contravenção penal.

---

[16] Para o estudo aprofundado do crime continuado, remetemos à leitura do Capítulo 37, mais especificamente no item 37.6.

228 | DIREITO PENAL – PARTE GERAL – VOL. 1 • CLEBER MASSON

Nos dois casos exige-se o dolo, ainda que sem apontá-lo expressamente, mas chamando-o apenas de "ação ou omissão voluntária", consistente na vontade de realizar os elementos do tipo, colocando-se o sujeito consciente e deliberadamente em situação ilícita.

## 12.7. PROVA DO DOLO E TEORIA DOS INDICADORES EXTERNOS

O dolo, seja qual for a sua espécie, é um fenômeno interno do agente. Mas isso não impossibilita seja provado no caso concreto. Para essa finalidade, Winfried Hassemer desenvolveu a **teoria dos indicadores externos**, caracterizada pela união dos aspectos material e processual do dolo.

Para essa teoria, é necessário analisar todas as circunstâncias ligadas à atuação do agente, em três etapas distintas e sucessivas: (a) demonstração do perigo ao bem jurídico; (b) visão do agente acerca desse perigo; e (c) decisão do agente sobre a realização do perigo, atacando o bem jurídico.[17]

Em síntese, o dolo é um fenômeno interno do agente, mas para sua afirmação reclama prova de indicadores externos. Em última instância, o dolo nada mais é do que a sua própria demonstração concreta.

## 12.8. DOLO SEM VONTADE[18]

Na visão tradicional do Direito Penal, o dolo sempre foi vinculado à vontade do agente, caracterizada pelo seu aspecto psicológico.

Entretanto, há vozes críticas a essa concepção, sustentando a impossibilidade da vontade psicológica na teoria do dolo, uma vez que o Direito Penal não possui meios para ingressar na mente do agente. Inexistem instrumentos jurídicos válidos para descobrir, e comprovar, no que realmente pensava o agente no momento da conduta. Exemplificativamente, quando "A" efetua um disparo de arma de fogo contra seu amigo "B", não se pode efetivamente sustentar se ele pretendia matar a vítima, ou então se ele acreditava que tudo não passava de uma brincadeira, pois imaginava ter em sua mão um revólver de brinquedo, tal como aquele que utilizava para brincar de "polícia e ladrão" com o ofendido nos tempos em que eram crianças.

Deve-se abandonar, portanto, a busca pelo elemento volitivo interno do agente. Seu comportamento há de ser interpretado **no plano normativo** ("**vontade normativa**"), a partir da conduta exteriorizada no mundo fático. O intérprete, em vez da insegurança inerente ao psiquismo do autor do fato, deve valorar se a ação (ou omissão) a ele imputada viola uma norma penal.

Nesse ponto, sustentam os defensores do "**dolo sem vontade psicológica**" que a intenção do agente não é simplesmente ignorada, e sim extraída da análise de elementos externos, com base em critérios e dados da racionalidade humana. O ato interno (vontade psicológica) é constatado a partir do ato externo ("vontade normativa"). Nas palavras de Enéias Xavier Gomes:

> É o abandono da vã tentativa de busca dos elementos internos, os quais são substituídos pela manifestação externada, que passa a ser a própria vontade. Não se pretende averiguar o fenômeno psíquico, pois são ocultos nas mais profundas psiques humanas, mas atribuir a vontade a partir do sentido social do ato externado, das regras de experiência, partindo-se sempre das características pessoais do indivíduo.

---

[17] HASSEMER, Winfried. *Los elementos característicos del dolo. In* Anuario de Derecho Penal y Ciencias penales. Trad. María del Mar Díaz Pita. Centro de Publicaciones del Ministerio de Justicia, 1990. p. 931.

[18] Esse tema surgiu no Brasil com os estudos de Luis Greco, que inicialmente escreveu um artigo em obra publicada em Portugal. Para mais detalhes: GRECO, Luis. Dolo sem vontade. In: DIAZ, Augusto Silva e outros (coords.). *Líber Amicorum de José de Sousa Brito em comemoração do 70.º aniversário.* Coimbra: Almedina, 2009. p. 895-903.

O homem, ao viver, decide, faz escolhas as quais têm que ser valoradas e compreendidas pelo Direito. Não se questiona se houve intenção psíquica, mas como se manifestou a vontade. É uma visão de vontade a partir de um mundo físico e não metafísico, ou seja, guiado por uma postura racional.

A vontade passa a ser a interpretação do comportamento externado pelo agente, a partir dos indicadores presentes no caso concreto, capazes de nos revelar a periculosidade objetiva da conduta, aliada a critérios determinantes do grau de culpabilidade do agente, tais como motivação, experiência anterior etc.[19]

---

[19] GOMES, Enéias Xavier. *Dolo sem vontade psicológica*: perspectivas de aplicação no Brasil. Belo Horizonte: Editora D'Plácido, 2017. p. 116-117.

CAPÍTULO 13

# CRIME CULPOSO

## 13.1. INTRODUÇÃO

Dentro de uma concepção finalista, culpa é o **elemento normativo** da conduta, pois a sua aferição depende da valoração do caso concreto. Somente após minucioso juízo de valor poderá o intérprete afirmar se ela ocorreu ou não.

Os crimes culposos, em regra, são previstos por **tipos penais abertos,** pois a lei não diz expressamente no que consiste o comportamento culposo, reservando tal missão ao magistrado na apreciação da lide posta à sua análise.

Geralmente, o tipo penal descreve a modalidade dolosa, e, quando a ele também atribui variante culposa menciona expressamente a fórmula: **"se o crime é culposo"**.

Nada impede, entretanto, a definição de um crime culposo em um tipo penal fechado, tal como ocorre na receptação culposa (CP, art. 180, § 3.º), na qual o legislador aponta expressamente as formas pelas quais a culpa pode se manifestar: (1) natureza ou desproporção entre o valor e o preço da coisa adquirida ou recebida pelo agente, (2) condição de quem a oferece, ou (3) no caso de se tratar de coisa que deve presumir-se obtida por meio criminoso.

A opção legislativa pela descrição de crimes culposos por meio de tipos fechados seria indiscutivelmente mais segura e precisa. De outro lado, essa escolha logo se revelaria insuficiente, pois seria impossível à lei prever, antecipadamente, todas as situações culposas que podem ocorrer na vida cotidiana.

## 13.2. FUNDAMENTO DA PUNIBILIDADE DA CULPA

No passado, diversos autores se manifestaram pela inutilidade da aplicação da pena ao crime culposo.

Na Itália, Puglia e Vanini sustentavam que essa modalidade de delito não provém de um impulso contrário ao Direito e, consequentemente, a pena se mostraria ineficaz, já que a sua função seria a de afastar temporariamente do convívio social os indivíduos que revelam periculosidade, fator inexistente no sujeito que praticou uma lesão por não a ter previsto, quando a deveria prever.

Com o advento da Escola Positiva, a punição da culpa passou a ser reclamada por necessidade social, por ser a sanção penal uma reação constante e independente da vontade. O homem seria responsável tanto pelo crime culposo como pelo crime doloso, porque vive em sociedade.

Atualmente, encontra-se encerrada a discussão acerca da obrigatoriedade de punição do crime culposo. O interesse público impõe consequências penais àqueles que agem culposamente, visando a preservação de bens indispensáveis ou relevantes à vida em sociedade.

# DIREITO PENAL – PARTE GERAL – VOL. 1 • CLEBER MASSON

Oportuna a lição de E. Magalhães Noronha, ainda mais forte na modernidade em que ora vivemos, com exemplos constantes de acidentes aéreos, desabamentos de construções e estádios de futebol, crateras de metrôs que tiram a vida de inúmeras pessoas e tantos outros casos que, infelizmente, vêm se tornando cada vez mais rotineiros:

> É indiscutível, pois, a necessidade da repressão e prevenção do delito culposo. Este é, sobretudo, o *delito dos tempos atuais, do progresso e da civilização.* Com o desenvolvimento da indústria, com o advento da era da máquina, multiplicaram-se os crimes culposos. Basta confrontar-se o Código Penal vigente com o do Império, para se verificar o chocante contraste entre eles em matéria de culpa.
>
> A consciência social hoje não mais suportaria o olvido do delito culposo. Os grandes sinistros (desastres ferroviários, aéreos, marítimos, incêndios de arranha-céus etc.) produzindo numerosas vítimas e danos patrimoniais vultosos, exigem sempre a apuração da *causa,* que não é tolerável quando se demonstra ter sido gerada pela imprudência, negligência ou imperícia de uma ou outra pessoa. Em situações tais, confrange-nos a ideia de que *nunca tantos pagaram por tão poucos.*[1]

Em respeito ao **menor desvalor da conduta,** porém, os crimes culposos são apenados de modo mais brando do que os dolosos. Lembremos, a propósito, do crime de homicídio culposo na direção de veículo automotor (CTB, art. 302), no qual mesmo com a eliminação da vida humana por força da falta de atenção no emprego de meio de transporte, indispensável nos dias em que vivemos, a pena máxima é de detenção, por quatro anos, de rara aplicação prática.

Em outro polo, um crime de furto praticado em concurso de pessoas, ainda que o bem subtraído seja de pequeno valor, pode ter a pena máxima de oito anos de reclusão, sem prejuízo da multa.

## 13.3. CONCEITO DE CRIME CULPOSO

Para possibilitar a integral assimilação do crime culposo, apresentaremos um conceito, posteriormente fracionado em diversos elementos.

Com seus elementos, e também com o exame das espécies de crimes culposos, será mais didática a compreensão do assunto, frequente em concursos públicos e alvo de inúmeras provas dissertativas.

Crime culposo é o que se verifica quando o agente, deixando de observar o dever objetivo de cuidado, por imprudência, negligência ou imperícia, realiza voluntariamente uma conduta que produz resultado naturalístico, não previsto nem querido, mas objetivamente previsível, e excepcionalmente previsto e querido, que podia, com a devida atenção, ter evitado.

## 13.4. ELEMENTOS DO CRIME CULPOSO

O crime culposo possui, em regra, os seguintes elementos, assim representados:

---

[1] MAGALHÃES NORONHA, E. *Do crime culposo.* 2. ed. São Paulo: Saraiva, 1966. p. 147-148.

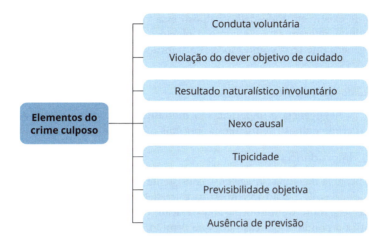

### 13.4.1. Conduta voluntária

No crime culposo, a vontade do agente se limita à prática de uma conduta perigosa, por ele aceita e desejada.² É importante destacar que a vontade do agente circunscreve-se à realização da conduta, e não à produção do resultado naturalístico. Caso contrário, ou seja, desejando concretizar o resultado, a hipótese é de crime doloso. Ninguém duvida, por exemplo, que o motorista que conduz o seu automóvel a 180 quilômetros por hora em via pública movimentada e atropela um pedestre, matando-o, quis dirigir seu veículo em excesso de velocidade.

O crime culposo pode ser praticado por ação ou omissão. Há culpa tanto quando a mãe coloca a criança para ser aquecida próxima ao fogo, vindo a ser queimada (ação), como quando a mãe desidiosa dorme em excesso e não ministra ao bebê medicamentos no horário adequado, prejudicando a sua saúde (omissão).

A conduta, todavia, é penalmente lícita, ou, quando ilícita, não se destina à produção do resultado naturalístico integrante do crime culposo. É o caso da pessoa que trafega em velocidade incompatível com a segurança na proximidade de uma escola. Ainda que se subsuma ao modelo típico previsto no art. 311 da Lei 9.503/1997 – Código de Trânsito Brasileiro, não se relaciona ao homicídio culposo na direção de veículo automotor (CTB, art. 302), enquanto não for retirada a vida de alguém.

### 13.4.2. Violação do dever objetivo de cuidado

#### 13.4.2.1. Apontamentos gerais

A vida em sociedade retira do homem o direito de fazer tudo o que desejar, quando e onde o desejar. Os interesses de terceiras pessoas e da própria comunidade lhe impõem barreiras instransponíveis.

Nesse diapasão, o dever objetivo de cuidado é o comportamento imposto pelo ordenamento jurídico a todas as pessoas, visando o regular e pacífico convívio social.

No crime culposo, tal dever é desrespeitado pelo agente com a prática de uma conduta descuidada, a qual, fundada em injustificável falta de atenção, emana de sua imprudência, negligência ou imperícia.

---

² "Toda a culpa é culpa da vontade. Só aquilo contra o que o homem pode, do ponto de vista da vontade, alguma coisa, lhe pode ser censurado como culpa" (DIAS, Jorge de Figueiredo. *Liberdade. Culpa. Direito Penal*. 3. ed. Coimbra: Coimbra Editora, 1995. p. 57-58).

## 234 | DIREITO PENAL – PARTE GERAL – VOL. 1 • CLEBER MASSON

Em razão de existir em todo delito culposo essa violação ao dever objetivo de cuidado, alguns doutrinadores referem-se a ele como o objeto central do estudo do "Direito Penal da Negligência", o gênero que teria como espécies a imprudência, a negligência propriamente dita e a imperícia.[3]

### 13.4.2.2. Modalidades de culpa

Imprudência, negligência e imperícia são **modalidades,** e não espécies de culpa. É por meio delas que o crime culposo se manifesta, por tais modos ele se realiza no mundo exterior.

#### 13.4.2.2.1. Imprudência

É a forma positiva da culpa (*in agendo*), consistente na atuação do agente sem observância das cautelas necessárias. É a **ação** intempestiva e irrefletida. Tem forma ativa.

Desenvolve-se sempre **de modo paralelo à ação**, ou seja, surge e se manifesta enquanto o seu autor pratica a conduta. No caso em que o motorista dirige seu veículo automotor, enquanto ele respeitar as leis de trânsito a sua conduta é correta. A partir do momento em que passa, por exemplo, a dirigir em excesso de velocidade, surge a imprudência. E, quanto mais ele insistir e agravar essa conduta, mais duradoura e perceptível será essa modalidade de culpa.

#### 13.4.2.2.2. Negligência

É a inação, a modalidade negativa da culpa (*in omittendo*), consistente na omissão em relação à conduta que se devia praticar. Negligenciar é omitir a ação cuidadosa que as circunstâncias exigem.

Ocorre **previamente ao início da conduta**. É o caso do agente que deixa a arma de fogo municiada em local acessível a menor de idade, inabilitado para manuseá-la, que dela se apodera, vindo a matar alguém. O responsável foi negligente, e depois da sua omissão e em razão dela a conduta criminosa foi praticada.

#### 13.4.2.2.3. Imperícia

É também chamada de **culpa profissional**, pois somente pode ser praticada no exercício de arte, profissão ou ofício. Sempre ocorre no âmbito de uma função na qual o agente, em que pese esteja autorizado a desempenhá-la, não possui conhecimentos práticos ou teóricos para fazê-la a contento.

Toda profissão, arte ou ofício são regidas por princípios e regras que devem ser do conhecimento e do domínio de todos que a elas se dedicam. Se tais pessoas ultrapassarem os seus limites, conscientes ou inconscientes de sua incapacidade, violam a lei e respondem pelas consequências.

A imperícia somente pode acontecer no exercício de arte, profissão ou ofício. Pode até ocorrer fora destas, mas sob o ponto de vista jurídico deverá então ser tratada como imprudência ou negligência. Assim, por exemplo, se um médico, realizando um parto, causa a morte da gestante, será imperito. Entretanto, se a morte for provocada pelo parto mal efetuado por um curandeiro, não há falar em imperícia, mas em imprudência.

E, ainda, os erros cometidos no desempenho de arte, profissão ou ofício não serão sempre frutos da imperícia, pois podem ser ordenados por negligência ou imprudência.

Negligente seria, por exemplo, o médico que, ao receitar, trocasse o nome do medicamento, provocando a morte do doente. Por seu turno, imprudente seria, exemplificativamente,

---

[3] Nesse sentido: TAVARES, Juarez. *Direito penal da negligência*. Uma contribuição à teoria do crime culposo. 2. ed. Rio de Janeiro: Lumen Juris, 2003.

o cirurgião que, podendo realizar a operação por um método simples e conhecido, decide utilizar, por vaidade profissional, outro mais complexo e difícil, daí resultando a morte do paciente.

Anote-se, porém, que nem toda falha no exercício de arte, profissão ou ofício constitui-se em imperícia. A lei, ao determinar os requisitos necessários ao exercício de determinada atividade, não pode exigir de todas as pessoas o mesmo talento, igual cultura ou idêntica habilidade.

Nesse passo, a imperícia não se confunde com o **erro profissional**.

Erro profissional é o que resulta da **falibilidade das regras científicas**. O agente conhece e observa as regras da sua atividade, as quais, todavia, por estarem em constante evolução, mostram-se imperfeitas e defasadas para a solução do caso concreto. Exemplo: Um paciente com câncer no cérebro é internado em hospital especializado e seu tratamento fica a cargo de determinado médico. Todos os procedimentos para combate e eliminação da doença são realizados da melhor forma possível. Nada obstante, o paciente morre.

Questiona-se: Nesse caso, há imperícia por parte do médico?

É claro que não, pois ele realizou com zelo todos os procedimentos e protocolos que tinha à sua disposição. A culpa não é dele, mas da própria ciência da medicina, que não se mostra capacitada para enfrentar com sucesso o problema que lhe foi apresentado.

Destarte, o erro profissional exclui a culpa, uma vez que o resultado ocorre não em razão da conduta do agente, e sim pelas deficiências da própria ciência.

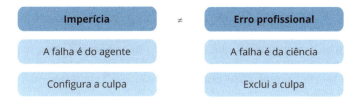

### 13.4.2.2.4. Modalidades de culpa e descrição fática

Qualquer das modalidades da culpa – imprudência, negligência ou imperícia – deve ser detalhadamente descrita na inicial acusatória (denúncia ou queixa-crime), sob pena de inépcia, em face da violação do direito à ampla defesa e da caracterização da responsabilidade penal objetiva. Na lúcida visão do Superior Tribunal de Justiça:

> É inepta a denúncia que imputa a prática de homicídio culposo na direção de veículo automotor (art. 302 da Lei 9.503/1997) sem descrever, de forma clara e precisa, a conduta negligente, imperita ou imprudente que teria gerado o resultado morte, sendo insuficiente a simples menção de que o suposto autor estava na direção do veículo no momento do acidente. Isso porque é ilegítima a persecução criminal quando, comparando-se o tipo penal apontado na denúncia com a conduta atribuída ao denunciado, não se verificar o preenchimento dos requisitos do art. 41 do CPP, necessários ao exercício do contraditório e da ampla defesa. De fato, não se pode olvidar que o homicídio culposo se perfaz com a ação imprudente, negligente ou imperita do agente, modalidades de culpa que devem ser descritas na inicial acusatória, sob pena de se punir a mera conduta de envolver-se em acidente de trânsito, algo irrelevante para o Direito Penal. A imputação, sem a observância dessas formalidades, representa a imposição de indevido ônus do processo ao suposto autor, ante a ausência da descrição de todos os elementos necessários à responsabilização penal decorrente da morte da vítima. Configura, ademais, responsabilização penal objetiva, derivada da mera morte de alguém, em razão de acidente causado na direção de veículo automotor.[4]

---

[4] HC 305.194/PB, rel. Min. Rogerio Schietti Cruz, 6.ª Turma, j. 11.11.2014, noticiado no *Informativo* 533.

## 13.4.3. Resultado naturalístico involuntário

No crime culposo, o resultado naturalístico – modificação do mundo exterior provocada pela conduta do agente – funciona como elementar do tipo penal. Em consequência, todo crime culposo integra o grupo dos **crimes materiais**.

O sistema penal brasileiro não admite crimes culposos de mera conduta, ao contrário do que ocorre em outros países, como na Itália.[5]

O resultado naturalístico é, obrigatoriamente, involuntário, salvo na culpa imprópria, adiante analisada. Conclui-se, assim, ser o crime culposo incompatível com a tentativa. É óbvio que não se pode aceitar o início da execução de um crime, que não se consuma por circunstâncias alheias à vontade do agente, na hipótese em que o resultado não é desejado.

Portanto, ou o resultado se produz, e o crime está consumado, ou da conduta perigosa não sobrevém o resultado, e o fato é um irrelevante penal, ao menos para a tipificação do crime culposo.[6]

## 13.4.4. Nexo causal

Por se tratar de crime material, a perfeição do crime culposo depende da produção do resultado naturalístico. E, como ocorre nos demais crimes materiais, exige-se o nexo causal, isto é, a relação de causa e efeito entre a conduta voluntária perigosa e o resultado involuntário.

Em consonância com a teoria da *conditio sine qua non*, adotada pelo art. 13, *caput*, do Código Penal, deve ser provado, por exemplo, que a morte da vítima foi produzida pela conduta do agente. No âmbito jurídico, a afirmação da causalidade deve estar respaldada em elementos empíricos demonstrativos que o resultado não ocorreria, com um grau de probabilidade nos limites da certeza, se a ação devida fosse efetivamente evitada ou realizada, tal como o contexto o determinava. Caso essa relação não seja empiricamente comprovada, é de se negar a causalidade.[7]

## 13.4.5. Tipicidade

A tipicidade é elemento do fato típico em todos os crimes. Dessa forma, precisa estar presente para a configuração do crime culposo.

Reclama-se o juízo de subsunção, de adequação entre a conduta praticada pelo agente no mundo real e a descrição típica contida na lei penal para o aperfeiçoamento do delito culposo.

## 13.4.6. Previsibilidade objetiva

É a possibilidade de uma pessoa comum, com inteligência mediana, prever o resultado. Esse indivíduo comum, de atenção, diligência e perspicácia normais à generalidade das pessoas é o que se convencionou chamar de **homem médio** (*homo medius*).

Não se trata de pessoa brilhante e genial, nem de um ser humano indolente e desleixado. É uma pessoa normal, de comportamento padrão quando comparado aos indivíduos em geral. Fala-se, também, em homem *standard*.

---

[5] O art. 527 do Código Penal italiano prevê a modalidade culposa do crime de ato obsceno.

[6] Pode até concretizar-se um crime, mas sempre diferente do culposo que restaria caracterizado com a produção do resultado naturalístico. Exemplo: Aquele que dirige veículo automotor embriagado, expondo a perigo a incolumidade de outrem, responde pelo crime tipificado pelo art. 306 do Código de Trânsito Brasileiro. Se, em razão da imprudência ao volante, o agente matar alguém, estará tipificado o crime delineado pelo art. 302 do CTB (homicídio culposo na direção do veículo automotor), que absorve o de embriaguez ao volante.

[7] STJ: RHC 35.883/PE, rel. Min. Og Fernandes, 6.ª Turma, j. 01.10.2013.

Existe a previsibilidade do resultado quando, mediante um juízo de valor, se conclui que o homem médio, nas condições em que se encontrava o agente, teria antevisto o resultado produzido. Nas lições de Nélson Hungria:

> Existe previsibilidade quando o agente, nas circunstâncias em que se encontrou, podia, segundo a experiência geral, ter-se representado, como possíveis, as consequências do seu ato. Previsível é o fato cuja possível superveniência não escapa à perspicácia comum. Por outras palavras: é previsível o fato, sob o prisma penal, quando a previsão do seu advento, no caso concreto, podia ser exigida do homem normal, do *homo medius,* do tipo comum de sensibilidade ético-social.[8]

Em suma, por ser a culpa o elemento normativo do tipo penal, o magistrado deve valorar a situação, inserindo hipoteticamente o homem médio no lugar do agente no caso concreto. Se concluir que o resultado era previsível àquele, estará configurada a previsibilidade a este.

Daí falar-se em previsibilidade objetiva, por levar em conta o fato concreto e um elemento padrão para a sua aferição, e não o agente.[9]

Embora existam valiosos entendimentos nesse sentido, deve ser refutada a proposta de apreciar a previsibilidade de forma subjetiva, isto é, sob o prisma subjetivo do autor do fato, a qual leva em consideração os dotes intelectuais, sociais, econômicos e culturais do agente.

O Direito Penal não pode ficar submisso aos interesses de pessoas incautas e despreparadas para o convívio social. Ademais, a previsibilidade subjetiva fomentaria a impunidade, pois, por se cuidar de questão que habita o aspecto interno do homem, jamais poderia ser fielmente provada a compreensão do agente acerca do resultado que a sua conduta era capaz de produzir.

Lembre-se de uma regra que irá ajudar no estudo de toda a teoria do crime.

O estudo do crime, qualquer que seja o conceito analítico que se adote, se divide em três grandes grupos: (1) fato típico; (2) ilicitude; e (3) culpabilidade.

O **fato** é típico e ilícito. O **agente** é culpável. Em outras palavras, a tipicidade e a ilicitude pertencem ao fato, e a culpabilidade, ao agente.

Disso se infere que sempre que se estudam o **fato típico e a ilicitude** leva-se em conta a figura do **homem médio**, um paradigma utilizado para análise do caso concreto.

Por outro lado, quando se aborda a **culpabilidade,** leva-se em conta o **perfil subjetivo do agente**.

Peço desculpa por ser repetitivo, mas o que vale é a sua compreensão. Lembre-se: o **fato é típico e ilícito, logo, como o que intercssa é o fato, desprezam-se as condições do agente, pois valem somente as circunstâncias do fato. O agente, todavia, é culpável. Na análise da culpabilidade, portanto, leva-se em conta, sempre, o perfil subjetivo do agente**.

Em compasso com a questão em epígrafe, conclui-se que na constatação da previsibilidade do resultado naturalístico no crime culposo a análise é objetiva, fundada no homem médio.

O perfil subjetivo do agente não é desprezado, pois sua análise fica reservada ao juízo da culpabilidade, dentro de um de seus elementos, a potencial consciência da ilicitude. E, nesse caso, a falta de previsibilidade subjetiva importa no afastamento da potencial consciência da ilicitude (elemento da culpabilidade) e, consequentemente, na exclusão da própria culpabilidade.

---

[8] HUNGRIA, Nélson. *Comentários ao Código Penal.* Rio de Janeiro: Forense, 1949. v. 1, p. 357.

[9] "A par disso, frise-se que, segundo a doutrina, no momento de se determinar se a conduta do autor se ajusta ao tipo de injusto culposo é necessário indagar, sob a perspectiva *ex ante*, se no momento da ação ou da omissão era possível, para qualquer pessoa no lugar do autor, identificar o risco proibido e ajustar a conduta ao cuidado devido (cognoscibilidade ou conhecimento do risco proibido e previsibilidade da produção do resultado típico)" (STJ: REsp 1.388.440/ES, rel. Min. Nefi Cordeiro, 6.ª Turma, j. 05.03.2015, noticiado no *Informativo* 557).

### 13.4.7. Ausência de previsão

Em regra, o agente não prevê o resultado objetivamente previsível. Não enxerga aquilo que o homem médio conseguiria ver.

Excepcionalmente, todavia, há previsão do resultado (culpa consciente).

## 13.5. ESPÉCIES DE CULPA

### 13.5.1. Culpa inconsciente e culpa consciente

Essa divisão tem como fator distintivo a previsão do agente acerca do resultado naturalístico provocado pela sua conduta.

**Culpa inconsciente, sem previsão** ou *ex ignorantia* é aquela em que o agente não prevê o resultado objetivamente previsível.

**Culpa consciente, com previsão** ou *ex lascivia* é a que ocorre quando o agente, após prever o resultado objetivamente previsível, realiza a conduta acreditando sinceramente que ele não ocorrerá. Representa o estágio mais avançado da culpa, pois se aproxima do dolo eventual. Dele, todavia, se diferencia.

Na culpa consciente, o sujeito não quer o resultado, nem assume o risco de produzi-lo. Apesar de sabê-lo possível, acredita sinceramente ser capaz de evitá-lo, o que apenas não acontece por erro de cálculo ou por erro na execução. No dolo eventual o agente não somente prevê o resultado naturalístico, como também, apesar de tudo, o aceita como uma das alternativas possíveis.

Examinemos a seguinte situação: "A" sai atrasado de casa em uma motocicleta, e se dirige para uma entrevista que provavelmente lhe garantirá um bom emprego. No caminho, fica parado em um congestionamento. Ao perceber que a hora combinada se aproxima, e se continuar ali inerte não chegará em tempo, decide trafegar um quarteirão pela calçada, com o propósito de, em seguida, rumar por uma via alternativa descongestionada. Na calçada, depara-se com inúmeros pedestres, mas mesmo assim insiste em sua escolha.

Certamente lhe é previsível que, assim agindo, pode atropelar pessoas, e, consequentemente, feri-las e inclusive matá-las. Mas vai em frente e acaba por colidir com uma senhora de idade, matando-a.

Questiona-se: trata-se de homicídio culposo na direção de veículo automotor (CTB, art. 302) ou de homicídio doloso (CP, art. 121)?

Se "A", após prever o resultado, acreditar honestamente que ele não irá ocorrer, até mesmo porque fará de tudo para evitá-lo, estará desenhada a culpa consciente. Contudo, se, após a previsão do resultado, assumir o risco de produzi-lo, responderá pelo dolo eventual.

A distinção é tênue, e somente pode ser feita no caso concreto, mediante a análise das provas exteriores ao fato. Na visão do Supremo Tribunal Federal:

> A diferença entre o dolo eventual e a culpa consciente encontra-se no elemento volitivo que, ante a impossibilidade de penetrar-se na psique do agente, exige a observação de todas as circunstâncias objetivas do caso concreto, sendo certo que, em ambas as situações, ocorre a representação do resultado pelo agente. Deveras, tratando-se de culpa consciente, o agente pratica o fato ciente de que o resultado lesivo, embora previsto por ele, não ocorrerá. (...) A cognição empreendida nas instâncias originárias demonstrou que o paciente, ao lançar-se em práticas de expressiva periculosidade, em via pública, mediante alta velocidade, consentiu em que o resultado se produzisse, incidindo no dolo eventual previsto no art. 18, inciso I, segunda parte, *verbis*: ("Diz-se o crime: I – doloso, quando o agente quis o resultado ou assumiu o risco de produzi-lo").[10]

O Código Penal dispensa igual tratamento à culpa consciente e à culpa inconsciente. A previsão do resultado, por si só, não representa maior grau de reprovabilidade da conduta.

---

[10] STF: HC 101.698/RJ, rel. Min. Luiz Fux, 1.ª Turma, j. 18.10.2011.

### 13.5.2. Culpa própria e culpa imprópria

Essa classificação se baseia na intenção de produzir o resultado naturalístico.

**Culpa própria** é a que se verifica quando o agente não quer o resultado nem assume o risco de produzi-lo. É, por assim dizer, a culpa propriamente dita.

De sua parte, **culpa imprópria,** também denominada **culpa por extensão, por equiparação** ou **por assimilação**, é aquela em que o sujeito, após prever o resultado, e desejar sua produção, realiza a conduta por **erro inescusável quanto à ilicitude do fato**. O resultado vem, então, a ser concretizado.

O agente incide em erro inescusável, inaceitável, injustificável quanto à ilicitude do fato. Supõe uma situação fática que, se existisse, tornaria a sua ação legítima. Como, entretanto, esse erro poderia ter sido evitado pelo emprego da prudência inerente ao homem médio, responde a título de culpa.

Cuida-se, em verdade, de dolo, eis que o agente quer a produção do resultado. Por motivos de **política criminal**, no entanto, o Código Penal aplica a um crime doloso a punição correspondente a um crime culposo. O erro quanto à ilicitude do fato, embora inescusável, proporciona esse tratamento diferenciado.

E, diante do caráter misto ou híbrido da culpa imprópria (dolo tratado como culpa), revela-se como a **única modalidade de crime culposo que comporta a tentativa**.

Vejamos um exemplo que bem elucida toda a problemática atinente à culpa imprópria.

Uma garota de 15 anos de idade e pertencente a uma família conservadora é proibida pelos pais de namorar. Ela, desobediente, namora um rapaz. Os pais, para evitar os encontros, trancam todas as portas e janelas da casa, e escondem as chaves. O único meio de sair do imóvel é pela janela do quarto do casal.

Depois de constatar que os pais estavam em sono profundo, a garota entra no dormitório dos genitores, pula a janela que dá acesso ao quintal, habitado por dois cães bravios, sobe no muro e o ultrapassa, encontrando seu precoce amado. Saem de carro sem que sejam notados, e, horas depois, durante a madrugada, a jovem retorna à sua casa, já saciada em seu amor.

Pula o muro, passa pelos ferozes cães, que sequer latem e ingressa no quarto dos pais pela janela. Já no interior do dormitório, seu pai, um militar reformado, nota a presença de um vulto com corpo franzino e cabelos compridos, e ordena sua parada. Como a sua determinação não é cumprida, persegue o vulto, e contra ele efetua seis certeiros disparos de arma de fogo. O corpo cai ao solo. Ao acender a luz, nota que sua filha foi alvejada, mas está viva.

A descrição retrata um típico caso de culpa imprópria.

O agente efetuou disparos com arma de fogo, com intenção de matar (*animus necandi* ou *animus occidendi*). Tinha dolo direto. Agiu, contudo, com erro inescusável quanto à ilicitude do fato, pois foi imprudente. Poderia ter sido mais cauteloso, já que o vulto não lhe trazia qualquer ameaça, e, com o silêncio dos cachorros, somente poderia ser pessoa da casa.

Responde, assim, por homicídio culposo, com fundamento no art. 20, § 1.º, do Código Penal. E mais: na forma tentada, em que pese se tratar de crime culposo.

### 13.5.3. Culpa mediata ou indireta

Cuida-se da espécie que se verifica quando o agente produz o resultado naturalístico indiretamente a título de culpa. É o caso, por exemplo, da vítima que acabara de ser torturada no interior de um veículo, parado no acostamento de movimentada via pública. Quando conseguiu fugir, ela buscou atravessar a pista, foi atropelada e morreu. O agente responde pela tortura e também pelo resultado morte, provocado indiretamente por sua atuação culposa, pois lhe era objetivamente previsível a fuga da pessoa torturada na direção da via pública.

É preciso destacar que a culpa mediata punível consiste em fato com relação estreita e realmente eficiente no tocante à causação do resultado naturalístico, não se podendo confundi-la com a mera condição ou ocasião do ocorrido.

### 13.5.4. Culpa presumida

Também denominada de culpa *in re ipsa,* tratava-se de espécie de culpa admitida pela legislação penal existente no Brasil antes da entrada em vigor do Código Penal de 1940, e consistia na simples inobservância de uma disposição regulamentar.

Foi abolida do sistema penal pátrio, por constituir-se em verdadeira responsabilidade penal objetiva, retrocesso a tempos pretéritos em que o homem pagava pelo que fizera, sem nenhuma preocupação com o elemento subjetivo.

Não se presume a culpa. Ao contrário, sempre deve ser provada por quem alega sua ocorrência, pois a responsabilidade penal é de caráter subjetivo.[11]

### 13.6. GRAUS DE CULPA

No passado, buscou-se distinguir a culpa, quanto à sua intensidade, em grave, leve e levíssima.

A culpa grave, ou lata, ocorreria quando qualquer pessoa fosse capaz de prever o resultado.

Por sua vez, a culpa leve estaria presente somente nos casos em que um homem de inteligência mediana pudesse antever o resultado.

Finalmente, a culpa levíssima seria aquela em que o resultado se afigurasse perceptível somente às pessoas de excepcional cautela e inteligência, aproximando-se bastante do caso fortuito.

**O Direito Penal brasileiro refuta a divisão da culpa em graus.** Ou há culpa, e está configurada a responsabilidade do agente, ou não existe culpa, e o fato é penalmente irrelevante.

De fato, o art. 59, *caput,* do Código Penal não elenca os graus de culpa como circunstâncias judiciais que influem na dosimetria da pena.

Diante do que foi abordado, é importante destacar as diferenças entre modalidades, espécies e graus de culpa, que podem ser ilustradas no seguinte gráfico:

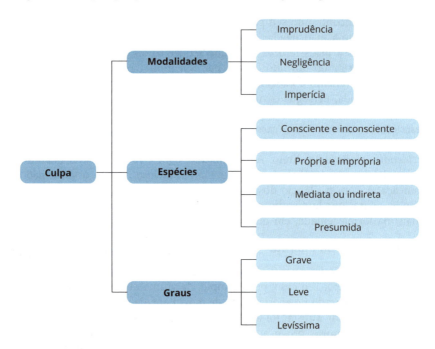

---

[11] STF: Inq 4.483 AgR-segundo-DF e Inq 4.327 AgR-segundo-DF, rel. Min. Edson Fachin, Plenário, j. 14.12.2017 e 19.12.2017, noticiados no *Informativo* 888.

## 13.7. COMPENSAÇÃO DE CULPAS

**Não se admite a compensação de culpas** no Direito Penal, uma vez que prevalece o caráter público da sanção penal como fundamento para a sua proibição.

Nesses termos, a culpa do agente não é anulada pela culpa da vítima. Se "A" ultrapassou com seu carro o semáforo no sinal vermelho, vindo a colidir com o automóvel de "B", que trafegava na contramão da direção, daí resultando lesões corporais em ambos, cada qual responde pelo resultado a que deu causa.

A compensação de culpas tem incidência apenas no direito privado, com a função de reduzir ou excluir o valor da indenização pelo ilícito praticado.

No âmbito penal, vale ressaltar que a culpa da vítima, embora não afaste a culpa do agente, funciona como circunstância judicial favorável ao acusado, a ser sopesada pelo magistrado por ocasião da dosimetria da pena-base. É o que se extrai do art. 59, *caput*, do Código Penal.

Por último, se é correto afirmar que não há compensação de culpas no Direito Penal, também é certo dizer que a **culpa exclusiva da vítima** exclui a culpa do agente. Basta a mera interpretação literal da expressão em destaque para concluir que, se a culpa é **exclusiva** da vítima, certamente o agente atuou de forma correta, é dizer, livre de imprudência, negligência ou imperícia.

## 13.8. CONCORRÊNCIA DE CULPAS

É o que se verifica quando duas ou mais pessoas concorrem, contribuem, culposamente, para a produção de um resultado naturalístico.

Todos os envolvidos que tiveram atuação culposa respondem pelo resultado produzido. Fundamenta-se essa posição na teoria da *conditio sine qua non,* acolhida pelo art. 13, *caput,* do Código Penal: "o resultado, de que depende a existência do crime, somente é imputável a quem lhe deu causa".

E, como é fácil perceber, se o resultado foi provocado pela pluralidade de condutas culposas, por ele respondem aqueles que as realizaram.

Vejamos um exemplo: No cruzamento entre duas ruas, o veículo de "A" ultrapassa o semáforo quando o sinal vermelho determinava sua parada, momento em que vem a colidir com o automóvel de "B", o qual, além de trafegar em velocidade acima da permitida, também havia desrespeitado o sinal de trânsito, que estava com passagem livre para pedestres. Entre os carros surge um transeunte que, desavisado, atravessou a via pública e foi atropelado, não resistindo aos ferimentos.

No caso mencionado, tanto "A" como "B" agiram de forma culposa. Concorreram para a produção do resultado naturalístico e por ele deverão responder. Mas não há concurso de pessoas (coautoria ou participação) em face da ausência de vínculo subjetivo entre os envolvidos.

## 13.9. CARÁTER EXCEPCIONAL DO CRIME CULPOSO

Preceitua corretamente o art. 18, parágrafo único, do Código Penal, consagrando o princípio da excepcionalidade do crime culposo: "Salvo os casos expressos em lei, ninguém pode ser punido por fato previsto como crime, senão quando o pratica dolosamente".

A modalidade culposa de um crime deve ser expressamente declarada pela lei. No silêncio desta quanto ao elemento subjetivo, sua punição apenas se verifica a título de dolo. Como destaca Magalhães Noronha:

> É excepcional a punibilidade da culpa. Geralmente a norma penal pressupõe no destinatário uma
> vontade diretamente contrária ao preceito, ou seja, vontade dirigida ao evento proibido ou a um
> resultado imposto e obrigatório. A derrogação há de ser expressamente indicada, isto é, devem ser

declarados taxativamente os casos em que a vontade seja punível, conquanto não dirigida nem ao evento interditado nem ao imposto. Noutros termos, assentada a *normalidade* do dolo, resulta a *excepcionalidade* da culpa, donde a necessidade de declaração expressa.[12]

**No campo dos crimes contra o patrimônio** tipificados pelo Código Penal, anote-se que o único delito punido a título de culpa é a **receptação** (CP, art. 180, § 3.°). O dano culposo é fato atípico, embora encontre previsão no Código Penal Militar.

O art. 244-C da Lei 8.069/1990 – Estatuto da Criança e do Adolescente, de forma curiosa e desnecessária, exige expressamente o dolo para a caracterização do delito nele contido: "Deixar o pai, a mãe ou o responsável legal, **de forma dolosa**, de comunicar à autoridade pública o desaparecimento de criança ou adolescente."

## 13.10. EXCLUSÃO DA CULPA

Exclui-se a culpa nos seguintes casos:

### 1. Caso fortuito e força maior

São acontecimentos imprevistos, imprevisíveis e inevitáveis, que escapam do controle da vontade do homem. Se não há previsibilidade, e também não existe vontade, elemento indispensável à conduta, não há falar em culpa nos resultados que deles se originam.

### 2. Erro profissional

A culpa pelo resultado naturalístico não é do agente, mas da ciência, que se mostra inapta para enfrentar determinadas situações. Não se confunde com a imperícia, uma vez que nesta a falha é do próprio agente, que deixa de observar as regras recomendadas pela profissão, arte ou ofício.

### 3. Risco tolerado

Karl Binding, ao estudar o crime culposo, dizia que, quanto mais imprescindível for um tipo de comportamento humano, maior será o risco que em relação a ele se deverá enfrentar, sem que disso possa resultar qualquer espécie de reprovação jurídica. Delimita-se, dessa forma, a linha divisória entre o crime culposo e os fatos impuníveis resultantes do risco juridicamente tolerado.

O médico que opera um doente em estado grave em condições precárias sabe que poderá causar-lhe a morte. E ainda que o resultado venha a ocorrer, não terá agido com culpa, pois a sua intervenção cirúrgica, na situação em que foi realizada, era indispensável como a única forma para tentar salvar a vida do paciente.

A modernidade fomenta ainda mais o risco tolerado como exclusão da culpa.

Por diversas maneiras, necessárias para a evolução do homem e da própria humanidade, podem ser efetuadas atividades que proporcionam riscos calculados para bens jurídicos penalmente protegidos. O piloto que testa pela primeira vez uma aeronave certamente é colocado em risco de vida, mas a possibilidade de morte é tolerada e aceita para colaborar com o progresso da ciência aeronáutica, indispensável na sociedade atual.

### 4. Princípio da confiança

Como o dever objetivo de cuidado se dirige a todas as pessoas, pode-se esperar que cada um se comporte de forma prudente e razoável, necessária para a coexistência pacífica em sociedade.

---

[12] MAGALHÃES NORONHA, E. *Do crime culposo.* 2. ed. São Paulo: Saraiva, 1966. p. 101.

E, por se presumir a boa-fé de todo indivíduo, aquele que cumpre as regras jurídicas impostas pelo Direito pode confiar que o seu semelhante também agirá de forma acertada. Assim agindo, não terá culpa nos crimes eventualmente produzidos pela conduta ilícita praticada por outrem. Exemplo: Aquele que conduz seu carro dentro dos limites de velocidade e de forma correta pode confiar que, ao cruzar o sinal verde, terá o trânsito livre, de modo que, se um motociclista desrespeitar o semáforo e colidir com o seu carro, não responderá pelas lesões eventualmente produzidas.[13]

---

[13] "A jurisprudência do Superior Tribunal de Justiça e a do Supremo Tribunal Federal convergem em relação à aceitação do princípio da confiança para excluir a tipicidade penal" (STJ: REsp 1.115.641/MG, rel. Min. Sebastião Reis Júnior, 6.ª Turma, j. 27.03.2012, *DJe* 09.05.2012).

# CAPÍTULO 14

# CRIME PRETERDOLOSO

## 14.1. CONCEITO

Preterdolo emana do latim *praeter dolum,* ou seja, além do dolo. Destarte, crime preterdoloso, ou preterintencional, é o que se verifica quando a conduta dolosa acarreta a produção de um resultado mais grave do que o desejado pelo agente.

O propósito do autor era praticar um crime doloso, mas, por culpa, sobreveio resultado mais gravoso.

O crime preterdoloso é uma **figura híbrida**. Há dolo do antecedente (*minus delictum*) e culpa no consequente (*majus delictum*). Não se trata de um terceiro elemento anímico, nem de nova espécie de dolo ou de culpa. Como define Manoel Pedro Pimentel: "É somente a combinação de dois elementos – dolo e culpa – que se apresentam sucessivamente no decurso do fato delituoso: a conduta inicial é dolosa, enquanto o resultado final dela advindo é culposo".[1]

Nesse tipo de delito, o agente produz resultado diverso do pretendido. Há, pois, divergência entre a sua vontade e o resultado maior produzido. Exemplo típico é apresentado pelo art. 129, § 3.º, do Código Penal (lesão corporal seguida de morte), no qual o legislador, após definir o crime de lesão corporal no *caput,* lhe adiciona um resultado agravador, a morte da vítima, produzida a título de culpa.

O dolo em relação ao resultado agravador, direto ou eventual, afasta o caráter preterdoloso do crime.

## 14.2. RELAÇÃO ENTRE DOLO E CULPA

Em decorrência do misto de dolo e culpa, o preterdolo é classificado como elemento subjetivo-normativo do tipo penal.

Com efeito, o dolo é o elemento subjetivo do tipo, enquanto a culpa é entendida como elemento normativo, pois a sua constatação depende de um prévio juízo de valor.

Em face da proibição da responsabilidade penal objetiva, pelo resultado que agrava especialmente a pena só responde o agente que o houver causado ao menos culposamente, conforme dispõe o art. 19 do Código Penal. Destarte, o resultado mais grave deve ser objetivamente previsível, ou seja, previsível ao homem médio.

No tocante à recidiva, deve o reincidente em crime preterdoloso receber idêntico tratamento destinado ao reincidente em crime doloso, pois antes de sobrevir o resultado culposo, mais grave, já havia se aperfeiçoado um delito menos grave, de natureza dolosa.[2]

---

[1]   PIMENTEL, Manoel Pedro. *O crime e a pena na atualidade.* São Paulo: RT, 1983. p. 87.

[2]   STJ: REsp 1.254.749/SC, rel. Min. Maria Thereza de Assis Moura, 6.ª Turma, j. 06.05.2014.

## 14.3. VERSARI IN RE ILLICITA

A culpa que agrava especialmente o resultado deve ser provada. Não se presume, seja de forma absoluta (*iuris et de iure*), seja de forma relativa (*iuris tantum*), cabendo o ônus da prova a quem alega sua ocorrência.

Não se admite a figura da *versari in re illicita*, originária do direito canônico e que serviu como ponto de transição entre a responsabilidade penal objetiva e a responsabilidade penal subjetiva. Proclamava o brocardo: *Qui in re illicita versatur tenetur etiam pro casu*, isto é, quem se envolve com coisa ilícita é responsável também pelo resultado fortuito.

Na hipótese de lesão corporal seguida de morte, não é porque o agente desejou produzir ferimentos na vítima que, automaticamente, deve responder por sua morte. O resultado mais grave precisa ser derivado de culpa, a ser demonstrada no caso concreto.

## 14.4. CRIMES QUALIFICADOS PELO RESULTADO

Crime qualificado pelo resultado é aquele que possui uma conduta básica, definida e apenada como delito de forma autônoma, nada obstante ainda ostente um resultado que o qualifica, majorando-lhe a pena por força de sua gravidade objetiva, desde que exista entre eles relação causal física e subjetiva.

Física, por guardar vínculo de causa e efeito com a primeira, e subjetiva, por referir-se ao mesmo agente.

Todo crime qualificado pelo resultado representa um único crime, e complexo, pois resulta da junção de dois ou mais delitos.

O crime preterdoloso é qualificado pelo resultado. Mas nem todo crime qualificado pelo resultado é preterdoloso. Esse é espécie daquele, seu gênero.

Além do crime preterdoloso, existem três outras espécies de crimes qualificados pelo resultado, quais sejam:

a) **Dolo na conduta antecedente e dolo no resultado agravador (dolo no antecedente e dolo no consequente):** o crime-base é doloso, bem como o resultado agravador. Como exemplo pode ser indicado o crime de latrocínio (CP, art. 157, § 3.º, inc. *II*), em que o roubo é doloso, e a morte pode sobrevir a título de dolo, mas também culposamente.

b) **Culpa na conduta antecedente e culpa no resultado agravador (culpa no antecedente e culpa no consequente):** a conduta básica e o resultado mais gravoso são legalmente previstos na forma culposa. É o caso dos crimes culposos de perigo comum, resultando lesão corporal grave ou morte (CP, art. 258, *in fine*).

c) **Culpa na conduta antecedente e dolo no resultado agravador (culpa no antecedente e dolo no consequente):** o fato original é tipificado culposamente, ao contrário do resultado agravador, doloso. Veja-se o crime tipificado pelo art. 303, § 1.º, da Lei 9.503/1997

– Código de Trânsito Brasileiro –, na hipótese em que o motorista de um veículo auto-motor em excesso de velocidade atropela um pedestre, ferindo-o culposamente, e, em seguida, dolosamente deixa de prestar socorro à vítima do acidente, quando era possível fazê-lo sem risco pessoal.

Cezar Roberto Bitencourt também distingue os crimes preterdolosos dos qualificados pelo resultado, mas com fundamento diverso e deveras sucinto. São suas palavras:

> Têm-se utilizado, a nosso juízo, equivocadamente, as expressões *crime preterdoloso* e *crime qualificado pelo resultado* como sinônimas. No entanto, segundo a melhor corrente, especialmente na Itália, no crime *qualificado pelo resultado,* ao contrário do *preterdoloso,* o resultado ulterior, mais grave, derivado *involuntariamente* da conduta criminosa, lesa um bem jurídico que, por sua natureza, não contém o bem jurídico precedentemente lesado. Assim, enquanto a *lesão corporal seguida de morte* (art. 129, § 3.º) seria preterintencional, o *aborto seguido da morte da gestante* (arts. 125 e 126 combinados com o 127, *in fine*) seria crime qualificado pelo resultado. O raciocínio é simples: nunca se conseguirá matar alguém sem ofender sua saúde ou integridade corporal, enquanto para matar alguém não se terá necessariamente de fazê-lo abortar.[3]

---

[3] BITENCOURT, Cezar Roberto. *Tratado de direito penal.* Parte geral. 11. ed. São Paulo: Saraiva, 2007. v. 1, p. 290.

# CAPÍTULO 15

# ERRO DE TIPO

## 15.1. INTRODUÇÃO

Na redação original do Código Penal de 1940, o art. 17, *caput*, cuidava do **erro de fato:** "É isento de pena quem comete o crime por erro quanto ao fato que o constitui, ou quem, por erro plenamente justificado pelas circunstâncias, supõe situação de fato que, se existisse, tornaria a ação legítima".

Esse dispositivo era muito menos abrangente, pois se referia unicamente aos **elementos objetivos** do tipo penal.

Com a reforma da Parte Geral pela Lei 7.209/1984, o erro de fato foi substituído pelo **erro de tipo,** que, além dos **elementos objetivos,** engloba também os **elementos subjetivos** e **normativos** eventualmente descritos na conduta criminosa.

## 15.2. PREVISÃO LEGAL

Com a rubrica "erro sobre elementos do tipo", dispõe o art. 20, *caput*, do Código Penal: "O erro sobre elemento constitutivo do tipo legal de crime exclui o dolo, mas permite a punição por crime culposo, se previsto em lei".

A expressão "tipo legal de crime" deixa claro que o legislador somente se preocupou com o tipo penal incriminador, isto é, aquele que define uma conduta criminosa, cominando-lhe a pena respectiva.

## 15.3. ERRO E IGNORÂNCIA: DISTINÇÃO E TRATAMENTO

**Erro** é a falsa percepção da realidade ou o falso conhecimento de determinado objeto. Exemplo: O sujeito erra ao confundir um cavalo com um jumento. Por seu turno, **ignorância** é o completo desconhecimento da realidade ou de algum objeto. Exemplo: O sujeito, nascido em uma casa urbana e trancado no interior de um quarto até os 18 anos de idade, não tem a mínima ideia do que seja um cavalo.

O Código Penal trata de forma idêntica o erro e a ignorância. Ambos podem ensejar a aplicação do instituto do erro de tipo. Destarte, quando fala em "erro", utiliza essa palavra em sentido amplo, compreendendo o erro propriamente dito e a ignorância.

## 15.4. CONCEITO

Erro de tipo é a falsa percepção da realidade acerca dos **elementos constitutivos do tipo penal**. Extrai-se essa conclusão do art. 20, *caput*, do Código Penal, que somente menciona as elementares. É o chamado **erro de tipo essencial.** Exemplo: "A", no estacionamento de um *shopping center,* aperta um botão inserido na chave do seu automóvel, com a finalidade de desativar o alarme. Escuta o barulho, abre a porta do carro, coloca a chave na ignição, liga-o e vai para casa. Percebe, posteriormente, que o carro não lhe pertencia, mas foi confundido com outro, de propriedade de terceira pessoa.

Nesse caso, "A" não praticou o crime de furto, assim definido: "Subtrair, para si ou para outrem, coisa **alheia** móvel". Reputava sua a coisa móvel pertencente a outrem. Errou, portanto, sobre a elementar "alheia", pois o instituto impede o agente de compreender o aspecto ilícito do fato por ele praticado.

Para Damásio E. de Jesus, contudo, erro de tipo é o que incide sobre elementares **e circunstâncias** da figura típica, tais como **qualificadoras** e **agravantes genéricas.**[1] Em sua ótica, também estaria configurado o erro de tipo quando, por exemplo, o sujeito, desconhecendo a relação de parentesco, induz a própria filha a satisfazer a lascívia de outrem. Responderia, no caso, pela forma típica fundamental do art. 227 do Código Penal, sem a qualificadora do § 1.º.

Consequentemente, para essa posição o erro de tipo não se limita a impedir o agente de compreender o caráter ilícito do fato praticado, mas também das circunstâncias que com o fato se relacionam.

### 15.4.1. Erro de tipo e crimes omissivos impróprios

Nos crimes omissivos impróprios, também chamados de crimes omissivos espúrios ou comissivos por omissão, o dever de agir, disciplinado no art. 13, § 2.º, do Código Penal, funciona como elemento constitutivo do tipo.

Destarte, nada impede a incidência do erro de tipo em relação ao dever de agir para evitar o resultado, levando-se em conta a relação de normalidade ou perigo do caso concreto. Em síntese, é cabível o erro de tipo na seara dos crimes omissivos impróprios. Exemplo: O salva-vidas avista um banhista se debatendo em águas rasas de uma praia e, imaginando que ele não estava se afogando (e sim dançando, brincando com outra pessoa etc.), nada faz. Posteriormente, tal banhista é retirado do mar sem vida por terceiros. Nessa hipótese, é possível o reconhecimento do instituto previsto no art. 20, *caput,* do Código Penal, aplicando-se os efeitos que lhe são inerentes.

## 15.5. ESPÉCIES

O erro de tipo essencial pode ser escusável ou inescusável.

**1) Escusável, inevitável, invencível ou desculpável:** é a modalidade de erro que não deriva de culpa do agente, ou seja, mesmo que ele tivesse agido com a cautela e a prudência de um **homem médio**, ainda assim não poderia evitar a falsa percepção da realidade sobre os elementos constitutivos do tipo penal.

**2) Inescusável, evitável, vencível ou indesculpável:** é a espécie de erro que provém da culpa do agente, é dizer, se ele empregasse a cautela e a prudência do homem médio poderia evitá-lo, uma vez que seria capaz de compreender o caráter criminoso do fato.

A natureza do erro (escusável ou inescusável) deve ser aferida na análise do caso concreto, levando-se em consideração as condições em que o fato foi praticado.

---

[1]　JESUS, Damásio E. de. *Direito penal.* Parte geral. 28. ed. 2. tir. São Paulo: Saraiva, 2006. v. 1, p. 309.

## 15.6. EFEITOS

O erro de tipo, seja escusável ou inescusável, **sempre exclui o dolo**. De fato, como o dolo deve abranger todas as elementares do tipo penal, resta afastado pelo erro de tipo, pois o sujeito não possui a necessária vontade de praticar integralmente a conduta tipificada em lei como crime ou contravenção penal.

Por essa razão, Zaffaroni denomina o erro de tipo de **"cara negativa do dolo"**.[2]

Nada obstante, os efeitos variam conforme a espécie do erro de tipo. O **escusável exclui o dolo e a culpa**, acarretando na impunidade total do fato, enquanto o **inescusável** exclui o dolo, mas permite a punição por crime culposo, se previsto em lei (excepcionalidade do crime culposo). Nesse último o agente age de forma imprudente, negligente ou imperita, ao contrário do que faz no primeiro.

**Excepcionalmente**, todavia, pode acontecer de o erro de tipo, **ainda que escusável, não excluir a criminalidade do fato**. Esse fenômeno ocorre quando se opera a desclassificação para outro crime. O exemplo típico é o do particular que ofende um indivíduo desconhecendo a sua condição de funcionário público. Em face da ausência de dolo quanto a essa elementar, afasta-se o crime de desacato (CP, art. 331), mas subsiste o de injúria (CP, art. 140), pois a honra do particular também é tutelada pela lei penal.

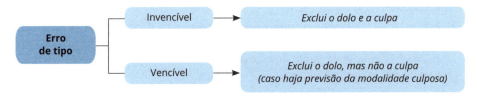

## 15.7. ERRO DE TIPO E CRIME PUTATIVO POR ERRO DE TIPO

Em que pese a proximidade terminológica, os institutos não se confundem.

No **erro de tipo** o indivíduo, desconhecendo um ou vários elementos constitutivos, não sabe que pratica um fato descrito em lei como infração penal, quando na verdade o faz.

Já o **crime putativo por erro de tipo**, ou **delito putativo por erro de tipo**, é o imaginário ou erroneamente suposto, que existe exclusivamente na mente do agente. Ele quer praticar um crime, mas, por erro, acaba por cometer um fato penalmente irrelevante. Exemplo: "A" deseja praticar o crime de tráfico de drogas (Lei 11.343/2006, art. 33, *caput*), mas por desconhecimento comercializa talco.

## 15.8. DESCRIMINANTES PUTATIVAS

**Descriminante** é a causa que exclui o crime, retirando o caráter ilícito do fato típico praticado por alguém. Essa palavra é sinônima, portanto, de **causa de exclusão da ilicitude**.

**Putativa** provém de parecer, aparentar. É algo imaginário, erroneamente suposto. É tudo aquilo que **parece, mas não é o que aparenta ser**.

Destarte, descriminante putativa é a causa de exclusão da ilicitude que não existe concretamente, mas apenas na mente do autor de um fato típico. É também chamada de **descriminante erroneamente suposta** ou **descriminante imaginária**.

O art. 23 do Código Penal prevê as causas de exclusão da ilicitude e em todas elas é possível que o agente, por erro, as considere presentes: estado de necessidade putativo, legítima defesa putativa, estrito cumprimento de dever legal putativo e exercício regular do direito putativo.

---

[2] ZAFFARONI, Eugenio Raúl. *Derecho penal*. Parte general. 2. ed. Buenos Aires: Ediar, 2002. p. 532.

# 252 | DIREITO PENAL – PARTE GERAL – VOL. 1 • CLEBER MASSON

Basta que, incidindo em erro, o agente suponha situação que, se realmente existisse, tornaria a sua ação legítima. Em síntese, o sujeito reputa encontrar-se, em razão dos fatos que o cercam, no contexto de uma causa de exclusão da ilicitude. Imagina-se em legítima defesa, ou em estado de necessidade, quando na verdade os requisitos legais de tais institutos não estão presentes.

As descriminantes putativas relacionam-se intrinsecamente com a figura do erro, e podem ser de três espécies:

a) **erro relativo aos pressupostos de fato de uma causa de exclusão da ilicitude:** É o caso daquele que, ao encontrar seu desafeto, e notando que tal pessoa coloca a mão no bolso, saca seu revólver e o mata. Descobre, depois, que a vítima fora acometida por cegueira, por ele desconhecida, e não poderia sequer ter visto o seu agressor. Ausente, portanto, um dos requisitos da legítima defesa, qual seja a "agressão injusta";

b) **erro relativo à existência de uma causa de exclusão da ilicitude:** Imagine-se o sujeito que, depois de encontrar sua mulher com o amante, em flagrante adultério, mata a ambos, por crer que assim possa agir acobertado pela legítima defesa da honra. Nessa situação, o agente errou quanto à existência desta descriminante, não acolhida pelo ordenamento jurídico em vigor;

c) **erro relativo aos limites de uma causa de exclusão da ilicitude:** Temos como exemplo o fazendeiro que reputa adequado matar todo e qualquer posseiro que invada a sua propriedade. Cuida-se da figura do excesso, pois a defesa da propriedade não permite esse tipo de reação desproporcional.

A grande celeuma repousa na **natureza jurídica** das descriminantes putativas.

No tocante às duas últimas hipóteses – **erro relativo à existência de uma causa de exclusão da ilicitude** e **erro relativo aos limites de uma causa de exclusão da ilicitude** –, é pacífico o entendimento de que se trata de uma modalidade de erro de proibição. Cuida-se do denominado **erro de proibição indireto**.

Fala-se, então, em **descriminante putativa por erro de proibição.** Subsiste o dolo e também a culpa, excluindo-se a culpabilidade, se o erro for inevitável ou escusável. Caso o erro seja evitável ou inescusável, não se afasta a culpabilidade, e o agente responde por crime doloso, diminuindo-se a pena de 1/6 (um sexto) a 1/3 (um terço), na forma definida pelo art. 21, *caput,* do Código Penal.

Com efeito, no sistema finalista o dolo é natural, ou seja, não aloja em seu bojo a consciência da ilicitude, funcionando esta última como elemento da culpabilidade.

E, em relação à primeira hipótese – **erro relativo aos pressupostos de fato de uma causa de exclusão da ilicitude** –, a natureza jurídica da descriminante putativa depende da **teoria da culpabilidade adotada.**[3] Para a **teoria normativa pura, em sua vertente limitada,** constitui-se em **erro de tipo permissivo.** Surgem então as **descriminantes putativas por erro de tipo.**

No exemplo acima indicado (item "a"), se escusável o erro, exclui-se o dolo e a culpa, acarretando na atipicidade do fato, pois no finalismo o dolo e a culpa compõem a estrutura da conduta. Sem eles não há conduta, e sem conduta o fato é atípico. Mas, se inescusável o erro, afasta-se o dolo, subsistindo a responsabilidade por crime culposo, se previsto em lei (CP, art. 20, § 1.º).

---

[3] DIAS, Jorge de Figueiredo. *O problema da consciência da ilicitude em direito penal.* 5. ed. Coimbra: Coimbra Editora, 2000. p. 416.

Filiam-se a essa posição, entre outros, Damásio E. de Jesus[4] e Francisco de Assis Toledo.[5] A Lei 7.209/1984 acolheu essa teoria, como se extrai do item 19 da Exposição de Motivos da atual Parte Geral do Código Penal:

> Repete o Projeto as normas do Código de 1940, pertinentes às denominadas "descriminantes putativas". Ajusta-se, assim, o Projeto à **teoria limitada da culpabilidade,** que distingue o erro incidente sobre os pressupostos fáticos de uma causa de justificação do que incide sobre a norma permissiva (grifamos).

De outro lado, para a **teoria normativa pura, em sua variante extremada, extrema** ou **estrita**, trata-se também de hipótese de **erro de proibição**. Logo, constitui **descriminante putativa por erro de proibição,** com todos os seus efeitos: subsiste o dolo, e também a culpa, excluindo-se a culpabilidade se o erro for inevitável ou escusável. Se evitável ou inescusável o erro, não se afasta a culpabilidade, e o agente responde por crime doloso, diminuindo-se a pena de 1/6 (um sexto) a 1/3 (um terço), nos moldes do art. 21, *caput*, do Código Penal.

Partilham desse entendimento, que consagra em sede de descriminantes putativas a **teoria unitária do erro**, Cezar Roberto Bitencourt[6] e Guilherme de Souza Nucci,[7] entre outros.

Enfim, a natureza jurídica das descriminantes putativas varia conforme a teoria da culpabilidade adotada. Em uma visão esquemática:

| Descriminante putativa | Teoria limitada da culpabilidade | Teoria extremada da culpabilidade |
|---|---|---|
| Erro relativo aos pressupostos de fato de uma causa de exclusão da ilicitude | Erro de tipo | Erro de proibição (teoria unitária do erro) |
| Erro relativo à existência de uma causa de exclusão da ilicitude | Erro de proibição | Erro de proibição |
| Erro relativo aos limites de uma causa de exclusão da ilicitude | Erro de proibição | Erro de proibição |

## 15.9. ERRO DETERMINADO POR TERCEIRO

Estabelece o art. 20, § 2.º, do Código Penal: "Responde pelo crime o terceiro que determina o erro".

Cuida-se da hipótese na qual quem pratica a conduta tem uma falsa percepção da realidade no que diz respeito aos elementos constitutivos do tipo penal em decorrência da atuação de terceira pessoa, chamada de **agente provocador**.

O agente não erra por conta própria **(erro espontâneo)**, mas de forma **provocada,** isto é, determinada por outrem.

O erro provocado pode ser **doloso** ou **culposo**, dependendo do elemento subjetivo do agente provocador.

Quando o provocador atua **dolosamente**, a ele deve ser imputado, na forma dolosa, o crime cometido pelo provocado. Exemplo: "A", apressado para não perder o ônibus, pede na

---

[4] JESUS, Damásio E. de. *Direito penal.* Parte geral. 28. ed. 2. tir. São Paulo: Saraiva, 2006. v. 1, p. 316-317.

[5] TOLEDO, Francisco de Assis. *Princípios básicos de direito penal.* 5. ed. 13. tir. São Paulo: Saraiva, 2007. p. 272-277.

[6] BITENCOURT, Cezar Roberto. *Erro de tipo e erro de proibição.* Uma análise comparativa. 4. ed. São Paulo: Saraiva, 2007. p. 101.

[7] NUCCI, Guilherme de Souza. *Código Penal comentado.* 6. ed. São Paulo: RT, 2006. p. 205-206.

**254** | DIREITO PENAL – PARTE GERAL – VOL. 1 • CLEBER MASSON

saída da aula para "B" lhe arremessar seu aparelho de telefone celular que esquecera na mesa. "B", dolosamente, entrega o telefone pertencente a "C", seu desafeto.

O provocado (que no caso seria "A"), nesse caso, ficará impune, sendo escusável seu erro. Mas, se o seu erro for inescusável, responderá por crime culposo, se previsto em lei. No exemplo acima, escusável ou inescusável o erro, nenhum crime seria imputado a "A", em face da inexistência do crime de furto culposo.

Pode ainda o provocador agir **culposamente**, por imprudência, negligência ou imperícia, situação na qual a ele será imputado o crime culposo praticado pelo provocado, se previsto em lei. Exemplo: Sem tomar maiores cautelas, o vendedor entrega para teste um veículo sem freios que ainda estava na oficina mecânica da concessionária. O pretenso comprador, ao dirigir o automóvel, atropela e mata um transeunte. Nessa situação, o provocado também poderá responder pelo crime culposo, desde que o seu erro seja inescusável. Ao contrário, tratando-se de erro escusável, permanecerá impune.

### 15.9.1. Erro determinado por terceiro e concurso de pessoas

É possível que o agente provocador e o provocado pelo erro atuem dolosamente quanto à produção do resultado. Imagine-se o seguinte exemplo: "A" pede emprestado a "B" um pouco de açúcar para adoçar excessivamente o café de "C". Entretanto, "B", desafeto de "C", entrega veneno no lugar do açúcar, com a intenção de matá-lo. "A", famoso químico, percebe a manobra de "B", e mesmo assim coloca veneno no café de "C", que o ingere e morre em seguida. Ambos respondem por homicídio qualificado (CP, art. 121, § 2.º, inc. III): "A" como autor, e "B" na condição de partícipe.

**E se, no exemplo anterior, "A" age dolosamente e "B", culposamente?**

Não há erro provocado, pois "A" atuou dolosamente. E também não há participação culposa por parte de "B", pois inexiste participação culposa em crime doloso. Enfim, **não há concurso de pessoas**. "A" responde por homicídio doloso, e "B" por homicídio culposo.

Como apontava Basileu Garcia, a norma atinente ao erro determinado por terceiro permite situações curiosas. Exemplificativamente, veja-se o caso do indivíduo que induza ao casamento pessoa casada, convencendo-a, com artifícios, da cessação do impedimento. O autor das manobras iludentes, sem ter contraído matrimônio, será responsabilizado por bigamia, a cuja acusação se subtrairá o nubente. Em suma, o terceiro, não casado, responde por bigamia, o que não se verifica com a pessoa casada que contrai novo matrimônio.[8]

## 15.10. ERRO DE TIPO ACIDENTAL

Erro de tipo acidental é o que recai sobre dados diversos dos elementos constitutivos do tipo penal, ou seja, sobre as **circunstâncias** (qualificadoras, agravantes genéricas e causas de aumento da pena) **e fatores irrelevantes da figura típica**. A infração penal subsiste íntegra, e esse erro **não afasta a responsabilidade penal**.

Pode ocorrer nas seguintes situações: (1) erro sobre a pessoa; (2) erro sobre o objeto; (3) erro quanto às qualificadoras; (4) erro sobre o nexo causal; (5) erro na execução; e (6) resultado diverso do pretendido. Esses três últimos são denominados de **crimes aberrantes**.

### 15.10.1. Erro sobre a pessoa ou *error in persona*

É o que se verifica quando o agente confunde a pessoa visada, contra a qual desejava praticar a conduta criminosa, com pessoa diversa. Exemplo: "A", com a intenção de matar "B",

---

[8] GARCIA, Basileu. *Instituições de direito penal*. 4. ed. 37. tir. São Paulo: Max Limonad, 1975. v. 1, t. I, p. 281.

efetua disparos de arma de fogo contra "C", irmão gêmeo de "B", confundindo-o com aquele que efetivamente queria matar.

Esse erro é irrelevante, em face da **teoria da equivalência** do bem jurídico atingido. Nesse contexto, o art. 121 do Código Penal protege a "vida humana", independentemente de se tratar de "B" ou de "C". O crime consiste em "matar alguém", e, no exemplo mencionado, a conduta de "A" eliminou a vida de uma pessoa.

A propósito, estabelece o art. 20, § 3.º, do Código Penal: "O erro quanto à pessoa contra a qual o crime é praticado não isenta de pena. Não se consideram, neste caso, as condições ou qualidades da vítima, senão as da pessoa contra quem o agente queria praticar o crime".

A regra, portanto, consiste em levar em conta, para a **aplicação da pena,** as condições da **vítima virtual,** isto é, aquela que o sujeito pretendia atingir, mas que no caso concreto não sofreu perigo algum, e não a **vítima real,** que foi efetivamente atingida. Nesses termos, se no exemplo acima "A" queria matar seu pai, mas acabou causando a morte de seu tio, incide a agravante genérica relativa ao crime praticado contra ascendente (CP, art. 61, inc. II, alínea "e"), embora não tenha sido cometido o parricídio.

### 15.10.2. Erro sobre o objeto

Nessa espécie de erro de tipo acidental, o sujeito crê que a sua conduta recai sobre um determinado objeto, mas na verdade incide sobre coisa diversa. Exemplo: "A" acredita que subtrai um relógio Rolex, avaliado em R$ 30.000,00, quando realmente furta uma réplica de tal bem, a qual custa R$ 500,00.

Esse erro é irrelevante, de natureza acidental, e não interfere na tipicidade penal. O art. 155, *caput,* do Código Penal tipifica a conduta de "subtrair, para si ou para outrem, coisa alheia móvel", e, no exemplo, houve a subtração do patrimônio alheio, pouco importando o seu efetivo valor. A coisa alheia móvel saiu da esfera de vigilância da vítima para ingressar no patrimônio do ladrão.

A análise do caso concreto, entretanto, pode autorizar a incidência do princípio da insignificância, excluindo a tipicidade do fato, quando todos os seus requisitos objetivos e subjetivos estiverem presentes. É o que se dá, a título ilustrativo, na hipótese em que o agente, primário e sem antecedentes criminais, subtrai de uma grande joalheria uma imitação de um relógio de alto valor, porém avaliada em somente R$ 10,00.

### 15.10.3. Erro sobre as qualificadoras

O sujeito age com falsa percepção da realidade no que diz respeito a uma qualificadora do crime. Exemplo: O agente furta um carro depois de conseguir, por meio de fraude, a chave verdadeira do automóvel. Acredita praticar o crime de furto qualificado pelo emprego de chave falsa (CP, art. 155, § 4.º, inc. III), quando na verdade não incide o tipo derivado por se tratar de chave verdadeira.

Esse erro não afasta o dolo nem a culpa relativamente à modalidade básica do delito.[9] Desaparece a qualificadora, por falta de dolo, mas se mantém intacto o tipo fundamental, ou seja, subsiste o crime efetivamente praticado, o qual deve ser imputado ao seu responsável.[10]

### 15.10.4. Erro sobre o nexo causal ou *aberratio causae*

É o engano relacionado à causa do crime: o resultado buscado pelo agente ocorreu em razão de um acontecimento diverso daquele que ele inicialmente idealizou.

---

[9]    PEÑARANDA RAMOS, Enrique. *Concurso de leyes, error y participación en el delito.* Madrid: Civitas, 1991. p. 78.

[10]   Recorde-se que alguns autores, como Damásio E. de Jesus, consideram o erro sobre as qualificadoras como **erro de tipo essencial**.

Não há erro quanto às elementares do tipo, bem como no tocante à ilicitude do fato. Com efeito, esse erro é penalmente irrelevante, de natureza acidental, pois o sujeito queria um resultado naturalístico e o alcançou. O dolo abrange todo o desenrolar da ação típica, do início da execução até a consumação. Exemplo: "A", no alto de uma ponte, empurra "B" – que não sabia nadar – ao mar, para matá-lo afogado. A vítima falece, não por força da asfixia derivada do afogamento, e sim por traumatismo crânio-encefálico, pois se chocou em uma pedra antes de ter contato com a água.

O agente deve responder pelo delito, em sua modalidade consumada. Ele queria a morte de "B", e efetivamente a produziu. Há perfeita congruência entre a sua vontade e o resultado naturalístico produzido. No âmbito da qualificadora, há duas posições: (a) deve ser considerado o meio de execução que o agente desejava empregar para a consumação (asfixia), e não aquele que, acidentalmente, permitiu a eclosão do resultado naturalístico; e (b) é preciso levar em conta o meio de execução que efetivamente provocou o resultado, e não aquele idealizado pelo agente.

Por fim, surge uma indagação. **Qual é a diferença entre o erro sobre o nexo causal (*aberratio causae*) e o dolo geral (ou por erro sucessivo)?** A resposta é simples. Naquele há um único ato (no exemplo acima, empurrar a vítima do alto da ponte); neste, por sua vez, há dois atos distintos (exemplo: "A" atira em "B", que cai ao solo. Como ele acredita na morte da vítima, lança o corpo ao mar, para ocultar o cadáver, mas posteriormente se constata que a morte foi produzida pelo afogamento, e não pelo disparo de arma de fogo).

### 15.10.5. Erro na execução ou *aberratio ictus*

Encontra previsão no art. 73 do Código Penal:

> **Art. 73.** Quando, por acidente ou erro no uso dos meios de execução, o agente, ao invés de atingir a pessoa que pretendia ofender, atinge pessoa diversa, responde como se tivesse praticado o crime contra aquela, atendendo-se ao disposto no § 3.º do art. 20 deste Código. No caso de ser também atingida a pessoa que o agente pretendia ofender, aplica-se a regra do art. 70 deste Código.

Erro na execução é a **aberração no ataque,** em relação à pessoa a ser atingida pela conduta criminosa. O agente não se engana quanto à pessoa que desejava atacar, mas age de modo desastrado, errando o seu alvo e acertando pessoa diversa. Queria praticar um crime determinado, e o fez. Errou quanto à pessoa: queria atingir uma, mas acaba ofendendo outra.

A 1.ª parte do art. 73 do Código Penal é taxativa: a relação no erro na execução é de **pessoa x pessoa,** e não crime x crime. Exemplo: "A" nota que "B", seu inimigo, está parado em um ponto de ônibus. Saca sua arma, mira-o e efetua o disparo para matá-lo, mas por falha na pontaria acerta "C", que também aguardava o coletivo, matando-o. O crime que queria praticar e o crime que praticou são idênticos, mas a pessoa morta é diversa da visada.

Além disso, determina o dispositivo legal que no erro na execução deve atender-se ao disposto pelo art. 20, § 3.º, do Código Penal, isto é, observam-se as regras inerentes ao **erro sobre a pessoa.** Assim, levam-se em conta as condições da vítima que o agente desejava atingir (vítima virtual), desprezando-se as condições pessoais da vítima efetivamente ofendida (vítima real).

Entretanto, erro na execução e erro sobre a pessoa são institutos diversos.

No **erro sobre a pessoa** o agente confunde a pessoa que queria atingir com pessoa diversa. Existem, portanto, somente duas pessoas envolvidas (agente e vítima real). Exemplo: O sujeito queria matar seu pai, mas mata seu tio, irmão gêmeo, acreditando tratar-se do seu genitor. Além disso, a vítima virtual não sofre perigo, pois a conduta é direcionada à vítima real (na confusão entre pai e tio, o primeiro sequer estava no local dos fatos, ao alcance do homicida).

Por outro lado, no **erro na execução** o agente não confunde a pessoa que desejava atingir com outra, mas por aberração no ataque acaba por acertar pessoa diversa. Há três pessoas envolvidas (agente, vítima virtual e vítima real). No exemplo do ponto ônibus, "A" sabia que era seu desafeto que ali estava, e o mirou, mas matou pessoa diversa que se encontrava nas proximidades. E, ainda, a vítima virtual é exposta à situação de perigo: poderia ter sido alvejada, o que somente não ocorreu por falha na pontaria.

### 15.10.5.1. *Espécies de erro na execução*

O erro na execução pode ser de duas espécies: com unidade simples ou com unidade complexa.

**1) Com unidade simples** ou **com resultado único:** é a situação descrita pelo art. 73, 1.ª parte, do Código Penal, na qual o agente atinge unicamente a pessoa diversa da desejada. A vítima virtual não suporta qualquer tipo de lesão. No exemplo do ponto de ônibus, o sujeito deveria responder por tentativa de homicídio contra "B", em concurso formal com homicídio culposo contra "C". Mas, em consonância com a regra legal, responde de forma idêntica ao que se dá no erro sobre a pessoa. A lei "faz de conta" que a vítima real era a vítima virtual. Logo, trata-se de erro de tipo acidental e irrelevante.

**2) Com unidade complexa** ou **com resultado duplo:** é a situação descrita pelo art. 73, *in fine,* do Código Penal, na qual o sujeito, além de atingir a pessoa inicialmente desejada, ofende também pessoa ou pessoas diversas. Sua conduta enseja dois resultados: o originariamente pretendido e o involuntário. É como se no exemplo acima indicado "A" matasse "B" dolosamente, e também "C", a título de culpa, como na hipótese em que o projétil perfura o corpo de uma vítima para alojar-se no corpo da outra vítima.

Nessa hipótese, determina o Código Penal a aplicação da regra do concurso formal próprio ou perfeito (CP, art. 70, *caput,* 1.ª parte): o magistrado utiliza a pena do crime mais grave, aumentando-a de um 1/6 (um sexto) até a 1/2 (metade). O percentual de aumento varia de acordo com o número de crimes produzidos a título de culpa.

**Cuidado:** admite-se o erro na execução com unidade complexa apenas quando as demais pessoas forem atingidas **culposamente.** Nesse caso, aplica-se o sistema do concurso formal próprio ou perfeito (sistema da exasperação) com a imposição da pena de um dos crimes aumentada de 1/6 (um sexto) até 1/2 (metade).

Se houver **dolo eventual** no tocante às demais pessoas ofendidas, não há falar propriamente em erro na execução, e incide a regra do **concurso formal impróprio ou imperfeito** (sistema do cúmulo material). Somam-se as penas, pois a pluralidade de resultados deriva de desígnios autônomos, ou seja, dolos diversos para a produção dos resultados naturalísticos.[11]

## 15.10.6. Resultado diverso do pretendido, *aberratio delicti* ou *aberratio criminis*

Encontra-se previsto no art. 74 do Código Penal:

> Fora dos casos do artigo anterior, quando, por acidente ou erro na execução do crime, sobrevém resultado diverso do pretendido, o agente responde por culpa, se o fato é previsto como crime culposo; se ocorre também o resultado pretendido, aplica-se a regra do art. 70 deste Código.

---

[11] STJ: REsp 1.250.950/DF, rel. Min. Maria Thereza de Assis Moura, 6.ª Turma, j. 19.06.2012.

O referido dispositivo disciplina a situação em que, por acidente ou erro na execução do crime, sobrevém resultado diverso do pretendido. Em outras palavras, o agente desejava cometer um crime, mas por erro na execução acaba por cometer crime diverso.

Ao contrário do erro na execução, no resultado diverso do pretendido a relação é **crime x crime.** Daí o nome: *resultado* (crime) *diverso do pretendido*. Não por outro motivo, o dispositivo legal é peremptório ao dizer que essa regra se aplica "fora dos casos do artigo anterior", isto é, nas situações que não envolvam o erro na execução relativo à **pessoa x pessoa**.

O clássico exemplo, formulado por Giuseppe Maggiore, é o do sujeito que atira uma pedra para quebrar uma vidraça (CP, art. 163: dano), mas, por erro na execução, atinge uma pessoa que passava pela rua, lesionando-a (CP, art. 129: lesões corporais).

### 15.10.6.1. *Espécies*

O resultado diverso do pretendido pode revelar-se sob duas espécies: com unidade simples ou com unidade complexa.

**1) Com unidade simples** ou **com resultado único:** prevista no art. 74, 1.ª parte, do Código Penal. Nessa situação, o agente atinge somente bem jurídico diverso do pretendido. É o que se dá no exemplo acima mencionado. O dispositivo legal é claro: "o agente responde por culpa, se o fato é previsto como crime culposo". Assim, será imputado apenas o crime de lesão corporal culposa.

**2) Com unidade complexa** ou **resultado duplo:** prevista no art. 74, 2.ª parte, do Código Penal. Nessa situação, a conduta do agente atinge o bem jurídico desejado e também bem jurídico diverso, culposamente. No exemplo, o sujeito quebra a vidraça e também fere a pessoa. Utiliza-se a regra do concurso formal, aplicando-se a pena do crime mais grave, aumentada de 1/6 (um sexto) até 1/2 (metade), variando o aumento de acordo com o número de crimes produzidos a título de culpa.

**Mas atenção:** se o resultado previsto como crime culposo for **menos grave** ou se o crime **não admitir a modalidade culposa**, deve-se desprezar a regra contida no art. 74 do Código Penal. Exemplificativamente, se "A" efetua disparos de arma de fogo contra "B" para matá-lo, mas não o acerta e quebra uma vidraça, a sistemática do resultado diverso do pretendido implicaria a absorção da tentativa branca ou incruenta de homicídio pelo dano culposo. Como no Código Penal o dano não admite a modalidade culposa, a conduta seria atípica. E, ainda que o legislador tivesse incriminado o dano culposo, tal delito não seria capaz de absorver o homicídio tentado. Deve ser imputada ao agente a tentativa de homicídio.

## 15.11. GRÁFICO CONCLUSIVO

Em face do que foi analisado, e buscando sintetizar o instituto do erro de tipo, afigura-se pertinente apresentar o seguinte gráfico:

# CAP. 15 - ERRO DE TIPO

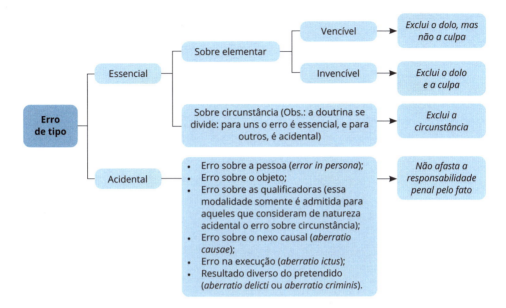

# CAPÍTULO 16

# ITER CRIMINIS

## 16.1. CONCEITO

O *iter criminis*, ou **"caminho do crime"**, corresponde às etapas percorridas pelo agente para a prática de um fato previsto em lei como infração penal. Compreende duas fases: uma interna e outra externa.

A **fase interna** é representada pela **cogitação**.

Por sua vez, a **fase externa** se divide em outras três: **preparação, execução e consumação.**

O exaurimento não integra o *iter criminis*.

O gráfico abaixo bem representa o que foi dito:

## 16.2. FASE INTERNA: COGITAÇÃO

A cogitação repousa na mente do agente, nela se formando a ideia de enveredar pela empreitada criminosa. Seu propósito ilícito encontra-se preso em um claustro psíquico. É sempre interna, não se revelando em atos externos.

Por se tratar de mera ideia, sem qualquer possibilidade de ofensa ao bem jurídico, não pode ser alcançada pelo Direito Penal. Não é punível: inexiste crime, ainda que na forma tentada. De fato, conduta penalmente relevante é somente aquela praticada por seres humanos e projetada no mundo exterior.[1]

Já no Direito Romano proclamava Ulpiano: *cogitationis poenam nemo patitur*, isto é, ninguém pode ser punido exclusivamente pelos seus pensamentos.

---

[1] É o que se convencionou chamar de "**direito à perversão**": as pessoas, ao menos em seus pensamentos, podem ser más, perversas, ou seja, têm liberdade para arquitetar mentalmente diversos ilícitos penais, sem que haja qualquer tipo de sanção penal.

# DIREITO PENAL – PARTE GERAL – VOL. 1 • CLEBER MASSON

Na contramão dessa diretriz do Direito Penal, e no plano fictício, a famosa obra *1984*, de George Orwell, narra a punição do "crime de pensamento", combatido com rigor pela Polícia das Ideias, atuante em Oceânia.

É possível a divisão da cogitação em três momentos distintos:

1) **Idealização:** o sujeito tem a ideia de cometer uma infração penal;

2) **Deliberação:** o agente sopesa as vantagens e desvantagens de seu eventual comportamento contrário ao Direito Penal; e

3) **Resolução:** o sujeito se decide pelo cometimento da infração penal.[2]

## 16.3. FASE EXTERNA

### 16.3.1. Preparação

A etapa da preparação, ou dos **atos preparatórios,** corresponde aos atos indispensáveis à prática da infração penal, municiando-se o agente dos elementos necessários para a concretização da sua conduta ilícita. É o caso, por exemplo, da aquisição de um revólver para a prática de um homicídio, ou da construção de um cativeiro para a ocultação da vítima de uma extorsão mediante sequestro.

Ato preparatório é, em verdade, a forma de atuar que cria as condições prévias adequadas para a realização de um delito planejado. Precisa ir além do simples projeto interno (mínimo), sem que se deva, contudo, iniciar a imediata realização tipicamente relevante da vontade delitiva (máximo).[3]

Os atos preparatórios, geralmente, não são puníveis, nem na forma tentada, uma vez que não se iniciou a realização do núcleo do tipo penal. De fato, o art. 14, inc. II, do Código Penal vinculou a tentativa à prática de atos executórios.

Em casos excepcionais, é possível a punição de atos preparatórios nas hipóteses em que a lei optou por incriminá-los de forma autônoma. São os chamados **crimes-obstáculo**. Nesses casos, o legislador transforma o ato preparatório de um determinado delito em crime diverso e independente, ou seja, passa a tratá-lo como ato de execução, a exemplo do que se dá com os delitos de fabrico, fornecimento, aquisição, posse ou transporte de explosivos ou gás tóxico, ou asfixiante (CP, art. 253), incitação ao crime (CP, art. 286), associação criminosa (CP, art. 288) e petrechos para a falsificação de moeda (CP, art. 291).

Uma exceção a esta regra encontra-se no art. 5.º da Lei 13.260/2016, que antecipou a tutela do Direito Penal para efetivamente punir meros **atos preparatórios de terrorismo**. Não se exige a prática de nenhum ato de execução. Basta a realização de um ato preparatório para autorizar a punição do responsável pela violação da norma penal.[4]

### 16.3.2. Execução

A fase da execução, ou dos **atos executórios,** é aquela em que se inicia a agressão ao bem jurídico, por meio da realização do núcleo do tipo penal. O agente começa a realizar o verbo (núcleo do tipo) constante da definição legal, tornando o fato punível. É o caso da conduta de efetuar disparos de arma de fogo contra uma pessoa.

---

[2] FRIAS CABALLERO, Jorge. *El proceso ejecutivo del delito.* 2. ed. Buenos Aires: Bibliográfica Argentina, 1956. p. 18.

[3] MAURACH, Reinhart. *Tratado de Derecho Penal.* Trad. espanhola Juan Córdoba Roda. Barcelona: Ariel, 1962. v. 2, p. 168.

[4] "Art. 5.º Realizar atos preparatórios de terrorismo com o propósito inequívoco de consumar tal delito: Pena – a correspondente ao delito consumado, diminuída de um quarto até a metade."

CAP. 16 – *ITER CRIMINIS* | **263**

Há incidência do Direito Penal, configurando no mínimo um crime tentado. Com efeito, o art. 14, II, do Código Penal vinculou a tentativa ao início da execução do crime, ou seja, à prática de atos executórios.

O ato de execução deve ser **idôneo** e **inequívoco.**

**Ato idôneo** é o que se reveste de capacidade suficiente para lesar o bem jurídico penalmente tutelado. Essa idoneidade deve ser constatada no caso concreto, e não em abstrato. Exemplo: um tiro de revólver é idôneo para praticar um homicídio, ao contrário de um tiro de festim.

Por sua vez, **ato inequívoco** é o que se direciona ao ataque do bem jurídico, almejando a consumação da infração penal e fornecendo certeza acerca da vontade ilícita. Exemplo: um disparo de arma de fogo efetuado na direção da vítima é unívoco para a prática de um homicídio, diferente de um disparo efetuado para o alto.

Conclui-se, pois, que um ato de execução deve, obrigatoriamente, possuir essas características, simultaneamente. Não basta apenas uma delas. Também não é suficiente, em face da rejeição da teoria subjetiva – notadamente pela insegurança por ela proporcionada –, a vontade firme e consciente de cometer uma infração penal, quando não exteriorizado um ato idôneo e inequívoco. A propósito, confira-se o elucidativo exemplo de Nélson Hungria:

> Tício, tendo recebido uma bofetada de Caio, corre a um armeiro, adquire um revólver, carrega-o com seis balas e volta, ato seguido, à procura do seu adversário, que, entretanto, por cautela ou casualmente, já não se acha no local da contenda; Tício, porém, não desistindo de encontrar Caio, vai postar-se, dissimulado atrás de uma moita, junto ao caminho onde ele habitualmente passa, rumo de casa, e ali espera em vão pelo seu inimigo, que, desconfiado, tomou direção diversa. Não se pode conceber uma série de atos mais inequivocadamente reveladores da intenção de matar, embora todos eles sejam meramente *preparatórios.*[5]

## 16.3.3. Transição dos atos preparatórios para os atos executórios

Um dos mais árduos problemas do Direito Penal é diferenciar, com precisão, um ato preparatório de um ato executório. Não é simples estabelecer o momento exato em que se opera a transição de uma fase para outra do *iter criminis*, em face do caráter fronteiriço de tais atos.

E, como ainda não se construiu um método infalível para distinguir entre uns e outros, nos casos de irredutível dúvida sobre se o ato constitui um ataque ao bem jurídico ou apenas uma predisposição para esse ataque, o magistrado deverá pronunciar o *non liquet*, a falta de provas, negando a existência da tentativa.

Inúmeras teorias apresentam propostas para a solução do impasse. Dividem-se inicialmente em subjetiva e objetiva. Esta última se ramifica em diversas outras. Vejamos as mais importantes.

**1. Teoria subjetiva:** não há transição dos atos preparatórios para os atos executórios. O que interessa é o plano interno do autor, a vontade criminosa, existente em quaisquer dos atos que compõem o *iter criminis*. Logo, tanto a fase da preparação como a fase da execução importam na punição do agente.

**2. Teoria objetiva:** os atos executórios dependem do início de realização do tipo penal. O agente não pode ser punido pelo seu mero "querer interno". É imprescindível a exteriorização de atos idôneos e inequívocos para a produção do resultado lesivo.

Essa teoria, todavia, se divide em outras:

---

[5] HUNGRIA, Nélson. *Comentários ao Código Penal*. Rio de Janeiro: Forense, 1949. v. I, p. 252.

**2.1. Teoria da hostilidade ao bem jurídico:** atos executórios são aqueles que atacam o bem jurídico, enquanto os atos preparatórios não caracterizam afronta ao bem jurídico, mantendo inalterado o "estado de paz".

Foi idealizada por Max Ernst Mayer e tem como principais partidários Nélson Hungria e José Frederico Marques.

**2.2. Teoria objetivo-formal ou lógico-formal:** ato executório é aquele em que se inicia a realização do verbo contido na conduta criminosa. Exige tenha o autor concretizado efetivamente uma parte da conduta típica, penetrando no núcleo do tipo. Exemplo: em um homicídio, o sujeito, com golpes de punhal, inicia a conduta de "matar alguém". Surgiu dos estudos de Franz von Liszt. **É a preferida pela doutrina pátria, e com amparo na jurisprudência do Superior Tribunal de Justiça.**[6]

**2.3. Teoria objetivo-material:** atos executórios são aqueles em que se começa a prática do núcleo do tipo, e também os **imediatamente anteriores** ao início da conduta típica, de acordo com a visão de terceira pessoa, alheia aos fatos. O juiz deve se valer do critério do **terceiro observador** para impor a pena. Exemplo: aquele que está no alto de uma escada, portando um pé de cabra, pronto para pular um muro e ingressar em uma residência, na visão de um terceiro observador, iniciou a execução de um crime de furto. Essa teoria foi criada por Reinhart Frank, e adotada pelo art. 22 do Código Penal Português.

**2.4. Teoria objetivo-individual:** atos executórios são os relacionados ao início da conduta típica, e também os que lhe são **imediatamente anteriores,** em conformidade com o **plano concreto do autor.** Portanto, diferencia-se da anterior por não se preocupar com o terceiro observador, mas sim com a prova do plano concreto do autor, independentemente de análise externa. Exemplo: "A", com uma faca em punho, aguarda atrás de uma moita a passagem de "B", seu desafeto, para matá-lo, desejo já anunciado para diversas pessoas. Quando este se encontra a 200 metros de distância, "A" fica de pé, segura firme a arma branca e aguarda em posição de ataque seu adversário. Surge a polícia e o aborda. Para essa teoria, poderia haver a prisão em flagrante, em face da caracterização da tentativa de homicídio, o que não se dá na teoria objetivo-formal. Essa teoria, que remonta a Hans Welzel, tem como principais defensores Eugenio Raúl Zaffaroni e José Henrique Pierangeli.

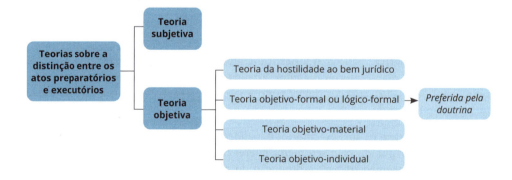

---

[6] AREsp 974.254/TO, rel. Min. Ribeiro Dantas, 5.ª Turma, j. 21.09.2021, noticiado no *Informativo* 711.

CAP. 16 – *ITER CRIMINIS* | 265

### 16.3.4. Consumação

Dá-se a consumação, também chamada de crime consumado, crime pleno[7] ou *summatum opus*, quando nele se reúnem todos os elementos de sua definição legal (CP, art. 14, I). É, por isso, um **crime completo ou perfeito**, pois a conduta criminosa se realiza integralmente.

Verifica-se quando o autor concretiza todas as elementares descritas pelo preceito primário de uma lei penal incriminadora. No homicídio, em que a conduta é "matar alguém", a consumação ocorre com a morte de um ser humano, provocada por outra pessoa.[8]

Nos **crimes materiais,** ou causais (aí se inserindo os culposos e omissivos impróprios, espúrios ou comissivos por omissão), aperfeiçoa-se a consumação com a superveniência do resultado naturalístico. De seu turno, nos **crimes formais**, de resultado cortado ou de consumação antecipada, e nos **crimes de mera conduta** ou de simples atividade, a consumação ocorre com a mera prática da conduta.

Nos **crimes qualificados pelo resultado**, incluindo os preterdolosos, a consumação se verifica com a produção do resultado agravador, doloso ou culposo. Exemplo: o crime tipificado pelo art. 129, § 3.º, do Código Penal se consuma com a morte do ofendido.

Os **crimes de perigo concreto** se consumam com a efetiva exposição do bem jurídico a uma probabilidade de dano. Exemplo: o crime de direção de veículo automotor sem habilitação (Lei 9.503/1997, art. 309) se aperfeiçoa com a exposição a dano potencial da incolumidade de outrem. Já os **crimes de perigo abstrato ou presumido** se consumam com a mera prática da conduta definida pela lei como perigosa. Exemplo: o porte ilegal de arma de fogo de uso permitido (Lei 10.826/2003, art. 14) se consuma com o simples ato de portar arma de fogo de uso permitido sem autorização ou em desacordo com determinação legal ou regulamentar, independentemente da efetiva comprovação da situação de perigo.

Em relação aos **crimes permanentes**, a consumação se arrasta no tempo, com a manutenção da situação contrária ao Direito, autorizando a prisão em flagrante a qualquer momento, enquanto não encerrada a permanência. Por outro lado, nos **crimes habituais** a consumação se dá com a reiteração de atos que revelam o estilo de vida do agente, pois cada um deles, isoladamente considerado, representa um indiferente penal.

## 16.4. O EXAURIMENTO

Também chamado de **crime exaurido** ou **crime esgotado,** é o delito em que, posteriormente à consumação, subsistem efeitos lesivos derivados da conduta do autor. E o caso do recebimento do resgate no crime de extorsão mediante sequestro, desnecessário para fins de tipicidade, eis que se consuma com a privação da liberdade destinada a ser trocada por indevida vantagem econômica.

Por guardar estreita relação com os crimes formais, é chamado por Zaffaroni e Pierangelli de **consumação material.**[9]

No terreno da tipicidade, o exaurimento não compõe o *iter criminis*, que se encerra com a consumação.

Influi, contudo, na dosimetria da pena, notadamente na aplicação da pena-base, pois o art. 59, *caput*, do Código Penal erigiu as consequências do crime à condição de circunstância judicial.

---

[7] STJ: HC 297.551/MG, rel. Min. Rogerio Schietti Cruz, 6.ª Turma, j. 05.03.2015, noticiado no *Informativo* 557.

[8] Com a edição da Lei 9.434/1997, pode-se afirmar que a consumação do homicídio se produz com a morte encefálica (art. 3.º, *caput*).

[9] ZAFFARONI, Eugenio Raúl; PIERANGELI, José Henrique. *Da tentativa*. 4. ed. São Paulo: RT, 1995. p. 26.

Em alguns casos, o exaurimento pode funcionar como qualificadora, como se dá na resistência (CP, art. 329, § 1.º), ou como causa de aumento da pena, tal como na corrupção passiva (CP, art. 317, § 1.º).

# CAPÍTULO 17

# TENTATIVA

## 17.1. DISPOSITIVO LEGAL

Proclama o art. 14, II, do Código Penal:

**Art. 14.** Diz-se o crime:

[...]

II – tentado, quando, iniciada a execução, não se consuma por circunstâncias alheias à vontade do agente.

**Parágrafo único.** Salvo disposição em contrário, pune-se a tentativa com a pena correspondente ao crime consumado, diminuída de um a dois terços.

## 17.2. CONCEITO

Como bem define o art. 14, II, do Código Penal, tentativa é o início de execução de um crime que somente não se consuma por circunstâncias alheias à vontade do agente.

Destarte, o ato de tentativa é, necessariamente, um ato de execução. Exige-se tenha o sujeito praticado atos executórios, daí não sobrevindo a consumação por forças estranhas ao seu propósito, o que acarreta em tipicidade não finalizada, sem conclusão.

## 17.3. DENOMINAÇÃO

A tentativa é também conhecida por outros rótulos: *conatus,* **crime imperfeito, crime manco**[1] ou, na preferência de Zaffaroni, **crime incompleto,**[2] em oposição ao crime consumado, reconhecido como completo ou perfeito.

## 17.4. ELEMENTOS

Três elementos compõem a estrutura da tentativa: (1) início da execução do crime; (2) ausência de consumação por circunstâncias alheias à vontade do agente; e (3) dolo de consumação.

O dolo da tentativa é igual ao dolo da consumação. O Código Penal foi peremptório nesse sentido, ao dizer que o crime somente não se consuma por circunstâncias alheias à **vontade** do agente: tinha a intenção de alcançar a consumação, mas por circunstâncias alheias à sua vontade não conseguiu atingir seu objetivo.

---

[1]  FRANCO, Alberto Silva; STOCO, Rui. *Código Penal e sua interpretação jurisprudencial.* Parte geral. 7. ed. São Paulo: RT, 2001. p. 152. v. 1.

[2]  ZAFFARONI, Eugenio Raúl. *Manual de derecho penal.* Parte general. 2. ed. Buenos Aires: Ediar, 2002. p. 809.

# DIREITO PENAL – PARTE GERAL – VOL. 1 • CLEBER MASSON

A resolução do indivíduo é idêntica no crime consumado e no crime tentado. Este último, em verdade, é perfeito na esfera subjetiva do agente, embora imperfeito no campo objetivo, relacionado ao resultado que deveria ser produzido com a conduta criminosa.[3]

## 17.5. NATUREZA JURÍDICA

O art. 14, II, do Código Penal não goza de autonomia, pois não existe a tentativa por si só, isoladamente. Sua aplicação reclama a realização de um tipo incriminador, previsto na Parte Especial do Código Penal ou pela legislação penal especial.

O Código Penal e a legislação extravagante não preveem, para cada crime, a figura da tentativa, nada obstante a maioria deles seja com ela compatível. Exemplificativamente, a tentativa de furto simples não encontra correspondência imediata no art. 155 do Código Penal. Utiliza-se a definição do crime consumado em conjunto com a regra prevista no art. 14, II. A tentativa de furto, nesses termos, é a combinação de "subtrair, para si ou para outrem, coisa alheia móvel" com "iniciada a execução, não se consuma por circunstâncias alheias à vontade do agente".

Portanto, furto tentado é: art. 155, *caput*, c/c o art. 14, II, ambos do Código Penal.

A adequação típica de um crime tentado é de subordinação mediata, ampliada ou por extensão, já que a conduta humana não se enquadra prontamente na lei penal incriminadora, reclamando-se, para complementar a tipicidade, a interposição do dispositivo contido no art. 14, II, do Código Penal. Logo, a norma definidora da tentativa é uma **norma de extensão** ou **de ampliação da conduta.**

Opera-se uma **ampliação temporal** da figura típica, pois com a utilização da regra prevista no art. 14, II, do Código Penal, o alcance do tipo penal não se limita apenas ao momento da consumação do crime, mas também a períodos anteriores. Antecipa-se a tutela penal para abarcar os atos executórios prévios à consumação.

## 17.6. TEORIAS SOBRE A PUNIBILIDADE DA TENTATIVA

Dentre as diversas teorias que buscam fundamentar a punibilidade da tentativa, quatro se destacam:

**1.ª) Teoria subjetiva, voluntarística** ou **monista:** ocupa-se exclusivamente da vontade criminosa, que pode se revelar tanto na fase dos atos preparatórios como também durante a execução. O sujeito é punido por sua intenção, pois o que importa é o desvalor da ação, sendo irrelevante o desvalor do resultado.

**2.ª) Teoria sintomática:** idealizada pela Escola Positiva de Ferri, Lombroso e Garofalo, sustenta a punição em razão da periculosidade subjetiva, isto é, do perigo revelado pelo agente. Possibilita a punição de atos preparatórios, pois a mera manifestação de periculosidade já pode ser enquadrada como tentativa, em consonância com a finalidade preventiva da pena.[4]

**3.ª) Teoria objetiva, realística** ou **dualista:** a tentativa é punida em face do perigo proporcionado ao bem jurídico tutelado pela lei penal. Sopesam-se o desvalor da ação e o desvalor do resultado: a tentativa deve receber punição inferior à do crime consumado, pois o bem jurídico não foi atingido integralmente.

---

[3] "[...] a tentativa não é uma figura autônoma, pois a vontade contrária ao direito existente na tentativa é igual à do delito consumado" (STJ: HC 297.551/MG, rel. Min. Rogerio Schietti Cruz, 6.ª Turma, j. 05.03.2015, noticiado no *Informativo* 557).

[4] PUGLIA, Fernando. *Da tentativa.* Trad. Octavio Mendes. 2. ed. Lisboa: Clássica, 1907. p. 116.

**4.ª) Teoria da impressão** ou **objetivo-subjetiva:** representa um limite à teoria subjetiva, evitando o alcance desordenado dos atos preparatórios. A punibilidade da tentativa só é admissível quando a atuação da vontade ilícita do agente seja adequada para comover a confiança na vigência do ordenamento normativo e o sentimento de segurança jurídica dos que tenham conhecimento da conduta criminosa.[5]

## 17.7. TEORIA ADOTADA PELO CÓDIGO PENAL

A punibilidade da tentativa é disciplinada pelo art. 14, parágrafo único. E, nesse campo, o Código Penal acolheu **como regra** a **teoria objetiva, realística ou dualista,** ao determinar que a pena da tentativa deve ser correspondente à pena do crime consumado, diminuída de 1 (um) a 2/3 (dois terços).

Como o desvalor do resultado é menor quando comparado ao do crime consumado, o *conatus* deve suportar uma punição mais branda.

**Excepcionalmente,** entretanto, é aceita a **teoria subjetiva, voluntarística ou monista,** consagrada pela expressão **"salvo disposição em contrário".**

Há casos, restritos, em que o crime consumado e o crime tentado comportam igual punição: são os **delitos de atentado** ou **de empreendimento.** Podem ser citados, como exemplos: (1) evasão mediante violência contra a pessoa (CP, art. 352), em que o preso ou indivíduo submetido a medida de segurança detentiva, usando de violência contra a pessoa, recebe igual punição quando se evade ou tenta evadir-se do estabelecimento em que se encontra privado de sua liberdade; e (2) Lei 4.737/1965 – Código Eleitoral, art. 309, no qual se sujeita a igual pena o eleitor que vota ou tenta votar mais de uma vez, ou em lugar de outrem.

### 17.7.1. Critério para diminuição da pena

A tentativa constitui-se em **causa obrigatória de diminuição da pena**.

Incide na terceira fase de aplicação da pena privativa de liberdade, e sempre a reduz. A liberdade do magistrado repousa unicamente no *quantum* da diminuição, balizando-se entre os limites legais, de 1 (um) a 2/3 (dois terços). Deve reduzi-la, podendo somente escolher o montante da diminuição.

Para navegar entre tais parâmetros, o critério decisivo é a maior ou menor proximidade da consumação, é dizer, a **distância percorrida do *iter criminis***. Para o Supremo Tribunal Federal: "A quantificação da causa de diminuição de pena relativa à tentativa (art. 14, II, CP) há de ser realizada conforme o *iter criminis* percorrido pelo agente: a redução será inversamente proporcional à maior proximidade do resultado almejado".[6] Exemplo: em uma tentativa de homicídio, na qual a vítima foi atingida por diversos disparos de arma de fogo, resultando em sua internação por vários dias em hospital, a redução da pena deve operar-se no patamar mínimo. Ao contrário, se os tiros sequer a atingiram, afigura-se razoável a diminuição da pena no máximo legal.

Não interfere na diminuição da pena a maior ou menor gravidade do crime, bem como os meios empregados para sua execução, ou ainda as condições pessoais do agente, tais como antecedentes criminais e a circunstância de ser primário ou reincidente.

---

[5]   ZAFFARONI, Eugenio Raúl. *Manual de derecho penal*. Parte general. 2. ed. Buenos Aires: Ediar, 2002. p. 814.

[6]   STF: HC 118.203/MT, rel. Min. Gilmar Mendes, 2.ª Turma, j. 15.10.2013. No STJ: "A aferição do *quantum* de redução da pena pela tentativa deve considerar o *iter criminis* percorrido." (AgRg no REsp 1.862.078/PR, rel. Min. Joel Ilan Paciornik, 5.ª Turma, j. 23.06.2020).

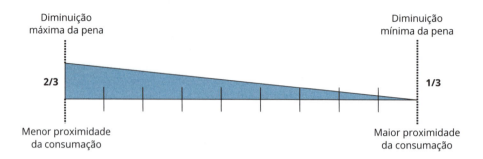

## 17.8. TENTATIVA E CRIMES DE COMPETÊNCIA DOS JUIZADOS ESPECIAIS CRIMINAIS

Em caso de **crime tentado**, para analisar se o seu responsável deve ou não ser processado e julgado no Juizado Especial Criminal, isto é, para verificar o enquadramento ou não no conceito de infração penal de menor potencial ofensivo, a causa de diminuição de pena deve ser aplicada em sua fração mínima sobre a pena máxima cominada. Se o resultado daí advindo for superior a dois anos, o Juizado não é o competente para o julgamento da causa.[7]

## 17.9. TENTATIVA E DIMINUIÇÃO DA PENA NO CÓDIGO PENAL MILITAR

O Código Castrense orienta-se também, no tocante à punibilidade da tentativa, pela teoria objetiva.

Admite, todavia, uma exceção ao critério da obrigatória diminuição da pena do crime tentado, ao dispor em seu art. 30, parágrafo único: "Pune-se a tentativa com a pena correspondente ao crime, diminuída de um a dois terços, **podendo o juiz, no caso de excepcional gravidade, aplicar a pena do crime consumado**" (grifamos).

## 17.10. ESPÉCIES DE TENTATIVA

A tentativa comporta a seguinte divisão: branca (ou incruenta), vermelha (ou cruenta); perfeita (ou acabada ou crime falho) e imperfeita (ou inacabada).

### 17.10.1. Tentativa branca ou incruenta

Nesta espécie de tentativa, o objeto material não é atingido pela conduta criminosa.[8] Exemplo: "A" efetua disparos de arma de fogo contra "B", sem acertá-lo.

Recebe essa denominação ao relacionar-se com a tentativa de homicídio em que não se produzem ferimentos na vítima, não acarretando no derramamento de sangue.

### 17.10.2. Tentativa cruenta ou vermelha

Nesta espécie de tentativa, o objeto material é alcançado pela atuação do agente. Exemplo: "A", com intenção de matar, atira em "B", provocando-lhe ferimentos. Porém, a vítima é socorrida prontamente e sobrevive.

---

[7] STJ: HC 94.927/SP, rel. Min. Jane Silva (desembargadora convocada do TJ/MG), 6.ª Turma, j. 01.04.2008.
[8] "Considera-se tentativa 'branca' aquela na qual o bem tutelado pelo tipo penal não sofre qualquer dano" (STJ: HC 265.189/RJ, rel. Min. Regina Helena Costa, 5.ª Turma, j. em 17.12.2013).

### 17.10.3. Tentativa perfeita, acabada ou crime falho

Na tentativa perfeita, o agente esgota todos os meios executórios que estavam à sua disposição, e mesmo assim não sobrevém a consumação por circunstâncias alheias à sua vontade. Pode ser cruenta ou incruenta. Exemplo: "A" dispara contra "B" todos os seis cartuchos do tambor do seu revólver, com a intenção de matá-lo. A vítima, gravemente ferida, é socorrida por policiais, e sobrevive.

### 17.10.4. Tentativa imperfeita, inacabada ou tentativa propriamente dita

Na tentativa imperfeita, o agente inicia a execução sem, contudo, utilizar todos os meios que tinha ao seu alcance, e o crime não se consuma por circunstâncias alheias à sua vontade. Exemplo: "A", com o propósito de matar "B", sai à sua procura, portando um revólver municiado com 6 (seis) cartuchos intactos. Ao encontrá-lo, efetua três disparos, atingindo-o. Quando, contudo, iria efetuar outros disparos, é surpreendido pela Polícia Militar e foge. A vítima é socorrida pelos agentes públicos e sobrevive.

## 17.11. TENTATIVA E CRIMES DE ÍMPETO

Crimes de ímpeto são os cometidos sem premeditação, como decorrência de reação emocional repentina.

Há argumentos no sentido de que o ímpeto do agente afasta a viabilidade de análise do *iter criminis*, pois a sua atuação repentina impossibilita o fracionamento dos atos executórios. O acesso excessivo de emoção ou paixão não seria compatível com o propósito de praticar determinado crime.

Veja-se o exemplo do homem que, ao chegar a sua casa, encontra sua esposa mantendo relações sexuais com terceira pessoa. Revoltado, saca sua arma de fogo e efetua disparos contra a adúltera, não a acertando, embora desejasse matá-la. Para aqueles que não aceitam o *conatus* nos crimes de ímpeto, seria impossível estabelecer, no plano concreto, se o traído não matou sua mulher por erro na pontaria ou pelo fato de não desejar alvejá-la efetivamente. Nélson Hungria, com sua peculiar competência, repele essa posição:

> Não se deve levar para a doutrina do dolo e da tentativa o que apenas representa a solução de uma dificuldade prática no terreno da prova. A tentativa tanto existe nos crimes de ímpeto, quanto nos crimes refletidos. É tudo uma questão de prova, posto que a indagação do *animus* não pode deixar de ser feita *ab externo*, diante das circunstâncias objetivas. A maior dificuldade de tal prova nos crimes de ímpeto nada tem a ver com a possibilidade conceitual da tentativa [9]

E arremata:

> Se se verifica, em face das circunstâncias, que, nada obstante a instantaneidade da resolução, o agente, empregando os meios que empregou, ou por sua atitude, teve a consciência de que, com a sua ação, podia atingir o evento típico do crime, não há outra solução, na hipótese de não superveniência de tal evento, senão a de imputar-lhe o fato a título de tentativa. [10]

## 17.12. TENTATIVA E DOLO EVENTUAL

Prevalece no Brasil o entendimento favorável ao cabimento da tentativa nos crimes cometidos com dolo eventual, equiparado pelo art. 18, I, do Código Penal, no tocante ao seu tratamento, ao dolo direto.[11]

---

[9] HUNGRIA, Nélson. *Comentários ao Código Penal*. Rio de Janeiro: Forense, 1949. v. I, p. 261.

[10] Idem, ibidem, p. 262.

[11] "Esta Corte Superior de Justiça já se posicionou no sentido da compatibilidade entre o dolo eventual e o crime tentado" (STJ: AgRg no REsp 1.199.947/DF, rel. Min. Laurita Vaz, 5.ª Turma, j. 11.12.2012).

A dificuldade de prova do início da execução de um crime que não se consuma por circunstâncias alheias ao consentimento do agente é questão de natureza processual, em nada interferindo na tipicidade do fato. Invoquemos uma vez mais as lições de Nélson Hungria:

> Se o agente aquiesce no advento do resultado específico do crime, previsto como possível, é claro que este entra na órbita de sua volição: logo, se, por circunstâncias fortuitas, tal resultado não ocorre, é inegável que o agente deve responder por tentativa. É verdade que, na prática, será difícil identificar-se a tentativa no caso de dolo eventual, notadamente quando resulta totalmente *improfícua* (tentativa branca). Mas, repita-se: a dificuldade de prova não pode influir na conceituação da tentativa.[12]

Todavia, existem posições pela **inadmissibilidade** da tentativa nos crimes praticados com dolo eventual, com fundamento na redação do art. 14, II, do Código Penal: se o legislador definiu o crime tentado como aquele em que, "iniciada a execução, não se consuma por circunstâncias alheias à **vontade** do agente", limitou o instituto ao dolo direto, para o qual adotou a teoria da vontade (art. 18, I, 1.ª parte), excluindo-a do alcance do dolo eventual, em que se acolheu a teoria do consentimento ou do assentimento (art. 18, I, *in fine*).[13]

## 17.13. INADMISSIBILIDADE DA TENTATIVA

Em geral, os crimes dolosos são compatíveis com a tentativa, pouco importando sejam materiais, formais ou de mera conduta.

De fato, a admissibilidade ou não da tentativa tem a ver com o caráter plurissubsistente do delito, isto é, com a composição da conduta em diversos atos executórios, podendo, consequentemente, ser fracionada.

Crimes formais e de mera conduta comportam o *conatus*, desde que sejam plurissubsistentes.

Na seara dos **crimes formais**, tomemos como exemplo uma extorsão mediante sequestro (CP, art. 159), na qual o agente aponta uma arma de fogo para a vítima, dizendo para ela se render porque seria privada de sua liberdade para futura troca por vantagem econômica indevida junto aos seus familiares. A vítima, contudo, consegue fugir e é perseguida. Aciona a Polícia, que aborda o criminoso e efetua sua prisão em flagrante, antes da privação da liberdade da pessoa visada. Trata-se de tentativa de extorsão mediante sequestro, exemplo clássico de crime formal, de consumação antecipada ou de resultado cortado.

Em relação aos crimes **de mera conduta** ou de simples atividade, ilustremos com o ato obsceno (CP, art. 233): um casal, em praça pública, anuncia que realizará, dentro de instantes, um show de sexo explícito. Quando começam a se despir, são presos em flagrante por policiais que ali se encontravam. As condutas se enquadram como tentativas de crimes de ato obsceno.

Conclui-se, assim, que a possibilidade de tentativa se relaciona com a ausência de aperfeiçoamento de todos os elementos do tipo penal, e não com a falta de superveniência do resultado naturalístico, obrigatório apenas para a consumação dos crimes materiais.

**A regra, portanto, é a compatibilidade dos crimes com o *conatus*.**

Algumas espécies de infrações penais, todavia, não admitem a tentativa. Vejamos quais são:

---

[12] HUNGRIA, Nélson. *Comentários ao Código Penal*. Rio de Janeiro: Forense, 1949. v. I, p. 262. No mesmo sentido: MUNHOZ NETTO, Alcides. *Da tentativa no Código Penal brasileiro*. Curitiba: Lítero-Técnica, 1958. p. 58.

[13] É, dentre outros, o entendimento de GRECO, Rogério. *Curso de direito penal* – Parte geral. 10. ed. Rio de Janeiro: Impetus, 2008. p. 263-267.

CAP. 17 – TENTATIVA | **273**

1) **Crimes culposos:** nestes crimes o resultado naturalístico é involuntário, contrário à intenção do agente. Por corolário, seria no mínimo contraditório admitir-se, em um crime não desejado pelo seu autor, o início da execução de um delito que somente não se consuma por circunstâncias alheias à sua vontade. Essa regra se excepciona no que diz respeito à **culpa imprópria,** compatível com a tentativa, pois nela há a intenção de se produzir o resultado. Cuida-se, em verdade, de dolo, punido por razões de política criminal a título de culpa, em face de ser a conduta realizada pelo agente com amparo em erro inescusável quanto à ilicitude do fato.

2) **Crimes preterdolosos:** nestes crimes o resultado agravador é culposo, não desejado pelo agente. Por esse motivo, não se compactuam com a tentativa. Exemplo: só se configura o crime de lesão corporal seguida de morte quando se produz o resultado agravador, pois, caso contrário, o agente responde unicamente pelas lesões corporais dolosamente praticadas.

3) **Crimes unissubsistentes:** são aqueles em que a conduta é exteriorizada mediante um único ato, suficiente para alcançar a consumação. Não é possível a divisão do *iter criminis*, razão pela qual é incabível a tentativa. Exemplo: desacato (CP, art. 331) cometido verbalmente: proferida a palavra apta a menosprezar a função pública exercida por determinada pessoa, consumado estará o crime.

4) **Crimes omissivos próprios** ou **puros:** ingressam no grupo dos crimes unissubsistentes. Em uma omissão de socorro (CP, art. 135), o sujeito tem duas opções: ou presta assistência ao necessitado, e não há crime, ou deixa de prestá-la, e o crime estará consumado. Os crimes omissivos impróprios, espúrios ou comissivos por omissão, de seu turno, admitem a tentativa.

5) **Crimes de perigo abstrato:** também se enquadram no bloco dos crimes unissubsistentes. No porte ilegal de arma de fogo, ou o agente porta a arma de fogo em situação irregular, e o crime estará consumado, ou não o faz, e o fato será atípico. Os crimes de perigo concreto, por sua vez, comportam a tentativa.

6) **Contravenções penais:** embora no plano fático seja em tese possível, a tentativa de contravenção penal é juridicamente irrelevante, em face da regra contida no art. 4.º do Decreto-lei 3.688/1941 – Lei das Contravenções Penais: "Não é punível a tentativa de contravenção".

7) **Crimes condicionados:** são aqueles cuja punibilidade está sujeita à produção de um resultado legalmente exigido. Como exemplo clássico, pode ser lembrado o delito de participação em suicídio (art. 122), antes da entrada em vigor da Lei 13.968/2019. A redação típica era a seguinte: "Art. 122. Induzir ou instigar alguém a suicidar-se ou prestar-lhe auxílio para que o faça: Pena - reclusão, de dois a seis anos, se o suicídio se consuma, ou reclusão, de um a três anos, se da tentativa de suicídio resulta lesão corporal de natureza grave". Portanto, somente era possível a punição em caso de resultado morte ou lesão corporal de natureza grave. Na sistemática atual, o tipo penal foi ampliado, para prever o crime de induzimento, instigação ou auxílio a suicídio ou a automutilação, e a consumação do delito, em sua modalidade simples (CP, art. 122, *caput*), independe do resultado morte ou lesão grave (ou gravíssima).

8) **Crimes subordinados a condição objetiva de punibilidade:** tal como ocorre em relação aos falimentares (Lei 11.101/2005 – Lei de Falências, art. 180), pois se o próprio

delito completo não é punível se não houver aquela condição, muito menos o será a sua tentativa.[14]

9) **Crimes de atentado ou de empreendimento:** não há tentativa, uma vez que a figura tentada recebe igual pena destinada ao crime consumado. É o que se dá, por exemplo, no delito tipificado pelo art. 352 do Código Penal ("evadir-se ou tentar evadir-se"). Antes de falar-se em inadmissibilidade do *conatus*, parece-nos mais correto dizer que a modalidade que seria normalmente classificada como tentativa foi, na verdade, equiparada à consumação.

10) **Crimes com tipo penal composto de condutas amplamente abrangentes:** em relação a estes crimes, no caso concreto é impossível dissociar a tentativa da consumação. Veja-se o exemplo do crime de parcelamento ou desmembramento irregular do solo para fins urbanos, tipificado pelo art. 50, I, da Lei 6.766/1979: "dar início, **de qualquer modo,** ou efetuar loteamento ou desmembramento do solo para fins urbanos, sem autorização do órgão público competente, ou em desacordo com as disposições desta Lei ou das normas pertinentes do Distrito Federal, Estados e Municípios" (grifamos). A expressão "de qualquer modo", na prática, inviabiliza a tentativa, pois qualquer que seja a conduta adotada pelo agente, implicará na consumação.

11) **Crimes habituais:** são aqueles compostos pela reiteração de atos que demonstram um estilo de vida do agente. Cada ato, isoladamente considerado, representa um indiferente penal. É o caso do curandeirismo (CP, art. 284, I), em que o ato de prescrever, uma única vez, qualquer substância é conduta atípica, pois a lei reclama a habitualidade. Mirabete faz uma adequada ressalva, suscitando divergência: há tentativa do crime previsto no art. 282 do Código Penal na conduta do sujeito que, sem ser médico, instala um consultório e é detido quando de sua primeira "consulta".[15] Não se devem confundir crimes habituais, entretanto, com crimes permanentes, nos quais a tentativa é perfeitamente cabível. Exemplo: tentativa de sequestro (CP, art. 148), na qual o autor tenta, de modo forçado, prender uma pessoa no quarto de uma casa, mas esta reage e foge.

12) **Crimes-obstáculo:** são os que retratam atos preparatórios tipificados de forma autônoma pelo legislador, a exemplo do crime de substância destinada à falsificação (CP, art. 277). De fato, não há sentido em punir a preparação de um crime – que normalmente não é punível – como delito autônomo prevendo-se para este também a figura do *conatus*. Haveria incompatibilidade lógica de punir a tentativa de preparação de um crime que somente é objeto de punição porque, excepcionalmente, o legislador construiu um tipo penal específico. Exemplificativamente, ter em depósito substância destinada à falsificação de um produto medicinal, não fosse a figura típica do art. 277, representaria conduta penalmente irrelevante, não podendo ser considerada ato executório do crime previsto no art. 273, pois trata-se de mera fase preparatória. Como se sabe, o intérprete não pode ampliar a exceção criada pelo legislador.

---

[14] NORONHA, E. Magalhães. Questões acerca da tentativa. *Estudos de direito e processo penal em homenagem a Nélson Hungria.* Rio de Janeiro: Forense, 1962. p. 247.

[15] MIRABETE, Julio Fabbrini. *Manual de direito penal.* Parte geral. 24. ed. São Paulo: Atlas, 2007. v. 1, p. 153.

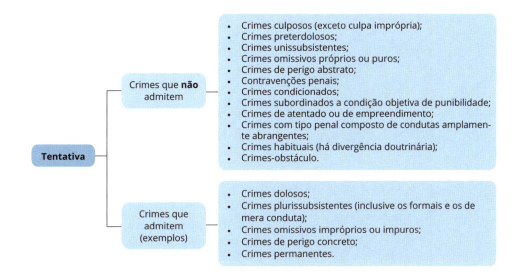

## 17.14. CRIMES PUNIDOS SOMENTE NA FORMA TENTADA

A regra vigente no sistema penal brasileiro é a punição dos crimes nas modalidades consumada e tentada. Mas em algumas situações não se admite o *conatus* – seja pela natureza da infração penal, seja em obediência a determinado mandamento legal –, razão pela qual apenas é possível a imposição de sanção penal para a forma consumada do delito. É o que se verifica, a título ilustrativo, nos crimes culposos (salvo na culpa imprópria) e nos crimes unissubsistentes.

Entretanto, em hipóteses raríssimas somente é cabível a punição de determinados delitos na forma tentada, pois nesse sentido orientou-se a previsão legislativa quando da elaboração do tipo penal. Um exemplo desse fenômeno encontra-se no art. 359-L (Abolição violenta do Estado Democrático de Direito) do Código Penal:

> Art. 359-L. Tentar, com emprego de violência ou grave ameaça, abolir o Estado Democrático de Direito, impedindo ou restringindo o exercício dos poderes constitucionais:
>
> Pena – reclusão, de 4 (quatro) a 8 (oito) anos, além da pena correspondente à violência.

A título ilustrativo, pensemos em um golpe armado e sangrento, com a deposição do Presidente da República, fechamento dos Poderes Legislativo e Judiciário e prisões das autoridades que ocupavam tais cargos públicos. Os novos detentores dos Poderes de Estado ditariam suas próprias "leis", especialmente uma Carta Constitucional. O art. 359-L do Código Penal não teria como ser a eles aplicado. Em verdade, a consumação da conduta nele descrita importaria em problema estranho à alçada do Direito Penal, assumindo um aspecto nitidamente político, tanto no âmbito interno como (principalmente) no Direito Internacional.

# CAPÍTULO 18

# DESISTÊNCIA VOLUNTÁRIA E ARREPENDIMENTO EFICAZ

## 18.1. DISPOSITIVO LEGAL

Estabelece o art. 15 do Código Penal: "O agente que, voluntariamente, desiste de prosseguir na execução ou impede que o resultado se produza, só responde pelos atos já praticados".

## 18.2. DISTINÇÃO COM A TENTATIVA

Desistência voluntária e arrependimento eficaz são formas de **tentativa abandonada**,[1] assim rotulados porque a consumação do crime não ocorre em razão da **vontade do agente,** que não chega ao resultado inicialmente desejado por interromper o processo executório do delito ou, esgotada a execução, emprega diligências eficazes para impedir o resultado.

Diferem-se, portanto, da tentativa ou *conatus*, em que, iniciada a execução de um delito, a consumação não ocorre por circunstâncias alheias à vontade do agente.[2]

## 18.3. FUNDAMENTO

O fundamento político-criminal da desistência voluntária e do arrependimento eficaz é o estímulo ao agente para evitar a produção do resultado de um crime cuja execução já se iniciou, em relação ao qual lhe é perfeitamente possível alcançar a consumação.

Por esse motivo, Franz von Liszt a eles se referia como a **"ponte de ouro"**[3] do Direito Penal, isto é, a forma capaz de se valer o agente para retornar à seara da licitude. De fato, os institutos têm origem no **direito premial**, pelo qual o Estado concede ao criminoso um

---

[1] Daí falar-se na configuração do dolo abandonado nesses dois institutos.
[2] "A resposta afirmativa dos jurados à indagação sobre a ocorrência de tentativa afasta automaticamente a hipótese de desistência voluntária. [...] Esclareceu-se que o conselho de sentença, após responder positivamente ao primeiro quesito, inerente à autoria, também o fizera de forma assertiva quanto ao segundo, a fim de reconhecer a prática de homicídio tentado. Reputou-se que, assim, fora rejeitada a tese de desistência voluntária" (STF: HC 112.197/SP, rel. Min. Gilmar Mendes, 2.ª Turma, j. 05.06.2012, noticiado no *Informativo* 669).
[3] Alguns autores, em alusão a esta expressão, também têm utilizado outras terminologias: (a) "ponte de prata": para se referir ao arrependimento posterior (CP, art. 16), pois acarreta somente na diminuição da pena; (b) "ponte de bronze": seria a atenuante da confissão espontânea (CP, art. 65, inc. III, *d*); e (c) "ponte de diamante": em correspondência à colaboração premiada, quando o Ministério Público deixa de oferecer denúncia (Lei 12.850/2013, art. 4.º, § 4.º).

tratamento penal mais favorável em face da voluntária não produção do resultado. Em suas palavras:

> No momento em que o agente transpõe a linha divisória entre os atos preparatórios impunes e o começo da execução punível, incorre na pena cominada contra a tentativa. Semelhante fato não pode mais ser alterado, suprimido ou anulado retroativamente. Pode, porém, a lei, por considerações de política criminal, construir uma ponte de ouro para a retirada do agente que já se tornara passível de pena.[4]

## 18.4. NATUREZA JURÍDICA

Há três correntes sobre a natureza jurídica da desistência voluntária e do arrependimento eficaz:

1) **Causa pessoal de extinção da punibilidade:** embora não prevista no art. 107 do Código Penal, a desistência voluntária e o arrependimento eficaz retiram o *ius puniendi* estatal no tocante ao crime inicialmente desejado pelo agente. É a posição de Nélson Hungria, E. Magalhães Noronha, Aníbal Bruno e Eugenio Raúl Zaffaroni, entre outros.

2) **Causa de exclusão da culpabilidade:** se o agente não produziu, voluntariamente, o resultado inicialmente desejado, afasta-se em relação a este o juízo de reprovabilidade. Responde, entretanto, pelo crime cometido, mais brando. Comungam desse entendimento Hans Welzel e Claus Roxin.

3) **Causa de exclusão da tipicidade:** para essa vertente, afasta-se a tipicidade do crime inicialmente desejado pelo agente, subsistindo apenas a tipicidade dos atos já praticados. A ela se filiaram José Frederico Marques, Heleno Cláudio Fragoso, Basileu Garcia e Damásio E. de Jesus. É a posição dominante na jurisprudência.[5]

## 18.5. DESISTÊNCIA VOLUNTÁRIA

Na desistência voluntária, o agente, por ato voluntário, interrompe o processo executório do crime, abandonando a prática dos demais atos necessários e que estavam à sua disposição para a consumação. Assemelha-se, mas não se confunde, com a **tentativa imperfeita ou inacabada,** compreendida como aquela em que não se esgotaram os meios de execução que o autor tinha ao seu alcance.

Conforme a clássica fórmula de Frank, a desistência voluntária se caracteriza quando o responsável pela conduta diz a si próprio: "posso prosseguir, mas não quero". Estaremos diante da tentativa, entretanto, se o raciocínio for outro: "quero prosseguir, mas não posso".

Em regra, caracteriza-se por uma conduta negativa, pois o agente desiste da execução do crime, deixando de realizar outros atos que estavam sob o seu domínio. Exemplo: "A" dispara um projétil de arma de fogo contra "B". Com a vítima já caída ao solo, em local ermo e com mais cinco cartuchos no tambor de seu revólver, "A" desiste de efetuar outros tiros, quando podia fazê-lo para ceifar a vida de "B".

---

[4] LISZT, Franz von. *Tratado de direito penal alemão*. Trad. José Hygino Duarte Pereira. Rio de Janeiro: F. Briguiet, 1889. t. I, p. 342. Embora a criação da expressão "ponte de ouro" seja atribuída a von Liszt, sua origem remonta aos estudos de Feuerbach e à sua teoria político-criminal (JESCHECK, Hans-Heinrich. *Tratado de derecho penal*. Parte general. 5. ed. Trad. espanhola Miguel Olmedo Cardenete. Granada. Comares, 2002. p. 578).

[5] STJ: HC 110.504/RJ, rel. Min. Marco Aurélio Bellizze, 5.ª Turma, j. 07.02.2012.

CAP. 18 – DESISTÊNCIA VOLUNTÁRIA E ARREPENDIMENTO EFICAZ | 279

Nos crimes omissivos impróprios, todavia, a desistência voluntária reclama uma atuação positiva, um fazer, pelo qual o autor de um delito impede a produção do resultado. Exemplo: a mãe, desejando eliminar o pequeno filho, deixa de alimentá-lo por alguns dias. Quando o infante está à beira da morte, a genitora muda de ideia e passa a nutri-lo, recuperando a sua saúde.

A desistência voluntária não é admitida nos crimes unissubsistentes, pois, se a conduta não pode ser fracionada, exteriorizando-se por um único ato, é impossível desistir da sua execução, que já se aperfeiçoou com a atuação do agente.

## 18.6. ARREPENDIMENTO EFICAZ

No arrependimento eficaz, ou **resipiscência,**[6] depois de já praticados todos os atos executórios suficientes à consumação do crime, o agente adota providências aptas a impedir a produção do resultado. Exemplo: depois de ministrar veneno à vítima, que o ingeriu ao beber o café "preparado" pelo agente, este lhe oferece o antídoto, impedindo a eficácia causal de sua conduta inicial.

Fica claro que o arrependimento eficaz apresenta um ponto em comum com a **tentativa perfeita ou acabada**, pois o agente esgota todos os meios de execução que se encontravam à sua disposição.

O art. 15 do Código Penal revela ser o arrependimento eficaz possível somente no tocante aos **crimes materiais,** pela análise da expressão "impede que o resultado se produza". Esse resultado, naturalístico, é exigido somente para a consumação dos crimes materiais consumados.

Além disso, nos crimes formais a realização da conduta implica na automática consumação do delito, aperfeiçoando-se a tipicidade do fato, muito embora, no caso concreto, seja possível, porém dispensável para a consumação, a produção do resultado naturalístico.

Nos crimes de mera conduta, por sua vez, jamais ocorrerá o resultado naturalístico, motivo pelo qual não se admite a sua interrupção. Além disso, com a simples atividade o delito já estará consumado, com a tipicidade concluída e imutável.

## 18.7. REQUISITOS

São comuns os requisitos da desistência voluntária e do arrependimento eficaz: **voluntariedade** e **eficácia.**

Devem ser voluntários, isto é, livres de coação física ou moral, pouco importando sejam espontâneos ou não. A iniciativa pode emanar de terceira pessoa ou mesmo da própria vítima, bastando o pensamento "posso prosseguir, mas não quero".

Com efeito, a espontaneidade reclama tenha sido a ideia originada da mente do agente, como fruto de sua mais honesta vontade.

Exige-se, ainda, a eficácia, ou seja, é necessário que a atuação do agente seja capaz de evitar a produção do resultado.

Se, embora o agente tenha buscado impedir sua ocorrência, ainda assim o resultado se verificou, subsiste a sua responsabilidade pelo crime consumado. Incide, todavia, a atenuante genérica prevista no art. 65, III, alínea "b", 1.ª parte, do Código Penal.

## 18.8. MOTIVOS

São **irrelevantes os motivos** que levaram o agente a optar pela desistência voluntária ou pelo arrependimento eficaz.

Não precisam ser éticos, piedosos, valorativos ou admiráveis. Podem decorrer de questões religiosas, por conselho do advogado ou mesmo pelo receio de suportar a sanção penal. O Código Penal se contenta com a voluntariedade e a eficácia para a exclusão da tipicidade.

---

[6] JESUS, Damásio E. de. *Direito penal.* Parte geral. 28. ed. 2. tir. São Paulo: Saraiva, 2006. v. 1, p. 344.

## 18.9. EFEITO

Na desistência voluntária e no arrependimento eficaz o efeito é o mesmo: o agente não responde pela forma tentada do crime inicialmente desejado, mas somente pelos atos já praticados.

Assim, nos exemplos indicados (disparos de arma de fogo e inoculação de veneno) não há tentativa, mas somente lesões corporais, com grau definido em razão do prejuízo proporcionado à vítima.

## 18.10. INCOMPATIBILIDADE COM OS CRIMES CULPOSOS

A desistência voluntária e o arrependimento eficaz são incompatíveis com os crimes culposos, salvo na culpa imprópria. O motivo é simples: nessa modalidade de delito o resultado naturalístico é involuntário, não sendo lógico imaginar, portanto, um resultado que o agente desejava produzir para, em seguida, abandonar a execução que a ele conduziria ou impedir a sua produção.

## 18.11. ADIAMENTO DA PRÁTICA DO CRIME

Prevalece o entendimento de que **há desistência voluntária no adiamento da empreitada criminosa,** com o propósito de repeti-la em ocasião mais adequada. Exemplo: "A", famoso homicida de uma pequena cidade por sempre utilizar armas brancas (com ponta ou gume), trajando capuz para não ser reconhecido e somente com uma faca à sua disposição, depois de efetuar um golpe na vítima, atingindo-a de raspão, decide interromper a execução do homicídio, para, no futuro, sem despertar suspeitas, atingi-la com disparos de arma de fogo.

**Não existe desistência voluntária, porém, na hipótese de execução retomada,** em que a pessoa deseja dar sequência, no futuro, à atividade criminosa que precisou adiar, utilizando-se dos atos anteriormente praticados. Exemplo: a vítima, privada de sua liberdade, é torturada pelo agente, que assim age para matá-la. Como nasce o filho do criminoso e ele se ausenta para visitá-lo, desiste de matar o ofendido naquele dia, deixando para fazê-lo no futuro, mediante novas torturas, sem libertá-lo.

## 18.12. COMUNICABILIDADE DA DESISTÊNCIA VOLUNTÁRIA E DO ARREPENDIMENTO EFICAZ

Imagine a seguinte situação: "A" contrata "B" para matar "C". Na data ajustada, e depois de amarrá-lo a uma árvore, "B" desiste de matar "C", mantendo-o incólume, contra a vontade de "A". Com base nessa situação questiona-se: **os efeitos da desistência voluntária e do arrependimento eficaz são comunicáveis no concurso de pessoas?**

A doutrina não é unânime, dividindo-se em duas correntes:

- **1.ª corrente:** Heleno Cláudio Fragoso e Costa e Silva, sustentando o caráter subjetivo dos institutos, defendiam a manutenção da responsabilidade do partícipe no tocante à tentativa abandonada pelo autor. Para essa posição, "A" responderia pela tentativa de homicídio de "C", nada obstante a desistência voluntária por parte de "B", a quem não seria atribuído tal delito.

- **2.ª corrente:** Nélson Hungria apregoava o caráter misto – objetivo e subjetivo – da desistência voluntária e do arrependimento eficaz, com a exclusão da responsabilidade penal do partícipe. Portanto, se não há falar em tentativa de homicídio para "B", igual delito também não pode ser imputado a "A" (partícipe).

Em nossa opinião, essa última posição afigura-se mais acertada, pois a conduta do partícipe é **acessória,** dependendo sua punição da prática de um crime, consumado ou tentado, pelo autor, responsável pela conduta principal. Se este não comete nenhum crime, não é possível a punição do partícipe.

Na hipótese de o partícipe ("A", no exemplo citado) desistir da empreitada criminosa, sua atuação, embora voluntária, será inútil se ele não conseguir impedir a consumação do delito por parte do autor ("B"). Exige-se, assim, que o partícipe convença o autor a não consumar a infração penal, pois, caso contrário, responderá pelo delito, em face da ineficácia da sua desistência.

## 18.13. TENTATIVA QUALIFICADA

A tentativa é chamada de qualificada quando contém, em seu bojo, outro delito, de menor gravidade, já consumado.

Na desistência voluntária e no arrependimento eficaz opera-se a exclusão da tipicidade do crime inicialmente desejado pelo agente. Resta, contudo, a responsabilidade penal pelos atos já praticados, os quais configuram um crime autônomo e já consumado. Daí falar-se em tentativa qualificada.

Vejamos alguns exemplos:

a) aquele que deseja matar e, para tanto, efetua disparo de arma de fogo contra a vítima, sem atingi-la, abandonando em seguida o propósito criminoso, responde apenas pelo crime autônomo de disparo de arma de fogo (Lei 10.826/2003, art. 15); e

b) aquele que, no interior de uma residência que ingressou para furtar, desiste voluntariamente da execução do delito, responde somente pelo crime de violação de domicílio (CP, art. 150).

Nos dois casos excluiu-se a tipicidade do delito inicial, restando um crime menos grave e já consumado.

É possível, ainda, que os atos já praticados pelo agente não configurem crime autônomo. É o caso do indivíduo que desiste do furto de uma motocicleta, da qual se apoderou em um estacionamento sem danificá-la. Em situações desse nível, ficará impune.

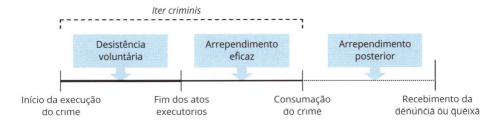

## 18.14. DESISTÊNCIA VOLUNTÁRIA, ARREPENDIMENTO EFICAZ E LEI DE TERRORISMO

Na sistemática do Código Penal, é imprescindível o ingresso na fase de execução do crime para ensejar o reconhecimento da desistência voluntária e do arrependimento eficaz. De fato, o agente deve interromper o processo executório do crime (desistência voluntária) ou, depois do encerramento deste, adotar alguma providência impeditiva da consumação (arrependimento eficaz).

O art. 10 da Lei 13.260/2016 – Lei de Terrorismo –, contudo, apresenta uma regra diversa: "Mesmo antes de iniciada a execução do crime de terrorismo, na hipótese do art. 5.º desta Lei, aplicam-se as disposições do art. 15 do Decreto-Lei nº 2.848, de 7 de dezembro de 1940 – Código Penal".

Esse dispositivo encontra-se em sintonia com o art. 5.º do citado diploma legal.[7] Com efeito, se a Lei 13.260/2016 pune de forma independente os **atos preparatórios de terrorismo**, é preciso adaptar a desistência voluntária e o arrependimento eficaz à fase de preparação do delito, inclusive com a finalidade de seduzir o terrorista a evitar seu propósito ilícito e preservar os bens jurídicos ameaçados pela conduta criminosa.

---

[7] "Art. 5.º Realizar atos preparatórios de terrorismo com o propósito inequívoco de consumar tal delito: Pena – a correspondente ao delito consumado, diminuída de um quarto até a metade."

# CAPÍTULO 19

# ARREPENDIMENTO POSTERIOR

## 19.1. CONCEITO

Arrependimento posterior é a causa obrigatória de diminuição da pena que ocorre quando o responsável pelo crime praticado sem violência à pessoa ou grave ameaça, voluntariamente e até o recebimento da denúncia ou queixa, restitui a coisa ou repara o dano provocado por sua conduta.

Conforme dispõe o **art. 16 do Código Penal:** "Nos crimes cometidos sem violência ou grave ameaça à pessoa, reparado o dano ou restituída a coisa, até o recebimento da denúncia ou da queixa, por ato voluntário do agente, a pena será reduzida de 1 (um) a 2/3 (dois terços)".

## 19.2. ALOCAÇÃO DO INSTITUTO

Com o propósito de distinguir o arrependimento posterior do arrependimento eficaz, disciplinado pelo art. 15 do Código Penal, o legislador foi infeliz ao tratar do instituto no âmbito da teoria do crime.

De fato, o assunto deveria ter sido disciplinado na seara da **teoria da pena,** por influir na sua dosagem, em nada alterando a adequação típica do fato concreto, ao contrário do que se dá no arrependimento eficaz.

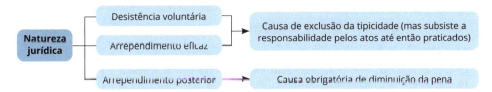

## 19.3. NATUREZA JURÍDICA

Trata-se de **causa obrigatória de diminuição da pena.** Tem incidência, portanto, na terceira fase de aplicação da pena privativa de liberdade.

## 19.4. EXTENSÃO DO BENEFÍCIO

O arrependimento posterior alcança **qualquer crime que com ele seja compatível,** e não apenas os delitos contra o patrimônio. Raciocínio diverso levaria à conclusão de que essa

DIREITO PENAL – PARTE GERAL – VOL. 1 • CLEBER MASSON

figura penal deveria estar prevista no título dos crimes contra o patrimônio, e não na Parte Geral do Código Penal.

Basta, em termos genéricos, que exista um "dano" causado em razão da conduta penalmente ilícita. É o caso, por exemplo, do crime de peculato doloso, em suas diversas modalidades (CP, art. 312). Cuida-se de crime contra a Administração Pública que admite o arrependimento posterior.

Embora com alguma controvérsia, prevalece o entendimento de que a reparação do **dano moral** enseja a aplicação do arrependimento posterior. Nos crimes contra a honra, a título ilustrativo, a indenização pelos prejuízos causados autorizaria a diminuição da pena.[1]

Evidentemente, este instituto é inaplicável nos delitos em que não há dano a ser reparado ou coisa a ser restituída. Em outras palavras, o **arrependimento posterior é cabível nos crimes patrimoniais e também em delitos diversos, desde que apresentem efeitos de índole patrimonial.** Para o Superior Tribunal de Justiça:

> Em homicídio culposo na direção de veículo automotor (art. 302 do CTB), ainda que realizada composição civil entre o autor do crime e a família da vítima, é inaplicável o arrependimento posterior (art. 16 do CP). O STJ possui entendimento de que, para que seja possível aplicar a causa de diminuição de pena prevista no art. 16 do Código Penal, faz-se necessário que o crime praticado seja patrimonial ou possua efeitos patrimoniais (HC 47.922-PR, Quinta Turma, *DJ* 10/12/2007; e REsp 1.242.294-PR, Sexta Turma, *DJe* 3/2/2015). Na hipótese em análise, a tutela penal abrange o bem jurídico, o direito fundamental mais importante do ordenamento jurídico, a vida, que, uma vez ceifada, jamais poderá ser restituída, reparada. Não se pode, assim, falar que o delito do art. 302 do CTB é um crime patrimonial ou de efeito patrimonial. Além disso, não se pode reconhecer o arrependimento posterior pela impossibilidade de reparação do dano cometido contra o bem jurídico vida e, por conseguinte, pela impossibilidade de aproveitamento pela vítima da composição financeira entre a agente e a sua família. Sendo assim, inviável o reconhecimento do arrependimento posterior na hipótese de homicídio culposo na direção de veículo automotor.[2]

## 19.5. FUNDAMENTOS

O arrependimento posterior tem raízes em questões de política criminal, fundadas em duplo aspecto: (1) **proteção da vítima,** que deve ser amparada em relação aos danos sofridos; e (2) **fomento do arrependimento por parte do agente,** que se mostra mais preocupado com as consequências de seu ato, reduzindo as chances de reincidência.

## 19.6. REQUISITOS

A leitura do art. 16 do Código Penal fornece os requisitos do arrependimento posterior:

*a) Natureza do crime*

O crime deve ter sido praticado **sem violência ou grave ameaça à pessoa.**

Destarte, em se tratando de crime com violência ou grave ameaça à pessoa, pouco importa a quantidade e a natureza da pena, bem como o regime prisional fixado, é impossível a aplicação do arrependimento posterior.

A **violência contra a coisa** não exclui o benefício.

---

[1]  Confira-se, a propósito, o trabalho de GARCIA, Waléria Garcelan Loma. *Arrependimento posterior.* Belo Horizonte: Del Rey, 1997. p. 81 e ss.

[2]  REsp 1.561.276/BA, rel. Min. Sebastião Reis Júnior, 6.ª Turma, j. 28.06.2016, noticiado no *Informativo* 590. Em igual sentido: REsp 1.242.294/PR, rel. originário Min. Sebastião Reis Júnior, rel. para acórdão Min. Rogerio Schietti Cruz, 6.ª Turma, j. 18.11.2014, noticiado no *Informativo* 554.

Em caso de **violência culposa,** é cabível o arrependimento posterior. Não houve violência na conduta, mas sim no resultado. É o que se dá, por exemplo, na lesão corporal culposa, crime de ação penal pública condicionada em que a reparação do dano pode, inclusive, acarretar na renúncia ao direito de representação se celebrada a composição civil, na forma do art. 74 e parágrafo único da Lei 9.099/1995.

No tocante aos crimes perpetrados com **violência imprópria,** duas posições se destacam:

1) é possível o arrependimento posterior, pois a lei só o excluiu no que diz respeito à violência própria. Se quisesse afastá-lo, o teria feito expressamente, tal como no art. 157, *caput*, do Código Penal; e

2) não se admite o benefício. Violência imprópria é violência dolosa, e nela a vítima é reduzida à impossibilidade de resistência. A situação é tão grave que a subtração de coisa alheia móvel assim praticada deixa de ser furto e se torna roubo, crime muito mais grave.

### b) Reparação do dano ou restituição da coisa

Deve ser voluntária, pessoal e integral.

**Voluntária,** no sentido de ser realizada sem coação física ou moral. Pode se dar, assim, em razão de orientação de familiares, do advogado, ou mesmo por receio de suportar rigorosa sanção penal.

Não se exige, contudo, espontaneidade. É prescindível tenha surgido a ideia livremente na mente do agente.

**Pessoal,** salvo na hipótese de comprovada impossibilidade, como quando o agente se encontra preso ou internado em hospital, e terceira pessoa, representando-o, procede à reparação do dano ou restituição da coisa.

Não pode advir de terceiros, exceto em situações que justifiquem a impossibilidade de ser feita diretamente pelo autor do crime. Por óbvio, também não pode ser resultante da atuação policial ao apreender o produto do crime, pois essa circunstância excluiria a voluntariedade.

**Integral,** pois a reparação ou restituição de modo parcial não se encaixa no conceito apresentado pelo art. 16 do Código Penal. A completude, entretanto, deve ser analisada no caso concreto, ficando ao encargo da vítima, principalmente, a sua constatação.

O Supremo Tribunal Federal, todavia, já admitiu o arrependimento posterior na reparação parcial do dano. Nessa linha de raciocínio, o percentual de diminuição da pena (um a dois terços) existe para ser sopesado em razão da extensão da reparação (ou do ressarcimento) e da presteza com que ela ocorre.[3]

No tocante a delito cometido em data longínqua, a Corte Suprema já decidiu que, para fins de incidência do benefício previsto no art. 16 do Código Penal, basta o pagamento do montante principal do dano causado à vítima até o recebimento da denúncia ou queixa. Os valores decorrentes da atualização em razão dos juros e da correção monetária podem ser quitados em data posterior, sem inviabilizar o reconhecimento do arrependimento posterior.[4]

### c) Limite temporal

A reparação do dano ou restituição da coisa, voluntária, pessoal e integral, nos crimes cometidos sem violência ou grave ameaça à pessoa, deve ser efetuada até o **recebimento** da denúncia ou da queixa.

---

[3]  HC 98.658/PR, rel. orig. Min. Cármen Lúcia, rel. p/ o acórdão Min. Marco Aurélio, 1.ª Turma, j. 09.11.2010, noticiado no *Informativo* 608.

[4]  STF: HC 165.312/SP, rel. Min. Marco Aurélio, 1.ª Turma, j. 14.04.2020, noticiado no *Informativo* 973.

É irrelevante, destarte, o momento do oferecimento da denúncia ou da queixa. A barreira temporal que viabiliza o benefício é o juízo de admissibilidade da petição inicial.

Se a reparação do dano for concretizada após o recebimento da denúncia ou da queixa, mas antes do julgamento, aplica-se a atenuante genérica prevista no art. 65, III, "b", parte final, do Código Penal.[5]

## 19.7. COMUNICABILIDADE DO ARREPENDIMENTO POSTERIOR NO CONCURSO DE PESSOAS

A reparação do dano ou restituição da coisa tem natureza objetiva. Consequentemente, comunica-se aos demais coautores e partícipes do crime, na forma definida pelo art. 30 do Código Penal. Como destacado pelo Superior Tribunal de Justiça:

> Uma vez reparado o dano integralmente por um dos autores do delito, a causa de diminuição de pena do arrependimento posterior, prevista no art. 16 do CP, estende-se aos demais coautores, cabendo ao julgador avaliar a fração de redução a ser aplicada, conforme a atuação de cada agente em relação à reparação efetivada. De fato, trata-se de circunstância comunicável, em razão de sua natureza objetiva. Deve-se observar, portanto, o disposto no art. 30 do CP, segundo o qual "não se comunicam as circunstâncias e as condições de caráter pessoal, salvo quando elementares do crime".[6]

Nas infrações penais em que a reparação do dano ou restituição da coisa por um dos agentes inviabiliza igual atuação por parte dos demais, a todos se estende o benefício. Na receptação (CP, art. 180), a propósito, entendimento diverso prejudicaria o autor do crime antecedente, que estaria impossibilitado de reparar um dano já satisfeito.

## 19.8. CRITÉRIO PARA REDUÇÃO DA PENA

A redução da pena dentro dos parâmetros legais (um a dois terços) deve ser calculada com base na celeridade e na voluntariedade da reparação do dano ou da restituição da coisa. Quanto mais rápida e mais verdadeira, maior será a diminuição da pena (2/3); quanto mais lenta – desde que até o recebimento da denúncia ou queixa – e menos sincera, menor a diminuição (1/3).

Contudo, ao admitir a reparação parcial do dano ou a restituição parcial da coisa, o Supremo Tribunal Federal firmou entendimento no sentido de que a diminuição da pena leva em conta a extensão do ato reparador do agente. Nesse contexto, se a reparação do dano ou a restituição da coisa for total, a pena será reduzida de 2/3; se parcial, a diminuição incidirá em menor percentual.[7]

## 19.9. RECUSA DO OFENDIDO EM ACEITAR A REPARAÇÃO DO DANO OU A RESTITUIÇÃO DA COISA

Seja qual for o motivo que leve a vítima a agir dessa forma, o agente não pode ser privado da diminuição da pena se preencher os requisitos legalmente previstos para a concessão do benefício.

Pertinente, assim, a entrega da coisa à autoridade policial, que deverá lavrar auto de apreensão, para a remessa ao juízo competente e posterior entrega ao ofendido, ou ainda, em casos extremos, o depósito em juízo, determinado em ação de consignação em pagamento.

---

[5] STF: HC 99.803/RJ, rel. Min. Ellen Gracie, 2.ª Turma, j. 22.06.2010.

[6] REsp 1.187.976/SP, rel. Min. Sebastião Reis Júnior, 6.ª Turma, j. 07.11.2013, noticiado no *Informativo* 531.

[7] HC 98.658/PR, rel. Min. Cármen Lúcia, rel. p/ acórdão Min. Marco Aurélio, 1.ª Turma, j. 09.11.2010.

## 19.10. DISPOSITIVOS ESPECIAIS ACERCA DA REPARAÇÃO DO DANO

### 19.10.1. Peculato culposo

Estabelece o art. 312, § 3.º, do Código Penal, que, no peculato culposo, a reparação do dano, se anterior à sentença irrecorrível, extingue a punibilidade, e, se lhe for posterior, reduz de metade a pena imposta.

Essa regra, de caráter especial, afasta a incidência do art. 16 do Código Penal em relação ao peculato culposo.

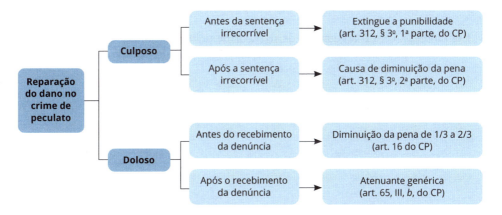

### 19.10.2. Juizados Especiais Criminais

A composição dos danos civis entre o autor do fato e o ofendido, em se tratando de crimes de ação penal privada ou ação penal pública condicionada à representação, acarreta na renúncia ao direito de queixa ou de representação, com a consequente extinção da punibilidade (Lei 9.099/1995, art. 74, parágrafo único).

### 19.10.3. Apropriação indébita previdenciária

No crime tipificado pelo art. 168-A do Código Penal, dispõe seu § 2.º: "É extinta a punibilidade se o agente, espontaneamente, declara, confessa e efetua o pagamento das contribuições, importâncias ou valores e presta as informações devidas à previdência social, na forma definida em lei ou regulamento, antes do início da ação fiscal".

### 19.10.4. Súmula 554 do Supremo Tribunal Federal

Estatui o verbete sumular: "O pagamento de cheque emitido sem provisão de fundos, após o recebimento da denúncia, não obsta ao prosseguimento da ação penal".

Sua interpretação autoriza a ilação, *a contrario sensu*, que o pagamento de cheque sem provisão de fundos, **até o recebimento da denúncia,** impede o prosseguimento da ação penal.

Em termos técnicos, essa súmula, criada anteriormente à Lei 7.209/1984, para o crime de fraude no pagamento por meio de cheque (CP, art. 171, § 2.º, VI), perdeu eficácia com a redação conferida ao art. 16 pela Reforma da Parte Geral do Código Penal.

A jurisprudência, todavia, é dominante no sentido de considerar válida a súmula em apreço, com a justificativa de não se referir ao arrependimento posterior, e sim à falta de justa causa para a denúncia, por ausência de fraude. É o atual entendimento do Superior Tribunal de Justiça que limita a sua aplicação exclusivamente ao crime de estelionato na modalidade **emissão de cheque sem fundos (CP, art. 171, § 2.º, VI):**

Esta Corte Superior de Justiça já sufragou o entendimento de que o agente que realiza pagamento através da emissão de cheque sem fundos de terceiro, que chegou ilicitamente a seu poder, incide na figura prevista no *caput* do art. 171 do Código Penal, não em seu § 2.º, inciso IV. Tipificada a conduta da paciente como estelionato na sua forma fundamental, o fato de ter ressarcido o do prejuízo à vítima antes do recebimento da denúncia não impede a ação penal, não havendo falar, pois, em incidência do disposto no Enunciado 554 da Súmula do Supremo Tribunal Federal, que se restringe ao estelionato na modalidade de emissão de cheques sem suficiente provisão de fundo, prevista no art. 171, § 2.º, VI, CP. Se no curso da ação penal restar devidamente comprovado ressarcimento integral do dano à vítima, antes do recebimento da peça de acusação, tal fato pode servir como causa de diminuição de pena, nos termos do disposto no art. 16 do Estatuto Repressivo.[8]

Confunde-se, com o argumento de se tratar de política criminal, um crime de natureza pública e indisponível com questões civilistas de cunho privado, conferindo ao Direito Penal função de cobrança que não lhe pertence.

---

[8] HC 280.089/SP, rel. Min. Jorge Mussi, 5.ª Turma, j. 18.02.2014, noticiado no *Informativo* 537.

# CAPÍTULO 20

# CRIME IMPOSSÍVEL

## 20.1. CONCEITO

Crime impossível, nos termos do **art. 17 do Código Penal,** é o que se verifica quando, por ineficácia absoluta do meio ou por absoluta impropriedade do objeto, jamais ocorrerá a consumação.

## 20.2. NATUREZA JURÍDICA

O crime impossível guarda afinidade com o instituto da tentativa. Em ambos, o agente inicia, em seu plano interno, a execução da conduta criminosa que não alcança a consumação.

As diferenças, entretanto, são nítidas.

Na tentativa é possível atingir a consumação, pois os meios empregados pelo agente são idôneos, e o objeto material contra o qual se dirige a conduta é um bem jurídico suscetível de sofrer lesão ou perigo de lesão. Há, portanto, exposição do bem a dano ou perigo.

No crime impossível, também conhecido como **crime oco,** o emprego de meios ineficazes ou o ataque a objetos impróprios inviabilizam a produção do resultado, inexistindo situação de perigo ao bem jurídico penalmente tutelado.

Em suma, na tentativa é, em tese, possível a consumação, a qual somente não ocorre por circunstâncias alheias à vontade do agente, enquanto no crime impossível a consumação nunca pode ocorrer, seja em razão da ineficácia absoluta do meio, seja por força da impropriedade absoluta do objeto.

Nada obstante, a redação do art. 17 do Código Penal causa confusão acerca da natureza jurídica do crime impossível.

Com efeito, consta do dispositivo que **"não se pune a tentativa...",** transmitindo a impressao equivocada de tratar-se de causa de isenção de pena no crime tentado.

Na verdade, o crime impossível é **causa de exclusão da tipicidade,** eis que o fato praticado pelo agente não se enquadra em nenhum tipo penal.

Entretanto, em razão da aparente similaridade entre os institutos, a doutrina convencionou também chamá-lo de **tentativa inadequada, tentativa inidônea,**[1] **tentativa impossível, tentativa irreal** ou **tentativa supersticiosa.**

No regime da Parte Geral do Código Penal de 1940, antes da reforma pela Lei 7.209/1984, falava-se em **quase crime,** pois os arts. 76, parágrafo único, e 94, III, impunham ao autor do crime impossível a medida de segurança de liberdade vigiada. No atual sistema, convém não mais usar essa expressão como sinônima de crime impossível, embora parcela doutrinária ainda o faça.

---

[1] SAUER, Guillermo. *Derecho Penal (Parte General).* Trad. Juan del Rosal. Barcelona: Bosch Casa Editorial, 1956. p. 173.

## 20.3. TEORIAS SOBRE O CRIME IMPOSSÍVEL

### 1. Teoria objetiva

Apregoa que a responsabilização de alguém pela prática de determinada conduta depende de elementos objetivos e subjetivos (dolo e culpa).

Elemento objetivo é, no mínimo, o perigo de lesão para bens jurídicos penalmente tutelados. E quando a conduta não tem potencialidade para lesar o bem jurídico, seja em razão do meio empregado pelo agente, seja pelas condições do objeto material, não se configura a tentativa. É o que se chama de **inidoneidade,** que, conforme o seu grau, pode ser de natureza absoluta ou relativa.

**Inidoneidade absoluta** é aquela em que o crime jamais poderia chegar à consumação; **relativa,** por seu turno, aquela em que a conduta poderia ter consumado o delito, o que somente não ocorreu em razão de circunstâncias estranhas à vontade do agente.

Essa teoria se subdivide em outras duas: objetiva pura e objetiva temperada.

#### 1.1. Teoria objetiva pura

Para essa vertente, o Direito Penal somente pode proibir condutas lesivas a bens jurídicos, devendo apenas se preocupar com os resultados produzidos no mundo fenomênico. Portanto, quando a conduta é incapaz, por qualquer razão, de provocar a lesão, o fato há de permanecer impune. Essa impunidade ocorrerá **independentemente do grau da inidoneidade da ação,** pois nenhum bem jurídico foi lesado ou exposto a perigo de lesão.

Assim, seja a inidoneidade do meio ou do objeto absoluta ou relativa, em nenhum caso estará caracterizada a tentativa.

#### 1.2. Teoria objetiva temperada ou intermediária

Para a configuração do crime impossível, e, por corolário, para o afastamento da tentativa, os meios empregados e o objeto do crime devem ser **absolutamente inidôneos** a produzir o resultado idealizado pelo agente. Se a inidoneidade for relativa, haverá tentativa. **Foi a teoria consagrada pelo art. 17 do Código Penal.**

### 2. Teoria subjetiva

Leva em conta a intenção do agente, manifestada por sua conduta, pouco importando se os meios por ele empregados ou o objeto do crime eram ou não idôneos para a produção do resultado.

Assim, seja a inidoneidade absoluta ou relativa, em qualquer hipótese haverá tentativa, pois o que vale é a vontade do agente, seu aspecto psíquico.

### 3. Teoria sintomática

Preocupa-se com a **periculosidade do autor,** e não com o fato praticado.

A tentativa e o crime impossível são manifestações exteriores de uma personalidade temerária do agente, incapaz de obedecer às regras jurídicas a todos impostas. Destarte, justifica-se, em qualquer caso, a aplicação de medida de segurança.

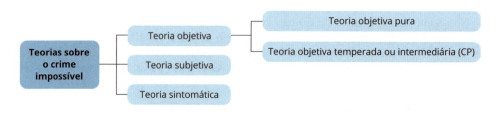

## 20.4. ESPÉCIES DE CRIME IMPOSSÍVEL

A leitura do art. 17 do Código Penal revela a existência de duas espécies de crime impossível: por ineficácia absoluta do meio e por impropriedade absoluta do objeto.

### 1. Crime impossível por ineficácia absoluta do meio

A palavra "meio" se refere ao **meio de execução** do crime.

Dá-se a ineficácia absoluta quando o meio de execução utilizado pelo agente é, por sua natureza ou essência, **incapaz de produzir o resultado,** por mais reiterado que seja seu emprego. É o caso daquele que decide matar seu desafeto com uma arma de brinquedo, ou então com munição de festim.

A inidoneidade do meio deve ser analisada **no caso concreto,** e jamais em abstrato. O emprego de açúcar no lugar de veneno para matar alguém pode constituir-se em meio absolutamente ineficaz em relação à ampla maioria das pessoas. É capaz, todavia, de eliminar a vida de um diabético, ainda quando ministrado em pequena dose.

Se a ineficácia for relativa, estará caracterizada a tentativa. Exemplo: "A", desejando matar seu desafeto, nele efetua disparos de arma de fogo. O resultado naturalístico (morte) somente não se produz porque a vítima trajava um colete de proteção eficaz.

### 2. Crime impossível por impropriedade absoluta do objeto

Objeto, para o Código Penal, é o **objeto material,** compreendido como a pessoa ou a coisa sobre a qual recai a conduta do agente.

O objeto material é absolutamente impróprio quando **inexistente antes do início da prática da conduta** ou ainda quando, nas circunstâncias em que se encontra, torna impossível a sua consumação, como nas situações em que se tenta matar pessoa já falecida, ou se procura abortar o feto de mulher que não está grávida.

A mera existência do objeto material é suficiente, por si só, para configurar a tentativa. O *conatus* estará ainda presente no caso de impropriedade relativa do objeto. Exemplo: o larápio, mediante destreza, coloca a mão no bolso direito da calça da vítima, com o propósito de furtar o aparelho de telefonia celular. Não obtém êxito, uma vez que o bem estava no bolso esquerdo. Em caso de roubo, assim já entendeu o Superior Tribunal de Justiça:

> O Código Penal adotou em seu art. 17 a teoria objetiva-temperada para fins de reconhecimento do crime impossível. Necessário para fins de reconhecimento da impropriedade absoluta do objeto que o bem jurídico não exista ou pelas circunstâncias do caso seja impossível ser atingido. A existência de qualquer bem com a vítima impede o reconhecimento da impropriedade absoluta do objeto. Nos termos da jurisprudência desta Corte, ainda que não exista nenhum bem com a vítima, o crime de roubo, por ser delito complexo, tem iniciada sua execução quando o agente, visando a subtração de coisa alheia móvel, realiza o núcleo da conduta meio (constrangimento ilegal/lesão corporal ou vias de fato), ainda que não consiga atingir o crime fim (subtração da coisa almejada).[2]

## 20.5. MOMENTO ADEQUADO PARA AFERIÇÃO DA INIDONEIDADE ABSOLUTA

A ineficácia absoluta do meio e a impropriedade absoluta do objeto devem ser analisadas **depois** da prática da conduta com a qual se deseja consumar o crime.

Uma vez realizada a conduta, e só então, deve ser diferenciada a situação em que tal conduta caracteriza tentativa punível ou crime impossível. A regra não pode ser estabelecida em abstrato, previamente, e sim no caso concreto, após a realização da conduta. Nas palavras de Marcelo Semer:

---

[2]   REsp 1.340.747/RJ, rel. Min. Maria Thereza de Assis Moura, 6.ª Turma, j. 13.05.2014.

DIREITO PENAL – PARTE GERAL – VOL. 1 • CLEBER MASSON

Deve-se privilegiar a aferição *ex post* desde que se pretenda a incorporação, na aferição da idoneidade dos meios ou do objeto, das circunstâncias que concretamente atuaram no desenrolar dos fatos – o que, aliás, é mais consentâneo com a própria noção de tipicidade. Bem ainda analisar-se a idoneidade dos meios ou objeto de acordo com o plano concreto do agente – vale dizer, em relação ao propósito a que se lançara na empreitada delituosa.[3]

Se o agente está em um supermercado repleto de instrumentos eletrônicos de filmagem, com diversos seguranças monitorando seus passos e, depois de colocar suas compras em um carrinho, esconde uma garrafa de vinho sob suas vestes para passar pelo caixa sem pagar por ela, pode-se desde já falar-se em crime impossível?

É evidente que não. De fato, é possível que ele consiga fugir dos seguranças, ou entregar o bem disfarçadamente para outra pessoa levá-lo embora, ou então se valer de qualquer outro meio capaz de consumar o furto. Só depois do momento em que o agente estiver efetivamente preso, portanto, seria autorizado discutir a caracterização ou não do crime impossível. Como estabelece a **Súmula 567 do Superior Tribunal de Justiça**: "Sistema de vigilância realizado por monitoramento eletrônico ou por existência de segurança no interior de estabelecimento comercial, por si só, não torna impossível a configuração do crime de furto". É também o entendimento do Supremo Tribunal Federal: "A existência de sistema de vigilância em estabelecimento comercial não constitui óbice para a tipificação do crime de furto".[4]

## 20.6. ASPECTOS PROCESSUAIS INERENTES AO CRIME IMPOSSÍVEL

A comprovação do crime impossível acarreta na ausência de tipicidade do fato. Em verdade, não há crime. Consequentemente, o Ministério Público deve determinar o arquivamento do inquérito policial. Se não o fizer, oferecendo denúncia, deve esta ser rejeitada, com fulcro no art. 395, III, do Código de Processo Penal, pois o fato evidentemente não constitui crime, faltando condição para o exercício da ação penal.

Se a denúncia for recebida, com a instauração do processo penal, o juiz deve ao final absolver o réu, nos termos do art. 386, III, do Código de Processo Penal, pelo motivo de o fato não constituir infração penal.

Em se tratando de crime da competência do Tribunal do Júri, ao final da primeira fase (*judicium accusationis*), deverá o acusado ser absolvido sumariamente, em conformidade com o art. 415, inciso III, do Código de Processo Penal, em face de o fato não constituir infração penal.

O *habeas corpus* não é instrumento adequado para trancamento de ação penal que tenha como objeto um crime impossível, pois nessa ação constitucional não é cabível a produção de provas para demonstrar a ineficácia absoluta do meio ou a impropriedade absoluta do objeto.

Excetua-se essa regra em hipóteses teratológicas. Exemplo: denúncia de homicídio pelo fato de alguém ter matado um macaco.

## 20.7. CRIME PUTATIVO E CRIME IMPOSSÍVEL

### 20.7.1. Conceito de crime putativo

Putativo deriva do latim *putativus*, isto é, imaginário. Trata-se de algo que aparenta ser real, mas que na verdade não existe.

Crime putativo, também chamado de **imaginário** ou **erroneamente suposto,** é o que existe apenas na mente do agente, que acredita violar a lei penal, quando na verdade o fato

---

[3] SEMER, Marcelo. *Crime impossível e a proteção de bens jurídicos.* São Paulo: Malheiros, 2002. p. 89.

[4] STF: HC 111.278/MG, rel. orig. Min. Marco Aurélio, red. p/ o ac. Min. Luís Roberto Barroso, 1.ª Turma, j. 10.04.2018, noticiado no *Informativo* 897.

por ele concretizado não possui adequação típica, ou seja, não encontra correspondência em um tipo penal.

## 20.7.2. Espécies de crime putativo

São três as espécies de crime putativo: (1) por erro de tipo; (2) por erro de proibição (delito de alucinação ou crime de loucura); e (3) por obra do agente provocador.

### 1. Crime putativo por erro de tipo

É o crime imaginário que se verifica quando o autor acredita ofender uma lei penal incriminadora efetivamente existente, mas à sua conduta faltam elementos da definição típica. Exemplo: "A" acredita praticar tráfico de drogas (art. 33, *caput*, da Lei 11.343/2006) ao vender um pó branco, que reputa ser cocaína, mas, na verdade, é farinha.

### 2. Crime putativo por erro de proibição (delito de alucinação ou crime de loucura)

A equivocada crença do agente recai sobre a ilicitude do fato, pois supõe violar uma lei penal que não existe. Exemplo: "B", cidadão comum, perde o controle de seu automóvel, vindo a se chocar com outro veículo automotor que estava estacionado em via pública. Foge em seguida, com receio de ser preso em flagrante pela prática de dano culposo, não tipificado como infração penal pela legislação comum.[5]

### 3. Crime putativo por obra do agente provocador

Também denominado de **crime de ensaio, crime de experiência** ou **flagrante provocado,** verifica-se quando alguém, insidiosamente, induz outra pessoa a cometer uma conduta criminosa, e, simultaneamente, adota medidas para impedir a consumação.

A consumação deve ser **absolutamente** impossível, sob pena de configuração da tentativa.

Compõe-se, pois, de dois atos: um de **indução,** pois o agente é provocado por outrem a cometer o delito, e outro de **impedimento,** eis que a pretensa vítima adota providências aptas a obstar a consumação.

Como exemplo, podemos ilustrar com a situação da patroa que, desconfiada de furtos supostamente praticados por sua empregada doméstica, simula sua saída de casa e o esquecimento de cédulas de dinheiro sobre um móvel, atraindo a suspeita a subtraí-los. Ao mesmo tempo, instala uma câmera de filmagem no local e solicita a presença de policiais militares para acompanharem a atuação da serviçal. Quando ela se apodera do dinheiro e o coloca em sua bolsa, os agentes públicos prontamente ingressam na residência e efetuam a prisão em flagrante. Na clássica lição de Nélson Hungria:

> Somente na aparência é que ocorre um crime exteriormente perfeito. Na realidade, o seu autor é apenas o **protagonista inconsciente de uma comédia**. O elemento subjetivo do crime existe, é certo, em violação toda a sua plenitude; mas, sob o aspecto objetivo, não há violação da lei penal, senão uma inciente cooperação para a ardilosa averiguação da autoria dos crimes anteriores, ou uma simulação, embora ignorada do agente, da exterioridade de um crime. O desprevenido *sujeito ativo* opera dentro de uma pura ilusão, pois, *ab initio*, a vigilância da autoridade policial ou do suposto paciente torna impraticável a real consumação do crime. Um crime que, além de astuciosamente sugerido e ensejado ao agente, tem suas consequências frustradas por medidas tomadas de antemão, não passa de um crime imaginário. Não há lesão, nem efetiva exposição a perigo, de qualquer interesse público ou privado.[6] (grifamos)

---

[5]  O dano culposo é crime perante o Código Penal Militar (Decreto-lei 1.001/1969, art. 259 c/c o art. 266).
[6]  HUNGRIA, Nélson. *Comentários ao Código Penal*. Rio de Janeiro: Forense, 1949. v. I, p. 279.

Caracterizado o crime putativo por obra do agente provocador, o fato resta impune, pois o seu autor por nada responde, nem mesmo pela tentativa. Aplica-se analogicamente a regra prevista no art. 17 do Código Penal, pois a situação em muito se assemelha ao crime impossível.

Sobre o assunto, o **Supremo Tribunal Federal** editou a **Súmula 145**: "Não há crime quando a preparação do flagrante pela polícia torna impossível a sua consumação".

Deve ser feita a distinção, todavia, entre essa modalidade de crime putativo, também conhecido como flagrante preparado, e o **flagrante esperado.**

No flagrante preparado, a iniciativa do delito é do agente provocador. A vontade do provocado é viciada, o que contamina de nulidade toda a conduta. Nesta situação sequer existe tentativa.

No flagrante esperado, por sua vez, a deflagração do processo executório do crime é responsabilidade do agente, razão pela qual é lícito. É válido quando a polícia, informada sobre a possibilidade de ocorrer um delito, dirige-se ao local, aguardando a sua execução. Iniciada esta, a pronta intervenção dos agentes policiais, prendendo o autor, configura o flagrante.[7]

É regular, por exemplo, a atuação da polícia que resulta na prisão de pessoas, além da apreensão de drogas e armas, depois de aguardar o pouso de uma aeronave utilizada para a prática de crimes objeto de prévia denúncia anônima. Em relação ao tráfico de drogas, já decidiu o Superior Tribunal de Justiça:

> O flagrante preparado apresenta-se quando existe a figura do provocador da ação dita por criminosa, que se realiza a partir da indução do fato, e não quando já estando o sujeito compreendido na descrição típica, a conduta se desenvolve para o fim de efetuar o flagrante. Na espécie, inexiste patente violação da lei, pois o crime de tráfico de drogas estava consumado desde a realização dos verbos nucleares "ter em depósito", "guardar" ou "transportar" entorpecentes, condutas que não foram estimuladas pelos policiais, sendo despicienda eventual indução da mercancia pelos agentes.[8]

No tocante aos crimes em geral, o Supremo Tribunal Federal assim se pronunciou:

> Não configura situação de flagrante preparado o contexto em que a Polícia, tendo conhecimento prévio do fato delituoso, vem a surpreender, em sua prática, o agente que, espontaneamente, iniciara o processo de execução do *iter criminis*. A ausência, por parte dos organismos policiais, de qualquer medida que traduza, direta ou indiretamente, induzimento ou instigação à prática criminosa executada pelo agente descaracteriza a alegação de flagrante preparado, não obstante sobrevenha a intervenção ulterior da Polícia – lícita e necessária – destinada a impedir a consumação do delito.[9]

### 20.7.3. Diferença entre crime impossível e crime putativo

Diante do que foi abordado, fica clara a distinção entre as figuras do crime impossível e do crime putativo.

**Crime impossível** é a situação em que o autor, com a intenção de cometer o delito, não consegue fazê-lo por ter se utilizado de meio de execução absolutamente ineficaz (impotente para lesar o bem jurídico), ou então em decorrência de ter direcionado a sua conduta a objeto material absolutamente impróprio (inexistente antes do início da execução, ou, no caso concreto, inadequado à consumação). Portanto, o erro do agente recai sobre a idoneidade do meio ou do objeto material.

---

[7]    BONFIM, Edilson Mougenot. *Curso de processo penal*. São Paulo: Saraiva, 2006. p. 374.

[8]    HC 214.235/SP, rel. Min. Maria Thereza de Assis Moura, 6.ª Turma, j. 15.05.2014.

[9]    HC 70.076/SP, rel. Min. Celso de Mello, 1.ª Turma, j. 30.03.1993.

De seu turno, **crime putativo** é aquele em que o agente, embora acredite praticar um fato típico, realiza um indiferente penal, seja pelo fato de a conduta não encontrar previsão legal (**crime putativo por erro de proibição**), seja pela ausência de um ou mais elementos da figura típica (**crime putativo por erro de tipo**), ou, ainda, por ter sido induzido à prática do crime, ao mesmo tempo em que foram adotadas providências eficazes para impedir sua consumação (**crime putativo por obra do agente provocador**).

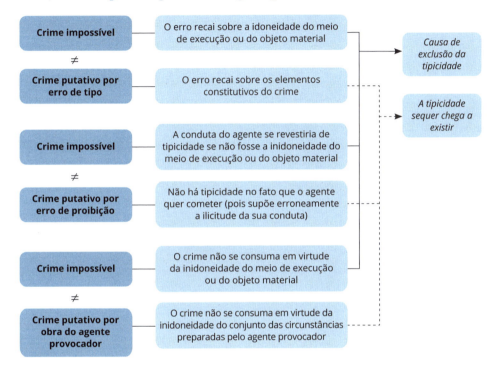

# CAPÍTULO 21

# ILICITUDE

## 21.1. CONCEITO

Ilicitude é a **contrariedade** entre o fato típico praticado por alguém e o ordenamento jurídico, capaz de lesionar ou expor a perigo de lesão bens jurídicos penalmente tutelados.

O juízo de ilicitude é posterior e dependente do juízo de tipicidade, de forma que todo fato penalmente ilícito também é, necessariamente, típico.

## 21.2. ILICITUDE FORMAL E ILICITUDE MATERIAL

**Ilicitude formal** é a mera contradição entre o fato praticado pelo agente e o sistema jurídico em vigor. É a característica da conduta que se coloca em oposição ao Direito.

**Ilicitude material**, ou **substancial**, é o conteúdo material do injusto, a substância da ilicitude, que reside no caráter antissocial do comportamento, na sua contradição com os fins colimados pelo Direito, na ofensa aos valores necessários à ordem e à paz no desenvolvimento da vida social.[1]

Em sede doutrinária, prevalece o entendimento de que a ilicitude é formal, pois consiste no exame da presença ou ausência das suas causas de exclusão. Nesses termos, o aspecto material se reserva ao terreno da tipicidade.

Cumpre ressaltar, porém, que somente a concepção material autoriza a criação de causas supralegais de exclusão da ilicitude. De fato, em tais casos há relação de contrariedade entre o fato típico e o ordenamento jurídico, sem, contudo, revelar o caráter antissocial da conduta.

## 21.3. CONCEPÇÃO UNITÁRIA

Com o escopo de encerrar a discussão acerca do caráter formal ou material da ilicitude, surgiu uma concepção unitária, inicialmente na Alemanha, que depois se irradiou para fora dela, apregoando ser a ilicitude uma só.

Nesse diapasão, um comportamento humano que se coloca em relação de antagonismo com o sistema jurídico não pode deixar de ofender ou expor a perigo de lesão bens jurídicos protegidos por esse mesmo sistema jurídico. Na lição de Francisco de Assis Toledo:

> Pensar-se em uma antijuridicidade puramente formal – desobediência à norma – e em outra material – lesão ao bem jurídico tutelado por essa mesma norma – só teria sentido se a primeira subsistisse sem a segunda.
>
> [...]

---

[1] QUEIROZ FILHO, Antonio. *Lições de direito penal*. São Paulo: RT, 1966. p. 157.

Correta, pois, a afirmação de BETTIOL de que a contraposição dos conceitos em exame – antijuridicidade formal e material – não tem razão de ser mantida viva, "porque só é antijurídico aquele fato que possa ser considerado lesivo a um bem jurídico. Fora disso, a antijuridicidade não existe.[2]

## 21.4. TERMINOLOGIA

Em geral, utilizam-se como sinônimos os termos **ilicitude** e **antijuridicidade**. Isso é correto?

Parece-nos que não, com o devido respeito aos entendimentos em contrário.

Com efeito, no universo da teoria geral do direito, a infração penal (crime e contravenção penal) constitui-se em um fato jurídico, já que a sua ocorrência provoca efeitos no campo jurídico. Logo, é incoerente imaginar que um crime (fato jurídico) seja revestido de antijuridicidade. A contradição é óbvia: um fato jurídico seria, ao mesmo tempo, antijurídico.

Por tal razão, mais acertado falar-se em ilícito e em ilicitude, em vez de antijurídico e antijuridicidade.

Foi a opção preferida pelo legislador pátrio. O Código Penal, no art. 23, valeu-se da rubrica marginal **"exclusão de ilicitude"**, e em momento algum se referiu à antijuridicidade. Nada obstante, muitos autores ainda utilizam ambos os termos como sinônimos.

O gráfico a seguir bem ilustra a distinção:

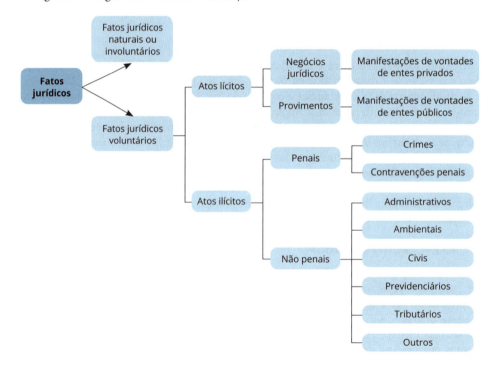

## 21.5. ILÍCITO E INJUSTO

O **ilícito** é a oposição entre um fato típico e o ordenamento jurídico. A relação é lógica e de mera constatação, não comportando graus. Logo, um crime de injúria reveste-se de ili-

---

[2] TOLEDO, Francisco de Assis. *Ilicitude penal e causas de sua exclusão.* Rio de Janeiro: Forense, 1984. p. 11.

CAP. 21 – ILICITUDE | 299

citude, tal como um delito de extorsão mediante sequestro com resultado morte. Ambos são ilícitos, sem qualquer distinção.

De seu turno, **injusto** é o antagonismo entre o fato típico e a compreensão social acerca da justiça. Por corolário, um fato típico pode ser ilícito, mas considerado justo e quiçá admitido pela sociedade, como se dá na receptação relativa à aquisição de discos musicais derivados de pirataria, com violação de direitos autorais (CP, art. 184). Se não bastasse, o injusto se reveste de graus, vinculados à intensidade de reprovação social causada pelo comportamento penalmente ilícito.

É comum a confusão entre tais vocábulos, muitas vezes considerados sinônimos. Confira-se, entretanto, a lúcida explicação de Luiz Regis Prado, amparado em Hans Welzel:

> Quadra aqui distinguir entre as noções de *ilicitude* e *injusto*: a primeira é uma relação de oposição da conduta do autor com a norma jurídica. É um predicado, uma qualidade, um estímulo de determinadas formas de ação/omissão. O injusto, por sua vez, é a própria ação valorada como ilícita. Tem cunho substantivo, quer dizer, algo substancial. O conceito de injusto engloba a ação típica e ilícita. Tão somente o injusto é *mensurável*, em qualidade e quantidade (ex.: homicídio e lesão corporal). O injusto penal é *específico* (como o injusto civil), ao passo que a ilicitude é unitária, diz respeito ao ordenamento jurídico como um todo.[3]

## 21.6. ILICITUDE GENÉRICA E ILICITUDE ESPECÍFICA

**Ilicitude genérica** é a que se posiciona **externamente** ao tipo penal incriminador. O fato típico se encontra em contradição com o ordenamento jurídico. No homicídio, por exemplo, é típica a conduta de "matar alguém", não autorizada pelo Direito, salvo se presente uma causa de justificação. A ilicitude se situa fora do tipo penal.

De fato, em um sistema finalista o dolo é natural, isto é, para sua caracterização bastam consciência e vontade, independentemente do caráter ilícito do fato.

Na **ilicitude específica**, por sua vez, o tipo penal **aloja em seu interior elementos atinentes ao caráter ilícito do comportamento do agente**. É o que se dá, exemplificativamente, nos crimes de violação de correspondência (CP, art. 151 – "indevidamente"), divulgação de segredo e violação do segredo profissional (CP, arts. 153 e 154 – "sem justa causa"), e exercício arbitrário das próprias razões (CP, art. 345 – "salvo quando a lei o permite").

Em tais hipóteses, unem-se em um mesmo juízo a tipicidade e a ilicitude, pois esta última situa-se no corpo do tipo penal, funcionando como **elemento normativo do tipo**, cujo significado pode ser obtido por um procedimento de valoração do intérprete da lei penal. Consequentemente, as causas de exclusão da ilicitude afastam a tipicidade.

Em sentido contrário, Cezar Roberto Bitencourt emprega as expressões "antijuridicidade genérica" e "antijuridicidade específica" para distinguir a ilicitude penal da ilicitude extrapenal.[4]

## 21.7. ILICITUDE OBJETIVA E ILICITUDE SUBJETIVA

Essa classificação diz respeito ao **caráter da ilicitude**.

Para a **ilicitude subjetiva**, a proibição ou o mandamento da lei penal dirige-se apenas às pessoas imputáveis, eis que somente elas têm capacidade mental para compreender as vedações e as ordens emitidas pelo legislador.

Essa teoria **peca ao confundir ilicitude e culpabilidade:** basta a prática de um fato típico e ilícito para a configuração de uma infração penal, reservando-se à culpabilidade o juízo de reprovabilidade para a imposição de uma pena.

---

[3] PRADO, Luiz Regis. *Curso de direito penal brasileiro* – parte geral. 2. ed. São Paulo: RT: 2000. p. 242.

[4] BITENCOURT, Cezar Roberto. *Tratado de direito penal*. Parte geral. 11. ed. São Paulo: Saraiva, 2007. v. 1, p. 296.

Para a **ilicitude objetiva**, é suficiente a contrariedade entre o fato típico praticado pelo autor da conduta e o ordenamento jurídico, apto a causar dano ou expor a perigo bens jurídicos penalmente protegidos. As notas pessoais do agente, especialmente sua imputabilidade ou não, em nada afetam a ilicitude, a qual se mantém independentemente da culpabilidade, analisada em momento posterior.

Em nosso sistema penal, **a ilicitude é claramente objetiva:** os inimputáveis, qualquer que seja a causa da ausência de culpabilidade, praticam condutas ilícitas. Exemplo: um deficiente mental que mata outra pessoa realiza um comportamento ilícito, contrário ao Direito, muito embora não possa ser a ele imposta uma pena, em face de sua inculpabilidade.

## 21.8. ILICITUDE PENAL E ILICITUDE EXTRAPENAL

Essa divisão se relaciona intimamente com o caráter fragmentário do Direito Penal, pelo qual todo ilícito penal também é um ato ilícito perante os demais ramos do Direito, mas nem todo ato ilícito também guarda esta natureza no campo penal. Exemplificativamente, a sonegação fiscal calcada em fraude para exclusão do tributo é crime definido pela Lei 8.137/1990 e também ato ilícito perante o Direito Tributário. Contudo, o mero inadimplemento de um tributo, não admitido perante o direito fiscal, é um fato atípico perante o Direito Penal.

Vejamos a explicação de Francisco de Assis Toledo ao diferenciar a ilicitude penal da ilicitude extrapenal:

> Poderíamos representar graficamente essa distinção através de dois círculos concêntricos: o menor, o do injusto penal, mais concentrado de exigências; o maior, o do injusto extrapenal (civil, administrativo etc.), com exigências mais reduzidas para sua configuração. O fato ilícito situado dentro do círculo menor não pode deixar de estar situado também dentro do maior, por localizar-se em uma área comum a ambos os círculos que possuem o mesmo centro. Já o mesmo não ocorre com os fatos ilícitos situados fora de tipificação penal – o círculo menor – mas dentro do círculo maior, na sua faixa periférica e exclusiva. Assim, um ilícito civil ou administrativo pode não ser um ilícito penal, mas a recíproca não é verdadeira.[5]

## 21.9. CAUSAS DE EXCLUSÃO DA ILICITUDE

### 21.9.1. Introdução

Em face do acolhimento da teoria da tipicidade como indício da ilicitude, uma vez praticado o fato típico, isto é, o comportamento humano previsto em lei como crime ou contravenção penal, presume-se o seu caráter ilícito. A tipicidade não constitui a ilicitude, apenas a revela indiciariamente.[6]

Essa presunção é relativa, *iuris tantum*, pois um fato típico pode ser lícito, desde que o seu autor demonstre ter agido acobertado por uma causa de exclusão da ilicitude.

Presente uma excludente da ilicitude, estará excluída a infração penal. Crime e contravenção penal deixam de existir, pois o fato típico não é contrário ao Direito. Ao contrário, a ele se amolda.

### 21.9.2. Nomenclatura

Várias são as denominações empregadas pela doutrina para se referir às causas de exclusão da ilicitude, destacando-se: causas de justificação, justificativas, descriminantes, tipos penais permissivos e eximentes.

---

[5] TOLEDO, Francisco de Assis. *Ilicitude penal e causas de sua exclusão*. Rio de Janeiro: Forense, 1984. p. 14.
[6] REALE JÚNIOR, Miguel. *Antijuridicidade concreta*. São Paulo: José Bushatsky, 1974. p. 36.

Cuidado: a palavra **"dirimente"** nada tem a ver com a área da ilicitude. Em verdade, significa causa de exclusão da **culpabilidade**.

Para a identificação de uma causa de exclusão da ilicitude, o art. 23 do Código Penal utiliza a expressão "não há crime", enquanto para se reportar a uma causa de exclusão da culpabilidade, o legislador se vale de expressões como "não é punível", "é isento de pena" e outras semelhantes.[7] Essa regra é tranquila na Parte Geral, alterada pela Lei 7.209/1994. Todavia, há na Parte Especial situações em que se utiliza a expressão **"isento de pena"**, ou análoga, para fazer menção à exclusão do crime. É o que se verifica, exemplificativamente, nos arts. 128 e 142 do Código Penal.

### 21.9.3. Previsão legal

O Código Penal possui em sua íntegra causas genéricas e específicas de exclusão da ilicitude.

**Causas genéricas**, ou **gerais**, são as previstas na Parte Geral do Código Penal. Aplicam-se a qualquer espécie de infração penal, e encontram-se no art. 23 e seus incisos: estado de necessidade, legítima defesa, estrito cumprimento do dever legal e exercício regular do direito.

**Causas específicas**, ou **especiais**, podem ser definidas como as previstas na Parte Especial do Código Penal (e na legislação especial), com aplicação unicamente a determinados crimes, ou seja, somente àqueles delitos a que expressamente se referem, a exemplo dos arts. 128 (aborto), 142 (injúria e difamação),[8] 146, § 3.º, I e II (constrangimento ilegal), 150, § 3.º, I e II (violação de domicílio) e 156, § 2.º (furto de coisa comum), todos do Estatuto Repressivo.

Há também excludentes da ilicitude contidas fora do Código Penal, tais como:

a) art. 10 da Lei 6.538/1978: exercício regular de direito, consistente na possibilidade de o serviço postal abrir carta com conteúdo suspeito;

b) art. 1.210, § 1.º, do Código Civil: legítima defesa do domínio, pois o proprietário pode retomar o imóvel esbulhado logo em seguida à invasão; e

c) art. 37, I, da Lei 9.605/1998: estado de necessidade, mediante o abatimento de um animal protegido por lei para saciar a fome do agente ou de sua família.

Essa relação legal, contudo, não impede a formulação de causas supralegais de exclusão da ilicitude, adiante analisadas.

### 21.9.4. Elementos objetivos e subjetivos das causas de exclusão da ilicitude

Discute-se em doutrina se o reconhecimento de uma causa de exclusão da ilicitude depende somente dos requisitos legalmente previstos, relacionados ao aspecto exterior do fato, ou se está condicionado também a um requisito subjetivo, atinente ao psiquismo interno do agente, que deve ter consciência de que atua sob a proteção da justificativa.

Pensemos na seguinte situação hipotética: "A" efetua disparos de arma de fogo contra "B", seu desafeto, com o propósito de eliminar sua vida por vingança. Descobre-se, posteriormente, que naquele exato instante "B" iria acionar uma bomba e lançá-la em direção à casa de "C", para matá-lo. Vejamos agora cada uma das propostas doutrinárias, com a respectiva solução para o caso apresentado.

---

[7] Confira-se, a propósito, o teor dos arts. 21, *caput*, 22, 26, *caput*, e 28, § 1.º, todos do Código Penal.

[8] STF: HC 104.385/SP, rel. orig. Min. Marco Aurélio, red. p/ o acórdão Min. Ricardo Lewandowski, 1.ª Turma, j. 28.06.2011, noticiado no *Informativo* 633.

# 302 | DIREITO PENAL – PARTE GERAL – VOL. 1 • CLEBER MASSON

A **concepção objetiva**, mais antiga, alega não exigir o direito positivo a presença do requisito subjetivo. A esse entendimento aderiram, dentre outros, José Frederico Marques e E. Magalhães Noronha. Na explanação de Enrique Cury Urzúa:

> À lei só interessa que a finalidade atual do agente seja conforme à norma jurídica. A formação da vontade, com sua rica gama de afetos, tendências, sentimentos, convicções etc., permanece à margem da valoração. O Direito aspira unicamente a que o agente se comporte conforme as suas prescrições: não lhe interessa por que o faz. Por isso, para que atue uma causa de justificação, basta que o agente tenha conhecido e querido a situação de fato em que esta consiste; os motivos que acompanhavam a vontade de concreção adequada à norma permanecem irrelevantes.[9]

Logo, no caso acima narrado estaria configurada a legítima defesa de terceiro, com a exclusão do crime de "A".

Essa posição, entretanto, foi aos poucos perdendo espaço para uma **concepção subjetiva**, pela qual o reconhecimento de uma causa de exclusão da ilicitude reclama o conhecimento da situação justificante pelo agente. Filiam-se a ela, dentre outros, Heleno Cláudio Fragoso, Julio Fabbrini Mirabete, Francisco de Assis Toledo e Damásio E. de Jesus.

Um dos pioneiros a representar esse entendimento foi Aníbal Bruno, que assim se manifestou sobre a legítima defesa:

> Apesar do caráter objetivo da legítima defesa, é necessário que exista, em quem reage, a vontade de defender-se. O ato do agente deve ser um gesto de defesa, uma reação contra ato agressivo de outrem, e esse caráter de reação deve existir nos dois momentos da sua situação, o subjetivo e o objetivo. O gesto de quem defende precisa ser determinado pela consciência e vontade de defender-se.[10]

Sob essa ótica, no caso apresentado estaria excluída a legítima defesa de terceiro, e "A" responderia pelo homicídio praticado contra "B".

## 21.9.5. Causas de exclusão da ilicitude e aspectos processuais

Se restar suficientemente comprovada a presença de uma causa de exclusão da ilicitude, estará ausente uma condição da ação penal, e o Ministério Público deverá determinar o arquivamento dos autos do inquérito policial. Se não o fizer **no tocante aos crimes diversos dos dolosos contra a vida**, o magistrado poderá rejeitar a denúncia, com fundamento no art. 395, II, do Código de Processo Penal. O fato narrado evidentemente não constitui infração penal, e, por consequência, falta uma condição para o exercício da ação penal.

Na hipótese de a denúncia ter sido recebida, o juiz poderá, após a apresentação da resposta escrita, absolver sumariamente o acusado, em face da existência manifesta da causa de exclusão da ilicitude do fato, nos moldes do art. 397, I, do Código de Processo Penal. Se assim não agir, deverá, na sentença, absolvê-lo com fulcro no art. 386, VI, do Código de Processo Penal.

Por outro lado, **nos crimes de competência do Tribunal do Júri** (dolosos contra a vida, consumados ou tentados, e os que sejam a ele conexos), o magistrado não poderá pronunciar o réu. Deverá, em verdade, absolvê-lo sumariamente, nos termos do art. 415, IV, do Código de Processo Penal, diante da existência de circunstância que exclui o crime.

---

[9]   CURY URZÚA, Enrique. *Derecho penal* – Parte general. Santiago: Juridica de Chile, 1982. t. I, p. 315-316.

[10]   BRUNO, Aníbal. *Direito penal* – Parte geral. 3. ed. Rio de Janeiro: Forense, 1967. t. I, p. 366-367.

### 21.9.5.1. Prisão provisória e causas de exclusão da ilicitude

A Lei 13.964/2019, também conhecida como "Pacote Anticrime", gerou reflexos no tocante às causas de exclusão da ilicitude. Como se extrai do art. 310, § 1.º, do Código de Processo Penal:

> Art. 310. Após receber o auto de prisão em flagrante, no prazo máximo de até 24 (vinte e quatro) horas após a realização da prisão, o juiz deverá promover audiência de custódia com a presença do acusado, seu advogado constituído ou membro da Defensoria Pública e o membro do Ministério Público, e, nessa audiência, o juiz deverá, fundamentadamente:
>
> (...)
>
> § 1.º Se o juiz verificar, pelo auto de prisão em flagrante, que o agente praticou o fato em qualquer das condições constantes dos incisos I, II ou III do *caput* do art. 23 do Decreto-Lei nº 2.848, de 7 de dezembro de 1940 (Código Penal), poderá, fundamentadamente, conceder ao acusado liberdade provisória, mediante termo de comparecimento obrigatório a todos os atos processuais, sob pena de revogação.

Em resumo, o mencionado dispositivo legal impõe ao juiz a obrigação de, no prazo máximo de 24 horas após a prisão, realizar audiência de custódia, na qual deverá analisar o cabimento da liberdade provisória ao agente que praticou o fato (típico) em estado de necessidade, legítima defesa, estrito cumprimento do dever legal ou exercício regular do direito.

Tal norma deve ser interpretada com prudência. De fato, se o magistrado concluir pela **fundada suspeita** (probabilidade) da prática do fato típico sob o manto de alguma causa excludente da ilicitude, é razoável a concessão da liberdade provisória, visando uma dupla finalidade: (a) o agente responde em liberdade à ação penal; e (b) abre-se espaço para apuração a fundo, durante a instrução criminal, da presença ou não da eximente.[11]

De outro lado, se o juiz se deparar com um quadro fático de **certeza** acerca da prática do fato amparado por uma causa de exclusão da ilicitude (exemplo: "A" matou "B" porque este, gratuitamente, partiu em sua direção portando um machado, para golpeá-lo em região vital), deverá relaxar a prisão, em face da sua ilegalidade, com fulcro no art. 5.º, LXV, da Constituição Federal, e no art. 310, I, do Código de Processo Penal. A ilegalidade da prisão em flagrante repousa na ausência de crime.

E, se nada obstante a presença manifesta de uma causa excludente da ilicitude, o Ministério Público (ou querelante) oferecer a inicial acusatória, o juiz deverá rejeitar a denúncia ou queixa, em razão da falta de justa causa para o exercício da ação penal, a teor da regra inserida no art. 395, III, do Código de Processo Penal.

Entretanto, se malgrado a presença inequívoca da causa excludente da ilicitude, a denúncia ou queixa tenha sido recebida pelo Poder Judiciário, surgem duas novas alternativas:

a) **nos crimes em geral** (procedimento comum), após a citação do acusado e apresentaçao da resposta escrita, o juiz deverá absolvê-lo sumariamente, na forma do art. 397, inc. I, do Código de Processo Penal; e

b) **nos crimes de competência do Tribunal do Júri**, após a citação do acusado, com a consequente apresentação de resposta escrita e o regular processamento da ação penal (CPP, arts. 406 a 411), o juiz também deverá, ao final da audiência de instrução, debates e julgamento, absolvê-lo sumariamente, nos termos do art. 415, IV, *in fine*, do Código de Processo Penal, em face da presença de causa de exclusão do crime.

---

[11] Nos crimes de competência do Tribunal do Júri, a dúvida acerca da presença ou não das causas excludentes da ilicitude deve ser submetida ao Conselho de Sentença, juízo natural para o julgamento dos crimes dolosos contra a vida, em sintonia com o mandamento veiculado pelo art. 5.º, XXXVIII, d, da Constituição Federal.

# 304 | DIREITO PENAL - PARTE GERAL - VOL. 1 • CLEBER MASSON

Igual raciocínio deve ser empregado na interpretação do art. 314 do Código de Processo Penal, relacionado à **prisão preventiva** e assim redigido:

> Art. 314. A prisão preventiva em nenhum caso será decretada se o juiz verificar pelas provas constantes dos autos ter o agente praticado o fato nas condições previstas nos incisos I, II e III do *caput* do art. 23 do Decreto-Lei nº 2.848, de 7 de dezembro de 1940 – Código Penal.

De fato, a prudência determina a manutenção em liberdade do agente, sem decretação da prisão preventiva, nas hipóteses de fundada suspeita da prática do fato em situação caracterizadora de qualquer das causas de exclusão da ilicitude. Por outro lado, se estiver cabalmente demonstrada a presença de alguma eximente, não há falar em crime, e muito menos na admissibilidade desta modalidade de prisão provisória.

## 21.9.6. Causas supralegais de exclusão da ilicitude

O Brasil não seguiu a sistemática do Código Penal Português, que dispõe em seu art. 31, 1: "O facto não é criminalmente punível quando a sua ilicitude for excluída pela ordem jurídica considerada na sua totalidade".

Mas, embora tenha se omitido, prevalece na doutrina e na jurisprudência o entendimento de que as causas de exclusão da ilicitude não se limitam às hipóteses previstas em lei. Abrangem tais situações, é evidente, mas se estendem também àquelas que necessariamente resultam do direito em vigor e de suas fontes. Nas lições de Mezger:

> Nenhuma lei esgota a totalidade do direito. A teoria do caráter lógico, cerrado do ordenamento jurídico legal é somente uma sedutora fábula. Em realidade, tal caráter cerrado não existe. O mero positivismo legal deixa sem resposta inumeráveis questões da vida prática do direito.[12]

Com efeito, seria impossível exigir do legislador a regulamentação expressa e exaustiva de todas as causas de justificação, seja porque algumas delas resultam de novas construções doutrinárias, seja porque derivam de valores ético-sociais, cujas modificações constantes podem acarretar no desenho de novas causas ainda não previstas em lei, mas que em determinada sociedade se revelam imprescindíveis à adequada e justa aplicação da lei penal.

E como essas eximentes não fundamentam nem agravam o poder punitivo estatal – operando exatamente em sentido contrário –, a criação de causas supralegais não ofende o princípio da reserva legal, inseparável do Direito Penal moderno.

Para quem admite essa possibilidade, a causa supralegal de exclusão da ilicitude por todos aceita é o **consentimento do ofendido**.[13]

Anote-se, porém, ser vedado o reconhecimento de causas supralegais para os partidários do caráter formal da ilicitude: se esta é compreendida como a mera contrariedade entre o fato praticado e o ordenamento jurídico (posição legalista), somente esse mesmo ordenamento jurídico pode, taxativamente, afastar a ilicitude legalmente configurada.

---

[12] MEZGER, Edmund. *Tratado de derecho penal*. Trad. espanhola José Arturo Rodrigues Muñoz. Madrid: Revista de Derecho Privado, 1955. t. I, p. 405.

[13] BARROS, Flávio Augusto Monteiro de. Op. cit., p. 310-312, apresenta outras causas supralegais: (1) Princípio da adequação social: ação realizada dentro do âmbito da normalidade admitida pelas regras de cultura. Essa posição é isolada, pois tal princípio funciona como causa de exclusão da tipicidade; (2) Princípio do balanço dos bens: exclusão da ilicitude quando o sacrifício de um bem tem por fim preservar outro mais valioso. Assemelha-se ao estado de necessidade, mas dele se diferencia por não exigir, principalmente, a atualidade do perigo; e (3) Princípio da insignificância ou da bagatela: atualmente compreendido, de forma unânime, como excludente da tipicidade, inclusive pela jurisprudência do Supremo Tribunal Federal.

## 21.9.6.1. Consentimento do ofendido

### 21.9.6.1.1. Introdução

Nélson Hungria anota ter a Comissão Revisora do Projeto que se transformou no Código Penal de 1940 excluído do texto aprovado qualquer referência ao consentimento do ofendido como causa de exclusão da ilicitude, por reputar um dispositivo deste naipe "evidentemente supérfluo".[14]

O consentimento do ofendido, entendido como a anuência do titular do bem jurídico ao fato típico praticado por alguém, é atualmente aceito como supralegal de exclusão da ilicitude.

### 21.9.6.1.2. Fundamento

Três teorias buscam fundamentar o consentimento do ofendido como causa supralegal de exclusão da ilicitude:

a) **Ausência de interesse:** não há interesse do Estado quando o próprio titular do bem jurídico, de cunho disponível, não tem vontade na aplicação do Direito Penal. Essa teoria é criticada por não se poder outorgar o poder de decisão a uma pessoa que pode se equivocar acerca do seu real interesse.

b) **Renúncia à proteção do Direito Penal:** em algumas situações, excepcionais, o sujeito passivo de uma infração penal pode renunciar, em favor do sujeito ativo, a proteção do Direito Penal. Essa teoria entra em manifesto conflito com o caráter público desse ramo do ordenamento jurídico.

c) **Ponderação de valores:** trata-se da teoria mais aceita no direito comparado. O consentimento funciona como causa de justificação quando o Direito concede prioridade ao valor da liberdade de atuação da vontade frente ao desvalor da conduta e do resultado causado pelo delito que atinge bem jurídico disponível.

### 21.9.6.1.3. Aplicabilidade

O consentimento do ofendido como tipo penal permissivo tem aplicabilidade restrita aos delitos em que o único titular do bem ou interesse juridicamente protegido é a pessoa que aquiesce ("acordo" ou "consentimento") e que pode livremente dele dispor. De uma maneira geral, estes delitos podem ser incluídos em quatro grupos diversos: a) delitos contra bens patrimoniais; b) delitos contra a integridade física; c) delitos contra a honra; e d) delitos contra a liberdade individual.[15]

Nos crimes contra o patrimônio, por óbvio, somente se aceita a disponibilidade se não houver o emprego de violência à pessoa ou grave ameaça durante a execução do delito. E, nos crimes contra a integridade física, nas hipóteses em que a lei condiciona a persecução penal à iniciativa do ofendido ou de quem o represente, seja com o oferecimento de representação, seja com o ajuizamento de queixa-crime.

Em síntese, é cabível unicamente em relação a **bens jurídicos disponíveis.** Se indisponível o bem jurídico, há interesse privativo do Estado e o particular dele não pode renunciar. Para diferenciar um bem disponível de outro indisponível, Pierangeli apresenta três etapas:

1) há que se percorrer não só um ramo do Direito, mas todos os princípios que formam a base do ordenamento jurídico estatal;

---

[14] HUNGRIA, Nélson. *Comentários ao Código Penal.* Rio de Janeiro: Forense, 1949. v. I, p. 433.

[15] PIERANGELI, José Henrique. *O consentimento do ofendido na teoria do delito.* 3. ed. São Paulo: RT, 2001. p. 98.

# DIREITO PENAL – PARTE GERAL – VOL. 1 • CLEBER MASSON

2) na realização desse trabalho, o intérprete deve reportar-se a todas as fontes (imediatas e mediatas), e, a partir daí, examinar os decretos, atos administrativos, regulamentos, portarias e pesquisar o direito consuetudinário; e

3) o critério adotado pelo legislador para a fixação da natureza da ação penal é arbitrário, e, por consequência, inseguro, mas sempre servirá ao intérprete, desde que não seja usado com exclusividade.[16]

Ademais, é correto afirmar que o consentimento do ofendido somente pode afastar a ilicitude nos delitos em que **o titular do bem jurídico tutelado pela lei penal é uma pessoa, física ou jurídica.** Não tem o condão de excluir o crime quando se protegem bens jurídicos metaindividuais, ou então pertencentes à sociedade ou ao Estado.

## 21.9.6.1.4. Requisitos

Para ser eficaz, o consentimento do ofendido há de preencher os seguintes requisitos:[17]

a) deve ser **expresso (ou real),** pouco importando sua forma (oral ou por escrito, solene ou não). Entretanto, também tem sido admitido o consentimento presumido (ou ficto), nas hipóteses em que se possa, com razoabilidade, concluir que o agente atuou supondo que o titular do bem jurídico teria consentido se conhecesse as circunstâncias em que a conduta foi praticada;

b) não pode ter sido concedido em razão de coação ou ameaça, nem de paga ou promessa de recompensa. Em suma, há de ser **livre**;

c) é necessário ser **moral** e respeitar os **bons costumes**;

d) deve ser manifestado **previamente** à consumação da infração penal. A anuência posterior à consumação do crime não afasta a ilicitude; e

e) o ofendido deve ser **plenamente capaz** para consentir, ou seja, deve ter completado 18 anos de idade e não padecer de nenhuma anomalia suficiente para retirar sua capacidade de entendimento e autodeterminação. No campo dos crimes contra a dignidade sexual, especificamente no tocante aos delitos previstos nos arts. 217-A, 218, 218-A e 218-B, todos do Código Penal, a situação de vulnerabilidade funciona como instrumento legal de proteção à liberdade sexual da pessoa menor de 14 (quatorze) anos de idade, em face de sua incapacidade volitiva, sendo irrelevante o consentimento do vulnerável para a formação do crime sexual.

Não produz efeitos o consentimento prestado pelo representante legal de um menor de idade ou incapaz.

## 21.9.6.1.5. Consentimento do ofendido e crimes culposos

Não há obstáculo à exclusão da ilicitude nos crimes culposos como decorrência do consentimento do ofendido.

---

[16] PIERANGELI, José Henrique. *O consentimento do ofendido na teoria do delito.* 3. ed. São Paulo: RT, 2001. p. 121.

[17] A propósito, dispõe o art. 38.º do Código Penal Português, disciplinando o consentimento: "1 – Além dos casos especialmente previstos na lei, o consentimento exclui a ilicitude do facto quando se referir a interesses jurídicos livremente disponíveis e o facto não ofender os bons costumes. 2 – O consentimento pode ser expresso por qualquer meio que traduza uma vontade séria, livre e esclarecida do titular do interesse juridicamente protegido, e pode ser livremente revogado até à execução do facto. 3 – O consentimento só é eficaz se for prestado por quem tiver mais de 14 anos e possuir o discernimento necessário para avaliar o seu sentido e alcance no momento em que o presta. 4 – Se o consentimento não for conhecido do agente, este é punível com a pena aplicável à tentativa".

Evidentemente, assim como nos crimes dolosos, o bem jurídico deve ser disponível. Ademais, o consentimento refere-se não ao resultado naturalístico, por ser involuntário, mas à conduta imprudente, negligente ou imperita.

No crime de lesão corporal culposa na direção de veículo automotor (Lei 9.503/1997, art. 303), por exemplo, afasta-se a ilicitude quando a vítima aquiesce ao excesso de velocidade do motorista, daí resultando um acidente e a produção dos ferimentos.

### 21.9.6.1.6. Consentimento presumido

A doutrina alemã aceita, paralelamente ao consentimento expresso, o consentimento presumido, nos casos urgentes em que o ofendido ou seu representante legal não possam prestar a anuência, mas poderia se esperar que, se possível, agiriam dessa forma.

Apontam-se os exemplos do aborto necessário, para salvar a vida da gestante, bem como a amputação de um membro de um ferido de guerra desacordado, para preservar partes relevantes de seu corpo e até mesmo livrá-lo da morte.

O Código Penal português, em seu art. 39.º, também disciplina expressamente o consentimento presumido:

1 – Ao consentimento efectivo é equiparado o consentimento presumido.

2 – Há consentimento presumido quando a situação em que o agente actua permitir razoavelmente supor que o titular do interesse juridicamente protegido teria eficazmente consentido no facto, se conhecesse as circunstâncias em que este é praticado.

Essa posição, favorável ao consentimento presumido, tem sido adotada no Brasil.

### 21.9.6.1.7. Consentimento do ofendido como causa de exclusão da tipicidade

Na hipótese de bem jurídico disponível, é possível que o consentimento do ofendido afaste a tipicidade da conduta relativamente aos tipos penais em que se revela como requisito, expresso ou tácito, que o comportamento humano se realize contra ou sem a vontade do sujeito passivo.

É o que ocorre nos crimes de sequestro ou cárcere privado (CP, art. 148), violação de domicílio (CP, art. 150) e estupro (CP, art. 213), entre outros.

## 21.9.7. Descriminante em branco (ou excludente da ilicitude em branco)

É a modalidade de causa de exclusão da ilicitude em que o conteúdo depende de complementação, a ser encontrada em outra lei, em um ato administrativo ou até mesmo no enunciado de Súmula Vinculante. Vejamos dois exemplos:

a) Um cidadão comum, ao presenciar a prática de um roubo, efetua a prisão em flagrante do ladrão, imobilizando-o até a chegada da Polícia Militar. Sua conduta é lícita, em face da regra contida no art. 301 do Código de Processo Penal: "Qualquer do povo poderá e as autoridades policiais e seus agentes deverão prender quem quer que seja encontrado em flagrante delito". Não há como se imputar a ele o crime de constrangimento ilegal, pois sua atuação encontra-se acobertada pelo exercício regular de direito expressamente assegurado pelo art. 301 do Código de Processo Penal; e

b) Um policial civil dirige-se à casa de condenado pela Justiça para efetuar o cumprimento de mandado de prisão. Lá chegando, é recebido a socos e pontapés, razão pela qual decide algemar o agressor. Nesse caso, não se pode falar na configuração do crime de abuso de autoridade, uma vez que o funcionário público encontra-se no estrito cumprimento de dever legal, e a Súmula Vinculante 11 claramente autoriza o uso de algemas "em casos de resistência".

## 21.9.8. Visão geral

Em face do que foi dito, as causas de exclusão da ilicitude podem ser representadas pelo gráfico a seguir:

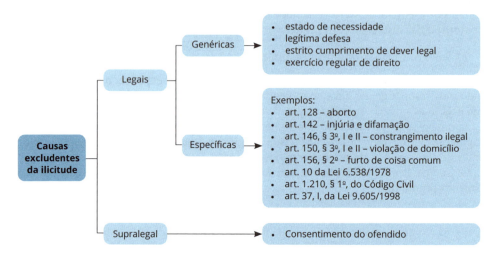

# CAPÍTULO 22

# ESTADO DE NECESSIDADE

## 22.1. DISPOSITIVO LEGAL

Em consonância com o art. 24 do Código Penal:

**Art. 24.** Considera-se em estado de necessidade quem pratica o fato para salvar de perigo atual, que não provocou por sua vontade, nem podia de outro modo evitar, direito próprio ou alheio, cujo sacrifício, nas circunstâncias, não era razoável exigir-se.

§ 1.º Não pode alegar estado de necessidade quem tinha o dever legal de enfrentar o perigo.

§ 2.º Embora seja razoável exigir-se o sacrifício do direito ameaçado, a pena poderá ser reduzida de um a dois terços.

## 22.2. CONCEITO

Estado de necessidade é a causa de exclusão da ilicitude que depende de uma situação de perigo, caracterizada pelo conflito de interesses lícitos, ou seja, uma colisão entre bens jurídicos pertencentes a pessoas diversas, que se soluciona com a autorização conferida pelo ordenamento jurídico para o sacrifício de um deles para a preservação do outro.

## 22.3. NATUREZA JURÍDICA

O art. 23, I, do Código Penal deixa claro tratar-se de causa de exclusão da ilicitude. Com efeito, não há crime quando o agente pratica o fato (típico) em estado de necessidade.

A doutrina diverge, contudo, acerca da essência do estado de necessidade: direito ou faculdade.

Para Nélson Hungria, cuida-se de **faculdade.** Com o conflito entre bens ou interesses que merecem igualmente a proteção jurídica, é concedida a faculdade da própria ação violenta para preservar qualquer deles. São suas palavras:

*Faculdade,* e não propriamente *direito,* porque a este deve corresponder necessariamente uma obrigação (*jus et obligatio sunt correlata*) e, no caso, nenhum dos titulares dos bens ou interesses em colisão está *obrigado* a suportar o sacrifício do seu. A lei, aqui, assume uma atitude de *neutralidade* e declara sem crime o *vencedor* (seja este o mais forte ou o mais feliz).[1]

De outro lado, Aníbal Bruno entende tratar-se de um **direito**, a ser exercido não contra aquele que suporta o fato necessitado, mas frente ao Estado, que tem o dever de reconhecer a exclusão da ilicitude, e, por corolário, o afastamento do crime:

---

[1] HUNGRIA, Nélson. *Comentários ao Código Penal.* Rio de Janeiro: Forense, 1949. v. I, p. 436.

# 310 DIREITO PENAL – PARTE GERAL – VOL. 1 • CLEBER MASSON

Não se pode impor como dever jurídico uma atitude de renúncia que muitas vezes precisaria tornar-se heroica. Seria um direito alheio às realidades da vida o que tentasse ignorar tais fatos ou deixar de prevê-los com a solução humana e justa. Esta solução é a que exclui da hipótese o caráter de ilícito.[2]

Com o devido respeito, a questão deve ser encarada por outro prisma, frente ao qual a doutrina é pacífica. O estado de necessidade constitui-se em **faculdade** entre os titulares dos bens jurídicos em colisão, uma vez que um deles não está obrigado a suportar a ação alheia, e, simultaneamente, em **direito** diante do Estado, que deve reconhecer os efeitos descritos em lei. Mais do que um mero direito, portanto, consiste em **direito subjetivo do réu**, pois o juiz não tem discricionariedade para concedê-lo. Presentes os requisitos legais, tem o magistrado a obrigação de decretar a exclusão da ilicitude.

## 22.4. TEORIAS

Sobre a natureza jurídica do estado de necessidade, existem as seguintes teorias:

**1. Teoria unitária:** o estado de necessidade é causa de exclusão de ilicitude, desde que o bem jurídico sacrificado seja de **igual valor ou de valor inferior** ao bem jurídico preservado. Exige apenas a razoabilidade na conduta do agente.

Foi a teoria adotada pelo Código Penal, como se extrai da expressão prevista no art. 24, *caput*: "[...] cujo sacrifício, nas circunstâncias, não era razoável exigir-se".

Além disso, o § 2.º do art. 24 foi peremptório ao estatuir: "Embora seja razoável exigir-se o sacrifício do direito ameaçado, a pena poderá ser reduzida de um a dois terços".

A análise conjunta dos dispositivos autoriza um raciocínio bastante simples: se o bem em perigo é igual ou superior a outro, sacrifica-se este, e restará consagrada a licitude do fato. Nesse caso, há razoabilidade na conduta do agente, o qual, para preservar interesse próprio ou de terceiro, pode sacrificar interesse alheio, desde que igual ou menos valioso do que o preservado (CP, art. 24, *caput*). Não há crime.

Todavia, se o interesse sacrificado for **superior** ao preservado, sendo razoável exigir-se o sacrifício do direito ameaçado (CP, art. 24, § 2.º), subsiste o crime, autorizando-se a diminuição da pena, de um a dois terços.

Em síntese, essa teoria admite somente o **estado de necessidade justificante** (excludente da ilicitude), quando o bem jurídico sacrificado apresenta valor igual ou inferior ao bem jurídico preservado. Se, contudo, o bem jurídico sacrificado reveste-se de valor superior ao bem jurídico preservado, não se caracteriza o estado de necessidade (há crime), admitindo-se a redução da pena, de um a dois terços.

**2. Teoria diferenciadora:** derivada do direito penal alemão e alicerçada no princípio da ponderação de bens e deveres, diferencia o estado de necessidade justificante (excludente da ilicitude) do estado de necessidade exculpante (excludente da culpabilidade).

Para essa teoria, há estado de necessidade **justificante** no sacrifício de bem jurídico de valor igual ou inferior ao do bem jurídico preservado. Por sua vez, configura-se o estado de necessidade **exculpante** nas hipóteses em que o bem jurídico sacrificado for de valor superior ao do bem jurídico protegido. Não se caracteriza a excludente da ilicitude, e sim uma causa de exclusão da culpabilidade, em face da **inexigibilidade de conduta diversa**.

É o caso da mãe que perdeu seu único filho e tem como recordação somente uma fotografia: com um incêndio acidental em sua residência, e impedida de lá entrar por um

---

[2] BRUNO, Aníbal. *Direito penal* – Parte geral. 3. ed. Rio de Janeiro: Forense, 1967. t. I, p. 380.

bombeiro, mata-o para resgatar sua preciosa lembrança. Não há exclusão da ilicitude, pois um objeto em hipótese alguma pode prevalecer sobre a vida humana. No caso concreto, entretanto, o desespero da mãe lhe retirou a possibilidade de cotejar adequadamente os bens em conflito e, em relação a ela, era inexigível conduta diversa.

No Brasil, essa teoria não foi acolhida pelo Código Penal, mas encontra amparo no Decreto-lei 1.001/1969 – Código Penal Militar –, em seu art. 39, o que não obsta, ainda, a previsão castrense do estado de necessidade como excludente da ilicitude (art. 43). Em outras palavras, o Código Penal Militar admite tanto o estado de necessidade justificante, excludente da ilicitude, como também o estado de necessidade exculpante, excludente da culpabilidade.

**3. Teoria da equidade:** originária de Immanuel Kant, prega a manutenção da ilicitude e da culpabilidade. A ação realizada em estado de necessidade não é juridicamente correta, mas não pode ser castigada por questões de equidade, calcadas na coação psicológica que move o sujeito.[3]

**4. Teoria da escola positiva:** alicerçada nos pensamentos de Ferri e Florián, pugna também pela manutenção da ilicitude. Todavia, o ato, extremamente necessário e sem móvel antissocial, deve permanecer impune por ausência de perigo social e de temibilidade do agente.[4]

## 22.5. REQUISITOS

O art. 24, *caput*, e seu § 1.º, do Código Penal, elencam **requisitos cumulativos** para a configuração do estado de necessidade como causa legal de exclusão da ilicitude.

A análise dos dispositivos revela a existência de dois momentos distintos para a verificação da excludente: **(1) situação de necessidade**, a qual depende de (a) perigo atual, (b) perigo não provocado voluntariamente pelo agente, (c) ameaça a direito próprio ou alheio, e (d) ausência do dever legal de enfrentar o perigo; e **(2) fato necessitado**, é dizer, fato típico praticado pelo agente em face do perigo ao bem jurídico, que tem como requisitos: (a) inevitabilidade do perigo por outro modo, e (b) proporcionalidade.

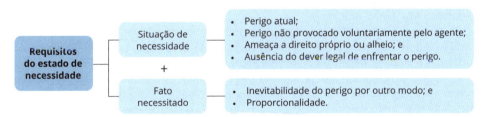

Vejamos, detalhadamente, cada um deles.

### 22.5.1. Situação de necessidade

#### 22.5.1.1. Perigo atual

Perigo é a exposição do bem jurídico a uma situação de probabilidade de dano.

Sua origem pode vir de um fato da natureza (ex.: uma inundação, subtraindo o agente um barco para sobreviver), de seres irracionais (ex.: ataque de um cão bravio) ou mesmo de

---

[3] GARCIA SOTO, Maria Paulina. *El estado de necesidad en materia penal*. Santiago: Jurídica Conosur, 1999. p. 76.
[4] GARCIA SOTO, Maria Paulina. Op. cit., p. 77.

uma atividade humana (ex.: motorista que dirige em excesso de velocidade e atropela um transeunte, com o objetivo de chegar rapidamente a um hospital e socorrer um enfermo que se encontra no interior do veículo).

Deve ser **efetivo** ou **real:** a sua existência deve ter sido comprovada no caso concreto.

O Código Penal exige seja o **perigo atual:** deve estar ocorrendo no momento em que o fato é praticado. Sua presença é imprescindível.

Em relação ao **perigo iminente**, aquele prestes a se iniciar, há controvérsia. Prevalece o entendimento de que equivale ao perigo atual, excluindo o crime. Há posições, porém, no sentido de que o perigo iminente não autoriza o estado de necessidade, pois, se fosse esta a vontade da lei, o teria incluído expressamente no art. 24, *caput*, do Código Penal, tal como fez em seu art. 25, *caput*, relativamente à legítima defesa.

O perigo **remoto** ou **futuro**, normalmente imaginário, ou seja, aquele que pode ocorrer em momento ulterior ao da prática do fato típico, bem como o **perigo pretérito** ou **passado** – que já se verificou e encontra-se superado –, não caracterizam o estado de necessidade.

## 22.5.1.2. Perigo não provocado voluntariamente pelo agente

Foi mencionado que a situação de perigo pode se originar de uma atividade humana, lícita ou não.

O Código Penal, contudo, é claro ao negar o estado de necessidade àquele que voluntariamente provocou o perigo.

A discussão reside na extensão da palavra "voluntariamente". Qual é o seu alcance? Abrange apenas o perigo provocado dolosamente? Ou também engloba o perigo causado pelo agente a título de culpa?

O panorama é tranquilo sobre o perigo dolosamente provocado: não é possível invocar a causa de justificação em apreço.

Em relação ao perigo culposamente criado pelo agente, entretanto, a doutrina revela divergências.

Aníbal Bruno, Basileu Garcia, Bento de Faria, Damásio E. de Jesus e Heleno Cláudio Fragoso aduzem ser a palavra "vontade" um sinal indicativo de dolo. Logo, aquele que culposamente provoca uma situação de perigo pode se valer do estado de necessidade para excluir a ilicitude do fato típico praticado.

Na Alemanha, Claus Roxin informa ser unânime o entendimento no sentido de que a provocação culposa do perigo não afasta a possibilidade de invocar o estado de necessidade.[5]

Por outro lado, E. Magalhães Noronha, Francisco de Assis Toledo, José Frederico Marques e Nélson Hungria sustentam que a atuação culposa também é voluntária em sua origem: a imprudência, a negligência e a imperícia derivam da vontade do autor da conduta. Consequentemente, não pode suscitar o estado de necessidade a pessoa que culposamente produziu a situação perigosa. É também o entendimento de Guilherme de Souza Nucci:

A letra da lei fala em perigo não provocado por "vontade" do agente, não nos parecendo tenha aí o significado de "dolo", ou seja, causar um perigo intencionalmente. O sujeito que provoca um incêndio culposo criou um perigo que jamais poderá deixar de ser considerado fruto da sua *vontade*; o contrário seria admitir que nos delitos culposos não há voluntariedade na conduta.[6]

Essa segunda posição nos parece a mais adequada.

---

[5] ROXIN, Claus. *Derecho penal*. Parte general. Fundamentos. La estructura de la teoría del delito. Trad. espanhola Diego-Manuel Luzón Peña, Miguel Díaz y García Conlledo e Javier de Vicente Remensal. Madrid: Civitas, 2006. t. I, p. 698.

[6] NUCCI, Guilherme de Souza. *Código Penal comentado*. 6. ed. São Paulo: RT, 2006. p. 237-238.

CAP. 22 – ESTADO DE NECESSIDADE | **313**

Com efeito, além de a culpa também ser voluntária em sua origem (involuntário é somente o resultado naturalístico), o Direito não pode ser piedoso com os incautos e imprudentes, autorizando o sacrifício de bens jurídicos alheios, em regra de terceiros inocentes, para acobertar com o manto da impunidade fatos típicos praticados por quem deu causa a uma situação de perigo.

Se não bastasse, o Código Penal deve ser interpretado sistematicamente. E, nesse ponto, entra em cena o art. 13, § 2.º, "c":

> **Art. 13.** O resultado, de que depende a existência do crime, somente é imputável a quem lhe deu causa. Considera-se causa a ação ou omissão sem a qual o resultado não teria ocorrido.
>
> [...]
>
> § 2.º A omissão é penalmente relevante quando o omitente devia e podia agir para evitar o resultado. O dever de agir incumbe a quem:
>
> [...]
>
> c) com seu comportamento anterior, criou o risco da ocorrência do resultado.

A conclusão é simples: se quem cria a situação de perigo, dolosa ou culposamente, tem o dever jurídico de impedir o resultado, igual raciocínio deve ser utilizado no tocante ao estado de necessidade, é dizer, quem cria o perigo, dolosa ou culposamente, não pode invocar a causa de justificação.

Seria incoerente, por exemplo, incriminar o nadador profissional que convida um amigo iniciante no esporte a atravessar a nado um rio, e, durante o trajeto, este vem a morrer, e, simultaneamente, reconhecer o estado de necessidade, com a automática exclusão do crime, àquele que culposamente incendeia uma lancha, e, para se salvar, afoga o seu companheiro para ficar com a única boia que se encontrava na embarcação.

### 22.5.1.3. Ameaça a direito próprio ou alheio

O perigo deve ser direcionado a bem jurídico pertencente ao autor do fato típico ou ainda a terceira pessoa.

No Brasil, **qualquer bem jurídico**, próprio ou de terceiro, pode ser protegido quando enfrentar um perigo capaz de configurar o estado de necessidade, extraindo-se essa conclusão do art. 24, *caput*, do Código Penal ("direito próprio ou alheio"). Exige-se, todavia, a **legitimidade do bem**, que deve ser reconhecido e protegido pelo ordenamento jurídico. Exemplificativamente, o preso não pode matar o carcereiro, sob o pretexto de exercício do seu direito à liberdade.

É o que se dá, também, no art. 34 do Código Penal alemão.

Ao contrário, o Código Penal italiano reconhece a excludente somente quando o bem em disputa for a vida humana ou o corpo humano.

Para a proteção de bem jurídico de terceiro, a lei não reclama a existência de uma relação de parentesco ou intimidade, pois a eximente se funda na solidariedade que deve reinar entre os indivíduos em geral. Destarte, é possível o estado de necessidade para a defesa de bens jurídicos pertencentes a pessoas desconhecidas, e, inclusive, de pessoas jurídicas, que também são titulares de direitos.

### 22.5.1.4. Ausência do dever legal de enfrentar o perigo

Nos termos do art. 24, § 1.º, do Código Penal: "Não pode alegar estado de necessidade quem tinha o dever legal de enfrentar o perigo".

O fundamento da norma é evitar que pessoas que têm o dever legal de enfrentar situações perigosas se esquivem de fazê-lo injustificadamente. Aquele que, por mandamento legal, tem o dever de se submeter a situações de perigo, não está autorizado a sacrificar bem jurídico de terceiro, ainda que para salvar outro bem jurídico, devendo suportar os riscos inerentes à sua função. Exemplificativamente, não pode um bombeiro, para salvar um morador de uma casa em chamas, destruir a residência vizinha, quando possível fazê-lo de forma menos lesiva, ainda que mais arriscada à sua pessoa.

Essa regra, evidentemente, deve ser interpretada com bom senso: não se pode exigir do titular do dever legal de enfrentar o perigo, friamente, atitudes heroicas ou sacrifício de direitos básicos de sua condição humana. Nesse sentido, a lei não tem o condão, por exemplo, de obrigar um bombeiro a entrar no mar, em pleno *tsunami*, para salvar um surfista que lá se encontra.

Há celeuma doutrinária em relação ao significado da expressão **"dever legal de enfrentar o perigo"**.

Para uma primeira corrente, a expressão deve ser interpretada restritivamente. Portanto, "dever legal" abrange somente o dever decorrente da lei em sentido amplo (lei, medida provisória, decreto, regulamento, portaria etc.). É o entendimento de Nélson Hungria:

> Trata-se de dever imposto pela *lei*. O texto do Código não permite extensão ao dever resultante simplesmente de *contrato*. [...] Ora, onde o Código fala apenas em *lei*, não se pode ler também *contrato*. O dever de que aqui se cogita é tão somente o que se apresenta diretamente imposto *ex lege*. [...] *Dever legal* é somente aquele que o Estado impõe, normativamente, em matéria de serviço de utilidade pública ou na defesa de interesse da comunhão social.[7]

Uma segunda corrente, por sua vez, afirma que a expressão há de ser interpretada extensivamente, compreendendo, além do dever legal, qualquer espécie de **dever jurídico**, tal como o dever contratual. É, entre outros, o entendimento de Bento de Faria, Costa e Silva e Galdino Siqueira, que assim se manifesta:

> Esse dever jurídico pode também resultar de uma relação contratual, como a do enfermeiro que se obriga a cuidar de um demente, e que não pode, para escapar do perigo de seus acessos, praticar fato em prejuízo de terceiro.[8]

Essa última posição nos parece mais acertada.

De fato, não pode invocar o estado de necessidade quem tem o dever jurídico de enfrentar o perigo. E, uma vez mais, nos socorremos do art. 13, § 2.º, do Código Penal. Em verdade, se quem tem o dever jurídico de agir responde pelo crime quando se omite, com maior razão não pode invocar estado de necessidade diante de sua inércia. É o caso do salva-vidas de um clube, proibido de alegar a causa excludente quando, sem ação, assiste a uma criança morrer afogada na piscina, sob a alegação de que a água estava muito gelada e podia contrair pneumonia.

Se não bastasse, o dever resultante de contrato e outros mais, como o decorrente da posição de garantidor e da situação de ingerência, foram previstos expressamente no art. 13, § 2.º, do Código Penal, merecendo ser tratados como **deveres legais**.

Finalmente, a Exposição de Motivos da Parte Geral do Código Penal, de 1940, não alterada pela Reforma da Parte Geral em 1984, como se extrai do item 21 da atual Exposição, preceitua: "A abnegação em face do perigo só é exigível quando corresponde a um especial dever jurídico".

---

[7] HUNGRIA, Nélson. *Comentários ao Código Penal*. Rio de Janeiro: Forense, 1949. v. I, p. 442.

[8] SIQUEIRA, Galdino. *Tratado de direito penal*. Parte geral. Rio de Janeiro: José Konfino, 1947. t. I, p. 358.

## 22.5.2. Fato necessitado

Preenchidos os requisitos já abordados, restando configurada a situação de necessidade, o agente pode praticar o fato necessitado, isto é, a conduta lesiva a outro bem jurídico. Esse fato, contudo, deve obedecer a dois outros requisitos: inevitabilidade do perigo por outro modo e proporcionalidade.

### 22.5.2.1. Inevitabilidade do perigo por outro modo

O fato necessitado deve ser absolutamente imprescindível para evitar a lesão ao bem jurídico. Se o caso concreto permitir o afastamento do perigo por qualquer outro meio (*commodus discessus*), a ser aferido de acordo com o juízo do homem médio e diverso da prática do fato típico, por ele deve optar o agente. Exemplo: se para fugir do ataque de um boi bravio o agente pode facilmente pular uma cerca, não estará autorizado a matar o animal.

Em suma, o estado de necessidade apresenta nítido **caráter subsidiário:** quando possível a fuga, por ela deve optar o agente, que também deve sempre proporcionar a qualquer bem jurídico o menor dano possível.

### 22.5.2.2. Proporcionalidade

Também conhecido como **razoabilidade**, refere-se ao cotejo de valores, ou seja, à relação de importância entre o bem jurídico sacrificado e o bem jurídico preservado no caso concreto. Não se pode, previamente, estabelecer um quadro de valores, salvo em casos excepcionais (ex.: a vida humana, evidentemente, vale mais do que o patrimônio). Deve o magistrado decidir na situação real que lhe for apresentada, utilizando como vetor o juízo do homem médio.

Em face da teoria unitária adotada pelo art. 24 do Código Penal, o bem preservado no estado de necessidade deve ser de valor igual ou superior ao bem jurídico sacrificado.

## 22.6. CAUSA DE DIMINUIÇÃO DA PENA

Estabelece o **art. 24, § 2.º, do Código Penal**: "Embora seja razoável exigir-se o sacrifício do direito ameaçado, a pena poderá ser reduzida de um a dois terços".

Cuida-se de causa de diminuição da pena que ocorre quando o agente, visando proteger bem jurídico próprio ou de terceiro, sacrifica outro bem jurídico de maior valor.

Não há exclusão do crime. É mantida a tipicidade, mas é possível a diminuição da pena, dependendo das condições concretas em que o fato foi praticado.

Essa norma só se aplica nos casos de estado de necessidade **exculpante**, desde que não tenha restado configurada uma situação de inexigibilidade de conduta diversa, excludente da culpabilidade.

Em suma, foi sacrificado um bem de maior relevância, e o agente poderia ter agido de forma diversa. Nada obstante, considera-se a sua conduta menos reprovável, de forma a ser agraciado com a diminuição da pena.

## 22.7. ESPÉCIES DE ESTADO DE NECESSIDADE

A divisão do estado de necessidade leva em conta diversos critérios:

### 22.7.1. Quanto ao bem sacrificado

No que tange ao valor do bem sacrificado, o estado de necessidade pode ser:

a) **Justificante:** o bem sacrificado é de valor igual ou inferior ao preservado. Exclui a ilicitude.

**b) Exculpante:** o bem sacrificado é de valor superior ao preservado. A ilicitude é mantida, mas, no caso concreto, pode afastar a culpabilidade, em face da inexigibilidade de conduta diversa.[9]

## 22.7.2. Quanto à titularidade do bem jurídico preservado

Em relação ao titular do bem jurídico preservado pela lei penal, o estado de necessidade pode ser:

**a) Próprio:** protege-se bem jurídico pertencente ao autor do fato necessitado.

**b) De terceiro:** o autor do fato necessitado tutela bem jurídico alheio.

## 22.7.3. Quanto à origem da situação de perigo

Quanto à pessoa que suporta o fato típico, o estado de necessidade pode ser:

**a) Agressivo:** é aquele em que o agente, para preservar bem jurídico próprio ou de terceira pessoa, pratica o fato necessitado contra bem jurídico pertencente a terceiro inocente, ou seja, pessoa que não provocou a situação de perigo. O autor do fato necessitado, embora não seja responsável pelo perigo, deve indenizar o dano suportado pelo terceiro (CC, art. 929), reservando-lhe, porém, ação regressiva contra o causador do perigo (CC, art. 930, *caput*).

**b) Defensivo:** é aquele em que o agente, visando a proteção de bem jurídico próprio ou de terceiro, pratica o fato necessitado contra bem jurídico pertencente àquele que provocou o perigo. Obviamente, não há obrigação de ressarcir os danos causados, como se extrai da análise *a contrario sensu* do art. 929 do Código Civil.

## 22.7.4. Quanto ao aspecto subjetivo do agente

Essa classificação diz respeito à ciência, ao conhecimento da situação de perigo por parte do autor do fato necessitado. O estado de necessidade se divide em:

**a) Real:** a situação de perigo efetivamente existe, e dela o agente tem conhecimento. Exclui a ilicitude.

**b) Putativo:** não existe a situação de necessidade, mas o autor do fato típico a considera presente. O agente, por erro, isto é, falsa percepção da realidade que o cerca, supõe situação de fato que, se existisse, tornaria sua ação legítima. É mantida a ilicitude, e seus efeitos variam conforme a teoria adotada no tocante às descriminantes putativas (Capítulo 15, item 15.8).

## 22.8. ESTADO DE NECESSIDADE RECÍPROCO

É perfeitamente admissível que duas ou mais pessoas estejam, simultaneamente, em estado de necessidade, umas contra as outras. É o que se convencionou chamar de **estado de necessidade recíproco**, hipótese em que deve ser afastada a ilicitude do fato, sem a interferência do Estado que, ausente, permanece neutro nesse conflito.

---

[9] O estado de necessidade exculpante é compatível apenas com a teoria diferenciadora, que não foi adotada pelo Código Penal, mas encontra amparo no art. 39 do Código Penal Militar.

A literatura é farta ao indicar acontecimentos em que, fática ou hipoteticamente, se concretizou essa espécie de estado de necessidade, destacando-se a famosa obra "O caso dos exploradores de cavernas". Confira-se, ainda, o clássico exemplo de Basileu Garcia (tábua de salvação):

> Dois náufragos disputam uma tábua, que só servirá a um homem. É preciso que um deles pereça. Apresenta-se, mais tarde, ao tribunal o sobrevivente, invocando a justificativa do estado de necessidade. Não será punido. O Estado não teria razão para tomar partido em favor de um ou de outro indivíduo, cujos interesses, igualmente legítimos, se acharam em antagonismo. Está-se diante de um fato consumado e irremediável, não cabendo castigar o que ofendeu o direito alheio em favor do próprio direito, desde que tenham ocorrido os requisitos legais.[10]

## 22.9. CASOS ESPECÍFICOS DE ESTADO DE NECESSIDADE

Além da regra geral delineada pelo art. 24, o Código Penal, em sua Parte Especial, prevê outros casos de estado de necessidade.

É o que se dá no art. 128, I, permitindo o aborto necessário ou terapêutico praticado por médico quando não há outro meio para salvar a vida da gestante.

De igual modo, o art. 146, § 3.º, preceitua em seus incisos não configurar constrangimento ilegal a intervenção médica ou cirúrgica, sem o consentimento do paciente ou de seu representante legal, se justificada por iminente perigo de vida, bem como a coação exercida para impedir suicídio.

Em relação ao crime de violação de domicílio, é possível o estado de necessidade quando algum crime em seu interior está sendo praticado ou na iminência de o ser, e também na hipótese de desastre ou para socorrer alguém (CP, art. 150, § 3.º, II, e CF, art. 5.º, XI).

Aponta-se ainda o estado de necessidade, implicitamente, nos crimes de violação de correspondência, divulgação de segredo e violação de segredo profissional (CP, arts. 151, 153 e 154), nas situações em que alguém pratica o fato típico para proteger direito próprio ou alheio. Exemplo: "A", réu em ação penal, abre uma carta endereçada a "B", cujo conteúdo prova sua inocência no tocante ao crime contra si imputado.

## 22.10. COMUNICABILIDADE DO ESTADO DE NECESSIDADE

O estado de necessidade justificante exclui a ilicitude do fato típico, afastando, consequentemente, a infração penal.

E, desaparecendo o crime ou a contravenção penal em relação a algum dos envolvidos, o estado de necessidade se comunica a todos os coautores e partícipes da infração penal, pois no tocante a eles o fato também será lícito.

## 22.11. ESTADO DE NECESSIDADE E CRIMES PERMANENTES E HABITUAIS

Em regra, não se aplica a justificativa no campo dos crimes permanentes e habituais, uma vez que, no fato que os integra, não há os requisitos da atualidade do perigo e da inevitabilidade do fato necessitado.

A jurisprudência já reconheceu o estado de necessidade, contudo, no crime habitual de exercício ilegal de arte dentária (CP, art. 282), em caso atinente à zona rural longínqua e carente de profissional habilitado.[11]

---

[10] GARCIA, Basileu. *Instituições de direito penal*. 4. ed. 37. tir. São Paulo, Max Limonad, 1975. t. I, v. I.

[11] JESUS, Damásio E. de. *Código Penal anotado*. 15. ed. São Paulo: Saraiva, 2004. p. 112.

## 22.12. ESTADO DE NECESSIDADE E ERRO NA EXECUÇÃO

O estado de necessidade é compatível com a *aberratio ictus* (CP, art. 73), na qual o agente, por acidente ou erro no uso dos meios de execução, atinge pessoa ou objeto diverso do desejado, com o propósito de afastar a situação de perigo a bem jurídico próprio ou de terceiro.

Exemplificativamente, configura-se o estado de necessidade no caso em que alguém, no momento em que vai ser atacado por um cão bravio, efetua disparos de arma de fogo contra o animal, e, por erro na execução, atinge pessoa que passava nas proximidades do local, ferindo-a. Não poderá ser responsabilizado pelas lesões corporais produzidas, em face da exclusão da ilicitude.

## 22.13. ESTADO DE NECESSIDADE E DIFICULDADES ECONÔMICAS

Deve ser diferenciado o estado de necessidade, como causa de exclusão da ilicitude, da dificuldade econômica, relacionada à debilidade da capacidade aquisitiva.

No estado de necessidade, o agente é compelido a praticar o fato típico para afastar a situação de perigo atual ou iminente, involuntário e inevitável, capaz de afetar bem jurídico próprio ou de terceiro, cujo sacrifício é inexigível. Por sua vez, na dificuldade econômica supõe-se ou que o indivíduo deva conformar-se com a privação, porque não se cuida do suprimento de necessidade vital ou primária, ou, ainda que disso se trate, que lhe seja possível satisfazer a carência por meio de atividade lícita. Em uma ou outra hipótese, não se justifica a lesão ao interesse de outrem.

Destarte, a dificuldade econômica, inclusive com a miserabilidade do agente, não constitui estado de necessidade.

Em casos excepcionais, admite-se a prática de um fato típico como medida inevitável, ou seja, para satisfação de necessidade estritamente vital que a pessoa, nada obstante seu empenho, não conseguiu superar de forma lícita, a exemplo do **furto famélico**,[12] em que o agente subtrai alimentos básicos para saciar sua fome ou de pessoa a ele ligada por laços de parentesco ou de amizade. Mas, repita-se, se o sujeito podia laborar honestamente, ou então quando se apodera de bens supérfluos ou em quantidade exagerada, afasta-se a justificativa.

---

[12] STJ: HC 267.447/MG, rel. Min. Jorge Mussi, 5.ª Turma, j. 25.06.2013.

# CAPÍTULO 23

# LEGÍTIMA DEFESA

## 23.1. FUNDAMENTO

O instituto da legítima defesa é inerente à condição humana. Acompanha o homem desde o seu nascimento, subsistindo durante toda a sua vida, por lhe ser natural o comportamento de defesa quando injustamente agredido por outra pessoa. Como argumenta Galdino Siqueira:

> Tão visceralmente ligada à pessoa se manifesta a defesa, isto é, a faculdade de repelir pela força o ataque no momento em que se produz, que CÍCERO, na sua oração – *Pro Milone*, a reputa como um *direito natural*, derivado da necessidade – *non scripta sed nata lex*, proposição verdadeira, se considerarmos o *substratum* fisiológico e psicológico da defesa, como reação do instinto de conservação que brota e se desenvolve independente de qualquer regulamentação.[1]

Em razão da sua compreensão como direito natural, a legítima defesa sempre foi aceita por praticamente todos os sistemas jurídicos, ainda que muitas vezes não prevista expressamente em lei, constituindo-se, dentre todas, na causa de exclusão da ilicitude mais remota ao longo da história das civilizações.

De fato, o Estado avocou para si a função jurisdicional, proibindo as pessoas de exercerem a autotutela, impedindo-as de fazerem justiça pelas próprias mãos. Seus agentes não podem, contudo, estar presentes simultaneamente em todos os lugares, razão pela qual o Estado autoriza os indivíduos a defenderem direitos em sua ausência, pois não seria correto deles exigir a instantânea submissão a um ato injusto para, somente depois, buscar a reparação do dano perante o Poder Judiciário.

## 23.2. DISPOSITIVO LEGAL

Nos termos do art. 25 do Código Penal: "Entende-se em legítima defesa quem, usando moderadamente dos meios necessários, repele injusta agressão, atual ou iminente, a direito seu ou de outrem. Parágrafo único. Observados os requisitos previstos no *caput* deste artigo, considera-se também em legítima defesa o agente de segurança pública que repele agressão ou risco de agressão a vítima mantida refém durante a prática de crimes".

## 23.3. NATUREZA JURÍDICA E CONCEITO

Como se extrai do art. 23, II, do Código Penal, a legítima defesa é **causa de exclusão da ilicitude.** Destarte, o fato típico praticado em legítima defesa é lícito. Não configura crime.

---

[1] SIQUEIRA, Galdino. *Tratado de direito penal*. Parte geral. Rio de Janeiro: José Konfino, 1947. t. I, p. 314.

O conceito decorre do art. 25, *caput*, do Código Penal: trata-se da causa de justificação consistente em repelir injusta agressão, atual ou iminente, a direito próprio ou alheio, usando moderadamente dos meios necessários.

## 23.4. REQUISITOS LEGAIS

A análise do art. 25, *caput*, do Código Penal revela a dependência da legítima defesa aos seguintes requisitos **cumulativos:** (1) agressão injusta; (2) atual ou iminente; (3) contra direito próprio ou alheio; (4) reação com os meios necessários; e (5) uso moderado dos meios necessários.

Esses requisitos podem ser divididos em dois blocos:

### 23.4.1. Agressão injusta

**Agressão** é toda ação ou omissão humana, consciente e voluntária, que lesa ou expõe a perigo de lesão um bem ou interesse consagrado pelo ordenamento jurídico.

Trata-se de **atividade exclusiva do ser humano**. Não pode ser efetuada por um animal, ou por uma coisa, por faltar-lhes a consciência e a voluntariedade ínsitas ao ato de agredir.

Portanto, animais que atacam e coisas que oferecem riscos às pessoas podem ser sacrificados ou danificados com fundamento no estado de necessidade, e não na legítima defesa, reservada a agressões emanadas do homem.

Nada impede, entretanto, a utilização de animais como **instrumentos do crime**, como nos casos em que são ordenados, por alguém, ao ataque de determinada pessoa. Funcionam como verdadeiras armas, autorizando a legítima defesa. Exemplo: "A" determina ao seu cão bravio o ataque contra "B". Esse último poderá matar o animal, acobertado pela legítima defesa.

A agressão pode emanar de um **inimputável**. O inimputável pratica conduta consciente e voluntária, apta a configurar a agressão. O fato previsto em uma lei incriminadora por ele cometido é típico e ilícito. Falta-lhe apenas a culpabilidade. A agressão é tomada em sentido meramente objetivo, não guardando vínculo nenhum com o subjetivismo da culpabilidade.

É pacífico na doutrina, entretanto, que a condição de inimputável do agressor, se conhecida do agredido, impõe a este maior diligência no evitar, e maior moderação no repelir o ataque. Assim, não haveria desonra na fuga, e a esta, se possível e capaz de afastar a agressão, deve recorrer o agredido.[2]

Há posições em sentido contrário. É o caso de Nélson Hungria, que equiparava os inimputáveis aos seres irracionais. A defesa contra o ataque deles originado, consequentemente, não caracterizava legítima defesa, mas estado de necessidade.

Em regra, a agressão é praticada por meio de uma ação, mas nada impede a sua veiculação por **omissão**, quando esta se apresenta idônea a causar danos e o omitente tinha, no caso concreto, o dever jurídico de agir. Mezger fornece o exemplo do carcereiro que tem o

---

[2] BRUNO, Aníbal. *Direito penal* – Parte geral. 3. ed. Rio de Janeiro: Forense, 1967. t. I, p. 362.

CAP. 23 – LEGÍTIMA DEFESA | 321

dever de liberar o recluso cuja pena já foi integralmente cumprida. Com a sua omissão ilícita, inevitavelmente agride um bem jurídico do preso, autorizando a reação em legítima defesa.[3]

Além disso, a agressão deve ser **injusta**.

Agressão injusta é a de natureza ilícita, isto é, **contrária ao Direito**. Pode ser **dolosa** ou **culposa.** É obtida com uma análise objetiva, consistindo na mera contradição com o ordenamento jurídico.

Não se exige, para ser injusta, que a agressão seja prevista como infração penal. Basta que o agredido não esteja obrigado a suportá-la. Exemplo: pode agir em legítima defesa o proprietário do bem atingido por um "furto" de uso.

## 23.4.2. Agressão atual ou iminente

A agressão injusta deve ser atual ou iminente.

Ao contrário do estado de necessidade, em que o legislador previu expressamente somente o perigo atual, na legítima defesa admite-se seja a agressão atual ou iminente.

Não pode o homem de bem ser obrigado a ceder ao injusto. Seria equivocado exigir fosse ele agredido efetivamente para, somente depois, defender-se. Exemplificativamente, não está ele obrigado a ser atingido por um disparo de arma de fogo para, após, defender-se matando o seu agressor. Ao contrário, com a iminência da agressão é permitida a reação imediata contra o agressor, desde que presente o justo receio quanto ao ataque a ser contra ele perpetrado.

**Atual** é a agressão presente, isto é, já se iniciou e ainda não se encerrou a lesão ao bem jurídico. Exemplo: a vítima é atacada com golpes de faca.

**Iminente** é a agressão prestes a acontecer, ou seja, aquela que se torna atual em um futuro imediato. Exemplo: o agressor anuncia à vítima a intenção de matá-la, vindo à sua direção com uma faca em uma das mãos.

A agressão **futura (ou remota)** e a agressão **passada (ou pretérita)** não abrem espaço para a legítima defesa. O medo e a vingança não autorizam a reação, mas apenas a necessidade de defesa urgente e efetiva do interesse ameaçado. Com efeito, admitir-se a legítima defesa contra agressão futura seria um verdadeiro convite para o duelo, desestimulando a pessoa de recorrer à autoridade pública para a tutela de seus direitos. E a agressão pretérita caracterizaria nítida vingança.

## 23.4.3. Agressão a direito próprio ou alheio

A agressão injusta, atual ou iminente, deve ameaçar bem jurídico próprio ou de terceiro.

Qualquer bem jurídico pode ser protegido pela legítima defesa, pertencente àquele que se defende ou a terceira pessoa. Em compasso com o auxílio mútuo que deve reinar entre os indivíduos, o Código Penal admite expressamente a legítima defesa de bens jurídicos alheios, com amparo no princípio da solidariedade humana.

E na legítima defesa de terceiro, a reação pode atingir inclusive o titular do bem jurídico protegido. O terceiro funciona como agredido e defendido, simultaneamente. Exemplo: "A", percebendo que "B" se droga compulsivamente e não aceita conselhos para parar, decide agredi-lo para que desmaie, e, assim, deixe de ingerir mais cocaína, que o levaria à morte.

Não mais existem as limitações antigas que autorizavam a legítima defesa apenas em relação à vida ou ao corpo. Vige atualmente a mais larga amplitude de defesa dos bens jurídicos, pois o Direito não pode distingui-los em mais ou menos valiosos, amparando os primeiros e relegando os últimos ao abandono.

---

[3] MEZGER, Edmund. *Tratado de derecho penal*. Trad. espanhola José Arturo Rodrigues Muñoz. Madrid: Revista de Derecho Privado, 1955. t. I, p. 453.

# 322 | DIREITO PENAL - PARTE GERAL - VOL. 1 • CLEBER MASSON

Em suma, é todo o patrimônio jurídico do indivíduo que se deve ter por inviolável, e no qual ninguém poderá penetrar pela força sem o risco de se ver repelido com a força necessária.[4]

É possível o emprego da excludente para a tutela de bens pertencentes às **pessoas jurídicas**, inclusive do Estado, pois atuam por meio de seus representantes e não podem defender-se sozinhas. Veja-se o exemplo da pessoa que, percebendo uma empresa ser furtada, luta com o ladrão e o imobiliza até a chegada da força policial.

Admite-se, também, a legítima defesa do **feto**. Deveras, o art. 2.º do Código Civil resguarda os direitos do nascituro, que podem ser defendidos por terceiros. É o caso do agente que, percebendo estar a gestante na iminência de praticar um autoaborto, a impede, internando-a posteriormente em um hospital para que o parto transcorra normalmente.

Embora com alguma controvérsia, pode-se ainda falar em legítima defesa do **cadáver**. Nada obstante não seja titular de direitos, a utilização da causa justificativa encontra amparo no reconhecimento que o Estado lhe confere, em respeito à sociedade e aos seus familiares, criando, inclusive, crimes destinados a esse desiderato, como se dá com a destruição, subtração ou ocultação, e também com o vilipêndio a cadáver (CP, arts. 211 e 212).[5]

## 23.4.4. Reação com os meios necessários

Meios necessários são aqueles que o agente tem à sua disposição para repelir a agressão injusta, atual ou iminente, a direito seu ou de outrem, no momento em que é praticada.

A legítima defesa não é desforço desnecessário, mas medida que se destina à proteção de bens jurídicos. Não tem por fim punir, razão pela qual deve ser concretizada da forma menos lesiva possível.

O calor do momento da agressão, todavia, impede sejam calculados os meios necessários de forma rígida e matemática. Seu cabimento deve ser analisado de modo flexível, e não em doses milimétricas. A escolha dos meios deve obedecer aos reclamos da situação concreta de perigo, não se podendo exigir uma proporção mecânica entre os bens em conflito.[6]

O meio necessário, desde que seja o único disponível ao agente para repelir a agressão, pode ser desproporcional em relação a ela, se empregado moderadamente. Imagine-se um agente que, ao ser atacado com uma barra de ferro por um desconhecido, utiliza uma arma de fogo, meio de defesa que estava ao seu alcance. Estará caracterizada a excludente.

Acerca desse tema, merece atenção a leitura de Bento de Faria:

> O homem que é subitamente agredido, não pode, na perturbação e na impetuosidade da sua defesa, proceder a operação de medir a sangue frio e com exatidão se há algum outro recurso para o qual possa apelar, que não o de infligir um mal ao seu agressor; se há algum meio menos violento a empregar na defesa, se o mal que inflige excede ou não o que seria necessário à mesma defesa. É preciso considerar os fatos como eles ordinariamente se apresentam, e reconhecer as fraquezas inerentes à natureza humana, não se exigindo dela o que ela não pode dar; reconhecer mesmo as exigências sociais, que podem justificar o emprego de certos meios de defesa, suposto não seja absoluta a necessidade desse emprego.[7]

Se o meio empregado for desnecessário, estará configurado o **excesso**, doloso, culposo ou exculpante (sem dolo ou culpa), dependendo das condições em que ocorrer.

Ao contrário do que ocorre no estado de necessidade, a possibilidade de fuga ou o socorro pela autoridade pública não impedem a legítima defesa. Não se impõe o *commodus*

---

[4] BRUNO, Aníbal. *Direito penal* – Parte geral. 3. ed. Rio de Janeiro: Forense, 1967. t. I, p. 365.

[5] É a posição de MANZINI, Vicenzo. *Trattato di diritto penale italiano.* 5. ed. Torino: Torinese, 1981. v. II, p. 388.

[6] Nesse sentido: LINHARES, Marcello Jardim. *Legítima defesa.* 4. ed. São Paulo: Saraiva, 1994. p. 344.

[7] FARIA, Bento. *Código Penal brasileiro comentado.* Rio de Janeiro: Distribuidora Record, 1961. v. II, p. 192.

*discessus*, isto é, o agredido não está obrigado a procurar a saída mais cômoda e menos lesiva para escapar do ataque injusto.

O Direito não pode se curvar a uma situação ilícita. Ademais, lhe é vedado obrigar que alguém seja pusilânime ou covarde, fugindo de um ataque injusto quando pode legitimamente se defender.

Há situações, entretanto, em que a fuga do local se mostra a medida mais coerente, não acarretando vergonha ou humilhação. Exemplo: o agente, agredido injustamente por sua mãe, que deseja feri-lo em um acesso inesperado de fúria provocado por fatores até então ignorados, age corretamente ao fugir, quando em tese poderia até mesmo lesioná-la para fazer cessar o ataque.[8]

### 23.4.5. Uso moderado dos meios necessários

Caracteriza-se pelo emprego dos meios necessários na medida suficiente para afastar a agressão injusta.

Utiliza-se o perfil do homem médio, ou seja, para aferir a moderação dos meios necessários o magistrado compara o comportamento do agredido com aquele que, em situação semelhante, seria adotado por um ser humano de inteligência e prudência comuns à maioria da sociedade.

Essa análise não é rígida, baseada em critérios matemáticos ou científicos. Comporta ponderação, a ser aferida no caso concreto, levando em conta a natureza e a gravidade da agressão, a relevância do bem ameaçado, o perfil de cada um dos envolvidos e as características dos meios empreendidos para a defesa.

O art. 25, *caput*, do Código Penal não a exige expressamente, mas firmaram-se doutrina e jurisprudência no sentido de que, assim como no estado de necessidade, a legítima defesa reclama também **proporcionalidade** entre os bens jurídicos em conflito.[9]

O bem jurídico preservado deve ser de valor igual ou superior ao sacrificado, sob pena de configuração do excesso. Exemplo: não pode invocar legítima defesa aquele que mata uma pessoa pelo simples fato de ter sido por ela ofendido verbalmente.

### 23.5. AGENTE DE SEGURANÇA PÚBLICA E VÍTIMA REFÉM DE CRIME

A Lei 13.964/2019, também conhecida como "Pacote Anticrime", acrescentou o parágrafo único no art. 25 do Código Penal, com a seguinte redação: "Observados os requisitos previstos no *caput* deste artigo, considera-se também em legítima defesa o agente de segurança pública que repele agressão ou risco de agressão a vítima mantida refém durante a prática de crimes".

Esse dispositivo afigura-se redundante e desnecessário, por duas razões: (a) se estão "observados os requisitos previstos no *caput* deste artigo", é porque já se caracteriza uma situação clara de legítima defesa; e (b) se existe "vítima mantida refém durante a prática de crimes", o agente de segurança pública não só pode, mas deve repelir agressão ou risco de agressão a ela endereçado, inclusive com a prática de fato típico, porém lícito, seja pela configuração da legítima defesa de terceiro, seja pela obrigação de prender quem quer que seja encontrado em flagrante delito (CPP, art. 301).

Fica a impressão, portanto, de que o legislador incluiu este parágrafo único no art. 25 do Código Penal para proporcionar maior segurança jurídica às instituições de segurança pública e a seus membros, conferindo-lhes uma proteção explícita para um direito que sempre foi consagrado pelo Direito Penal. Essa atitude, ainda que desnecessária, mostra-se aceitável, principalmente pela repercussão que alguns casos têm tomado no Brasil nos últimos tempos.

---

[8] É também o entendimento de GARCIA, Basileu. *Instituições de direito penal.* 4. ed. 37. tir. São Paulo: Max Limonad, 1975. t. I, v. I, p. 306.

[9] STJ: RE 1.459.909/MS, rel. Min. Maria Thereza de Assis Moura, 6.ª Turma, j. 14.08.2014.

Exemplificativamente, na atuação de um atirador de elite (*sniper*) para salvar as vítimas de um sequestrador armado que as mantém como reféns no interior de um ônibus, é indiscutível a incidência da legítima defesa, como causa de exclusão da ilicitude, se ocorrer a morte do agente quando ele se propõe a eliminar a vida de uma das vítimas, desde que presentes os requisitos elencados pelo art. 25, *caput*, do Código Penal.

Como "agente de segurança pública", destinatário desta norma, incluem-se os agentes públicos indicados no art. 144 da Constituição Federal: integrantes da polícia federal, da polícia rodoviária federal, das polícias civis, das polícias militares e corpos de bombeiros militares, das polícias penais federal, estaduais e distrital, bem como das guardas municipais.

Os membros da polícia legislativa da Câmara dos Deputados (CF, art. 51, IV) e do Senado Federal (CF, art. 52, XIII) não são agentes de segurança pública, pois atuam nos ambientes restritos das casas do Congresso Nacional. Portanto, se agirem para salvar alguma vítima mantida refém de crime praticado no recinto do Poder Legislativo, serão contemplados pela legítima defesa, com a aplicação do art. 25, *caput*, do Código Penal, e não do seu parágrafo único.

Em síntese, a eximente em estudo não pode ser aplicada a todo e qualquer funcionário público, mas tão somente aos **agentes de segurança pública**.

E cuidado com um ponto importante: o agente de segurança pública, ao praticar um fato típico em legítima defesa, nem sempre será protegido pela excludente contida no parágrafo único do art. 25 do Código Penal. Esse dispositivo somente terá incidência quando tal pessoa repelir agressão ou risco de agressão a **vítima mantida refém durante a prática de crime**. Nos demais casos de legítima defesa será aplicável o instituto previsto no art. 25, *caput*, do Código Penal.

Finalmente, cumpre destacar que a Lei 13.964/2019 – "Pacote Anticrime" permitiu a divisão binária da legítima defesa, a saber: (a) **comum ou geral**, definida no art. 25, *caput*, e aplicável a todas as pessoas, inclusive aos agentes de segurança pública; e (b) **específica** ou **especial**, catalogada no art. 25, parágrafo único, do Código Penal, e cabível apenas aos agentes de segurança pública na hipótese de vítima mantida refém durante a prática de crime.

## 23.6. LEGÍTIMA DEFESA E VINGANÇA

Nada obstante o caráter objetivo da legítima defesa, exige-se a existência, naquele que reage, da vontade de defender-se. Seu ato deve ser uma resposta à agressão de outrem, e esse caráter de reação precisa estar presente nos dois momentos de sua atuação: o objetivo e o subjetivo.

Entretanto, não exclui a legítima defesa a circunstância de o agente unir ao fim de defender-se uma finalidade diversa, tal como a vingança, desde que objetivamente não exceda os requisitos da necessidade (uso dos meios necessários) e da moderação (emprego moderado de tais meios). Exemplo: "A", com o desejo antigo de matar "B", em razão de brigas pretéritas, aproveita-se do ataque injustificado de seu desafeto para eliminar a sua vida.

## 23.7. DESAFIO E LEGÍTIMA DEFESA

Não há legítima defesa no desafio, no duelo, no convite para a luta. Os contendores respondem pelos crimes praticados.

## 23.8. ESPÉCIES DE LEGÍTIMA DEFESA

A divisão da legítima defesa tem como parâmetros a forma de reação, a titularidade do bem jurídico protegido e o aspecto subjetivo daquele que se defende.

### 23.8.1. Quanto à forma de reação

Adotando-se como parâmetro a forma de reação, a legítima defesa pode ser:

a) **Agressiva**, ou **ativa:** é aquela em que a reação contra a agressão injusta configura um fato previsto em lei como infração penal. Exemplo: provocar lesões corporais no agressor.

b) **Defensiva**, ou **passiva:** é a legítima defesa na qual aquele que reage limita-se a impedir os atos agressivos, sem praticar um fato típico. Exemplo: segurar os braços do agressor para que ele não desfira socos.

## 23.8.2. Quanto à titularidade do bem jurídico protegido

Na hipótese em que o parâmetro for a titularidade do bem jurídico protegido, a legítima defesa pode ser própria e de terceiro.

a) **Própria:** é aquela em que o agente defende bens jurídicos de sua titularidade.

b) **De terceiro:** é aquela em que o agente protege bens jurídicos alheios.

## 23.8.3. Quanto ao aspecto subjetivo de quem se defende

No que tange ao aspecto subjetivo daquele que se defende, a legítima defesa pode ser:

a) **Real:** é a espécie de legítima defesa em que se encontram todos os requisitos previstos no art. 25, *caput*, do Código Penal. Exclui a ilicitude do fato (CP, art. 23, II).

b) **Putativa** ou **imaginária:** é aquela em que o agente, por erro, acredita existir uma agressão injusta, atual ou iminente, a direito seu ou de outrem. Exemplo: "A" foi jurado de morte por "B". Em determinada noite, em uma rua escura, encontram-se. "B" coloca a mão no bolso, e "A", acreditando que ele iria pegar uma arma, mata-o. Descobre-se, posteriormente, que "B" tinha a intenção de oferecer-lhe um charuto para selar a paz.

O fato típico praticado permanece revestido de ilicitude, e seus efeitos variam em conformidade com a teoria adotada no tocante às descriminantes putativas (Capítulo 15, item 15.8).

c) **Subjetiva** ou **excessiva:** é aquela em que o agente, por erro de tipo escusável, excede os limites da legítima defesa. É também denominada de **excesso acidental**. Exemplo: "A", de porte físico avantajado, parte para cima de "B", para agredi-lo. Este, entretanto, consegue acertar um golpe violento, fazendo seu inimigo desmaiar. Não percebe, contudo, que "A" estava inconsciente e, com medo de ser agredido, continua a desferir socos desnecessários. Não responde pelo excesso, em face de sua natureza acidental.

## 23.8.4. Legítima defesa da honra

Nos tempos atuais, embora diminuída frente a décadas passadas, infelizmente ainda subsiste alguma polêmica acerca da admissibilidade da **legítima defesa da honra**.

A honra, direito fundamental do homem, é inviolável por expressa disposição constitucional (art. 5.º, X).

Como o art. 25, *caput*, do Código Penal não faz distinção entre os bens jurídicos, a honra também pode ser alcançada pela legítima defesa.

Mas tal bem jurídico não pode ser isoladamente considerado. A honra deve ser analisada em determinado contexto, pois pode ser dividida em três aspectos distintos: respeito pessoal, liberdade sexual e infidelidade conjugal.

O **respeito pessoal**, que engloba a dignidade e o decoro, é ofendido pelos crimes contra a honra: calúnia, difamação e injúria. Para a sua tutela, admite-se o emprego de força física, necessária e moderada, visando impedir a reiteração das ofensas. A propósito, no campo da injúria, a retorsão imediata, que consiste em outra injúria, é passível de perdão judicial (CP, art. 140, § 1.º).

No âmbito da **liberdade sexual** (livre disposição do corpo para fins sexuais), também se autoriza a legítima defesa. É o caso da pessoa que pode ferir ou até mesmo matar quem tenta lhe estuprar.

Há, finalmente, a **infidelidade conjugal**. Nesse ponto, reside a maior celeuma, relativa à legítima defesa da honra na órbita do adultério.

No passado, com a predominância da cultura do machismo e coisificação da mulher, utilizava-se a tese absurda da **legítima defesa da honra** para assegurar a impunidade de assassinos de mulheres, sustentada na alegação de que a morte da mulher adúltera fora causada por "amor".

Essa tese, felizmente, há muito foi sepultada, e não pode ser aceita em hipótese alguma.

A proteção da honra não vai ao ponto de legitimar a morte da mulher (esposa, companheira, namorada etc.) em caso de ciúme, dominação ou mesmo de infidelidade no relacionamento amoroso. A traição, como se sabe, não humilha o traído (ou a traída), e sim o traidor (ou a traidora), pois tal pessoa não se mostra segura e preparada para um relacionamento sério e duradouro.

No âmbito do matrimônio, é válido destacar, operou-se a descriminalização do adultério, pois a quebra do dever conjugal pode (e deve) ser solucionada por outras formas, notadamente o divórcio, inclusive com indenização por danos morais ao cônjuge prejudicado pela traição.

Além disso, eventual alegação no sentido de "abalo emocional" também não merece credibilidade. O art. 28, I, do Código Penal é firme ao estabelecer que a emoção e a paixão não excluem a imputabilidade penal. Essa linha de raciocínio foi acolhida pelo Plenário do Supremo Tribunal Federal:

> A tese da legítima defesa da honra é inconstitucional, por contrariar os princípios da dignidade da pessoa humana (CF, art. 1º, III), da proteção à vida e da igualdade de gênero (CF, art. 5º, *caput*). Apesar da alcunha de "legítima defesa" — instituto técnico-jurídico amplamente amparado no direito brasileiro —, a chamada legítima defesa da honra corresponde, na realidade, a recurso argumentativo/ retórico odioso, desumano e cruel utilizado pelas defesas de acusados de feminicídio ou agressões contra mulher para imputar às vítimas a causa de suas próprias mortes ou lesões, contribuindo imensamente para a naturalização e a perpetuação da cultura de violência contra as mulheres no Brasil. O instituto da legítima defesa caracteriza-se pela conjunção dos seguintes elementos: a agressão é injusta e atual ou iminente; envolve direito próprio ou de terceiro, o uso moderado dos meios necessários e a presença de um ânimo de defesa (*animus defendendi*). Trata-se, portanto, de hipótese excepcional de afastamento da aplicação da lei penal, a qual somente se justifica pela confluência dos referidos fatores. De outro lado, a honra se refere a um atributo pessoal, íntimo e subjetivo, cuja tutela se encontra delineada na Constituição, por exemplo, na previsão do direito de resposta, e no Código Penal, que prevê os tipos penais da calúnia, da difamação e da injúria. Portanto, aquele que se vê lesado em sua honra tem meios jurídicos para buscar sua compensação. Também não há que se falar em direito subjetivo de agir com violência contra uma traição. A traição se encontra inserida no contexto das relações amorosas. Seu desvalor reside no âmbito ético e moral. Aliás, para evitar que a autoridade judiciária absolvesse o agente que agiu movido por ciúme ou outras paixões e emoções, o legislador ordinário inseriu no atual Código Penal a regra do art. 28, segundo a qual a emoção ou a paixão não excluem a imputabilidade penal. Aquele que pratica feminicídio ou usa de violência, com a justificativa de reprimir um adultério, não está a se defender, mas a atacar uma mulher de forma desproporcional, de forma covarde e criminosa. Assim sendo, o adultério não configura uma agressão injusta apta a excluir a antijuridicidade de um fato típico, pelo que qualquer ato violento perpetrado nesse contexto deve estar sujeito à repressão do direito penal. A ideia que subjaz à legítima defesa da honra tem raízes arcaicas no direito brasileiro, constituindo um ranço, na retórica de alguns operadores do direito, de institucionalização da desi-

gualdade entre homens e mulheres e de tolerância e naturalização da violência doméstica, as quais não têm guarida na CF/1988. A legítima defesa da honra é uma ideia anacrônica que remonta a uma concepção rigidamente hierarquizada de família, na qual a mulher ocupa posição subalterna e tem restringida sua dignidade e sua autodeterminação. Segundo essa percepção, o comportamento da mulher, especialmente no que se refere à sua conduta sexual, seria uma extensão da reputação do "chefe de família", que, sentindo-se desonrado, agiria para corrigir ou cessar o motivo da desonra. Trata-se, assim, de uma percepção instrumental e desumanizadora do indivíduo, que subverte o conceito kantiano — que é base da ideia seminal de dignidade da pessoa humana — de que o ser humano é um fim em si mesmo, não podendo jamais ter seu valor individual restringido por outro ser humano ou atrelado a uma coisa. Trata-se, além do mais, de tese violadora dos direitos à vida e à igualdade entre homens e mulheres, também pilares de nossa ordem constitucional. A ofensa a esses direitos concretiza-se, sobretudo, no estímulo à perpetuação da violência contra a mulher e do feminicídio. Com efeito, o acolhimento da tese da legítima defesa da honra tem a potencialidade de estimular práticas violentas contra as mulheres ao exonerar seus perpetradores da devida sanção. A Constituição garante aos réus submetidos ao tribunal do júri plenitude de defesa, no sentido de que são cabíveis argumentos jurídicos e não jurídicos — sociológicos, políticos e morais, por exemplo —, para a formação do convencimento dos jurados. Não obstante, para além de um argumento atécnico e extrajurídico, a legítima defesa da honra é estratagema cruel, subversivo da dignidade da pessoa humana e dos direitos à igualdade e à vida e totalmente discriminatória contra a mulher, por contribuir com a perpetuação da violência doméstica e do feminicídio no País. Nesse contexto, a cláusula tutelar da plenitude de defesa não pode constituir instrumento de salvaguarda de práticas ilícitas. Há, portanto, a prevalência da dignidade da pessoa humana, da vedação a todas as formas de discriminação, do direito à igualdade e do direito à vida sobre a plenitude da defesa, tendo em vista os riscos elevados e sistêmicos decorrentes da naturalização, da tolerância e do incentivo à cultura da violência doméstica e do feminicídio.[10]

Em síntese, o Supremo Tribunal Federal firmou o entendimento de que a tese da legítima defesa da honra é inconstitucional, por contrariar a dignidade da pessoa humana (CF, art. 1º, III) e o princípio da proteção à vida e da igualdade de gênero (CF, art. 5º, *caput*), e conferiu interpretação conforme à Constituição Federal aos arts. 23, II, e 25, *caput* e parágrafo único, do Código Penal, e também ao art. 65 do Código de Processo Penal, para o fim de excluir a legítima defesa da honra do âmbito do instituto da legítima defesa e, consequentemente, obstar à defesa, à acusação, à autoridade policial e ao juízo que utilizem, direta ou indiretamente, a tese de legítima defesa da honra (ou qualquer argumento que induza à tese) nas fases pré--processual ou processual penais, bem como durante julgamento perante o Tribunal do Júri, sob pena de nulidade do ato e do julgamento.

### 23.8.5. Legítima defesa presumida

A tipicidade funciona como indício da ilicitude. Portanto, todo fato típico presume-se ilícito.

Inverte-se o ônus da prova: quem alega qualquer excludente da ilicitude, aí se inserindo a legítima defesa, deve provar a sua ocorrência. Por esse motivo, não se admite a legítima defesa presumida. A propósito, constava no Êxodo (XXII, 2-3):

Se um ladrão for encontrado forçando a porta ou escavando a parede da casa, e, sendo ferido, morrer, aquele que o feriu não será réu de morte. Se, porém, fez isto depois de ter nascido o sol, cometeu um homicídio, e ele mesmo morrerá.

---

[10] ADPF 779 MC/DF, rel. Min. Dias Toffoli, Plenário, j. 13.03.2021, noticiado no *Informativo* 1.009. Essa conclusão foi reforçada pelo julgamento efetuado pelo Plenário do STF no dia 1º de agosto de 2023, com a decisão veiculada no *Informativo* 1.105.

DIREITO PENAL – PARTE GERAL – VOL. 1 • CLEBER MASSON

No direito romano falava-se expressamente em legítima defesa presumida. Como lembra Jorge Alberto Romeiro: "A noite autorizava, ainda, para os romanos, a presunção de legítima defesa em favor daquele que matasse um ladrão, quando surpreendido furtando, pelo justo receio do ataque".[11]

### 23.8.6. Legítima defesa sucessiva

Constitui-se na espécie de legítima defesa em que alguém reage contra o excesso de legítima defesa. Exemplo: "A" profere palavras de baixo calão contra "B", o qual, para calá-lo, desfere-lhe um soco. Em seguida, com "A" já em silêncio, "B" continua a agredi-lo fisicamente, autorizando o emprego de força física pelo primeiro para defender-se.

É possível essa legítima defesa, pois o excesso sempre representa uma agressão injusta.

## 23.9. LEGÍTIMA DEFESA CONTRA A MULTIDÃO

Prevalece o entendimento pela sua admissibilidade, pois o instituto da legítima defesa reclama tão somente uma agressão injusta, atual ou iminente, a direito próprio ou alheio, emanada de seres humanos, pouco importando sejam eles individualizados ou não.[12]

Em sentido contrário a opinião de Vincenzo La Medica, para quem o comportamento de defesa contra a multidão configura estado de necessidade.[13]

## 23.10. LEGÍTIMA DEFESA CONTRA PESSOA JURÍDICA

É possível a legítima defesa contra pessoa jurídica, uma vez que esta exterioriza a sua vontade por meio da conduta de seres humanos, permitindo a prática de agressões injustas.[14] Exemplo: o funcionário de uma empresa escuta, pelo sistema de som, ofensas à sua honra. Para impedir a reiteração da conduta, pode destruir o alto-falante que transmite as palavras inadequadas.

## 23.11. LEGÍTIMA DEFESA NAS RELAÇÕES FAMILIARES

Duas situações distintas podem ser visualizadas: (1) agressões dos pais contra os filhos; e (2) agressões entre os cônjuges.

Na relação entre pais e filhos, os castigos moderados inserem-se no campo do exercício regular de direito, impedindo a intervenção de terceiras pessoas.

Se, entretanto, os castigos forem imoderados e excessivos, caracterizam agressão injusta, autorizando a legítima defesa pelo descendente, por outro familiar ou mesmo por pessoa estranha.[15]

No tocante às relações entre os cônjuges, não tem qualquer deles mando ou hierarquia sobre o outro, em face da regra contida no art. 226, § 5.º, da Constituição Federal: "Os direitos e deveres referentes à sociedade conjugal são exercidos igualmente pelo homem e pela mulher".

Nesses termos, se o marido agredir injustamente a mulher, ou vice-versa, será cabível a legítima defesa por qualquer deles, ou mesmo por outro familiar ou terceira pessoa.[16]

---

[11] ROMEIRO, Jorge Alberto. A noite no direito e no processo penal. *Estudos de direito e processo penal em homenagem a Nélson Hungria*. Rio de Janeiro: Forense, 1962. p. 183.

[12] LINHARES, Marcello Jardim. *Legítima defesa*. 4. ed. São Paulo: Saraiva, 1994. p. 166.

[13] LA MEDICA, Vincenzo. *O direito de defesa*. Trad. Fernando de Miranda. São Paulo: Saraiva, 1942. p. 48-49.

[14] MARSICO, Alfredo de. *Diritto penale – Parte generale*. Napoli: Jovene, 1937. p. 105.

[15] A Lei 13.010/2014, também conhecida como "lei da palmada" ou "lei menino Bernardo", modificou a Lei 8.069/1990 – Estatuto da Criança e do Adolescente, com a finalidade de proibir expressamente qualquer tipo de castigo físico ou tratamento cruel ou degradante como forma de correção.

[16] Assim também LA MEDICA, Vincenzo. *O direito de defesa*. Trad. Fernando de Miranda. São Paulo: Saraiva, 1942. p. 116-119.

CAP. 23 – LEGÍTIMA DEFESA | **329**

## 23.12. LEGÍTIMA DEFESA E *ABERRATIO ICTUS*

Se repelindo uma agressão injusta, atual ou iminente, a direito seu ou de outrem, o agente atinge pessoa inocente, por erro no emprego dos meios de execução, subsiste em seu favor a legítima defesa. Exemplo: "A" se defende de tiros de "B", revidando disparos de arma de fogo em sua direção. Acerta, todavia, "C", que nada tinha a ver com o incidente, matando-o.

Incidirá ainda a justificativa se o agente atingir a pessoa almejada e também pessoa inocente. No exemplo acima, "A" mataria "B" e "C".

De fato, o art. 73 do Código Penal é peremptório ao estabelecer que o crime considera-se praticado contra a pessoa visada, permitindo a conclusão de que essa regra aplica-se inclusive para efeito de exclusão da ilicitude.

## 23.13. LEGÍTIMA DEFESA DE TERCEIRO E CONSENTIMENTO DO OFENDIDO

A questão que se coloca é: para o exercício da legítima defesa de terceiro é necessário o seu consentimento para ser protegido de uma agressão injusta?

A resposta pode ser negativa ou positiva, dependendo da natureza do bem jurídico atacado.

Em se tratando de bem jurídico **indisponível**, será prescindível o consentimento do ofendido. Exemplo: um homem agride cruelmente sua esposa, com o propósito de matá-la. Aquele que presenciar o ataque poderá, sem a anuência da mulher, protegê-la, ainda que para isso tenha que lesionar ou mesmo eliminar a vida do covarde marido.

Diversa será a conclusão quando tratar-se de bem jurídico **disponível**. Nessa hipótese, impõe-se o consentimento do ofendido, se for possível a sua obtenção. Exemplo: um homem ofende com impropérios a honra de sua mulher. Por mais inconformado que um terceiro possa ficar com a situação, não poderá protegê-la sem o seu assentimento.

Não se olvide, porém, que mesmo no caso de bem jurídico disponível, estará caracterizada a legítima defesa putativa quando o terceiro atuar sem o consentimento do ofendido.

## 23.14. DIFERENÇA ENTRE ESTADO DE NECESSIDADE E LEGÍTIMA DEFESA

Estado de necessidade e legítima defesa são causas legais de exclusão da ilicitude (CP, art. 23, I e II). Além disso, ambos têm em comum o perigo a um bem jurídico, próprio ou de terceiro.

Mas diferenciam-se claramente.

Na legítima defesa, o perigo provém de uma agressão ilícita do homem, e a reação se dirige contra seu autor.

Por outro lado, no estado de necessidade **agressivo** o perigo é originário da natureza, de seres irracionais ou mesmo de um ser humano, mas, para dele se safar, o agente sacrifica bem jurídico pertencente a quem não provocou a situação de perigo. Exemplo: "A", para salvar-se de uma enchente, subtrai o barco de "B".

No estado de necessidade **defensivo** o agente sacrifica bem jurídico de titularidade de quem causou a situação de perigo. Exemplo: "A" mata um touro bravio de seu vizinho, que nao consertou a cerca da fazenda, e por esse motivo estava o animal pronto a atacar crianças que nadavam em um pequeno riacho. A reação dirige-se contra a coisa da qual resulta o perigo, e não contra a pessoa que provocou a situação perigosa.

Em alguns casos, contudo, a situação de perigo ao bem jurídico é provocada por uma **agressão lícita** do ser humano que atua em estado de necessidade. Como o ataque é lícito, eventual reação caracterizará estado de necessidade, e não legítima defesa. Exemplo: "A" e "B" estão perdidos no deserto, e a água que carregam somente saciará a sede de um deles. "A", em estado de necessidade, furta a água de "B", o qual, para salvar-se, mata em estado de necessidade seu companheiro.

## 23.15. EXISTÊNCIA SIMULTÂNEA DE LEGÍTIMA DEFESA E DE ESTADO DE NECESSIDADE

É possível que uma mesma pessoa atue simultaneamente acobertada pela legítima defesa e pelo estado de necessidade, quando, para repelir uma agressão injusta, praticar um fato típico visando afastar uma situação de perigo contra bem jurídico próprio ou alheio. Exemplo: "A", para defender-se de "B", que injustamente desejava matá-lo, subtrai uma arma de fogo pertencente a "C" (estado de necessidade), utilizando-a para matar o seu agressor (legítima defesa).

## 23.16. LEGÍTIMA DEFESA E RELAÇÃO COM OUTRAS EXCLUDENTES: ADMISSIBILIDADE

Os requisitos previstos no art. 25, *caput*, do Código Penal revelam a admissibilidade da legítima defesa nos seguintes casos:

### a) Legítima defesa real contra legítima defesa putativa

A legítima defesa real pressupõe uma agressão injusta. E essa agressão injusta estará presente na legítima defesa putativa, pois aquele que assim atua, atacando terceira pessoa, o faz de maneira ilícita, permitindo a reação defensiva. Exemplo: "A" caminha em área perigosa. De repente, visualiza "B" colocando a mão no interior de sua blusa, e, acreditando que seria assaltado, "A" saca uma arma de fogo para matar "B". Este último, entretanto, que iria apenas pegar um cigarro, consegue se esquivar dos tiros, e, em seguida, mata "A" para se defender.

A legítima defesa real é o revide contra agressão efetivamente injusta, enquanto a legítima defesa putativa é a reação imaginária, erroneamente suposta, pois existe apenas na mente de quem a realiza. No exemplo mencionado, "A" agiu em legítima defesa putativa, ensejando a legítima defesa real por parte de "B".

Esse raciocínio é também aplicável a todas as demais excludentes da ilicitude putativas (estado de necessidade, exercício regular de direito e estrito cumprimento de dever legal).

### b) Legítima defesa putativa recíproca (legítima defesa putativa contra legítima defesa putativa)

Ocorre na hipótese em que dois ou mais agentes acreditam, erroneamente, que um irá praticar contra o outro uma agressão injusta, quando na verdade o ataque ilícito não existe. Exemplo: "A" e "B", velhos desafetos, encontram-se em local ermo. Ambos colocam as mãos nos bolsos ao mesmo tempo, e, em razão disso, partem um para cima do outro, lutando até o momento em que desmaiam. Posteriormente, apura-se que "A" iria oferecer a "B" um cigarro, enquanto este, que havia perdido a fala em um acidente, entregaria àquele um pedido escrito de desculpas pelos desentendimentos pretéritos.

### c) Legítima defesa real contra legítima defesa subjetiva

Legítima defesa subjetiva, ou excessiva, é aquela em que o indivíduo, por erro escusável, ultrapassa os limites da legítima defesa. Daí ser também chamada de excesso acidental. No momento em que se configura o excesso, a outra pessoa – que de agressor passou a ser agredido –, pode agir em legítima defesa real, uma vez que foi praticada contra ele uma agressão injusta. Veja o exemplo: "A", de porte físico avantajado, parte para cima de "B", para agredi-lo. Este, entretanto, consegue acertar um golpe violento, fazendo seu inimigo desistir da contenda. "B" não nota, todavia, que "A" já estava imóvel, e continua a atacá-lo, desnecessariamente. A partir daí, essa agressão se torna injusta, e "A" poderá agir em legítima defesa real contra o excesso de "B".

### d) Legítima defesa real contra legítima defesa culposa

Tal situação é possível, pois para a legítima defesa importa somente o caráter injusto da agressão, objetivamente considerado, independente do elemento subjetivo do agente. Exemplo: "A", sem adotar maior cautela, confunde "B" com uma pessoa que havia prometido matá-lo tão logo o encontrasse, e passa a efetuar disparos de arma de fogo para atingi-lo. "B" poderá, contra essa agressão injusta culposamente perpetrada, agir acobertado pela legítima defesa real.

### e) Legítima defesa contra conduta amparada por causa de exclusão da culpabilidade

Será sempre cabível a legítima defesa contra uma agressão que, embora injusta, esteja acobertada por qualquer causa de exclusão da culpabilidade. Exemplo: "A" chega ao Brasil vindo de um país em que não há proteção sobre a propriedade de bens móveis. Não possui, pois, conhecimento acerca do caráter ilícito da conduta de furtar (erro de proibição). Em seguida, ele se dirige à residência de "B" para subtrair diversos de seus pertences. Assim agindo, autoriza "B" a repelir a agressão injusta em legítima defesa do seu patrimônio.

## 23.17. LEGÍTIMA DEFESA E RELAÇÃO COM OUTRAS EXCLUDENTES: INADMISSIBILIDADE

### a) Legítima defesa real recíproca (legítima defesa real contra legítima defesa real)

Não é cabível, pois o pressuposto da legítima defesa é a existência de uma agressão injusta. E, se a agressão de um dos envolvidos é injusta, automaticamente a reação do outro será justa, pois constituirá uma simples atitude de defesa. Consequentemente, apenas este último estará protegido pela causa de exclusão da ilicitude.

### b) Legítima defesa real contra outra excludente real

Por idênticos motivos aos ligados à não aceitação da legítima defesa real recíproca, é inadmissível a relação da legítima defesa real com o estado de necessidade real, com o exercício regular de direito real, e, finalmente, com o estrito cumprimento de dever legal real.

O fundamento, vale ressaltar, é simples: se a outra excludente é real, não haverá a agressão injusta da qual depende a legítima defesa real.

## 23.18. LEGÍTIMA DEFESA E DESOBEDIÊNCIA CIVIL: DISTINÇÃO

Desobediência civil é a resistência do cidadão à atividade estatal, em razão de reputá-la abusiva e contrária ao interesse público.[17] No campo penal, consiste na prática de um fato típico contra bem jurídico pertencente ao Poder Público, como no exemplo daquele que destrói uma porta para transitar em prédio municipal fechado em razão de greve no setor público. Nos ensinamentos de Günther Jakobs:

> Se o sacrifício do bem consiste em lesão de um bem jurídico penalmente típica, que se executa como protesto contra determinado comportamento estatal, reconhecendo sem embargo a legitimidade deste Estado e do Direito que se vulnera, este modo de proceder se denomina desobediência civil, quando a infração do Direito não deixa de ser moderada e somente afeta a bens de natureza pública.[18]

---

[17] Para um estudo aprofundado do assunto: GARCIA, Maria. *Desobediência civil:* direito fundamental. 2. ed. São Paulo: Editora Revista dos Tribunais, 2004.

[18] JAKOBS, Günther, *Derecho penal* – Parte general. Fundamentos y teoría de la imputación. 2. ed. Trad. espanhola Joaquin Cuello Contreras e Jose Luis Serrano Gonzales de Murillo. Madrid: Marcial Pons, 1997.

Em nossa opinião, a desobediência civil não importa na configuração da legítima defesa. De fato, a todos é assegurado o direito de não se conformar com as posturas estatais, mas de forma pacífica e ordenada. A lesão a bens jurídicos, mediante a prática de condutas penalmente típicas, não pode ser tolerada, sob pena de acarretar em anarquia e desordem pública.

# CAPÍTULO 24

# ESTRITO CUMPRIMENTO DE DEVER LEGAL

## 24.1. DISPOSITIVO LEGAL

Dispõe o art. 23, III, 1.ª parte, do Código Penal: "Não há crime quando o agente pratica o fato em estrito cumprimento de dever legal".

## 24.2. NATUREZA JURÍDICA

Cuida-se de causa de exclusão da ilicitude, o que se extrai tanto pela rubrica marginal do art. 23 do Código Penal ("exclusão de ilicitude"), como também pela redação do dispositivo legal ("não há crime").

## 24.3. CONCEITO

Ao contrário do que fez em relação ao estado de necessidade e à legítima defesa, o Código Penal não apresentou o conceito de estrito cumprimento de dever legal, nem seus elementos característicos.

Pode-se defini-lo, contudo, como a causa de exclusão da ilicitude que consiste na prática de um fato típico, em razão de cumprir o agente uma obrigação imposta por lei, de natureza penal ou não.

## 24.4. FUNDAMENTO

Seria despropositado a lei impor a determinadas pessoas a prática de um ato, e, ao mesmo tempo, sujeitá-la em face de seu cumprimento a uma sanção penal, em razão de consistir o seu mandamento em um fato descrito em lei como crime ou contravenção penal. Se no Brasil, por exemplo, fosse rotineira a aplicação da pena de morte, não poderia ser o executor responsabilizado pelos homicídios eventualmente praticados.

Com efeito, na eximente em apreço a lei não determina apenas a faculdade, a escolha do agente em obedecer ou não a regra por ela estabelecida. Há, em verdade, o dever legal de agir. É o caso, por exemplo, do cumprimento de mandado de busca domiciliar em que o morador ou quem o represente desobedeça à ordem de ingresso na residência, autorizando o arrombamento da porta e a entrada forçada (CPP, art. 245, § 2.º). Em decorrência do estrito cumprimento do dever legal, o funcionário público responsável pelo cumprimento da ordem judicial não responde pelo crime de dano, e sequer pela violação de domicílio.[1]

O Superior Tribunal de Justiça nos fornece outro exemplo na seara dos crimes contra a honra:

> Queixa-crime oferecida por Juiz contra Desembargadora que, durante processo de promoção por merecimento de magistrados, proferiu voto com expressões tidas por caluniosas, difamatórias e injuriosas pelo querelante. A querelada, em sessão pública, proferiu seu voto, em cumprimento ao previsto na Resolução 106/2010 do CNJ, com considerações que entendeu pertinentes, não se extraindo da sua manifestação atividade delituosa que se amolde às figuras típicas dos arts. 138, 139 e 140, c/c o art. 141, II, do Código Penal, visto que ausente o elemento subjetivo dos tipos penais, a inexistência de *animus caluniandi, diffamandi vel injuriandi*. Manifestação da querelada no estrito cumprimento do dever legal de fundamentação do voto, relatando informações que possuía, não se configurando a tipicidade dos crimes a ela imputados, pelo querelante nos termos do art. 142, III, do Código Penal e do art. 41 da LC 35/1979 (LOMAN). Queixa-crime rejeitada.[2]

## 24.5. DEVER LEGAL

O dever legal engloba qualquer **obrigação direta ou indiretamente resultante de lei**, em sentido genérico, isto é, preceito obrigatório e derivado da autoridade pública competente para emiti-lo. Compreende, assim, decretos, regulamentos, e, também, decisões judiciais, as quais se limitam a aplicar a letra da lei ao caso concreto submetido ao exame do Poder Judiciário.

O dever legal pode também originar-se de atos administrativos, desde que de caráter geral, pois, se tiverem caráter específico, o agente não estará agindo sob o manto da excludente do estrito cumprimento de dever legal, mas sim protegido pela obediência hierárquica (causa de exclusão da culpabilidade), se presentes os requisitos exigidos pelo art. 22 do Código Penal.

Destarte, o cumprimento de dever social, moral ou religioso, ainda que estrito, não autoriza a aplicação dessa excludente da ilicitude. Exemplo: comete crime de violação de domicílio o padre ou pastor que, a pretexto de espantar os maus espíritos que lá se encontram, ingressa sem permissão na residência de alguém.

## 24.6. DESTINATÁRIOS DA EXCLUDENTE

Para Julio Fabbrini Mirabete, a excludente pressupõe no executor um funcionário público ou agente público que age por ordem da lei, não se excluindo o particular que exerça função pública (jurado, perito, mesário da Justiça Eleitoral etc.).[3]

Prevalece, contudo, o entendimento de que o estrito cumprimento de dever legal como causa de exclusão da ilicitude também se estende ao particular, quando atua no cumprimento de um dever imposto por lei. Nesse sentido, não há crime de falso testemunho na conduta do advogado que se recusa a depor sobre fatos que tomou conhecimento no exercício da sua função, acobertados pelo sigilo profissional (Lei 8.906/1994 – Estatuto da OAB, arts. 2.º, § 3.º, e 7.º, XIX).

## 24.7. LIMITES DA EXCLUDENTE

O cumprimento deve ser estritamente dentro da lei, ou seja, deve obedecer à risca os limites a que está subordinado. De fato, todo direito apresenta duas características fundamentais: **é limitado e disciplinado em sua execução**.

---

[1] Outro exemplo de estrito cumprimento de dever legal encontra-se no art. 190-C da Lei 8.069/1990 – Estatuto da Criança e do Adolescente: "Não comete crime o policial que oculta a sua identidade para, por meio da internet, colher indícios de autoria e materialidade dos crimes previstos nos arts. 240, 241, 241-A, 241-B, 241-C e 241-D desta Lei e nos arts. 154-A, 217-A, 218, 218-A e 218-B do Decreto-Lei nº 2.848, de 7 de dezembro de 1940 (Código Penal)".

[2] AP 720/BA, rel. Min. Sidnei Beneti, Corte Especial, j. 07.08.2013.

[3] MIRABETE, Julio Fabbrini. *Manual de direito penal*. Parte geral. 24. ed. São Paulo: Atlas, 2007. v. 1, p. 185.

Fora dos limites traçados pela lei, surge o excesso ou o abuso de autoridade. O fato torna-se ilícito, e, além de livrar do cumprimento aquele a quem se dirigia a ordem, abre-lhe ainda espaço para a utilização da legítima defesa.

## 24.8. ESTRITO CUMPRIMENTO DE DEVER LEGAL E CRIMES CULPOSOS

A excludente é incompatível com os crimes culposos, pois a lei não obriga ninguém, funcionário público ou não, a agir com imprudência, negligência ou imperícia.

A situação, geralmente, é resolvida pelo estado de necessidade. Exemplo: o bombeiro que dirige a viatura em excesso de velocidade para salvar uma pessoa queimada em incêndio, e em razão disso atropela alguém, matando-o, não responde pelo homicídio culposo na direção de veículo automotor, em face da exclusão do crime pelo estado de necessidade de terceiro.

## 24.9. COMUNICABILIDADE DA EXCLUDENTE DA ILICITUDE

Em caso de concurso de pessoas, o estrito cumprimento de dever legal configurado em relação a um dos agentes estende-se aos demais envolvidos no fato típico, sejam eles coautores ou partícipes.

É evidente que um fato típico não pode ser lícito para um dos agentes, e simultaneamente ilícito para os demais. Exemplo: o policial militar, auxiliado por um particular, arromba a porta de uma residência durante o cumprimento de mandado de busca e apreensão. Inexistem crimes de dano e de violação de domicílio para ambos os sujeitos (policial militar e particular).

## 24.10. ATUAÇÃO POLICIAL E LEI DO CRIME ORGANIZADO

Nas investigações envolvendo delitos cometidos no contexto de organizações criminosas, não há crime na conduta do policial que oculta sua identidade para, utilizando-se da rede mundial de computadores, levantar indícios de autoria e da materialidade de delitos praticados pelos membros do agrupamento ilícito. Exclui-se a ilicitude, pois o fato está acobertado pelo estrito cumprimento de dever legal, sem prejuízo da responsabilização penal do policial pelos excessos eventualmente cometidos. É o que se extrai do art. 10-C da Lei 12.850/2013, com a redação dada pela Lei 13.964/2019 ("Pacote Anticrime"):

> Art. 10-C. Não comete crime o policial que oculta a sua identidade para, por meio da internet, colher indícios de autoria e materialidade dos crimes previstos no art. 1º desta Lei.
>
> Parágrafo único. O agente policial infiltrado que deixar de observar a estrita finalidade da investigação responderá pelos excessos praticados.

# CAPÍTULO 25

# EXERCÍCIO REGULAR DE DIREITO

## 25.1. DISPOSITIVO LEGAL

Dispõe o art. 23, III, parte final, do Código Penal: "Não há crime quando o agente pratica o fato no exercício regular de direito".

## 25.2. NATUREZA JURÍDICA

Trata-se de causa de exclusão da ilicitude, o que se extrai tanto pela rubrica marginal do art. 23 do Código Penal ("exclusão de ilicitude"), como também pela redação do dispositivo legal ("não há crime").

## 25.3. CONCEITO

O direito é um só e a sua repartição em diversos ramos tem fins essencialmente didáticos. Dessa forma, um ato lícito para qualquer área do direito não pode ser ilícito perante o Direito Penal, e vice-versa, evitando-se a contradição e a falta de unidade sistemática do ordenamento jurídico. Para Graf zu Dohna: "Uma ação juridicamente permitida não pode ser ao mesmo tempo proibida pelo direito. Ou, em outras palavras: o exercício de um direito nunca é antijurídico".[1]

Assim sendo, a palavra "direito" é utilizada em sentido amplo pelo art. 23, III, do Código Penal. Quem está autorizado a praticar um ato, reputado pela ordem jurídica como o exercício de um direito, age licitamente. Exemplificativamente, ao particular que, diante da prática de uma infração penal, corajosamente efetua a prisão em flagrante de seu autor, não pode ser imputado o crime de constrangimento ilegal, em razão da permissão contida no art. 301 do Código de Processo Penal. Na esteira do raciocínio de Nélson Hungria:

> O direito é um complexo harmônico de normas, não sendo admissível um *real* conflito entre estas. Assim, se uma norma penal incrimina tal ou qual fato, que, entretanto, em determinados casos, outra norma jurídica, penal ou extrapenal, *permite* ou *impõe*, não há reconhecer, em tais casos,

---

[1] DOHNA, Alexander Graf zu. *La estructura de la teoría del delito.* Trad. espanhola Carlos Fontán Balestra. Buenos Aires: Abeledo-Perrot, 1958. p. 47.

DIREITO PENAL – PARTE GERAL – VOL. 1 • CLEBER MASSON

a existência de crime. Esta ilação é inquestionável ainda quando a norma de excepcional licitude seja de direito privado.[2]

## 25.4. LIMITES DA EXCLUDENTE

Essa causa de exclusão da ilicitude, assim como todas as demais, deve obedecer aos limites legais. Quem tem um direito, dele não pode abusar. O excesso ou abuso enseja, além do afastamento da excludente, a utilização da legítima defesa por parte do prejudicado pelo exercício irregular e abusivo do direito. Além disso, pode ocorrer até mesmo a prática de um crime.

De fato, os arts. 1.566, IV, e 1.634, I, do Código Civil, preceituam ser dever dos pais a educação dos filhos, facultando-lhes o uso de meios moderados para correção e disciplina, quando necessário. O abuso ou excesso desse direito, entretanto, tipificará o crime de maus--tratos, delineado pelo art. 136 do Código Penal.

Na hipótese em que o advogado constituído se apropria de valores pertencentes ao cliente para o pagamento de seus honorários, quando o contrato de prestação de serviços não contém cláusula com essa finalidade, entende-se configurado o crime de apropriação indébita, em face da inexistência da excludente do exercício regular de direito.

Anote-se ainda que quando o exercício regular de um direito tem seu nascedouro no Direito Penal, o fato pode ser ilícito na seara extrapenal, nada obstante não configure infração penal. É o caso do advogado que, durante debates em audiência judicial, ofende um colega, em razão de suas funções. Não há injúria, por força da imunidade profissional (CP, art. 142, I), o que não obsta a sua punição administrativa pela violação da ética profissional. Deve respeitar, todavia, os limites legais, sob pena de configuração do excesso.[3]

## 25.5. COSTUMES

Costume é a reiteração uniforme de uma conduta, em face da convicção de sua obrigato-riedade. Não se trata de direito assegurado em lei, mas de prática consagrada em determinada coletividade, por ser considerada cogente.

Predomina o entendimento de que o direito, cujo exercício regular autoriza a exclusão da ilicitude, deve estar previsto em lei. José Frederico Marques, contudo, sustenta a possibilidade de o fato típico ser justificado pelo direito consuetudinário. São suas palavras:

> O "costume" legitima também certas ações ou fatos típicos. É disto um exemplo o trote acadêmico em que as violências, injúrias e constrangimentos que os veteranos praticam contra os noviços, não se consideram atos antijurídicos em face do direito penal, porque longo e reiterado costume consagra o "trote" como instituição legítima.[4]

## 25.6. DISTINÇÕES ENTRE ESTRITO CUMPRIMENTO DE DEVER LEGAL E EXERCÍCIO REGULAR DE DIREITO

Em que pese serem causas legais de exclusão da ilicitude, as diferenças são nítidas e podem ser assim apresentadas:

---

[2]   HUNGRIA, Nélson. *Comentários ao Código Penal*. Rio de Janeiro: Forense, 1949. v. I, p. 469.
[3]   STJ: REsp 1.306.443/SP, rel. Min. Maria Isabel Gallotti, 4.ª Turma, j. 19.11.2013.
[4]   MARQUES, José Frederico. *Tratado de direito penal*. Campinas: Bookseller, 1997. v. II, p. 179.

| Distinções | Estrito cumprimento de dever legal | Exercício regular do direito |
|---|---|---|
| Natureza | **Compulsória:** o agente está obrigado a cumprir o mandamento legal. | **Facultativa:** o ordenamento jurídico autoriza o agente a agir, mas a ele pertence a opção entre exercer ou não o direito assegurado. |
| Origem | O dever de agir tem origem na lei, direta ou indiretamente. | O direito cujo exercício se autoriza pode advir da lei, de regulamentos, e, para alguns, inclusive dos costumes. |

## 25.7. LESÕES EM ATIVIDADES ESPORTIVAS

A prática de determinadas atividades esportivas pode resultar em lesões corporais, e, excepcionalmente, até mesmo na morte de seus praticantes. É o que ocorre em vários esportes, tais como futebol, boxe, artes marciais etc.

O fato típico decorrente da realização de um esporte, desde que respeitadas as regras regulamentares emanadas de associações legalmente constituídas e autorizadas a emitir provisões internas, configura exercício regular de direito, afastando a ilicitude, porque o esporte é uma atividade que o Estado não somente permite, mas incentiva a sua prática.

Todavia, se o fato típico cometido pelo agente resultar da violação das regras esportivas, notadamente por ultrapassar seus limites, o excesso implicará na responsabilidade pelo crime, doloso ou culposo. Exemplo: o jogador de futebol que, depois de sofrer uma falta do adversário, passa a agredi-lo com inúmeros socos e pontapés, matando-o, deve suportar ação penal por homicídio doloso.

## 25.8. INTERVENÇÕES MÉDICAS OU CIRÚRGICAS

A atividade médica ou cirúrgica é indispensável para a sociedade, e, por esse motivo, regulamentada pelo Poder Público, exigindo-se habilitação técnica, atestada por órgãos oficiais, para o seu adequado exercício. Exemplificativamente, o médico que efetua uma cirurgia plástica está acobertado pelo exercício regular de direito.

Contudo, para caracterização da excludente, é indispensável o consentimento do paciente, ou, quando incapaz ou impossibilitado de fazê-lo, de quem tenha qualidade para representá-lo, pois em caso contrário estará delineado o crime de constrangimento ilegal (CP, art. 146).

No caso de cirurgia para salvar o paciente de iminente risco de vida, estará o médico resguardado tanto pelo exercício regular de direito como pelo estado de necessidade, dispensando-se, nesse último caso, o consentimento da pessoa submetida ao serviço cirúrgico.

Flávio Augusto Monteiro de Barros explica que a intervenção médica ou cirúrgica caracteriza estado de necessidade em duas hipóteses: (1) quando o leigo, na ausência absoluta do médico, realiza ato de medicina, para salvar a vida ou saúde de outrem de perigo atual e inevitável; e (2) quando o médico executa a medicina contra a vontade do paciente ou de seu representante legal para salvá-lo de iminente perigo de vida (art. 146, § 3.º, I, do CP).[5]

No tocante às pessoas que se filiam à religião "testemunhas de Jeová", e analisando a questão sob o prisma estritamente jurídico, é legítima a atuação do médico que, independentemente de autorização judicial, efetua a transfusão de sangue para salvar a vida do paciente, ainda que sem a sua autorização (se consciente e plenamente capaz) ou contra a vontade de

---

[5] BARROS, Flávio Augusto Monteiro de. *Direito penal*. Parte geral. 5. ed. São Paulo: Saraiva, 2006. p. 343.

**340** | DIREITO PENAL – PARTE GERAL – VOL. 1 • CLEBER MASSON

seus familiares (se inconsciente ou incapaz). Com efeito, o direito à vida deve sobrepor-se às posições religiosas.

A propósito, dispõe o art. 11 da Resolução CFM – Conselho Federal de Medicina 2.232/2019: "Em situações de urgência e emergência que caracterizarem iminente perigo de morte, o médico deve adotar todas as medidas necessárias e reconhecidas para preservar a vida do paciente, independentemente da recusa terapêutica". Nesse caso, coexistem o estado de necessidade de terceiro (proteção da vida humana), o exercício regular de direito (desempenho de profissão autorizada e incentivada pelo Estado) e o estrito cumprimento de dever legal (o médico precisa cumprir a deliberação emanada do Conselho a que pertence).

## 25.9. OFENDÍCULAS

Também chamadas de **ofendículos** ou **ofensáculas**, têm origem nos práticos do Direito que utilizaram a palavra para indicar a prevenção de qualquer ordem apta para ofender. Apontam-se comumente alguns engenhos mecânicos, como o arame farpado, a cerca elétrica e cacos de vidro sobre muros.

Cuida-se de meios defensivos utilizados para a proteção da propriedade e de outros bens jurídicos, tais como a segurança familiar e a inviolabilidade do domicílio. O titular do bem jurídico prepara previamente o meio de defesa, quando o perigo ainda é remoto e incerto, e o seu funcionamento somente se dá em face de uma agressão atual ou iminente.

Devem ser **visíveis**: funcionam como meio de advertência, e não como forma oculta para ofender terceiras pessoas.

Há duas posições em doutrina acerca da espécie de excludente configurada pelas ofendículas:

1) Sebastián Soler, Vicenzo Manzini, Giuseppe Bettiol e Aníbal Bruno se filiam à tese que sustenta tratar-se de **exercício regular de direito**. Nesse sentido, é importante destacar o art. 1.210, § 1.º, do Código Civil:

> O possuidor turbado, ou esbulhado, poderá manter-se ou restituir-se por sua própria força, contanto que o faça logo; os atos de defesa, ou de desforço, não podem ir além do indispensável à manutenção, ou restituição da posse.

2) José Frederico Marques, Magalhães Noronha e Costa e Silva situam o assunto como **legítima defesa preordenada**, alegando o último que, se o aparelho está disposto de modo que só funcione no momento necessário e com a proporcionalidade a que o proprietário era pessoalmente obrigado, nada impede a aplicação da legítima defesa.[6]

## 25.10. MEIOS MECÂNICOS PREDISPOSTOS DE DEFESA DA PROPRIEDADE

São assim compreendidos os **aparelhos ocultos** que possuem a mesma finalidade das ofendículas. Exemplo: espingarda com barbante ligando seu gatilho à fechadura de uma porta, a qual, se aberta, acarreta no disparo da arma de fogo.

Por serem escondidos, normalmente acarretam em excesso punível, doloso ou culposo.

## 25.11. EXERCÍCIO REGULAR DE DIREITO E UTILIZAÇÃO DE CADÁVER PARA ESTUDOS E PESQUISAS CIENTÍFICAS

A Lei 8.501/1992 permite a utilização de cadáver não reclamado junto às autoridades públicas para estudos e pesquisas científicas, desde que respeitados os requisitos por ela pre-

---

[6] COSTA E SILVA, A. J. da. *Código Penal anotado*. São Paulo: RT, 1943. v. I, p. 171-172.

vistos: deve ter transcorrido o prazo mínimo de 30 dias entre a data da morte e a do pedido de uso; a utilização do cadáver deve ser realizada por escolas de medicina; o cadáver não pode resultar de ação criminosa; e o cadáver não pode ter qualquer tipo de documentação, ou, quando identificado, não existirem informações sobre parentes ou responsáveis legais.

Nesse caso, estará afastado eventual crime de vilipêndio ou destruição de cadáver por parte dos responsáveis pelas escolas de medicina, bem como dos estudiosos, em razão do exercício regular de direito.

# CAPÍTULO 26

# EXCESSO

## 26.1. INTRODUÇÃO

O Código Penal, atendendo a princípios de bom-senso e de justiça, estabelece em seu art. 23 causas gerais de exclusão da ilicitude, colocando em relação a cada uma delas os seus exatos limites.

Quando, porém, o agente ultrapassar as barreiras necessárias na prática do fato típico, cuja ilicitude a eximente apaga, há excesso, seja no tocante à situação de necessidade, à agressão repelida, ao dever legal, ou, ainda, ao exercício do direito.

## 26.2. DISPOSITIVO LEGAL E ALCANCE

Depois de apresentar as causas de exclusão da ilicitude, estatui o **art. 23 do Código Penal, em seu parágrafo único:** "O agente, em qualquer das hipóteses deste artigo, responderá pelo excesso doloso ou culposo".

A expressão **"em qualquer das hipóteses deste artigo"** indica a penalização do excesso, doloso ou culposo, em todas as causas legais genéricas de exclusão da ilicitude.

No **estado de necessidade**, o excesso recai na expressão "nem podia de outro modo evitar" (CP, art. 24): age com excesso aquele que, para afastar a situação de perigo, utiliza meios dispensáveis e sacrifica bem jurídico alheio. Exemplo: "A", para fugir do ataque de um cão que o persegue, destrói o vidro de um veículo para nele se abrigar, quando podia, simplesmente, homiziar-se em uma casa que tinha à sua disposição.

Na **legítima defesa**, o excesso se consubstancia no emprego de meios desnecessários para repelir a injusta agressão, atual ou iminente, ou, quando necessários, os emprega imoderadamente.

No **estrito cumprimento do dever legal**, o excesso resulta da não observância, pelo agente, dos limites determinados pela lei que lhe impõe a conduta consistente em um fato típico. Exemplo: o policial que cumpre um mandado de prisão pode se valer da força física para conter o sujeito procurado pela Justiça. Age em excesso, contudo, quando agride quem já se encontra preso e não mais representa perigo à sua atuação.

No **exercício regular de direito**, finalmente, o excesso decorre do exercício abusivo do direito consagrado pelo ordenamento jurídico. Exemplo: o pai tem o direito de corrigir o comportamento do filho menor de idade, inclusive com castigos moderados. Se ultrapassar os limites legais, responde pelo excesso nas lesões causadas à criança ou ao adolescente.

Antes da Reforma da Parte Geral pela Lei 7.209/1984, o Código Penal, no antigo art. 21, parágrafo único, admitia somente o excesso culposo na legítima defesa.

# 26.3. CONCEITO

Excesso é a **desnecessária intensificação** de um fato típico inicialmente amparado por uma causa de justificação.

Pressupõe, portanto, uma excludente da ilicitude, a qual desaparece em face de o agente desrespeitar os seus limites legalmente previstos, suportando a punição pelas abusivas e inúteis lesões provocadas ao bem jurídico penalmente tutelado. Exemplo: a pessoa que, agredida fisicamente, sem risco de vida, defende-se moderadamente, provocando lesões no ofensor, age em legítima defesa e fica livre da atuação do Direito Penal. Se, todavia, matar o seu agressor, desnecessariamente, por não usar moderadamente os meios necessários para a defesa, responde por homicídio (excesso).

# 26.4. ESPÉCIES

## 26.4.1. Doloso, culposo, acidental ou exculpante

**Doloso**, ou **consciente**, é o excesso voluntário e proposital. O agente quer ultrapassar os parâmetros legais, sabendo que assim agindo praticará um delito de natureza dolosa, e por ele responderá como crime autônomo.

**Culposo**, ou **inconsciente**, é o excesso resultante de imprudência, negligência ou imperícia (modalidades de culpa). O agente responde pelo crime culposo praticado.

**Acidental**, ou **fortuito**, é a modalidade que se origina de caso fortuito ou força maior, eventos imprevisíveis e inevitáveis. Cuida-se de excesso penalmente irrelevante.[1]

**Exculpante** é o excesso **decorrente da profunda alteração de ânimo do agente**, isto é, medo ou susto provocado pela situação em que se encontra. Exemplo: depois de tomar conhecimento de que está jurado de morte em sua faculdade, "A" começa a andar armado, visando se defender em caso de eventual agressão injusta. Em determinada ocasião, é abordado em local ermo e escuro por duas pessoas desconhecidas, e, assustado, contra elas efetua repentinamente disparos de arma de fogo, matando-as.

Essa espécie de excesso encontra certa dose de rejeição pela doutrina e pela jurisprudência. Os concursos para ingresso no Ministério Público, em geral, não reconhecem essa tese, sob a alegação de que não possui amparo legal, e, por ser vaga, levaria muitas vezes à impunidade.

Há entendimentos, contudo, no sentido de que o excesso exculpante exclui a culpabilidade, em razão da inexigibilidade de conduta diversa. A propósito, com a rubrica "excesso escusável", dispõe o art. 45, parágrafo único, do Decreto-lei 1.001/1969 – Código Penal Militar: "Não é punível o excesso quando resulta de escusável surpresa ou perturbação de ânimo, em face da situação".

Veja-se também que o art. 20, § 6.º, do Código Penal Espanhol eleva o medo, dependendo da situação, à condição de causa de exclusão da culpabilidade.

## 26.4.2. Intensivo e extensivo

**Excesso intensivo** ou **próprio** é o que se verifica quando ainda estão presentes os pressupostos das causas de exclusão da ilicitude. É o caso do agente que, no contexto de uma agressão injusta, defende-se de forma desproporcional. Há superação dos limites traçados pela lei para a justificativa, e o excesso assume um perfil ilícito. São desse posicionamento, a título ilustrativo, Francisco de Assis Toledo, Nélson Hungria e Alberto Silva Franco, para quem, citando Mir Puig:

---

[1] FRANCO, Alberto Silva; STOCO, Rui; MARREY, Adriano. *Teoria e prática do júri*. 6. ed. São Paulo: RT, 1997. p. 489.

Assim, enquanto no excesso *intensivo* há um excesso em sua virtualidade lesiva, ou melhor, um excesso no qual o agente sobrepassa os limites impostos pela necessariedade ou pela proporcionalidade, no excesso *extensivo* há um excesso na duração da defesa, isto é, a defesa se prolonga por mais tempo do que o da duração da atualidade da agressão: reage-se frente a uma agressão que, a rigor, *deixou de existir.*[2]

Para os adeptos dessa corrente, o excesso extensivo é, em verdade, um crime autônomo, situado fora do contexto fático da excludente da ilicitude. A situação pode ser dividida em duas etapas: (1) aquela em que estavam presentes os pressupostos da justificativa; e (2) uma posterior, na qual a excludente já estava encerrada, em que o agente pratica outro delito, desvencilhado da situação anterior.

**Excesso extensivo** ou **impróprio**, ao contrário, é aquele em que não estão mais presentes os pressupostos das causas de exclusão da ilicitude: não mais existe a agressão ilícita, encerrou-se a situação de perigo, o dever legal foi cumprido e o direito foi regularmente exercido. Em seguida, o agente ofende bem jurídico alheio, respondendo pelo resultado dolosa ou culposamente produzido. Filiam-se a essa vertente, dentre outros, E. Magalhães Noronha e Celso Delmanto, que exemplifica:

> Ao defender-se de injusta agressão, o sujeito põe seu contendor desacordado e gravemente ferido; após este estar caído ao solo, ainda lhe causa mais uma lesão leve. Embora a lesão grave esteja acobertada pela justificativa, a posterior lesão leve foi excessiva e será punida por dolo, caso a intenção tenha sido provocá-la; ou por culpa, se decorrente da falta de cuidado do agente.[3]

## 26.5. LEGÍTIMA DEFESA E EXCESSO

Nada obstante seja admitido em relação a todas as causas genéricas de exclusão da ilicitude (CP, art. 23, parágrafo único), é mais comum a configuração do excesso na legítima defesa.

E nessa eximente, com a adoção do **excesso intensivo ou próprio**, a intensificação desnecessária da conduta inicialmente justificada pode ocorrer em três hipóteses, a teor do previsto no art. 25, *caput*, do Código Penal:

1) o agente usa meio desnecessário;

2) o agente usa imoderadamente o meio necessário; ou

3) o agente usa, imoderadamente, meios desnecessários.

## 26.6. EXEMPLO DE QUESITOS EM CRIME DE COMPETÊNCIA DO TRIBUNAL DO JÚRI, INCLUINDO O EXCESSO

No julgamento dos crimes de competência do Tribunal do Júri, e aqui tomaremos como exemplo um homicídio simples (CP, art. 121, *caput*), em que se alega como tese absolutória a legítima defesa, os quesitos serão formulados da seguinte forma:[4]

1) Os ferimentos descritos no exame necroscópico de fls. 30 foram a causa da morte de José Carlos da Silva?

---

[2] FRANCO, Alberto Silva; STOCO, Rui. *Código Penal e sua interpretação jurisprudencial.* Parte geral. 7. ed. São Paulo: RT, 2001. v. 1, p. 372.

[3] DELMANTO, Celso. *Código Penal comentado.* 3. ed. 8. tir. Rio de Janeiro: Renovar, 1994. p. 45.

[4] A sistemática do Tribunal do Júri, incluindo todo o seu procedimento, foi substancialmente alterada pela Lei 11.689/2008.

2) O acusado Pedro dos Santos, no dia 10 de janeiro de 2019, por volta das 22 horas, na Rua 15 de novembro, n. 18, Centro, na cidade e comarca de São Paulo, efetuou disparos de arma de fogo contra a vítima, provocando-lhe esses ferimentos?

3) O jurado absolve o acusado?

O primeiro quesito relaciona-se com a materialidade do fato, e o segundo diz respeito à autoria ou participação no crime (CPP, art. 483, I e II). A resposta negativa, de mais de 3 (três) jurados, a qualquer desses quesitos encerra a votação e implica a absolvição do acusado (CPP, art. 483, § 1.º).

Respondidos afirmativamente por mais de 3 (três) jurados os dois primeiros quesitos, será formulado um terceiro, com a seguinte redação: "O jurado absolve o acusado?" (CPP, art. 483, § 2.º).

Destarte, todas as teses defensivas pertinentes à absolvição, exceto as relativas à materialidade do fato e à autoria ou participação, devem ser sopesadas pelos jurados quando da votação do terceiro quesito, aí se incluindo as causas de exclusão da ilicitude, tal como a legítima defesa. Portanto, se os jurados desejarem reconhecer a excludente, é necessária a resposta "sim", absolvendo o réu.

Nesse caso, ao contrário do que ocorria anteriormente à reforma do rito do Tribunal do Júri pela Lei 11.689/2008, somente será permitida a quesitação do **excesso culposo**, e desde que requerido expressamente pela defesa. Com efeito, atualmente os jurados se limitam a absolver o acusado (terceiro quesito), não se sabendo por qual motivo, isto é, se pelas razões alegadas pela defesa ou por outro fundamento qualquer (exemplo: absolvição por piedade ou por não acreditar na ressocialização pelo sistema prisional).

E, se responderem afirmativamente ao terceiro quesito, o réu estará definitivamente absolvido. Em outras palavras, decidiram os jurados que o acusado deve ficar livre da punição estatal, não se podendo falar em excesso doloso. Logo, o excesso doloso não poderá ser objeto de um quarto quesito. Se foi absolvido, é porque não houve excesso. Além disso, estatui o art. 483, § 3.º, do Código de Penal: "Decidindo os jurados pela condenação, o julgamento prossegue [...]".

Fica claro, portanto, que se os jurados decidirem pela condenação, será possível a indagação do excesso culposo. Como diz a lei, "o julgamento prossegue". Em síntese, o Conselho de Sentença acolheu a tese sustentada pela acusação, inclusive o excesso doloso, que jamais será alegado pela defesa.

Por outro lado, se os jurados decidirem pela absolvição, a votação estará encerrada, isto é, a eles não poderá ser endereçado mais nenhum outro quesito, nem mesmo no tocante ao excesso doloso. De fato, a interpretação do dispositivo legal permite a conclusão de que, nessa hipótese, "o julgamento não prossegue". O réu está absolvido e nada mais há a discutir. Na linha da jurisprudência do Superior Tribunal de Justiça:

> Suscitada a legítima defesa como única tese defensiva perante o Conselho de Sentença, caso mais de três jurados respondam afirmativamente ao terceiro quesito – "O jurado absolve o acusado?" –, o Juiz Presidente do Tribunal do Júri deve encerrar o julgamento e concluir pela absolvição do réu, não podendo submeter à votação quesito sobre eventual excesso doloso alegado pela acusação. Na atual sistemática do Tribunal do Júri, o CPP não prevê quesito específico sobre a legítima defesa. Após a Lei 11.689/2008, foram unificadas teses defensivas em um único quesito obrigatório (art. 483, inciso III, do CPP). Ao concentrar diversas teses absolutórias nesta questão – "O jurado absolve o acusado?" –, o legislador buscou impedir que os jurados fossem indagados sobre aspectos técnicos. Nessa perspectiva, declarada a absolvição pelo Conselho de Sentença, prosseguir no julgamento para verificar se houve excesso doloso constituiu constrangimento manifestamente ilegal ao direito ambulatorial do acusado. Caracteriza, ademais, ofensa à garantia da plenitude de defesa, pois o

novo sistema permite justamente que o jurado possa absolver o réu baseado unicamente em sua livre convicção e de forma independente das teses defensivas.[5]

Se, porém, a defesa sustentar a legítima defesa, como tese principal, e **subsidiariamente o excesso culposo**, e o réu for condenado no terceiro quesito, isto é, restar rejeitada a legítima defesa, o juiz deverá continuar a votação para que o júri decida se houve ou não excesso culposo ("o julgamento prossegue"). Essa indagação deverá ser feita logo após o terceiro quesito, uma vez que o acolhimento da referida tese importa desclassificação para crime culposo. Exemplo: "4) Ao efetuar os disparos de arma de fogo quando a vítima já se encontrava caída, o acusado excedeu culposamente os limites da legítima defesa?".

Negada pelos jurados a ocorrência de excesso culposo, será o caso de condenação por crime doloso, passando-se à votação dos demais quesitos, se for o caso, na forma prevista no art. 483, § 3.º, do Código de Processo Penal. De fato, se os jurados não absolveram o acusado quando alegada a legítima defesa, e também afastaram o excesso culposo, é porque entenderam tratar-se de crime praticado a título de dolo.

---

[5] HC 190.264/PB, rel. Min. Laurita Vaz, 5.ª Turma, j. 26.08.2014, noticiado no *Informativo* 545.

# CAPÍTULO 27

# CULPABILIDADE

## 27.1. INTRODUÇÃO

Em uma **concepção clássica, causalista, causal ou mecanicista da conduta**, dolo e culpa se alojam no interior da culpabilidade. Destarte, com a finalidade de evitar a responsabilidade penal objetiva, **a culpabilidade é elemento do crime**. Portanto, em um sistema causalista, o conceito analítico do crime é necessariamente tripartido. Em suma, crime, **na visão clássica da conduta**, é obrigatoriamente:

"Fato típico e ilícito, praticado por agente culpável".

Em uma **ótica finalista**, por outro lado, o dolo e a culpa foram retirados da culpabilidade ("**culpabilidade vazia**") e transferidos para o interior da **conduta**. Esse fenômeno possibilitou analisar o crime, no campo analítico, por dois critérios distintos: tripartido e bipartido.

No conceito **tripartido**, crime é também o fato típico e ilícito, praticado por agente culpável.

A culpabilidade continua a constituir-se em elemento do crime. Difere-se, todavia, da visão clássica, porque agora o dolo e a culpa, vale repetir, encontram-se na conduta, e não mais na culpabilidade.

Por sua vez, de acordo com o conceito **bipartido**, crime é o fato típico e ilícito. A culpabilidade deixa de funcionar como elemento constitutivo do crime, e passa a ser compreendida como **pressuposto de aplicação da pena**.

Logo, no **sistema finalista** o crime pode ser definido como:

1) **Conceito tripartido:** fato típico e ilícito, praticado por agente culpável, sendo a culpabilidade elemento do crime; ou

2) **Conceito bipartido:** fato típico e ilícito: a culpabilidade não integra o crime, mas funciona como pressuposto para aplicação da pena.

Fica claro, pois, que somente para a teoria finalista da conduta o conceito analítico de crime pode ser tripartido ou bipartido. Para os seguidores do sistema clássico ou causal, o crime deve ser analisado, obrigatoriamente, em um conceito tripartido, sob pena de configuração da responsabilidade penal objetiva.

## 27.2. CONCEITO

**Culpabilidade** é o **juízo de censura**, o **juízo de reprovabilidade** que incide sobre a formação e a exteriorização da vontade do responsável por um fato típico e ilícito, com o propósito de aferir a necessidade de imposição de pena.

**350** | DIREITO PENAL – PARTE GERAL – VOL. 1 • CLEBER MASSON

A culpabilidade pode ser encarada como elemento do crime tanto para um simpatizante do sistema clássico como também para um partidário do sistema finalista, desde que se adote um conceito tripartido de crime. Para os adeptos do finalismo bipartido, contudo, a culpabilidade funciona como pressuposto de aplicação da pena, e não como elemento do crime.

## 27.3. CULPABILIDADE PELO FATO

Em um Estado Democrático de Direito deve imperar um **direito penal do fato**, e jamais um direito penal do autor, conforme mencionamos no capítulo 2, item 2.2.16 desta obra.

Com efeito, o Direito Penal deve se preocupar com a punição de autores de fatos típicos e ilícitos, e não em rotular pessoas.

Assim sendo, o juízo de culpabilidade recai sobre o autor para analisar se ele deve ou não suportar uma pena em razão do **fato cometido**, isto é, como decorrência da prática de uma infração penal. O agente é punido em razão do comportamento que realizou ou deixou de realizar, e não pela condição de ser quem ele é.

## 27.4. FUNDAMENTO DA CULPABILIDADE

É a culpabilidade que diferencia a conduta do ser humano normal e apto ao convívio social, dotado de conhecimento do caráter ilícito do fato típico livremente cometido, do comportamento realizado por portadores de doenças mentais, bem como de pessoas com desenvolvimento mental incompleto ou retardado, e também dos atos de seres irracionais ou de pessoas que não possuem consciência do caráter ilícito do fato típico praticado ou não têm como agir de forma diversa. Aqueles devem ser punidos, pois tinham a possibilidade de respeitar o sistema jurídico e evitar resultados ilícitos; estes não.

Consequentemente, a análise da presença ou não da culpabilidade leva em conta o **perfil subjetivo** do agente, e não a figura do homem médio, reservado ao fato típico e à ilicitude.

## 27.5. EVOLUÇÃO DO CONCEITO DE CULPABILIDADE

O Código Penal não apresenta e jamais apresentou o conceito de culpabilidade. Essa tarefa é da doutrina, que ao longo dos tempos formulou diversas teorias. Vejamos.

### 27.5.1. Teoria psicológica

Para essa teoria, idealizada por **Franz von Liszt e Ernst von Beling** e intimamente relacionada ao desenvolvimento da teoria clássica da conduta, o **pressuposto fundamental** da culpabilidade é a **imputabilidade**, compreendida como a capacidade do ser humano de entender o caráter ilícito do fato e de determinar-se de acordo com esse entendimento.

A culpabilidade, que tem como pressuposto a imputabilidade, é definida como o **vínculo psicológico** entre o sujeito e o fato típico e ilícito por ele praticado. Esse vínculo pode ser representado tanto pelo **dolo** como pela **culpa**.

Dolo e culpa são **espécies da culpabilidade**, pois são as formas concretas pelas quais pode se revelar o vínculo psicológico entre o autor e a conduta praticada. Além disso, o dolo é **normativo**, ou seja, guarda em seu interior a consciência da ilicitude (ver capítulo 12, item 12.4).

E se a imputabilidade é pressuposto da culpabilidade, somente se analisa a presença do dolo ou da culpa se o agente for imputável, isto é, maior de 18 anos de idade e mentalmente sadio.

Essa teoria somente é aplicável no campo da **teoria clássica da conduta**, em que o dolo e a culpa integram a culpabilidade.

Dentre as principais críticas a ela endereçadas podem ser destacadas a impossibilidade em resolver as situações de **inexigibilidade de conduta diversa**, notadamente a coação moral irresistível e a obediência hierárquica à ordem não manifestamente ilegal. Nesses casos o sujeito age com dolo, mas o crime não pode ser a ele imputado, pois somente é punido o autor da coação ou da ordem (CP, art. 22).

Também não consegue explicar a culpa inconsciente (sem previsão), pois aqui não existe nenhum vínculo psicológico entre o autor e o fato por ele praticado, que sequer foi previsto.

Essa teoria não é atualmente aceita, pois a culpabilidade não pode ser um mero e frágil vínculo psicológico. Existem outros fatores que devem ser utilizados para a sua constatação, o que não se admite no contexto da teoria psicológica. Confiram-se dois clássicos exemplos fornecidos por Reinhart Frank:[1]

1) Um carteiro, assolado pela custosa enfermidade de sua esposa, reforçada pelas necessidades vitais insatisfeitas de sua numerosa prole, apropria-se de valores alheios; e

2) O caixa de um banco se apropria de igual numerário, com o objetivo de agradar suas amantes consumistas, já habituadas a receber presentes luxuosos.

Com a aplicação da teoria psicológica, seria forçoso reconhecer que ambos são imputáveis e atuaram dolosamente. E, configurada a culpabilidade, ao carteiro e ao caixa bancário devem ser impostas iguais penas, conclusão que imediatamente deve ser rechaçada por postulados de equidade e de justiça, pois enquanto o último agiu por mero luxo e prazer, do primeiro era inexigível conduta diversa.

São elementos do crime na órbita da teoria psicológica da culpabilidade:

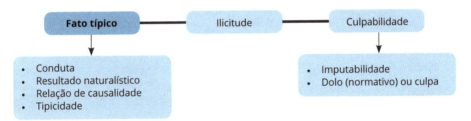

## 27.5.2. Teoria normativa ou psicológico-normativa

Surge em **1907**, com a proposta de **Reinhart Frank**, a teoria normativa, relacionando a culpabilidade com a exigibilidade de conduta diversa.

A culpabilidade deixa de ser um fenômeno puramente natural, de cunho psicológico, pois a ela se atribui um novo elemento, estritamente **normativo**, inicialmente chamado de **normalidade das circunstâncias concomitantes**, e, posteriormente, de **motivação normal**, atualmente definido como exigibilidade de conduta diversa.

O conceito de culpabilidade assume um perfil complexo, constituído por elementos naturalísticos (vínculo psicológico, representado pelo dolo ou pela culpa) e normativos (normalidade das circunstâncias concomitantes ou motivação normal).

Sua estrutura passa a ser composta por três elementos: **imputabilidade, dolo ou culpa e exigibilidade de conduta diversa**.

A imputabilidade deixa de ser pressuposto da culpabilidade, para funcionar como seu elemento.

Em resumo, somente é culpável o agente maior de 18 anos de idade e mentalmente sadio (imputabilidade) que age com dolo ou com culpa e que, no caso concreto, podia comportar-se

---

[1] FRANK, Reinhart. *Sobre la estructura del concepto de culpabilidad*. Buenos Aires: B de F, 2004. p. 28.

em conformidade com o Direito, é dizer, praticou o crime quando tinha a faculdade de agir licitamente. Afasta-se a culpabilidade quando não se podia exigir do sujeito um comportamento conforme o ordenamento jurídico.

Nesse sentido, a culpabilidade pode ser definida como o juízo de reprovabilidade que recai sobre o autor de um fato típico e ilícito que poderia ter sido evitado.

Essa teoria não eliminou da culpabilidade o vínculo psicológico (dolo ou culpa) que une o autor imputável ao fato por ele praticado. Mas a reforçou com a exigibilidade de conduta diversa.

**O dolo permanece normativo:** aloja em seu bojo a consciência da ilicitude, isto é, o conhecimento acerca do caráter ilícito do fato.

Essa teoria representou, à época, um grande avanço frente à teoria psicológica. Soçobrou com a superveniência da teoria finalista, que a fulminou por duas razões principais: (1) manutenção do dolo e da culpa como elementos da culpabilidade; e (2) tratamento do dolo normativo, possuindo em seu interior a consciência **atual** da ilicitude.

Sua aplicação é restrita ao âmbito da **teoria causal (causalista ou mecanicista) da conduta**, pois nela o dolo e a culpa compõem a culpabilidade. Mas, como houve uma profunda alteração na estrutura da culpabilidade, e, consequentemente, do conceito analítico de crime, alguns autores sustentam que a teoria normativa ou psicológico-normativa inaugurou o **sistema neoclássico** no Direito Penal, substituindo o sistema clássico caracterizado principalmente pela teoria psicológica da culpabilidade.[2] Para essa teoria a estrutura do crime é a seguinte:

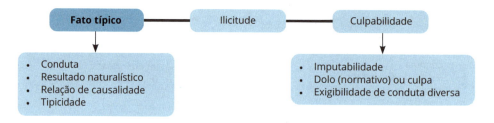

### 27.5.3. Teoria normativa pura

Essa teoria surge nos idos de 1930, com o **finalismo penal de Hans Welzel**, e dele é inseparável. Em outras palavras, a adoção da teoria normativa pura da culpabilidade somente é possível em um sistema finalista.

É chamada de normativa pura porque os elementos psicológicos (dolo e culpa) que existiam nas teorias psicológica e psicológico-normativa da culpabilidade, foram transferidos pelo finalismo penal para o fato típico, alojando-se no interior da conduta.

Dessa forma, a culpabilidade se transforma em um simples juízo de reprovabilidade que incide sobre o responsável pela prática de um fato típico e ilícito.

**O dolo passa a ser natural, isto é, sem a consciência da ilicitude.** Com efeito, o dolo é levado para a conduta, deixando a consciência da ilicitude na culpabilidade. Aquele vai para o fato típico, esta permanece no local em que estava.

---

[2] Embora esse período tenha se iniciado com os estudos de Reinhart Frank, em 1907, também se atribui grande importância aos trabalhos de Max Ernst Mayer e Edmund Mezger. A propósito, este último penalista alemão é apontado como o grande nome do sistema neoclássico, em face da publicação do seu "Tratado de Direito Penal". Nesse sentido: *Derecho penal. Parte general. Fundamentos. La estructura de la teoría del delito.* Trad. espanhola Diego-Manuel Luzón Peña, Miguel Díaz y García Conlledo e Javier de Vicente Remensal. Madrid: Civitas, 2006. t. I, 9.198.

Além disso, a consciência da ilicitude, que no sistema clássico era atual, isto é, deveria estar efetivamente presente no caso concreto, passa a ser **potencial**, ou seja, bastava tivesse o agente, na situação real, a possibilidade de conhecer o caráter ilícito do fato praticado, com base em um juízo comum.

Portanto, com o acolhimento da teoria normativa pura, possível somente em um sistema finalista, o conceito analítico de crime passa a ser composto pelos seguintes elementos:

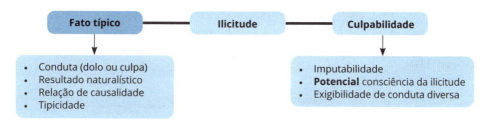

Esses elementos constitutivos da culpabilidade estão ordenados **hierarquicamente**, de tal modo que o segundo pressupõe o primeiro, e o terceiro depende dos anteriores. De fato, se o indivíduo é inimputável, não pode ter a potencial consciência da ilicitude. E, se não tem a potencial consciência da ilicitude, não lhe pode ser exigível conduta diversa.

A teoria normativa pura da culpabilidade subdivide-se em outras duas, a saber: (a) **extremada, extrema ou estrita**; e (b) **limitada**. Em ambas as vertentes, a estrutura da culpabilidade é idêntica, ou seja, seus elementos são a imputabilidade, a potencial consciência da ilicitude e a exigibilidade de conduta diversa.

A distinção entre elas repousa unicamente no tratamento dispensado às **descriminantes putativas**.

Nas descriminantes putativas, o agente, incidindo em erro, supõe situação fática ou jurídica que, se existisse, tornaria sua ação legítima.

Para a **teoria normativa pura**, em sua variante **extremada, extrema ou estrita**, as descriminantes putativas sempre caracterizam **erro de proibição**. Por sua vez, para a teoria normativa pura, em sua faceta **limitada**, as descriminantes putativas podem caracterizar **erro de proibição** ou **erro de tipo**, a depender das peculiaridades do caso concreto.[3]

## 27.6. TEORIA ADOTADA PELO CÓDIGO PENAL

Em que pese ferrenha discussão doutrinária acerca do assunto, é possível afirmar que o Código Penal em vigor acolheu a **teoria normativa pura, em sua vertente limitada**. É o que se extrai do tratamento do erro (arts. 20 e 21).[4] Confira-se, a propósito, o item 19 da Exposição de Motivos da Nova Parte Geral do Código Penal:

> Repete o Projeto as normas do Código de 1940, pertinentes às denominadas "descriminantes putativas". Ajusta-se, assim, o Projeto à **teoria limitada da culpabilidade**, que distingue o erro incidente sobre os pressupostos fáticos de uma causa de justificação do que incide sobre a norma permissiva. (grifamos)

---

[3] Essa matéria encontra-se detalhadamente abordada no item 15.8.
[4] TOLEDO, Francisco de Assis. *Princípios básicos de direito penal*. 5. ed. 13. tir. São Paulo: Saraiva, 2007. p. 230.

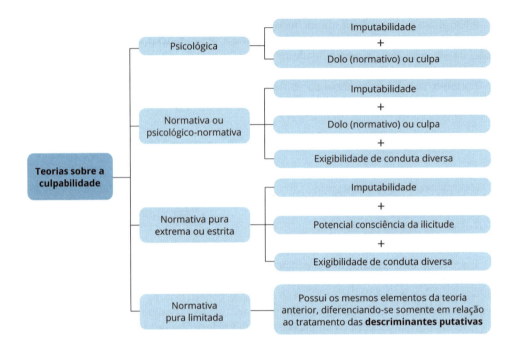

## 27.7. TEORIA FUNCIONAL DA CULPABILIDADE

Uma corrente doutrinária capitaneada por Günther Jakobs sustenta um **conceito funcional de culpabilidade**.

Trata-se de proposta consistente em substituir a culpabilidade fundada em um juízo de reprovabilidade por **necessidades reais ou supostas de prevenção**.[5] Pretende-se que, em vez de questionar se o autor do fato podia atuar de outro modo, pergunte-se: em face das finalidades da pena, é necessário ou não torná-lo responsável pela violação do ordenamento jurídico?

Essa teoria, portanto, retira o elevado valor atribuído ao livre arbítrio do ser humano, e busca vincular o conceito de culpabilidade ao fim de prevenção geral da pena, e também à política criminal do Estado.

A culpabilidade representa uma falta de fidelidade do sujeito no tocante ao ordenamento jurídico, que deve ser a qualquer custo respeitado. Sua autoridade somente se atinge com a reiterada aplicação da norma penal, necessária para alcançar a finalidade de prevenção geral do Direito Penal. Nas palavras de Jakobs:

> Pune-se para manter a confiança geral na norma, para exercitar o reconhecimento geral da norma. Com relação a este fim da pena, o conceito de culpabilidade não deve ser orientado tendo em vista o futuro, mas sim o presente, na medida em que o Direito Penal funciona, é dizer, contribui para estabilizar o ordenamento.[6]

## 27.8. TIPO POSITIVO E TIPO NEGATIVO DE CULPABILIDADE

São terminologias também criadas por Günther Jakobs, com o escopo de justificar um **tipo total de culpabilidade**, em sintonia com o seu conceito funcional.

---

[5] STRATENWERTH, Günter. *Derecho penal*. Parte general I. El hecho punible. Trad. Manuel Cancio Meliá e Marcelo A. Sancinetti. Buenos Aires, 2005. p. 275.

[6] JAKOBS, Günther. *Derecho penal* – Parte general. Fundamentos y teoría de la imputación. Trad. espanhola de Joaquin Cuello Contreras e Jose Luis Serrano Gonzales de Murillo. 2. ed. Madrid: Marcial Pons, 1997. p. 581.

Para ele, a culpabilidade pressupõe o injusto (fato típico e ilícito), e seu autor só é responsável pelo déficit de motivação jurídica se ao tempo do fato era imputável. É o que chama de **tipo positivo de culpabilidade**.[7]

Por sua vez, o **tipo negativo de culpabilidade** refere-se à **inexigibilidade do comportamento**. Assim, ao fato típico e ilícito praticado apenas será atribuída a culpabilidade ao agente quando não tiver atuado com ânimo exculpante ou então em um contexto exculpante.

Para o penalista alemão, a obediência à norma é inexigível quando a motivação ilícita do autor imputável, e que não respeita o fundamento de validade da norma, se pode explicar por uma situação que para o autor constitui-se em uma desgraça e que também em geral se pode definir como desgraça, ou então se pode imputá-la a terceira pessoa.[8]

## 27.9. COCULPABILIDADE

Todo ser humano atua em sociedade em circunstâncias determinadas, e com limites de comportamento também determinados.

Como há desigualdades sociais, a personalidade do agente é moldada em consonância com as oportunidades oferecidas a cada indivíduo para orientar-se ou não em sintonia com o ordenamento jurídico. Entra em cena a chamada **coculpabilidade**, assim definida por Zaffaroni e Pierangeli:

> Todo sujeito age numa circunstância determinada e com um âmbito de autodeterminação também determinado. Em sua própria personalidade há uma contribuição para esse âmbito de autodeterminação, posto que a sociedade – por melhor organizada que seja – nunca tem a possibilidade de brindar a todos os homens com as mesmas oportunidades. Em consequência, há sujeitos que têm um menor âmbito de autodeterminação, condicionado desta maneira por causas sociais. Não será possível atribuir estas causas sociais ao sujeito e sobrecarregá-lo com elas no momento de reprovação de culpabilidade. Costuma-se dizer que há, aqui, uma "coculpabilidade", com a qual a própria sociedade deve arcar.[9]

Para esses autores, essa carga de valores sociais negativos deve ser considerada, em prol do réu, uma **atenuante inominada**, na forma prevista no art. 66 do Código Penal.

Com efeito, a teoria da coculpabilidade aponta a parcela de responsabilidade social do Estado pela não inserção social e, portanto, devendo também suportar o ônus do comportamento desviante do padrão normativo por parte dos atores sociais sem cidadania plena que possuem uma menor autodeterminação diante das concausas socioeconômicas da criminalidade urbana e rural. O art. 66 do Código Penal brasileiro dá ao juiz uma ferramenta para atenuar a resposta penal à desigualdade social de oportunidades ("a pena poderá ser ainda atenuada em razão de circunstância relevante, anterior ou posterior ao crime, embora não prevista expressamente em lei").[10]

O Superior Tribunal de Justiça não tem admitido a aplicação da teoria da coculpabilidade: "A teoria da coculpabilidade não pode ser erigida à condição de verdadeiro prêmio para agentes que não assumem a sua responsabilidade social e fazem da criminalidade um meio de vida".[11]

### 27.9.1. Coculpabilidade às avessas

Na sequência da teoria da coculpabilidade, surgiu a **coculpabilidade às avessas, desenvolvida em duas perspectivas fundamentais**.[12]

---

[7]  Idem, ibidem, p. 598.

[8]  Idem, p. 601.

[9]  ZAFFARONI, Eugenio Raúl; PIERANGELI, José Henrique. *Manual de direito penal brasileiro*. Parte geral. 7. ed. São Paulo: RT, 2007. v. 1, p. 525.

[10]  COSTA, Álvaro Mayrink da. *Direito penal*: volume 1 – parte geral. 8. ed. Rio de Janeiro: Forense, 2009. p. 1.205-1.206.

[11]  AgRg no REsp 1.770.619/PE, rel. Min. Laurita Vaz, 6.ª Turma, j. 06.06.2019.

[12]  Para o estudo aprofundado do tema, é recomendável a leitura de MOURA, Grégore Moreira de. *Do princípio da coculpabilidade no direito penal*. Niterói: Impetus, 2006.

**356** | DIREITO PENAL – PARTE GERAL – VOL. 1 • CLEBER MASSON

Em primeiro lugar, esta linha de pensamento diz respeito à **identificação crítica da sele-tividade do sistema penal e à incriminação da própria vulnerabilidade**. Em outras palavras, o Direito Penal direciona seu arsenal punitivo contra os indivíduos mais frágeis, normalmente excluídos da vida em sociedade e das atividades do Estado. Por esta razão, estas pessoas se tornam as protagonistas da aplicação da lei penal: a maioria dos acusados em ações penais são homens e mulheres que não tiveram acesso ao lazer, à cultura, à educação; eles também compõem com intensa densidade o ambiente dos estabelecimentos penais.

No entanto, não é só. A coculpabilidade às avessas também envolve a **reprovação penal mais severa no tocante aos crimes praticados por pessoas dotadas de elevado poder eco-nômico**, e que abusam desta vantagem para a execução de delitos (tributários, econômicos, financeiros, contra a Administração Pública etc.), em regra prevalecendo-se das facilidades proporcionadas pelo livre trânsito nas redes de controle político e econômico.

Cuida-se da face inversa da coculpabilidade: se os pobres, excluídos e marginalizados merecem um tratamento penal mais brando, porque o caminho da ilicitude lhes era mais atrativo, os ricos e poderosos não têm razão nenhuma para o cometimento de crimes. São movidos pela vaidade, por desvios de caráter e pela ambição desmedida, justificando a imposição da pena de modo severo.

Contudo, é importante destacar que, se de um lado a coculpabilidade poderia, ao menos em tese, ser admitida como atenuante genérica inominada, com fundamento no art. 66 do Código Penal, a coculpabilidade às avessas não pode ser compreendida como agravante genérica, por duas razões: (a) falta de previsão legal; e (b) em se tratando de matéria prejudicial ao acusado, não há espaço para a analogia *in malam partem*.

Destarte, a punição mais rígida deverá ser alicerçada unicamente na pena-base, levando em conta as circunstâncias judiciais desfavoráveis (conduta social, personalidade do agente, motivos, circunstâncias e consequências do crime), com fulcro no art. 59, *caput*, do Código Penal.[13]

## 27.10. CULPABILIDADE FORMAL E CULPABILIDADE MATERIAL

**Culpabilidade formal** é a definida **em abstrato**, ou seja, o juízo de reprovabilidade realizado em relação ao provável autor de um fato típico e ilícito, se presentes os elementos da culpabilidade, no momento em que o legislador incrimina uma conduta. Serve, pois, para o legislador cominar os limites (mínimo e máximo) da pena atribuída a determinada infração penal.

Assim, quando criados dois tipos incriminadores – um crime contra a honra e um crime doloso contra a vida, por exemplo –, o legislador considera formalmente duas culpabilidades: uma maior, para o crime mais grave (doloso contra a vida), e outra mais branda, para o crime contra a honra.

Já a **culpabilidade material** é estabelecida **em concreto**, dirigida a um agente culpável que cometeu um fato típico e ilícito. Destina-se, portanto, ao magistrado, colaborando com a aplicação concreta da pena.

## 27.11. GRAUS DE CULPABILIDADE

A maior ou menor culpabilidade do autor da infração penal constitui-se em circunstância judicial, destinada à dosimetria da pena em compasso com as regras estatuídas pelo art. 59, *caput*, do Código Penal.

Influem, portanto, na quantidade da pena a ser concretamente aplicada.

---

[13] "No caso, sob a influência da teoria da coculpabilidade às avessas, as instâncias ordinárias constataram reduzido senso ético-social do paciente, em razão de ter trilhado o caminho da criminalidade, a despeito das favoráveis condições socio-econômicas. Tal circunstância, cujos pressupostos fáticos não podem ser alterados nesta sumária via do *habeas corpus*, sob pena de indevido revolvimento fático probatório, permite concluir pela personalidade criminosa do agente" (STJ: HC 443.678/PE, rel. Min. Ribeiro Dantas, 5.ª Turma, j. 21.03.2019).

## 27.12. DIRIMENTES

São assim chamadas as **causas de exclusão da culpabilidade**. Podem ser sintetizadas pelo gráfico a seguir:

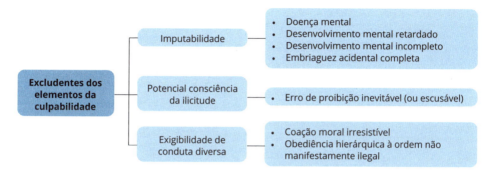

# CAPÍTULO 28

# IMPUTABILIDADE PENAL

## 28.1. INTRODUÇÃO

A Parte Geral do Código Penal de 1940, antes da entrada em vigor da Lei 7.209/1984, cuidava dessa disciplina dentro do título "Da responsabilidade".

Essa opção sempre foi muito criticada, pois a responsabilidade penal não é elemento da culpabilidade, e sim sua **consequência**, ou seja, um sujeito culpável envolvido em um fato típico e ilícito deve ser punido pelo Estado.

Atualmente, o Título III da Parte Geral do Código Penal cuida, nos arts. 26 a 28, da **imputabilidade penal**.

## 28.2. CONCEITO

A imputabilidade penal é um dos elementos da culpabilidade. Mas qual é o seu conceito?

O Código Penal acompanhou a tendência da maioria das legislações modernas, e optou por não defini-la. Limitou-se a apontar as hipóteses em que a imputabilidade está ausente, ou seja, os casos de **inimputabilidade penal:** art. 26, *caput*, art. 27 e art. 28, § 1.º.

Contudo, as notas características da inimputabilidade fornecem, ainda que indiretamente, o conceito de imputabilidade: é a capacidade mental, inerente ao ser humano de, ao tempo da ação ou da omissão, entender o caráter ilícito do fato e de determinar-se de acordo com esse entendimento.

Dessa forma, a imputabilidade penal depende de dois elementos: (1) **intelectivo:** é a integridade biopsíquica, consistente na perfeita saúde mental que permite ao indivíduo o entendimento do caráter ilícito do fato; e (2) **volitivo:** é o domínio da vontade, é dizer, o agente controla e comanda seus impulsos relativos à compreensão do caráter ilícito do fato, determinando-se de acordo com esse entendimento.

Esses elementos devem estar simultaneamente presentes, pois, na falta de um deles, o sujeito será tratado como inimputável.

O Brasil adotou um **critério cronológico.** Toda pessoa, a partir do início do dia em que completa 18 anos de idade, presume-se imputável.

## 28.3. MOMENTO PARA CONSTATAÇÃO DA IMPUTABILIDADE

O art. 26, *caput*, do Código Penal é claro: a imputabilidade deve ser analisada ao tempo da ação ou da omissão. Considera-se, portanto, a **prática da conduta**. Qualquer alteração

# DIREITO PENAL – PARTE GERAL – VOL. 1 • CLEBER MASSON

posterior nela não interfere, produzindo apenas efeitos processuais.[1] Esta imposição constitui-se em desdobramento lógico da teoria da atividade, adotada pelo art. 4.º do Código Penal no tocante ao tempo do crime.

Consequentemente, se ao tempo da conduta o réu era imputável, a superveniência de doença mental não altera esse quadro. O réu deve ser tratado como imputável, limitando-se a nova causa a suspender o processo, até o seu restabelecimento. É o que dispõe o art. 152, *caput*, do Código de Processo Penal.

## 28.4. SISTEMAS OU CRITÉRIOS PARA IDENTIFICAÇÃO DA INIMPUTABILIDADE

Como já mencionado, ao completar 18 anos de idade todo ser humano presume-se imputável. Essa presunção, todavia, é **relativa** (*iuris tantum*), pois admite prova em contrário. E para a aferição da inimputabilidade existem três sistemas ou critérios:

1) **Biológico:** basta, para a inimputabilidade, a presença de um problema mental, representado por uma doença mental, ou então por desenvolvimento mental incompleto ou retardado. É irrelevante tenha o sujeito, no caso concreto, se mostrado lúcido ao tempo da prática da infração penal para entender o caráter ilícito do fato e determinar-se de acordo com esse entendimento. O decisivo é o fator biológico, a formação e o desenvolvimento mental do ser humano. Esse sistema atribui demasiado valor ao laudo pericial, pois se o auxiliar da Justiça apontasse um problema mental, o magistrado nada poderia fazer. Seria presumida a inimputabilidade, de forma absoluta (*iuris et de iure*).

2) **Psicológico:** para esse sistema pouco importa se o indivíduo apresenta ou não alguma deficiência mental. Será inimputável ao se mostrar incapacitado de entender o caráter ilícito do fato ou de determinar-se de acordo com esse entendimento. Seu inconveniente é abrir espaço para o desmedido arbítrio do julgador, pois competiria exclusivamente ao magistrado decidir sobre a imputabilidade do réu.

3) **Biopsicológico:** resulta da fusão dos dois anteriores: é inimputável quem, ao tempo da conduta, apresenta um problema mental, e, em razão disso, não possui capacidade para entender o caráter ilícito do fato ou determinar-se de acordo com esse entendimento. Esse sistema conjuga as atuações do magistrado e do perito. Este (perito) trata da questão biológica, aquele (juiz) da psicológica. A presunção de imputabilidade é relativa (*iuris tantum*): após os 18 anos, todos são imputáveis, salvo prova pericial em sentido contrário revelando a presença de causa mental deficiente, bem como o reconhecimento de que, por tal motivo, o agente não tinha ao tempo da conduta capacidade para entender o caráter ilícito do fato ou de determinar-se de acordo com esse entendimento.

O Código Penal, em seu art. 26, *caput*, acolheu **como regra** o sistema **biopsicológico**, ao estabelecer que:

> **Art. 26.** É isento de pena o agente que, por doença mental ou desenvolvimento mental incompleto ou retardado, era, ao tempo da ação ou da omissão, inteiramente incapaz de entender o caráter ilícito do fato ou de determinar-se de acordo com esse entendimento.

**Excepcionalmente**, entretanto, foi adotado o sistema **biológico** no tocante aos menores de 18 anos (CF, art. 228, e CP, art. 27), bem como o sistema **psicológico**, em relação à embriaguez completa proveniente de caso fortuito ou força maior (CP, art. 28, § 1.º).

---

[1] SILVEIRA, V. César da. *Tratado da responsabilidade criminal*. São Paulo: Saraiva, 1955. v. I, p. 126.

CAP. 28 – IMPUTABILIDADE PENAL | 361

## 28.5. CAUSAS DE INIMPUTABILIDADE

O Código Penal apresenta como causas de inimputabilidade:

- menoridade (art. 27);
- doença mental (art. 26, *caput*);
- desenvolvimento mental incompleto (arts. 26, *caput*, e 27);
- desenvolvimento mental retardado (art. 26, *caput*); e
- embriaguez completa proveniente de caso fortuito ou força maior (art. 28, § 1.º).

## 28.6. MENORIDADE

Em relação aos menores de 18 anos de idade adotou-se o sistema **biológico** para a constatação da inimputabilidade.

Tais pessoas, independentemente da inteligência, da perspicácia e do desenvolvimento mental, são tratadas como inimputáveis. Podem, inclusive, ter concluído uma faculdade ou já trabalharem com anotação em carteira de trabalho e previdência social. A presunção de inimputabilidade é **absoluta** (*iuris et de iure*), decorrente do art. 228 da Constituição Federal[2] e do art. 27 do Código Penal,[3] e não admite prova em sentido contrário.

Nos termos da **Súmula 74 do Superior Tribunal de Justiça**, a prova da menoridade deve ser feita por documento hábil. Esse documento pode, mas não deve ser necessariamente a certidão de nascimento. Serve qualquer documento de identidade, certidão de batismo, carteira escolar etc.[4]

### 28.6.1. Menor de 18 anos de idade e a emancipação civil

O menor de 18 anos civilmente emancipado continua, no campo penal, inimputável. A capacidade ou incapacidade civil não se confunde com a imputabilidade penal.[5]

### 28.6.2. Redução da maioridade penal

Muito se discute sobre a possibilidade da diminuição da maioridade penal, e qual seria o instrumento necessário para tanto, visando considerar imputáveis as pessoas a partir de idade inferior a 18 anos. Recorde-se que os menores de 18 anos são inimputáveis por expressa determinação constitucional (art. 228). Sobre o assunto há duas posições:

1) A redução da maioridade penal somente seria possível com o advento de uma nova Constituição Federal, fruto do Poder Constituinte Originário. A maioridade penal constitui-se em cláusula pétrea implícita, referente ao direito fundamental de todo menor de 18 anos de não ser processado, julgado e condenado pela Justiça comum.

2) É suficiente uma emenda constitucional, por não se tratar de cláusula pétrea, mas de norma constitucional inserida no capítulo inerente à família, à criança, ao adolescente e

---

[2] "São penalmente inimputáveis os menores de dezoito anos, sujeitos às normas da legislação especial".

[3] "Os menores de 18 (dezoito) anos são penalmente inimputáveis, ficando sujeitos às normas estabelecidas na legislação especial".

[4] "O documento hábil ao qual a Súmula 74/STJ faz referência não se restringe à certidão de nascimento, ou seja, outros documentos dotados de fé pública, portanto, igualmente hábeis para comprovar a menoridade, também podem atestar a referida situação jurídica, como, por exemplo, a identificação realizada pela polícia civil" (AgRg no REsp 1.396.837/MG, rel. Min. Sebastião Reis Júnior, 6.ª Turma, j. 27.06.2014). E também: STJ: AgRg no REsp 1.423.997/SC, rel. Min. Moura Ribeiro, 5.ª Turma, j. 20.02.2014.

[5] STF: HC 101.930/MG, rel. Min. Cármen Lúcia, 1.ª Turma, j. 27.04.2010, noticiado no *Informativo* 584.

à pessoa idosa. A propósito, já foram apresentadas diversas propostas de Emenda Constitucional nesse sentido, mas até agora nenhuma delas foi aprovada.

### 28.6.3. Crimes permanentes e superveniência da maioridade penal

Crimes permanentes são aqueles em que a consumação se prolonga no tempo, por vontade do agente.

Nesses casos, é possível seja uma conduta iniciada quando a pessoa ainda é menor de 18 anos de idade, e somente se encerre quando atingida a maioridade penal. Exemplo: "A", com 17 anos de idade, pratica extorsão mediante sequestro contra "B", mantendo-o em cativeiro por diversos meses, período no qual completa 18 anos de idade.[6]

O agente poderá ser responsabilizado criminalmente **pelos atos praticados após o início da sua imputabilidade penal**.

Se o adolescente, entretanto, praticou um ato infracional equiparado a delito de natureza instantânea, a superveniência da maioridade não autoriza sua responsabilização na esfera penal. Nada obstante, admite-se a imposição de medida socioeducativa pela justiça especializada (Vara da Infância e da Juventude). Como estabelece a Súmula 605 do STJ: "A superveniência da maioridade penal não interfere na apuração de ato infracional nem na aplicabilidade de medida socioeducativa em curso, inclusive na liberdade assistida, enquanto não atingida a idade de 21 anos".

### 28.6.4. Menoridade penal e crimes militares

Em sua redação original, estatuía o art. 50 do Código Penal Militar:

> **Art. 50.** O menor de dezoito anos é inimputável, salvo se, já tendo completado dezesseis anos, revela suficiente desenvolvimento psíquico para entender o caráter ilícito do fato e determinar-se de acordo com este entendimento. Neste caso, a pena aplicável é diminuída de um terço até a metade.

A ressalva relativa aos maiores de 16 anos evidentemente não foi recepcionada pela Constituição Federal, a teor do seu art. 228. Essa imprecisão foi corrigida pela Lei 14.688/2023, e atualmente o art. 50 do Código Penal Militar apresenta a seguinte (e adequada) redação:

> Art. 50. O menor de 18 (dezoito) anos é penalmente inimputável, ficando sujeito às normas estabelecidas na legislação especial.

## 28.7. INIMPUTABILIDADE POR DOENÇA MENTAL

A expressão doença mental deve ser interpretada **em sentido amplo,** englobando os problemas patológicos e também os de origem toxicológica. Ingressam nesse rol (doença mental) todas as alterações mentais ou psíquicas que suprimem do ser humano a capacidade de entender o caráter ilícito do fato e de determinar-se de acordo com esse entendimento.

A doença mental pode ser permanente ou transitória, como é o caso do delírio febril. Deve, contudo, existir ao tempo da prática da conduta para acarretar no afastamento da imputabilidade.

Além disso, não é necessário que emane de enfermidade mental, pois há enfermidades físicas que atingem o aspecto psicológico do indivíduo. São exemplos disso os surtos dos tifoides e os delírios decorrentes de graves pneumonias.

---

[6] "Os crimes descritos no art. 159, § 1.º, e art. 288, parágrafo único, do Código Penal, são permanentes. Em consequência, se o menor atingir a idade de 18 (dezoito) anos enquanto os delitos se encontrarem em plena consumação, será por eles responsabilizado" (STJ: HC 169.510/SP, rel. Min. Marco Aurélio Bellizze, 5.ª Turma, j. 07.02.2012).

## 28.7.1. Doente mental e intervalos de lucidez

A inimputabilidade penal é aferida com base em um critério biopsicológico. Não basta a presença de um problema mental. Exige-se ainda que em razão dele o sujeito seja incapaz, ao tempo da conduta, de entender o caráter ilícito do fato ou de determinar-se de acordo com esse entendimento.

Logo, se ao tempo da conduta o indivíduo – nada obstante seja portador de problema mental – apresentar lucidez, será tratado como imputável.

Conclui-se, pois, que os doentes mentais, durante os intervalos de lucidez, são penalmente imputáveis.

## 28.8. INIMPUTABILIDADE POR DESENVOLVIMENTO MENTAL INCOMPLETO

O desenvolvimento mental incompleto abrange os menores de 18 anos e os indígenas.

Para os menores de 18 anos de idade a regra é inócua, pois deles já cuidam o art. 228 da Constituição Federal e o art. 27 do Código Penal.

Os índios, por outro lado, nem sempre serão inimputáveis. Essa situação depende do grau de assimilação dos valores sociais, a ser revelado pelo exame pericial (exame antropológico).[7] Destarte, dependendo da conclusão da perícia, o **indígena** pode ser:

a) imputável: se integrado à vida em sociedade;

b) semi-imputável: no caso de estar dividido entre o convívio na tribo e na sociedade; e

c) inimputável: quando completamente incapaz de viver em sociedade, desconhecendo as regras que lhe são inerentes.

## 28.9. INIMPUTABILIDADE POR DESENVOLVIMENTO MENTAL RETARDADO

Desenvolvimento mental retardado é o que não se compatibiliza com a fase da vida em que se encontra determinado indivíduo, resultante de alguma condição que lhe seja peculiar. A pessoa não se mostra em sintonia com os demais indivíduos que possuem sua idade cronológica.

De fato, o retardo mental é uma condição de desenvolvimento interrompido ou incompleto da mente, especialmente caracterizada por um comprometimento de habilidades manifestadas durante o período de desenvolvimento, as quais contribuem para o nível global da inteligência, isto é, aptidões cognitivas, de linguagem, motoras e sociais.[8]

A expressão "desenvolvimento mental *retardado*" compreende as oligofrenias em suas mais variadas manifestações (idiotice, imbecilidade e debilidade mental propriamente dita), bem como as pessoas que, por ausência ou deficiência dos sentidos, possuem deficiência psíquica, como se dá com o surdo-mudo.

**O surdo-mudo não é automaticamente inimputável.** Pelo contrário, pois, completados 18 anos de idade, todos se presumem imputáveis. Compete à perícia indicar o grau de prejuízo a ele causado por essa falha biológica. Podem ocorrer três situações distintas:

a) se ao tempo da ação ou da omissão era capaz de entender o caráter ilícito do fato e de determinar-se de acordo com esse entendimento, será considerado **imputável**;

b) se ao tempo da ação ou da omissão não era inteiramente capaz de entender o caráter ilícito do fato ou de determinar-se de acordo com esse entendimento, será considerado **semi-imputável** (CP, art. 26, parágrafo único); e

---

[7]  Nos termos do art. 56, *caput*, da Lei 6.001/1973 – Estatuto do Índio: "No caso de condenação de índio por infração penal, a pena deverá ser atenuada e na sua aplicação o Juiz atenderá também ao grau de integração do silvícola".

[8]  MARANHÃO, Odon Ramos. *Curso básico de medicina legal*. 8. ed. 5. tir. São Paulo: Malheiros, 2000. p. 349.

**364** │ DIREITO PENAL – PARTE GERAL – VOL. 1 • CLEBER MASSON

c) se ao tempo da ação ou da omissão era inteiramente incapaz de entender o caráter ilícito do fato ou de determinar-se de acordo com esse entendimento, será considerado **inimputável** (CP, art. 26, *caput*).

## 28.10. A PERÍCIA MÉDICA

Salvo no tocante aos menores de 18 anos (critério biológico), o Direito Penal brasileiro acolheu o **sistema biopsicológico** para verificação da inimputabilidade: o juiz afere a parte psicológica, reservando-se à perícia o exame biológico (existência de problema ou anomalia mental). Há uma junção de tarefas, de forma que o magistrado não pode decidir sobre a imputabilidade ou inimputabilidade do acusado sem a colaboração técnica do perito.

Exige-se o laudo médico para a comprovação da doença mental, do desenvolvimento mental incompleto ou do desenvolvimento mental retardado. Cuida-se de **meio legal de prova da inimputabilidade**, imprescindível, que sequer pode ser substituído pela inspeção judicial, pois o julgador não possui conhecimentos médicos para identificar deficiências na saúde psíquica do réu. Na visão do Superior Tribunal de Justiça:

> No processo penal brasileiro, em consequência do sistema da persuasão racional, o juiz forma sua convicção pela livre apreciação da prova (art. 155 do CPP). Assim, em regra, não há falar em prova legal ou tarifada no processo penal brasileiro. Contudo, com relação à inimputabilidade (art. 26, *caput*, do CP) e semi-imputabilidade (art. 26, parágrafo único, do CP), não há como ignorar a importância do exame pericial, considerando que o Código Penal adotou expressamente o critério biopsicológico. Ora, o magistrado não detém os conhecimentos técnicos indispensáveis para aferir a saúde mental do réu, tampouco a sua capacidade de se autodeterminar. Atento a essa questão, o legislador estabeleceu o incidente de insanidade mental (art. 149 do CPP).[9]

Em síntese, a perícia é **fundamental** para a aferição da inimputabilidade. Mas, obviamente, o juiz não pode ser subserviente à conclusão médica, ou seja, não fica vinculado aos peritos. O magistrado é o *peritum peritorum*, é dizer, o "perito dos peritos", como destaca o art. 182 do CPP: "O juiz não ficará adstrito ao laudo, podendo aceitá-lo ou rejeitá-lo, no todo ou em parte".

Surge, então, a questão: O que deve fazer o magistrado quando discordar da conclusão do laudo pericial? Pode decidir em sentido contrário do médico?

Embora não esteja adstrito ao laudo, o juiz **não pode** atuar em substituição ao perito. Cabe a ele rejeitar a conclusão técnica, ordenando em seguida a realização de novo exame pericial. Não lhe é facultado, todavia, atuar como se médico fosse, pois a ele a lei impõe a valoração da parte psicológica, assegurando a biológica às pessoas com formação técnica específica.

Para a instauração do incidente de insanidade mental, não basta a alegação defensiva no sentido da presença da anomalia ou enfermidade mental. Com efeito, o exame a que se refere o art. 149 do Código de Processo Penal é imprescindível apenas quando houver dúvida fundada a respeito da higidez mental do acusado, em face da presença de indícios plausíveis de que, ao tempo do fato, era incapaz de entender o caráter ilícito da conduta ou de determinar-se de acordo com esse entendimento.[10]

O incidente de insanidade mental tramita em autos apartados (CPP, art. 153) e suspende o processo (CPP, art. 149, § 2.º), mas não suspende a prescrição.[11]

Como a imputabilidade é presumida a partir do dia em que o agente completa 18 anos de idade, o réu não pode ser submetido à perícia médica contra a sua vontade, uma vez que

---

[9]  REsp 1.802.845/RS, rel. Min. Sebastião Reis Júnior, 6.ª Turma, j. 23.06.2020, noticiado no *Informativo* 675.

[10]  HC 60.977/ES, rel. Min. Og Fernandes, 6.ª Turma, j. 25.10.2011, noticiado no *Informativo* 486.

[11]  As causas suspensivas da prescrição, prejudiciais ao acusado, devem estar expressamente previstas em lei, pois dificultam a extinção da punibilidade. E, nesse ponto, o legislador ficou silente.

se trata de prova que se destina exclusivamente a favorecê-lo. Como já decidido pelo Supremo Tribunal Federal:

> O incidente de insanidade mental é prova pericial constituída em favor da defesa. Logo, não é possível determiná-lo compulsoriamente na hipótese em que a defesa se oponha à sua realização. Essa é a conclusão da Segunda Turma ao conceder a ordem em *habeas corpus* que discutiu a legitimidade de decisão judicial que deferira pedido formulado pelo Ministério Público Militar determinando a instauração de incidente de insanidade mental, com fundamento no art. 156 do Código de Processo Penal Militar (CPPM), a ser realizado por peritos médicos de hospital castrense. A Segunda Turma afirmou que o Código Penal Militar (CPM) e o Código Penal (CP) teriam adotado o critério biopsicológico para a análise da inimputabilidade do acusado. Assim, a circunstância de o agente ter doença mental provisória ou definitiva, ou desenvolvimento mental incompleto ou retardado (critério biológico), não seria suficiente para ele ser considerado penalmente inimputável, sem análise específica dessa condição para aplicação da legislação penal. Havendo dúvida sobre a imputabilidade, seria indispensável que, por meio de procedimento médico, se verificasse que, ao tempo da ação ou da omissão, o agente era totalmente incapaz de entender o caráter ilícito do fato ou de determinar-se de acordo com esse entendimento (critério psicológico). Contudo, no caso em comento, a defesa não solicitara a realização do mencionado exame. Tendo isso em conta, o Colegiado asseverou que o paciente não estaria obrigado a se submeter a esse exame.[12]

## 28.11. EFEITOS DA INIMPUTABILIDADE

Os menores de 18 anos sujeitam-se à legislação especial (CF, art. 228): Lei 8.069/1990 – Estatuto da Criança e do Adolescente.

Os demais inimputáveis submetem-se à justiça penal. São processados e julgados como qualquer outra pessoa, mas não podem ser condenados. Com efeito, a culpabilidade é pressuposto de aplicação da pena. Sem a imputabilidade (elemento da culpabilidade), não pode ser imposta uma pena.

Assim, os inimputáveis, embora demonstrado o envolvimento em um fato típico e ilícito, são absolvidos. Trata-se da chamada sentença de absolvição **imprópria**, pois o réu é absolvido, mas contra ele é aplicada uma **medida de segurança**, na forma definida pelo art. 386, parágrafo único, III, do Código de Processo Penal.

Isso se justifica pelo fato de, em relação aos inimputáveis, o juízo de culpabilidade (necessário para a pena) ser substituído pelo **juízo de periculosidade** (necessário para a medida de segurança). Além disso, o art. 97, *caput*, do Código Penal presume de forma **absoluta** a periculosidade dos inimputáveis, ordenando a imposição de medida de segurança.

## 28.12. IMPUTABILIDADE DIMINUÍDA OU RESTRITA

### 28.12.1. Dispositivo legal

Nos termos do art. 26, parágrafo único, do Código Penal:

> **Parágrafo único.** A pena pode ser reduzida de um a dois terços, se o agente, em virtude de perturbação de saúde mental ou por desenvolvimento mental incompleto ou retardado não era inteiramente capaz de entender o caráter ilícito do fato ou de determinar-se de acordo com esse entendimento.

### 28.12.2 Nomenclatura

O Código Penal não rotulou o instituto. Preferiu falar somente em **"redução da pena"**.

---

[12] HC 133.078/RJ, rel. Min. Cármen Lúcia, 2.ª Turma, j. 06.09.2016, noticiado no *Informativo* 838.

## 366 | DIREITO PENAL – PARTE GERAL – VOL. 1 • CLEBER MASSON

Em sede doutrinária e jurisprudencial foram consagradas como sinônimas diversas terminologias, destacando-se: imputabilidade diminuída, imputabilidade reduzida, imputabilidade restrita e semi-imputabilidade.[13]

Vale registrar, contudo, a posição de Cezar Roberto Bitencourt, que utiliza a expressão **"culpabilidade diminuída"**:

> As expressões, comumente utilizadas pela doutrina, *imputabilidade diminuída* ou *semi-imputabilidade*, são absolutamente impróprias, pois, na verdade, soam mais ou menos com algo parecido como *semivirgem, semigrávida, ou então como uma pessoa de cor semibranca!* Em realidade, a pessoa, nessas circunstâncias, tem diminuída sua *capacidade de censura,* de valoração, consequentemente a *censurabilidade* de sua conduta antijurídica deve sofrer redução. Enfim, nas hipóteses de inimputabilidade o agente é *"inteiramente* incapaz de entender o caráter ilícito do fato ou de determinar-se de acordo com esse entendimento". Ao passo que nas hipóteses de *culpabilidade diminuída* – em que o Código fala em redução de pena – o agente não possui a *"plena capacidade"* de entender a ilicitude do fato ou de determinar-se de acordo com esse entendimento.[14]

É de se destacar, entretanto, a utilização do termo "semi-imputável", derivado de "semi-imputabilidade", pelo art. 319, inc. VII, do Código de Processo Penal, com a redação conferida pela Lei 12.403/2011.

### 28.12.3. Conceito

O art. 26, parágrafo único, do Código Penal fala em **"perturbação da saúde mental"**.

A perturbação da saúde mental também é uma doença mental, embora mais suave. Não elimina totalmente, mas reduz, por parte do agente, a capacidade de entender o caráter ilícito do fato e de determinar-se de acordo com esse entendimento, o que igualmente ocorre em relação ao desenvolvimento mental incompleto e ao desenvolvimento mental retardado.

A diferença em relação à inimputabilidade, pois, é de **grau**. O agente tem diminuída a sua capacidade de entendimento e de autodeterminação, a qual permanece presente, embora em grau menor. Por esse motivo, subsiste a imputabilidade, e, por corolário, a culpabilidade.[15]

Como, entretanto, o sujeito encontra-se em posição biológica e psicológica inferior a um imputável, a reprovabilidade da conduta é menor, determinando a lei a redução da pena de 1 (um) a 2/3 (dois terços).

### 28.12.4. Sistema adotado

Assim como na inimputabilidade, nesse ponto o Código Penal também acolheu o **sistema biopsicológico**. Há dois fenômenos decisivos para aferição da semi-imputabilidade:

1) **biológico:** é a **causa**, consistente em perturbação da saúde mental ou desenvolvimento mental incompleto ou retardado; e

2) **psicológico:** é o **efeito**, pois em razão da anomalia mental o agente não era, ao tempo da conduta, inteiramente capaz de entender o caráter ilícito do fato ou de determinar-se de acordo com esse entendimento.

---

[13] Essas denominações são normalmente aceitas em provas e concursos públicos.

[14] BITENCOURT, Cezar Roberto. *Tratado de direito penal.* Parte geral. 11. ed. São Paulo: Saraiva, 2007. v. 1, p. 355-356. Contra este argumento, vale destacar que o art. 319, VII, do Código de Processo Penal, com a redação conferida pela Lei 12.403/2011, utiliza expressamente a palavra "semi-imputável".

[15] Evidentemente, o semi-imputável já atingiu a maioridade penal. Os menores de 18 anos de idade são inimputáveis (CF, art. 228, e CP, art. 27).

CAP. 28 – IMPUTABILIDADE PENAL | 367

### 28.12.5. Natureza jurídica

A imputabilidade diminuída (ou semi-imputabilidade) constitui-se em **causa obrigatória de diminuição da pena**.

Demonstrado pericialmente nos autos que o réu é **fronteiriço**, isto é, limítrofe entre a imputabilidade e a inimputabilidade, o magistrado, na terceira fase de aplicação da pena, deve obrigatoriamente reduzi-la, de 1 (um) a 2/3 (dois terços).

A diminuição é obrigatória, reservando-se ao juiz discricionariedade unicamente em relação ao seu percentual, dentro dos limites legais. O montante da redução, maior ou menor, há de levar em conta o grau de diminuição da capacidade de entender o caráter ilícito do fato ou de determinar-se de acordo com esse entendimento. Para o Superior Tribunal de Justiça.

> A diminuição da pena, nessa situação, deve ser avaliada de acordo com o grau de deficiência intelectiva do réu, vale dizer, de sua capacidade de autodeterminação. Nesse contexto, a ausência da justificativa para aplicação do redutor em seu grau mínimo viola o princípio do livre convencimento motivado, malferindo o disposto no art. 93, IX, da CF.[16]

Assim, se o fronteiriço estiver mais próximo da imputabilidade, a redução é menor (1/3), mas se estiver mais próximo dos limites da inimputabilidade, a diminuição deve alcançar o patamar máximo (2/3).

Na hipótese de imputação de crime hediondo (art. 1.º da Lei 8.072/1990) ou equiparado (tráfico de drogas, tortura e terrorismo), a semi-imputabilidade limita-se à redução da pena, sem afastar a hediondez do delito e seus efeitos jurídicos (vedação de anistia, graça e indulto, percentuais diferenciados para progressão de regime prisional etc.).[17]

### 28.12.6. Efeitos

Vimos que na inimputabilidade o responsável pelo cometimento de um fato típico e ilícito é absolvido em face da ausência de culpabilidade. Porém, a absolvição é **imprópria**, pois é imposta medida de segurança em face da sua periculosidade presumida.

Na semi-imputabilidade, contudo, subsiste a culpabilidade. **O réu deve ser condenado**, mas, por se tratar de pessoa com menor grau de censurabilidade, a pena há de ser obrigatoriamente reduzida de 1 (um) a 2/3 (dois terços).

O semi-imputável, por outro lado, pode necessitar de **especial tratamento curativo**, por ser dotado de periculosidade. Nesse caso, se o exame pericial assim recomendar, e concordando o magistrado, a pena pode ser substituída por medida de segurança, nos moldes do art. 98 do Código Penal.

Cuidado: a sentença endereçada ao semi-imputável responsável pela prática de um fato típico e ilícito sempre é **condenatória**. A operação é realizada em três etapas:

1) juiz condena;

2) em seguida, diminui a pena de 1 (um) a 2/3 (dois terços); e

3) finalmente, se o réu necessitar de especial tratamento curativo, o magistrado substitui a **pena diminuída** por medida de segurança.

Em síntese, o semi-imputável cumpre pena diminuída **ou** medida de segurança. Com a Reforma da Parte Geral do Código Penal – Lei 7.209/1984 adotou-se o **sistema vicariante**

---

[16] HC 167.376/SP, rel. Min. Gurgel de Faria, 5.ª Turma, j. 23.09.2014, noticiado no *Informativo* 547.

[17] STJ: AgRg no HC 716.210/DF, rel. Min. Sebastião Reis Júnior, 6.ª Turma, j. 10.05.2022, noticiado no *Informativo* 737.

**368** | DIREITO PENAL – PARTE GERAL – VOL. 1 • CLEBER MASSON

ou **unitário**, pelo qual o réu somente cumpre uma das sanções penais, as quais, é importante repetir, não são cumuláveis.

A primitiva Parte Geral do Código Penal consagrava o **sistema do duplo binário**, também chamado de **dois trilhos, dualista** ou de **dupla via:** o semi-imputável cumpria a pena, e, depois, se ainda necessitasse de especial tratamento curativo, era submetido à medida de segurança.

## 28.13. EMOÇÃO E PAIXÃO

### 28.13.1. Apontamento histórico

No Código Penal de 1890 a perturbação dos sentidos e da inteligência afastava a culpabilidade.

Por esse motivo, era bastante comum a absolvição de autores de crimes passionais, notadamente de homicídios, sob a alegação de legítima defesa da honra, o que ora não mais se admite.

### 28.13.2. Introdução e critério utilizado pelo Código Penal

O Código Penal dispõe, em seu art. 28, I, que a emoção ou a paixão **não excluem a imputabilidade penal**.

Utilizou-se, pois, de um **critério legal**, ao estatuir taxativamente que tais estados de ânimo não elidem o apontado elemento da culpabilidade.

Essa escolha, entretanto, não é isenta de críticas. Bise, penalista suíço, observou que se devia deixar ao magistrado (critério judicial), nessa matéria, certa liberdade, pois podia acontecer que emoções violentas, muitas vezes instantâneas, fizessem com que o réu perdesse momentaneamente o domínio de si mesmo e o arrastassem a cometer, por efeito da cólera levada ao paroxismo, do sentimento de honra ultrajada, da dignidade ferida ou de qualquer provocação, um ato que não teria cometido se estivesse de sangue frio.[18]

### 28.13.3. Emoção e paixão: conceitos e distinções

Emoção e paixão são perturbações da psique humana.

**Emoção** é o estado afetivo que acarreta na perturbação transitória do equilíbrio psíquico, tal como na ira, medo, alegria, cólera, ansiedade, prazer erótico, surpresa e vergonha.

**Paixão** é a emoção mais intensa, ou seja, a perturbação duradoura do equilíbrio psíquico. Dela são exemplos, entre outros, o amor, a inveja, a avareza, o ciúme, a vingança, o ódio, o fanatismo e a ambição.

Enrico Altavilla, sob a ótica da psicologia judiciária, diz que "é o estudo das emoções e das paixões que, principalmente, nos convence de que bem poucos homens podem afirmar terem sido, durante toda a sua existência, completamente normais". E em seguida invoca as palavras de Kant, para quem: "A emoção é a água que rompe com violência o dique e se espalha rapidamente; a paixão é a torrente que escava o seu leito e nele se incrusta. A emoção é uma embriaguez, a paixão é uma doença".[19] Para Nélson Hungria:

> Pode dizer-se que a paixão é a emoção que se protrai no tempo, incubando-se, introvertendo-se, criando um estado contínuo e duradouro de perturbação afetiva em torno de uma *ideia fixa,* de um pensamento obsidente. A emoção dá e passa; a paixão permanece, alimentando-se de si própria.

---

[18] COSTA E SILVA, A. J. da. *Código Penal anotado.* São Paulo: RT, 1943. v. I, p. 189-190.

[19] ALTAVILLA, Enrico. *Psicologia judiciária.* O processo psicológico e a verdade judicial. Trad. Fernando Miranda. Coimbra: Armênio Amado Editor, 1981. v. I, p. 104-105.

CAP. 28 – IMPUTABILIDADE PENAL | **369**

Mas a paixão é como o borralho que, a um sopro mais forte, pode chamejar de novo, voltando a ser fogo crepitante, retornando a ser estado emocional agudo.[20]

Portanto, a diferença entre a emoção e a paixão repousa, fundamentalmente, na **duração**. Aquela é um sentimento transitório, enquanto a paixão é duradoura, uma emoção em câmera lenta.

### 28.13.4. Efeitos

Ainda que sejam de elevada intensidade, a emoção e a paixão, como visto, não excluem a imputabilidade penal.

Porém, o Código Penal, implicitamente, permite duas exceções a essa regra:

- coação moral irresistível, em face da inexigibilidade de conduta diversa, a ser estudada um pouco adiante; e
- estado patológico, no qual se constituem autênticas formas de doença mental.

### 28.13.5. Emoção e paixão patológicas

Em seu art. 28, I, o Código Penal refere-se à condição de normalidade, isto é, emoção ou paixão incapaz de retirar do agente a capacidade de entender o caráter ilícito do fato ou de determinar-se de acordo com esse entendimento.

Quando, contudo, a emoção ou paixão configurar um estado mórbido ou patológico, deverá ser compreendida como uma verdadeira psicose, indicativa de doença mental. Logo, se comprovada pericialmente, a situação encontrará respaldo no art. 26, *caput* (inimputabilidade), ou em seu parágrafo único (imputabilidade restrita ou semi-imputabilidade).

### 28.13.6. Espécies

A emoção e a paixão podem ser **sociais**, como é o caso do amor, ou **antissociais**, tendo como exemplo o ódio, funcionado como circunstância judicial na aplicação da pena-base, em conformidade com o art. 59, *caput*, do Código Penal.

Fala-se, ainda, em emoções:

a) **astênicas:** são as resultantes daquele que sofre de debilidade orgânica, gerando situações de medo, desespero, pavor; e

b) **estênicas:** são aquelas decorrentes da pessoa que é vigorosa, forte e ativa, provocando situações de cólera, irritação, destempero e ira.[21]

### 28.13.7. Disposições especiais no Código Penal

O art. 65, III, "c", parte final, diz que se o crime foi cometido sob a influência de **violenta emoção**, provocada por ato injusto da vítima, a pena será atenuada. Estará presente, destarte, uma atenuante genérica, funcionando na segunda fase de aplicação da pena.

Por sua vez, os arts. 121, § 1.º, e 129, § 4.º, preveem, no tocante ao homicídio e à lesão corporal, respectivamente, a figura do privilégio – causa especial de diminuição da pena – quando o crime é cometido sob o domínio de **violenta emoção**, e logo em seguida a injusta provocação da vítima.

---

[20] HUNGRIA, Nélson. *Comentários ao Código Penal*. Rio de Janeiro: Forense, 1949. v. I, p. 523.

[21] NUCCI, Guilherme de Souza. *Código Penal comentado*. 6. ed. São Paulo: RT, 2006. p. 261.

## 28.13.8. A questão do homicídio passional

O Código Penal Republicano, de 1890, dispunha em seu art. 27, § 4.º: "Não são criminosos os que se acharem em estado de completa privação de sentidos e de inteligência no ato de cometer o crime".[22]

Com base nesse dispositivo legal, os criminosos passionais eram comumente absolvidos, sob o pretexto de que, ao encontrarem o cônjuge em flagrante adultério, ou movidos por elevado ciúme, restavam privados da inteligência e dos sentidos.

Com a regra ora prevista no art. 28, I, do Código Penal, essa interpretação não pode ser admitida. Emoção e paixão não excluem a imputabilidade penal, mormente quando o crime foi motivado por um suposto "amor".

Roberto Lyra, com a autoridade de quem foi apelidado de **"o príncipe dos promotores"**, pelo fato de ter sido um dos maiores tribunos do júri, combatia veementemente a impunidade dos passionais, assim se pronunciando:

> O verdadeiro passional não mata. O amor é, por natureza e por finalidade, criador, fecundo, solidário, generoso. Ele é cliente das pretorias, das maternidades, dos lares e não dos necrotérios, dos cemitérios, dos manicômios. O amor, o amor mesmo, jamais desceu ao banco dos réus. Para os fins da responsabilidade, a lei considera apenas o momento do crime. E nele o que atua é o ódio. O amor não figura nas cifras da mortalidade e sim nas da natalidade; não tira, põe gente no mundo. Está nos berços e não nos túmulos.[23]

Nada obstante, vez ou outra se constata a absolvição de homicidas passionais confessos. Isso se dá, notadamente, pela circunstância de serem julgados pelo Tribunal do Júri, composto por juízes leigos e que decidem pela íntima convicção, sem fundamentação dos seus votos, muitas vezes movidos pela piedade, pela farsa proporcionada pelo acusado ou mesmo por se identificarem com a figura do réu.

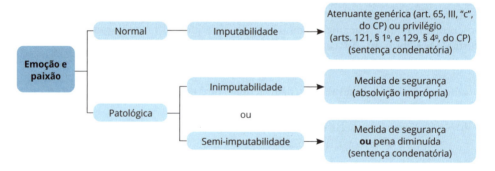

## 28.14. EMBRIAGUEZ

### 28.14.1. Conceito

É a **intoxicação aguda** produzida no corpo humano pelo **álcool ou por substância de efeitos análogos**, apta a provocar a exclusão da capacidade de entender o caráter ilícito do fato ou de determinar-se de acordo com esse entendimento. Como exemplos de substâncias de efeitos análogos podem ser apontados o éter, a morfina, o clorofórmio e quaisquer outras

---

[22] PIERANGELI, José Henrique. *Códigos penais do Brasil:* evolução histórica. Bauru: Jalovi, 1980. p. 271.
[23] LYRA, Roberto. *Como julgar, como defender, como acusar.* Rio de Janeiro: José Konfino, 1975. p. 97.

substâncias entorpecentes, ainda que não previstas na Portaria do Ministério da Saúde responsável por essa tarefa, dependendo, nesse caso, de perícia.

## 28.14.2. Denominação

A embriaguez acima definida, que não exclui a imputabilidade penal (CP, art. 28, II), é chamada de **embriaguez aguda, embriaguez simples** ou **embriaguez fisiológica**.

## 28.14.3. Embriaguez crônica ou patológica, ou alcoolismo crônico

Cuida-se da embriaguez que compromete total ou parcialmente a imputabilidade penal, e caracteriza-se pela desproporcional intensidade ou duração dos efeitos inerentes à intoxicação alcoólica.

O efeito da embriaguez no organismo humano é contínuo, e as consequências do álcool ou da substância de efeitos análogos subsistem no sistema nervoso depois de sua eliminação. Por esse motivo, a embriaguez patológica é **equiparada às doenças mentais**. Logo, aplica-se o art. 26, *caput*, e seu parágrafo único, do Código Penal, e não o art. 28, II. O ébrio é considerado inimputável ou semi-imputável, em conformidade com a conclusão do laudo pericial.

## 28.14.4. Períodos, fases ou etapas da embriaguez

São cientificamente reconhecidas **três fases** da embriaguez:[24]

**1.ª fase – Eufórica:** as funções intelectuais mostram-se excitadas e o indivíduo particularmente eufórico. A vontade e a autocrítica afiguram-se rebaixadas. A capacidade de julgamento se compromete. Há certo grau de erotismo. O ébrio fala acima do normal, apresenta desinibição e comporta-se de forma cômica e indecorosa. É conhecida como **"fase do macaco"**.

**2.ª fase – Agitada:** caracteriza-se por perturbações psicossensoriais profundas. Alteram-se as funções intelectuais, o juízo crítico, a atenção e a memória. Os propósitos são desordenados ou absurdos. Há abolição da crítica. Os delitos normalmente são praticados com agressões ou contra a liberdade sexual, o que não impede crimes de outras espécies. Há perda do equilíbrio e a pessoa marcha de forma desordenada, ou se desequilibra. Ocorrem perturbações visuais. O sujeito fica agitado e agressivo, razão pela qual é chamada de **"fase do leão"**.

Nessas duas fases (eufórica e agitada), é possível a prática de crimes comissivos e omissivos.

**3.ª fase – Comatosa ("do coma"):** inicialmente há sono e o coma se instala progressivamente. Daí ser chamada de **"fase do porco"**. O estado comatoso pode até se tornar irreversível, com a morte do ébrio, o que pode ser facilitado com a exposição ao frio.

Nessa terceira fase (comatosa) o ébrio somente pode praticar crimes omissivos, próprios ou impróprios (comissivos por omissão).

## 28.14.5. Espécies de embriaguez

A **embriaguez aguda, simples ou fisiológica** classifica-se quanto à intensidade e quanto à origem.

### 28.14.5.1. Quanto à intensidade

Pode ser completa ou incompleta.

---

[24] Adotamos os conceitos apresentados por MARANHÃO, Odon Ramos. *Curso básico de medicina legal.* 8. ed. 5. tir. São Paulo: Malheiros, 2000. p. 390-393.

**372** | DIREITO PENAL – PARTE GERAL – VOL. 1 • CLEBER MASSON

**Completa, total**, ou **plena**, é a embriaguez que chegou à segunda (agitada) ou à terceira fase (comatosa).

**Incompleta, parcial**, ou **semiplena**, é a embriaguez que se limitou à primeira fase (eufórica).

### 28.14.5.2. Quanto à origem

Pode ser voluntária, culposa, preordenada ou acidental.

**Voluntária**, ou **intencional**, é aquela em que o indivíduo ingere bebidas alcoólicas com a intenção de embriagar-se. Não quer praticar infrações penais. Sua vontade restringe-se a exceder aos limites permitidos para a ingestão do álcool ou substância de efeitos análogos.

**Culposa** é a espécie de embriaguez em que a vontade do agente é somente beber, e não embriagar-se. Por exagero no consumo do álcool, todavia, acaba embriagado.

Essas duas espécies de embriaguez (voluntária e culposa) não excluem a imputabilidade penal (CP, art. 28, II), sejam completas ou incompletas.

**Preordenada**, ou **dolosa**, é aquela em que o sujeito propositadamente se embriaga para cometer uma infração penal. A embriaguez funciona como fator de encorajamento para a prática do crime ou da contravenção penal.

A embriaguez preordenada, além de não excluir a imputabilidade penal, funciona como **agravante genérica** (CP, art. 61, II, "l"), incidindo na segunda fase do critério trifásico para o fim de exasperar a pena.

**Acidental**, ou **fortuita**, é a embriaguez que resulta de caso fortuito ou força maior.

No **caso fortuito**, o indivíduo não percebe ser atingido pelo álcool ou substância de efeitos análogos, ou desconhece uma condição fisiológica que o torna submisso às consequências da ingestão do álcool. Exemplos: (1) o sujeito mora ao lado de uma destilaria de aguardente, e aos poucos acaba embriagado pelos vapores da bebida que inala sem perceber; e (2) o agente faz tratamento com algum tipo de remédio, o qual potencializa os efeitos do álcool.

Na **força maior**, o sujeito é obrigado a beber, ou então, por questões profissionais, necessita permanecer em recinto cercado pelo álcool ou substância de efeitos análogos. Exemplos: (1) o agente é amarrado e injetam em seu sangue elevada quantidade de álcool; e (2) o indivíduo trabalha na manutenção de uma destilaria de aguardente e, em determinado dia, cai em um tonel cheio da bebida.

A embriaguez acidental ou fortuita, **se completa**, capaz de ao tempo da conduta tornar o agente inteiramente incapaz de entender o caráter ilícito do fato ou de determinar-se de acordo com esse entendimento, **exclui a imputabilidade penal** (CP, art. 28, § 1.º).

Por outro lado, a embriaguez acidental ou fortuita **incompleta**, isto é, aquela que ao tempo da conduta retira do agente parte da capacidade de entender o caráter ilícito do fato ou de determinar-se de acordo com esse entendimento, autoriza a **diminuição da pena de 1 (um) a 2/3 (dois terços)**. Equivale, portanto, à **semi-imputabilidade** (CP, art. 28, § 2.º).

## 28.14.6. Embriaguez acidental completa e medida de segurança

Nada obstante acarrete ao agente a isenção da pena, nos mesmos moldes da inimputabilidade penal, a embriaguez acidental ou fortuita, e completa, não autoriza a aplicação de medida de segurança por um motivo muito simples. O sujeito é imputável, e não inimputável. Não é portador de doença mental, nem apresenta desenvolvimento mental incompleto ou retardado, na forma exigida pelo art. 26, *caput*, do Código Penal.

Além disso, o tratamento curativo inerente à medida de segurança seria totalmente inócuo e desnecessário.

## 28.14.7. Prova da embriaguez

A embriaguez admite qualquer meio probatório, mormente em face do sistema da livre apreciação da prova, da persuasão racional ou do livre convencimento motivado, adotado pelo art. 155, *caput*, do Código de Processo Penal.

Destacam-se, contudo, três formas probatórias para a comprovação da embriaguez:

a) **exame laboratorial:** é o que revela a quantidade de álcool no sangue de alguém. O agente não é obrigado a ele se submeter, pois ninguém é obrigado a produzir prova contra si mesmo (*nemo tenetur se detegere*);

b) **exame clínico:** é a análise pessoal do indivíduo, evidenciando-se dados característicos da embriaguez, tais como o hálito, o controle emocional, o equilíbrio físico, a fala etc.

c) **prova testemunhal:** pessoas que relatem, deponham acerca da alteração de comportamento  ιe quem se submeteu ao álcool ou substância de efeitos análogos.

### 28.14.7.1. Prova da embriaguez e o Código de Trânsito Brasileiro

A conduta de dirigir sob a influência de álcool ou de outra substância psicoativa que determine dependência física, com qualquer concentração de álcool por litro de sangue ou por litro de ar alveolar, constitui **infração de trânsito gravíssima**, sujeita a multa e suspensão do direito de dirigir por 12 meses, sem prejuízo da medida de recolhimento do documento de habilitação e retenção do veículo, a teor das regras contidas nos arts. 165 e 276 da Lei 9.503/1997 – Código de Trânsito Brasileiro. E estabelece o seu art. 277, com a redação conferida pela Lei 14.599/2023:

> **Art. 277.** O condutor de veículo automotor envolvido em sinistro de trânsito ou que for alvo de fiscalização de trânsito poderá ser submetido a teste, exame clínico, perícia ou outro procedimento que, por meios técnicos ou científicos, na forma disciplinada pelo Contran, permita certificar influência de álcool ou outra substância psicoativa que determine dependência.
>
> § 1.º (Revogado)
>
> § 2.º A infração prevista no art. 165 também poderá ser caracterizada mediante imagem, vídeo, constatação de sinais que indiquem, na forma disciplinada pelo Contran, alteração da capacidade psicomotora ou produção de quaisquer outras provas em direito admitidas.
>
> § 3.º Serão aplicadas as penalidades e medidas administrativas estabelecidas no art. 165-A deste Código ao condutor que se recusar a se submeter a qualquer dos procedimentos previstos no *caput* deste artigo.

Portanto, ao motorista abordado pela autoridade pública é facultado recusar-se ao exame de sangue ou ao teste do etilômetro ("bafômetro"), nada obstante seu estado de embriaguez possa ser aferido por outros meios de prova.[25] Essa recusa, no entanto, importará em consequências jurídicas. Busca-se justificar a legitimidade desse dispositivo com o argumento de tratar-se de infração administrativa. Destarte, se o Estado autoriza alguém a conduzir veículos automotores, tem o direito de impor-lhe as condições necessárias para a manutenção dessa prerrogativa, destacando-se, entre elas, a submissão aos exames para comprovação de eventual uso de álcool ou substância de efeitos análogos. Logo, àquele que não se submeter aos testes será aplicada a infração administrativa prevista no art. 165-A do Código de Trânsito Brasileiro:

---

[25] É a posição do Superior Tribunal de Justiça: REsp 1.308.779/CE, rel. Min. Humberto Martins, 2.ª Turma, j. 25.03.2014.

# DIREITO PENAL – PARTE GERAL – VOL. 1 • CLEBER MASSON

**Art. 165-A.** Recusar-se a ser submetido a teste, exame clínico, perícia ou outro procedimento que permita certificar influência de álcool ou outra substância psicoativa, na forma estabelecida pelo art. 277:

Infração – gravíssima;

Penalidade – multa (dez vezes) e suspensão do direito de dirigir por 12 (doze) meses;

Medida administrativa – recolhimento do documento de habilitação e retenção do veículo, observado o disposto no § 4.º do art. 270.

Parágrafo único. Aplica-se em dobro a multa prevista no *caput* em caso de reincidência no período de até 12 (doze) meses.

Contudo, sempre existiram vozes sustentando a inaceitabilidade desta regra, pois o motorista seria obrigado a produzir prova contra si mesmo, uma vez que serão provocados reflexos na seara criminal, relativamente ao delito tipificado pelo art. 306 da Lei 9.503/1997 – Código de Trânsito Brasileiro:

**Art. 306.** Conduzir veículo automotor com capacidade psicomotora alterada em razão da influência de álcool ou de outra substância psicoativa que determine dependência:

Penas – detenção, de seis meses a três anos, multa e suspensão ou proibição de se obter a permissão ou a habilitação para dirigir veículo automotor.

§ 1.º As condutas previstas no *caput* serão constatadas por:

I – concentração igual ou superior a 6 decigramas de álcool por litro de sangue ou igual ou superior a 0,3 miligrama de álcool por litro de ar alveolar; ou

II – sinais que indiquem, na forma disciplinada pelo Contran, alteração da capacidade psicomotora.

§ 2.º A verificação do disposto neste artigo poderá ser obtida mediante teste de alcoolemia ou toxicológico, exame clínico, perícia, vídeo, prova testemunhal ou outros meios de prova em direito admitidos, observado o direito à contraprova.

§ 3.º O Contran disporá sobre a equivalência entre os distintos testes de alcoolemia ou toxicológicos para efeito de caracterização do crime tipificado neste artigo.

§ 4.º Poderá ser empregado qualquer aparelho homologado pelo Instituto Nacional de Metrologia, Qualidade e Tecnologia – INMETRO – para se determinar o previsto no *caput*.

Este delito insere-se no rol dos crimes de **perigo abstrato**, e sua descrição legal não atenta contra princípios constitucionais, porque é científica e estatisticamente comprovado que a condução de veículo automotor por quem ingeriu álcool ou substâncias psicoativas em determinado patamar coloca em risco a incolumidade física e a vida de terceiros, dada a diminuição dos reflexos, da percepção sensorial e da habilidade motora.[26]

Antes das Leis 12.760/2012 e 12.971/2014, todavia, a configuração do delito dependia de prova pericial (exame de sangue) ou método equivalente (etilômetro ou teste em aparelho de ar alveolar, popularmente conhecido como "bafômetro"). Em síntese, a prova da materialidade do crime tipificado no art. 306 do Código de Trânsito Brasileiro restringia-se a estes dois meios, não admitindo outra forma qualquer, pois eram os únicos recursos idôneos a indicar

---

[26] Na visão do Supremo Tribunal Federal: "[...] seria irrelevante indagar se o comportamento do agente atingira, ou não, algum bem juridicamente tutelado. Consignou-se, ainda, legítima a opção legislativa por objetivar a proteção da segurança da própria coletividade" (HC 109.269/MG, rel. Min. Ricardo Lewandowski, 2.ª Turma, j. 27.09.2011, noticiado no *Informativo* 642). Para o Superior Tribunal de Justiça: "O crime do art. 306 do Código de Trânsito Brasileiro é de perigo abstrato, pois o tipo penal em questão apenas descreve a conduta de dirigir veículo sob a influência de álcool acima do limite permitido legalmente, sendo desnecessária a demonstração da efetiva potencialidade lesiva do condutor" (HC 175.385/MG, rel. Min. Laurita Vaz, 6.ª Turma, j. 17.03.2011, noticiado no *Informativo* 466).

cientificamente a alcoolemia, uma vez que o legislador havia incluído o nível de dosagem alcoólica como elemento do tipo penal incriminador.

Consequentemente, um motorista embriagado não poderia ser condenado sem submeter-se voluntariamente a tais exames, pois ninguém é obrigado a produzir prova contra si mesmo (*nemo tenetur se detegere*). No entanto, era possível aplicar-lhe as sanções administrativas pertinentes.

Este cenário foi profundamente alterado pelas Leis 12.760/2012 e 12.971/2014. Atualmente, o tipo penal não se reporta à quantidade de álcool por litro de sangue. O legislador preferiu utilizar uma fórmula mais ampla, consistente em "capacidade psicomotora alterada em razão da influência de álcool ou de outra substância psicoativa que determine dependência". E nesse ponto surge uma importante indagação: Como se prova a alteração da capacidade psicomotora em decorrência do consumo do álcool ou de substância psicoativa? Por duas formas distintas. Vejamos.

Em primeiro lugar, a alteração da capacidade psicomotora será demonstrada pela concentração igual ou superior a 6 decigramas de álcool por litro de sangue, ou igual ou superior a 0,3 miligrama de álcool por litro de ar alveolar (CTB, art. 306, § 1.º, I).[27] Nesse caso, o exame pericial – exame de sangue ou teste do etilômetro – continua imprescindível, pois a comprovação da embriaguez reclama a precisa dosagem de álcool no sangue.

Mas a grande novidade recai no inc. II do § 1.º do art. 306 do Código de Trânsito Brasileiro. A alteração da capacidade psicomotora em face da influência do álcool ou de outra substância psicoativa que determine dependência pode ser constatada por "sinais que indiquem, na forma disciplinada pelo Contran, alteração da capacidade psicomotora".

É de se observar que **a presença destes sinais deve produzir efeitos equivalentes à concentração igual ou superior a 6 decigramas de álcool por litro de sangue, ou igual ou superior a 0,3 miligrama de álcool por litro de ar alveolar**, raciocínio facilmente extraído da análise do § 3.º do art. 306 do Código de Trânsito Brasileiro: "O Contran disporá sobre a equivalência entre os distintos testes de alcoolemia ou toxicológicos para efeito de caracterização do crime tipificado neste artigo".

Para reforçar esta sistemática, o § 2.º do art. 306 do Código de Trânsito Brasileiro preconiza que "a verificação do disposto neste artigo poderá ser obtida mediante teste de alcoolemia ou toxicológico, exame clínico, perícia, vídeo, prova testemunhal ou outros meios de prova em direito admitidos, observado o direito à contraprova".

Embora o dispositivo dependa de regulamentação pelo Conselho Nacional de Trânsito, efetivada pela Resolução 432/2013, fica nítida a opção pelo **sistema da liberdade da prova** no tocante ao crime de embriaguez ao volante. Em outras palavras, se o condutor de veículo automotor envolver-se em acidente de trânsito ou for alvo de fiscalização de trânsito, e o agente público de trânsito suspeitar de eventual alteração de sua capacidade psicomotora em razão da influência do álcool ou de outra substância psicoativa que determine dependência, duas situações podem ocorrer:

a)  se o motorista concordar, será submetido a teste de alcoolemia ou toxicológico, mediante exame de sangue ou etilômetro;

b)  se ele não concordar, a alteração da sua capacidade psicomotora poderá ser comprovada por sinais indicativos, obtidos por diversos meios, a exemplo do exame clínico, da perícia, de vídeo e da prova testemunhal, entre outros. Exemplo: O motorista capota seu automóvel na estrada e, abordado pelo policial rodoviário, este vem a constatar o estado

---

[27]  O conceito de ar alveolar é fornecido pelo Anexo I do Código de Trânsito Brasileiro: "Ar expirado pela boca de um indivíduo, originário dos alvéolos pulmonares". Este teste é realizado com a utilização do etilômetro – aparelho destinado à medição do teor alcoólico no ar aveolar.

# 376 | DIREITO PENAL – PARTE GERAL – VOL. 1 • CLEBER MASSON

de embriaguez do condutor, evidenciado pelo hálito de álcool, pelo pronunciamento confuso das palavras, bem como pelos depoimentos de testemunhas no sentido de que o motorista acabara de consumir um litro de aguardente.

A nova sistemática confere maiores poderes aos agentes de trânsito. Com efeito, se o condutor do veículo recusar-se ao teste de alcoolemia ou toxicológico, o funcionário público poderá valer-se de outros meios, inclusive das suas próprias palavras, para concluir pela materialidade do crime tipificado no art. 306 da Lei 9.503/1997 – Código de Trânsito Brasileiro.

Evidentemente, o motorista não ficará submisso à convicção do agente público. De fato, caso venha a se posicionar pela alteração da capacidade psicomotora do condutor, este terá à sua disposição o **direito à contraprova**, ou seja, poderá valer-se do teste de alcoolemia ou toxicológico para demonstrar a ausência de concentração igual ou superior a 6 decigramas de álcool por litro de sangue, ou igual ou superior a 0,3 miligrama de álcool por litro de ar alveolar, ou ainda de outra substância psicoativa que determina dependência.

Em síntese, o motorista não está obrigado a submeter-se à perícia, o que não afasta a conclusão pela alteração da sua capacidade psicomotora, diante do consumo do álcool ou de outra substância psicoativa que determine dependência. Mas, se o agente de trânsito concluir, com base em sinais diversos, pela embriaguez do condutor, a este será assegurado o direito de passar pela perícia, com a finalidade de comprovar a integridade da sua capacidade psicomotora no âmbito penal.

| Esfera administrativa | Esfera penal |
|---|---|
| Infração de trânsito gravíssima – art. 165 do CTB | Crime – art. 306 do CTB |
| Qualquer concentração de álcool por litro de sangue ou por litro de ar alveolar | Alteração na capacidade psicomotora em razão da influência de álcool ou de outra substância psicoativa que determine dependência |
| Multa, suspensão do direito de dirigir por 12 meses, recolhimento do documento de habilitação e retenção do veículo automotor | Detenção, de seis meses a três anos, multa e suspensão ou proibição de se obter a permissão ou a habilitação para dirigir veículo automotor |

## 28.14.8. A teoria da *actio libera in causa*

O Código Penal dispõe, em seu art. 28, II, que a embriaguez, voluntária ou culposa, não exclui a imputabilidade penal.

Já em relação à embriaguez preordenada, estatui em seu art. 61, II, "l" ser essa circunstância uma agravante genérica. Destarte, além de subsistir a imputabilidade, funciona como exasperação da pena.

Coloca-se então a seguinte indagação: Como é possível a punição do agente em caso de embriaguez não acidental? No momento em que ele pratica o crime, embriagado, não estaria privado da capacidade de entender o caráter ilícito do fato ou de determinar-se de acordo com esse entendimento?

Para responder essa questão, entra em cena a teoria da *actio libera in causa*. Em claro e bom português, teoria da **ação livre em sua causa**.

Fundamenta-se no princípio segundo o qual **"a causa da causa também é a causa do que foi causado"**, isto é, para aferir-se a imputabilidade penal no caso da embriaguez, despreza-se o tempo em que o crime foi praticado. De fato, nesse momento o sujeito estava privado da capacidade de entendimento e de autodeterminação, por vontade própria, pois bebeu e embriagou-se livre de qualquer coação. Por esse motivo, considera-se como marco da imputabilidade penal o período anterior à embriaguez, em que o agente espontaneamente decidiu consumir bebida alcoólica ou de efeitos análogos. Nas palavras de Sebastian Soler:

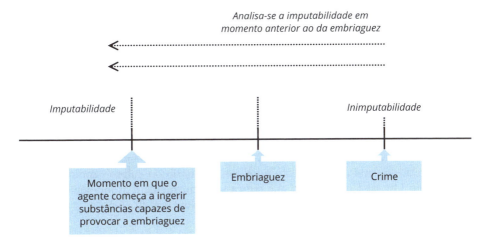

A imputação do fato realizado durante o tempo de inimputabilidade retroage ao estado anterior, e, conforme seja o conteúdo subjetivo desse ato, será imputado a título de dolo ou de culpa. Se um sujeito se embriaga até a inconsciência para não temer e atrever-se contra determinada pessoa que quer matar, é plenamente imputável quanto ao homicídio, ainda quando o crime tenha sido cometido no estado atual de inconsciência.[28]

E, de acordo com o item 21 da Exposição de Motivos do Código Penal de 1940, preservada nesse ponto pela Lei 7.209/1984:

Ao resolver o problema da embriaguez (pelo álcool ou substância de efeitos análogos), do ponto de vista da responsabilidade penal, o projeto aceitou em toda a sua plenitude a teoria da *actio libera in causa ad libertatem relata*, que, modernamente, não se limita ao estado de inconsciência preordenado, mas se estende a todos os casos em que o agente se deixou arrastar ao estado de inconsciência.

Invoca-se essa teoria, portanto, para justificar a punição do sujeito que, **ao tempo da conduta**, encontrava-se em **estado de inconsciência**. Possibilita-se a análise do dolo ou da culpa revelados no momento em que se embriagou. São os casos em que alguém, no estado de não imputabilidade, é causador, por ação ou omissão, de algum resultado punível, tendo se colocado naquele estado, ou propositadamente, com a intenção de produzir o evento lesivo, ou sem essa intenção, mas tendo previsto a possibilidade do resultado, ou, ainda, quando a podia ou devia prever.[29]

Essa teoria foi desenvolvida para a **embriaguez preordenada**, e, para ela, se encaixa perfeitamente. O agente embriaga-se com a intenção de cometer um crime em estado de inconsciência, e assim o faz. O dolo estava presente quando arquitetou o crime, e por esse elemento subjetivo deve ser punido. Vale lembrar o clássico exemplo do guarda-chaves que se

---

[28] SOLER, Sebastian. *Derecho penal argentino*. Buenos Aires: La Ley, 1945. t. II, p. 46.
[29] QUEIROZ, Narcelio de. *Teoria da "actio libera in causa"*. Rio de Janeiro: Livraria Jacintho, 1936. p. 40.

# DIREITO PENAL – PARTE GERAL – VOL. 1 • CLEBER MASSON

embriaga com a intenção de não acionar as chaves à chegada do trem, produzindo a catástrofe. No momento de beber, era ele imputável, mas já não o era no momento do desastre.[30]

Na embriaguez preordenada, o fundamento da punição é a **causalidade mediata**. O agente atua como mandante, na fase anterior, da imputabilidade, e faz executar o mandato criminoso, por si mesmo, como instrumento, em estado de inimputabilidade.[31]

Posteriormente, entretanto, a aplicabilidade da teoria da *actio libera in causa* estendeu-se à **embriaguez voluntária** e à **embriaguez culposa**, bem como aos **demais estados de inconsciência**. Nessa última hipótese, pode ser citado o exemplo da mãe que, conhecedora dos sonhos noturnos que lhe deixam agitada e a fazem rolar na cama, esquece de levar o filho recém-nascido ao berço e o deixa dormir ao seu lado, vindo a sonhar e, ao rolar na cama, acaba por esmagar e matar a criança.[32]

E, nesses casos, o sujeito, ao colocar-se em estado de inconsciência, não possuía dolo ou culpa para a prática do crime. Surge assim a crítica no sentido de que o Código Penal teria consagrado a **responsabilidade objetiva**, pois, por motivo de política criminal, acolheu do direito italiano uma **ficção** para construir a figura do crime praticado em situação de embriaguez não fortuita, relativamente ao tratamento do ébrio voluntário ou culposo como imputável.[33]

Para Paulo José da Costa Júnior, que critica veementemente o acolhimento da teoria da *actio libera in causa* para as situações de embriaguez voluntária ou culposa:

> O legislador penal, ao considerar imputável aquele que em realidade não o era, fez uso de uma ficção jurídica. Ou melhor: adotou a responsabilidade objetiva, sem querer confessá-lo.
>
> No direito penal português confessou-se que, embora a "ingestão de bebidas alcoólicas ou substâncias tóxicas possa criar, em muitos casos, um verdadeiro estado de inimputabilidade, por outro, as necessidades de política criminal não consentem na impunidade do delinquente".
>
> O legislador pátrio não teve igual coragem. Preferiu "tapar o sol com a peneira", adotando a responsabilidade anômala. Seria preferível ter confessado que, com base na defesa social, fora compelido a adotar nesse passo a responsabilidade objetiva, para evitar que criminosos fossem buscar no álcool a escusa absolutória.[34]

Existem, porém, posições diversas, sustentando a não caracterização da responsabilidade penal objetiva no tocante à incidência da teoria da *actio libera in causa* na embriaguez voluntária e na embriaguez culposa.

Vicenzo Manzini, na Itália, há muito falava em **vontade residual**, é dizer, ainda que embriagado, o sujeito mantém em seu íntimo um **resquício de consciência e de autodeterminação**, suficiente para legitimar a imputabilidade penal.

Nessa linha de raciocínio, Giulio Battaglini rebate as críticas à teoria da *actio libera in causa*, sustentando que "uma solução legislativa não pode basear-se rigorosamente em deduções lógicas: o que é necessário é que forneça a melhor tutela dos valores morais e nacionais de que trata". Em seguida arremata: "o ébrio, com inteligência suprimida e vontade inexistente, é uma criação da fantasia: ninguém jamais o viu no banco dos réus".[35]

Nélson Hungria também defende a adoção da teoria da *actio libera in causa*. Para ele, a ameaça penal constitui-se em **motivo inibitório** a mais no sentido de **prevenir a embriaguez**,

---

[30] SILVEIRA, V. César da. *Tratado da responsabilidade criminal*. São Paulo: Saraiva, 1955. v. I, p. 401.
[31] BRUNO, Aníbal. *Direito penal*. Parte geral. Rio de Janeiro: Forense, 1967. t. 2, p. 151.
[32] SOLER, Sebastian. *Derecho penal argentino*. Buenos Aires: La Ley, 1945. t. II, p. 47.
[33] BRUNO, Aníbal. *Direito penal*. Parte geral. Rio de Janeiro: Forense, 1967. t. 2, p. 154.
[34] COSTA JR., Paulo José da. *Direito penal*: curso completo. 6. ed. São Paulo: Saraiva, 1999. p. 100.
[35] BATTAGLINI, Giulio. *Direito penal*. Parte geral. Trad. Paulo José da Costa Jr. e Arminda Bergamini Miotto. São Paulo: Saraiva, Editora da Universidade de São Paulo, 1973. v. 1, p. 263-265.

com os seus eventuais efeitos maléficos. Além disso, afirma que a embriaguez quase sempre revela o indivíduo na sua **verdadeira personalidade**, e precisamente o objetivo da teoria da culpabilidade é tornar responsável o indivíduo pelos atos que são expressão de sua personalidade. E, para sustentar que um ébrio voluntário ou culposo não pode, de forma alguma, ser equiparado ao inimputável portador de doença mental, busca ainda na doutrina alemã a seguinte lição:

> Cumpre notar, além disso, que, segundo a lição da experiência, a vontade do ébrio não é tão profundamente conturbada, que exclua por completo o poder de inibição, como acontece nas perturbações psíquicas de fundo patológico. É o que justamente acentua MEZGER: "A experiência ensina que na embriaguez é possível e pode ser exigido um grau mais alto de autocontrole do que, por exemplo, nas alterações da consciência de índole orgânica. As perturbações por intoxicação de álcool (acrescente-se: *et similia*) sempre ficam, em maior ou menor medida, na superfície".[36]

Cumpre destacar que, no tocante à **embriaguez acidental** ou **fortuita**, não se aplica a teoria da "actio libera in causa", porque o indivíduo não tinha a opção de ingerir ou não o álcool ou substância de efeitos análogos.

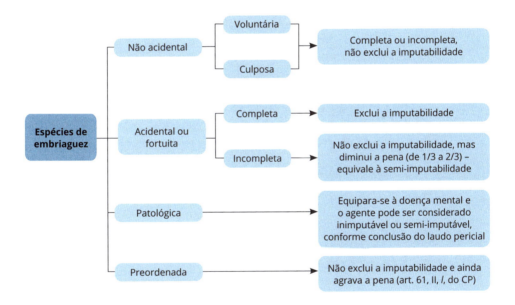

---

[36] HUNGRIA, Nélson. *Comentários ao Código Penal*. Rio de Janeiro: Forense, 1949. v. I, p. 528.

# CAPÍTULO 29

# POTENCIAL CONSCIÊNCIA DA ILICITUDE

## 29.1. INTRODUÇÃO

A aplicação da pena ao autor de uma infração penal somente é justa e legítima quando ele, no momento da conduta, era dotado ao menos da possibilidade de compreender o caráter ilícito do fato praticado. Exige-se, pois, tivesse o autor o conhecimento, ou, no mínimo, a potencialidade de entender o aspecto criminoso do seu comportamento, isto é, os aspectos relativos ao tipo penal e à ilicitude.

## 29.2. EVOLUÇÃO

O **sistema clássico** ou **causal** alocava o dolo na culpabilidade, e considerava a **consciência da ilicitude** como integrante do dolo, que era **normativo**.

No **sistema finalista**, porém, o dolo (e também a culpa) foi transferido para a conduta, passando a compor a estrutura do fato típico. Mas o dolo é **natural**, isto é, desprovido da consciência da ilicitude, que permanece na culpabilidade.

Além disso, o finalismo penal transforma a consciência da ilicitude, então real, em **potencial.** Não mais reclama o efetivo conhecimento do agente acerca do caráter ilícito do fato típico cometido. É suficiente tenha ele **a possibilidade, a potencialidade** de compreender o caráter ilícito do fato.

| Sistema Clássico | Sistema Finalista |
|---|---|
| ***Consciência da ilicitude:*** situada na culpabilidade, no interior do dolo, de cunho normativo. | ***Potencial consciência da ilicitude:*** inserida na culpabilidade, mas separada do dolo, o qual foi transferido para a conduta (fato típico), e passou a ser a natural, isto é, sem a consciência da ilicitude. |

No sistema clássico a falta de consciência da ilicitude excluía o dolo normativo.

Por outro lado, no sistema finalista a ausência da potencial consciência da ilicitude preserva íntegro o dolo natural, e afasta a culpabilidade. É o que se dá no erro de proibição escusável, entendimento que foi expressamente acolhido pelo art. 21 do Código Penal:

**Art. 21.** O desconhecimento da lei é inescusável. O erro sobre a ilicitude do fato, se inevitável, isenta de pena; se evitável, poderá diminuí-la de um sexto a um terço.

Parágrafo único. Considera-se evitável o erro se o agente atua ou se omite sem a consciência da ilicitude do fato, **quando lhe era possível**, nas circunstâncias, ter ou atingir essa consciência. (grifamos)

## 29.3. CRITÉRIOS PARA DETERMINAÇÃO DO OBJETO DA CONSCIÊNCIA DA ILICITUDE

Juan Córdoba Roda, em trabalho específico sobre o assunto,[1] aponta três critérios para determinação do objeto da consciência da ilicitude:

1) **Critério formal:** desenvolvido por Binding, Beling e von Liszt, proclama ser necessário o conhecimento do agente sobre a violação de alguma norma penal;

2) **Critério material:** defendido por Max Ernst Mayer e Kaufmann, baseia-se em uma concepção material do injusto, a qual exige o conhecimento da antissocialidade, da injustiça e imoralidade de uma conduta ou da violação de um interesse; e

3) **Critério intermediário:** originário dos estudos de Hans Welzel, sustenta que o conhecimento da ilicitude não importa em conhecimento da punibilidade da conduta, nem em conhecimento do dispositivo legal que contém a proibição do seu comportamento. O sujeito, embora não seja obrigado a proceder a uma valoração de ordem técnico-jurídica, deve conhecer, ou poder conhecer, com o esforço devido de sua consciência, com um juízo geral de sua própria esfera de pensamentos, o caráter ilícito do seu modo de agir. Basta, portanto, a valoração paralela da esfera do profano.[2]

O **critério formal** não encontrou acolhimento, pois somente os juristas, os técnicos em Direito Penal, poderiam cometer crimes ou contravenções penais.

O **critério material**, bem mais rebuscado, esbarra na existência de infrações penais de pura criação legislativa, que não correspondem ao conceito de injusto material, e, inversamente, em condutas reconhecidamente danosas, embora não tipificadas pelo Direito Penal.

Por esses motivos, o critério de **maior aceitação** é o **intermediário**. É suficiente um juízo geral acerca do caráter ilícito do fato, e também a possibilidade de se atingir esse juízo, mediante um simples e exigível esforço da consciência. Em suma, basta o esforço normal da inteligência do agente para aferição da potencial consciência da ilicitude.

## 29.4. EXCLUSÃO

A potencial consciência da ilicitude é afastada pelo **erro de proibição escusável** (CP, art. 21, *caput*).

### 29.4.1. Erro de proibição

#### 29.4.1.1. Introdução

Falava-se, no Direito Romano, em **erro de direito** para se referir à ignorância ou falsa interpretação da lei.

Essa opção foi acolhida pela redação original do Código Penal de 1940, que, sob a rubrica **"ignorância ou erro de direito"**, dispunha: "A ignorância ou a errada compreensão da lei não eximem de pena".

---

[1] CÓRDOBA RODA, Juan. *El conocimiento de la antijuridicidad en la teoría del delito*. Barcelona: Bosch, 1962. p. 89 e ss.

[2] DIAS, Jorge de Figueiredo. *O problema da consciência da ilicitude em direito penal*. 5. ed. Coimbra: Coimbra Editora, 2000. p. 469.

Com a Reforma da Parte Geral do Código Penal pela Lei 7.209/1984, o panorama mudou: o erro de direito, então tratado pelo art. 16, cedeu espaço ao **erro sobre a ilicitude do fato**, disciplinado pelo art. 21 e denominado **erro de proibição**, mais técnico e diverso da mera ignorância ou errada compreensão da lei.

### 29.4.1.2. Desconhecimento da lei (ignorantia legis)

É peremptório o art. 21, *caput*, 1.ª parte, do Código Penal: "O desconhecimento da lei é inescusável".

Em igual sentido, estabelece o art. 3.º da Lei de Introdução às Normas do Direito Brasileiro – Lei de Introdução às Normas do Direito Brasileiro: "Ninguém se escusa de cumprir a lei, alegando que não a conhece".

Em princípio, o desconhecimento da lei é irrelevante no Direito Penal. Com efeito, para possibilitar a convivência de todos em sociedade, com obediência ao ordenamento jurídico, impõe-se uma ficção: a **presunção legal absoluta** acerca do conhecimento da lei. Considera-se ser a lei de conhecimento geral com a sua publicação no Diário Oficial.

Mas a ciência da existência da lei é diferente do conhecimento do seu conteúdo. Aquela se obtém com a publicação da norma escrita; este, inerente ao conteúdo lícito ou ilícito da lei, somente se adquire com a vida em sociedade. E é justamente nesse ponto – conhecimento do conteúdo da lei, do seu caráter ilícito – que entra em cena o instituto do erro de proibição. Há duas situações diversas: desconhecimento da lei (inaceitável) e desconhecimento do caráter ilícito do fato, capaz de afastar a culpabilidade, isentando o agente de pena. Como define Cezar Roberto Bitencourt:

> A *ignorantia legis* é matéria de aplicação da lei, que, por ficção jurídica, se presume conhecida por todos, enquanto o erro de proibição é matéria de culpabilidade, num aspecto inteiramente diverso. Não se trata de derrogar ou não os efeitos da lei, em função de alguém conhecê-la ou desconhecê-la. A incidência é exatamente esta: a relação que existe entre a lei, em abstrato, e o conhecimento que alguém possa ter de que seu comportamento esteja contrariando a norma legal. E é exatamente nessa relação – de um lado a norma, em abstrato, plenamente eficaz e válida para todos, e, de outro lado, o comportamento concreto e individualizado – que se estabelecerá ou não a *consciência da ilicitude,* que é matéria de culpabilidade, e nada tem que ver com os princípios que informam a estabilidade do ordenamento jurídico.[3]

Embora estabeleça o art. 21, *caput*, do Código Penal, ser inescusável o desconhecimento da lei, o elevado número de complexas normas que compõem o sistema jurídico permite a sua eficácia em duas hipóteses no campo penal:

a) atenuante genérica, seja escusável ou inescusável o desconhecimento da lei (CP, art. 65, II); e

b) autoriza o perdão judicial nas contravenções penais, desde que escusável (Lei das Contravenções Penais – Decreto-lei 3.688/1941, art. 8.º).

### 29.4.1.3. Conceito de erro de proibição

O erro de proibição foi disciplinado pelo art. 21, *caput*, do Código Penal, que o chama de **"erro sobre a ilicitude do fato"**.

---

[3] BITENCOURT, Cezar Roberto. *Erro de tipo e erro de proibição*. Uma análise comparativa. 4. ed. São Paulo: Saraiva, 2007. p. 92-93.

Varia a natureza jurídica do instituto em razão da sua admissibilidade: funciona como causa de exclusão da culpabilidade, quando escusável, ou como causa de diminuição da pena, quando inescusável.

O erro de proibição pode ser definido como a falsa percepção do agente acerca do caráter ilícito do fato típico por ele praticado, de acordo com um **juízo profano**, isto é, possível de ser alcançado mediante um procedimento de simples esforço de sua consciência. O sujeito conhece a existência da lei penal (presunção legal absoluta), mas desconhece ou interpreta mal seu conteúdo, ou seja, não compreende adequadamente seu caráter ilícito.

A simples omissão, ou mesmo conivência do Poder Público no que diz respeito ao combate da criminalidade não autoriza o reconhecimento do erro de proibição. Como já decidido pelo Superior Tribunal de Justiça:

> A simples manutenção de espaço destinado à prática de prostituição traduz-se em conduta penalmente reprovável, sendo que a possível condescendência dos órgãos públicos e a localização da casa comercial não autorizam, por si só, a aplicação da figura do erro de proibição, com vistas a absolver o réu.[4]

### 29.4.1.4. Efeitos: escusável e inescusável

Na redação original da Parte Geral do Código Penal, o **erro de direito** era considerado pelo art. 48, III, uma mera **atenuante genérica**.

Atualmente, porém, o **erro de proibição** relaciona-se com a **culpabilidade**, podendo ou não excluí-la, se for escusável ou inescusável.

**Erro de proibição escusável, inevitável** ou **invencível:** o sujeito, ainda que no caso concreto tivesse se esforçado, não poderia evitá-lo. O agente, nada obstante o emprego das diligências ordinárias inerentes à sua condição pessoal, não tem condições de compreender o caráter ilícito do fato.

Nesse caso, **exclui-se a culpabilidade**, em face da ausência de um dos seus elementos, a potencial consciência da ilicitude. Nos termos do art. 21, *caput:* "O erro sobre a ilicitude do fato, se inevitável, isenta de pena".

**Erro de proibição inescusável, evitável** ou **vencível:** poderia ser evitado com o normal esforço de consciência por parte do agente. Se empregasse as diligências normais, seria possível a compreensão acerca do caráter ilícito do fato.

**Subsiste a culpabilidade**, mas **a pena deve ser diminuída de um sexto a um terço**, em face da **menor censurabilidade da conduta**. O grau de reprovabilidade do comportamento do agente é o vetor para a maior ou menor diminuição. E, embora o art. 21, *caput,* disponha que o juiz **"poderá"** diminuir a pena, a redução é obrigatória, pois não se pode reconhecer a menor censurabilidade e não diminuir a sanção.[5]

O critério para decidir se o erro de proibição é escusável ou inescusável é o **perfil subjetivo do agente**, e não a figura do homem médio.

De fato, em se tratando de matéria inerente à culpabilidade, levam-se em conta as condições particulares do responsável pelo fato típico e ilícito (cultura, localidade em que reside, inteligência e prudência etc.), com a finalidade de se alcançar sua responsabilidade individual, que não guarda relação com um *standard* de comportamento desejado pelo Direito Penal.

Lembre-se: quando se fala em fato típico e ilicitude, e em todos os institutos a eles relacionados, considera-se a posição do homem médio, pois se analisa o fato (típico ou atípico,

---

[4] REsp 870.055/SC, rel. Min. Gilson Dipp, 5.ª Turma, j. 27.02.2007.
[5] MIRABETE, Julio Fabbrini. *Manual de direito penal.* Parte geral. 24. ed. São Paulo: Atlas, 2007. v. 1, p. 201.

ilícito ou lícito). Questiona-se: O fato é típico? O fato é ilícito? O que vale é o fato, pouco importando a pessoa do agente.

Por outro lado, o tema "culpabilidade", e todas as matérias a ele ligadas, considera a figura concreta do responsável pelo fato típico e ilícito, para o fim de aferir se ele, com base em suas condições pessoais, é ou não merecedor de uma pena. Questiona-se: O agente é culpável? Deve suportar uma pena?

### 29.4.1.5. Critérios para identificação da escusabilidade ou inescusabilidade do erro de proibição

O caráter escusável ou inescusável do erro de proibição deve ser calculado com base na pessoa do agente.[6]

O parágrafo único do art. 21 do Código Penal consagra esse entendimento, ao estabelecer que "considera-se evitável o erro se o agente atua ou se omite sem a consciência da ilicitude do fato, quando lhe era possível, nas circunstâncias, ter ou atingir essa consciência". Esse é o erro de proibição **inescusável**.

*A contrario sensu*, conclui-se que o erro de proibição **escusável**, em consonância com o legislador, é aquele em que o agente atua ou se omite sem a consciência da ilicitude do fato, quando **não lhe era possível**, nas circunstâncias, ter ou atingir essa consciência.

Porém, ainda é pouco. Podemos então indagar: Há critérios mais seguros e específicos para a identificação do erro de proibição **inescusável, vencível ou evitável?**

Sim, existem critérios precisos, fornecidos por Francisco de Assis Toledo,[7] que nos permitem a elaboração de um quadro esquemático:

| ERRO DE PROIBIÇÃO INESCUSÁVEL, VENCÍVEL OU EVITÁVEL |
| --- |
| 1) O agente atua com uma **"consciência profana"** acerca do caráter ilícito do fato. |
| 2) O agente atua **sem** a mencionada consciência profana, quando lhe era fácil atingi-la, nas circunstâncias em que se encontrava, isto é, com o próprio esforço de inteligência e com os conhecimentos hauridos da vida comunitária de seu próprio meio. |
| 3) O agente atua **sem a "consciência profana"** sobre o caráter ilícito do fato, por ter, na dúvida, deixado propositadamente de informar-se para não ter que evitar uma possível conduta proibida. |
| 4) O agente atua sem essa consciência por não ter procurado informar-se convenientemente, mesmo sem má intenção, para o exercício de atividades regulamentadas. |

### 29.4.1.6. Espécies de erro de proibição: direto, indireto e mandamental

O erro de proibição pode ser direto, indireto e mandamental.

No erro de proibição **direto**, o agente desconhece o conteúdo da norma penal proibitiva, ou, se o conhece, interpreta-o de forma equivocada. Exemplos:

(1) O credor, ao ser avisado que seu devedor está de mudança para outro país, ingressa clandestinamente em sua residência e subtrai bens no valor da dívida, acreditando ser lícito "fazer justiça pelas próprias mãos"; e

(2) O pescador que intencionalmente, em águas jurisdicionais brasileiras, molesta um cetáceo (baleia, por exemplo), não sabe que comete o crime tipificado pelo art. 1.º da Lei

---

6    STF: AP 481/PA, rel. Min. Dias Toffoli, Plenário, j. 08.09.2011.
7    TOLEDO, Francisco de Assis. *O erro no direito penal*. São Paulo: Saraiva, 1977. p. 97.

7.643/1987, sujeito à pena de reclusão, de 2 a 5 anos, e multa, prevista no art. 2.º da mesma norma.

Por sua vez, no erro de proibição **indireto**, também chamado de **descriminante putativa por erro de proibição**, o agente conhece o caráter ilícito do fato, mas, no caso concreto, acredita erroneamente estar presente uma causa de exclusão da ilicitude, ou então se equivoca quanto aos limites de uma causa de exclusão da ilicitude efetivamente presente. Exemplo: "A" chega em sua casa e, ao avistar uma criança furtando roupas que estavam no varal, saca seu revólver e vem a matá-la, reputando estar autorizado, pela "legítima defesa da propriedade", a agir dessa forma.

Finalmente, no erro de proibição **mandamental**, o agente, envolvido em uma situação de perigo a determinado bem jurídico, erroneamente acredita estar autorizado a livrar-se do dever de agir para impedir o resultado, nas hipóteses previstas no art. 13, § 2.º, do Código Penal. Só é possível nos crimes omissivos impróprios. Exemplo: o pai de família, válido para o trabalho, mas em situação de pobreza, abandona o filho de pouca idade à sua própria sorte, matando-o, por acreditar que nesse caso não tem a obrigação de zelar por ele.

Em todas essas modalidades incidem os efeitos previstos no art. 21, *caput*, do Código Penal: se inevitável o erro de proibição, isenta de pena; se evitável, autoriza a diminuição da pena de um sexto a um terço.

### 29.4.1.7. Erro de proibição e crime putativo por erro de proibição

Erro de proibição e crime putativo por erro de proibição não se confundem.

No **erro de proibição** o sujeito age acreditando na licitude do seu comportamento, quando na verdade pratica uma infração penal, por não compreender o caráter ilícito do fato.

Já no **crime putativo por erro de proibição**, **delito de alucinação** ou **crime de loucura,** o agente atua acreditando que seu comportamento constitui crime ou contravenção penal, mas, na realidade, é penalmente irrelevante. Exemplo: o pai mantém relações sexuais consentidas com a filha maior de 18 anos de idade e plenamente capaz, acreditando cometer o crime de incesto, fato atípico no Direito Penal pátrio.

### 29.4.1.8. Diferença entre erro de tipo e erro de proibição

No **erro de tipo**, disciplinado pelo **art. 20 do Código Penal**, o sujeito desconhece a **situação fática** que o cerca, não constatando em sua conduta a presença das elementares de um tipo penal. Exemplo: "A" leva para casa, por engano, um livro de "B", seu colega de faculdade. Por acreditar que o bem lhe pertencia, desconhecendo a elementar "coisa **alheia** móvel", não comete o crime de furto (CP, art. 155).

O erro de tipo, escusável ou inescusável, **exclui o dolo**. Mas, se inescusável, subsiste a punição por crime culposo, se previsto em lei.

No **erro de proibição** o sujeito conhece perfeitamente a situação fática em que se encontra, mas **desconhece a ilicitude do seu comportamento**. Consequentemente, não afeta o dolo (natural).

Quanto aos seus efeitos, o erro de proibição, **se escusável, exclui a culpabilidade**, diante da ausência da potencial consciência da ilicitude, um dos seus elementos. E, **se inescusável**, subsiste o crime, e também a culpabilidade, incidindo uma **causa de diminuição da pena**, de um sexto a um terço (CP, art. 21, *caput*).

|  | Erro de tipo | Erro de proibição |
|---|---|---|
| Causa | O agente desconhece a situação fática, o que lhe impede o conhecimento de um ou mais elementos do tipo penal. Não sabe o que faz. | O agente conhece a realidade fática, mas não compreende o caráter ilícito da sua conduta. Sabe o que faz, mas não sabe que viola a lei penal. |
| Efeitos | • Escusável: exclui o dolo e a culpa; e<br>• Inescusável: exclui o dolo, mas permite a punição por crime culposo, se previsto em lei. | • Escusável: exclui a culpabilidade; e<br>• Inescusável: não afasta a culpabilidade, mas permite a diminuição da pena, de 1/6 a 1/3. |

## 29.4.1.9. *O erro de tipo que incide sobre a ilicitude do fato*

O erro sobre a ilicitude do fato caracteriza erro de proibição, relacionando-se com o terreno da culpabilidade. Essa é a regra adotada pelo Código Penal.

Excepcionalmente, todavia, o preceito primário de um tipo penal inclui na descrição da conduta criminosa **elementos normativos de índole jurídica**, ou mesmo **palavras ou expressões atinentes à ilicitude**. É o que se dá, exemplificativamente, nos crimes de violação de correspondência (CP, art. 151: "indevidamente"), divulgação de segredo, violação do segredo profissional, abandono material e abandono intelectual (CP, arts. 153, *caput*, e § 2.º, 154, 244, *caput*, e 246: "sem justa causa").

Em tais hipóteses, o erro sobre a ilicitude do fato caracteriza **erro de tipo**, com todos os seus efeitos, e não erro de proibição, porque a ilicitude funciona como elemento do tipo penal. O erro, portanto, incide sobre os elementos do tipo.

# CAPÍTULO 30

# EXIGIBILIDADE DE CONDUTA DIVERSA

## 30.1. CONCEITO

A exigibilidade de conduta diversa é o **elemento da culpabilidade** consistente na expectativa da sociedade acerca da prática de uma conduta diversa daquela que foi deliberadamente adotada pelo autor de um fato típico e ilícito. Em síntese, é necessário tenha o crime sido cometido em circunstâncias normais, isto é, o agente podia comportar-se em conformidade com o Direito, mas preferiu violar a lei penal.

Destarte, quando o caso concreto indicar a prática da infração penal em decorrência de inexigibilidade de conduta diversa, estará excluída a culpabilidade, pela ausência de um dos seus elementos.

Atribui-se a **Reinhart Frank** a inserção da exigibilidade de conduta conforme ao Direito no juízo da culpabilidade, ao desenvolver, em 1907, sua **teoria da normalidade das circunstâncias concomitantes**,[1] criando a teoria psicológico-normativa da culpabilidade.

No Código Penal de 1940, com a Parte Geral alterada pela Lei 7.209/1984, o tratamento normativo da culpabilidade restou manifesto nos institutos da coação moral irresistível e da obediência hierárquica (art. 22), causas legais de exclusão da culpabilidade motivadas pela inexigibilidade de conduta diversa.

## 30.2. CAUSAS SUPRALEGAIS DE EXCLUSÃO DA CULPABILIDADE

### 30.2.1. Origem histórica

Os pioneiros acontecimentos que resultaram no reconhecimento da inexigibilidade de conduta diversa, como dirimente, se deram na Alemanha, no início do século XX: (1) cavalo bravio e (2) parteira dos filhos de mineradores. Como narra Odin Americano:[2]

#### a) Cavalo bravio:

O proprietário de um cavalo indócil ordenou ao cocheiro que o montasse e saísse a serviço. O cocheiro, prevendo a possibilidade de um acidente, se o animal disparasse, quis resistir

---

[1] FRANK, Reinhart. *Sobre la estructura del concepto de culpabilidad.* Buenos Aires: B de F, 2004. p. 28 e ss.

[2] AMERICANO, Odin. Da culpabilidade normativa. *Estudos de direito e processo penal em homenagem a Nélson Hungria.* Rio de Janeiro: Forense, 1962. p. 348-349.

à ordem. O dono o ameaçou de dispensa caso não cumprisse o mandado. O cocheiro, então, obedeceu e, uma vez na rua, o animal tomou-lhe às rédeas e causou lesões em um transeunte. O Tribunal alemão absolveu o cocheiro sob o fundamento de que, se houve previsibilidade do evento, não seria justo, todavia, exigir-se outro proceder do agente. Sua recusa em sair com o animal importaria a perda do emprego, logo a prática da ação perigosa não foi culposa, mercê da inexigibilidade de outro comportamento.

### b) Parteira dos filhos de mineradores:

A empresa exploradora de uma mina acordou com os seus empregados que, no dia do parto da esposa de um operário, este ficaria dispensado do serviço, sem prejuízo de seus salários. Os operários solicitaram da parteira encarregada dos partos que, no caso de nascimento verificado em domingo, declarasse no Registro Civil que o parto se verificara em dia de serviço, ameaçando-a de não procurar seu mister se não os atendesse. Temerosa de ficar sem trabalho, a parteira acabou em situação difícil, por atender à exigência, e tornou-se autora de uma série de declarações falsas no Registro de Nascimento. Foi absolvida, por inexigibilidade de conduta diversa.

## 30.2.2. Situação atual: admissibilidade e fundamentos

Modernamente tem sido sustentada a possibilidade de formulação de causas excludentes da culpabilidade não previstas em lei, ou seja, supralegais e distintas da coação moral irresistível e da obediência hierárquica.

Essas causas supralegais se fundamentam em dois pontos:

(1) a exigibilidade de conduta diversa constitui-se em princípio geral da culpabilidade, que dela não pode se desvencilhar. Em verdade, não se admite a responsabilização penal de comportamentos inevitáveis; e

(2) a aceitação se coaduna com a regra *nullum crimen sine culpa*, acolhida pelo art. 19 do Código Penal.

Na precisa lição de Francisco de Assis Toledo:

A inexigibilidade de outra conduta é, pois, a primeira e mais importante causa de exclusão da culpabilidade. E constitui um verdadeiro princípio de direito penal. Quando aflora em preceitos legislados, é uma causa legal de exclusão. Se não, deve ser reputada causa supralegal, erigindo-se em princípio fundamental que está intimamente ligado com o problema da responsabilidade pessoal e que, portanto, dispensa a existência de normas expressas a respeito.[3]

São cabíveis nos crimes culposos e também nos dolosos, nada obstante sejam mais frequentes nos primeiros.

Exemplificativamente, a mãe viúva que deixa em casa, sozinho, o filho de pouca idade para trabalhar, pois não tem pessoas de confiança para cuidar do menino e não pode contar com o serviço público de creche – que se encontra em greve –, sabe que a criança fatalmente subirá em móveis, abrirá armários e praticará outras atividades perigosas, sendo previsível que, em virtude da sua ausência, venha a se machucar. Ainda que se fira gravemente, não deverá a mãe ser responsabilizada pela lesão corporal culposa, em face da inexigibilidade de conduta diversa. Com efeito, seria inadequado impor a ela comportamento diverso, pois em tal caso poderiam faltar os recursos mínimos necessários para o sustento e a sobrevivência própria e de sua prole.

---

[3] TOLEDO, Francisco de Assis. *Princípios básicos de direito penal*. 5. ed. 13. tir. São Paulo: Saraiva, 2007. p. 328.

CAP. 30 – EXIGIBILIDADE DE CONDUTA DIVERSA | **391**

Essa conclusão também é alicerçada no entendimento do Superior Tribunal de Justiça acerca do assunto:

> A exigibilidade de conduta diversa, apesar de apresentar muita polêmica, é, no entendimento predominante, elemento da culpabilidade. Por via de consequência, sem adentrar na questão dos seus limites, a tese da inexigibilidade de conduta diversa pode ser apresentada como causa de exclusão da culpabilidade.[4]

## 30.3. COAÇÃO MORAL IRRESISTÍVEL

### 30.3.1. Dispositivo legal e incidência

Estabelece o art. 22 do Código Penal: "Se o fato é cometido sob coação irresistível [...], só é punível o autor da coação".

Esse dispositivo legal, nada obstante mencione somente "coação irresistível", refere-se exclusivamente à coação **moral** irresistível.

Com efeito, estabelece em sua parte final ser **punível** só o autor da coação. Em outras palavras, diz que o coagido está **isento de pena**, expressão que se coaduna com as **dirimentes**, ou seja, causas de exclusão da culpabilidade.

Na coação moral, o coator, para alcançar o resultado ilícito desejado, ameaça o coagido, e este, por medo, realiza a conduta criminosa. Essa intimidação recai sobre sua vontade, viciando-a, de modo a retirar a exigência legal de agir de maneira diferente. Exclui-se a culpabilidade, em face da inexigibilidade de conduta diversa.[5]

Por sua vez, na coação **física** irresistível elimina-se por completo a vontade do coagido. Seu aspecto volitivo não é meramente viciado, mas suprimido, e ele passa a atuar como instrumento do crime a serviço do coator. Exclui-se a conduta, e, consequentemente, o próprio fato típico praticado pelo coagido.

### 30.3.2. Fundamento

A lei não pode impor às pessoas o dever de atuar de modo heroico. Destarte, se presente uma ameaça séria, grave e irresistível, não é razoável exigir o cumprimento literal pelo coagido do direito positivo, sob pena de suportar riscos que o Direito não será hábil a reparar.

### 30.3.3. Requisitos

A coação moral irresistível depende dos seguintes requisitos:

**1) Ameaça do coator, ou seja, promessa de mal grave e iminente, o qual o coagido não é obrigado a suportar:** se o mal é atual, com maior razão estará excluída a culpabilidade.

Essa ameaça deve ser direcionada à pessoa do coagido ou ainda a indivíduos com ele intimamente relacionados. Se for dirigida a pessoa estranha, pode até ser excluída a culpabilidade, em face de causa supralegal fundada na inexigibilidade de conduta diversa.

Se não bastasse, essa ameaça precisa ser séria e ligada a ofensa certa. Em suma, deve ser passível de realização, pouco importando se o coator realmente deseja ou não concretizá-la.

**2) Inevitabilidade do perigo na posição em que se encontra o coagido:** se o perigo puder por outro meio ser evitado, seja pela atuação do próprio coagido, seja pela força policial, não há falar na dirimente.

---

[4] HC 16.865/PE, rel. Min. Felix Fischer, 5.ª Turma, j. 09.10.2001.

[5] "[...] a inexigibilidade de conduta diversa somente funciona como causa de exclusão da culpabilidade quando proceder de forma contrária à lei se mostrar como única alternativa possível diante de determinada situação. Se há outros meios de solução do impasse, a exculpante não se caracteriza" (STJ: REsp 1.456.633/RS, rel. Min. Reynaldo Soares da Fonseca, 5.ª Turma, j. 05.04.2016, noticiado no *Informativo* 581).

**3) Caráter irresistível da ameaça:** além de grave, o mal prometido deve ser irresistível.

A gravidade e a irresistibilidade da ameaça devem ser aferidas no caso concreto, levando em conta as condições pessoais do coagido. Trata-se, em verdade, de instituto relacionado com a culpabilidade, razão pela qual não se considera a figura imaginária do homem médio, voltada ao fato típico e ilícito, mas o perfil subjetivo do agente, que será então considerado culpável ou não.

Nada obstante, há entendimentos no sentido de que a gravidade e a irresistibilidade da coação devem ser calculadas com base nas características do *homo medius*.

**4) Presença de ao menos três pessoas envolvidas:** devem estar presentes o coator, o coagido e a vítima do crime por este praticado.

No caso do diretor de uma empresa, que é obrigado por criminosos a entregar todos os valores que se encontram guardados em um cofre que apenas ele pode abrir, sob a ameaça de seu filho, em poder de outra pessoa ligada aos assaltantes, ser morto, os envolvidos são: os delinquentes (coatores), o diretor da empresa (coagido) e a própria empresa, lesada em seu patrimônio (vítima).

Admite-se, contudo, a configuração da dirimente em análise com apenas duas pessoas envolvidas: coator e coagido.

Nesse caso, o coator funcionaria também como vítima. Exemplo: em razão de tão grave e irresistível ameaça para praticar crime no futuro, o coagido, premido pelo medo e sem outra forma de agir, mata o próprio coator. Essa situação não se confunde com a legítima defesa. De fato, estaria afastada a excludente da ilicitude em face da inexistência de agressão atual ou iminente.

## 30.3.4. Efeitos

A coação moral irresistível afasta a culpabilidade do coagido (autor de um fato típico e ilícito). Não há, contudo, impunidade: pelo crime responde somente o coator. Trata-se de manifestação da **autoria mediata**, pois o coator valeu-se de uma pessoa sem culpabilidade (inexigibilidade de conduta diversa) para realizar uma infração penal.

Não se pode olvidar, ainda, que o coator responde – além do crime praticado pelo coagido – pelo crime de tortura definido pelo art. 1.º, I, "b", da Lei 9.455/1997,[6] em concurso material.

Inexiste concurso de pessoas entre coator e coagido, em face da ausência de vínculo subjetivo. Não há, por parte do coagido, a intenção de contribuir para o crime praticado pelo coator.

Se, entretanto, a coação moral for **resistível**, remanesce a culpabilidade do coagido, operando-se autêntico concurso de agentes entre ele e o coator.

Frise-se, todavia, que na coação moral resistível, enquanto a pena do coator será agravada (CP, art. 62, II), a do coagido será atenuada (CP, art. 65, III, "c", 1.ª parte).

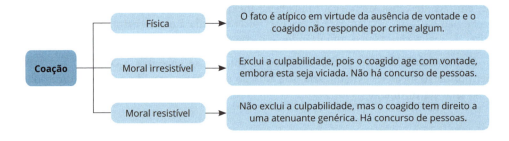

---

[6] "Art. 1.º Constitui crime de tortura: I – constranger alguém com emprego de violência ou **grave ameaça**, causando-lhe sofrimento físico ou mental: [...] **b) para provocar ação ou omissão de natureza criminosa**" (grifamos).

### 30.3.5. Temor reverencial

É o fundado receio de decepcionar pessoa a quem se deve elevado respeito. Exemplo: filho que falsifica as notas lançadas no boletim da faculdade com o propósito de esconder as avaliações negativas do conhecimento dos pais, que arduamente custeiam seus estudos.

Não se equipara à coação moral. Não há ameaça, mas apenas receio. Além disso, na seara do Direito Civil o temor reverencial sequer permite a anulação dos negócios jurídicos, não podendo, no campo criminal, elidir a culpabilidade.

## 30.4. OBEDIÊNCIA HIERÁRQUICA

### 30.4.1. Dispositivo legal

Estabelece o art. 22 do Código Penal: "Se o fato é cometido [...] em estrita obediência a ordem, não manifestamente ilegal, de superior hierárquico, só é punível o autor [...] da ordem".

### 30.4.2. Conceito

Obediência hierárquica é a causa de exclusão da culpabilidade, fundada na inexigibilidade de conduta diversa, que ocorre quando um funcionário público subalterno pratica uma infração penal em decorrência do cumprimento de ordem, não manifestamente ilegal, emitida pelo superior hierárquico.

### 30.4.3. Fundamentos

Essa regra se fundamenta em dois pilares:

(1) impossibilidade, no caso concreto, de conhecer a ilegalidade da ordem; e

(2) inexigibilidade de conduta diversa.

### 30.4.4. Requisitos

A caracterização da dirimente em apreço depende da verificação dos seguintes requisitos:

**1) Ordem não manifestamente ilegal:** é a de aparente legalidade, em face da crença de licitude que tem um funcionário público subalterno ao obedecer ao mandamento de superior hierárquico, colocado nessa posição em razão de possuir maiores conhecimentos técnicos ou por encontrar-se há mais tempo no serviço público.

Daí falar-se que a obediência hierárquica representa uma fusão do erro de proibição (acarreta no desconhecimento do caráter ilícito do fato) com a inexigibilidade de conduta diversa (não se pode exigir do subordinado comportamento diferente).

Se a ordem for legal, não há crime, seja por parte do superior hierárquico, seja por parte do subalterno. Em verdade, a atuação deste último estará acobertada pelo estrito cumprimento do dever legal, causa de exclusão da ilicitude prevista no art. 23, III, do Código Penal.

**2) Ordem originária de autoridade competente:** o mandamento emana de funcionário público legalmente competente para fazê-lo.

O cumprimento de ordem advinda de autoridade incompetente pode, no caso concreto, resultar no reconhecimento de erro de proibição invencível ou escusável.

**3) Relação de Direito Público:** a posição de hierarquia que autoriza o reconhecimento da excludente da culpabilidade somente existe no Direito Público. Não é admitida no campo privado, por falta de suporte para punição severa e injustificada àquele que descumpre ordem não manifestamente ilegal emanada de seu superior.

Essa hierarquia, exclusiva da área pública, é mais frequente entre os militares. O descumprimento de ordem do superior na seara castrense caracteriza motivo legítimo para prisão disciplinar, ou até mesmo o crime de insubordinação, tipificado pelo art. 163 do Código Penal Militar.

**4) Presença de pelo menos três pessoas:** envolve o mandante da ordem (superior hierárquico), seu executor (subalterno) e a vítima do crime por este praticado.

**5) Cumprimento estrito da ordem:** o executor não pode ultrapassar, por conta própria, os limites da ordem que lhe foi endereçada, sob pena de afastamento da excludente.

A propósito, dispõe o art. 38, § 2.º, do Código Penal Militar: "Se a ordem do superior tem por objeto a prática de ato manifestamente criminoso, ou há excesso nos atos ou na forma de execução, é punível também o inferior hierárquico".

### 30.4.5. Efeitos

O estrito cumprimento de ordem não manifestamente ilegal de superior hierárquico exclui a culpabilidade do executor subalterno, com fulcro na inexigibilidade de conduta diversa. O fato, contudo, não permanece impune, pois por ele responde o autor da ordem.

Imagine a hipótese de um Delegado de Polícia, com larga experiência em sua atividade, que determina a um investigador de Polícia de sua equipe, recém-ingressado na instituição, a prisão em flagrante de um desafeto, autor de um crime de roubo ocorrido há mais de uma semana, em relação ao qual não houve perseguição, fato desconhecido pelo subordinado. O subalterno, no caso, seja em face do restrito conhecimento do caso concreto, seja em respeito ao superior hierárquico, em quem muito confia, não pode ser responsabilizado, devendo o crime ser atribuído exclusivamente ao autor da ordem.

Inexiste, na obediência hierárquica, concurso de pessoas entre o mandante e o executor da ordem não manifestamente ilegal, por falta da unidade de elemento subjetivo relativamente à produção do resultado.

Se, entretanto, a ordem for **manifestamente ilegal**, mandante e executor respondem pela infração penal, pois se caracteriza o concurso de agentes. Ambos sabem do caráter ilícito da conduta e contribuem para o resultado. Para o superior hierárquico, incide a agravante genérica descrita pelo art. 62, III, 1.ª parte, do Código Penal. E, no tocante ao subalterno, aplica-se a atenuante genérica delineada pelo art. 65, III, "c" (em cumprimento de ordem de autoridade superior), do Código Penal.

Na análise da legalidade ou ilegalidade da ordem, deve ser considerado o **perfil subjetivo do executor**, e não os dados comuns ao homem médio, porque se trata de questão afeta à culpabilidade, na qual sempre se consideram as condições pessoais do agente, para se concluir se é ou não culpável.

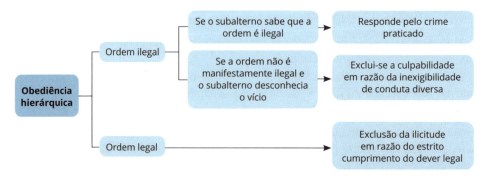

# CAPÍTULO 31

# CONCURSO DE PESSOAS

## 31.1. TRATAMENTO LEGISLATIVO

As regras inerentes ao concurso de pessoas encontram-se disciplinadas pelos arts. 29 a 31 do Código Penal.

## 31.2. DENOMINAÇÃO

Na redação original da Parte Geral do Código Penal, isto é, anteriormente à entrada em vigor da Lei 7.209/1984, o instituto era denominado simplesmente de **"coautoria"**, de forma pouco abrangente e imprecisa, por desprezar a figura da participação.

Atualmente, o Código Penal fala em **"concurso de pessoas"**.

Várias outras nomenclaturas são também encontradas na doutrina: concurso de agentes, codelinquência, concurso de delinquentes, cumplicidade, bem como coautoria e participação, ambas em sentido lato.

## 31.3. CONCEITO

É a colaboração empreendida por duas ou mais pessoas para a realização de um crime ou de uma contravenção penal.

## 31.4. REQUISITOS

O concurso de pessoas depende de **cinco requisitos**:

| Requisitos do concurso de pessoas | • pluralidade de agentes culpáveis;<br>• relevância causal das condutas para a produção do resultado;<br>• vínculo subjetivo;<br>• unidade de infração penal para todos os agentes;<br>• existência de fato punível. |
| --- | --- |

### 31.4.1. Pluralidade de agentes culpáveis

O concurso de pessoas depende de pelo menos duas pessoas, e, consequentemente, de ao menos duas condutas penalmente relevantes. Essas condutas podem ser **principais**, no caso da coautoria, ou então **uma principal e outra acessória**, praticadas pelo autor e pelo partícipe, respectivamente.

Os coautores ou partícipes, entretanto, devem ser **culpáveis**, ou seja, dotados de **culpabilidade**.

Com efeito, a teoria do concurso de pessoas desenvolveu-se para solucionar os problemas envolvendo os **crimes unissubjetivos ou de concurso eventual**, que são aqueles em regra cometidos por uma única pessoa, mas que admitem o concurso de agentes.

Nesses delitos, a culpabilidade dos envolvidos é fundamental, sob pena de caracterização da **autoria mediata**. Como veremos em seguida, outro requisito do concurso de pessoas é o **vínculo subjetivo** entre os agentes, exigindo, assim, que sejam todos culpáveis, pois quem não goza desse juízo não tem capacidade para aderir à conduta alheia. Exemplificativamente, se um maior de 18 anos penalmente capaz encomenda a morte de sua sogra a um menor de idade, não há por que falar em concurso de pessoas, mas em autoria mediata. Nos ensinamentos de Esther de Figueiredo Ferraz, a teoria do concurso de pessoas:

> [...] tem por objeto o concurso *eventual* ou *contingente,* que representa no dizer de ANTOLISEI "a hipótese comum", ou seja, a dos crimes que, abstratamente considerados, podem ser praticados indiferentemente por um só ou por vários indivíduos. Nessa hipótese que corresponde à regra geral se enquadra a maioria dos crimes definidos nas leis penais.[1]

Vale recordar que no tocante aos **crimes plurissubjetivos, plurilaterais** ou **de concurso necessário**, é dizer, aqueles em que o tipo penal exige a realização da conduta por dois ou mais agentes, a culpabilidade de todos os coautores ou partícipes é prescindível. Admite-se a presença de um único agente culpável, podendo os demais enquadrar-se em categoria diversa. De fato, não se faz necessária a utilização da norma de extensão prevista no art. 29, *caput*, do Código Penal, uma vez que a presença de duas ou mais pessoas é garantida pelo próprio tipo penal.

Nessas espécies de crimes não se diz "quem, de qualquer modo, concorre para o crime incide nas penas a este cominadas, na medida de sua culpabilidade", pois é a própria lei penal incriminadora que, por si só, reclama a pluralidade de pessoas. É o que se dá, por exemplo, nos crimes de rixa (CP, art. 137) e associação criminosa (CP, art. 288), nos quais o crime estará perfeitamente caracterizado quando existir entre os rixosos ou quadrilheiros pessoas sem culpabilidade, desde que algum dos envolvidos seja culpável.

Da mesma forma, nos **crimes eventualmente plurissubjetivos** – aqueles geralmente praticados por uma única pessoa, mas que têm a pena aumentada quando praticados em concurso, a capacidade de culpa de um dos envolvidos é dispensável. Nesses termos, incide relativamente ao furto praticado por um maior de idade na companhia de um adolescente a qualificadora prevista no art. 155, § 4.º, IV, do Código Penal.

Nesses crimes (necessariamente plurissubjetivos ou eventualmente plurissubjetivos) há, portanto, um **pseudoconcurso, concurso impróprio**, ou **concurso aparente de pessoas**. É o que se extrai da lição de Manzini:

> Não se pode, juridicamente, falar em participação criminosa se pelo menos dois dentre os concorrentes não forem capazes em termos de direito penal e imputáveis. Quando o fato tenha sido cometido por duas pessoas, uma das quais não sejam imputável, esta não será copartícipe daquela, mas um simples instrumento da primeira (*non agid sed agitur*), a qual responde sozinha pelo delito cometido.[2]

Conclui-se, pois, que para o concurso de pessoas não basta a mera pluralidade de agentes. Exige-se sejam todos culpáveis.

---

[1] FERRAZ, Esther de Figueiredo. *A codelinquência no direito penal brasileiro.* São Paulo: José Bushatsky, 1976. p. 18-19.

[2] MANZINI, Vicenzo. *Instituzoni di diritto penale italiano* (parte generale). Padova: Cedam, 1946. v. I, p. 148.

## 31.4.2. Relevância causal das condutas para a produção do resultado

Concorrer para a infração penal importa em dizer que cada uma das pessoas deve fazer algo para que a empreitada tenha vida no âmbito da realidade. Em outras palavras, a conduta deve ser relevante, pois sem ela a infração penal não teria ocorrido como e quando ocorreu.

O art. 29, *caput*, do Código Penal fala em **"de qualquer modo"**, expressão que precisa ser compreendida como uma contribuição pessoal, física ou moral, direta ou indireta, comissiva ou omissiva, anterior ou simultânea à execução. Deve a conduta individual influir efetivamente no resultado.[3]

Destarte, não pode ser considerado coautor ou partícipe quem assume em relação à infração penal uma atitude meramente negativa, quem não dá causa ao crime, quem não realiza qualquer conduta sem a qual o resultado não teria se verificado.

De fato, a **participação inócua**, que em nada concorre para a realização do crime, é irrelevante para o Direito Penal.

Anote-se que esse requisito (relevância causal) depende de uma contribuição prévia ou concomitante à execução, isto é, **anterior à consumação**. A concorrência posterior à consumação configura crime autônomo (receptação, favorecimento real ou pessoal, por exemplo), mas não concurso de pessoas.

Em tema de concurso de pessoas, a contribuição pode até ser concretizada após a consumação, **desde que tenha sido ajustada anteriormente**. Exemplo: "A" se compromete, perante "B", a auxiliá-lo a fugir e a escondê-lo depois de matar "C". Será partícipe do homicídio. Contudo, se somente depois da morte de "C" se dispuser a ajudá-lo a subtrair-se da ação da autoridade pública, não será partícipe do homicídio, mas autor do crime de favorecimento pessoal (CP, art. 348).

## 31.4.3. Vínculo subjetivo

Esse requisito, também chamado de **concurso de vontades**, impõe estejam todos os agentes ligados entre si por um vínculo de ordem subjetiva, um nexo psicológico, pois caso contrário não haverá um crime praticado em concurso, mas vários crimes simultâneos. De fato, na ausência desta condição estará caracterizada a **autoria colateral**.[4]

Os agentes devem revelar **vontade homogênea**, visando a produção do mesmo resultado. É o que se convencionou chamar de **princípio da convergência**. Logo, não é possível a contribuição dolosa para um crime culposo, nem a concorrência culposa para um delito doloso.

O vínculo subjetivo não depende, contudo, do prévio ajuste entre os envolvidos (*pactum sceleris*). Basta a ciência por parte de um agente no tocante ao fato de concorrer para a conduta de outrem (*scientia sceleris* ou *scientia maleficii*), chamada pela doutrina de "consciente e voluntária cooperação", "vontade de participar", "vontade de coparticipar", "adesão à vontade de outrem" ou "concorrência de vontades".[5]

Imagine o seguinte exemplo: "A" fala pelo telefone celular a um amigo que, na saída do trabalho, irá matar "B" com golpes de faca. "C", desafeto de "B", escuta a conversa. No final do expediente, "B" percebe que será atacado por "A" e, mais rápido, consegue fugir. "A", todavia, o persegue, e consegue alcançá-lo, provocando sua morte, graças à ajuda de "C", que derrubou

---

[3] No entanto, uma vez demonstrada a efetiva colaboração no caso concreto, não se reclama a identificação de todos os envolvidos na empreitada criminosa. Exemplo: A vítima da tentativa de homicídio afirma que dois homens, de comum acordo, efetuaram disparos de arma de fogo em sua direção, para matá-la, mas somente reconhece um deles. Está caracterizado o concurso de pessoas.

[4] STJ: REsp 1.306.731/RJ, rel. Min. Marco Aurélio Bellizze, 5.ª Turma, j. 22.10.2013.

[5] FERRAZ, Esther de Figueiredo. *A codelinquência no direito penal brasileiro*. São Paulo: José Bushatsky, 1976. p. 25.

# 398 DIREITO PENAL – PARTE GERAL – VOL. 1 • CLEBER MASSON

"B" dolosamente, circunstância ignorada por "A". Nesse caso, "C" será partícipe do crime de homicídio praticado por "A".

Fica claro que para a caracterização do vínculo subjetivo é suficiente a atuação consciente do partícipe no sentido de contribuir para a conduta do autor, ainda que esta desconheça a colaboração. **Não se reclama o prévio ajuste**, muito menos estabilidade na união, o que acarretaria a caracterização da associação criminosa (CP, art. 288), se presentes pelo menos três pessoas e o fim específico de cometer crimes. Nessa linha, decidiu o Supremo Tribunal Federal no famoso caso do "mensalão":

> Não procede a alegação da defesa no sentido de que teria havido mero concurso de agentes para a prática, em tese, dos demais crimes narrados na denúncia (lavagem de dinheiro e, em alguns casos, corrupção passiva). Os fatos, como narrados pelo Procurador-Geral da República, demonstram a existência de uma associação prévia, consolidada ao longo tempo, reunindo os requisitos "estabilidade" e "finalidade voltada para a prática de crimes", além da "união de desígnios" entre os acusados.[6]

## 31.4.4. Unidade de infração penal para todos os agentes

Estabelece o art. 29, *caput*, do Código Penal: "Quem, de qualquer modo, concorre para o crime, incide nas penas a este cominadas, na medida de sua culpabilidade" (grifamos).

Para a caracterização do concurso de pessoas, adotou-se, **como regra**, a **teoria unitária, monística** ou **monista**: quem concorre para um crime, por ele responde.[7] Todos os coautores e partícipes se sujeitam a um único tipo penal: há um único crime com diversos agentes. Assim, se 10 (dez) pessoas, com unidade de desígnios, esfaqueiam alguém, tem-se um crime de homicídio, nada obstante existam 10 (dez) coautores. A propósito, consta do item 25 da Exposição de Motivos da Parte Geral do Código Penal:

> O Código de 1940 rompeu a tradição originária do Código Criminal do Império, e adotou neste particular a teoria unitária ou monística do Código italiano, como corolário da *teoria da equivalência das causas*.

**Excepcionalmente**, contudo, o Código Penal abre espaço para a **teoria pluralista, pluralística, da cumplicidade do crime distinto** ou **autonomia da cumplicidade**, pela qual se separam as condutas, com a criação de tipos penais diversos para os agentes que buscam um mesmo resultado. É o que se dá, por exemplo, nos seguintes crimes:

a) **aborto provocado por terceiro com o consentimento da gestante:** ao terceiro executor imputa-se o crime tipificado no art. 126, enquanto para a gestante incide o crime previsto no art. 124, *in fine*;

b) **bigamia:** quem já é casado pratica a conduta narrada no art. 235, *caput*, ao passo que aquele que, não sendo casado, contrai casamento com pessoa casada, conhecendo essa circunstância, incide na figura típica prevista no § 1.º do citado dispositivo legal;

c) **corrupção passiva e ativa:** o funcionário público pratica corrupção passiva (art. 317), e o particular, corrupção ativa (art. 333); e

---

[6] Inq. 2.245/MG, rel. Min. Joaquim Barbosa, Tribunal Pleno, j. 28.08.2007. É também o entendimento do STJ: HC 85.883/SP, rel. Min. Felix Fischer, 5.ª Turma, j. 07.02.2008.

[7] STF: HC 104.314/PR, rel. Min. Ellen Gracie, 2.ª Turma, j. 16.11.2010, noticiado no *Informativo* 609; e HC 97.652/RS, rel. Min. Joaquim Barbosa, 2.ª Turma, j. 04.08.2009, noticiado no *Informativo* 554. No STJ: REsp 1.306.731/RJ, rel. Min. Marco Aurélio Bellizze, 5.ª Turma, j. 22.10.2013.

## CAP. 31 – CONCURSO DE PESSOAS

**d) falso testemunho ou falsa perícia:** testemunha, perito, contador, tradutor ou intérprete que faz afirmação falsa, nega ou cala a verdade em processo judicial, ou administrativo, inquérito policial, ou em juízo arbitral pratica o crime delineado pelo art. 342, *caput*, e quem dá, oferece ou promete dinheiro ou qualquer outra vantagem a tais pessoas, almejando aquela finalidade, incide no art. 343, *caput*.

Em sede doutrinária ainda despontam outras duas teorias: dualista e mista.

Para a **teoria dualista**, idealizada por Vicenzo Manzini, no caso de pluralidade de agentes e de condutas diversas, provocando um mesmo resultado, há dois crimes distintos: um para os coautores e outro para os partícipes.

Por fim, para a **teoria mista**, proposta por Francesco Carnelutti:

> O delito concursal é uma soma de delitos singulares, cada um dos quais pode ser chamado *delito em concurso*. Entre o delito em concurso e o concursal há a mesma diferença que existe entre a parte e o todo. E o traço característico do primeiro reside em que ele não constitui uma entidade autônoma, mas elemento de um delito complexo que é o concursal.[8]

### 31.4.5. Existência de fato punível

O concurso de pessoas depende da punibilidade de um crime, a qual requer, em seu limite mínimo, o início da execução. Tal circunstância constitui o **princípio da exterioridade**.

Nessa linha de raciocínio, dispõe o art. 31 do Código Penal: "O ajuste, a determinação ou instigação e o auxílio, salvo disposição expressa em contrário, não são puníveis, se o crime não chega, pelo menos, a ser tentado".

## 31.5. AUTORIA

### 31.5.1. Teorias

Existem diversas teorias que buscam fornecer o conceito de autor:

**a) teoria subjetiva** ou **unitária:** não diferencia o autor do partícipe. Autor é aquele que de qualquer modo contribuir para a produção de um resultado penalmente relevante.

Seu fundamento repousa na teoria da equivalência dos antecedentes ou *conditio sine qua non*, pois qualquer colaboração para o resultado, independente do seu grau, a ele deu causa. Essa teoria foi adotada pelo Código Penal, em sua redação primitiva datada de 1940.

Uma evidência dessa posição ainda existe no art. 349 do Código Penal, não alterado pela Lei 7.209/1984: "Prestar a criminoso, fora dos casos de **coautoria** ou de receptação, auxílio destinado a tornar seguro o proveito do crime" (grifamos).

**b) teoria extensiva:** também se fundamenta na teoria da equivalência dos antecedentes, não distinguindo o autor do partícipe.

É, todavia, mais suave, porque admite causas de diminuição da pena para estabelecer diversos graus de autoria. Aparece nesse âmbito a figura do **cúmplice:** autor que concorre de modo menos importante para o resultado.

**c) teoria objetiva ou dualista:** opera nítida distinção entre autor e partícipe. Foi adotada pela Lei 7.209/1984 – Reforma da Parte Geral do Código Penal, como se extrai do item 25 da Exposição de Motivos:

---

[8] *Apud* FERRAZ, Esther de Figueiredo. *A codelinquência no direito penal brasileiro.* São Paulo: José Bushatsky, 1976. p. 31.

**400** DIREITO PENAL – PARTE GERAL – VOL. 1 • CLEBER MASSON

Sem completo retorno à experiência passada, curva-se, contudo, o Projeto aos críticos desta teoria, ao optar, na parte final do art. 29, e em seus dois parágrafos, por regras precisas que distinguem a *autoria da participação*. Distinção, aliás, reclamada com eloquência pela doutrina, em face de decisões reconhecidamente injustas.

Essa teoria subdivide-se em outras três:

**c.1) teoria objetivo-formal:** autor é quem realiza o **núcleo ("verbo") do tipo penal**, ou seja, a conduta criminosa descrita pelo preceito primário da norma incriminadora. Por sua vez, partícipe é quem de qualquer modo concorre para o crime, sem praticar o núcleo do tipo. Exemplo: quem efetua disparos de revólver em alguém, matando-o, é autor do crime de homicídio. Por sua vez, aquele que empresta a arma de fogo para essa finalidade é partícipe de tal crime.

Destarte, a atuação do partícipe seria impune (no exemplo fornecido, a conduta de auxiliar a matar não encontra correspondência imediata no crime de homicídio) se não existisse a **norma de extensão pessoal** prevista no art. 29, *caput*, do Código Penal. A adequação típica, na participação, é de subordinação mediata.

Nesse contexto, o **autor intelectual**, é dizer, aquele que planeja mentalmente a conduta criminosa, **é partícipe**, e não autor, eis que não executa o núcleo do tipo penal.

Essa teoria é a preferida pela doutrina nacional e tem o mérito de diferenciar precisamente a autoria da participação. Falha, todavia, ao deixar em aberto o instituto da **autoria mediata**.

**Autoria mediata** é a modalidade de autoria em que o autor realiza indiretamente o núcleo do tipo, valendo-se de pessoa sem culpabilidade ou que age sem dolo ou culpa.

**c.2) teoria objetivo-material:** autor é quem presta a contribuição objetiva mais importante para a produção do resultado, e não necessariamente aquele que realiza no núcleo do tipo penal. De seu turno, partícipe é quem concorre de forma menos relevante, ainda que mediante a realização do núcleo do tipo.

**c.3) teoria do domínio do fato:** criada em 1939, **por Hans Welzel**, com o propósito de ocupar posição intermediária entre as teorias objetiva e subjetiva. Nas lições do pai do finalismo penal:

> Senhor do fato é aquele que o realiza em forma final, em razão de sua decisão volitiva. A conformação do fato mediante a vontade de realização que dirige em forma planificada é o que transforma o autor em senhor do fato.[9]

Essa teoria foi posteriormente aperfeiçoada por Claus Roxin, que lhe conferiu seu modelo atual. Para essa concepção, **autor é quem possui controle sobre o domínio final do fato**, domina finalisticamente o trâmite do crime e decide acerca da sua prática, suspensão, interrupção e condições. De fato, autor é aquele que tem a capacidade de fazer continuar e de impedir a conduta penalmente ilícita.[10]

Enquanto para Welzel a teoria do domínio do fato funciona como pressuposto para determinação da autoria, Roxin a utiliza como critério para **delimitação do papel do sujeito na realização do delito, como autor ou partícipe**. Destarte, tal proposta doutrinária se destina a diferenciar o autor do partícipe, com base no papel desempenhado pelo agente na prática do crime.

---

[9] WELZEL, Hans. *Derecho penal alemán*. Trad. Juan Busto Ramirez e Sergio Yañes Peréz. Santiago: Editorial Jurídica del Chile, 1987. p. 120.

[10] ROXIN, Claus. *Autoria y domínio del hecho en derecho penal*. 7. ed. Madrid: Marcial Pons, 1999. p. 342.

Na visão de Claus Roxin, a teoria do domínio do fato pode se manifestar de três formas diversas: (a) **domínio da ação**, quando o agente pratica, por conta própria, a conduta típica (**autoria imediata**); (b) **domínio da vontade**, em que terceira pessoa funciona como instrumento do crime (**autoria mediata**); e (c) **domínio funcional do fato**, atinente à atuação coordenada e caracterizada pela **divisão de tarefas**, por pelo menos mais uma pessoa além daquele que detém o controle final do fato.

Em síntese, a teoria do domínio do fato **amplia o conceito de autor**, definindo-o como aquele que tem o **controle final do fato**, ainda que não realize o núcleo do tipo penal. Por corolário, o conceito de autor compreende:

a) o **autor propriamente dito**: é aquele que pratica o núcleo do tipo penal;

b) o **autor intelectual ("mentor do crime")**: é aquele que planeja mentalmente a emprei-tada criminosa. É autor, e não partícipe;

c) o **autor mediato**: é aquele que se vale de um inculpável ou de pessoa que atua sem dolo ou culpa para cometer a conduta criminosa;

d) os **coautores: nas hipóteses em que existem dois ou mais autores**. Coautor é aquele que age em colaboração recíproca e voluntária com o outro (ou os outros) para a reali-zação da conduta principal; e

e) aquele que tem o **controle final do fato**: é a pessoa que tem poderes para controlar a prática do fato punível, mesmo sem realizar o núcleo do tipo penal. Exemplo: o líder de uma organização criminosa pode, do interior de um presídio, determinar a prática de um delito por seus seguidores. Ele pode, se e quando quiser, interromper a execução do delito, e retomá-la quando melhor lhe aprouver.

Essa teoria também admite a figura do **partícipe**.

**Partícipe**, no campo da teoria do domínio do fato, é quem de qualquer modo concorre para o crime, desde que não realize o núcleo do tipo penal nem possua o controle final do fato. Dentro de uma repartição estratificada de tarefas, o partícipe seria um simples concor-rente acessório.

Em suma, o partícipe só possui o domínio da *vontade* da própria conduta, tratando-se de um "colaborador", uma figura lateral, não tendo o domínio finalista do crime. O delito não lhe pertence: ele colabora no crime alheio.[11]

Em face de sua finalidade, a teoria do domínio do fato somente tem aplicação nos **cri-mes dolosos**.

Com efeito, essa teoria não se encaixa no perfil dos crimes culposos, pois não se pode conceber o controle final de um fato não desejado pelo autor da conduta.[12] A teoria do domínio do fato, portanto, é acometida da mesma deficiência da teoria finalista da conduta, criticada por não se encaixar nesses delitos. Como destaca José Cerezo Mir:

> Mas tropeça com dificuldades nos delitos imprudentes porque neles não se pode falar de domínio do fato, já que o resultado se produz de modo cego, causal, não finalista. Por este motivo, Welzel se viu obrigado a desdobrar o conceito de autor. Nos delitos imprudentes é autor todo aquele que contribui para a produção do resultado com uma conduta que não responde ao cuidado objetiva-mente devido. Nos delitos dolosos é autor quem tem o domínio finalístico do fato.[13]

---

[11] JESUS, Damásio E. de. *Teoria do domínio do fato no concurso de pessoas*. 3. ed. São Paulo: Saraiva, 2002. p. 26.

[12] STF: HC 138.637/SP, rel. Min. Celso de Mello, 2.ª Turma, j. 18.05.2017, noticiado no *Informativo* 864.

[13] CEREZO MIR, José. *Derecho penal* – Parte geral. São Paulo: RT, 2007. p. 1.080.

DIREITO PENAL – PARTE GERAL – VOL. 1 • CLEBER MASSON

É preciso destacar, para afastar a responsabilidade penal objetiva, que a teoria do domínio do fato não preceitua que a mera posição de um agente na escala hierárquica sirva para demonstrar ou reforçar seu dolo, e também não permite a condenação de quem quer que seja com base em meras conjecturas, desprovidas de suporte probatório. É indispensável a individualização do comportamento de todos os envolvidos na empreitada criminosa, inclusive com a demonstração do dolo de cada um deles, bem como da relação de causalidade entre conduta e resultado.[14]

### 31.5.2. Teoria adotada pelo Código Penal

O art. 29, *caput*, do Código Penal, acolheu a **teoria restritiva**, no prisma **objetivo-formal.**

Em verdade, diferencia autor e partícipe. Aquele é quem realiza o núcleo do tipo penal; este é quem de qualquer modo concorre para o crime, sem executar a conduta criminosa. A teoria deve, todavia, ser **complementada** pela teoria da **autoria mediata.**[15]

Contudo, é preciso destacar que no julgamento da Ação Penal 470 – o famoso caso do "mensalão" – alguns ministros do STF se filiaram à teoria do domínio do fato. Essa teoria também ganhou força com a edição da Lei 12.850/2013 – Lei do Crime Organizado, mais especificamente em seu art. 2.º, § 3.º: "A pena é agravada para quem exerce o comando, individual ou coletivo, da organização criminosa, ainda que não pratique pessoalmente atos de execução".

## 31.6. PUNIBILIDADE NO CONCURSO DE PESSOAS

O art. 29, *caput*, do Código Penal filiou-se à teoria unitária ou monista. Todos os que concorrem para um crime, por ele respondem. Há pluralidade de agentes e unidade de crime.

Assim sendo, todos os envolvidos em uma infração penal por ela são responsáveis. Exemplo: quatro indivíduos cometeram, em concurso, um crime de homicídio simples (CP, art. 121, *caput*). Sujeitar-se-ão às penas de 6 (seis) a 20 (vinte) anos de reclusão.

A identidade de crime, contudo, não importa automaticamente em identidade de penas. O art. 29, *caput*, do Código Penal curvou-se ao princípio da culpabilidade, ao empregar em sua parte final a expressão **"na medida de sua culpabilidade".**

Nesses termos, as penas devem ser individualizadas no caso concreto, levando-se em conta o sistema trifásico delineado pelo art. 68 do Código Penal. Exemplificativamente, um reincidente e portador de péssimos antecedentes deve suportar uma reprimenda mais elevada do que a imposta a um réu primário e sem antecedentes criminais. Para o Supremo Tribunal Federal:

> A circunstância judicial "culpabilidade", disposta no art. 59 do CP, atende ao critério constitucional da individualização da pena. Com base nessa orientação, o Plenário indeferiu *habeas corpus* em que se pleiteava o afastamento da mencionada circunstância judicial. Consignou-se que a previsão do aludido dispositivo legal atinente à culpabilidade mostrar-se-ia afinada com o princípio maior da individualização, porquanto a análise judicial das circunstâncias pessoais do réu seria indispensável à adequação temporal da pena, em especial nos crimes perpetrados em concurso de pessoas, nos quais se exigiria que cada um respondesse, tão somente, na medida de sua culpabilidade (CP, art. 29). Afirmou-se que o dimensionamento desta, quando cotejada com as demais circunstâncias descritas no art. 59 do CP, revelaria ao magistrado o grau de censura pessoal do réu na prática do ato delitivo. Aduziu-se que, ao contrário do que sustentado, a ponderação acerca das circunstâncias

---

[14] STF: AP 975/AL, rel. Min. Edson Fachin, 2.ª Turma, j. 03.10.2017, noticiado no *Informativo* 880; STJ: REsp 1.854.893/SP, rel. Min. Rogerio Schietti Cruz, 6.ª Turma, j. 08.09.2020, noticiado no *Informativo* 681.

[15] No Brasil, em 1940, quando foi elaborado o Código Penal, e mesmo no ano de 1984, na ocasião em que a Parte Geral foi reformada pela Lei 7.209/1984, sequer se falava na teoria do domínio do fato. Esse assunto, na verdade, era praticamente desconhecido pela nossa doutrina e pela nossa jurisprudência.

CAP. 31 – CONCURSO DE PESSOAS | **403**

judiciais do crime atenderia ao princípio da proporcionalidade e representaria verdadeira limitação da discricionariedade judicial na tarefa individualizadora da pena-base.[16]

Ademais, é importante destacar que um autor ou coautor não necessariamente deverá ser punido mais gravemente do que um partícipe. O fator decisivo para tanto é o caso concreto, levando-se em conta a **culpabilidade** de cada agente. Nesse sentido, um autor intelectual (partícipe) normalmente deve ser punido de forma mais severa do que o autor do delito, pois sem a sua vontade, sem a sua ideia o crime não ocorreria.

O próprio Código Penal revela filiar-se a esse entendimento, no tocante ao **autor intelectual**, ao dispor no art. 62, I: "A pena será ainda agravada em relação ao agente que promove, ou organiza a cooperação no crime ou dirige a atividade dos demais agentes".

Em suma, o autor intelectual, além de responder pelo mesmo crime imputado ao autor, tem contra si, por mandamento legal, uma agravante genérica.

## 31.7. COOPERAÇÃO DOLOSAMENTE DISTINTA

Também chamada de **desvios subjetivos entre os agentes** ou **participação em crime menos grave**, está descrita pelo art. 29, § 2.º, do Código Penal: "Se algum dos concorrentes quis participar de crime menos grave, ser-lhe-á aplicada a pena deste; essa pena será aumentada até metade, na hipótese de ter sido previsível o resultado mais grave".

Esse dispositivo pode ser fracionado em duas partes:

**1.ª parte:** *Se algum dos concorrentes quis participar de crime menos grave, ser-lhe-á aplicada a pena deste.*

Essa regra constitui-se em **corolário lógico da teoria unitária ou monista** adotada pelo art. 29, *caput*, do Código Penal. Destina-se, ainda, a afastar a **responsabilidade objetiva** no concurso de pessoas.

A interpretação a ser dada é a seguinte: dois ou mais agentes cometeram dois ou mais crimes. Em relação a algum deles – **o mais grave** –, entretanto, não estavam ligados pelo vínculo subjetivo, isto é, não tinham unidade de propósitos quanto à produção do resultado.

Vejamos um exemplo: "A" e "B" combinam a prática do furto de um automóvel que estava estacionado em via pública. Chegam ao local, e, quando tentavam abrir a porta do veículo, surge seu proprietário. "A" foge, mas "B", que trazia consigo um revólver, circunstância que não havia comunicado ao seu comparsa, atira na vítima, matando-a. Nesse caso, "A" deve responder por tentativa de furto (CP, art. 155 c/c o art. 14, II), e "B" por latrocínio consumado (CP, art. 157, § 3.º, II).

Se um dos concorrentes quis participar de crime menos grave, diz a lei penal, é porque em relação a ele nao há concurso de pessoas. O vínculo subjetivo existia somente no tocante ao crime menos grave.

Veda-se, destarte, a responsabilidade penal objetiva, pois não se permite a punição de um agente por crime praticado exclusivamente por outrem, frente ao qual não agiu com dolo ou culpa.

Finalmente, o Código Penal empregou a palavra **"concorrente"** de forma genérica, com o escopo de englobar tanto o autor como o partícipe, ou seja, a pessoa que de qualquer modo concorra para o crime.

**2.ª parte:** *Essa pena será aumentada até a 1/2 (metade), na hipótese de ter sido previsível o resultado mais grave.*

---

[16] HC 105.674/RS, rel. Min. Marco Aurélio, Plenário, j. 17.10.2013, noticiado no *Informativo* 724.

# DIREITO PENAL – PARTE GERAL – VOL. 1 • CLEBER MASSON

Diz o Código Penal que o crime mais grave não pode ser imputado, em hipótese alguma, àquele que apenas quis participar de um crime menos grave. Esse mandamento legal deve ser interpretado em sintonia com o anterior.

Quando o crime mais grave não era previsível a algum dos concorrentes, ele responde somente pelo crime menos grave, sem qualquer majoração da pena. É o que ocorre no exemplo já mencionado.

Agora, ainda que fosse o crime mais grave previsível àquele que concorreu exclusivamente ao crime menos grave, subsistirá apenas em relação a este a responsabilidade penal. Por se tratar, contudo, de conduta mais reprovável, **a pena do crime menos grave** poderá ser aumentada até a 1/2 (metade).

**Muita atenção:** o agente continua a responder somente pelo crime menos grave, embora com a pena aumentada até a metade. A ele não pode ser imputado o crime mais grave, pois em relação a este delito não estava ligado com a terceira pessoa pelo vínculo subjetivo.

Imaginemos que, no exemplo indicado, "A" tivesse agido da mesma forma, isto é, queria cometer um furto e evadiu-se com a chegada da vítima. Era objetivamente previsível, contudo, o resultado mais grave (latrocínio), pois tinha ciência de que "B" andava armado com frequência e já tinha matado diversas pessoas. Se não concorreu para o resultado mais grave, pois não quis dele participar, responde pela tentativa de furto, com a pena aumentada da metade, em face da previsibilidade do latrocínio. Vale a pena acompanhar uma situação real enfrentada pelo Superior Tribunal de Justiça:

> Se a intenção do agravante era a de praticar o crime de furto, sendo que o emprego de grave ameaça por um dos corréus ocorreu fora do âmbito de sua atuação na prática criminosa, uma vez que estava em local diverso quando houve a aludida ameaça, não lhe pode ser estendida esta elementar, mas deve responder na medida da sua culpabilidade, segundo a cooperação dolosamente distinta prevista no art. 29, § 2.º, do Código Penal. Situação concreta em que, segundo expresso no acórdão recorrido, a intenção dos coautores, entre eles o agravante, era a de praticar um crime de furto. Quando da execução do crime, o agravante não entrou no local de onde foram subtraídos os bens, mas ficou aguardando, numa motocicleta, para que pudessem empreender fuga. No curso da ação criminosa perpetrada diretamente pelos outros dois corréus, um deles, ao se deparar com a caseira, no interior da propriedade, utilizou-se de grave ameaça para garantir a detenção das coisas subtraídas. Hipótese em que deve incidir a causa de aumento prevista no referido dispositivo, tendo em vista a afirmação, contida no julgado combatido, de que, em razão da presença de uma pessoa na propriedade onde estavam os bens a serem subtraídos, era previsível a possibilidade de ocorrência de resultado mais grave.[17]

Essa previsibilidade deve ser aferida de acordo com o **juízo do homem médio**, ou seja, o resultado mais grave será previsível quando a sua visão prévia era possível a um ser humano dotado de prudência razoável e inteligência comum.

## 31.8. MODALIDADES DE CONCURSO DE PESSOAS: COAUTORIA E PARTICIPAÇÃO

### 31.8.1. Coautoria

É a forma de concurso de pessoas que se caracteriza pela existência de dois ou mais autores unidos entre si pela busca do mesmo resultado. Exemplo: "A" e "B", por motivo torpe, efetuam disparos de arma de fogo contra "C", causando a morte deste. São coautores do crime tipificado pelo art. 121, § 2.º, I, do Código Penal.

---

[17] STJ: AgRg no REsp 1.245.570/SP, rel. Min. Sebastião Reis Júnior, 6.ª Turma, j. 20.03.2014.

A coautoria pode ser parcial ou direta.

**Coautoria parcial**, ou **funcional**, é aquela em que os diversos agentes praticam atos diversos, os quais, somados, produzem o resultado almejado. Exemplo: "A" segura a vítima enquanto "B" a esfaqueia, acarretando na sua morte.

Por sua vez, na **coautoria direta** ou **material** os agentes realizam atos iguais, visando a produção do resultado previsto em lei. Exemplo: "A" e "B" golpeiam "C" com uma faca, matando-o.

### 31.8.1.1. Coautoria, crimes próprios e crimes de mão própria

**Crimes próprios** ou **especiais** são aqueles em que o tipo penal exige uma situação de fato ou de direito diferenciada por parte do sujeito ativo. Apenas quem reúne as condições especiais previstas na lei pode praticá-lo. É o caso do peculato (CP, art. 312), cujo sujeito ativo deve ser funcionário público, e também do infanticídio (CP, art. 123), que precisa ser praticado pela mãe, duran _ o parto ou logo após, sob a influência do estado puerperal.

**Crimes de mão própria, de atuação pessoal** ou **de conduta infungível**, de outro lado, são os que somente podem ser praticados pelo sujeito expressamente indicado pelo tipo penal. Pode-se apontar o exemplo do falso testemunho (CP, art. 342).

Os **crimes próprios podem ser praticados em coautoria**. É possível que duas ou mais pessoas dotadas das condições especiais reclamadas pela lei executem conjuntamente o núcleo do tipo. É o caso de dois funcionários públicos que, juntos, subtraem bens pertencentes à Administração Pública.

Mas não é só. Nada impede seja um crime próprio cometido por uma pessoa que preencha a situação fática ou jurídica exigida pela lei em concurso com terceira pessoa, sem essa qualidade. Exemplo: "A", funcionário público, convida "B", particular, para lhe ajudar a subtrair um computador que se encontra no gabinete da repartição pública em que trabalha. "B", ciente da condição de funcionário público de "A", ajuda-o a ingressar no local e a transportar o bem até a sua casa. Ambos respondem por peculato.

Essa conclusão se coaduna com a regra traçada pelo art. 30 do Código Penal: por ser a condição de funcionário público elementar do peculato, comunica-se a quem participa do crime, desde que dela tenha conhecimento.

Os **crimes de mão própria**, por sua vez, são **incompatíveis com a coautoria**.

Com efeito, podem ser praticados exclusivamente pela pessoa taxativamente indicada pelo tipo penal. Por corolário, ninguém mais pode com ela executar o núcleo do tipo. Em um falso testemunho proferido em ação penal, a título ilustrativo, o advogado ou membro do Ministério Público não têm como negar ou calar a verdade juntamente com a testemunha. Apenas ela poderá fazê-lo.

Existe somente uma exceção a esta regra, relativa ao crime de falsa perícia (CP, art. 342) praticado em concurso por dois ou mais peritos, contadores, tradutores ou intérpretes, como na hipótese em que dois peritos subscrevem dolosamente o mesmo laudo falso. Trata-se de crime de mao propria cometido em coautoria.[10]

### 31.8.1.2. O executor de reserva

**Executor de reserva** é o agente que acompanha, presencialmente, a execução da conduta típica, ficando à disposição, se necessário, para nela intervir. Se intervier, será tratado como coautor, e, em caso negativo, como partícipe. Exemplo: "A", munido de uma faca, e "B", com um revólver, aguardam em tocaia a passagem de "C". Quando este passa pela emboscada,

---

[18] Para a teoria do domínio do fato, os crimes de mão própria admitem a coautoria: o sujeito pode ser autor do delito sem realizar o núcleo do tipo. Basta que tenha o controle final do fato.

# DIREITO PENAL – PARTE GERAL – VOL. 1 • CLEBER MASSON

"A" parte em sua direção para matá-lo, enquanto "B", de arma em punho, aguarda eventual e necessária atuação. Se agir, será coautor; se não, partícipe.

## 31.8.1.3. Coautoria sucessiva

É a espécie de coautoria que ocorre quando a conduta, iniciada em autoria única, se consuma com a colaboração de outra pessoa, com forças concentradas, mas sem prévio e determinado ajuste. Marcello Jardim Linhares apresenta o seguinte exemplo:

> Se um dos agentes, em situação de imoderação dolosa, golpeou a vítima com socos e pontapés na cabeça, jogando-a ao chão, e mais adiante seu companheiro, também em estado de excesso doloso, atinge-a outra vez na cabeça com a coronha de uma espingarda, respondem ambos, em coautoria sucessiva, pelo resultado de lesões corporais graves.[19]

## 31.8.1.4. Coautoria em crimes omissivos

Esse assunto também não é pacífico. Há duas posições:

**1.ª posição: É possível a coautoria em crimes omissivos, sejam eles próprios (ou puros), ou ainda impróprios (espúrios ou comissivos por omissão).**

Para o aperfeiçoamento da coautoria basta que dois ou mais agentes, vinculados pela unidade de propósitos, prestem contribuições relevantes para a produção do resultado, realizando atos de execução previstos na lei penal. Filiam-se a essa corrente, dentre outros, Cezar Roberto Bitencourt[20] e Guilherme de Souza Nucci, que exemplifica:

> Duas pessoas podem, caminhando pela rua, deparar-se com outra, ferida, em busca de ajuda. Associadas, uma conhecendo a conduta da outra e até havendo incentivo recíproco, resolvem ir embora. São coautoras do crime de omissão de socorro (art. 135, CP).[21]

**2.ª posição: Não se admite a coautoria em crimes omissivos, qualquer que seja a sua natureza.**

De acordo com essa posição, a coautoria não é possível nos crimes omissivos, porque cada um dos sujeitos detém o seu dever de agir – imposto pela lei a todos, nos próprios, ou pertencente a pessoas determinadas (CP, art. 13, § 2.º), nos impróprios ou comissivos por omissão –, de modo individual, indivisível e indelegável. Nilo Batista defende com veemência esse entendimento:

> O dever de atuar a que está adstrito o autor do delito omissivo é indecomponível. Por outro lado, como diz Bacigalupo, a falta de ação priva de sentido o pressuposto fundamental da coautoria, que é a divisão do trabalho; assim, *no es concebible que alguien omita una parte mientras otros omiten el resto*. Quando dois médicos omitem – ainda que de comum acordo – denunciar moléstia de notificação compulsória de que tiveram ciência (art. 269, CP), temos dois autores diretos individualmente consideráveis. A inexistência do acordo (que, de resto, não possui qualquer relevância típica) deslocaria para uma autoria colateral, sem alteração substancial na hipótese. No famoso exemplo de Kaufmann, dos cinquenta nadadores que assistem passivamente ao afogamento do menino, temos cinquenta autores diretos da omissão de socorro. A solução não se altera se se transferem os casos para a omissão imprópria: pai e mãe que deixam o pequeno filho morrer à míngua de alimentação são autores diretos do homicídio; a omissão de um não 'completa' a omissão do outro; o dever de assistência não é violado em 50% por cada qual.[22]

---

[19] LINHARES, Marcello Jardim. *Coautoria*. Rio de Janeiro: Aide, 1987. p. 104.

[20] BITENCOURT, Cezar Roberto. *Tratado de direito penal*. Parte geral. 11. ed. São Paulo: Saraiva, 2007. v. 1, p. 426.

[21] NUCCI, Guilherme de Souza. *Código Penal comentado*. 6. ed. São Paulo: RT, 2006. p. 275.

[22] BATISTA, Nilo. *Concurso de agentes*: uma investigação sobre os problemas da autoria e da participação no direito penal brasileiro. 2. ed. Rio de Janeiro: Lumen Juris, 2004. p. 65.

## CAP. 31 – CONCURSO DE PESSOAS | 407

### 31.8.1.5. *A autoria mediata*

O Código Penal em vigor não disciplinou expressamente a autoria mediata. Cuida-se, assim, de **construção doutrinária**.

Trata-se da espécie de autoria em que alguém, o **"sujeito de trás"**[23] se utiliza, para a execução da infração penal, de uma pessoa inculpável ou que atua sem dolo ou culpa. Há dois sujeitos nessa relação: (1) **autor mediato:** quem ordena a prática do crime; e (2) **autor imediato:** aquele que executa a conduta criminosa. Exemplo: "A", desejando matar sua esposa, entrega uma arma de fogo municiada a "B", criança de pouca idade, dizendo-lhe que, se apertar o gatilho na cabeça da mulher, esta lhe dará balas.

Quando se fala em pessoa sem culpabilidade, aí se insere qualquer um dos seus elementos: imputabilidade, potencial consciência da ilicitude e exigibilidade de conduta diversa. Ausente um deles, ausente a culpabilidade.

A pessoa que atua sem discernimento – seja por ausência de culpabilidade, seja pela falta de dolo ou culpa –, funciona como mero **instrumento do crime**. Inexiste vínculo subjetivo, requisito indispensável para a configuração do concurso de agentes. **Não há, portanto, concurso de pessoas**. Somente ao autor mediato pode ser atribuída a **propriedade do crime**.[24] Em suma, o autor imediato não é punível. A infração penal deve ser imputada apenas ao autor mediato.

Nada impede, todavia, a **coautoria mediata** e **participação na autoria mediata**. Exemplos: "A" e "B" pedem a "C", inimputável, que mate alguém (coautoria mediata), ou, então, "A" induz "B", ambos imputáveis, a pedir a "C", menor de idade, a morte de outra pessoa (participação na autoria mediata).

O Código Penal possui cinco situações em que pode ocorrer a autoria mediata:

a) inimputabilidade penal do executor por menoridade penal, embriaguez ou doença mental (CP, art. 62, III);

b) coação moral irresistível (CP, art. 22);

c) obediência hierárquica (CP, art. 22);

d) erro de tipo escusável, provocado por terceiro (CP, art. 20, § 2.º); e

e) erro de proibição escusável, provocado por terceiro (CP, art. 21, *caput*).

E, além delas, outros casos podem ocorrer, nas hipóteses em que o agente atua sem dolo ou culpa, tais como na coação física irresistível, no sonambulismo e na hipnose.

### 31.8.1.5.1. Autoria mediata e crimes culposos

A autoria mediata é incompatível com os crimes culposos, por uma razão bastante simples: nesses crimes, o resultado naturalístico é involuntariamente produzido pelo agente.

Consequentemente, não se pode conceber a utilização de um inculpável ou de pessoa sem dolo ou culpa para funcionar como instrumento de um crime cujo resultado o agente não quer nem assume o risco de produzir.

É da essência da autoria mediata, portanto, a prática de um crime doloso.[25]

---

[23] SILVA, Germano Marques da. *Direito penal português* – Parte geral. Lisboa: Verbo, 1998. v. II, p. 285.

[24] MIR PUIG, Santiago. *Derecho penal.* Parte general. 5. ed. Barcelona: Reppertor, 1998. p. 401.

[25] Nesse sentido: WESSELS, Johannes. *Derecho penal* – Parte general. Buenos Aires: Depalma, 1980. p. 159.

## 31.8.1.5.2. Autoria mediata, crimes próprios e de mão própria

**Crimes próprios** ou **especiais** são aqueles em que o tipo penal exige uma situação fática ou jurídica específica por parte do sujeito ativo. Somente quem reúne condições diferenciadas pode praticá-lo. É o caso do peculato (CP, art. 312), cujo sujeito ativo deve ser funcionário público, e também do infanticídio (CP, art. 123), que precisa ser praticado pela mãe.

Por outro lado, **crimes de mão própria, de atuação pessoal** ou **de conduta infungível** são aqueles que somente podem ser praticados pelo sujeito expressamente indicado pelo tipo penal. Pode-se apontar o exemplo do falso testemunho (CP, art. 342), que deve ser executado apenas pela testemunha.

Entende-se pela **admissibilidade** da autoria mediata nos **crimes próprios**, desde que o autor mediato detenha todas as qualidades ou condições pessoais reclamadas pelo tipo penal. Nesse sentido, um funcionário público pode se valer de um subalterno sem culpabilidade, em decorrência da obediência hierárquica, para praticar um peculato, subtraindo bens que se encontram sob a custódia da Administração Pública.

Todavia, prevalece o entendimento de que a autoria mediata é **incompatível** com os **crimes de mão própria**, porque a conduta somente pode ser praticada pela pessoa diretamente indicada pelo tipo penal. A infração penal não pode ter a sua execução delegada a outrem. No exemplo do falso testemunho, uma testemunha não poderia colocar terceira pessoa para negar a verdade em seu lugar.

Essa regra, contudo, comporta exceções que podem surgir no caso concreto. Confira-se o raciocínio de Rogério Greco:

> [...] imagine-se a hipótese em que a testemunha seja coagida, irresistivelmente, a prestar um depoimento falso para beneficiar o autor da coação. Nesse caso, de acordo com a norma constante do art. 22 do Código Penal, somente será punido o autor da coação, sendo este, portanto, um caso de autoria mediata.[26]

### 31.8.1.6. Autoria por determinação

É assim definida por Zaffaroni: "É autor por determinação o sujeito que determina outro ao fato, mas que conserva seu domínio, posto que se o perde, como no caso em que o determinado comete um delito, já não é autor, mas instigador".[27]

Esse conceito foi mais precisamente definido pelo penalista argentino na obra publicada no Brasil em conjunto com José Henrique Pierangeli.

Zaffaroni e Pierangeli não admitem a figura da autoria mediata nos crimes próprios e de mão própria. E apresentam o seguinte exemplo para elucidar o instituto da autoria por determinação:

> Por tratar-se de *delicta propria*, tampouco pode ser autor aquele que, sem ser funcionário, vale-se de um funcionário público para cometer um delito de corrupção passiva, quando o funcionário age em erro de tipo, porque crê que aquilo que lhe é entregue não tem valor econômico, por exemplo. Mas também não pode ser punido como instigador, porque o funcionário age atipicamente, e, portanto, falta o injusto de que a instigação deve ser acessória.

No caso acima narrado, as regras inerentes à autoria ou à participação implicariam na impunidade do particular. Os ilustres penalistas então questionam: O agente não concorre de qualquer modo para o delito?

---

[26] GRECO, Rogério. *Curso de direito penal* – Parte geral. 10. ed. Rio de Janeiro: Impetus, 2008. p. 442.

[27] ZAFFARONI, Eugenio Raúl. *Derecho penal*. Parte general. 2. ed. Buenos Aires: Ediar, 2002. p. 780.

Respondem afirmativamente, concluindo que o particular não é autor nem partícipe do delito e sim autor da determinação para o crime, e essa **autoria de determinação é uma forma de concorrer para o crime**. Em seguida, encerram o raciocínio da seguinte maneira:

> Deve ficar claro, que não se trata de autoria do delito, mas de um *tipo especial de concorrência,* em que o autor só pode ser apenado como autor da determinação em si, e não do delito a que tenha determinado. [...] o sujeito não é apenado como autor de corrupção passiva, mas como autor da determinação à corrupção passiva.[28]

Autor por determinação é, portanto, quem se vale de outro, que não realiza conduta punível, por ausência de dolo, em um crime de mão própria, ou ainda o sujeito que não reúne as condições legalmente exigidas para a prática de um crime próprio, quando se utiliza de quem possui tais qualidades e se comporta de forma atípica, ou acobertado por uma causa de exclusão da ilicitude ou da culpabilidade.

Deve ser imputado ao autor de determinação o resultado produzido, pois a ele de qualquer modo concorreu, em consonância com a regra prevista no art. 29, *caput*, do Código Penal.

### 31.8.1.7. Autoria de escritório

Cuida-se de categoria oriunda da doutrina alemã e intimamente relacionada com a teoria do domínio do fato, constituindo-se em **autoria mediata particular** ou **autoria mediata especial**.

Nessa linha de raciocínio, é autor de escritório o agente que transmite a ordem a ser executada por outro autor direto, dotado de culpabilidade e passível de ser substituído a qualquer momento por outra pessoa, no âmbito de uma organização ilícita de poder. Exemplo: o líder do PCC (Primeiro Comando da Capital), em São Paulo, ou do CV (Comando Vermelho), no Rio de Janeiro, dá as ordens a serem seguidas por seus comandados. É ele o autor de escritório, com poder hierárquico sobre seus "soldados" (essa modalidade de autoria também é muito comum nos grupos terroristas).

Zaffaroni e Pierangeli assim se manifestam sobre a autoria de escritório:

> Esta forma de autoria mediata pressupõe uma "máquina de poder", que pode ocorrer tanto num Estado em que se rompeu com toda a legalidade, como numa organização paraestatal (um Estado dentro do Estado), ou como uma máquina de poder autônoma "mafiosa", por exemplo. Não se trata de qualquer associação para delinquir, e sim de uma organização caracterizada pelo aparato de seu poder hierarquizado, e pela fungibilidade de seus membros (se a pessoa determinada não cumpre a ordem, outro a cumprirá; o próprio determinador faz parte da organização).[29]

### 31.8.1.8. A teoria do domínio da organização

Esta teoria é apresentada por Claus Roxin – e funciona como a base do conceito de autoria de escritório fornecido por Eugenio Raúl Zaffaroni – para solucionar as questões inerentes ao concurso de pessoas nas estruturas organizadas de poder, compreendidas como aparatos à margem da legalidade.

Nas organizações criminosas, não raras vezes é difícil punir os detentores do comando, situados no ápice da pirâmide hierárquica, pois tais pessoas não executam as condutas típicas. Ao contrário, utilizam-se de indivíduos dotados de culpabilidade para a prática dos crimes.

---

[28] ZAFFARONI, E. Raúl; PIERANGELI, José Henrique. *Manual de direito penal brasileiro.* Parte geral. 7. ed. São Paulo: RT, 2007. v. 1, p. 579-581.

[29] ZAFFARONI, E. Raúl; PIERANGELI, José Henrique. *Manual de direito penal brasileiro.* Parte geral. 7. ed. São Paulo: RT, 2007. v. 1, p. 582-583.

Nesse contexto, o penalista alemão tem como ponto de partida a teoria do domínio do fato, e amplia o alcance da autoria mediata, para legitimar a responsabilização do autor direto do crime, bem como do seu mandante, quando presente uma relação de subordinação entre eles, no âmbito de uma estrutura organizada de poder ilícito, situada às margens do Estado. São suas palavras:

> Aqui se vai a tratar inicialmente de outra manifestação do domínio mediato do fato que até agora não tem sido nem sequer mencionada pela doutrina e pela jurisprudência: o domínio da vontade em virtude de estruturas organizadas de poder. Assim se alude às hipóteses em que o sujeito de trás (autor mediato) tem à sua disposição uma "indústria" de pessoas, e com cuja ajuda pode cometer seus crimes sem ter que delegar sua realização à decisão autônoma do executor. [...]
>
> Cabe afirmar, pois, que quem é empregado em uma indústria organizada, em qualquer lugar, de uma maneira tal que pode impor ordens aos seus subordinados, é autor mediato em virtude do domínio da vontade que lhe corresponde, se utiliza suas competências para que se cometam delitos. É irrelevante se o faz por sua própria iniciativa ou no interesse de instâncias superiores, pois à sua autoria o ponto decisivo é a circunstância de que pode dirigir a parte da organização que lhe é conferida, sem ter que deixar a critério de outros indivíduos a realização do crime.[30]

### 31.8.1.9. Autoria por convicção

Verifica-se quando o agente tem conhecimento da norma penal, mas decide transgredi-la por questões de consciência política, religiosa, filosófica ou de qualquer outra natureza. É o que se dá na hipótese em que a mãe de uma criança de pouca idade, por motivos religiosos, impede a transfusão de sangue capaz de salvar a vida do seu filho, acarretando sua responsabilização pelo crime de homicídio, em face da omissão penalmente relevante (CP, art. 13, § 2.º, alínea *a*).

## 31.8.2. Participação

É a modalidade de concurso de pessoas em que **o sujeito não realiza diretamente o núcleo do tipo penal, mas de qualquer modo concorre para o crime**. É, portanto, qualquer tipo de colaboração, desde que não relacionada à prática do verbo contido na descrição da conduta criminosa. Exemplo: é partícipe de um homicídio aquele que, ciente do propósito criminoso do autor, e disposto a com ele colaborar, empresta uma arma de fogo municiada para ser utilizada na execução do delito.

Portanto, a participação reclama **dois requisitos: (1) propósito de colaborar para a conduta do autor (principal); e (2) colaboração efetiva**, por meio de um comportamento acessório que concorra para a conduta principal.

### 31.8.2.1. Espécies

Inicialmente, a participação pode ser moral ou material.

**Participação moral** é aquela em que a conduta do agente restringe-se a **induzir** ou **instigar** terceira pessoa a cometer uma infração penal. Não há colaboração com meios materiais, mas apenas com ideias de natureza penalmente ilícitas.

**Induzir** é fazer surgir na mente de outrem a vontade criminosa, até então inexistente. Exemplo: "A" narra a "B" sua inimizade com "C", criada em razão de uma rivalidade esportiva antiga. "B" o induz a matar seu desafeto, dizendo ser o único meio adequado para se livrar desse problema.

---

[30] ROXIN, Claus. *Autoria y dominio del hecho em derecho penal*. 7. ed. Madrid: Marcial Pons, 1999. p. 270 e 275-276. Convém recordar o teor do art. 2.º, § 3.º, da Lei 12.850/2013 – Lei do Crime Organizado: "A pena é agravada para quem exerce o comando, individual ou coletivo, da organização criminosa, ainda que não pratique pessoalmente atos de execução".

**Instigar** é reforçar a vontade criminosa que já existe na mente de outrem. No exemplo citado, "A" diz a "B" que deseja matar "C", sendo por ele estimulado a prosseguir em seu intento.

O induzimento e a instigação devem ser relacionados à **prática de crime determinado** e direcionados a **pessoa ou pessoas determinadas**. Em suma, o partícipe deve criar ou reforçar, frente a um indivíduo determinado, o cometimento de uma infração penal também determinada.

Assim sendo, se alguém induzir ou instigar pessoas indeterminadas à realização de um crime, necessariamente determinado, não será tratado como partícipe, mas como autor de **incitação ao crime**, figura delineada pelo art. 286 do Código Penal.

Além disso, como o induzimento e a instigação se limitam ao aspecto moral da pessoa, normalmente ocorrem na fase da cogitação. Nada impede, entretanto, sejam efetivados durante os atos preparatórios. E, relativamente à **instigação**, é possível a sua verificação até mesmo durante a execução, principalmente para impedir a desistência voluntária e o arrependimento eficaz. Exemplo: "A" atinge "B" em uma de suas pernas com um tiro. Para e reflete se prossegue ou não na execução do crime. Nesse instante, surge "C" para reforçar o propósito criminoso já existente, encorajando o autor a consumar o delito.

Frise-se ser o induzimento incompatível com os atos executórios. Com efeito, se o autor já iniciou a execução, é porque já tinha em mente a ideia criminosa.

Por sua vez, na **participação material** a conduta do sujeito consiste em prestar **auxílio** ao autor da infração penal.

**Auxiliar** consiste em facilitar, viabilizar materialmente a execução da infração penal, sem realizar a conduta descrita pelo núcleo do tipo. Exemplo: levar o autor ao local da emboscada com a finalidade de assegurar a prática de um crime de homicídio. O partícipe que presta auxílio é chamado de **cúmplice**.

O auxílio pode ser efetuado durante os **atos preparatórios** ou **executórios**, mas nunca após a consumação, **salvo se ajustado previamente**. Deveras, o auxílio posterior à consumação, mas objeto de ajuste prévio entre os agentes, caracteriza participação. De seu turno, o auxílio posterior à consumação, porém não ajustado antecipadamente, não configura participação, e sim o crime autônomo de favorecimento pessoal, definido no art. 348 do Código Penal. Vejamos dois exemplos:

(a) João e Maria convencionam a morte de Pedro. No horário e local acertados, aquele atira contra a vítima, e sua comparsa o encontra, de carro, instantes após a execução do crime, e fogem juntos para outra cidade. João é autor do homicídio, no qual Maria figura como partícipe; e

(b) Paulo mata Antonio. Fernanda, que não estava ciente do crime, encontra o homicida logo após a prática do fato, e o leva para outra cidade, com a finalidade de evitar a sua prisão. João é autor do homicídio, e Maria responde pelo delito de favorecimento pessoal.

### 31.8.2.2. Punição do partícipe: teorias da acessoriedade

A conduta do partícipe tem **natureza acessória**, pois sua existência pressupõe a conduta do autor, de natureza principal.

Sem a conduta principal, praticada pelo autor, a atuação do partícipe em regra é penalmente irrelevante. Exemplificativamente, não há crime na simples conduta de mandar matar alguém, se a ordem não for cumprida pelo seu destinatário.

Nesses termos, a conduta acessória do partícipe somente adquire eficácia penal quando adere à conduta principal do autor. A adequação típica tem subordinação mediata, por força da norma de extensão pessoal prevista no art. 29, *caput*, do Código Penal.[31]

---

[31] Por esse motivo, o art. 29, *caput*, do Código Penal deve ser inserido no pedido de uma denúncia ou de uma queixa-crime exclusivamente nos casos de **participação**. Exemplo: homicídio qualificado pelo motivo torpe executado por um pistoleiro

# DIREITO PENAL – PARTE GERAL – VOL. 1 • CLEBER MASSON

A acessoriedade da conduta do partícipe é consagrada pelo art. 31 do Código Penal: "O ajuste, a determinação ou instigação e o auxílio, salvo disposição expressa em contrário, não são puníveis, se o crime não chega, pelo menos, **a ser tentado**" (grifamos).

Para a punição do partícipe, portanto, deve ser iniciada a execução do crime pelo autor. Exige-se, pelo menos, a figura da tentativa.

Há diversas teorias acerca da acessoriedade, formuladas com base em seus graus:

**a) acessoriedade mínima:** para a punibilidade da participação é suficiente tenha o autor praticado um **fato típico**. Exemplo: "A" contrata "B" para matar "C". Depois do acerto, "B" caminha em via pública, e, gratuitamente, é atacado por "C", vindo por esse motivo a matá-lo em legítima defesa. Para essa teoria, "A" deveria ser punido como partícipe.

Essa concepção deve ser afastada, por implicar na equivocada punição do partícipe quando o autor agiu acobertado por uma causa de exclusão da ilicitude, ou seja, quando não praticou uma infração penal.

**b) acessoriedade limitada:** é suficiente, para a punição do partícipe, tenha o autor praticado um **fato típico e ilícito**. Exemplo: "A" contrata "B", **inimputável**, para matar "C". O contratado cumpre sua missão. Estaria presente o concurso de pessoas, figurando "B" como autor e "A" como partícipe do homicídio.

Como se percebe, essa posição não resolve os problemas inerentes à **autoria mediata**. No exemplo, inexiste concurso entre "A" e "B" (inimputável), em face da ausência de vínculo subjetivo. Conforme explica Flávio Augusto Monteiro de Barros sobre a teoria da acessoriedade limitada:

> Sua dificuldade é a compatibilização com a autoria mediata. Realmente, são incompatíveis. Na autoria mediata, a execução do crime é feita por pessoa que atua sem culpabilidade. Aquele que induziu, instigou ou auxiliou não é partícipe, e, sim, autor mediato. A teoria da acessoriedade limitada só tem cabimento entre os que repudiam a autoria mediata, considerando-a uma modalidade de participação.[32]

**c) acessoriedade máxima** ou **extrema:** reclama, para a punição do partícipe, tenha sido o **fato típico e ilícito praticado por um agente culpável**. Exemplo: "A" contrata "B", **imputável**, para dar cabo à vida de "C", o que vem a ser fielmente concretizado. "B" é autor do crime de homicídio, e "A", partícipe. Para Beatriz Vargas Ramos:

> O grau de acessoriedade da participação é, portanto, o grau máximo – é preciso que a conduta principal seja típica, ilícita e também culpável. Sempre que faltar um desses atributos na ação empreendida pelo agente imediato, desaparecerá a participação, surgindo a figura do autor mediato.[33]

**d) hiperacessoriedade:** para a punição do partícipe, é necessário que o autor, revestido de culpabilidade, pratique um fato típico e ilícito, e seja **efetivamente punido** no caso concreto. Destarte, se "A" contratou "B" para matar "C", no que foi atendido, mas o executor, logo após o crime, suicidou-se, não há falar em participação, em decorrência da aplicação da causa de extinção da punibilidade contida no art. 107, I, do Código Penal.

---

profissional a mando de outrem: art. 121, § 2.º, I, c/c o art. 29, *caput*, do Código Penal. Em se tratando de **coautoria**, todos os agentes praticam o núcleo do tipo. No caso do homicídio, por exemplo, todos "matam", dispensando a incidência da norma de extensão pessoal.

[32] BARROS, Flávio Augusto Monteiro de. *Direito penal.* Parte geral. 5. ed. São Paulo: Saraiva, 2006. p. 420.

[33] RAMOS, Beatriz Vargas. *Do concurso de pessoas.* Belo Horizonte: Del Rey, 1996. p. 42.

Essa teoria faz exigência descabida, permitindo em diversas hipóteses a impunidade do partícipe, embora o autor, com ele vinculado pela unidade de elemento subjetivo, tenha praticado uma infração penal.

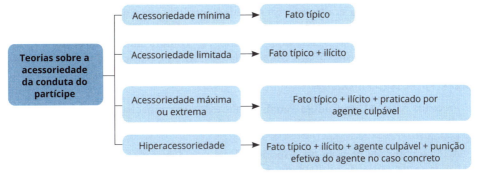

#### 31.8.2.2.1. Teoria adotada

O Código Penal não adotou expressamente nenhuma dessas teorias. De acordo com a sua sistemática, porém, devem ser afastadas a acessoriedade mínima e a hiperacessoriedade.

O intérprete deve optar entre a acessoriedade limitada e a acessoriedade máxima, dependendo do tratamento dispensado ao instituto da autoria mediata.

E vai aí um conselho: a doutrina nacional tradicionalmente se inclinava pela acessoriedade limitada, normalmente esquecendo-se de confrontá-la com a autoria mediata. Todavia, em provas e concursos públicos a acessoriedade máxima afigura-se como a mais coerente, por ser a autoria mediata aceita de forma praticamente unânime entre os penalistas brasileiros.

### 31.8.2.3. Participação de menor importância

Estabelece o **art. 29, § 1.º, do Código Penal:** "Se a participação for de menor importância, a pena pode ser diminuída de um sexto a um terço".

Cuida-se de **causa de diminuição da pena**. É aplicável, pois, na terceira fase da fixação da pena.

Em que pesem posições em contrário, trata-se de **direito subjetivo do réu.** Assim, se provada sua participação de menor importância, o magistrado deve diminuir a pena. Sua discricionariedade reserva-se apenas no que diz respeito ao montante da redução, dentro dos limites legais.

Participação de menor importância, ou **mínima**, é a de **reduzida eficiência causal**. Contribui para a produção do resultado, mas de forma menos decisiva, razão pela qual deve ser aferida exclusivamente no caso concreto. Nessa linha de raciocínio, o melhor critério para constatar a participação de menor importância é, uma vez mais, o da equivalência dos antecedentes ou *conditio sine qua non*.

Anote-se que a diminuição da pena **se relaciona à participação**, isto é, ao comportamento adotado pelo sujeito, e não à sua pessoa. Portanto, suas condições pessoais (primário ou reincidente, perigoso ou não) não impedem a redução da reprimenda, se tiver contribuído minimamente para a produção do resultado.

Como a lei fala em **"participação"**, não é possível a diminuição da pena ao coautor. A propósito, não há como se conceber uma coautoria de menor importância, ou seja, a prática de atos de execução de pouca relevância. O coautor sempre tem papel decisivo no deslinde da infração penal.[34]

---

[34] STF: HC 72.893/SP, rel. Min. Sydney Sanches, 1.ª Turma, j. 24.10.1995.

DIREITO PENAL – PARTE GERAL – VOL. 1 • CLEBER MASSON

Além disso, prevalece na doutrina o entendimento de que o dispositivo legal não se aplica ao **autor intelectual**, embora seja partícipe, pois, se arquitetou o crime, evidentemente a sua participação não se compreende como de menor importância.

Não se deve confundir participação de menor importância com participação inócua.

**Participação inócua** é aquela que em nada contribuiu para o resultado. É penalmente irrelevante, pois se não deu causa ao crime é porque a ele não concorreu. Exemplo: "A" empresta uma faca para "B" matar "C". Precavido, contudo, "B" compra uma arma de fogo e, no dia do crime, sequer leva consigo a faca emprestada por "A", cuja participação foi, assim, inócua.

### 31.8.2.4. Participação impunível

Preceitua o **art. 31 do Código Penal:** "O ajuste, a determinação ou instigação e o auxílio, salvo disposição expressa em contrário, não são puníveis, se o crime não chega, pelo menos, a ser tentado".

A impunibilidade prevista no dispositivo legal não deve ser atribuída ao agente, mas **ao fato**. Cuida-se de **causa de atipicidade da conduta do partícipe**, e não de causa de isenção da pena.

**Ajuste** é o acordo traçado entre duas ou mais pessoas. **Determinação** é o que foi decidido por alguém, almejando uma finalidade específica. **Instigação** é o reforço para a realização de algo a que uma pessoa já estava determinada a fazer. E, por fim, **auxílio** é a colaboração material prestada a alguém para atingir um objetivo.

O ajuste, a determinação, a instigação e o auxílio devem se dirigir a pessoa ou pessoas determinadas, visando a prática de um crime ou de crimes também determinados.

Essa regra decorre do **caráter acessório da participação:** o comportamento do partícipe só adquire relevância penal se o autor (conduta principal) iniciar a execução do crime (**princípio da executividade da participação**). E para fazê-lo, deve ingressar na esfera da tentativa, pois o art. 14, II, do Código Penal a ela condicionou a punição dos atos praticados pelo agente. Destarte, não é punível, exemplificativamente, o simples ato de contratar um pistoleiro profissional para matar alguém. A conduta do partícipe (encomendar a morte) somente será punível se o contratado praticar atos de execução do homicídio, pois, caso contrário, estará configurado o **quase crime**.

Antes da Reforma da Parte Geral do Código Penal na Lei 7.209/1984 era prevista a aplicação de medida de segurança ao partícipe ligado ao quase crime. Atualmente, nenhuma sanção penal pode ser imposta. Acertou o legislador, por se tratar de causa de atipicidade do fato.

Destaca-se, porém, a locução **"salvo disposição expressa em contrário"**.

O Código Penal assim agiu para ressaltar que, em **situações taxativamente previstas em lei**, é possível a punição do ajuste, da determinação, da instigação e do auxílio como **crime autônomo**. Reclama, evidentemente, expressa previsão legal. É o que se dá nos delitos de incitação ao crime (CP, art. 286) e de associação criminosa (CP, art. 288).

Na associação criminosa, por exemplo, a lei tipificou de forma independente a conduta de associarem-se três ou mais pessoas para o fim específico de cometer crimes. Existe o delito com a associação estável e permanente, ainda que os agentes não venham efetivamente a praticar nenhum delito. E, não fosse a exceção apontada pelo art. 31 do Código Penal, seria vedado punir o ato associativo, enquanto não se praticasse um crime para o qual o agrupamento fora idealizado.

### 31.8.2.5. Participação por omissão

A participação por omissão é possível, desde que o omitente, além de poder agir no caso concreto, tivesse ainda o dever de agir para evitar o resultado, por se enquadrar em alguma das hipóteses delineadas pelo art. 13, § 2.º, do Código Penal. Exemplo: é partícipe do furto o policial militar que presencia a subtração de bens de uma pessoa e nada faz porque estava fumando um cigarro e não queria apagá-lo.

### 31.8.2.6. Conivência

Também chamada de **participação negativa**, **crime silente**, ou **concurso absolutamente negativo**, é a participação que ocorre nas situações em que o sujeito não está vinculado à conduta criminosa e não possui o dever de agir para impedir o resultado. Exemplo: um transeunte assiste ao roubo de uma pessoa desconhecida e nada faz. Não é partícipe.

Portanto, o mero conhecimento de um fato criminoso não confere ao indivíduo a posição de partícipe por força de sua omissão, salvo se presente o dever de agir para impedir a produção do resultado.

### 31.8.2.7. Participação sucessiva

A participação sucessiva é possível nos casos em que um mesmo sujeito é instigado, induzido ou auxiliado por duas ou mais pessoas, cada qual desconhecendo o comportamento alheio, para executar uma infração penal. Exemplo: "A" sugere a "B" a prática de um roubo para quitar suas dívidas bancárias. Depois de refletir sobre a ideia, e sem contar a sua origem, consulta "C", o qual o estimula a assim agir. "B" pratica o roubo. "A" e "C" são partícipes do crime, pois para ele concorreram.

A participação sucessiva deve ter sido capaz de influir no propósito criminoso, pois, se a ideia já estava perfeitamente sedimentada na mente do agente, será inócua a participação posterior, impedindo a punição do seu responsável.

### 31.8.2.8. Participação em cadeia ou participação da participação

A participação em cadeia é possível e punível pelas regras estabelecidas pelo Código Penal.

Verifica-se nos casos em que alguém induz ou instiga uma pessoa, para que esta posteriormente induza, instigue ou auxilie outro indivíduo a cometer um crime determinado. Exemplo: "A" induz "B" a instigar "C" a emprestar uma arma de fogo (auxiliar) a "D", para que este mate "E", devedor e desafeto de todos. "A", "B" e "C" respondem pelo homicídio, na condição de partícipes, pois concorreram para o crime que teve "D" como seu autor.

### 31.8.2.9. Participação em ação alheia

Vimos que o partícipe deve, necessariamente, estar subjetivamente vinculado à conduta do autor. Exige-se a homogeneidade de elemento subjetivo, pois se todos os que concorrem para um crime por ele respondem, como decorrência da teoria unitária ou monista acolhida pelo art. 29, *caput*, do Código Penal, não se admite a participação culposa em crime doloso, nem a participação dolosa em crime culposo.

Mas é possível o envolvimento em ação alheia, de terceira pessoa, com **elemento subjetivo distinto**, quando a lei cria para a situação **dois crimes diferentes**, mas ligados um ao outro. Aquele que colabora culposamente para a conduta alheia responde por delito culposo, enquanto ao autor, que age com consciência e vontade, deve ser imputado um crime doloso. Repita-se, são dois crimes autônomos, embora dependentes entre si.

É o que ocorre em relação ao crime tipificado pelo art. 312, § 2.º, do Código Penal. Imaginemos que um funcionário público estadual, ao término de seu expediente, esqueça aberta a janela do seu gabinete. Aproveitando-se dessa facilidade, um particular que passava pela via pública ingressa na repartição pública e de lá subtrai um computador pertencente ao Estado. O funcionário público desidioso responde por peculato culposo, e o particular por furto.

**Não há concurso de pessoas**, em face da ausência do liame subjetivo.

## 31.9. CIRCUNSTÂNCIAS INCOMUNICÁVEIS: O ART. 30 DO CÓDIGO PENAL

**Circunstâncias incomunicáveis** são as que não se estendem, isto é, não se transmitem aos coautores ou partícipes de uma infração penal, pois se referem exclusivamente a determinado agente, incidindo apenas em relação a ele.

Nesse sentido, estabelece o art. 30 do Código Penal: "Não se comunicam as circunstâncias e as condições de caráter pessoal, salvo quando elementares do crime".

A compreensão desse dispositivo depende, inicialmente, da diferenciação entre elementares e circunstâncias.

### 31.9.1. Distinção entre elementares e circunstâncias

**Elementares** são os dados fundamentais de uma conduta criminosa. São os fatores que integram a definição básica de uma infração penal. No homicídio simples (CP, art. 121, *caput*), por exemplo, as elementares são "matar" e "alguém".

**Circunstâncias**, por sua vez, são os fatores que se agregam ao tipo fundamental, para o fim de aumentar ou diminuir a pena. Exemplificativamente, no homicídio, que tem como elementares "matar" e "alguém", são circunstâncias o "relevante valor moral" (§ 1.º), o "motivo torpe" (§ 2.º, I) e o "motivo fútil" (§ 2.º, II), dentre outras.

O critério que melhor possibilita a distinção é o da **exclusão** ou da **eliminação**.

Com efeito, excluindo-se uma elementar, o fato se torna atípico, ou então se opera a desclassificação para outra infração penal. Assim, é atípica, sem correspondência em um tipo penal, a conduta de "matar" um objeto, e não alguém. E tomando como ponto de partida um desacato (CP, art. 331), a eliminação da elementar funcionário público desclassifica a conduta para o crime de injúria (CP, art. 140).

Por outro lado, a exclusão de uma circunstância tem o condão de apenas aumentar ou diminuir a pena de uma infração penal. Não lhe altera a denominação jurídica, incidindo somente na quantidade da reprimenda a ser aplicada. O crime ou contravenção penal, contudo, são mantidos. Por exemplo, a eliminação do "motivo torpe" diminui a pena do homicídio, que de qualificado passa a ser simples, mas de qualquer modo subsiste o crime definido pelo art. 121 do Código Penal.

Em suma, as elementares compõem a definição da conduta típica, enquanto as circunstâncias são exteriores ao tipo fundamental, funcionando como qualificadoras ou causas de aumento ou de diminuição da pena.

### 31.9.2. Espécies de elementares e de circunstâncias

O art. 30 do Código Penal é claro: há elementares e circunstâncias de caráter pessoal, ou subjetivo. Consequentemente, também existem elementares e circunstâncias de caráter real, ou objetivo.

**Subjetivas**, ou de **caráter pessoal**, são as que se relacionam à **pessoa do agente**, e não ao fato por ele praticado. Exemplos: a condição de funcionário público, no peculato, é uma elementar de caráter pessoal (CP, art. 312). E os motivos do crime são circunstâncias de igual natureza no tocante ao homicídio (CP, art. 121, §§ 1.º e 2.º, I, II e V).

**Objetivas**, ou de **caráter real**, são as elementares e circunstâncias que **dizem respeito ao fato, à infração penal cometida**, e não ao agente. Exemplos: o emprego de violência contra a pessoa, no roubo, é uma elementar objetiva (CP, art. 157, *caput*), e desse naipe é também o meio cruel como circunstância para a execução do homicídio (CP, art. 121, § 2.º, III).

### 31.9.3. Condições de caráter pessoal

Paralelamente às elementares e circunstâncias, o art. 30 do Código Penal trata ainda das **condições de caráter pessoal**.

CAP. 31 – CONCURSO DE PESSOAS | **417**

**Condições pessoais** são as qualidades, os aspectos subjetivos inerentes a determinado indivíduo, que o acompanham em qualquer situação, isto é, independem da prática da infração penal. É o caso da reincidência e da condição de menor de 21 anos.

### 31.9.4. As regras do art. 30 do Código Penal

Com base nos conceitos e espécies de elementares, circunstâncias e condições acima analisados, é possível extrair três regras do art. 30 do Código Penal:

**1.ª As circunstâncias e condições de caráter pessoal, ou subjetivas, não se comunicam:** pouco importa se tais dados ingressaram ou não na esfera de conhecimento dos demais agentes.

Exemplo: "A", ao chegar à sua casa, constata que sua filha foi estuprada por "B". Imbuído por motivo de relevante valor moral, contrata "C", pistoleiro profissional, para matar o estuprador. O serviço é regularmente executado. Nesse caso, "A" responde por homicídio privilegiado (CP, art. 121, § 1.º), enquanto a "C" é imputado o crime de homicídio qualificado pelo motivo torpe (CP, art. 121, § 2.º, I).

O relevante valor moral é circunstância pessoal, exclusiva de "A", e jamais se transfere a "C", por mais que este não concorde com o estupro.

**2.ª Comunicam-se as circunstâncias de caráter real, ou objetivas:** é necessário, porém, que tenham ingressado na esfera de conhecimento dos demais agentes, para evitar a responsabilidade penal objetiva.[35]

Exemplo: "A" contrata "B" para matar "C", seu inimigo. "B" informa a "A" que fará uso de meio cruel, e este último concorda com essa circunstância. Ambos respondem pelo crime tipificado pelo art. 121, § 2.º, III, do Código Penal. Trata-se de circunstância objetiva que a todos se estende.

Se, todavia, "B" fizesse uso de meio cruel sem a ciência de "A", somente a ele seria imputada a qualificadora, sob pena de caracterização da responsabilidade penal objetiva.

**3.ª Comunicam-se as elementares, sejam objetivas ou subjetivas:** mais uma vez, exige-se que as elementares tenham entrado no âmbito de conhecimento de todos os agentes, para afastar a responsabilidade penal objetiva.

Exemplo: "A", funcionário público, convida "B", seu amigo, para em concurso subtraírem um computador que se encontra na repartição pública em que trabalha, valendo-se das facilidades proporcionadas pelo seu cargo. Ambos respondem por peculato-furto ou peculato impróprio (CP, art. 312, § 1.º), pois a elementar "funcionário público" transmite-se a "B".

Entretanto, se "B" não conhecesse a condição funcional de "A", responderia por furto, evitando a responsabilidade penal objetiva.

### 31.9.5. Elementares personalíssimas e a questão do estado puerperal no infanticídio

Nélson Hungria sustentou, após a entrada em vigor do Código Penal de 1940, a existência de **elementares personalíssimas**, que não se confundiam com as pessoais. Estas seriam transmissíveis, aquelas não. Em síntese, seriam fatores que, embora integrassem a descrição

---

[35] "Caso contrário, os acusados poderiam ser punidos por circunstância fática que nunca entrou em sua esfera de ciência e, consequentemente, jamais integrou seu dolo, o que configuraria responsabilização penal objetiva, inadmissível em nosso sistema criminal, em franca violação do art. 18, I, do CP" (STJ: REsp 1.973.397/MG, rel. Min. Ribeiro Dantas, 5.ª Turma, j. 06.09.2022, noticiado no *Informativo* 748).

**418** | DIREITO PENAL – PARTE GERAL – VOL. 1 • CLEBER MASSON

fundamental de uma infração penal, **jamais se transmitiriam** aos demais coautores ou partícipes. Confira-se:

> Deve-se notar, porém, que a ressalva do art. 26[36] não abrange as condições *personalíssimas* que informam os chamados *delicta excepta*. Importam elas um *privilegium* em favor da pessoa a quem concernem. São conceitualmente inextensíveis e impedem, quando haja cooperação com o *beneficiário*, a unidade do título do crime. Assim, a "influência do estado puerperal" no infanticídio e a *causa honoris* no crime do art. 134: embora elementares, não se comunicam aos cooperadores, que responderão pelo tipo comum do crime.[37]

Para ele, na hipótese em que o pai ou qualquer outra pessoa auxiliasse a mãe, abalada pelo estado puerperal, a matar o próprio filho, durante o parto ou logo após, não seria justo nem correto que o terceiro fosse beneficiado pelo crime de infanticídio, pois o puerpério não lhe atinge. Portanto, somente a mãe responderia pelo crime previsto no art. 123 do Código Penal, imputando-se ao terceiro, coautor ou partícipe, a figura do homicídio.[38]

Humilde, porém, Nélson Hungria posteriormente constatou seu equívoco e alterou o seu entendimento, levando em consideração a redação do Código Penal: "salvo quando elementares do crime". Concluiu, então, que todos os terceiros que concorrem para um infanticídio por ele também respondem.[39]

Destarte, justa ou não a situação, a lei fala em elementares, e, seja qual for sua natureza, é necessário que se estendam a todos os coautores e partícipes. Essa é a posição atualmente pacífica, que somente será modificada com eventual alteração legislativa.

## 31.10. O EXCESSO NO MANDATO CRIMINAL

O mandato guarda íntima relação com a figura do **autor intelectual**, em que alguém (partícipe) delibera sobre a prática de uma infração penal e transmite a outrem (autor) a tarefa de executá-lo. Nesse contexto, pode ocorrer falta de coincidência entre a vontade do partícipe e o comportamento do autor.

O art. 19 do Código Penal de 1890 assim dispunha: "Aquelle que mandar, ou provocar alguem, a commeter crime, é responsável como autor: § 1.º Por qualquer outro crime que o executor commeter para executar o de que se encarregou; § 2.º Por qualquer outro crime que daquelle resultar".[40]

Essa regra, que na prática permitia a responsabilidade penal objetiva, foi repelida pela sistemática em vigor. Atualmente, a questão deve ser solucionada com base nas regras inerentes à cooperação dolosamente distinta e à comunicabilidade das elementares e circunstâncias, desde que tenham ingressado na esfera de conhecimento de todos os agentes (CP, arts. 29, § 2.º, e 30).

## 31.11. QUESTÕES DIVERSAS

### 31.11.1. Autoria colateral

Também chamada de **coautoria imprópria** ou **autoria parelha**, ocorre quando duas ou mais pessoas intervêm na execução de um crime, buscando igual resultado, embora cada uma delas ignore a conduta alheia. Exemplo: "A", portando um revólver, e "B", uma espingarda, es-

---

[36] Atual art. 30, após a reforma da Parte Geral do Código Penal pela Lei 7.209/1984.

[37] HUNGRIA, Nélson. *Comentários ao Código Penal*. Rio de Janeiro: Forense, 1949. v. I, p. 574.

[38] Essa posição foi à época seguida por diversos autores, destacando-se Aníbal Bruno, Bento de Faria, Heleno Cláudio Fragoso e Vicente Sabino.

[39] HUNGRIA, Nélson. *Comentários ao Código Penal*. 5. ed. Rio de Janeiro: Forense, 1979. v. 5, p. 226.

[40] GARCIA, Basileu. *Instituições de direito penal*. 4. ed. 37. tir. São Paulo: Max Limonad, 1975. t. I, v. I, p. 370.

condem-se atrás de árvores, um do lado direito e outro do lado esquerdo de uma mesma rua. Quando "C", inimigo de ambos, por ali passa, ambos os agentes contra ele efetuam disparos de armas de fogo. "C" morre, revelando o exame necroscópico terem sido os ferimentos letais produzidos pelos disparos originários da arma de "A".

**Não há concurso de pessoas,** pois estava ausente o vínculo subjetivo entre "A" e "B". Portanto, cada um dos agentes responde pelo crime a que deu causa: "A" por homicídio consumado, e "B" por tentativa de homicídio.

Se ficasse demonstrado que os tiros de "B" atingiram o corpo de "C" quando já estava morto, "A" responderia pelo homicídio, enquanto "B" ficaria impune, por força da caracterização do crime impossível (impropriedade absoluta do objeto – CP, art. 17).

### 31.11.2. Autoria incerta

**Surge no campo da autoria colateral, quando mais de uma pessoa é indicada como autora do crime, mas não se apura com precisão qual foi a conduta que efetivamente produziu o resultado.** Conhecem-se os possíveis autores, mas não se conclui, em juízo de certeza, qual comportamento deu causa ao resultado.

Suponha-se que "A" e "B" com armas de fogo e munições idênticas escondam-se atrás de árvores para eliminar a vida de "C". Quando este passa pelo local, contra ele atiram, e "C" morre. O exame pericial aponta ferimentos produzidos por um único disparo de arma de fogo como *causa mortis*. Os demais tiros não atingiram a vítima, e o laudo não afirma categoricamente quem foi o autor do disparo fatal.

Há, no caso, dois crimes praticados por "A" e "B": um homicídio consumado e uma tentativa de homicídio. Qual é a solução?

Como não se apurou quem produziu a morte, não se pode imputar o resultado naturalístico para "A" e "B". Um deles matou, mas o outro não. E, como **não há concurso de pessoas,** ambos devem responder por **tentativa de homicídio**.

Com efeito, ambos praticaram atos de execução de um homicídio. Tentaram matar, mas somente um deles, **incerto,** o fez. Para eles será imputada a tentativa, pois a ela deram causa. Quanto a isso não há dúvida. E por não se saber quem de fato provocou a morte da vítima, não se pode responsabilizar qualquer deles pelo homicídio consumado, aplicando-se o princípio *in dubio pro reo*.

Há casos, todavia, que causam estranheza ainda maior.

Imagine-se que "João", casado com "Maria", seja amante de "Tereza". Todas as manhãs, juntamente com a esposa, toma café em casa. Em seguida, antes de ingressar no trabalho, passa na residência da amante, que não sabe ser ele casado, para com ela também fazer o desjejum. Em determinado dia, a esposa e a amante descobrem sobre a existência de outra mulher na vida de "João". Revoltadas, compram venenos para matá-lo. Na manhã seguinte, o adúltero bebe uma xícara de café, envenenado, em sua casa. Parte para a residência da amante, e também bebe uma xícara de café com veneno. Morre algumas horas depois. Realiza-se perícia, e o laudo conclui pela existência de duas substâncias no sangue de "João": veneno de rato e talco. "Maria" e "Tereza", orgulhosas, confessam ter colocado veneno no café do falecido traidor.

A situação é a seguinte: uma das mulheres praticou homicídio, e a outra, crime impossível por ineficácia absoluta do meio (CP, art. 17). As provas colhidas durante o inquérito policial não apontam qual foi a conduta de cada uma delas. O que deve fazer o representante do Ministério Público ao receber o inquérito policial relatado? Deve denunciá-las?

A única solução é o arquivamento do inquérito policial. Há um homicídio, "João" está morto, mas às vingativas mulheres aplica-se o crime impossível. Uma matou, mas a outra nada fez. Como não há concurso de pessoas, por ausência do vínculo subjetivo, ambas devem ser beneficiadas pela dúvida.

# 420 | DIREITO PENAL – PARTE GERAL – VOL. 1 • CLEBER MASSON

Em resumo, se no bojo de uma autoria incerta todos os envolvidos praticaram atos de execução, devem responder pela tentativa do crime. Mas, se um deles incidiu em crime impossível, a causa de atipicidade a todos se estende.

### 31.11.3. Autoria desconhecida

Cuida-se de instituto ligado ao processo penal, que ocorre quando um crime foi cometido, mas não se sabe quem foi seu autor. Exemplo: "A" foi vítima de furto, pois todos os bens de sua residência foram subtraídos enquanto viajava. Não há provas, todavia, do responsável pelo delito.

É nesse ponto que se diferencia da autoria incerta, de interesse do Direito Penal, pois nela conhecem-se os envolvidos em um crime, mas não se pode, com precisão, afirmar quem a ele realmente deu causa.

### 31.11.4. Autoria complementar (ou acessória)

A autoria complementar, também conhecida como acessória, pressupõe a atuação de ao menos duas pessoas, as quais agem cada qual sem o conhecimento da atuação alheia, porém somente a união das duas (ou mais) condutas é apta a produzir o resultado naturalístico. Exemplo: "A", com intenção de matar, coloca uma certa quantidade de veneno no café da vítima. Algum tempo depois, "B", também com ânimo homicida, mistura uma dose de veneno no suco da mesma vítima. "A" e "B" sequer se conhecem, e ignoram o propósito criminoso em comum. A vítima vem a falecer, envenenada, e a perícia identifica em seu organismo duas espécies de venenos, e conclui que somente um deles era incapaz de matar.

Não há falar em concurso de pessoas, em face da ausência do vínculo subjetivo. Nesse caso, cada agente deve responder pelo ato efetivamente praticado, e não pelo resultado naturalístico. No exemplo acima, "A" e "B" terão contra si imputados o crime de tentativa de homicídio qualificado pelo emprego de veneno, e não de homicídio consumado.

### 31.11.5. Autoria sucessiva (ou subsequente)

A autoria sucessiva ou subsequente verifica-se nas hipóteses em que alguém ofende o bem jurídico que já fora violado por outra pessoa. É o que se dá, a título de exemplo, no delito catalogado no art. 138, § 1.º, do Código Penal: a honra objetiva da vítima, após ter sido lesada pela calúnia cometida por alguém, é novamente atingida pela conduta do terceiro que, sabendo falsa a imputação, a propala ou a divulga.

Não há concurso de pessoas, pela ausência do vínculo subjetivo, razão pela qual cada agente responde pelo delito que praticou, de forma autônoma.

## 31.12. CONCURSO DE PESSOAS E CRIMES DE AUTORIA COLETIVA

A relação entre o concurso de pessoas e os crimes de autoria coletiva, especialmente quando praticados pelas multidões, ganha força a cada dia, pois este fenômeno encontra-se presente em diversos casos inerentes à vida moderna, tais como a violência comumente praticada pelas torcidas organizadas nos estádios de futebol, rebeliões em presídios e invasões de propriedades rurais por movimentos criados para esta finalidade.

Em situações deste nível o concurso de pessoas inexoravelmente se reveste de maior gravidade, pois o resultado criminoso, além de ser facilmente alcançado, assume maiores proporções, por ser a incitação à violência transmitida velozmente entre os indivíduos situados à sua volta. Como pontua René Ariel Dotti:

Fala-se então do fenômeno conhecido como a *multidão criminosa* que constitui uma espécie de alma nova dos movimentos de massa que em momentos de grande excitação anulam ou restringem sensivelmente o autocontrole e a capacidade individual de se governar segundo padrões éticos ou sociais.[41]

O Código Penal, atento a essas peculiaridades, cuidou de regular o assunto: quem provoca o tumulto tem a pena agravada, enquanto quem age sob o influxo da multidão, se não a iniciou, merece o abrandamento da punição.

Com efeito, dispôs em seu art. 65, III, "e", que a pena será **atenuada** em relação ao agente que cometeu o crime sob a influência da multidão em tumulto, se não o provocou.

Por outro lado, estabeleceu no art. 62, I, uma **agravante genérica** para o sujeito que promove, ou organiza a cooperação no crime ou dirige a atividade dos demais agentes.

Mas a doutrina discorda sobre um ponto, qual seja, se a integração a uma multidão criminosa é, por si só, suficiente para demonstrar o vínculo subjetivo entre os agentes, caracterizando o concurso de pessoas.

Para Mirabete, todos respondem pelo resultado produzido.[42] É também a posição de Cezar Roberto Bitencourt:

> A prática coletiva de delito, nessas circunstâncias, apesar de ocorrer em situação normalmente traumática, não afasta a existência de *vínculos psicológicos* entre os integrantes da multidão, caracterizadores do concurso de pessoas. Nos crimes praticados por *multidão delinquente* é desnecessário que se descreva minuciosamente a participação de cada um dos *intervenientes,* sob pena de inviabilizar a aplicação da lei.[43]

De outro lado, sustenta Rogério Greco que os crimes multitudinários dependem, para a configuração do concurso de pessoas, da comprovação efetiva da contribuição causal de cada envolvido no tumulto. São suas palavras:

> [...] somos da opinião de que nos crimes multitudinários não podemos presumir o vínculo psicológico entre os agentes. Tal liame deverá ser demonstrado no caso concreto, a fim de que todos possam responder pelo resultado advindo da soma das condutas.[44]

## 31.12.1. Denúncia geral *versus* processo penal kafkiano ("criptoimputação")

Tem-se entendido que nos crimes de autoria coletiva, "embora a vestibular acusatória não possa ser de todo genérica, é válida quando, apesar de não descrever minuciosamente as atuações individuais dos acusados, demonstra um liame entre o seu agir e a suposta prática delituosa, estabelecendo a plausibilidade da imputação e possibilitando o exercício da ampla defesa".[45]

Nesse contexto, não é inepta a denúncia (geral) que apresenta narrativa fática congruente, de modo a permitir o devido processo legal, descrevendo conduta típica que, "atentando aos ditames do art. 41 do CPP, qualifica os acusados, descreve o fato criminoso

---

[41]   DOTTI, René Ariel. *Curso de direito penal*. Parte geral. 2. ed. Rio de Janeiro: Forense, 2004. p. 363.

[42]   MIRABETE, Julio Fabbrini. *Manual de direito penal*. Parte Geral. 24. ed. São Paulo: Atlas, 2007. v. 1, p. 242.

[43]   BITENCOURT, Cezar Roberto. *Tratado de direito penal*. Parte geral. 11. ed. São Paulo: Saraiva, 2007. v. 1, p. 428.

[44]   GRECO, Rogério. *Curso de direito penal* – parte geral. 10. ed. Rio de Janeiro: Impetus, 2008. p. 472.

[45]   STJ: RHC 68.903/RJ, rel. Min. Jorge Mussi, 5.ª Turma, j. 20.05.2016. Em igual sentido: "A jurisprudência deste Superior Tribunal é firme na direção de que nos crimes societários, mostra-se impositivo que a denúncia contenha a descrição mínima da conduta de cada acusado e do nexo de causalidade, sob pena de ser considerada inepta" (STJ: RHC 139.465/PA, rel. Min. Rogerio Schietti Cruz, 6.ª Turma, j. 23.08.2022, noticiado no Informativo 748).

DIREITO PENAL – PARTE GERAL – VOL. 1 • CLEBER MASSON

e suas circunstâncias. O fato, por si só, de o Ministério Público ter imputado ao recorrente a mesma conduta dos demais denunciados não torna a denúncia genérica, indeterminada ou imprecisa".[46]

É imprescindível distinguir a **denúncia genérica** da **denúncia geral**. A denúncia genérica é aquela cuja imputação é gravemente contaminada por "situação de deficiência na narração do fato imputado, quando não contém os elementos mínimos de sua identificação como crime, como às vezes ocorre com a simples alusão aos elementos do tipo penal abstrato".[47] A denúncia genérica sofre com a pecha da criptoimputação[48] (imputação truncada, criptografada), por consagrar um sistema processual kafkiano, por meio do qual o denunciado não tem ideia do que se defende.[49]

De seu turno, a denúncia geral é largamente admitida na jurisprudência, porquanto nessa modalidade há a descrição dos fatos e da atuação, ainda que de maneira geral, de cada um dos imputados. Como já decidido pelo Superior Tribunal de Justiça:

> Nos chamados crimes de autoria coletiva, defronta-se o órgão acusatório, no momento de oferecer a denúncia, com uma pluralidade de acusados envolvidos na prática delituosa. Nessa situação, a narrativa minudente de cada uma das condutas atribuídas aos vários agentes é tarefa bastante dificultosa, muitas vezes impraticável, sobretudo diante de organizações numerosas. Nesse contexto, a jurisprudência do Superior Tribunal de Justiça vem admitindo, excepcionalmente, em crimes de autoria coletiva, possa o titular da ação penal descrever os fatos de forma geral, tendo em vista a incapacidade de se mensurar, com precisão, em detalhes, o modo de participação de cada um dos acusados na empreitada criminosa. Portanto, será regular a peça acusatória quando, a despeito de não delinear as condutas individuais dos corréus, anunciar o liame entre a atuação do denunciado e a prática delituosa, demonstrando a plausibilidade da imputação e garantindo o pleno exercício do direito de defesa.[50]

## 31.13. CONCURSO DE PESSOAS E CRIMES CULPOSOS

Crime culposo é o que se verifica quando o agente, deixando de observar o dever objetivo de cuidado, por imprudência, negligência ou imperícia, realiza voluntariamente uma conduta que produz um resultado naturalístico indesejado, não previsto nem querido, mas objetivamente previsível, e excepcionalmente previsto e querido, que podia, com a devida atenção, ter evitado.

Para facilitar o estudo do assunto é razoável abordar o cabimento do concurso de pessoas nessa categoria de delitos com amparo em suas duas modalidades: coautoria e participação.

---

[46] STJ: HC 311.571/SP, rel. Min. Gurgel de Faria, 5.ª Turma, j. 15.12.2015.

[47] FERNANDES, Antonio Scarance. *A reação defensiva à imputação*. São Paulo: RT, 2002. p. 184.

[48] No exemplo de Hugo Nigro Mazzilli, ocorre a criptoimputação quando o Ministério Público "atribui ao réu uma conduta culposa, por ter sido imprudente porque não teve cautela... Mas qual, precisamente, a cautela que o réu omitiu? É como se a denúncia dissesse que o réu teve culpa porque foi imprudente; foi imprudente porque não teve cautela; e, porque não teve cautela, teve culpa... Um círculo vicioso" (MAZZILLI, Hugo Nigro. *A descrição do fato típico na acusação penal*. Disponível em: http://www.mazzilli.com.br. Acesso em: 01.11.2016).

[49] "O ordenamento positivo brasileiro [...] repudia as imputações criminais genéricas e não tolera, porque ineptas, as acusações que não individualizam nem especificam, de maneira concreta, a conduta penal atribuída ao denunciado. [...] A pessoa sob investigação tem o direito de não ser acusada com base em denúncia inepta" (STF: HC 80.084/PE, rel. Celso de Mello, 2.ª Turma, j. 11.12.2012).

[50] RHC 68.848/RN, rel. Min. Antonio Saldanha Palheiro, 6.ª Turma, j. 13.10.2016. Para o STF: "Não há abuso de acusação na denúncia que, ao tratar de crimes de autoria coletiva, deixa, por absoluta impossibilidade, de esgotar as minúcias do suposto cometimento do crime. *Há diferença entre denúncia genérica e geral*. Enquanto naquela [genérica] se aponta fato incerto e imprecisamente descrito, na última [geral] *há acusação da prática de fato específico atribuído a diversas pessoas, ligadas por circunstâncias comuns, mas sem a indicação minudente da responsabilidade interna e individual dos imputados* [...], não há que se falar em inépcia quando a acusação descreve minimamente o fato tido como criminoso" (HC 118.891/SP, rel. Min. Edson Fachin, 1.ª Turma, j. 20.10.2015).

## 31.13.1. Coautoria e crimes culposos

A doutrina nacional é tranquila ao admitir a coautoria em crimes culposos, quando duas ou mais pessoas, conjuntamente, agindo por imprudência, negligência ou imperícia, violam o dever objetivo de cuidado a todos imposto, produzindo um resultado naturalístico.[51]

Imagine-se o exemplo em que dois indivíduos, em treinamento, efetuam disparos de arma de fogo em uma propriedade rural situada próxima a uma estrada de terra pouco movimentada. Atiram simultaneamente, atingindo um pedestre que passava pela via pública, o qual vem a morrer pelos ferimentos provocados pelas diversas munições. Há coautoria em um homicídio culposo. Veja-se, a propósito, o clássico exemplo de E. Magalhães Noronha:

> Suponha-se o caso de dois pedreiros que, numa construção, tomam uma trave e a atiram à rua, alcançando um transeunte. Não há falar em autor *principal* e *secundário,* em realização e instigação, em ação e auxílio, etc. Oficiais do mesmo ofício, incumbia-lhes aquela tarefa, só realizável pela conjugação das suas forças. Donde a ação única – apanhar e lançar o madeiro – e o resultado – lesões ou morte da vítima, também uno, foram praticados por duas pessoas, que uniram seus esforços e vontades, resultando assim coautoria. Para ambos houve vontade atuante e ausência de previsão.[52]

## 31.13.2. Participação e crimes culposos

Firmou-se a doutrina pátria no sentido de rejeitar a possibilidade de participação em crimes culposos.

Com efeito, o crime culposo é normalmente definido por um tipo penal aberto, e nele se encaixa todo o comportamento que viola o dever objetivo de cuidado. Por corolário, é autor todo aquele que, desrespeitando esse dever, contribui para a produção do resultado naturalístico. Nos ensinamentos de Damásio E. de Jesus:

> Todo grau de causação a respeito do resultado típico produzido não dolosamente, mediante uma ação que não observa o cuidado requerido no âmbito de relação, fundamenta a autoria do respectivo delito culposo. Por essa razão, não existe diferença entre autores e partícipes nos crimes culposos. Toda classe de causação do resultado típico culposo é autoria.[53]

Frise-se, por oportuno, que a unidade de elemento subjetivo exigida para a caracterização do concurso de pessoas impede a participação dolosa em crime culposo. Na hipótese em que alguém, dolosamente, concorre para que outrem produza um resultado naturalístico culposo, há dois crimes: um doloso e outro culposo. Exemplo: "A", com a intenção de matar "B", convence "C" a acelerar seu carro em uma curva, pois sabe que naquele instante "B" por ali passará de bicicleta. O motorista atinge velocidade excessiva e atropela o ciclista, matando-o. "A" responde por homicídio doloso (CP, art. 121), e "C" por homicídio culposo na direção de veículo automotor (Lei 9.503/1997 – CTB, art. 302).

---

51. "A doutrina majoritária admite a coautoria em crime culposo. Para tanto, devem ser preenchidos os requisitos do concurso de agentes: a) pluralidade de agentes, b) relevância causal das várias condutas, c) liame subjetivo entre os agentes e d) identidade de infração penal" (STJ: HC 235.827/SP, rel. Min. Marco Aurélio Bellizze, 5.ª Turma, j. 03.09.2013).
52. NORONHA, E. Magalhães. *Do crime culposo.* 2. ed. São Paulo: Saraiva, 1966. p. 103.
53. JESUS, Damásio E. de. *Direito penal.* Parte geral. 28. ed. 2. tir. São Paulo: Saraiva, 2006. v. 1, p. 422.

# PARTE III

# TEORIA GERAL DA PENA

# CAPÍTULO 32

# PENA: ASPECTOS GERAIS

## 32.1. SANÇÃO PENAL

Sanção penal é a resposta estatal, no exercício do *ius puniendi* e após o devido processo legal, ao responsável pela prática de um crime ou de uma contravenção penal. Divide-se em duas espécies: penas e medidas de segurança.

As penas reclamam a culpabilidade do agente, e destinam-se aos imputáveis e aos semi-imputáveis sem periculosidade.

Já as medidas de segurança têm como pressuposto a periculosidade, e dirigem-se aos inimputáveis e aos semi-imputáveis dotados de periculosidade, pois necessitam, no lugar da punição, de especial tratamento curativo.

Destarte, o Direito Penal é um **sistema de dupla via**, pois admite as penas (1.ª via) e as medidas de segurança (2.ª via) como respostas estatais aos violadores das suas regras.[1]

Fala-se também na **terceira via do Direito Penal**, consubstanciada nas situações em que, embora tenha sido cometida uma infração penal, não se impõe pena ou medida de segurança, pois a punibilidade estatal cede espaço à reparação do dano causado à vítima, a exemplo do que se verifica na composição dos danos civis nos crimes de menor potencial ofensivo de ação penal privada e de ação pública condicionada à representação do ofendido, na forma delineada pelo art. 74, parágrafo único, da Lei 9.099/1995.

## 32.2. CONCEITO

Pena é a reação que uma comunidade politicamente organizada opõe a um fato que viola uma das normas fundamentais da sua estrutura e, assim, é definido na lei como crime.

Como reação contra o crime, isto é, contra uma grave transgressão das normas de convivência, ela aparece com os primeiros agregados humanos. Violenta e impulsiva nos primeiros tempos, exprimindo o sentimento natural de vingança do ofendido ou a revolta de toda a comunidade social, ela se vai disciplinando com o progresso das relações humanas, abandonando os seus apoios extrajurídicos e tomando o sentido de uma instituição de Direito posta nas mãos do poder público para a manutenção da ordem e segurança social.[2]

Destarte, pena é a espécie de sanção penal consistente na **privação ou restrição de determinados bens jurídicos do condenado, aplicada pelo Estado em decorrência do cometi-**

---

[1] ROXIN, Claus. *Derecho penal*. Parte general. Fundamentos. La estructura de la teoría del delito. Trad. espanhola Diego-Manuel Luzón Peña, Miguel Díaz y García Conlledo e Javier de Vicente Remensal. Madrid: Civitas, 2006. t. I, p. 43; e JESCHECK, Hans-Heinrich. *Tratado de derecho penal*. Parte general. 5. ed. Trad. espanhola Miguel Olmedo Cardenete. Granada: Comares, 2002. p. 89.

[2] BRUNO, Aníbal. *Das penas.* Rio de Janeiro: Editora Rio, 1976. p. 10.

# 428 | DIREITO PENAL – PARTE GERAL – VOL. 1 • CLEBER MASSON

mento de uma infração penal, com as finalidades de castigar seu responsável, readaptá-lo ao convívio em comunidade e, mediante a intimidação endereçada à sociedade, evitar a prática de novos crimes ou contravenções penais.[3]

O bem jurídico de que o condenado pode ser privado ou sofrer limitação varia: liberdade (pena privativa de liberdade), patrimônio (multa, prestação pecuniária e perda de bens e valores), vida (pena de morte, na excepcional hipótese prevista no art. 5.º, XLVII, "a", da CF) ou outro direito qualquer, em conformidade com a legislação em vigor (penas restritivas de direitos).

## 32.3. PRINCÍPIOS

Aplicam-se às penas os seguintes princípios:

a) **Princípio da reserva legal ou da estrita legalidade:** emana do brocardo *nulla poena sine lege*, ou seja, somente a lei pode cominar a pena. Foi previsto como cláusula pétrea no art. 5.º, XXXIX, da Constituição Federal, e também encontra amparo no art. 1.º do Código Penal.

b) **Princípio da anterioridade:** a lei que comina a pena deve ser anterior ao fato que se pretende punir. Não basta, assim, o *nulla poena sine lege*. Exige-se um reforço, a lei deve ser prévia ao fato praticado: *nulla poena sine praevia lege* (CF, art. 5.º, XXXIX, e CP, art. 1.º).

c) **Princípio da personalidade, intransmissibilidade, intranscendência ou responsabilidade pessoal:** a pena não pode, em hipótese alguma, ultrapassar a pessoa do condenado (CF, art. 5.º, XLV). É vedado alcançar, portanto, familiares do acusado ou pessoas alheias à infração penal. Em síntese, esse postulado impede que sanções e restrições de ordem jurídica superem a dimensão estritamente pessoal do infrator.[4] É possível, porém, que a obrigação de reparar o dano e a decretação do perdimento de bens, compreendidos como efeitos da condenação, sejam, nos termos da lei, estendidas aos sucessores e contra eles executadas até o limite do valor do patrimônio transferido (CF, art. 5.º, XLV). A pena de multa não poderá ser cobrada dos sucessores do condenado.

d) **Princípio da inderrogabilidade ou inevitabilidade:** esse princípio é consectário lógico da reserva legal, e sustenta que a pena, se presentes os requisitos necessários para a condenação, não pode deixar de ser aplicada e integralmente cumprida. É, contudo, mitigado por alguns institutos penais, dos quais são exemplos a prescrição, o perdão judicial, o *sursis*, o livramento condicional etc.

e) **Princípio da intervenção mínima:** a pena é legítima unicamente nos casos estritamente necessários para a tutela de um bem jurídico penalmente reconhecido. Dele resultam dois outros princípios: fragmentariedade ou caráter fragmentário do Direito Penal e subsidiariedade (ver Capítulo 2, itens 2.2.8, 2.2.9 e 2.2.10).

f) **Princípio da humanidade ou humanização das penas:** a pena deve respeitar os direitos fundamentais do condenado enquanto ser humano. Não pode, assim, violar a sua integridade física ou moral (CF, art. 5.º, XLIX). Da mesma forma, o Estado não pode

---

[3] Em uma situação excepcional, a legislação brasileira admite a imposição de sanção penal sem a interferência do Estado. É o que se extrai do art. 57 da Lei 6.001/1973 – Estatuto do Índio: "Será tolerada a aplicação, pelos grupos tribais, de acordo com as instituições próprias, de sanções penais ou disciplinares contra os seus membros, desde que não revistam caráter cruel ou infamante, proibida em qualquer caso a pena de morte".

[4] STF: AgR-QO 1.033/DF, rel. Min. Celso de Mello, Plenário, j. 25.05.2006; STJ: AgRg no RHC 144.053/RJ, rel. Min. Jesuíno Rissato (Desembargador convocado do TJDF), rel. p/ acórdão Min. Ribeiro Dantas, 5.ª Turma, j. 19.10.2021.

CAP. 32 – PENA: ASPECTOS GERAIS | **429**

dispensar nenhum tipo de tratamento cruel, desumano ou degradante ao preso. Com esse propósito, o art. 5.º, XLVII, da Constituição Federal proíbe as penas de morte, de trabalhos forçados, de banimento e cruéis, bem como a prisão perpétua.

g) **Princípio da proporcionalidade:** a resposta penal deve ser justa e suficiente para cumprir o papel de reprovação do ilícito, bem como para prevenir novas infrações penais. Concretiza-se na atividade legislativa, funcionando como barreira ao legislador, e também ao magistrado, orientando-o na dosimetria da pena. De fato, tanto na cominação como na aplicação da pena deve existir correspondência entre o ilícito cometido e o grau da sanção penal imposta, levando-se ainda em conta o aspecto subjetivo do condenado (CF, art. 5.º, XLVI).

h) **Princípio da individualização:** foi inicialmente previsto pelo Código Criminal do Império de 1830. A individualização da pena tem o significado de eleger a justa e adequada sanção penal, quanto ao montante, ao perfil e aos efeitos pendentes sobre o sentenciado, tornando-o único e distinto dos demais infratores, ainda que coautores ou partícipes do delito. Sua finalidade e importância residem na fuga da padronização da pena, da "mecanizada" ou "computadorizada" aplicação da sanção penal, que prescinda da figura do juiz, como ser pensante, adotando-se em seu lugar qualquer programa ou método que leve à pena preestabelecida, segundo um modelo unificado, empobrecido e, sem dúvida, injusto.[5]

Esse princípio, que foi expressamente indicado pelo art. 5.º, XLVI, da Constituição Federal, repousa no ideal de justiça segundo o qual se deve distribuir, a cada indivíduo, o que lhe cabe, de acordo com as circunstâncias específicas do seu comportamento – o que em matéria penal significa a aplicação da pena levando em conta não a norma penal em abstrato, mas, especialmente, os **aspectos subjetivos e objetivos** do crime.[6] Na célebre definição de Nélson Hungria:

> A fórmula unitária foi assim fixada: *retribuir o mal concreto do crime com o mal concreto da pena, na concreta personalidade do criminoso.* Ao ser cominada *in abstracto,* a pena é individualizada objetivamente; mas, ao ser aplicada *in concreto,* não prescinde da sua individualização subjetiva. Após a individualização convencional da lei, a individualização experimental do juiz, ao mesmo tempo objetiva e subjetiva. É conservada a prefixação de *minima* e *maxima* especiais; mas, suprimida a escala legal de graus intermédios, o juiz pode mover-se livremente entre aqueles, para realizar a "justiça do caso concreto".[7]

Desenvolve-se em três planos: legislativo, judicial e administrativo.

No prisma **legislativo,** o princípio é respeitado quando o legislador descreve o tipo penal e estabelece as sanções adequadas, indicando precisamente os seus limites, mínimo e máximo, e também as circunstâncias aptas a aumentar ou diminuir as reprimendas cabíveis.

A individualização **judicial** complementa a legislativa, pois esta não pode ser extremamente detalhista, nem é capaz de prever todas as situações da vida concreta que possam aumentar ou diminuir a sanção penal. É efetivada pelo juiz quando aplica a pena utilizando-se de todos os instrumentais fornecidos pelos autos da ação penal, em obediência ao sistema trifásico delineado pelo art. 68 do Código Penal (pena privativa de liberdade), ou ainda ao sistema bifásico inerente à sanção pecuniária (CP, art. 49).

---

5    NUCCI, Guilherme de Souza. *Individualização da pena.* 2. ed. São Paulo: RT: 2007. p. 30.

6    SILVA, José Afonso da. *Comentário contextual à Constituição.* 4. ed. São Paulo: Malheiros, 2007. p. 145.

7    HUNGRIA, Nélson. *Comentários ao Código Penal.* Rio de Janeiro: Forense, 1949. v. I, p. 86.

**430** | DIREITO PENAL – PARTE GERAL – VOL. 1 • CLEBER MASSON

Finalmente, a individualização **administrativa** é efetuada durante a execução da pena, quando o Estado deve zelar por cada condenado de forma singular, mediante tratamento penitenciário ou sistema alternativo no qual se afigure possível a integral realização das finalidades da pena.

## 32.4. TEORIAS E FINALIDADES

O estudo das teorias relaciona-se intimamente com as finalidades da pena. Podemos ir ainda mais longe. Na verdade, as teorias inerentes aos fins da pena relacionam-se com a própria origem do Direito Penal. Nas palavras de Jorge de Figueiredo Dias:

> O problema dos fins (*rectius*, das finalidades) da pena criminal é tão velho quanto a própria história do direito penal; e, no decurso desta já longa história, ele tem sido discutido, vivamente e sem soluções de continuidade, pela filosofia (tanto pela filosofia geral, como pela filosofia do direito), pela doutrina do Estado e pela ciência (global) do direito penal. A razão de um tal interesse e da sua persistência ao longo dos tempos está em que, à sombra dos problemas dos fins das penas, é no fundo toda a teoria do direito penal que se discute e, com particular incidência, as questões fulcrais da legitimação, fundamentação, justificação e função da intervenção penal estatal. Por isso se pode dizer, sem exagero, que a questão dos fins da pena constitui, no fundo, a *questão do destino* do direito penal e, na plena acepção do termo, do seu *paradigma*.[8]

Para a teoria absoluta, a finalidade da pena é retributiva. Por sua vez, para a teoria relativa, os fins da pena são estritamente preventivos. E, finalmente, para a teoria mista ou unificadora, a pena tem dupla finalidade: retributiva e preventiva.

### 32.4.1. Teoria absoluta e finalidade retributiva

A pena desponta como a retribuição estatal justa ao mal injusto provocado pelo condenado, consistente na prática de um crime ou de uma contravenção penal (*punitur quia peccatum est*).

É chamada de absoluta porque esgota-se em si mesma, ou seja, a pena **independe de qualquer finalidade prática**, não se vincula a nenhum fim, pois não se preocupa com a readaptação social do infrator da lei penal. Pune-se simplesmente como retribuição à prática do ilícito penal. Em outras palavras, a pena funciona meramente como um castigo, assumindo nítido caráter expiatório.

A pena atua como **instrumento de vingança do Estado contra o criminoso**, com a finalidade única de castigá-lo, fator esse que proporciona a justificação moral do condenado e o restabelecimento da ordem jurídica.[9]

A teoria absoluta e a finalidade retributiva da pena ganharam destaque com os estudos de Georg Wilhelm Friedrich Hegel e de Emmanuel Kant, que exemplificava:

> O que se deve acrescer é que se a sociedade civil chega a dissolver-se por consentimento de todos os seus membros, como se, por exemplo, um povo que habitasse uma ilha se decidisse a abandoná-la e se dispersar, o último assassino preso deveria ser morto antes da dissolução a fim de que cada um sofresse a pena de seu crime e para que o crime de homicídio não recaísse sobre o povo que descuidasse da imposição dessa punição; porque então poderia ser considerada como cúmplice de tal violação pública da Justiça.[10]

---

[8] DIAS, Jorge de Figueiredo. *Temas básicos da doutrina penal*. Coimbra: Coimbra Editora, 2001. p. 65-66.

[9] "Dizem uns que a justiça penal, não podendo desinteressar-se da falta moral, deve aplicar a todo delinquente, com capacidade para compreender as disposições da lei, uma pena aflitiva, isto é, um castigo que importe em retribuição proporcional à falta moral. A consciência pública sente a sua necessidade e o legislador não pode deixar de levar em conta esse estado de alma coletivo" (LYRA, Roberto. *Comentários ao Código Penal*. Rio de Janeiro: Forense, 1942. v. II, p. 43).

[10] KANT, Emmanuel. *Doutrina do direito*. Trad. Edson Bini. São Paulo: Ícone, 1993. p. 178-179.

## 32.4.2. Teoria relativa e finalidades preventivas

Para essa variante, a finalidade da pena consiste em prevenir, isto é, **evitar a prática de novas infrações penais** (*punitur ne peccetur*). É irrelevante a imposição de castigo ao condenado.

Adota-se uma posição absolutamente contrária à teoria absoluta. Destarte, a pena não está destinada à realização da justiça sobre a terra, servindo apenas para a proteção da sociedade. A pena não se esgota em si mesma, despontando como meio cuja finalidade é evitar futuras ações puníveis.[11]

A prevenção de novas infrações penais atende a um aspecto dúplice: geral e especial.

A **prevenção geral** é destinada ao controle da violência, na medida em que busca diminuí-la e evitá-la. Pode ser negativa ou positiva.

A **prevenção geral negativa**, idealizada por J. P. Anselm Feuerbach com arrimo em sua teoria da coação psicológica, tem o propósito de criar no espírito dos potenciais criminosos um contraestímulo suficientemente forte para afastá-los da prática do crime.[12]

Busca intimidar os membros da coletividade acerca da gravidade e da imperatividade da pena, retirando-lhes eventual incentivo quanto à prática de infrações penais. Demonstra-se que o crime não compensa, pois ao seu responsável será inevitavelmente imposta uma pena, assim como aconteceu em relação ao condenado punido. Nas palavras de Anabela Miranda Rodrigues:

> Os motivos pelos quais a pena deve ser aplicada *quia peccatum est* são, pois, em Feuerbach, de duas ordens de razões: da exigência de tornar séria – isto é, portadoras de consequências efetivas – a ameaça contida na lei penal, de tornar operante a coação psicológica que deve ser o efeito daquela ameaça, e da exigência de garantir a legalidade e a certeza do direito.[13]

Atualmente, a finalidade de prevenção geral negativa manifesta-se rotineiramente pelo **direito penal do terror**. Instrumentaliza-se o condenado, na medida em que serve ele de exemplo para coagir outras pessoas do corpo social com a ameaça de uma pena grave, implacável e da qual não se pode escapar. Em verdade, o ponto de partida da prevenção geral possui normalmente uma tendência para o terror estatal. Quem pretende intimidar mediante a pena, tenderá a reforçar esse efeito, castigando tão duramente quanto possível.[14]

**Prevenção geral positiva**, de outro lado, consiste em demonstrar e reafirmar a existência, a validade e a eficiência do Direito Penal. **Almeja-se demonstrar a vigência da lei penal**. O efeito buscado com a pena é romper com a ideia de vigência de uma "lei particular" que permite a prática criminosa, demonstrando que a lei geral – que impede tal prática e a compreende como conduta indesejada – está em vigor.[15]

Em suma, o aspecto positivo da prevenção geral repousa na conservação e no reforço da confiança na firmeza e poder de execução do ordenamento jurídico. A pena tem a missão de demonstrar a inviolabilidade do Direito diante da comunidade jurídica e reforçar a confiança jurídica do povo.[16]

Mas não para por aí. A pena ainda é dotada de **prevenção especial**, direcionada exclusivamente à pessoa do condenado. Subdivide-se também a prevenção especial em negativa e positiva.

---

[11] JESCHECK, Hans-Heinrich. *Tratado de derecho penal*. Parte general. 5. ed. Trad. espanhola Miguel Olmedo Cardenete. Granada: Comares, 2002. p. 77.

[12] DIAS, Jorge de Figueiredo. *Questões fundamentais de direito penal revisitadas*. São Paulo: RT, 1999. p. 99.

[13] RODRIGUES, Anabela Miranda. *A determinação da pena privativa de liberdade*. Coimbra: Coimbra Editora, 1995. p. 170.

[14] ZAFFARONI, Eugenio Raúl. *Derecho penal*. Parte general. 2. ed. Buenos Aires: Ediar, 2002. p. 58-59.

[15] JUNQUEIRA, Gustavo Octaviano Diniz. *Finalidades da pena*. Barueri: Manole, 2004. p. 69.

[16] ROXIN, Claus. *Derecho penal*. Parte geral. Fundamentos. La estructura de la teoría del delito. Tradução para o espanhol de Diego-Manuel Luzón Peña, Miguel Díaz y García Conlledo e Javier de Vicente Remensal. Madrid: Civitas, 2006. t. I, p. 91.

Para a **prevenção especial negativa**, o importante é intimidar o condenado para que ele não torne a ofender a lei penal. Busca, portanto, **evitar a reincidência**.

Finalmente, a **prevenção especial positiva** preocupa-se com a **ressocialização** do condenado, para que no futuro possa ele, com o integral cumprimento da pena, ou, se presentes os requisitos legais, com a obtenção do livramento condicional, retornar ao convívio social preparado para respeitar as regras a todos impostas pelo Direito. A pena é legítima somente quando é capaz de promover a ressocialização do criminoso.[17]

E, como tem se sustentado atualmente, antes de ser socializadora, a execução da pena de prisão deve ser não dessocializadora. Isto, num duplo sentido: por um lado, não se deve amputar o recluso dos direitos que a sua qualidade de cidadão lhe assegura; por outro lado, deve-se reduzir ao mínimo a marginalização de fato que a reclusão implica e os efeitos criminógenos que lhe estão associados. Só a incorporação da não dessocialização no conceito de socialização permitirá cumprir a Constituição e dissolver o paradoxo de se pretender preparar a reinserção social em um contexto, por definição, antissocial.[18]

### 32.4.3. Teoria mista ou unificadora e dupla finalidade: retribuição e prevenção

A pena deve, simultaneamente, castigar o condenado pelo mal praticado e evitar a prática de novos crimes, tanto em relação ao criminoso como no tocante à sociedade. Em síntese, fundem-se as teorias e finalidades anteriores. A pena assume um tríplice aspecto: retribuição, prevenção geral e prevenção especial.

Foi a teoria acolhida pelo art. 59, *caput*, do Código Penal, quando dispõe que a pena será estabelecida pelo juiz "conforme seja necessário e suficiente para **reprovação** e **prevenção** do crime". É também chamada de **teoria da união eclética, intermediária, conciliatória ou unitária**.

E, se não bastasse, o direito penal brasileiro aponta, em diversos dispositivos, a sua opção pela teoria mista ou unificadora.

De fato, o Código Penal aponta o acolhimento da finalidade retributiva nos arts. 121, § 5.º, e 129, § 8.º, quando institui o perdão judicial para os crimes de homicídio culposo e lesões corporais culposas. Nesses casos, é possível a extinção da punibilidade quando as "consequências da infração atingirem o próprio agente de forma tão grave que a sanção penal se torne desnecessária". Fica claro, pois, ser cabível o perdão judicial quando o agente já foi punido, quando já foi castigado pelas consequências do crime por ele praticado. Já houve, portanto, a **retribuição**.

Por sua vez, em diversos dispositivos a Lei 7.210/1984 – Lei de Execução Penal – dá ênfase à finalidade preventiva da pena, em suas duas vertentes, geral e especial.

Nesse sentido, estabelece o seu art. 10, *caput*: "A assistência ao preso e ao internado é dever do Estado, objetivando **prevenir o crime** e orientar o **retorno à convivência em sociedade**". E, ainda, o art. 22: "A assistência social tem por finalidade amparar o preso e o internado e **prepará-los para o retorno à liberdade**". O trabalho do preso tem **finalidade educativa** (art. 28).

E, finalmente, a Convenção Americana de Direitos Humanos, de 1969, conhecida como Pacto de San José da Costa Rica, incorporada ao direito pátrio pelo Decreto 678/1992, estatui em seu art. 5.º, item "6", no tocante ao direito à integridade pessoal, que "as penas privativas de liberdade devem ter por finalidade essencial a reforma e a readaptação social dos condenados".

No sistema penal brasileiro as finalidades da pena devem ser buscadas pelo condenado e pelo Estado, com igual ênfase à retribuição e à prevenção. Na linha da jurisprudência do Supremo Tribunal Federal:

---

[17] HASSEMER, Winfried. *Direito penal libertário*. Trad. Regina Greve. Belo Horizonte: Del Rey, 2007. p. 104.

[18] RODRIGUES, Anabela Miranda. *Novo olhar sobre a questão penitenciária*. 2. ed. Coimbra: Coimbra Editora, 2002. p. 52.

Se é assim – vale dizer, se a Constituição mesma parece conferir à execução das penalidades em foco uma paralela função de reabilitação individual, na perspectiva de um saneado retorno do apenado à vida societária –, esse mister reeducativo é de ser desempenhado pelo esforço conjunto da pessoa encarcerada e do Estado-carcereiro. Esforço conjunto que há de se dar segundo pautas adrede fixadas naquilo que é o próprio cerne do regime que a lei designa como de execuções penais. Um regime necessariamente concebido para fazer da efetiva constrição da liberdade topográfica de ir e vir um mecanismo tão eficiente no plano do castigo mesmo quanto no aspecto regenerador que a ela é consubstancial.[19]

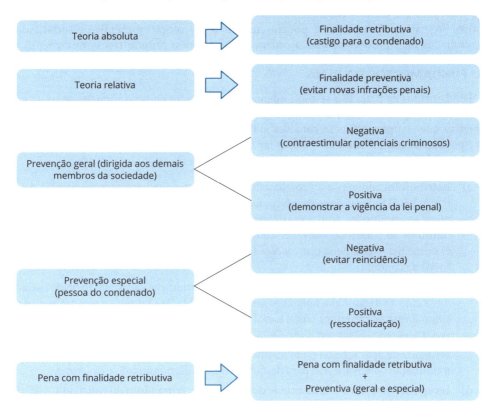

### 32.4.4. Teoria agnóstica

A **teoria agnóstica**, também chamada de **teoria negativa**, coloca em destaque a descrença nas finalidades da pena e no poder punitivo do Estado, notadamente na ressocialização (prevenção especial positiva), a qual jamais pode ser efetivamente alcançada em nosso sistema penal. Essa teoria, portanto, sustenta que a única função efetivamente desempenhada pela pena seria a **neutralização** do condenado, especialmente quando a prisão acarreta em seu afastamento da sociedade.[20]

## 32.5. FUNÇÃO SOCIAL DA PENA

Fala-se atualmente em função social da pena, e, consequentemente, em função social do Direito Penal, direcionada eficazmente à sociedade a qual se destina, pois no tocante a ela a pena tem as tarefas de protegê-la e pacificar seus membros após a prática de uma infração penal.

---

[19] HC 91.874/RS, decisão monocrática do Min. Carlos Britto, j. 31.08.2007.
[20] ZAFFARONI, Eugenio Raúl. *Derecho penal*. Parte general. 2. ed. Buenos Aires: Ediar, 2002. p. 44.

# 434 | DIREITO PENAL – PARTE GERAL – VOL. 1 • CLEBER MASSON

Não basta a retribuição pura e simples, pois, nada obstante a finalidade mista acolhida pelo sistema penal brasileiro, a crise do sistema prisional transforma a pena em castigo e nada mais. A pena deve atender aos anseios da sociedade, consistentes na tutela dos bens jurídicos indispensáveis para a manutenção e o desenvolvimento do indivíduo e da coletividade, pois só assim será legítima e aceita por todos em um Estado Democrático de Direito, combatendo a impunidade e recuperando os condenados para o convívio social.

Em sua aplicação prática, a pena necessita passar pelo crivo da racionalidade contemporânea, impedindo se torne o delinquente instrumento de sentimentos ancestrais de represália e castigo. Só assim o Direito Penal poderá cumprir a sua função preventiva e socializadora, com resultados mais produtivos para a ordem social e para o próprio transgressor.[21]

## 32.6. FUNDAMENTOS DA PENA

Fundamentos da pena não se confundem com finalidades da pena. Aqueles se relacionam com os motivos que justificam a existência e a imposição de uma pena; estas dizem respeito ao objetivo que se busca alcançar com sua aplicação.

Apontam-se seis principais fundamentos da pena: retribuição, reparação, denúncia, incapacitação, reabilitação e dissuasão.

a) **Retribuição:** confere-se ao condenado uma pena proporcional e correspondente à infração penal na qual ele se envolveu. É a forma justa e humana que tem a sociedade para punir os criminosos, com proporção entre o ilícito penal e o castigo. O mal que a pena transmite ao condenado deve ser equivalente ao mal produzido por ele à coletividade. O crime deve ter a pena que merece (desvalor do criminoso), semelhante ao desvalor social da conduta.

b) **Reparação:** consiste em conferir algum tipo de recompensa à vítima do delito. Relaciona-se com a **vitimologia**, notadamente com a assistência à vítima e à reparação do dano, como forma de recompor o mal social causado pela infração penal.

c) **Denúncia:** é a reprovação social à prática do crime ou da contravenção penal. A necessidade de aplicação da pena justifica-se para exercer a prevenção geral por meio da intimidação coletiva, e não para desfazer o desequilíbrio causado pelo crime.

d) **Incapacitação:** priva-se a liberdade do condenado, retirando-o do convívio social, para a proteção das pessoas de bem. Para Garofalo, a pena é um mal necessário à reparação do dano provocado pela conduta criminosa. E, embora na aparência o fim da pena seja a vingança social ou o desejo de fazer sofrer ao culpado um mal análogo ao que ele produziu, na realidade o que se deseja é isto: em primeiro lugar, excluir do meio coletivo os delinquentes inassimiláveis; depois constranger o autor de um mal a repará-lo, tanto quanto possível.[22]

e) **Reabilitação:** deve recuperar-se o penalmente condenado. A pena precisa restaurar o criminoso, tornando-o útil à sociedade. Funciona como meio educativo, de reinserção social, e não punitivo.

f) **Dissuasão:** busca convencer as pessoas em geral, e também o condenado, de que o crime é uma tarefa desvantajosa e inadequada. A pena insere-se como atividade destinada a impedir o culpado de tornar-se nocivo à sociedade, bem como instrumento para afastar os demais indivíduos de práticas ilícitas perante o Direito Penal.

---

[21] MARQUES, Oswaldo Henrique Duek. *Fundamentos da pena*. São Paulo: Juarez de Oliveira, 2000. p. 110.

[22] GAROFALO, Raffaele. *Criminologia*: estudo sobre o delicto e a repressão penal. São Paulo: Teixeira e Irmão, 1893. p. 114.

## 32.7. COMINAÇÃO DAS PENAS

Nos moldes do art. 53 do Código Penal: "As penas privativas de liberdade têm seus limites estabelecidos na sanção correspondente a cada tipo legal de crime".

Esse dispositivo é desnecessário no tocante às penas privativas de liberdade, pois já são cominadas por cada tipo legal de crime ou contravenção penal nos limites mínimo e máximo. Exemplificativamente, o art. 155 do Código Penal prevê, para o furto simples, o limite mínimo de 1 (um) e máximo de 4 (quatro) anos de reclusão.[23]

Entretanto, a função substitutiva atribuída às penas restritivas de direitos e a cominação indeterminada das penas de multa explicam a introdução no Código Penal dessas regras de cominação, evitando uma cansativa e indevida repetição em cada tipo legal.[24]

Em nosso sistema penal as penas podem ser cominadas (previstas em abstrato) por diversas modalidades:

a) **isoladamente:** cuida-se da cominação única de uma pena, prevista com exclusividade pelo preceito secundário do tipo incriminador. Exemplo: art. 121, *caput*, do Código Penal, com pena de reclusão.

b) **cumulativamente:** o tipo penal prevê, em conjunto, duas espécies de penas. Exemplo: art. 157, *caput*, do Código Penal, com penas de reclusão e multa.

c) **paralelamente:** cominam-se, alternativamente, duas modalidades da mesma pena. Exemplo: art. 235, § 1.º, do Código Penal, com penas de reclusão ou detenção, pois ambas são privativas de liberdade.

d) **alternativamente:** a lei coloca à disposição do magistrado a aplicação única de duas espécies de penas. Há duas opções, mas o julgador somente pode aplicar uma delas. Exemplo: art. 140, *caput*, do Código Penal, com penas de detenção ou multa.

## 32.8. CLASSIFICAÇÃO DAS PENAS

As penas podem ser classificadas com base em variados critérios: quanto ao bem jurídico do condenado atingido pela reação estatal (pena), quanto ao critério constitucional e quanto ao critério adotado pelo Código Penal.

### 32.8.1. Quanto ao bem jurídico do condenado atingido pela pena

A pena pode ser dividida em cinco espécies:

a) **Pena privativa de liberdade:** retira do condenado o seu direito de locomoção, em razão da prisão por tempo determinado. Não se admite a privação perpétua da liberdade (CF, art. 5.º, XLVII, "b"), mas somente a de natureza temporária, pelo período máximo de 40 (quarenta) anos para crimes (CP, art. 75) ou de 5 (cinco) anos para contravenções penais (LCP, art. 10).

---

[23] Na legislação extravagante existem situações diversas. No Código Eleitoral – Lei 4.737/1965, a diversos crimes (exemplo: arts. 289, 290 e 291) o legislador impõe somente o limite máximo da pena, sem cominar seu mínimo. Para complementar esta opção legislativa, o art. 284 do Código Eleitoral estabelece: "Sempre que este Código não indicar o grau mínimo, entende-se que será ele de quinze dias para a pena de detenção e de um ano para a de reclusão." Essa técnica se repete no Código Penal Militar – Decreto-lei 1.001/1969 (exemplos: arts. 146, 147 e 148), estabelecendo seu art. 58: "O mínimo da pena de reclusão é de um ano, e o máximo de trinta anos; o mínimo da pena de detenção é de trinta dias, e o máximo de dez anos."

[24] SANTOS, Juarez Cirino dos. *Direito penal* – Parte geral. 2. ed. Curitiba: ICPC; Lumen Juris, 2007. p. 549.

**b) Pena restritiva de direitos:** limita um ou mais direitos do condenado, em substituição à pena privativa de liberdade. Está prevista no art. 43 do Código Penal e por alguns dispositivos da legislação extravagante.

**c) Pena de multa:** incide sobre o patrimônio do condenado.

**d) Pena restritiva da liberdade:** restringe o direito de locomoção do condenado, sem privá-lo da liberdade, isto é, sem submetê-lo à prisão. É o caso da pena de banimento, consistente na expulsão de brasileiro do território nacional, vedada pelo art. 5.º, XLVII, "d", da Constituição Federal. É possível a instituição, por lei, de pena restritiva da liberdade, em face de autorização constitucional (art. 5.º, XLVI, "a"). Exemplo: proibir o condenado por crime sexual de aproximar-se da residência da vítima. A deportação, a expulsão e a extradição de estrangeiros são admissíveis, uma vez que têm natureza administrativa, e não penal, e encontram-se previstas nos arts. 50 a 60 e 81 a 99 da Lei 13.445/2017 – Lei de Migração.

**e) Pena corporal:** viola a integridade física do condenado, tal como ocorre nas penas de açoite, de mutilações e de marcas de ferro quente. Essas penas são vedadas pelo art. 5.º, XLVII, "e", da Constituição Federal, em face da crueldade de que se revestem. Admite-se, excepcionalmente, a pena de morte, em caso de guerra declarada contra agressão estrangeira (CF, art. 5.º, XLVII, "a"), nas hipóteses previstas no Decreto-lei 1.001/1969 – Código Penal Militar.

## 32.8.2. Quanto ao critério constitucional

Essa classificação das penas encontra-se no art. 5.º, XLVI e XLVII, da Constituição Federal. No inc. XLVI, o art. 5.º contempla as penas permitidas. O rol é **exemplificativo**, pois se admitem, entre outras, as penas de privação ou restrição da liberdade, perda de bens, multa, prestação social alternativa e suspensão ou interdição de direitos.

Por outro lado, o inc. XLVII do art. 5.º enumera as penas proibidas, a saber: de morte, salvo em caso de guerra declarada, de caráter perpétuo,[25] de trabalhos forçados, de banimento e cruéis.

## 32.8.3. Quanto ao critério adotado pelo Código Penal

As penas previstas no Código Penal, em seu art. 32, são: privativas de liberdade, restritivas de direitos e de multa.

---

[25] Nos Estados Unidos da América, em alusão às regras do beisebol, existem defensores do modelo "three strikes and you're out": a terceira condenação definitiva leva à exclusão social do indivíduo, mediante a imposição da pena de prisão perpétua.

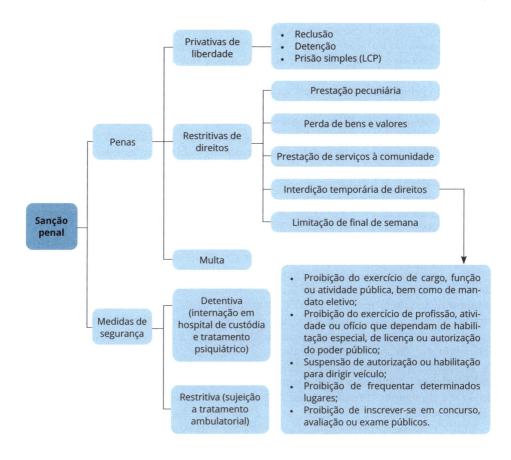

## 32.9. ABOLICIONISMO PENAL

O movimento abolicionista encontra sua origem na Holanda, nos estudos de Louk Hulsman, e na Noruega, nos pensamentos de Nils Christie e Thomas Mathiesen.

Consiste em uma nova forma de pensar o Direito Penal, mediante o debate crítico do fundamento das penas e das instituições responsáveis pela aplicação desse ramo do Direito. Para enfrentar a crise penitenciária que cresce a cada dia, nos mais variados cantos do mundo, propõe-se a **descriminalização** de determinadas condutas (o crime deixa de existir) e a **despenalização** de outros comportamentos (subsiste o crime, mas desaparece a pena). Em casos residuais, atenuam-se consideravelmente as sanções penais dirigidas às condutas ilícitas de maior gravidade.

O abolicionismo penal parte da seguinte reflexão: a forma atual de punição, escolhida pelo Direito Penal, é falha, pois a reincidência aumenta diariamente. Além disso, a sociedade não sucumbe à prática de infrações penais, mormente se forem consideradas as **cifras negras** da justiça penal, ou seja, os crimes efetivamente praticados, porém ignorados pelos operadores do Direito.[26] E, dentre os apurados, somente alguns resultam em condenações, e, mesmo no grupo dos condenados, poucos indivíduos cumprem integralmente a pena imposta.

---

[26] Fala-se também no "**direito penal subterrâneo**", composto pelos crimes decorrentes do exercício arbitrário do direito de punir por determinados agentes públicos, a exemplo de torturas e homicídios cometidos por policiais. Este fenômeno surge e ganha corpo notadamente em face da ineficácia dos órgãos estatais (Polícias, Ministério Público, Poder Judiciário etc.).

438 | DIREITO PENAL – PARTE GERAL – VOL. 1 • CLEBER MASSON

Portanto, a sociedade, ao contrário do que comumente se sustenta, tem capacidade para suportar a maioria das infrações penais, sem submeter-se a prejuízos irreparáveis. Para os defensores desse movimento, é o que já ocorre nos dias atuais, embora informalmente. Assim sendo, o problema penal poderia ser adequadamente solucionado por outros meios, notadamente com o atendimento prioritário à vítima, pois seria mais eficaz empregar os valores utilizados com a construção de prisões e manutenção de detentos para reparar os danos a ela proporcionados. Defende-se ainda a legalização das drogas e a mudança do tratamento do criminoso, que não pode ser marginalizado e encarado diversamente das demais pessoas.

É importante ressaltar que o abolicionismo penal possui variantes entre seus partidários.

Louk Hulsman apregoa um **abolicionismo fenomenológico**, e ampara suas ideias no entendimento de que o sistema penal constitui-se como um problema em si mesmo. Cuida-se de uma inutilidade, incapaz de resolver os problemas que se propõe a solucionar. Destarte, sustenta a sua abolição total, por tratar-se de um sistema que causa sofrimentos desnecessários, e, mais ainda, acarreta em uma distribuição de "justiça" socialmente injusta, pois produz inúmeros efeitos negativos nas pessoas a ele submetidas, apresentando completa ausência de controle por parte do Estado.

O penalista holandês prega, então, a abolição imediata do sistema penal, afastando o Poder Público de todo e qualquer conflito, solucionando-se os problemas sociais por instâncias intermediárias sem natureza penal.[27] Além disso, propõe a eliminação de nomenclaturas utilizadas na justiça penal, eliminando, dentre outros, os termos "crime" e "criminoso". Trata o fenômeno crime como um problema social, o que enseja a pacificação dos conflitos em um ambiente diverso do atualmente existente.

Já Thomas Mathiesen e Nils Christie compartilham de um **abolicionismo fenomenológico-historicista**. Vinculam o sistema penal à estrutura do sistema capitalista, razão pela qual, além da sua eliminação, defendem o fim de todo e qualquer método de repressão existente na sociedade. Destarte, a luta pelo direito deve se concentrar num esforço de limitação da dor.[28]

Em face de sua proposta central – eliminar o sistema penal, descriminalizar condutas e acabar com penas –, o abolicionismo penal é considerado uma **utopia** até mesmo pelos representantes do direito penal mínimo e do garantismo penal.[29]

Nada obstante, esse movimento recebeu na América Latina a simpatia de Eugenio Raúl Zaffaroni, levando-o inclusive a escrever toda uma obra sobre o assunto.[30]

## 32.10. JUSTIÇA RESTAURATIVA

Desde sua origem, o Direito Penal sempre se pautou pelo castigo da conduta criminosa praticada por alguém com a imposição de uma pena. Buscou-se e busca-se, incansavelmente, a retribuição do mal praticado com a aplicação concreta de outro mal, embora legítimo, representado pela pena. Daí falar-se que o Direito Penal enseja a configuração de uma **justiça retributiva**.

Atualmente, entretanto, surge uma nova proposta, consistente na **justiça restaurativa**, fundada basicamente na restauração do mal provocado pela infração penal. Essa vertente parte da seguinte premissa: o crime e a contravenção penal não necessariamente lesam interesses do Estado, difusos e indisponíveis. Tutela-se com maior intensidade a figura da **vítima**, historicamente relegada a um segundo plano no Direito Penal. Dessa forma, relativizam-se

---

[27] HULSMAN, Louk. *Sistema penal y seguridad ciudadana, hacia una alternativa*. Trad. espanhola Sergio Politoff. Barcelona: Ariel, 1984. p. 31.

[28] SHECAIRA, Sérgio Salomão; CORRÊA JUNIOR, Alceu. *Teoria da pena*: finalidades, direito positivo, jurisprudência e outros estudos de ciência criminal. São Paulo: RT, 2002. p. 140.

[29] Cf. FERRAJOLI, Luigi. *Direito e razão*: teoria do garantismo penal. 2. ed. Trad. Ana Paula Zomer Sica, Fauzi Hassan Choukr, Juarez Tavarez e Luiz Flávio Gomes. São Paulo: RT, 2006. p. 317-318.

[30] ZAFFARONI, Eugenio Raúl. *Em busca das penas perdidas*. 5. ed. Rio de Janeiro: Revan, 2001.

os interesses advindos com a prática da infração penal, que de difusos passam a ser tratados como individuais, e, consequentemente, disponíveis.

A partir daí, o litígio – antes entre a justiça pública e o responsável pelo ilícito penal – passa a ter como protagonistas o ofensor e o ofendido, e a punição deixa de ser o objetivo imediato da atuação do Direito Penal. Surge a possibilidade de **conciliação** entre os envolvidos (autor, coautor ou partícipe e vítima), mitigando-se a persecução penal, uma vez que não é mais obrigatório o exercício da ação penal.

A justiça restaurativa tem como principal finalidade, portanto, não a imposição da pena, mas o **reequilíbrio das relações entre agressor e agredido**, contando para tanto com o auxílio da comunidade, inicialmente atacada, mas posteriormente desempenhando papel decisivo na restauração da paz social. Nesse contexto, vislumbra-se a justiça com ênfase na **reparação do mal proporcionado pelo crime**, compreendido como uma violação às pessoas e aos relacionamentos coletivos, e não como uma ruptura com o Estado.

Em verdade, o crime deixa de constituir-se em ato contra o Estado para ser ato contra a comunidade, contra a vítima e ainda contra o seu próprio autor, pois ele também é agredido com a violação do ordenamento jurídico. E, se na justiça retributiva há interesse público na atuação do Direito Penal, na justiça restaurativa tal interesse pertence às pessoas envolvidas no episódio criminoso.[31]

Não mais se imputa a responsabilidade pelo crime pessoalmente ao seu autor, coautor ou partícipe. Ao contrário, todos os membros da sociedade são responsáveis pelo fato praticado, já que falharam na missão de viverem pacificamente em grupo. Os procedimentos formais e rígidos da justiça retributiva cedem espaço, na justiça restaurativa, a **meios informais e flexíveis**, prevalecendo a disponibilidade da ação penal.

Proporciona coragem ao agressor para responsabilizar-se pela conduta danosa, refletindo sobre as causas e os efeitos do seu comportamento em relação aos seus pares, para então modificar o seu modo de agir e ser posteriormente aceito de volta na comunidade. Como resultado, a justiça restaurativa pode acarretar em perdão recíproco entre os envolvidos, bem como em reparação à vítima, em dinheiro ou até mesmo com prestação de serviços em geral, a ela ou à sociedade.

Esse método tende a criar um ambiente seguro no qual o ofendido pode aproximar-se do autor da conduta ilícita. Além disso, a justiça restaurativa oferece à comunidade uma oportunidade de articular seus valores e expectativas acerca do entendimento das causas subjacentes do crime e determinar o que pode ser feito para reparar o mal provocado e restabelecer a tranquilidade outrora existente. Assim agindo, contribui para o bem coletivo e colabora potencialmente para a diminuição do índice de criminalidade.

E se a todos incumbe a restauração da paz pública, as penas privativas de liberdade abrem passagem para a reparação do dano e para as medidas substitutivas da pena privativa de liberdade, como decorrência da incessante atividade conciliatória característica da justiça restaurativa. Seu foco principal é a **assistência à vítima**.

Um primeiro passo no Brasil para a implantação da justiça restaurativa operou-se com a Lei 9.099/1995, notadamente quando se dispõe a evitar a aplicação da pena privativa de liberdade, seja com a composição dos danos civis, seja com o instituto da transação penal. Mas os seus partidários desejam ampliar seu raio de incidência, e a amoldam a alguns **princípios básicos e regras procedimentais de segurança**, quais sejam:

1. A participação da vítima e do agressor na justiça restaurativa depende do consentimento válido de ambas as partes, devendo cada uma delas receber explicações claras acerca

---

[31] Daí fala-se que na justiça restaurativa opera-se uma privatização do Direito Penal.

da natureza do procedimento e de suas consequências. Em qualquer momento os envolvidos podem desistir da participação na justiça restaurativa.

2. A vítima e o agressor precisam aceitar como verdadeiro o episódio criminoso, e o agressor deve reconhecer sua responsabilidade pela prática do fato debatido.

3. As partes têm o direito de aconselharem-se juridicamente em todas as etapas do procedimento.

4. O encaminhamento de um caso iniciado na justiça retributiva à justiça restaurativa pode ocorrer em qualquer momento, desde a investigação criminal até o trânsito em julgado da condenação.

5. O trâmite do procedimento deve considerar as diferenças eventualmente existentes entre a vítima e o agressor, causadas por motivos de idade, de maturidade, de capacidade intelectual, situação econômica etc.

6. Todas as discussões, salvo as eminentemente públicas, devem ser confidenciais, exceto se as partes convencionarem de outro modo, ou se a publicidade para os agentes públicos responsáveis pela persecução penal for exigida por lei, ou se as discussões revelarem ameaça potencial ou real à segurança ou à vida de qualquer dos envolvidos.

7. A aceitação da responsabilidade penal pelo agressor não pode ser utilizada como prova contra ele em futuro e possível processo judicial.

8. Todos os acordos devem ser voluntários e livres de qualquer tipo de coação, e precisam conter apenas termos claros e facilmente compreensíveis por qualquer pessoa de inteligência mediana.

9. O descumprimento de um acordo alcançado na justiça restaurativa não pode ser usado em ação penal em juízo, seja para reconhecimento de culpa, seja para fundamentar punição mais severa ao ofensor.

10. O procedimento deve ser conduzido por pessoa preparada, aceita pela coletividade e revestida de imparcialidade.

11. Todo programa de justiça restaurativa deve ser constantemente avaliado e aperfeiçoado, visando satisfazer aos interesses sociais de restabelecimento do mal causado pelo crime e proporcionar o reequilíbrio da paz pública.

## 32.11. JUSTIÇA PENAL NEGOCIADA

Com origem no direito anglo-saxão, notadamente no sistema norte-americano da *plea bargaining*, esse modelo de justiça penal diferencia-se da tradicional justiça retributiva, na qual se busca a imposição da pena a quem violou a norma penal, sem qualquer espaço para transação entre as partes.

Na justiça penal negociada, por sua vez, o sujeito que ofendeu a norma penal e o órgão acusatório celebram acordo envolvendo as consequências jurídicas da conduta criminosa, com a imprescindível **admissão de culpa**.

Essa negociação pode recair tanto sobre a imputação formulada contra o réu como também sobre a pena a ser aplicada e os demais efeitos jurídicos do delito, a exemplo do perdimento de bens e da reparação dos danos causados pela conduta criminosa, ou ainda sobre ambas.

Uma importante manifestação desse modelo de justiça penal encontra-se no instituto da **colaboração premiada**, na forma definida pelos arts. 4º e seguintes da Lei 12.850/2013 – Lei do Crime Organizado, e também no **acordo de não persecução penal**.

Acordo de não persecução penal, disciplinado pelo art. 28-A do Código de Processo Penal, é o negócio jurídico formalizado por escrito e firmado pelo Ministério Público, pelo investigado e por seu defensor, cabível nas infrações penais praticadas sem violência ou grave ameaça e com pena mínima inferior a 4 (quatro) anos, obrigatoriamente homologado em audiência pelo juízo competente, qual seja, o juiz de garantias, nos termos do art. 3.º-B, XVII, do Código de Processo Penal.

Somente pode ser celebrado quando não for caso de arquivamento do procedimento investigatório, e depende da confissão formal e circunstanciada acerca do crime ou da contravenção penal. Em troca do não oferecimento da denúncia, o investigado sujeita-se ao cumprimento de condições não privativas da liberdade (CPP, art. 28-A, I a V) pactuadas com o Parquet.

O cumprimento integral do acordo de não persecução penal constitui causa de extinção da punibilidade.

## 32.12. TEORIA DAS JANELAS QUEBRADAS (*"BROKEN WINDOWS THEORY"*)

Em 1969, na Universidade de Stanford, nos Estados Unidos da América, Phillip Zimbardo (acompanhado de sua equipe) realizou uma experiência inédita no campo da psicologia social. Seu estudo consistiu em abandonar dois automóveis idênticos em vias públicas, um no Bronx, zona pobre e problemática de New York, e outra em Palo Alto, local rico e tranquilo da Califórnia. Carros iguais, mas populações, culturas e realidades sociais diversas.

O automóvel abandonado no Bronx foi rapidamente destruído pela ação de vândalos, e subtraíram-se vários dos seus componentes. Por sua vez, o carro deixado em Palo Alto permaneceu intacto. Concluiu-se, em análise inicial, ser a pobreza um fator determinante da criminalidade.

Os pesquisadores, então, decidiram quebrar uma das janelas do automóvel que se encontrava íntegro. Rapidamente instalou-se idêntico processo ao ocorrido no Bronx, com a completa destruição do veículo. Logo percebeu-se não ser a pobreza, por si só, a causa fomentadora de infrações penais, e sim a **sensação de impunidade**. De fato, uma janela quebrada em um automóvel transmite o sentimento de desinteresse, de deterioração, de despreocupação com as regras de convivência, com a ausência do Estado. E cada novo ataque reafirma e multiplica essa ideia, até que a prática de atos ilícitos se torna incontrolável.

No ano de 1982, James Q. Wilson e George L. Kelling desenvolveram, agora no terreno da criminologia, a "**teoria das janelas quebradas**" (*broken windows theory*),[32] sustentando a maior incidência de crimes e contravenções penais nos locais em que o descuido e a desordem são mais acentuados. Com efeito, quando se quebra a janela de uma casa e nada se faz, implicitamente se estimula a destruição do imóvel como um todo. De igual modo, se uma comunidade demonstra sinais de deterioração e isto parece não importar a ninguém, ali a criminalidade irá se instalar.

Nesse sentido, se são cometidos "pequenos" delitos (lesões corporais leves, furtos etc.), sem a imposição de sanções adequadas pelo Estado, abre-se espaço para o cometimento de crimes mais graves, tais como homicídios, roubos, latrocínios e tráfico de drogas.

A teoria das janelas quebradas foi inicialmente aplicada na década de 1980 no metrô de New York, que havia se convertido no ponto mais perigoso da cidade, mediante o combate às pequenas infrações, a exemplo das pichações deteriorando as paredes e os vagões, sujeira nas estações, consumo de álcool pelos usuários e não pagamento de passagens. A estratégia foi certeira e eficaz, e em pouco tempo constatou-se profunda melhora, convertendo-se o metrô em local limpo e seguro.

---

[32] WILSON, James Q.; KELLING, George L. *Broken windows*: the police and neighborhood safety. Atlantic Monthly Magazine. Washington D.C., março de 1982.

# 442 | DIREITO PENAL – PARTE GERAL – VOL. 1 • CLEBER MASSON

Em 1994, Rudolph Giuliani, então prefeito de New York, acolhendo as premissas da teoria das janelas quebradas e a experiência do metrô, implantou a política de "**tolerância zero**", com a finalidade de vedar qualquer violação da lei, independentemente do seu grau. Os adeptos dessa linha de pensamento destacam que não se trata de tolerância zero no tocante à pessoa do responsável pelo delito, mas em relação ao próprio delito.

Na criminologia é frequente a relação da teoria das janelas quebradas com a **teoria dos testículos quebrados**, ou **despedaçados** (*breaking balls theory*). Essa linha de raciocínio origina-se da experiência policial, e parte da premissa de que os responsáveis pelos delitos de pouca gravidade, quando perseguidos com eficácia pela polícia, normalmente se dão por vencidos e fogem para locais distantes, para que possam violar a lei penal sem serem frequentemente molestados pelos agentes do Estado.

# CAPÍTULO 33

# PENA PRIVATIVA DE LIBERDADE

## 33.1. CONCEITO

Pena privativa de liberdade é a modalidade de sanção penal que retira do condenado seu direito de locomoção, em razão da prisão por tempo determinado.

## 33.2. ESPÉCIES

O direito penal brasileiro admite três espécies de penas privativas de liberdade: reclusão e detenção, relativas a crimes (CP, art. 33, *caput*), e prisão simples, inerente às contravenções penais (LCP, art. 5.º, I).

## 33.3. REGIMES PENITENCIÁRIOS

Regime ou sistema penitenciário é o meio pelo qual se efetiva o cumprimento da pena privativa de liberdade. O art. 33, § 1.º, do Código Penal elenca três regimes:

a) **fechado:** a pena privativa de liberdade é executada em estabelecimento de segurança máxima ou média;[1]

b) **semiaberto:** a pena privativa de liberdade é executada em colônia agrícola, industrial ou estabelecimento similar; e

c) **aberto:** a pena privativa de liberdade é executada em casa de albergado ou estabelecimento adequado.

## 33.4. FIXAÇÃO DO REGIME INICIAL DE CUMPRIMENTO DA PENA PRIVATIVA DE LIBERDADE

A leitura do art. 33, §§ 2.º e 3.º, do Código Penal revela que três fatores são decisivos na escolha do regime inicial de cumprimento da pena privativa de liberdade: reincidência, quantidade da pena e circunstâncias judiciais. Na visão do Superior Tribunal de Justiça:

---

[1] A Lei 11.671/2008, com as modificações implementadas pela Lei 13.964/2019 ("Pacote Anticrime"), disciplina o **regime fechado de segurança máxima** (item 33.18.2).

# DIREITO PENAL – PARTE GERAL – VOL. 1 • CLEBER MASSON

O regime inicial de cumprimento da pena deve considerar a quantidade de pena imposta e a análise das circunstâncias judiciais, assim como eventual reincidência. A gravidade abstrata do crime, por si só, não pode levar à determinação do regime fechado inicialmente, pois esta já foi considerada na escala penal a ele cominada.[2]

É o juiz sentenciante quem fixa o regime inicial de cumprimento da pena privativa de liberdade (CP, art. 59, III). Na hipótese de concurso de crimes, leva-se em conta o total das penas impostas, somadas (concurso material e concurso formal imperfeito) ou exasperadas de determinado percentual (concurso formal perfeito e crime continuado).

Mas se durante a execução penal surgirem outras condenações criminais transitadas em julgado, o juízo da execução deverá somar o restante da pena objeto da execução com as novas penas, estabelecendo, em seguida, o regime de cumprimento para o total das reprimendas.

## 33.4.1. Regime inicial de cumprimento da pena privativa de liberdade e crimes hediondos ou equiparados

Nos crimes hediondos, previstos taxativamente no art. 1.º da Lei 8.072/1990, e nos delitos a estes equiparados pela determinação expressa contida no art. 5.º, XLIII, da Constituição Federal (tráfico de drogas, tortura e terrorismo), o art. 2.º, § 1.º, do citado diploma legislativo determina seja a pena privativa de liberdade cumprida em **regime inicialmente fechado**, independentemente da sua quantidade e do perfil subjetivo do réu (primariedade ou reincidência e circunstâncias judiciais, favoráveis ou desfavoráveis).[3]

Em outras palavras, a Lei dos Crimes Hediondos não reserva ao magistrado discricionariedade no tocante à fixação do regime prisional.

O Supremo Tribunal Federal, entretanto, declarou a inconstitucionalidade desta regra, por violação aos princípios da individualização da pena e da proporcionalidade:

> É inconstitucional o § 1.º do art. 2.º da Lei 8.072/1990 ("Art. 2.º Os crimes hediondos, a prática da tortura, o tráfico ilícito de entorpecentes e drogas afins e o terrorismo são insuscetíveis de: ... § 1.º A pena por crime previsto neste artigo será cumprida inicialmente em regime fechado"). Com base nesse entendimento, o Plenário, por maioria, deferiu *habeas corpus* com a finalidade de alterar para semiaberto o regime inicial de pena do paciente, o qual fora condenado por tráfico de drogas com reprimenda inferior a 8 anos de reclusão e regime inicialmente fechado, por força da Lei 11.464/2007, que instituíra a obrigatoriedade de imposição desse regime a crimes hediondos e assemelhados – v. *Informativo* 670. Destacou-se que a fixação do regime inicial fechado se dera exclusivamente com fundamento na lei em vigor. Observou-se que não se teriam constatado requisitos subjetivos desfavoráveis ao paciente, considerado tecnicamente primário. Ressaltou-se que, assim como no caso da vedação legal à substituição de pena privativa de liberdade por restritiva de direitos em condenação pelo delito de tráfico — já declarada inconstitucional pelo STF —, a definição de regime deveria sempre ser analisada independentemente da natureza da infração. Ademais, seria imperioso aferir os critérios, de forma concreta, por se tratar de direito subjetivo garantido constitucionalmente ao indivíduo. Consignou-se que a Constituição contemplaria as restrições a serem impostas aos incursos em dispositivos da Lei 8.072/1990, e dentre elas não se encontraria a obrigatoriedade de imposição de regime extremo para início de cumprimento de

---

[2]  HC 97.656/SP, rel. Min. Jane Silva (Desembargadora convocada do TJ/MG), 6.ª Turma, j. 03.04.2008.

[3]  Vale a pena mencionar o art. 394-A do Código de Processo Penal, com a redação conferida pela Lei 13.285/2016: "Os processos que apurem a prática de crime hediondo terão prioridade de tramitação em todas as instâncias". Embora o dispositivo legal mencione apenas os crimes hediondos, é indiscutível que tal regra também se aplica aos delitos equiparados a hediondos (tráfico de drogas, tortura e terrorismo), em face da igualdade de tratamento jurídico imposta pelo art. 5.º, inc. XLIII, da Constituição Federal.

pena. Salientou-se que o art. 5.º, XLIII, da CF, afastaria somente a fiança, a graça e a anistia, para, no inciso XLVI, assegurar, de forma abrangente, a individualização da pena.[4]

Nessa linha de raciocínio, o Supremo Tribunal Federal já aplicou os regimes semiaberto e aberto a réus condenados pelo crime de tráfico de drogas, levando em conta as penas aplicadas e as circunstâncias judiciais reveladas em cada caso concreto.[5]

De forma curiosa, todavia, a Corte Suprema reconheceu a constitucionalidade do art. 1.º, § 7.º, da Lei 9.455/1997, o qual impõe o regime inicial fechado para o condenado pelo crime de tortura:

> O condenado por crime de tortura iniciará o cumprimento da pena em regime fechado, nos termos do disposto no § 7.º do art. 1º da Lei 9.455/1997 – Lei de Tortura. Com base nessa orientação, a Primeira Turma denegou pedido formulado em "habeas corpus", no qual se pretendia o reconhecimento de constrangimento ilegal consubstanciado na fixação, em sentença penal transitada em julgado, do cumprimento das penas impostas aos pacientes em regime inicialmente fechado. Alegavam os impetrantes a ocorrência de violação ao princípio da individualização da pena, uma vez que desrespeitados os artigos 33, § 3.º, e 59 do CP. Apontavam a existência de similitude entre o disposto no artigo 1.º, § 7.º, da Lei de Tortura e o previsto no art. 2.º, § 1.º, da Lei de Crimes Hediondos, dispositivo legal que já teria sido declarado inconstitucional pelo STF no julgamento do HC 111.840/ES (*DJe* de 17.12.2013). Salientavam, por fim, afronta ao Enunciado 719 da Súmula do STF. O Ministro Marco Aurélio (relator) denegou a ordem. Considerou que, no caso, a dosimetria e o regime inicial de cumprimento das penas fixadas atenderiam aos ditames legais. Asseverou não caber articular com a Lei de Crimes Hediondos, pois a regência específica (Lei 9.455/1997) prevê expressamente que o condenado por crime de tortura iniciará o cumprimento da pena em regime fechado, o que não se confundiria com a imposição de regime de cumprimento da pena integralmente fechado. Assinalou que o legislador ordinário, em consonância com a CF/1988, teria feito uma opção válida, ao prever que, considerada a gravidade do crime de tortura, a execução da pena, ainda que fixada no mínimo legal, deveria ser cumprida inicialmente em regime fechado, sem prejuízo de posterior progressão.[6]

O Supremo Tribunal Federal criou uma situação inusitada ao conferir valores diversos a crimes que receberam igual tratamento pelo art. 5.º, inc. XLIII, da Constituição Federal. Em síntese, a Corte classifica como inconstitucional o regime inicial fechado nos delitos hediondos, no tráfico de drogas e no terrorismo, e simultaneamente o reputa constitucional no crime de tortura.

Cuidado com um ponto importante. O art. 2.º, § 8.º, da Lei 12.850/2013 – Lei do Crime Organizado, com a redação dada pela Lei 13.964/2019 – "Pacote Anticrime", estabelece que "as lideranças de organizações criminosas armadas ou que tenham armas à disposição deverão iniciar o cumprimento da pena em estabelecimentos penais de segurança máxima."

Criou-se uma nova hipótese de **regime inicial fechado**, pois a inclusão em estabelecimento penal de segurança máxima será em **regime fechado de segurança máxima**, a teor da regra contida no art. 3.º, § 1.º, da Lei 11.671/2008. Em outras palavras, não existe cumprimento da pena em estabelecimento penal de segurança máxima em regime semiaberto ou aberto.[7]

---

[4] HC 111.840/ES, rel. Min. Dias Toffoli, Plenário, j. 27.06.2012, noticiado no *Informativo* 672. E também: HC 107.107/SP, rel. Min. Roberto Barroso, 1.ª Turma, j. 19.08.2014. No STJ: HC 286.925/RR, rel. Min. Laurita Vaz, 5.ª Turma, j. 13.05.2014, noticiado no *Informativo* 540.

[5] HC 133.308/SP, rel. Min. Cármen Lúcia, 2.ª Turma, j. 29.03.2016, noticiado no *Informativo* 819; e HC 129.714/SP, rel. Min. Marco Aurélio, 1.ª Turma, j. 11.10.2016, noticiado no *Informativo* 843.

[6] HC 123.316/SE, rel. Min. Marco Aurélio, 1.ª Turma, j. 09.06.2015, noticiado no *Informativo* 789.

[7] Essa inovação certamente será submetida à apreciação do Supremo Tribunal Federal, que decidirá sobre sua constitucionalidade ou inconstitucionalidade. Para o estudo aprofundado do assunto, recomendamos a leitura de: MASSON, Cleber; MARÇAL, Vinícius. *Crime organizado*. 5. ed. São Paulo: Método, 2020. p. 95-97.

# DIREITO PENAL – PARTE GERAL – VOL. 1 • CLEBER MASSON

## 33.4.2. Tráfico de drogas privilegiado e Lei dos Crimes Hediondos

O tráfico de drogas privilegiado encontra-se tipificado no art. 33, § 4.º, da Lei 11.343/2006. A diminuição da pena, de 1/6 (um sexto) a 2/3 (dois terços), aplica-se aos crimes definidos no *caput* e no § 1.º do art. 33 do citado diploma legal, desde que estejam presentes 4 (quatro) requisitos cumulativos, relacionados ao agente: (a) primariedade; (b) bons antecedentes; (c) não se dedicar a atividades criminosas; e (d) não integrar organizações criminosas.

É fácil notar que tal delito nada mais é do que um tráfico de drogas sobre o qual incide uma causa de diminuição da pena. Em outras palavras, trata-se de crime constitucionalmente equiparado a hediondo, porém acompanhado de uma minorante.

O Supremo Tribunal Federal, entretanto, decidiu que o tráfico privilegiado não se submete às disposições da Lei dos Crimes Hediondos, pois não é assemelhado aos delitos desta estirpe:

> O crime de tráfico privilegiado de drogas não tem natureza hedionda. Por conseguinte, não são exigíveis requisitos mais severos para o livramento condicional (Lei 11.343/2006, art. 44, parágrafo único) e tampouco incide a vedação à progressão de regime (Lei 8.072/1990, art. 2.º, § 2.º) para os casos em que aplicada a causa de diminuição prevista no art. 33, § 4.º, Lei 11.343/2006. Com base nessa orientação, o Plenário, por maioria, concedeu a ordem de *habeas corpus* para afastar a natureza hedionda de tal delito. No caso, os pacientes foram condenados pela prática de tráfico privilegiado, e a sentença de 1.º grau afastara a natureza hedionda do delito. Posteriormente, o STJ entendera caracterizada a hediondez, o que impediria a concessão dos referidos benefícios. O Tribunal superou a jurisprudência que se firmara no sentido da hediondez do tráfico privilegiado. Sublinhou que a previsão legal seria indispensável para qualificar um crime como hediondo ou equiparado. Assim, a partir da leitura dos preceitos legais pertinentes, apenas as modalidades de tráfico de entorpecentes definidas no art. 33, *caput* e § 1.º, da Lei 11.343/2006 seriam equipara-das a crimes hediondos. Entendeu que, para alguns delitos e seus autores, ainda que se tratasse de tipos mais gravemente apenados, deveriam ser reservadas algumas alternativas aos critérios gerais de punição. A legislação alusiva ao tráfico de drogas, por exemplo, prevê a possibilidade de redução da pena, desde que o agente seja primário e de bons antecedentes, não se dedique a atividades criminosas e nem integre organização criminosa. Essa previsão legal permitiria maior flexibilidade na gestão da política de drogas, pois autorizaria o juiz a avançar sobre a realidade pessoal de cada autor. Além disso, teria inegável importância do ponto de vista das decisões de política criminal. A Corte observou que, no caso do tráfico privilegiado, a decisão do legislador fora no sentido de que o agente deveria receber tratamento distinto daqueles sobre os quais recairia o alto juízo de censura e de punição pelo tráfico de drogas. As circunstâncias legais do privilégio demonstrariam o menor juízo de reprovação e, em consequência, de punição dessas pessoas. Não se poderia, portanto, chancelar-se a hediondez a essas condutas, por exemplo. Assim, a imposição de pena não deveria estar sempre tão atrelada ao grau de censura constante da cominação abstrata dos tipos penais. O juiz deveria ter a possibilidade de exame quanto à adequação da sanção imposta e o respectivo regime de cumprimento, a partir do exame das características específicas na execução de determinados fatos, cujo contexto em que praticados apresentasse variantes socialmente relevantes em relação ao juízo abstrato de censura cominada na regra geral. De outro lado, o art. 33, § 4.º, da Lei 11.343/2006 mereceria crítica na medida em que proíbe a substituição da pena privativa de liberdade por restritiva de direito. Assentou, ainda, que a etiologia do crime privilegiado seria incompatível com a natureza hedionda. Além disso, os Decretos 6.706/2008 e 7.049/2009 beneficiaram com indulto os condenados pelo trá-fico de entorpecentes privilegiado, a demonstrar inclinação no sentido de que esse delito não seria hediondo. Demais disso, cumpre assinalar que o crime de associação para o tráfico, que reclama liame subjetivo estável e habitual direcionado à consecução da traficância, não seria equiparado a hediondo. Dessa forma, afirmar que o tráfico minorado fosse considerado he-

diondo significaria que a lei ordinária conferiria ao traficante ocasional tratamento penal mais severo que o dispensado ao agente que se associa de forma estável para exercer a traficância de modo habitual, a escancarar que tal inferência consubstanciaria violação aos limites que regem a edição legislativa penal.[8]

Em um primeiro momento, o Superior Tribunal de Justiça acolheu entendimento diverso e editou a Súmula 512: "A aplicação da causa de diminuição de pena prevista no art. 33, § 4.º, da Lei 11.343/2006 não afasta a hediondez do crime de tráfico de drogas". Com a superveniência da posição adotada pelo Plenário do Supremo Tribunal Federal, **essa súmula foi cancelada** no dia 23 de novembro de 2016.

Finalmente, o art. 112, § 5.º, da Lei 7.210/1984 – Lei de Execução Penal, com a redação dada pela Lei 13.964/2019 – "Pacote Anticrime", estatui que, para fins de progressão de regime prisional, o crime de tráfico de drogas previsto no art. 33, § 4.º, da Lei 11.343/2006 não é considerado hediondo ou equiparado.

Ora, se tal delito não é considerado equiparado a hediondo para fins de progressão, logicamente também não pode ser rotulado com igual natureza para qualquer outra finalidade no Direito Penal.[9]

O Supremo Tribunal Federal, levando em conta a resistência de parcela do Poder Judiciário em não reconhecer o tráfico de drogas privilegiado como crime comum, ou seja, não equiparado a hediondo, editou a **Súmula Vinculante 59**: "É impositiva a fixação do regime aberto e a substituição da pena privativa de liberdade por restritiva de direitos quando reconhecida a figura do tráfico privilegiado (art. 33, § 4.º, da Lei n.º 11.343/2006) e ausentes vetores negativos na primeira fase da dosimetria (art. 59 do CP), observados os requisitos do art. 33, § 2.º, 'c', e do art. 44, ambos do Código Penal".

## 33.5. COMPETÊNCIA PARA EXECUÇÃO DA PENA PRIVATIVA DE LIBERDADE

É do juízo das execuções penais (LEP, art. 1.º). Nos termos da **Súmula 192 do Superior Tribunal de Justiça**: "Compete ao Juízo das Execuções Penais do Estado a execução das penas impostas a sentenciados pela Justiça Federal, Militar ou Eleitoral, quando recolhidos a estabelecimentos sujeitos à administração estadual".

## 33.6. JURISDICIONALIZAÇÃO DA EXECUÇÃO PENAL

A execução da pena privativa de liberdade tem índole jurisdicional. Não se pode esquecer, porém, que também guarda em diversos momentos um aspecto administrativo.

Em face da sua cada vez mais crescente jurisdicionalização, as decisões proferidas pelo juízo da execução comportam o recurso de agravo, normalmente sem efeito suspensivo, previsto no art. 197 da Lei 7.210/1984 – Lei de Execução Penal.

Esse agravo segue o rito do recurso em sentido estrito, disciplinado no art. 581 e seguintes do Código de Processo Penal, notadamente pela identidade de prazos para a interposição de ambos. Como preceitua a **Súmula 700 do Supremo Tribunal Federal**: "É de 5 (cinco) dias o prazo para interposição de agravo contra decisão do juiz da execução penal".

---

[8] HC 118.533/MS, rel. Min. Cármen Lúcia, Plenário, j. 23.06.2016, noticiado no *Informativo* 831.

[9] Somente a figura privilegiada do tráfico de drogas não se submete aos efeitos da hediondez. A jurisprudência do STJ é firme no sentido de que o tráfico de drogas, em sua modalidade fundamental (Lei 11.343/2006, art. 33, *caput*), é crime equiparado a hediondo (AgRg no HC 754.913/MG, rel. Min. Jorge Mussi, 5.ª Turma, j. 06.12.2022, noticiado no *Informativo* 760; e AgRg no HC 748.033/SC, rel. Min. Jorge Mussi, 5.ª Turma, j. 27.09.2022, noticiado no *Informativo* 754).

### 33.6.1. Diretrizes e parâmetros para o processamento da execução penal nos tribunais brasileiros

A Resolução 280/2019, editada pelo CNJ – Conselho Nacional de Justiça, estabelece diretrizes e parâmetros para o processamento da execução penal nos tribunais brasileiros por intermédio do Sistema Eletrônico de Execução Unificado – SEEU, e dispõe sobre sua governança.

## 33.7. PENA DE RECLUSÃO

A pena de reclusão deve ser cumprida inicialmente em regime fechado, semiaberto ou aberto (CP, art. 33, *caput*, 1.ª parte). Os critérios para a determinação do regime são os seguintes, a teor das alíneas "a", "b" e "c" do § 2.º do art. 33 do Código Penal:[10]

a) o reincidente inicia o cumprimento da pena privativa de liberdade no regime fechado, independentemente da quantidade da pena aplicada. Para amenizar essa regra o **Superior Tribunal de Justiça** editou a **Súmula 269**: "É admissível a adoção do regime prisional semiaberto aos reincidentes condenados a pena igual ou inferior a 4 (quatro) anos se favoráveis as circunstâncias judiciais";[11]

b) o primário, cuja pena seja superior a 8 (oito) anos deverá começar a cumpri-la no regime fechado;[12]

c) o primário, cuja pena seja superior a 4 (quatro) anos e não exceda a 8 (oito), poderá, desde o princípio, cumpri-la em regime semiaberto; e

d) o primário, cuja pena seja igual ou inferior a 4 (quatro) anos poderá, desde o início, cumpri-la em regime aberto.

É possível, todavia, seja imposto em relação ao condenado primário um regime inicial mais rigoroso do que o permitido exclusivamente pela quantidade da pena aplicada.[13] Com efeito, dispõe o art. 33, § 3.º, do Código Penal: "A determinação do regime inicial de cumprimento da pena far-se-á com observância dos critérios previstos no art. 59 deste Código". Destarte, nada impede, exemplificativamente, a fixação do regime fechado a condenado primário condenado a 5 (cinco) anos de reclusão, se as circunstâncias judiciais do art. 59, *caput*, do Código Penal lhe forem desfavoráveis.

Não basta, para tanto, o julgador reportar-se apenas à gravidade abstrata do crime, pois, como estatui a **Súmula 718 do Supremo Tribunal Federal**: "A opinião do julgador sobre a

---

[10] "É possível a unificação das penas de reclusão e de detenção, na fase de execução penal, para fim de fixação do regime prisional inicial. (...) A jurisprudência desta Corte está firmada no sentido de ser cabível a soma de tais penas, pois são reprimendas da mesma espécie (privativas de liberdade), nos termos do art. 111 da Lei de Execução Penal" (STJ: AgRg no REsp 2.053.887/MG, rel. Min. Joel Ilan Paciornik, 5.ª Turma, j. 15.05.2023, noticiado no *Informativo* 791).

[11] Existem opiniões no sentido de que o reincidente condenado a pena de reclusão igual ou inferior a quatro anos pode iniciar o seu cumprimento no regime aberto, desde que a condenação anterior tenha sido exclusivamente à pena de multa. Aplica-se analogicamente o art. 77, § 1.º, do Código Penal: se a condenação anterior à pena de multa não impede o *sursis*, também não pode vedar o regime inicial aberto.

[12] O Código Penal presume, de forma absoluta, a incompatibilidade de execução de pena privativa de liberdade superior a 8 (oito) anos com os regimes semiaberto e aberto, independentemente da gravidade do crime e das condições pessoais do condenado.

[13] "Inexiste ilegalidade na escolha do regime inicial fechado quando apontados dados fáticos suficientes a indicar a gravidade concreta do crime – o emprego de arma de fogo, a restrição de liberdade da vítima e o concurso de agentes, com periculosidade e destemor exacerbados –, ainda que o agente seja primário e o *quantum* da pena – 5 anos e 8 meses de reclusão – seja inferior a oito anos (art. 33, § 3.º, do CP)" (STJ: HC 282.211/SP, rel. Min. Rogério Schietti Cruz, 6.ª Turma, j. 18.03.2014). Em igual sentido: STF: HC 124.876/SP, rel. Min. Gilmar Mendes, 2.ª Turma, j. 24.02.2015, noticiado no *Informativo* 775.

gravidade em abstrato do crime não constitui motivação idônea para a imposição de regime mais severo do que o permitido segundo a pena aplicada".

Para aplicar o regime mais severo, portanto, o magistrado necessita fundamentar exaustivamente sua escolha, com base em elementos sólidos e amparados pelo ordenamento jurídico. Como preceitua a **Súmula 719 do Supremo Tribunal Federal**: "A imposição do regime de cumprimento mais severo do que a pena aplicada permitir exige motivação idônea". Confira-se, a propósito, o seguinte julgado do Supremo Tribunal Federal:

> Inexistência de direito subjetivo a regime de cumprimento penal mais brando. Possibilidade de imposição de regime mais gravoso. Réu primário e de bons antecedentes, condenado a pena não superior a 08 (oito) anos (CP, art. 33, § 2.º, "b"). Estipulação do cumprimento da pena em regime inicialmente fechado. Fundamentação baseada apenas nos aspectos inerentes ao tipo penal, no reconhecimento da gravidade objetiva do delito e na formulação de juízo negativo em torno da reprovabilidade da conduta delituosa. [...] Revela-se inadmissível, na hipótese de condenação a pena não superior a 08 (oito) anos de reclusão, impor, ao sentenciado, em caráter inicial, o regime penal fechado, com base, unicamente, na gravidade objetiva do delito cometido, especialmente se se tratar de réu que ostente bons antecedentes e que seja comprovadamente primário. O discurso judicial, que se apoia, exclusivamente, no reconhecimento da gravidade objetiva do crime – e que se cinge, para efeito de exacerbação punitiva, a tópicos sentenciais meramente retóricos, eivados de pura generalidade, destituídos de qualquer fundamentação substancial e reveladores de linguagem típica dos partidários do "direito penal simbólico" ou, até mesmo, "do direito penal do inimigo" –, culmina por infringir os princípios liberais consagrados pela ordem democrática na qual se estrutura o Estado de Direito, expondo, com esse comportamento (em tudo colidente com os parâmetros delineados na Súmula 719/STF), uma visão autoritária e nulificadora do regime das liberdades públicas em nosso país.[14]

Cumpre destacar que a fixação de regime prisional mais gravoso do que o correspondente à pena aplicada, em face da presença de circunstâncias judiciais desfavoráveis, constitui-se em possibilidade – e não em obrigatoriedade – conferida ao magistrado de impor tratamento penal mais severo ao acusado. Na linha da jurisprudência do Superior Tribunal de Justiça:

> Dadas as peculiaridades do caso concreto, admite-se que ao réu primário, condenado à pena igual ou inferior a 4 (quatro) anos de reclusão, seja fixado o regime inicial aberto, ainda que negativada circunstância judicial. A despeito de o § 3.º do art. 33 do Código Penal dispor que para a escolha do modo inicial de cumprimento da pena deverão ser observados os critérios do art. 59, não fica o julgador compelido a fixar regime mais gravoso do que o cabível em razão do quantitativo da sanção imposta, ainda que presente circunstância judicial desfavorável. Assim, embora a definição da pena-base acima do mínimo legalmente previsto autorize, nos termos do art. 33, § 3.º, do Código Penal, a fixação do regime inicial imediatamente mais grave do que o estabelecido em razão do quantum da pena aplicada, nada impede que o julgador deixe de recrudescer o modo prisional se entender que aquele cominado ao montante da pena imposta se mostra suficiente à reprovação do delito. É possível, portanto, concluir que a negativação de circunstâncias judiciais, ao contrário do que ocorre quando reconhecida a agravante da reincidência, confere ao julgador a faculdade – e não a obrigatoriedade – de recrudescer o regime prisional.[15]

---

[14] HC 85.531/SP, rel. Min. Celso de Mello, 2.ª Turma, j. 14.11.2007, noticiado no *Informativo* 488. A jurisprudência do STJ caminha na mesma direção: "A gravidade genérica do delito, por si só, é insuficiente para justificar a imposição do regime inicial fechado para o cumprimento da pena. É indispensável a criteriosa observação dos preceitos inscritos nos arts. 33, § 2.º, *b*, e § 3.º, do CP" (HC 131.655/SP, rel. Min. Felix Fischer, 5.ª Turma, j. 09.03.2010, noticiado no *Informativo* 426).

[15] STJ: REsp 1.970.578/SC, rel. Min. Olindo Menezes (Desembargador convocado do TRF da 1.ª Região), 6.ª Turma, j. 03.05.2022, noticiado no *Informativo* 735.

## 33.8. PENA DE DETENÇÃO

A pena de detenção deve ser cumprida inicialmente em regime semiaberto ou aberto (CP, art. 33, *caput, in fine*). Não se admite o início de cumprimento da pena privativa de liberdade no fechado, nada obstante seja possível a regressão a esse regime.

Os critérios para fixação do regime inicial de cumprimento da pena de detenção são os seguintes:

a) o condenado reincidente inicia o cumprimento da pena privativa de liberdade no regime semiaberto, seja qual for a quantidade da pena aplicada;

b) o primário, cuja pena seja superior a 4 (quatro) anos, deverá cumpri-la no regime semiaberto; e

c) o primário, cuja pena seja igual ou inferior a 4 (quatro) anos, poderá, desde o início, cumpri-la no regime aberto.[16]

No mais, aplica-se o que foi dito no item anterior relativamente à possibilidade de determinação do regime semiaberto quando a pena imposta for igual ou inferior a 4 (quatro) anos.

## 33.9. PENA DE PRISÃO SIMPLES

A pena de prisão simples, cabível unicamente para as contravenções penais, deve ser cumprida, sem rigor penitenciário, em estabelecimento especial ou seção especial de prisão comum, em regime semiaberto ou aberto. O condenado à prisão simples fica sempre separado dos condenados à pena de reclusão ou de detenção (LCP, art. 6.º, *caput* e § 1.º).

Não há regime fechado, seja inicialmente, seja em decorrência de regressão. Além disso, o trabalho é facultativo, se a pena aplicada não excede a 15 (quinze) dias, nos termos do art. 6.º, § 2.º, do Decreto-lei 3.688/1941 – Lei das Contravenções Penais.

## 33.10. DIFERENÇAS ENTRE RECLUSÃO E DETENÇÃO

No Código Penal extraem-se **quatro diferenças fundamentais** entre as penas de reclusão e as de detenção.

Inicialmente, a reclusão pode ser cumprida nos regimes fechado, semiaberto ou aberto. Já a detenção, somente nos regimes semiaberto e aberto.

Em segundo lugar, no caso de aplicação cumulativa de penas de reclusão e de detenção, executa-se aquela por primeiro (CP, art. 69, *caput, in fine*). Posteriormente, isto é, depois de executada integralmente a pena de reclusão, será cumprida a pena de detenção.

Em terceiro lugar, a reclusão pode ter como efeito da condenação a incapacidade para o exercício do poder familiar, da tutela ou da curatela nos crimes dolosos cometidos contra outrem igualmente titular do mesmo poder familiar, contra filho, filha ou outro descendente ou contra o tutelado ou curatelado (CP, art. 92, II). Esse efeito não é possível na pena de detenção.

Finalmente, a reclusão acarreta na internação em caso de imposição de medida de segurança, enquanto na detenção o juiz pode aplicar o tratamento ambulatorial (CP, art. 97, *caput*).

Além disso, cumpre destacar a regra veiculada pelo art. 2.º, III, da Lei 9.296/1996, autorizando a **interceptação de comunicações telefônicas** de qualquer natureza como meio de prova somente nos crimes punidos com reclusão.

---

[16] Já decidiu o Supremo Tribunal Federal, entretanto, que não existe direito subjetivo ao cumprimento da pena no regime aberto (HC 84.306/PR, rel. Min. Gilmar Mendes, 2.ª Turma, j. 06.03.2007).

## 33.11. PENA-BASE APLICADA NO MÍNIMO LEGAL E REGIME PRISIONAL MAIS RIGOROSO

Coloca-se a seguinte indagação: Quando a pena-base for fixada no mínimo legal, é possível a aplicação de regime prisional inicial mais severo do que o admitido pela quantidade da pena?

Vimos que a determinação do regime inicial de cumprimento da pena privativa de liberdade, além da reincidência e da quantidade da pena aplicada, também depende das circunstâncias judiciais que incidem no cálculo da pena-base. É o que consta do art. 33, § 3.º, do Código Penal. Qual é então a resposta adequada?

Formaram-se duas posições sobre o assunto:

**1.ª posição:** se a pena-base foi aplicada no mínimo legal, por serem favoráveis as circunstâncias judiciais previstas no art. 59, *caput*, do Código Penal, não pode ser aplicado regime prisional mais gravoso. Situação contrária seria ilógica e incoerente. Trata-se de posição amplamente dominante, e inclusive consagrada na Súmula 440 do Superior Tribunal de Justiça: "Fixada a pena-base no mínimo legal, é vedado o estabelecimento de regime prisional mais gravoso do que o cabível em razão da sanção imposta, com base apenas na gravidade abstrata do delito".[17]

**2.ª posição:** o cálculo da pena-base no piso legal não induz, obrigatoriamente, à fixação do regime prisional mais suave, uma vez que as circunstâncias judiciais previstas no art. 59, *caput*, do Código Penal devem ser analisadas em dois momentos distintos: inicialmente para a dosimetria da pena, e, em seguida, para determinação do regime prisional.

## 33.12. IMPOSSIBILIDADE DE MODIFICAÇÃO, PELO JUÍZO DA EXECUÇÃO, DO REGIME PRISIONAL EQUIVOCADAMENTE FIXADO NA DECISÃO CONDENATÓRIA

Justifica-se esta proibição pelo respeito à coisa julgada e pela inadmissibilidade de revisão criminal contra o réu, mormente *ex officio*. Se, exemplificativamente, o juízo da condenação fixar ao autor de latrocínio, condenado a 20 anos de reclusão, o regime prisional aberto, embora seja correto o regime fechado, em decorrência da pena imposta, e esta decisão transitar em julgado, o juízo da execução nada poderá fazer.[18]

## 33.13. OBRIGATORIEDADE DE PRÉVIA EXECUÇÃO DAS PENAS MAIS GRAVES

A execução penal tem início com a expedição de **guia de recolhimento**, incumbência conferida ao juiz em relação ao réu que estiver ou vier a ser preso após o trânsito em julgado da sentença que aplicar pena privativa de liberdade (LEP, art. 105).

Mas, independentemente da ordem de expedição das guias de recolhimento, e também da data da chegada de cada uma delas ao juízo da execução, as penas mais graves devem ser executadas previamente às penas menos graves. Nesse contexto, se o réu possui mais de uma condenação, e uma delas decorrer da prática de crime hediondo ou equiparado, a pena resultante dessa condenação deve ser executada em primeiro lugar, em razão da sua maior gravidade, o que se extrai da natureza do delito e dos prazos mais dilatados para a progressão de regime e para a concessão de livramento condicional.

---

[17] O STF compartilha deste entendimento: RHC 135.298/SP, rel. Min. Ricardo Lewandowski, red. p/ o ac. Min. Teori Zavascki, 2.ª Turma, j. 18.10.2016, noticiado no *Informativo* 844.

[18] STJ: EREsp 1.738.968/MG, rel. Min. Laurita Vaz, 3.ª Seção, j. 27.11.2019, noticiado no *Informativo* 662; e STJ: HC 176.320/AL, rel. orig. Min. Napoleão Nunes Maia Filho, rel. para acórdão Min. Jorge Mussi, 5.ª Turma, j. 17.05.2011, noticiado no *Informativo* 473.

## 33.14. PROGRESSÃO DE REGIME PRISIONAL

Existem três sistemas clássicos que disciplinam a progressão de regime de cumprimento da pena privativa de liberdade.

Pelo **sistema da Filadélfia**, o preso fica isolado em sua cela, sem dela sair, salvo esporadicamente para passeios em pátios fechados.

Para o **sistema de Auburn**, o condenado, em silêncio, trabalha durante o dia com outros presos, e submete-se a isolamento no período noturno.

Finalmente, o **sistema inglês ou progressivo** baseia-se no isolamento do condenado no início do cumprimento da pena privativa de liberdade, mas, em um segundo momento, é autorizado a trabalhar na companhia de outros presos. E, na última etapa, é colocado em liberdade condicional.

No Brasil, o Código Penal e a Lei de Execução Penal adotaram o **sistema progressivo ou inglês**. De fato, o art. 33, § 2.º, do Código Penal diz que "as penas privativas de liberdade deverão ser executadas em forma progressiva". E o art. 112, *caput*, da Lei de Execução Penal preceitua que "a pena privativa de liberdade será executada em forma progressiva com a transferência para regime menos rigoroso".[19]

Entretanto, o sistema inglês ou progressivo não foi integralmente acolhido. A legislação brasileira lhe impôs algumas modificações.

Com efeito, no regime fechado o condenado fica sujeito a trabalho no período diurno e a isolamento durante o repouso noturno. O trabalho será em comum dentro do estabelecimento, na conformidade das aptidões ou ocupações anteriores do condenado, desde que compatíveis com a execução da pena (CP, art. 34, §§ 1.º e 2.º).

Em seguida, se cumpridos os requisitos legais, o reeducando passa ao regime semiaberto, com trabalho em comum durante o período diurno, em colônia agrícola, industrial ou estabelecimento similar (CP, art. 35, § 1.º). É possível o alojamento do condenado em compartimento coletivo (LEP, art. 92, *caput*). Por fim, e se novamente satisfeitos os requisitos legais, o condenado é transferido ao regime aberto, fundado na autodisciplina e no senso de responsabilidade, no qual deverá, fora do estabelecimento e sem vigilância, trabalhar, frequentar curso ou exercer outra atividade autorizada, permanecendo recolhido durante o período noturno e nos dias de folga (CP, art. 36, *caput* e § 1.º).

A progressão de regime prisional integra a **individualização da pena**, em sua fase executória, e destina-se ao cumprimento de sua finalidade de prevenção especial, mediante a busca da preparação do condenado para reinserção na sociedade.

Esse benefício depende de dois requisitos **cumulativos**, um objetivo e outro subjetivo. O requisito objetivo encontra-se nos diversos incisos do *caput* do art. 112 da Lei de Execução Penal; o requisito subjetivo, no § 1.º deste dispositivo legal.

O **requisito objetivo** é o **cumprimento de parte da pena no regime anterior**. Nesse ponto, a Lei 13.964/2019, conhecida como "**Pacote Anticrime**", promoveu diversas modificações na Lei de Execução Penal. Com efeito, antes da sua entrada em vigor, a regra era o cumprimento de 1/6 da pena em cada um dos regimes prisionais, independentemente da natureza do crime (com ou sem violência ou grave ameaça à pessoa, por exemplo) e das condições pessoais do agente (primário ou reincidente).[20]

Agora existem **diversas escalas de valores**, variando de 16% até 70% de cumprimento da pena no regime anterior, em razão da natureza do crime, de eventual resultado morte e do perfil

---

[19] Existe uma hipótese na qual jamais será possível a progressão: quando for aplicado o regime inicial aberto, e não for decretada a regressão durante a execução da pena.

[20] As exceções recaíam unicamente nos casos de condenada gestante ou mãe ou responsável por crianças ou pessoas com deficiência (cumprimento de 1/8 da pena no regime anterior) e de condenados por crimes hediondos ou equiparados (cumprimento de 2/5 ou 3/5 da pena no regime anterior, se primário ou reincidente).

do condenado (primário ou reincidente).[21] As alterações foram acertadas, e atendem aos princípios da individualização da pena (CF, art. 5.º, XLVI) e da isonomia, pois permitem tratamento jurídico igual aos iguais e desigual aos desiguais, com base em critérios objetivos de desigualdade. Além disso, o atual modelo de progressão está em sintonia com a busca das finalidades da pena (retribuição, prevenção geral e prevenção especial). São **8 (oito) índices diversos**, a saber:[22]

I – **16% (dezesseis por cento)** da pena, se o apenado for primário e o crime tiver sido cometido sem violência à pessoa ou grave ameaça;

II – **20% (vinte por cento) da pena**, se o apenado for reincidente em crime cometido sem violência à pessoa ou grave ameaça;

Não se reclama a reincidência específica, isto é, condenação anterior definitiva por crime previsto no mesmo tipo penal ao do novo delito. É suficiente a presença de duas condenações por quaisquer crimes sem violência à pessoa ou grave ameaça (exemplo: furto e estelionato).

Em face da omissão da lei, também incidirá esse percentual quando o sujeito, depois de ter sido condenado definitivamente por crime cometido com violência à pessoa ou grave ameaça (exemplo: roubo), vem a ser condenado por delito sem violência à pessoa ou grave ameaça (exemplo: furto). Em outras palavras, na progressão de regime atinente ao crime posterior – sem violência ou grave ameaça – incidirá o montante de 20%.

Com efeito, não há falar em 25% (inc. III) ou 30% (inc. IV) do cumprimento da pena, pois tais percentuais destinam-se unicamente ao crime cometido com violência à pessoa ou grave ameaça.

III – **25% (vinte e cinco por cento) da pena**, se o apenado for primário e o crime tiver sido cometido com violência à pessoa ou grave ameaça;

Se o crime foi praticado com violência contra a coisa, a exemplo do furto qualificado pela destruição ou rompimento de obstáculo (CP, art. 155, § 4.º, I), a progressão dependerá do cumprimento de 16% ou 20% da pena, dependendo da primariedade ou reincidência do agente.

IV – **30% (trinta por cento) da pena**, se o apenado for reincidente em crime cometido com violência à pessoa ou grave ameaça;

Não se exige a reincidência específica, ou seja, é prescindível que a condenação posterior seja por crime idêntico ao da condenação anterior. Basta que ambos os delitos tenham sido praticados com violência à pessoa ou grave ameaça (exemplo: roubo e extorsão).

Se o agente cometeu um crime com violência à pessoa ou grave ameaça (exemplo: roubo), e é reincidente em delito sem violência à pessoa ou grave ameaça (exemplo: furto), o montante exigido para a progressão será de 25%. Como ele não é "reincidente em crime cometido com violência à pessoa ou grave ameaça", e diante da lacuna da lei, deve incidir o percentual mais favorável, previsto no inc. III.

V – **40% (quarenta por cento) da pena**, se o apenado for condenado pela prática de crime hediondo ou equiparado, se for primário;[23]

VI – **50% (cinquenta por cento) da pena**, se o apenado for:

---

[21] Os patamares diferenciados para o reincidente incidem durante a execução penal em sua inteireza, ou seja, acompanham o condenado em todas as eventuais progressões de regime: do fechado para o semiaberto, e deste para o aberto. O STJ compartilha desta linha de pensamento: AgRg no HC 904.095/SP, rel. Min. Otávio de Almeida Toledo (Desembargador convocado do TJSP), 6.ª Turma, j. 09.09.2024, noticiado no *Informativo* 834.

[22] Subsiste o percentual de 1/8 na progressão especial para mulher gestante ou que for mãe ou responsável por crianças ou pessoas com deficiência, pois o § 3.º do art. 112 da LEP não foi alterado pela Lei 13.964/2019 ("Pacote Anticrime").

[23] Os crimes hediondos estão elencados, taxativamente, no art. 1.º da Lei 8.072/1990. Os delitos equiparados a hediondos são o tráfico de drogas, a tortura e o terrorismo. Finalmente, para fins de progressão de regime prisional, o tráfico de drogas privilegiado, definido no art. 33, § 4.º, da Lei 11.343/2006 – Lei de Drogas, não é considerado crime equiparado a hediondo (LEP, art. 112, § 5.º). Cumpre destacar que o tráfico de drogas, em sua modalidade fundamental (Lei 11.343/2006, art. 33, *caput*), é crime equiparado a hediondo (STJ: AgRg no HC 754.913/MG, rel. Min. Jorge Mussi, 5.ª Turma, j. 06.12.2022, noticiado no *Informativo* 760).

a) condenado pela prática de crime hediondo ou equiparado, com resultado morte, se for primário, vedado o livramento condicional;

b) condenado por exercer o comando, individual ou coletivo, de organização criminosa estruturada para a prática de crime hediondo ou equiparado; ou

c) condenado pela prática do crime de constituição de milícia privada;

Nessas duas últimas alíneas – b e c – não há distinção entre o primário e o reincidente. O índice exigido para progressão será igual (50%) nos dois casos.

VI-A – **55% (cinquenta e cinco por cento) da pena**, se o apenado for condenado pela prática de feminicídio, se for primário, vedado o livramento condicional;

Esse inciso foi acrescentado pela Lei 14.994/2024 ("Pacote Antifeminicídio"), e sua análise autoriza as seguintes conclusões:

a) se o apenado for **reincidente em crime comum** (exemplo: condenação anterior por um furto), a progressão dependerá do cumprimento de **55% da pena**. Para fins de progressão de regime ao condenado por feminicídio, o reincidente em crime comum equipara-se ao primário;

b) se o condenado for **reincidente em crime hediondo ou equiparado** (exemplo: estupro e posterior feminicídio, ambos hediondos), será necessário o cumprimento de **60% da pena** para progressão de regime (LEP, art. 112, VII); e

c) se o apenado for **reincidente em crime hediondo ou equiparado com resultado morte** (exemplo: latrocínio e feminicídio consumados), a passagem ao regime mais brando exigirá o cumprimento de **70% da pena** (LEP, art. 112, VIII).

Em todas as hipóteses, não se admite o livramento condicional.

VII – **60% (sessenta por cento) da pena**, se o apenado for reincidente na prática de crime hediondo ou equiparado;

Incide esse percentual na hipótese de reincidência em qualquer crime hediondo ou equiparado (exemplo: condenação anterior por estupro e condenação posterior por tráfico de drogas). A lei não reclama duplicidade de condenações definitivas pelo mesmo delito.

Se o agente cometeu um crime hediondo (ou equiparado), e é reincidente em crime diverso (comum), a progressão dependerá do cumprimento de 40% da pena. Como ele não é "reincidente na prática de crime hediondo ou equiparado", a brecha na lei acarreta na incidência do percentual contido no inc. V do art. 112 da Lei de Execução Penal.[24]

VIII – **70% (setenta por cento) da pena**, se o apenado for reincidente em crime hediondo ou equiparado com resultado morte, vedado o livramento condicional.

Basta que as duas condenações tenham se dado por crime hediondo ou equiparado com resultado morte (exemplo: homicídio qualificado e latrocínio consumados), ou seja, é dispensável que a condenação posterior seja por delito idêntico ao da condenação anterior.

---

[24] Essa tese, por nós adotada quando da entrada em vigor da Lei 13.964/2019 – "Pacote Anticrime", foi acolhida pelo STF, no Tema 1.169 da Repercussão Geral (ARE 1.327.963/SP, rel. Min. Gilmar Mendes, Plenário, j. 17.09.2021): "Tendo em vista a legalidade e a taxatividade da norma penal (art. 5º, XXXIX, CF), a alteração promovida pela Lei 13.964/2019 no art. 112 da LEP não autoriza a incidência do percentual de 60% (inc. VII) aos condenados reincidentes não específicos para o fim de progressão de regime. Diante da omissão legislativa, impõe-se a analogia *in bonam partem*, para aplicação, inclusive retroativa, do inciso V do art. 112 da LEP (lapso temporal de 40%) ao condenado por crime hediondo ou equiparado sem resultado morte reincidente não específico". É também o entendimento do STJ, no Tema 1.084 do Recurso Repetitivo (REsp 1.910.240/MG, rel. Min. Rogerio Schietti Cruz, 3.ª Seção, j. 26.05.2021, noticiado no *Informativo* 699).

Se o agente cometeu um crime hediondo (ou equiparado) com resultado morte, diverso do feminicídio (55%), e é reincidente, mas não em crime de igual categoria, o montante exigido para a progressão será de 50%. Como ele não é "reincidente em crime hediondo ou equiparado com resultado morte", a omissão legislativa acarreta a incidência do percentual elencado pelo inc. VI, "a".

Essa posição, que sustentamos desde a entrada em vigor da Lei 13.964/2019 – "Pacote Anticrime", foi adotada pelo Superior Tribunal de Justiça no **Tema 1.196 do Recurso Repetitivo**:

> É válida a aplicação retroativa do percentual de 50% (cinquenta por cento), para fins de progressão de regime, a condenado por crime hediondo, com resultado morte, que seja reincidente genérico, nos moldes da alteração legal promovida pela Lei n. 13.964/2019 no art. 112, inc. VI, alínea *a*, da Lei n. 7.210/84 (Lei de Execução Penal), bem como a posterior concessão do livramento condicional, podendo ser formulado posteriormente com base no art. 83, inc. V, do Código Penal, o que não configura combinação de leis na aplicação retroativa de norma penal material mais benéfica.[25]

Finalmente, se o agente cometeu um crime hediondo (ou equiparado) com resultado morte (exemplo: homicídio qualificado consumado), e é reincidente em crime hediondo ou equiparado, **mas sem o resultado morte** (exemplo: tráfico de drogas), a progressão dependerá do cumprimento de 60% da pena (inc. VII), pois ele não deixa de ser reincidente em crime hediondo ou equiparado.

| Percentual da pena | Natureza do crime | Condição do agente |
|---|---|---|
| 16% | Sem violência à pessoa ou grave ameaça | Primário |
| 20% | Sem violência à pessoa ou grave ameaça | Reincidente |
| 25% | Com violência à pessoa ou grave ameaça | Primário |
| 30% | Com violência à pessoa ou grave ameaça | Reincidente em crime cometido com violência à pessoa ou grave ameaça |
| 40% | Crime hediondo ou equiparado sem resultado morte | Primário |
| 50% | (a) Crime hediondo ou equiparado com resultado morte <br> (b) Comando, individual ou coletivo, de organização criminosa estruturada para a prática de crime hediondo ou equiparado[25] <br> (c) Constituição de milícia privada. | (a) Primário <br> (b) Primário ou reincidente (lei não faz distinção) <br> (c) Primário ou reincidente (lei não faz distinção) |
| 55% | Feminicídio | Primário |
| 60% | Crime hediondo ou equiparado sem resultado morte | Reincidente em crime hediondo ou equiparado sem resultado morte |
| 70% | Crime hediondo ou equiparado com resultado morte | Reincidente em crime hediondo ou equiparado com resultado morte |

---

[25] REsp 2.012.101/MG, rel. Min. Jesuíno Rissato (Desembargador convocado do TJDFT), 3.ª Seção, j. 22.05.2024, noticiado no *Informativo* 813.

Essas modificações interferem na atuação do poder punitivo do Estado. Consequentemente, nas hipóteses em que prejudicam a situação do agente, os novos percentuais somente podem ser aplicados para os fatos praticados após a entrada em vigor da Lei 13.964/2019 ("Pacote Anticrime") ou da Lei 14.994/2024 (no tocante ao feminicídio), em respeito à irretroatividade da lei penal, direito fundamental consagrado no art. 5.º, XL, da Constituição Federal.

Se a execução da pena foi iniciada no regime fechado, para a segunda progressão, do regime semiaberto para o aberto, deve ser cumprido o percentual cabível (16%, 20%, 25% etc.) do **restante da pena**, pois "**pena cumprida é pena extinta**", ou seja, o percentual já pago ao Estado não pode mais servir como parâmetro para o cálculo do período legalmente exigido.[26]

O termo inicial para a segunda progressão de regime prisional é a data em que o condenado efetivamente preencheu os requisitos do art. 112, I a VIII, da Lei de Execução Penal, e não a data em que ele ingressou no regime anterior ou a data em que foi deferida a primeira progressão. No **Tema 1.165 do Recurso Repetitivo**, o Superior Tribunal de Justiça fixou a seguinte tese:

> A decisão que defere a progressão de regime não tem natureza constitutiva, senão declaratória. O termo inicial para a progressão de regime deverá ser a data em que preenchidos os requisitos objetivo e subjetivo descritos no art. 112 da Lei n. 7.210/1984 (Lei de Execução Penal), e não a data em que efetivamente foi deferida a progressão. Essa data deverá ser definida de forma casuística, fixando-se como termo inicial o momento em que preenchido o último requisito pendente, seja ele o objetivo ou o subjetivo. Se por último for preenchido o requisito subjetivo, independentemente da anterior implementação do requisito objetivo, será aquele (o subjetivo) o marco para fixação da data-base para efeito de nova progressão de regime.[27]

Nas condenações superiores a 40 (quarenta) anos, o percentual de cumprimento da pena deve ser calculado sobre o total da pena imposta, pois esse limite destina-se exclusivamente ao efetivo cumprimento da pena privativa de liberdade. Nos termos da **Súmula 715 do Supremo Tribunal Federal**: "A pena unificada para atender ao limite de trinta anos de cumprimento, determinado pelo art. 75 do Código Penal, não é considerada para a concessão de outros benefícios, como o livramento condicional ou regime mais favorável de execução".[28]

Exemplificativamente, se o agente é reincidente em crime cometido com violência à pessoa ou grave ameaça e foi condenado à pena de 60 anos de reclusão, pela prática de diversos crimes em concurso material, a progressão somente será possível depois do cumprimento de pelo menos 18 (dezoito) anos no regime fechado (30% do total da pena imposta).

O **requisito subjetivo**, por sua vez, é o **mérito**, presente quando o condenado ostentar "boa conduta carcerária, comprovada pelo diretor do estabelecimento e pelos resultados do **exame criminológico**, respeitadas as normas que vedam a progressão" (LEP, art. 112, § 1.º). Esse requisito deve ser demonstrado pelo condenado, no curso da execução, para ter direito à progressão. O mérito, nos termos do item 29 da Exposição de Motivos da Lei de Execução Penal, é "o critério que comanda a execução progressiva".

É necessário que se reconheça a provável capacidade do condenado de adaptar-se ao regime menos rigoroso. Nesse contexto, o comportamento mau ou sofrível normalmente in-

---

[26] STJ: HC 762.729/SP, rel. Min. Rogerio Schietti Cruz, 6.ª Turma, j. 04.10.2022, noticiado no *Informativo* 761.

[27] REsp 1.972.187/SP, rel. Min. Jesuíno Rissato (Desembargador convocado do TJDFT), 3.ª Seção, j. 14.08.2024, noticiado no *Informativo* 821.

[28] Os fundamentos da súmula continuam válidos, cabendo somente interpretá-la em sintonia com a atual redação do art. 75 do Código Penal, ou seja, respeitando o limite de 40 anos para cumprimento da pena privativa de liberdade.

CAP. 33 – PENA PRIVATIVA DE LIBERDADE | 457

dica a inaptidão para o regime mais brando, ou seja, o apenado não apresenta condições para se ajustar ao novo regime. Essa análise deve ser efetuada pelo magistrado no caso concreto, de forma fundamentada, levado em conta os elementos efetivamente presentes na situação apresentada ao seu julgamento.

Se foram aplicadas ao condenado, cumulativamente, penas privativas de liberdade e de multa, o inadimplemento voluntário desta impede a progressão de regime prisional, em face da ausência do requisito subjetivo legalmente exigido (mérito). Na dicção do Supremo Tribunal Federal:

> O inadimplemento deliberado da pena de multa cumulativamente aplicada ao sentenciado impede a progressão no regime prisional. Essa regra somente é excepcionada pela comprovação da absoluta impossibilidade econômica do apenado em pagar o valor, ainda que parceladamente. [...] O não recolhimento da multa por condenado que tivesse condições econômicas de pagá-la, sem sacrifício dos recursos indispensáveis ao sustento próprio e de sua família, constituiria deliberado descumprimento de decisão judicial e deveria impedir a progressão de regime. Além disso, admitir-se o não pagamento da multa configuraria tratamento privilegiado em relação ao sentenciado que espontaneamente pagasse a sanção pecuniária. Ademais, a passagem para o regime aberto exigiria do sentenciado autodisciplina e senso de responsabilidade (LEP, art. 114, II), a pressupor o cumprimento das decisões judiciais aplicadas a ele. Essa interpretação seria reforçada pelo art. 36, § 2.º, do CP e pelo art. 118, § 1.º, da LEP, que estabelecem a regressão de regime para o condenado que não pagar, podendo, a multa cumulativamente imposta. Assim, o deliberado inadimplemento da multa sequer poderia ser comparado à vedada prisão por dívida (CF, art. 5.º, LXVII), configurando apenas óbice à progressão no regime prisional. Ressalvou que a exceção admissível ao dever de pagar a multa seria a impossibilidade econômica absoluta de fazê-lo. Seria cabível a progressão se o sentenciado, veraz e comprovadamente, demonstrasse sua total insolvabilidade, a ponto de impossibilitar até mesmo o pagamento parcelado da quantia devida, como autorizado pelo art. 50 do CP.[29]

## 33.14.1. Progressão especial para mulher gestante ou que for mãe ou responsável por crianças ou pessoas com deficiência

O art. 112, § 3.º, da Lei de Execução Penal contempla uma modalidade especial de progressão de regime prisional para a mulher gestante e também para a mulher que for mãe ou responsável por crianças[30] ou pessoas com deficiência.[31]

A gravidez, qualquer que seja seu estágio, deve ser provada por exame pericial (ultrassonografia ou meio equivalente) e, diante do silêncio da lei, pode ser anterior ou posterior ao início de cumprimento da pena. Destarte, nada impede que a mulher, já presa em virtude de condenação definitiva, venha propositalmente a engravidar durante uma visita íntima, com a finalidade de ser beneficiada pela progressão especial.

De seu turno, a comprovação da filiação (e da idade do filho) é realizada pela certidão de nascimento (ou documento similar) da criança, enquanto a condição de pessoa com deficiência há de ser provada por laudo médico ou outro documento idôneo, a exemplo de sentença de interdição civil.

---

[29] EP 12 ProgReg-AgR/DF, rel. Min. Roberto Barroso, Plenário, j. 08.04.2015, noticiado no *Informativo* 780.

[30] Art. 2.º, *caput*, da Lei 8.069/1990 – Estatuto da Criança e do Adolescente: "Considera-se criança, para os efeitos desta Lei, a pessoa até doze anos de idade incompletos".

[31] Art. 2.º, *caput*, da Lei 13.146/2015 – Estatuto da Pessoa com Deficiência: "Considera-se pessoa com deficiência aquela que tem impedimento de longo prazo de natureza física, mental, intelectual ou sensorial, o qual, em interação com uma ou mais barreiras, pode obstruir sua participação plena e efetiva na sociedade em igualdade de condições com as demais pessoas". Na hipótese de pessoa com deficiência, pouco importa a sua idade, é dizer, não precisa tratar-se de criança ou adolescente.

**458** | DIREITO PENAL – PARTE GERAL – VOL. 1 • CLEBER MASSON

Se a mulher não for mãe da criança ou da pessoa com deficiência, a situação de responsável deve ser interpretada ampliativamente, abrangendo a guarda, a tutela e a curatela, bem como situações informais em que a condenada era a única pessoa que cuidava da criança ou da pessoa com deficiência (exemplo: vizinha que assumiu os cuidados de criança cujos pais foram assassinados).

Evidentemente, a condenada não terá direito à progressão especial se tiver sido judicialmente decretada sua suspensão ou destituição do poder familiar, por qualquer motivo diverso do cumprimento da pena.

Nada obstante o dispositivo fale impropriamente em "**crianças**" ou "**pessoas** com deficiência", o benefício não depende da maternidade (ou responsabilidade) plural. Basta um filho (ou pessoa sob os cuidados da mulher) menor de 12 anos ou com deficiência.

A progressão especial depende de **requisitos cumulativos**, objetivos e subjetivos.

São **requisitos objetivos**: não ter cometido o crime com violência ou grave ameaça a pessoa (inc. I), não ter cometido o crime contra seu filho ou dependente (inc. II), e ter cumprido ao menos **1/8 (um oitavo)** da pena no regime anterior (inc. III).

Os **requisitos subjetivos**, de seu turno, consistem em ser primária e ter bom comportamento carcerário, comprovado pelo diretor do estabelecimento (inc. IV), e não ter integrado organização criminosa (inc. V).[32]

Em relação ao último requisito de natureza subjetiva, a lei não impõe limite temporal. Destarte, se existir prova segura de que a condenada já integrou organização criminosa, na forma definida pelo art. 1.º, § 1.º, da Lei 12.850/2013, ainda que antes (ou depois) do crime pelo qual está cumprindo a pena privativa de liberdade, será incabível a progressão especial.

O benefício será revogado se a condenada praticar novo crime doloso ou falta grave (LEP, art. 112, § 4.º). Tal revogação depende de decisão judicial, com respeito à ampla defesa, e não exclui a regressão a qualquer dos regimes mais rigorosos, com fundamento no art. 118, inc. I, da Lei de Execução Penal.

A progressão especial, com cumprimento de 1/8 (um oitavo) da pena no regime anterior, somente é cabível nos crimes cometidos sem violência à pessoa ou grave ameaça, a teor da regra contida no art. 112, § 3.º, I, da Lei de Execução Penal.

De fato, se o crime foi praticado com violência à pessoa ou grave ameaça, incidirão os montantes de 25% ou 30% do cumprimento da pena, se reincidente em crime desta natureza (LEP, art. 112, III e IV).

Na hipótese de crime hediondo ou equiparado, deverão ser respeitados os índices de 40%, 50%, 55%, 60% ou 70%, dependendo da primariedade ou reincidência, e de eventual resultado morte (LEP art. 112, V, VI, "a", VII e VIII). Vale destacar que o art. 2.º, § 2.º, da Lei 8.072/1990, que admitia a progressão especial para mulher gestante ou que for mãe ou responsável por crianças ou pessoas com deficiência nos crimes hediondos ou equiparados, foi expressamente revogado pelo art. 19 da Lei 13.964/2019 ("Pacote Anticrime").

A parcela de 50% também será observada no caso da condenada pelo exercício do comando, individual ou coletivo, de organização criminosa estruturada para a prática de crime hediondo ou equiparado, ou então pelo delito de constituição de milícia privada (LEP, art. 112, VI, "b" e "c").

---

[32] A vedação da progressão especial prevista no inciso V do § 3.º do art. 112 da Lei de Execução Penal deve se restringir aos casos em houve condenação por crime associativo, a exemplo da organização criminosa (Lei 12.850/2013, art. 2.º), da associação para o tráfico de drogas (Lei 11.343/2006, art. 35) e da associação criminosa (CP, art. 288), não servindo como óbice ao benefício o mero afastamento da minorante do § 4.º do art. 33 da Lei de Drogas (tráfico privilegiado). Esse é o entendimento consolidado no STJ: HC 888.336/SP, rel. Min. Sebastião Reis Júnior, 6.ª Turma, j. 13.08.2024, noticiado no *Informativo* 827.

CAP. 33 – PENA PRIVATIVA DE LIBERDADE | 459

### 33.14.2. Proibição da progressão "por saltos"

O sistema progressivo acolhido pelo direito brasileiro é incompatível com a progressão "por saltos", consistente na passagem direta do regime fechado para o aberto. Não se pode pular o estágio no regime semiaberto, em atenção à necessidade de recuperação gradativa do condenado para retorno à sociedade. Como bem acentua o item 120 da Exposição de Motivos da Lei de Execução Penal: "Se o condenado estiver no regime fechado não poderá ser transferido diretamente para o regime aberto".

Para afastar qualquer controvérsia acerca do assunto, o **Superior Tribunal de Justiça** editou a **Súmula 491**: "É inadmissível a chamada progressão *per saltum* de regime prisional".

Somente se admite essa passagem direta em hipóteses teratológicas, tal como quando o condenado, depois de já ter cumprido, exemplificativamente, 16% da pena no regime fechado e conseguido a progressão para o regime semiaberto, não obtém vaga nesse regime, e permanece por outro período de 16% da pena no regime fechado. Nesse caso, será possível, por ineficiência do Estado, o salto para o regime aberto.

### 33.14.3. Progressão e crimes contra a Administração Pública

Nos crimes contra a Administração Pública a progressão está condicionada, além do cumprimento do percentual previsto em lei e do mérito do condenado, a um requisito específico, consistente na **reparação do dano causado ou na devolução do produto do ilícito praticado**, com os acréscimos legais. É o que consta do art. 33, § 4.º, do Código Penal.

Este dispositivo é constitucional e não se constitui em prisão civil por dívida. Além disso, destina-se a atuar como instrumento eficaz para a prevenção de novos delitos envolvendo a apropriação de bens públicos. Na ótica do Supremo Tribunal Federal:

> É constitucional o § 4.º do art. 33 do CP, que condiciona a progressão de regime de cumprimento da pena de condenado por crime contra a Administração Pública à reparação do dano que causou, ou à devolução do produto do ilícito praticado, facultado o parcelamento da dívida. [...] Quanto à alegada inconstitucionalidade do referido dispositivo legal, a Corte destacou que, em matéria de crimes contra a Administração Pública – como também nos crimes de colarinho branco em geral –, a parte verdadeiramente severa da pena, a ser executada com rigor, haveria de ser a de natureza pecuniária. Esta, sim, teria o poder de funcionar como real fator de prevenção, capaz de inibir a prática de crimes que envolvessem apropriação de recursos públicos. Por outro lado, a imposição da devolução do produto do crime não constituiria sanção adicional, mas, apenas a devolução daquilo que fora indevidamente apropriado ou desviado. Ademais, não seria o direito fundamental à liberdade do condenado que estaria em questão, mas, tão somente, se a pena privativa de liberdade a ser cumprida deveria se dar em regime mais favorável ou não, o que afastaria a alegação quanto à suposta ocorrência, no caso, de prisão por dívida. Outrossim, a norma em comento não seria a única, prevista na legislação penal, a ter na reparação do dano uma importante medida de política criminal. Ao contrário, bastaria uma rápida leitura dos principais diplomas penais brasileiros para constatar que a falta de reparação do dano: a) pode ser causa de revogação obrigatória do "sursis"; b) impede a extinção da punibilidade ou mesmo a redução da pena, em determinadas hipóteses; c) pode acarretar o indeferimento do livramento condicional e do indulto; d) afasta a atenuante genérica do art. 65, III, b, do CP, entre outros.[33]

Para o Superior Tribunal de Justiça, a exigência desse requisito para a progressão de regime prisional depende da fixação expressa, na sentença condenatória (ou no acórdão con-

---

[33] EP 22 ProgReg-AgR/DF, rel. Min. Roberto Barroso, Plenário, j. 17.12.2014, noticiado no *Informativo* 772.

denatório), da obrigação de reparar o dano ou da devolução do produto do ilícito praticado, em face da vinculação da execução penal ao título condenatório:

> Não havendo na sentença condenatória transitada em julgado determinação expressa de reparação do dano ou de devolução do produto do ilícito, não pode o juízo das execuções inserir referida condição para fins de progressão de regime. "É firme a dicção do Excelso Pretório em reconhecer a constitucionalidade do art. 33, § 4.º, do Código Penal, o qual condiciona a progressão de regime, no caso de crime contra a administração pública, à reparação do dano ou à devolução do produto do ilícito" (AgRg no REsp 1.786.891/PR, Rel. Ministro Felix Fischer, Quinta Turma, *DJe* 23/09/2020). Contudo, a execução penal guarda relação com o título condenatório formado no juízo de conhecimento, motivo pelo qual não é possível agregar como condição para a progressão de regime capítulo condenatório expressamente decotado. Nessa linha de intelecção, não havendo na sentença condenatória transitada em julgado determinação expressa de reparação do dano ou de devolução do produto do ilícito, não pode o juízo das execuções inserir referida condição para fins de progressão, sob pena de se ter verdadeira revisão criminal contra o réu. Relevante anotar que o art. 91, inciso I, do Código Penal, que torna certa a obrigação de indenizar o dano causado pelo crime, deve ser lido em conjunto com os arts. 63 e 64 do Código de Processo Penal, uma vez que, de fato, a sentença condenatória é título executivo judicial, nos termos do art. 515, inciso VI, do Código de Processo Civil. Desse modo, deve referido título ser liquidado e executado na seara cível. (...) Para que a reparação do dano ou a devolução do produto do ilícito faça parte da própria execução penal, condicionando a progressão de regime, mister se faz que conste expressamente da sentença condenatória, de forma individualizada e em observância aos princípios da ampla defesa e do contraditório, tão caros ao processo penal, observando-se, assim, o devido processo legal.[34]

### 33.14.4. Progressão e crimes hediondos ou equiparados

Na redação original da Lei 8.072/1990 – Lei dos Crimes Hediondos –, o seu art. 2.º, § 1.º, dispunha que a pena privativa de liberdade imposta pela prática de qualquer crime hediondo ou equiparado (tráfico de drogas, tortura e terrorismo) deveria ser cumprida em regime integralmente fechado. Tratava-se de exceção legal ao sistema progressivo, pois o condenado iniciava e encerrava o cumprimento da pena privativa de liberdade no regime fechado, sem possibilidade de passagem para regime mais brando.

Muito se discutiu sobre eventual inconstitucionalidade desse dispositivo. Com a edição da Lei 9.455/1997, definindo os crimes de tortura, acentuou-se o debate, em razão de estatuir o seu art. 1.º, § 7.º, que o condenado por crime nela previsto iniciará o cumprimento da pena em regime fechado.

Efetuou-se uma clara distinção. A pena privativa de liberdade obrigatoriamente deveria ser executada inicialmente no regime fechado, mas era possível a progressão. Reforçou-se o argumento da inconstitucionalidade da proibição de progressão nos crimes hediondos, no tráfico de drogas e no terrorismo, pois se a todos esses crimes, incluindo-se a tortura, a Constituição Federal determinou igual tratamento (art. 5.º, XLIII), o legislador ordinário não poderia estabelecer distinção.

O Supremo Tribunal Federal, então, encerrou o conflito, editando a Súmula 698: "Não se estende aos demais crimes hediondos a admissibilidade de progressão no regime de execução da pena aplicada ao crime de tortura". A Corte fundamentou essa posição no princípio da especialidade: o crime de tortura gozava de regra específica (progressão), e aos crimes

---

[34] HC 686.334/PE, rel. Min. Reynaldo Soares da Fonseca, 5.ª Turma, j. 14.09.2021, noticiado no *Informativo* 709.

hediondos, ao tráfico de drogas e ao terrorismo incidia a regra geral (regime integralmente fechado).

Mas no ano de 2006, no julgamento do HC 82.959/SP, o Supremo Tribunal Federal alterou seu entendimento e declarou a inconstitucionalidade da regra então prevista no art. 2.º, § 1.º, da Lei 8.072/1990 que, ao instituir um **regime-padrão**, violava o princípio constitucional da **individualização da pena**.

A partir daí, criou-se um impasse. Com efeito, se o regime integralmente fechado para crimes hediondos e equiparados era inconstitucional, os condenados por tais delitos teriam direito à progressão, desde que respeitados os requisitos então exigidos pelo art. 112, *caput*, da Lei de Execução Penal: cumprimento de ao menos 1/6 da pena no regime anterior e mérito. Mas, então, o que tais crimes teriam de hediondos, se estavam na mesma vala dos crimes comuns?

De fato, a Constituição Federal estabeleceu nitidamente dois polos distintos. De um lado, no art. 98, I, determinou aos entes federativos a criação de juizados especiais, competentes para a conciliação, o julgamento e a execução de infrações penais de menor potencial ofensivo, mediante os procedimentos oral e sumaríssimo, permitidos, nas hipóteses previstas em lei, a transação e o julgamento de recursos por turmas de juízes de primeiro grau; no polo oposto, o art. 5.º, XLIII, previu os crimes hediondos e equiparados, inafiançáveis e insuscetíveis de graça ou anistia.

Em suma, em um extremo a Lei Suprema dispensou tratamento amplamente favorável ao agente, buscando impedir a aplicação da pena privativa de liberdade, nos moldes da Lei 9.099/1995. No extremo oposto, a Constituição Federal exigiu tratamento mais rigoroso aos condenados por crimes hediondos e equiparados. Os fatos restantes entre tais extremidades encaixam-se na criminalidade comum.

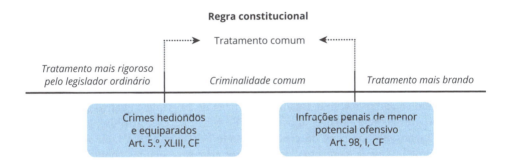

E aí estava o problema. O regime integralmente fechado foi declarado inconstitucional, e, consequentemente, inaplicável. Sobrava dispensar aos crimes hediondos e assemelhados o tratamento reservado aos crimes comuns, o que era inaceitável por contrariar o espírito da Constituição Federal.

Felizmente o legislador agiu com celeridade, e em 29 de março de 2007 entrou em vigor a Lei 11.464/2007, alterando a redação do art. 2.º, § 1.º, da Lei 8.072/1990, para estabelecer que a pena por crime hediondo ou equiparado seria cumprida **em regime inicialmente fechado**. Desapareceu o regime integralmente fechado, entrando em seu lugar o regime **inicialmente** fechado, é dizer, a pena privativa de liberdade começava obrigatoriamente no regime fechado, mas era possível a progressão ao semiaberto e posteriormente ao aberto.

Em seguida, dispôs o seu § 2.º que a progressão ocorreria após o cumprimento de 2/5 (dois quintos) da pena, para o primário, e de 3/5 (três quintos), se reincidente.

Mas no julgamento do HC 111.840/ES, o Plenário do Supremo Tribunal Federal declarou a inconstitucionalidade do art. 2.º, § 1.º, da Lei 8.072/1990, por ofensa ao princípio da individualização da pena (CF, art. 5.º, XLVI). Em síntese, o regime inicialmente fechado para o cumprimento da pena privativa de liberdade nos crimes hediondos e equiparados foi reputado inconstitucional, razão pela qual o magistrado tem liberdade para estabelecer, no caso concreto, o regime prisional adequado, levando em conta os dados do agente e do fato criminoso.

Finalmente, com as modificações implementadas pela Lei 13.964/2019 ("Pacote Anticrime"), os condenados por crimes hediondos ou equiparados passaram a depender de percentuais diferenciados para obter a progressão de regime prisional. Tais montantes variam de 40% a 70% de cumprimento da pena no regime anterior, nos moldes do art. 112, *caput*, V a VIII, da Lei de Execução Penal, e estão em sintonia com o tratamento mais severo imposto pelo art. 5.º, XLIII, da Constituição Federal aos condenados por delitos desta natureza, especialmente nas hipóteses de reincidência e de resultado morte.

### 33.14.5. Requisito temporal para progressão em caso de execução conjunta por crime hediondo (ou equiparado) e crime comum

Em face dos requisitos temporais diversos – 40%, 50%, 55%, 60% ou 70% da pena para crimes hediondos ou equiparados, e 16%, 20%, 25% ou 30% da pena para crimes comuns –, a progressão de regime prisional em execução conjunta de penas impostas pela prática de crime hediondo (ou equiparado) e crime comum obedece a uma sistemática específica.

Para possibilitar a progressão, é preciso calcular, no tocante ao delito hediondo ou equiparado, o percentual correspondente (40%, 50%, 55%, 60% ou 70%) para, somando-se ao restante da pena imposta, aferir se já foi cumprido o percentual correspondente ao delito não hediondo, em relação ao total da pena aplicada. Essa medida é favorável ao condenado, pois leva em conta, para a totalidade da pena, o menor percentual para fins de progressão, desde que respeitado o montante exigido para o crime hediondo (ou equiparado) em relação à parte da pena correspondente a tal delito.

Vejamos um exemplo: João, primário, foi condenado a 10 (dez) anos de reclusão, por estupro (crime hediondo), e a mais 14 anos (quatorze) anos, por dois roubos com emprego de arma branca, em concurso material, totalizando a pena de 24 (vinte e quatro) anos. Se presente o mérito, a progressão será possível após 6 anos do início da execução da pena, pois ele terá cumprido ao menos 40% da pena do crime hediondo (LEP, art. 112, V), ou seja, 4 anos, bem como 25% do total da pena, percentual aplicável aos crimes cometidos com violência à pessoa ou grave ameaça (LEP, art. 112, III).

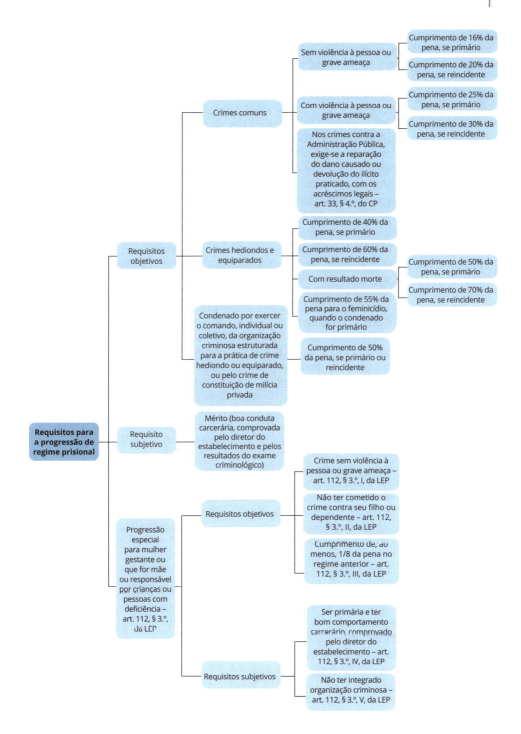

## 33.14.6. Progressão e nova condenação

A superveniência de condenação criminal impede a progressão de regime prisional, ainda que já deferida pelo juízo da execução, quando a nova pena tiver que ser cumprida em regime

464 | DIREITO PENAL – PARTE GERAL – VOL. 1 • CLEBER MASSON

mais rigoroso. Exemplificativamente, se ao condenado já havia sido concedida a transferência para o regime semiaberto, mas surgiu nova pena a ser cumprida no regime fechado, estará inviabilizada a progressão. Na linha da jurisprudência do Supremo Tribunal Federal:

> A unificação de penas decorrente de condenação transitada em julgado, durante o cumprimento de reprimenda atinente a outro crime, altera a data-base para a obtenção de benefícios executórios e progressão de regime, a qual passa a ser contada a partir da soma da nova condenação e tem por parâmetro o restante de pena a ser cumprido.[35]

Entretanto, é preciso destacar o entendimento do Superior Tribunal de Justiça acerca da inadmissibilidade, por falta de previsão legal, de alteração da data-base para a concessão de benefícios durante a execução penal, inclusive a progressão de regime prisional, em face da superveniência do trânsito em julgado de sentença condenatória:

> A alteração da data-base para concessão de novos benefícios executórios, em razão da unificação das penas, não encontra respaldo legal. As Turmas que compõem a Terceira Seção do Superior Tribunal de Justiça, em consonância com a compreensão do Supremo Tribunal Federal acerca do tema, possuíam o entendimento pacificado de que, sobrevindo condenação definitiva ao apenado, por fato anterior ou posterior ao início da execução penal, a contagem do prazo para concessão de futuros benefícios seria interrompida, de modo que o novo cálculo, realizado com base no somatório das penas, teria como termo *a quo* a data do trânsito em julgado da última sentença condenatória. Entretanto, da leitura dos artigos 111, parágrafo único, e 118, II, da Lei de Execução Penal, invocados para sustentar o posicionamento mencionado, apenas se conclui que, diante da superveniência do trânsito em julgado de sentença condenatória, caso o *quantum* de pena obtido após o somatório não permita a preservação do regime atual de cumprimento da pena, o novo regime será então determinado por meio do resultado da soma, de forma que estará o sentenciado sujeito à regressão. Assim, sequer a regressão de regime é consectário necessário da unificação das penas, porquanto será forçosa a regressão de regime somente quando a pena da nova execução, somada à reprimenda ainda não cumprida, torne incabível o regime atualmente imposto. Portanto, da leitura dos artigos *supra*, não se infere que, efetuada a soma das reprimendas impostas ao sentenciado, é mister a alteração da data-base para concessão de novos benefícios. Por conseguinte, deduz-se que a alteração do termo *a quo* referente à concessão de novos benefícios no bojo da execução da pena constitui afronta ao princípio da legalidade e ofensa à individualização da pena, motivo pelo qual se faz necessária a preservação do marco interruptivo anterior à unificação das penas.[36]

### 33.14.7. Processamento do pedido de progressão

O pedido de progressão é endereçado ao juízo da execução. Nos termos do art. 112, § 2.º, da Lei de Execução Penal, "a decisão do juiz que determinar a progressão de regime será sempre motivada e precedida de manifestação do Ministério Público e do defensor".

A questão a ser enfrentada é a seguinte: Se a progressão depende, além do cumprimento de determinado percentual da pena, também do **mérito** do condenado, esse procedimento é suficiente para a comprovação do requisito subjetivo?

Antes da entrada em vigor da Lei 14.843/2024, o mérito ("boa conduta carcerária) era constatado diretamente pelo **diretor do estabelecimento**. Sua prova consistia em simples atestado de boa conduta carcerária.

---

[35] HC 100.499/RJ, rel. Min. Marco Aurélio, 1.ª Turma, j. 26.10.2010, noticiado no *Informativo* 606. No mesmo sentido: HC 96.824/RS, rel. Min. Marco Aurélio, 1.ª Turma, j. 12.04.2011, noticiado no *Informativo* 623.

[36] REsp 1.557.461/SC, rel. Min. Rogerio Schietti Cruz, 3.ª Seção, j. 22.02.2018, noticiado no *Informativo* 621.

Essa opção legislativa era alvo de críticas. De fato, não se afigurava correto incumbir unicamente ao diretor do estabelecimento prisional a prova do mérito, pois em diversas ocasiões, especialmente em crimes de elevada gravidade, o atestado de boa conduta carcerária era insuficiente para assegurar o preparo do condenado para ingressar em regime mais brando. Se não bastasse, o diretor do estabelecimento podia ser alvo de ameaças e intimidações de várias ordens, além de envolver-se em redes de corrupção que assolam o sistema penitenciário brasileiro.

Nessa linha de raciocínio, era possível a realização de exame criminológico no caso concreto, se o juízo da execução reputasse cabível essa providência para fins de progressão de regime prisional. Esse entendimento encontrava-se consolidado na **Súmula 439 do Superior Tribunal de Justiça**: "Admite-se o exame criminológico pelas peculiaridades do caso, desde que em decisão motivada".

O panorama mudou com as alterações promovidas pela Lei 14.843/2024 - Lei Sargento PM Dias. De fato, nos crimes cometidos após sua vigência, o mérito deve ser comprovado, **cumulativamente**, (1) pelo **atestado de boa conduta carcerária**, elaborado pelo diretor do estabelecimento penal; e (2) pelo exame criminológico, de natureza obrigatória.[37]

Cumpre destacar que a conclusão do exame criminológico evidentemente não vincula o juízo da execução, que pode decidir em sentido contrário, desde que fundamentadamente. É o que se extrai, relativamente às perícias em geral, da simples leitura do art. 182 do Código de Processo Penal: "O juiz não ficará adstrito ao laudo, podendo aceitá-lo ou rejeitá-lo, no todo ou em parte".

### 33.14.8. Progressão e prática de falta grave

A contagem do tempo para progressão de regime prisional é zerada se o preso comete falta grave,[38] ou seja, deve reiniciar-se novo prazo para a contagem do benefício da progressão do regime prisional. Nos termos do art. 112, § 6.º, da Lei de Execução Penal:

> O cometimento de falta grave durante a execução da pena privativa de liberdade interrompe o prazo para a obtenção da progressão no regime de cumprimento da pena, caso em que o reinício da contagem do requisito objetivo terá como base a pena remanescente.

Destarte, o condenado precisa cumprir o percentual legalmente previsto (16%, 20%, 25% etc.), iniciando-se a contagem a partir da falta grave, pois seu cometimento interrompe o prazo para a obtenção da progressão no regime de cumprimento da pena. Essa conclusão já era adotada pela **Súmula 534 do Superior Tribunal de Justiça:** "A prática de falta grave interrompe a contagem do prazo para a progressão de regime de cumprimento de pena, o qual se reinicia a partir do cometimento dessa infração".

Contudo, a contagem do novo período aquisitivo do requisito objetivo (quantidade da pena a ser cumprida) deverá incidir sobre o **remanescente da pena**, e não sobre a totalidade dela. O § 6.º do art. 112 da Lei de Execução expressamente adota o princípio pelo qual "pena cumprida é pena extinta".

Nesse novo período aquisitivo, posterior à falta grave, não bastará o cumprimento do percentual legalmente exigido, calculado sobre o restante da pena. A progressão de regime prisional também dependerá, inquestionavelmente, do mérito do condenado, ou seja, ele

---

[37] "A realização do exame criminológico para a progressão de regime, nas condutas anteriores à edição da Lei n. 14.843/2024, exige decisão motivada, nos termos da Súmula n. 439/STJ. A exigência de realização de exame criminológico para toda e qualquer progressão de regime, nos termos da Lei n. 14.843/2024, constitui *novatio legis in pejus*, pois incrementa requisito, tornando mais difícil alcançar regimes prisionais menos gravosos à liberdade." (STJ: RHC 200.670/GO, rel. Min. Sebastião Reis Júnior, 6.ª Turma, j. 20.08.2024, noticiado no *Informativo* 824).

[38] A relação de faltas graves encontra-se prevista no art. 50 da Lei 7.210/1984 – Lei de Execução Penal.

deverá demonstrar boa conduta carcerária após a prática da falta grave, sem prejuízo do resultado do exame criminológico, no sentido de revelar sua aptidão para o regime menos gravoso.

É importante, a partir de agora, explicarmos detalhadamente a regra contida no art. 112, § 7.º, da Lei de Execução Penal.

A prática de falta grave revela, sem nenhuma dúvida, o mau comportamento do condenado. Essa conclusão, que já era inafastável, ficou ainda mais clara com o § 6.º do art. 112 da Lei de Execução Penal.

Se não bastasse, o art. 112, § 7.º, da Lei de Execução Penal estabelece: "O bom comportamento é readquirido após 1 (um) ano da ocorrência do fato, ou antes, após o cumprimento do requisito temporal exigível para a obtenção do direito".[39]

A análise desse dispositivo, de redação confusa, revela duas hipóteses diversas para a reaquisição do bom comportamento, indispensável à progressão de regime prisional:

**1.ª hipótese – O bom comportamento é readquirido após 1 (um) ano da ocorrência do fato.**

O prazo de 1 ano, contado a partir da data da prática da falta grave, elimina o impedimento de se aferir o requisito subjetivo exigido para a progressão de regime prisional. Essa regra é aplicável às situações em que o condenado ainda não cumpriu o requisito temporal (16%, 20%, 25% etc.) legalmente exigido para a passagem ao regime menos severo.

Na verdade, essa previsão legislativa é inútil. Se o requisito objetivo – cumprimento de parte da pena – ainda não foi atendido, não há como se falar em progressão de regime, mesmo se presente o bom comportamento do preso.

**2.ª hipótese – O bom comportamento é readquirido antes (de 1 ano), após o cumprimento do requisito temporal exigível para a obtenção do direito.**

Não se reclama, nesse caso, o decurso de 1 (um) ano da prática da falta grave. A reaquisição do bom comportamento do condenado ocorre em momento anterior, desde que o condenado atenda ao requisito objetivo para a progressão, consistente no cumprimento de parte da pena privativa de liberdade legalmente prevista (16%, 20%, 25% etc.). Exemplo: O condenado primário, seis meses depois da prática da falta grave, cumpre 16% da pena imposta pela prática de crime cometido sem violência à pessoa ou grave ameaça.

A leitura apressada do § 7.º do art. 112 da Lei de Execução Penal conduz a uma conclusão equivocada. Fica a impressão de que, seja após 1 (um) ano da ocorrência do fato, seja antes desse prazo, se cumprido o requisito temporal exigível para a obtenção do benefício, estará automaticamente reconhecido o requisito subjetivo (boa conduta carcerária) e, consequentemente, o condenado terá direito à progressão de regime prisional.

Mas não é isso. Essa interpretação afronta o sistema progressivo adotado pelo direito brasileiro no tocante ao cumprimento da pena privativa de liberdade, pois despreza o requisito subjetivo indispensável ao benefício.

Qual é, então, o real significado do art. 112, § 7.º, da Lei de Execução Penal? A resposta é simples. Depois de 1 (um) ano da prática da falta grave, ou antes desse intervalo, se cumprido o requisito temporal exigível para a progressão, será possível a passagem do condenado para regime prisional menos severo, **desde que presente a boa conduta carcerária, comprovada pelo diretor do estabelecimento, e pelo resultado do exame criminológico**, na forma determinada pelo art. 112, § 1.º, da Lei de Execução Penal. De fato, o simples decurso do tempo não leva, inexoravelmente, à boa conduta carcerária.

---

[39] Esse dispositivo, acrescentado pela Lei 13.964/2019 – "Pacote Anticrime", havia sido vetado pelo Presidente da República. Tal veto, contudo, foi derrubado pelo Congresso Nacional.

CAP. 33 – PENA PRIVATIVA DE LIBERDADE | 467

Em outras palavras, a superação das hipóteses elencadas pelo § 7.º do art. 112 da Lei de Execução Penal limita-se a retirar o impedimento absoluto da progressão, em face do mau comportamento do condenado. Mas daí não decorre automaticamente a progressão de regime. O benefício somente será possível se, além do cumprimento de parte da pena (LEP, art. 112, *caput* e seus incisos), também estiver presente o mérito do condenado (requisito subjetivo).

Resta a conclusão, portanto, de que o veto presidencial nesse ponto era correto. O art. 112, § 7.º, da Lei de Execução é desnecessário, em face do conteúdo do art. 112, § 6.º, da Lei de Execução Penal e, principalmente, da sistemática adotada pelo direito brasileiro em relação à progressão de regime prisional.

### 33.14.9. Progressão e *habeas corpus*

Em face da necessidade de produção de provas para aferição do requisito subjetivo (mérito do condenado), não é possível postular a progressão de regime prisional por meio da via célere e estreita do *habeas corpus*.

### 33.14.10. Progressão de regime, organização criminosa e manutenção do agrupamento ilícito

O condenado por organização criminosa (Lei 12.850/2013, art. 2.º) ou por delito cometido no contexto da organização criminosa não poderá progredir de regime de cumprimento de pena, se existirem elementos de prova indicando a manutenção do agrupamento ilícito, a teor da regra contida no art. 2.º, § 9.º, da Lei 12.850/2013, com a redação dada pela Lei 13.964/2019 ("Pacote Anticrime"):

> O condenado expressamente em sentença por integrar organização criminosa ou por crime praticado por meio de organização criminosa não poderá progredir de regime de cumprimento de pena ou obter livramento condicional ou outros benefícios prisionais se houver elementos probatórios que indiquem a manutenção do vínculo associativo.

### 33.14.11. Progressão de regime, colaboração premiada e Lei do Crime Organizado

Na hipótese de colaboração premiada posterior à sentença condenatória com trânsito em julgado, o art. 4.º, § 5.º, da Lei 12.850/2013 – Lei do Crime Organizado autoriza a progressão de regime prisional mesmo se ausente o requisito objetivo, ou seja, ainda que o condenado não tenha cumprido o percentual da pena legalmente exigido.

O requisito subjetivo, consistente no mérito do condenado, não é dispensado, embora muitas vezes esta circunstância reste evidenciada pela própria colaboração.

### 33.14.12. Progressão de regime prisional, condenado estrangeiro e processo de expulsão em trâmite

É possível a progressão de regime prisional para cumprimento de pena privativa de liberdade imposta a estrangeiro que responde a processo de expulsão do território nacional, pela prática de crime comum, em face da regra contida no art. 54, § 3.º, da Lei 13.445/2017 – Lei de Migração:

> Art. 54. A expulsão consiste em medida administrativa de retirada compulsória de migrante ou visitante do território nacional, conjugada com o impedimento de reingresso por prazo determinado.
>
> [...]
>
> § 3.º O processamento da expulsão em caso de crime comum não prejudicará a progressão de regime, o cumprimento da pena, a suspensão condicional do processo, a comutação da pena ou

468 | DIREITO PENAL – PARTE GERAL – VOL. 1 • CLEBER MASSON

a concessão de pena alternativa, de indulto coletivo ou individual, de anistia ou de quaisquer benefícios concedidos em igualdade de condições ao nacional brasileiro.

### 33.14.13. Progressão de regime e prisão em unidade militar

O benefício da progressão de regime prisional é aplicável aos militares, independentemente do local de cumprimento da pena privativa de liberdade. Cuida-se de manifestação do princípio da individualização da pena, direito fundamental assegurado a todas as pessoas pelo art. 5.º, XLVI, da Constituição Federal. Como já decidido pelo Supremo Tribunal Federal:

> Em conclusão, a 2.ª Turma deferiu, em parte, *habeas corpus* para assegurar a militar progressão de regime para o semiaberto, em igualdade de condições com os civis. [...] Aduziu-se que o princípio ou a garantia da individualização da pena seria um direito fundamental, uma situação jurídica subjetiva do indivíduo, militar ou civil, e que, ante a omissão ou falta de previsão da lei castrense, seriam aplicáveis a LEP e o CP, que conjugadamente dispõem à saciedade sobre o regime de progressão de pena.[40]

### 33.14.14. Progressão de regime e cumprimento da pena em penitenciária federal de segurança máxima

O cumprimento da pena em penitenciária federal de segurança máxima obsta a progressão de regime prisional, em face da ausência do requisito subjetivo legalmente exigido (mérito). Para o Supremo Tribunal Federal:

> O cumprimento de pena em penitenciária federal de segurança máxima por motivo de segurança pública não é compatível com a progressão de regime prisional. (...) A Segunda Turma afirmou que a transferência do apenado para o sistema federal tem, em regra, como fundamento razões que atestam que, naquele momento, o condenado não tem mérito para progredir de regime. Observou que a transferência seria cabível no interesse da segurança pública ou do próprio preso (Lei 11.671/2008, art. 3.º).[41]

### 33.14.15. Progressão de regime, custódia cautelar e termo inicial

Na hipótese de custódia cautelar, ou seja, se o acusado foi preso preventivamente e nessa condição respondeu à ação penal, o termo inicial para contagem do percentual de cumprimento da pena necessário para progressão de regime é a data do cumprimento do mandado de prisão preventiva, e não a data da publicação da sentença condenatória. Na linha da jurisprudência do Supremo Tribunal Federal:

> A Primeira Turma deu provimento a recurso ordinário em *habeas corpus* em que discutido o marco inicial para fins de obtenção de progressão de regime. No caso, o recorrente foi preso cautelarmente por força de mandado de prisão preventiva, mas foi fixada como termo inicial para a obtenção do benefício da progressão a data da publicação da sentença condenatória. A Turma entendeu que a custódia cautelar necessariamente deve ser computada para fins de obtenção de progressão de regime e demais benefícios executórios, desde que não ocorra condenação posterior apta a configurar falta grave. Partindo-se da premissa de que, diante da execução de uma única

---

[40] HC 104.174/RJ, rel. Min. Ayres Britto, 2.ª Turma, j. 29.03.2011, noticiado no *Informativo* 621. É também a posição do Superior Tribunal de Justiça: HC 215.765/RS, rel. Min. Gilson Dipp, 5.ª Turma, j. 08.11.2011, noticiado no *Informativo* 487.

[41] HC 131.649/RJ, rel. orig. Min. Cármen Lúcia, rel. p/ ac. Min. Dias Toffoli, 2.ª Turma, j. 06.09.2016, noticiado no *Informativo* 838.

CAP. 33 – PENA PRIVATIVA DE LIBERDADE | **469**

condenação, o legislador não impôs qualquer requisito adicional, impende considerar a data da prisão preventiva como marco inicial para a obtenção de benefícios em sede de execução penal.[42]

## 33.14.16. Progressão de regime e inadimplemento da pena de multa cumulativamente aplicada

Na hipótese de aplicação simultânea de penas privativa de liberdade e de multa, o não pagamento da sanção pecuniária impede a progressão de regime prisional, salvo na hipótese de comprovação da inequívoca incapacidade econômica do apenado. Essa é a jurisprudência consolidada no Supremo Tribunal Federal e no Superior Tribunal de Justiça.

Destarte, nas hipóteses de inadimplemento da pena de multa, e para que não se imponha ao reeducando um óbice insuperável, com ofensa à finalidade de ressocialização da pena, o juízo da execução deve, antes de deferir (ou não) a progressão de regime, intimar o condenado para efetuar o pagamento, ressaltando a possibilidade de parcelamento, a pedido e conforme as circunstâncias do caso concreto (CP, art. 50, *caput*), sem prejuízo de lhe conferir a chance de comprovar, se for o caso, a absoluta impossibilidade econômica de arcar com seu valor sem prejuízo do mínimo vital para a sua subsistência e de seus familiares.[43]

## 33.15. REGRESSÃO

É a transferência do condenado para regime prisional mais severo do que aquele em que se encontra. É o que se dá, exemplificativamente, quando o preso estava no regime semiaberto e é removido para o regime fechado.

As hipóteses em que se autoriza a regressão constam do art. 118, I e II, e § 1.º, da Lei de Execução Penal. Passemos à análise de cada uma delas.

*a) Prática de fato definido como crime doloso ou falta grave: art. 118, I*

A relação de faltas graves inerentes à pena privativa de liberdade está prevista no art. 50, *caput*, da Lei de Execução Penal, em rol taxativo, incompatível com a interpretação extensiva:

**Art. 50.** Comete falta grave o condenado à pena privativa de liberdade que:

I – incitar ou participar de movimento para subverter a ordem ou a disciplina;[44]

II – fugir;[45]

III – possuir, indevidamente, instrumento capaz de ofender a integridade física de outrem;

IV – provocar acidente de trabalho;

---

[42] RHC 142.463/MG, rel. Min. Luiz Fux, 1.ª Turma, j. 12.09.2017, noticiado no *Informativo* 877.

[43] STJ: AgRg no REsp 2.039.364/MG, rel. Min. Reynaldo Soares da Fonseca, 5.ª Turma, j. 25.04.2023.

[44] "A 'greve de fome' realizada pelos detentos pode, em determinadas circunstâncias, caracterizar a falta grave prevista no art. 50, I, da LEP, especialmente se o movimento resultar na configuração do crime de motim de presos, previsto no art. 354 do Código Penal, ou no crime de dano ao patrimônio público, conforme estabelecido no art. 163 do Código Penal. (...) No entanto, a recusa do detento em aceitar alimento que julga impróprio para consumo não se configura como falta grave, uma vez que no ordenamento jurídico vigente não existe qualquer imposição que obrigue o indivíduo privado de liberdade a ingerir alimentos em circunstâncias que considere inadequadas. Essa atitude, quando realizada de forma pacífica e sem ameaçar a segurança do ambiente carcerário, representa um exercício do direito à liberdade de expressão por parte do detento, direito esse amparado pelo próprio ordenamento jurídico no art. 5.º, IV, da Constituição da República" (STJ: Processo em segredo de justiça, rel. Min. Ribeiro Dantas, 5.ª Turma, j. 17.10.2023, noticiado no *Informativo* 792).

[45] Na visão do STF, o condenado em regime semiaberto contemplado pelo benefício da permissão de saída para tratamento de dependência química continua sob a custódia do Estado. Consequentemente, subsiste a condição de preso, razão pela qual sua fuga da clínica caracteriza falta grave, com todos os efeitos daí decorrentes: perda dos dias remidos, regressão no regime de pena, reinício da contagem do prazo para futuros benefícios e cassação de saídas temporárias (HC 97.980/RS, rel. orig. Min. Marco Aurélio, red. p/ o acórdão Min. Dias Toffoli, 1.ª Turma, j. 23.02.2010, noticiado no *Informativo* 576).

V – descumprir, no regime aberto, as condições impostas;

VI – inobservar os deveres previstos nos incisos II e V do art. 39 desta Lei;[46]

VII – tiver em sua posse, utilizar ou fornecer aparelho telefônico, de rádio ou similar, que permita a comunicação com outros presos ou com o ambiente externo;[47]

VIII – recusar submeter-se ao procedimento de identificação do perfil genético.[48]

Praticada a falta grave, deverá ser instaurado procedimento para sua apuração, conforme o regulamento do estabelecimento prisional, assegurado o direito de defesa, nele inserida a prévia oitiva do condenado. Como dispõe a **Súmula 533 do Superior Tribunal de Justiça**: "Para o reconhecimento da prática de falta disciplinar no âmbito da execução penal, é imprescindível a instauração de procedimento administrativo pelo diretor do estabelecimento prisional, assegurado o direito de defesa, a ser realizado por advogado constituído ou defensor público nomeado".[49] Será motivada a decisão do responsável pelo local em que é cumprida a pena (LEP, arts. 59 e 118, § 2.º).

No que concerne ao **crime doloso**, basta a sua prática para autorizar-se a regressão, não se reclamando a existência de condenação definitiva. Em respeito à ampla defesa constitucionalmente assegurada, deve ser ouvido o condenado previamente à decisão judicial (LEP, art. 118, § 2.º). Aliás, a prática de crime doloso constitui, por si só, falta grave (LEP, art. 52, *caput*). Tal entendimento foi acolhido pelo Plenário do Supremo Tribunal Federal no **Tema 758 da Repercussão Geral**:

> O reconhecimento de falta grave consistente na prática de fato definido como crime doloso no curso da execução penal dispensa o trânsito em julgado da condenação criminal no juízo do conhecimento, desde que a apuração do ilícito disciplinar ocorra com observância do devido processo legal, do contraditório e da ampla defesa, podendo a instrução em sede executiva ser suprida por sentença criminal condenatória que verse sobre a materialidade, a autoria e as circunstâncias do crime correspondente à falta grave.[50]

Esta também é a orientação consagrada na **Súmula 526 do Superior Tribunal de Justiça**: "O reconhecimento de falta grave decorrente do cometimento de fato definido como crime doloso no cumprimento da pena prescinde do trânsito em julgado de sentença penal condenatória no processo penal instaurado para apuração do fato".

Nessas duas hipóteses – prática de fato definida como crime doloso e falta grave –, é importante destacar, exige-se a instauração de procedimento administrativo disciplinar, a ser acompanhado por defensor, para aferir a necessidade de regressão do condenado para regime prisional mais gravoso, em homenagem aos princípios constitucionais do devido processo legal, do contraditório e da ampla defesa (CF, art. 5.º, LIV e LV). Com efeito, **não incide a Súmula**

---

[46] São eles: "obediência ao servidor e respeito a qualquer pessoa com quem deve relacionar-se", e "execução do trabalho, das tarefas e das ordens recebidas".

[47] **Súmula 660 do STJ**: "A posse, pelo apenado, de aparelho celular ou de seus componentes essenciais constitui falta grave"; e **Súmula 661 do STJ**: "A falta grave prescinde da perícia do celular apreendido ou de seus componentes essenciais". E mais: "A utilização de aparelho celular durante o trabalho externo, sem expressa vedação judicial, não configura falta grave." (STJ: AgRg no HC 866.758/SP, rel. Min. Jesuíno Rissato (Desembargador convocado do TJDFT), 6.ª Turma, j. 15.04.2024, noticiado no *Informativo* 817).

[48] "O fornecimento de perfil genético, nos termos do art. 9º-A da Lei de Execução Penal, não constitui violação do princípio da vedação à autoincriminação, configurando falta grave a recusa." (STJ: HC 879.757/GO, rel. Min. Sebastião Reis Júnior, 6.ª Turma, j. 20.08.2024, noticiado no *Informativo* 822).

[49] O STJ já decidiu ser obrigatória a prévia oitiva do condenado somente na regressão definitiva. Em outras palavras, a prática de falta grave pode ensejar a regressão cautelar (ou provisória), independentemente da prévia oitiva do apenado (HC 184.988/RJ, rel. Min. Maria Thereza de Assis Moura, 6.ª Turma, j. 05.02.2013).

[50] RE 776.823/RS, rel. Min. Edson Fachin, Plenário, j. 04.12.2020, noticiado no *Informativo* 1001.

CAP. 33 – PENA PRIVATIVA DE LIBERDADE | **471**

**Vinculante 5 do Supremo Tribunal Federal**, aplicável somente aos procedimentos de natureza extrapenal. Como já se decidiu:

> Asseverou-se que, não obstante a aprovação do texto da Súmula Vinculante 5 ("A falta de defesa técnica por advogado no processo administrativo disciplinar não ofende a Constituição"), tal verbete seria aplicável apenas em procedimentos de natureza cível e não em procedimento administrativo disciplinar promovido para averiguar o cometimento de falta grave, tendo em vista estar em jogo a liberdade de ir e vir. Assim, neste caso, asseverou-se que o princípio do contraditório deve ser observado amplamente, com a presença de advogado constituído ou defensor público nomeado, impondo ser-lhe apresentada defesa, em obediência às regras específicas contidas na Lei de Execução Penal, no Código de Processo Penal e na Constituição.[51]

Em face da vedação de analogia *in malam partem* no Direito Penal, o cometimento de crime culposo ou de contravenção penal não permite a regressão de regime prisional.

*b) Sofrer condenação, por crime anterior, cuja pena, somada ao restante da pena em execução, torne incabível o regime: art. 118, II*

Esse dispositivo resulta do teor do art. 111, parágrafo único, da Lei de Execução Penal: "Sobrevindo condenação no curso da execução, somar-se-á a pena ao restante da que está sendo cumprida, para determinação do regime". Imagine-se um réu que, condenado a 6 (seis) anos de reclusão, iniciou o cumprimento da pena no regime semiaberto, e logo em seguida a ele sobreveio, em razão de outro crime, condenação a nova pena, de 4 (quatro) anos de reclusão. Em face do total da pena resultante da soma (10 anos), será obrigatória a regressão para o regime fechado.

Nessa situação a regressão independe da prévia oitiva do condenado, pois nada de útil poderia ele apresentar em sua defesa. Com efeito, já foi condenado por sentença transitada em julgado, fruto de ação penal em que se respeitou o devido processo legal e lhe foram asseguradas a ampla defesa e o contraditório. Não poderia agora, pois, alterar a coisa julgada.

*c) O condenado será transferido do regime aberto se, além das hipóteses referidas nos incisos anteriores, frustrar os fins da execução ou não pagar, podendo, a multa cumulativamente imposta: art. 118, § 1.º*

Extrai-se rapidamente uma importante conclusão: os incisos I e II do art. 118 da Lei de Excução Penal são aplicáveis às penas privativas de liberdade cumpridas em qualquer regime (fechado, semiaberto ou aberto), enquanto o seu § 1.º tem incidência exclusivamente ao regime aberto.

Em primeiro lugar, é possível a regressão quando o condenado **frustrar os fins da execução**. O condenado assume conduta indicativa de sua incompatibilidade com o regime aberto, calcado na autodisciplina e no senso de responsabilidade (CP, art. 36, *caput*). Exemplo: condenado que abandona injustificadamente seu trabalho.

Permite-se, ainda, a regressão quando o condenado **não pagar, podendo, a multa cumulativamente imposta**. Essa hipótese somente é possível quando foi aplicada pena pecuniária simultaneamente com a pena privativa de liberdade. É imprescindível comprovar a solvência do condenado, compreendida como a capacidade para quitar de uma só vez ou mediante parcelas a pena de multa, sem privar-se dos recursos indispensáveis ao sustento do condenado e de sua família (CP, art. 50, § 2.º).

---

[51] STF: RE 398.269/RS, rel. Min. Gilmar Mendes, 2.ª Turma, j. 15.12.2009, noticiado no *Informativo* 572. No STJ: "Para o reconhecimento da prática de falta disciplinar, no âmbito da execução penal, é imprescindível a instauração de procedimento administrativo pelo diretor do estabelecimento prisional, assegurado o direito de defesa, a ser realizado por advogado constituído ou defensor público nomeado" (REsp 1.378.557/RS, rel. Min. Marco Aurélio Bellizze, 3.ª Seção, j. 23.10.2013).

# DIREITO PENAL – PARTE GERAL – VOL. 1 • CLEBER MASSON

Existem, entretanto, vozes que alegam a superação dessa parte do dispositivo, pois o art. 51 do Código Penal atualmente veda a conversão da pena de multa para pena privativa de liberdade, motivo pelo qual a sua inadimplência também não poderia ensejar restrições à liberdade do condenado. Em qualquer desses casos, exige-se previamente à regressão a oitiva do condenado (LEP, art. 118, § 2.º).

Para o Supremo Tribunal Federal, se a progressão de regime foi condicionada ao pagamento da pena de multa e, para obter esse direito, o condenado parcelou o valor devido, mas posteriormente não honrou o acordo celebrado, o inadimplemento injustificado das parcelas atinentes à sanção pecuniária autoriza a regressão de regime prisional.[52]

## 33.15.1. Regressão "por saltos"

É possível a regressão "por saltos", isto é, a passagem direta do regime aberto para o fechado, uma vez que o art. 118, *caput*, da Lei de Execução Penal refere-se à "transferência para **qualquer** dos regimes mais rigorosos".

## 33.15.2. Regressão a regime mais grave do que o fixado na sentença condenatória

A sentença condenatória, no âmbito penal, transita em julgado com a cláusula *rebus sic stantibus*. Logo, a mudança da situação de fato no curso da execução, comparativamente ao substrato fático existente no início, impõe ao juiz da execução a adoção de medidas necessárias, de modo a adaptar a decisão à nova realidade.

Entende-se, portanto, que nos termos do art. 33, *caput*, do Código Penal ("A pena de reclusão deve ser cumprida em regime fechado, semiaberto ou aberto. A de detenção, em regime semiaberto, ou aberto, salvo necessidade de transferência a regime fechado"), se em matéria de condenação e execução da pena de detenção revela-se possível a regressão para o regime fechado, esse raciocínio com maior razão deve ser seguido nas hipóteses de condenação e execução de pena de reclusão.

Dessa forma, a regra do art. 118, I, da Lei de Execução Penal ("A execução da pena privativa de liberdade ficará sujeita à forma regressiva, com a transferência para qualquer dos regimes mais rigorosos, quando o condenado: I – praticar fato definido como crime doloso ou falta grave"), não é obstáculo à alteração do regime de cumprimento de pena privativa de liberdade para regime mais gravoso do que aquele fixado na sentença condenatória, desde que verificado algum dos pressupostos lá previstos.[53]

## 33.15.3. Regressão cautelar

Nada obstante a omissão legislativa acerca do assunto, desponta como possível a regressão cautelar, isto é, a **suspensão judicial** do regime semiaberto ou aberto até que, em obediência ao art. 118, § 2.º, da Lei de Execução Penal, o condenado seja ouvido e possa defender-se acerca do descumprimento das condições do regime. Para o Superior Tribunal de Justiça:

> Esta suspensão cautelar acarreta no recolhimento do condenado ao regime fechado, até decisão judicial definitiva. Se as suas explicações forem idôneas, o magistrado restabelecerá o regime prisional anterior; em caso contrário, a regressão será convertida em definitiva.[54]

---

[52] EP 8 ProgReg-AgR/DF, rel. Min. Roberto Barroso, Plenário, j. 01.07.2016, e EP 16 Agr-terceiro/DF, rel. Min. Roberto Barroso, Plenário, j. 01.07.2016, noticiados no *Informativo* 832.

[53] STF: HC 93.761/RS, rel. Min. Eros Grau, 2.ª Turma, j. 10.06.2008, noticiado no *Informativo* 510.

[54] HC 184.988/RJ, rel. Min. Maria Thereza de Assis Moura, 6.ª Turma, j. 05.02.2013.

## 33.16. EXECUÇÃO PROVISÓRIA

Execução provisória (ou antecipada) é o cumprimento da pena antes do trânsito em julgado da condenação. Não há pena definitiva.

Na história do direito penal brasileiro, sempre foram diferenciadas duas situações: (a) execução provisória de réu preso; e (b) a execução provisória de réu solto. Vejamos cada uma delas separadamente.

### 33.16.1. Execução provisória de réu preso

Se o acusado foi condenado, em 1.ª instância ou pelo Tribunal – em grau de recurso ou por se tratar de crime da sua competência originária –, e encontra-se preso preventivamente, nos termos dos arts. 311 e seguintes do Código de Processo Penal, admite-se a execução antecipada da pena. Esse instituto é benéfico ao réu, pois lhe permite pleitear a progressão de regime prisional e outros benefícios antes do trânsito em julgado da decisão judicial proferida em seu desfavor.

A execução provisória tem como pressuposto inafastável o **trânsito em julgado para a acusação em relação à pena aplicada**. Com efeito, pode ocorrer de o Ministério Público ou o querelante ter interposto recurso contra parte da sentença condenatória, diversa da pena imposta (regime prisional, substituição da pena privativa de liberdade por restritiva de direitos ou concessão de *sursis* etc.). Também é cabível quando a pena tiver sido fixada no patamar máximo legalmente previsto.

Nesses casos, a pena determinada na decisão contra a qual a defesa recorreu não poderá ser aumentada, seja em face da proibição da *reformatio in pejus* (CPP, art. 617), seja pelo fato de já ter sido aplicada no limite máximo cominado. Portanto, a situação do réu não poderá ser agravada no julgamento do recurso: será ele favorecido ou, na pior das hipóteses, sua posição processual ficará como já estava.

Vejamos um exemplo: "A" foi preso em flagrante pela prática de roubo em concurso de pessoas (CP, art. 157, § 2.º, II). Decretou-se a prisão preventiva, e ele permaneceu preso cautelarmente durante toda a ação penal. Depois de um 1 (um) ano e 6 (seis) meses foi proferida sentença, resultando em sua condenação à pena de 6 (seis) anos de reclusão, em regime inicialmente fechado. O Ministério Público, intimado da sentença, não recorreu, enquanto a defesa interpôs apelação postulando a absolvição. Anote-se: "A" já está preso há um ano e seis meses, isto é, já cumpriu 25% da pena imposta (LEP, art. 112, III, e CP, art. 42). Está presente, portanto, o requisito objetivo da progressão. Se comprovado o seu mérito, poderá progredir para o regime semiaberto, sendo desnecessário aguardar, para essa finalidade, o trânsito em julgado da condenação.

Por outro lado, se a acusação tiver recorrido, postulando a majoração da reprimenda, será inviável a execução provisória, pois a pena poderá ser aumentada no julgamento do seu recurso.

Essa medida é extremamente favorável ao réu, pois, ressalte-se, se for absolvido em grau recursal, não terá sofrido prejuízo algum. Pelo contrário, uma vez que já estará no regime semiaberto, ou quiçá no aberto, ao passo que, para os que refutam a execução provisória, teria ele aguardado o deslinde do recurso em posição mais gravosa no tocante à privação de sua liberdade. E, se for negado provimento ao recurso, já terá deixado para trás a parte mais severa do cumprimento da pena privativa de liberdade.

Aqueles que não admitem a execução provisória da pena buscam amparo no princípio da presunção de não culpabilidade (CF, art. 5.º, LVII), alegando que se o acusado deve ser tratado como inocente até o trânsito em julgado de sentença penal condenatória, não se poderia executar previamente a pena. Essa posição, entretanto, é contraditória e insustentável, pois utiliza um direito fundamental justamente para prejudicar o réu, e não para protegê-lo da atuação estatal.

DIREITO PENAL - PARTE GERAL - VOL. 1 • CLEBER MASSON

O juízo da execução é competente para a execução provisória, como se extrai dos arts. 2.º e seu parágrafo único, 65 e 66, da Lei de Execução Penal. Destarte, após a condenação, e desde que presente o trânsito em julgado para a acusação, ou se a pena tiver sido fixada no máximo legal, o juiz da ação penal expede **guia de recolhimento provisório**, encaminhando-a à vara das execuções penais.[55]

Além da doutrina e da jurisprudência, que se posicionam majoritariamente em direção favorável à execução provisória da pena imposta ao réu preso cautelarmente, o ordenamento jurídico também lhe fornece suficiente embasamento.

De fato, o art. 2.º, parágrafo único, da Lei de Execução Penal dispõe serem as suas disposições aplicáveis ao preso provisório. Nesse sentido, uma das regras da LEP é a progressão. Se é aplicável ao preso provisório a figura da progressão, desponta como correto falar-se em execução provisória.

Em igual sentido, o **Supremo Tribunal Federal** criou a **Súmula 716**: "Admite-se a progressão de regime de cumprimento da pena ou a aplicação imediata de regime menos severo nela determinada, antes do trânsito em julgado da sentença condenatória".

Se não bastasse, o Conselho Nacional de Justiça editou a Resolução 113/2010, cujo art. 8.º admite expressamente a execução provisória: "Tratando-se de réu preso por sentença condenatória recorrível, será expedida guia de recolhimento provisória da pena privativa de liberdade, ainda que pendente recurso sem efeito suspensivo, devendo, nesse caso, o juízo da execução definir o agendamento dos benefícios cabíveis".

## 33.16.2. Execução provisória de réu solto[56]

### 33.16.2.1. Introdução

No plano histórico, a execução provisória (ou antecipada) da pena imposta a réu solto tradicionalmente foi admitida no direito brasileiro, inclusive após a vigência da Constituição Federal de 1988.

Esse entendimento foi alterado no dia 5 de fevereiro de 2009, com o julgamento proferido pelo Plenário do Supremo Tribunal Federal no HC 84.078/MG, relatado pelo então Ministro Eros Grau.

No dia 17 de fevereiro de 2016, o Plenário da Suprema Corte, nos autos do HC 126.292/SP, relatado pelo Min. Teori Zavascki, optou por restabelecer a antiga jurisprudência, em acórdão com a seguinte ementa: "A execução provisória de acórdão penal condenatório proferido em grau de apelação, ainda que sujeito a recurso especial ou extraordinário, não compromete o princípio constitucional da presunção de inocência afirmado pelo artigo 5.º, inciso LVII, da Constituição Federal".[57]

Entretanto, no dia 07 de novembro de 2019, ao apreciar as Ações Declaratórias de Constitucionalidade 43, 44 e 54, o Plenário do Supremo Tribunal Federal novamente modificou os

---

[55] "Em execução provisória de pena fixada em ação penal originária, a expedição de guia de recolhimento de réu cabe ao tribunal competente para processá-la e julgá-la" (STJ: EDcl no REsp 1.484.415/DF, rel. Min. Rogerio Schietti Cruz, 6.ª Turma, j. 03.03.2016, noticiado no *Informativo* 581).

[56] Utiliza-se a expressão "réu solto" em relação àquele que não teve sua prisão preventiva decretada pelo Poder Judiciário, ou seja, foi condenado, em 1.ª instância ou pelo Tribunal, e não lhe foi imposta a custódia cautelar.

[57] Esse julgamento encontra-se sintetizado no *Informativo* 814, e sua conclusão foi reforçada pelo Supremo Tribunal Federal no julgamento das medidas cautelares ajuizadas nas ações declaratórias de constitucionalidade 43 e 44 (ADC 43 MC/DF, rel. Min. Marco Aurélio, Plenário, j. 05.10.2016, e ADC 44 MC/DF, rel. Min. Marco Aurélio, Plenário, j. 05.10.2016, noticiadas no *Informativo* 842), bem como no HC 152.752/PR, impetrado pela defesa do ex-Presidente da República Luiz Inácio Lula da Silva, julgado pelo Plenário em 04 de abril de 2018. A propósito, nosso arrazoado está em sintonia com o parecer que elaboramos, a pedido da Procuradoria-Geral de Justiça de São Paulo, para juntada aos autos das citadas medidas cautelares, representando o Ministério Público brasileiro.

CAP. 33 – PENA PRIVATIVA DE LIBERDADE | **475**

rumos da sua jurisprudência, para o fim de vedar a execução provisória da pena aplicada a acusado solto:

> O Plenário, em conclusão de julgamento e por maioria, julgou procedentes pedidos formulados em ações declaratórias de constitucionalidade para assentar a constitucionalidade do art. 283 do CPP. Prevaleceu o voto do Ministro Marco Aurélio (relator), que foi acompanhado pelos Ministros Rosa Weber, Ricardo Lewandowski, Gilmar Mendes, Celso de Mello e Dias Toffoli. O relator afirmou que as ações declaratórias versam o reconhecimento da constitucionalidade do art. 283 do CPP, no que condiciona o início do cumprimento da pena ao trânsito em julgado do título condenatório, tendo em vista o figurino do art. 5º, LVII, da CF. Assim, de acordo com o referido preceito constitucional, ninguém será considerado culpado até o trânsito em julgado de sentença penal condenatória. A literalidade do preceito não deixa margem a dúvidas: a culpa é pressuposto da sanção, e a constatação ocorre apenas com a preclusão maior. O dispositivo não abre campo a controvérsias semânticas. A CF consagrou a excepcionalidade da custódia no sistema penal brasileiro, sobretudo no tocante à supressão da liberdade anterior ao trânsito em julgado da decisão condenatória. A regra é apurar para, em virtude de título judicial condenatório precluso na via da recorribilidade, prender, em execução da pena, que não admite a forma provisória. A exceção corre à conta de situações individualizadas nas quais se possa concluir pela aplicação do art. 312 do CPP e, portanto, pelo cabimento da prisão preventiva. O abandono do sentido unívoco do texto constitucional gera perplexidades, observada a situação veiculada: pretende-se a declaração de constitucionalidade de preceito que reproduz o texto da CF. Ao editar o dispositivo em jogo, o Poder Legislativo, por meio da Lei 12.403/2011, limitou-se a concretizar, no campo do processo, garantia explícita da CF, adequando-se à óptica então assentada pelo próprio STF no julgamento do HC 84.078, julgado em 5 de fevereiro de 2009, segundo a qual "a prisão antes do trânsito em julgado da condenação somente pode ser decretada a título cautelar". Também não merece prosperar a distinção entre as situações de inocência e não culpa. A execução da pena fixada por meio da sentença condenatória pressupõe a configuração do crime, ou seja, a verificação da tipicidade, antijuridicidade e culpabilidade. Assim, o implemento da sanção não deve ocorrer enquanto não assentada a prática do delito. Raciocínio em sentido contrário implica negar os avanços do constitucionalismo próprio ao Estado Democrático de Direito. O princípio da não culpabilidade é garantia vinculada, pela CF, à preclusão, de modo que a constitucionalidade do art. 283 do CPP não comporta questionamentos. O preceito consiste em reprodução de cláusula pétrea cujo núcleo essencial nem mesmo o poder constituinte derivado está autorizado a restringir. A determinação constitucional não surge desprovida de fundamento. Coloca-se o trânsito em julgado como marco seguro para a severa limitação da liberdade, ante a possibilidade de reversão ou atenuação da condenação nas instâncias superiores. Em cenário de profundo desrespeito ao princípio da não culpabilidade, sobretudo quando autorizada normativamente a prisão cautelar, não cabe antecipar, com contornos definitivos – execução da pena –, a supressão da liberdade.[58]

Em síntese, a maioria dos Ministros do Supremo Tribunal Federal concluiu pela legitimidade do cumprimento da pena somente após o trânsito em julgado da condenação, em homenagem ao princípio da presunção de não culpabilidade (CF, art. 5.º, LVII), salvo na hipótese de decretação da prisão preventiva do acusado, na forma determinada pelos arts. 311 e seguintes do Código de Processo Penal.

Nada obstante o entendimento majoritário do Supremo Tribunal Federal, acompanhado de respeitadas vozes doutrinárias, somos favoráveis à execução provisória da pena aplicada ao réu solto, instituto que reputamos imprescindível para conferir racionalidade e coerência ao sistema penal, que não pode se autodestruir em decorrência da sua inércia e da inutilidade causada por condenações que nunca são efetivamente cumpridas. Passamos a apresentar nossos argumentos acerca do polêmico assunto.

---

[58] ADC 43/DF, ADC 44/DF e ADC 54/DF, rel. Min. Marco Aurélio, Plenário, j. 07.11.2019, noticiados no *Informativo* 958.

### 33.16.2.2. A execução provisória da pena no direito comparado

A discussão sobre eventual inconstitucionalidade da execução antecipada da pena não tem em outros países a relevância encontrada no Brasil. Não há regime democrático que repute tal instituto como incompatível com qualquer direito fundamental, notadamente a presunção de inocência (ou de não culpabilidade).

A propósito, no julgamento pelo STF do HC 85.866/RJ, a então Ministra Ellen Gracie incisivamente destacou: "Em país nenhum do mundo, depois de observado o duplo grau de jurisdição, a execução de uma condenação fica suspensa, aguardando o referendo da Corte Suprema. Aqui não pode ser diferente".

### 33.16.2.3. A relatividade da presunção de inocência

A presunção de inocência (ou de não culpabilidade) encontra-se consagrada no art. 5.º, LVII, da Constituição Federal. Seu caráter relativo é indiscutível, por duas razões:

a) **nenhum direito fundamental é absoluto**. De fato, uma das características mais marcantes de todo e qualquer direito fundamental é a relatividade. Portanto, na hipótese de colisão, um direito fundamental deve necessariamente conformar-se com outro direito de igual natureza;

b) **cuida-se de princípio**, e não de regra. Destarte, a presunção de inocência comporta variações, é dizer, pode (e deve) ser aplicada com maior ou menor intensidade, quando confrontada com outros princípios igualmente constitucionais.

Se a presunção de inocência fosse absoluta, é preciso destacar, sequer poderia ser ajuizada uma ação penal contra quem ofendeu a lei penal. Mais do que isso: jamais seria decretada qualquer medida restritiva da liberdade, a exemplo da prisão preventiva, antes do trânsito em julgado da condenação. Na verdade, nunca existiria uma sentença condenatória definitiva, pois seria inviável a persecução penal.

Não se pode enveredar por extremos ou concepções ideológicas exageradas. A Constituição Federal acertadamente consagrou o princípio da presunção de inocência. Isso, contudo, não resulta em presunção absoluta de desconfiança no tocante às decisões provenientes das instâncias ordinárias. Os juízos de 1.º grau e os Tribunais de Justiça e Regionais Federais não podem ser menosprezados à categoria de meras instâncias de passagem.

Nessa linha de raciocínio, em todos os países democráticos a inocência do ser humano é presumida até o momento em que a culpa é provada de acordo com o direito.

A Declaração Universal dos Direitos Humanos, editada pela Organização das Nações Unidas em 1948, preceitua em seu artigo XI, 1: "Todo ser humano acusado de um ato delituoso tem o direito de ser presumido inocente até que a sua culpabilidade tenha sido provada de acordo com a lei, em julgamento público no qual lhe tenham sido asseguradas todas as garantias necessárias à sua defesa".

Na Convenção Americana de Direitos Humanos (Pacto de San José da Costa Rica), incorporada ao direito pátrio pelo Decreto 678/1992, a presunção de inocência encontra-se prevista em seu art. 8, 2: "Toda pessoa acusada de delito tem direito a que se presuma sua inocência enquanto não se comprove legalmente a sua culpa".

De seu turno, a Convenção Europeia dos Direitos do Homem estatui em seu art. 6.º, 2: "Qualquer pessoa acusada de uma infração presume-se inocente enquanto a sua culpabilidade não tiver sido legalmente provada". A Declaração Universal dos Direitos do Homem e do Cidadão, de 1789, contempla disposição semelhante em seu art. 9.º.

Em síntese, todos os diplomas escolhem, como limite para o término da presunção de inocência, o momento em que se dá a **comprovação da culpa**. Não há necessidade de trânsito em julgado da condenação. A questão central está em apurar, no Brasil, o momento em que isso ocorre.

## 33.16.2.4. *Presunção de inocência* versus *efetividade da Justiça penal*

A presunção de inocência não pode ser analisada isoladamente. Falta-lhe caráter absoluto. É preciso **confrontá-la com outros valores constitucionais**, notadamente a efetividade da Justiça penal (CF, art. 5.º, XXXV), indispensável para a segurança de todas as pessoas, inclusive daquela investigada ou acusada pela prática de uma infração penal.

Com efeito, a segurança individual também é direito fundamental (CF, art. 5.º, *caput*). A segurança pública, por sua vez, representa dever do Estado, direito e responsabilidade de todos, e é exercida para a preservação da ordem pública e da incolumidade das pessoas e do patrimônio (CF, art. 144, *caput*).

Há muito tempo o **princípio da proporcionalidade**, um dos vetores do Direito Penal democrático, vem sendo encarado em uma **dupla face**. De um lado, representa a **proibição do excesso**, pois não se pode punir mais do que o necessário para a proteção do bem jurídico (**garantismo negativo**). Mas, de outro lado, a proporcionalidade revela a **proibição da proteção insuficiente (ou deficiente) de bens jurídicos**, pois não se tolera o tratamento penal impotente ou meramente simbólico (**garantismo positivo**). Há de se buscar um **garantismo integral**, capaz de atender com equilíbrio tanto as necessidades do acusado como também os reclamos da sociedade.

Quando um acusado vem a ser condenado em segundo grau de jurisdição, ou seja, a imputação contra ele lançada foi comprovada perante um juízo colegiado, integrado por magistrados em estágios avançados das suas carreiras, com respeito ao devido processo legal e ao duplo grau de jurisdição, fica evidente a demonstração concreta da sua responsabilidade penal. A acusação ganha consistência e, se inicialmente indicava uma dúvida acerca da materialidade do fato e da sua respectiva autoria, passa a aproximar-se do juízo de certeza.

A partir desse momento, a presunção de inocência deve ser flexibilizada diante do interesse público na efetividade da lei penal. Essa conclusão compatibiliza o respeito ao direito fundamental consagrado no art. 5.º, LVII, da Lei Suprema com a eficácia da Justiça penal, sem prejuízo do respeito ao nosso complexo sistema processual penal.

Em síntese, é inerente à presunção de não culpabilidade a **evolução em conformidade com o estágio da ação penal**. Quanto mais a persecução em juízo avança, mais gravoso deve ser o tratamento dispensado ao réu. Essa conclusão decorre da lógica do sistema jurídico e é permitida pela Constituição Federal, que em nenhum momento impõe o mesmo tratamento ao réu durante todo o processo.

Cabe aqui uma rápida incursão envolvendo o desenvolvimento do processo penal em suas variadas etapas.

Depois de iniciada a ação penal, a condenação em 1.º grau representa um juízo de culpa, embora em tese provisório, pois submete-se à apelação à instância superior.[59] Com o julgamento do recurso e a condenação em 2.ª instância, **esgota-se o exame fático e probatório da demanda**.[60] Além disso, atende-se ao **duplo grau de jurisdição**, com o reexame integral da decisão singular, com ampla devolutividade da matéria versada na ação penal, pouco importando se

---

[59] A decisão de 1.ª instância é mais robusta nos crimes de competência do Tribunal do Júri, norteado pela soberania dos veredictos (CF, art. 5.º, XXXVIII, "c").

[60] É preciso destacar que a execução provisória da pena reclama o **exaurimento completo da instância ordinária**, ou seja, não pode existir espaço para nenhum recurso, notadamente embargos de declaração, perante o Tribunal de Justiça, nos Estados, ou junto ao Tribunal Regional Federal, na esfera da União.

ela foi ou não apreciada pelo juízo de origem. Ao réu fica normalmente assegurado o direito de acesso ao Tribunal em liberdade, salvo se decretada a sua prisão cautelar.

Com exceção da via estreita da revisão criminal, portanto, é nas instâncias ordinárias que se encerra a análise dos fatos e das provas e, consequentemente, a definição da responsabilidade penal do acusado. Como se sabe, os recursos especial e extraordinário não têm efeito devolutivo, pois não se destinam ao reexame da matéria fática e probatória. A finalidade desses instrumentos consiste na uniformização da jurisprudência e na correta interpretação da lei federal (recurso especial) ou da Constituição Federal (recurso extraordinário). Em outros termos, com o julgamento efetuado pelo Tribunal de apelação (Tribunal de Justiça ou Tribunal Regional Federal) opera-se uma autêntica preclusão da matéria inerente aos fatos submetidos ao Poder Judiciário.

Dessa forma, é fácil perceber que a execução da pena na pendência de recursos de natureza extraordinária **não viola o núcleo fundamental da presunção de inocência**, concentrado especialmente no campo probatório. Como corolário da sua natureza jurídica – **direito fundamental processual de âmbito negativo**, ligado ao ônus da prova –, o réu deve ser tratado como inocente durante toda a fase ordinária do processo criminal, com os direitos e garantias que lhe são inerentes, com respeito às regras probatórias e ao sistema acusatório.

Com a condenação pelo Tribunal, em grau de apelação, e na pendência de recurso de natureza extraordinária, ainda que não se possa falar em réu definitivamente culpado, é inegável a existência de **justa causa para legitimar o início do cumprimento da pena**.

Em verdade, há nítida diferença entre a posição de definitivamente culpado, a qual somente se concretiza após o trânsito em julgado da sentença penal condenatória, e a de condenado apta a ensejar a execução antecipada da pena, que se verifica com a prolação de acórdão condenatório com obediência ao duplo grau de jurisdição.

Nesse contexto, é imperioso destacar que a Constituição Federal não condiciona a prisão ao trânsito em julgado da condenação, e sim à **ordem escrita e fundamentada da autoridade judiciária competente**, a teor do mandamento contido em seu art. 5.º, LXI.

Logo, basta ao Poder Judiciário emitir uma ordem, escrita e fundamentada, para iniciar, a título provisório, o cumprimento da pena. O embasamento dessa ordem recai nos elementos constantes do acórdão condenatório. Com efeito, se nosso ordenamento jurídico admite a prisão cautelar, antes de qualquer édito condenatório, com maior razão há de admiti-la quando já existe um título executivo, proveniente de juízo colegiado, reconhecendo a responsabilidade penal do acusado.

A execução provisória da pena privativa de liberdade não se constitui em prisão de natureza cautelar. Ao contrário, exige a formação de juízo de culpabilidade embasado em título judicial condenatório proferido em respeito ao duplo grau de jurisdição (prisão-pena).

É inegável que podem ocorrer equívocos nos juízos condenatórios proferidos pelas instâncias ordinárias.[61] Isso decorre da falibilidade humana, inclusive nas instâncias extraordinárias. Mas para tais infelicidades sempre está reservado o *habeas corpus*, ou então as medidas cautelares voltadas à obtenção de efeito suspensivo no recurso especial ou no recurso extraordinário. Em resumo, o acusado jamais estará abandonado da tutela jurisdicional frente a decisões teratológicas e nitidamente violadoras dos seus direitos.

E mais: a última causa interruptiva da prescrição da pretensão punitiva é a publicação da sentença ou acórdão condenatórios recorríveis (CP, art. 117, IV). Essa opção do legislador deixa claro que, além de os recursos às cortes superiores não se destinarem ao exame de fatos e provas, também não interrompem o prazo prescricional. Como desdobramento dessa

---

[61] Os dados estatísticos têm revelado, felizmente, que tais equívocos são raros. Como se extrai do voto proferido pelo Min. Roberto Barroso no HC 126.292/SP, os dados oficiais da assessoria de gestão estratégica do STF revelam que no período de 01.01.2009 até 19.04.2016 somente 0,035% de absolvições foram proferidas pelo STF em grau de recurso.

escolha legislativa, na prática, tais recursos, antes de representarem instrumentos de proteção da presunção de inocência, constituem-se em verdadeiros mecanismos contrários à efetividade da jurisdição penal.

### 33.16.2.5. As vantagens proporcionadas pela execução provisória

A execução antecipada da pena atende aos anseios da coletividade, que não mais suporta a prestação jurisdicional tardia e muitas vezes inútil, bem como a impunidade causada pelos infindáveis casos de prescrição, inclusive em crimes de elevada gravidade.

O instituto almeja colocar em prática, na esfera penal, o direito à razoável duração do processo (CF, art. 5.º, inc. LXXVIII), o qual interessa a todas as pessoas, e principalmente aos acusados de boa-fé e dotados de lealdade processual, que não se valem de expedientes protelatórios para tumultuar o andamento da ação penal e atrasar a prestação jurisdicional, banalizando a atuação do Poder Judiciário e aniquilando a credibilidade da sociedade na sua eficácia.

A prática judiciária não raras vezes confunde a ampla defesa (direito fundamental e conquistado a duras penas) com defesa fácil, baseada notadamente na morosidade da Justiça penal e nas facilidades de que se aproveitam alguns acusados dotados de elevado poder econômico para arrastar no tempo suas ações penais, aproveitando-se das falhas do sistema e do invencível volume de serviço que acomete os órgãos do Poder Judiciário. Tal cenário ganha corpo com a falta de previsão da litigância de má-fé no processo penal brasileiro.

Esse expediente indevido favorece a seletividade negativa e discriminatória do Direito Penal, pois proporciona a fuga da pena aos réus dotados de recursos suficientes para enfrentar as lacunas da Justiça criminal. Igual sorte não assiste aos economicamente mais frágeis, muitas vezes amparados pela Defensoria Pública, instituição que, em face do gigantesco volume de serviço e da falta de estrutura humana, não consegue conferir igual tratamento àqueles que a procuram.

Se não bastasse, a lentidão da Justiça penal estimula a prática de delitos econômicos, pois a quem tem recursos financeiros e almeja o enriquecimento ilícito o baixo risco de punição realmente compensa. As cifras douradas do Direito Penal ganham corpo com o cometimento de crimes do colarinho branco, contra a ordem tributária, contra a Administração Pública e de lavagem de capitais, entre tantos outros, que escapam da justa retribuição. A finalidade preventiva da pena – geral e especial – igualmente deixa de ser alcançada.

É triste constatar que no sistema recursal brasileiro o trânsito em julgado da condenação depende, em algum momento, da inércia ou da anuência da parte derrotada. Sempre existe um recurso (agravos, embargos etc.) oponível contra uma decisão, ainda que sem nenhum fundamento válido, e os instrumentos legais para coibir tais comportamentos são insuficientes.

Não raras vezes, portanto, a condenação definitiva somente ocorre quando o réu se conforma com seu destino, e então deixa de valer-se de algum recurso. Em outras palavras, nosso sistema jurídico lamentavelmente condiciona o fim do processo à anuência do acusado, e o poder punitivo do Estado fica à mercê dos malabarismos defensivos que são apresentados no caso concreto.

### 33.16.2.6. Análise do art. 283 do Código de Processo Penal

Aqueles que não admitem a execução provisória da pena aplicada a réu solto invocam o art. 283 do Código de Processo Penal:

> **Art. 283.** Ninguém poderá ser preso senão em flagrante delito ou por ordem escrita e fundamentada da autoridade judiciária competente, em decorrência de prisão cautelar ou em virtude de condenação criminal transitada em julgado.

480 | DIREITO PENAL – PARTE GERAL – VOL. 1 • CLEBER MASSON

Esse dispositivo legal preceitua que, com exceção da custódia cautelar (prisão em flagrante, prisão temporária ou preventiva), somente será possível a prisão "**por ordem escrita e fundamentada da autoridade judiciária competente, em virtude de condenação criminal transitada em julgado**". Exige-se, portanto, o trânsito em julgado da condenação.

Surge aqui uma indagação: o art. 283 do CPP funciona como fator impeditivo da execução provisória, quando o acusado, malgrado a existência de acórdão condenatório em que foi respeitado o duplo grau de jurisdição, não teve contra si decretada a prisão preventiva?[62]

Nada obstante o atual entendimento do Supremo Tribunal Federal, a resposta há de ser negativa. Com efeito, o Código de Processo Penal tem *status* de lei ordinária. Suas normas devem guardar compatibilidade vertical com a Constituição Federal, e não o contrário. A Lei Suprema, de seu turno, admite a execução provisória, em face da relatividade da presunção de inocência (ou de não culpabilidade) e da sua conformação com a efetividade da prestação jurisdicional e com a razoável duração do processo.

De fato, a redação do art. 283 do Código de Processo Penal encontra seu fundamento de validade no princípio da presunção de não culpabilidade. Logo, se entendemos pela possibilidade da execução provisória da pena após a prolação de acórdão condenatório, pois não há ofensa ao comando normativo inscrito no art. 5.º, LVII, da Constituição Federal, o dispositivo infraconstitucional evidentemente não tem força para vedar o instituto.

### 33.16.3. Execução provisória de pena e desaforamento

Na hipótese em que houve desaforamento no trâmite de ação penal atinente a crime de competência do Tribunal do Júri, com posterior condenação pelo Conselho de Sentença, a qual vem a ser confirmada pela instância superior, em grau de recurso, a execução provisória da pena será promovida pelo juízo da comarca em que o feito foi desaforado. O deslocamento de foro opera-se tão somente para a realização do julgamento popular. Na visão do Superior Tribunal de Justiça:

> A execução provisória da decisão proferida pelo Tribunal do Júri – oriunda de julgamento desaforado nos termos do art. 427 do CPP – compete ao Juízo originário da causa e não ao sentenciante. Entre outras insurgências aventadas no habeas corpus, importa analisar a competência para execução provisória de pena estabelecida em decisão proferida pelo Tribunal do Júri: se do Juízo sentenciante ou do Juízo em que o processo foi desaforado no intuito de garantir a imparcialidade do Conselho de Sentença. Sobre o tema, sabe-se que, de acordo com o teor dos arts. 70 e 69, I, ambos do CPP, via de regra, a competência dar-se-á pelo local da infração, pois presume-se que no lugar dos fatos, isto é, no distrito da culpa, o acervo probatório será construído com maior robustez, adotando-se, nesse campo, a expressão latina do *forum delicti comissi* – que prepondera, ainda mais, no procedimento dos crimes dolosos contra a vida, submetidos ao Tribunal do Júri, haja vista que os jurados do local dos fatos, frise-se, leigos sob a ótica jurídica, decidirão com base em razões pessoais, influenciadas pela cultura circunscrita àquela localidade. Contudo, excepcionando a regra supracitada, o art. 427 do CPP estabelece que, nas hipóteses em que o interesse da ordem pública o reclamar ou houver dúvidas sobre a imparcialidade do júri ou a segurança pessoal do acusado, poderá ser determinado o desaforamento do feito para comarca distinta, da mesma região, onde não existam aqueles motivos, preferindo-se as mais próximas. Cabe salientar, sob a ótica hermenêutica e da aplicação do Direito no Tribunal do Júri, o seguinte destaque da doutrina: "cuida-se o desaforamento, portanto, de decisão jurisdicional que altera a competência inicialmente fixada pelos critérios constantes do art. 70 do CPP, com aplicação estrita à sessão de julgamento propriamente dita". De igual modo, não se verifica

---

[62] A prisão em flagrante deve ser convertida em prisão preventiva, se presentes os requisitos contidos no art. 312 do CPP e se revelarem inadequadas ou insuficientes as medidas cautelares da prisão (CPP, art. 310, inc. II), e a prisão temporária somente pode ser decretada na fase investigatória (Lei 7.960/1989, art. 1.º, inc. II).

CAP. 33 – PENA PRIVATIVA DE LIBERDADE | 481

violação ao artigo 668 do CPP, tendo em vista tratar-se de norma afeta aos julgamentos originariamente designados ao Júri, o que não se revela quando da ocorrência do instituto do desaforamento. Diante de tais elucidações, conclui-se que o art. 427 do CPP não comporta interpretação ampliativa, de modo que o deslocamento de competência dar-se-á tão somente quanto ao Tribunal Popular, ao passo que, uma vez realizado, esgota-se a competência da comarca destinatária, inexistindo, no caso, violação quanto à execução provisória determinada pelo juízo originário da causa, em observância à exegese do art. 70 do mesmo diploma legal.[63]

Exemplificativamente, se João praticou um homicídio qualificado na cidade de Cravinhos, interior de São Paulo, e encontra-se preso preventivamente aguardando o julgamento pelo Tribunal do Júri, que vem a ocorrer, com condenação, em Ribeirão Preto, em razão do desaforamento, eventual execução provisória será promovida pelo juízo de Cravinhos, pois o deslocamento da competência não se estende para fins de cumprimento da pena.

### 33.16.4. Execução provisória e prisão especial

O recolhimento cautelar do acusado à prisão especial não impede a execução provisória da pena. É o que se extrai da **Súmula 717 do Supremo Tribunal Federal:** "Não impede a progressão de regime de execução da pena, fixada em sentença não transitada em julgado, o fato de o réu se encontrar em prisão especial".

### 33.16.5. Execução provisória e Tribunal do Júri

Analisamos no item 33.16.2.1 que, ao julgar as Ações Declaratórias de Constitucionalidade 43, 44 e 54, o Supremo Tribunal reconheceu a procedência dos pedidos, para o fim de assentar a constitucionalidade do art. 283 do Código de Processo Penal, à época com a seguinte redação: "Ninguém poderá ser preso senão em flagrante delito ou por ordem escrita e fundamentada da autoridade judiciária competente, em decorrência de sentença condenatória transitada em julgado ou, no curso da investigação ou do processo, em virtude de prisão temporária ou prisão preventiva".

Com essa premissa, e objetivando possibilitar a execução provisória da pena privativa de liberdade de réu solto, a Lei 13.964/2019, conhecida como "Pacote Anticrime", promoveu alterações no art. 492 do Código de Processo Penal, atinente à sentença proferida nos crimes de competência do Tribunal do Júri.

O raciocínio é simples. Se uma norma do Código de Processo Penal (art. 283) estabelece a regra geral, vedando a execução provisória da pena privativa de liberdade, outra norma de igual hierarquia e alocada no mesmo diploma legislativo pode excepcioná-la, admitindo em situações específicas a execução provisória da pena.

Se não bastasse, o art. 5.º, XXXVIII, da Constituição Federal elenca valores diferenciados no Tribunal do Júri, que reforçam a legitimidade da execução provisória da pena, a saber: plenitude de defesa (alínea "a"), soberania dos veredictos (alínea "c") e competência para julgamento dos crimes dolosos contra a vida (alínea "d").

De fato, a **plenitude de defesa** – tanto da defesa técnica como da autodefesa – possui espectro maior do que a ampla defesa, inerente ao processo e julgamento dos crimes em geral. Se ainda assim o réu foi condenado, a reforma da sentença em grau de recurso afigura-se extremamente improvável.

De seu turno, a **soberania dos veredictos** leva à impossibilidade de modificação do mérito da decisão dos jurados pela instância superior. O Tribunal não pode, em grau de recurso,

---

[63] HC 374.713/RS, rel. Min. Antônio Saldanha Palheiro, 6.ª Turma, noticiado no *Informativo* 605.

# 482 DIREITO PENAL – PARTE GERAL – VOL. 1 • CLEBER MASSON

absolver o acusado, se os juízes leigos optaram por condená-lo. Essa afirmação ganha mais força quando somada à **competência para julgamento dos crimes dolosos contra a vida.**

Em síntese, uma sentença condenatória emanada do Tribunal do Júri dificilmente será alterada em grau de recurso. Pode ser anulada, determinando-se a realização de novo júri, mas não é permitido à instância superior absolver o réu.

Nesse cenário, o art. 492, I, "e", do Código de Processo Penal autoriza a execução provisória da pena, ao estabelecer que o juiz presidente do Tribunal do Júri proferirá sentença que, no caso de condenação, "mandará o acusado recolher-se ou recomendá-lo-á à prisão em que se encontra, se presentes os requisitos da prisão preventiva, ou, no caso de condenação a uma pena igual ou superior a 15 (quinze) anos de reclusão, determinará a execução provisória das penas, com expedição do mandado de prisão, se for o caso, sem prejuízo do conhecimento de recursos que vierem a ser interpostos".

Em outras palavras, o acusado estava em liberdade por ocasião do julgamento pelo Tribunal do Júri, no qual foi condenado. Tal circunstância autoriza a execução provisória da reprimenda, ainda que venha a ser interposto recurso defensivo.

Como medida de cautela, o juiz presidente poderá, excepcionalmente, deixar de autorizar a execução provisória da pena, se houver questão substancial cuja resolução pelo tribunal ao qual competir o julgamento possa plausivelmente levar à revisão da condenação (CPP, art. 492, § 3.º). Em síntese, a execução antecipada da pena é a regra; sua negação, medida de natureza excepcional.

Na mesma direção, o recurso de apelação interposto contra decisão condenatória do Tribunal do Júri a pena igual ou superior a 15 anos de reclusão **não terá efeito suspensivo** (CPP, art. 492, § 4.º).

Excepcionalmente, contudo, o Tribunal poderá atribuir efeito suspensivo à apelação, se verificar que o recurso, cumulativamente, (I) não tem propósito meramente protelatório; e (II) levanta questão substancial e que pode resultar em absolvição, anulação da sentença, novo julgamento ou redução da pena para patamar inferior a 15 anos de reclusão (CPP, art. 492, § 5.º).

O pedido de concessão de efeito suspensivo na apelação poderá ser feito no próprio recurso, incidentalmente, ou então separadamente, por meio de petição endereçada ao relator, instruída com cópias da sentença condenatória, das razões da apelação e de prova da tempestividade, das contrarrazões e das demais peças necessárias à compreensão da controvérsia submetida à apreciação do Tribunal (CPP, art. 492, § 6.º).

O Supremo Tribunal Federal, no **Tema 1.068 da Repercussão Geral**, reconheceu a **constitucionalidade** do art. 492, I, "e", do Código de Processo Penal, e foi ainda mais longe, ao admitir a execução provisória da pena imposta pelo Tribunal do Júri, independentemente da sua quantidade: **"A soberania dos veredictos do Tribunal do Júri autoriza a imediata execução de condenação imposta pelo corpo de jurados, independentemente do total da pena aplicada".** Vale a pena acompanhar a fundamentação do julgado:

> É constitucional — por não violar o princípio da presunção de inocência ou da não culpabilidade (CF/1988, art. 5º, LVII) e por garantir a máxima efetividade da soberania dos veredictos (CF/1988, art. 5º, XXXVIII, "c") – a execução imediata da condenação imposta pelo Tribunal do Júri, independentemente do total da pena fixada. O Tribunal do Júri é o órgão constitucionalmente competente para julgar os crimes dolosos contra a vida e suas decisões são soberanas (CF/1988, art. 5º, XXXVIII, "c" e "d"). Nesse contexto, nem mesmo a declaração de constitucionalidade do art. 283 do CPP/1941 — firmada por esta Corte por ocasião do julgamento das ADCs 43, 44 e 54 — impede a execução imediata da pena soberanamente imposta pelo Conselho de Sentença. A exceção ao duplo grau de jurisdição não representa ofensa ao devido processo legal ou à ampla defesa, visto que a exequibilidade imediata da decisão proferida pelo Tribunal do Júri não retira a possibilidade de se interporem os recursos cabíveis. Uma vez reconhecida, pelos jurados, a respon-

sabilidade penal do réu, o Tribunal de segundo grau não pode rever essa deliberação. O recurso de apelação é cabível, por exemplo, na hipótese de fortes indícios de nulidade ou de condenação manifestamente contrária à prova dos autos (CPP/1941, art. 593, III), sendo que, somente em situações excepcionais, o Tribunal pode suspender a execução da decisão até o julgamento da peça recursal (efeito suspensivo). Ademais, a exequibilidade das decisões proferidas pelo corpo de jurados fundamenta-se na soberania dos seus veredictos — assegurada constitucionalmente —, de modo que limitar ou categorizar as decisões do Tribunal do Júri em função do montante da pena viola o princípio da isonomia (CF/1988, art. 5º, caput), na medida em que confere tratamento diferenciado a pessoas submetidas a situações equivalentes.[64]

### 33.16.5.1. Direito intertemporal

Nada obstante contido no Código de Processo Penal, o art. 492, I, "e" também possui caráter penal, em face da sua ligação com o poder punitivo do Estado, antecipado para momento anterior ao trânsito em julgado da condenação.

Cuida-se indiscutivelmente de norma híbrida, razão pela qual somente pode ser aplicada a fatos praticados após a sua entrada em vigor. Com efeito, se incidisse a crimes praticados antes da sua vigência, a lei – também de natureza penal – estaria retroagindo em prejuízo do réu, com ofensa ao mandamento veiculado pelo art. 5.º, XL, da Constituição Federal.

## 33.17. AUTORIZAÇÕES DE SAÍDA

A Lei de Execução Penal, ao disciplinar a execução das penas privativas de liberdade, prevê as autorizações de saída do estabelecimento prisional, consistentes em benefícios aplicáveis aos condenados inseridos nos regimes fechado ou semiaberto.[65] Dividem-se em **permissão de saída**, com fulcro na dignidade do condenado, e **saída temporária**, endereçada à **reinserção social** do preso.

### 33.17.1. Permissão de saída

Nos termos do art. 120 da Lei de Execução Penal, cuida-se de **benefício destinado aos condenados que cumprem pena em regime fechado ou semiaberto, e também aos presos provisórios**. A saída do estabelecimento se dará sempre **mediante escolta**, quando ocorrer um dos seguintes fatos: I – falecimento ou doença grave do cônjuge, companheira, ascendente, descendente ou irmão; e II – necessidade de tratamento médico, nos casos em que o estabelecimento penal não estiver aparelhado para prover a assistência médica necessária.

A permissão de saída será concedida pelo diretor do estabelecimento onde se encontra o preso (LEP, art. 120, parágrafo único). É possível a sua concessão pelo juízo da execução, se o pedido for recusado injustificadamente pela autoridade administrativa.

### 33.17.2. Saída temporária

Com a entrada em vigor da Lei 14.843/2024, que promoveu diversas modificações na saída temporária, o benefício é cabível aos condenados que cumprem pena em regime **semia-**

---

[64] STF: RE 1.235.340/SC, rel. Min. Luís Roberto Barroso, Plenário, j. 12.09.2024, noticiado no *Informativo* 1.150. No STJ: AgRg no HC 788.126/SC, rel. Min. Jesuíno Rissato (Desembargador convocado do TJDFT), rel. para acórdão Min. Sebastião Reis Júnior, 6.ª Turma, j. 17.09.2024, noticiado no *Informativo* 826.

[65] Na linha da jurisprudência do Supremo Tribunal Federal: "O ingresso no regime prisional semiaberto é apenas um pressuposto que pode, eventualmente, legitimar a concessão de autorizações de saídas em qualquer de suas modalidades – permissão de saída ou saída temporária –, mas não garante, necessariamente, o direito subjetivo de obtenção dessas benesses. [...] Asseverou-se cumprir ao juízo das execuções criminais avaliar em cada caso a pertinência e a razoabilidade da pretensão, observando os requisitos objetivos e subjetivos do paciente" (HC 102.773/RJ, rel. Min. Ellen Gracie, 2.ª Turma, j. 22.06.2010, noticiado no *Informativo* 592).

**berto,**[66] para saída do estabelecimento penal, **sem vigilância direta**, unicamente para frequência a curso supletivo profissionalizante, bem como de instrução do segundo grau ou superior, na comarca do Juízo da Execução.[67]

Nos termos do art. 122, § 1.º, da Lei de Execução Penal: "a ausência de vigilância direta não impede a utilização de equipamento de monitoração eletrônica pelo condenado, quando assim determinar o juiz da execução".

Não terá direito à saída temporária ou a trabalho externo sem vigilância direta o condenado que cumpre pena pela prática de **crime hediondo ou com violência ou grave ameaça contra pessoa**, a exemplo do homicídio qualificado, do estupro, do roubo e da extorsão (LEP, art. 122, § 2.º).

De igual modo, o benefício não pode ser aplicado ao **preso provisório**, por dois motivos: (a) não é condenado; e (b) não cumpre pena privativa de liberdade em regime semiaberto.

A saída temporária será autorizada por ato motivado do juiz da execução,[68] ouvidos o Ministério Público e a administração penitenciária, e dependerá da satisfação dos seguintes **requisitos cumulativos**: I – comportamento adequado;[69] II – cumprimento mínimo de 1/6 (um sexto) da pena, se o condenado for primário, e 1/4 (um quarto), se reincidente; e III – compatibilidade do benefício com os objetivos da pena (LEP, art. 123).

No tocante ao percentual de cumprimento da pena (1/6 ou 1/4), o período já descontado no regime fechado – se era o regime inicial da pena privativa de liberdade –, será computado para fins de saída temporária. É o que estabelece a **Súmula 40 do Superior Tribunal de Justiça**: "Para obtenção dos benefícios de saída temporária e trabalho externo, considera-se o tempo de cumprimento da pena no regime fechado".

O tempo de saída será o necessário para o cumprimento das atividades discentes (LEP, art. 122, § 3.º).

O benefício será automaticamente revogado quando o condenado praticar fato definido como crime doloso, for punido por falta grave, desatender as condições impostas na autorização ou revelar baixo grau de aproveitamento do curso. Se revogado, a recuperação do direito à saída temporária dependerá da absolvição no processo penal, do cancelamento da punição disciplinar ou da demonstração do merecimento do condenado (LEP, art. 125 e parágrafo único).

---

[66] O Superior Tribunal de Justiça já admitiu a saída temporária a condenado que cumpre pena em **prisão domiciliar**, em face da falta de vaga no regime semiaberto: "Há compatibilidade entre o benefício da saída temporária e prisão domiciliar por falta de estabelecimento adequado para o cumprimento de pena de reeducando que se encontre no regime semiaberto. Ao apenado em regime semiaberto que preencher os requisitos objetivos e subjetivos do art. 122 e seguintes da Lei de Execuções Penais, deve ser concedido o benefício das saídas temporárias. No caso, a Corte local indeferiu o pedido de saídas temporárias, por entender que o benefício é incompatível com a prisão domiciliar. Observado que o benefício da saída temporária tem como objetivo a ressocialização do preso e é concedido ao apenado em regime mais gravoso – semiaberto –, não se justifica negar a benesse ao reeducando que se encontra em regime menos gravoso – aberto, na modalidade de prisão domiciliar –, em razão de ausência de vagas em estabelecimento prisional compatível com o regime semiaberto" (HC 489.106/RS, rel. Min. Nefi Cordeiro, 6.ª Turma, j. 13.08.2019, noticiado no *Informativo* 655).

[67] Antes da Lei 14.843/2024 também era admitida a saída temporária pelo condenado para visita à família e participação em atividades destinadas a concorrer para o retorno ao convívio social. A nova sistemática é prejudicial ao réu, razão pela qual somente pode ser aplicada aos fatos praticados após a sua entrada em vigor (STJ: HC 932.864/SC, rel. Min. Sebastião Reis Júnior, 6.ª Turma, j. 10.09.2024, noticiado no *Informativo* 827).

[68] Como preceitua a Súmula 520 do Superior Tribunal de Justiça: "O benefício de saída temporária no âmbito da execução penal é ato jurisdicional insuscetível de delegação à autoridade administrativa do estabelecimento prisional".

[69] "Não se aplica limite temporal à análise do requisito subjetivo para concessão de saída temporária, devendo ser considerado todo o período de execução da pena, a fim de se averiguar o mérito do apenado" (STJ: HC 795.970/SC, rel. Min. Reynaldo Soares da Fonseca, 5.ª Turma, j. 14.03.2023, noticiado no *Informativo* 767).

CAP. 33 – PENA PRIVATIVA DE LIBERDADE | 485

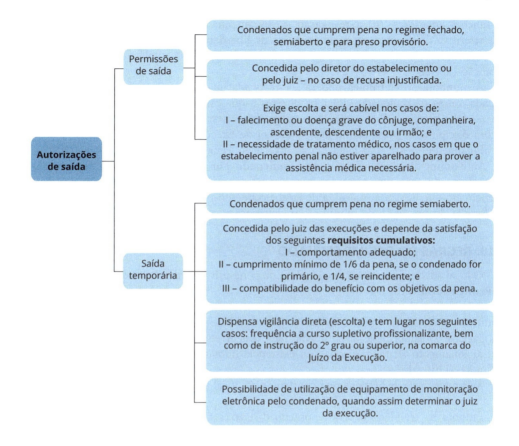

### 33.17.2.1. Saída temporária e monitoração eletrônica

O art. 146-B, inc. II, da Lei 7.210/1984 – Lei de Execução Penal – autorizou o juiz a definir a fiscalização do condenado mediante monitoração eletrônica quando autorizar a saída temporária no regime semiaberto.[70] Trata-se de recurso excepcional, não podendo ser utilizado como regra. O juiz deverá fundamentar sua decisão, e baseá-la sobretudo em questões de necessidade, adequação e proporcionalidade da medida, pois a regra é a saída temporária sem vigilância direta (LEP, art. 122, *caput*).

Nesse caso, o condenado será instruído acerca dos cuidados que deverá adotar com o equipamento eletrônico e dos seguintes deveres: I – receber visitas do servidor responsável pela monitoração eletrônica, responder aos seus contatos e cumprir suas orientações; II – abster-se de remover, de violar, de modificar, de danificar de qualquer forma o dispositivo de monitoração eletrônica ou de permitir que outrem o faça (LEP, art. 146-C, incs. I e II).

A violação comprovada de tais deveres poderá acarretar, a critério do juiz da execução, ouvidos o Ministério Público e a defesa: (a) a regressão do regime; (b) a revogação da autorização de saída temporária; (c) advertência, por escrito, se o juiz decidir não aplicar qualquer

---

[70] Nos termos do art. 146-B da Lei de Execução Penal, **além da saída temporária**, a fiscalização por meio da monitoração eletrônica também será possível quando o juiz: (a) determinar a **prisão domiciliar**; (b) aplicar **pena privativa de liberdade a ser cumprida nos regimes aberto ou semiaberto**, ou conceder **progressão para tais regimes**; (c) aplicar **pena restritiva de direitos que estabeleça limitação de frequência a lugares específicos**; e (d) conceder o **livramento condicional**.

das sanções anteriores; (d) a revogação do livramento condicional; ou (e) a conversão da pena restritiva de direitos em pena privativa de liberdade (LEP, art. 146-C, parágrafo único, incs. I, II, VI, VII, VIII e IX). Exige-se, portanto, respeito à ampla defesa para imposição da sanção cabível.

A monitoração eletrônica poderá ser revogada quando se tornar desnecessária ou inadequada, ou se o condenado violar os deveres a que estiver sujeito durante sua vigência ou cometer falta grave (LEP, art. 146-D), sem prejuízo, nessa última hipótese, da imposição das sanções disciplinares previstas no art. 53 da Lei de Execução Penal.

Finalmente, o art. 146-E da Lei de Execução Penal, criado pela Lei 14.994/2024 ("Pacote Antifeminicídio), estabelece que o **condenado por crime contra a mulher por razões da condição do sexo feminino** – e não somente por feminicídio - ao usufruir de qualquer benefício em que ocorra a sua saída de estabelecimento penal, a exemplo da saída temporária, será fiscalizado por meio de monitoração eletrônica.

## 33.18. REGRAS DO REGIME FECHADO

O local adequado para o cumprimento da pena privativa de liberdade em regime fechado é a **Penitenciária** (LEP, art. 87).

Pelo sistema legislativo, o condenado deve ser alojado em cela individual, que conterá dormitório, aparelho sanitário e lavatório. Cada unidade celular depende dos seguintes requisitos básicos: a) salubridade do ambiente pela concorrência dos fatores de aeração, insolação e condicionamento térmico adequado à existência humana; e b) área mínima de seis metros quadrados (LEP, art. 88).

A Penitenciária de homens será construída em local afastado do centro urbano, à distância que não restrinja a visitação (LEP, art. 90).

Embora na realidade ocorra fenômeno diverso, a **Cadeia Pública destina-se exclusivamente ao recolhimento de presos provisórios** (LEP, art. 102). Esta também é a determinação contida no art. 300, *caput*, do Código de Processo Penal: "As pessoas presas provisoriamente ficarão separadas das que já estiverem definitivamente condenadas, nos termos da lei de execução penal".

No início do cumprimento da pena o condenado será obrigatoriamente submetido a exame criminológico de classificação para individualização da execução (CP, art. 34, *caput*, e LEP, art. 8.º, *caput*). Esse exame é realizado pela Comissão Técnica de Classificação, com vistas a definir o programa individualizador da pena privativa de liberdade adequada ao condenado (LEP, art. 6.º).

O condenado fica sujeito a trabalho no período diurno e a isolamento durante o repouso noturno. É o que se convencionou chamar de **"período de silêncio"**.[71] O trabalho será em comum dentro do estabelecimento, na conformidade das aptidões ou ocupações anteriores do condenado, desde que compatíveis com a execução da pena (CP, art. 34, §§ 1.º e 2.º). Esse trabalho é obrigatório (LEP, art. 31, *caput*).

Ressalte-se que na atribuição do trabalho deverão ser levadas em conta a habilitação, a condição pessoal e as necessidades futuras do preso, bem como as oportunidades oferecidas pelo mercado. Deverá ser limitado, tanto quanto possível, o artesanato sem expressão econômica, salvo nas regiões de turismo. Os maiores de 60 (sessenta) anos poderão solicitar ocupação adequada à sua idade, e os doentes ou deficientes físicos somente exercerão atividades apropriadas ao seu estado (LEP, art. 32 e §§ 1.º a 3.º).

---

[71] COSTA, Álvaro Mayrink da. *Direito penal*: volume 3 – parte geral. 7. ed. Rio de Janeiro: Forense, 2007. p. 148.

## CAP. 33 – PENA PRIVATIVA DE LIBERDADE | 487

O Código Penal somente admite o **trabalho externo** em serviços ou obras públicas (art. 34, § 3.º). Porém, o art. 36, *caput*, da Lei de Execução Penal é mais amplo, abrindo espaço ao labor extramuros também em entidades particulares: "O trabalho externo será admissível para os presos em regime fechado somente em serviço ou obras públicas realizadas por órgãos da Administração Direta ou Indireta, ou entidades privadas, desde que tomadas as cautelas contra a fuga e em favor da disciplina".

Devem ser observadas algumas regras quanto ao trabalho externo: a) o limite máximo do número de presos será de 10% (dez por cento) do total de empregados na obra; b) caberá ao órgão da administração, à entidade ou à empresa empreiteira a remuneração desse trabalho; e c) a prestação de trabalho a entidade privada depende do consentimento expresso do preso (LEP, art. 36, §§ 1.º a 3.º).

Além disso, a prestação de trabalho externo, **a ser autorizada pela direção do estabelecimento**, dependerá de aptidão, disciplina e responsabilidade, além do cumprimento mínimo de 1/6 (um sexto) da pena. E será revogada a autorização de trabalho externo ao preso que vier a praticar fato definido como crime, for punido por falta grave, ou faltar com aptidão, disciplina ou responsabilidade (LEP, art. 37, *caput* e parágrafo único).

É admissível o trabalho externo do condenado pela prática de **crime hediondo ou equiparado**, pois não há restrições legais. Logo, por cumprir parte da pena em regime fechado, aplicam-se as regras a ele inerentes. Deve ser tomada, porém, redobrada cautela no tocante à vigilância.[72]

O trabalho externo em entidades privadas, desde que cumpridos todos os requisitos legais, pode ser prestado inclusive em empresa pertencente à família do condenado. A boa-fé, tanto da empregadora quanto também do preso, é presumida, e eventuais abusos devem ser comprovados no caso concreto. Na dicção do Superior Tribunal de Justiça:

> O fato de o irmão do apenado ser um dos sócios da empresa empregadora não constitui óbice à concessão do benefício do trabalho externo, ainda que se argumente sobre o risco de ineficácia da realização do trabalho externo devido à fragilidade na fiscalização. Com efeito, a execução criminal visa ao retorno do condenado ao convívio em sociedade, com o escopo de reeducá-lo e ressocializá-lo, sendo que o trabalho é essencial para esse processo. Nesse contexto, é importante considerar que os riscos de ineficácia da realização de trabalho externo em empresa familiar, sob o argumento de fragilidade na fiscalização, não podem ser óbice à concessão do referido benefício. Em primeiro lugar, porque é muito difícil para o apenado conseguir emprego. Impedir que o preso seja contratado por parente é medida que reduz ainda mais a possibilidade de vir a conseguir uma ocupação lícita e, em consequência, sua perspectiva de reinserção na sociedade. Em segundo lugar, porque o Estado deve envidar todos os esforços possíveis no sentido de ressocializar os transgressores do Direito Penal, a fim de evitar novas agressões aos bens jurídicos da coletividade. Ademais, o Estado possui a atribuição de fiscalizar o efetivo cumprimento do trabalho extramuros, estando autorizado a revogar a benesse nas hipóteses elencadas no parágrafo único do art. 37 da LEP. Além disso, não há qualquer vedação na LEP quanto à concessão de trabalho externo em empresa da família do sentenciado.[73]

---

[72] O Superior Tribunal de Justiça já vetou o trabalho externo em região tomada pelo crime organizado, a ponto de impedir a fiscalização do cumprimento do benefício, mesmo com a presença do mérito carcerário do preso. Afirmou-se que "o trabalho extramuros em tal localidade poderia servir de estímulo à delinquência e até de meio à burla da execução da pena, o que desvirtuaria sobremaneira a própria finalidade do instituto do trabalho extramuros, qual seja, de contribuir para a reinserção social do apenado" (HC 165.081/DF, rel. Min. Gilson Dipp, 5.ª Turma, j. 31.05.2011, noticiado no *Informativo* 475). Também foi negado o trabalho externo quando o benefício depende de escolta policial diária, situação de nítida inviabilidade prática (STJ: HC 41.940/DF, rel. Min. Arnaldo Esteves Lima, 5.ª Turma, j. 24.05.2005).

[73] HC 310.515/RS, rel. Min. Felix Fischer, 5.ª Turma, j. 17.09.2015, noticiado no *Informativo* 569.

488 | DIREITO PENAL – PARTE GERAL – VOL. 1 • CLEBER MASSON

A jornada normal de trabalho não será inferior a 6 (seis), nem superior a 8 (oito) horas, com descanso nos domingos e feriados. Aos presos designados para os serviços de conservação e manutenção do estabelecimento penal poderá ser atribuído horário especial de trabalho (LEP, art. 33).

O preso que desempenha atividade laborativa tem direito à remuneração, que não pode ser inferior a 3/4 do salário mínimo (CP, art. 39, e LEP, art. 29, *caput*). Assiste-lhe, ainda, direito aos benefícios da Previdência Social (CP, art. 39, e LEP, art. 41, III).

A recusa injustificada do preso à execução do trabalho caracteriza falta grave (LEP, arts. 31, 39, V e 50, VI), acarretando na impossibilidade de obter a progressão de regime prisional ou o livramento condicional. Entretanto, o trabalho não é obrigatório ao preso provisório e ao preso político (LEP, arts. 31, parágrafo único, e 200).

No tocante às contravenções penais, o trabalho é facultativo se a pena de prisão simples aplicada não exceder a 15 (quinze) dias (Decreto-lei 3.688/1941 – LCP, art. 6.º, § 2.º).

## 33.18.1. Local de cumprimento da pena

O condenado à pena privativa de liberdade não tem o direito de cumpri-la na sua comarca, até porque nela não existe, obrigatoriamente, estabelecimento prisional.[74]

Sempre que possível, é preferível que a pessoa processada ou condenada fique custodiada em presídio no local em que reside, inclusive para facilitar o exercício de seu direito à assistência familiar e promover sua ressocialização.[75] Porém, se a permanência do apenado em presídio local evidencia-se impraticável ou inconveniente por qualquer motivo, tal como em razão do seu comportamento ou das suas desavenças com os demais detentos, é mister pôr em ressalto a preponderância ao interesse social da segurança e da própria eficácia da segregação individual.

Em regra, a execução da pena deve ocorrer na mesma comarca em que se consumou o crime. Entretanto, o art. 86 da Lei de Execução Penal admite exceções a essa regra, ou seja, a transferência de condenado para sistema penitenciário de outra unidade federativa em estabelecimento local ou da União, desde que fundamentada a decisão pelo juiz por motivação idônea e válida para justificá-la.

Destarte, ainda que seus parentes e as pessoas do seu convívio social residam em outra comarca ou mesmo em outro Estado, o condenado não tem direito à remoção do estabelecimento prisional quando preso em local diverso, especialmente se ligado a organizações criminosas, hipótese em que a supremacia do interesse público indica ser o Estado em que se deu a condenação o menos apropriado para cumprimento da pena.[76]

Destaque-se, ainda, que a União está autorizada a construir estabelecimento penal em local distante da condenação para recolher os condenados, quando a medida se justifique no interesse da segurança pública ou do próprio condenado (LEP, art. 86, § 1.º). E cabe ao juiz competente, a requerimento da autoridade administrativa, definir o estabelecimento prisional adequado para abrigar o preso provisório ou condenado, em atenção ao regime e aos requisitos estabelecidos (LEP, art. 86, § 3.º).

Finalmente, é legítima a transferência de presos em face do **superpovoamento e de problemas estruturais no estabelecimento prisional**, em atenção à dignidade da pessoa humana e ao princípio da humanidade da pena, bem como aos direitos dos presos expressamente

---

[74] STJ: AgRg no HC 209.452/RJ, rel. Min. Jorge Mussi, 5.ª Turma, j. 07.08.2014.

[75] Para o Supremo Tribunal Federal, esse raciocínio se ampara no fato de a Constituição Federal classificar a família como a base da sociedade, e dotada de especial proteção por parte do Estado (HC 101.540/SP, rel. Min. Ayres Britto, 2.ª Turma, j. 19.10.2010, noticiado no *Informativo* 605).

[76] STF: HC 106.039/MT, rel. Min. Ayres Britto, 2.ª Turma, j. 27.03.2012. No STJ: HC 289.602/DF, rel. Min. Laurita Vaz, 5.ª Turma, j. 24.04.2014.

assegurados no art. 5.º, XLIX, da Constituição Federal: "é assegurado aos presos o respeito à integridade física e moral".[77]

### 33.18.1.1. Violência doméstica e familiar contra a mulher

O **condenado ou preso provisório** que cometeu **crime de violência doméstica e familiar contra a mulher** e venha a **ameaçar ou praticar violência contra a vítima ou seus familiares**, durante o período em que se encontrar privado da liberdade, será transferido para **estabelecimento penal distante do local da residência da vítima**, ainda que situado em outra unidade federativa, inclusive da União (presídio federal).

Essa regra, contida no art. 86, § 4.º, da Lei de Execução Penal, foi criada pela Lei 14.994/2024 ("Pacote Antifeminicídio"), e seu objetivo é a proteção da mulher, vítima de violência doméstica ou familiar, e dos seus parentes, muitas vezes envolvidos na proteção e no auxílio da superação dos traumas causados à ofendida.

O dispositivo é aplicável a **qualquer crime contra a mulher que envolva violência doméstica ou familiar**, e não apenas ao feminicídio, e alcança tanto o condenado definitivo como também o preso provisório.

Em crimes dessa natureza o preso normalmente tem domicílio na mesma cidade da vítima, em razão do seu vínculo doméstico ou familiar. Nada obstante seja comum o cumprimento da pena na localidade da sua residência, ou em comarca próxima, o risco à integridade da vítima ou dos seus parentes autoriza a remoção do detento para estabelecimento penal distante, quiçá situado em outro Estado ou no Distrito Federal, e inclusive a presídio federal.

### 33.18.2. Estabelecimentos penais de segurança máxima

A Lei 11.671/2008 dispõe sobre a transferência e inclusão de presos em estabelecimentos penais **federais** de segurança máxima. Esse diploma normativo passou por diversas modificações promovidas pela Lei 13.964/2019 ("Pacote Anticrime"), destinadas a implementar medidas mais severas voltadas ao interesse da segurança pública ou do próprio preso, definitivo ou provisório, especialmente nas situações ligadas às lideranças de organizações criminosas.

A transferência do preso para estabelecimento prisional da União depende de decisão prévia e fundamentada do juízo federal competente, prolatada após receber os autos de transferência enviados pelo juízo responsável pela execução penal ou pela prisão provisória (Lei 11.671/2008, art. 4.º, *caput*).

Se comprovada uma situação de emergência, essa transferência prescinde da prévia oitiva do preso. É o que se extrai da **Súmula 639 do Superior Tribunal de Justiça**: "Não fere o contraditório e o devido processo decisão que, sem ouvida prévia da defesa, determine transferência ou permanência de custodiado em estabelecimento penitenciário federal".[78]

A transferência pode ser requerida pela autoridade administrativa, ou seja, pelo diretor do estabelecimento prisional de origem, pelo Ministério Público e pelo próprio preso (Lei 11.671/2008, art. 5.º, *caput*). Esse pedido será formulado perante o juízo de origem (estadual), que decide pela necessidade ou não de transferência ao estabelecimento federal.

Não há hierarquia ou predominância de autoridade entre o juízo estadual e o juízo federal. Cada um dos magistrados deve atuar nos estritos limites da competência que lhe é atribuída pela legislação.

Nesse contexto, somente o juiz estadual pode decidir sobre a necessidade ou não de transferência do preso para o estabelecimento federal de segurança máxima, pois é ele quem

---

[77]  STJ: RMS 19.385/RJ, rel. Min. Laurita Vaz, 5.ª Turma, j. 26.04.2005.

[78]  O STF também possui jurisprudência nesse sentido: HC 115.539/RO, rel. Min. Luiz Fux, 1.ª Turma, j. 03.09.2013, noticiado no *Informativo* 718.

**490** | DIREITO PENAL – PARTE GERAL – VOL. 1 • CLEBER MASSON

tem conhecimento sobre o comportamento do preso e as condições do estabelecimento prisional estadual, que se mostraram insuficientes no caso concreto. Em conformidade com o art. 3.º, *caput*, da Lei 11.671/2008, é o magistrado de origem quem tem elementos para concluir se a medida (transferência) se justifica "no interesse da segurança pública ou do próprio preso, condenado ou provisório."[79]

Se o juízo federal rejeitar a transferência, o juízo de origem poderá suscitar conflito de competência perante o Superior Tribunal de Justiça (CF, art. 105, I, "d"), que o apreciará em caráter prioritário (Lei 11.671/2008, art. 9.º).

Depois de efetuada a transferência, o juízo federal de execução penal será competente para as ações de natureza penal que tenham por objeto fatos ou incidentes relacionados à execução da pena ou infrações penais ocorridas no estabelecimento penal federal (Lei 11.671/2008, art. 2.º, parágrafo único).

Se o preso que estiver no estabelecimento penal federal de segurança máxima não contar com advogado, sua assistência jurídica será incumbência da Defensoria Pública da União (Lei 11.671/2008, art. 5.º, § 1.º).

Com a finalidade de atender ao interesse da segurança pública, a inclusão em estabelecimento penal de segurança máxima será em **regime fechado de segurança máxima**, dotado das seguintes características:

a) **Recolhimento em cela individual:** cuida-se de medida voltada a evitar a comunicação do preso com outros detentos, e para protegê-lo de ataques promovidos por presos vinculados a organizações criminosas diversas daquela a que ele possa estar vinculado;

b) **Visita do cônjuge, do companheiro, de parentes e de amigos somente em dias determinados, por meio virtual ou no parlatório, com o máximo de 2 (duas) pessoas por vez, além de eventuais crianças, separados por vidro e comunicação por meio de interfone, com filmagem e gravações:** não há contato físico entre o preso e quem o visita. O objetivo dessa restrição é impedir a entrada de objetos proibidos no estabelecimento prisional (drogas, armas, etc.), e fazer com o que o preso não transmita ordens – muitas vezes ligadas ao comando da atividade criminosa – a serem levadas para o ambiente externo. A quebra da comunicação é essencial para o combate das atividades de organizações criminosas.

Se não for regularmente exercido, o direito de visitas pode ser suspenso por ato fundamentado do diretor do estabelecimento penal federal de segurança ou do Diretor do Sistema Penitenciário Federal (Lei 11.671/2008, art. 3.º, § 4.º).

Os estabelecimentos penais federais de segurança máxima deverão dispor de monitoramento de áudio e vídeo no parlatório e nas áreas comuns, para fins de preservação da ordem interna e da segurança pública, vedado seu uso nas celas e no atendimento advocatício, salvo expressa autorização judicial em contrário (Lei 11.671/2008, art. 3.º, § 2.º). A violação desta regra caracteriza o crime de violação de sigilo funcional, tipificado no art. 325 do Código Penal.

Entretanto, as gravações das visitas não poderão ser utilizadas como meio de prova de infrações penais **pretéritas** ao ingresso do preso no estabelecimento (Lei 11.671/2008,

---

[79] A propósito, o STF há muito tempo firmou o entendimento de que não cabe ao juízo federal discutir as razões do juízo estadual ao solicitar a transferência ou renovação do prazo em presídio federal, pois este é o único habilitado a declarar a excepcionalidade da medida (HC 112.650/RJ, rel. Min. Rosa Weber, 1.ª Turma, j. 11.03.2014, noticiado no *Informativo* 738). O STJ compartilha dessa linha de pensamento: AgRg no CC 199.369/PA, rel. Min. Teodoro Silva Santos, 6.ª Turma, j. 06.02.2024, noticiado no *Informativo* 800.

CAP. 33 – PENA PRIVATIVA DE LIBERDADE | **491**

art. 3.º, § 3.º). Não podem ser utilizadas como meio de prova de infrações anteriores à entrada do preso no estabelecimento, mas nada impede o uso de tais gravações como elementos probatórios de crimes ou contravenções penais praticadas **depois do ingresso do detento no estabelecimento prisional, em seu recinto ou fora dele;**

c) **Banho de sol de até 2 (duas) horas diárias:** trata-se de medida decorrente do isolamento do preso, para que ele não venha a se comunicar ou então rivalizar com outros detentos recolhidos no estabelecimento penal; e

d) **Monitoramento de todos os meios de comunicação, inclusive de correspondência escrita:** busca-se mais uma vez impedir tanto a entrada de objetos proibidos no estabelecimento penal como a comunicação externa, para dificultar a continuidade das atividades da organização criminosa.

O prazo de permanência do preso no estabelecimento penal de segurança máxima será de até 3 anos, renováveis por iguais períodos, quando solicitado motivadamente pelo juízo de origem. Nos termos da **Súmula 662 do Superior Tribunal de Justiça**: "Para a prorrogação do prazo de permanência no sistema penitenciário federal, é prescindível a ocorrência de fato novo; basta constar, em decisão fundamentada, a persistência dos motivos que ensejaram a transferência inicial do preso".

Não há limites para as renovações, desde que sejam observados os requisitos que autorizaram a transferência, e se persistirem os motivos que a determinaram (Lei 11.671/2008, art. 10, § 1.º). Além disso, deve evidentemente ser respeitado o limite de cumprimento da pena privativa de liberdade, na forma do art. 75 do Código Penal.

Finalmente, o Estados e o Distrito Federal podem construir estabelecimentos prisionais de segurança máxima, ou adaptar os já existentes (Lei 11.671/2008, art. 11-B).

### 33.18.2.1. Juízos colegiados

Em sintonia com a diretriz implantada para o julgamento de membros de organizações criminosas, e visando preservar os magistrados de intimidações e ataques individuais, decorrentes da personalização da atividade jurisdicional, a Lei 11.671/2008, com as modificações efetuadas pela Lei 13.964/2019, conhecida como "Pacote Anticrime", autoriza o julgamento colegiado para apreciar a transferência do preso para estabelecimento penal de segurança máxima, ou para prorrogação da permanência nesse recinto, bem como para a concessão ou denegação de benefícios prisionais ou imposição de sanções ao preso federal. Como estabelece seu art. 11-A:

> Art. 11-A. As decisões relativas à transferência ou à prorrogação da permanência do preso em estabelecimento penal federal de segurança máxima, à concessão ou à denegação de benefícios prisionais ou à imposição de sanções ao preso federal poderão ser tomadas por órgão colegiado de juízes, na forma das normas de organização interna dos tribunais.

### 33.18.2.2. Líderes de organizações criminosas

O art. 2.º, § 8.º, da Lei 12.850/2013 – Lei do Crime Organizado, com a redação conferida pela Lei 13.964/2019 ("Pacote Anticrime"), determina: "As lideranças de organizações criminosas armadas ou que tenham armas à disposição deverão iniciar o cumprimento da pena em estabelecimentos penais de segurança máxima."

Nada obstante o dispositivo legal admita situação diversa, chega a ser pueril acreditar em organizações criminosas que não sejam armadas ou tenham armas à disposição. Portanto, deixando de lado a ingenuidade do legislador, resta concluir que, na prática, os líderes de

# 492 DIREITO PENAL - PARTE GERAL - VOL. 1 • CLEBER MASSON

organizações criminosas devem iniciar o cumprimento da pena privativa de liberdade em estabelecimentos penais de segurança máxima.

### 33.18.3. Regime Disciplinar Diferenciado (RDD)

O RDD – Regime Disciplinar Diferenciado foi inserido no art. 52 da Lei de Execução Penal pela Lei 10.792/2003. Posteriormente, a Lei 13.964/2019 ("Pacote Anticrime") promoveu diversas modificações no instituto, ampliando seu alcance e impondo regras mais rigorosas, para adaptá-lo à realidade atual, visando a combater com maior eficácia a atuação das organizações criminosas e controlar a atuação dos seus líderes, os quais muitas vezes continuam tranquilamente a desempenhar suas atividades no interior dos estabelecimentos prisionais.

O regime disciplinar diferenciado é aplicável ao preso provisório e ao condenado definitivo, nacional ou estrangeiro, e tem cabimento em 3 (três) hipóteses:

a) com a prática de fato previsto como crime doloso, que constitui falta grave, desde que ocasione subversão da ordem ou disciplina internas, sem prejuízo da sanção penal correspondente ao delito cometido (LEP, art. 52, *caput*);

b) quando o preso apresentar alto risco para a ordem e a segurança do estabelecimento penal ou da sociedade (LEP, art. 52, § 1.º, I); e

c) quando recair sobre o preso fundadas suspeitas de envolvimento ou participação, a qualquer título, em organização criminosa, associação criminosa ou milícia privada, **independentemente da prática de falta grave** (LEP, art. 52, § 1.º, II).

As características do regime disciplinar diferenciado são as seguintes (LEP, art. 52, I a VII):

*I – duração máxima de até 2 (dois) anos, sem prejuízo de repetição da sanção por nova falta grave de mesma espécie.*

O RDD pode ser aplicado por prazo menor (1 ano, por exemplo), mas também pode ser prorrogado, se o preso cometer nova falta grave. Não há limites para as prorrogações. Cada falta grave autoriza uma nova prorrogação, por até dois anos. Nada impede, portanto, o cumprimento integral da pena no regime disciplinar diferenciado, com respeito ao limite previsto no art. 75 do Código Penal, se o detento insistir na prática de faltas graves.

*II – recolhimento em cela individual.*

Essa medida, além da preservação da integridade física e da vida do preso frente à atuação de presos pertencentes a grupos criminosos diversos, busca evitar seu contato com outros detentos, inclusive para frear a engenharia de novos delitos.

*III – visitas quinzenais, de 2 (duas) pessoas por vez, a serem realizadas em instalações equipadas para impedir o contato físico e a passagem de objetos, por pessoa da família ou, no caso de terceiro, autorizado judicialmente, com duração de 2 (duas) horas.*

O limite é de duas pessoas a cada quinzena, pouco importando se adulto ou criança, com duração máxima de duas horas. Para os familiares do preso, não se exige autorização judicial, ao contrário do que se verifica em relação às demais pessoas.

A proibição de contato físico e de passagem de objetos destina-se a evitar o ingresso de itens proibidos (armas, drogas, etc.) no estabelecimento prisional, e também a comunicação pela forma escrita.

Todas as visitas serão gravadas em sistema de áudio, ou de áudio e vídeo e, com autorização judicial, as gravações serão fiscalizadas por agente penitenciário (LEP, art. 52, § 6.º).

Se depois de 6 (seis) meses do ingresso no regime disciplinar diferenciado o preso ainda não tiver recebido nenhuma visita, ele poderá, com prévio agendamento, ter contato telefônico – que será gravado – com uma pessoa da família, duas vezes por mês e com dez minutos de duração em cada chamada (LEP, art. 52, § 7.º).

*IV – direito do preso à saída da cela por 2 (duas) horas diárias para banho de sol, em grupos de até 4 (quatro) presos, desde que não haja contato com presos do mesmo grupo criminoso.*

A proibição de contato com presos do mesmo grupo criminoso serve para evitar o planejamento de fuga, rebeliões e de crimes em geral.

*V – entrevistas sempre monitoradas, exceto aquelas com seu defensor, em instalações equipadas para impedir o contato físico e a passagem de objetos, salvo expressa autorização judicial em contrário.*

Assegura-se a indispensável assistência jurídica ao preso, porém sem qualquer contato físico e passagem de objetos, os quais não são necessários para o exercício da defesa técnica.

*VI – fiscalização do conteúdo da correspondência.*

Cuida-se de medida igualmente destinada a impedir a entrada de objetos proibidos no estabelecimento prisional, bem como para evitar a participação do preso na gestão da atividade criminosa ou seu envolvimento em atividades ilícitas.

*VII – participação em audiências judiciais preferencialmente por videoconferência, garantindo-se a participação do defensor no mesmo ambiente do preso.*

Deve-se evitar, ao máximo possível, a saída do preso do estabelecimento prisional, seja para inviabilizar seu resgate, seja para impedir o ataque por membros de grupos diversos. Além disso, as audiências por videoconferência representam considerável economia aos cofres públicos, pois não se gasta vultosa quantia em dinheiro com escolta, segurança nos fóruns etc., e direcionamento dos agentes de segurança pública para atuações mais relevantes. É imprescindível, em respeito à ampla defesa, que o defensor esteja no mesmo ambiente do preso durante a audiência judicial por videoconferência.

Se existirem indícios de que o preso exerce **liderança em organização criminosa, associação criminosa ou milícia privada, ou que tenha atuação criminosa em 2 (dois) ou mais Estados da Federação, o regime disciplinar diferenciado será obrigatoriamente cumprido em estabelecimento prisional federal**, na forma disciplinada pela Lei 11.761/2008 (LEP, art. 52, § 3.º). Nessa hipótese, o RDD deverá contar com alta segurança interna e externa, principalmente no que diz respeito à necessidade de se evitar contato do preso com membros de sua organização criminosa, associação criminosa ou milícia privada, ou de grupos rivais (LEP, art. 52, § 5.º).

Nas hipóteses dos §§ 1.º e 3.º do art. 52 da Lei de Execução Penal – (a) preso provisório ou definitivo que apresente alto risco para o ordem e a segurança do estabelecimento penal ou da sociedade, (b) preso sob o qual recaia fundadas suspeitas de envolvimento ou participação, a qualquer título, em organização criminosa, associação criminosa ou milícia privada, ou (c) preso que exerça liderança em organização criminosa, associação criminosa ou milícia privada, ou que tenha atuação criminosa em 2 ou mais Estados da Federação – o regime disciplinar diferenciado poderá ser prorrogado sucessivamente, por períodos de 1 (um) ano, se existirem indícios de que o preso: I – continua apresentando alto risco para a ordem e a segurança do estabelecimento penal de origem ou da sociedade; ou II – mantém os vínculos com organização criminosa, associação criminosa ou milícia privada, considerados também o perfil criminal e a função desempenhada por ele no grupo criminoso, a operação duradoura do grupo, a superveniência de novos processos criminais e os resultados do tratamento penitenciário (LEP, art. 52, § 4.º).

494 | DIREITO PENAL - PARTE GERAL - VOL. 1 • CLEBER MASSON

A inserção do preso no regime disciplinar diferenciado depende de prévio e fundamentado despacho do juiz da execução competente, mediante requerimento circunstanciado elaborado pelo diretor do estabelecimento ou outra autoridade administrativa (exemplo: Secretário de Estado da Administração Penitenciária). A decisão judicial sobre a inclusão de preso em regime disciplinar será precedida de manifestação do Ministério Público e da defesa e prolatada no prazo máximo de 15 (quinze) dias (LEP, art. 54, e §§ 1.º e 2.º).

Nos termos do art. 60 da Lei de Execução Penal, a autoridade administrativa poderá decretar o isolamento preventivo do faltoso pelo prazo de até 10 (dez) dias. Trata-se de medida antecedente à inclusão do preso no RDD, e esse período será abatido do total do período de inserção do preso no regime disciplinar diferenciado.

De acordo com o art. 4.º da Lei 10.792/2003, responsável pela inserção do RDD na Lei de Execução Penal, "os estabelecimentos penitenciários, especialmente os destinados ao regime disciplinar diferenciado, disporão, dentre outros equipamentos de segurança, de bloqueadores de telecomunicação para telefones celulares, radiotransmissores e outros meios".

Sem prejuízo, o art. 3.º da Lei 10.792/2003 estatui que "os estabelecimentos penitenciários disporão de aparelho detector de metais, aos quais devem se submeter todos que queiram ter acesso ao referido estabelecimento, **ainda que exerçam qualquer cargo ou função pública**".

O regime disciplinar diferenciado tem sido alvo de críticas, alegando-se sua inconstitu-cionalidade, notadamente por suposta violação à dignidade da pessoa humana e por se tratar de pena cruel. Essa posição tende a ser adotada em concursos públicos da Defensoria Pública, por ser mais favorável ao réu.

Entretanto, não nos parece seja esse o caminho correto. O regime é severo, rígido, eficaz ao combate do crime organizado, mas não desumano. Muito ao contrário, a determinação de isolamento em cela individual, antes de ofender, assegura a integridade física e moral do preso, afastando dele as frequentes violências, ameaças, promiscuidade sexual e outros males que assolam o sistema penitenciário.

O tratamento legal mais rigoroso está em sintonia com o comportamento diferenciado do seu destinatário. Quem busca destruir o Estado, criando governos paralelos tendentes ao controle da sociedade, deve ser enfrentado de modo mais contundente. Não se pode tratar de maneira igual um preso comum e um preso vinculado à organização criminosa. Além disso, o interesse público exige a proteção das pessoas de bem, mediante a efetiva segregação de indivíduos destemidos e incrédulos com a força dos poderes constituídos pelo Estado.

O preso não tem direito à fuga. O regime disciplinar diferenciado tem se mostrado seguro, sem rebeliões e evasões. A Constituição Federal assegura a todos o direito à segurança (art. 5.º, *caput*), e o legislador acertou ao instituir um regime capaz de efetivar esse direito inerente a todas as pessoas. Esse tem sido o entendimento consagrado no Superior Tribunal de Justiça:

> Considerando-se que os princípios fundamentais consagrados na Carta Magna não são ilimitados (princípio da relatividade ou convivência das liberdades públicas), vislumbra-se que o legislador, ao instituir o regime disciplinar diferenciado, atendeu ao princípio da proporcionalidade. Legítima a atuação estatal, tendo em vista que a Lei 10.792/2003, que alterou a redação do art. 52 da Lei de Execuções Penais, busca dar efetividade à crescente necessidade de segurança nos estabelecimentos penais, bem como resguardar a ordem pública, que vem sendo ameaçada por criminosos que, mesmo encarcerados, continuam comandando ou integrando facções criminosas que atuam no interior do sistema prisional – liderando rebeliões que não raro culminam com fugas e mortes de reféns, agentes penitenciários e/ou outros detentos – e, também, no meio social. [...] Assim, não há falar em violação ao princípio da dignidade da pessoa humana (art. 1.º, III, da CF), à proibição da submissão à tortura, a tratamento desumano e degradante (art. 5.º, III, da CF) e ao princípio da humanidade das penas (art. 5.º, XLVIII, da CF), na medida em que é certo que a inclusão no RDD agrava o cerceamento à liberdade de locomoção, já restrita pelas próprias circunstâncias em

que se encontra o custodiado, contudo não representa, *per si*, a submissão do encarcerado a padecimentos físicos e psíquicos, impostos de modo vexatório, o que somente restaria caracterizado nas hipóteses em que houvesse, por exemplo, em celas insalubres, escuras ou sem ventilação. Ademais, o sistema penitenciário, em nome da ordem e da disciplina, bem como da regular execução das penas, há que se valer de medidas disciplinadoras, e o regime em questão atende ao primado da proporcionalidade entre a gravidade da falta e a severidade da sanção.[80]

O ordenamento jurídico, especialmente a Lei de Execução Penal, precisa se ajustar à necessidade de se enfrentar com eficácia a criminalidade organizada, que amplia a cada dia sua esfera de atuação e o recrutamento de novos membros, notadamente no sistema prisional.

É notório que o fortalecimento das organizações criminosas, especialmente as ligadas ao tráfico de drogas, depende da obtenção e distribuição de armamento pesado, utilizado diretamente para a prática de homicídios e outros atos de extrema violência, para demonstração de poder e intimidação de forças policiais e de rivais no mundo criminoso. Não raras vezes, a ordem para a prática de tais crimes parte do interior dos estabelecimentos prisionais. Nenhuma política de combate à criminalidade organizada, portanto, alcançará o sucesso sem o emprego de medidas que assegurem o real isolamento das suas lideranças.

No direito comparado, experiências deste jaez têm sido bem-sucedidas. Exemplificativamente, nos casos "Labita c. Itália", de 2000, e "Paolello c. Itália", de 2015, a Corte Europeia de Direitos Humanos decidiu que a imposição de medidas especiais e mais severas durante a execução da pena, no caso de integrantes de organizações criminosas, é perfeitamente compatível com os postulados de defesa dos direitos humanos.

## 33.19. REGRAS DO REGIME SEMIABERTO

A pena privativa de liberdade em regime prisional semiaberto deve ser cumprida em colônia agrícola, industrial ou estabelecimento similar (LEP, art. 91).[81]

O condenado poderá ser alojado em compartimento coletivo, com salubridade do ambiente pela concorrência dos fatores de aeração, insolação e condicionamento térmico adequado à existência humana. Além disso, as dependências coletivas devem ser dotadas dos seguintes requisitos básicos: a) seleção adequada dos presos; e b) o limite de capacidade máxima que atenda os objetivos de individualização da pena (LEP, art. 92, e parágrafo único).

De acordo com o art. 35, *caput*, do Código Penal, o exame criminológico, a exemplo do que ocorre no regime fechado, é obrigatório no início do cumprimento da pena no semiaberto. Prevalece, contudo, o entendimento de que esse exame é facultativo, nada obstante a posição contrária permita uma mais adequada individualização da pena, em face da regra prevista no art. 8.º, parágrafo único, da Lei de Execução Penal (princípio da especialidade): "Ao exame de que trata este artigo **poderá** ser submetido o condenado ao cumprimento da pena privativa de liberdade em regime semiaberto."[82]

O condenado fica sujeito a trabalho em comum durante o período diurno. É admissível o trabalho externo, bem como a frequência a cursos supletivos profissionalizantes, de instrução de segundo grau ou superior (CP, art. 35, §§ 1.º e 2.º). Assim como no regime fechado, o

---

[80] HC 40.300/RJ, rel. Min. Arnaldo Esteves de Lima, 5.ª Turma, j. 07.06.2005. Em igual sentido: AgRg no RHC 46.314/MS, rel. Min. Moura Ribeiro, 5.ª Turma, j. 05.08.2014.

[81] De acordo com o art. 23 da Resolução CNJ 417/2021, com a redação determinada pela Resolução CNJ 474/2022: "Transitada em julgado a condenação ao cumprimento de pena em regime semiaberto ou aberto, a pessoa condenada será intimada para dar início ao cumprimento da pena, previamente à expedição de mandado de prisão, sem prejuízo da realização de audiência admonitória e da observância da Súmula Vinculante nº 56."

[82] O exame criminológico será obrigatório, todavia, para eventual progressão ao regime aberto (art. 112, § 1.º, da Lei de Execução Penal).

# DIREITO PENAL – PARTE GERAL – VOL. 1 • CLEBER MASSON

trabalho externo deve ser efetuado sob vigilância, porém não depende do prévio cumprimento de no mínimo 1/6 da pena.[83]

## 33.19.1. Falta de colônia agrícola ou industrial e cumprimento da pena em estabelecimento adequado

Se o condenado ao regime semiaberto, em face da ausência de vaga em colônia agrícola ou industrial, cumpre a pena em estabelecimento adequado, em local destinado exclusivamente aos presos do regime intermediário e com direito a todos os benefícios a este inerentes, não há falar em constrangimento ilegal e inserção do reeducando no regime aberto ou em prisão domiciliar. Esse raciocínio é igualmente válido para a ausência de vagas em casas de albergado destinadas a condenados ao regime aberto. Na dicção do Supremo Tribunal Federal:

> A Segunda Turma julgou improcedente reclamação ajuizada para garantir a observância, pela instância de origem, da Súmula Vinculante 56. O reclamante cumpre pena em regime semiaberto. Em razão de não estar recolhido em colônia penal, pleiteou lhe fosse concedida prisão domiciliar ou antecipação do regime aberto, o que foi negado. O Colegiado ressaltou o direito de o apenado cumprir a reprimenda em estabelecimento adequado ao regime imposto. Ponderou que a concessão de prisão domiciliar ou regime aberto é inviável, diante do regramento previsto na Lei de Execução Penal. Informou que o reclamante cumpre pena em ala de penitenciária destinada exclusivamente a internos do regime semiaberto e que todos os benefícios inerentes ao regime lhe são assegurados. A Turma deliberou no sentido de serem aceitáveis estabelecimentos não qualificados como colônia agrícola ou industrial (regime semiaberto) ou casa de albergado ou estabelecimento adequado (regime aberto). Entretanto, não é permitido o alojamento conjunto de presos dos regimes semiaberto e aberto com presos do regime fechado.[84]

## 33.19.2. Regime semiaberto e recurso da defesa

Se a sentença fixou o regime semiaberto para início de cumprimento da pena privativa de liberdade, mas a defesa apelou, e não há vaga na colônia agrícola, industrial ou estabelecimento similar, o réu deve aguardar em liberdade o julgamento do recurso, mesmo se tiver sido decretada a prisão preventiva, ou então optado o magistrado pela sua manutenção. Para o Superior Tribunal de Justiça:

> O acusado tem direito de aguardar o julgamento do recurso de apelação em liberdade na hipótese em que fixado o regime inicial semiaberto para o cumprimento da pena, ainda que a sentença condenatória tenha fundamentado a necessidade de manutenção da prisão preventiva. O acusado não pode aguardar o julgamento do recurso em regime mais gravoso do que aquele estabelecido na sentença condenatória.[85]

## 33.19.3. Pandemia causada pela Covid-19, suspensão temporária do trabalho externo e prisão domiciliar

Diante do grave quadro de saúde pública causado pela Covid-19, o Conselho Nacional de Justiça – CNJ editou a Recomendação 62/2020, com a finalidade de sugerir aos Tribunais

---

[83] STF: EP 2 TrabExt-AgR/DF, rel. Min. Roberto Barroso, Plenário, j. 25.06.2014, noticiado no *Informativo* 752.

[84] Rcl 25.123/SC, rel. Min. Ricardo Lewandowski, 2.ª Turma, j. 18.04.2017, noticiado no *Informativo* 861.

[85] A Resolução CNJ nº 369/2021 estabelece procedimentos e diretrizes para a substituição da privação de liberdade de gestantes, mães, pais e responsáveis por crianças e pessoas com deficiência, nos termos dos arts. 318 e 318-A do Código de Processo Penal, e em cumprimento às ordens coletivas de *habeas corpus* concedidas pela 2ª Turma do Supremo Tribunal Federal nos HCs nº 143.641/SP e nº 165.704/DF.

CAP. 33 – PENA PRIVATIVA DE LIBERDADE | 497

e aos magistrados a adoção de medidas preventivas à propagação da infecção pelo coronavírus no âmbito do sistema da justiça penal.

Muitos presos e presas que estavam no regime semiaberto ficaram impossibilitados de prosseguir no trabalho externo, para evitar a contaminação pelo vírus com consequente disseminação da doença no sistema prisional. Essa suspensão, contudo, não autorizou a imediata substituição do regime intermediário pela prisão domiciliar. Na esteira da jurisprudência do Superior Tribunal de Justiça:

> A suspensão temporária do trabalho externo no regime semiaberto em razão da pandemia atende à Resolução n. 62 do CNJ, cuja recomendação não implica automática substituição da prisão decorrente da sentença condenatória pela domiciliar. Não há constrangimento ilegal na suspensão temporária do trabalho externo, pois, embora este constitua meio importante para a ressocialização do apenado, diante do cenário de crise em que o Brasil se encontra em razão da pandemia, tem-se que a suspensão do benefício encontra justificativa na proteção de um bem maior, qual seja, a saúde do próprio reeducando e da coletividade. Dessa forma, considerando que a vedação do ingresso de pessoas nas unidades prisionais devido à pandemia visa proteger, de modo eficiente, a integridade física dos apenados, seria incongruente permitir que os executados deixassem o presídio para realizar trabalho externo e a ele retornassem diariamente, enquanto o restante da população é solicitada a permanecer em isolamento em suas residências. Ademais, a recomendação contida na Resolução n. 62, de 18 de março de 2020, do CNJ não implica automática substituição da prisão decorrente da sentença condenatória pela domiciliar. É necessário que o eventual beneficiário do instituto demonstre: a) sua inequívoca adequação ao chamado grupo de vulneráveis da Covid-19; b) a impossibilidade de receber tratamento no estabelecimento prisional em que se encontra; e c) risco real de que o estabelecimento em que se encontra, e que o segrega do convívio social, cause mais risco do que o ambiente em que a sociedade está inserida. Assim, a suspensão temporária do benefício vem ao encontro das ações adotadas pelo Poder Público, as quais, visando à proteção da saúde da população carcerária, têm admitido a restrição ao direito de visitas ao preso, a prorrogação ou antecipação de outras benesses da execução penal.[86]

Em síntese, a pandemia da Covid-19 não autorizou, de forma automatizada, a concessão da prisão domiciliar a todos aqueles que cumpriam pena no regime semiaberto e foram proibidos de dar continuidade ao trabalho externo. Com efeito, o CNJ não determinou tal benefício aos presos no regime aberto, e sim **recomendou** medidas preventivas à propagação do coronavírus, notadamente às pessoas que integram o "grupo de risco", tais como gestantes, pessoas idosas e com doenças crônicas, imunossupressoras, respiratórias e outras comorbidades preexistentes que possam conduzir ao agravamento do estado de saúde a partir do contágio, com especial atenção para diabetes, tuberculose, doenças renais, HIV e coinfecções.

O Superior Tribunal de Justiça, entretanto, já decidiu de forma diversa, no sentido de autorizar a prisão domiciliar, durante a pandemia da Covid-19, a todo e qualquer preso do regime semiaberto ou aberto:

> É cabível a concessão de prisão domiciliar aos reeducandos que cumprem pena em regime semiaberto e aberto que tiveram suspenso o exercício do trabalho externo, como medida preventiva de combate à pandemia, desde que não ostentem procedimento de apuração de falta grave. A revogação dos benefícios concedidos aos reeducandos configura flagrante ilegalidade, sobretudo diante do recrudescimento da situação em que estavam na execução da pena, todos em regime semiaberto, evoluídos à condição menos rigorosa, trabalhando e já em contato com a sociedade. A adoção de medidas preventivas de combate à pandemia da Covid-19 extremamente restritivas não levaram em

---

[86]    AgRg no HC 580.495/SC, rel. Min. Reynaldo Soares da Fonseca, 5.ª Turma, j. 09.06.2020, noticiado no *Informativo* 673.

conta os princípios norteadores da execução penal (legalidade, individualização da pena e dignidade da pessoa humana), nem a finalidade da sanção penal de reinserção dos condenados no convívio social, pois a suspensão do exercício do trabalho externo daqueles em regime semiaberto traz degradação à situação vivida pelos custodiados que diariamente saem do estabelecimento prisional para laborar, readaptando-se à sociedade; portanto, a obrigação de voltar a permanecer em tempo integral na prisão representa alteração na situação carcerária de cada um dos atingidos pela medida de extrema restrição. É preciso ter em mente que o recrudescimento da situação prisional somente é admitido em nosso ordenamento jurídico como forma de penalidade em razão de cometimento de falta disciplinar, cuja imposição definitiva exige prévio procedimento disciplinar, com observância dos princípios constitucionais, sobretudo da ampla defesa e do contraditório. Assim, é preciso dar imediato cumprimento à Resolução n. 62/CNJ, como medida de contenção da pandemia causada pelo coronavírus (Covid-19), notadamente ao disposto no inc. III do art. 5.º, que dispõe sobre a concessão de prisão domiciliar para todas as pessoas presas em cumprimento de pena em regime aberto e semiaberto, mediante condições a serem definidas pelo juízo da execução.[87]

## 33.20. REGRAS DO REGIME ABERTO

O regime aberto baseia-se na **autodisciplina** e **senso de responsabilidade** do condenado (CP, art. 36, *caput*).

Com o trânsito em julgado da sentença penal, o juízo expede mandado de prisão para encaminhar o condenado ao regime aberto.[88]

A pena é cumprida na Casa do Albergado, cujo prédio necessita situar-se em centro urbano, separado dos demais estabelecimentos, e caracterizar-se pela ausência de obstáculos físicos contra a fuga. Em cada região haverá, pelo menos, uma Casa do Albergado, a qual deverá conter, além dos aposentos para acomodar os presos, local adequado para cursos e palestras. O estabelecimento terá instalações para os serviços de fiscalização e orientação dos condenados (LEP, arts. 93 a 95).[89]

O condenado deverá, fora do estabelecimento e sem vigilância, trabalhar, frequentar curso ou exercer outra atividade autorizada, permanecendo recolhido durante o período noturno e nos dias de folga (CP, art. 36, § 1.º).

O ingresso do condenado em regime aberto supõe a aceitação de seu programa e das condições impostas pelo juiz. Somente poderá ingressar no regime aberto o condenado que estiver trabalhando ou comprovar a possibilidade de fazê-lo imediatamente, e apresentar, pelos seus antecedentes e pelos resultados do **exame criminológico**, fundados indícios de que irá ajustar-se, com autodisciplina, baixa periculosidade e senso de responsabilidade, ao novo regime (LEP, arts. 113 e 114).[90]

Algumas pessoas, em virtude de sua condição especial, podem ser dispensadas do trabalho: maiores de 70 (setenta) anos de idade, portadores de doença grave, aqueles que possuam filho menor ou portador de deficiência física ou mental e gestante (LEP, art. 114, parágrafo único).

O regime aberto depende da obediência de **condições**, divididas em dois blocos:

---

[87] HC 575.495/MG, rel. Min. Sebastião Reis Júnior, 6.ª Turma, j. 02.06.2020, noticiado no *Informativo* 673.

[88] Como determina o art. 23 da Resolução CNJ 417/2021, com a redação alterada pela Resolução CNJ 474/2022: "Transitada em julgado a condenação ao cumprimento de pena em regime semiaberto ou aberto, a pessoa condenada será intimada para dar início ao cumprimento da pena, previamente à expedição de mandado de prisão, sem prejuízo da realização de audiência admonitória e da observância da Súmula Vinculante nº 56."

[89] Diante da quase inexistência de casas dos albergados no Brasil, se a falta de vaga for comprovada pelo juízo da execução, o STF admite o cumprimento da pena em prisão domiciliar, até ser disponibilizado espaço no regime aberto (HC 113.334/RS, rel. Min. Rosa Weber, 1.ª Turma, j. 18.02.2014, noticiado no *Informativo* 736).

[90] "As Turmas que integram a Terceira Seção desta Corte consagraram o entendimento de que a regra do art. 114, I, da LEP, a qual exige do condenado, para ingressar no regime aberto, a comprovação de trabalho ou a possibilidade imediata de fazê-lo (apresentação de proposta de emprego), deve sofrer temperamentos, ante a realidade brasileira" (STJ: HC 292.764/RJ, rel. Min. Maria Thereza de Assis Moura, 6.ª Turma, j. 10.06.2014).

## CAP. 33 – PENA PRIVATIVA DE LIBERDADE

1) **gerais ou legais:** previstas no art. 115 da Lei de Execução Penal. São elas: a) permanecer no local em que for designado, durante o repouso e nos dias de folga; b) sair para o trabalho e retornar, nos horários fixados; c) não se ausentar da cidade onde reside, sem autorização judicial; e d) comparecer a juízo, para informar e justificar suas atividades, quando for determinado;[91]

2) **especiais ou judiciais:** são as que podem ser estabelecidas discricionariamente pelo juízo da execução, a exemplo da fiscalização por monitoramento eletrônico, sem prejuízo das condições gerais (ou legais) e obrigatórias (LEP, art. 115, caput).

No tocante às condições especiais (ou judiciais), é necessário que a determinação imposta pelo magistrado guarde pertinência com o delito pelo qual o reeducando foi condenado. Como já decidido pelo Superior Tribunal de Justiça:

A proibição genérica de consumo de álcool imposta como condição especial ao apenado, com o argumento geral de preservar a saúde mental do condenado ou prevenir futuros crimes, deve vincular a necessidade da regra às circunstâncias específicas do crime pelo qual o condenado foi sentenciado. A criação de regra que destoe das condições gerais e obrigatórias previstas nos incisos do art. 115 da LEP pressupõe, necessariamente, que a imposição esteja acompanhada de fundamentação que justifique adequadamente a adequação da restrição imposta ao executado à sua situação concreta.[92]

O juiz poderá modificar as condições estabelecidas para o regime aberto, de ofício, a requerimento do Ministério Público, da autoridade administrativa ou do condenado, desde que as circunstâncias assim o recomendem (LEP, art. 116).

Finalmente, firmou-se no Superior Tribunal de Justiça o entendimento de que "o tempo em que o apenado esteve afastado das suas obrigações no regime aberto, sob atestado médico, pode ser computado como pena efetivamente cumprida".[93]

### 33.20.1. Regime aberto e prestação de serviços à comunidade

A prestação de serviços à comunidade, bem como qualquer outra pena restritiva de direitos, não pode ser imposta como condição para cumprimento da pena privativa de liberdade no regime aberto. Este é o teor da Súmula 493 do Superior Tribunal de Justiça: "É inadmissível a fixação de pena substitutiva (art. 44 do CP) como condição especial ao regime aberto".

Como se sabe, as penas restritivas de direitos aplicam-se alternativamente às privativas de liberdade, mas não podem ser cumuladas com elas, pois sequer há previsão legal nesse sentido. A intenção do legislador ao facultar a estipulação de condições especiais para o cumprimento do regime aberto foi englobar circunstâncias inerentes ao próprio regime que não constavam das condições obrigatórias previstas no art. 115 da Lei de Execução Penal, e não fixar outra pena, o que resultaria em dupla punição pelo mesmo fato (*bis in idem*).[94]

### 33.20.2. Legislação local

Em se tratando o direito penitenciário de matéria de **competência concorrente** entre a União, os Estados e o Distrito Federal (CF, art. 24, I), estatui o art. 119 da Lei de Execução

---

[91] O respeito à coisa julgada impede o cumprimento ficto da pena, que não atenderia suas finalidades retributiva e preventiva. Com base nesse raciocínio, o STJ decidiu que "o período em que o sentenciado deixou de comparecer em juízo por causa da pandemia da covid-19 não pode ser considerado como tempo de pena efetivamente cumprido" (AgRg no REsp 2.076.164/PR, rel. Min. Ribeiro Dantas, 5.ª Turma, j. 09.10.2023, noticiado no *Informativo* 796).

[92] Rcl 45.054/MG, rel. Min. Reynaldo Soares da Fonseca, 3.ª Seção, j. 09.08.2023, noticiado no *Informativo* 784.

[93] AgRg no HC 703.002/GO, rel. Min. Messod Azulay Neto, 5.ª Turma, j. 12.06.2023, noticiado no *Informativo* 781.

[94] STJ: HC 164.056/SP, rel. Min. Maria Thereza de Assis Moura, 6.ª Turma, j. 10.06.2010, noticiado no *Informativo* 438.

# 500 | DIREITO PENAL – PARTE GERAL – VOL. 1 • CLEBER MASSON

Penal que a legislação local poderá estabelecer **normas complementares** para o cumprimento da pena privativa de liberdade em regime aberto.

## 33.20.3. Prisão albergue domiciliar

O art. 117 da Lei 7.210/1984 – Lei de Execução Penal – é peremptório ao admitir o recolhimento do condenado à pena privativa de liberdade no regime aberto[95] em residência particular exclusivamente nas hipóteses ali previstas, em **rol taxativo**:[96]

> **Art. 117.** Somente se admitirá o recolhimento do beneficiário de regime aberto em residência particular quando se tratar de:
>
> I – condenado maior de 70 (setenta) anos;
>
> II – condenado acometido de doença grave;
>
> III – condenada com filho menor ou deficiente físico ou mental;
>
> IV – condenada gestante.

No inciso I, a idade deve ser aferida ao tempo da execução da pena privativa de liberdade, independentemente do momento da infração penal ou mesmo da condenação. Portanto, nada impede o início do cumprimento da pena em casa do albergado e, ultrapassados os 70 (setenta) anos de idade, seja concedida a prisão domiciliar.

Assim como em outras hipóteses (exemplo: CP, arts. 65, I, 77, § 2.º, e 115), o legislador concede tratamento mais brando à pessoa que alcançou a senilidade, tendo em vista sua menor periculosidade e sua menor resistência em suportar os efeitos da pena. O Estatuto da Pessoa Idosa em nada alterou essa regra.

No tocante ao inciso II do art. 117, entende-se por **doença grave** a moléstia de difícil cura, dependente de longo tratamento ou que coloca em risco a vida do doente, como o câncer e a AIDS. Entretanto, não basta a simples constatação da doença. Para a incidência da benesse legal, é imprescindível não possa ser o condenado devidamente assistido pelo serviço médico da rede pública no estabelecimento prisional, além de se encontrar no estágio terminal da doença.[97]

Em relação ao inciso III, é possível aplicá-lo analogicamente ao homem, se possuir filho menor ou com deficiência física ou mental. Esse benefício é deferido em prol da criança ou

---

[95] "O relator observou que, para ter-se a incidência do art. 117 da Lei 7.210/1984 [Lei de Execução Penal (LEP)] – cumprimento da sanção em regime domiciliar –, é indispensável o enquadramento em uma das situações jurídicas nele contempladas. Apesar de comprovada a existência de filho menor, a paciente foi condenada à pena de 26 anos em regime fechado. Portanto, não está atendido o requisito primeiro de tratar-se de réu beneficiário de regime aberto" (STF: HC 177.164/PA, rel. Min. Marco Aurélio, 1.ª Turma, j. 18.02.2020, noticiado no *Informativo* 967). No entanto, amparado na dignidade da pessoa humana, o STF já reconheceu o benefício da prisão domiciliar a **preso provisório**: "Em seguida, enfatizou-se que a situação do paciente não estaria entre aquelas listadas nas alíneas do art. 117 da LEP, mas a demonstração cabal de que o Estado não teria condições de prestar-lhe a assistência médica de que necessita, para não falecer no cárcere, justificaria a concessão de prisão domiciliar, tendo em conta o princípio da dignidade da pessoa humana" (HC 98.675/ES, rel. Min. Eros Grau, 2.ª Turma, j. 09.06.2009, noticiado no *Informativo* 550).

[96] O Supremo Tribunal Federal, entretanto, já abrandou o rigor do art. 117 da LEP, interpretando-o como uma relação meramente exemplificativa. A propósito: "Na espécie, a impetração insurgia-se contra as precárias condições de higiene, bem como a superlotação na casa de albergado em que o paciente – condenado a cumprimento de pena em regime aberto – se encontrava, aduzindo que, no ponto, inexistiria separação entre condenados que cumprem pena em regime semiaberto e aberto. O pleito da defesa fora indeferido nas demais instâncias ao argumento de que não se enquadraria no rol do art. 117 da Lei de Execução Penal. Enfatizou-se o fato de o paciente estar em estabelecimento cuja população superaria o viável, além de haver a junção de presos que cumprem a pena em regime aberto e aqueles que a cumprem no semiaberto. Ademais, asseverou-se que o STF tem afastado o caráter taxativo da LEP relativamente ao direito, em si, da custódia domiciliar e que o faz quando não se tem casa do albergado. Nesse sentido, afirmou-se que a situação concreta seria em tudo semelhante à inexistência da casa do albergado" (HC 95.334/RS, rel. orig. Min. Ricardo Lewandowski, rel. p/o acórdão Min. Marco Aurélio, 1.ª Turma, j. 03.03.2009, noticiado no *Informativo* 537).

[97] STF: EP 23 AgR/DF, rel. Min. Roberto Barroso, Plenário, j. 27.08.2014, noticiado no *Informativo* 756.

CAP. 33 – PENA PRIVATIVA DE LIBERDADE | **501**

da pessoa com deficiência que precisa do amparo da mãe ou do pai. Nada obstante o art. 117 da Lei de Execução Penal contemple apenas o **regime aberto**, o Superior Tribunal de Justiça tem admitido a prisão domiciliar também às condenadas que cumprem pena nos regimes mais gravosos:

> (...) excepcionalmente, admite-se a concessão do benefício às presas dos regimes fechado e semia-berto quando verificado pelo juízo da execução penal, no caso concreto – em juízo de ponderação entre o direito à segurança pública e a aplicação dos princípios da proteção integral da criança e da pessoa com deficiência –, que tal medida seja proporcional, adequada e necessária e que a presença da mãe seja imprescindível para os cuidados da criança ou pessoa com deficiência, salvo se a periculosidade e as condições pessoais da reeducanda indiquem que o benefício não atenda os melhores interesses da criança ou pessoa com deficiência.[98]

Finalmente a prisão domiciliar à gestante (inc. IV) serve ao propósito de a ela proporcionar condições mais dignas, saudáveis e adequadas durante a gestação.

### 33.20.3.1. Prisão albergue domiciliar e prisão domiciliar: distinção

A prisão albergue domiciliar, prevista no art. 117 da Lei 7.210/1984 – Lei de Execução Penal, representa uma forma especial de cumprimento da pena privativa de liberdade. Destarte, não se confunde com a **prisão domiciliar** disciplinada pelo Código de Processo Penal.

De fato, a **prisão domiciliar** constitui-se em **medida cautelar**, e consiste no recolhimento do indiciado ou acusado em sua residência, só podendo dela ausentar-se com autorização judicial (CPP, art. 317). Trata-se de modalidade de prisão provisória, definida como **medida substitutiva da prisão preventiva** e, como determina o art. 318 do Código de Processo Penal, o juiz somente poderá aplicá-la quando o agente for: I – maior de 80 (oitenta) anos; II – extremamente debilitado por motivo de doença grave;[99] III – imprescindível aos cuidados especiais de pessoa menor de 6 (seis) anos de idade ou com deficiência; IV – gestante; V – mulher com filho de até 12 (doze) anos de idade incompletos;[100] ou VI – homem, caso seja o único responsável pelos cuidados do filho de até 12 (doze) anos de idade incompletos.[101]

### 33.20.3.2. Gestantes e mães presas preventivamente e substituição por prisão domiciliar: habeas corpus coletivo e arts. 318-A e 318-B do Código de Processo Penal

De forma inovadora e polêmica, o Supremo Tribunal Federal concedeu *habeas corpus* coletivo para determinar a substituição da prisão preventiva pela prisão domiciliar, sem prejuízo da aplicação concomitante das medidas alternativas previstas no art. 319 do Código de Processo Penal, em favor de todas as **mulheres presas, gestantes, puérperas ou mães de crianças e deficientes sob sua guarda**, nos termos do art. 2.º da Lei 8.069/1990 – Estatuto da Criança e do Adolescente e da Convenção sobre Direitos das Pessoas com Deficiência, abrangendo o Decreto Legislativo 186/2008 e o Estatuto da Pessoa com Deficiência, enquanto perdurar tal condição, **excetuados os casos de crimes praticados por elas mediante violência ou grave ameaça, contra seus descendentes ou, ainda, em situações excepcionalíssimas**, as quais deverão ser

---

[98] STJ: RHC 145.931/MG, rel. Min. Sebastião Reis Júnior, 3.ª Seção, j. 09.03.2022, noticiado no *Informativo* 728.

[99] Fala-se, nesse caso, em prisão domiciliar humanitária (STF: HC 153.961/DF, rel. Min. Dias Toffoli, 2ª Turma, j. 27.03.2018, noticiado no *Informativo* 895).

[100] O STJ já decidiu que a prisão domiciliar, nessa hipótese, prescinde da comprovação da necessidade dos cuidados maternos à criança, pois tal dependência é presumida pela lei (AgRg no HC 731.648/SC, rel. Min. Joel Ilan Paciornik, rel. p/ acórdão Min. João Otávio de Noronha, 5.ª Turma, j. 07.06.2022, noticiado no *Informativo* 742).

[101] Os arts. 318-A e 318-B do Código de Processo Penal disciplinam a prisão domiciliar aplicada em substituição à prisão preventiva imposta à mulher gestante ou que for mãe ou responsável por crianças ou pessoas com deficiência.

## 502 DIREITO PENAL – PARTE GERAL – VOL. 1 • CLEBER MASSON

devidamente fundamentadas pelos juízes que denegarem o benefício. A ordem foi estendida às **adolescentes sujeitas a medidas socioeducativas** em idêntica situação no território nacional.

Na hipótese de reincidência da presa, o juiz deverá analisar as circunstâncias do caso concreto, sempre levando em conta os princípios e as regras acima enunciadas, bem como o caráter excepcional da prisão. Se o magistrado concluir que a prisão domiciliar se mostra inviável ou inadequada em determinadas situações, poderá substituí-la pelas medidas cautelares contidas no art. 319 do Código de Processo Penal.

Para apurar a situação de guardiã dos filhos da mulher presa, dever-se-á dar credibilidade à palavra da mãe. Também se faculta ao juiz a requisição de laudo social para eventual reanálise do benefício.

A ordem não será aplicável se constatada a suspensão ou destituição do poder familiar por motivos diversos da prisão, a exemplo dos maus-tratos contra a criança ou filho portador de deficiência.

Para chegar a esta conclusão, a Corte Suprema baseou-se nos seguintes fundamentos:

a) existe grave deficiência estrutural no sistema carcerário, que faz com que mulheres grávidas e mães de crianças, bem como as próprias crianças, sejam submetidas a situações degradantes, resultantes da privação de cuidados pré-natal e pós-parto e da carência de berçários e creches;

b) somente o Supremo Tribunal Federal é capaz de superar os bloqueios políticos e institucionais que vêm impedindo o avanço de soluções, o que significa cumprir à Corte o papel de retirar os demais Poderes da inércia, catalisar os debates e novas políticas públicas, coordenar ações e monitorar os resultados;

c) impera no Brasil a cultura do encarceramento, que se revela pela imposição exagerada de prisões provisórias a mulheres pobres e vulneráveis, resultando em situações que ferem a dignidade de gestantes e mães, com prejuízos para as respectivas crianças;

d) nosso país não tem conseguido garantir sequer o bem-estar de gestantes e mães que não estão inseridas no sistema prisional; e

e) as crianças em especial sofrem as consequências desse quadro em flagrante violação aos arts. 227 e 5.º, inc. XLV, da Constituição Federal, acarretando em impactos ao seu bem-estar físico e psíquico e em danos ao seu desenvolvimento.[102]

Na carona da decisão do Supremo Tribunal Federal, a Lei 13.769/2018 acrescentou ao Código de Processo Penal os arts. 318-A e 318-B:

Art. 318-A. A prisão preventiva imposta à mulher gestante ou que for mãe ou responsável por crianças ou pessoas com deficiência será substituída por prisão domiciliar, desde que:

I – não tenha cometido crime com violência ou grave ameaça a pessoa;

II – não tenha cometido o crime contra seu filho ou dependente.[103]

Art. 318-B. A substituição de que tratam os arts. 318 e 318-A poderá ser efetuada sem prejuízo da aplicação concomitante das medidas alternativas previstas no art. 319 deste Código.[104]

---

[102] HC 143.641/SP, rel. Min. Ricardo Lewandowski, 2ª Turma, j. 20.02.2018, noticiado no *Informativo* 891.

[103] "A utilização do próprio filho para a prática de crimes, por se tratar de situação de risco ao menor, obsta a concessão de prisão domiciliar" (STJ: AgRg no HC 798.551/PR, rel. Min. Jesuíno Rissato (Desembargador convocado do TJDFT), 6.ª Turma, j. 28.02.2023).

[104] A Resolução CNJ nº 369/2021 estabelece procedimentos e diretrizes para a substituição da privação de liberdade de gestantes, mães, pais e responsáveis por crianças e pessoas com deficiência, nos termos dos arts. 318 e 318-A do Código

CAP. 33 – PENA PRIVATIVA DE LIBERDADE | 503

É importante destacar a aplicabilidade da prisão domiciliar somente em **substituição à prisão preventiva**, ou seja, sua incidência é vedada às mulheres privadas da liberdade em decorrência de condenação transitada em julgado.[105] Durante a execução penal, contudo, é cabível a progressão especial de regime prisional, disciplinada pelo art. 112, §§ 3.º e 4.º, da Lei 7.210/1984 – Lei de Execução Penal.

### 33.20.3.3. Prisão domiciliar e monitoração eletrônica

O art. 146-B, IV, da Lei de Execução Penal admite a fiscalização por meio da monitoração eletrônica quando o juiz determinar a prisão domiciliar. E, como o art. 146-D, II, da Lei de Execução Penal autoriza a revogação da monitoração eletrônica quando o "acusado" violar os deveres a que estiver sujeito durante a sua vigência ou cometer falta grave, abriu-se espaço a esta forma de vigilância indireta no tocante aos presos provisórios.

É de se observar, por oportuno, ser cabível a revogação da prisão domiciliar na hipótese de violação comprovada nos deveres inerentes à monitoração eletrônica (LEP, art. 146-C, I e II, e parágrafo único, VI).[106]

### 33.20.3.4. Monitoração eletrônica e Resolução CNPCP 05/2017

A Resolução 5, de 10 de novembro de 2017, editada pelo Conselho Nacional de Política Criminal e Penitenciária, dispõe sobre a política de implantação de monitoração eletrônica no âmbito de medidas protetivas de urgência, procedimentos investigatórios, processo penal de conhecimento e de execução penal.

Como estabelece seu art. 2.º: "Considera-se monitoração eletrônica a vigilância telemática posicional à distância de pessoas submetidas a medida cautelar, condenadas por sentença transitada em julgado ou em medidas protetivas de urgência, executada por meios técnicos que permitam indicar a sua localização."

Por sua vez, o art. 20 dessa Resolução estatui que "O uso do monitoramento eletrônico no âmbito da execução penal deve privilegiar os casos de progressão antecipada, livramento condicional antecipado ou **prisão domiciliar deferida em substituição à pena privativa de liberdade**, na hipótese de ausência de vagas no regime semiaberto ou fechado, bem assim quando se estabeleça na modalidade de regime semiaberto porquanto na condição de alocação similar nos termos do art. 91 da Lei 7.210/84."

### 33.20.4. Regime aberto e crimes militares

A pena aplicada em razão da condenação por crime militar será cumprida em estabelecimento militar adequado.

---

de Processo Penal, e em cumprimento às ordens coletivas de *habeas corpus* concedidas pela 2ª Turma do Supremo Tribunal Federal nos HCs nº 143.641/SP e nº 165.704/DF.

[105] "Nesse sentido, o disposto no art. 318 do Código de Processo Penal tem aplicação em casos de prisão preventiva, sendo inadequado quando se trata de execução de título condenatório alcançado pela preclusão maior" (STF: HC 177.164/PA, rel. Min. Marco Aurélio, 1.ª Turma, j. 18.02.2020, noticiado no *Informativo* 967).

[106] "A manutenção de monitoramento por meio de tornozeleira eletrônica sem fundamentação concreta evidencia constrangimento ilegal ao apenado. [...] Consoante dispõe o art. 146-D da Lei de Execução Penal, a monitoração eletrônica poderá ser revogada quando se tornar desnecessária ou inadequada. De qualquer sorte, ainda que o monitoramento eletrônico, com a colocação de tornozeleiras, seja uma alternativa tecnológica ao cárcere, a necessidade de sua manutenção deve ser aferida periodicamente, podendo ser dispensada a cautela em casos desnecessários. Todavia, a simples afirmação de que o monitoramento é medida mais acertada à fiscalização do trabalho externo com prisão domiciliar deferido ao apenado em cumprimento de pena de reclusão no regime semiaberto, sem maiores esclarecimentos acerca do caso concreto, não constitui fundamento idôneo para justificar o indeferimento do pleito. Assim como tem a jurisprudência exigido motivação concreta para a incidência de cautelares penais durante o processo criminal, a fixação de medidas de controle em fase de execução da pena igual motivação exigem, de modo que a incidência genérica – sempre e sem exame da necessidade da medida gravosa – de tornozeleiras eletrônicas não pode ser admitida" (STJ: HC 351.273/CE, rel. Min. Nefi Cordeiro, 6.ª Turma, j. 02.02.2017, noticiado no *Informativo* 597).

504 | DIREITO PENAL – PARTE GERAL – VOL. 1 • CLEBER MASSON

Além disso, a hierarquia e a disciplina inerentes às instituições militares impõem tratamento diferenciado, e por esse motivo as disposições da Lei de Execução Penal serão aplicáveis apenas subsidiariamente aos condenados por crimes militares, ou seja, exclusivamente nas situações em que a legislação for omissa acerca de determinado assunto.[107]

## 33.21. A SÚMULA VINCULANTE 56: APLICABILIDADE AOS REGIMES SEMIABERTO E ABERTO

No dia 29 de junho de 2016, o Supremo Tribunal Federal aprovou a **Súmula Vinculante 56**: "A falta de estabelecimento penal adequado não autoriza a manutenção do condenado em regime prisional mais gravoso, devendo-se observar, nessa hipótese, os parâmetros fixados no RE 641.320/RS".

O enunciado vinculante foi criado com a finalidade de evitar o cumprimento da pena privativa de liberdade em regime prisional mais gravoso do que o determinado na sentença ou no acórdão, ou do que o autorizado por lei, em face da ausência de vagas ou de condições específicas que o possibilitem.

As reconhecidas deficiências estruturais do sistema penitenciário e a incapacidade do Estado de prover recursos materiais que viabilizem a implementação de determinações impostas pela Lei de Execução Penal, que constitui exclusiva obrigação do Poder Público, não podem frustrar o exercício, pelo condenado, de direitos subjetivos que lhe foram conferidos pelo ordenamento positivo, sob risco de se caracterizar o excesso de execução, vedado pelo art. 185 da Lei 7.210/1984 – Lei de Execução Penal.

Com efeito, a realidade do sistema prisional brasileiro revela a violação do **sistema progressivo**, pois os regimes semiaberto e, em especial o aberto, foram praticamente abandonados no âmbito da execução penal, e não raras vezes a reprimenda é cumprida, em sua integralidade, no regime fechado, misturando-se os detentos que corretamente nele se encontram com aqueles que já deveriam (e mereciam) estar em regimes menos gravosos.

Essa situação fática afronta os princípios constitucionais da individualização da pena, que também abrange o cumprimento da pena, e da legalidade, uma vez que a pena é cumprida em regime diverso daquele previsto em lei.

O precedente jurisprudencial expressamente citado no enunciado da súmula vinculante foi o Recurso Extraordinário 641.320, no qual a Corte Suprema fixou os seguintes parâmetros:

a) a falta de estabelecimento penal adequado não autoriza a manutenção do condenado em regime prisional mais gravoso;

b) os juízes da execução penal podem avaliar os estabelecimentos destinados aos regimes semiaberto e aberto, para qualificação como adequados a tais regimes. São aceitáveis estabelecimentos que não se qualificassem como "colônia agrícola ou industrial" (regime semiaberto) ou "casa de albergado ou estabelecimento adequado" (regime aberto) (CP, art. 33, § 1.º, "b" e "c");

c) havendo déficit de vagas, deve ser determinada: (1) a saída antecipada de sentenciado no regime com falta de vagas; (2) a liberdade eletronicamente monitorada ao sentenciado que saia antecipadamente ou seja posto em prisão domiciliar por falta de vagas; (3) o cumprimento de penas restritivas de direito e/ou estudo ao sentenciado que obtenha a progressão ao regime aberto.[108]

---

[107] STF: HC 104.174/RJ, rel. Min. Ayres Britto, 2.ª Turma, j. 29.03.2011; e STJ: HC 215.765/RS, rel. Min. Gilson Dipp, 5.ª Turma, j. 08.11.2011.

[108] RE 641.320/RS, rel. Min. Gilmar Mendes, Plenário, j. 11.05.2016, noticiado no *Informativo* 825.

# CAP. 33 – PENA PRIVATIVA DE LIBERDADE

É de se observar que no regime semiaberto a pena não precisa obrigatoriamente ser cumprida em colônia agrícola ou industrial, e no regime aberto também não se afigura indispensável a execução da pena em casa de albergado.

De fato, o art. 33, § 1.º, "b" e "c", do Código Penal, admite o cumprimento da pena em "estabelecimento similar" ou em "estabelecimento adequado", e essa posição foi reforçada pelo Supremo Tribunal Federal, ao deixar claro que os magistrados da execução penal podem avaliar os estabelecimentos penais sob sua jurisdição para concluir se existe ou não o enquadramento na abertura permitida pelo Código Penal.

Além disso, há de se fazer uma importante observação. A inexistência de estabelecimento penal adequado ao regime prisional determinado para o cumprimento da pena não autoriza a concessão imediata do benefício da prisão domiciliar, porquanto, nos termos da Súmula Vinculante 56, é imprescindível que a adoção de tal medida seja precedida das providências estabelecidas no julgamento do RE 641.320/RS, quais sejam: (1) saída antecipada de outro sentenciado no regime com falta de vagas, abrindo-se, assim, vagas para os reeducandos que acabaram de progredir; (2) a liberdade eletronicamente monitorada ao sentenciado que sai antecipadamente ou é posto em prisão domiciliar por falta de vagas; e (3) cumprimento de penas restritivas de direitos e/ou estudo aos sentenciados em regime aberto.[109]

Finalmente, é preciso destacar que a Súmula Vinculante 56 **não se aplica aos presos provisórios**. Em sede de custódia cautelar não existe propriamente cumprimento de pena, razão pela qual sequer se pode falar em diferenciação entre regimes prisionais durante a prisão preventiva (ou temporária). Para o Superior Tribunal de Justiça:

A Súmula Vinculante n. 56/STF é inaplicável ao preso provisório. (...) Observa-se, de pronto, que a Súmula Vinculante n. 56/STF, portanto, destina-se com exclusividade aos casos de efetivo cumprimento de pena. Em outras palavras, aplica-se tão somente ao preso definitivo ou àquele em cumprimento provisório da condenação. O seu objetivo não é outro senão vedar o resgate da reprimenda em regime mais gravoso do que teria direito o apenado pela falha do Estado em oferecer vaga em local apropriado. Não se pode estender a citada súmula vinculante ao preso provisório, eis que se trata de situação distinta. Por deter caráter cautelar, a prisão preventiva não se submete a distinção de diferentes regimes. Assim, sequer é possível falar em regime mais ou menos gravoso ou estabelecer um sistema de progressão ou regressão da prisão.[110]

## 33.22. TABELA COMPARATIVA ENTRE OS REGIMES

| | Regime fechado | Regime semiaberto | Regime aberto |
|---|---|---|---|
| **Local de cumprimento** | Estabelecimento de segurança máxima ou média (penitenciárias). | Colônia agrícola, industrial ou estabelecimento similar. | Casa do albergado ou estabelecimento adequado. |
| **Características principais** | • limitação das atividades em comum dos presos;<br>• maior controle e vigilância sobre o preso;<br>• regime reservado ao preso de maior periculosidade; | • trabalho em comum dos presos;<br>• mínimo de segurança e vigilância sobre o preso;<br>• regime reservado ao preso de menor periculosidade; | • baseia-se na autodisciplina, na baixa periculosidade e no senso de responsabilidade dos condenados;<br>• o preso, fora do estabelecimento e sem vigilância, pode trabalhar, frequentar cursos ou |

---

[109] STJ: REsp 1.710.674/MG, rel. Min. Reynaldo Soares da Fonseca, 3.ª Seção, j. 22.08.2018, noticiado no *Informativo* 632.

[110] RHC 99.006/PA, rel. Min. Jorge Mussi, 5.ª Turma, j. 07.02.2009, noticiado no *Informativo* 642.

| | Regime fechado | Regime semiaberto | Regime aberto |
|---|---|---|---|
| Características principais | • o preso trabalha no período diurno e fica isolado no período noturno;<br><br>• a realização do exame criminológico é obrigatória no início do cumprimento da pena nesse regime;<br><br>• permissão de saída;<br><br>• remição (trabalho e estudo). | • o preso trabalha em comum durante o período diurno;<br><br>• a realização do exame criminológico é facultativa no início do cumprimento da pena nesse regime;<br><br>• permissão de saída;<br><br>• saída temporária;<br><br>• remição (trabalho e estudo). | • exercer outra atividade autorizada, permanecendo recolhido durante o período noturno e nos dias de folga;<br><br>• não há previsão de exame criminológico no início do cumprimento da pena nesse regime;<br><br>• remição (estudo). |

## 33.23. REGIME ESPECIAL

As mulheres cumprem pena em estabelecimento próprio, observando-se os deveres e direitos inerentes à sua condição pessoal (CP, art. 37). Os estabelecimentos penais destinados a mulheres deverão possuir, exclusivamente, agentes do sexo feminino na segurança de suas dependências internas (LEP, art. 83, § 3.º).

Essa regra coaduna-se com o art. 5.º, XLVIII, da Constituição Federal, pela qual "a pena será cumprida em estabelecimentos distintos, de acordo com a natureza do delito, a idade e o sexo do apenado". Na mesma direção, estabelece o art. 82, § 1.º, da Lei de Execução Penal que "a mulher e o maior de 60 (sessenta) anos, separadamente, serão recolhidos a estabelecimento próprio e adequado à sua condição pessoal".

A Lei Suprema também determina, em seu art. 5.º, L, que "às presidiárias serão asseguradas condições para que possam permanecer com seus filhos durante o período de amamentação". E diz o art. 89, *caput*, da Lei de Execução Penal: "[...] a penitenciária de mulheres será dotada de seção para gestante e parturiente e de creche para abrigar crianças maiores de 6 (seis) meses e menores de 7 (sete) anos, com a finalidade de assistir a criança desamparada cuja responsável estiver presa".

### 33.23.1. Execução penal, mães presas e filhos recém-nascidos

A Lei 11.942/2009, em compasso com as determinações contidas no art. 5.º, XLVIII e L, da Constituição Federal, introduziu diversas modificações na Lei 7.210/1984 – Lei de Execução Penal, com a finalidade de assegurar às mães presas e aos recém-nascidos condições mínimas de assistência. Destacam-se, entre tais alterações, as seguintes:

a) será assegurado acompanhamento médico à mulher, principalmente no pré-natal e no pós-parto, extensivo ao recém-nascido (LEP, art. 14, § 3.º);

b) os estabelecimentos penais destinados a mulheres serão dotados de berçário, onde as condenadas possam cuidar de seus filhos, inclusive amamentá-los, no mínimo, até 6 (seis) meses de idade (LEP, art. 83, § 2.º);

c) a penitenciária de mulheres será dotada de seção para gestante e parturiente e de creche para abrigar crianças maiores de 6 (seis) meses e menores de 7 (sete) anos, com a finalidade de assistir criança desamparada cuja responsável estiver presa (LEP, art. 89, *caput*); e

CAP. 33 - PENA PRIVATIVA DE LIBERDADE | 507

d) a seção e a creche mencionadas devem possuir como requisitos básicos: I – atendimento por pessoal qualificado, de acordo com as diretrizes adotadas pela legislação educacional e em unidades autônomas; e II – horário de funcionamento que garanta a melhor assistência à criança e à sua responsável (LEP, art. 89, parágrafo único).

Mais tarde, a Lei 14.326/2022 incluiu o § 4.º no art. 14 da Lei de Execução Penal: "Será assegurado tratamento humanitário à mulher grávida durante os atos médico-hospitalares preparatórios para a realização do parto e durante o trabalho de parto, bem como à mulher no período de puerpério, cabendo ao poder público promover a assistência integral à sua saúde e à do recém-nascido".

Se de um lado esse dispositivo visa assegurar um direito à mulher grávida (ou no período de puerpério) e ao recém-nascido, de outro lado nos traz uma triste conclusão. No Brasil, é preciso uma lei para dizer o óbvio: qualquer pessoa – notadamente mulheres grávidas e recém-nascidos – deve ser tratada com humanidade e (um mínimo de) respeito.

## 33.23.2. Proibição (ou não) de revista íntima

A Lei 13.271/2016 foi editada com a finalidade de proibir a revista íntima em mulheres. Seu art. 1.º contém a seguinte redação:

> Art. 1.º As empresas privadas, os órgãos e entidades da administração pública, direta e indireta, ficam proibidos de adotar qualquer prática de revista íntima de suas funcionárias e de clientes do sexo feminino.

O art. 2.º, por sua vez, impõe multa para quem descumprir a vedação legal, sem prejuízo da indenização por danos morais e materiais e sanções de ordem penal.

A questão que surge diz respeito à proibição, ou não, da revista íntima em presas e nas demais mulheres que ingressam nos estabelecimentos penais, tais como as esposas, companheiras, namoradas, mães, filhas ou irmãs dos detentos (ou detentas). De fato, o art. 1.º da Lei 13.271/2016 estende a vedação da revista íntima aos órgãos e entidades da Administração Pública, mas restringe sua proteção às funcionárias e clientes do sexo feminino.

Esse foi o problema criado pelo legislador. As presas e as demais mulheres que comparecem, a qualquer título, ao sistema prisional não são "funcionárias", muito menos "clientes" dos órgãos e entidades da Administração Pública.

O art. 3.º da Lei 13.271/2016 foi vetado pela Presidência da República. Seu texto era o seguinte: "Nos casos previstos em lei, para revistas em ambientes prisionais e sob investigação policial, a revista será unicamente realizada por funcionários servidores femininos".

Em primeira análise, fica a impressão de que a proibição legal não alcança os ambientes prisionais (e policiais). Mas, nas razões do veto, a Presidência da República assim se pronunciou: "A redação do dispositivo possibilitaria interpretação no sentido de ser permitida a revista íntima nos estabelecimentos prisionais. Além disso, permitiria interpretação de que quaisquer revistas seriam realizadas unicamente por servidores femininos, tanto em pessoas do sexo masculino quanto do feminino".

Em outras palavras, o veto foi lançado justamente para evitar qualquer interpretação no sentido do cabimento da revista íntima em mulheres, ou seja, a finalidade da Lei 13.271/2016 consistiu exatamente em proibir, de forma absoluta, o questionado procedimento.

Ousamos discordar da opção legislativa (e também da Presidência da República). A proibição da revista íntima pode (e deve) ser a regra no Brasil, especialmente quando abusiva e desnecessária, mas precisa comportar exceções. Com efeito, o direito da mulher de se opor à revista íntima há de ser analisado em cada caso, de forma individualizada, e cotejado com o princípio da proporcionalidade.

Na colisão de direitos fundamentais, é preciso conformar o direito à privacidade da mulher com o direito da coletividade, e também da própria mulher, à segurança pública, expressamente consagrado nos arts. 5.º, *caput*, e 144, *caput*, da Constituição Federal. Como se sabe, a segurança pública, além de figurar como dever do Estado, é direito e responsabilidade de todos, indistintamente.

Não se pode utilizar da fórmula legal para permitir a impunidade de quem optou por violar as normas penais, e também não é razoável abrir uma brecha para a prática de crimes e para a facilitação de outros delitos, a exemplo do que se dá quando mulheres escondem drogas, aparelhos de telefonia celular e até mesmo armas (lâminas, canivetes etc.) em suas regiões íntimas, para levá-las ao interior de estabelecimentos penais.

A Lei 13.271/2016, como qualquer outro diploma normativo, busca proteger as mulheres contra atuações inoportunas e excessivas, e nesse ponto merece ser louvada. Entretanto, deve ser interpretada com bom senso e coerência, harmonizando-se com as regras e princípios que norteiam nosso ordenamento jurídico.

## 33.24. DIREITOS DO PRESO

Nos termos do art. 38 do Código Penal: "O preso conserva todos os direitos não atingidos pela perda da liberdade, impondo-se a todas as autoridades o respeito à sua integridade física e moral".

Esse dispositivo encontra-se em sintonia com o art. 5.º, XLIX, da Constituição Federal: "é assegurado aos presos o respeito à integridade física e moral".

Os arts. 40 e 41 da Lei de Execução Penal arrolam diversos direitos dos presos, tais como alimentação suficiente e vestuário, atribuição de trabalho e sua remuneração, assistência material, jurídica, educacional, social, religiosa[111] e à saúde, entrevista direta com o advogado, chamamento nominal, avistar-se com o diretor do presídio, contato com o mundo exterior por meio de correspondência escrita, da leitura e de outros meios de informação que não comprometam a moral e os bons costumes, atestado de pena a cumprir, emitido anualmente etc.

Nos termos do art. 83, § 5.º, da Lei de Execução Penal, nos estabelecimentos penais existirá, obrigatoriamente, instalação destinada à Defensoria Pública, instituição que, entre outras atribuições, "velará pela regular execução da pena e da medida de segurança, oficiando, no processo executivo e nos incidentes da execução, para a defesa dos necessitados em todos os graus e instâncias, de forma individual e coletiva" (LEP, art. 81-A).

A Resolução Conjunta 01/2014, editada pelo CNPCP – Conselho Nacional de Política Criminal e Penitenciária e pelo CNCD/LGBT – Conselho Nacional de Combate à Discriminação estabelece os parâmetros de acolhimento da população LGBT (lésbicas, gays, bissexuais, travestis e transexuais) em privação de liberdade no Brasil.

Por sua vez, a Resolução CNJ nº 366/2021 alterou a Resolução CNJ nº 348/2020 para estabelecer diretrizes e procedimentos a serem observados pelo Poder Judiciário, no âmbito criminal, com relação ao tratamento da população lésbica, gay, bissexual, transexual, travesti ou intersexo que seja custodiada, acusada, ré, condenada, privada de liberdade, em cumprimento de alternativas penais ou monitorada eletronicamente.[112]

---

[111] O STJ admite até mesmo a frequência a culto religioso, durante o período noturno, a quem cumpre pena em prisão domiciliar: "O benefício da prisão domiciliar possui normas de conduta a serem cumpridas, entre elas o recolhimento domiciliar até às 19h. (...) Ocorre, todavia, que o cumprimento de prisão domiciliar não impede a liberdade de culto, quando compatível com as condições impostas ao reeducando, atendendo à finalidade ressocializadora da pena" (REsp 1.788.562/TO, rel. Min. Nefi Cordeiro, 6.ª Turma, j. 17.09.2019, noticiado no *Informativo* 657).

[112] "É dever do Judiciário indagar à pessoa autodeclarada parte da população transexual acerca da preferência pela custódia em unidade feminina, masculina ou específica, se houver, e, na unidade escolhida, preferência pela detenção no convívio geral ou em alas ou celas específicas." (STJ: HC 861.817/SC, rel. Min. Jesuíno Rissato (Desembargador convocado do TJDF), 6.ª Turma, j. 06.02.2024, noticiado no *Informativo* 801).

## 33.24.1. A questão da visita íntima

O art. 41, X, da Lei de Execução Penal assegura ao preso o direito de visita do cônjuge, da companheira, de parentes e amigos em dias determinados. Cuida-se de medida destinada a preparar o retorno do condenado ao convívio social, bem como a manter seus laços de matrimônio, parentesco e amizade.

Todavia, a Lei de Execução Penal não previu o direito à visita íntima, isto é, o encontro reservado no interior do estabelecimento penal com o cônjuge, companheira ou namorada para a realização de atos sexuais. Esta prática, contudo, é habitual nos presídios e tem sido autorizada pela direção dos estabelecimentos, com a finalidade de controlar as sevícias sexuais entre os internos, bem como a preservar os laços de relacionamento afetivo entre casais separados pelo cumprimento da pena.[113]

No tocante aos **presídios federais**, o Decreto 6.049/2007 (art. 95, *caput* e parágrafo único, do Regulamento Penitenciário Federal anexo ao referido decreto) previu expressamente o direito à visita íntima. Com a finalidade de regulamentar esse decreto, a Portaria 718, de 28 de agosto de 2017, do Ministério da Justiça e Segurança Pública, disciplina a visita íntima no interior das Penitenciárias Federais.

Por sua vez, a Resolução n.º 23, de 4 de novembro de 2021, editada pelo Conselho Nacional de Política Criminal e Penitenciária, órgão do Ministério da Justiça, recomenda ao Departamento Penitenciário Nacional e à administração penitenciária das unidades federadas a adoção de parâmetros para a concessão da visita conjugal ou íntima à pessoa privada de liberdade em estabelecimento penal.

Se a situação concreta recomendar, o direito do preso ao recebimento de visitas pode ser suspenso, desde que por prazo determinado. De fato, não se admite a restrição definitiva (ou perpétua) desse direito. Na linha da jurisprudência do Superior Tribunal de Justiça:

> É ilegal a sanção administrativa que impede definitivamente o direito do preso de receber visitas. O ordenamento jurídico garante a toda pessoa privada da liberdade o direito a um tratamento humano e à assistência familiar e não prevê nenhuma hipótese de perda definitiva do direito de visita. Assim, a negativa da revisão do cancelamento do registro de visitante está em descompasso com a proibição constitucional de penalidades de caráter perpétuo. Na hipótese é ilegal a sanção administrativa que impede definitivamente o preso de estabelecer contato com seu genitor por suprimir o direito previsto no art. 41, X, da LEP, porquanto tem-se por caracterizado o excesso de prazo da medida, que deve subsistir por prazo razoável à implementação de sua finalidade. Até mesmo nos casos de homologação de faltas graves (fuga, subversão da disciplina etc.) ou de condenações definitivas existe, nos regimentos penitenciários ou no art. 94 do CP, a possibilidade de reabilitação. Toda pena deve atender ao caráter de temporariedade.[114]

### 33.24.1.1. *Visita íntima e condenado por crime cometido contra a mulher, por razões da condição do sexo feminino*

O condenado por crime contra a mulher, por razões da condição do sexo feminino, na forma disciplina pelo art. 121-A, § 1.º, do Código Penal, não poderá usufruir do direito previsto no inc. X do art. 41 da Lei 7.210/1984 – Lei de Execução Penal (visita do cônjuge, da companheira, de parentes e amigos em dias determinados), **no tocante à visita íntima ou conjugal**.

---

[113] "O "habeas corpus" não é o meio adequado para tutelar visita íntima, por não estar envolvido o direito de ir e vir. Com base nesse entendimento, a Primeira Turma inadmitiu a impetração" (STF: HC 138.286/SP, rel. Min. Marco Aurélio, 1.ª Turma, j. 05.12.2017, noticiado no *Informativo* 887).

[114] RMS 48.818/SP, rel. Min. Rogerio Schietti Cruz, 6.ª Turma, j. 26.11.2019, noticiado no *Informativo* 661.

**510** | DIREITO PENAL – PARTE GERAL – VOL. 1 • CLEBER MASSON

Nada obstante o dispositivo mencione o art. 41, X, da Lei de Execução Penal, sem fazer qualquer ressalva, sua parte final – "no tocante à visita íntima ou conjugal" – autoriza a conclusão de que a proibição alcança apenas a visita de **cônjuge (virago) ou companheira**, de modo a não excluir eventuais visitas de parentes e amigos.

Essa proibição foi implementada pela Lei 14.994/2024 ("Pacote Antifeminicídio") e, em sintonia com a presunção de não culpabilidade (CF, art. 5.º, LVII), somente se aplica ao **condenado definitivo** (com trânsito em julgado), e não ao preso provisório.

Não basta a **condenação por crime contra a mulher**. É imprescindível tenha sido o delito cometido por **razões da condição do sexo feminino**. Além disso, a vedação alcança **qualquer mulher** que tenha interesse em visitar o preso, e não somente a vítima do crime pelo qual ele tenha sido condenado.

O fundamento desta regra é simples: se o indivíduo cumpre pena por crime contra mulher, por razões da condição do sexo feminino, normalmente um feminicídio, seria ilógico autorizá-lo a receber a visita íntima ou social, diante da sua violência e desprezo contra mulheres.

### 33.24.2. Visita social

A Portaria 157/2019, editada pelo Ministério da Justiça e Segurança Pública, disciplina o procedimento de visita social aos presos nos estabelecimentos penais federais de segurança máxima, medida destinada unicamente à manutenção dos laços familiares e sociais, e sob a necessária supervisão.

### 33.24.3. Limitação ao uso de algemas

Nos termos da **Súmula Vinculante 11** do Supremo Tribunal Federal:

Só é lícito o uso de algemas em casos de resistência e de fundado receio de fuga ou de perigo à integridade física própria ou alheia, por parte do preso ou de terceiros, justificada a excepcionalidade por escrito, sob pena de responsabilidade disciplinar, civil e penal do agente ou da autoridade e de nulidade da prisão ou do ato processual a que se refere, sem prejuízo da responsabilidade civil do Estado.[115]

Para a Corte Suprema, o uso de algemas, como regra, encontra-se em confronto com a ordem jurídico-constitucional. O princípio da presunção de não culpabilidade impõe aos acusados em geral o tratamento devido aos seres humanos, aos que vivem em um Estado Democrático de Direito.

Além disso, o art. 1.º, III, da Constituição Federal aponta como um dos fundamentos da República Federativa do Brasil a dignidade da pessoa humana, e da leitura do rol das garantias constitucionais previstas no art. 5.º, incs. XLIX, LXI, LXIII, LXIV, LXV, LXVI, XLVIII depreende-se a preocupação em se resguardar a figura do preso, repousando tais preceitos no inafastável tratamento humanitário do cidadão, na imprescindibilidade de lhe ser preservada a dignidade.

Nos palcos forenses, a manutenção do acusado algemado implicaria em colocar a defesa, antecipadamente, em patamar inferior, especialmente no Tribunal do Júri, composto por pessoas leigas que tiram ilações diversas acerca do contexto indicativo da periculosidade do réu.

Para fundamentar a Súmula Vinculante, o Supremo Tribunal Federal registrou que a proibição do uso de algemas e do uso da força já era prevista nos tempos do Império (Decreto

---

[115] A jurisprudência tem recomendado cautela e bom senso na aplicação das sanções indicadas na Súmula Vinculante 11 do Supremo Tribunal Federal, sem apego ao excessivo formalismo. Nesse sentido: STF: Rcl 11845/MT AgR, rel. Min. Celso de Mello, Plenário, j. 19.02.2014.

CAP. 33 - PENA PRIVATIVA DE LIBERDADE | **511**

de 23.5.1821 e Código de Processo Criminal do Império de 29.11.1832, art. 180) e que houve manutenção dessas normas no ordenamento jurídico brasileiro subsequente (Lei 261/1841; Lei 2.033/1871, regulamentada pelo Decreto 4.824/1871; Código de Processo Penal de 1941, arts. 284 e 292; Lei de Execução Penal – LEP 7.210/1984 –, art. 159; Código de Processo Penal Militar, arts. 234, § 1.º, e 242). Citou-se, ademais, o disposto no item 3 das regras da Organização das Nações Unidas – ONU – para o tratamento de prisioneiros, no sentido de que o emprego de algemas jamais poderá se dar como medida de punição.

Destarte, concluiu-se ser excepcional o uso de algemas, o qual somente pode ocorrer nos casos em que realmente se mostre indispensável para impedir ou evitar a fuga do preso, ou quando se cuidar comprovadamente de perigoso prisioneiro, circunstâncias que devem ser objeto de decisão judicial fundamentada.[116]

Além disso, o Supremo Tribunal Federal mencionou que a Lei 11.689/2008, ao promover profundas reformas no Código de Processo Penal, tornou estreme de dúvidas a excepcionalidade do uso de algemas ("Art. 474. [...] § 3.º Não se permitirá o uso de algemas no acusado durante o período em que permanecer no plenário do júri, salvo se absolutamente necessário à ordem dos trabalhos, à segurança das testemunhas ou à garantia da integridade física dos presentes").

A propósito, a Corte Suprema já rejeitou pedido de cancelamento da Súmula Vinculante 11, com a seguinte fundamentação:

> O Plenário rejeitou proposta de cancelamento do Enunciado 11 da Súmula Vinculante ("Só é lícito o uso de algemas em casos de resistência e de fundado receio de fuga ou de perigo à integridade física própria ou alheia, por parte do preso ou de terceiros, justificada a excepcionalidade por escrito, sob pena de responsabilidade disciplinar, civil e penal do agente ou da autoridade e de nulidade da prisão ou do ato processual a que se refere, sem prejuízo da responsabilidade civil do Estado"). No caso, a proponente – Confederação Brasileira dos Trabalhadores Policiais Civis – Cobrapol – afirmava que a edição do enunciado em questão teria usurpado a função do Poder Legislativo. Ressalvava, ademais, o quanto disposto no art. 199 da Lei de Execução Penal ("O emprego de algemas será disciplinado por decreto federal"), apontando, então, que, se ainda não há decreto federal que regulamente a utilização de algemas, caberia aos interessados ajuizar mandado de injunção. A Corte asseverou que, para admitir-se a revisão ou o cancelamento de súmula vinculante, seria necessário demonstrar: a) a evidente superação da jurisprudência do STF no trato da matéria; b) a alteração legislativa quanto ao tema; ou, ainda, c) a modificação substantiva de contexto político, econômico ou social. A proponente, porém, não teria comprovado a existência dos aludidos pressupostos, assim como não teria se desincumbido do ônus de apresentar decisões reiteradas do STF que demonstrassem a desnecessidade de vigência do enunciado em questão, o que impossibilitaria o exame da presente proposta de cancelamento. Por fim, cumpriria destacar que o mero descontentamento ou eventual divergência quanto ao conteúdo de verbete vinculante não autorizariam a rediscussão da matéria.[117]

No dia 26 de setembro de 2016 foi editado o Decreto 8.858, com a finalidade de regulamentar o art. 199 da Lei 7.210/1984 – Lei de Execução, cuja redação é a seguinte: "Art. 199. O emprego de algemas será disciplinado por decreto federal".

---

[116] O STF entendeu ser lícito o uso de algemas em caso de réu integrante de milícia privada, com extensa folha de antecedentes criminais e transferido para presídio de segurança máxima, em virtude da sua alta periculosidade, além da possibilidade de sua fuga ou de seu resgate" (Rcl 32.970 AgR/RJ, rel. Min. Alexandre de Moraes, 1.ª Turma, j. 17.12.2019, noticiado no *Informativo 964*). Nesse mesmo julgamento, a Corte acertadamente salientou que "a questão da periculosidade, ou não, do réu, é assunto de polícia e não de juiz. Se a polícia informa que o réu é perigoso, o juiz, que, normalmente, entra em contato com o réu pela primeira vez, tem de confiar na presunção de legitimidade da informação passada pela autoridade policial. Fora dos casos de abuso patente, é preciso dar credibilidade àquele que tem o encargo de zelar pela segurança pública, inclusive no âmbito do tribunal".

[117] PSV 13/DF, Plenário, j. 24.09.2015, noticiado no *Informativo 800*.

512 | DIREITO PENAL – PARTE GERAL – VOL. 1 • CLEBER MASSON

A partir de então, o emprego de algemas deve observar as seguintes diretrizes:

a) o art. 1.º, inc. III, e o art. 5.º, inc. III, ambos da Constituição Federal, que dispõem sobre a dignidade da pessoa humana e a proibição de tratamento desumano ou degradante;

b) a Resolução 2010/2016, da Organização das Nações Unidas, sobre o tratamento de mulheres presas e medidas não privativas de liberdade para mulheres infratoras (Regras de Bangkok); e

c) o Pacto de San José da Costa Rica, incorporado ao direito brasileiro pelo Decreto 678/1992, que determina o tratamento humanitário dos presos e, em especial, das mulheres em condição de vulnerabilidade.

Além disso, o Decreto 8.858/2016 acompanhou a sistemática da Súmula Vinculante 11 e, no seu art. 2.º, admitiu o uso de algemas apenas em casos de resistência e de fundado receio de fuga ou de perigo à integridade física própria ou alheia, causado pelo preso ou por terceiros, justificada a sua excepcionalidade por escrito.

Finalmente, o parágrafo único do art. 292 do Código de Processo Penal, com a redação dada pela Lei 13.434/2017, estatui ser "vedado o uso de algemas em mulheres grávidas durante os atos médico-hospitalares preparatórios para a realização do parto e durante o trabalho de parto, bem como em mulheres durante o período de puerpério imediato". Essa regra, a bem da verdade, sequer precisaria estar prevista no Código de Processo Penal (ou em outra lei qualquer). Trata-se de imposição humanista em sintonia com o especial (e sagrado) momento do nascimento de um novo ser.

A análise conjunta da Súmula Vinculante 11, do Decreto 8.858/2016 e do art. 292, parágrafo único, do Código de Processo Penal autoriza as seguintes conclusões:

| | |
|---|---|
| **Diretrizes sobre o emprego de algemas** | a) Dignidade da pessoa humana;<br>b) Proibição de tratamento desumano ou degradante;<br>c) Resolução 2.010/2016 da ONU (Regras de Bangkok); e<br>d) Pacto de San José da Costa Rica. |
| **Hipóteses excepcionais em que o emprego de algemas é permitido (a excepcionalidade deve ser justificada por escrito)** | a) Resistência à prisão;<br>b) Fundado receio de fuga; e<br>c) Perigo à integridade física própria ou alheia, causado pelo preso ou por terceiros. |
| **Proibição do emprego de algemas em mulheres** | a) Durante o trabalho de parto, em qualquer unidade do sistema penitenciário;<br>b) No trajeto da parturiente entre a unidade prisional e a unidade hospitalar; e<br>c) Após o parto, durante o período em que se encontrar hospitalizada. |
| **Sanções para o uso indevido de algemas (podem ser cumuladas)** | a) Nulidade da prisão;<br>b) Nulidade do ato processual de que participou o preso;<br>c) Responsabilidade civil, disciplinar e penal do agente ou da autoridade; e<br>d) Responsabilidade civil do Estado. |

### 33.24.3.1. *Uso de algemas pela polícia para apresentação do preso à imprensa*

O Supremo Tribunal Federal já decidiu pela inaplicabilidade da Súmula Vinculante 11 à situação em que a autoridade policial apresentou um preso algemado à imprensa, no dia seguinte à prisão. Como corolário da não incidência do enunciado vinculante, a eventual responsabilização do Estado ou dos agentes públicos envolvidos no ato deve ser buscada pelas vias adequadas:

> A apresentação do custodiado algemado à imprensa pelas autoridades policiais não afronta o Enunciado 11 da Súmula Vinculante ("Só é lícito o uso de algemas em casos de resistência e de fundado receio de fuga ou de perigo à integridade física própria ou alheia, por parte do preso ou de terceiros, justificada a excepcionalidade por escrito, sob pena de responsabilidade disciplinar, civil e penal do agente ou da autoridade e de nulidade da prisão ou do ato processual a que se refere, sem prejuízo da responsabilidade civil do Estado"). Com base nessa orientação, a Primeira Turma julgou improcedente reclamação ajuizada por custodiado que, preso preventivamente por ordem judicial, fora apresentado algemado à imprensa por policiais civis estaduais. A Turma asseverou que a decisão judicial que determinara a segregação do reclamante não determinara o uso de algemas. Destacou que, embora evidenciado o emprego injustificado do referido artefato, seu manuseio decorrera de ato administrativo da autoridade policial, situação não abarcada pelo verbete, que se refere à prática de ato processual. As algemas teriam sido utilizadas um dia após a prisão, quando o reclamante já se encontrava na delegacia de polícia, tão somente no momento da exibição dos presos à imprensa. Assim, eventual responsabilização do Estado ou dos agentes envolvidos, decorrente dos fatos noticiados na inicial, deve ser buscada na via apropriada.[118]

A Corte Suprema, todavia, possui entendimento diverso – no sentido da nulidade do ato processual e da responsabilidade disciplinar, civil e penal do agente ou autoridade – quando a utilização indevida de algemas ocorre em atividade relacionada à persecução penal:

> (...) Por fim, a Turma ressaltou que, durante o transporte, o paciente foi exibido às câmeras de televisão algemado por pés e mãos, a despeito de sua aparente passividade, em afronta ao Enunciado 11 da Súmula Vinculante. O uso infundado de algemas é causa suficiente para invalidar o ato processual. Considerou, ainda, que o abuso no uso de algemas também enseja a responsabilidade disciplinar, civil e penal do agente ou da autoridade.[119]

## 33.24.4. A separação dos presos nos estabelecimentos penais

A Lei 13.167/2015 efetuou mudanças na Lei de Execução Penal, com o propósito de estabelecer critérios para a separação de presos nos estabelecimentos penais.

Inicialmente, os presos provisórios, ou seja, aqueles indivíduos sujeitos à privação da liberdade antes do trânsito em julgado da condenação, em virtude de prisão em flagrante, prisão temporária ou prisão preventiva, devem ficar separados dos presos definitivamente condenados.

Porém, isso não basta. É necessária a distinção entre os presos provisórios e também entre os presos definitivos.

De fato, os presos provisórios ficarão separados de acordo com os seguintes critérios: I – os acusados pela prática de crimes hediondos ou equiparados (tráfico de drogas, tortura e terrorismo); II – os acusados pela prática de delitos cometidos com violência ou grave ameaça à pessoa; e III – os acusados pela prática de crimes diversos ou de contravenções penais (LEP, art. 84, § 1.º).

---

[118] Rcl 7.116/PE, rel. Min. Marco Aurélio, 1.ª Turma, j. 24.05.2016, noticiado no *Informativo* 827.

[119] HC 152.720/DF, rel. Min. Gilmar Mendes, 2.ª Turma, j. 10.04.2018, noticiado no *Informativo* 897.

514 | DIREITO PENAL – PARTE GERAL – VOL. 1 • CLEBER MASSON

Por sua vez, os presos definitivamente condenados serão separados levando em conta os seguintes parâmetros: I – condenados pela prática de crimes hediondos ou equiparados (pouco importa se primários ou reincidentes); II – reincidentes condenados pela prática de delitos cometidos com violência ou grave ameaça à pessoa; III – primários condenados pela prática de crimes cometidos com violência ou grave ameaça à pessoa; e IV – demais condenados pela prática de outros crimes ou contravenções penais (LEP, art. 84, § 3.º).

De seu turno, o preso que, ao tempo do fato, era funcionário da Administração da Justiça Criminal, a exemplo dos carcereiros, agentes penitenciários e diretores de presídios, ficará em dependência separada (LEP, art. 84, § 2.º).

Finalmente, o preso que tiver sua integridade física, moral ou psicológica ameaçada pela convivência com os demais presos ficará segregado em local próprio, ou seja, isolado dos demais detentos (LEP, art. 84, § 4.º).

## 33.24.5. Obras emergenciais em presídios: a reserva do possível e a separação dos Poderes do Estado

O sistema prisional brasileiro enfrenta um verdadeiro caos estrutural. Isso é notório e está fora de qualquer discussão jurídica. Fala-se, inclusive, na configuração de um **estado de coisas inconstitucional**,[120] expressão utilizada pela Corte Constitucional da Colômbia para se referir ao quadro problemático dotado das seguintes características: (a) violação generalizada e sistêmica de direitos fundamentais; (b) inércia ou incapacidade reiterada e persistente das autoridades públicas em modificar a conjuntura; e (c) transgressões a exigir a atuação não apenas de um órgão, e sim de uma pluralidade de autoridades.

Nesse contexto, o Poder Judiciário pode (e deve) determinar à Administração Pública a adoção de providências eficazes para promover medidas ou efetuar obras emergenciais em estabelecimentos prisionais, visando o respeito à dignidade da pessoa humana e à integridade física e moral dos presos, na forma determinada pela Constituição Federal, de modo a evitar a inaceitável "**coisificação**" dos detentos, os quais jamais podem ser tratados como meros objetos, em decorrência da simples (e indestrutível) condição de seres humanos.

Esta postura ativa do Poder Judiciário não afronta o princípio da separação dos Poderes (CF, art. 2.º) e não pode ser limitada pela cláusula da "reserva do possível", pela qual a Administração Pública deve cumprir suas obrigações na medida das suas possibilidades. Vale a pena acompanhar um lúcido julgado do Supremo Tribunal Federal sobre o tema:

> É lícito ao Poder Judiciário impor à Administração Pública obrigação de fazer, consistente na promoção de medidas ou na execução de obras emergenciais em estabelecimentos prisionais para dar efetividade ao postulado da dignidade da pessoa humana e assegurar aos detentos o respeito à sua integridade física e moral, nos termos do que preceitua o art. 5.º, XLIX, da CF, não sendo oponível à decisão o argumento da reserva do possível nem o princípio da separação dos poderes. Essa a conclusão do Plenário, que proveu recurso extraordinário em que discutida a possibilidade de o Poder Judiciário determinar ao Poder Executivo estadual obrigação de fazer consistente na execução de obras em estabelecimentos prisionais, a fim de garantir a observância dos direitos fundamentais dos presos. O Colegiado assentou tratar-se, na espécie, de estabelecimento prisional cujas condições estruturais seriam efetivamente atentatórias à integridade física e moral dos detentos. Pontuou que a pena deveria ter caráter de ressocialização, e que impor ao condenado condições sub-humanas atentaria contra esse objetivo. Entretanto, o panorama nacional indicaria que o sistema carcerário como um todo estaria em quadro de total falência, tendo em vista a grande precariedade

---

[120] Esta nomenclatura já foi utilizada pelo STF: ADPF 347 MC/DF, rel. Min. Marco Aurélio, Plenário, j. 09.09.2015, noticiada no *Informativo* 798.

das instalações, bem assim episódios recorrentes de sevícias, torturas, execuções sumárias, revoltas, superlotação, condições precárias de higiene, entre outros problemas crônicos. Esse evidente caos institucional comprometeria a efetividade do sistema como instrumento de reabilitação social. Além disso, a questão afetaria também estabelecimentos destinados à internação de menores. O quadro revelaria desrespeito total ao postulado da dignidade da pessoa humana, em que haveria um processo de "coisificação" de presos, a indicar retrocesso relativamente à lógica jurídica atual. A sujeição de presos a penas a ultrapassar mera privação de liberdade prevista na lei e na sentença seria um ato ilegal do Estado, e retiraria da sanção qualquer potencial de ressocialização. A temática envolveria a violação de normas constitucionais, infraconstitucionais e internacionais. Dessa forma, caberia ao Judiciário intervir para que o conteúdo do sistema constitucional fosse assegurado a qualquer jurisdicionado, de acordo com o postulado da inafastabilidade da jurisdição. Os juízes seriam assegurados do poder geral de cautela mediante o qual lhes seria permitido conceder medidas atípicas, sempre que se mostrassem necessárias para assegurar a efetividade do direito buscado. No caso, os direitos fundamentais em discussão não seriam normas meramente programáticas, sequer se trataria de hipótese em que o Judiciário estaria ingressando indevidamente em campo reservado à Administração. Não haveria falar em indevida implementação de políticas públicas na seara carcerária, à luz da separação dos poderes. Ressalvou que não seria dado ao Judiciário intervir, de ofício, em todas as situações em que direitos fundamentais fossem ameaçados. Outrossim, não caberia ao magistrado agir sem que fosse provocado, transmudando-se em administrador público. O juiz só poderia intervir nas situações em que se evidenciasse um "não fazer" comissivo ou omissivo por parte das autoridades estatais que colocasse em risco, de maneira grave e iminente, os direitos dos jurisdicionados.[121]

## 33.24.6. Superlotação carcerária e responsabilidade civil do Estado

A superlotação carcerária no Brasil é inegável, e caracterizada principalmente pela falta de investimentos do Poder Público para proporcionar o atendimento dos mandamentos impostos pela Lei 7.210/1984 – Lei de Execução Penal. Para o Supremo Tribunal Federal, o Estado tem o dever de indenizar os detentos pelos danos materiais e morais suportados, e não se aplica, para elidir sua responsabilidade civil, a cláusula da reserva do possível. O julgado, nada obstante longo, é de leitura obrigatória:

> Considerando que é dever do Estado, imposto pelo sistema normativo, manter em seus presídios os padrões mínimos de humanidade previstos no ordenamento jurídico, é de sua responsabilidade, nos termos do art. 37, § 6.º, da Constituição, a obrigação de ressarcir os danos, inclusive morais, comprovadamente causados aos detentos em decorrência da falta ou insuficiência das condições legais de encarceramento. [...] Consoante o acórdão restabelecido, estaria caracterizado o dano moral porque, após laudo de vigilância sanitária no presídio e decorrido lapso temporal, não teriam sido sanados os problemas de superlotação e de falta de condições mínimas de saúde e de higiene do estabelecimento penal. Além disso, não sendo assegurado o mínimo existencial, seria inaplicável a teoria da reserva do possível.

> Registrou, de início, a inexistência de controvérsia a respeito dos fatos da causa e da configuração do dano moral, haja vista o reconhecimento, pelo próprio acórdão recorrido, da precariedade do sistema penitenciário estadual, que lesou direitos fundamentais do recorrente, quanto à dignidade, intimidade, higidez física e integridade psíquica. Portanto, sendo incontroversos os fatos da causa e a ocorrência do dano, afirmou que a questão jurídica desenvolvida no recurso ficou restrita à reparabilidade, ou seja, à existência ou não da obrigação do Estado de ressarcir os danos morais verificados nas circunstâncias enunciadas.

---

[121] RE 592.581/RS, rel. Min. Ricardo Lewandowski, Plenário, j. 13.08.2015, noticiado no *Informativo* 794.

# DIREITO PENAL - PARTE GERAL - VOL. 1 • CLEBER MASSON

Em seguida, consignou que a matéria jurídica está no âmbito da responsabilidade civil do Estado de responder pelos danos, até mesmo morais, causados por ação ou omissão de seus agentes, nos termos do art. 37, § 6.º, da CF, preceito normativo autoaplicável, que não se sujeita a intermediação legislativa ou a providência administrativa de qualquer espécie. Ocorrido o dano e estabelecido o seu nexo causal com a atuação da Administração ou dos seus agentes, nasce a responsabilidade civil do Estado. Sendo assim e tendo em conta que, no caso, a configuração do dano é matéria incontroversa, não há como acolher os argumentos que invocam, para negar o dever estatal de indenizar, o princípio da reserva do possível, na dimensão reducionista de significar a insuficiência de recursos financeiros.

Frisou que o Estado é responsável pela guarda e segurança das pessoas submetidas a encarceramento, enquanto ali permanecerem detidas, e que é seu dever mantê-las em condições carcerárias com mínimos padrões de humanidade estabelecidos em lei, bem como, se for o caso, ressarcir os danos que daí decorrerem. Ademais, asseverou que as violações a direitos fundamentais causadoras de danos pessoais a detentos em estabelecimentos carcerários não poderiam ser relevadas ao argumento de que a indenização não teria o alcance para eliminar o grave problema prisional globalmente considerado, dependente da definição e da implantação de políticas públicas específicas, providências de atribuição legislativa e administrativa, não de provimentos judiciais. Sustentou que admitir essa assertiva significaria justificar a perpetuação da desumana situação constatada em presídios como aquele onde cumprida a pena do recorrente.

Relembrou que a garantia mínima de segurança pessoal, física e psíquica dos detentos constitui dever estatal que tem amplo lastro não apenas no ordenamento nacional (CF, art. 5.º, XLVII, "e"; XLVIII; XLIX; Lei 7.210/1984 – LEP, arts. 10, 11, 12, 40, 85, 87, 88; Lei 9.455/1997 – crime de tortura; Lei 12.874/2013 – Sistema Nacional de Prevenção e Combate à Tortura), como também em fontes normativas internacionais adotadas pelo Brasil (Pacto Internacional de Direitos Civis e Políticos das Nações Unidas; Convenção Americana de Direitos Humanos; Princípios e Boas Práticas para a Proteção de Pessoas Privadas de Liberdade nas Américas, contida na Resolução 1/2008, aprovada pela Comissão Interamericana de Direitos Humanos; Convenção da Organização das Nações Unidas contra Tortura e Outros Tratamentos ou Penas Cruéis, Desumanos ou Degradantes; Regras Mínimas para o Tratamento de Prisioneiros, adotadas no 1º Congresso das Nações Unidas para a Prevenção ao Crime e Tratamento de Delinquentes).

A criação de subterfúgios teóricos – como a separação dos Poderes, a reserva do possível e a natureza coletiva dos danos sofridos – para afastar a responsabilidade estatal pelas calamitosas condições da carceragem afronta não apenas o sentido do art. 37, § 6.º, da CF, mas também determina o esvaziamento das inúmeras cláusulas constitucionais e convencionais citadas. O descumprimento reiterado dessas cláusulas se transforma em mero e inconsequente ato de fatalidade, o que não pode ser tolerado.[122]

## 33.24.7. Cumprimento da pena em condições degradantes e cômputo da pena em dobro

No famoso caso do IPPSC – Instituto Penal Plácido de Sá Carvalho, do Complexo Penitenciário de Bangu, situado no Rio de Janeiro, o Superior Tribunal de Justiça, dando cumprimento à Resolução de 22 de novembro de 2018, proferida pela Corte Interamericana de Direitos Humanos, determinou o cômputo em dobro da pena privativa de liberdade correspondente a cada dia de prisão ali cumprido, exceto para as pessoas acusadas ou condenadas por crimes contra a vida, contra a integridade física ou delitos sexuais. Vale a pena conferir o julgado:

A Resolução da Corte Interamericana de Direitos Humanos de 22/11/2018, que determina o cômputo da pena em dobro, deve ser aplicada a todo o período cumprido pelo condenado no Instituto Penal

---

[122] RE 580.252/MS, rel. orig. Min. Teori Zavascki, red. p/ o ac. Min. Gilmar Mendes, Plenário, j. 16.02.2017, noticiado no *Informativo* 584.

Plácido de Sá Carvalho. Trata-se do notório caso do Instituto Penal Plácido de Sá Carvalho no Rio de Janeiro (IPPSC), objeto de inúmeras Inspeções que culminaram com a Resolução da Corte Interamericana de Direitos Humanos – IDH de 22/11/2018, que, ao reconhecer referido Instituto inadequado para a execução de penas, especialmente em razão de os presos se acharem em situação degradante e desumana, determinou que se computasse "em dobro cada dia de privação de liberdade cumprido no IPPSC, para todas as pessoas ali alojadas, que não sejam acusadas de crimes contra a vida ou a integridade física, ou de crimes sexuais, ou não tenham sido por eles condenadas, nos termos dos Considerandos 115 a 130 da presente Resolução". Ao sujeitar-se à jurisdição da Corte IDH, o País alarga o rol de direitos das pessoas e o espaço de diálogo com a comunidade internacional. Com isso, a jurisdição brasileira, ao basear-se na cooperação internacional, pode ampliar a efetividade dos direitos humanos. A sentença da Corte IDH produz autoridade de coisa julgada internacional, com eficácia vinculante e direta às partes. Todos os órgãos e poderes internos do país encontram-se obrigados a cumprir a sentença. Na hipótese, as instâncias inferiores ao diferirem os efeitos da decisão para o momento em que o Estado Brasileiro tomou ciência da decisão proferida pela Corte Interamericana, deixando com isso de computar parte do período em que teria sido cumprida pena em situação considerada degradante, deixaram de dar cumprimento a tal mandamento, levando em conta que as sentenças da Corte possuem eficácia imediata para os Estados Partes e efeito meramente declaratório. Não se mostra possível que a determinação de cômputo em dobro tenha seus efeitos modulados como se o condenado tivesse cumprido parte da pena em condições aceitáveis até a notificação e a partir de então tal estado de fato tivesse se modificado. Em realidade, o substrato fático que deu origem ao reconhecimento da situação degradante já perdurara anteriormente, até para que pudesse ser objeto de reconhecimento, devendo, por tal razão, incidir sobre todo o período de cumprimento da pena. Por princípio interpretativo das convenções sobre direitos humanos, o Estado-parte da CIDH pode ampliar a proteção dos direitos humanos, por meio do princípio *pro personae*, interpretando a sentença da Corte IDH da maneira mais favorável possível àquele que vê seus direitos violados. As autoridades públicas, judiciárias inclusive, devem exercer o controle de convencionalidade, observando os efeitos das disposições do diploma internacional e adequando sua estrutura interna para garantir o cumprimento total de suas obrigações frente à comunidade internacional, uma vez que os países signatários são guardiões da tutela dos direitos humanos, devendo empregar a interpretação mais favorável ao ser humano. Aliás, essa particular forma de parametrar a interpretação das normas jurídicas (internas ou internacionais) é a que mais se aproxima da Constituição Federal, que faz da cidadania e da dignidade da pessoa humana dois de seus fundamentos, bem como tem por objetivos fundamentais erradicar a marginalização e construir uma sociedade livre, justa e solidária (incisos I, II e III do art. 3º). Tudo na perspectiva da construção do tipo ideal de sociedade que o preâmbulo da respectiva Carta Magna caracteriza como "fraterna" (HC 94.163, Relator Min. Carlos Britto, Primeira Turma do STF, j. 2.12.2008, *DJe*-200, divulg. 22.10.2009, public. 23.10.2009, ement. v. 02379-04 p. 00851). O horizonte da fraternidade é, na verdade, o que mais se ajusta com a efetiva tutela dos direitos humanos fundamentais. A certeza de que o titular desses direitos é qualquer pessoa deve sempre influenciar a interpretação das normas e a ação dos atores do Direito e do Sistema de Justiça. Ademais, os juízes nacionais devem agir como juízes interamericanos e estabelecer o diálogo entre o direito interno e o direito internacional dos direitos humanos, até mesmo para diminuir violações e abreviar as demandas internacionais. É com tal espírito hermenêutico que se dessume que, na hipótese, a melhor interpretação a ser dada, é pela aplicação da Resolução da Corte Interamericana de Direitos Humanos, de 22 de novembro de 2018 a todo o período em que cumprida pena no IPPSC.[123]

## 33.25. TRABALHO DO PRESO

O trabalho do preso será sempre remunerado, sendo-lhe garantidos os benefícios da Previdência Social (CP, art. 39).

---

[123] RHC 136.961/RJ, rel. Min. Reynaldo Soares da Fonseca, 5.ª Turma, j. 15.06.2021, noticiado no *Informativo* 701.

# 518 | DIREITO PENAL - PARTE GERAL - VOL. 1 • CLEBER MASSON

O trabalho do preso, além de remunerado, é obrigatório. Sua negativa injustificada caracteriza falta grave (LEP, art. 51, III, c/c o art. 39, V), e impede a progressão de regime prisional e o livramento condicional. Revela-se como uma das principais formas de ressocialização do condenado, retirando-lhe do ócio e motivando-o à reinserção social mediante atividade honesta.

O fato de ser obrigatório, todavia, não equivale a dizer que o trabalho é forçado. Trabalho forçado, terminantemente proibido pelo art. 5.º, XLVII, "c", da Constituição Federal, é o não remunerado e obtido do preso com o uso de castigos físicos. Como destacado pelo Superior Tribunal de Justiça:

> Constitui falta grave na execução penal a recusa injustificada do condenado ao exercício de trabalho interno. O art. 31 da Lei 7.210/1984 (LEP) determina a obrigatoriedade do trabalho ao apenado condenado à pena privativa de liberdade, na medida de suas aptidões e capacidades, sendo sua execução, nos termos do art. 39, V, da referida Lei, um dever do apenado. O art. 50, VI, da LEP, por sua vez, classifica como falta grave a inobservância do dever de execução do trabalho. Ressalte-se, a propósito, que a pena de trabalho forçado, vedada no art. 5º, XLVIII, "c", da CF, não se confunde com o dever de trabalho imposto ao apenado, ante o disposto no art. 6º, 3, da Convenção Americana de Direitos Humanos (Pacto San José da Costa Rica), segundo o qual os trabalhos ou serviços normalmente exigidos de pessoa reclusa em cumprimento de sentença ou resolução formal expedida pela autoridade judiciária competente não constituem trabalhos forçados ou obrigatórios vedados pela Convenção.[124]

## 33.25.1. A remuneração do trabalho do preso

A remuneração pelo trabalho do preso não pode ser inferior a 3/4 do salário mínimo (Lei 7.210/1984 – Lei de Execução Penal, art. 29, *caput*).

Esse montante, inferior a um salário mínimo, não ofende a dignidade da pessoa humana. De igual modo, inexiste afronta ao princípio da isonomia, pois aos presos não se aplica a garantia de salário mínimo assegurada aos trabalhadores pelo art. 7.º, IV, da Constituição Federal.

De fato, o preso não se submete à sistemática da CLT – Consolidação das Leis do Trabalho. Seu labor não visa propriamente a remuneração, e sim a satisfação das finalidades da pena – retribuição e prevenção. Na dicção do Supremo Tribunal Federal:

> O patamar mínimo diferenciado de remuneração aos presos previsto no art. 29, *caput*, da Lei 7.210/1984 (Lei de Execução Penal – LEP) não representa violação aos princípios da dignidade humana e da isonomia, sendo inaplicável à hipótese a garantia de salário mínimo prevista no art. 7º, IV, da Constituição Federal. O preso não se sujeita ao regime da Consolidação das Leis do Trabalho (CLT) e seu trabalho possui finalidades educativa e produtiva, não podendo ser comparado com o trabalho das pessoas que não cumprem pena. Essas têm garantido o salário mínimo para satisfação de necessidades vitais básicas do trabalhador e de sua família com moradia, alimentação, educação, saúde, lazer, vestuário, higiene, transporte e previdência social. Por outro lado, o preso já tem atendidas pelo Estado boa parte das necessidades vitais básicas que o salário-mínimo almeja satisfazer, tais como educação, alojamento, saúde, alimentação, vestuário e higiene. Além disso, o preso recebe o benefício da remição da pena, na proporção de 1 dia de redução da sanção criminal para cada 3 dias de trabalho e o produto da remuneração deve ser direcionado para a indenização dos danos causados pelo crime, a assistência à família, para pequenas despesas pessoais e para promover o ressarcimento ao Estado das despesas realizadas com a sua manutenção. Portanto, a legitimidade da diferenciação entre o trabalho do preso e o trabalho dos empregados em geral é evidenciada pela distinta lógica econômica do labor no sistema executório penal. Assim, o trabalho do detento pode até mesmo ser subsidiado pelo Erário, de modo que o discrímen promova —

---

[124] HC 264.989/SP, rel. Min. Ericson Maranho, 6.ª Turma, j. 04.08.2015, noticiado no *Informativo* 567.

em vez de violar — o mandamento de isonomia contido no art. 5º, *caput*, da CF, no seu aspecto material, além de não representar violação ao princípio da dignidade humana. Com base nesse entendimento, o Plenário, por maioria, julgou improcedente o pedido formulado em arguição de descumprimento de preceito fundamental.[125]

## 33.25.2. Política Nacional de Trabalho no sistema prisional

O Decreto 9.450/2018 instituiu a Política Nacional de Trabalho no âmbito do sistema prisional, voltada à ampliação e qualificação da oferta de vagas de trabalho, ao empreendedorismo e à formação profissional das pessoas presas e egressas do sistema prisional.

## 33.26. LEGISLAÇÃO ESPECIAL

De acordo com o art. 40 do Código Penal, "a legislação especial regulará a matéria prevista nos arts. 38 e 39 deste Código, bem como especificará os deveres e direitos do preso, os critérios para revogação e transferência dos regimes e estabelecerá as infrações disciplinares e correspondentes sanções".

Essa lei especial é a Lei 7.210/1984 – Lei de Execução Penal.

## 33.27. REMIÇÃO

A remição é o benefício, de competência do juízo da execução, consistente no **abatimento de parte da pena privativa de liberdade pelo trabalho ou pelo estudo**.

Na tradição brasileira da execução penal, a remição sempre foi atrelada ao trabalho do preso. Com a evolução dos tempos, e almejando especialmente a ressocialização do condenado, doutrina e jurisprudência passaram a inclinar-se pelo seu reconhecimento também nas hipóteses do estudo, posição que ganhou força com a edição da **Súmula 341 do Superior Tribunal de Justiça**: "A frequência a curso de ensino formal é causa de remição de parte do tempo de execução de pena sob regime fechado ou semiaberto".

Esta linha de pensamento se consolidou, agora no plano normativo, com a entrada em vigor da Lei 12.433/2011, responsável pela alteração da Lei 7.210/1984 – Lei de Execução Penal, conferindo nova disciplina jurídica ao instituto.

Por razões didáticas, analisaremos separadamente a remição pelo trabalho e a remição pelo estudo.

## 33.27.1. Remição pelo trabalho

Em relação ao **trabalho**, a remição consiste no desconto de **1 (um) dia de pena a cada 3 (três) dias de trabalho**, exclusivamente em favor do preso que cumpre pena no regime fechado ou semiaberto (LEP, art. 126, § 1.º, inc. II).

A atividade laborativa do condenado pode ser realizada no estabelecimento penal em que a pena é cumprida, ou então em local externo. É o que se extrai da **Súmula 562 do Superior Tribunal de Justiça**: "É possível a remição de parte do tempo de execução da pena quando o condenado, em regime fechado ou semiaberto, desempenha atividade laborativa, ainda que extramuros". Esse entendimento fundamenta-se em duas razões: (a) a Lei de Execução Penal não faz distinção entre os trabalhos intra ou extramuros; e (b) nos dois casos opera-se a ressocialização do condenado.

O instituto não pode ser aplicado ao condenado que cumpre pena no regime aberto. Com efeito, além de ter o art. 126, *caput*, da Lei de Execução Penal limitado seu campo de

---

[125]  ADPF 336/DF, rel. Min. Luiz Fux, Plenário, j. 27.02.2021, noticiado no *Informativo* 1.007.

**520** | DIREITO PENAL – PARTE GERAL – VOL. 1 • CLEBER MASSON

abrangência aos regimes fechado e semiaberto, o regime aberto pressupõe o trabalho do preso, e sua recusa autoriza até mesmo a regressão de regime prisional (CP, art. 36, §§ 1.º e 2.º).

Em verdade, o condenado deverá, fora do estabelecimento carcerário e sem vigilância, trabalhar, frequentar curso ou exercer outra atividade autorizada, permanecendo preso durante o período noturno e nos dias de folga. Destarte, atuando como seu pressuposto, não pode lhe proporcionar benefícios. Na linha da jurisprudência do Supremo Tribunal Federal:

> O apenado que cumpre pena em regime aberto não tem *jus* à remição pelo trabalho, nos termos do art. 126 da Lei de Execução Penal. [...] Asseverou-se que a racionalidade disso estaria no art. 36, § 1.º, do CP, que aduz ser necessário que o apenado que cumpre pena em regime aberto trabalhe, frequente curso ou exerça outra atividade autorizada. Evidenciou-se, destarte, que a realização de atividade laboral nesse regime de cumprimento de pena não seria, como nos demais, estímulo para que o condenado, trabalhando, tivesse direito à remição da pena, na medida em que, nesse regime, o labor não seria senão pressuposto da nova condição de cumprimento de pena.[126]

Somente pode ser considerada, para fins de remição, a **jornada completa de trabalho**, ou seja, quem laborar menos de 6 (seis) horas em um dia não terá direito ao abatimento. E não é possível ao condenado aproveitar o excedente às 8 (oito) horas de trabalho na mesma data. De fato, estabelece o art. 33 da Lei de Execução Penal que "a jornada normal de trabalho não será inferior a 6 (seis), nem superior a 8 (oito) horas, com descanso nos domingos e feriados". Como já decidido pelo Supremo Tribunal Federal:

> O cálculo da remição da pena será efetuado pelos dias trabalhados pelo condenado e não pelas horas, nos termos da Lei de Execução Penal (Lei 7.210/84). Com base nesse entendimento, a 2ª Turma denegou *habeas corpus* em que se discutia a possibilidade de se adotar o critério de dezoito horas para um dia remido, com o mínimo de seis horas como correspondente a uma jornada de trabalho. Enfatizou-se que, nos termos dos artigos 33 e 126 da LEP, a contagem é feita pelos dias trabalhados pelo apenado, à razão de "1 (um) dia de pena a cada 3 (três) dias de trabalho" (LEP, art. 126, § 1.º, II).[127]

A Suprema Corte, contudo, **já autorizou a remição na hipótese de jornada de trabalho diária inferior a seis horas**, quando isso ocorreu em virtude de cumprimento de determinação da administração do estabelecimento prisional:

> A Segunda Turma deu provimento a recurso ordinário em habeas corpus e concedeu a ordem para que seja considerado, para fins de remição da pena, o total de horas trabalhadas em jornada diária inferior a seis horas. O Colegiado anotou que o condenado cumpria jornada de quatro horas diárias de trabalho por determinação da administração do presídio. Ponderou que, nos termos da Lei de Execução Penal (LEP), a jornada diária não deve ser inferior a seis nem superior a oito horas. Afirmou que, para computar os dias de remição, a administração penitenciária somou as horas trabalhadas e as dividiu por seis. A Turma concluiu que, ao fazer a conversão matemática do cálculo da remição, a administração penitenciária agiu dentro dos limites previstos na LEP. Asseverou que o condenado não poderia ser apenado por um limite de horas imposto pelo próprio estabelecimento penitenciário na execução de sua pena. Por fim, deliberou que a obrigatoriedade do cômputo de tempo de trabalho deve ser aplicada às hipóteses em que o sentenciado, por de-

---

[126] HC 98.261/RS, rel. Min. Cezar Peluso, 2.ª Turma, j. 02.03.2010, noticiado no *Informativo* 577. E mais: STF: RHC 117.075/DF, rel. Min. Teori Zavascki, 2.ª Turma, j. 06.11.2013; e STJ: HC 277.885/MG, rel. Min. Laurita Vaz, 5.ª Turma, j. 15.10.2013.

[127] STF: HC 114.393/RS, rel. Min. Cármen Lúcia, 2ª Turma, j. 03.12.2013, noticiado no *Informativo* 731. O STJ firmou jurisprudência em sentido contrário, permitindo seja o período de atividade laboral do apenado excedente ao limite máximo da jornada de trabalho (8 horas) computado para fins de remição, na razão de um dia de trabalho a cada seis horas extras realizadas: HC 216.815/RS, rel. Min. Maria Thereza de Assis Moura, 6.ª Turma, j. 17.10.2013; e AgRg no HC 196.715/RS, rel. Min. Marco Aurélio Bellizze, 5.ª Turma, j. 15.08.2013.

CAP. 33 – PENA PRIVATIVA DE LIBERDADE | 521

terminação da administração, cumpra jornada inferior ao mínimo de seis horas, ou seja, em que a jornada de trabalho não derive de ato voluntário nem de indisciplina ou insubmissão do preso.[128]

No cálculo da remição devem ser considerados os dias efetivamente trabalhados, ainda que nos domingos e feriados e sem autorização do juízo da execução ou da direção do estabelecimento prisional. O que importa é a busca pela ressocialização, a qual fica mais próxima com o desempenho da atividade laborativa. Como destacado pelo Superior Tribunal de Justiça:

> Se o preso, ainda que sem autorização do juízo ou da direção do estabelecimento prisional, efetivamente trabalhar nos domingos e feriados, esses dias deverão ser considerados no cálculo da remição da pena. A remição da pena pelo trabalho se perfaz à razão de 1 dia de pena a cada 3 dias de trabalho, conforme o regramento do art. 126, § 1.º, II, da LEP. E, nos termos do art. 33 do mesmo estatuto, considera-se dia trabalhado aquele em que cumprida jornada não inferior a 6 nem superior a 8 horas. Assim, a remição da pena pelo trabalho, nos termos do art. 33, c/c o art. 126, § 1.º, é realizada à razão de um dia de pena a cada três dias de trabalho, cuja jornada diária não seja inferior a 6 nem superior a 8 horas, o que impõe, para fins de cálculo, a consideração dos dias efetivamente trabalhados.[129]

Poderá ser atribuído horário especial de trabalho aos presos designados para os serviços de conservação e manutenção do estabelecimento penal (LEP, art. 33, parágrafo único).

O trabalho do preso deve ser descrito em relatório detalhado, indicando as atividades desempenhadas e seus respectivos horários (LEP, art. 129, *caput*).

O Superior Tribunal de Justiça, todavia, já admitiu a remição na ausência de supervisão da atividade (de advogado autônomo) e do cumprimento da jornada mínima de trabalho: "Estando devidamente comprovado o exercício de atividade laboral autônoma pelo apenado, é ilegítimo afastar a remição quando não há comprovação de supervisão da atividade e do cumprimento da jornada mínima de 6 horas diárias."[130]

### 33.27.2. Remição pelo estudo[131]

No tocante ao **estudo**,[132] a remição representa o abatimento de **1 (um) dia de pena a cada 12 (doze) horas de frequência escolar, divididas em no mínimo 3 (três) dias**, em atividade de ensino fundamental, médio, inclusive profissionalizante, ou superior, ou ainda de requalificação profissional (LEP, art. 126, § 1.º, I).

O limite máximo legalmente previsto para o estudo do preso é de 4 horas diárias. O Superior Tribunal de Justiça, entretanto, já admitiu o cômputo das horas excedentes para fins de remição:

> O tempo excedido, na frequência escolar, ao limite legal de 12 horas a cada 3 dias deve ser considerado para fins de remição da pena. O art. 126 da Lei de Execuções Penais prevê duas hipóteses de remição da pena: por trabalho ou por estudo. No caso de frequência escolar, prescreve o inciso I do

---

[128] RHC 136.509/MG, rel. Min. Dias Toffoli, 2ª Turma, j. 04.04.2017, noticiado no *Informativo* 860. O STJ compartilha desta linha de raciocínio: AgRg no AREsp 2.356.272/RN, rel. Min. Jesuíno Rissato (Desembargador convocado do TJDFT), 6.ª Turma, j. 27.02.2024, noticiado no *Informativo* 21 – Edição Extraordinária.

[129] HC 346.948/RS, rel. Min. Reynaldo Soares da Fonseca, 5.ª Turma, j. 21.06.2016, noticiado no *Informativo* 586.

[130] Processo em segredo de justiça, rel. Min. Og Fernandes, Corte Especial, j. 12.08.2024, noticiado no *Informativo* 836.

[131] A Lei 14.113/2020 regulamenta o Fundo de Manutenção e Desenvolvimento da Educação Básica e de Valorização dos Profissionais da Educação – FUNDEB. Seu art. 50, parágrafo único, I, estatui que "A União, os Estados e o Distrito Federal desenvolverão, em regime de colaboração, programas de apoio ao esforço para conclusão da educação básica dos alunos regularmente matriculados no sistema público de educação que cumpram pena no sistema penitenciário, ainda que na condição de presos provisórios".

[132] A Resolução nº 04, de 30 de maio de 2016, editada pelo Conselho Nacional de Educação, órgão ligado ao Ministério da Educação, dispõe sobre as diretrizes operacionais nacionais para a remição de pena pelo estudo de pessoas em privação de liberdade nos estabelecimentos penais do sistema prisional brasileiro.

§ 1.º do art. 126 da LEP que o reeducando poderá remir 1 dia de pena a cada 12 horas de atividade, divididas, no mínimo, em 3 dias. É certo que, para fins de remição da pena pelo trabalho, a jornada não pode ser superior a oito horas (STF, HC 136.701, Rel. Min. Marco Aurélio, Primeira Turma, *DJe* 31.07.2018). No entanto, no caso de superação da jornada máxima de 8 horas, o Superior Tribunal de Justiça firmou entendimento de que "eventuais horas extras devem ser computadas quando excederem a oitava hora diária, hipótese em que se admite o cômputo do excedente para fins de remição de pena" (HC 462.464/SP, Rel. Ministro Felix Fischer, Quinta Turma, *DJe* 28.09.2018). O inciso II do art. 126 da Lei de Execuções Penais limita-se a referir que a remição ali regrada ocorre à razão de "1 (um) dia de pena a cada 3 (três) dias de trabalho". Diferentemente, para o caso de estudo, a jornada máxima está prevista na LEP, ao descrever que a remição é de "1 (um) dia de pena a cada 12 (doze) horas de frequência escolar – atividade de ensino fundamental, médio, inclusive profissionalizante, ou superior, ou ainda de requalificação profissional – divididas, no mínimo, em 3 (três) dias" (que resulta média máxima de 4 horas por dia). Todavia, a circunstância de a LEP limitar apenas as horas de estudos não pode impedir a equiparação com a situação da remição por trabalho. A *mens legis* que mais se aproxima da intenção ressocializadora da LEP é a de que tal detalhamento, no inciso II, seria na verdade despiciendo, porque o propósito da norma foi o de reger-se pela jornada máxima prevista pela legislação trabalhista. Não é possível interpretar o art. 126 como se o legislador tivesse diferenciado as hipóteses de remição para impedir que apenas as horas excedentes de estudo não pudessem ser remidas – o que, a propósito, não está proibido expressamente para nenhuma das duas circunstâncias.[133]

Nada impede o acúmulo de 12 horas de estudo em período mais dilatado, a exemplo daquele que estuda duas horas diárias ao longo de seis dias. Portanto, embora inovando com a remição pelo estudo, a Lei 12.433/2011, ao imprimir alterações na Lei de Execução Penal, manteve a tradição de permitir o desconto de um dia de pena para no mínimo três de aprendizado.

Há uma regra importante a ser destacada, estimulante e representativa de autêntico prêmio ao sujeito dedicado, que conduziu com seriedade as atividades que lhe foram atribuídas. O tempo a remir em função das horas de estudo será acrescido de 1/3 no caso de **conclusão do ensino fundamental, médio ou superior durante o cumprimento da pena**, desde que certificada pelo órgão competente do sistema de educação (LEP, art. 126, § 5.º).[134] É fácil notar, pela leitura da lei, que este *plus* somente terá cabimento para a conclusão verificada durante a execução da pena, e não incide na seara das atividades profissionalizantes e de requalificação profissional.

O Superior Tribunal de Justiça reconheceu o cabimento desse prêmio na hipótese de aprovação no ENEM, diante do aproveitamento do estudo realizado durante a execução da pena:

> Esta Corte possui orientação no sentido de que "a norma do art. 126 da LEP, ao possibilitar a abreviação da pena, tem por objetivo a ressocialização do condenado, sendo possível o uso da analogia *in bonam partem*, que admita o benefício em comento, em razão de atividades que não estejam expressas no texto legal" (REsp n. 744.032/SP, Ministro Felix Fischer, Quinta Turma, *DJe* 5/6/2006). No caso, a aprovação da paciente no ENEM (Exame Nacional do Ensino Médio) configura aproveitamento dos estudos realizados durante a execução da pena, conforme o art. 126 da LEP e Recomendação nº 44/2013 do CNJ. Essa particular forma de parametrar a interpretação da lei (no caso, a LEP) é a que mais se aproxima da Constituição Federal, que faz da cidadania e da dignidade da pessoa humana dois de seus fundamentos (incisos II e III do art. 1.º). Mais: Constituição que tem por objetivos fundamentais erradicar a marginalização e construir uma sociedade livre, justa e solidária (incisos I e III do art. 3.º). Tudo na perspectiva da construção do tipo ideal de sociedade que o preâmbulo de nossa Constituição caracteriza como "fraterna" (HC 94163, Relator(a): Min.

---

[133] HC 461.047/SP, rel. Min. Laurita Vaz, 6.ª Turma, j. 04.08.2020, noticiado no *Informativo* 677.

[134] A remição pelo estudo, sem o bônus de 1/3, ocorre independentemente da conclusão do ensino ou do seu aproveitamento satisfatório (STJ: HC 289.382/RJ, rel. Min. Sebastião Reis Júnior, 6.ª Turma, j. 08.04.2014; e STJ: AgRg no AREsp 426.479/MS, rel. Min. Marilza Maynard (Desembargadora convocada do TJ/SE), 6.ª Turma, j. 19.08.2014).

CAP. 33 – PENA PRIVATIVA DE LIBERDADE | **523**

Carlos Britto, Primeira Turma, julgado em 02/12/2008). Com efeito, a interpretação dada ao art. 126 da LEP, pelo Superior Tribunal de Justiça, decorre, indiscutivelmente, desse resgate constitucional do princípio da fraternidade.[135]

A propósito, o Superior Tribunal de Justiça admitiu "a remição da pena pela aprovação no Exame Nacional do Ensino Médio – ENEM, ainda que o apenado já tenha concluído o ensino médio antes de dar início ao cumprimento da pena, ressalvado o acréscimo de 1/3, com fundamento no art. 126, § 5.º, da Lei de Execução Penal".[136]

Com base na analogia *in bonam partem*, o Superior Tribunal de Justiça foi mais longe, e reconheceu a remição da pena pelo estudo ao reeducando que obtém aprovação no ENEM – Exame Nacional do Ensino Médio, nada obstante tenha concluído o ensino superior antes do início do cumprimento da pena.[137]

Na linha da evolução tecnológica dos sistemas de educação, as atividades de estudo poderão ser desenvolvidas de **forma presencial** ou por **metodologia de ensino a distância**, no interior do estabelecimento penal ou fora dele. Em qualquer hipótese, deverão ser certificadas pelas autoridades educacionais competentes dos cursos frequentados (LEP, art. 126, § 2.º). Em se tratando de ensino a distância, é imprescindível o credenciamento da instituição de ensino junto ao Ministério da Educação. Para o Superior Tribunal de Justiça:

> Para fins de remição de pena, a instituição de ensino que ministra o curso à distância deve estar credenciada junto ao Sistema Nacional de Informações da Educação Profissional e Tecnológica (SISTEC) do Ministério da Educação. Nos termos do art. 126, § 2º, da Lei de Execução Penal e da Resolução n. 391 do Conselho Nacional de Justiça (publicada no DJe/CNJ n. 120/2021, de 11/5/2021), a remição de pena em virtude de estudo realizado pelo apenado na modalidade capacitação profissional à distância deve atender os requisitos previstos nos arts. 2º e 4º da mencionada resolução, dentre os quais (1) demonstração de que a instituição de ensino que ministra o curso à distância é autorizada ou conveniada com o poder público para esse fim; (2) demonstração da integração do curso à distância realizado ao projeto político-pedagógico (PPP) da unidade ou do sistema prisional; (3) indicação da carga horária a ser ministrada e do conteúdo programático; (4) registro de participação da pessoa privada de liberdade nas atividades realizadas.[138]

Se a instituição de ensino presencial se situar fora dos limites do recinto penal, o preso deverá obter autorização do diretor do estabelecimento para comparecer às aulas. Nesse caso, o reeducando terá que comprovar mensalmente, por meio de declaração da respectiva unidade de ensino, a frequência e o aproveitamento escolar (LEP, art. 129, § 1.º).

A Lei 12.433/2011, além de assegurar a remição da pena privativa de liberdade pelo estudo aos presos alocados nos regimes fechado e semiaberto, inovou ao permitir o benefício aos condenados que cumprem pena no **regime aberto**, bem como àqueles que se encontram no período de prova do **livramento condicional**, pela frequência a curso de ensino regular ou de educação profissional (LEP, art. 126, § 6.º).

No regime aberto e no livramento condicional, é importante frisar a admissibilidade da remição unicamente pelo **estudo**. Como se sabe, em tais situações o trabalho é obrigatório (CP,

---

[135] HC 382.780/PR, rel. Min. Reynaldo Soares da Fonseca, 5.ª Turma, j. 04.04.2017.

[136] HC 786.844/SP, rel. Min. Joel Ilan Paciornik, rel. para acórdão Min. Reynaldo Soares da Fonseca, 5.ª Turma, j. 08.08.2023, noticiado no *Informativo* 783. E também: AgRg no HC 768.530/SP, rel. Min. Antonio Saldanha Palheiro, 6.ª Turma, j. 06.03.2023, noticiado no *Informativo* 767.

[137] REsp 2.156.059/MS, rel. Min. Ribeiro Dantas, 5.ª Turma, j. 05.11.2024, noticiado no *Informativo* 833.

[138] REsp 2.105.666/MG, rel. Min. Reynaldo Soares da Fonseca, 5.ª Turma, j. 27.02.2024, noticiado no *Informativo* 802. No mesmo sentido: AgRg no HC 722.388/SP, rel. Min. Olindo Menezes (Desembargador convocado do TRF 1.ª Região), 6.ª Turma, j. 09.08.2022, noticiado no *Informativo* 748.

**524** | DIREITO PENAL – PARTE GERAL – VOL. 1 • CLEBER MASSON

arts. 36, § 1.º, e 83, III). Em síntese, o condenado deve trabalhar para permanecer no regime aberto ou no livramento condicional, e se desejar abreviar sua pena ou período de prova, poderá estudar na razão de 12 (doze) horas de frequência escolar, divididas em no mínimo 3 (três) dias, para cada dia da sanção penal (ou do período de prova).

Na esfera da União, a Portaria Conjunta 276/2012, do Conselho da Justiça Federal (CJF) e da Diretoria-Geral do Departamento Penitenciário Nacional (DEPEN) do Ministério da Justiça disciplinou a remição pela leitura para os presos de regime fechado custodiados em penitenciárias federais de segurança máxima.

Na seara do Poder Judiciário, a **Resolução CNJ nº 391/2021** estabelece procedimentos e diretrizes a serem observados pelos magistrados para o reconhecimento do direito à remição de pena por meio de práticas sociais educativas em unidades de privação de liberdade, e deixa claro que tal reconhecimento deve considerar as **atividades escolares**, **as práticas sociais educativas não escolares** e a **leitura de obras literárias**.[139]

**Atividades escolares**, nesse contexto, são aquelas de caráter escolar organizadas formalmente pelos sistemas oficiais de ensino, de competência dos Estados, do Distrito Federal e, no caso do sistema penitenciário federal, da União, que cumprem os requisitos legais de carga horária, matrícula, corpo docente, avaliação e certificação de elevação de escolaridade.

**Práticas sociais educativas não escolares**, de seu turno, são as atividades de socialização e de educação não escolar, de autoaprendizagem ou de aprendizagem coletiva, assim entendidas aquelas que ampliam as possibilidades de educação para além das disciplinas escolares, tais como as de natureza cultural, esportiva, de capacitação profissional, de saúde, dentre outras, de participação voluntária, integradas ao projeto político-pedagógico (PPP) da unidade ou do sistema prisional e executadas por iniciativas autônomas, instituições de ensino públicas ou privadas e pessoas e instituições autorizadas ou conveniadas com o poder público para esse fim.

O Superior Tribunal de Justiça tem admitido a remição pelo estudo, baseada na leitura e resenha de livros, mesmo quando o estabelecimento penal permite o acesso a atividades laborativas e à educação formal (nesses casos a leitura será computada, a título de remição, de forma concomitante e complementar). Argumenta-se que nessa hipótese também existe a recuperação para a vida em sociedade como meta a ser atingida pelo apenado:

> O fato de o estabelecimento penal assegurar acesso a atividades laborais e a educação formal não impede a remição por leitura e resenha de livros. Inicialmente, consigne-se que a jurisprudência do STJ tem admitido que a norma do art. 126 da LEP, ao possibilitar a abreviação da pena, tem por objetivo a ressocialização do condenado, sendo possível o uso da analogia *in bonam partem*, que admita o benefício em comento em razão de atividades que não estejam expressas no texto legal, como no caso, a leitura e resenha de livros, nos termos da Recomendação n. 44/2013 do CNJ. Ademais, o fato de o estabelecimento penal onde se encontra o paciente assegurar acesso a atividades laborais e a educação formal não impede que se obtenha também a remição pela leitura, que é atividade complementar, mas não subsidiária, podendo ocorrer concomitantemente. Assim, as horas dedicadas à leitura e resenha de livros, como forma da remição pelo estudo, são perfeitamente compatíveis com a participação em atividades laborativas fornecidas pelo estabelecimento penal, nos termos do art. 126, § 3.º, da LEP, uma vez que a leitura pode ser feita a qualquer momento do dia e em qualquer local, diferentemente da maior parte das ofertas de trabalho e estudo formal.[140]

O art. 83, § 4.º, da Lei de Execução Penal impõe ao Estado o dever de instalar nos estabelecimentos penais salas de aulas destinadas a cursos do ensino básico e profissionalizante.

A Lei 13.163/2015 incluiu na Lei de Execução Penal os arts. 18-A e 21-A, com a finalidade de instituir nos presídios o ensino médio, regular ou supletivo, com formação geral ou educação

---

[139] Essa Resolução revogou expressamente a Recomendação CNJ nº 44/2013.
[140] HC 353.689/SP, rel. Min. Felix Fischer, 5.ª Turma, j. 14.06.2016, noticiado no *Informativo* 837.

CAP. 33 – PENA PRIVATIVA DE LIBERDADE | 525

profissional de nível médio, bem como de acrescentar no censo penitenciário a apuração do nível de escolaridade dos presos e das presas, além de verificar a implementação de cursos profissionais em nível de iniciação ou aperfeiçoamento técnico e o número de presos e presas atendidas, a existência de bibliotecas e as condições de seu acervo, e outros dados relevantes para o aprimoramento educacional de presos e presas.

O Superior Tribunal de Justiça tem gradativamente alargado o alcance da remição, de modo a autorizar o benefício sempre que a atividade do preso puder ser rotulada como trabalho ou estudo, sob o fundamento da ressocialização do condenado. Nesse sentido, já se autorizou o desconto da pena privativa de liberdade mediante a atividade musical realizada em coral:

> O reeducando tem direito à remição de sua pena pela atividade musical realizada em coral. O ponto nodal da discussão consiste em analisar se o canto em coral pode ser considerado como trabalho ou estudo para fins de remição da pena. Inicialmente, consigna-se que a jurisprudência do Superior Tribunal de Justiça, como resultado de uma interpretação analógica *in bonam partem* da norma prevista no art. 126 da LEP, firmou o entendimento de que é possível remir a pena com base em atividades que não estejam expressas no texto legal. Concluiu-se, portanto, que o rol do art. 126 da Lei de Execução Penal não é taxativo, pois não descreve todas as atividades que poderão auxiliar no abreviamento da reprimenda. Aliás, o *caput* do citado artigo possui uma redação aberta, referindo-se apenas ao estudo e ao trabalho, ficando a cargo do inciso I do primeiro parágrafo a regulação somente no que se refere ao estudo – atividade de ensino fundamental, médio, inclusive profissionalizante, ou superior, ou ainda de requalificação profissional. Na mesma linha, consigna-se que a intenção do legislador ao permitir a remição pelo trabalho ou pelo estudo é incentivar o aprimoramento do reeducando, afastando-o, assim, do ócio e da prática de novos delitos, e, por outro lado, proporcionar condições para a harmônica integração social do condenado (art. 1.º da LEP). Ao fomentar o estudo e o trabalho, pretende-se a inserção do reeducando ao mercado de trabalho, a fim de que ele obtenha o seu próprio sustento, de forma lícita, após o cumprimento de sua pena. Nessa toada, observa-se que o meio musical satisfaz todos esses requisitos, uma vez que além do aprimoramento cultural proporcionado ao apenado, ele promove sua formação profissional nos âmbitos cultural e artístico. A atividade musical realizada pelo reeducando profissionaliza, qualifica e capacita o réu, afastando-o do crime e reintegrando-o na sociedade. No mais, apesar de se encaixar perfeitamente à hipótese de estudo, vê-se, também, que a música já foi regulamentada como profissão pela Lei n. 3.857/1960.[141]

### 33.27.3. Regras comuns à remição

Não há limite para a remição. Quanto mais o condenado trabalhar ou estudar, maior será o desconto da pena, ou do período de prova do livramento condicional, no tocante ao estudo. Se não bastasse, este benefício é passível de aplicação a todas as modalidades de crimes, inclusive aos hediondos e equiparados, pois inexiste qualquer restrição legal.

A remição também é cabível para os **presos provisórios**, nas situações decorrentes da imposição de prisão cautelar, ou seja, antes do trânsito em julgado da condenação (LEP, art. 126, § 7.º). Cuida-se de corolário da regra contida no art. 2.º, parágrafo único, da Lei de Execução Penal ("Esta Lei aplicar-se-á igualmente ao preso provisório..."), em harmonia com a execução provisória da pena privativa de liberdade.[142]

De fato, seria equivocado permitir o cumprimento da sanção penal antes do trânsito em julgado da condenação, para fins de progressão de regime e, simultaneamente, impedir o trabalho ou estudo do preso como forma de diminuir a duração da reprimenda. Aliás, o art. 31, parágrafo único, da Lei de Execução Penal admite o trabalho do preso provisório, desde

---

[141] REsp 1.666.637/RS, rel. Min. Sebastião Reis Júnior, 6.ª Turma, j. 26.09.2017, noticiado no *Informativo* 613.

[142] "É possível a remição do tempo de trabalho realizado antes do início da execução da pena, desde que em data posterior à prática do delito" (STJ: HC 420.257/RS, rel. Min. Nefi Cordeiro, 6.ª Turma, j. 19.04.2018, noticiado no *Informativo* 625).

que no interior do estabelecimento. Ora, se é possível seu trabalho (causa), não há como ser negada a remição (efeito).

Se o preso estava laborando ou estudando, e ficou impossibilitado, **por acidente**, de prosseguir nos trabalhos ou nos estudos, continuará a beneficiar-se com a remição (LEP, art. 126, § 4.º). Vejamos um exemplo: "A", cumprindo pena no regime fechado, foi autorizado a trabalhar fora do presídio, na construção de uma ponte. Em determinado dia, no desempenho das suas atividades, foi acometido por grave acidente, que o deixou tetraplégico, impossibilitando seu labor. Durante o restante da pena, deverá ser computada a remição, como se continuasse trabalhando ininterruptamente.[143]

A autoridade administrativa – diretor do estabelecimento penal ou responsável pela fiscalização da pena – encaminhará **mensalmente** ao juízo da execução cópia do registro de todos os condenados que estejam trabalhando ou estudando, com informação dos dias de trabalho ou das horas de frequência escolar ou de atividades de ensino de cada um deles (LEP, art. 129, *caput*).[144]

Também é dever da autoridade administrativa dar ao condenado a relação dos seus dias remidos (LEP, art. 129, § 2.º). Cuida-se de direito subjetivo do apenado, reforçado pela regra prevista no art. 41, inc. XVI, da Lei de Execução Penal: "Art. 41. Constituem direitos do preso: [...] XVI – atestado de pena a cumprir, emitido anualmente, sob pena da responsabilidade da autoridade judiciária competente".

Em face da sua natureza jurídica, relacionada ao cumprimento e à extinção da pena, a remição será declarada pelo juiz da execução, ouvidos o Ministério Público – fiscal da execução penal – e a defesa (LEP, art. 126, § 8.º), em homenagem aos princípios constitucionais do contraditório e da ampla defesa.

Finalmente, o tempo remido será computado como **pena cumprida**, para todos os efeitos (LEP, art. 128), a exemplo do percentual exigido de pena privativa de liberdade cumprida para progressão de regime prisional e obtenção de livramento condicional.[145] Consagrou-se o princípio do Direito Penal segundo o qual "**pena cumprida é pena extinta**".

### 33.27.4. Cumulatividade da remição pelo trabalho e pelo estudo

Como estatui o art. 126, § 3.º, da Lei de Execução Penal: "Para fins de cumulação dos casos de remição, as horas diárias de trabalho e de estudo serão definidas de forma a se compatibilizarem".

Admite-se, portanto, a cumulatividade da remição pelo trabalho e pelo estudo, desde que compatíveis entre si, como medida apta a abreviar ainda mais o período de cumprimento da pena. Esta compatibilidade significa a ausência de prejuízo a qualquer das atividades, é dizer, o estudo não pode inviabilizar o trabalho, e vice-versa.

---

[143] O STJ acertadamente entende que apenas continuará a beneficiar-se da remição o preso que fique impossibilitado, por acidente, de **prosseguir** no trabalho ou nos estudos. De fato, se o condenado sequer iniciou o trabalho ou o estudo não pode obter o benefício de forma fictícia, ainda que não apresente capacidade laborativa em razão da sua invalidez (STJ: HC 261.514/SP, rel. Min. Sebastião Reis Júnior, 6.ª Turma, j. 19.08.2014).

[144] "A ineficiência do Estado em fiscalizar as horas de estudo realizadas a distância pelo condenado não pode obstaculizar o seu direito de remição da pena, sendo suficiente para comprová-las a certificação fornecida pela entidade educacional. Nesse contexto, constando do atestado emitido pelo Sistema de Informações Penitenciárias que o sentenciado concluiu o aprendizado das disciplinas, a inércia estatal em acompanhar e fiscalizar o estudo a distância não deve ser a ele imputada, sob pena de prejudicá-lo pelo descumprimento de uma obrigação que não é sua. Em respeito ao princípio da igualdade, notadamente em situações precárias, é necessário sobrevalorizar a remição da pena, de modo que não se pode presumir que o condenado não tenha efetivamente se dedicado aos estudos na cela" (STF: RHC 203.546/PR, rel. Min. Cármen Lúcia, 1.ª Turma, j. 28.06.2022, noticiado no *Informativo* 1.061).

[145] STJ: HC 174.947/SP, rel. Min. Laurita Vaz, 5.ª Turma, j. 23.10.2012; e STJ: HC 167.537/SP, rel. Min. Sebastião Reis Júnior, 6.ª Turma, j. 20.03.2012.

# CAP. 33 – PENA PRIVATIVA DE LIBERDADE | 527

Nada impede o preso de, exemplificativamente, trabalhar durante o dia, durante 6 (seis) a 8 (horas), e estudar no período noturno, pelo prazo de 4 (quatro) horas. Ao final de 3 (três) dias, ele terá direito ao desconto de 2 (dois) dias da pena, um pelo trabalho e outro pelo estudo. Esta cumulatividade, vale ressaltar, somente será cabível nos regimes fechado e semiaberto, pois no regime aberto e no livramento condicional o trabalho do condenado é obrigatório.

## 33.27.5. Falta grave e perda dos dias remidos[146]

Na sistemática original da Lei de Execução Penal, assim dispunha o **antigo art. 127**: "O condenado que for punido por falta grave perderá o direito ao tempo remido, começando o novo período a partir da data da infração disciplinar".

Esse dispositivo, durante muito tempo, foi alvo de intensa discussão doutrinária e jurisprudencial. Muitos sustentavam sua inconstitucionalidade, pois a perda dos dias já remidos em razão da prática de falta grave violaria o princípio da proporcionalidade, além de desconsiderar o direito adquirido e a coisa julgada (CF, art. 5.º, XXXVI).

Para espancar esta controvérsia, no dia 12 de junho de 2008, o **Supremo Tribunal Federal** aprovou a **Súmula Vinculante 9**, a primeira medida dessa natureza em matéria penal, com a seguinte redação: "O disposto no artigo 127 da Lei 7.210/1984 (Lei de Execução Penal) foi recebido pela ordem constitucional vigente, e não se lhe aplica o limite temporal previsto no *caput* do artigo 58".

Em resumo, o Excelso Pretório reconheceu a constitucionalidade da perda de todos os dias remidos em decorrência da punição pela prática de falta grave. Mas o próprio Supremo Tribunal Federal rapidamente suavizou a extensão da súmula, decidindo que a decretação da perda dos dias remidos deveria observar o princípio da proporcionalidade entre a infração do condenado e a decisão a esta correspondente.[147]

Este panorama jurídico foi alterado com a entrada em vigor da Lei 12.433/2011. Com efeito, estabelece o **atual art. 127 da Lei de Execução Penal**: "Em caso de falta grave, o juiz poderá revogar até 1/3 (um terço) do tempo remido, observado o disposto no art. 57, recomeçando a contagem a partir da data da infração disciplinar".[148]

Destarte, o limite máximo para a perda dos dias remidos, na hipótese de falta grave, é de 1/3 (um terço). Note que a lei não fala em um terço, e sim em **até 1/3** (um terço). Consequentemente, o percentual da perda dos dias remidos pode ser inclusive inferior, mas é vedado ao juízo da execução ultrapassar este patamar. Como destacado pelo Superior Tribunal de Justiça:

> A prática de falta grave impõe a decretação da perda de até 1/3 dos dias remidos, devendo a expressão "poderá" contida no art. 127 da Lei 7.210/1984, com a redação que lhe foi conferida pela Lei 12.432/2011, ser interpretada como verdadeiro poder-dever do magistrado, ficando no juízo de discricionariedade do julgador apenas a fração da perda, que terá como limite máximo 1/3 dos dias remidos.[149]

Para encontrar o *quantum* correto, o magistrado deve se basear, em decisão fundamentada, nos vetores elencados pelo art. 57, *caput*, da Lei de Execução Penal: "a natureza, os motivos, as circunstâncias e as consequências do fato, bem como a pessoa do faltoso e seu tempo de prisão".[150]

---

[146] A relação de faltas graves, inerentes à pena privativa de liberdade, encontra-se descrita no art. 50 da Lei de Execução Penal, em **rol taxativo**.

[147] HC 94.701/RS, rel. orig. Min. Menezes Direito, rel. p/ acórdão Min. Marco Aurélio, 1.ª Turma, j. 05.08.2008, noticiado no *Informativo* 514.

[148] No **Tema 477 da Repercussão Geral**, o Supremo Tribunal Federal fixou a seguinte tese: "É constitucional a previsão legislativa de perda dos dias remidos pelo condenado que comete falta grave no curso da execução penal" (RE 1.116.485/RS, rel. Min. Luiz Fux, Plenário, j. 28.02.2023, noticiado no *Informativo* 1.084).

[149] AgRg no REsp 1.430.097/PR, rel. Min. Felix Fischer, 5.ª Turma, j. 19.03.2015, noticiado no *Informativo* 559.

[150] "Reconhecida falta grave no decorrer da execução penal, não pode ser determinada a perda dos dias remidos na fração máxima de 1/3 sem que haja fundamentação concreta para justificá-la" (STJ: HC 282.265/RS, rel. Min. Rogerio Shietti

# 528 | DIREITO PENAL – PARTE GERAL – VOL. 1 • CLEBER MASSON

Com a entrada em vigor da Lei 12.433/2011, a **Súmula Vinculante 9 do Supremo Tribunal Federal perdeu eficácia**. Não pode mais ser aplicada, pois o dispositivo legal que lhe fundamentava deixou de existir. Incide na hipótese o fenômeno da "superação sumular normativa", também conhecido como *overruling*.[151]

Portanto, agora o condenado perde parte dos dias remidos (até 1/3), recomeçando a contagem a partir da data da infração disciplinar. E nada impede, a partir desta nova contagem, isto é, de novo período de trabalho ou estudo para fins de remição, seja decretada mais uma vez a perda de até 1/3 (um terço) dos dias remidos.

A perda dos dias remidos pode incidir sobre dias de trabalho anteriores à falta grave, se ainda não foram declarados pelo juízo da execução no cálculo da remição. Nunca poderá recair, contudo, sobre dias de labor posteriores à infração disciplinar. Como destacado pelo Superior Tribunal de Justiça:

> Reconhecida falta grave, a perda de até 1/3 do tempo remido (art. 127 da LEP) pode alcançar dias de trabalho anteriores à infração disciplinar e que ainda não tenham sido declarados pelo juízo da execução no cômputo da remição. A remição na execução da pena constitui benefício submetido à cláusula *rebus sic stantibus*. Assim, o condenado possui apenas a expectativa do direito de abater os dias trabalhados do restante da pena a cumprir, desde que não venha a ser punido com falta grave. Nesse sentido, quanto aos dias de trabalho a serem considerados na compensação, se, por um lado, é certo que a perda dos dias remidos não pode alcançar os dias trabalhados após o cometimento da falta grave, sob pena de criar uma espécie de conta-corrente contra o condenado, desestimulando o trabalho do preso, por outro lado, não se deve deixar de computar os dias trabalhados antes do cometimento da falta grave, ainda que não tenham sido declarados pelo juízo da execução, sob pena de subverter os fins da pena, culminando por premiar a indisciplina carcerária.[152]

O condenado não tem direito pleno à remição de todos os dias de trabalho ou estudo, mas somente uma expectativa de direito, a qual será concretizada se cumpridos integralmente os requisitos legais.

A remição é um benefício contabilizado à medida que o apenado trabalha ou estuda. Essa contabilização deve operar no subjetivismo dele, apenado, como um estímulo para persistir enquadrado em boa conduta. É dizer: à medida que visualiza os dias que lhe são contabilizados favoravelmente, o condenado vai se convencendo de que não interessa transgredir as regras inerentes à execução da pena, sob o risco de perder parte daquilo que já acumulou. O reconhecimento total da remição da pena constitui expectativa de direito condicionada ao preenchimento dos requisitos legais.

Em poucas palavras, a concessão da remição no tocante a todos os dias de trabalho ou estudo se sujeita à cláusula *rebus sic stantibus*. Assim sendo, ocorrendo a falta grave, o condenado perde até 1/3 (um terço) do tempo já remido.

E atenção. Para a perda de até 1/3 (um terço) dos dias remidos, não basta a prática da falta grave. É imprescindível a **efetiva punição pela falta grave**, imposta ao final de sindicância instaurada no âmbito do estabelecimento penal, como forma de assegurar ao condenado o exercício da ampla defesa. Como estabelece a **Súmula 533 do Superior Tribunal de Justiça**: "Para o reconhecimento da prática de falta disciplinar no âmbito da execução penal, é imprescindível a

---

Cruz, 5.ª Turma, j. 22.04.2014, noticiado no *Informativo* 539).

[151] Em razão disso, a Súmula Vinculante 9 está sujeita a revisão ou cancelamento pelo Supremo Tribunal Federal, a teor da regra estabelecida pelo art. 103-A, § 2.º, da Constituição Federal, e regulamentada pelo art. 5.º da Lei 11.417/2006: "Revogada ou modificada a lei em que se fundou a edição de enunciado de súmula vinculante, o Supremo Tribunal Federal, de ofício ou por provocação, procederá à sua revisão ou cancelamento, conforme o caso".

[152] REsp 1.517.936/RS, rel. Min. Maria Thereza de Assis Moura, 6.ª Turma, j. 01.10.2015, noticiado no *Informativo* 571.

CAP. 33 - PENA PRIVATIVA DE LIBERDADE | **529**

instauração de procedimento administrativo pelo diretor do estabelecimento prisional, assegurado o direito de defesa, a ser realizado por advogado constituído ou defensor público nomeado".

E mais. Na sindicância apura-se a prática da falta grave. Mas é somente o juízo da execução que declara a perda dos dias remidos.[153]

De acordo com a jurisprudência consolidada no Supremo Tribunal Federal, é necessária a oitiva da defesa técnica em juízo antes da decretação da perda dos dias remidos, mesmo com a conclusão da sindicância em desfavor do reeducando. Vale a pena conferir:

> Entendeu-se que o procedimento administrativo não seria suficiente para desencadear uma sanção penal e que o fato de o paciente ter sido ouvido na instância administrativa não dispensaria a manifestação da defesa no processo de execução. Assim, enfatizou-se que, em que pese ser prescindível a inquirição, em juízo, do próprio assistido, a manifestação de sua defesa no processo de execução, após o procedimento administrativo, é indispensável – o que não ocorrera na espécie –, tendo em conta o caráter penal e processual da perda dos dias remidos.[154]

Aliás, embora a sindicância tenha caráter administrativo, seus reflexos penais afastam a incidência da **Súmula Vinculante 5 do Supremo Tribunal Federal**: "A falta de defesa técnica por advogado no processo administrativo disciplinar não ofende a Constituição". Na linha da jurisprudência do Superior Tribunal de Justiça:

> Foi instaurada sindicância para apuração do cometimento de falta grave imputada ao paciente em sede de execução penal; ao final reconheceu-se o cometimento da falta grave (posse de aparelho celular dentro do presídio), contudo sem a presença do defensor quando da oitiva do acusado. A Turma entendeu não aplicável a Súmula vinculante n. 5 do STF, pois os precedentes que a embasam estão vinculados ao Direito Administrativo. Não se está a tratar de um mero procedimento administrativo disciplinar em que um sujeito sobre o qual recai a suspeita de uma falta pode, investido de plenos poderes, exercer seus direitos e prerrogativas e demonstrar sua inocência. Diante das condições a que submetidos os detentos, qualquer tentativa de equiparação com os sujeitos que, do lado de cá das grades, podem, *per si*, fazer valer a dignidade da pessoa humana, soa descontextualizado. Daí a Turma concedeu a ordem para, cassando o acórdão atacado, anular a sindicância.[155]

É preciso observar que a Lei 12.433/2011 limita a 1/3 (um terço) a perda dos dias remidos como corolário da falta grave. Subsiste, contudo, a possibilidade de **regressão de regime prisional**, com fulcro no art. 118, I, da Lei de Execução Penal. Finalmente, esta limitação não interfere em outros benefícios prisionais vinculados à contagem do tempo, tais como o livramento condicional e a comutação de pena. Na dicção do Supremo Tribunal Federal:

> A 2.ª Turma denegou *habeas corpus* em que se pleiteava fosse declarado que a prática de falta grave estaria limitada ao máximo de 1/3 do lapso temporal no desconto da pena para todos os benefícios da execução da reprimenda que exigissem a contagem de tempo. Na situação dos autos, o STJ concedera, parcialmente, a ordem postulada para afastar o reinício da contagem do prazo, decorrente do cometimento de falta grave, necessário à aferição do requisito objetivo quanto aos benefícios de livramento condicional e comutação de pena. Enfatizou-se que o art. 127 da LEP, com a redação conferida pela Lei 12.433/2011, imporia ao juízo da execução, ao decretar a perda dos dias

---

[153] "Cabe ao juízo da execução fixar a fração aplicável de perda dos dias remidos na hipótese de cometimento de falta grave, observando o limite máximo de 1/3 (um terço) do total e a necessidade de fundamentar a decisão em elementos concretos, conforme o art. 57 da Lei de Execução Penal" (STJ: HC 248.232/RJ, rel. Min. Maria Thereza de Assis Moura, 6.ª Turma, j. 03.04.2014).

[154] HC 95.423/RS, rel. orig. Min. Ellen Gracie, rel. p/ o acórdão Min. Eros Grau, 2.ª Turma, j. 03.03.2009, noticiado no *Informativo* 537.

[155] HC 193.321/SP, rel. Min. Maria Thereza de Assis Moura, 6.ª Turma, j. 31.05.2011, noticiado no *Informativo* 475.

# 530 | DIREITO PENAL – PARTE GERAL – VOL. 1 • CLEBER MASSON

remidos, que se ativesse ao limite de 1/3 do tempo remido e levasse em conta, na aplicação dessa sanção, a natureza, os motivos, as circunstâncias e as consequências do fato, bem como a pessoa do faltoso e seu tempo de prisão [LEP: "Art. 127. Em caso de falta grave, o juiz poderá revogar até 1/3 (um terço) do tempo remido, observado o disposto no art. 57, recomeçando a contagem a partir da data da infração disciplinar"]. Na sequência, observou-se que, embora a impetrante postulasse a incidência da referida norma à espécie, verificar-se-ia que o juízo da execução não decretara a perda do tempo remido, a impedir a concessão da ordem para esse fim. Assinalou-se que, da leitura do dispositivo legal, inferir-se-ia que o legislador pretendera restringir somente a revogação dos dias remidos ao patamar de 1/3, motivo pelo qual não mereceria acolhida pretensão de estender o referido limite aos demais benefícios da execução.[156]

## 33.27.6. Ausência de trabalho ou de estudo por falta de condições no estabelecimento penal

Se não há condições adequadas para o desempenho de atividade laborativa ou de ensino no estabelecimento penal, não se pode conceder ao condenado a remição, pois a Lei de Execução Penal condiciona o benefício ao efetivo e concreto trabalho ou estudo para abatimento da pena privativa de liberdade. Não se admite, portanto, a **remição ficta** (**ou virtual**). Para o Supremo Tribunal Federal:

> A Primeira Turma, em conclusão de julgamento e por maioria, denegou a ordem de "habeas corpus" em que se discutia a possibilidade de remição ficta da pena, na hipótese em que o Estado não proporciona atividade laboral ou educacional aos internos do sistema penitenciário a fim de obterem a remição da pena. O Colegiado enfatizou que, embora o Estado tenha o dever de prover trabalho aos internos que desejem laborar, reconhecer a remição ficta da pena, nesse caso, faria com que todas as pessoas do sistema prisional obtivessem o benefício, fato que causaria substancial mudança na política pública do sistema carcerário, além de invadir a esfera do Poder Executivo. Destacou que o instituto da remição exige, necessariamente, a prática de atividade laboral ou educacional. Trata-se de reconhecimento pelo Estado do direito à diminuição da pena em virtude de trabalho efetuado pelo detento. Na espécie, não foi realizado trabalho, estudo ou leitura, em razão de o paciente estar submetido ao Regime Disciplinar Diferenciado. Portanto, não há que se falar em direito à remição.[157]

Entretanto, o Superior Tribunal de Justiça, no julgamento do **Tema 1.120 do Recurso Repetitivo**, com esteio na dignidade da pessoa humana e nos princípios da isonomia, da individualização da pena e da fraternidade, e com reforço na **teoria da derrotabilidade da norma jurídica** (art. 126, § 4.º, da Lei 7.210/1984 – Lei de Execução Penal), admitiu a remição ficta, de modo excepcionalíssimo, aos presos que estavam trabalhando ou estudando e não puderam continuar a fazê-lo em razão das restrições impostas pela fase mais crítica da pandemia da Covid-19:

> Nada obstante a interpretação restritiva que deve ser conferida ao art. 126, § 4.º, da LEP, os princípios da individualização da pena, da dignidade da pessoa humana, da isonomia e da fraternidade, ao lado da teoria da derrotabilidade da norma e da situação excepcionalíssima da pandemia de Covid-19, impõem o cômputo do período de restrições sanitárias como de efetivo estudo ou trabalho em favor dos presos que já estavam trabalhando ou estudando e se viram impossibilitados de continuar seus afazeres unicamente em razão do estado pandêmico. A controvérsia consiste em definir a possibilidade ou não de concessão de remição ficta, com extensão do alcance da norma prevista no art. 126, § 4.º, da Lei de Execução Penal, aos apenados impossibilitados de trabalhar ou

---

[156] HC 110.921/RS, rel. Min. Ricardo Lewandowski, 2.ª Turma, j. 22.05.2012, noticiado no *Informativo* 667.

[157] HC 124.520/RO, rel. Min. Marco Aurélio, red. p/ ac. Min. Roberto Barroso, 1.ª Turma, j. 29.05.2018, noticiado no *Informativo* 904.

CAP. 33 – PENA PRIVATIVA DE LIBERDADE | 531

estudar em razão da pandemia ocasionada pelo novo coronavírus. O STJ entende que a ausência de previsão legal específica impossibilita a concessão de remição da pena pelo simples fato de o Estado não propiciar meios necessários para o labor ou a educação de todos os custodiados. Entende-se, portanto, que a omissão estatal não pode implicar remição ficta da pena, haja vista a *ratio* do referido benefício, que é encurtar o tempo de pena mediante a efetiva dedicação do preso a atividades lícitas e favoráveis à sua reinserção social e ao seu progresso educativo. Contudo, em que pese tal entendimento, ele não se aplica à hipótese excepcionalíssima da pandemia de Covid-19 por várias razões (*distinguishing*). A jurisprudência mencionada foi construída para um estado normal das coisas, não para uma pandemia. O art. 3º da Lei 7.210/1984 estabelece que, "ao condenado e ao internado serão assegurados todos os direitos não atingidos pela sentença ou pela lei". Em outros termos, ressalvadas as restrições decorrentes da sentença penal e os efeitos da condenação, o condenado mantém todos os direitos que lhe assistiam antes do trânsito em julgado da decisão condenatória. Por sua vez, a doutrina estabelece que a "Derrotabilidade é o ato pelo qual uma norma jurídica deixa de ser aplicada, mesmo presentes todas as condições de sua aplicabilidade, de modo a prevalecer a justiça material no caso concreto". Nessa linha, negar aos presos que já trabalhavam ou estudavam antes da pandemia de Covid-19 o direito de continuar a remitir sua pena se revela medida injusta, pois: (a) desconsidera o seu pertencimento à sociedade em geral, que padeceu, mas também se viu compensada com algumas medidas jurídicas favoráveis, o que afrontaria o princípio da individualização da pena (art. 5º, XLVI, da CF/1988), da isonomia (art. 5º, *caput*, da CF/1988) e da fraternidade (art. 1º, II e III, 3º, I e III, da CF/1988); (b) exige que o legislador tivesse previsto a pandemia como forma de continuar a remição, o que é desnecessário ante o instituto da derrotabilidade da lei. Note-se, assim, que não se está a conferir uma espécie de remição ficta pura e simplesmente ante a impossibilidade material de trabalhar ou estudar. O benefício não deve ser direcionado a todo e qualquer preso que não pôde trabalhar ou estudar durante a pandemia, mas tão somente àqueles que, já estavam trabalhando ou estudando e, em razão da Covid, viram-se impossibilitados de continuar com suas atividades.[158]

## 33.28. DETRAÇÃO PENAL

Como determina o art. 42 do Código Penal: "Computam-se, na pena privativa de liberdade e na medida de segurança, o tempo de prisão provisória, no Brasil ou no estrangeiro, o de prisão administrativa e o de internação em qualquer dos estabelecimentos referidos no artigo anterior".

Detração penal é o **desconto**, na pena privativa de liberdade ou na medida de segurança, do tempo de prisão provisória ou de internação já cumprido pelo condenado. Evita-se o *bis in idem* na execução da pena privativa de liberdade. Exemplificativamente, se alguém foi preso em flagrante pela prática de estupro, e permaneceu segregado por 2 (dois) anos até o trânsito em julgado da sentença condenatória, que lhe impôs pena de 8 (oito) anos, restará a ele cumprir mais 6 (seis) anos, em face da regra prevista no art. 42 do Código Penal.

Na expressão "prisão provisória" compreende-se toda e qualquer prisão cautelar e processual (prisão em flagrante, prisão temporária e prisão preventiva), ou seja, não decorrente de pena, consistente na privação da liberdade antes do trânsito em julgado da condenação.

Na medida de segurança, o tempo de prisão processual ou de internação provisória (CPP, art. 319, VII) deve ser subtraído do **prazo mínimo** da internação em hospital de custódia e tratamento psiquiátrico ou do tratamento ambulatorial, que varia de um a três anos, como se extrai do art. 97, § 1.º, do Código Penal. Exemplo: "A", depois de ser preso em flagrante, foi internado provisoriamente e mantido nessa situação por um ano. Durante a instrução cri-

---

[158] STJ: REsp 1.953.607/SC, rel. Min. Ribeiro Dantas, 3.ª Seção, j. 14.09.2022, noticiado no *Informativo* 749. Essa conclusão, todavia, **não se aplica do trabalho de natureza eventual** (STJ: HC 684.875/DF, rel. Min. Sebastião Reis Júnior, 6.ª Turma, j. 21.03.2023, noticiado no *Informativo* 768).

minal, restou comprovada sua inimputabilidade, motivo pelo qual o magistrado o absolveu e impôs medida de segurança de internação, pelo prazo mínimo de três anos. Com a aplicação do instituto da detração penal, a perícia médica de cessação da periculosidade será realizada depois de dois anos da internação do agente no hospital de custódia e tratamento psiquiátrico.

### 33.28.1. Detração penal e medidas cautelares

Nada obstante o art. 42 do Código Penal fale em "prisão provisória", o Superior Tribunal de Justiça tem alargado o alcance desse dispositivo, para o fim de admitir a detração penal amparada em medida cautelar de recolhimento obrigatório noturno e nos dias de folga, independentemente de monitoramento eletrônico.

Tal entendimento, consolidado no **Tema 1.155 do Recurso Repetitivo**, fundamenta-se: (a) nos princípios da humanidade, da proporcionalidade e da proibição do *bis in idem*, uma vez que essa medida cautelar atinge o *status libertatis* do acusado; (b) na interpretação evolutiva da lei, pois à época em que o art. 42 do Código Penal foi redigido não existiam os institutos atualmente previstos no art. 319 do Código de Processo Penal; e (c) na natureza exemplificativa – e não taxativa – do art. 42 do Código Penal. Eventuais horas remanescentes devem ser desprezadas, pois constituem-se em frações não computáveis da pena, a teor da regra contida no art. 11 do Código Penal. Confira-se:

> O período de recolhimento obrigatório noturno e nos dias de folga, por comprometer o *status libertatis* do acusado, deve ser reconhecido como período a ser detraído da pena privativa de liberdade e da medida de segurança, em homenagem aos princípios da proporcionalidade e do *non bis in idem*. O monitoramento eletrônico associado, atribuição do Estado, não é condição indeclinável para a detração dos períodos de submissão a essas medidas cautelares, não se justificando distinção de tratamento ao investigado ao qual não é determinado e disponibilizado o aparelhamento. A soma das horas de recolhimento domiciliar a que o réu foi submetido devem ser convertidas em dias para contagem da detração da pena. Se no cômputo total remanescer período menor que vinte e quatro horas, essa fração de dia deverá ser desprezada. A reflexão sobre o abatimento na pena definitiva do tempo de cumprimento da medida cautelar prevista no art. 319, VII, do Código de Processo Penal (recolhimento domiciliar noturno e nos dias de folga), surge da ausência de previsão legal. Nos termos do art. 42 do Código Penal: "Computam-se, na pena privativa de liberdade e na medida de segurança, o tempo de prisão provisória, no Brasil ou no estrangeiro, o de prisão administrativa e o de internação em qualquer dos estabelecimentos referidos no artigo anterior". A cautelar de recolhimento domiciliar noturno e nos dias de folga estabelece que o investigado deverá permanecer recolhido em seu domicílio nesses períodos, desde que possua residência e trabalho fixos. Essa medida não se confunde com a prisão domiciliar, mas diferencia-se de outras cautelares na limitação de direitos, pois atinge diretamente a liberdade de locomoção do investigado, ainda que de forma parcial e/ou momentânea, impondo-lhe a permanência no local em que reside. Nesta Corte, o amadurecimento da questão partiu da interpretação dada ao art. 42 do Código Penal. Concluiu-se que o dispositivo não era *numerus clausus* e, em uma compreensão extensiva *in bonam partem*, dever-se-ia permitir que o período de recolhimento noturno, por comprometer o *status libertatis*, fosse reconhecido como período detraído, em homenagem ao princípio da proporcionalidade e em apreço ao princípio do *non bis in idem*. A detração penal dá efetividade ao princípio basilar da dignidade da pessoa humana e ao comando máximo do caráter ressocializador das penas, que é um dos principais objetivos da execução da pena no Brasil. Assim, a melhor interpretação a ser dada ao art. 42 do Código Penal é a de que o período em que um investigado/acusado cumprir medida cautelar de recolhimento domiciliar noturno e nos dias de folga (art. 319, V, do CPP) deve ser detraído da pena definitiva a ele imposta pelo Estado.[159]

---

[159] REsp 1.977.135/SC, rel. Min. Joel Ilan Paciornik, 3.ª Seção, j. 23.11.2022, noticiado no *Informativo* 758. No mesmo sentido: HC 892.086/PR, rel. Min. Jesuíno Rissato (Desembargador convocado do TJDFT), 6.ª Turma, j. 14.05.2024, noticiado no *Informativo* 813.

## 33.28.2. Competência para aplicação da detração penal e reflexos no regime inicial de cumprimento da pena privativa de liberdade

Na sistemática da Lei de Execução Penal, especialmente da regra contida em seu art. 66, III, "c", a detração era reconhecida exclusivamente pelo juízo da execução. Consequentemente, este instituto não produzia qualquer efeito na fixação do regime inicial de cumprimento da pena privativa de liberdade. Destarte, se, a título ilustrativo, um réu primário havia permanecido preso por 2 (dois) anos antes da condenação definitiva, e ao final fora aplicada pena de 5 (cinco) anos de reclusão, deveria, em tese, começar a cumpri-la no regime semiaberto, e não em regime aberto, por força da inaplicabilidade do instituto previsto no art. 42 do Código Penal.

Além disso, os momentos de tais acontecimentos eram completamente distintos. Enquanto o regime inicial de cumprimento da pena sempre foi estipulado pelo juiz da ação penal (processo de conhecimento), a detração penal era matéria de competência do juiz da execução e deveria ser apreciada somente após o trânsito em julgado da sentença penal condenatória (processo de execução).

Mas este panorama foi profundamente alterado pela Lei 12.736/2012, responsável pela inclusão do § 2.º do art. 387 do Código de Processo Penal, com a seguinte redação: "§ 2.º O tempo de prisão provisória, de prisão administrativa ou de internação, no Brasil ou no estrangeiro, será computado para fins de determinação do regime inicial de pena privativa de liberdade".

Agora, a detração penal é **matéria de competência do juiz de 1.ª instância (ou do Tribunal)**, a ser reconhecida na fase de conhecimento, e não somente na esfera da execução. Exemplificativamente, se o acusado permaneceu preso preventivamente por 1 (um) ano, e ao final do processo foi condenado à pena de 9 (nove) anos de reclusão, o magistrado deverá aplicar a detração na própria sentença, fixando o regime inicial semiaberto para início de cumprimento da pena privativa de liberdade, correspondente ao restante da pena (8 anos), e não o regime fechado, relativo ao total da pena imposta. O legislador consagrou, explicitamente, o princípio segundo o qual "pena cumprida é pena extinta".

## 33.28.3. Detração penal e penas restritivas de direitos

É possível a incidência da detração penal nas penas restritivas de direitos de prestação de serviços à comunidade ou a entidades públicas, interdição temporária de direitos e limitação de fim de semana, pois são aplicáveis em substituição às penas privativas de liberdade pelo mesmo tempo de sua duração (CP, art. 55).[160]

## 33.28.4. Detração penal e pena de multa

Não se admite a detração penal no campo da pena de multa, diante da vedação legal da conversão desta última em pena privativa de liberdade. Ademais, o art. 42 do Código Penal excluiu a incidência do instituto para a sanção pecuniária. Finalmente, a pena privativa de liberdade e a pena pecuniária têm finalidades diferentes e não há um critério legal capaz de expressar em dias-multa o tempo de prisão provisória.[161]

## 33.28.5. Detração penal e suspensão condicional da execução da pena privativa de liberdade (*sursis*)

Não tem cabimento a detração penal no período de prova do *sursis*, que em regra varia de 2 (dois) a 4 (quatro) anos. Assim, se a pena privativa de liberdade de 2 (dois) foi suspensa

---

[160] "Esta Corte não admite a aplicação do instituto da detração penal à pena de prestação pecuniária, por ausência de previsão legal" (STJ: REsp 1.853.916/PR, rel. Min. Nefi Cordeiro, 6.ª Turma, j. 04.08.2020).

[161] MORAES, Alexandre de; SMANIO, Gianpaolo Poggio. *Legislação penal especial*. 10. ed. 2. reimpr. São Paulo: Atlas, 2008. p. 185.

# 534 DIREITO PENAL - PARTE GERAL - VOL. 1 • CLEBER MASSON

condicionalmente por outros 2 (dois) anos, a circunstância de ter o condenado permanecido preso provisoriamente por 1 (um) ano, por exemplo, em nada interferirá no período de prova, que subsistirá pelo tempo de 2 (dois) anos. A propósito, esse prazo poderia ser fixado ainda que fosse menor a sanção imposta.

Mas será aplicável esse instituto na hipótese de ser revogado o *sursis*, pois aí restará ao condenado a obrigação de cumprir integralmente a pena que lhe foi imposta. No exemplo acima, faltaria somente 1 (um) ano para a satisfação total da pena privativa de liberdade.

## 33.28.6. Detração penal e prescrição

Discute-se se a detração penal influencia ou não no cálculo do prazo prescricional.

Para quem admite essa possibilidade, amparada na aplicação analógica do art. 113 do Código Penal, a prescrição deveria ser computada com base no tempo restante da pena, ou seja, somente com o tempo ainda não cumprido pelo condenado. Exemplo: "A" foi condenado a seis anos. Provisoriamente (antes do trânsito em julgado), contudo, ficou preso por três anos. Logo, a prescrição deveria ser calculada sobre a pena faltante, isto é, três anos, e não sobre a pena total.

O Supremo Tribunal Federal, fundado no princípio da estrita legalidade, de observância cogente em matéria penal, tem posição diversa:

> O art. 113 do Código Penal tem aplicação vinculada às hipóteses de evasão do condenado ou de revogação do livramento condicional, não se referindo ao tempo de prisão cautelar para efeito do cálculo da prescrição (CP: "*Art. 113 – No caso de evadir-se o condenado ou de revogar-se o livramento condicional, a prescrição é regulada pelo tempo que resta da pena*").[162]

## 33.28.7. Detração penal e prisão provisória em outro processo

A questão que se coloca é a seguinte: Quando a prisão provisória opera-se em um processo, no qual o réu é absolvido, é possível utilizar esse período para fins de detração penal em outro processo, em que foi condenado?

A doutrina não é pacífica sobre o assunto. Ora se exige a conexão ou continência entre a infração penal, a prisão provisória e a pena imposta, ora esse requisito afigura-se como dispensável. Em qualquer caso, porém, é necessário tenha sido praticada a infração penal pela qual o agente foi condenado anteriormente à infração penal em que houve a prisão provisória e posterior absolvição. Para o Supremo Tribunal Federal:

> Não é possível creditar-se ao réu, para fins de detração, tempo de encarceramento anterior à prática do crime que deu origem à condenação atual. Com base nessa jurisprudência, a Turma indeferiu *habeas corpus* em que se pretendia abater da pena aplicada ao paciente período em que este estivera anteriormente custodiado. Asseverou-se que, se acolhida a tese da defesa, considerando esse período como "crédito" em relação ao Estado, estar-se-ia concedendo ao paciente um "bill" de indenidade.[163]

---

[162] RHC 85.026/SP, rel. Min. Eros Grau, j. 26.04.2005. Em igual sentido: HC 100.001/RJ, rel. Min. Marco Aurélio, 1.ª Turma, j. 11.05.2010, noticiado no *Informativo* 586. O STJ compartilha deste entendimento: HC 216.876/SP, rel. Min. Maria Thereza de Assis Moura, 6.ª Turma, j. 17.12.2013.

[163] HC 93.979/RS, rel. Min. Cármen Lúcia, 1.ª Turma, j. 22.04.2008, noticiado no *Informativo* 503. É também a posição consolidada no Superior Tribunal de Justiça: HC 178.129/RS, rel. Min. Og Fernandes, 6.ª Turma, j. 07.06.2011, noticiado no *Informativo* 476.

O Superior Tribunal de Justiça também adota esta posição:

A detração, por sua vez, é decorrência do princípio constitucional da não culpabilidade. A CF estabelece que "ninguém será considerado culpado até o trânsito em julgado de sentença penal condenatória". Ocorre que, mesmo antes do trânsito em julgado, em algumas situações, faz-se necessária a constrição provisória do acusado. Essa, no entanto, é uma prisão cautelar. E, por vezes, ao final do julgamento, pode ocorrer a absolvição do agente ou a prescrição da pretensão punitiva. Dessa forma, a detração visa impedir que o Estado abuse do poder-dever de punir, impondo ao agente uma fração desnecessária da pena quando houver a perda da liberdade ou a internação em momento anterior à sentença condenatória. [...] Nessa linha intelectiva, a detração é uma operação matemática em que se subtrai da pena privativa de liberdade (ou medida de segurança) aplicada ao réu ao final do processo, o tempo de prisão provisória, prisão administrativa ou internação em hospital de custódia e tratamento psiquiátrico que o sentenciado já cumpriu anteriormente. Frise-se que, em razão da equidade, admite-se a detração inclusive em processos que não guardem relação entre si, desde que a segregação indevida seja posterior ao crime em que se requer a incidência do instituto. Nestes casos, embora a prisão processual fosse necessária no momento em que foi realizada, ao final do julgamento do processo, a conduta do agente não resultou em uma punição efetiva. Dessa forma, é possível utilizar esse período para descontar a pena referente a crime praticado em data anterior.[164]

Essa conclusão, além de sintonizar-se com o art. 111 da Lei de Execução Penal, impede a ocorrência da chamada "**conta corrente penal**", isto é, a constituição de saldo credor em favor do condenado que lhe daria um cheque em branco para cometer crimes e contravenções penais e abrigar-se sob o manto da impunidade.

---

[164] REsp 1.557.408/DF, rel. Min. Maria Thereza de Assis Moura, 6.ª Turma, j. 16.02.2016, noticiado no *Informativo* 577.

# CAPÍTULO 34

# APLICAÇÃO DA PENA PRIVATIVA DE LIBERDADE

## 34.1. CONCEITO

A atividade de aplicar a pena, **exclusivamente judicial,** consiste em fixá-la, na sentença, depois de superadas todas as etapas do devido processo legal, em quantidade determinada e respeitando os requisitos legais, em desfavor do réu a quem foi imputada a autoria ou participação em uma infração penal.

Cuida-se de **ato discricionário juridicamente vinculado**. O juiz está preso aos parâmetros que a lei estabelece. Dentro deles poderá fazer as suas opções, para chegar a uma aplicação justa da pena, atento às exigências da espécie concreta, isto é, às suas singularidades, às suas nuanças objetivas e principalmente à pessoa a quem a sanção se destina. É o que se convencionou chamar de **teoria das margens**, ou seja, limites mínimo e máximo para a dosimetria da pena. Todavia, é forçoso reconhecer estar habitualmente presente nesta atividade do julgador um coeficiente criador, e mesmo irracional, em que, inclusive inconscientemente, se projetam a personalidade e as concepções da vida e do mundo do juiz.[1]

## 34.2. PRESSUPOSTO

A aplicação da pena tem como pressuposto a **culpabilidade** do agente, constituída por imputabilidade, potencial consciência da ilicitude e exigibilidade de conduta diversa. Ausente a culpabilidade, será impossível a imposição de pena, qualquer que seja a sua modalidade (privativa de liberdade, restritiva de direitos ou multa). Mas, na hipótese de inadequação da pena, poderá o réu suportar uma medida de segurança, se for maior de 18 anos de idade e dotado de periculosidade.

Conclui-se, pois, que enquanto a culpabilidade é pressuposto de aplicação da pena, a periculosidade funciona como pressuposto de aplicação da medida de segurança.

A pena, no direito brasileiro, deve ser aplicada mesmo quando o condenado, posteriormente ao crime e por qualquer motivo, não mais dependa de ressocialização. Justifica-se esse posicionamento pela adoção da teoria mista ou unificadora da pena, que possui, além da finalidade preventiva especial, a prevenção geral como objetivo (intimidação da coletividade) e, principalmente, o caráter retributivo (obrigatoriedade de punição).

---

[1] LUISI, Luiz. *Os princípios constitucionais penais.* 2. ed. Porto Alegre: Sergio Fabris, 2003. p. 54.

## 34.3. SISTEMAS OU CRITÉRIOS PARA APLICAÇÃO DA PENA

A história recente do Direito Penal brasileiro indica a existência de dois sistemas principais para a aplicação da pena privativa de liberdade: um bifásico e outro trifásico.

Para o **critério bifásico**, idealizado por Roberto Lyra, a pena privativa de liberdade deveria ser aplicada em duas fases distintas. Na primeira fase, o magistrado calcularia a pena-base levando em conta as circunstâncias judiciais e as atenuantes e agravantes genéricas. Em seguida, incidiriam na segunda fase as causas de diminuição e de aumento da pena.[2]

Esse sistema encontrou ressonância nos pensamentos de José Frederico Marques e de Basileu Garcia.[3]

Por sua vez, o **critério trifásico**, elaborado por Nélson Hungria, sustenta a dosimetria da pena privativa de liberdade em três etapas. Na primeira, o juiz fixa a pena-base, com apoio nas circunstâncias judiciais. Em seguida, aplica as atenuantes e agravantes genéricas, e, finalmente, as causas de diminuição e de aumento da pena.

**O art. 68, _caput_, do Código Penal filiou-se ao critério trifásico**. De fato, "a pena-base será fixada atendendo-se ao critério do art. 59 deste Código; em seguida serão consideradas as circunstâncias atenuantes e agravantes; por último, as causas de diminuição e de aumento".

Entretanto, para a **pena de multa** adotou-se o **sistema bifásico** (CP, art. 49, _caput_ e § 1.º). Fixa-se inicialmente o número de dias-multa e, após, calcula-se o valor de cada dia-multa.

Para Alberto Silva Franco, a reforma da Parte Geral do Código Penal pela Lei 7.209/1984, embora acolhendo o critério trifásico, foi além: criou uma **quarta fase**, ou seja, a da substituição da pena privativa de liberdade pela pena restritiva de direitos ou pela pena pecuniária.[4]

Por questões didáticas, analisaremos cada um dos fatores que influem na aplicação da pena, para, em seguida, enfrentarmos detalhadamente o critério trifásico e cada um de seus estágios.

## 34.4. ELEMENTARES E CIRCUNSTÂNCIAS

**Elementares**, ou **elementos**, são os fatores que compõem a estrutura da figura típica, integrando o **tipo fundamental**. É o caso de "alguém" no crime de homicídio (CP, art. 121, _caput_). Por outro lado, **circunstâncias** são os dados que se agregam ao tipo fundamental para o fim de aumentar ou diminuir a quantidade da pena, tais como o "motivo torpe" e o "relevante valor moral", qualificadora e privilégio no homicídio doloso, respectivamente. Formam o **tipo derivado**.

As elementares normalmente encontram-se descritas no _caput_ do tipo penal, enquanto as circunstâncias estão nos parágrafos a ele vinculados. Excepcionalmente, entretanto, o legislador prevê elementares fora do _caput_, como se verifica no crime de excesso de exação, descrito pelo art. 316, § 1.º, do Código Penal, independente do delito de concussão tipificado pelo seu _caput_.

A forma mais segura para distinguir se determinado fator previsto em lei constitui-se em elementar ou circunstância se faz pelo **critério da exclusão**. Se a sua retirada resultar na

---

[2] LYRA, Roberto. _Comentários ao Código Penal_. Rio de Janeiro: Forense, 1942. v. II, p. 172.

[3] "Parece-nos haver inaceitável artificialismo na separação do trabalho do julgador em três fases. Duas, sem dúvida, serão imprescindíveis, sempre que existir causa de aumento ou de diminuição a atender. Só então surgirá a contingência de fixar-se uma pena-base. Essa designação, corrente em nosso meio, como entre os comentadores italianos, pode ser mantida sem desvantagem. Exprimirá a quantidade fundamental da pena, sobre a qual se computarão os aumentos e diminuições. Não queremos dizer que a verificação não possa tripartir-se, mas, tão só, que não há necessidade. [...] Nada impede que o juiz, no uso dos seus largos poderes, complique um pouco mais o seu labor espiritual, detendo-se numa etapa provisória, na certeza de que terá imediatamente de alterar o resultado colhido, ante a eficácia de agravantes e atenuantes obrigatórias, já presentes na sua consciência ao início da operação" (GARCIA, Basileu. _Instituições de direito penal_. 4. ed. 37. tir. São Paulo, Max Limonad. t. II, v. I, 1975).

[4] FRANCO, Alberto Silva; STOCO, Rui. _Código Penal e sua interpretação jurisprudencial_. Parte geral. 7. ed. São Paulo: RT, 2001. v. 1, p. 1.233.

CAP. 34 – APLICAÇÃO DA PENA PRIVATIVA DE LIBERDADE | 539

atipicidade do fato ou na desclassificação para outro delito, trata-se de elementar. Mas se subsistir o mesmo crime, alterando-se somente a quantidade da pena, cuida-se de circunstância.

### 34.4.1. Classificação das circunstâncias

No campo da aplicação da pena, as circunstâncias podem ser legais ou judiciais.

**Circunstâncias legais** são as previstas no Código Penal e pela legislação penal especial. São suas espécies as qualificadoras, as atenuantes e agravantes genéricas e as causas de diminuição e de aumento da pena.

**Circunstâncias judiciais**, de outro lado, são as relacionadas ao crime e ao agente, e alcançadas pela atividade judicial (dependem da valoração do magistrado), em conformidade com as regras previstas no art. 59, *caput*, do Código Penal. Têm natureza residual ou subsidiária, pois somente incidem quando não configuram circunstâncias legais.

No tocante à compensação entre as circunstâncias legais e as circunstâncias judiciais, entende-se ser possível essa operação somente quando dentro da mesma fase, sob pena de se frustrar o sistema trifásico estabelecido em lei. Exemplo: na primeira fase, o magistrado pode compensar os maus antecedentes (circunstância judicial desfavorável ao réu) com o comportamento inadequado da vítima (circunstância judicial favorável ao réu).

É vedada a compensação envolvendo fases distintas.[5] Exemplo: o juiz não pode compensar a personalidade desajustada do réu (circunstância judicial desfavorável: 1.ª fase) com a menoridade relativa (atenuante genérica: 2.ª fase).

### 34.5. AGRAVANTES GENÉRICAS E CAUSAS DE AUMENTO DA PENA

As agravantes genéricas são assim chamadas por estarem previstas **taxativamente** na Parte Geral do Código Penal (arts. 61 e 62) e serem aplicáveis aos delitos em geral.[6] A exasperação da pena, que deve respeitar o limite máximo cominado pelo legislador, é definida pelo juiz no caso concreto, uma vez que a lei não indica a quantidade de aumento. **Incidem na segunda fase de aplicação da pena**.

As causas de aumento da pena, obrigatórias ou facultativas, por sua vez, situam-se na Parte Geral (exemplos: arts. 70, 71, 73 e 74), na Parte Especial do Código Penal (exemplos: arts. 155, § 1.º, 157, §§ 2.º e 2.º-A, 158, § 1.º, 317, § 1.º etc.), e também na legislação especial (exemplos: Lei 9.613/1998 – Lavagem de Dinheiro, art. 1.º, § 4.º, e Lei 11.343/2006 – Drogas, art. 40 etc.). São previstas em quantidade fixa (exemplo: aumenta-se a pena de um terço) ou variável (exemplo: aumenta-se a pena de 1/6 a 2/3), podendo elevar a pena concreta acima do limite máximo legalmente estipulado pelo legislador. **Aplicam-se na terceira fase da dosimetria da pena**, e são também chamadas de **qualificadoras em sentido amplo**.

### 34.6. CAUSAS DE AUMENTO DA PENA E QUALIFICADORAS

As causas de aumento da pena, utilizáveis na terceira fase da aplicação da pena, funcionam exclusivamente como percentuais para a elevação da reprimenda, em quantidade fixa ou variável. Encontram previsão tanto na Parte Geral como na Parte Especial do Código Penal, e também na legislação especial.

Já as **qualificadoras têm penas próprias**, dissociadas do tipo fundamental, pois são alterados os próprios limites (mínimo e máximo) abstratamente cominados. Ademais, no caso de crime qualificado o magistrado já utiliza na primeira fase da dosimetria da pena a sanção a ele

---

5    STF: RHC 117.037/SP, rel. Min. Dias Toffoli, 1.ª Turma, j. 08.10.2013.
6    Isso não impede, porém, sejam previstas agravantes por leis especiais, a exemplo do que ocorre no art. 298 da Lei 9.503/1997 em relação aos crimes de trânsito. Mas, no Código Penal, estão arroladas na Parte Geral.

correspondente. Finalmente, estão previstas na Parte Especial do Código Penal e na legislação especial, mas não, em hipótese alguma, na Parte Geral.

## 34.7. ATENUANTES GENÉRICAS E CAUSAS DE DIMINUIÇÃO DA PENA

As atenuantes genéricas recebem essa denominação por estarem localizadas, **exemplificativamente**, na Parte Geral do Código Penal (arts. 65 e 66) e serem aplicáveis aos delitos em geral.[7] O abrandamento da pena, que deve observar o limite mínimo cominado pelo legislador,[8] é definido pelo juiz no caso concreto, uma vez que a lei não indica a quantidade de diminuição. **Têm lugar na segunda fase de aplicação da pena**.

As causas de diminuição da pena, obrigatórias ou facultativas, estão previstas na Parte Geral (exemplos: arts. 16, 21, *caput*, *in fine*, 24, § 2.º, 26, parágrafo único, etc.) e na Parte Especial do Código Penal (exemplos: arts. 121, § 1.º, 155, § 2.º, etc.), bem como na legislação especial (exemplos: Lei 7.492/1986 – Crimes contra o Sistema Financeiro Nacional, art. 25, § 2.º, Lei 11.343/2006 – Drogas, art. 33, § 4.º, etc.), em quantidade fixa (exemplo: diminui-se a pena de 1/3) ou variável (exemplo: diminui-se a pena de 1/3/ a 2/3). **Podem reduzir a pena abaixo do mínimo legal, e incidem na terceira fase de aplicação da pena**.

## 34.8. O CRITÉRIO TRIFÁSICO

O art. 68 do Código Penal adotou o critério ou sistema trifásico. Impõe-se a dosimetria da pena privativa de liberdade em três fases **distintas e sucessivas**.

Cada etapa de fixação da pena deve ser suficientemente fundamentada pelo julgador. Permite-se, assim, a regular individualização da pena (CF, art. 5.º, XLVI), além de conferir ao réu o exercício da ampla defesa, pois lhe concede o direito de acompanhar e impugnar, se reputar adequado, cada estágio de aplicação da pena. Na visão do Supremo Tribunal Federal:

> A necessidade de fundamentação dos pronunciamentos judiciais (inciso IX do art. 93 da Constituição Federal) tem na fixação da pena um dos seus momentos culminantes. Garantia constitucional que submete o magistrado a coordenadas objetivas de imparcialidade e propicia às partes conhecer os motivos que levaram o julgador a decidir neste ou naquele sentido. O dever de motivação no trajeto da dosimetria da pena não passou despercebido à reforma penal

---

[7] É possível, entretanto, sua definição também por leis especiais, a exemplo do art. 14 da Lei 9.605/1998 (crimes ambientais). Mas, no Código Penal, encontram-se previstas exclusivamente na Parte Geral.

[8] Súmula 231 do Superior Tribunal de Justiça: "A incidência da circunstância atenuante não pode conduzir à redução da pena abaixo do mínimo legal".

CAP. 34 – APLICAÇÃO DA PENA PRIVATIVA DE LIBERDADE | 541

de 1984. Tanto que a ele o legislador fez expressa referência na Exposição de Motivos da Nova Parte Geral do Código Penal, ao cuidar do sistema trifásico de aplicação da pena privativa de liberdade.[9]

A ausência de fundamentação leva à nulidade da sentença (CF, art. 93, IX),[10] ou, pelo menos, à redução da pena ao mínimo legal pela instância superior. Com efeito, prevalece o entendimento de que a aplicação da pena no mínimo legal prescinde de motivação, em face da inexistência de prejuízo ao réu.[11]

A análise do Código Penal autoriza a extração de algumas regras inerentes ao critério trifásico:

a) Na 1.ª fase – **pena-base** – o juiz deve navegar dentro dos limites legais cominados à infração penal, isto é, não pode ultrapassar o patamar mínimo nem o patamar máximo correspondente ao crime ou à contravenção penal pelo qual o réu foi condenado.

b) Na 2.ª fase – **pena intermediária** – se estiverem presentes agravantes ou atenuantes genéricas, a pena não pode ser elevada além do máximo abstratamente cominado nem reduzida aquém do mínimo legal.

c) Na 3.ª fase – **pena definitiva** – as causas de aumento e de diminuição são aplicáveis em relação à reprimenda resultante da segunda fase, e não sobre a pena-base. Se existirem no caso concreto, a pena pode ser definitivamente fixada acima ou abaixo dos limites máximo e mínimo abstratamente definidos pelo legislador.[12]

d) Na ausência de agravantes e/ou atenuantes genéricas, e também de causas de aumento e/ou de diminuição da pena, a pena-base resultará como definitiva.

Concluída a operação relativa à dosimetria da pena, a etapa seguinte consiste em determinar o regime inicial de cumprimento da pena privativa de liberdade: fechado, semiaberto ou aberto.

Após, o magistrado deve analisar, na própria sentença condenatória, eventual possibilidade de substituição da pena privativa de liberdade por restritiva de direitos ou multa. E se não for cabível a substituição, mas a pena for igual ou inferior a 2 (dois) anos, exige-se manifestação fundamentada acerca da pertinência ou não da suspensão condicional da pena (*sursis*), se presentes os requisitos legais.

Depois de concretizada a sanção penal, o juiz fixará valor mínimo para reparação dos danos causados pela infração, considerando os prejuízos sofridos pelo ofendido (CPP, art. 387, inc. IV).[13]

Finalmente, se não foi possível a substituição ou a suspensão condicional da pena privativa de liberdade, o magistrado, na sentença, decidirá, fundamentadamente, sobre a manutenção ou, se for o caso, a imposição de prisão preventiva ou de outra medida cautelar, sem prejuízo do conhecimento da apelação que vier a ser interposta (CPP, art. 387, § 1.º).

---

[9] HC 106.965/AC, rel. Min. Ayres Britto, 2.ª Turma, j. 19.04.2011.

[10] STF: RHC 84.295/RJ, rel. Min. Cezar Peluso, 1.ª Turma, j. 29.11.2005.

[11] STJ: HC 246.658/SP, rel. Min. Laurita Vaz, 5.ª Turma, j. 26.08.2014.

[12] "Para as duas primeiras fases, deve-se observar os limites mínimo e máximo cominados; somente exsurge a possibilidade de diminuição ou de elevação da pena aquém de seu mínimo legal ou além do máximo quando da terceira etapa da aplicação da reprimenda" (STJ: AgRg no AREsp 437.391/SP, rel. Min. Jorge Mussi, 5.ª Turma, j. 27.03.2014).

[13] Para o Superior Tribunal de Justiça, a fixação do valor mínimo depende de pedido expresso do titular da ação penal (Ministério Público ou querelante), e pode abranger tantos os danos materiais como também os danos morais causados pela infração penal (REsp 1.265.707/RS, rel. Min. Rogerio Schietti Cruz, 6.ª Turma, j. 27.05.2014; e REsp 1.585.684/DF, rel. Min. Maria Thereza de Assis Moura, 6.ª Turma, j. 09.08.2016, noticiado no *Informativo* 588).

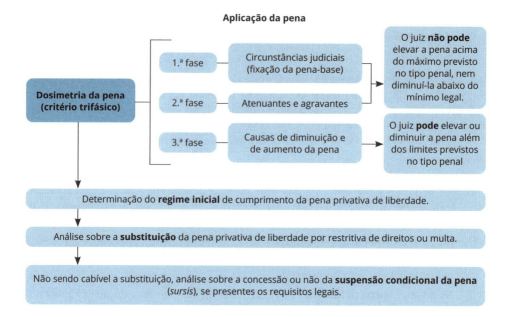

## 34.9. A PRIMEIRA FASE DA DOSIMETRIA DA PENA: FIXAÇÃO DA PENA-BASE

Para o cálculo da pena-base o juiz se vale das **circunstâncias judiciais** indicadas pelo art. 59, *caput*, do Código Penal.[14] Posteriormente, sobre essa pena-base incidirão as atenuantes e agravantes genéricas (2.ª fase), bem como as causas de diminuição ou de aumento da pena (3.ª fase).

Nessa etapa, ainda que todas as circunstâncias sejam extremamente favoráveis ao réu, a pena-base não pode ser inferior ao mínimo abstratamente cominado ao crime. De igual modo, mesmo sendo as circunstâncias judiciais inteiramente contrárias ao acusado, a pena-base deve respeitar o máximo legalmente previsto. Em suma, o juiz está adstrito aos parâmetros legais, não podendo ultrapassá-los.[15]

Essas circunstâncias são também conhecidas como **inominadas**, porque a lei não lhes fornece nomenclatura específica, ao contrário do que fez com as circunstâncias legais. Têm caráter **residual ou subsidiário**, pois apenas podem ser utilizadas quando não configurarem elementos do tipo penal, qualificadoras ou privilégios, agravantes ou atenuantes genéricas, ou ainda causas de aumento ou de diminuição da pena, todas elas preferenciais pelo fato de terem sido expressamente definidas em lei.

Em razão disso, o julgador, ao determinar a quantidade de pena aplicável, deve ter a prudência de evitar o *bis in idem* como corolário da utilização, ainda que impensada, por duas ou mais vezes, de uma mesma circunstância para elevar a reprimenda.[16] Exemplo: em crime de lesões corporais cometido contra uma senhora de 90 (noventa) anos de idade, o magistrado fundamenta a exasperação da pena-base em decorrência da covardia e da superioridade de forças do agente. Depois, impõe na segunda fase a agravante genérica contida

---

[14] Nos crimes envolvendo drogas, há outras circunstâncias judiciais, de natureza preponderante, previstas no art. 42 da Lei 11.343/2006: "O juiz, na fixação das penas, considerará, com preponderância sobre o previsto no art. 59 do Código Penal, a natureza e a quantidade da substância ou do produto, a personalidade e a conduta social do agente".

[15] STF: RHC 117.037/SP, rel. Min. Dias Toffoli, 1.ª Turma, j. 08.10.2013; e STJ: AgRg no HC 274.128/BA, rel. Min. Marco Aurélio Bellizze, 5.ª Turma, j. 19.08.2014.

[16] STF: AP 971/RJ, rel. Min. Edson Fachin, 1.ª Turma, j. 28.06.2016, noticiado no *Informativo* 832; e STJ: EDv nos EREsp 1.196.136/RO, rel. Min. Reynaldo Soares da Fonseca, 3.ª Seção, j. 24.05.2017, noticiado no *Informativo* 608.

CAP. 34 – APLICAÇÃO DA PENA PRIVATIVA DE LIBERDADE | 543

no art. 61, II, "h", do Código Penal (crime contra pessoa maior de 60 anos). É patente a dupla punição pelo mesmo fato, pois tais circunstâncias são ínsitas ao crime praticado contra a pessoa idosa. Não podem funcionar simultaneamente como circunstância judicial e agravante genérica.

Quando o preceito secundário do tipo penal cominar penas alternativas (exemplo: detenção ou multa), o magistrado deve, previamente à dosimetria da pena, optar por qual delas irá aplicar. E se o crime imputado for qualificado, inicia-se a fixação da pena-base a partir da pena correspondente à qualificadora.

Na hipótese de estarem presentes duas ou mais qualificadoras (exemplo: homicídio qualificado pelo motivo torpe, pelo meio cruel e pelo recurso que dificultou a defesa do ofendido – CP, art. 121, § 2.º, I, III e IV), o magistrado deve utilizar uma delas para qualificar o crime, e as demais como agravantes genéricas, na segunda fase, desde que encontrem correspondência nos arts. 61 e 62 do Código Penal. Em outras palavras, a circunstância que funciona como qualificadora do crime deve ser também prevista como agravante genérica. Se não houver essa correspondência, as demais qualificadoras passam a funcionar como circunstâncias judiciais desfavoráveis, incidindo na fixação da pena-base (1.ª fase).[17]

Mas também há posicionamentos sustentando que, em qualquer hipótese, as demais qualificadoras atuam como circunstâncias judiciais desfavoráveis, influenciando na dosimetria da pena-base (1.ª fase).

Finalmente, há entendimento minoritário no sentido de que, na pluralidade de qualificadoras, somente uma pode ser empregada pelo julgador, desprezando-se as demais, pois a função a elas correlata (aumentar a pena em abstrato) já foi desempenhada. Essa posição encontra forte resistência, uma vez que a sua aplicação prática viola o princípio da isonomia (CF, art. 5.º, *caput*). De fato, pessoas em situação diversa receberiam igual tratamento pelo magistrado responsável pela fixação da pena privativa de liberdade.

O art. 59, *caput*, do Código Penal contém 8 (oito) circunstâncias judiciais, as quais devem ser enfrentadas pelo magistrado fundamentadamente, sob pena de nulidade da sentença. Não é suficiente a indicação genérica dessas circunstâncias. Exige-se a análise específica de cada uma delas, reportando-se o julgador aos elementos dos autos da ação penal relativos a elas. De fato, se a pena-base for majorada sem fundamentação, estará configurado o **excesso de pena**, reclamando sua diminuição pela instância superior. Convencionou-se chamar-se essa tarefa judicial de **redimensionamento** da pena.[18]

Somente quando todas as circunstâncias judiciais forem favoráveis ao réu a pena deve ser fixada no mínimo legal. Em verdade, se uma delas lhe for desfavorável, o juiz deve elevá-la acima do piso.[19] Nesse contexto, se diversas circunstâncias inominadas apresentarem-se como prejudiciais ao acusado, nada impede a imposição da pena máxima, ou então, próxima do máximo legal. Todavia, instalou-se na prática forense o raciocínio equivocado pelo qual a pena-base equivale à pena mínima, o que não se compactua com o espírito da legislação penal.

Em consonância com a **cultura da pena mínima** reinante no Brasil, a jurisprudência firmou-se no sentido de que, quando imposta a reprimenda em seu patamar mínimo, prescinde-se de fundamentação judicial. É a posição consolidada inclusive no Supremo Tribunal

---

[17] Veja-se que algumas das circunstâncias legais que qualificam o homicídio (CP, art. 121, § 2.º, I a V) funcionam como agravantes genéricas para os demais crimes (CP, art. 61, II, "a", "b", "c" e "d").

[18] STF: HC 112.309/MS, rel. Min. Dias Toffoli, 1.ª Turma, j. 27.11.2012, noticiado no *Informativo* 690.

[19] "Resulta legítima a fixação da pena-base acima do mínimo legal com fundamento em apenas uma das circunstâncias judiciais arroladas no art. 59 do Código Penal, *in casu* os motivos do crime" (STF: HC 108.146/GO, rel. Min. Luiz Fux, 1.ª Turma, j. 05.06.2012).

Federal: "A jurisprudência do Supremo é assente no sentido de não reconhecer a nulidade do tópico da decisão que, como na espécie, fixa a pena no mínimo legal, haja vista não haver como se comprovar qualquer prejuízo ao réu".[20]

Discordamos dessa ideia, pois, além do direito do réu acerca da fundamentação, existe também o direito da sociedade em saber as razões que levaram o Poder Judiciário a aplicar a pena privativa de liberdade em seu patamar mínimo. O Direito Penal constitui-se em ramo do Direito Público, e, portanto, insuscetível de ser moldado apenas pelo interesse de uma das partes (réu) da relação processual. Para nós, a aplicação da pena deve ser sempre suficientemente motivada, nos moldes do art. 93, IX, da Constituição Federal, independentemente da sua quantidade em concreto.

É necessário, na fixação da pena-base, o respeito ao **princípio da proporcionalidade**, evidenciado pela relação lógica entre o número de circunstâncias judiciais prejudiciais ao réu e a elevação da pena mínima legalmente prevista. Na linha de raciocínio do Supremo Tribunal Federal:

> Consignou que as circunstâncias judiciais (CP, art. 59) são alvo de críticas por parte da doutrina e da própria jurisprudência quanto à indeterminação do seu conteúdo e quanto à falta de parâmetros objetivos para o cálculo da pena-base. Aduziu a necessidade de observância da proporcionalidade entre a pena-base aplicada e as circunstâncias judiciais valoradas, a partir das peculiaridades do caso concreto, pelo julgador. No ponto, asseverou que a proporcionalidade seria estabelecida entre a quantidade de circunstâncias judiciais desfavoráveis ao agente e a majoração da pena mínima definida no tipo penal.[21]

Atenção a um ponto importante. Na fixação da pena-base, ainda que essa operação seja recomendável e prudente, o magistrado não é obrigado a referir-se individualmente a cada uma das circunstâncias judiciais utilizadas para elevar a reprimenda acima do mínimo legal. Exemplificativamente, não há necessidade de dizer expressamente que uma condenação anterior definitiva incide como mau antecedente. Basta demonstrar a presença da condenação com trânsito em julgado e concluir pela exasperação da pena em razão dela. Nas palavras do Superior Tribunal de Justiça:

> A dicção legal do art. 59 do CP não impõe ao juiz a obrigação de intitular as circunstâncias judiciais na sentença. Na tarefa individualizadora da reprimenda básica é cogente, apenas, indicar as peculiaridades do caso concreto relacionadas aos vetores elencados pelo legislador. Se a sentença simplesmente registrar a existência de várias condenações definitivas anteriores, sem dar um nome específico para essa circunstância, não haverá vício algum. Da mesma forma, se afirmar que o resultado é mais gravoso do que o previsto no tipo penal, sem chamar tal dado de consequências do crime, estará justificado o acréscimo da pena-base.[22]

Quando o Tribunal, em recurso exclusivo da defesa, afastar circunstância judicial prejudicial ao réu reconhecida na sentença, a pena-base deverá ser proporcionalmente reduzida. Todavia, não há falar em *reformatio in pejus* quando a instância superior limita-se a corrigir

---

[20] E mesmo sem fundamentação da decisão judicial, a defesa somente teria interesse em questionar sua nulidade na presença de causa de diminuição da pena, pois nessa hipótese a pena poderia ser reduzida abaixo do mínimo legal (HC 92.322/PA, rel. Min. Cármen Lúcia, 1.ª Turma, j. 11.12.2007, noticiado no *Informativo* 492).

[21] HC 97.056/DF, rel. Min. Ricardo Lewandowski, 1.ª Turma, j. 13.10.2009, noticiado no *Informativo* 563. Em sentido diverso, o STJ já decidiu que "até mesmo uma única circunstância judicial pode elevar a pena-base ao máximo legal, a depender de sua gravidade" (AgRg nos EDcl no AREsp 2.172.438/SP, rel. Min. João Batista Moreira (Desembargador convocado do TRF1), 5.ª Turma, j. 11.04.2023).

[22] STJ: HC 501.144/SP, rel. Min. Rogerio Schietti Cruz, 6.ª Turma, j. 10.03.2020, noticiado no *Informativo* 669.

a classificação de um fato já valorado negativamente pela sentença para enquadrá-lo como outra circunstância judicial – a exemplo da hipótese em que o Tribunal substitui a "conduta social" por "personalidade" –, nem o simples reforço de fundamentação para manter a valoração negativa de circunstância já reputada desfavorável na sentença. Essa foi a tese fixada pelo Superior Tribunal de Justiça no **Tema 1.214 do Recurso Repetitivo**.[23]

Vejamos cada uma das circunstâncias judiciais elencadas pelo art. 59, *caput*, do Código Penal. Algumas dizem respeito ao **agente** (culpabilidade, antecedentes, conduta social, personalidade e motivos do crime), e outras se relacionam à **infração penal** (circunstâncias, consequências e comportamento do ofendido).

## 34.9.1. Culpabilidade

A partir da Reforma da Parte Geral do Código Penal pela Lei 7.209/1984, essa circunstância judicial substituiu as expressões "intensidade do dolo" e "grau da culpa", previstas originariamente no art. 42 do Código Penal como relevantes para a aplicação da pena-base. O legislador agiu corretamente, pois com a adoção do sistema finalista, o dolo e a culpa passaram a ser considerados no interior da conduta, integrando a estrutura do fato típico. Destarte, tais elementos não mais se relacionam com a aplicação da pena.[24]

A culpabilidade deve ser compreendida como o juízo de reprovabilidade, como o juízo de censura que recai sobre o responsável por um crime ou contravenção penal, no intuito de desempenhar o papel de pressuposto de aplicação da pena. Nesse ponto, equivocou-se o legislador, pois todos os envolvidos em uma infração penal, desde que culpáveis, devem ser punidos. Em outras palavras, a culpabilidade relaciona-se com a possibilidade de aplicação da pena, não com a sua dosimetria.

Portanto, teria sido mais feliz o legislador se tivesse utilizado a expressão **"grau de culpabilidade"** para transmitir a ideia de que todos os agentes culpáveis, autores ou partícipes de um ilícito penal, serão punidos, mas os que agiram de modo mais reprovável suportarão penas mais elevadas. Em síntese, a **"culpabilidade do art. 59, *caput*, do Código Penal"** não se confunde com a **"culpabilidade da teoria do crime"**, formada, em uma visão finalista, por imputabilidade, potencial consciência da ilicitude e exigibilidade de conduta diversa. Para o Superior Tribunal de Justiça:

> A culpabilidade, para fins do art. 59 do Código Penal, deve ser compreendida como juízo de reprovabilidade da conduta, apontando maior ou menor censura do comportamento do réu. Não se trata de verificação da ocorrência dos elementos da culpabilidade, para que se possa concluir pela prática ou não de delito, mas, sim, do grau de reprovação penal da conduta do agente, mediante demonstração de elementos concretos do delito.[25]

Com amparo nessa circunstância judicial, o Supremo Tribunal Federal já reconheceu a possibilidade de exasperação da pena-base aplicada a policial civil responsável pelo crime de concussão, na situação em que o agente público se vale da autoridade inerente ao seu cargo para exigir vantagem indevida de pessoa envolvida na prática de crimes:

---

[23] STJ: REsp 2.058.971/MG, rel. Min. Sebastião Reis Júnior, 3.ª Seção, j. 28.08.2024, noticiado no *Informativo* 827.

[24] Tais circunstâncias judiciais continuam previstas no art. 69 do Decreto-lei 1.001/1969 – Código Penal Militar: "Para fixação da pena privativa de liberdade, o juiz aprecia a gravidade do crime praticado e a personalidade do réu, devendo ter em conta a intensidade do dolo ou grau da culpa, a maior ou menor extensão do dano ou perigo de dano, os meios empregados, o modo de execução, os motivos determinantes, as circunstâncias de tempo e lugar, os antecedentes do réu e sua atitude de insensibilidade, indiferença ou arrependimento após o crime". Como se sabe, este diploma normativo não foi atingido pela Lei 7.209/1984 – Reforma da Parte Geral do Código Penal.

[25] STJ: AREsp 1.964.508/MS, rel. Min. Ribeiro Dantas, 5.ª Turma, j. 29.03.2022, noticiado no *Informativo* 731.

É legítima a utilização da condição pessoal de policial civil como circunstância judicial desfavorável para fins de exasperação da pena base aplicada a acusado pela prática do crime de concussão. [...] A Turma afirmou que seria possível, no que se refere à culpabilidade (CP, art. 59), promover, em cada caso concreto, juízo de reprovabilidade maior tendo em consideração a condição de policial civil do agente. O delito previsto no art. 316 do CP seria de mão própria, porém, presentes as circunstâncias do art. 59 do CP, se poderia levar em conta, quando do juízo de reprovabilidade, a qualidade específica ou a qualificação do funcionário público. Dentro do Estado Democrático de Direito e do país que se almeja construir, o fato de uma autoridade pública — no caso, uma autoridade policial — obter vantagem indevida de alguém que esteja praticando um delito comprometeria de maneira grave o fundamento de legitimidade da autoridade, que seria atuar pelo bem comum e pelo bem público. Portanto, aquele que fosse investido de parcela de autoridade pública — fosse juiz, membro do Ministério Público ou autoridade policial — deveria ser avaliado, no desempenho da sua função, com escrutínio mais rígido.[26]

Na visão do Superior Tribunal de Justiça, a mentira do acusado no interrogatório judicial não pode ser utilizada para exasperar a pena-base, sob o argumento de acentuada culpabilidade, uma vez que tal ato é posterior ao delito, sem prejuízo da responsabilização do agente por eventual crime decorrente da falsa versão por ele apresentada (calúnia ou denunciação caluniosa, por exemplo):

(...) o interrogatório constitui fato posterior à prática da infração penal, de modo que não pode ser usado retroativamente para incrementar o juízo de reprovabilidade de fato praticado no passado. Com efeito, o exame da sanção penal cabível deve ser realizado, em regra, com base somente em elementos existentes até o momento da prática do crime imputado, ressalvados, naturalmente: a) o exame das consequências do delito, que, embora posteriores, representam mero desdobramento causal direto dele, e não novas e futuras condutas do acusado retroativamente valoradas; b) o superveniente trânsito em julgado de condenação por fato praticado no passado, uma vez que representa a simples declaração jurídica da existência de evento pretérito. Nem mesmo nas circunstâncias da personalidade ou da conduta social seria possível considerar desfavoravelmente a mentira do réu em interrogatório judicial. O paralelo feito por alguns doutrinadores com a confissão (se a confissão revela aspecto favorável da personalidade e atenua a pena, a mentira supostamente revelaria o oposto e poderia autorizar o seu aumento), embora interessante, é assimétrico e não permite que dele se extraia tal conclusão. A confissão e diversos outros institutos que permitem o abrandamento da sanção (colaboração premiada, arrependimento posterior etc.) integram o chamado Direito penal premial e se justificam como ferramentas para valorizar e estimular a postura que o réu adota depois da prática do delito para mitigar seus efeitos ou facilitar a atividade estatal na sua persecução. Diferente, porém, é a análise sobre o que pode legitimar o incremento da sanção penal, a qual, nos termos dos mais basilares postulados penais e processuais penais, não pode ficar ao sabor de eventos futuros, incertos e não decorrentes diretamente, como desdobramento meramente causal, do fato imputado na denúncia (por exemplo, nos termos acima esclarecidos, as consequências do crime). O que deve ser avaliado é se, ao praticar o fato criminoso imputado, a culpabilidade do réu foi exacerbada ou se, até aquele momento, ele demonstrava personalidade desvirtuada ou conduta social inadequada, o que não pode ser aferido retroativamente com base em fato diverso que só veio a ser realizado em tempo futuro, às vezes longos anos depois.[27]

---

[26] HC 132.990/PE, rel. orig. Min. Luiz Fux, red. p/ o acórdão Min. Edson Fachin, 2.ª Turma, j. 16.08.2016, noticiado no *Informativo* 835. O STJ utilizou igual raciocínio no caso de policial militar condenado pelo crime de extorsão: EDcl no AgRg no REsp 1.903.213/MG, rel. Min. Olindo Menezes (Desembargador convocado do TRF da 1.ª Região), 6.ª Turma, j. 07.06.2022.

[27] HC 834.126/RS, rel. Min. Rogerio Schietti Cruz, 6.ª Turma, j. 05.09.2023, noticiado no *Informativo* 789.

## 34.9.2. Antecedentes

São os dados atinentes à **vida pregressa** do réu na seara criminal. Dizem respeito a todos os fatos e acontecimentos que envolvem o seu passado criminal, bons ou ruins. Em suma, os antecedentes se revelam como o "filme" de tudo o que ele fez ou deixou de fazer antes de envolver-se com o ilícito penal, **desde que contidos em sua folha de antecedentes**.[28]

Todos os demais fatores relacionados à sua vida pretérita, que não os indicados na folha de antecedentes, devem ser analisados no âmbito da **conduta social**, ou então da **personalidade**, também circunstâncias judiciais previstas no art. 59, *caput*, do Código Penal.[29]

E o que são **maus** antecedentes?

No passado, o Supremo Tribunal Federal entendia que inquéritos policiais e ações penais contidas na folha de antecedentes do réu podiam caracterizar maus antecedentes, ainda que estivessem em curso, é dizer, mesmo sem condenação transitada em julgado.[30] Isso porque uma anotação criminal não surge imotivadamente na vida de alguém, e, quando existente, representa um antecedente negativo no aspecto criminal.

Contudo, ultimamente, o Pretório Excelso tem decidido que maus antecedentes são unicamente as condenações definitivas que não caracterizam reincidência, seja pelo decurso do prazo de 5 anos após a extinção da pena (CP, art. 64, I), seja pela condenação anterior ter sido lançada em consequência de crime militar próprio ou político (CP, art. 64, II), seja finalmente pelo fato de o novo crime ter sido cometido antes da condenação definitiva por outro delito. Vale a pena conferir o seguinte julgado:

> Inquéritos policiais ou ações penais sem trânsito em julgado não podem ser considerados como maus antecedentes para fins de dosimetria da pena. Esse o entendimento do Plenário que, em conclusão de julgamento e por maioria, desproveu recurso extraordinário. O Colegiado explicou que a jurisprudência da Corte sobre o tema estaria em evolução, e a tendência atual seria no sentido de que a cláusula constitucional da não culpabilidade (CF, art. 5.º, LVII) não poderia ser afastada. Haveria semelhante movimento por parte da doutrina, a concluir que, sob o império da nova ordem constitucional, somente poderiam ser valoradas como maus antecedentes as decisões condenatórias irrecorríveis. Assim, não poderiam ser considerados para esse fim quaisquer outras investigações ou processos criminais em andamento, mesmo em fase recursal. Esse ponto de vista estaria em consonância com a moderna jurisprudência da Corte Interamericana de Direitos Humanos e do Tribunal Europeu dos Direitos do Homem. Ademais, haveria recomendação por parte do Comitê de Direitos Humanos das Nações Unidas, no sentido de que o Poder Público deveria abster-se de prejulgar o acusado. [...] O lançamento, no mundo jurídico, de enfoque ainda não definitivo e, portanto, sujeito a condição resolutiva, potencializaria a atuação da polícia judiciária, bem como a precariedade de certos pronunciamentos judiciais. Nesse sentido, uma vez admitido pelo sistema penal brasileiro o conhecimento do conteúdo da folha penal como fator a se ter em conta na fixação da pena, a presunção deveria militar em favor do acusado. O arcabouço normativo não poderia ser interpretado a ponto de gerar perplexidade.[31]

---

[28] **Súmula 636 do Superior Tribunal de Justiça:** "A folha de antecedentes criminais é documento suficiente a comprovar os maus antecedentes e a reincidência."

[29] Os atos infracionais praticados pelo agente não são classificados como maus antecedentes: "Atos infracionais não configuram crimes e, por isso, não é possível considerá-los como maus antecedentes nem como reincidência, até porque fatos ocorridos ainda na adolescência estão acobertados por sigilo e estão sujeitos a medidas judiciais exclusivamente voltadas à proteção do jovem" (STJ: HC 338.936/SP, rel. Min. Nefi Cordeiro, 6.ª Turma, j. 17.12.2015, noticiado no *Informativo* 576).

[30] HC 95.585/SP, rel. Min. Ellen Gracie, 2.ª Turma, j. 11.11.2008, noticiado no *Informativo* 528; AO 1.046/RR, rel. Min. Joaquim Barbosa, Plenário, j. 23.04.2007, noticiado no *Informativo* 464; e HC 84.088/MS, rel. orig. Min. Gilmar Mendes, rel. p/ o acórdão Min. Joaquim Barbosa, 2.ª Turma, j. 29.11.2005, noticiado no *Informativo* 411.

[31] RE 591.054/SC, rel. Min. Marco Aurélio, Plenário, j. 17.12.2014, noticiado no *Informativo* 772. Na mesma direção: HC 122.940/PI, rel. Min. Gilmar Mendes, 2.ª Turma, j. 13.12.2016, noticiado no *Informativo* 851; e RHC 121.126/AC, rel. Min. Rosa Weber, 1.ª Turma, j. 22.04.2014.

Em síntese, responder a processo criminal não acarreta maus antecedentes, uma vez que só se considera o réu culpado após o trânsito em julgado de sentença penal condenatória. Além disso, o agente não pode ser prejudicado pela simples existência de inquéritos policiais, em curso ou arquivados, ou de ação penal, em andamento ou com a pretensão punitiva julgada improcedente. Essa posição restou consolidada na **Súmula 444 do Superior Tribunal de Justiça:** "É vedada a utilização de inquéritos policiais e ações penais em curso para agravar a pena-base".[32]

Na mesma direção, preceitua o art. 20, parágrafo único, do Código de Processo Penal: "Nos atestados de antecedentes que lhe forem solicitados, a autoridade policial não poderá mencionar quaisquer anotações referentes a instauração de inquérito contra os requerentes".

A transação penal (Lei 9.099/1995, art. 76, § 6.º) e a celebração e o cumprimento do acordo de não persecução penal (CPP, art. 28-A, § 12) não caracterizam maus antecedentes. Além das previsões legais nesse sentido, em tais situações não há condenação penal com trânsito em julgado.

É importante destacar que, para fins de caracterização dos maus antecedentes, basta a existência de uma condenação penal definitiva, pouco importando o momento da sua concretização. Em outras palavras, embora exista um delito anterior, o trânsito em julgado da condenação dele decorrente pode ser posterior à prática do novo crime, no qual será considerada a circunstância judicial desfavorável. Como já decidido pelo Supremo Tribunal Federal:

> A dosimetria da pena é matéria sujeita a certa discricionariedade judicial. O Código Penal não estabelece rígidos esquemas matemáticos ou regras absolutamente objetivas para a fixação da pena. [...] Condenações transitadas em julgado após o cometimento dos crimes objeto da condenação são aptas a desabonar, na primeira fase da dosimetria, os antecedentes criminais para efeito de exacerbação da pena-base (CP, art. 59).[33]

Vale frisar, é imperioso que exista uma condenação definitiva por fato anterior ao crime cuja pena se esteja a individualizar. Essa ilação extrai-se do próprio nome da circunstância judicial – "antecedente". Na dicção do Superior Tribunal de Justiça:

> No cálculo da pena-base, é impossível a consideração de condenação transitada em julgado correspondente a fato posterior ao narrado na denúncia para valorar negativamente os maus antecedentes, a personalidade ou a conduta social do agente.[34]

No tocante à validade da condenação anterior para fins de maus antecedentes, o Código Penal filiou-se ao **sistema da perpetuidade**, ou seja, o decurso do tempo após o cumprimento ou extinção da pena não elimina esta circunstância judicial desfavorável, ao contrário do que se verifica na reincidência (CP, art. 64, I). Em apertada síntese, não há para aos maus antecedentes regra análoga àquela contida em relação à reincidência.

Essa é a nossa posição, amparada também pelos princípios constitucionais da isonomia (art. 5.º, *caput*) e da individualização da pena (art. 5.º, XLVI). Em verdade, tal sistema permite tratar igualmente os iguais e desigualmente os desiguais, na medida das suas desigualdades, pois aquele que ostenta uma condenação penal definitiva não pode ser colocado, para fins de

---

[32] Inquéritos policiais e ações penais em curso não caracterizam maus antecedentes, mas podem ser utilizados para justificar a decretação da prisão preventiva como garantia da ordem pública (STJ: RHC 70.698/MG, rel. Min. Joel Ilan Paciornik, 5.ª Turma, j. 28.06.2016) e para afastar a causa de diminuição da pena contida no art. 33, § 4.º, da Lei 11.343/2006 – Lei de Drogas (STJ: ERESP 1.431.091/SP, rel. Min. Felix Fischer, 3.ª Seção, j. 04.12.2016).

[33] HC 117.737, rel. Min. Rosa Weber, 1.ª Turma, j. 15.10.2013. No STJ: AgRg no AREsp 243.109/SP, rel. Min. Laurita Vaz, 5.ª Turma, j. 05.06.2014.

[34] HC 189.385/RS, rel. Min. Sebastião Reis Júnior, 6.ª Turma, j. 20.02.2014.

CAP. 34 – APLICAÇÃO DA PENA PRIVATIVA DE LIBERDADE | 549

aplicação da pena, no mesmo patamar jurídico de quem nunca teve a culpa reconhecida pelo Poder Judiciário em razão da prática de um crime ou de uma contravenção penal. Além disso, a individualização da pena não pode simplesmente ignorar uma condenação com trânsito em julgado já proferida contra o acusado.

Não há nenhuma ofensa à presunção de não culpabilidade, ou estado de inocência (CF, art. 5.º, LVII), pois os maus antecedentes somente incidem após a condenação pelo Poder Judiciário, no momento da fixação da pena-base.

Essa linha de pensamento encontra apoio no Supremo Tribunal Federal, em julgamento dotado de repercussão geral: "Não se aplica para o reconhecimento dos maus antecedentes o prazo quinquenal de prescrição da reincidência, previsto no art. 64, I, do Código Penal".[35]

### 34.9.3. Conduta social

Também conhecida como "**antecedentes sociais**", é o **estilo de vida** do réu, correto ou inadequado, perante a sociedade, sua família, ambiente de trabalho, círculo de amizades e vizinhança etc.[36]

Deve ser objeto de questionamento do magistrado tanto no interrogatório como na colheita da prova testemunhal. Se necessária para a busca da verdade real, pode ser ainda determinada a avaliação do acusado pelo Setor Técnico do juízo (avaliação social e psicológica).

De acordo com a jurisprudência do Superior Tribunal de Justiça, "na dosimetria da pena, os fatos posteriores ao crime em julgamento não podem ser utilizados como fundamento para valorar negativamente a culpabilidade, a personalidade e a conduta social do réu".[37]

É preciso cuidado para não confundir a conduta social com os maus antecedentes, os quais se limitam ao passado do réu no âmbito criminal. De fato, uma condenação penal definitiva não pode ser valorada negativamente, no momento da dosimetria da pena-base, como conduta social (ou então a título de personalidade). Mais do que isso, deve-se ter muita atenção para não se valorar duplamente um mesmo dado fático como conduta social e mau antecedente, afastando-se o inaceitável *bis in idem*. Na lúcida advertência do Supremo Tribunal Federal:

> Em conclusão de julgamento, a Segunda Turma deu provimento a recurso ordinário para determinar ao juízo de execução competente que redimensione a pena-base de condenado a quatro anos e onze meses de reclusão em regime inicial semiaberto, pela prática do delito de furto qualificado. Cuidava-se de *habeas corpus* no qual se alegava afronta ao princípio do *ne bis in idem*, uma vez que o tribunal de origem não poderia ter valorado a conduta social com elementos próprios e típicos dos maus antecedentes e da reincidência. O Colegiado afirmou que a decisão impugnada teria considerado negativamente circunstâncias judiciais diversas com fundamento na mesma base empírica, qual seja, os registros criminais, a conferir-lhes conceitos jurídicos assemelhados. Apontou que, antes da reforma da parte geral do CP/1984, entendia-se que a análise dos antecedentes abrangeria todo o passado do agente, a incluir, além dos aludidos registros, o comportamento em sociedade. Com o advento da Lei 7.209/1984, a conduta social teria passado a ter configuração própria. Introduzira-se um vetor apartado com vistas a avaliar o comportamento do condenado no meio familiar, no ambiente de trabalho e no relacionamento com outros indivíduos. Ou seja, os antecedentes sociais do réu não mais se confundiriam com os seus antecedentes criminais. Tratar-se-ia de circunstâncias diversas e, por isso mesmo, a exasperação da pena-base mediante a

---

[35]   RE 593.818/SC, rel. Min. Roberto Barroso, Plenário, j. 17.08.2020.

[36]   STJ: HC 225.035/ES, rel. Min. Rogério Schietti Cruz, 6.ª Turma, j. 12.08.2014; e STJ: HC 280.183/SP, rel. Min. Laurita Vaz, 5.ª Turma, j. 05.08.2014.

[37]   HC 189.385/RS, rel. Min. Sebastião Reis Júnior, 6.ª Turma, j. 20.02.2014, noticiado no *Informativo* 535. Exemplificativamente, "o intenso envolvimento com o tráfico de drogas constitui fundamento idôneo para valorar negativamente a conduta social do agente na primeira fase da dosimetria da pena no crime de homicídio qualificado" (STJ: HC 807.513/ES, rel. Min. Reynaldo Soares da Fonseca, 5.ª Turma, j. 11.04.2023, noticiado no *Informativo* 770).

# 550 | DIREITO PENAL – PARTE GERAL – VOL. 1 • CLEBER MASSON

invocação delas exigiria do magistrado a clara demonstração de subsunção da realidade fática ao preceito legal, dentro dos limites típicos. Concluiu que teria havido indevida desvalorização plural de circunstâncias — as quais possuiriam balizas próprias — com justificativa na mesma base fática.[38]

## 34.9.4. Personalidade do agente

É o **perfil subjetivo do réu**, nos aspectos moral e psicológico, pelo qual se analisa se tem ou não o caráter voltado à prática de infrações penais. Levam-se em conta seu temperamento e sua formação ética e moral, aos quais se somam fatores hereditários e socioambientais, moldados pelas experiências por ele vividas.

A avaliação negativa da personalidade do acusado pode ser efetuada por qualquer meio, ou seja, não reclama a elaboração de laudo técnico especializado.[39]

Tal como na conduta social, as condenações penais anteriores com trânsito em julgado não podem ser utilizadas para valoração negativa da personalidade, devendo restringir-se, na dosimetria da pena-base, à caracterização dos maus antecedentes, sob pena de *bis in idem*. Na visão do Superior Tribunal de Justiça:

> A existência de condenações definitivas anteriores não se presta a fundamentar a exasperação da pena-base como personalidade voltada para o crime. Inicialmente, cumpre salientar que o legislador estabeleceu, no *caput* do art. 59 do Código Penal, oito vetores a serem considerados na primeira fase de aplicação da reprimenda, quais sejam: a culpabilidade; os antecedentes; a conduta social; a personalidade do agente; os motivos; as circunstâncias; as consequências do crime e o comportamento da vítima. O objetivo foi prever circunstâncias diversas e com regramentos próprios a serem valoradas pelo julgador – na mesma fase de dosimetria – de acordo com a situação fática posta em análise. Referidos vetores, portanto, não se confundem. A consideração desfavorável da personalidade do agente, nesse sentido, deve ser aferida a partir do seu modo de agir, podendo-se avaliar a insensibilidade acentuada, a maldade, a desonestidade e a perversidade demonstrada e utilizada pelo criminoso na consecução do delito. Sua aferição somente é possível se existirem, nos autos, elementos suficientes e que efetivamente possam levar o julgador a uma conclusão segura sobre a questão. Nesses termos, a Sexta Turma, em recente julgado – cuja *ratio decidendi* é perfeitamente aplicável no presente caso –, considerou que 'a valoração negativa da vetorial conduta social com base em condenações definitivas por fatos anteriores é ilegal, pois estas se prestariam ao sopesamento negativo da circunstância judicial relativa aos antecedentes' (HC 457.039/SC, Rel. Ministra LAURITA VAZ, SEXTA TURMA, julgado em 18/10/2018, *DJe* 07/11/2018). Vê-se, pois, que não há justificativa para se aplicar o referido entendimento para o vetor da conduta social e desprezá-lo no que tange à personalidade, haja vista que, reitere-se, a razão de decidir é a mesma. No mesmo sentido, a Quinta Turma deste Tribunal Superior consolidou o entendimento de que 'condenações transitadas em julgado não constituem fundamento idôneo para análise desfavorável da personalidade ou da conduta social do agente'. Ademais, corroborando com a tese ora defendida, o legislador conferiu ao julgador maior discricionariedade – mesmo que ainda vinculada aos parâmetros legais – ao não prever, no art. 59 do Código Penal, um *quantum* mínimo ou máximo para a exasperação da pena-base. De fato, cabe à prudência do (da) Magistrado (a) fixar, com a devida fundamentação e dentro de parâmetros razoáveis e proporcionais, o patamar que entender mais adequado e justo ao caso concreto. Nessa perspectiva, com o permissivo da lei, é legítimo que o (a) Magistrado (a), na hipótese de haver mais de uma condenação transitada em julgado em

---

[38] RHC 130.132/MS, rel. Min. Teori Zavascki, 2.ª Turma, j. 10.05.2016, noticiado no *Informativo* 825. É também o entendimento do STJ, proferido no julgamento do Tema 1.077 dos recursos repetitivos: "Condenações criminais transitadas em julgado, não consideradas para caracterizar a reincidência, somente podem ser valoradas, na primeira fase da dosimetria, a título de antecedentes criminais, não se admitindo sua utilização para desabonar a personalidade ou a conduta social do agente" (REsp 1.794.854/DF, rel. Min. Laurita Vaz, 3.ª Seção, j. 23.06.2021, noticiado no *Informativo* 703).

[39] STJ: AgRg no REsp 1.802.881/AL, rel. Min. Antonio Saldanha Palheiro, 6.ª Turma, j. 23.06.2020.

CAP. 34 – APLICAÇÃO DA PENA PRIVATIVA DE LIBERDADE | 551

desfavor do réu, eleve a pena, por exemplo, acima do patamar de 1/6 (um sexto), já que a existência de múltiplas sentenças penais definitivas denotam que seus antecedentes lhe são mais desfavoráveis. Respeita-se, concomitantemente, o princípio da legalidade e da individualização da reprimenda.[40]

### 34.9.5. Motivos do crime

São os **fatores psíquicos** que levam a pessoa a praticar o crime ou a contravenção penal.

Só tem cabimento essa circunstância judicial (favorável ou desfavorável ao réu) quando a motivação não caracterizar elementar do delito, qualificadora, causa de diminuição ou de aumento da pena, ou atenuante ou agravante genérica. Exemplo: o motivo fútil é qualificadora do homicídio (CP, art. 121, § 2.º, II) e agravante genérica para os demais crimes (CP, art. 61, II, "a"). Destarte, se fútil o motivo, será utilizado como qualificadora ou agravante genérica, conforme o caso, e não como circunstância judicial desfavorável, evitando-se o *bis in idem*.[41]

Os motivos do crime não se confundem com o dolo e a culpa. Aqueles são dinâmicos, mutáveis, desvinculados do tipo penal e revelam os desejos do agente. Podem ou não ser alcançados com a prática da infração penal. Exemplo: "A" mata "B", seu colega de trabalho, com o propósito de conseguir a única vaga de chefe da empresa (motivo torpe). No entanto, "C", até então desconhecido, vem a ser promovido ao disputado cargo. O dolo e a culpa, alocados no fato típico, por outro lado, são estáticos e vinculados ao tipo penal, e é irrelevante para sua caracterização o móvel da conduta. Exemplo: "A" efetua disparos de arma de fogo contra "B", matando-o. Seja qual for o motivo, o dolo está configurado.

### 34.9.6. Circunstâncias do crime

São os dados acidentais, secundários, relativos à infração penal, mas que não integram sua estrutura, tais como o modo de execução do crime, os instrumentos empregados em sua prática, as condições de tempo e local em que ocorreu o ilícito penal, o relacionamento entre o agente e o ofendido etc. Nesse contexto, o Superior Tribunal de Justiça já admitiu a elevação da pena-base em estelionato no qual a vítima nutria plena confiança no agente:

> O cometimento de estelionato em detrimento de vítima que conhecia o autor do delito e lhe depositava total confiança justifica a exasperação da pena-base. De fato, tendo sido apontados argumentos idôneos e diversos do tipo penal violado que evidenciam como desfavoráveis as circunstâncias do crime, não há constrangimento ilegal na valoração negativa dessa circunstância judicial.[42]

Não há lugar para a gravidade abstrata do crime, pois essa circunstância já foi levada em consideração pelo legislador para a cominação das penas mínima e máxima.[43]

De fato, as circunstâncias do crime levam em conta os aspectos objetivos e subjetivos de natureza acidental que revestem o delito no **plano concreto**. Exemplificativamente, não se configura essa circunstância judicial quando o roubo é praticado no interior de ônibus vazio, sem passageiros, pois não há risco a um número elevado de pessoas. Para o Superior Tribunal de Justiça:

---

[40] HC 472.654/DF, rel. Min. Laurita Vaz, 6.ª Turma, j, 21.02.2019, noticiado no *Informativo* 643.

[41] "É idônea a valoração negativa dos motivos do crime na hipótese em que o agressor se utiliza de ameaças para constranger a vítima a desistir de requerer o divórcio e pensão alimentícia em benefício dos filhos" (STJ: AgRg no HC 746.729/GO, rel. Min. Ribeiro Dantas, 5.ª Turma, j. 19.12.2022, noticiado no *Informativo* 767).

[42] HC 332.676/PE, rel. Min. Ericson Maranho (Desembargador convocado do TJ/SP), 6.ª Turma, j. 17.12.2015, noticiado no *Informativo* 576.

[43] STF: HC 92.274/MS, rel. Min. Ricardo Lewandowski, 1.ª Turma, j. 19.02.2008.

# 552 | DIREITO PENAL - PARTE GERAL - VOL. 1 • CLEBER MASSON

O roubo em transporte coletivo vazio é circunstância concreta que não justifica a elevação da pena-base. Com relação às circunstâncias do crime, para fins do art. 59 do Código Penal, tal vetorial deve abordar análise sobre os aspectos objetivos e subjetivos de natureza acidental que envolvem o delito. No caso, a valoração negativa considerou o fato de o crime ter sido praticado no interior de transporte coletivo, local de grande circulação de pessoas. De fato, a prática de crimes de roubo dentro de transportes coletivos autoriza, nos termos da abalizada jurisprudência desta Corte Superior, a elevação da pena-base por consistir, via de regra, em fundamento idôneo para considerar desfavorável circunstância judicial. Isso porque no transporte público há comumente grande circulação de pessoas, o que eleva a periculosidade da ação. Todavia, observa-se que as circunstâncias concretas do presente caso demonstram que a ação não desbordou da periculosidade própria do tipo. Conforme mencionado pela própria vítima, o ônibus estava vazio no momento do delito, o qual foi praticado com simulacro de arma de fogo. Tais circunstâncias concretas (ônibus vazio e uso de simulacro de arma de fogo) evidenciam que o *modus operandi* do delito foi normal à espécie, não se justificando a elevação da reprimenda. Portanto, de rigor o afastamento da valoração negativa das circunstâncias judiciais relativas as circunstâncias do crime.[44]

As circunstâncias do crime vinculam-se ao **aumento da pena**, pois as circunstâncias favoráveis ao réu devem ser aceitas como atenuantes genéricas inominadas, na forma do art. 66 do Código Penal: "A pena poderá ser ainda atenuada em razão de circunstância relevante, anterior ou posterior ao crime, embora não prevista expressamente em lei". Justifica-se essa conclusão pela natureza residual das circunstâncias judiciais.

## 34.9.7. Consequências do crime

Envolvem o **conjunto de efeitos danosos provocados pelo crime**, em desfavor da vítima, de seus familiares ou da coletividade. Como já decidido pelo Superior Tribunal de Justiça:

A tenra idade da vítima é fundamento idôneo para a majoração da pena-base do crime de homicídio pela valoração negativa das consequências do crime. Em princípio, o homicídio perpetrado contra vítima de tenra idade (adolescente ou criança) ostenta reprovabilidade idêntica àquele perpetrado contra um adulto, pois ambos vulneram o objeto jurídico tutelado pela norma (vida). Não há como ignorar, no entanto, o fato de que o homicídio perpetrado conta a vítima jovem ceifa uma vida repleta de possibilidades e perspectivas, que não guardam identidade ou semelhança com aquelas verificadas na vida adulta. Há que se sopesar, ainda, as consequências do homicídio contra vítima de tenra idade no núcleo familiar respectivo: pais e demais familiares enlutados por um crime que subverte a ordem natural da vida. Não se pode olvidar, ademais, o aumento crescente do número de homicídios perpetrados contra adolescentes no Brasil, o que reclama uma resposta estatal. Não ignoro que o legislador ordinário estabeleceu – no art. 121, § 4.º, do Código Penal – o aumento de pena para o crime de homicídio doloso praticado contra pessoa menor de 14 ou maior de 60 anos. Nada obsta, contudo, que o magistrado, ao se deparar com crime de homicídio perpetrado contra uma vítima com 14 anos de idade ou mais (mas com menos de 18 anos), aumente a pena na primeira fase da dosimetria, pois, como referenciado acima, um crime perpetrado contra um adolescente ostenta consequências mais gravosas do que um homicídio comum. Assim, deve prevalecer a orientação no sentido de que a tenra idade da vítima (menor de 18 anos de idade) é elemento concreto e transborda aqueles inerentes ao crime de homicídio, sendo apto, pois, a justificar o agravamento da pena-base, mediante valoração negativa das consequências do crime, ressalvada, para evitar *bis in idem*, a hipótese em que aplicada a causa de aumento prevista no art. 121, § 4.º (parte final), do Código Penal.[45]

---

[44] STJ: AgRg no HC 693.887/ES, rel. Min. Ribeiro Dantas, 5.ª Turma, j. 15.02.2022, noticiado no *Informativo 727*.

[45] AgRg no REsp 1.851.435/PA, rel. Min. Sebastião Reis Júnior, 3.ª Seção, j. 12.08.2020, noticiado no *Informativo 679*. No tocante à repercussão internacional do delito, o STJ assim se pronunciou: "É idônea a mensuração da repercussão inter-

CAP. 34 – APLICAÇÃO DA PENA PRIVATIVA DE LIBERDADE | 553

Essa circunstância judicial deve ser aplicada com atenção: em um estupro, exemplificativamente, o medo provocado na pessoa (homem ou mulher) vitimada é consequência natural do delito, e não pode funcionar como fator de exasperação da pena, ao contrário do trauma certamente causado em seus filhos menores quando o crime é por eles presenciado. Como alerta o Superior Tribunal de Justiça: "Não é possível a utilização de argumentos genéricos ou circunstâncias elementares do próprio tipo penal para o aumento da pena-base com fundamento nas consequências do delito".[46]

Nesse contexto, o Supremo Tribunal Federal já decidiu que os elevados custos da atuação estatal para apuração da conduta criminosa e o enriquecimento ilícito logrado pelo agente não constituem motivação idônea para a valoração negativa do vetor "consequências do crime" na primeira fase da dosimetria da pena.[47]

### 34.9.8. Comportamento da vítima

É a atitude da vítima, que tem o condão de provocar ou facilitar a prática do crime. Cuida-se de circunstância judicial ligada à **vitimologia**, isto é, ao estudo da participação da vítima e dos males a ela produzidos por uma infração penal.

Nesse sentido, aquele que abertamente manuseia grande quantidade de dinheiro em um ônibus, por exemplo, incentiva a prática de furtos ou roubos por ladrões. E a mulher que, interessada em lucros fáceis, presta favores sexuais mediante remuneração em estabelecimento pertencente a outrem, colabora para o crime de favorecimento da prostituição, tipificado pelo art. 228 do Código Penal.[48]

Fácil concluir, portanto, que se trata de circunstância judicial **neutra** ou então **favorável ao réu**, mas que nunca pode ser utilizada para prejudicá-lo. Como destaca o Superior Tribunal de Justiça: "O comportamento da vítima apenas deve ser utilizado em benefício do réu, devendo tal circunstância ser neutralizada no caso de não interferência do ofendido na prática do crime".[49]

### 34.10. A SEGUNDA FASE DA DOSIMETRIA DA PENA: ATENUANTES E AGRAVANTES

Atenuantes e agravantes são circunstâncias legais, de natureza objetiva ou subjetiva, não integrantes da estrutura do tipo penal, mas que a ele se ligam com a finalidade de diminuir ou aumentar a pena.

Podem ser genéricas, quando previstas na Parte Geral do Código Penal, e aplicáveis à generalidade dos crimes, ou específicas, se contidas em leis extravagantes, e aplicáveis somente a determinados crimes, tal como se verifica no art. 298 da Lei 9.503/1997 (Código de Trânsito

---

nacional do delito na majoração da pena-base pelas consequências do crime. (...) Com efeito, o delito se tornou notório em decorrência da gravidade concreta do fato, que configurou um emblemático episódio de violência policial contra integrante da população preta e periférica do Rio de Janeiro, a provocar abalos sociais não apenas na comunidade local, como também no país e na comunidade internacional" (STJ: Processo em segredo de justiça, rel. Min. Rogerio Schietti Cruz, 6.ª Turma, j. 22.08.2023, noticiado no *Informativo* 786).

[46] HC 165.089/DF, rel. Min. Laurita Vaz, 5.ª Turma, j. 16.10.2012, noticiado no *Informativo* 506. Em igual sentido: AgRg no REsp 1.446.730/ES, rel. Min. Marco Aurélio Bellizze, 5.ª Turma, j. 21.08.2014.

[47] HC 134.193/GO, rel. Min. Dias Toffoli, 2.ª Turma, j. 26.10.2016, noticiado no *Informativo* 485. No STJ: "No crime de furto contra empresa de segurança e transporte de valores, o prejuízo está inserido no risco do negócio e não autoriza a exasperação da pena basilar, porquanto ínsito ao tipo penal" (AgRg no REsp 2.322.175/MG, rel. Min. Reynaldo Soares da Fonseca, 5.ª Turma, j. 30.05.2023, noticiado no *Informativo* 777).

[48] "Em se tratando de crime sexual praticado contra menor de 14 anos, a experiência sexual anterior e a eventual homossexualidade do ofendido não servem para justificar a diminuição da pena-base a título de comportamento da vítima" (STJ: REsp 897.734/PR, rel. Min. Nefi Cordeiro, 6.ª Turma, j. 03.02.2015, noticiado no *Informativo* 555).

[49] HC 284.951/MG, rel. Min. Marco Aurélio Bellizze, 5.ª Turma, j. 08.04.2014. No mesmo sentido: HC 189.385/RS, rel. Min. Sebastião Reis Júnior, 6.ª Turma, j. 20.02.2014, noticiado no *Informativo* 535.

# DIREITO PENAL – PARTE GERAL – VOL. 1 • CLEBER MASSON

Brasileiro), em relação aos crimes de trânsito (agravantes), e no art. 14 da Lei 9.605/1998, no tocante aos crimes ambientais (atenuantes).

As agravantes genéricas, prejudiciais ao réu, estão previstas nos arts. 61 e 62 do Código Penal em **rol taxativo**, não se admitindo analogia *in malam partem*. Contrariamente, as atenuantes genéricas, favoráveis ao acusado, encontram-se descritas em **rol exemplificativo**. Com efeito, nada obstante o art. 65 do Código Penal apresente relação detalhada de atenuantes genéricas, o art. 66 abre grande válvula de escape ao estatuir que "a pena poderá ser ainda atenuada em razão de circunstância relevante, anterior ou posterior ao crime, embora não prevista expressamente em lei". Destarte, qualquer **circunstância relevante e favorável ao réu**, seja anterior ou posterior ao crime, pode atuar como fator judicialmente discricionário de abrandamento da pena.

Atenuantes e agravantes são de **aplicação compulsória** pelo magistrado, que não pode deixar de levá-las em conta, quando presentes, na dosimetria da pena.

No tocante às **agravantes genéricas**, o art. 61, *caput*, do Código Penal dispõe que são "circunstâncias que **sempre agravam a pena**", enquanto estabelece o art. 62, *caput*, do Código Penal que "a pena **será** ainda agravada". Mas para evitar o *bis in idem*, veda-se a sua utilização quando já funcionarem como elementar do tipo penal, ou ainda como qualificadora ou causa de aumento da pena.

As agravantes serão inócuas, ainda que muitas delas estejam presentes, quando a pena-base já tiver sido fixada no máximo legalmente previsto. Com efeito, embora sempre agravem a pena, tais circunstâncias não podem elevá-la acima do teto cominado em abstrato, pois não integram a estrutura típica e, como o legislador não previu expressamente o percentual de exasperação da pena, a atividade judicial que criasse uma nova reprimenda para determinada infração penal violaria o princípio da separação de Poderes do Estado (CF, art. 2.º), uma vez que estaria inovando no plano legislativo.

Nos crimes dolosos contra a vida, de competência do Tribunal do Júri, as agravantes e atenuantes não são indagadas aos jurados, mas aplicadas diretamente pelo juiz-presidente, desde que tenham sido alegadas nos debates entre as partes (CPP, art. 492, I, "b").

O Código Penal, em seu art. 61, I, trata da reincidência, agravante genérica cuja amplitude e complexidade reclamam análise isolada.

No inciso II, o art. 61 elenca diversas agravantes genéricas e, de acordo com o posicionamento dominante nos âmbitos doutrinário e jurisprudencial, aplicam-se exclusivamente aos **crimes dolosos** (e também aos preterdolosos, pois tais delitos têm a fase inicial caracterizada pela presença do dolo),[50] já que seria incompatível a incidência nos crimes culposos, não se justificando a elevação da pena quando produzido involuntariamente o resultado naturalístico.

Já decidiu o Supremo Tribunal Federal, contudo, no julgamento histórico do navio *Bateau Mouche*, que tais agravantes também recaem sobre os crimes culposos:

> Não obstante a corrente afirmação apodíctica em contrário, além da reincidência, outras circunstâncias agravantes podem incidir na hipótese de crime culposo: assim, as atinentes ao motivo, quando referidas à valoração da conduta, a qual, também nos delitos culposos, é voluntária, independentemente da não voluntariedade do resultado: admissibilidade, no caso, da afirmação do motivo torpe – a obtenção do lucro fácil –, que, segundo o acórdão condenatório, teria induzido os agentes ao comportamento imprudente e negligente de que resultou o sinistro.[51]

Finalmente, o art. 62 do Código Penal cuida das agravantes no concurso de pessoas.

---

50 STJ: REsp 1.254.749/SC, rel. Min. Maria Thereza de Assis Moura, 6.ª Turma, j. 06.05.2014, noticiado no *Informativo* 541.
51 HC 70.362/RJ, rel. Min. Sepúlveda Pertence, 1.ª Turma, j. 05.10.1995.

# CAP. 34 – APLICAÇÃO DA PENA PRIVATIVA DE LIBERDADE | 555

As **atenuantes genéricas** também são de **incidência obrigatória**. De fato, diz o art. 65, *caput*, que "são circunstâncias que **sempre atenuam** a pena". Consequentemente, quando presentes devem ser aplicadas pelo juiz, salvo quando já funcionarem como causa de diminuição da pena.

Além disso, as atenuantes genéricas, ainda que existam muitas delas no caso concreto, serão ineficazes quando a pena-base (1.ª fase) for fixada no mínimo legal. Como não integram a estrutura do tipo penal, e não tiveram o percentual de redução previsto expressamente pelo legislador, a aplicação da pena fora dos parâmetros legais representaria intromissão indevida do Poder Judiciário na função legiferante. Tais motivos levaram o **Superior Tribunal de Justiça** a editar a **Súmula 231**: "A incidência da circunstância atenuante não pode conduzir à redução da pena abaixo do mínimo legal".[52] Depois de muitos embates, essa Súmula foi mantida pelo Superior Tribunal de Justiça:

> O art. 68 do Código Penal adotou, para a individualização da pena, na fase judicial, o método trifásico. A interpretação juridicamente correta é a de que a dosagem da pena, na segunda fase, fora dos parâmetros instituídos para cada crime específico, representaria violação ao princípio da legalidade e indevida usurpação da atividade legislativa porque induziria limites diferentes daqueles previstos pelo Poder Legislativo, de forma específica, para cada delito. Diferentemente, na terceira fase, a previsão das causas de aumento e diminuição foram inseridas pelo legislador ordinário, abstratamente, em cada tipo penal e possuem, para cada delito, uma fração específica. Assim, é evidente que, para as causas de aumento e diminuição, o legislador refletiu sobre a possiblidade de desbordamento dos parâmetros porquanto instituiu aumentos e diminuições de forma individualizada, isto é, a possibilidade de inobservância dos parâmetros mínimos e máximos vem sempre acompanhada da quantidade de aumento ou de diminuição para cada delito, ou grupo, individualmente considerado, em atenção ao princípio da reserva legal. Nesse contexto normativo e teórico, os termos "sempre agravam a pena" e "sempre atenuam a pena", constantes, respetivamente, dos artigos 61 e 65 do Código Penal, devem ser interpretados no sentido de que, diante de uma agravante ou atenuante prescrita nesses dispositivos legais, o julgador está obrigado a aplicar a circunstância, ou seja, não pode, mesmo que fundamentadamente, afastar o aumento ou a diminuição. Isso não significa, por outro lado, que seja possível a redução abaixo do mínimo ou o aumento acima do máximo. Assim, a atenuante sempre atenua, desde que respeitada a pena mínima. (...) Registre-se, ainda, outra repercussão importante. A interpretação no sentido da viabilidade de desbordamento do parâmetro mínimo denotaria a possibilidade de proteção insuficiente dos bens penalmente tutelados. Isso porque, a pretexto de garantir um direito ou impedir um excesso, o entendimento poderia resultar, por via transversa, uma insuficiência da resposta estatal para tutela de bens jurídicos. A partir, pois, de uma interpretação sistemática e teleológica, a tentativa de superação da Súmula n. 231 do STJ não encontra respaldo jurídico porque desconsidera a metodologia adotada pelo Código Penal e os limites constitucionalmente instituídos pela separação de poderes.[53]

A propósito, o **parágrafo único do art. 77 do Decreto-Lei 1.001/1969 – Código Penal Militar**, incluído pela Lei 14.688/2023, expressamente dispõe: "Salvo na aplicação das causas de diminuição e de aumento, a pena não poderá ser fixada aquém do mínimo nem acima do máximo previsto em abstrato para o crime."

---

[52] É também o entendimento do Supremo Tribunal Federal: "Como assentado em precedentes da Suprema Corte, a presença de atenuantes não pode levar a pena a ficar abaixo do mínimo, e a de agravantes também não pode levar a pena a ficar acima do máximo previsto no tipo penal básico ou qualificado" (HC 93.071/RS, rel. Min. Menezes Direito, 1.ª Turma, j. 18.03.2008). E ainda: RE 597.270 QO/RS, rel. Min. Cezar Peluso, Plenário, j. 26.03.2009, noticiado no *Informativo* 540.

[53] STJ: REsp 1.869.764/MS, rel. Min. Rogerio Schietti Cruz, rel. para acórdão Min. Messod Azulay Neto, 3.ª Seção, j. 14.08.2024, noticiado no *Informativo* 823.

## 556 | DIREITO PENAL – PARTE GERAL – VOL. 1 • CLEBER MASSON

As atenuantes genéricas estão previstas no Código Penal em **rol exemplificativo**, porque, além das expressamente definidas pelo art. 65, o art. 66 consagra as **atenuantes inominadas**, não indicadas pela lei.

A lei não estabelece o percentual de aumento ou de diminuição da pena no tocante às agravantes ou atenuantes genéricas. Na prática forense, todavia, consagrou-se o entendimento de que o aumento ou a diminuição deve ser de **1/6 sobre a pena-base**, por se tratar do menor índice estipulado pela legislação penal (Código Penal e leis especiais) para as causas de aumento e de diminuição da pena.

Em situações excepcionais, as atenuantes e agravantes podem incidir em fração superior a 1/6, desde que presente motivação idônea, em atenção aos princípios da proporcionalidade, razoabilidade, necessidade e suficiência à reprovação e à prevenção do crime.[54]

Vejamos cada uma das agravantes e atenuantes genéricas.

### 34.10.1. Reincidência (art. 61, I, do CP)

#### 34.10.1.1. Introdução

A pena, no Brasil, apresenta uma dupla finalidade: retributiva e preventiva. Essa última divide-se em geral e especial.

A prática de uma nova infração penal, com a caracterização da reincidência (também chamada de recidiva), revela o não cumprimento da pena quanto às suas finalidades. Falhou na tarefa **retributiva,** pois o condenado não se atemorizou suficientemente com o castigo, ao ponto de descumprir novamente a lei penal, suportando o risco de ser mais uma vez privado de sua liberdade ou de seus bens. A pena mostrou-se insuficiente, justificando uma nova punição, agora mais grave.

Por esse motivo, não se pode falar em dupla punição pelo mesmo fato. O reincidente não é punido duas vezes pelo mesmo fato. Ao contrário, já foi apenado pelo crime anterior, pressuposto da reincidência, e posteriormente pelo novo delito, com a pena agravada. Trata-se de punição mais rigorosa daquele que novamente demonstrou não se intimidar com a autoridade estatal.

Além disso, a pena também deixou a desejar na missão de **prevenção especial**, revelando não ter ressocializado satisfatoriamente seu destinatário. É o fracasso do Estado no cumprimento de uma finalidade que lhe foi constitucional e legalmente atribuída, mas que, por motivos diversos e de conhecimento notório, não é desempenhada a contento.

Destarte, o **fundamento** da reincidência é claro: o recrudescimento da pena resulta da opção do agente por continuar a delinquir.

Em síntese, é constitucional a opção do legislador de incluir a reincidência no rol das agravantes genéricas. Esta é a posição encampada pelo Plenário do Supremo Tribunal Federal. Vale a pena acompanhar o teor da decisão:

> É constitucional a aplicação da reincidência como agravante da pena em processos criminais (CP, art. 61, I). Essa a conclusão do Plenário ao desprover recurso extraordinário em que alegado que o instituto configuraria *bis in idem*, bem como ofenderia os princípios da proporcionalidade e da individualização da pena.
>
> Registrou-se que as repercussões legais da reincidência seriam múltiplas, não restritas ao agravamento da pena. Nesse sentido, ela obstaculizaria: a) cumprimento de pena nos regimes semiaberto e aberto (CP, art. 33, § 2.º, *b* e *c*); b) substituição de pena privativa de liberdade por restritiva de

---

[54] STF: RHC 127.382/MG, rel. Min. Teori Zavascki, 2.ª Turma, j. 05.05.2015; e STJ: AgRg no HC 456.060/SP, rel. Min. Reynaldo Soares da Fonseca, 5.ª Turma, j. 23.06.2020.

direito ou multa (CP, artigos 44, II; e 60, § 2.º); c) *sursis* (CP, art. 77, I); d) diminuição de pena, reabilitação e prestação de fiança; e e) transação e *sursis* processual em juizados especiais (Lei 9.099/95, artigos 76, § 2.º, I, e 89).

Além disso, a recidiva seria levada em conta para: a) deslinde do concurso de agravantes e atenuantes (CP, art. 67); b) efeito de lapso temporal quanto ao livramento condicional (CP, art. 83, I e II); c) interrupção da prescrição (CP, art. 117, VI); e d) revogação de *sursis* e livramento condicional, a impossibilitar, em alguns casos, a diminuição da pena, a reabilitação e a prestação de fiança (CP, artigos 155, § 2.º; 170; 171, § 1.º; 95; e CPP, art. 323, III).

Consignou-se que a reincidência não contrariaria a individualização da pena. Ao contrário, levar--se-ia em conta, justamente, o perfil do condenado, ao distingui-lo daqueles que cometessem a primeira infração penal. Nesse sentido, lembrou-se que a Lei 11.343/2006 preceituaria como causa de diminuição de pena o fato de o agente ser primário e detentor de bons antecedentes (art. 33, § 4.º). (...)

Considerou-se que a reincidência comporia consagrado sistema de política criminal de combate à delinquência e que eventual inconstitucionalidade do instituto alcançaria todas as normas acima declinadas. Asseverou-se que sua aplicação não significaria duplicidade, porquanto não alcançaria delito pretérito, mas novo ilícito, que ocorrera sem que ultrapassado o interregno do art. 64 do CP. Asseverou-se que o julgador deveria ter parâmetros para estabelecer a pena adequada ao caso concreto. Nesse contexto, a reincidência significaria o cometimento de novo fato antijurídico, além do anterior.

Reputou-se razoável o fator de discriminação, considerado o perfil do réu, merecedor de maior repreensão porque voltara a delinquir a despeito da condenação havida, que deveria ter sido tomada como advertência no que tange à necessidade de adoção de postura própria ao homem médio.

Explicou-se que os tipos penais preveriam limites mínimo e máximo de apenação, somente alijados se verificada causa de diminuição ou de aumento da reprimenda. A definição da pena adequada levaria em conta particularidades da situação, inclusive se o agente voltara a claudicar. Estaria respaldado, então, o instituto constitucional da individualização da pena, na medida em que se evitaria colocar o reincidente e o agente episódico no mesmo patamar.

Frisou-se que a jurisprudência da Corte filiar-se-ia, predominantemente, à corrente doutrinária segundo a qual o instituto encontraria fundamento constitucional, porquanto atenderia ao princípio da individualização da pena. Assinalou-se que não se poderia, a partir da exacerbação do garantismo penal, desmantelar o sistema no ponto consagrador da cabível distinção, ao se tratar os desiguais de forma igual. A regência da matéria, harmônica com a Constituição, denotaria razoável política normativa criminal.[55]

### 34.10.1.2. Conceito

Em conformidade com o **art. 63 do Código Penal:** "Verifica-se a reincidência quando o agente comete novo crime, depois de transitar em julgado a sentença que, no País ou no estrangeiro, o tenha condenado por crime anterior".

Cuida-se, assim, da prática de novo crime depois da condenação definitiva, no Brasil ou no exterior, pela prática de crime anterior.

### 34.10.1.3. Requisitos

Da análise do art. 63 do Código Penal despontam três requisitos imprescindíveis para a configuração da reincidência, **ordenados cronologicamente**:

---

[55] RE 453.000/RS, rel. Min. Marco Aurélio, Plenário, j. 04.04.2013, noticiado no *Informativo* 700. No STJ: AgRg no AREsp 516.097/MT, rel. Min. Marco Aurélio Bellizze, 5.ª Turma, j. 07.08.2014.

a) um crime, cometido no Brasil ou em outro país;
b) condenação definitiva, isto é, com trânsito em julgado, por esse crime; e
c) prática de novo crime.

Destarte, a reincidência depende, obrigatoriamente, de ao menos dois crimes: um anterior, em cuja ação penal já foi proferida sentença condenatória, com seu respectivo trânsito em julgado, e outro posterior ao trânsito em julgado. Com a prática desse novo crime será tratado como reincidente, com todas as consequências rigorosas daí decorrentes.[56]

Portanto, somente existe reincidência quando o novo crime tiver sido praticado depois do trânsito em julgado da condenação anterior. Logo, se for cometido na data do trânsito em julgado, não estará caracterizada a recidiva. E, ainda, não haverá reincidência se o agente praticar os dois crimes na mesma ocasião e forem julgados pela mesma sentença.[57]

Além disso, não há falar em reincidência quando a denúncia (ou queixa-crime) pelo novo crime não contém a data exata do fato, apta a demonstrar sua prática após o trânsito em julgado da condenação anterior. Na linha de raciocínio do Superior Tribunal de Justiça:

> A agravante da reincidência não deve ser aplicada se não há na denúncia exatidão da data dos fatos apta a demonstrar que o delito ocorreu após o trânsito em julgado de condenação anterior. Em observância ao princípio do *in dubio pro reo*, deve ser dada a interpretação mais favorável ao acusado, não se podendo presumir que o trânsito em julgado referente ao crime anterior ocorreu antes do cometimento do segundo delito.[58]

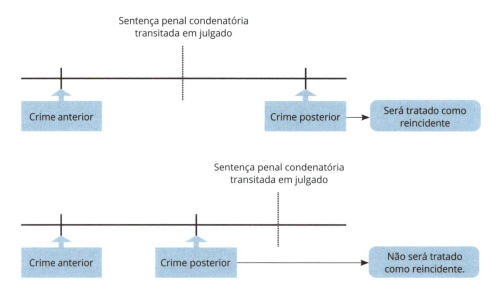

Pouco importa tenha sido o crime que resultou na condenação definitiva praticado no Brasil ou no estrangeiro. A propósito, para a caracterização da reincidência, a sentença estran-

---

[56] "Os atos infracionais praticados pelo agente não servem como pressuposto da reincidência: "Atos infracionais não configuram crimes e, por isso, não é possível considerá-los como maus antecedentes nem como reincidência, até porque fatos ocorridos ainda na adolescência estão acobertados por sigilo e estão sujeitos a medidas judiciais exclusivamente voltadas à proteção do jovem" (STJ: HC 338.936/SP, rel. Min. Nefi Cordeiro, 6.ª Turma, j. 17.12.2015, noticiado no *Informativo* 576).
[57] FARIA, Bento. *Código Penal brasileiro comentado*. Rio de Janeiro: Record, 1961. v. III, p. 44.
[58] HC 200.900/RJ, rel. Min. Sebastião Reis Júnior, 6.ª Turma, j. 27.09.2012, noticiado no *Informativo* 505.

geira **não precisa ser homologada pelo Superior Tribunal de Justiça**, como se extrai do art. 9.º do Código Penal. Basta a prova de que foi proferida judicialmente e transitou em julgado.

Mas desaparece a reincidência quando a condenação que a justifica teve seu trânsito em julgado desconstituído judicialmente.[59]

Pode acontecer uma situação curiosa: o agente possuir contra si diversas condenações definitivas no campo penal, e ainda assim ser primário. Esse fenômeno ocorre quando, nada obstante as múltiplas sentenças condenatórias transitadas em julgado, ainda não praticou nenhum delito após a primeira condenação definitiva, ou seja, todos os crimes praticados pelo indivíduo antecederam a primeira sentença condenatória transitada em julgado.

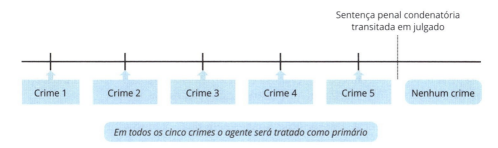

### 34.10.1.3.1. Crime e contravenção penal: relação para fins de reincidência

Estabelece o art. 7.º do Decreto-lei 3.688/1941 – Lei das Contravenções Penais:

> Verifica-se a reincidência quando o agente pratica uma contravenção depois de passar em julgado a sentença que o tenha condenado, no Brasil ou no estrangeiro, por qualquer crime, ou, no Brasil, por motivo de contravenção.

A combinação desse dispositivo com o art. 63 do Código Penal permite as seguintes conclusões:

a) a condenação definitiva no exterior, pela prática de contravenção penal, não serve no Brasil, em nenhuma hipótese, como pressuposto da reincidência;

b) é reincidente o agente que, depois do trânsito em julgado de uma condenação por crime (no Brasil ou no estrangeiro), cometer novo crime (aqui ou no estrangeiro) ou contravenção penal (no Brasil);

c) é reincidente aquele que, após o trânsito em julgado de uma condenação no Brasil, pela prática de contravenção penal, cometer nova contravenção penal; e

d) não é reincidente o sujeito que, depois do trânsito em julgado da condenação, no Brasil, por contravenção penal, praticar, no Brasil ou no estrangeiro, novo crime. Não se caracteriza a reincidência, portanto, na hipótese em que o agente decide enveredar por uma infração penal mais grave, deixando de ser mero contraventor para se tornar criminoso. O fundamento dessa brecha é a **falha legislativa** que, lamentavelmente, insiste-se em manter.

---

[59] STF: RHC 88.022/RJ, rel. Min. Sepúlveda Pertence, 1.ª Turma, j. 28.03.2006.

As conclusões podem ser assim representadas:

| Infração penal anterior | Infração penal posterior | Resultado |
|---|---|---|
| Crime | Crime | Reincidente |
| Contravenção penal | Contravenção penal | Reincidente |
| Crime | Contravenção penal | Reincidente |
| Contravenção penal | Crime | Primário |

### 34.10.1.3.2. Pena aplicada ao responsável pelo crime anterior e reincidência

Para a caracterização da reincidência basta o trânsito em julgado da condenação resultante da prática de um crime anterior. O art. 63 do Código Penal não permite qualquer distinção em face da pena imposta. Portanto, é irrelevante a espécie de pena aplicada: privativa de liberdade, que pode ou não ter sido substituída por restritiva de direitos, ou multa.

Destarte, não pode ser acolhido o argumento de que a condenação exclusiva à pena de multa não gera reincidência. Essa posição funda-se em duas premissas: a) a pena pecuniária é de pouca importância, e não teria forças para ensejar a recidiva; e b) o art. 77, § 1.º, do Código Penal diz que a condenação anterior à pena de multa não impede o *sursis* e, por esse motivo, a aplicação exclusiva da pena pecuniária não configura a reincidência, pois o *sursis* não é cabível ao reincidente (CP, art. 77, I).

No tocante à posse de droga para consumo pessoal (art. 28 da Lei 11.343/2006), o Supremo Tribunal Federal já se pronunciou no sentido de que a condenação por tal delito não funciona como pressuposto da reincidência:

> Viola o princípio da proporcionalidade a consideração de condenação anterior pelo delito do art. 28 da Lei 11.343/2006, "porte de droga para consumo pessoal", para fins de reincidência. O delito previsto no art. 28 da Lei 11.343/2006 não comina pena privativa de liberdade, mas tão somente 'advertência sobre os efeitos das drogas' (inc. I); "prestação de serviços à comunidade" (inc. II) e "medida educativa de comparecimento à programa ou curso educativo" (inc. III). Não se afigura razoável, portanto, permitir que uma conduta que possui vedação legal quanto à imposição de prisão, a fim de evitar a estigmatização do usuário de drogas, possa dar azo à posterior configuração de reincidência. Deve-se ponderar, ainda, que a reincidência depende da constatação de que houve condenação criminal com trânsito em julgado, o que não ocorre em grande parte dos casos de incidência do art. 28 da Lei 11.343/2006.[60]

### 34.10.1.4. Natureza jurídica

Trata-se de circunstância **agravante genérica** (CP, art. 61, I). Incide na segunda fase da aplicação da pena privativa de liberdade.

Além disso, é de caráter **subjetivo** ou **pessoal**, pois se relaciona à figura do agente, e não ao fato. Não se comunica aos demais coautores ou partícipes.

### 34.10.1.5. Prova da reincidência

Há duas posições sobre a forma pela qual se prova a recidiva:

---

[60] RHC 178.512 AgR/SP, rel. Min. Edson Fachin, 2.ª Turma, j. 22.03.2022, noticiado no *Informativo* 1.048. O Superior Tribunal de Justiça tem jurisprudência consolidada nessa direção: HC 453.437/SP, rel. Min. Reynaldo Soares da Fonseca, 5.ª Turma, j. 04.10.2018, noticiado no Informativo 636; e REsp 1.672.654/SP, rel. Min. Maria Thereza de Assis Moura, 6.ª Turma, j. 21.08.2018, noticiado no *Informativo* 632.

**1.ª posição:** Basta a juntada de documento hábil para comprovação da condenação anterior, com trânsito em julgado, a exemplo da folha de antecedentes e de informações extraídas dos sítios eletrônicos dos tribunais. Em outras palavras, não se exige certidão expedida pelo cartório judicial ou qualquer outra forma específica. É o entendimento do Supremo Tribunal Federal:

> O colegiado considerou que, conforme jurisprudência da Corte, para fins de comprovação da reincidência, é necessária documentação hábil que traduza o cometimento de novo crime depois de transitar em julgado a sentença condenatória por crime anterior, mas não se exige, contudo, forma específica para a comprovação [Código Penal, art. 63]. Nessa linha, não há ilegalidade no ato dito coator, no ponto em reconhecida a existência de reincidência a partir do uso de informações processuais extraídas dos sítios eletrônicos de tribunais.[61]

Esse entendimento também se encontra estampado na **Súmula 636 do Superior Tribunal de Justiça**: "A folha de antecedentes criminais é documento suficiente a comprovar os maus antecedentes e a reincidência".

**2.ª posição:** Exige-se certidão, expedida pelo cartório judicial, acerca da condenação anterior, com todos os seus detalhes. Fundamenta-se no argumento de que a folha de antecedentes pode ser incompleta, além de apresentar diversos equívocos, pois não é emitida diretamente pelo juízo responsável pela condenação.

### 34.10.1.6. Espécies

Em relação à **necessidade de cumprimento da pena imposta pela condenação anterior**, a reincidência pode ser real ou presumida.

**Reincidência real, própria** ou **verdadeira** é a que ocorre quando o agente comete novo crime depois de ter cumprido integralmente a pena imposta como decorrência da prática do crime anterior.

**Reincidência presumida, ficta, imprópria** ou **falsa**, por sua vez, é a que ocorre quando o sujeito pratica novo crime depois da condenação definitiva pela prática de crime anterior, pouco importando tenha sido ou não cumprida a pena.

O Código Penal em vigor filiou-se à **reincidência presumida**. É suficiente, para alguém ser tratado como reincidente, a prática de novo crime depois do trânsito em julgado da condenação anterior.

Em outro plano, relativo às **categorias dos crimes**, a reincidência pode ser genérica ou específica.

Na **reincidência genérica**, os crimes praticados pelo agente são previstos por tipos penais diversos. Exemplo: "A" comete um furto, pelo qual é condenado com trânsito em julgado, e, posteriormente, pratica um estupro. É reincidente genérico.

De seu turno, na **reincidência específica** os dois ou mais crimes perpetrados pelo agente encontram-se definidos pelo mesmo tipo penal. Exemplo: "B" pratica um roubo, e, depois de definitivamente condenado, comete outro roubo. É reincidente específico.

A legislação penal brasileira, seguindo a tendência mundial, trata as duas situações de modo análogo. Os efeitos, em regra, são idênticos, seja a reincidência genérica ou específica.[62] O Superior Tribunal de Justiça comunga dessa linha de raciocínio, consolidada no **Tema 1.172**

---

[61] HC 162.548 AgR/SP, rel. Min. Rosa Weber, 1.ª Turma, j. 16.06.2020, noticiado no *Informativo* 982.

[62] Antes da reforma da Parte Geral pela Lei 7.209/1984, o Código Penal preceituava que estava presente a reincidência específica quando da mesma natureza os crimes. E consideravam-se crimes da mesma natureza os previstos no mesmo dispositivo legal, bem como os que, embora previstos em dispositivos diversos, apresentassem, pelos seus fatos constitutivos ou por seus motivos determinantes, caracteres fundamentais comuns. As consequências da reincidência específica eram a aplicação da pena privativa de liberdade acima da metade da soma do mínimo com o máximo e a aplicação da pena mais grave em qualidade, dentre as cominadas alternativamente (art. 46, § 1.º, II, e § 2.º, e art. 47, I e II).

562 | DIREITO PENAL – PARTE GERAL – VOL. 1 • CLEBER MASSON

**do Recurso Repetitivo**: "A reincidência específica como único fundamento só justifica o agravamento da pena em fração mais gravosa que 1/6 em casos excepcionais e mediante detalhada fundamentação baseada em dados concretos do caso".[63] Em outras palavras, a reincidência específica não pode, por si só, implicar em elevação da pena superior àquela provocada pela reincidência genérica.

Em algumas raras situações, todavia, a reincidência específica comporta tratamento diferenciado.

No Código Penal, o art. 44, § 3.º, veda peremptoriamente a substituição da pena privativa de liberdade por restritiva de direitos ao reincidente específico, embora seja a medida socialmente recomendável.

É o que também se dá no livramento condicional para os crimes hediondos e equiparados, vedado para reincidente específico em crimes dessa natureza (CP, art. 83, V). Essa restrição foi ainda prevista expressamente aos autores dos crimes tipificados nos arts. 33, *caput* e § 1.º, e 34 a 37 da Lei de Drogas (Lei 11.343/2006, art. 44, parágrafo único).

Em relação aos crimes definidos na Lei 9.503/1997 – Código de Trânsito Brasileiro, o art. 296 autoriza ao reincidente específico em crimes nela previstos, a aplicação da penalidade de suspensão da permissão ou habilitação para dirigir veículo automotor, sem prejuízo das demais sanções penais cabíveis.

Na Lei 11.343/2006 – Lei de Drogas, a reincidência específica no crime tipificado no art. 28 (posse de droga para consumo pessoal) acarreta na aplicação das penas de prestação de serviços à comunidade e de medida educativa de comparecimento a programa ou curso educativo pelo prazo de dez meses, a teor da regra contida em seu art. 28, § 4.º.[64]

### 34.10.1.7. *Validade da condenação anterior para fins de reincidência*

Nos termos do art. 64, I, do Código Penal:

> **Art. 64.** Para efeito de reincidência:
>
> I – não prevalece a condenação anterior, se entre a data do cumprimento ou extinção da pena e a infração posterior tiver decorrido período de tempo superior a 5 (cinco) anos, computado o período de prova da suspensão ou do livramento condicional, se não ocorrer revogação.

O dispositivo evidencia que a partir da Reforma da Parte Geral do Código Penal pela Lei 7.209/1984 adotou-se o **sistema da temporariedade**, limitando a validade da reincidência ao período de 5 (cinco) anos. É o que se convencionou chamar de **período depurador**, ou **caducidade da condenação anterior para fins de reincidência**.

Na redação original do Código Penal acolhia-se o **sistema da perpetuidade**, pelo qual o estigma da reincidência jamais seria desvinculado da pessoa do criminoso.[65]

O quinquênio deve ser contado entre a extinção da pena resultante do crime anterior – pelo seu cumprimento ou por qualquer outro motivo – e a **prática do novo crime**, sendo irrelevante a data da sentença proferida como sua decorrência. Leva-se em conta a data em que a pena foi efetivamente extinta, pouco importando o dia em que foi proferida a decisão judicial declaratória da extinção da punibilidade.

Computa-se nesse prazo de 5 (cinco) anos o período de prova da suspensão ou do livramento condicional, se não ocorrer revogação. Nessas hipóteses, o prazo é contado do início

---

[63] REsp 2.003.716/RS, rel. Min. Joel Ilan Paciornik, 3.ª Seção, j. 25.10.2023, noticiado no *Informativo* 793.

[64] "A reincidência de que trata o § 4.º do art. 28 da Lei n. 11.343/2006 é específica" (STJ: REsp 1.771.304/ES, rel. Min. Nefi Cordeiro, 6.ª Turma, j. 10.12.2019, noticiado no *Informativo* 662).

[65] LYRA, Roberto. *Comentários ao Código Penal*. Rio de Janeiro: Forense, 1942. v. II, p. 280 e ss.

CAP. 34 – APLICAÇÃO DA PENA PRIVATIVA DE LIBERDADE | 563

do período de prova, que flui a partir da audiência admonitória, e não da extinção da pena, que somente se opera com o fim do período de prova. Destarte, se o condenado cumpre o *sursis* por 4 (quatro) anos, sem revogação, ao final do período de prova o juiz deverá declarar extinta a pena privativa de liberdade (CP, art. 82), e ele precisará somente de mais 1 (um) ano para que essa condenação não seja mais apta a caracterizar a reincidência.

### 34.10.1.8. Extinção da punibilidade do crime anterior

A questão que se coloca é a seguinte: **Com a extinção da punibilidade do crime anterior, desaparece o pressuposto da reincidência?**

Depende de dois fatores: o momento em que ocorreu a causa extintiva da punibilidade e a espécie de causa de extinção da punibilidade.

Com efeito, se a causa de extinção da punibilidade ocorreu antes do trânsito em julgado da sentença condenatória, o crime anterior não subsiste para fins de reincidência. Essa conclusão é evidente, até mesmo porque, nesse caso, não existe condenação definitiva.[66] É o que se dá, por exemplo, com a prescrição da pretensão punitiva.

Por outro lado, se a extinção da punibilidade efetivou-se após o trânsito em julgado da condenação, a sentença penal continua apta a caracterizar a reincidência, tal como ocorre na prescrição da pretensão executória. Essa regra, entretanto, comporta duas exceções: anistia e *abolitio criminis*.

Nesses casos, desfaz-se a própria condenação, pois são veiculadas por meio de lei, que torna atípico o fato até então incriminado (*abolitio criminis*) ou exclui determinados fatos do raio de incidência do Direito Penal (anistia). O próprio fato praticado pelo agente deixa de ser penalmente ilícito, não se podendo, por corolário, falar-se em reincidência.

### 34.10.1.9. Terminologias: reincidente, primário e tecnicamente primário

**O Código Penal define somente o conceito de reincidente:** é o sujeito que comete um novo crime depois do trânsito em julgado da sentença que o tenha condenado, no Brasil ou no estrangeiro, pela prática de crime anterior.

Destarte, **o conceito de primário é obtido pela via residual, isto é, por exclusão**. Com efeito, primário é todo aquele que não se encaixa no perfil do reincidente. Não se exige jamais tenha praticado um crime: basta que não tenha cometido um crime depois do trânsito em julgado de uma condenação anterior.

Em sede jurisprudencial, contudo, criou-se a figura do **tecnicamente primário**, que seria a pessoa que possui condenação definitiva, sem ser reincidente. A primariedade estaria limitada aos casos em que o agente não ostenta nenhuma condenação. Em nosso sistema penal, o tecnicamente primário poderia ser visualizado em duas hipóteses: a) o sujeito possui uma ou diversas condenações definitivas, mas não praticou nenhum dos crimes depois da primeira sentença condenatória transitada em julgado; e b) o indivíduo ostenta uma condenação definitiva, e depois dela praticou um novo crime. Entretanto, entre a extinção da punibilidade do crime anterior e o novo delito decorreu período superior a 5 (cinco) anos (CP, art. 64, I).

Essa denominação, contudo, deve ser utilizada com prudência, porque não encontra amparo legal.

Fala-se, ainda, em **multirreincidente**, expressão utilizada para referir-se ao sujeito que, mais do que ser reincidente, possui três ou mais condenações transitadas em julgado.

---

[66] STJ: HC 390.038/SP, rel. Min. Rogerio Schietti Cruz, 6.ª Turma, j. 06.02.2018, noticiado no *Informativo* 619.

# 564 | DIREITO PENAL – PARTE GERAL – VOL. 1 • CLEBER MASSON

## 34.10.1.10. Efeitos da reincidência

A reincidência, além de constituir-se em agravante genérica, produz, entre outros, diversos efeitos desfavoráveis ao agente:

a) na pena de reclusão, impede o início do cumprimento da pena privativa de liberdade em regime semiaberto ou aberto, e, na pena de detenção, obsta o início do cumprimento da pena privativa de liberdade em regime aberto (CP, art. 33, *caput*, e § 2.º);[67]

b) quando em crime doloso, é capaz de impedir a substituição da pena privativa de liberdade por restritiva de direitos (CP, art. 44, II);

c) no concurso com atenuantes genéricas, possui caráter preponderante (CP, art. 67);

d) se em crime doloso, salvo quando imposta somente a pena de multa, impede a concessão do *sursis* (CP, art. 77, I e § 1.º);

e) autoriza a revogação do *sursis* (CP, art. 81, I e § 1.º), do livramento condicional (CP, art. 86, I e II, e art. 87) e da reabilitação, se a condenação for a pena que não seja de multa (CP, art. 95);

f) quando em crime doloso, aumenta o prazo para a concessão do livramento condicional (CP, art. 83, II);

g) impede o livramento condicional em crimes hediondos ou equiparados em caso de reincidência específica em crimes dessa natureza (CP, art. 83, V);

h) se antecedente à condenação, aumenta de um terço o prazo da prescrição da pretensão executória (CP, art. 110, *caput*);

i) se posterior à condenação, interrompe a prescrição da pretensão executória (CP, art. 117, VI);

j) impede a obtenção do furto privilegiado, da apropriação indébita privilegiada, do estelionato privilegiado e da receptação privilegiada (CP, arts. 155, § 2.º, 170, 171, § 1.º, e 180, § 5.º, *in fine*);

k) obsta os benefícios da transação penal e da suspensão condicional do processo (Lei 9.099/1995, art. 76, § 2.º, I, e art. 89, *caput*); e

l) autoriza a decretação da prisão preventiva, quando o réu tiver sido condenado por crime doloso (CPP, art. 313, II);

m) impede a celebração do acordo de não persecução penal com o Ministério Público (CPP, art. 28-A, § 2.º, II);

n) acarreta a denegação da liberdade provisória, com ou sem medidas cautelares, em sede de audiência de custódia (CPP, art. 310, § 2.º); e

o) aumenta o prazo de cumprimento da pena privativa de liberdade no regime mais gravoso para fins de progressão de regime prisional (Lei 7.210/1984 – Lei de Execução Penal, art. 112).

## 34.10.1.11. Crimes militares próprios, crimes políticos e a reincidência

O art. 63 do Código Penal refere-se unicamente a "crime". Essa é a regra: qualquer crime pode ensejar a reincidência: dolosos ou culposos, punidos com reclusão ou detenção, de

---

[67] Há exceções a essa regra. Confira-se, a propósito, o Capítulo 33, item 33.7.

CAP. 34 – APLICAÇÃO DA PENA PRIVATIVA DE LIBERDADE | **565**

elevada ou mínima gravidade, consumados e mesmo os tentados, pois a lei limita-se a dizer "crime cometido", o que não se confunde com "crime consumado".

Um pouco adiante, porém, o art. 64, II, do Código Penal abre espaço para duas exceções, ao estatuir que, para efeito de reincidência, não se consideram os crimes militares próprios e os políticos.

**Crimes militares próprios** são os tipificados exclusivamente pelo Código Penal Militar (Decreto-lei 1.001/1969). Assim, somente podem ser praticados por quem preencha a condição específica de militar. Despontam como exemplos a deserção, o motim, a revolta e o desrespeito, entre outros.

Limita-se essa regra às hipóteses em que o agente pratica um crime militar próprio e depois um crime comum, ou, ainda, um crime militar impróprio. De fato, o art. 71 do Código Penal Militar prevê a reincidência quando o militar pratica um crime militar próprio, e, depois da condenação definitiva, comete outro crime de igual natureza.

Já os **crimes militares impróprios** são os previstos no Código Penal Militar e também pelo Código Penal, dos quais são exemplos o homicídio e o estupro. Funcionam como pressuposto da reincidência, pois foram excluídos pelo art. 64, II, a eles se aplicando a regra geral definida pelo art. 63 do Código Penal.

Também não caracteriza reincidência a condenação anterior transitada em julgado por **crime político**, que pode ser:

a) **próprio** ou **puro**: ofende apenas a segurança ou a organização do Estado.

b) **impróprio, impuro** ou **relativo**: ofende a segurança ou a organização do Estado, e também um bem jurídico protegido pela legislação comum.

Em ambas as espécies afasta-se a reincidência do Código Penal, pois este diploma normativo, ao contrário do que fez no tocante aos crimes militares, não estabeleceu distinção entre crimes políticos próprios ou impróprios.[68]

Vale destacar que a condenação definitiva por crimes militares próprios e por crimes políticos caracteriza maus antecedentes, pois essa vedação não é alcançada pela regra contida no art. 64, I, do Código Penal, limitada ao instituto da reincidência.

## 34.10.1.12. Reincidência e maus antecedentes

No critério trifásico de aplicação da pena privativa de liberdade, os maus antecedentes do réu incidem na primeira fase, e a reincidência é utilizada na etapa seguinte.

Destarte, em se tratando de réu reincidente, a condenação penal definitiva deve ser realçada pelo magistrado somente na segunda fase da dosimetria da pena, por se constituir em agravante genérica, prevista expressamente no art. 61, I, do Código Penal. Não pode ser também utilizada para a caracterização de maus antecedentes, sob pena de fomentar o *bis in idem*, é dizer, a dupla punição pelo mesmo fato. Esse é o teor da **Súmula 241 do Superior Tribunal de Justiça**: "A reincidência penal não pode ser considerada como circunstância agravante e, simultaneamente, como circunstância judicial".

Entretanto, se o réu possui mais de uma condenação definitiva, uma pode ser utilizada como mau antecedente e outra, como agravante genérica (reincidência), não se falando em *bis in idem*.

Na hipótese de múltiplas condenações definitivas, o magistrado deve utilizar uma delas para caracterizar a reincidência, se for o caso, e as demais como maus antecedentes. É vedada

---

[68] Há posições em contrário. É o caso de NUCCI, Guilherme de Souza. *Código Penal comentado*. 6. ed. São Paulo: RT, 2006. p. 380.

# 566 | DIREITO PENAL – PARTE GERAL – VOL. 1 • CLEBER MASSON

a utilização de condenação penal definitiva a título de outra circunstância judicial desfavorável, notadamente a conduta social ou a personalidade do agente. Na visão do Superior Tribunal de Justiça:

> Eventuais condenações criminais do réu transitadas em julgado e não utilizadas para caracterizar a reincidência somente podem ser valoradas, na primeira fase da dosimetria, a título de antecedentes criminais, não se admitindo sua utilização também para desvalorar a personalidade ou a conduta social do agente. Cinge-se a discussão a definir sobre a possibilidade da utilização de múltiplas condenações transitadas em julgado não consideradas para efeito de caracterização da agravante de reincidência (art. 61, I, CP) como fundamento, também, para a exasperação da pena-base, na primeira fase da dosimetria (art. 59, CP), tanto na circunstância judicial "maus antecedentes" quanto na que perquire sua "personalidade". Com efeito, a doutrina, ao esmiuçar os elementos constituintes das circunstâncias judiciais constantes do art. 59 do Código Penal, enfatiza que a conduta social e a personalidade do agente não se confundem com os antecedentes criminais, porquanto gozam de contornos próprios – referem-se ao modo de ser e agir do autor do delito –, os quais não podem ser deduzidos, de forma automática, da folha de antecedentes criminais do réu. Trata-se da atuação do réu na comunidade, no contexto familiar, no trabalho, na vizinhança (conduta social), do seu temperamento e das características do seu caráter, aos quais se agregam fatores hereditários e socioambientais, moldados pelas experiências vividas pelo agente (personalidade social). Nesse sentido, é possível concluir que constitui uma atecnia entender que condenações transitadas em julgado refletem negativamente na personalidade ou na conduta social do agente. Isso sem contar que é dado ao julgador atribuir o peso que achar mais conveniente e justo a cada uma das circunstâncias judiciais, o que lhe permite valorar de forma mais enfática os antecedentes criminais do réu com histórico de múltiplas condenações definitivas. Observe-se, por fim, que essa novel orientação jurisprudencial do Superior Tribunal de Justiça se alinha também à orientação seguida pela Segunda Turma do Pretório Excelso.[69]

## 34.10.1.13. *Reconhecimento equivocado da reincidência, prejuízo ao réu e indenização pelo erro judiciário*

Se a reincidência foi equivocadamente reconhecida na sentença ou no acórdão condenatório, seja porque não estava devidamente constituída, seja porque não foi observado o período depurador (CP, art. 64, inc. I), daí resultando danos materiais e/ou morais ao acusado, estará caracterizado o **erro judiciário**, acarretando ao Estado o dever de indenizar os prejuízos causados, na forma definida pelo art. 5.º, inc. LXXV, da Constituição Federal. Como já decidido pelo Superior Tribunal de Justiça:

> No caso em que o reconhecimento da reincidência tenha origem em infração anterior cuja pena tenha sido cumprida ou extinta há mais de 5 anos, deferido o pedido revisional para diminuir a pena equivocadamente fixada, será devida a indenização ao condenado que tenha sofrido prejuízos em virtude do erro judiciário. É que tendo sido reconhecido que o acusado foi considerado indevidamente reincidente, há clara contrariedade ao disposto no art. 64, I, do CP. Sobre o assunto, pondera a doutrina: "o conceito de erro judiciário deve transcender as barreiras limitativas da sentença condenatória impositiva de pena privativa de liberdade, para envolver toda e qualquer decisão judicial errônea, que tenha provocado evidente prejuízo à liberdade individual ou mesmo à imagem e à honra do acusado [...]". E, nessa perspectiva, outra doutrina arremata: "é importante notar que, tal como a sentença condenatória – que serve como título judicial para a execução do dano praticado pelo agente em favor do ofendido (art. 63, CPP) –, também o acórdão rescindido em que se tenha reconhecido o direito à indenização servirá

---

[69] EAREsp 1.311.636/MS, rel. Min. Reynaldo Soares da Fonseca, 3.ª Seção, j. 10.04.2019, noticiado no *Informativo* 647.

## CAP. 34 – APLICAÇÃO DA PENA PRIVATIVA DE LIBERDADE | 567

unicamente como título executivo para o réu condenado injustamente demandar o Estado, cujo *quantum* deverá ser apurado na esfera cível.[70]

### 34.10.1.14. *Falta de reconhecimento da reincidência pelo juízo da condenação e proclamação pelo juízo da execução para fins de benefícios*

Se a reincidência estiver devidamente caracterizada, mas a sentença condenatória (ou acórdão condenatório) com trânsito em julgado tiver deixado de mencioná-la expressamente, o juízo da execução pode reconhecê-la para fins de concessão (ou não) de benefícios, a exemplo da progressão de regime prisional e do livramento condicional, sem que ocorra violação à coisa julgada e à proibição da *reformatio in pejus*.

Essa conclusão decorre sobretudo do princípio da individualização da pena, previsto no art. 5.º, XLVI, da Constituição Federal, o qual também incide na fase da execução da pena, pois nessa etapa deve-se levar em conta o perfil subjetivo do condenado. Em sintonia com a jurisprudência do Superior Tribunal de Justiça, consolidada no **Tema 1.208 do Recurso Repetitivo**:

> A reincidência pode ser admitida pelo juízo das execuções penais para análise da concessão de benefícios, ainda que não reconhecida pelo juízo que prolatou a sentença condenatória. O reconhecimento da reincidência nas fases de conhecimento e de execução penal produz efeitos diversos. Incumbe ao Juízo de conhecimento a aplicação da agravante do art. 61, inciso I, do Código Penal, para fins de agravamento da reprimenda e fixação do regime inicial de cumprimento de pena. Em um segundo momento, o reconhecimento dessa condição pessoal para fins de concessão de benefícios da execução penal compete ao Juízo das Execuções, nos termos do art. 66, inciso III, da Lei de Execução Penal. Desse modo, ainda que não reconhecida na condenação, a reincidência deve ser observada pelo Juízo das Execuções para concessão de benefícios, sendo descabida a alegação de *reformatio in pejus* ou de violação da coisa julgada, pois se trata de atribuições distintas. Há, na verdade, a individualização da pena relativa à apreciação de institutos próprios da execução penal.[71]

## 34.10.2. Ter o agente cometido o crime (art. 61, II, do CP)

### 34.10.2.1. *Por motivo fútil ou torpe (alínea "a")*

**Motivo fútil** é o insignificante, de pouca importância, completamente desproporcional à natureza do crime praticado. Exemplo: age com motivo fútil o marido que mata a esposa por não ter passado adequadamente uma peça do seu vestuário. Fundamenta-se a agravação da resposta estatal em razão do egoísmo, da atitude mesquinha que alimenta a conduta do responsável pela infração penal.

A **ausência de motivo** não deve ser equiparada ao motivo fútil, pois todo crime tem a sua motivação. Destarte, o desconhecimento acerca do móvel do agente não deve ser colocado no mesmo nível do motivo de somenos importância.[72] Há, todavia, adeptos de posição contrária, os quais alegam que se um motivo ínfimo justifica a elevação da pena, com maior razão deve ser punida mais gravemente a infração penal imotivada.

O **ciúme** não deve ser enquadrado como motivo fútil. Esse sentimento, que destrói o equilíbrio do ser humano e arruína a sua vida não pode ser considerado insignificante ou desprezível.

---

[70] REsp 1.243.516/SP, rel. Min. Reynaldo Soares da Fonseca, 5.ª Turma, j. 22.09.2016, noticiado no *Informativo* 590.

[71] REsp 2.049.870/MG, rel. Min. Laurita Vaz, 3.ª Seção, j. 17.10.2023, e REsp 2.055.920/MG, rel. Min. Laurita Vaz, 3.ª Seção, j. 17.10.2023, noticiados no *Informativo* 792.

[72] STJ: AgRg no REsp 1.289.181/SP, rel. Min. Laurita Vaz, 5.ª Turma, j. 17.10.2013.

A **embriaguez**, por sua vez, é incompatível com o motivo fútil. O embriagado não tem pleno controle do seu modo de agir, afastando, assim, a futilidade da força que o impele a transgredir o Direito Penal. Mas há quem diga que, em face da norma prevista no art. 28, II, do Código Penal (embriaguez voluntária ou culposa não exclui a imputabilidade penal), essa agravante genérica pode ser aplicada ao ébrio.[73]

Anote-se ainda que motivo fútil e **motivo injusto** não se confundem: todo crime é injusto, pois o sujeito passivo não é obrigado a suportá-lo, embora nem sempre seja fútil.

**Motivo torpe** é o vil, repugnante, abjeto, moralmente reprovável. Exemplo: matar um parente para ficar com a sua herança. Fundamenta-se a maior quantidade de pena pela violação do sentimento comum de ética e de justiça.

A **vingança** não caracteriza automaticamente a torpeza. Será ou não torpe, dependendo do motivo que levou o indivíduo a vingar-se de alguém. Exemplos: (1) Não é torpe a conduta do pai que mata o estuprador de sua filha. Ao contrário, trata-se de relevante valor moral (privilégio), nos moldes do art. 121, § 1.º, do Código Penal; e (2) É torpe o ato de um traficante consistente em matar outro vendedor de drogas que havia, no passado, dominado o controle do tráfico na favela então gerenciada pelo assassino.

Ressalte-se que, por absoluta incompatibilidade, **um motivo não pode ser simultaneamente fútil e torpe**. Uma motivação exclui a outra. Pode ser fútil ou torpe, mas nunca ambos.

### 34.10.2.2. Para facilitar ou assegurar a execução, a ocultação, a impunidade ou a vantagem de outro crime (alínea "b")

Essa agravante genérica repousa na **conexão**, ou seja, na ligação entre dois ou mais crimes.

A conexão pode ser **teleológica**, quando o crime é praticado para facilitar ou assegurar a *execução* de outro crime (exemplo: furtar um banco para, com o dinheiro, adquirir um carro roubado), ou **consequencial**, na hipótese em que o crime é cometido para facilitar ou assegurar a *ocultação*, a *impunidade* ou a *vantagem* de outro crime (exemplo: coagir uma testemunha para não incriminar em juízo o autor de um tráfico de drogas).

Cuida-se, em verdade, de uma forma especial de **motivo torpe**, pois buscar de qualquer modo, com um crime, executar outro delito, ocultá-lo, dele escapar ou em razão dele lucrar revela a intensa depravação moral do agente.

Configura-se a agravante genérica mesmo que não seja iniciado o crime almejado pelo agente. Basta sua intenção de cometê-lo. Contudo, quando forem realizados os dois delitos, por eles responderá o sujeito, em concurso material (CP, art. 69).

### 34.10.2.3. À traição, de emboscada, ou mediante dissimulação, ou outro recurso que dificultou ou tornou impossível a defesa do ofendido (alínea "c")

Valeu-se o legislador da **interpretação analógica** ou *intra legem*. O dispositivo contém uma fórmula casuística seguida de uma fórmula genérica. Isso quer significar que a traição, a emboscada e a dissimulação dificultam ou impossibilitam a defesa do ofendido. Mas não é só, pois outros recursos similares, como a surpresa e a superioridade de armas também podem fazê-lo. Por coerência legal, deve ser uma situação semelhante à traição, à emboscada e à dissimulação.

**Traição** é a deslealdade, a perfídia, a quebra da confiança que o ofendido depositava no responsável pelo crime. Pode ser **material** ou **objetiva** (exemplo: agredir um amigo durante seu sono) ou **moral** ou **subjetiva** (exemplo: atrair a vítima embriagada para o alto de uma ponte e de lá empurrá-la rumo ao chão).

---

[73] STJ: REsp 908.396/MG, rel. Min. Arnaldo Esteves Lima, 5.ª Turma, j. 03.03.2009.

## CAP. 34 – APLICAÇÃO DA PENA PRIVATIVA DE LIBERDADE | 569

**Emboscada** é a tocaia, a cilada, ou seja, aguardar escondido a passagem da vítima para, repentinamente, atacá-la.

**Dissimulação** é o disfarce, a ocultação da vontade criminosa para agredir a vítima descuidada. Exemplo: fingir-se funcionário de uma empresa de telefonia para ingressar na residência de alguém e ofender sua integridade corporal.

### 34.10.2.4. Com emprego de veneno, fogo, explosivo, tortura ou outro meio insidioso ou cruel, ou de que possa resultar perigo comum (alínea "d")

O legislador, uma vez mais, utiliza a **interpretação analógica**. Dessa vez, contudo, relacionada aos **meios de execução** do crime.

Há, nesse dispositivo, três gêneros e quatro espécies. O primeiro gênero é o meio insidioso, que tem como espécie o emprego de veneno. O outro gênero é o meio cruel, dele resultando as espécies emprego de fogo e de tortura. Por fim, perigo comum é gênero e o explosivo e o fogo suas espécies.

**Meio insidioso** é o que revela estratagema, ou seja, é o dissimulado em sua capacidade danosa. Exige-se seja empregado **sub-repticiamente**, isto é, sem ser notado pela vítima. O exemplo legal é o veneno, definido como qualquer substância, química ou não, que pode ferir ou matar quando inoculada no organismo humano.

**Meio cruel** é o que inflige à vítima um intenso e desnecessário sofrimento para alcançar o resultado desejado, revelando a insensibilidade do agente. O dispositivo legal apresenta dois exemplos: fogo e tortura. Como a lei autoriza a interpretação analógica, pode ser ainda citada a asfixia. O emprego de veneno, se introduzido à força no organismo da vítima, caracteriza meio cruel.

**Meio de que possa resultar perigo comum** é aquele que, além de proporcionar sofrimento intenso e exagerado à vítima, pode também colocar em risco um número indeterminado de pessoas. A lei aponta como exemplos o explosivo e o fogo, esse último quando oferece perigo a diversas pessoas.

### 34.10.2.5. Contra descendente, ascendente, irmão ou cônjuge (alínea "e")

O fundamento dessa agravante genérica repousa na **apatia moral do agente**, que se prevalece de relações familiares para a prática do crime, transgredindo o dever de auxílio recíproco existente entre parentes e pessoas ligadas pelo matrimônio.

O sujeito deve efetivamente aproveitar-se das facilidades que o parentesco ou o matrimônio lhe proporcionam, pois caso contrário não terá incidência o dispositivo legal.

O parentesco pode ser civil ou natural, pois o art. 227, § 6.º, da Constituição Federal proíbe qualquer discriminação entre os filhos havidos ou não do casamento. Não ingressam na agravante genérica, porém, as relações decorrentes do parentesco por afinidade, tais como sogra e genro, cunhados etc.

De seu turno, a união estável não autoriza a aplicação da agravante genérica, em face da inadmissibilidade da analogia *in malam partem* no Direito Penal.

Exige-se, para a incidência da agravante, **prova documental** da relação de parentesco ou do vínculo matrimonial. De fato, a prova do estado das pessoas deve observar as restrições estabelecidas na lei civil (CPP, art. 155, parágrafo único, com a redação alterada pela Lei 11.690/2008).

### 34.10.2.6. Com abuso de autoridade ou prevalecendo-se de relações domésticas, de coabitação ou de hospitalidade, ou com violência contra a mulher na forma da lei específica (alínea "f")

Legitima-se a exasperação da pena em face da violação dos postulados de solidariedade e de assistência que devem reinar nas situações ali descritas.

A expressão **"abuso de autoridade"** relaciona-se ao **direito privado** (exemplo: tutor e tutelado). Excluem-se as relações de direito público. Deve existir um vínculo de dependência entre o agente e a vítima. Caracteriza-se pelo mau uso que dela se faz, pelo excesso ou pela violência, fora dos casos de exercício de cargo, ofício, ministério ou profissão.[74]

**Relações domésticas** são as criadas entre os membros de uma família, podendo ou não existir ligações de parentesco (exemplo: patrão e babá de seu filho).

No tocante à união estável, em que não é possível sua equiparação ao cônjuge para agravação da pena, nada impede a inserção da companheira ou do companheiro nessa alínea (prevalecendo-se das relações domésticas).

**Coabitação** é a moradia sob o mesmo teto, ainda que por breve período (exemplo: moradores de uma república de estudantes). Deve ser lícita e conhecida dos coabitantes. Pode ser voluntária, fortuita, ou ainda coativa, como ocorre na carcerária.

**Hospitalidade** é a recepção eventual, durante a estadia provisória na residência de alguém, sem necessidade de pernoite (exemplo: receber amigos para um jantar). Afasta-se a relação de hospitalidade quando o agente ingressa, clandestina ou astuciosamente, ou ainda com violência, na moradia do hospedeiro, uma vez que depende do seu consentimento para caracterizar-se.

Esses três últimos casos de relações – domésticas, coabitação e hospitalidade – devem existir ao tempo do crime, nada importando tenha sido o delito praticado fora do âmbito da relação doméstica, ou do local que ensejou a coabitação ou a hospitalidade. Incide a agravante genérica, exemplificativamente, quando o morador de uma república subtrai bens de um colega que com ele divide a residência em momento no qual estavam no interior de um ônibus, no transporte à faculdade.

A parte final do dispositivo legal – "ou com violência contra a mulher na forma da lei específica" – foi acrescentada pela Lei 11.340/2006 – Lei Maria da Penha. Essa inovação legislativa não trouxe nenhuma utilidade prática, pois a violência doméstica ou familiar contra a mulher já funcionava como agravante genérica nessa alínea ("prevalecendo-se das relações domésticas") ou na alínea anterior ("contra ascendente, descendente, irmão ou cônjuge").[75]

Na seara dos crimes sexuais, o Superior Tribunal de Justiça fixou a seguinte tese no **Tema 1215 do Recurso Repetitivo**: "Nos crimes contra a dignidade sexual, não configura *bis in idem* a aplicação simultânea da agravante genérica do art. 61, II, *f*, e da majorante específica do art. 226, II, ambos do Código Penal, salvo quando presente apenas a relação de autoridade do agente sobre a vítima, hipótese na qual deve ser aplicada tão somente a causa de aumento."[76]

### 34.10.2.7. Com abuso de poder ou violação de dever inerente a cargo, ofício, ministério ou profissão (alínea "g")

Essa alínea prevê duas agravantes diversas: abuso de poder e violação de dever.

O **abuso de poder** e a **violação de dever inerente a cargo** têm como principal característica serem praticados por funcionários públicos, ou então por particulares ligados a cargos públicos, contra funcionários públicos entre si ou contra o público em geral. Pressupõem no agente a condição de funcionário público, e o crime deve ser cometido no desempenho do cargo público, ou seja, é imprescindível que se beneficie o agente da sua condição funcional para cometer o ilícito penal.

---

[74] SABINO JÚNIOR, Vicente. *Direito penal*. São Paulo: Sugestões Literárias, 1967. v. II, p. 358.

[75] "(...) a agravante genérica prevista no art. 61, II, 'f', do CP visa punir o agente que pratica crime contra a mulher em razão de seu gênero, cometido ou não no ambiente familiar ou doméstico. Destarte, nessa alínea, prevê-se um agravamento da penalidade em razão da violência de gênero" (STJ: AgRg no REsp 1.998.980/GO, rel. Min. Joel Ilan Paciornik, 5.ª Turma, j. 08.05.2023, noticiado no *Informativo* 775).

[76] REsp 2.038.88/MG, rel. Min. Joel Ilan Paciornik, 3.ª Seção, j. 13.11.2024, noticiado no *Informativo* 834.

CAP. 34 – APLICAÇÃO DA PENA PRIVATIVA DE LIBERDADE | **571**

Ligam-se, assim, ao exercício do poder público e do cargo público de maneira ilegítima e excessiva, com violação das regras de Direito Público. Cargo público é o lugar instituído na organização do serviço público, com denominação própria, atribuições e responsabilidades específicas e estipêndio correspondente, para ser provido e exercido por um titular, na forma estabelecida em lei.[77]

O abuso de poder e a violação de dever inerente a cargo podem, em determinadas circunstâncias, configurar crime autônomo, e não atuar como agravante genérica. Exemplo: violação de sigilo funcional (CP, art. 325).

Quando o sujeito for punido pelo crime de abuso de autoridade, tipificado pela Lei 13.869/2019, afasta-se essa agravante genérica para evitar o *bis in idem*.

Já a expressão **"violação de dever inerente a ofício, ministério ou profissão"** se refere a atividades de natureza privada.

**Ofício** é a atividade remunerada e predominantemente manual. Exemplo: mecânico de automóveis.

**Ministério** diz respeito ao exercício de um culto religioso. Exemplo: padre ou pastor de uma igreja. Deve tratar-se de religião reconhecida e permitida pelo Estado.

**Profissão**, por sua vez, é remunerada e reclama conhecimentos restritos e especializados, com predominância do fator intelectual. Exemplos: advogado, engenheiro, médico etc.

### 34.10.2.8. Contra criança, maior de 60 (sessenta) anos, enfermo ou mulher grávida (alínea "h")

Essa agravante genérica fundamenta-se na **situação de fragilidade ou debilidade da vítima, na facilidade que encontra o agente para cometer o delito e na sua covardia**. Essas pessoas, indubitavelmente, têm menor chance de defesa.

**Criança** é a pessoa de até 12 anos de idade incompletos (ECA – Lei 8.069/1990, art. 2.º, *caput*).

Quanto à **pessoa idosa**, é dizer, **maior de 60 anos**, essa redação se deve à entrada em vigor da Lei 10.741/2003 (Estatuto da Pessoa Idosa).[78] Adotou-se um **critério cronológico**, com o abandono do termo "velho". É necessário o nexo de dependência entre a situação de fragilidade do ofendido e o crime praticado. Nessa linha de raciocínio, assim já decidiu o Superior Tribunal de Justiça:

> Não se aplica a agravante prevista no art. 61, II, *h*, do Código Penal na hipótese em que o crime de furto qualificado pelo arrombamento à residência ocorreu quando os proprietários não se encontravam no imóvel, não havendo que se falar, portanto, em ameaça à vítima ou em benefício do agente para a prática delitiva em razão de sua condição de fragilidade. (...) A incidência da agravante ocorre em razão da fragilidade, vulnerabilidade da vítima perante o agente, em razão de sua menor capacidade de defesa, a qual é presumida. Ausente qualquer nexo entre a ação do réu e a condição de vulnerabilidade da vítima, quando o furto qualificado pelo arrombamento à residência ocorreu quando os proprietários não se encontram no imóvel, com a escolha da residência de forma aleatória, nada indicando a condição de idoso do morador da casa invadida. Configurada a excepcionalidade da situação, deve ser afastada a agravante relativa ao crime praticado contra idoso, prevista no art. 61, II, *h*, do Código Penal.[79]

**Enfermo** é o indivíduo que, em decorrência de alguma doença, permanente ou transitória, enfrenta debilidade em sua capacidade física ou mental. É, em suma, a pessoa portadora

---

[77] MEIRELLES, Hely Lopes. *Direito administrativo brasileiro*. 32. ed. atual. por Eurico de Andrade Azevedo, Délcio Balestero Aleixo e José Emmanuel Burle Filho. São Paulo: Malheiros, 2006. p. 417.

[78] Pessoa idosa, a teor da regra contida no art. 1.º da Lei 10.741/2003, é a "com **idade igual ou superior a 60 (sessenta) anos**". Contudo, a agravante genérica delineada no art. 61, II, "h", do Código Penal somente terá incidência quando o crime for cometido contra **maior de 60 (sessenta) anos**.

[79] HC 593.219/SC, rel. Min. Ribeiro Dantas, 5.ª Turma, j. 25.08.2020, noticiado no *Informativo* 679.

# 572 DIREITO PENAL – PARTE GERAL – VOL. 1 • CLEBER MASSON

de deficiência física ou mental. Aqui também se exige o nexo entre o crime praticado e a enfermidade da vítima. Exemplo: um furto contra um cego autoriza a agravante genérica, ao contrário de igual crime cometido contra pessoa resfriada, já que tal doença não deixa de constituir-se em uma deficiência do corpo humano.

**Mulher grávida**, para justificar a agravante, deve ser aquela em estágio avançado da gestação, capaz de torná-la mais vulnerável às investidas criminosas, e desde que a sua peculiar condição facilite a prática do delito.

Em qualquer das hipóteses, o agente deve ter ciência da situação de fragilidade da vítima, ou seja, ele precisa saber que pratica o delito contra criança, pessoa idosa, enfermo ou mulher grávida, pois não se admite a responsabilidade penal objetiva.[80]

### 34.10.2.9. Quando o ofendido estava sob a imediata proteção da autoridade (alínea "i")

Nessa situação é mais grave a punição, porque quem se encontra sob a proteção do Estado não deve ser ofendido por condutas criminosas. Diante da proteção do poder público, o agente revela destemor e incredulidade com a força dos poderes constituídos, merecendo mais rigorosa reprovação.

**Proteção imediata** significa guarda, dependência, sujeição. Destarte, enquadra-se nessa agravante o resgate de preso para ser morto por facção rival, mas não o crime cometido contra vítima que se encontrava ao lado de um policial.

### 34.10.2.10. Em ocasião de incêndio, naufrágio, inundação ou qualquer calamidade pública, ou de desgraça particular do ofendido (alínea "j")

Nessa alínea o Código Penal mais uma vez se utiliza da **interpretação analógica** ou *intra legem*.

Essa agravante genérica justifica-se pela **insensibilidade moral do agente**, que não observa os mais comezinhos postulados de fraternidade e de solidariedade humana e se aproveita de situações calamitosas ou de desgraça particular da vítima, que se encontra em posição de inferioridade, para praticar um crime.

**Calamidade pública** é o acidente generalizado, a tragédia que engloba um número indeterminado de pessoas. Exemplo: roubo a supermercado cometido durante a pandemia causada pelo Covid-19, reconhecida como estado de calamidade pública pelo Decreto Legislativo 06/2020. **Desgraça particular do ofendido**, por outro lado, é o acidente ou tragédia relativo a uma pessoa ou a um grupo determinado de pessoas. Exemplo: saque dos bens da vítima logo após o capotamento do seu automóvel.

### 34.10.2.11. Em estado de embriaguez preordenada (alínea "l")

Nessa situação pune-se com maior rigor para evitar que pessoas se embriaguem buscando encorajamento para a prática de infrações penais, bem como a exclusão da imputabilidade penal. Utiliza-se a teoria da *actio libera in causa* (Capítulo 28, item 28.14.8).

## 34.10.3. Agravantes no concurso de pessoas (art. 62 do CP)

A terminologia utilizada pelo legislador é inadequada. Afigura-se equivocado falar-se em agravante no "concurso de pessoas".

Concurso de pessoas, em termos técnicos, é a colaboração de dois ou mais agentes culpáveis para a prática de uma infração penal. E, como a pluralidade de agentes culpáveis é um dos traços característicos do instituto, essa expressão é imprópria, pois os incisos II e III do art. 62 dizem respeito a dois típicos casos de **autoria mediata**.

---

[80] STJ: HC 284.951/MG, rel. Min. Marco Aurélio Bellizze, 5.ª Turma, j. 08.04.2014.

CAP. 34 – APLICAÇÃO DA PENA PRIVATIVA DE LIBERDADE | **573**

Como se sabe, não há concurso de pessoas na autoria mediata, pois os envolvidos não são dotados de culpabilidade, o que inviabiliza, consequentemente, o vínculo subjetivo entre eles. Faltam, pois, requisitos do instituto delineado pelo art. 29, *caput*, do Código Penal.

É bom saber, portanto, que nesse dispositivo legal o Código Penal, impropriamente, utiliza a expressão "concurso de pessoas" para referir-se aos crimes praticados com qualquer tipo de atuação de duas ou mais pessoas, mas não obrigatoriamente nos moldes do seu art. 29, *caput*.

### 34.10.3.1. Promove, ou organiza a cooperação no crime ou dirige a atividade dos demais agentes (inciso I)

Promover ou organizar a cooperação no crime, ou dirigir a atividade dos demais criminosos, consiste em arquitetar mentalmente a estrutura do delito de modo a permitir a operacionalização da conduta ilícita. É o que se dá com o **autor intelectual**, bem como com o **autor de escritório**, maestros de toda a empreitada criminosa.

Reclama-se, para incidência da agravante, a real hierarquia do agente sobre os demais comparsas. Logo, não há aumento da pena na hipótese de simples sugestão quanto à prática da infração penal. Por esse motivo, é imprescindível nesse caso o ajuste prévio (desnecessário no concurso de pessoas), capaz de identificar a subserviência de um ou mais indivíduos em relação ao líder.

Em nosso sistema penal, o autor intelectual (mentor do crime) não é propriamente autor, e sim partícipe. Com efeito, não realiza o núcleo do tipo incriminador, mas de qualquer modo concorre para o crime. E, em face da adoção, como regra, da teoria unitária ou monista no concurso de pessoas, é possível seja o autor intelectual punido mais gravemente do que o autor propriamente dito (executor). Sua culpabilidade, certamente, é mais acentuada, já que sem a sua contribuição moral o crime não se concretizaria.

Cumpre destacar a inexistência de *bis in idem* na atividade judicial que, depois de reconhecer a participação, aplica essa agravante genérica. Seus motivos e finalidades são distintos. Na verdade, nem todo partícipe merece a agravante genérica, uma vez que concorrer para o crime não importa, necessariamente, em promover, ou organizar a cooperação no crime, ou dirigir a atividade dos demais agentes. Em síntese, a agravante prevista no art. 62, inc. I, do Código Penal não é incompatível com a participação, a exemplo do que ocorre com o mandante do delito. Mas sua incidência não é automática, pois reclama comprovação no caso concreto. Na visão do Superior Tribunal Justiça:

> Em princípio, não é incompatível a incidência da agravante do art. 62, I, do CP ao autor intelectual do delito (mandante). O art. 62, I, do CP prevê que: "A pena será ainda agravada em relação ao agente que: I – promove, ou organiza a cooperação no crime ou dirige a atividade dos demais agentes;" Em princípio, não há que se falar em *bis in idem* em razão da incidência dessa agravante ao autor intelectual do delito (mandante). De acordo com a doutrina, a agravante em foco objetiva punir mais severamente aquele que tem a iniciativa da empreitada criminosa e exerce um papel de liderança ou destaque entre os coautores ou partícipes do delito, coordenando e dirigindo a atuação dos demais, fornecendo, por exemplos, dados relevantes sobre a vítima, determinando a forma como o crime será perpetrado, emprestando os meios para a consecução do delito, independente de ser o mandante ou não ou de quantas pessoas estão envolvidas. Há, inclusive, precedente do STF (Tribunal Pleno, AO 1.046-RR, *DJe* 22/6/2007) indicando a possibilidade de coexistência da agravante e da condenação por homicídio na qualidade de mandante. Entretanto, não obstante a inexistência de incompatibilidade entre a condenação por homicídio como mandante e a incidência da agravante do art. 62, I, do CP, deve-se apontar elementos concretos suficientes para caracterizar a referida circunstância agravadora. Isso porque, se o fato de ser o mandante do homicídio não exclui automaticamente a agravante do art. 62, I, do CP, também não obriga a sua incidência em todos os casos.[81]

---

[81] REsp 1.563.169/DF, rel. Min. Reynaldo Soares da Fonseca, 5.ª Turma, j. 10.03.2016, noticiado no *Informativo* 580.

**574** | DIREITO PENAL – PARTE GERAL – VOL. 1 • CLEBER MASSON

### 34.10.3.2. Coage ou induz outrem à execução material do crime (inciso II)

**Coagir** é obrigar alguém, com emprego de violência ou grave ameaça, de forma irresistível ou não, a cometer um crime.

A coação física irresistível exclui a conduta, e, portanto, o fato típico. A coação moral irresistível, por outro lado, exclui a culpabilidade, por inexigibilidade de conduta diversa. Somente o coator responde pelo crime.

Se, entretanto, for resistível a coação, há concurso de pessoas. Mas o coagido, em razão da pressão suportada, terá a pena atenuada (CP, art. 65, III, "c", 1.ª parte).

A agravante genérica recairá sobre o coator tanto na coação física como na coação moral, irresistíveis ou resistíveis. A lei não permite nenhum tipo de exceção.

**Induzir** é fazer surgir na mente de outrem o propósito criminoso até então inexistente. Não há violência ou grave ameaça, apenas sugestão. Com a incidência da agravante genérica, o partícipe (quem induz) será, em tese, apenado com mais vigor do que o autor (executor material).

### 34.10.3.3. Instiga ou determina a cometer o crime alguém sujeito à sua autoridade ou não punível em virtude de condição ou qualidade pessoal (inciso III)

**Instigar** é reforçar a ideia criminosa já existente. **Determinar** é ordenar a prática do delito.

Exige-se esteja o executor do crime sob a autoridade de quem instiga ou determina. A lei se refere a qualquer espécie de relação ou subordinação, pública ou privada, religiosa ou profissional, e até mesmo doméstica. Basta ser capaz de influir no espírito do agente, e, e, dependendo do seu grau, pode configurar uma dirimente (CP, art. 22: obediência hierárquica) ou uma atenuante genérica (CP, art. 65, III).

A instigação ou determinação pode dirigir-se até mesmo aos inimputáveis, pessoas não puníveis em virtude de sua condição ou qualidade pessoal, caracterizando a autoria mediata.

### 34.10.3.4. Executa o crime, ou nele participa, mediante paga ou promessa de recompensa (inciso IV)

Pune-se mais gravemente o **criminoso mercenário**. Cuida-se de especial forma de motivo torpe caracterizado pela ganância, pela ambição desmedida, pela cupidez, isto é, cobiça, desejo imoderado de riquezas.

Na paga, a recompensa é anterior à prática do crime. Na promessa, posterior, e não é obrigatório, para a aplicação da agravante genérica, que seja a recompensa efetivamente recebida. É suficiente tenha sido o crime motivado pela crença no ulterior pagamento.

## 34.10.4. Atenuantes genéricas (arts. 65 e 66 do CP)

### 34.10.4.1. Ser o agente menor de 21 (vinte e um), na data do fato, ou maior de 70 (setenta) anos, na data da sentença (inciso I)

São duas as atenuantes genéricas: **menoridade relativa e velhice**, também denominada de **senilidade**.

**Menoridade relativa** é a atenuante genérica aplicável aos réus **menores de 21 anos ao tempo do fato, pouco importando a data da sentença**. Devem ser maiores de 18 anos, independentemente de eventual emancipação civil, pois do contrário incidem as regras do Estatuto da Criança e do Adolescente – Lei 8.069/1990.

Essa atenuante foi inicialmente prevista no direito pátrio no Código Criminal do Império de 1830, e desde então não deixou de existir. Fundamenta-se na **imaturidade do agente**, que

CAP. 34 – APLICAÇÃO DA PENA PRIVATIVA DE LIBERDADE | 575

por tal motivo merece uma pena mais branda, suficiente para alcançar suas finalidades de retribuição e prevenção (geral e especial).

De acordo com o parágrafo único do art. 155 do Código de Processo Penal, com a redação alterada pela Lei 11.690/2008, a prova da idade somente pode ser feita pela certidão de nascimento. A jurisprudência, entretanto, admite outros meios probatórios, tais como a carteira de identidade, a carteira nacional de habilitação e o certificado de reservista.

Veja-se, a propósito, a **Súmula 74 do Superior Tribunal de Justiça**: "Para efeitos penais, o reconhecimento da menoridade do réu requer prova por documento hábil". Basta, assim, qualquer documento juridicamente hábil, não se vinculando a prova da menoridade unicamente à certidão de nascimento.

O art. 5.º do Código Civil de 2002, pelo qual "A menoridade cessa aos 18 (dezoito) anos completos, quando a pessoa fica habilitada à prática de todos os atos da vida civil", não revogou essa atenuante genérica, por dois fundamentos: (1) em se tratando de norma favorável ao réu, deveria ter sido revogada expressamente, em face da inadmissibilidade no Direito Penal da analogia *in malam partem*. Respeita-se, desse modo, o princípio da reserva legal; e (2) os dispositivos penais foram expressamente preservados pelo art. 2.043 do Código Civil.

**Velhice**, ou **senilidade**, é a atenuante genérica incidente ao réu **maior de 70 (setenta) anos ao tempo da sentença, qualquer que seja a data do fato**. Fundamenta-se nas **alterações físicas e psicológicas que atingem pessoas em idade avançada**, aptas a influírem no ânimo criminoso, e também na **menor capacidade que têm para suportar integralmente a pena**, que por isso deve ser amenizada.

Leva-se em conta a data da publicação da sentença, ou seja, o dia em que é entregue em mãos do escrivão. Em caso de acórdão condenatório, isto é, decisão do tribunal que reforma a sentença absolutória, a idade deve ser aferida na data da sessão de julgamento do recurso de apelação interposto pela acusação.

Essa regra também não foi modificada com a superveniência da Lei 10.741/2003 – Estatuto da Pessoa Idosa, que em seu art. 1.º considera como pessoa idosa o ser humano com idade igual ou superior a 60 anos. Com efeito, a lei fala em maior de 70 anos, e não em pessoa idosa, situações diversas que comportam tratamento distinto. É a posição do Supremo Tribunal Federal em relação à diminuição pela metade do prazo prescricional (CP, art. 115), aplicável a esse dispositivo legal por identidade de razões.[82]

### 34.10.4.2. O desconhecimento da lei (inciso II)

Embora o desconhecimento da lei seja inescusável (CP, art. 21, *caput*) e não afaste o caráter criminoso do fato, funciona como atenuante genérica. Suaviza-se, no campo penal, a regra definida pelo art. 3.º da Lei de Introdução às Normas do Direito Brasileiro: "Ninguém se escusa de cumprir a lei, alegando que não a conhece". De fato, subsiste o crime e a responsabilidade penal. Cumpre-se a lei, mas é abrandada a pena.

Justifica-se essa atenuante pelo fato de o ordenamento jurídico brasileiro ser composto por um emaranhado complexo de leis e atos normativos, constantemente revogados e em contínua modificação, dificultando por parte do cidadão a exata compreensão do seu significado e do seu alcance.

Na seara das contravenções penais, a ignorância ou a errada compreensão da lei, se escusáveis, autorizam o perdão judicial (LCP, art. 8.º).

---

[82] HC 89.969/RJ, rel. Min. Marco Aurélio, 1.ª Turma, j. 26.06.2007.

# 34.10.4.3. Ter o agente (inciso III)

## 34.10.4.3.1. Cometido o crime por motivo de relevante valor social ou moral (alínea "a")

Em seu sentido comum, motivo é o que causa ou origina alguma coisa. No Direito Penal, é o antecedente psíquico da conduta criminosa.

Os motivos do crime são circunstâncias judiciais importantes na fixação da pena-base (CP, art. 59, *caput*). Podem também desempenhar o papel de qualificadora ou de privilégio em determinados crimes, como no homicídio doloso, ou, ainda, de agravante (CP, art. 61, II, "a") ou de atenuante genérica, como aqui ocorre.

Para ser reconhecido como atenuante, o motivo deve ser relevante, isto é, importante, considerável. Para aferir-se essa relevância o magistrado adota como parâmetro a figura do homem médio, e não o perfil subjetivo do réu.

**Valor social** é o que atende aos anseios da coletividade (exemplo: matar um perigoso estuprador que amedrontava as moradoras de uma pacata cidade). **Valor moral** é o que diz respeito ao agente, e está em conformidade com a moralidade e os princípios éticos dominantes (exemplo: matar o responsável por torturas pretéritas, muito tempo depois dos atos de covardia).

## 34.10.4.3.2. Procurado, por sua espontânea vontade e com eficiência, logo após o crime, evitar-lhe ou minorar-lhe as consequências, ou ter, antes do julgamento, reparado o dano (alínea "b")

Não se pode confundir a primeira parte – **"procurado, por sua espontânea vontade e com eficiência, logo após o crime, evitar-lhe ou minorar-lhe as consequências"** – com a figura do arrependimento eficaz (CP, art. 15).

No arrependimento eficaz o agente esgota os atos executórios, mas impede a consumação do crime. Exemplo: depois de efetuar disparos de arma de fogo contra a vítima, com o intuito de matá-la, arrepende-se o agente e a leva ao hospital, salvando-a da morte. Trata-se de causa de exclusão da tipicidade, pois subsiste somente a responsabilidade penal pelos atos praticados. Não há tentativa, uma vez que o crime não se consumou por vontade do agente.

Por sua vez, **na atenuante genérica o crime se consuma**, mas o seu responsável procura, por sua espontânea vontade e com eficiência, logo após o crime, impedir ou reduzir as suas consequências. Exemplo: o sujeito atropela e mata um pai de família, mas passa a pagar pensão mensal aos seus herdeiros. Atende-se à menor reprovabilidade que indica quem, passado o ímpeto da ação delituosa, procura, com eficácia, diminuir ou evitar as consequências de sua ação.

Deve o arrependimento ocorrer **logo após**, ou seja, em lapso de tempo que não pode ser exatamente quantificado e que se deve aferir pelos fundamentos da atenuação. Por outro lado, é preciso que o arrependimento se materialize por **espontânea vontade**. O arrependimento tem de ser eficaz. De nada valerão os esforços do agente se não conseguir ele efetivamente evitar ou diminuir as consequências.[83]

Já a parte final do dispositivo – **"ter, antes do julgamento, reparado o dano"** – precisa ser diferenciada do arrependimento posterior (CP, art. 16), causa obrigatória de diminuição da pena. Nesse, a reparação do dano ou restituição da coisa deve preceder o recebimento da denúncia ou da queixa, enquanto na atenuante genérica é possível a reparação do dano antes do julgamento em 1.ª instância.

Porém, aqui também a reparação do dano deve ser integral e efetuada pelo réu livre de coação. Destarte, se o dano é reparado em razão de condenação no juízo civil, não se aplica a

---

[83] FRAGOSO, Heleno Cláudio. *Lições de direito penal* – parte geral. 15. ed. rev. e atual. por Fernando Fragoso. Rio de Janeiro, Forense, 1994. p. 340-341.

CAP. 34 – APLICAÇÃO DA PENA PRIVATIVA DE LIBERDADE | 577

atenuante. Incide, contudo, o abrandamento da pena quando a vítima renunciar ao seu direito de crédito ou recusar injustificadamente a indenização.

Fundamenta-se essa atenuante genérica em questões de política criminal, buscando estimular o acusado, mediante a diminuição de sua pena, a reparar o dano provocado a um bem jurídico penalmente tutelado.

### 34.10.4.3.3. Cometido o crime sob coação a que podia resistir, ou em cumprimento de ordem de autoridade superior, ou sob a influência de violenta emoção, provocada por ato injusto da vítima (alínea "c")

Fundamentam-se essas atenuantes genéricas pelo fato de ser atacado o juízo de culpabilidade do réu, passando sua conduta a apresentar menor reprovabilidade social.

No tocante à **coação**, a de natureza física e irresistível afasta a conduta do coagido, e, consequentemente, o fato típico, por ausência de vontade, um dos elementos inerentes ao dolo e à culpa. Já a coação moral irresistível exclui a culpabilidade do coagido, em face da inexigibilidade de conduta diversa (CP, art. 22, 1.ª parte).

Porém, se tais coações forem **resistíveis**, haverá concurso de pessoas entre coator e coagido. Aquele terá a pena agravada (CP, art. 62, II); já em relação a este, a reprimenda será atenuada. E para aferir-se a resistibilidade ou não da coação, analisa-se o perfil do agente, e não a figura do homem médio.

Por sua vez, a **obediência hierárquica** de ordem não manifestamente ilegal exclui a culpabilidade, também por inexigibilidade de conduta diversa (CP, art. 22, *in fine*). Somente o superior hierárquico responde pelo crime. Todavia, se a ordem for manifestamente ilegal, tanto o superior hierárquico como o funcionário público subalterno responderão, em concurso, pelo crime. Àquele incidirá uma agravante genérica (CP, art. 62, III), enquanto a este uma atenuante genérica, pois o subalterno é colocado em difícil posição quando o superior lhe determina a execução de ato ilegal.

**A influência de violenta emoção, provocada por ato injusto da vítima**, também figura como atenuante genérica. Se o crime for de homicídio ou de lesões corporais, circunstâncias semelhantes caracterizam privilégio (CP, arts. 121, § 1.º, e 129, § 4.º). Nesses casos, porém, reclama-se o **domínio de violenta emoção, logo em seguida a injusta provocação da vítima**.

Domínio é mais amplo e mais forte do que influência. O primeiro envolve o controle do agente, ao passo que a última somente perturba o seu ânimo. Mas não é só. Na atenuante genérica, basta um ato injusto da vítima, enquanto no privilégio impõe-se sua injusta provocação. Finalmente, no privilégio a reação é imediata ("logo em seguida"), ao passo que na atenuante admite-se certo hiato temporal, uma vez que a lei não condiciona a atuação do agente a determinado período de tempo.

### 34.10.4.3.4. Confessado espontaneamente, perante a autoridade, a autoria do crime (alínea "d")

Para servir como atenuante genérica, a confissão há de ser **espontânea**, é dizer, deve surgir como fruto da sinceridade do íntimo do agente. Não basta ser voluntária (livre de coação), pois poderia o réu confessar apenas para aproveitar-se de um benefício legal, sem revelar crível intenção de colaborar na apuração da infração penal.[84]

Para o Supremo Tribunal Federal, a simples postura de reconhecimento da prática do delito enseja o reconhecimento desta atenuante genérica, pois o art. 65, III, *d*, do Código Penal não faz qualquer ressalva no tocante à maneira como o agente pronuncia a confissão.

---

[84] Entretanto, o Superior Tribunal de Justiça já decidiu ser prescindível a espontaneidade, bastando que haja apenas a voluntariedade (HC 117.764/SP, rel. Min. Og Fernandes, j. 27.10.2009, 6.ª Turma, noticiado no *Informativo* 413).

# 578 | DIREITO PENAL – PARTE GERAL – VOL. 1 • CLEBER MASSON

Além disso, esta circunstância possui natureza objetiva, razão pela qual independe do subjetivismo do julgador.[85]

Exige-se seja a confissão relativa à autoria (em sentido amplo, para abranger a autoria propriamente dita e a participação) e, também, seja prestada perante a autoridade pública envolvida na persecução penal (delegado de Polícia, membro do Poder Judiciário ou do Ministério Público). Se presente a confissão perante a autoridade pública, a circunstância funcionará como atenuante genérica mesmo se existirem outras provas aptas a embasar a condenação.

Se o crime foi praticado em concurso de pessoas, aplica-se a atenuante genérica quando o réu confessa o delito e afasta a responsabilidade penal do seu comparsa, dizendo ter agido sozinho.[86]

A confissão pode ser **parcial**, pois não precisa alcançar eventuais qualificadoras ou causas de aumento da pena.[87] **Seu limite temporal é o trânsito em julgado da condenação**.

O fundamento dessa atenuante é a **lealdade processual**. Na linha da jurisprudência do Supremo Tribunal Federal:

> Inicialmente, acentuou-se que a Constituição (art. 5.º, LXIII) asseguraria aos presos o direito ao silêncio e que o Pacto de São José da Costa Rica (art. 8.º, 2, g) institucionalizaria o princípio da não autoincriminação — *nemo denetur se detegere*. Nesse contexto, o chamado réu confesso assumiria postura incomum, ao afastar-se do instinto do autoacobertamento para colaborar com a elucidação dos fatos, do que resultaria a prevalência de sua confissão. Em seguida, enfatizou-se que, na concreta situação dos autos, a confissão do paciente contribuíra efetivamente para sua condenação e afastara as chances de reconhecimento da tese da defesa técnica no sentido da não consumação do crime. Asseverou-se que o instituto da confissão espontânea seria sanção do tipo premial e que se assumiria com o paciente postura de lealdade. Destacou-se o caráter individual, personalístico dos direitos subjetivos constitucionais em matéria criminal e, como o indivíduo seria uma realidade única, afirmou-se que todo o instituto de direito penal que se lhe aplicasse deveria exibir o timbre da personalização, notadamente na dosimetria da pena.[88]

Se na fase investigatória o acusado confessou seu envolvimento no ilícito penal, e posteriormente retratou-se em juízo, a atenuante terá incidência se as declarações na fase pré-processual, em conjunto com as provas apuradas sob o contraditório, embasaram a condenação.[89]

A propósito, a **Súmula 545 do Superior Tribunal de Justiça** encontra-se assim redigida: "Quando a confissão for utilizada para a formação do convencimento do julgador, o réu fará jus à atenuante prevista no art. 65, III, *d*, do Código Penal". A Corte da Cidadania, na interpretação de tal súmula, tem lhe conferido alcance mais amplo, no sentido da aplicabilidade da atenuante mesmo quando a confissão não for apontada pelo magistrado como fundamento da condenação. O direito ao tratamento penal mais brando se concretiza no momento da confissão pelo agente, e não com seu reconhecimento pelo Poder Judiciário:

> O réu fará jus à atenuante do art. 65, III, "d", do CP quando houver admitido a autoria do crime perante a autoridade, independentemente de a confissão ser utilizada pelo juiz como um dos fundamentos da sentença condenatória, e mesmo que seja ela parcial, qualificada, extrajudicial ou

---

[85]  HC 106.376/MG, rel. Min. Cármen Lúcia, 1.ª Turma, j. 01.03.2011, noticiado no *Informativo* 618.

[86]  STJ: AgRg no Ag no REsp 1.726.860/SP, rel. Min. Laurita Vaz, 6.ª Turma, j. 08.09.2020.

[87]  "O fato de o denunciado por furto qualificado pelo rompimento de obstáculo ter confessado a subtração do bem, apesar de ter negado o arrombamento, é circunstância suficiente para a incidência da atenuante da confissão espontânea (art. 65, III, 'd', do CP). Isso porque, consoante entendimento sufragado no âmbito do STJ, mesmo que o agente tenha confessado parcialmente os fatos narrados na exordial acusatória, deve ser beneficiado com a atenuante genérica da confissão espontânea" (STJ: HC 328.021/SC, rel. Min. Leopoldo de Arruda Raposo (Desembargador convocado do TJ-PE), 5.ª Turma, j. 03.09.2015, noticiado no *Informativo* 569).

[88]  HC 101.909/MG, rel. Min. Ayres Britto, 2.ª Turma, j. 28.02.2012, noticiado no *Informativo* 656.

[89]  STF: HC 91.654/PR, rel. Min. Carlos Britto, 1.ª Turma, j. 08.04.2008, noticiado no *Informativo* 501.

CAP. 34 – APLICAÇÃO DA PENA PRIVATIVA DE LIBERDADE | 579

retratada. (...) Com efeito, o direito subjetivo à atenuação da pena surge quando o réu confessa (momento constitutivo), e não quando o juiz cita sua confissão na fundamentação da sentença condenatória (momento meramente declaratório). Ademais, viola o princípio da legalidade condicionar a atenuação da pena à citação expressa da confissão na sentença como razão decisória, mormente porque o direito subjetivo e preexistente do réu não pode ficar disponível ao arbítrio do julgador. Afinal, se a lei condicionasse a atenuação da pena à menção da confissão na sentença condenatória, haveria um pressuposto adicional que mudaria o momento constitutivo do direito subjetivo do réu. Da mesma forma, caso o art. 65, III, "d", do CP impusesse à confissão pressupostos adicionais, não previstos para as demais atenuantes, ou exigisse que a confissão produzisse certos efeitos práticos sobre a investigação criminal, não haveria que se falar em legítima expectativa à redução da pena por parte do acusado que não cumprisse todos os requisitos legais. Essa restrição ofende também os princípios da isonomia e da individualização da pena, por permitir que réus em situações processuais idênticas recebam respostas divergentes do Judiciário, caso a sentença condenatória de um deles elenque a confissão como um dos pilares da condenação e a outra não o faça. (...) O sistema jurídico precisa proteger a confiança depositada de boa-fé pelo acusado na legislação penal, tutelando sua expectativa legítima e induzida pela própria lei quanto à atenuação da pena. A decisão pela confissão, afinal, é ponderada pelo réu considerando o *trade-off* entre a diminuição de suas chances de absolvição e a expectativa de redução da reprimenda. É contraditória e viola a boa-fé objetiva a postura do Estado em garantir a atenuação da pena pela confissão, na via legislativa, a fim de estimular que acusados confessem; para depois desconsiderá-la no processo judicial, valendo-se de requisitos não previstos em lei. Por tudo isso, o réu fará jus à atenuante do art. 65, III, "d", do CP quando houver confessado a autoria do crime perante a autoridade, independentemente de a confissão ser utilizada pelo juiz como um dos fundamentos da sentença condenatória.[90]

O Supremo Tribunal Federal, todavia, tem decidido que a **confissão qualificada** – na qual o acusado reconhece seu envolvimento no fato típico, mas aduz ter agido sob o manto de uma causa de exclusão da ilicitude ou da culpabilidade –, não autoriza a incidência da atenuante genérica.[91] Concordamos com esse entendimento, pois nessa hipótese a finalidade do réu é exercer sua autodefesa, e não contribuir para a descoberta da verdade real.

A prisão em flagrante do agente não impede, por si só, o reconhecimento da atenuante da confissão espontânea.[92]

Finalmente, não incide a atenuante genérica nas situações em que o acusado busca minimizar indevidamente sua responsabilidade penal, a exemplo do que se verifica quando o autor de um roubo confessa a subtração do bem (furto), mas nega o emprego de violência ou grave ameaça contra a vítima, ou ainda quando um traficante confessa a propriedade da droga, mas nega sua comercialização, aduzindo que o produto se destinava ao consumo próprio. Nesse contexto, estatui a **Súmula 630 do Superior Tribunal de Justiça: "A incidência da atenuante da confissão espontânea no crime de tráfico ilícito de entorpecentes exige o reconhecimento da traficância pelo acusado, não bastando a mera admissão da posse ou propriedade para uso próprio".**

### 34.10.4.3.5. Cometido o crime sob a influência de multidão em tumulto, se não o provocou (alínea "e")

Trata-se do **crime multitudinário**, do qual são exemplos as invasões de propriedades rurais, as brigas em estádios de futebol etc. Pode ser definido como o crime cometido pela multidão

---

90 STJ: REsp 1.972.098/SC, rel. Min. Ribeiro Dantas, 5.ª Turma, j. 14.06.2022, noticiado no *Informativo* 741.

91 "A confissão qualificada não é suficiente para justificar a atenuante prevista no art. 65, III, "d", do Código Penal" (STF: RHC 190.420 AgR/ES, rel. Min. Rosa Weber, 1.ª Turma, j. 29.03.2021). Em igual sentido: HC 119.671/SP, rel. Min. Luiz Fux, 1.ª Turma, j. 05.11.2013.

92 STJ: HC 135.666/RJ, rel. Min. Og Fernandes, 6.ª Turma, j. 22.02.2011, noticiado no *Informativo* 464.

em tumulto, espontaneamente organizada no sentido de uma conduta comum contra coisas ou pessoas. Apurada a autoria do fato, todos os seus componentes respondem pelo delito.[93]

Justifica-se a atenuação da pena na **deformação transitória** da personalidade que sofre o indivíduo sob a pressão das paixões violentas que agitam o grupo em sublevação. A lei toma em conta essa turvação acidental que acomete o espírito dos amotinados, em quem falta a serenidade necessária para pesar razões e decidir conforme o Direito, atribuindo-lhe, então, uma responsabilidade diminuída e, com ela, a minoração da pena.

Não podem gozar da atenuante os que provocaram o tumulto. Eles mesmos trouxeram a rebeldia para o seio da multidão, desencadearam a sua agitação desordenada e, embora mais tarde possam passar de condutores a conduzidos, não se podem libertar da responsabilidade que pesa sobre eles.[94] Com efeito, a mera provocação de tumulto, por si só, caracteriza contravenção penal (Decreto-lei 3.688/1941, art. 40).

O beneficiário da atenuante genérica não pode se valer da premeditação, pois tal circunstância afastaria o seu fundamento.

A quantidade de pessoas para a configuração da multidão fica a critério do juiz. No direito canônico da Inquisição falava-se em pelo menos 40 pessoas para a formação dessa **alma coletiva**.

### 34.10.4.4. Atenuantes inominadas (art. 66 do CP)

**Não estão especificadas em lei**, podendo ser qualquer circunstância relevante, anterior ou posterior ao crime. São também chamadas de atenuantes de **clemência**, pois normalmente o magistrado as concede por ato de bondade.

Eugenio Raúl Zaffaroni e José Henrique Pierangeli sustentam o cabimento de atenuante dessa estirpe na **coculpabilidade**, isto é, situação em que o agente (em regra, o pobre e marginalizado) deve ser punido de modo mais brando pelo motivo de a ele não terem sido conferidas, pela sociedade e pelo Estado – responsáveis pelo bem-estar das pessoas em geral – todas as oportunidades para o seu desenvolvimento como ser humano.[95] O Superior Tribunal de Justiça, é preciso destacar, não tem admitido a aplicação desta teoria: "A teoria da coculpabilidade não pode ser erigida à condição de verdadeiro prêmio para agentes que não assumem a sua responsabilidade social e fazem da criminalidade um meio de vida".[96]

Eventuais bons antecedentes criminais (ou antecedentes criminais positivos) do réu não podem ser classificados como atenuante inominada, pois funcionam como circunstância judicial, na 1.ª fase da dosimetria da pena privativa de liberdade, com fundamento no art. 59, *caput*, do Código Penal. Na visão do Superior Tribunal de Justiça:

> Não caracteriza circunstância relevante anterior ao crime (art. 66 do CP) o fato de o condenado possuir bons antecedentes criminais. A atenuante inominada é entendida como uma circunstância relevante, anterior ou posterior ao delito, não disposta em lei, mas que influencia no juízo de reprovação do autor. Excluem-se, portanto, os antecedentes criminais, que já são avaliados na fixação da pena-base e expressamente previstos como circunstância judicial do art. 59 do CP.[97]

---

[93] JESUS, Damásio E. de. *Da codelinquência em face do novo Código Penal*. São Paulo: RT, 1976. p. 83.

[94] BRUNO, Aníbal. *Das penas*. Rio de Janeiro: Editora Rio, 1976. p. 143.

[95] ZAFFARONI, Eugenio Raúl; PIERANGELI, José Henrique. *Manual de direito penal brasileiro*. Parte geral. 7. ed. São Paulo: RT, 2007. v. 1, p. 525.

[96] AgRg no REsp 1.770.619/PE, rel. Min. Laurita Vaz, 6.ª Turma, j. 06.06.2019. Em um julgado específico, o STJ acolheu a teoria da coculpabilidade como atenuante inominada: "A atenuante genérica prevista no art. 66 do Código Penal pode se valer da teoria da coculpabilidade como embasamento, pois trata-se de previsão genérica, que permite ao magistrado considerar qualquer fato relevante – anterior ou posterior à prática da conduta delitiva – mesmo que não expressamente previsto em lei, para reduzir a sanção imposta ao réu" (HC 411.243/PE, rel. Min. Jorge Mussi, 5.ª Turma, j. 07.12.2017).

[97] REsp 1.405.989/SP, rel. para o acórdão Min. Nefi Cordeiro, 6.ª Turma, j. 18.08.2015, noticiado no *Informativo* 569.

## 34.10.5. Concurso de circunstâncias agravantes e atenuantes genéricas

Se presentes, simultaneamente, agravantes e atenuantes genéricas, a regra geral é a de que uma neutraliza a eficácia da outra. É o que se denomina de **equivalência das circunstâncias**. Excepciona-se essa sistemática quando existente alguma **circunstância preponderante**. Como define o art. 67 do Código Penal:

> Art. 67. No concurso de agravantes e atenuantes, a pena deve aproximar-se do limite indicado pelas circunstâncias preponderantes, entendendo-se como tais as que resultam dos motivos determinantes do crime, da personalidade do agente e da reincidência.

Há, em suma, agravantes e atenuantes genéricas mais valiosas do que outras no âmbito da aplicação da pena. São as atinentes aos motivos do crime, à personalidade do agente e à reincidência.

Durante muito tempo sustentou-se o entendimento de que a menoridade relativa era a circunstância preponderante por excelência (prevalecia sobre todas as demais de igual natureza), uma vez que os menores de 21 anos, na vigência do Código Civil de 1916, eram relativamente incapazes. Essa posição perdeu seu fundamento de validade depois da entrada em vigor do Código Civil de 2002, que considerou os maiores de 18 anos plenamente capazes para os atos da vida civil. Mas cuidado. Embora não se sobressaia frente às demais circunstâncias previstas no art. 67 do Código Penal, a atenuante da **menoridade relativa** indiscutivelmente constitui-se em circunstância preponderante, pois diz respeito à personalidade do **agente**.[98]

Cumpre destacar a diferença entre circunstâncias preponderantes e circunstâncias incompatíveis. Nessas, uma das circunstâncias tem que desaparecer (exemplo: o relevante valor moral é incompatível com o motivo fútil), enquanto naquelas subsistem todas as agravantes e atenuantes genéricas, pesando mais a que pondera, quer para agravar a pena, quer para atenuá-la.[99]

### 34.10.5.1. Concurso entre reincidência e confissão espontânea

A reincidência (agravante genérica) e a confissão espontânea (atenuante genérica) são utilizadas pelo magistrado na segunda fase da dosimetria da pena. Além disso, ambas possuem natureza preponderante, como se extrai do art. 67 do Código Penal. Mas, na hipótese de concurso, qual destas circunstâncias legais deve prevalecer?

Para o Supremo Tribunal Federal, a agravante da reincidência prepondera sobre a atenuante da confissão espontânea:

> Nos termos do art. 67 do Código Penal, no concurso de atenuantes e agravantes, a pena deve aproximar-se do limite indicado pelas circunstâncias preponderantes. No caso sob exame, a agravante da reincidência prepondera sobre a atenuante da confissão espontânea, razão pela qual é inviável a compensação pleiteada.[100]

O Superior Tribunal de Justiça, de seu turno, firmou entendimento em sentido contrário:

> A Seção, por maioria, entendeu que devem ser compensadas a atenuante da confissão espontânea e a agravante da reincidência por serem igualmente preponderantes. Segundo se afirmou, a confissão revela traço da personalidade do agente, indicando o seu arrependimento e o desejo de emenda. Assim, nos termos do art. 67 do CP, o peso entre a confissão – que diz respeito à personalidade

---

[98] STJ: AgRg no HC 693.079/SP, rel. Min. Olindo Menezes (Desembargador convocado do TRF da 1.ª Região), 6.ª Turma, j. 14.06.2022.

[99] VERGARA, Pedro. *Das circunstâncias atenuantes no direito penal vigente*. Rio de Janeiro: Bofoni, 1948. p. 50-54.

[100] RHC 120.677/SP, rel. Min. Ricardo Lewandowski, 2.ª Turma, j. 18.03.2014.

do agente – e a reincidência – expressamente prevista no referido artigo como circunstância preponderante – deve ser o mesmo, daí a possibilidade de compensação.[101]

Na hipótese de réu **multirreincidente**, o Superior Tribunal de Justiça, no julgamento do Tema 585 do Recurso Repetitivo, firmou entendimento no sentido da admissibilidade da **compensação proporcional da atenuante** da confissão espontânea com a multirreincidência, em face da preponderância desta agravante:

> É possível, na segunda fase da dosimetria da pena, a compensação integral da atenuante da confissão espontânea com a agravante da reincidência, seja ela específica ou não. Todavia, nos casos de multirreincidência, deve ser reconhecida a preponderância da agravante prevista no art. 61, I, do Código Penal, sendo admissível a sua compensação proporcional com a atenuante da confissão espontânea, em estrito atendimento aos princípios da individualização da pena e da proporcionalidade. (...) Na verdade, a condição de multirreincidência exige maior reprovação do que a conduta de um acusado que tenha a condição de reincidente em razão de um evento único e isolado em sua vida. Se a simples reincidência é, por lei, reprovada com maior intensidade, porque demonstra um presumível desprezo às solenes advertências da lei e da pena, reveladora de especial tendência antissocial, por questão de lógica e de proporcionalidade, e em atendimento ao princípio da individualização da pena, há a necessidade de se conferir um maior agravamento na situação penal do réu nos casos de multirreincidência, em função da frequência da atividade criminosa, a qual evidencia uma maior reprovabilidade da conduta, devendo, assim, prevalecer sobre a confissão. Assim, a recidiva prepondera nas hipóteses em que o acusado possui várias condenações por crimes anteriores, transitadas em julgado, reclamando repressão estatal mais robusta.[102]

### 34.10.5.2. Concurso entre promessa de recompensa e confissão espontânea

O Superior Tribunal de Justiça já admitiu a compensação entre a atenuante da confissão espontânea e a agravante da promessa de recompensa, reputando-as como igualmente preponderantes:

> É possível compensar a atenuante da confissão espontânea (art. 65, III, "d", do CP) com a agravante da promessa de recompensa (art. 62, IV). O STJ pacificou o entendimento no sentido de ser possível, na segunda fase da dosimetria da pena, a compensação da atenuante da confissão espontânea com a agravante da reincidência (REsp 1.341.370-MT, Terceira Seção, *DJe* 17/4/2013). Esse raciocínio, *mutatis mutandis*, assemelha-se à presente hipótese, por se tratar da possibilidade de compensação entre circunstâncias igualmente preponderantes, a saber, a agravante de crime cometido mediante paga com a atenuante da confissão espontânea.[103]

### 34.10.5.3. Concurso entre dissimulação e confissão espontânea

Para o Superior Tribunal de Justiça, a dissimulação não se constitui em circunstância preponderante, razão pela qual, na hipótese de concurso com a confissão espontânea, a atenuante deve preponderar, conduzindo à redução da pena na segunda fase da sua fixação:

> No concurso entre agravantes e atenuantes, a atenuante da confissão espontânea deve preponderar sobre a agravante da dissimulação, nos termos do art. 67 do Código Penal. O art. 67 do Código Penal determina que "no concurso de agravante e atenuantes, a pena deve aproximar-se do limite

---

[101] EREsp 1.154.752/RS, rel. Min. Sebastião Reis Júnior, 3.ª Seção, j. 23.05.2012, noticiado no *Informativo* 498. Com igual conclusão: REsp 1.341.370/MT, rel. Min. Sebastião Reis Júnior, 3.ª Seção, j. 10.04.2013, noticiado no *Informativo* 522. O STJ estende essa conclusão ao concurso entre a atenuante da confissão espontânea com a agravante do crime ter sido praticado com violência contra a mulher (art. 65, III, "d", do CP) (AgRg no AREsp 689.064/RJ, rel. Min. Maria Thereza de Assis Moura, 6.ª Turma, j. 06.08.2015, noticiado no *Informativo* 568).

[102] REsp 1.931.145/SP, rel. Min. Sebastião Reis Júnior, 3.ª Seção, j. 22.06.2022, noticiado no *Informativo* 742.

[103] HC 318.594/SP, rel. Min. Felix Fischer, 5.ª Turma, j. 24.02.2016, noticiado no *Informativo* 577.

CAP. 34 – APLICAÇÃO DA PENA PRIVATIVA DE LIBERDADE | 583

indicado pelas circunstâncias preponderantes, entendendo-se como tais as que resultam dos motivos determinantes do crime, da personalidade do agente e da reincidência". Esta Corte Superior entende que a confissão espontânea é circunstância preponderante, e a agravante da dissimulação não está prevista como circunstância preponderante por não se encaixar nos quesitos previstos no art. 67 do Código Penal. Assim, a reprimenda deve ser reduzida na segunda fase da dosimetria.[104]

Essa posição está sujeita a críticas, pois a dissimulação guarda vínculo com a **personalidade do agente**, indicada como circunstância preponderante pelo art. 67 do Código Penal.

### 34.10.5.4. Concurso entre confissão espontânea e qualificadora deslocada para a segunda fase da dosimetria da pena

Na hipótese de crime duplamente (ou triplamente) qualificado, o magistrado utiliza uma das qualificadoras para aumentar os limites da pena em abstrato, isto é, como qualificadora propriamente dita, e a outra (ou outras) na segunda fase da dosimetria da pena, quando tal circunstância for também prevista como agravante genérica, ou dentro na primeira fase da aplicação da pena, como circunstância judicial desfavorável, se ela não encontrar correspondência entre as agravantes genéricas.

Vejamos um exemplo: "A" foi condenado por homicídio duplamente qualificado, pelo motivo fútil e pelo emprego de meio cruel (CP, art. 121, § 2.º, II e III). O magistrado se vale de uma das qualificadoras para fixar a pena privativa de liberdade entre 12 e 30 anos, e a outra na segunda fase da aplicação da pena, pois tanto o motivo fútil como o meio cruel são previstos como agravantes genéricas (CP, art. 61, II, "a" e "d").

Nesse caso, é possível a compensação da confissão espontânea com a qualificadora remanescente, deslocada para a segunda fase da dosimetria da pena. Como decidido pelo Superior Tribunal de Justiça:

> A atenuante da confissão, mesmo qualificada, pode ser compensada integralmente com qualificadora deslocada para a segunda fase da dosimetria em razão da pluralidade de qualificadoras. A controvérsia cinge-se a definir se uma qualificadora sobejante, analisada como agravante, deve preponderar sobre a atenuante da confissão. Inicialmente, consigne-se que a utilização de uma das qualificadoras do homicídio para exasperação da pena intermediária é plenamente cabível. Logo, em se tratando de homicídio triplamente qualificado, não há ilegalidade na utilização de uma das qualificadoras para recrudescimento da pena, já que, conforme jurisprudência desta Corte, havendo duas ou mais qualificadoras, uma delas deverá ser utilizada para qualificar a conduta, alterando o *quantum* da pena em abstrato, e as demais poderão ser valoradas na segunda fase da dosimetria, caso correspondam a uma das agravantes previstas na legislação penal, ou, ainda, como circunstância judicial, afastando a pena-base do mínimo legal.[105]

## 34.11. A TERCEIRA FASE DA DOSIMETRIA DA PENA: CAUSAS DE DIMINUIÇÃO (MINORANTES) E DE AUMENTO (MAJORANTES)

São circunstâncias obrigatórias ou facultativas de diminuição ou de aumento da pena, previstas na Parte Geral ou na Parte Especial do Código Penal, e também na legislação especial, em quantidade fixa ou variável.[106] Incidem sobre o montante resultante da segunda fase de aplicação da pena (agravantes e atenuantes), e não sobre a pena-base.

---

104 HC 557.224/PR, rel. Min. Antonio Saldanha Palheiro, 6.ª Turma, j. 16.08.2022, noticiado no *Informativo* 745.

105 AgRg no REsp 2.010.303/MG, rel. Min. Antonio Saldanha Palheiro, 6.ª Turma, j. 14.11.2022, noticiado no *Informativo* 761.

106 A quantidade do aumento ou da diminuição deve ser avaliada no caso concreto. A jurisprudência do Supremo Tribunal Federal não admite o "tabelamento das penas", representado por percentuais previamente definidos (RHC 116.676/MG, rel. Min. Ricardo Lewandowski, 2.ª Turma, j. 20.08.2013, noticiado no *Informativo* 716).

Ao contrário das circunstâncias judiciais e das atenuantes e agravantes, as minorantes e as majorantes podem trazer a pena abaixo do mínimo legal, ou levá-la acima do máximo cominado, uma vez que o legislador aponta os limites de diminuição e/ou de aumento.[107] Exemplificativamente, o preceito secundário do crime de furto simples prevê, no tocante à pena privativa de liberdade, reclusão de 1 (um) a 4 (quatro) anos. Se o magistrado aplicar a pena-base no mínimo legal, mantendo-se essa reprimenda na segunda fase, e presente a figura da tentativa, causa geral e obrigatória de diminuição da pena, deverá reduzi-la ao menos no patamar mínimo (CP, art. 14, parágrafo único = 1/3), alcançando a pena final de 8 (oito) meses, muito abaixo do piso legalmente previsto.

As causas de diminuição e de aumento da pena dividem-se em **genéricas**, quando definidas na Parte Geral do Código Penal e aplicáveis à generalidade dos crimes, e **específicas**, se contidas na Parte Especial do Código Penal ou na legislação extravagante, e de aplicação restrita a determinados delitos.

Nos termos do art. 68, parágrafo único, do Código Penal: "No concurso de causas de aumento ou de diminuição previstas na parte especial, pode o juiz limitar-se a um só aumento ou a uma só diminuição, prevalecendo, todavia, a causa que mais aumente ou diminua".

Extraem-se desse dispositivo as seguintes conclusões:

a) se existirem duas ou mais causas de aumento ou de diminuição previstas na **Parte Geral**, ambas deverão ser aplicadas, desde que obrigatórias. Exemplo: tentativa (CP, art. 14, parágrafo único) e semi-imputabilidade (CP, art. 26, parágrafo único), causas de diminuição da pena.

O segundo aumento incide sobre a pena já aumentada pela primeira causa, e não sobre a pena obtida na fase das agravantes e atenuantes genéricas. É o sistema dos **"juros sobre juros"**. Há, todavia, entendimento em sentido diverso, sustentando que o segundo aumento deve se calculado sobre a pena inicial, e não sobre a pena já aumentada ("juros sobre o montante original da dívida").[108]

Na hipótese de incidirem duas causas de diminuição, a segunda diminuição deve recair sobre o *quantum* já reduzido pela primeira e não sobre a pena-base, evitando-se a **pena zero**.[109] Do contrário, imagine-se a pena de um ano de reclusão imposta ao condenado semi-imputável por tentativa de furto simples. Com a primeira diminuição (2/3), a pena baixaria para 4 (quatro) meses, e, com a segunda diminuição (2/3), calculada sobre a pena inicial, a reprimenda seria negativa, gerando um absoluto contrassenso.

b) se existirem duas ou mais causas de aumento ou de diminuição previstas na **Parte Especial**, ou na **legislação especial** (analogia *in bonam partem*), o juiz pode limitar-se a um só aumento ou a uma só diminuição, ainda que obrigatórias, prevalecendo, nesse caso, a causa que mais aumente ou mais diminua. Cuida-se de faculdade judicial. Exemplo: crime de incêndio, tipificado pelo art. 250, *caput*, do Código Penal, quando presentes duas ou mais causas de aumento previstas nos incisos I e II do seu § 1.º.

Nada impede, porém, a incidência de todas as causas de aumento ou de diminuição da pena.[110]

---

[107] STF: RE 453.000/RS, rel. Min. Marco Aurélio, Plenário, j. 04.04.2013, noticiado no *Informativo* 700.

[108] É o que pensam, entre outros, SHECAIRA, Sérgio Salomão, e CORRÊA JUNIOR, Alceu. *Teoria da pena: finalidades, direito positivo, jurisprudência e outros estudos de ciência criminal*. São Paulo: RT, 2002. p. 283-284.

[109] JESUS, Damásio E. de. *Código Penal anotado*. 15. ed. São Paulo: Saraiva, 2004. p. 249.

[110] "Acentuou que a previsão do art. 68 do CP estabeleceria, sob o ângulo literal, apenas uma possibilidade de atuação" (STF: HC 110.960/DF, rel. Min. Luiz Fux, 1.ª Turma, j. 19.08.2014, noticiado no *Informativo* 755).

CAP. 34 – APLICAÇÃO DA PENA PRIVATIVA DE LIBERDADE | 585

Em respeito aos princípios da isonomia e da individualização da pena (CF, art. 5.º, *caput*, inc. XLVI), as causas de aumento remanescentes deverão ser utilizadas como agravantes genéricas, se previstas em lei (CP, arts. 61 e 62), ou, residualmente, como circunstâncias judiciais desfavoráveis. Já as restantes causas de diminuição funcionarão como atenuantes genéricas, nominadas (CP, art. 65) ou inominadas (art. 66).[111]

c) se existirem uma causa de aumento e uma causa de diminuição, simultaneamente, ambas deverão ser aplicadas, desde que obrigatórias. Em primeiro lugar, o magistrado aplica as causas de aumento, e depois as de diminuição. Não pode a sentença fazê-las recair ao mesmo tempo, compensando-as. Exemplo: concurso formal (causa de aumento – CP, art. 70) e semi-imputabilidade (causa de diminuição – CP, art. 26, parágrafo único).

d) se existirem, ao mesmo tempo, duas causas de aumento, ou então duas causas de diminuição, previstas uma na Parte Geral e outra na Parte Especial ou legislação especial, todas elas serão aplicáveis. Por questão de lógica intrínseca à estrutura do tipo penal, incidem inicialmente as causas de aumento e de diminuição da Parte Especial ou da legislação especial, e, posteriormente, as majorantes ou minorantes da Parte Geral.

| | | |
|---|---|---|
| **Concurso entre causas de aumento** | Ambas da Parte Geral | O juiz aplicará os dois aumentos (embora a hipótese seja raríssima) |
| | Ambas da Parte Especial | O juiz poderá aplicar a causa que mais aumente (art. 68, parágrafo único, do CP) |
| | Uma da Parte Geral, outra da Parte Especial | O juiz aplicará os dois aumentos |
| **Concurso entre causas de diminuição** | Ambas da Parte Geral | O juiz aplicará as duas diminuições |
| | Ambas da Parte Especial | O juiz poderá aplicar a causa que mais diminua (art. 68, parágrafo único, do CP) |
| | Uma da Parte Geral, outra da Parte Especial | O juiz aplicará as duas diminuições |

---

[111] STJ: HC 463.434/MT, rel. Min. Reynaldo Soares da Fonseca, 3.ª Seção, j. 25.11.2020, noticiado no *Informativo* 684.

# CAPÍTULO 35

# PENAS RESTRITIVAS DE DIREITOS

## 35.1. CONCEITO

As penas restritivas de direitos são também chamadas de **"penas alternativas"**, pois têm o propósito de evitar a desnecessária imposição da pena privativa de liberdade nas situações expressamente indicadas em lei, relativas a indivíduos dotados de condições pessoais favoráveis e envolvidos na prática de infrações penais de reduzida gravidade. Busca-se a fuga **da pena privativa de liberdade**, reservada exclusivamente para situações excepcionais, aplicando-se em seu lugar a restrição de um ou mais direitos do condenado.[1]

Fala-se, atualmente, em **falência da pena de prisão**, provocada por diversos motivos, e notadamente por seu fator criminógeno. A privação da liberdade, em vez de combater a delinquência, muitas vezes a estimula. Não traz benefícios ao condenado, proporcionando, ao contrário, abertura para vícios e degradações morais.[2] Para o Supremo Tribunal Federal:

> As penas restritivas de direitos são, em essência, uma alternativa aos efeitos certamente traumáticos, estigmatizantes e onerosos do cárcere. Não é à toa que todas elas são comumente chamadas de penas alternativas, pois essa é mesmo a sua natureza: constituir-se num substitutivo ao encarceramento e suas sequelas. E o fato é que a pena privativa de liberdade corporal não é a única a cumprir a função retributivo-ressocializadora ou restritivo-preventiva da sanção penal. As demais penas também são vocacionadas para esse geminado papel da retribuição-prevenção-ressocialização, e ninguém melhor do que o juiz natural da causa para saber, no caso concreto, qual o tipo alternativo de reprimenda é suficiente para castigar e, ao mesmo tempo, recuperar socialmente o apenado, prevenindo comportamentos do gênero.[3]

---

[1] "A pena privativa de liberdade deveria se restringir às hipóteses de reconhecida necessidade, tendo em vista seu custo elevado, as consequências deletérias para infratores primários, ocasionais ou responsáveis por delitos de pequena significação" (STF: HC 123.108/MG, rel. Min. Roberto Barroso, Plenário, j. 03.08.2015, noticiado no *Informativo* 793).

[2] Nesse sentido: BITENCOURT, Cezar Roberto. *Falência da pena de prisão:* causas e alternativas. 2. ed. São Paulo: Saraiva, 2001. p. 157.

[3] HC 110.078/SC, rel. Min. Ayres Britto, 2.ª Turma, j. 29.11.2011. As penas restritivas de direitos também assumem um importante papel para os demais membros da sociedade, assim destacado pelo Supremo Tribunal Federal: "(...) Registrou que, em pequenas comunidades, a substituição da pena privativa de liberdade por medida restritiva de direito, a permitir que as pessoas vejam onde está sendo cumprida, tem valor simbólico e pedagógico maior do que a fixação do regime semiaberto ou aberto" (HC 137.217/MG, rel. Min. Marco Aurélio, red. p/ ac. Min. Alexandre de Moraes, 1.ª Turma, j. 28.08.2018, noticiado no *Informativo* 913).

## 35.2. ESPÉCIES

Nos moldes do art. 43 do Código Penal:

**Art. 43.** As penas restritivas de direitos são:

I – prestação pecuniária;

II – perda de bens e valores;

III – (Vetado);

IV – prestação de serviços à comunidade ou a entidades públicas;

V – interdição temporária de direitos;

VI – limitação de fim de semana.

As duas primeiras penas restritivas de direitos (prestação pecuniária e perda de bens e valores) foram criadas pela Lei 9.714/1998, enquanto as demais já existiam no Código Penal.

Esse rol é **exaustivo**. Portanto, não pode o magistrado, no caso concreto, criar outra espécie de pena alternativa.

O inciso III, vetado pelo Presidente da República, previa a pena de **recolhimento domiciliar**. Amparou-se o veto na alegação de impossibilidade de fiscalização de pena dessa natureza, nada obstante sua existência no art. 8.º, V, da Lei 9.605/1998 – Lei dos Crimes Ambientais, que a define no art. 13:

> O recolhimento domiciliar baseia-se na autodisciplina e senso de responsabilidade do condenado, que deverá, sem vigilância, trabalhar, frequentar curso ou exercer atividade autorizada, permanecendo recolhido nos dias e horários de folga em residência ou em qualquer local destinado a sua moradia habitual, conforme estabelecido na sentença condenatória.

Ao réu não é assegurado o direito subjetivo de escolher qual pena restritiva de direitos deseja cumprir em substituição à pena privativa de liberdade que lhe foi imposta. Essa tarefa pertence ao Poder Judiciário, cabendo unicamente ao magistrado determinar a medida alternativa mais adequada ao caso concreto.[4]

## 35.3. NATUREZA JURÍDICA

As penas restritivas de direitos são, efetivamente, penas, independentemente da ausência de privação da liberdade. Muitas delas foram assim definidas, expressamente, pelo art. 5.º, XLVI, da Constituição Federal, que apresenta um rol exemplificativo, ao estatuir que "a lei regulará a individualização da pena e adotará, **entre outras**, as seguintes".

Possuem duas características marcantes, indicadas pelos arts. 44 e 54 do Código Penal: **substitutividade** e **autonomia**.

As penas restritivas de direitos são **substitutivas**, porque resultam do procedimento judicial que, depois de aplicar uma pena privativa de liberdade, efetua a sua substituição por uma ou mais penas restritivas de direitos, desde que presentes os requisitos legais. Isso ocorre em razão de os tipos penais não possuírem, no preceito secundário, a previsão direta de penas restritivas de direitos, as quais estão definidas pela Parte Geral do Código Penal. De fato, os tipos incriminadores, depois de definirem a conduta criminosa, não dizem, exemplificativamente: "Pena: prestação de serviços à comunidade, por 1 (um) ano".

A Lei 11.343/2006 – Lei de Drogas, contudo, abriu nítida exceção a essa regra, no tocante ao crime tipificado pelo art. 28 (posse de droga para consumo pessoal), ao qual não se impõe pena privativa de liberdade, mas imediatamente penas restritivas de direitos consistentes em

---

4   STJ: AgRg no HC 582.302/SC, rel. Min. Joel Ilan Paciornik, 5.ª Turma, j. 03.11.2020.

CAP. 35 – PENAS RESTRITIVAS DE DIREITOS | 589

advertência sobre os efeitos das drogas, prestação de serviços à comunidade e medida educativa de comparecimento a programa ou curso educativo.[5]

As penas restritivas de direitos são também dotadas de **autonomia**, isto é, uma vez substituídas, não podem ser cumuladas com a pena privativa de liberdade. Em suma, o magistrado deve aplicar isoladamente uma pena privativa de liberdade para, em seguida, substituí-la por uma ou mais restritivas de direitos. É vedado, contudo, somá-las.

Além disso, durante a execução penal o Poder Judiciário deve regular o cumprimento da pena restritiva de direitos, olvidando-se da pena privativa de liberdade, exceto se for necessário o seu restabelecimento nas hipóteses extraordinariamente previstas em lei.

A Lei 9.503/1997 – Código de Trânsito Brasileiro –, todavia, previu em diversos delitos a aplicação conjunta de penas privativa de liberdade e restritiva de direitos, como se observa dos arts. 302 (homicídio culposo na direção de veículo automotor), 303 (lesão corporal culposa na direção de veículo automotor), 306 (embriaguez ao volante), 307 (violação de proibição ou restrição para direção de veículo automotor) e 308 (participação em competição não autorizada). E se não bastasse, afirmou expressamente em seu art. 292: "A suspensão ou a proibição de se obter a permissão ou a habilitação para dirigir veículo automotor pode ser imposta isolada ou cumulativamente com outras penalidades".[6]

## 35.4. DURAÇÃO DAS PENAS RESTRITIVAS DE DIREITOS

Dispõe o art. 55 do Código Penal que as penas restritivas de direitos de prestação de serviços à comunidade ou a entidades públicas, interdição temporária de direitos e limitação de fim de semana têm a **mesma duração** da pena privativa de liberdade substituída.

Mas a pena de prestação de serviços à comunidade ou a entidades públicas superior a 1 (um) ano pode ser cumprida em menor tempo, nunca inferior à metade da pena privativa de liberdade fixada (CP, art. 46, § 4.º).

Essa regra não se aplica às penas de prestação pecuniária e perda de bens e valores, pois em nada se relacionam com o limite temporal da pena privativa de liberdade substituída. Têm, notadamente, cunho patrimonial, e não de restrição de direitos por prazo certo.

## 35.5. REQUISITOS

A substituição da pena privativa de liberdade está condicionada ao atendimento de diversos requisitos indicados pelo art. 44, I a III, do Código Penal, de duas ordens: objetivos e subjetivos.[7] No caso concreto, se todos os requisitos estiverem presentes, o magistrado não poderá negar a substituição da pena privativa de liberdade por restritiva de direitos.[8]

### 35.5.1. Requisitos objetivos

Dizem respeito à natureza do crime e à quantidade da pena aplicada.

---

[5] Cumpre destacar que a decisão proferida pelo STF no Tema 506 da Repercussão Geral (RE 635.659/SP, rel. Min. Gilmar Mendes, Plenário, j. 26.06.2024, noticiado no *Informativo* 1.143) é aplicável unicamente à maconha, ou seja, o crime tipificado no art. 28 da Lei 11.343/2006 subsiste no tocante a todas as demais drogas.

[6] Outra **exceção à autonomia** das penas restritivas de direitos é encontrada no art. 78 da Lei 8.078/1990 – Código de Defesa do Consumidor: "Art. 78. Além das penas privativas de liberdade e de multa, podem ser impostas, cumulativa ou alternadamente, observado o disposto nos arts. 44 a 47, do Código Penal: I – a interdição temporária de direitos; II – a publicação em órgãos de comunicação de grande circulação ou audiência, às expensas do condenado, de notícia sobre os fatos e a condenação; III – a prestação de serviços à comunidade."

[7] STF: HC 117.719/RN, rel. Min. Teori Zavascki, 2.ª Turma, j. 24.06.2014; e STJ: AgRg no REsp 1.365.534/SP, rel. Min. Nefi Cordeiro, 6.ª Turma, j. 05.08.2014.

[8] STF: RHC 100.657/MS, rel. Min. Ellen Gracie, 2.ª Turma, j. 14.09.2010; e STJ: HC 108.930/RJ, rel. Min. Napoleão Maia Nunes Filho, 5.ª Turma, j. 13.04.2010.

## a) Natureza do crime

Em se tratando de **crime doloso**, deve ter sido **cometido sem violência à pessoa ou grave ameaça**. Na hipótese de delito cuja substituição seja vedada pelo Código Penal, pouco importa o grau de participação do agente no delito, mesmo que de menor importância, pois isso constituiria causa de diminuição da pena, sem alteração da classificação jurídica do crime.

O emprego de simulacro de arma visando a subtração de coisa alheia móvel caracteriza grave ameaça e, consequentemente, crime de roubo (CP, art. 157), inviabilizando a substituição da pena privativa de liberdade por restritivas de direitos. Essa é a posição do Superior Tribunal de Justiça, consagrada no **Tema 1.171 do Recurso Repetitivo**: "A utilização de simulacro de arma configura a elementar grave ameaça do tipo penal do roubo, subsumindo à hipótese legal que veda a substituição da pena".[9]

Quanto à **violência imprópria**, isto é, aquela em que não há emprego de força física contra a vítima, mas o agente a reduz por qualquer meio à impossibilidade de resistência, o entendimento dominante é de não ser possível a substituição, pois a violência imprópria nada mais é do que uma forma específica de violência. Disso discorda Mirabete, sustentando a incidência do benefício ao crime de roubo cometido com o emprego de narcótico.[10]

Discute-se também se seria admissível a substituição nos casos de **infrações penais de menor potencial ofensivo**, quando praticadas com emprego de violência ou grave ameaça à pessoa, tais como lesão corporal de natureza leve, ameaça e constrangimento ilegal. Alguns sustentam que seriam pertinentes os benefícios da Lei 9.099/1995, mas não a conversão da pena privativa de liberdade em restritiva de direitos. Destarte, em caso de condenação, o magistrado deveria limitar-se a fixar o regime aberto para o cumprimento da pena, ou, no máximo, conceder o *sursis*.

Prevalece, contudo, entendimento diverso. Deveras, se é possível até mesmo a composição dos danos civis, em determinados casos, e frequentemente a transação penal, institutos muito mais benéficos, não seria pertinente a vedação da substituição da pena privativa de liberdade por restritiva de direitos. Veja-se, a propósito, a exposição de Rogério Greco:

> A primeira indagação que levanta é a seguinte: Se uma das finalidades da substituição é justamente evitar o encarceramento daquele que teria sido condenado ao cumprimento de uma pena de curta duração, nos crimes de lesão corporal leve, de constrangimento ilegal ou mesmo de ameaça, onde a violência e grave ameaça fazem parte desses tipos, estaria impossibilitada a substituição? Entendemos que não, pois que se as infrações penais se amoldam àquelas consideradas de menor potencial ofensivo, sendo o seu julgamento realizado até mesmo no Juizado Especial Criminal, seria um verdadeiro contrassenso impedir justamente nesses casos a substituição. Assim, se a infração penal for da competência do Juizado Especial Criminal, em virtude da pena máxima a ela cominada, entendemos que mesmo que haja o emprego de violência ou grave ameaça será possível a substituição.[11]

Na hipótese de **crimes culposos**, entende-se ser possível a substituição em todos eles, ainda que resulte na produção de violência contra a pessoa, tal como no homicídio culposo, tanto do Código Penal (art. 121, § 3.º) como do Código de Trânsito Brasileiro (art. 302).[12]

---

[9] REsp 1.994.182/RJ, rel. Min. Sebastião Reis Júnior, 3.ª Seção, j. 13.12.2023, noticiado no *Informativo* 799.

[10] MIRABETE, Julio Fabbrini. *Manual de direito penal*. Parte geral. 24. ed. São Paulo: Atlas, 2007. v. 1, p. 283.

[11] GRECO, Rogério. *Curso de direito penal* – Parte geral. 10. ed. Rio de Janeiro: Impetus, 2008. p. 533. É também o entendimento do STJ: HC 180.353/MS, rel. Min. Maria Thereza de Assis Moura, 6.ª Turma, j. 16.11.2010, noticiado no *Informativo* 456.

[12] STJ: RHC 30.680/SP, rel. Min. Og Fernandes, 6.ª Turma, j. 06.09.2011.

CAP. 35 – PENAS RESTRITIVAS DE DIREITOS | 591

*b) Quantidade da pena aplicada*

Preocupou-se o legislador com a **pena efetivamente aplicada na situação concreta**, independentemente daquela cominada pelo preceito secundário do tipo penal.

Nos crimes dolosos, desde que não tenham sido cometidos com emprego de violência ou grave ameaça à pessoa, o limite é de **4 (quatro) anos**. Em se tratando de concurso de crimes, a substituição da pena privativa de liberdade por restritiva de direitos somente será possível quando o total das reprimendas não ultrapasse o limite de quatro anos previsto no art. 44, I, do CP.[13]

Na hipótese de **concurso formal** ou de **crime continuado**, leva-se em conta o total da pena imposta, aí se computando o acréscimo legal (1/6 até 1/2, no concurso formal, ou 1/6 até 2/3, no crime continuado).

No tocante ao **concurso material**, o magistrado fixa na sentença a pena de cada crime, separadamente. Em seguida, analisa também isoladamente, em relação a cada delito, o cabimento da substituição da pena privativa de liberdade por restritiva de direitos. Se, todavia, para um dos crimes tiver sido negado o *sursis*, para os demais será incabível a substituição por pena restritiva de direitos (CP, art. 69, § 1.º). E, quando forem aplicadas penas restritivas de direitos, o condenado cumprirá simultaneamente as que forem compatíveis entre si e sucessivamente as demais (CP, art. 69, § 2.º).

Em relação aos **crimes culposos**, é possível a substituição por pena restritiva de direitos, qualquer que seja a quantidade de pena privativa de liberdade imposta.

*b.1) Homicídio culposo e lesão corporal culposa (grave ou gravíssima) na direção de veículo automotor com embriaguez ao volante e art. 312-B do Código de Trânsito Brasileiro*

O art. 302, § 3.º, da Lei 9.503/1997 – Código de Trânsito Brasileiro, com a redação dada pela Lei 13.546/2017, prevê a pena de **reclusão, de cinco a oito anos**, e suspensão ou proibição do direito de se obter a permissão ou a habilitação para dirigir veículo automotor, quando o agente praticar **homicídio culposo na direção de veículo automotor**, conduzindo-o sob a influência de álcool ou de qualquer outra substância psicoativa que determine dependência.

Criou-se uma figura até então inexistente no Brasil, qual seja, crime culposo punido com reclusão, e de significativa quantidade (cinco a oito anos). Esse fenômeno foi replicado na **lesão corporal culposa na direção de veículo automotor**, quando o agente conduz o veículo com capacidade psicomotora alterada em razão da influência de álcool ou de outra substância psicoativa que determine dependência, e se do crime resultar lesão corporal de natureza grave ou gravíssima, punido com **reclusão, de dois a cinco anos** (Lei 9.503/1997 – Código de Trânsito Brasileiro, art. 303, § 2.º).

No tocante ao homicídio culposo na direção de veículo automotor, tal mudança baseou-se em diversos propósitos. Um deles, indiscutivelmente, foi vedar a substituição da pena privativa de liberdade por restritivas de direitos, pois a pena mínima a ser aplicada será superior a quatro anos, ultrapassando o limite imposto pelo art. 44, inc. I, do Código Penal.[14]

Olvidou-se, contudo, de um ponto de fundamental importância. Cuida-se de **crime culposo**, para o qual é cabível a substituição da pena privativa de liberdade por restritiva de direitos, independentemente do montante da sanção aplicada. Portanto, não se pode impedir a substituição unicamente em razão da quantidade da pena imposta no caso concreto.

Essa falha foi corrigida pela Lei 14.071/2020, ao acrescentar o art. 312-B na Lei 9.503/1997 – Código de Trânsito Brasileiro, assim redigido: "Art. 312-B. Aos crimes previstos no § 3.º do

---

13  STJ: HC 289.110/RJ, rel. Min. Jorge Mussi, 5.ª Turma, j. 18.06.2014.
14  Outro propósito, no campo penal, foi o afastamento do regime aberto e a possibilidade do regime fechado para início de cumprimento da pena privativa de liberdade (CP, art. 33, *caput*, e § 2.º, "c").

art. 302 e no § 2.º do art. 303 deste Código não se aplica o disposto no inciso I do *caput* do art. 44 do Decreto-Lei n.º 2.848, de 7 de dezembro de 1940 (Código Penal)".

Atualmente, portanto, é expressamente vedada a substituição da pena privativa por restritivas de direitos nos crimes de homicídio culposo e de lesão corporal culposa (grave ou gravíssima) na direção de veículo automotor na hipótese de condução pelo agente sob a influência de álcool ou de qualquer outra substância psicoativa que cause dependência. Criou-se uma **regra especial**, legítima e aplicável unicamente a tais delitos, para excepcionar a regra geral prevista no art. 44, I, do Código Penal.

Em síntese, os crimes culposos em geral admitem a substituição da pena privativa de liberdade por restritivas de direitos, independentemente da sua quantidade no caso concreto. Excepcionam-se apenas os delitos de homicídio culposo e de lesão corporal culposa (grave ou gravíssima) na direção de veículo automotor na hipótese de condução pelo agente sob a influência de álcool ou de qualquer outra substância psicoativa que cause dependência, tipificados nos arts. 302, § 3.º, e 303, § 2.º, da Lei 9.503/1997 – Código de Trânsito Brasileiro, em face da determinação contida em seu art. 312-B.

E aqui cabe uma lembrança. Os preceitos secundários dos arts. 302, § 3.º, e 303, § 2.º, do Código de Trânsito Brasileiro já contemplam, cumulativamente às penas privativas de liberdade, a "suspensão ou proibição de se obter a permissão ou a habilitação para dirigir veículo automotor", consistente em uma pena restritiva de direitos.

Destarte, em face da determinação contida no art. 312-B do Código de Trânsito Brasileiro, ao condenado pelos crimes definidos nos arts. 302, § 3.º, e 303, § 2.º, serão aplicadas, em conjunto, tanto a pena privativa de liberdade como a pena restritiva de direitos, esta última sem caráter substitutivo, pois encontra-se prevista diretamente nos tipos penais.

## 35.5.2. Requisitos subjetivos

Referem-se à pessoa do condenado, seja ele nacional ou estrangeiro, residente no Brasil ou não.[15]

*a) Não ser reincidente em crime doloso*

Esse requisito está contido no art. 44, II, do Código Penal.

Conclui-se, indiretamente, não ser a reincidência em crime culposo impeditiva da substituição da pena privativa de liberdade por restritiva de direitos.

E, mesmo para o reincidente em crime doloso, abre-se uma exceção. Com efeito, se o condenado for reincidente, o juiz poderá aplicar a substituição, desde que, em face de condenação anterior, a medida seja socialmente recomendável e a reincidência não se tenha operado em virtude da prática do mesmo crime (CP, art. 44, § 3.º). Na ótica do Superior Tribunal de Justiça:

> A reincidência genérica não é motivo suficiente, por si só, para o indeferimento da substituição da pena privativa de liberdade. Nos termos do art. 44, § 3.º, do Código Penal, é possível o deferimento da benesse ao réu reincidente desde que atendidos dois requisitos cumulativos, quais sejam, ser a medida socialmente recomendável em face da condenação anterior e que não esteja caracterizada a reincidência específica.[16]

Portanto, o reincidente em crime doloso pode ser beneficiado pela substituição quando estiverem presentes dois **requisitos cumulativos:**

---

[15]  HC 94.477/PR, rel. Min. Gilmar Mendes, 2.ª Turma, j. 06.09.2011, noticiado no *Informativo* 639.

[16]  AgRg nos EDcl no AREsp 279.042/SP, rel. Min. Marco Aurélio Bellizze, 5.ª Turma, j. 24.09.2013. É também o entendimento do STF: HC 94.990/MG, rel. Min. Ricardo Lewandowski, 1.ª Turma, j. 02.12.20008, noticiado no *Informativo* 531.

1. **A medida seja socialmente recomendável:** cuida-se de análise subjetiva, a ser minuciosamente desenvolvida pelo magistrado, levando em conta as condições do caso concreto, tais como as circunstâncias do delito e, principalmente, os dados pessoais do condenado.
2. **Não se tratar de reincidente específico:** a lei foi clara ao definir a reincidência específica como a repetição do mesmo crime, ou seja, da conduta apresentada pelo mesmo tipo penal.[17]

*b) Princípio da suficiência*

Como estatui o art. 44, III, do Código Penal: "a culpabilidade, os antecedentes, a conduta social e a personalidade do condenado, bem como os motivos e as circunstâncias indicarem que essa substituição seja suficiente".

A pena restritiva de direitos precisa ser adequada e suficiente para atingir as finalidades da pena. Em outras palavras, tanto a retribuição do mal praticado pelo crime como a prevenção (geral e especial) de novos crimes, inerentes à pena privativa de liberdade, devem ser alcançadas com a pena restritiva de direitos.

Por corolário, não cabe a substituição quando a pena-base tiver sido fixada acima do mínimo legal, em razão do reconhecimento judicial expresso e fundamentado das circunstâncias desfavoráveis, em face do não atendimento do art. 44, III, do Código Penal.[18]

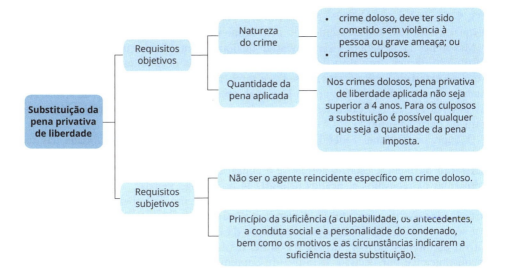

## 35.6. CRIMES HEDIONDOS E EQUIPARADOS E PENAS RESTRITIVAS DE DIREITOS

Em regra, os requisitos previstos no art. 44 do Código Penal impedem a substituição da pena privativa de liberdade por restritivas de direitos no tocante aos crimes hediondos ou equiparados (tráfico de drogas, tortura e terrorismo), pois a pena aplicada é superior a quatro anos, ou então os delitos são cometidos com emprego de violência à pessoa ou grave ameaça.

---

[17] O Superior Tribunal de Justiça compartilha do nosso entendimento: "A reincidência específica tratada no art. 44, § 3.º, do Código Penal somente se aplica quando forem idênticos, e não apenas de mesma espécie, os crimes praticados" (AREsp 1.716.664/SP, rel. Min. Ribeiro Dantas, 3.ª Seção, j. 25.08.2021, noticiado no *Informativo* 706).

[18] STJ: AgRg no HC 202.056/MG, rel. Min. Gurgel de Faria, 5.ª Turma, j. 16.09.2014.

594 | DIREITO PENAL – PARTE GERAL – VOL. 1 • CLEBER MASSON

Além disso, o tratamento mais severo imposto pelo art. 5.º, XLIII, da Constituição Federal aos responsáveis pela prática de crimes hediondos e equiparados torna inviável a utilização de tais medidas impeditivas da prisão.

Há de ser ressaltada, entretanto, a ausência de norma específica na Lei 8.072/1990 – Lei dos Crimes Hediondos – proibitiva de penas restritivas de direitos para delitos de natureza hedionda ou equiparada.[19]

## 35.6.1. A problemática relacionada ao tráfico de drogas

A pena cominada ao crime de tráfico de drogas, tanto na forma simples como na modalidade equiparada (Lei 11.343/2006 – Lei de Drogas, art. 33, *caput* e § 1.º), é de reclusão, de 5 (cinco) a 15 (quinze) anos, e 500 a 1.500 dias-multa. Na sistemática da revogada Lei 6.368/1976, o tráfico era apenado com reclusão, de 3 (três) a 15 (quinze) anos, sem prejuízo da multa (art. 12, *caput*).

Um dos objetivos do legislador ao elevar o patamar mínimo da pena privativa de liberdade inerente ao tráfico de drogas foi afastar a discussão atinente ao cabimento de penas alternativas em delito de tão elevada gravidade, equiparado aos crimes hediondos pelo art. 5.º, XLIII, da Constituição Federal.

Contudo, nas situações em que o agente for primário e de bons antecedentes, não se dedicar a atividades criminosas nem integrar organizações criminosas, as penas (privativa de liberdade e multa) poderão ser reduzidas de 1/6 (um sexto) a 2/3 (dois terços), nos termos do art. 33, § 4.º, da Lei 11.343/2006. Nesses casos, é possível a aplicação da pena abaixo do teto de 4 (quatro) anos ao sujeito condenado pelo crime de tráfico de drogas.

Mas a Lei 11.343/2006, visando afastar qualquer controvérsia, impediu expressamente a substituição da pena privativa de liberdade por restritivas de direitos no tráfico de drogas. É o que se extrai do próprio art. 33, § 4.º, e também do art. 44, *caput*. Em síntese, o povo brasileiro, representado pelo Congresso Nacional, optou pela impossibilidade de aplicação das penas alternativas ao traficante de drogas, independentemente do seu perfil subjetivo e da quantidade da pena imposta.

O Supremo Tribunal Federal, entretanto, decidiu pela inconstitucionalidade das regras impeditivas da substituição da pena privativa de liberdade, por ofensa ao **princípio da individualização da pena**. Destarte, admite-se a aplicação de penas restritivas de direitos, desde que presentes os requisitos elencados pelo art. 44 do Código Penal.[20]

Para conferir eficácia *erga omnes* à decisão do Supremo Tribunal Federal, e amparado no art. 52, inc. X, da Constituição Federal, o **Senado editou a Resolução n.º 5, de 2012**, com a seguinte redação: "É suspensa a execução da expressão 'vedada a conversão em penas restritivas de direitos' do § 4.º do art. 33 da Lei n.º 11.343, de 23 de agosto de 2006, declarada inconstitucional por decisão definitiva do Supremo Tribunal Federal nos autos do *Habeas Corpus* n.º 97.256/RS".

Finalmente, a Corte Suprema, levando em conta a resistência de parcela do Poder Judiciário em não reconhecer o tráfico de drogas privilegiado como crime comum, ou seja, não equiparado a hediondo, decidiu pela criação da **Súmula Vinculante 59**: "É impositiva a fixação do regime aberto e a substituição da pena privativa de liberdade por restritiva de direitos quando reconhecida a figura do tráfico privilegiado (art. 33, § 4.º, da Lei n.º 11.343/2006) e ausentes vetores negativos na primeira fase da dosimetria (art. 59 do CP), observados os requisitos do art. 33, § 2.º, 'c', e do art. 44, ambos do Código Penal".

---

[19]    STF: HC 94.477/PR, rel. Min. Gilmar Mendes, 2.ª Turma, j. 06.09.2011, noticiado no *Informativo* 639.

[20]    HC 97.256/RS, rel. Min. Ayres Britto, Plenário, j. 01.09.2010, noticiado no *Informativo* 598. E também: HC 129.714/SP, rel. Min. Marco Aurélio, 1.ª Turma, j. 11.10.2016, noticiado no *Informativo* 843.

## 35.7. VIOLÊNCIA DOMÉSTICA OU FAMILIAR CONTRA A MULHER E PENAS RESTRITIVAS DE DIREITOS[21]

Estabelece o art. 17 da Lei 11.340/2006 – Lei Maria da Penha: "É vedada a aplicação, nos casos de violência doméstica e familiar contra a mulher, de penas de cesta básica ou outras de prestação pecuniária, bem como a substituição de pena que implique o pagamento isolado de multa".

A finalidade desse dispositivo foi eliminar o constrangimento então causado aos juízes, membros do Ministério Público, advogados, e, principalmente, à mulher, vítima dos crimes de ameaça ou lesão corporal de natureza leve que, depois de intimidada ou covardemente agredida por seu cônjuge ou companheiro, era exposta à humilhação pública de ver, em audiência, sua liberdade individual ou sua integridade física ser trocada por uma ou algumas poucas cestas básicas, gerando o sentimento de revolta, de impunidade e de injustiça.

A Lei Maria da Penha não vedou expressamente a substituição da pena privativa de liberdade por restritiva de direitos em qualquer situação, mas somente naquelas expressamente indicadas. A jurisprudência, contudo, visando conferir maior proteção à mulher, tem decidido pela proibição total de aplicação de penas restritivas de direitos nos crimes com violência doméstica ou familiar contra ela praticados. Na visão do Supremo Tribunal Federal:

> Não é possível a substituição de pena privativa de liberdade por restritiva de direitos ao condenado pela prática do crime de lesão corporal praticado em ambiente doméstico (CP, art. 129, § 9.º, na redação dada pela Lei 11.340/2006). [...] A Turma destacou que a substituição da pena privativa de liberdade por sanções restritivas de direitos encontrar-se-ia condicionada ao preenchimento dos requisitos objetivos e subjetivos elencados no art. 44 do CP ("Art. 44. As penas restritivas de direitos são autônomas e substituem as privativas de liberdade, quando: I – aplicada pena privativa de liberdade não superior a quatro anos e o crime não for cometido com violência ou grave ameaça à pessoa ou, qualquer que seja a pena aplicada, se o crime for culposo; II – o réu não for reincidente em crime doloso; III – a culpabilidade, os antecedentes, a conduta social e a personalidade do condenado, bem como os motivos e as circunstâncias indicarem que essa substituição seja suficiente"). Assim, a execução do crime mediante o emprego de violência seria circunstância impeditiva do benefício. Com advento da Lei 9.099/1995, acentuada parcela da doutrina passara a sustentar que a vedação abstrata prevista no art. 44 do CP, ao menos em relação aos crimes de menor potencial ofensivo, implicaria violação ao princípio da proporcionalidade, ou seja, não haveria razão para impedir a conversão da reprimenda a autores de delitos que poderiam, em tese, ser agraciados com a transação penal ou suspensão condicional do processo. Essa linha argumentativa, porém, não teria espaço em relação ao crime de lesão corporal praticado em ambiente doméstico, por duas razões: a) a pena máxima prevista para esse delito – três anos –, a impedir a transação penal (Lei 9.099/1995, art. 61); e b) a existência de comando proibitivo previsto no art. 41 da Lei Maria da Penha ("Aos crimes praticados com violência doméstica e familiar contra a mulher, independentemente da pena prevista, não se aplica a Lei nº 9.099, de 26 de setembro de 1995"). Portanto, o principal fundamento – aplicação da Lei 9.099/1995 – daqueles que militariam pelo abrandamento do art. 44 do CP deixaria de existir quando o cenário fosse de crime de lesão corporal no seio familiar. Ademais, não seria crível imaginar que a Lei Maria da Penha, que teria vindo justamente tutelar com maior rigor a integridade física das mulheres, tivesse autorizado a substituição da pena corporal, mitigando a regra geral do CP, que a proíbe. Nesse contexto, perderia sustento a alegação de que o art. 17 da Lei 11.340/2006 autorizaria a substituição de pena (Art. 17: "É vedada a aplicação, nos casos de violência doméstica e familiar contra a mulher, de penas de cesta básica ou outras de prestação pecuniária, bem como a substituição de pena que implique o pagamento isolado de multa").[22]

---

[21] Súmula 600 do Superior Tribunal de Justiça: "Para a configuração da violência doméstica e familiar prevista no art. 5.º da Lei 11.340/2006 (Lei Maria da Penha) não se exige a coabitação entre autor e vítima."

[22] HC 129.446/MS, rel. Min. Teori Zavascki, 2.ª Turma, j. 20.10.2015, noticiado no *Informativo* 804.

596 | DIREITO PENAL - PARTE GERAL - VOL. 1 • CLEBER MASSON

A propósito, o Supremo Tribunal Federal tem igualmente se pronunciado pela impossibilidade de substituição da pena privativa de liberdade por restritiva de direitos em sede de **contravenção penal** cometida com violência doméstica ou familiar contra a mulher:

> A Primeira Turma, por maioria, indeferiu a ordem de "habeas corpus" em que solicitada a substituição da pena privativa de liberdade por restritiva de direitos em caso de contravenção penal envolvendo violência doméstica. O paciente foi condenado por vias de fato, nos termos do art. 21 da Lei de Contravenções Penais (LCP), a vinte dias de prisão simples, em regime aberto. O juízo de 1.º grau concedeu a suspensão condicional da pena ("sursis") pelo prazo de dois anos. A Turma julgou improcedente o pedido, com base em interpretação extensiva do art. 44, I do Código Penal, no caso de violência doméstica e familiar contra a mulher, em que a noção de crime abarcaria qualquer conduta delituosa, inclusive contravenção penal. Nesse sentido, reconhecida a necessidade de combate à cultura de violência contra a mulher no Brasil, o Colegiado considerou a equiparação da conduta do paciente à infração de menor potencial ofensivo incoerente com o entendimento da violência de gênero como grave violação dos direitos humanos.[23]

Esse também é o entendimento consolidado na **Súmula 588 do Superior Tribunal de Justiça**: "A prática de crime ou contravenção penal contra a mulher com violência ou grave ameaça no ambiente doméstico impossibilita a substituição da pena privativa de liberdade por restritiva de direitos".

## 35.8. PENAS RESTRITIVAS DE DIREITOS E CRIMES MILITARES

Não se admite a substituição da pena privativa de liberdade por restritiva de direitos no âmbito dos crimes militares, com fundamento no art. 44 do Código Penal, em face da inaplicabilidade da analogia, pois o Decreto-lei 1.001/1969 – Código Penal Militar conferiu tratamento diverso ao tema.[24]

## 35.9. MOMENTO DA SUBSTITUIÇÃO

O juiz substitui a pena privativa de liberdade por restritiva de direitos na **sentença condenatória**. Depois de aplicar a pena adequada, com obediência ao critério trifásico, o magistrado estabelece o regime inicial de cumprimento da pena privativa de liberdade, e, finalmente, decide sobre o cabimento de pena restritiva de direitos (CP, art. 59, IV).

Porém, se na sentença condenatória o magistrado não tiver aplicado pena restritiva de direitos, o art. 180 da Lei 7.210/1984 permite a substituição da pena privativa de liberdade não superior a 2 (dois) anos durante a **execução penal**, desde que: I – o condenado a esteja cumprindo em regime aberto; II – tenha sido cumprido pelo menos 1/4 (um quarto) da pena; e III – os antecedentes e a personalidade do condenado indiquem ser a conversão recomendável.

## 35.10. REGRAS DA SUBSTITUIÇÃO

Nos termos do art. 44, § 2.º, 1.ª parte, do Código Penal, na condenação igual ou inferior a 1 (um) ano, a substituição pode ser feita **por multa ou por uma pena restritiva de direitos**.

É irrelevante seja o crime doloso ou culposo, punido com reclusão ou detenção. Basta o limite quantitativo: pena aplicada igual ou inferior a um ano.

Por sua vez, o art. 60, § 2.º, do Código Penal, não alterado pela Lei 9.714/1998, que disciplinou a atual sistemática das penas restritivas de direitos, dispõe: "A pena privativa de

---

[23] HC 137.888/MS, rel. Min. Rosa Weber, 1.ª Turma, j. 31.10.2017, noticiado no *Informativo* 884.

[24] STF: ARE 779.938/MG AgR, rel. Min. Luiz Fux, 1.ª Turma, j. 05.08.2014. No STJ: HC 286.802/RJ, rel. Min. Felix Fischer, 5.ª Turma, j. 23.10.2014, noticiado no *Informativo* 551.

CAP. 35 – PENAS RESTRITIVAS DE DIREITOS | 597

liberdade aplicada, não superior a 6 (seis) meses, **pode ser substituída pela de multa**, observados os critérios dos incisos II e III do art. 44 deste Código".

Com a análise conjunta dos dois dispositivos – art. 44, § 2.º, 1.ª parte, e art. 60, § 2.º, ambos do Código Penal – surge a seguinte indagação: Para as condenações superiores a 6 (seis) meses, mas iguais ou inferiores a 1 (um) ano, é possível a substituição da pena privativa de liberdade por multa?

Há duas posições sobre o assunto:

a) é possível a substituição, pois o art. 44, § 2.º, 1.ª parte, mais recente e também mais favorável ao réu, revogou o art. 60, § 2.º. É o entendimento majoritário; e

b) não é possível a substituição. Os dispositivos devem ser interpretados em conjunto. Destarte, nas condenações iguais ou inferiores a 6 (seis) meses a pena privativa de liberdade pode ser substituída por multa ou por uma restritiva de direitos, enquanto nas superi⸱ ⸱s ⸱ 6 (seis) meses e iguais ou inferiores a 1 (um) ano a pena privativa de liberdade pode ser substituída exclusivamente por uma restritiva de direitos.

Entretanto, se a condenação for **superior a 1 (um) ano**, a pena privativa de liberdade pode ser substituída por uma pena restritiva de direitos e multa ou por duas restritivas de direitos (CP, art. 44, § 2.º, *in fine*). E quando forem aplicadas duas penas restritivas de direitos, o condenado cumprirá simultaneamente as que forem compatíveis entre si, e sucessivamente as demais (CP, art. 69, § 2.º).

Essa última disposição não se aplica aos crimes ambientais, pois o art. 7.º inc. I, da Lei 9.605/1998 contempla regra específica. Consequentemente, é possível a substituição da pena privativa de liberdade superior a 1 (um) ano, desde que inferior a 4 (quatro) anos, por uma única restritiva de direitos.

## 35.11. RECONVERSÃO OBRIGATÓRIA DA PENA RESTRITIVA DE DIREITOS EM PRIVATIVA DE LIBERDADE

Nos termos do art. 44, § 4.º, do Código Penal:

A pena restritiva de direitos converte-se em privativa de liberdade quando ocorrer o descumprimento injustificado da restrição imposta. No cálculo da pena privativa de liberdade a executar será deduzido o tempo cumprido da pena restritiva de direitos, respeitado o saldo mínimo de 30 (trinta) dias de detenção ou reclusão.

O dispositivo legal fala em conversão, mas deve ser lido como **reconversão**. A pena privativa de liberdade foi convertida em restritiva de direitos, mas, por força do descumprimento injustificado da restrição imposta, **reconverte-se** ao estado original. Essa é a interpretação correta.

É simples o fundamento legal: a pena restritiva de direitos consiste em um benefício concedido ao réu. Evita-se a privação da liberdade em troca da restrição de direitos, injustificadamente descumprida pelo condenado. Se não há efetiva restrição de direitos, necessário restabelecer-se a pena privativa de liberdade. Exemplos: (1) Aplica-se a pena de prestação de serviços à comunidade, mas o condenado não se submete aos necessários serviços; e (2) Substitui-se a pena privativa de liberdade por prestação pecuniária, mas o agente não efetua o pagamento devido à vítima, aos seus dependentes ou a entidade pública ou privada com destinação social.

Cuida-se de **incidente na execução penal**, na forma definida pelo art. 181 da Lei 7.210/1984, e exige obediência aos princípios do contraditório e da ampla defesa, sob pena de nulidade.[25]

---

[25] "É imprescindível a prévia intimação pessoal do reeducando que descumpre pena restritiva de direitos para que se proceda à conversão da pena alternativa em privativa de liberdade. Isso porque se deve dar oportunidade para que o reeducando

598 | DIREITO PENAL – PARTE GERAL – VOL. 1 • CLEBER MASSON

A segunda parte do art. 44, § 4.º, preceitua que no cálculo da pena privativa de liberdade a executar será deduzido o tempo cumprido da pena restritiva de direitos, respeitado o saldo mínimo de 30 (trinta) dias de detenção ou reclusão. Exemplo: a pena privativa de liberdade foi substituída por prestação de serviços à comunidade por 1 (um) ano. Depois de 10 meses em situação regular, o condenado parou de prestar o serviço determinado em juízo, ensejando a reconversão para pena privativa de liberdade. Nesse caso, faltará ao condenado o cumprimento de 2 (dois) meses de pena privativa de liberdade.

Mas deve ser respeitado o **saldo mínimo de 30 (trinta) dias de detenção ou reclusão**. Destarte, se no referido exemplo o condenado tiver prestado serviços à comunidade por 11 meses e 20 dias, e, faltando 10 dias para o seu integral cumprimento, abandonar a pena restritiva de direitos, será reconvertida para privativa de liberdade, pelo prazo mínimo de 30 dias.

Em caso de **prisão simples** decorrente da condenação pela prática de contravenção penal, convertida para pena restritiva de direitos, não há exigência de período mínimo na hipótese de reconversão para privativa de liberdade.

Em relação às penas restritivas de direitos de **prestação pecuniária e perda de bens e valores**, em que não existe período de tempo de cumprimento a ser abatido, afigura-se adequado descontar-se da pena privativa de liberdade o percentual do pagamento já efetuado pelo condenado. Exemplificativamente, se a pena privativa de liberdade de 1 (um) ano foi substituída por prestação pecuniária no valor de R$ 1.000,00 (mil reais), e o condenado pagou somente R$ 500,00 (quinhentos reais), determinando-se a reconversão restará o cumprimento de 6 (seis) meses da pena privativa de liberdade.

### 35.11.1. Reconversão da pena restritiva de direitos em privativa de liberdade e princípio da boa-fé objetiva

A pena restritiva de direitos deve ser reconvertida para privativa de liberdade quando o réu, depois de ter participado de todos os atos processuais e, ciente da condenação, muda seu domicílio sem prévia comunicação ao juízo competente. Justifica-se essa opção com base no **princípio da boa-fé objetiva** que deve reger todas as relações jurídicas, inclusive entre o agente e o Estado.

Não há, nessa hipótese, ofensa aos princípios constitucionais do devido processo legal e da ampla defesa, uma vez que o acusado que acompanhou todo o processo de conhecimento tem plena ciência das consequências que lhe são prejudiciais se deixar de cumprir a pena restritiva de direitos aplicada.[26]

### 35.11.2. Impossibilidade de reconversão da pena restritiva de direitos em privativa de liberdade a pedido do réu

Se o juiz ou Tribunal, na sentença ou no acórdão, substituiu a pena privativa de liberdade por uma ou duas penas restritivas de direitos, não se admite a reconversão a pedido do acusado, independentemente do regime prisional, na hipótese de ele reputar menos gravoso o cumprimento da pena de reclusão ou de detenção. Com efeito, a aplicação da pena representa uma manifestação da soberania do Estado, e sua escolha não pode se sujeitar aos interesses do condenado. Na dicção do Superior Tribunal de Justiça:

> Não é possível, em razão de pedido feito por condenado que sequer iniciou o cumprimento da pena, a reconversão de pena de prestação de serviços à comunidade e de prestação pecuniária (restritivas

---

esclareça as razões do descumprimento, em homenagem aos princípios do contraditório e da ampla defesa" (STJ: HC 251.312/SP, rel. Min. Moura Ribeiro, 5.ª Turma, j. 18.02.2014, noticiado no *Informativo* 536).

[26] STF: HC 92012/SP, rel. Min. Ellen Gracie, 2.ª Turma, j. 10.06.2008, noticiado no *Informativo* 510.

CAP. 35 – PENAS RESTRITIVAS DE DIREITOS | 599

de direitos) em pena privativa de liberdade a ser cumprida em regime aberto. O art. 33, § 2.º, c, do CP apenas estabelece que "o condenado não reincidente, cuja pena seja igual ou inferior a 4 (quatro) anos, poderá, desde o início, cumpri-la em regime aberto". O referido dispositivo legal não traça qualquer direito subjetivo do condenado quanto à escolha entre a sanção alternativa e a pena privativa de liberdade. Ademais, a escolha da pena e do regime prisional, bem como do preenchimento dos requisitos do art. 44 do CP, insere-se no campo da discricionariedade vinculada do magistrado. Além disso, a reconversão da pena restritiva de direitos imposta na sentença condenatória em pena privativa de liberdade depende do advento dos requisitos legais (descumprimento das condições impostas pelo juiz da condenação). Por isso, não cabe ao condenado que sequer iniciou o cumprimento da pena escolher ou decidir a forma como pretende cumprir a condenação que lhe foi imposta. Ou seja, não é possível pleitear a forma que lhe parecer mais cômoda ou conveniente. Nesse sentido, oportuna a transcrição do seguinte entendimento doutrinário: "Reconversão fundada em lei e não em desejo do condenado: a reconversão da pena restritiva de direitos, imposta na sentença condenatória, em pena privativa de liberdade, para qualquer regime, a depender do caso concreto, depende do advento dos requisitos legais, não bastando o mero intuito do sentenciado em cumprir pena, na prática, mais fácil. Em tese, o regime carcerário, mesmo o aberto, é mais prejudicial ao réu do que a pena restritiva de direitos; sabe-se, no entanto, ser o regime aberto, quando cumprido em prisão albergue domiciliar, muito mais simples do que a prestação de serviços à comunidade, até pelo fato de inexistir fiscalização. Por isso, alguns condenados manifestam preferência pelo regime aberto em lugar da restritiva de direitos. A única possibilidade para tal ocorrer será pela reconversão formal, vale dizer, ordena-se o cumprimento da restritiva e ele não segue a determinação. Outra forma é inadmissível.[27]

## 35.12. RECONVERSÃO FACULTATIVA DA PENA RESTRITIVA DE DIREITOS EM PRIVATIVA DE LIBERDADE

Para o art. 44, § 5.º, do Código Penal: "Sobrevindo condenação a pena privativa de liberdade, por outro crime, o juiz da execução penal decidirá sobre a conversão, podendo deixar de aplicá-la se for possível ao condenado cumprir a pena substitutiva anterior".

A condenação superveniente a pena privativa de liberdade pela prática de outro crime não impõe a reconversão da pena restritiva de direitos. Exige-se mais: além de não ter sido concedido *sursis*, é necessária a impossibilidade de cumprimento conjunto das penas privativa de liberdade e restritiva de direitos. É o que acontece, hipoteticamente, em pena privativa de liberdade em regime fechado e prestação de serviços à comunidade.[28]

Se, por outro lado, for possível o cumprimento conjunto de ambas as penas, o juiz pode manter a pena restritiva de direitos. Exemplo: pena privativa de liberdade, em qualquer regime prisional, e prestação pecuniária. Na linha da jurisprudência do Superior Tribunal de Justiça:

> Consoante a orientação sedimentada nesta Corte Superior, uma vez iniciada a execução, as hipóteses de conversão das penas restritivas de direito em privativas de liberdade se restringem ao eventual descumprimento injustificado das obrigações impostas (art. 44, § 4.º, do CP c/c o art. 181 da LEP) e à superveniente condenação à pena privativa de liberdade por outro crime que se revele incompatível com a primeira reprimenda aplicada (art. 44, § 5.º, do CP). Não há que se cogitar de reconversão em pena reclusiva quando se revelar possível a execução simultânea ou sucessiva das medidas alternativas impostas ao réu. Na hipótese, tratando-se de duas condenações subsequentes a penas privativas de liberdade a serem cumpridas em regime aberto, ambas substituídas por penas restritivas de direito (prestação de serviços à comunidade), faz-se plenamente possível a execução sucessiva das penas alternativas aplicadas.[29]

---

[27] REsp 1.524.484/PE, rel. Min. Reynaldo Soares da Fonseca, 5.ª Turma, j. 17.05.2016, noticiado no *Informativo* 584.

[28] O STJ compartilha deste entendimento: HC 262.832/RS, rel. Min. Marilza Maynard (Desembargadora convocada do TJ/SE), 6.ª Turma, j. 17.12.2013.

[29] HC 193.041/DF, rel. Min. Alderita Ramos de Oliveira (Desembargadora convocada do TJ/PE), 6.ª Turma, j. 15.08.2013.

**600** | DIREITO PENAL – PARTE GERAL – VOL. 1 • CLEBER MASSON

A redação do art. 44, § 5.º, do Código Penal evidencia a impossibilidade de reconversão, obrigatória ou facultativa, da pena restritiva de direitos em privativa de liberdade com a condenação à pena de multa ou em decorrência de contravenção penal, em face da proibição da analogia *in malam partem* no Direito Penal.

Finalmente, não há espaço para a reconversão, por falta de previsão legal, na hipótese de condenação superveniente em que a pena privativa de liberdade foi substituída por uma ou mais pena restritiva de direitos. Se o magistrado prolator da sentença concluiu pela necessidade e suficiência da pena alternativa, evitando o cárcere, não há razão para o juízo da execução determinar a reconversão da pena restritiva anterior. Como decidiu o Superior Tribunal de Justiça no julgamento do Tema 1.106 do Recurso Repetitivo:

> O art. 44, § 5.º, do Código Penal trata de hipótese de conversão facultativa da pena alternativa, ao dispor que "sobrevindo condenação a pena privativa de liberdade, por outro, o juiz da execução penal decidirá sobre a conversão, podendo deixar de aplicá-la se for possível ao condenado cumprir a pena substitutiva anterior". Já a Lei de Execuções Penais prevê no art. 181 a hipótese de conversão das penas de prestação de serviços à comunidade e limitação de fim de semana em pena corporal, quando o condenado sofrer condenação "por outro crime à pena privativa de liberdade, cuja execução não tenha sido suspensa". Ou seja, a legislação prevê que a conversão será possível quando o apenado em cumprimento de pena restritiva de direitos vem a ser condenado à pena privativa de liberdade. Dessa forma, os arts. 44, § 5.º, do Código Penal e 181, § 1.º, e, da Lei 7.210/1984, não amparam a conversão na situação inversa, qual seja, aquela em que o apenado já se encontra em cumprimento de pena privativa de liberdade e sobrevém nova condenação em que a pena corporal foi substituída por pena alternativa. Em tais casos, a conversão não conta com o indispensável amparo legal e ainda ofende a coisa julgada, tendo em vista que o benefício foi concedido em sentença definitiva e, portanto, somente comporta a conversão nas situações expressamente previstas em lei, em especial no art. 44, §§ 4.º e 5.º, do Código Penal. A pena restritiva de direitos serve como uma alternativa ao cárcere. Logo, se o julgador reputou adequada a concessão do benefício, a situação do condenado não pode ser agravada por meio de interpretação que amplia o alcance do § 5.º do art. 44 do Código Penal em seu prejuízo, notadamente à vista da possibilidade de cumprimento sucessivo das penas.[30]

## 35.13. INÍCIO DA EXECUÇÃO DAS PENAS RESTRITIVAS DE DIREITOS

Esta matéria encontra-se disciplinada no art. 147 da Lei de Execução Penal. Dá-se após o trânsito em julgado da sentença que aplicou a pena restritiva de direitos, momento em que o juiz da execução, de ofício ou a requerimento do Ministério Público, promoverá a execução, podendo, para tanto, requisitar, quando necessário, a colaboração de entidades públicas ou solicitá-la a particulares.

### 35.13.1. Penas restritivas de direitos e execução provisória

No passado, o Supremo Tribunal Federal já admitiu a execução provisória de penas restritivas de direitos, nas hipóteses excepcionais em que seja comprovado o intuito meramente protelatório do réu ou do seu defensor no exercício do direito recursal, buscando o retardamento do trânsito em julgado da condenação.[31]

Com a jurisprudência atualmente adotada pela maioria dos Ministros da Suprema Corte, contudo, tal entendimento não pode mais prevalecer. De fato, se não é admitida sequer a exe-

---

[30] REsp 1.918.287/MG, rel. Min. Sebastião Reis Júnior, rel. para o acórdão Min. Laurita Vaz, 3.ª Seção, j. 27.04.2022, noticiado no *Informativo* 736.

[31] HC 88.500/RS, rel. Min. Joaquim Barbosa, 2.ª Turma, j. 20.10.2009, noticiado no *Informativo* 564.

CAP. 35 – PENAS RESTRITIVAS DE DIREITOS | 601

cução provisória da pena privativa de liberdade, quando o réu se encontra solto, também não será aceita a execução provisória na seara das penas restritivas de direitos. Nesse ponto, cumpre destacar que, se foi efetuada a substituição da pena privativa de liberdade por uma ou mais penas restritivas de direitos, o acusado certamente não terá em seu desfavor a decretação da prisão preventiva. Essa também é a posição adotada pela **Súmula 643 do Superior Tribunal de Justiça**: "A execução da pena restritiva de direitos depende do trânsito em julgado da condenação".

Por razões de lógica e coerência, e levando em conta que somos favoráveis à execução provisória da pena privativa de liberdade, como exposto no Capítulo 33, item 33.16, igualmente defendemos o cabimento da execução provisória das penas restritivas de direitos, em situações excepcionais, caracterizadas sobretudo pelo propósito de tumultuar o regular trâmite da ação penal para impedir o trânsito em julgado da condenação e, consequentemente, o cumprimento da pena substitutiva.

Por dever de lealdade, é imperioso mencionar que o art. 147 da Lei 7.210/1984 – Lei de Execução Penal, anterior à Constituição Federal, reclama o trânsito em julgado da condenação para a execução das penas restritivas de direitos: "Transitada em julgado a sentença que aplicou a pena restritiva de direitos, o Juiz da execução, de ofício ou a requerimento do Ministério Público, promoverá a execução, podendo, para tanto, requisitar, quando necessário, a colaboração de entidades públicas ou solicitá-la a particulares".

## 35.14. POLÍTICA NACIONAL DE ALTERNATIVAS PENAIS

A Portaria 495/2016, do Ministro de Estado da Justiça, instituiu no âmbito do seu Ministério a Política Nacional de Alternativas Penais, com o objetivo de desenvolver ações, projetos e estratégias voltadas ao enfrentamento do encarceramento em massa e à ampliação da aplicação de alternativas penais à prisão, com enfoque restaurativo, em substituição à privação de liberdade.

Seu art. 1.º, parágrafo único, inc. I preceitua que as alternativas penais abrangem as penas restritivas de direitos.

## 35.15. PENAS RESTRITIVAS DE DIREITOS EM ESPÉCIE

### 35.15.1. Classificação

As penas restritivas de direitos podem ser genéricas ou específicas.

**Genéricas**, ou **gerais**, são as que substituem as penas privativas de liberdade em **qualquer crime**, desde que presentes os requisitos legais. Nessa relação se incluem a prestação pecuniária, a perda de bens e valores, a prestação de serviços à comunidade ou a entidades públicas, a proibição de frequentar determinados lugares e a limitação de fim de semana.

**Específicas**, ou **especiais**, de seu turno, são as penas restritivas de direitos que substituem as penas privativas de liberdade aplicadas como decorrência da prática de **crimes determinados**. Cuidam-se das interdições temporárias de direitos, salvo nas modalidades proibição de frequentar determinados lugares e proibição de inscrever-se em concurso, avaliação ou exame públicos (CP, art. 47, incs. IV e V).

### 35.15.2. Prestação pecuniária

Cuida-se de pena restritiva de direitos criada pela Lei 9.714/1998, disciplinada pelo art. 45, §§ 1.º e 2.º, do Código Penal.[32]

---

[32] A Resolução 558/2024, editada pelo CNJ – Conselho Nacional de Justiça, define a política institucional do Poder Judiciário na gestão e destinação dos recursos oriundos da aplicação da pena de prestação pecuniária.

602 | DIREITO PENAL - PARTE GERAL - VOL. 1 • CLEBER MASSON

Consiste no pagamento em dinheiro à vítima, a seus dependentes, ou a entidade pública ou privada com destinação social, de importância fixada pelo juiz, não inferior a 1 (um) salário mínimo nem superior a 360 (trezentos e sessenta) salários mínimos (CP, art. 45, § 1.º, 1.ª parte).

Para identificação dos dependentes deve ser utilizada analogicamente a relação contida no art. 16 da Lei 8.213/1991: I – o cônjuge, a companheira, o companheiro e o filho não emancipado, de qualquer condição, menor de 21 (vinte e um) anos ou inválido ou que tenha deficiência intelectual ou mental ou deficiência grave; II – os pais; e III – o irmão não emancipado, de qualquer condição, menor de 21 (vinte e um) anos ou inválido ou que tenha deficiência intelectual ou mental ou deficiência grave.

Qualquer entidade pública pode ser beneficiária do valor correspondente à prestação pecuniária, mas, em se tratando de entidade privada, exige-se que tenha destinação social. Importante destacar que o Poder Judiciário e o Ministério Público não podem ser favorecidos por essa pena, uma vez que não são entidades, embora apresentem destinação social.

O dispositivo legal contém uma **relação preferencial**. Assim, os dependentes somente serão destinatários na ausência da vítima. E as entidades, na falta da vítima e de seus dependentes.

Em se tratando de sanção penal, a prestação pecuniária se reveste de **caráter unilateral, impositivo e cogente**, razão pela qual independe de aceitação da pessoa por ela favorecida. O juiz aplica essa pena sem prévia oitiva da vítima, de seus dependentes ou de entidade pública ou privada com destinação social.

Não pode ser inferior a 1 (um) salário mínimo, nem superior a 360 (trezentos e sessenta) salários mínimos. E o valor pago será deduzido do montante de eventual condenação em ação de reparação civil, se coincidentes os beneficiários (CP, art. 45, § 1.º, *in fine*). Essa última parte revela que, nada obstante seja pena restritiva de direitos, a prestação pecuniária ostenta, ainda que indiretamente, caráter de **indenização civil antecipada**, impedindo o enriquecimento ilícito do ofendido ou de seus dependentes. Frise-se, porém, que desaparece qualquer aspecto civil quando o valor fixado na sentença condenatória for destinado em sua totalidade a alguma entidade pública ou privada com destinação social, pois são diversos os beneficiários.

Nesse contexto, em que pese a omissão legislativa, é possível estender a dedução do valor pago a título de prestação pecuniária em relação às **conciliações,** homologadas em juízo, em ações cíveis indenizatórias, qualquer que seja o rito processual, e igualmente com a compensação do valor mínimo fixado na sentença condenatória para a reparação dos danos causados pelo crime, se coincidentes os beneficiários, nos termos do art. 387, IV, do Código de Processo Penal. Para o Superior Tribunal de Justiça:

> A prestação pecuniária prevista no art. 45, § 1.º, do Código Penal pode ser compensada com o montante fixado com fundamento no art. 387, IV, do Código de Processo Penal, ante a coincidência de beneficiários. Inicialmente, em uma interpretação teleológica, tem-se que o art. 45, § 1.º, do Código Penal previu uma ordem sucessiva de preferência entre os beneficiários elencados. Havendo vítima determinada, impõe-se que o valor estipulado para prestação pecuniária seja a ela destinado. Nesse contexto, é necessário o estudo particularizado dos institutos da prestação pecuniária (art. 45, § 1.º, do CP) e da reparação dos danos causados pela infração (art. 387, IV, do CPP) para determinar se é possível a compensação. O art. 45, § 1.º, do Código Penal prevê que a prestação pecuniária tem natureza de pena (restritiva de direitos), contudo, possui finalidade nitidamente reparatória (cível), ao dispor que "(...) consiste no pagamento em dinheiro à vítima, a seus dependentes ou a entidade pública ou privada com destinação social (...)". A jurisprudência desta Corte é firme no sentido de que a referida pena restritiva de direitos guarda correspondência com o prejuízo causado pelo delito, o que reforça seu caráter reparatório. Por sua vez, o art. 387, IV, do Código de Processo Penal visa assegurar a reparação cível dos danos causados pela infração penal, representando nítida antecipação efetuada pelo juiz criminal. Assim, explicitada a natureza

CAP. 35 - PENAS RESTRITIVAS DE DIREITOS | 603

jurídica dos institutos, em razão da finalidade reparatória presente em ambas disposições legais e, ainda, diante da coincidência de beneficiários (vítima), impõe-se a dedução do montante fixado a título de reparação de danos – art. 387, IV, do Código de Processo Penal, do que foi estipulado a critério de prestação pecuniária substitutiva – art. 45, § 1.º, do Código Penal, que prevê: "(...) O valor pago será deduzido do montante de eventual condenação em ação de reparação civil, se coincidentes os beneficiários". Ressalta-se, por fim, que o valor fixado para reparação dos danos – art. 387, IV, do CPP – refere-se a um valor mínimo, nada impedindo que a vítima requeira valor superior no âmbito cível.[33]

Também será cabível esse desconto no campo dos Juizados Especiais Criminais, tanto em sede de composição dos danos civis ou de transação penal (Lei 9.099/1995, arts. 74 e 76), quando coincidentes os beneficiários. Mas cuidado. Na seara dos Juizados Especiais Criminais esse abatimento somente poderá ocorrer em ações penais públicas incondicionadas, pois a composição civil redunda em extinção da punibilidade nas ações penais privadas e nas ações penais públicas condicionadas à representação do ofendido ou de quem o represente, inexistindo, por corolário, sanção penal de qualquer espécie.[34]

A fórmula legal abre espaço para verdadeiras situações de **despenalização**. É o que se dá quando a sentença penal determina a prestação pecuniária em favor da vítima de valor igual ou inferior ao posteriormente estipulado em ação de reparação civil. Como tal montante deve ser deduzido da condenação civil, o condenado nada mais fez do que reparar o dano causado pelo crime. A conduta criminosa foi, portanto, despenalizada.

O Código Penal impõe seja efetuado o pagamento **em dinheiro**. Mas, se houver aceitação do beneficiário, a prestação pecuniária pode consistir em **prestação de outra natureza** (CP, art. 45, § 2.º).

Essa fórmula ("prestação de outra natureza") é excessivamente ampla, dando margem à criação, no caso concreto, de penas indeterminadas e não previstas em lei. É fundamental, pois, a razoabilidade, e também a coerência por parte do juiz da execução penal, pois é nessa fase que será buscada a anuência do beneficiário em caso de impossibilidade do pagamento em moeda corrente.

Na prática, tem sido admitido o pagamento em pedras preciosas, obras de arte, imóveis, automóveis, títulos mobiliários e bens móveis em geral. A Exposição de Motivos da Lei 9.714/1998 fala inclusive em entrega de cestas básicas e fornecimento de mão de obra. Exemplo: um pedreiro é condenado a pagar à vítima do crime por ele praticado a quantia de RS 3.000,00 (três mil reais) em dinheiro. Diante de sua absoluta impossibilidade financeira, e se a vítima concordar, o juiz pode substituir o pagamento em dinheiro por 100 horas de mão de obra para reforma da casa do ofendido, levando em conta o valor de R$ 30,00 (trinta reais) por hora de trabalho de um pedreiro.

A prestação pecuniária é uma pena restritiva de direitos. Logo, ao contrário do que ocorre com a pena de multa, se o condenado solvente não efetuar o pagamento devido, frustrando sua execução, deve ser reconvertida em pena privativa de liberdade, com fundamento no art. 44, § 4.º, 1.ª parte, do Código Penal.[35] Essa é a medida adequada, não se podendo falar na imposição de alguma medida coercitiva (arresto de bens, por exemplo) para assegurar seu cumprimento. Como já decidido pelo Superior Tribunal de Justiça:

---

[33] REsp 1.882.059/SC, rel. Min. Joel Ilan Paciornik, 5.ª Turma, j. 19.10.2021, noticiado no *Informativo* 714.

[34] BITENCOURT, Cezar Roberto. *Novas penas alternativas*. São Paulo: Saraiva, 1999. p. 118.

[35] "Conforme jurisprudência do STF, é viável a utilização do *habeas corpus* para discutir questões relacionadas à pena pecuniária estabelecida em substituição à reprimenda corporal (CP, art. 43, I, c/c o art. 45, § 1.º), porquanto, diferentemente da pena de multa, que possui natureza jurídica distinta, aquela pode ser revertida em pena privativa de liberdade, caso descumprida injustificadamente pelo condenado (CP, art. 44, § 4.º)" (STF: HC 122.563/MG, rel. Min. Teori Zavascki, 2.ª Turma, j. 02.09.2014).

**604** | DIREITO PENAL - PARTE GERAL - VOL. 1 • CLEBER MASSON

Havendo expressa previsão legal de reconversão da pena restritiva de direitos em privativa de liberdade, não há falar em arresto para o cumprimento forçado da pena substitutiva. De início, tratando-se de pena substitutiva, fixada com base no artigo 44 do Código Penal, tem-se que o eventual descumprimento da obrigação dá ensejo à reconversão da pena restritiva de direitos em privativa de liberdade, por força do comando expresso da norma do parágrafo 4º do referido artigo. No cálculo da pena privativa de liberdade a executar será deduzido o tempo cumprido da pena restritiva de direitos, respeitado o saldo mínimo de trinta dias de detenção ou reclusão. Ressalta-se que a execução das penas restritivas, assim como de modo geral de todas as alternativas à prisão, demanda um mecanismo coercitivo, capaz de assegurar o seu cumprimento, e este só pode ser a pena privativa de liberdade. Assim, não há falar em arresto para o cumprimento forçado da pena substitutiva já que a reconversão da pena é medida que, por si só, atribui conectividade à pena restritiva de direito.[36]

Além disso, a fiscalização da sua execução deve ser promovida pelo Ministério Público, pois não se pode delegar essa tarefa, eminentemente pública, à vítima, a seus dependentes ou a entidade pública ou privada com destinação social.

Finalmente, pode ser formulada a seguinte indagação: Se a reparação do dano é efeito genérico e automático da condenação (CP, art. 91, I), qual a essência da pena de prestação pecuniária, que geralmente busca a indenização da vítima, o que se acentua ao dizer o art. 45, § 2.º, que o valor pago será deduzido do montante de eventual condenação em ação de reparação civil, se coincidentes os beneficiários?

A prestação pecuniária é mais favorável e vantajosa ao ofendido. De fato, na obrigação de reparar o dano, a vítima ou seus herdeiros têm um título executivo, mas sem liquidez, exigindo-se sua prévia liquidação no juízo cível. Por sua vez, na pena de prestação pecuniária, o magistrado fixa o valor do pagamento a ser formulado à vítima ou aos seus dependentes, que são dispensados da liquidação e do ajuizamento de ação executiva no juízo cível.

### 35.15.2.1. Prestação pecuniária e pena de multa: distinções

Em que pese o comum perfil pecuniário, essas espécies de pena não se confundem.[37]

Inicialmente, a prestação pecuniária constitui-se em pena restritiva de direitos, regulada pelos arts. 44 e 45, §§ 1.º e 2.º, do Código Penal, ao passo que a multa é pena pecuniária propriamente dita, e segue a sistemática dos arts. 49 a 52 do Código Penal.

Se não bastasse, na prestação pecuniária o dinheiro ou prestação de outra natureza é destinado à vítima do crime, aos seus dependentes ou a entidade pública ou privada com destinação social, e seu montante não pode ser inferior a 1 (um) salário mínimo nem superior a 360 (trezentos e sessenta) salários mínimos. Na pena de multa, por sua vez, o valor arrecadado é encaminhado ao Fundo Penitenciário, e calcula-se entre 10 (dez) e 360 (trezentos e sessenta) **dias-multa**, fixando-se cada um deles entre 1/30 (um trigésimo) do salário mínimo até 5 (cinco) salários mínimos.

Finalmente, na prestação pecuniária o valor pago será deduzido do montante de eventual condenação em ação de reparação civil, se coincidentes os beneficiários, o que não ocorre na pena de multa.

### 35.15.2.2. Prestação pecuniária, entidade pública ou privada e destinação dos valores

Nas hipóteses em que a prestação pecuniária for estabelecida em sede de **transação penal ou suspensão condicional do processo**, e consistir em pagamento a **entidade pública ou privada com destinação social** (e não à vítima ou aos seus dependentes), a destinação

---

[36]   REsp 1.699.665/SP, rel. Min. Maria Thereza de Assis Moura, 6.ª Turma, noticiado no *Informativo* 631.

[37]   STF: HC 122.563/MG, rel. Min. Teori Zavascki, 2.ª Turma, j. 02.09.2014.

CAP. 35 – PENAS RESTRITIVAS DE DIREITOS | 605

deve ser decidida pelo **Poder Judiciário**, e não pelo Ministério Público. É o que se extrai da Resolução 558/2024, editada pelo CNJ – Conselho Nacional de Justiça. Como decidido pelo Supremo Tribunal Federal:

> Não cabe ao Ministério Público administrar ou disciplinar o destino de recursos que ingressam nos cofres públicos a título de sanção criminal ou de sucedâneo desta, em especial porque a destinação das prestações pecuniárias não configura elemento essencial da negociação realizada entre o *Parquet* e o acusado em potencial. Compete ao Poder Judiciário administrar o cumprimento da pena privativa de liberdade e de suas medidas alternativas.[38]

De seu turno, quando a prestação pecuniária figurar como condição do **acordo de não persecução penal**, a destinação dos valores é matéria de competência do **juízo da execução penal**, que deve dar preferência a entidade pública ou de interesse social que proteja bens jurídicos semelhantes aos lesados pelo delito.[39]

### 35.15.3. Perda de bens e valores[40]

Cuida-se de pena restritiva de direitos que consiste na retirada de bens e valores integrantes do **patrimônio lícito** do condenado, transferindo-os ao Fundo Penitenciário Nacional. Seu valor terá como teto – o que for maior – o montante do prejuízo causado ou do proveito obtido pelo agente ou por terceiro, em consequência da prática do crime (CP, art. 45, § 3.º).[41]

Nota-se, de início, a possibilidade de aplicação dessa pena exclusivamente no tocante a **crimes**, pois o seu valor leva em conta o prejuízo causado ao ofendido ou a vantagem auferida pelo condenado ou por terceiro em decorrência do seu cometimento. Não pode ser utilizada, destarte, para contravenções penais.

Além disso, exige-se tenha o crime produzido algum tipo de prejuízo à vítima ou ainda proporcionado vantagem patrimonial ao responsável pelo crime ou a terceira pessoa. Nessa linha de raciocínio, exemplificativamente, seria uma pena adequada a um crime de furto, mas incabível para crime de participação, na direção de veículo automotor, em competição não autorizada (Lei 9.503/1997 – Código de Trânsito Brasileiro, art. 308).

Em face do caráter pessoal da pena (princípio da personalidade, da intransmissibilidade ou da intranscendência), previsto no art. 5.º, XLV, da Constituição Federal, a perda de bens e valores não pode ultrapassar a pessoa do condenado. Portanto, é vedado atingir o patrimônio de terceiros.

Essa pena possui nítido **conteúdo confiscatório** – possível e legítimo –, pois foi expressamente admitida pelo art. 5.º, XLVI, "b", da Constituição Federal. Nada obstante, a Exposição de Motivos da Lei 9.714/1998 sustenta o contrário, alegando ser a prática de um crime motivo justo e suficiente para a perda de bens e valores.

Não deixa, porém, de ser confisco, definido como a retirada dos bens do patrimônio lícito de alguém sem qualquer tipo de indenização.

---

[38] ADI 5.388/DF, rel. Min. Marco Aurélio, redator do acórdão Min. Nunes Marques, Plenário, j. 17.05.2024, noticiado no *Informativo* 1.137.

[39] STJ: AREsp 2.419.790/MG, rel. Min. Ribeiro Dantas, 5.ª Turma, j. 06.02.2024, noticiado no *Informativo* 800.

[40] A Resolução 558/2024, editada pelo CNJ – Conselho Nacional de Justiça, define a política institucional do Poder Judiciário na gestão e destinação dos recursos oriundos da aplicação da pena de perda de bens e valores.

[41] O art. 244-A da Lei 8.069/1990 – Estatuto da Criança e do Adolescente prevê a aplicação ao condenado pelo delito de submeter criança ou adolescente à prostituição ou à exploração sexual, além da pena de reclusão, de quatro a dez anos e multa, a perda de bens e valores utilizados na prática criminosa, em favor do Fundo dos Direitos da Criança e do Adolescente da unidade da Federação (Estado ou Distrito Federal) em que foi cometido o crime, ressalvado o direito de terceiro de boa-fé.

O dispositivo legal indica o limite máximo dessa pena, sempre o que for maior: o prejuízo causado pelo crime ou o proveito obtido pelo agente ou por terceiro em consequência da prática do crime.

O proveito do crime engloba o bem auferido pela conduta criminosa, seja diretamente (exemplo: o relógio de ouro furtado), seja mediante especificação (exemplo: a joia produzida com o derretimento do relógio de ouro), e também os bens adquiridos pelo agente como consequência da alienação do produto do crime (exemplo: a bicicleta comprada com o dinheiro resultante da venda do relógio).

### 35.15.3.1. Perda de bens e valores e confisco como efeito da condenação: distinções

A perda de bens e valores e o confisco não se confundem. Aquela é uma pena restritiva de direitos (CP, art. 45, § 3.º), ao passo que este é efeito genérico e automático da condenação (CP, art. 91, II). Podem ser impostos cumulativamente, mas as diferenças são nítidas.

O confisco incide sobre os instrumentos ou sobre o produto do crime, **de cunho ilícito**, enquanto a perda de bens e valores recai sobre o **patrimônio lícito** do condenado. Como bem define Damásio E. de Jesus:

> Não devemos confundir a pena de perda de bens e valores como pena (CP, art. 43, II) e o confisco (CP, art. 91). Este constitui efeito da condenação e atinge os instrumentos e o produto do crime (*instrumenta* e *producta sceleris*). Na pena alternativa, os bens e valores são de natureza e origem lícitas.[42]

## 35.15.4. Prestação de serviços à comunidade ou a entidades públicas

Cuida-se de pena restritiva de direitos consistente na atribuição de **tarefas gratuitas** ao condenado, em entidades assistenciais, hospitais, escolas, orfanatos e outros estabelecimentos congêneres, em programas comunitários ou estatais (CP, art. 46, §§ 1.º e 2.º).

A expressão "entidades públicas" deve ser interpretada em sentido amplo, para englobar tanto as públicas em sentido estrito (Administração Pública direta ou indireta), como também as privadas com destinação social.

Essa pena somente é aplicável às **condenações superiores a 6 (seis) meses** de privação da liberdade (CP, art. 46, *caput*).

Nada obstante seja uma pena restritiva de direitos, possui indiretamente caráter de privação da liberdade, já que o condenado deve ficar confinado na entidade destinatária dos serviços, durante algumas horas da semana, para desempenho das atividades impostas pelo juízo da execução. Nesse período, portanto, assemelha-se à pena privativa da liberdade, embora com ela não se confunda, pois o condenado não é retirado do convívio social.

As tarefas serão atribuídas conforme as aptidões do condenado (CP, art. 46, § 3.º). Veda-se, assim, atividade cruel, ociosa, vexatória ou humilhante, que em nada se compatibilizaria com as finalidades da pena. Exemplo: seria inadequado e ilegal determinar a um advogado, condenado pela prática de desacato contra um Delegado de Polícia, a prestação de serviços de limpeza das salas da Delegacia de Polícia em que trabalha a pessoa por ele atingida pela conduta criminosa.

Da mesma forma, não é possível a imposição de prestação de serviços em igreja ou qualquer tipo de templo religioso, por não se tratar de serviço à **comunidade**, além de ofender o caráter laico do Estado (CF, art. 19, I).

---

[42] JESUS, Damásio E. de. *Penas alternativas:* anotações à Lei n. 9.714, de 25 de novembro de 1998. 2. ed. São Paulo: Saraiva, 2000. p. 152.

CAP. 35 – PENAS RESTRITIVAS DE DIREITOS | 607

As tarefas devem ser cumpridas à razão de **1 (uma) hora de tarefa por dia de condenação**, fixadas de modo a não prejudicar a jornada normal de trabalho (CP, art. 46, § 3.º). Adotou-se, nesse ponto, o sistema da **hora-tarefa**.

Essa opção foi necessária para permitir a regular execução da pena, já que o cumprimento em dias seria de difícil ou até mesmo impossível fiscalização. Mas apresenta contradição com a regra estipulada pelo art. 10, *in fine*, do Código Penal, pela qual se contam os dias, os meses e os anos pelo calendário comum, isto é, sem conversão dos dias em horas, e também com o art. 11 do Código Penal, pelo qual devem ser desprezadas, nas penas restritivas de direitos, as frações de dias, ou seja, as horas.

Entretanto, se a pena substituída for superior a 1 (um) ano, é facultado ao condenado cumprir a pena alternativa **em menor tempo, nunca inferior à metade da pena privativa de liberdade fixada** (CP, art. 46, § 4.º).

Essa antecipação da finalização da pena é **faculdade** do condenado, não podendo ser imposta pelo juiz. Além disso, somente é admissível na hipótese de pena privativa de liberdade (substituída por prestação de serviços) superior a 1 (um) ano. Mas, para não transformá-la em pena meramente simbólica, e também para não prejudicar a jornada normal de trabalho do condenado, estabeleceu o dispositivo legal que a antecipação nunca pode ocorrer em período inferior à metade da pena privativa de liberdade fixada.

Vejamos um exemplo: o réu é condenado a 2 (dois) anos de reclusão pela prática de furto (CP, art. 155, *caput*). Presentes os requisitos legais, o juiz substitui a pena privativa de liberdade por restritiva de direitos consistente em prestação de serviços à comunidade. O condenado, sequioso por cumprir brevemente a sanção penal, decide trabalhar mais de uma hora por dia. Se trabalhar duas horas por dia, cumprirá integralmente a pena em 1 (um) ano. Entretanto, se trabalhar mais de duas horas por dia, ainda assim não poderá reduzir a pena para aquém de 1 (um) ano, pois esse tempo representa a metade da pena privativa de liberdade fixada.

### 35.15.4.1. Execução da prestação de serviços à comunidade

As tarefas executadas como prestação de serviços à comunidade não serão remuneradas (LEP, art. 30), e também não geram vínculo empregatício com o Estado (LEP, art. 28, § 2.º).

A execução da pena de prestação de serviços à comunidade tem início a partir da data do primeiro comparecimento do condenado à entidade beneficiada (LEP, art. 149, § 2.º).

Cabe ao juiz da execução, nos termos do art. 149 da Lei de Execução Penal: I – designar a entidade ou programa comunitário ou estatal, devidamente credenciado ou convencionado, junto ao qual o condenado deverá trabalhar gratuitamente, de acordo com as suas aptidões; II – determinar a intimação do condenado, cientificando-o da entidade, dias e horários em que deverá cumprir a pena; e III – alterar a forma de execução, a fim de ajustá-la às modificações ocorridas na jornada de trabalho.

Finalmente, a entidade beneficiada com a prestação de serviços encaminhará, **mensalmente**, ao juiz da execução, relatório circunstanciado das atividades do condenado, bem como, a qualquer tempo, comunicação sobre ausência ou falta disciplinar (LEP, art. 150).

### 35.15.4.2. Prestação de serviços à comunidade e trabalhos forçados

Não é correto alegar a inconstitucionalidade da pena de prestação de serviços à comunidade ou entidades públicas, sob o fundamento de constituir-se em inaceitável pena de trabalhos forçados (CF, art. 5.º, XLVII, "c"), por dois motivos fundamentais.

Em primeiro lugar, a prestação de serviços tem amparo constitucional, fruto do Poder Constituinte Originário (art. 5.º, XLVI, "d"), afastando, assim, a argumentação de inconstitucionalidade. Como se sabe, não há norma constitucional inconstitucional quando instituída

**608** | DIREITO PENAL – PARTE GERAL – VOL. 1 • CLEBER MASSON

originariamente pelo texto constitucional. Além disso, essa pena restritiva de direitos representa um benefício ao condenado, que pode ou não desempenhar as tarefas atribuídas, optando pela pena substitutiva ou então pela reconversão à pena privativa de liberdade.

### 35.15.4.3. Prestação de serviços à comunidade e crimes ambientais

Em relação à **pessoa física**, dispõe o art. 9.º da Lei 9.605/1998 que a prestação de serviços à comunidade consiste na atribuição ao condenado de tarefas gratuitas junto a parques e jardins públicos e unidades de conservação, e, no caso, de dano da coisa particular, pública ou tombada, na restauração desta, se possível.

Já a **pessoa jurídica** condenada por crime ambiental se sujeita às seguintes tarefas como prestação de serviços à comunidade: a) custeio de programas e de projetos ambientais; b) execução de obras de recuperação de áreas degradadas; c) manutenção de espaços públicos; e d) contribuições a entidades ambientais ou culturais públicas (Lei 9.605/1998, art. 23).

### 35.15.4.4. Ausência de local adequado para execução da prestação de serviços à comunidade

Se, na prática, não existir local adequado para cumprimento dessa pena restritiva de direitos, há três propostas para a solução do problema:

a) a pena deve ser considerada cumprida, desde que tenha decorrido o tempo a ela correspondente e o condenado estava à disposição do Estado;

b) deve aguardar-se o oferecimento de local adequado, com a superveniência do início do cumprimento da pena ou então com o reconhecimento da prescrição; e

c) o juízo da execução deve buscar outro local adequado para o cumprimento da pena restritiva de direitos. Nesse sentido, dispõe o art. 148 da Lei de Execução Penal: "Em qualquer fase da execução, poderá o juiz, motivadamente, alterar a forma de cumprimento das penas de prestação de serviços à comunidade e de limitação de fim de semana, ajustando-as às condições pessoais do condenado e às características do estabelecimento, da entidade ou do programa comunitário ou estatal". É o entendimento do Superior Tribunal de Justiça:

A impossibilidade de cumprimento pelo sentenciado de pena restritiva de direitos não possibilita sua extinção, por absoluta falta de previsão legal para tanto. É certo que o art. 148 da Lei de Execução Penal permite a alteração da forma de cumprimento das penas restritivas de direitos, mas não simplesmente a extinção da pena por reputar suficiente o que já foi cumprido pelo apenado. Tal medida vai de encontro ao próprio fim ressocializador da reprimenda.[43]

### 35.15.4.5. Prestação de serviços à comunidade e crimes previstos no Código de Trânsito Brasileiro

Nos crimes definidos nos arts. 302 a 312 da Lei 9.503/1997 – Código de Trânsito Brasileiro, se o juiz substituir a pena privativa de liberdade por restritiva de direitos, deverá obrigatoriamente aplicar a prestação de serviços à comunidade ou a entidades públicas, em uma das seguintes atividades:

I – trabalho, aos fins de semana, em equipes de resgate dos corpos de bombeiros e em outras unidades móveis especializadas no atendimento a vítimas de trânsito;

---

[43] HC 176.490/SP, rel. Min. Laurita Vaz, 5.ª Turma, j. 23.10.2012.

II – trabalho em unidades de pronto-socorro de hospitais da rede pública que recebem vítimas de sinistro de trânsito e politraumatizados;

III – trabalho em clínicas ou instituições especializadas na recuperação de sinistrados de trânsito; ou

IV – outras atividades relacionadas a resgate, atendimento e recuperação de vítimas de sinistros de trânsito.

Essa determinação encontra-se prevista no art. 312-A do Código de Trânsito Brasileiro, e foi criada pela Lei 13.281/2016 com o inequívoco propósito de, além de proporcionar a justa punição do infrator e disponibilizar mão de obra para auxiliar as vítimas de acidentes de trânsito, conscientizar os condutores de veículos automotores da gravidade dos males provocados pelos seus comportamentos ilícitos, especialmente aqueles que oferecem risco de morte às vítimas ou lhes causam graves problemas de saúde.

### 35.15.5. Interdição temporária de direitos

Essas penas restritivas de direitos estão elencadas pelo art. 47 do Código Penal: I – proibição do exercício de cargo, função ou atividade pública, bem como de mandato eletivo; II – proibição do exercício de profissão, atividade ou ofício que dependam de habilitação especial, de licença ou autorização do poder público; III – suspensão de autorização ou de habilitação para dirigir veículo; IV – proibição de frequentar determinados lugares; e V – proibição de inscrever-se em concurso, avaliação ou exame públicos.

As duas primeiras, e também a última, são alvos de críticas, fundadas principalmente na contrariedade às finalidades da pena, especialmente em relação à prevenção especial (ressocialização do criminoso), uma vez que não existe vantagem nenhuma em impedir o condenado de desempenhar uma profissão ou atividade lícita. Deve, sim, ser punido, mas não proibido de exercer profissões ou atividades por si só legais e até mesmo fomentadas pelo Estado.

Vejamos cada uma delas.

### 35.15.5.1. Proibição de exercício de cargo, função ou atividade pública, bem como de mandato eletivo

Essa pena restritiva de direitos é **específica**, uma vez que somente é aplicável ao crime cometido no exercício de profissão, atividade, ofício, cargo ou função, sempre que houver violação dos deveres que lhes são inerentes (CP, art. 56).

Diz respeito à **vida pública** do condenado, por relacionar-se a cargo, função ou atividade **pública**, bem como a **mandato eletivo**. E, nada obstante essa pena tenha como propósito englobar as condutas praticadas por funcionários públicos, em consonância com o conceito previsto no art. 327 do Código Penal, não é imprescindível tenha sido praticado um crime contra a Administração Pública, podendo ser um crime comum, desde que com violação dos deveres funcionais do agente.

A interdição temporária de direitos engloba tanto a suspensão daquele que exerce cargo, função ou atividade pública, bem como mandato eletivo, ao tempo da condenação, como também daquele que deixou de exercer tais misteres, voluntariamente ou não, posteriormente à prática do crime.

No tocante à proibição do exercício de mandato eletivo de **deputados federais e senadores**, parte da doutrina sustenta ser essa pena inconstitucional, pois tais parlamentares somente podem ser proibidos de exercer o mandato na forma prevista na Constituição Federal. Com efeito, o art. 55, VI e § 2.º, previu somente a perda do mandato, e não a interdição temporária.[44]

---

[44]  Nesse sentido, entre outros: GOMES, Luiz Flávio. *Penas e medidas alternativas à prisão.* 1. ed. 2. tir. São Paulo: RT, 1999. p. 146.

**610** | DIREITO PENAL – PARTE GERAL – VOL. 1 • CLEBER MASSON

Com o integral cumprimento da pena, encerra-se a proibição do exercício do direito.

Essa pena, contudo, não se confunde com o **efeito da condenação** relativo à **perda de cargo, função pública ou mandato eletivo**, definido pelo art. 92, I, do Código Penal, cabível: a) quando aplicada pena privativa de liberdade por tempo igual ou superior a um ano, nos crimes praticados com abuso de poder ou violação de dever para com a administração pública; e b) quando for aplicada pena privativa de liberdade por tempo superior a 4 (quatro) anos nos demais casos.

### 35.15.5.2. Proibição do exercício de profissão, atividade ou ofício que dependam de habilitação especial, de licença ou autorização do poder público

Cuida-se também de pena restritiva de direitos **específica**, aplicável exclusivamente ao crime cometido no exercício de profissão, atividade, ofício, cargo ou função, sempre que houver violação dos deveres que lhes são inerentes (CP, art. 56). Refere-se, contudo, à **esfera privada** de atuação do condenado, embora dependente de habilitação especial, de licença ou autorização do poder público.

**Profissão** é o trabalho remunerado e com índole intelectual dominante, tais como a de médico, dentista, advogado e engenheiro.[45] **Ofício** é o trabalho remunerado, predominantemente mecânico ou manual. **Atividade**, por sua vez, tem natureza residual: qualquer outra forma de labor, remunerada ou não. É necessário que dependam, frise-se, de habilitação especial, de licença ou autorização do poder público, sob pena de ser impossível a ingerência do Estado para exigir a interdição temporária do direito.

O condenado é impedido, durante o tempo da pena, de desempenhar a profissão, ofício ou atividade.

### 35.15.5.3. Suspensão de autorização ou habilitação para dirigir veículo

Essa pena aplica-se somente aos crimes culposos de trânsito (CP, art. 57). Mas, como tais crimes encontram-se atualmente previstos em sua maioria pelo Código de Trânsito Brasileiro – Lei 9.503/1997, esse dispositivo foi por ele tacitamente revogado.

Para elucidar o raciocínio, é razoável diferenciar, sob a ótica do Código de Trânsito Brasileiro, autorização, permissão e habilitação para dirigir veículos.

A **autorização** é exigida para condução de ciclomotores (CTB, art. 141). Por sua vez, a **permissão** se destina a candidatos aprovados nos exames de habilitação, com validade de um ano (CTB, art. 148, § 2.º). Finalmente, a **habilitação** diz respeito a condutores definitivamente aprovados nos exames e com licença para dirigir veículos automotores, isto é, portadores de Carteira Nacional de Habilitação (CTB, art. 148, § 3.º).

Extrai-se, desde já, uma primeira conclusão: o art. 47, III, do Código Penal fala apenas em **autorização** ou **habilitação**. Logo, tudo o que se relaciona com a **permissão** deve ser disciplinado pelo Código de Trânsito Brasileiro.

Quanto à **habilitação,** os arts. 302 e 303 do Código de Trânsito Brasileiro impõem a cominação cumulativa da pena privativa de liberdade com a pena de suspensão ou proibição de obter permissão ou **habilitação** para dirigir veículo automotor.[46]

---

[45] "Se o crime foi praticado no exercício da atividade advocatícia, não constitui excessivo rigor substituir a pena privativa de liberdade pela suspensão da atividade profissional pelo mesmo prazo" (STJ: HC 126.373/SP, rel. Min. Og Fernandes, 6.ª Turma, j. 11.12.2012).

[46] O Plenário do Supremo Tribunal Federal decidiu pela constitucionalidade da imposição da pena de suspensão de habilitação a motoristas profissionais que tenham sido condenados por homicídio culposo em razão de acidente de trânsito. Fixou-se a seguinte tese de repercussão geral (Tema 486): "É constitucional a imposição da pena de suspensão de habilitação para dirigir veículo automotor ao motorista profissional condenado por homicídio culposo no trânsito" (STF: RE 607.107/MG, rel. Min. Roberto Barroso, Plenário, j. 12.02.2020).

CAP. 35 – PENAS RESTRITIVAS DE DIREITOS | 611

Destarte, por se tratar de lei posterior e especial, a **suspensão da habilitação** aos crimes culposos de trânsito também é tratada pelo Código de Trânsito Brasileiro. Além disso, seria impossível e destituída de qualquer finalidade a substituição da pena privativa de liberdade por essa pena restritiva de direitos, resultando em duas penas restritivas de igual natureza.

Portanto, resta à incidência do art. 47, III, do Código Penal exclusivamente, portanto, a **suspensão de autorização** para dirigir veículo, autorização esta destinada exclusivamente a **ciclomotores** (CTB, art. 141). Portanto, o juiz somente pode aplicar, com fulcro no art. 47, III, do Código Penal, a pena restritiva de direitos de suspensão de autorização para dirigir ciclomotores relativamente a crimes culposos de trânsito com ele praticados.

Como ciclomotor, na definição do Anexo I do Código de Trânsito Brasileiro, é o "veículo de 2 (duas) ou 3 (três) rodas, provido de motor de combustão interna, cuja cilindrada não exceda a 50 cm³ (cinquenta centímetros cúbicos), equivalente a 3,05 pol³ (três polegadas cúbicas e cinco centésimos), ou de motor de propulsão elétrica com potência máxima de 4 kW (quatro quilowatts), e cuja velocidade máxima de fabricação não exceda a 50 Km/h (cinquenta quilômetros por hora)", essa pena foi praticamente abolida, pois sua aplicação é de quase impossível ocorrência concreta.

Por último, não se deve confundir essa espécie de pena, atinente à suspensão de autorização e aos crimes culposos, com o **efeito da condenação** previsto no art. 92, III, do Código Penal: **inabilitação** para dirigir veículo, quando utilizado como **meio** para a prática de **crime doloso**.

### 35.15.5.4. Proibição de frequentar determinados lugares

Essa pena, embora definida pelo art. 47, IV, do Código Penal como restritiva de direitos é, na verdade, uma restrição da liberdade, pois o condenado é atingido diretamente em sua liberdade de locomoção. Além disso, a proibição de frequentar determinados lugares é também uma condição do *sursis* especial (CP, art. 78, § 2.º, "a").

Cuida-se de pena praticamente inócua, de difícil e inexistente fiscalização.

O legislador poderia ter delimitado o seu âmbito de incidência, indicando expressamente os lugares em que o condenado fica proibido de frequentar. Por exemplo: retornar ao local do crime, comparecer ao local de trabalho ou à residência da vítima e de seus familiares etc. Essa precaução reduziria também a possibilidade – inaceitável – de o juiz violar direitos do condenado, proibindo-o de frequentar locais lícitos e sem vinculação com o crime.

Essa pena é constitucional. Não caracteriza banimento,[47] e não ofende o princípio da reserva legal a proibição de frequentar **"determinados"** lugares. Como informam Sérgio Salomão Shecaira e Alceu Corrêa Junior: "Com efeito, trata-se de medida penal que corresponde aos anseios do Direito Penal liberal e democrático, na medida em que representa uma alternativa à pena privativa de liberdade".[48]

### 35.15.5.5. Proibição de inscrever-se em concurso, avaliação ou exame públicos

Esta modalidade de pena restritiva – consistente em interdição temporária de direitos – foi instituída pela Lei 12.550/2011, a qual autorizou o Poder Executivo a criar a empresa pública unipessoal denominada Empresa Brasileira de Serviços Hospitalares – EBSERH.

Embora o diploma normativo não apresente vinculação com o Direito Penal, o legislador se aproveitou de projeto de lei que estava em trâmite adiantado no Congresso Nacional para

---

47   STJ: HC 252.807/BA, rel. Min. Marco Aurélio Bellizze, 5.ª Turma, j. 24.09.2013.

48   SHECAIRA, Sérgio Salomão; CORRÊA JUNIOR, Alceu. *Teoria da pena*: finalidades, direito positivo, jurisprudência e outros estudos de ciência criminal. São Paulo: RT, 2002. p. 226.

inserir o inc. V no art. 47 do Código Penal, visando impedir a inscrição de condenados em concursos, avaliações ou exames públicos durante o cumprimento da sanção penal.

Nada obstante esta pena restritiva de direitos guarde estreita relação com o crime tipificado no art. 311-A do Código Penal (fraudes em certames de interesse público),[49] igualmente inserido pela Lei 12.550/2011, sua aplicação – a critério do magistrado – é possível aos condenados em geral, se presentes os requisitos elencados pelo art. 44 do Código Penal.

Com efeito, a condenação por diversos delitos recomenda a vedação do acesso às funções e cargos públicos, pela ausência de lisura e de idoneidade moral do agente, a exemplo do que se dá no estelionato, nos crimes contra a Administração Pública, nos crimes em licitações e contratos administrativos, entre tantos outros.

Trata-se, portanto, de pena restritiva de direitos genérica, pois seu raio de incidência não se limita ao crime definido no art. 311-A do Código Penal.

### 35.15.6. Limitação de fim de semana

Essa modalidade de pena originou-se na Alemanha, e está regulada no Brasil pelo art. 48 do Código Penal.

> **Art. 48.** A limitação de fim de semana consiste na obrigação de permanecer, aos sábados e domingos, por 5 (cinco) horas diárias, em casa de albergado ou outro estabelecimento adequado.
>
> **Parágrafo único.** Durante a permanência poderão ser ministrados ao condenado cursos e palestras ou atribuídas atividades educativas.

É pouco aplicada, uma vez que praticamente não existem casas de albergado. Na linha do raciocínio do Superior Tribunal de Justiça: "Se a pena de limitação de fim de semana deve ser efetivada em Casa de Albergado, não pode o paciente, na falta do referido estabelecimento, ser submetido a cumprimento da reprimenda em presídio, situação mais gravosa do que a estabelecida pelo decreto condenatório".[50]

Em consonância com as regras definidas pelos arts. 94 e 95 da Lei de Execução Penal, o prédio da casa de albergado deverá situar-se em centro urbano, separado dos demais estabelecimentos, e caracterizar-se pela ausência de obstáculos físicos contra a fuga. Deverá conter, além dos aposentos para acomodar os presos, local adequado para cursos e palestras, e instalações para os serviços de fiscalização e orientação dos condenados.

Cabe ao juiz da execução determinar a intimação do condenado, cientificando-o do local, dias e horário em que deverá cumprir a pena, a qual terá início a partir da data do primeiro comparecimento (LEP, art. 151 e parágrafo único). E, mensalmente, o estabelecimento designado encaminhará ao juiz da execução relatório, e comunicará, a qualquer tempo, a ausência ou falta disciplinar do condenado (LEP, art. 153).

---

[49] "Art. 311-A. Utilizar ou divulgar, indevidamente, com o fim de beneficiar a si ou a outrem, ou de comprometer a credibilidade do certame, conteúdo sigiloso de: I – concurso público; II – avaliação ou exame públicos; III – processo seletivo para ingresso no ensino superior; ou IV – exame ou processo seletivo previstos em lei: Pena – reclusão, de 1 (um) a 4 (quatro) anos, e multa. § 1.º Nas mesmas penas incorre quem permite ou facilita, por qualquer meio, o acesso de pessoas não autorizadas às informações mencionadas no *caput*. § 2.º Se da ação ou omissão resulta dano à administração pública: Pena – reclusão, de 2 (dois) a 6 (seis) anos, e multa. § 3.º Aumenta-se a pena de 1/3 (um terço) se o fato é cometido por funcionário público".

[50] HC 60.919/DF, rel. Min. Gilson Dipp, 5.ª Turma, j. 10.10.2006.

# CAPÍTULO 36

# PENA DE MULTA

## 36.1. CONCEITO[1]

É a espécie de sanção penal, de cunho patrimonial, consistente no pagamento de determinado valor em dinheiro em favor do Fundo Penitenciário.[2]

Como se trata de pena, deve respeitar os princípios da reserva legal e da anterioridade, ou seja, é necessária sua cominação por lei em sentido material e formal, vigente anteriormente à prática do fato típico e ilícito cuja punição se pretende.

## 36.2. FUNDO PENITENCIÁRIO

O Fundo Penitenciário Nacional (Funpen), instituído no âmbito do Ministério da Justiça e Segurança Pública, é gerido pelo Departamento Penitenciário Nacional (Depen) e tem a finalidade de proporcionar recursos e meios para financiar e apoiar as atividades e os programas de modernização e aprimoramento do sistema penitenciário nacional (Lei Complementar 79/1994, art. 1.º).

Entre os seus variados recursos estão as multas decorrentes de sentenças penais condenatórias com trânsito em julgado (LC 79/1994, art. 2.º, V).

A Lei Complementar 79/1994 não indica a origem das penas de multa, isto é, se provenientes da Justiça Estadual ou da Justiça Federal.

Nesse contexto, os Estados e o Distrito Federal podem legislar sobre este assunto, com a finalidade de encaminhar a sanção pecuniária para o fundo penitenciário sob sua gestão. Com efeito, o art. 24, I, da Constituição Federal fixa a competência concorrente entre a União, os Estados e o Distrito Federal para legislar sobre **direito penitenciário**.[3]

## 36.3. CRITÉRIO ADOTADO PARA A PENA DE MULTA

O Código Penal adota, por força do art. 2.º da Lei 7.209/1984 – Reforma da Parte Geral do Código Penal –, o critério do **dia-multa**, pelo qual o preceito secundário de cada tipo penal

---

[1]  A Resolução 558/2024, editada pelo CNJ – Conselho Nacional de Justiça, define a política institucional do Poder Judiciário na gestão e destinação dos recursos oriundos da aplicação da pena de multa.

[2]  Na sistemática implementada pelo art. 73 da Lei 9.605/1998 – Lei dos Crimes Ambientais, os valores arrecadados em pagamento de **multas por infração ambiental** serão revertidos ao Fundo Nacional do Meio Ambiente, ao Fundo Naval, ao Fundo Nacional para Calamidades Públicas, Proteção e Defesa Civil (Funcap), e aos fundos estaduais ou municipais de meio ambiente ou correlatos.

[3]  Em São Paulo, por exemplo, a Lei Estadual 9.171/1995 criou o Fundo Penitenciário Estadual, dispondo ainda que as multas impostas pela Justiça Estadual a ele se destinam.

614 | DIREITO PENAL – PARTE GERAL – VOL. 1 • CLEBER MASSON

se limita a cominar a pena de multa, sem indicar seu valor, o qual deve ser calculado com base nos critérios previstos no art. 49 do Código Penal.

Em face da redação do art. 12 do Código Penal, essa regra não impede a existência de exceções, ou seja, é possível que leis especiais se valham, pontualmente, de critérios diversos.

### 36.3.1. Crimes em licitações e contratos administrativos

Aos crimes em licitações e contratos administrativos são cominadas, cumulativamente, pena privativa de liberdade e pena de multa.

Na sistemática da Lei 8.666/1993, seu art. 99 continha a seguinte redação: "Art. 99. A pena de multa cominada nos arts. 89 a 98 desta Lei consiste no pagamento de quantia fixada na sentença e calculada em índices percentuais, cuja base corresponderá ao valor da vantagem efetivamente obtida ou potencialmente auferível pelo agente. § 1.º Os índices a que se refere este artigo não poderão ser inferiores a 2% (dois por cento), nem superiores a 5% (cinco por cento) do valor do contrato licitado ou celebrado com dispensa ou inexigibilidade de licitação. § 2.º O produto da arrecadação da multa reverterá, conforme o caso, à Fazenda Federal, Distrital, Estadual ou Municipal".

Existia, portanto, uma metodologia diferenciada daquela prevista no art. 49 do Código Penal, em que se adota o **sistema do dia-multa**.

Esse panorama mudou com a entrada em vigor da Lei 14.133/2021 – Lei de Licitações e Contratos Administrativos. A matéria será tratada no art. 337-P do Código Penal: "A pena de multa cominada aos crimes previstos neste Capítulo seguirá a metodologia de cálculo prevista neste Código e não poderá ser inferior a 2% (dois por cento) do valor do contrato licitado ou celebrado com contratação direta".

| Art. 337-P do Código Penal | Art. 99 da Lei 8.666/1993 |
|---|---|
| Art. 337-P. A pena de multa cominada aos crimes previstos neste Capítulo seguirá a metodologia de cálculo prevista neste Código e não poderá ser inferior a 2% (dois por cento) do valor do contrato licitado ou celebrado com contratação direta. | Art. 99. A pena de multa cominada nos arts. 89 a 98 desta Lei consiste no pagamento de quantia fixada na sentença e calculada em índices percentuais, cuja base corresponderá ao valor da vantagem efetivamente obtida ou potencialmente auferível pelo agente.<br><br>§ 1.º Os índices a que se refere este artigo não poderão ser inferiores a 2% (dois por cento), nem superiores a 5% (cinco por cento) do valor do contrato licitado ou celebrado com dispensa ou inexigibilidade de licitação.<br><br>§ 2.º O produto da arrecadação da multa reverterá, conforme o caso, à Fazenda Federal, Distrital, Estadual ou Municipal. |

Destarte, a pena de multa nos crimes em licitações e contratos administrativos é calculada de acordo com os parâmetros delineados no art. 49 do Código Penal.

O art. 337-P do Código Penal faz uma ressalva: a pena de multa não poderá ser inferior a 2% do **valor do contrato licitado ou celebrado com contratação direta**. Esse limite mínimo somente é cabível nas hipóteses de contratos diretamente celebrados, ou seja, sem prévia licitação. Nos contratos antecedidos de procedimento licitatório, não há falar no piso de 2% do valor do contrato.

Finalmente, na vigência da Lei 8.666/1993, o produto da arrecadação da multa era revertido, conforme o caso, à Fazenda Federal, Distrital, Estadual ou Municipal (art. 99, § 2.º). A pena de multa desempenhava uma indiscutível função arrecadatória em prol dos mencionados entes federativos.

CAP. 36 – PENA DE MULTA | 615

Agora, com as alterações promovidas pela Lei 14.133/2021, o valor da pena de multa deve ser revertido ao Fundo Penitenciário, Nacional ou Estadual, a depender do caso concreto, como se extrai da regra inscrita no art. 49, *caput*, do Código Penal.

## 36.4. APLICAÇÃO DA PENA DE MULTA

A aplicação da pena privativa de liberdade obedece a um sistema trifásico, delineado pelo art. 68, *caput*, do Código Penal.

A pena de multa, de seu turno, segue um **sistema bifásico**, é dizer, sua aplicação deve respeitar duas fases distintas e sucessivas, quais sejam:

**1.ª fase:** O juiz estabelece o **número de dias-multa**, que varia entre o mínimo de 10 (dez) e o máximo de 360 (trezentos e sessenta). É o que dispõe o art. 49, *caput*, parte final, do Código Penal.

Para encontrar esse número, o magistrado leva em conta as circunstâncias judiciais do art. 59, *caput*, do Código Penal, bem como eventuais atenuantes e agravantes e causas de diminuição e aumento da pena. Em suma, todas as etapas que devem ser percorridas para a dosimetria da pena privativa de liberdade são utilizadas para o cálculo do número de dias--multa na sanção pecuniária.

**2.ª fase:** Já definido o número de dias-multa, cabe agora ao magistrado a fixação do **valor de cada dia-multa**, que não pode ser inferior a um trigésimo do maior salário mínimo mensal vigente ao tempo do fato, nem superior a cinco vezes esse salário (CP, art. 49, § 1.º). Leva-se em conta a **situação econômica do réu**, nos termos do art. 60, *caput*, do Código Penal.

Com tais dados, o juiz conclui o cálculo da pena de multa, que pode ser assim sintetizado:

| Quantidade de dias-multa | × | Valor de cada dia-multa | = | Valor total da pena de multa |
|---|---|---|---|---|
| Mínimo de **10** e máximo de **360** dias-multa, sendo utilizado o mesmo critério para a aplicação de pena privativa de lliberdade | | Mínimo de **1/30** e máximo de **5** vezes o salário mínimo, de acordo com a capacidade econômica do agente – art. 60 do CP | | O juiz, de acordo com a capacidade do agente, pode aumentá-lo até o **triplo**, se o entender insuficiente e ineficaz em face da situação financeira do acusado – art. 60, § 1.º, do CP |

Esse método possibilita a perfeita individualização da pena de multa, na forma exigida pelo art. 5.º, XLVI, da Constituição Federal. E com o trânsito em julgado da sentença penal condenatória, seu valor é irretratável. Vejamos dois exemplos:[4]

1)  Uma pessoa de elevado poder econômico pratica um crime de estelionato. As circunstâncias judiciais do art. 59, *caput*, do Código Penal, lhe são favoráveis. O juiz deve aplicar o número de dias-multa no mínimo legal (10 dias-multa), mas fixar o valor de cada um deles em montante relevante, bem acima do piso legal, em face da situação econômica do réu.[5]

---

[4]  LYRA, Roberto. *Comentários ao Código Penal*. Rio de Janeiro: Forense, 1942. v. II, p. 143.

[5]  É de se observar que a pobreza do réu, por mais acentuada que seja, não pode anular o valor do dia multa ("pena zero"). Para o STJ: "Inexiste previsão legal para a isenção da pena de multa, em razão da situação econômica do réu, devendo esta

616 | DIREITO PENAL – PARTE GERAL – VOL. 1 • CLEBER MASSON

2) Outra pessoa, com péssimos antecedentes criminais e conduta social desajustada, portadora de personalidade voltada à prática rotineira de infrações penais, comete uma extorsão com requintes de crueldade. É, todavia, paupérrima. O juiz deve aplicar o número de dias-multa bem acima do mínimo legal, e estipular o valor de cada um deles no patamar raso, diante da condição econômica do acusado.

## 36.5. VALOR INEFICAZ DA PENA DE MULTA

Concluído o sistema bifásico e calculado o valor da pena de multa, o magistrado pode reputar que, em face do elevado poder econômico do réu, a sanção pecuniária, embora aplicada no máximo legal, é ineficaz. Nessa hipótese, a ele se reserva a faculdade de aumentar o seu valor até o **triplo** (CP, art. 60, § 1.º).

Nos crimes contra a propriedade industrial (Lei 9.279/1996, art. 197, parágrafo único) e nos crimes previstos nos arts. 33 a 39 da Lei de Drogas (Lei 11.343/2006, art. 43, parágrafo único), o **valor final** da pena de multa pode ser aumentado até o **décuplo**. Por sua vez, nos crimes contra o sistema financeiro nacional, o valor do **dia-multa** pode ser estendido até o **décuplo** (Lei 7.492/1986, art. 33).

## 36.6. MULTA EXCESSIVA

O art. 76, § 1.º, da Lei 9.099/1995 autoriza o juiz, nas hipóteses em que a pena de multa seja a única aplicável, a reduzi-la até a metade. Essa redução somente é possível quando a situação econômica do autor do fato a recomendar.

De seu turno, o art. 197, parágrafo único, da Lei 9.279/1996 (crimes contra a propriedade industrial) autoriza a redução da pena de multa em até 10 vezes, dependendo das condições pessoais do agente e da vantagem auferida no caso concreto.

## 36.7. MULTA IRRISÓRIA

Multa irrisória é a de valor extremamente reduzido. Não há definição legal acerca do seu montante.

A questão controversa reside na necessidade ou não de sua cobrança pelo Estado. Destacam-se duas posições:

1) A multa irrisória não deve ser executada em juízo, já que o Poder Público arcará em sua cobrança com valor superior ao que será ao final arrecadado, e o condenado sequer suportará o caráter retributivo da pena.

2) A cobrança em juízo é obrigatória. Pouco importa o seu valor: a multa é pena, incidindo sobre ela os princípios da imperatividade da sua aplicação e da inderrogabilidade de seu cumprimento. É o entendimento dominante. A propósito, o art. 1.º, § 1.º, da Portaria do Ministério da Fazenda 75/2012, que fixa os valores mínimos para inscrição e execução da Dívida Ativa da União, faz expressa ressalva à pena de multa, no sentido de inexistir valor mínimo para legitimar a sua execução judicial.

## 36.8. PAGAMENTO VOLUNTÁRIO DA MULTA

O pagamento voluntário ou espontâneo da pena de multa deve ser efetuado no prazo de 10 (dez) dias depois do trânsito em julgado da sentença condenatória, como determina o art. 50, *caput*, 1.ª parte, do Código Penal.

---

servir, tão somente, de parâmetro para a fixação de seu valor" (STJ: REsp 761.268/RS, rel. Min. Felix Fischer, 5.ª Turma, j. 17.08.2006).

CAP. 36 – PENA DE MULTA | **617**

O juiz pode, atendendo a requerimento do condenado, e considerando as circunstâncias do caso, permitir o parcelamento do pagamento da pena de multa (CP, art. 50, *caput, in fine*). O art. 169 da Lei de Execução Penal determina que esse parcelamento, em prestações iguais e sucessivas, deverá ser pleiteado pelo condenado antes de vencido o prazo legal para pagamento da multa.

A lei não prevê limite ao número de parcelas, reservando-se tal tarefa ao juízo da execução, o qual, antes de decidir sobre o pedido de parcelamento, poderá determinar diligências para verificar a real situação econômica do condenado, e deverá ouvir o Ministério Público (LEP, art. 169, § 1.º).

Concedido o parcelamento, o benefício será revogado pelo juiz, de ofício ou a pedido do Ministério Público, se o condenado for impontual no pagamento ou se melhorar sua condição econômica (LEP, art. 169, § 2.º).

É possível, ainda, que a cobrança da multa seja efetuada mediante desconto na remuneração do condenado, quando tiver sido aplicada isoladamente, cumulativamente com pena restritiva de direitos, ou então quando tiver sido concedida a suspensão condicional da pena (CP, art. 50, § 2.º). Em síntese, somente não se admite a cobrança da multa por meio de desconto na remuneração quando tiver sido imposta pena privativa de liberdade não suspensa.

O desconto não deve incidir sobre os recursos indispensáveis ao sustento do condenado e de sua família, e terá como limites o máximo de um quarto e o mínimo de um décimo da remuneração (CP, art. 50, § 2.º, e LEP, art. 168, I).

## 36.9. EXECUÇÃO DA PENA DE MULTA

Se ocorrer a omissão do condenado, com o transcurso do prazo legal sem o pagamento da pena de multa, será necessário promover sua execução, visando ao pagamento forçado (ou coercitivo). O art. 51 do Código Penal, com a redação dada pela Lei 13.964/2019, também conhecida como "Pacote Anticrime", assim dispõe:

Art. 51. Transitada em julgado a sentença condenatória, a multa será executada perante o juiz da execução penal e será considerada dívida de valor, aplicáveis as normas relativas à dívida ativa da Fazenda Pública, inclusive no que concerne às causas interruptivas e suspensivas da prescrição.[6]

Esse tema passou por profundas modificações legislativas ao longo das últimas décadas. Para sua melhor compreensão, é prudente enveredar por sua análise histórica.

Na **redação original do Código Penal**, o inadimplemento da pena de multa acarretava a sua conversão em detenção, na proporção de um dia de detenção para cada dia-multa.

Com a entrada em vigor da **Lei 9.268/1996**, foi vedada a conversão da pena de multa em privativa de liberdade. O art. 51 do Código Penal estava assim redigido: "Transitada em julgado a sentença condenatória, a multa será considerada dívida de valor, aplicando-se-lhe as normas da legislação relativa à dívida ativa da Fazenda Pública, inclusive no que concerne às causas interruptivas e suspensivas da prescrição".

A multa deveria ser cobrada como dívida de valor, porém não se indicava o juízo competente para a execução, nem o órgão com legitimidade para fazê-la. Em face dessa omissão legislativa, surgiram basicamente duas posições na jurisprudência:

**1.ª posição:** A pena de multa era executada pela Fazenda Pública, perante a Vara das Execuções Fiscais. Era a posição do Superior Tribunal de Justiça, estampada na Súmula 521: "A legitimidade

---

6 É inevitável concluir, portanto, pela inaplicabilidade do art. 9.º, *caput*, do Decreto-lei 3.688/1941 – Lei das Contravenções Penais: "A multa converte-se em prisão simples, de acordo com o que dispõe o Código Penal sobre a conversão de multa em detenção".

para a execução fiscal de multa pendente de pagamento imposta em sentença condenatória é exclusiva da Procuradoria da Fazenda Pública".[7]

**2.ª posição:** A pena de multa era executada pelo Ministério Público, perante a Vara das Execuções Penais. Foi o entendimento então adotado pelo Supremo Tribunal Federal.[8] Criou-se, contudo, uma situação peculiar e sem previsão legal: se o Ministério Público não promovia a execução da pena de multa no prazo de 90 dias após o trânsito em julgado da condenação, o juízo criminal comunicava a Fazenda Pública para efetuar a cobrança, perante a Vara das Execuções Fiscais, nos termos da Lei 6.830/1980 – Lei de Execução Fiscal. Em síntese, a legitimidade principal era do Ministério Público, mas eventual inércia do *Parquet* abria espaço para a atuação subsidiária da Fazenda Pública.

A polêmica chegou ao fim com a **atual sistemática do art. 51 do Código Penal.**

O inadimplemento da sanção pecuniária não autoriza sua conversão em detenção, pois a pena de multa será considerada **dívida de valor.**

A execução deverá ser promovida pelo Ministério Público, perante o juízo da execução penal, a teor da regra contida no art. 51 do Código Penal, obedecendo ao rito previsto nos arts. 164 a 170 da Lei 7.210/1984 – Lei de Execução Penal.

Destarte, cabe ao *Parquet*, depois de extrair certidão da sentença penal condenatória com trânsito em julgado, que funcionará como título executivo judicial, requerer, em autos apartados, a citação do condenado para, no prazo de 10 dias, pagar o valor da multa ou nomear bens à penhora (LEP, art. 164, *caput*). Decorrido esse prazo sem o pagamento da multa, ou o depósito da respectiva importância, proceder-se-á à penhora de tantos bens quantos bastem para garantir a execução (LEP, art. 164, § 1.º).

O trecho "aplicáveis as normas relativas à dívida ativa da Fazenda Pública" diz respeito às causas interruptivas e suspensivas da prescrição, pois a multa deve ser considerada dívida de valor, e não com o procedimento para sua cobrança em juízo.

Cumpre destacar que o Supremo Tribunal Federal reconhece **legitimidade subsidiária à Fazenda Pública** para execução da pena pecuniária: "Por ser também dívida de valor em face do Poder Público, a multa pode ser subsidiariamente cobrada pela Fazenda Pública, na Vara de Execução Fiscal, se o Ministério Público não houver atuado em prazo razoável (90 dias)".[9]

Não se admite, em hipótese alguma, a execução da pena de multa **de ofício** pelo juiz.[10]

Nada obstante seja considerada dívida de valor, **a multa preserva seu caráter de pena**, na forma determinada pelo art. 5.º, XLVI, "c", da Constituição Federal. De fato, pouco importa a nomenclatura atribuída pelo legislador, pois a natureza jurídica da multa enquanto sanção penal é conferida pela Lei Suprema, e nenhum ato infraconstitucional pode retirar-lhe tal qualidade.

Essa conclusão foi reforçada pela atual redação do art. 51 do Código Penal: se é executada perante o juízo da execução penal, a multa é pena. A menção à "dívida de valor" destina-se unicamente a impedir sua conversão em detenção.

Consequentemente, não pode ser declarada a extinção da pena de multa sem o seu efetivo pagamento, ou então em face da incidência de alguma causa extintiva da punibilidade, ainda

---

[7] Com a atual redação do art. 51 do Código Penal, esta súmula acabou superada, e tende a ser cancelada pelo Superior Tribunal de Justiça.

[8] ADI 3.150/DF, rel. Min. Marco Aurélio, red. p/ acórdão Min. Roberto Barroso, Plenário, j. 13.12.2018, noticiado no *Informativo* 927.

[9] ADI 3.150/DF, rel. Min. Marco Aurélio, red. p/ acórdão Min. Roberto Barroso, Plenário, j. 13.12.2018, noticiado no *Informativo* 927.

[10] STJ: AgRg no AREsp 2.222.146/GO, rel. Min. Reynaldo Soares da Fonseca, 5.ª Turma, j. 09.05.2023, noticiado no *Informativo* 779.

que eventual pena privativa de liberdade ou restritiva de direitos cumulativamente imposta tenha sido integralmente cumprida.[11]

Finalmente, como corolário da sua previsão enquanto pena, a inadimplência da multa seguida da morte do condenado não tem o condão de estender sua cobrança aos seus herdeiros, em obediência ao princípio da personalidade ou intransmissibilidade da pena, consagrado pelo art. 5.º, XLV, da Constituição Federal.

### 36.9.1. Cumprimento da pena privativa de liberdade, condenado economicamente hipossuficiente, inadimplemento da pena de multa e reflexos jurídicos

Na hipótese de aplicação cumulativa de penas privativa de liberdade (ou restritiva de direitos substitutiva) e de multa, o cumprimento daquela pelo condenado não importa na satisfação automática desta última. Em outras palavras, depois de cumprida a pena de reclusão, detenção ou prisão simples, o acusado deverá adimplir a sanção pecuniária. Se não o fizer, sua execução incumbirá ao Ministério Público, perante o juízo da execução penal.

Essa conclusão, amparada nas finalidades de retribuição e de prevenção especial da pena de multa, decorre tanto da sistemática consagrada pelo art. 51 do Código Penal como da orientação firmada pelo Plenário do Supremo Tribunal Federal no julgamento da ADI 3.150/DF.[12]

A Corte Suprema abre exceção unicamente na hipótese em que restar comprovada, no tocante ao condenado, a **impossibilidade de efetuar o pagamento da pena de multa**, ainda que de forma parcelada. Destarte, o juízo da execução pode declarar a extinção da punibilidade, no momento oportuno, se restar demonstrada nos autos a insolvência do apenado.[13]

O Superior Tribunal de Justiça, todavia, no **Tema 931 do Recurso Repetitivo** (com revisão) entende que a autodeclaração de pobreza (hipossuficiência econômica) é suficiente para comprovar a impossibilidade de quitar a pena de multa. Essa presunção decorre da situação de pobreza que acomete os ex-presos em geral, mas é de natureza relativa, razão pela qual pode ser afastada por decisão fundamentada do juízo da execução, no sentido de que o condenado possui condições concretas de efetuar o pagamento da sanção pecuniária.[14]

### 36.10. CAUSAS SUSPENSIVAS E INTERRUPTIVAS DA PRESCRIÇÃO DA PENA DE MULTA

O art. 51 do Código Penal determina a aplicação das normas da legislação relativa à dívida ativa da Fazenda Pública no que concerne às causas interruptivas e suspensivas da prescrição. Assim sendo, incidem, as disposições da Lei 6.830/1980 – Lei de Execução Fiscal e do Código Tributário Nacional.

Em relação à **suspensão** da prescrição, dispõe o art. 40 da Lei de Execução Fiscal: "O juiz suspenderá o curso da execução, enquanto não for localizado o devedor ou encontrados bens sobre os quais possa recair a penhora, e, nesses casos, não correrá o prazo de prescrição". Esta suspensão não é eterna, a teor do contido na **Súmula 314 do Superior Tribunal de Justiça**: "Em execução fiscal, não localizados bens penhoráveis, suspende-se o processo por um ano, findo o qual se inicia o prazo da prescrição quinquenal intercorrente".

---

[11] STF: ADI 3.150/DF, rel. Min. Marco Aurélio, red. p/ acórdão Min. Roberto Barroso, Plenário, j. 13.12.2018, noticiado no *Informativo* 927.

[12] ADI 3.150/DF, rel. Min. Marco Aurélio, red. p/ acórdão Min. Roberto Barroso, Plenário, j. 13.12.2019, noticiado no *Informativo* 927.

[13] ADI 7.032/DF, rel. Min. Flávio Dino, Plenário, j. 22.03.2024, noticiado no *Informativo* 1.129.

[14] REsp 2.090.454/SP, rel. Min. Rogerio Schietti Cruz, 3.ª Seção, j. 28.02.2024, noticiado no *Informativo* 803.

**620** | DIREITO PENAL – PARTE GERAL – VOL. 1 • CLEBER MASSON

As causas de **interrupção** da prescrição encontram-se no art. 174, parágrafo único, do Código Tributário Nacional, destacando-se o inciso I: "A prescrição se interrompe pelo despacho do juiz que ordenar a citação em execução fiscal".

## 36.11. PENA DE MULTA E *HABEAS CORPUS*

Não se admite a utilização do *habeas corpus* para discussão de temas inerentes à pena de multa pois, como essa espécie de sanção penal não pode mais ser convertida em privativa de liberdade – em nada afetando a liberdade de locomoção –, torna-se incabível o emprego do remédio disciplinado pelo art. 5.º, LXVIII, da Constituição Federal.

Esse fundamento ensejou a edição da Súmula 693 do Supremo Tribunal Federal: "Não cabe *habeas corpus* contra decisão condenatória a pena de multa, ou relativo a processo em curso por infração penal a que a pena pecuniária seja a única cominada".[15]

## 36.12. MULTA E CORREÇÃO MONETÁRIA

Incide correção monetária na pena de multa. O termo inicial é a data em que foi praticada a infração penal, por se tratar de mera atualização do valor.[16]

## 36.13. SUSPENSÃO DA EXECUÇÃO DA MULTA

Preceitua o art. 52 do Código Penal: "É suspensa a execução da pena de multa, se sobrevém ao condenado doença mental".

O art. 167 da Lei 7.210/1984 – Lei de Execução Penal – apresenta igual redação.

Note-se que é suspensa a execução da pena de multa, mas não se opera a suspensão da prescrição, em relação à qual se aplicam os prazos definidos pelo art. 114 do Código Penal.

## 36.14. MULTA SUBSTITUTIVA

A multa substitutiva ou vicariante é prevista no art. 60, § 2.º, do Código Penal: "A pena privativa de liberdade aplicada, não superior a 6 (seis) meses, pode ser substituída pela de multa, observados os critérios dos incisos II e III do art. 44 deste Código".

Como não há menção ao inciso I do art. 44 do Código Penal, não se aplica o limite temporal de quatro anos no tocante aos crimes dolosos. Dessa forma, a multa substitutiva da pena privativa de liberdade tem natureza jurídica distinta da pena de multa cominada pelo preceito secundário do tipo penal. Permanece, portanto, o teto de seis meses,[17] e independe do emprego de violência ou grave ameaça à pessoa.

Basta para sua incidência que o réu não seja reincidente em crime doloso e, ademais, a culpabilidade, os antecedentes, a conduta social e a personalidade do condenado, bem como os motivos e as circunstâncias indiquem a suficiência da substituição.

## 36.15. SÚMULA 171 DO SUPERIOR TRIBUNAL DE JUSTIÇA

Estatui o enunciado: "Cominadas cumulativamente, em lei especial, penas privativas de liberdade e pecuniária, é defeso a substituição da prisão por multa".

Essa súmula foi idealizada para atingir o crime de porte de substância entorpecente para uso próprio, à época definido pelo art. 16 da Lei 6.368/1976. Tinha o propósito de

---

[15] A 2.ª Turma do Supremo Tribunal Federal, entretanto, já decidiu que a Súmula 693 pode ser mitigada, em situações excepcionais, quando a pena de multa tem o condão de proporcionar, no caso concreto, algum risco à liberdade de locomoção do acusado (RHC 194.952/SP, rel. Min. Ricardo Lewandowski, 2.ª Turma, j. 13.04.2021).

[16] STJ: AgRg no REsp 1.063.031/PR, rel. Min. Maria Thereza de Assis Moura, 6.ª Turma, j. 14.02.2012.

[17] STF: HC 98.995/RS, rel. Min. Gilmar Mendes, 2.ª Turma, j. 19.10.2010, noticiado no *Informativo* 605.

impedir que o usuário, valendo-se da multa substitutiva, fosse condenado somente às penas pecuniárias.

Em que pese a revogação da Lei 6.368/1976 pela Lei 11.343/2006 – Lei de Drogas, o enunciado sumular permanece válido e aplicável aos casos que se amoldem à sua definição.[18]

## 36.16. PENA DE MULTA NA LEI DE DROGAS

A Lei 11.343/2006 – Lei de Drogas também se filiou ao **sistema do dia-multa**. Mas as regras relativas ao número de dias-multa e ao valor de cada dia-multa são diversas das estabelecidas pelo Código Penal.

Com efeito, para o crime tipificado pelo art. 28 (adquirir, guardar, ter em depósito, transportar ou trazer consigo, para consumo pessoal, drogas sem autorização ou em desacordo com determinação legal ou regulamentar), o juiz fixará o número de dias-multa em quantidade nunca inferior a 40 nem superior a 100, atendendo à reprovabilidade da conduta, e o valor do dia-multa em conformidade com a capacidade econômica do agente, atribuindo a cada um deles o valor de 1/30 (um trinta avos) até três vezes o valor do salário mínimo (art. 29, *caput*).[19]

Os valores arrecadados serão creditados ao Fundo Nacional Antidrogas (art. 29, parágrafo único).

Já para os crimes inerentes à produção não autorizada e ao tráfico de drogas (arts. 33 a 39), o **número de dias-multa** é previsto particularmente para cada delito, e será dosado levando-se em conta, **com preponderância sobre o previsto no art. 59 do Código Penal**, a natureza e a quantidade da substância ou do produto, a personalidade e a conduta social do agente. Em seguida, o **valor do dia-multa** deve ser calculado com base nas condições econômicas do réu, não inferior a 1/30 (um trinta avos) nem superior a cinco vezes o salário mínimo (art. 43, *caput*).

Na hipótese de concurso de crimes, em qualquer modalidade (concurso material, concurso formal ou crime continuado), as penas de multa serão impostas sempre **cumulativamente** (art. 43, parágrafo único, 1.ª parte).

Finalmente, em tais delitos o juiz poderá aumentar o valor da pena de multa até o **décuplo** se, em virtude da situação econômica do acusado, considerá-las ineficazes, ainda que aplicadas no máximo (art. 43, parágrafo único, parte final).

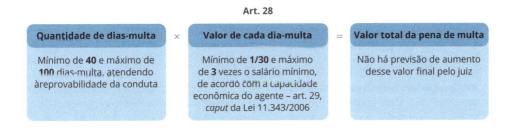

---

[18] STJ: REsp 879.289/SP, rel. Min. Félix Fischer, 5.ª Turma, j. 15.03.2007.
[19] Esse dispositivo legal continua em vigor. A decisão proferida pelo Supremo Tribunal Federal no Tema 506 da Repercussão Geral aplica-se unicamente à maconha, é dizer, não alcança as demais drogas (RE 635.659/SP, rel. Min. Gilmar Mendes, Plenário, j. 26.06.2024, noticiado no *Informativo* 1.143).

**Arts. 33 a 39**

| Quantidade de dias-multa | × | Valor de cada dia-multa | = | Valor total da pena de multa |
|---|---|---|---|---|
| O número de dias-multa correspondente a cada delito será dosado levando-se em conta, com preponderância sobre o previsto no art. 59 do Código Penal, a natureza e a quantidade da substância ou do produto, a personalidade e a conduta social do agente. | | Mínimo de **1/30** e máximo de **5** vezes o salário mínimo, de acordo com a capacidade econômica do agente – art. 43, *caput*, da Lei 11.343/2006 | | O juiz pode aumentar o valor até o décuplo se, em virtude da situação econômica do acusado, considerá-lo ineficaz, ainda que aplicada no máximo – art. 43, parágrafo único, da Lei 11.343/2006 |

- art. 33, *caput* e § 1.º  – 500 a 1.500
- art. 33, § 2.º  – 100 a 300
- art. 33, § 3.º  – 700 a 1.500
- art. 34  – 1.200 a 2.000
- art. 35  – 700 a 1.200
- art. 36  – 1.500 a 4.000
- art. 37  – 300 a 700
- art. 38  – 50 a 200
- art. 39, *caput*  – 200 a 400
- art. 39, par. ún.  – 400 a 600

## 36.17. PENA DE MULTA E VIOLÊNCIA DOMÉSTICA E FAMILIAR CONTRA A MULHER

Estabelece o art. 17 da Lei 11.340/2006 – Lei Maria da Penha ser vedada a aplicação, nos casos de violência doméstica e familiar contra a mulher, de penas de cesta básica ou outras de prestação pecuniária, **bem como a substituição de pena que implique o pagamento isolado de multa**.

Como corolário dessa proibição, não se admite a imposição isolada da multa ainda que o preceito secundário do tipo penal comine de forma autônoma tal espécie de pena, a exemplo do que se dá no crime de ameaça, no qual o art. 147 do Código Penal prevê a pena de detenção, de um a seis meses, **ou multa**.[20] Na linha da jurisprudência firmada pelo Superior Tribunal de Justiça no **Tema 1.189 do Recurso Repetitivo**:

> A controvérsia consiste em definir se a vedação constante do art. 17 da Lei n. 11.340/2006 (Lei Maria da Penha) obsta a imposição, nos casos de violência doméstica e familiar contra a mulher, de pena de multa isoladamente, ainda que prevista de forma autônoma no preceito secundário do crime de ameaça. Essa norma dispõe que "é vedada a aplicação, nos casos de violência doméstica e familiar contra a mulher, de penas de cesta básica ou outras de prestação pecuniária, bem como a substituição de pena que implique o pagamento isolado de multa". A intenção do legislador ao impedir a aplicação exclusiva da pena de multa foi a de ampliar a função de prevenção geral das penas impostas nos casos de crimes cometidos nesse contexto. Dessa forma, pretende-se demonstrar à sociedade que a prática de agressão contra a mulher acarreta consequências graves para o autor, que vão além do aspecto financeiro. Tal interpretação implica na compreensão de que a proibição legal também se aplica à hipótese de multa estabelecida como uma pena autônoma na parte secundária do tipo penal, como é o caso do crime de ameaça (art. 147 do Código Penal). Com efeito, a imposição desse tipo de penalidade (multa) em crimes cometidos de acordo com o artigo 5.º da Lei n. 11.340/2006 só pode ocorrer de forma cumulativa, nunca de maneira isolada.[21]

---

[20] A situação não se altera quando a ameaça é cometida contra a mulher, por razões da condição do sexo feminino, na qual a pena é aplicada em dobro (CP, art. 147, § 1.º).

[21] REsp 2.049.327/RJ, rel. Min. Sebastião Reis Júnior, 3.ª Seção, j. 14.06.2023, noticiado no *Informativo* 779.

# CAPÍTULO 37

# CONCURSO DE CRIMES

## 37.1. CONCEITO

Concurso de crimes é o instituto que se verifica quando o agente, mediante uma ou várias condutas, pratica duas ou mais infrações penais.

Pode haver, portanto, unidade ou pluralidade de condutas. Sempre serão cometidas, contudo, duas ou mais infrações penais.

## 37.2. ESPÉCIES

O concurso de crimes pode se manifestar sob três formas: concurso material, concurso formal e crime continuado.

## 37.3. SISTEMAS DE APLICAÇÃO DA PENA NO CONCURSO DE CRIMES

Destacam-se, no Brasil, três sistemas de aplicação da pena no concurso de infrações penais: cúmulo material, exasperação e absorção.

Passemos à análise de cada um deles.

### 37.3.1. Sistema do cúmulo material

Aplica-se ao réu o somatório das penas de cada uma das infrações penais pelas quais foi condenado. Esse sistema foi adotado em relação ao **concurso material** (art. 69), ao **concurso formal imperfeito ou impróprio** (art. 70, *caput*, 2.ª parte), e, pelo texto da lei, ao **concurso das penas de multa** (art. 72).

### 37.3.2. Sistema da exasperação

Aplica-se somente a pena da infração penal mais grave praticada pelo agente, aumentada de determinado percentual. É o sistema acolhido em relação ao **concurso formal próprio ou perfeito** (art. 70, *caput*, 1.ª parte) e ao **crime continuado** (art. 71).

### 37.3.3. Sistema da absorção

Aplica-se exclusivamente a pena da infração penal mais grave, dentre as diversas praticadas pelo agente, sem qualquer aumento.

Esse sistema foi consagrado pela jurisprudência em relação aos **crimes falimentares** praticados pelo falido, sob a égide do Decreto-lei 7.661/1945, em virtude do princípio da unidade ou unicidade dos crimes falimentares, e preservado com a entrada em vigor da Lei 11.101/2005 – Lei de Falências. Para o Superior Tribunal de Justiça:

> O princípio da unicidade estabelece que, havendo o concurso de diversas condutas voltadas ao cometimento de fraudes aos credores da empresa em processo de falência, considera-se a prática de apenas um único tipo penal, para o qual deve ser aplicada a pena do mais grave deles.[1]

A unidade do crime falimentar, contudo, não impede o concurso material ou formal entre um crime falimentar e outro delito comum.

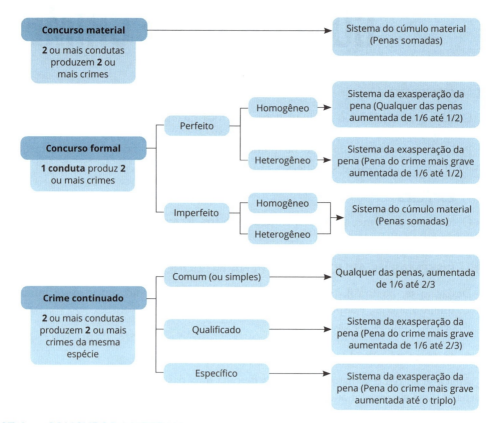

## 37.4. CONCURSO MATERIAL

### 37.4.1. Conceito e dispositivo legal

O concurso material, também chamado de **real**, está disciplinado pelo art. 69 do Código Penal:

> **Art. 69.** Quando o agente, mediante mais de uma ação ou omissão, pratica dois ou mais crimes, idênticos ou não, aplicam-se cumulativamente as penas privativas de liberdade em que haja incorrido. No caso de aplicação cumulativa de penas de reclusão e de detenção, executa-se primeiro aquela.

---

[1] HC 94.632/MG, rel. Min. Og Fernandes, 6.ª Turma, j. 12.03.2013. No mesmo sentido: REsp 1.617.129/RS, rel. Min. Sebastião Reis Júnior, 6.ª Turma, j. 07.11.2017.

CAP. 37 – CONCURSO DE CRIMES | 625

§ 1.º Na hipótese deste artigo, quando ao agente tiver sido aplicada pena privativa de liberdade, não suspensa, por um dos crimes, para os demais será incabível a substituição de que trata o art. 44 deste Código.

§ 2.º Quando forem aplicadas penas restritivas de direitos, o condenado cumprirá simultaneamente as que forem compatíveis entre si e sucessivamente as demais.

Há **pluralidade de condutas** e **pluralidade de resultados**. O agente, por meio de duas ou mais condutas, pratica dois ou mais crimes, pouco importando se os fatos ocorreram ou não no mesmo contexto fático.

### 37.4.2. Espécies

O concurso material pode ser homogêneo ou heterogêneo.
**Homogêneo**, quando os crimes são idênticos, e **heterogêneo**, quando os crimes são diversos.

### 37.4.3. Momento adequado para a soma das penas

Se houver conexão entre as infrações penais, com a consequente unidade processual, a regra do concurso material é aplicada pelo juiz que profere a sentença condenatória.

O magistrado, em respeito ao princípio constitucional da individualização da pena, deve fixar, separadamente, a pena de cada uma das infrações penais. Em seguida, na própria sentença, procede à soma de todas elas.

Caso, porém, não exista conexão entre as diversas infrações penais, sendo elas, consequentemente, objeto de ações penais diversas, as disposições inerentes ao concurso material serão aplicadas pelo juízo da execução. Com o trânsito em julgado das sentenças, todas as condenações são reunidas na mesma execução, e aí se procederá à soma das penas, na forma prevista no art. 66, III, "a", da Lei de Execução Penal.

### 37.4.4. Imposição cumulativa de penas de reclusão e detenção

Se for imposta pena de reclusão para um dos crimes e de detenção para o outro, executa-se inicialmente a de reclusão (art. 69, *caput*, 2.ª parte, do CP).

### 37.4.5. Cumulação de pena privativa de liberdade com restritiva de direitos

O § 1.º do art. 69 do Código Penal revela a possibilidade de se cumular, na aplicação das penas de crimes em concurso material, uma pena privativa de liberdade, desde que tenha sido concedido *sursis*, com uma restritiva de direitos.

Por lógica, também será admissível a aplicação de pena restritiva de direitos quando ao agente tiver sido imposta pena privativa de liberdade, com regime aberto para seu cumprimento, eis que será possível a execução simultânea de ambas.

### 37.4.6. Cumprimento sucessivo ou simultâneo de penas restritivas de direitos

De acordo com o art. 69, § 2.º, do Código Penal, o condenado cumprirá simultaneamente as penas restritivas de direitos que forem compatíveis entre si, e sucessivamente as demais.

Admite-se, por exemplo, o cumprimento simultâneo de prestação de serviços à comunidade e prestação pecuniária. Se forem, todavia, duas penas de limitação de final de semana, serão cumpridas sucessivamente.

### 37.4.7. Concurso material e suspensão condicional do processo (art. 89 da Lei 9.099/1995)

A suspensão condicional do processo somente é admissível quando, no concurso material, a somatória das penas impostas ao acusado preencha os pressupostos do art. 89

626 | DIREITO PENAL – PARTE GERAL – VOL. 1 • CLEBER MASSON

da Lei 9.099/1995.[2] O total das penas mínimas, portanto, deve ser igual ou inferior a 1 (um) ano.

## 37.5. CONCURSO FORMAL

### 37.5.1. Conceito e dispositivo legal

Concurso formal, ou **ideal**, é aquele em que o agente, mediante uma única conduta, pratica dois ou mais crimes, idênticos ou não. Como dispõe o art. 70 do Código Penal:

> **Art. 70.** Quando o agente, mediante uma só ação ou omissão, pratica dois ou mais crimes, idênticos ou não, aplica-se-lhe a mais grave das penas cabíveis ou, se iguais, somente uma delas, mas aumentada, em qualquer caso, de um sexto até metade. As penas aplicam-se, entretanto, cumulativamente, se a ação ou omissão é dolosa e os crimes concorrentes resultam de desígnios autônomos, consoante o disposto no artigo anterior.
>
> **Parágrafo único.** Não poderá a pena exceder a que seria cabível pela regra do art. 69 deste Código.

Destacam-se dois requisitos: unidade de conduta e pluralidade de resultados.

A unidade de conduta somente se concretiza quando os atos são realizados no mesmo contexto temporal e espacial. Com efeito, a unidade de conduta não importa, obrigatoriamente, em ato único, pois há condutas fracionáveis em diversos atos, como no caso daquele que mata alguém (conduta) mediante diversos golpes de punhal (atos). Confira-se o seguinte julgado do Supremo Tribunal Federal:

> Roubo qualificado consistente na subtração de dois aparelhos celulares, pertencentes a duas pessoas distintas, no mesmo instante. A jurisprudência deste Supremo Tribunal Federal é firme no sentido de configurar-se concurso formal a ação única que tenha como resultado a lesão ao patrimônio de vítimas diversas, e não crime único.[3]

### 37.5.2. Espécies

#### 37.5.2.1. Homogêneo e heterogêneo

O concurso formal, inicialmente, pode ser homogêneo ou heterogêneo.

É **homogêneo** quando os crimes são idênticos. Exemplo: três homicídios culposos praticados na direção de veículo automotor.

Diz-se, por sua vez, **heterogêneo** o concurso formal quando os delitos são diversos. Exemplo: "A", dolosamente, efetua disparos de arma de fogo contra "B", seu desafeto, matando-o. O projétil, entretanto, perfura o corpo da vítima, resultando em lesões culposas em terceira pessoa.

#### 37.5.2.2. Perfeito e imperfeito

Divide-se o concurso formal, ainda, em perfeito e imperfeito.

**Perfeito**, ou **próprio**, é a espécie de concurso formal em que o agente realiza a conduta típica, que produz dois ou mais resultados, sem agir com desígnios autônomos.

Desígnio autônomo, ou pluralidade de desígnios, é o propósito de produzir, com uma única conduta, mais de um crime. É fácil concluir, portanto, que o concurso formal perfeito ou próprio ocorre entre crimes culposos, ou então entre um crime doloso e um crime culposo.[4]

---

[2] STF: HC 89.708/BA, rel. Min. Ricardo Lewandowski, 1.ª Turma, j. 24.04.2007.

[3] HC 91.615/RS, rel. Min. Cármen Lúcia, 1.ª Turma, j. 11.09.2007.

[4] O concurso formal perfeito (ou próprio) não se confunde com o crime preterdoloso. Naquele há dois ou mais crimes, um doloso e os demais culposos, ou então todos culposos, enquanto nesse há um único crime, composto de uma conduta inicial dolosa e de um resultado agravador de natureza culposa.[4]

**Imperfeito**, ou **impróprio**, é a modalidade de concurso formal que se verifica quando a conduta dolosa do agente e os crimes concorrentes derivam de desígnios autônomos. Portanto, envolve **crimes dolosos**, qualquer que seja sua espécie (dolo direto ou dolo eventual). Para o Superior Tribunal de Justiça:

> Os desígnios autônomos que caracterizam o concurso formal impróprio referem-se a qualquer forma de dolo, direto ou eventual. (...) De fato, "a expressão 'desígnios autônomos' refere-se a qualquer forma de dolo, seja ele direto ou eventual. Vale dizer, o dolo eventual também representa o endereçamento da vontade do agente, pois ele, embora vislumbrando a possibilidade de ocorrência de um segundo resultado, não o desejando diretamente, mas admitindo-o, aceita-o" (HC 191.490/RJ, Ministro Sebastião Reis Júnior, Sexta Turma, *DJe* de 9/10/2012).[5]

### 37.5.3. Teorias sobre o concurso formal

Apontam-se, em doutrina, duas teorias acerca do concurso formal de crimes.

Pela **teoria subjetiva**, exige-se unidade de desígnios na conduta do agente para a configuração do concurso formal.

Já pela **teoria objetiva**, bastam a unidade de conduta e a pluralidade de resultados para a caracterização do concurso formal. Pouco importa se o agente agiu ou não com unidade de desígnios. Foi acolhida pelo Código Penal, uma vez que o art. 70, *caput*, 2.ª parte, admite o concurso formal imperfeito, em que despontam os desígnios autônomos.

### 37.5.4. Aplicação da pena no concurso formal

Em relação ao **concurso formal perfeito** ou **próprio**, o Código Penal acolheu o **sistema da exasperação**.

Aplica-se a pena de qualquer dos crimes, se idênticos, ou então a mais grave, aumentada, em qualquer caso, de um sexto até a metade. O critério que norteia o juiz para fixar o aumento da pena entre os patamares legalmente previstos é, exclusivamente, o número de crimes cometidos pelo agente.[6]

Essa regra permite a construção da seguinte tabela:

| Número de crimes | Aumento da pena |
|:---:|:---:|
| 2 | 1/6 |
| 3 | 1/5 |
| 4 | 1/4 |
| 5 | 1/3 |
| 6 ou mais | 1/2 |

No caso de serem perpetrados sete ou mais crimes, deve-se aplicar o montante máximo de aumento, qual seja, a metade, relativamente a seis crimes, ao passo que os demais devem ser considerados como circunstâncias judiciais desfavoráveis para a dosimetria da pena-base, nos moldes do art. 59, *caput*, do Código Penal.

---

[5] AgRg no AREsp 2.521.343/SP, rel. Min. Reynaldo Soares da Fonseca, 5.ª Turma, j. 17.09.2024, noticiado no *Informativo* 827.

[6] STJ: HC 284.951/MG, rel. Min. Marco Aurélio Bellizze, 5.ª Turma, j. 08.04.2014.

628 | DIREITO PENAL – PARTE GERAL – VOL. 1 • CLEBER MASSON

O concurso formal perfeito é causa de aumento de pena, e incide, por corolário, na terceira fase de aplicação da pena. E na aplicação da pena privativa de liberdade, esse aumento não incide sobre a pena-base, mas sobre a pena acrescida por circunstância qualificadora ou causa especial de aumento.[7]

É nítida a conclusão de que a regra do concurso formal perfeito constitui-se em flagrante benefício ao réu. Com efeito, trata-se de fórmula destinada a lhe favorecer, uma vez que a lógica seria responder normalmente por todos os crimes que praticou. O Código Penal utilizou-se dessa opção, todavia, por se tratar de hipótese em que a pluralidade de resultados não deriva de desígnios autônomos, eis que os crimes são culposos, ou, no máximo, apenas um é doloso e os demais, culposos.

Por outro lado, no que diz respeito ao **concurso formal impróprio** ou **imperfeito**, o art. 70, *caput*, 2.ª parte, do Código Penal consagrou o **sistema do cúmulo material**. Tal como no concurso material, serão somadas as penas de todos os crimes produzidos pelo agente. E, nesse ponto, agiu acertadamente o legislador.

De fato, se há desígnios autônomos, há dolo na conduta que produz a pluralidade de resultados, e o agente deve responder por todos os resultados a que deu causa, sem nenhum tratamento diferenciado. Ora, é clara a inexistência de diferença, exemplificativamente, na conduta daquele que, desejando a morte de todos os membros de uma família, ingressa na residência em que vivem e coloca fogo no corpo de cada uma das pessoas, matando-as, da conduta de atear fogo na residência durante o período de repouso noturno, causando a morte de todos os indivíduos.

Em ambas as situações o agente queria a morte de várias pessoas, e as efetivou. Na primeira hipótese, estaria desenhado o concurso material (pluralidade de condutas e pluralidade de resultados), enquanto na segunda restaria delineado o concurso formal (unidade de conduta e pluralidade de resultados).

O tratamento jurídico, por questões de lógica, de bom senso, e, notadamente, de Justiça, deve ser idêntico em ambos os casos.

### 37.5.5. Concurso material benéfico

Estatui o parágrafo único do art. 70 do Código Penal: "Não poderá a pena exceder a que seria cabível pela regra do art. 69 deste Código".

O concurso formal próprio ou perfeito, no qual se adota o sistema da exasperação para aplicação da pena, foi criado para favorecer o réu, afastando o rigor do concurso material nas hipóteses em que a pluralidade de resultados não deriva de desígnios autônomos.

Seria contraditório, portanto, que a sua regra, no caso concreto, prejudicasse o agente. Assim, quando o sistema da exasperação for prejudicial ao acusado, deve ser excluído, para o fim de incidir o sistema do cúmulo material, pois a soma das penas é mais vantajosa do que o aumento de uma delas com determinado percentual, ainda que no patamar mínimo.

Veja-se o seguinte exemplo: "A", com a intenção de ser promovido na empresa em que trabalha, arremessa, dolosamente, uma pedra contra a cabeça de "B", com o escopo de tirá-lo da disputa pela vaga (motivo torpe), matando-o. Em face de sua imprudência, uma vez que o local em que foi praticada a conduta estava repleto de pessoas, a pedra atinge também a perna de "C", nele produzindo, culposamente, lesões corporais. Após o regular trâmite da ação penal, é condenado pela prática dos dois crimes, em concurso formal perfeito.

Levando-se em conta o mínimo legal de cada um dos crimes, como devem as penas ser aplicadas?

O homicídio qualificado tem a pena mínima de 12 anos de reclusão, e as lesões corporais culposas, detenção de 2 meses.

---

[7]    STF: RHC 86.080/MG, rel. Min. Cezar Peluso, 1.ª Turma, j. 06.06.2006, noticiado no *Informativo* 433.

De acordo com o sistema da exasperação, o cálculo seria: 12 anos de reclusão (crime mais grave) + 1/6 (aumento mínimo) = 14 anos de reclusão (pena final).

Já para o sistema do cúmulo material, o cálculo seria outro: 12 anos de reclusão (homicídio qualificado) + 2 meses de detenção (lesões culposas) = 12 anos de reclusão e 2 meses de detenção (pena final).

Conclui-se, pois, ser em alguns casos o sistema do cúmulo material melhor do que o da exasperação, prevalecendo sobre este. Fala-se, no caso, em **concurso material benéfico** ou **favorável**.

## 37.6. CRIME CONTINUADO

### 37.6.1. Conceito e dispositivo legal

Crime continuado, ou continuidade delitiva, é a modalidade de concurso de crimes que se verifica quando o agente, por meio de duas ou mais condutas, comete dois ou mais crimes da mesma espéc e, pelas condições de tempo, local, modo de execução e outras semelhantes, devem os subsequentes ser havidos como continuação do primeiro.

Nos termos do art. 71 do Código Penal:

> **Art. 71.** Quando o agente, mediante mais de uma ação ou omissão, pratica dois ou mais crimes da mesma espécie e, pelas condições de tempo, lugar, maneira de execução e outras semelhantes, devem os subsequentes ser havidos como continuação do primeiro, aplica-se-lhe a pena de um só dos crimes, se idênticas, ou a mais grave, se diversas, aumentada, em qualquer caso, de 1/6 (um sexto) a 2/3 (dois terços).
>
> **Parágrafo único.** Nos crimes dolosos, contra vítimas diferentes, cometidos com violência ou grave ameaça à pessoa, poderá o juiz, considerando a culpabilidade, os antecedentes, a conduta social e a personalidade do agente, bem como os motivos e as circunstâncias, aumentar a pena de um só dos crimes, se idênticas, ou a mais grave, se diversas, até o triplo, observadas as regras do parágrafo único do art. 70 e do art. 75 deste Código.

### 37.6.2. Origem histórica

O crime continuado, como unidade delitiva, surgiu como forma de manifestação às leis penais excessivamente severas. Originou-se como fenômeno de defesa fundado em sentimento de humanidade, por meio dos glosadores italianos, notadamente Bartolo de Sassoferrato e Baldo de Ubaldi, no século XIV.

A ideia por eles concebida foi posteriormente desenvolvida pelos práticos italianos dos séculos XV e XVI, destacando-se Julio Claro e Próspero Farinaccio, que propuseram considerar três ou mais furtos como um crime único, quando haviam sido cometidos em determinadas condições, especialmente de tempo e lugar, pois a legislação penal da época impunha a pena de morte ao autor do terceiro furto.[8]

Àquela época, constava da lei Carolina, como informa Manzini: "Se ficar devidamente provado que o ladrão atual se encontra na prática do seu terceiro furto, ver-se-á considerado como "ladrão famoso", não menos culpado do que os ladrões violentos, e deverá ser condenado à morte".[9]

### 37.6.3. Natureza jurídica

Duas teorias principais buscam explicar o fundamento do crime continuado: a da ficção jurídica e a da realidade.

---

[8] FONTÁN BALESTRA. *Derecho penal* – Introducción y parte general. 17. ed. atual. por Guillermo A. C. Ledesma. Buenos Aires: Abeledo-Perrot, 2002. p. 450.

[9] PIMENTEL, Manoel Pedro. *Do crime continuado*. 2. ed. São Paulo: RT, 1969. p. 42.

630 | DIREITO PENAL – PARTE GERAL – VOL. 1 • CLEBER MASSON

Para a **teoria da ficção jurídica**, desenvolvida por Francesco Carrara, como seu próprio nome indica, a continuidade delitiva é uma ficção criada pelo Direito. Existem, na verdade, vários crimes, considerados como um único delito para fins de aplicação da pena.[10] Os diversos **delitos parcelares** formam um crime final. Foi a teoria acolhida pelo art. 71 do Código Penal.[11]

A unidade do crime continuado se opera exclusivamente para fins de aplicação da pena. Para as demais finalidades há concurso, tanto que a prescrição, por exemplo, é analisada separadamente em relação a cada delito, como se extrai do art. 119 do Código Penal e da **Súmula 497 do Supremo Tribunal Federal**: "Quando se tratar de crime continuado, a prescrição regula-se pela pena imposta na sentença, não se computando o acréscimo decorrente da continuação".

Por outro lado, a **teoria da realidade**, ou da **unidade real**, idealizada por Bernardino Alimena, vislumbra o crime continuado como um único delito. Para ele, a conduta pode ser composta por um ou vários atos, os quais não necessariamente guardam absoluta correspondência com a unidade ou pluralidade de delitos.[12]

## 37.6.4. Requisitos do crime continuado

A análise do art. 71, *caput*, do Código Penal autoriza a ilação de que o reconhecimento do crime continuado depende da existência simultânea de três requisitos: (1) pluralidade de condutas; (2) pluralidade de crimes da mesma espécie; e (3) condições semelhantes de tempo, lugar, maneira de execução e outras semelhantes.

Doutrina e jurisprudência divergem acerca da necessidade de um **quarto requisito**, consistente na **unidade de desígnio**.

### 37.6.4.1. Pluralidade de condutas

O Código Penal é taxativo ao exigir seja o crime continuado praticado "mediante mais de uma ação ou omissão".

Tal como no concurso material, o crime continuado reclama uma pluralidade de condutas, o que não se confunde com a mera pluralidade de atos. Repita-se, nada impede seja uma conduta composta de diversos atos.

### 37.6.4.2. Pluralidade de crimes da mesma espécie

A pluralidade de condutas é necessária para ensejar a prática de dois ou mais crimes da mesma espécie.

Surge então uma primeira indagação: O que são crimes da mesma espécie? Doutrina e jurisprudência se dividem sobre o assunto.

Para uma primeira posição, defendida por Nélson Hungria e Damásio E. de Jesus, entre outros autores, e amplamente majoritária em sede jurisprudencial, crimes da mesma espécie são aqueles **tipificados pelo mesmo dispositivo legal**, consumados ou tentados, seja na forma simples, privilegiada ou qualificada.[13]

---

[10] CARRARA, Francesco. *Programa de derecho criminal*. Parte general. Bogotá: Temis, 2004. v. I, p. 343 e ss.

[11] STF: HC 100.612/SP, rel. orig. Min. Marco Aurélio, red. p/ o acórdão Min. Roberto Barroso, 1.ª Turma, j. 16.08.2016, noticiado no *Informativo* 835. No STJ: RHC 38.675/SP, rel. Min. Jorge Mussi, 5.ª Turma, j. 25.03.2014.

[12] ALIMENA, Bernardino. *Principios de derecho penal*. Trad. Eugenio Cuello Callón. Madrid: Victoriano Suárez, 1915. v. I, p. 492.

[13] STF: HC 114.667/SP, rel. orig. Min. Marco Aurélio, red. p/ o ac. Min. Roberto Barroso, 1.ª Turma, j. 24.04.2018, noticiado no *Informativo* 899. No STJ: REsp 1.405.989/SP, rel. originário Min. Sebastião Reis Júnior, rel. para acórdão Min. Nefi Cordeiro, 6.ª Turma, j. 18.08.2015, noticiado no *Informativo* 569; e HC 77.467/SP, rel. Min. Nefi Cordeiro, 6.ª Turma, j. 02.10.2014, noticiado no *Informativo* 549.

CAP. 37 – CONCURSO DE CRIMES | 631

Mas não basta. Os crimes precisam possuir a mesma estrutura jurídica, ou seja, devem ser idênticos os bens jurídicos tutelados. Nesse sentido, roubo e latrocínio, embora previstos no art. 157 do Código Penal (são crimes do mesmo gênero), não são delitos da mesma espécie.[14]

O Superior Tribunal de Justiça aplica igual raciocínio no tocante aos crimes de estupro (CP, art. 213) e de estupro de vulnerável (CP, art. 217-A):

> (...) não é possível a aplicação da continuidade delitiva entre os delitos de estupro qualificado (art. 213, § 1.º, do Código Penal) e estupro de vulnerável (art. 217-A do Código Penal), pois se trata de tipos penais que tutelam bens jurídicos diversos e que possuem circunstâncias elementares bastante distintivas. Enquanto o estupro de vulnerável tutela a dignidade sexual e o direito ao desenvolvimento da personalidade livre de abusos, o estupro qualificado tutela a liberdade sexual e o direito ao exercício da sexualidade sem coações.[15]

A outra posição, da qual são partidários, entre outros, Manoel Pedro Pimentel, Basileu Garcia e Heleno Cláudio Fragoso, sustenta serem crimes da mesma espécie aqueles que **tutelam o mesmo bem jurídico, pouco importando se estão ou não previstos no mesmo tipo penal**. Exemplificativamente, furto mediante fraude e estelionato – crimes contra o patrimônio – seriam da mesma espécie.[16]

### 37.6.4.3. Conexão temporal

A lei ainda exige condições de tempo semelhantes, o que importa dizer que não se admite um intervalo excessivo entre um crime e outro. É importante frisar que se trata de conexão temporal, e não de imediatismo cronológico.[17]

A jurisprudência consagrou um critério objetivo, pelo qual entre um crime parcelar e outro não pode transcorrer um hiato superior a 30 (trinta) dias.[18] Mas, em ação penal pela prática de crime contra a ordem tributária, o Pretório Excelso excepcionalmente admitiu a continuidade delitiva com intervalo temporal de até 3 (três) meses entre as condutas.[19]

### 37.6.4.4. Conexão espacial

Reclama-se também sejam os crimes praticados em semelhantes condições de lugar.

A jurisprudência firmou o entendimento de que os diversos delitos devem ser praticados na mesma cidade, ou no máximo em cidades limítrofes, ou ainda contíguas, isto é, próximas entre si.[20]

---

14 STF: RHC 91.552/RJ, rel. Min. Cezar Peluso, 2.ª Turma, j. 09.03.2010.

15 REsp 2.029.482/RJ, rel. Min. Laurita Vaz, 3.ª Seção, j. 17.10.2023, e REsp 2.050.195/RJ, rel. Min. Laurita Vaz, 3.ª Seção, j. 17.10.2023, noticiados no Informativo 792.

16 O STJ já utilizou esta linha de raciocínio no tocante aos crimes de apropriação indébita previdenciária (CP, art. 168-A) e sonegação de contribuição previdenciária, tipificado no art. 337-A do Código Penal (REsp 1.212.911/RS, rel. Min. Sebastião Reis Júnior, 6.ª Turma, j. 20.03.2012, noticiado no Informativo 493).

17 LYRA, Roberto. *A expressão mais simples do direito penal*. Edição histórica. Rio de Janeiro: Editora Rio, 1976. p. 184.

18 "O Supremo Tribunal Federal, todavia, lançou luz sobre o tema ao firmar, e a consolidar, o entendimento de que, excedido o intervalo de 30 dias entre os crimes, não é possível ter-se o segundo delito como continuidade do primeiro" (STF: HC 107.636/RS, rel. Min. Luiz Fux, 1.ª Turma, j. 06.03.2012). No STJ: AgRg no AREsp 468.460/MG, rel. Min. Sebastião Reis Júnior, 6.ª Turma, j. 08.05.2014; e HC 239.397/RS, rel. Min. Laurita Vaz, 5.ª Turma, j. 08.04.2014.

19 HC 89.573/PE, rel. Min. Sepúlveda Pertence, 1.ª Turma, j. 13.02.2007, noticiado no Informativo 456. Em dois roubos, entretanto, o STF rechaçou a continuidade delitiva em face do intervalo de 89 dias entre os crimes (STF: HC 106.173/PR, rel. Min. Rosa Weber, 1.ª Turma, j. 19.06.2012).

20 STJ: HC 206.227/RS, rel. Min. Gilson Dipp, 5.ª Turma, j. 06.10.2011; e HC 174.612/RS, rel. Min. Laurita Vaz, 5.ª Turma, j. 31.05.2011.

## 37.6.4.5. Conexão modal

A lei ainda impõe a semelhança entre a maneira de execução pela qual os crimes são praticados, isto é, o agente deve seguir sempre um padrão análogo em suas diversas condutas.[21] Um furto praticado por meio de escalada e outro efetuado com rompimento de obstáculo, por exemplo, malgrado compreendidos como crimes da mesma espécie, impedem a continuidade delitiva, em face do distinto modo de execução.

Pelo mesmo motivo, a variação de comparsas e o fato de o agente praticar um crime isoladamente e outro em concurso inviabilizam a configuração do crime continuado.

## 37.6.4.6. Conexão ocasional

Não foi prevista em lei, mas é exigida por parcela da doutrina e da jurisprudência, em razão de admitir o art. 71, *caput*, do Código Penal, "outras [condições] semelhantes".

O agente, para executar os crimes posteriores, deve se valer da ocasião proporcionada pelo crime anterior.

## 37.6.4.7. Crime continuado e unidade de desígnio

Há duas teorias no que diz respeito à necessidade de o crime continuado ser praticado pelo agente com unidade de desígnio:

**1.ª Teoria objetivo-subjetiva ou mista:** Não basta a presença dos requisitos objetivos previstos no art. 71, *caput*, do Código Penal. Reclama-se também a unidade de desígnio, isto é, os vários crimes resultam de plano previamente elaborado pelo agente.[22]

É a posição adotada, entre outros, por Eugenio Raúl Zaffaroni, Magalhães Noronha e Damásio E. de Jesus, e amplamente dominante no âmbito jurisprudencial. Confira-se um lúcido julgado do Supremo Tribunal Federal:

> Para configurar o crime continuado, na linha adotada pelo Direito Penal brasileiro, é imperioso que o agente: a) pratique mais de uma ação ou omissão; b) que as referidas ações ou omissões sejam previstas como crime; c) que os crimes sejam da mesma espécie; d) que as condições do crime (tempo, lugar, modo de execução e outras similares) indiquem que as ações ou omissões subsequentes efetivamente constituem o prosseguimento da primeira. É assente na doutrina e na jurisprudência que não basta que haja similitude entre as condições objetivas (tempo, lugar, modo de execução e outras similares). É necessário que entre essas condições haja uma ligação, um liame, de tal modo a evidenciar-se, de plano, terem sido os crimes subsequentes continuação do primeiro. O entendimento desta Corte é no sentido de que a reiteração criminosa indicadora de delinquência habitual ou profissional é suficiente para descaracterizar o crime continuado.[23]

Essa posição deve ser utilizada em concursos públicos que exigem uma postura mais rigorosa do candidato, para o fim de diferenciar o crime continuado, extremamente vantajoso ao réu, da atividade habitual daquele que adota o crime como estilo de vida.

---

[21]  STJ: AgRg no HC 184814/SP, rel. Min. Jorge Mussi, 5.ª Turma, j. 07.11.2013; e HC 223.711/SP, rel. Min. Marilza Maynard (Desembargadora convocada do TJ/SE), 5.ª Turma, j. 23.04.2013.

[22]  Daí falar-se em dolo unitário ou global no crime continuado, pois a realização dos crimes parcelares, integrantes da série continuada, deve ser fruto de um projeto antecipadamente idealizado pelo agente.

[23]  RHC 93.144/SP, rel. Min. Menezes Direito, 1.ª Turma, j. 18.03.2008. Em igual sentido: STF: HC 109.730/RS, rel. Min. Rosa Weber, 1.ª Turma, j. 02.10.2012, noticiado no *Informativo* 682. No STJ: "O entendimento deste Superior Tribunal de Justiça é assente no sentido de que, além dos requisitos de ordem objetiva, para o reconhecimento da continuidade delitiva, é necessário que se observe a unidade de desígnios ou o vínculo subjetivo entre os crimes, adotando a teoria objetivo-subjetiva" (HC 640.830/SP, rel. Min. Nefi Cordeiro, 6.ª Turma, j. 02.03.2021).

**2.ª Teoria objetiva pura ou puramente objetiva:** Basta a presença dos requisitos objetivos elencados pelo art. 71, *caput*, do Código Penal.

Sustenta ainda que, como o citado dispositivo legal apresenta apenas requisitos objetivos, as "outras semelhantes" condições ali admitidas devem ser de natureza objetiva, exclusivamente.

Traz ainda o argumento arrolado pelo item 59 da Exposição de Motivos da Nova Parte Geral do Código Penal: "O critério da teoria puramente objetiva não revelou na prática maiores inconvenientes, a despeito das objeções formuladas pelos partidários da teoria objetivo-subjetiva".

Em suma, dispensa-se a intenção do agente de praticar os crimes em continuidade. É suficiente a presença das semelhantes condições de índole objetiva.

É a posição, na doutrina, de Roberto Lyra, Nélson Hungria e José Frederico Marques.

### 37.6.5. Espécies de crime continuado e dosimetria da pena

O art. 71 do Código Penal apresenta três espécies de crime continuado: simples, qualificado e específico. Adotou-se, em todos os casos, o sistema da exasperação.

Crime continuado **simples** ou **comum** é aquele em que as penas dos delitos parcelares são idênticas. Exemplo: três furtos simples. Aplica-se a pena de um só dos crimes, aumentada de 1/6 a 2/3.

No crime continuado **qualificado**, as penas dos crimes são diferentes. Exemplo: um furto simples consumado e um furto simples na forma tentada. Aplica-se a pena do crime mais grave, exasperada de 1/6 a 2/3.

Em ambas as situações, o vetor para o aumento da pena entre 1/6 e 2/3 é o número de crimes, exclusivamente.[24] Segue-se a sistemática abaixo, que há muito defendemos e acabou consolidada na **Súmula 659 do Superior Tribunal de Justiça**: "A fração de aumento em razão da prática de crime continuado deve ser fixada de acordo com o número de delitos cometidos, aplicando-se 1/6 pela prática de duas infrações, 1/5 para três, 1/4 para quatro, 1/3 para cinco, 1/2 para seis e 2/3 para sete ou mais infrações".

| Número de crimes | Aumento da pena |
| :---: | :---: |
| 2 | 1/6 |
| 3 | 1/5 |
| 4 | 1/4 |
| 5 | 1/3 |
| 6 | 1/2 |
| 7 ou mais | 2/3 |

É possível o aumento da pena na fração máxima (2/3) quando não se conhece, com exatidão, o número de delitos praticados pelo agente, desde que sejam vários e prolongados em amplo espaço de tempo. Na ótica do Supremo Tribunal Federal:

> Consignou, ademais, que o aumento de 2/3 da pena se harmonizaria com a jurisprudência pacífica da Corte, no sentido de que o "quantum" de exasperação da pena, por força do reconhecimento

---

[24] STF: HC 99.245/RJ, rel. Min. Gilmar Mendes, 2.ª Turma, j. 06.09.2011, noticiado no *Informativo* 639. No STJ: "A jurisprudência do STJ entende que a fração a ser aplicada a título de continuidade delitiva deve ser proporcional ao número de infrações cometidas, sendo aplicada a fração máxima de 2/3 no caso de 7 ou mais infrações" (AgRg no REsp 1.945.790/MS, rel. Min. Sebastião Reis Júnior, 6.ª Turma, j. 13.09.2022, noticiado no *Informativo* 749).

da continuidade delitiva, deveria ser proporcional ao número de infrações cometidas. Considerou, por fim, que a imprecisão quanto ao número de crimes praticados pelo paciente não obstaria a incidência da causa de aumento da pena em seu patamar máximo, desde que houvesse elementos seguros, como na espécie, que demonstrassem que vários seriam os crimes praticados ao longo de dilatadíssimo lapso temporal.[25]

Na hipótese de serem cometidos oito ou mais crimes, deve-se aplicar o montante máximo de aumento, qual seja, 2/3, relativamente a sete crimes, enquanto os restantes serão utilizados como circunstâncias judiciais desfavoráveis, na dosimetria da pena-base, nos moldes do art. 59, *caput*, do Código Penal.

Por sua vez, crime continuado **específico** é o previsto no parágrafo único do art. 71 do Código Penal, o qual se verifica nos crimes dolosos, contra vítimas diferentes, cometidos com violência ou grave ameaça à pessoa.[26] Aplica-se a pena de qualquer dos crimes, se idênticas, ou a mais grave, se diversas, aumentada até o triplo.

A lei não indica o percentual mínimo de aumento da pena, mas somente o máximo (até o triplo). Em sintonia com o *caput*, deve ser utilizado o mínimo de 1/6 pois, caso contrário, o crime continuado seria inútil por se confundir com o concurso material, ofendendo-se a vontade da lei e a origem do instituto, consistente em tratar de forma benéfica os autores de crimes da mesma espécie ligados entre si pelas mesmas condições de tempo, local, maneira de execução e outras semelhantes. Na esteira do entendimento do Supremo Tribunal Federal:

> A doutrina e a jurisprudência dos Tribunais – inclusive a desta Suprema Corte – acentuam que, no delito continuado específico (cometido, dolosamente, com violência à pessoa), previsto no art. 71, parágrafo único, do Código Penal, a exasperação da pena varia de um sexto (limite mínimo) até o triplo (limite máximo), calculada, quando desiguais as sanções cabíveis, sobre a pena cominada para o delito sujeito à punição mais grave.[27]

A exasperação da pena, de um sexto até o triplo, deve levar em conta, além do número de crimes, as 6 (seis) circunstâncias judiciais expressamente indicadas no art. 71, parágrafo único, do Código Penal: culpabilidade, antecedentes, conduta social, personalidade do agente, motivos e circunstâncias do crime. Como se sabe, tais fatores encontram-se igualmente previstos no art. 59, *caput*, do Código Penal, e incidem na dosimetria da pena-base. Não há falar em *bis in idem* na nova utilização dessas circunstâncias na derradeira etapa de aplicação da pena, pois a continuidade delitiva constitui-se em instituto favorável ao réu e, se não existisse, as penas seriam aplicadas em conformidade com a regra do concurso material.

Observa-se, nessa modalidade, a possibilidade de crime continuado contra bens jurídicos personalíssimos, inclusive contra vítimas diferentes, tal como na pluralidade de homicídios.

---

[25] HC 127.158/MG, rel. Min. Dias Toffoli, 2.ª Turma, j. 23.06.2015, noticiado no *Informativo* 791. No tocante ao estupro de vulnerável praticado contra crianças ou adolescentes durante relevante período, o Superior Tribunal de Justiça fixou, no **Tema 1.202 do Recurso Repetitivo**, a seguinte tese: "No crime de estupro de vulnerável, é possível a aplicação da fração máxima de majoração prevista no art. 71, *caput*, do Código Penal, ainda que não haja a delimitação precisa do número de atos sexuais praticados, desde que o longo período de tempo e a recorrência das condutas permita concluir que houve 7 (sete) ou mais repetições" (REsp 2.029.482/RJ, rel. Min. Laurita Vaz, 3.ª Seção, j. 17.10.2023, e REsp 2.050.195/RJ, rel. Min. Laurita Vaz, 3.ª Seção, j. 17.10.2023, noticiados no *Informativo* 792).

[26] Exige-se **violência real**, consistente no emprego de força física contra a vítima, razão pela qual não pode ser reconhecida a continuidade delitiva específica na hipótese de estupros de vulnerável (CP, art. 217-A) contra vítimas diversas (STJ: Processo em segredo de justiça, rel. Min. Reynaldo Soares da Fonseca, 5.ª Turma, j. 05.09.2023, noticiado no *Informativo* 786).

[27] HC 70.593/SP, rel. Min. Celso de Mello, 1.ª Turma, j. 05.10.1993, noticiado no *Informativo* 448. O Superior Tribunal de Justiça, entretanto, a nosso ver de modo equivocado, já admitiu a aplicação da pena em dobro na hipótese de dois homicídios qualificados cometidos na forma do art. 71, parágrafo único, do Código Penal (AgRg no HC 301.882/RJ, rel. Min. Antonio Saldanha Palheiro, 6.ª Turma, j. 19.04.2022, noticiado no *Informativo* 734).

Com o advento na Nova Parte Geral do Código Penal, introduzida pela Lei 7.209/1984, é forçoso concluir pela superação da Súmula 605 do Supremo Tribunal Federal, a qual vedava a continuidade delitiva nos crimes contra a vida.[28]

O crime continuado, em qualquer de suas espécies, constitui-se em **causa obrigatória de aumento da pena**, e incide, por corolário, na **terceira fase** de aplicação da pena. Se, entretanto, os crimes parcelares forem objeto de ações penais diversas, em juízos distintos, não unificadas antes do trânsito em julgado, é possível a unificação das penas em sede de execução, com fulcro no art. 82 do Código de Processo Penal: "Se, não obstante a conexão ou continência, forem instaurados processos diferentes, a autoridade de jurisdição prevalente deverá avocar os processos que corram perante os outros juízes, salvo se já estiverem com sentença definitiva. Neste caso, a unidade dos processos só se dará, ulteriormente, para o efeito de soma ou de unificação das penas".[29]

### 37.6.6. Concurso material benéfico

Pelos mesmos fundamentos explicados no concurso formal (item 37.5.4.), a pena do crime continuado não pode exceder a que seria resultante do concurso material. É o que se extrai da parte final do art. 71, parágrafo único, do Código Penal.

### 37.6.7. Crime continuado e conflito de leis no tempo

O crime continuado é formado por uma pluralidade de crimes da mesma espécie. Pode ocorrer de estar em vigor uma determinada lei para um grupo de delitos, e, com a superveniência de outra lei, mais gravosa, ser praticada uma nova série de crimes, todos eles em continuidade, nos moldes do art. 71, *caput*, do Código Penal.

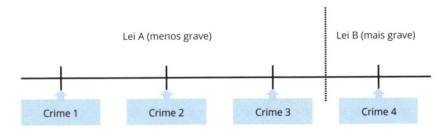

A lei mais gravosa deve ser aplicada a toda a série delitiva, pois o agente que insistiu na empreitada criminosa, depois da entrada em vigor da nova lei, tinha a opção de seguir ou não seus mandamentos. Além disso, se o crime continuado é um único delito para fins de aplicação da pena, deve incidir a lei em vigor por ocasião da sua conclusão.

Nesse sentido é o teor da **Súmula 711 do Supremo Tribunal Federal**: "A lei penal mais grave aplica-se ao crime continuado ou ao crime permanente, se a sua vigência é anterior à cessação da continuidade ou da permanência".

### 37.6.8. Crime continuado e prescrição

A teoria da ficção jurídica considera vários crimes como um só para fins de aplicação da pena. Para os demais efeitos subsiste a pluralidade de delitos.

---

[28] Súmula 605 do STF: "Não se admite continuidade delitiva nos crimes contra a vida".
[29] STF: HC 81.134/RS, rel. Min. Sepúlveda Pertence, 1.ª Turma, j. 07.08.2007, noticiado no *Informativo* 475.

Em relação à extinção da punibilidade, destacando-se a prescrição como uma de suas formas, o art. 119 do Código Penal estatui: "No caso de concurso de crimes, a extinção da punibilidade incidirá sobre a pena de cada um, isoladamente".

E, especificamente no tocante à prescrição do crime continuado, estabelece a **Súmula 497 do Supremo Tribunal Federal**: "Quando se tratar de crime continuado, a prescrição regula-se pela pena imposta na sentença, não se computando o acréscimo decorrente da continuação".[30]

Tomemos o exemplo de dois furtos qualificados praticados em continuidade delitiva, com aplicação da pena privativa de liberdade no patamar mínimo. A operação seria: 2 anos (pena mínima) + aumento de 1/6 em face da continuidade delitiva (4 meses) = pena final de 2 (dois) anos e 4 (quatro) meses.

Essa pena prescreve em 8 (oito) anos, conforme previsto no art. 109, IV, do Código Penal.

Com a aplicação da Súmula 497 do Supremo Tribunal Federal, porém, a prescrição será calculada com base na pena de 2 (dois) anos, desprezando-se o aumento decorrente da continuação. Logo, a prescrição se concretizará em 4 (quatro) anos (CP, art. 109, V).

### 37.6.9. Crime continuado e suspensão condicional do processo

O instituto da suspensão condicional do processo encontra previsão no art. 89 da Lei 9.099/1995, assim redigido:

**Art. 89.** Nos crimes em que a pena mínima cominada for igual ou inferior a 1 (um) ano, abrangidas ou não por esta Lei, o Ministério Público, ao oferecer denúncia, poderá propor a suspensão do processo, por 2 (dois) anos a 4 (quatro) anos, desde que o acusado não esteja sendo processado ou não tenha sido condenado por outro crime, presentes os demais requisitos que autorizariam a suspensão condicional da pena (art. 77 do Código Penal).

O crime continuado, pela teoria da ficção jurídica aceita pelo Código Penal, é um único crime para fins de aplicação da sanção penal, sobre o qual deve incidir a exasperação de 1/6 a 2/3, por se tratar de causa obrigatória de aumento da pena.

Para se admitir a suspensão condicional do processo, portanto, é necessário respeitar o limite da pena mínima do crime, de 1 ano, aí já computado o aumento decorrente da continuação. Dois estelionatos em continuidade delitiva, por exemplo, não comportariam o benefício processual, pois a pena rasa seria de 1 (um) ano e 2 (dois) meses, corolário do mínimo da cominação legal (1 ano) majorado de 1/6 (2 meses).

É o que estabelece a **Súmula 723 do Supremo Tribunal Federal**: "Não se admite a suspensão condicional do processo por crime continuado, se a soma da pena mínima da infração mais grave com o aumento mínimo de 1/6 (um sexto) for superior a 1 (um) ano".

### 37.6.10. Crime continuado e crime habitual: diferenças

No crime continuado, vários delitos, por ficção jurídica, são legalmente considerados como um só, para fins de aplicação da pena. Cada crime parcelar, contudo, tem existência autônoma, e, não fosse a série de continuidade, subsistiria isoladamente como fato punível. Como exemplo, três apropriações indébitas cometidas por um indivíduo nas mesmas condições de tempo, lugar, maneira de execução e outras semelhantes caracterizam um crime continuado, mas não se pode dizer que uma apropriação indébita, por si só, não seja crime.

De seu turno, crime habitual é aquele em que cada ato isolado representa um indiferente penal. O crime somente se aperfeiçoa quando a conduta é reiteradamente praticada pelo agente.

---

30   No STJ: AgRg no AREsp 221.016/SP, Rel. Min. Marco Aurélio Bellizze, 5.ª Turma, j. 25.02.2014.

CAP. 37 – CONCURSO DE CRIMES | 637

Exemplificativamente, cada ato de exercício ilegal da medicina, analisado separadamente, é irrelevante, mas a pluralidade de atos iguais acarreta na tipicidade do fato.

## 37.7. MULTA NO CONCURSO DE CRIMES

Estabelece o art. 72 do Código Penal: "No concurso de crimes, as penas de multa são aplicadas distinta e integralmente".

Como já mencionado, a interpretação literal do texto da lei revela a adoção, no tocante às penas de multa no concurso de crimes, do sistema do cúmulo material.

Essa conclusão é inquestionável no tocante ao concurso material e ao concurso formal. Mas há forte controvérsia em relação ao crime continuado. Discute-se se, nessa hipótese, as multas cominadas aos diversos delitos praticados pelo agente devem ser somadas (sistema do cúmulo material), ou então aplicada somente uma delas, com aumento de determinado percentual (sistema da exasperação).

Para os partidários da primeira corrente, o art. 72 do Código Penal foi taxativo ao determinar a soma das penas de multa no concurso de crimes, pouco importando a sua modalidade, isto é, se concurso material, formal, ou, ainda, crime continuado. Não se poderia, assim, ser acolhida interpretação diversa, em manifesta oposição ao texto legal.

Além disso, a posição geográfica da regra revelaria a intenção do legislador de fazer valer seu mandamento a todas as espécies de concurso de crimes. Com efeito, por estar no art. 72, irradiaria seus efeitos sobre os arts. 69, 70 e 71, todos do Código Penal. É a posição dominante em sede doutrinária.

Os adeptos da segunda corrente, por outro lado, alegam que a adoção da teoria da ficção jurídica pelo art. 71 do Código Penal implica na aplicação de uma única pena de multa, por se tratar de crime único para fins de dosimetria da sanção penal. Não teria sentido aplicar-se uma só pena privativa de liberdade, e várias penas de multa, para um crime continuado. É a posição majoritária no âmbito jurisprudencial. Veja-se a decisão do Superior Tribunal de Justiça:

> A pena de multa, aplicada no crime continuado, escapa à norma contida no art. 72 do Código Penal. As penas de multa, no caso de concurso de crimes, material e formal, aplicam-se cumulativamente, diversamente do que ocorre com o crime continuado, induvidoso concurso material de crimes gravado pela menor culpabilidade do agente, mas que é tratado como crime único pela lei penal vigente, como resulta da simples letra dos arts. 71 e 72 do Código Penal, à luz dos arts. 69 e 70 do mesmo diploma legal.[31]

## 37.8. APONTAMENTOS DIVERSOS SOBRE O CONCURSO DE CRIMES

### 37.8.1. Concurso de crimes moderado ou limitado

O concurso de crimes é moderado ou limitado em razão do teto máximo de 40 anos para o cumprimento da pena privativa de liberdade. Embora a somatória das penas possa ultrapassar esse montante, o efetivo cumprimento deverá obedecer ao prazo previsto no art. 75 do Código Penal. Fala-se, assim, em moderação ou limitação ao concurso de crimes.

### 37.8.2. Concurso de concursos de crimes ou concorrência de concursos

É possível entre as modalidades de concurso de crimes.

---

[31] AgRg no REsp 607.929/PR, rel. Min. Hamilton Carvalhido, 6.ª Turma, j. 26.04.2007. No mesmo sentido: HC 95.641/DF, rel. Min. Jane Silva (Desembargadora convocada do TJ/MG), 6.ª Turma, j. 18.03.2008; e REsp 905.854/SP, rel. Min. Felix Fischer, 5.ª Turma, j. 25.10.2007.

638 | DIREITO PENAL - PARTE GERAL - VOL. 1 • CLEBER MASSON

Imagine-se, exemplificativamente, que determinada pessoa pratique, em um dia, três homicídios culposos em concurso formal, e, no outro dia, mais dois crimes de homicídio culposo, também em concurso formal. Entre esses dois blocos de concursos haverá concurso material. A imputação seria assim definida: art. 121, § 3.º, por três vezes, na forma do art. 70, *caput*, 1.ª parte, em concurso material (art. 69, *caput*) com art. 121, § 3.º, por duas vezes, na forma do art. 70, *caput*, 1.ª parte, todos do Código Penal.

A pena seria calculada pelo juiz com base nas seguintes etapas:

a) no tocante aos três crimes praticados no primeiro dia, utilização da pena do crime de homicídio culposo (detenção, de 1 a 3 anos), aumentada de 1/6 até 1/2. Pelo critério adotado, seria exasperada em 1/5, em razão da prática de três crimes;

b) em relação aos dois crimes cometidos posteriormente, emprego da pena do crime de homicídio culposo (detenção, de 1 a 3 anos), aumentada de 1/6 até 1/2. Pelo critério adotado, seria exasperada em 1/6, pela prática de dois crimes; e

c) finalmente, as penas resultantes dos dois grupos de concurso formal seriam somadas, em obediência ao concurso material.

### 37.8.3. Concurso de crimes e competência dos Juizados Especiais Criminais

Na hipótese de concurso de crimes, a pena considerada para fins de fixação da competência do Juizado Especial Criminal será o resultado da soma, no caso de concurso material ou de concurso formal impróprio (ou imperfeito), ou da exasperação, na hipótese de concurso formal próprio (ou perfeito) ou crime continuado, das penas máximas cominadas aos delitos. Com efeito, se desse somatório resultar um apenamento superior a dois anos, fica afastada a competência do Juizado Especial.[32]

### 37.8.4. Concurso entre crimes e contravenções penais

No concurso de infrações penais, estabelece o art. 76 do Código Penal que "executar-se-á primeiramente a pena mais grave".

Ao se referir a "infrações", o Código Penal, em harmonia com o art. 1.º da Lei de Introdução ao Código Penal, trata do gênero, do qual são espécies o crime e a contravenção penal. E nesse contexto, o propósito do dispositivo legal é esclarecer que, no concurso entre crimes e contravenções penais, cumpre-se inicialmente a pena privativa de liberdade inerente ao crime (reclusão ou detenção), de maior gravidade, e, depois, a pena de prisão simples correspondente à contravenção penal.

---

[32] STJ: HC 143.500/PE, rel. Min. Napoleão Nunes Maia Filho, 5.ª Turma, j. 31.05.2011.

# CAPÍTULO 38

# LIMITE DAS PENAS

## 38.1. INTRODUÇÃO

Estabelece o art. 75 do Código Penal:

**Art. 75.** O tempo de cumprimento das penas privativas de liberdade não pode ser superior a 40 (quarenta) anos.

§ 1.º Quando o agente for condenado a penas privativas de liberdade cuja soma seja superior a 40 (quarenta) anos, devem elas ser unificadas para atender ao limite máximo deste artigo.

§ 2.º Sobrevindo condenação por fato posterior ao início do cumprimento da pena, far-se-á nova unificação, desprezando-se, para esse fim, o período de pena já cumprido.

Por sua vez, dispõe o art. 10 do Decreto-lei 3.688/1941 – Lei das Contravenções Penais: "A duração da pena de prisão simples não pode, em caso algum, ser superior a 5 (cinco) anos...".

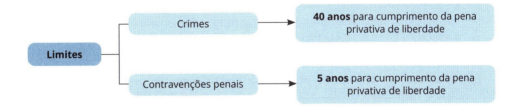

## 38.2. FUNDAMENTOS

Os dispositivos legais que limitam o cumprimento da pena privativa de liberdade têm como amparo a vedação constitucional da pena de caráter perpétuo (CF, art. 5.º, XLVII, "b").

Com efeito, seria inócuo e incoerente a Constituição Federal proibir a prisão perpétua, e, por outro lado, alguém ser condenado ao cumprimento efetivo de uma pena privativa de liberdade de 80, 90 ou mais anos.

É possível, todavia, a condenação por tempo superior a 40 anos, ou, o que é mais comum, diversas condenações que resultem em um total de penas superior a esse limite.

Se não bastasse, a proibição de cumprimento de pena privativa de liberdade acima de 40 anos se coaduna com a dignidade da pessoa humana, fundamento da República Federativa do Brasil consagrado pelo art. 1.º, III, da Constituição Federal.

**640** | DIREITO PENAL – PARTE GERAL – VOL. 1 • CLEBER MASSON

Não seria correto privar alguém de sua liberdade retirando-lhe a esperança de um dia voltar a viver em sociedade. Essa atitude estaria em descompasso com a finalidade da pena consistente na ressocialização do condenado.

Na redação original do Código Penal, o tempo máximo de cumprimento das penas privativas de liberdade era de 30 anos. A elevação para 40 anos foi promovida pela Lei 13.964/2019, também conhecida como "Projeto Anticrime", por duas razões:

a) Em 1940, a expectativa de vida dos brasileiros era, em média, de 45,5 anos. Em 2018, de acordo com o IBGE – Instituto Brasileiro de Geografia e Estatística, tal média saltou para 76,3 anos;[1] e

b) No passado, as penas dos crimes eram menores, e raramente alguém praticava mais de um delito de elevada gravidade. Atualmente, contudo, diversos crimes têm penas máximas altas, e são repetidamente cometidos por algumas pessoas. Exemplificativamente, ao estupro qualificado pela morte (CP, art. 213, § 2.º) é cominada a pena máxima de 30 anos de reclusão. Se o sujeito praticasse diversas infrações desta natureza, com o limite de 30 anos indiscutivelmente faria pouca diferença se ele estuprasse duas, três ou mais pessoas, daí resultando a morte das vítimas. Em qualquer caso, somente poderia cumprir 30 anos de privação da liberdade.

## 38.3. UNIFICAÇÃO DE PENAS

Diz o art. 75, § 1.º, do Código Penal, que quando o agente for condenado a penas privativas de liberdade cuja soma seja superior a 40 anos, devem ser unificadas para atender a este limite.

A unificação é a transformação de várias penas em uma única.[2] Pode ocorrer em duas situações:

a) razões de política criminal: evitar o cumprimento de uma pena privativa de caráter perpétuo. O sistema penal brasileiro adota o limite máximo de 40 anos;

b) adequação de tipicidade: nos casos em que restou configurado o crime continuado, mas a aplicação de suas regras não foi possível pelo juiz da ação penal, reservando-se essa tarefa para a fase executória.

Essa unificação se dá somente para fins de cumprimento da pena, não se aplicando a benefícios como livramento condicional, remição, progressão de regimes, entre outros. Como consagrado pela **Súmula 715 do Supremo Tribunal Federal**:

A pena unificada para atender ao limite de trinta anos de cumprimento, determinado pelo art. 75 do Código Penal, não é considerada para a concessão de outros benefícios, como o livramento condicional ou regime mais favorável de execução.

Os fundamentos desta súmula continuam válidos, mas seu texto deve ser interpretado em conformidade com a nova redação do art. 75 do Código Penal, ou seja, levando em conta o limite de 40 anos para cumprimento da pena privativa de liberdade.

---

[1] Disponível em: https://www.ibge.gov.br/estatisticas/sociais/populacao/9126-tabuas-completas-de-mortalidade.html?=&t= resultados. Acesso em 13.12.2019.

[2] "A unificação de penas não enseja a alteração da data-base para concessão de novos benefícios executórios" (STJ: ProAfR no REsp 1.753.509/PR, rel. Min. Rogerio Schietti Cruz, 3.ª Seção, j. 18.12.2018, noticiado no *Informativo* 644).

CAP. 38 – LIMITE DAS PENAS | 641

## 38.4. COMPETÊNCIA PARA UNIFICAÇÃO DAS PENAS

É do juiz das execuções penais, a teor do art. 66, III, "a", da Lei 7.210/1984.

## 38.5. NOVA CONDENAÇÃO E UNIFICAÇÃO DAS PENAS

Sobrevindo condenação por fato posterior ao início do cumprimento da pena, far-se-á **nova unificação**, desprezando-se, para esse fim, o período de pena já cumprido (CP, art. 75, § 2.º).

Essa regra se destina aos casos em que o agente, encontrando-se no cumprimento da pena privativa de liberdade, é condenado por fato praticado posteriormente ao início de satisfação da sanção penal. Despreza-se o tempo já obedecido pelo sentenciado, procedendo-se a nova unificação para obedecer ao limite de 40 anos. Exemplo: no cárcere, cumprindo pena de 25 anos pela prática de latrocínio, o sentenciado comete um homicídio qualificado, pelo qual é condenado, depois de cinco anos, à nova pena de 25 anos. As penas serão unificadas, desprezando-se os 5 anos já cumpridos: restarão 20 anos da primeira condenação e outros 25 anos da subsequente. A unificação se destina a impedir que, desse novo resultado, o agente cumpra mais de 40 anos. Terá cumprido, assim, os 5 primeiros anos, restando-lhe outros 40 com a nova unificação.

Tal sistemática, contudo, é deficiente ao deixar praticamente impune o crime cometido por quem, condenado a 40 anos ou mais de reclusão, comete novo crime logo no início do cumprimento da sanção penal. A nova pena será, praticamente, inútil, pois pouco acrescentará no montante final a ser descontado.

Deve ser ressaltado que o art. 75 do Código Penal refere-se somente ao limite das penas aplicadas antes e durante a fase executória. Destarte, se houver intervalo entre o cumprimento das penas anteriores cumpridas pelo condenado e o início das novas penas, impostas depois da satisfação integral daquelas, não se aplica a regra prevista no citado dispositivo legal.

## 38.6. FUGA DO RÉU E CUMPRIMENTO DA PENA UNIFICADA

Em caso de fuga do condenado do estabelecimento prisional, e desde que não seja praticado nenhum novo crime durante este período, o limite de 40 anos deve ser contado a partir do início do cumprimento da pena, e não de sua eventual recaptura. Em outras palavras, a fuga não interrompe a execução da pena privativa de liberdade. Provoca apenas sua suspensão. Para o Supremo Tribunal Federal:

> A Turma deferiu, em parte, *habeas corpus* impetrado em favor de condenado a um total de 54 anos de prisão pela prática de diversos delitos, cuja execução da pena unificada (30 anos) deveria ser iniciada a partir da data de sua recaptura, desprezando-se o período de tempo por ele já cumprido. Considerou-se que a fuga do paciente não poderia configurar-se como meio interruptivo do cumprimento da pena privativa de liberdade, com a consequência de acarretar novo cômputo do período de prisão, como se houvesse perda do tempo anteriormente cumprido. No ponto, asseverou-se que o ponto de partida para a unificação seria, nessa hipótese, não a data em que o sentenciado fora recapturado, mas a época em que ele iniciara efetivamente o cumprimento das penas.[3]

Contudo, se durante o período de fuga o condenado praticar um novo delito, em relação ao qual venha a ser condenado, deverá ocorrer nova unificação das penas (restante da pena anterior acrescido do montante correspondente à nova condenação), e o limite de 40 anos terá início na data da recaptura.

---

[3] HC 84.766/SP, rel. Min. Celso de Mello, 2.ª Turma, j. 11.09.2007, noticiado no *Informativo* 479.

# CAPÍTULO 39

# SUSPENSÃO CONDICIONAL DA PENA

## 39.1. ORIGEM HISTÓRICA

O *sursis*, como forma de suspensão condicional da execução da pena, surgiu na França com a lei de 26 de março de 1891, que tem o seu precedente e a sua fonte inspiradora numa proposição do Sen. Bérenger apresentada ao Parlamento em 1884.[1]

No Brasil, a primeira iniciativa para adoção do instituto foi de Esmeraldino Bandeira, que, em 18 de julho de 1906, apresentou à Câmara dos Deputados, sem sucesso, um projeto baseado na lei francesa.

Posteriormente, a Lei 4.577, de 5 de setembro de 1922, autorizou o Poder Executivo, no governo do Presidente da República Arthur da Silva Bernardes, a expedir o Decreto 16.588, de setembro de 1924, regulamentando o assunto. Na Exposição de Motivos desse decreto, o então Ministro da Justiça João Luiz Alves ressaltou as finalidades do instituto, as quais subsistem nos dias atuais:

1) Não inutilizar, desde logo, pelo cumprimento da pena, o criminoso primário, não corrompido e não perverso;

2) Evitar-lhe, com o contágio na prisão, as funestas e conhecidas consequências desse grave mal;

3) Diminuir o índice da reincidência, pelo receio de que se torne efetiva a primeira condenação.[2]

## 39.2. SISTEMAS

Existem três sistemas sobre a suspensão condicional da execução da pena privativa de liberdade:

*1)* *Sistema anglo-americano ou "probation system"*: o magistrado, sem aplicar pena, reconhece a responsabilidade penal do réu, submetendo-lhe a um período de prova, no qual,

---

[1]    MARTINS, José Salgado. *Direito penal:* introdução e parte geral. São Paulo: Saraiva, 1974. p. 375.

[2]    Cf. SIQUEIRA, Galdino. *Tratado de direito penal* – Parte geral. Rio de Janeiro: José Konfino Editor, 1947. t. II, p. 863-864.

644 | DIREITO PENAL – PARTE GERAL – VOL. 1 • CLEBER MASSON

em liberdade, deve ele comportar-se adequadamente. Se o acusado não agir de forma correta, o julgamento é retomado, com a consequente prolação de sentença condenatória e imposição de pena privativa de liberdade.

2) *Sistema do "probation of first offenders act"*: o juiz determina a suspensão da ação penal, permitindo a liberdade do acusado, sem, contudo, declará-lo culpado. Durante a suspensão, o réu deve apresentar boa conduta, pois, caso contrário, é reiniciada a ação penal. Esse sistema foi acolhido, no Brasil, no tocante à suspensão condicional do processo, definida pelo art. 89 da Lei 9.099/1995.

3) *Sistema franco-belga:* o réu é processado normalmente, e, com a condenação, a ele é atribuída uma pena privativa de liberdade. O juiz, entretanto, levando em conta condições legalmente previstas, suspende a execução da pena por determinado período, dentro do qual o acusado deve revelar bom comportamento e atender as condições impostas, pois, caso contrário, deverá cumprir integralmente a sanção penal. Foi adotado pelos arts. 77 a 82 do Código Penal em relação ao *sursis*.

## 39.3. CONCEITO

*Sursis* é a suspensão condicional da execução da pena privativa de liberdade, na qual o réu, se assim desejar, se submete durante o período de prova à fiscalização e ao cumprimento de condições judicialmente estabelecidas.

## 39.4. NATUREZA JURÍDICA

Há três posições acerca da natureza jurídica do *sursis*:

a) *Instituto de política criminal:* cuida-se de execução mitigada da pena privativa de liberdade. O condenado cumpre a pena que lhe foi imposta, mas de forma menos gravosa. É, assim, benefício, tal como proclama o art. 77, II, do Código Penal, e também modalidade de satisfação da pena. É o entendimento dominante.

b) *Direito público subjetivo do condenado:* consubstancia-se em benefício penal assegurado ao réu. O juiz tem liberdade para analisar a presença dos requisitos legais, os quais, se presentes, impõem a concessão do *sursis*.

c) *Pena:* trata-se de espécie de pena, embora não prevista no art. 32 do Código Penal.

### 39.4.1. Política Nacional de Alternativas Penais

A Portaria 495/2016, do Ministro de Estado da Justiça, instituiu no âmbito do seu Ministério a Política Nacional de Alternativas Penais, com o objetivo de desenvolver ações, projetos e estratégias voltadas ao enfrentamento do encarceramento em massa e à ampliação da aplicação de alternativas penais à prisão, com enfoque restaurativo, em substituição à privação de liberdade.

Seu art. 1.º, parágrafo único, inc. III preceitua que as alternativas penais abrangem a suspensão condicional da pena privativa de liberdade (*sursis*).

## 39.5. REQUISITOS

Os requisitos da suspensão condicional da execução da pena são previstos no art. 77 do Código Penal:

CAP. 39 – SUSPENSÃO CONDICIONAL DA PENA | 645

**Art. 77.** A execução da pena privativa de liberdade, não superior a 2 (dois) anos, poderá ser suspensa, por 2 (dois) a 4 (quatro) anos, desde que:

I – o condenado não seja reincidente em crime doloso;

II – a culpabilidade, os antecedentes, a conduta social e a personalidade do agente, bem como os motivos e as circunstâncias autorizem a concessão do benefício;

III – não seja indicada ou cabível a substituição prevista no art. 44 do Código.

§ 1.º A condenação anterior a pena de multa não impede a concessão do benefício.

§ 2.º A execução da pena privativa de liberdade, não superior a 4 (quatro) anos, poderá ser suspensa, por 4 (quatro) a 6 (seis) anos, desde que o condenado seja maior de 70 (setenta) anos de idade, ou razões de saúde justifiquem a suspensão.

O dispositivo legal apresenta requisitos objetivos (relacionados à pena) e subjetivos (ligados ao agente). Vejamos.

### 39.5.1. Requisitos objetivos

**a) Natureza da pena:** a pena deve ser privativa de liberdade, isto é, reclusão ou detenção, no caso de crime, ou prisão simples, em se tratando de contravenção penal. E como determina o art. 80 do Código Penal, o *sursis* não se estende às penas restritivas de direitos nem à multa.

O *sursis* não se aplica, em hipótese alguma, às medidas de segurança. O próprio nome do instituto é elucidativo: suspensão condicional da **pena**, e não da medida de segurança.

Se não bastasse, em relação aos inimputáveis a sentença é absolutória, não se falando em imposição de pena privativa de liberdade. Já no tocante aos semi-imputáveis, a sentença condenatória que determina a incidência de pena reduzida a substitui por medida de segurança, que, em qualquer caso, possui finalidade completamente diversa do *sursis*.

**b) Quantidade da pena privativa de liberdade:** a pena concreta, efetivamente aplicada na sentença condenatória, **não pode ser superior a dois anos**.

Em se tratando de concurso de crimes, seja qual for sua espécie, a pena resultante da pluralidade de infrações penais não pode ultrapassar o limite legal. Destarte, o concurso de crimes, por si só, não exclui a suspensão condicional da pena.

Há situações, contudo, em que o Código Penal e leis especiais admitem excepcionalmente o *sursis* para condenações superiores a dois anos.

Em se tratando de condenado maior de 70 anos de idade, ao tempo da sentença ou do acórdão (*sursis* **etário**) ou com problemas de saúde (*sursis* **humanitário** ou **profilático**), a pena aplicada pode ser **igual ou inferior a quatro anos**.

Nos crimes previstos na Lei 9.605/1998 – Crimes Ambientais (art. 16), a execução da pena privativa de liberdade pode ser condicionalmente suspensa nas condenações **iguais ou inferiores a três anos**.

**c) Não tenha sido a pena privativa de liberdade substituída por restritiva de direitos:** o inciso III do art. 77 do Código Penal evidencia ser o *sursis* subsidiário em relação às penas restritivas de direitos, por ser menos favorável ao condenado.

Com o alargamento das penas restritivas de direitos a partir da Lei 9.714/1998, o instituto em apreço passou a ser cada vez menos utilizado. Em regra, quando cabível o *sursis*, será também possível a substituição da pena privativa de liberdade nos moldes do art. 44 do Código Penal, mais vantajosa ao réu.

Remanesce o *sursis* para raras hipóteses, tal como quando o réu, não reincidente em crime doloso, for condenado à pena privativa de liberdade igual ou inferior a dois anos por delito cometido com o emprego de violência à pessoa ou grave ameaça.

## 39.5.2. Requisitos subjetivos

**a) Réu não reincidente em crime doloso:** a reincidência em crime culposo não impede o *sursis*. Lembre-se, ainda, que a condenação anterior por contravenção penal não caracteriza a reincidência.

É possível o *sursis* ao reincidente em crime doloso em uma hipótese: a condenação anterior foi exclusivamente à pena de multa (CP, art. 77, § 1.º). Nesse sentido, estatui a **Súmula 499 do Supremo Tribunal Federal**: "Não obsta à concessão do *sursis* condenação anterior à pena de multa".

**b) A culpabilidade, os antecedentes, a conduta social e personalidade do agente, bem como os motivos e as circunstâncias do crime, autorizem a concessão do benefício:** a análise deve ser efetuada, exclusivamente, no caso concreto.[3]

A existência de outras ações penais em trâmite contra o réu, embora não lhe retirem a primariedade, pode impedir a suspensão condicional da pena pelo não preenchimento do requisito subjetivo contido no inciso II do art. 77 do Código Penal. Veja-se: pode impedir, mas não impede automaticamente. Nesse sentido, já decidiu o Superior Tribunal de Justiça que "uma única ocorrência penal não é motivo suficiente para impedir a concessão do *sursis*".[4]

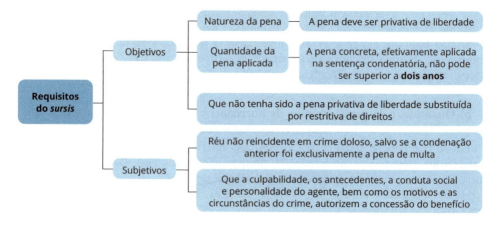

## 39.6. MOMENTO ADEQUADO PARA CONCESSÃO DO *SURSIS*

Preceitua o art. 157 da Lei de Execução Penal: "O juiz ou tribunal, na sentença que aplicar pena privativa de liberdade, [...], deverá pronunciar-se, motivadamente, sobre a suspensão condicional, quer a conceda, quer a denegue".

Destarte, o cabimento ou não do *sursis* deve ser analisado, de maneira fundamentada, na sentença ou no acórdão.

### O juízo da execução pode conceder a suspensão condicional da pena?

Não, em regra, por ser questão que deve ser solucionada durante o trâmite da ação penal.

---

[3] "A valoração desfavorável quanto à culpabilidade do agravante, ante a maior reprovabilidade de sua conduta consubstanciada na gravidade concreta do crime, impede o deferimento da suspensão condicional da pena por ausência do requisito previsto no inciso II do art. 77 do Código Penal" (STJ: AgRg no AREsp 368.384/DF, rel. Min. Marco Aurélio Bellizze, 5.ª Turma, j. 22.20.2013).

[4] HC 80.923/RJ, rel. Min. Maria Thereza de Assis Moura, 6.ª Turma, j. 06.12.2007.

CAP. 39 – SUSPENSÃO CONDICIONAL DA PENA | 647

É possível, todavia, a delegação dessa matéria ao juízo da execução quando a ação penal não apresentar elementos probatórios suficientes para se decidir se o condenado preenche ou não os requisitos legalmente exigidos para a medida.

O juízo da execução também poderá conceder o *sursis* quando, por força de fato superveniente à sentença ou ao acórdão condenatório, desaparecer o motivo que obstava sua concessão.

Nos dois casos, o fundamento legal repousa no art. 66, III, "d", da Lei 7.210/1984 – Lei de Execução Penal.

## 39.7. ESPÉCIES DE *SURSIS*

O Código Penal possui duas espécies de *sursis*: simples e especial.

**a)** *Sursis* **simples:** aplicável quando o condenado não houver reparado o dano, injustificadamente, e/ou as circunstâncias do art. 59 do Código Penal não lhe forem inteiramente favoráveis.

No primeiro ano do período de prova o condenado deverá prestar serviços à comunidade ou submeter-se à limitação de fim de semana, cabendo a escolha ao magistrado.

**b)** *Sursis* **especial:** aplicável quando o condenado tiver reparado o dano, salvo impossibilidade de fazê-lo, e se as circunstâncias do art. 59 do Código Penal lhe forem inteiramente favoráveis.

Nessa modalidade, o condenado, em regra, não presta serviços à comunidade nem se submete a limitação de fim de semana, pois o juiz pode substituir tal exigência por outras **condições cumulativas:** proibição de frequentar determinados lugares e de ausentar-se da comarca onde reside, sem autorização do juiz, e comparecimento pessoal e obrigatório a juízo, mensalmente, para informar e justificar suas atividades.

Não é possível a cumulação das condições do *sursis* especial no *sursis* simples.

## 39.8. CONDIÇÕES

Como deixa claro o Código Penal, a suspensão da pena é **condicional**, isto é, obedece a condições.

No *sursis* simples, a condição legal e obrigatória é a prestação de serviços à comunidade ou limitação de fim de semana, durante o primeiro ano do período de suspensão (CP, art. 78, § 1.º).[5]

No *sursis* especial, as condições legais que devem ser cumpridas cumulativamente no primeiro ano do período de suspensão são: proibição de frequentar determinados lugares e de ausentar-se da comarca onde reside, sem autorização do juiz, e comparecimento pessoal e obrigatório a juízo, mensalmente, para informar e justificar suas atividades.

Além dessas condições legais, o art. 79 do Código Penal permite ao magistrado especificar, na sentença, outras condições a que fica subordinada a suspensão, desde que adequadas ao fato e à situação pessoal do condenado. São as denominadas **condições judiciais**, que jamais podem ser vexatórias ou abusivas, não se admitindo que violem direitos fundamentais do condenado. Também devem ser cumpridas, por identidade de razão, somente no primeiro ano do período de suspensão.

O art. 81 do Código Penal ainda prevê **condições legais indiretas**, assim chamadas por autorizarem a revogação do *sursis*. São condições proibitivas, uma vez que, se presentes, acarretarão na revogação do benefício.

---

[5]   O STJ já decidiu que as condições previstas no art. 78, § 1.º, do Código Penal podem ser estabelecidas pelo mesmo prazo da pena privativa de liberdade aplicada, e não necessariamente pelo prazo de 1 (um) ano (Processo em segredo de justiça, rel. Min. Sebastião Reis Júnior, 6.ª Turma, j. 11.03.2024, noticiado no *Informativo* 815).

648 | DIREITO PENAL – PARTE GERAL – VOL. 1 • CLEBER MASSON

## 39.9. *SURSIS* INCONDICIONADO

O Código Penal, após a Reforma da Parte Geral pela Lei 7.209/1984, não admite o *sursis* sem condições. De fato, seria no mínimo contraditório instituir a suspensão condicional da pena sem condições.

Consequentemente, se o juiz se esquecer de lançar as condições na sentença condenatória, criando um *sursis* incondicionado, a acusação deve recorrer para que a decisão seja reformada pela instância superior.

A questão se agrava no caso de a omissão da sentença ser alcançada pelo trânsito em julgado da condenação. Questiona-se: Pode, nesse caso, o juízo da execução fixar as condições para o *sursis*?

Há duas posições sobre o assunto:

**1.ª posição:** É possível. Com efeito, se a Lei de Execução Penal, em seu art. 158, § 2.º, autoriza o juiz, a qualquer tempo, de ofício, a requerimento do Ministério Público ou mediante proposta do Conselho Penitenciário, a modificar as condições e regras estabelecidas na sentença, ouvido o condenado, além de em seu art. 159, § 2.º, permitir ao tribunal conferir ao juízo da execução a incumbência de estabelecer as condições do benefício, nada obsta que esse juízo fixe condições não determinadas pela sentença.

As condições do *sursis* também podem ser fixadas pelo juízo da execução quando o benefício tiver sido negado pela instância inferior, mas concedido pela instância superior.[6]

**2.ª posição:** Não é possível. O juízo da execução violaria a coisa julgada, e, além disso, a situação do réu seria agravada sem recurso com essa finalidade.

## 39.10. PERÍODO DE PROVA

É o intervalo de tempo fixado na sentença condenatória concessiva do *sursis*, no qual o condenado deverá revelar boa conduta, bem como cumprir as condições que lhe foram impostas pelo Poder Judiciário.

Na regra geral do Código Penal, varia entre dois e quatro anos (art. 77, *caput*), o que também se dá nos crimes ambientais, embora o limite da condenação seja de três anos, diferentemente do previsto na legislação comum.

No caso de *sursis* etário ou humanitário, o período de prova é de quatro a seis anos, desde que a condenação seja superior a dois anos e inferior a quatro anos, por questão de razoabilidade. Com efeito, se a condenação seguir a sistemática comum, ou seja, for igual ou inferior a dois anos, o período de prova será o comum (dois a quatro anos).

No Decreto-lei 3.688/1941 – Lei das Contravenções Penais – o período de suspensão é de um a três anos (art. 11).

A fixação do período de prova acima do patamar mínimo legalmente previsto deve ser justificada, fundamentadamente, sob pena de nulidade e redução pela superior instância.

O período de prova tem início com a **audiência admonitória**, assim chamada pelo art. 161 da Lei de Execução Penal, também conhecida como **audiência de advertência**, realizada pelo juiz depois do trânsito em julgado da condenação. Nessa audiência, o juiz procede à leitura da sentença ao condenado, advertindo-o das consequências de nova infração penal e do descumprimento das condições impostas (LEP, art. 160).

---

[6] STF: HC 92.322/PA, rel. orig. Min. Cármen Lúcia, rel. p/ o acórdão Min. Marco Aurélio, 1.ª Turma, 18.12.2007, noticiado no *Informativo* 493.

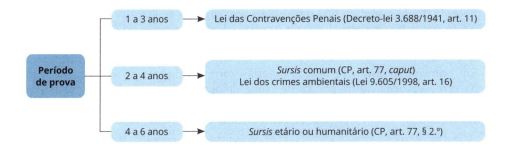

## 39.11. FISCALIZAÇÃO DAS CONDIÇÕES IMPOSTAS DURANTE O PERÍODO DE PROVA

A fiscalização do cumprimento das condições do *sursis* será atribuída, pelo juiz, a serviço social penitenciário, Patronato, Conselho da Comunidade ou instituição beneficiada com a prestação de serviços, inspecionados pelo Conselho Penitenciário, pelo Ministério Público, ou por ambos (LEP, art. 158, § 3.º).

## 39.12. REVOGAÇÃO

Com a revogação do *sursis*, o condenado deverá cumprir **integralmente** a pena privativa de liberdade que se encontrava suspensa, observando-se o regime prisional (fechado, semiaberto ou aberto) determinado na sentença. Portanto, não se considera o tempo em que permaneceu no período de prova, ainda que nesse intervalo tenha cumprido as condições impostas.[7]

A revogação pode ser de duas espécies: obrigatória ou facultativa.

A **revogação obrigatória** decorre da lei. É dever do juiz decretá-la, não havendo margem para discricionariedade acerca da decisão de manter ou não a suspensão. Por sua vez, a **revogação facultativa** permite ao juiz a liberdade de revogar ou não o benefício.

Analisemos cada uma delas, as hipóteses em que se verificam e respectivas consequências.

### 39.12.1. Revogação obrigatória

A revogação obrigatória, nada obstante imponha ao magistrado a atuação em consonância com a lei, não é automática. Exige-se decisão judicial. Com efeito, dispõe o art. 81, I, do Código Penal: "A suspensão **será revogada** se, no curso do prazo, o beneficiário":

*I – é condenado, em sentença irrecorrível, por crime doloso.*

É causa de revogação a prática de crime doloso antes ou durante o período de prova, pois a lei fala apenas em condenação irrecorrível durante o prazo de suspensão condicional da pena. Pouco importa, assim, o momento da prática do delito. O fator decisivo é o tempo do trânsito em julgado da condenação. Na visão do Superior Tribunal de Justiça:

> Na hipótese prevista no inciso I do art. 81 do Código Penal, a revogação do *sursis* é obrigatória, não dispondo o magistrado de discricionariedade diante de uma segunda condenação irrecorrível pela prática de crime doloso. Sendo assim, se a revogação, na espécie, é medida necessária, decorrente de condição objetiva, não há razão para a prévia audiência do apenado, diversamente das situações de revogação nas quais existe a possibilidade, no caso concreto, de não ser o benefício

---

[7] "A consequência da revogação do *sursis* da pena é o cumprimento da reprimenda privativa de liberdade imposta no édito condenatório que se encontrava suspensa diante do preenchimento dos requisitos constantes no art. 77 do Código Penal" (STJ: HC 142.263/RS, rel. Min. Félix Fischer, 5.ª Turma, j. 03.12.2009).

**650** | DIREITO PENAL - PARTE GERAL - VOL. 1 • CLEBER MASSON

revogado. Tendo o apenado sido condenado a pena privativa de liberdade pela prática de crime doloso, em decisão irrecorrível, durante o período de prova, a revogação do *sursis* é medida que se impõe, nos termos do inc. I do art. 81 do Código Penal.[8]

Em primeira análise, a revogação deveria ocorrer qualquer que fosse a sanção penal imposta como decorrência da prática de crime doloso. Porém, é pacífico o entendimento de que a condenação irrecorrível à pena de multa não autoriza a revogação da suspensão condicional, mesmo em se tratando de crime doloso. O raciocínio é simples: se a condenação a esse tipo de pena não impede o *sursis* (CP, art. 77, § 1.º), por igual fundamento não pode revogá-lo.

Por fim, a sentença que concede perdão judicial pela prática de crime doloso não revoga o *sursis*, pois não é condenatória, mas declaratória da extinção da punibilidade (**Súmula 18 do STJ**).

*II – frustra, embora solvente, a execução da pena de multa ou não efetua, sem motivo justificado, a reparação do dano.*

Em relação à **inadimplência da multa**, há duas posições acerca da possibilidade de revogação do *sursis*:

**1.ª posição:** Não é possível. A multa deve ser tratada como dívida de valor. Como não pode ser convertida em prisão, sua inadimplência não justifica a revogação da suspensão condicional da pena.

**2.ª posição:** É possível. A modificação do art. 51 do Código Penal não afeta os demais dispositivos legais relativos à multa. Além disso, a pena privativa de liberdade já foi imposta, e o *sursis* não se confunde com a pena de multa.

Prevalece o entendimento no sentido de que, se depois de revogado o benefício, o condenado paga a multa, é permitido o seu restabelecimento.

A lei também determina a revogação do *sursis* em caso de ausência injustificada da **reparação do dano**.

*III – descumpre a condição do § 1.º do art. 78 deste Código.*

É causa obrigatória de revogação da suspensão condicional da pena o descumprimento da prestação de serviços à comunidade ou da limitação de fim de semana, no primeiro ano do período de prova do *sursis* simples.

O fundamento é simples: o condenado – que não reparou o dano e possui circunstâncias judiciais desfavoráveis – descumpre uma das condições da suspensão **condicional** da pena. Logo, contraria a natureza do instituto, justificando sua revogação.[9]

## 39.12.2. Revogação facultativa

Nos termos do art. 81, § 1.º, do Código Penal: "A suspensão poderá ser revogada se o condenado descumpre qualquer outra condição imposta ou é irrecorrivelmente condenado, por crime culposo ou por contravenção, a pena privativa de liberdade ou restritiva de direitos".

Recorde-se que, quando facultativa a revogação, o juiz pode, em vez de decretá-la, prorrogar o período de prova até o máximo, se este não foi o fixado.

Vislumbram-se duas situações de revogação facultativa. Vejamos.

---

[8]   RHC 18.521/MG, rel. Min. Arnaldo Esteves Lima, 5.ª Turma, j. 03.04.2007. Em igual sentido: HC 43.950/SP, rel. Min. Hamilton Carvalhido, 6.ª Turma, j. 10.05.2007.

[9]   STF: HC 91.562/PR, rel. Min. Joaquim Barbosa, 2.ª Turma, j. 09.10.2007.

*1.ª situação: Descumprimento de qualquer outra condição imposta*

As condições ora indicadas são as previstas no Código Penal, em seus arts. 78, § 2.º, "a", "b" e "c", e 79, isto é, proibição de frequentar determinados lugares e de ausentar-se da comarca onde reside, sem autorização do juiz; comparecimento pessoal e obrigatório a juízo, mensalmente, para informar e justificar suas atividades, além das judiciais, desde que adequadas ao fato e à situação pessoal do condenado.

De fato, o descumprimento das condições arroladas pelo art. 78, § 1.º, do Código Penal, enseja a revogação obrigatória do *sursis*.

*2.ª situação: Condenação irrecorrível, por crime culposo ou contravenção, a pena privativa de liberdade ou restritiva de direitos*

A condenação com trânsito em julgado, por crime culposo ou contravenção penal, a pena privativa de liberdade, somente comportará a manutenção do *sursis* quando for imposto o regime prisional aberto para o seu cumprimento. De fato, a aplicação de regime fechado ou semiaberto acarreta a obrigação de o condenado ser colocado em estabelecimento penal, incompatibilizando o cumprimento da suspensão condicional da pena.

Atente-se, ainda, ao fato de que a condenação à pena pecuniária não se constitui sequer em causa de revogação facultativa do *sursis*, o que se coaduna com a regra traçada pelo art. 77, § 1.º, do Código Penal.

### 39.12.3. Revogação do *sursis* e do livramento condicional

O gráfico abaixo indica as causas de revogação do *sursis* e do livramento condicional. Quanto a esse último instituto, a apresentação é, por ora, sucinta, pois a matéria será detalhadamente enfrentada no próximo capítulo.

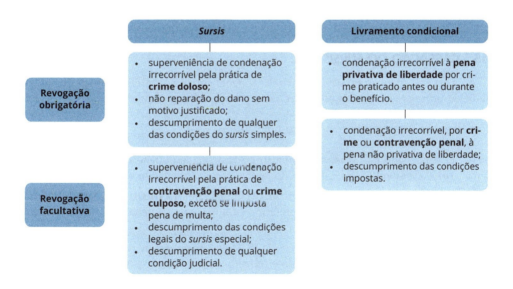

### 39.13. REVOGAÇÃO DO *SURSIS* E PRÉVIA OITIVA DO CONDENADO

Em respeito aos princípios constitucionais da ampla defesa e do contraditório, entende-se que deve ser ouvido o condenado antes da revogação do benefício, a ele conferindo a oportunidade para justificar eventual manutenção da suspensão condicional da pena.

652 | DIREITO PENAL - PARTE GERAL - VOL. 1 • CLEBER MASSON

Essa oitiva, entretanto, é impertinente e desnecessária quando a causa de revogação for a condenação irrecorrível por crime, doloso ou culposo, ou por contravenção penal (CP, art. 81, I e § 1.º, parte final).

Nesse caso, nada de relevante poderá o réu apresentar. Já teve chances suficientes para se defender durante a ação penal, pessoalmente e por defensor, e não poderá, com suas escusas, alterar a coisa julgada.

## 39.14. REVOGAÇÃO OBRIGATÓRIA DO *SURSIS* PELA CONDENAÇÃO IRRECORRÍVEL POR CRIME DOLOSO DURANTE O CURSO DO PRAZO E TÉRMINO DO PERÍODO DE PROVA

A questão que se coloca é a seguinte: Admite-se a revogação do *sursis* depois do término do período de prova, na hipótese de ser descoberta uma condenação transitada em julgado pela prática de crime doloso durante o curso do seu prazo? Há duas posições:

*1.ª posição:* É possível. A revogação do *sursis*, nesse caso, é automática (CP, art. 81, I). É a posição a que se filia o Superior Tribunal de Justiça:

Inexiste constrangimento ilegal quanto à revogação do benefício da suspensão condicional da pena em razão de condenação pelo cometimento de outro crime durante o período de prova, desde que não tenha sido extinta a punibilidade do agente mediante sentença transitada em julgado, nos termos do inciso I do art. 81 do Código Penal. Esta Corte tem firmado o entendimento no sentido de que o período de prova do *sursis* fica automaticamente prorrogado quando o beneficiário está sendo processado por outro crime ou contravenção, bem como que a superveniência de sentença condenatória irrecorrível é caso de revogação obrigatória do benefício, mesmo quando ultrapassado o período de prova.[10]

*2.ª posição:* Não é possível. Por se tratar de sentença meramente declaratória (CP, art. 82), a pena privativa de liberdade estará automaticamente extinta com o término do período de prova.

## 39.15. CASSAÇÃO DO *SURSIS*

A cassação do *sursis* se verifica quando o benefício fica sem efeito **antes** do início do período de prova. Não se confunde, pois, com a revogação, que somente pode ser decretada durante a suspensão condicional da pena.

A cassação pode ocorrer em quatro hipóteses:

1.ª) O condenado não comparece, injustificadamente, à audiência admonitória (LEP, art. 161). A suspensão ficará sem efeito, executando-se imediatamente a pena.

2.ª) O condenado renuncia ao benefício. O cumprimento do *sursis* é vinculado à aceitação do condenado, podendo o réu preferir o cumprimento da pena.

3.ª) O réu é irrecorrivelmente condenado a pena privativa de liberdade não suspensa. A condenação à prisão, durante o período de prova, é causa de revogação do *sursis*. Tem lugar a cassação, todavia, quando o trânsito em julgado ocorrer antes do início do período de prova, pois é incompatível o cumprimento simultâneo da pena em regime fechado ou semiaberto e do *sursis*.

---

10 HC 175.758/SP, rel. Min. Laurita Vaz, 5.ª Turma, j. 04.10.2011; e REsp 723.090/MG, rel. Min. Gilson Dipp, 5.ª Turma, j. 19.09.2006. É também o pensamento do Supremo Tribunal Federal: HC 114.862/SP, rel. Min. Gilmar Mendes, 2.ª Turma, j. 01.10.2013.

CAP. 39 – SUSPENSÃO CONDICIONAL DA PENA | 653

4.ª) A pena privativa de liberdade é majorada em grau de recurso da acusação, passando de dois anos. O *sursis* anteriormente concedido é cassado pelo tribunal.

## 39.16. *SURSIS* SUCESSIVOS

*Sursis* sucessivo é o concedido a réu que, anteriormente, teve a sua pena privativa de liberdade extinta em razão do cumprimento integral de *sursis* originário da prática de outra infração penal.

Essa situação é possível quando o agente, após cumprir a suspensão condicional da pena, comete crime culposo ou contravenção penal. Por não ser reincidente em crime doloso, é permitida a concessão de novo *sursis*.

## 39.17. *SURSIS* SIMULTÂNEOS

São simultâneos, também conhecidos como **coetâneos**, os *sursis* cumpridos ao mesmo tempo. Isso pode ocorrer em duas hipóteses:

*1.ª hipótese:* O réu, durante o período de prova, é irrecorrivelmente condenado por crime culposo ou contravenção penal a pena privativa de liberdade igual ou inferior a dois anos. Pode ser a ele concedido novo *sursis,* pois não é reincidente em crime doloso, e nada impede a manutenção do *sursis* anterior, eis que a revogação é facultativa.

*2.ª hipótese:* O réu, antes do início do período de prova, é irrecorrivelmente condenado pela prática de crime doloso, sem ser reincidente, e obtém novo *sursis*. O *sursis* anterior é preservado, pois a condenação por crime doloso apenas o revoga quando seu trânsito em julgado se verificar durante o período de prova.

## 39.18. PRORROGAÇÃO DO PERÍODO DE PROVA

É a situação em que a duração da suspensão condicional da pena excede o prazo do período de prova determinado na sentença condenatória. Prevalece o entendimento de que durante a prorrogação do período de prova **não subsistem as condições do *sursis*.**

Existem, no Código Penal, duas hipóteses de prorrogação do período de prova:

*1.ª hipótese: O beneficiário está sendo processado por outro crime ou contravenção –* art. 81, § 2.º

Nesse caso, considera-se prorrogado o prazo da suspensão até o julgamento definitivo.

Como o Código Penal disse **"considera-se"**, conclui-se ser automática a prorrogação, ou seja, independe de decisão judicial expressa nesse sentido. Basta o recebimento da denúncia ou queixa, e não a mera prática do crime ou contravenção penal, pois a lei fala em beneficiário que está sendo **"processado"**.[11]

A ação penal pode relacionar-se a crime ou contravenção penal praticados durante o período de prova, ou mesmo com infração penal cometida antes daquela cuja condenação redundou na concessão do *sursis* que teve seu período de prova prorrogado.

O fundamento da prorrogação é o seguinte: não é o cometimento do crime ou da contravenção penal que autoriza a revogação do *sursis*, mas a condenação transitada em julgado daí derivada. É razoável, destarte, aguardar o término da ação penal para se constatar se será ou não caso de revogação, seja ela obrigatória (crime doloso) ou facultativa (contravenção

---

[11] "Esta Corte tem firmado o entendimento no sentido de que o período de prova do *sursis* fica automaticamente prorrogado quando o beneficiário está sendo processado por outro crime ou contravenção" (STJ: HC 175.758/SP, rel. Min. Laurita Vaz, 5.ª Turma, j. 04.10.2011).

penal), se o réu for condenado, ou de extinção da pena privativa de liberdade, nos moldes do art. 82 do Código Penal, na hipótese de ser absolvido.

A mera instauração de inquérito policial não autoriza a prorrogação do período de prova.

*2.ª hipótese: Nas hipóteses de revogação facultativa – art. 81, § 3.º*

Nesses casos, o juiz pode, em vez de decretar a revogação do *sursis*, prorrogar o período de prova até o máximo, se este não foi o fixado.

A prorrogação não é automática. Depende de expressa decisão judicial nesse sentido.

## 39.19. TÉRMINO DO PERÍODO DE PROVA E POSSIBILIDADE DE SUA PRORROGAÇÃO E REVOGAÇÃO DO BENEFÍCIO

Formula-se a indagação: Em se tratando de sentença declaratória o ato que declara extinta a pena privativa de liberdade, na forma do art. 82 do Código Penal, pode o juiz, depois de encerrado o período de prova, prorrogá-lo por descobrir que o condenado está sendo processado por outro crime ou contravenção penal, para decidir, no futuro, se o benefício deve ou não ser revogado?

Formaram-se duas posições acerca do assunto:

*1.ª posição:* É possível a prorrogação. Aliás, essa prorrogação é automática, prescindindo de decisão judicial. É o entendimento dominante, consagrado inclusive no Supremo Tribunal Federal e no Superior Tribunal de Justiça.[12] Anote-se, contudo, que a prorrogação será cabível desde que o juiz ainda não tenha declarado extinta a pena privativa de liberdade, com o consequente trânsito em julgado. De fato, se já tiver transitado em julgado a declaração de extinção da punibilidade, nada mais poderá ser feito.

*2.ª posição:* Não se admite a prorrogação. A pena estará automaticamente extinta com o término do período de prova.

## 39.20. EXTINÇÃO DA PENA

Cumprido integralmente o período de prova, sem revogação, considera-se extinta a pena privativa de liberdade. É o que se extrai do art. 82 do Código Penal.

A sentença é meramente declaratória, e retroage ao dia em que se encerrou o período de prova. Exige-se prévia manifestação do Ministério Público, sob pena de nulidade, com fundamento no art. 67 da Lei de Execução Penal.

## 39.21. *SURSIS* E CRIMES HEDIONDOS OU EQUIPARADOS

Em regra, as penas impostas em condenações pela prática de crimes hediondos ou equiparados (tráfico de drogas, tortura e terrorismo) são superiores a dois anos, por se tratarem de infrações penais consideradas de elevada gravidade pelo Poder Constituinte Originário, e, consequentemente, também pelo legislador ordinário. Seria extrapolado, portanto, o limite quantitativo para aplicação da suspensão condicional da pena.

Todavia, é possível vislumbrar, ao menos em tese, algumas situações em que uma pena privativa de liberdade decorrente da prática de crime hediondo ou equiparado comporte o benefício. Imagine-se um tráfico de drogas (art. 33, *caput*), com pena no mínimo legal (5 anos), e acompanhado da causa de diminuição contida no § 4.º do art. 33 da Lei 11.343/2006, em seu patamar máximo (2/3). A pena seria de um ano e oito meses, dentro do teto previsto no art. 77, *caput*, do Código Penal.

---

[12] STF: HC 91.562/PR, rel. Min. Joaquim Barbosa, 2.ª Turma, j. 09.10.2007; e STJ: REsp 723.090/MG, rel. Min. Gilson Dipp, 5.ª Turma, j. 19.09.2006.

CAP. 39 – SUSPENSÃO CONDICIONAL DA PENA | 655

Questiona-se: É cabível, nesse caso, a suspensão condicional da pena? Formaram-se duas correntes sobre o assunto:

**1.ª Corrente:** É inaplicável o *sursis*. A dimensão do benefício não se compactua com a natureza do delito, em relação ao qual a própria Constituição Federal, em seu art. 5.º, XLIII, determinou um tratamento mais severo. É a posição dominante.[13]

**2.ª Corrente:** É cabível o *sursis*, o qual não foi vedado pela Lei 8.072/1990 – Lei dos Crimes Hediondos. Não pode o juiz criar restrições não previstas por lei, em face da inadmissibilidade, no campo penal, da analogia *in malam partem*. Há decisão do Supremo Tribunal Federal nesse sentido.[14]

## 39.22. *SURSIS* PARA ESTRANGEIRO

Nada impede a concessão de *sursis* ao estrangeiro que se encontra em território nacional, de forma permanente ou transitória, ainda que responda a processo de expulsão por força da prática de crime comum. É o que se extrai da regra contida no art. 54, § 3.º, da Lei 13.445/2017 – Lei de Migração:

Art. 54. A expulsão consiste em medida administrativa de retirada compulsória de migrante ou visitante do território nacional, conjugada com o impedimento de reingresso por prazo determinado.

[...]

§ 3.º O processamento da expulsão em caso de crime comum não prejudicará a progressão de regime, o cumprimento da pena, a suspensão condicional do processo, a comutação da pena ou a concessão de pena alternativa, de indulto coletivo ou individual, de anistia ou de quaisquer benefícios concedidos em igualdade de condições ao nacional brasileiro.

## 39.23. *SURSIS* E SUSPENSÃO DOS DIREITOS POLÍTICOS

Enquanto não declarada a extinção da sanção penal por força do integral decurso do período de prova do *sursis* sem revogação, o condenado cumprirá, ainda que de forma alternativa, a pena privativa de liberdade. Estarão presentes, destarte, os efeitos da condenação criminal.

Logo, ao agente incidirá a suspensão dos direitos políticos, com fulcro no art. 15, III, da Constituição Federal.

## 39.24. *SURSIS* E *HABEAS CORPUS*

O *habeas corpus* não é adequado para se pleitear a concessão da suspensão condicional da pena, nem para discutir o cabimento das condições legais e judiciais impostas no caso concreto, pois em tais hipóteses seria necessária a análise dos requisitos subjetivos indicados pelo art. 77, I, e, principalmente, II, do Código Penal. E, como se sabe, não se admite dilação probatória na via estreita desse remédio constitucional.

Excepcionam-se, todavia, situações teratológicas, como, exemplificativamente, no caso de um antigo Prefeito a quem é imposta a condição de varrer as ruas do centro da cidade que governou.

---

[13]  STF: HC 101.919/MG, rel. Min. Marco Aurélio, 1.ª Turma, j. 06.09.2011, noticiado no *Informativo* 639. No STJ: "O óbice, previsto no artigo 44 da Lei 11.343/2006, à suspensão condicional da pena imposta ante tráfico de drogas mostra-se afinado com a Lei 8.072/1990 e com o disposto no inciso XLIII do artigo 5.º da Constituição Federal" (HC 197.268/SP, rel. Min. Laurita Vaz, 5.ª Turma, j. 26.02.2013).

[14]  HC 86.698/SP, rel. Min. Marco Aurélio, 1.ª Turma, j. 19.06.2007.

## 39.25. *SURSIS* E DETRAÇÃO PENAL

Em primeira análise, a suspensão condicional da pena não é compatível com a detração penal. Com efeito, o benefício se destina a impedir a execução de uma pena privativa de liberdade, motivo pelo qual é impossível o desconto do período cumprido a título de prisão provisória no montante da pena imposta, que, por estar suspensa, sequer é objeto de cumprimento pelo condenado.

Entretanto, se o *sursis* for revogado, daí resultará o cumprimento integral da pena privativa de liberdade, autorizando-se, a partir de então, a aplicação do instituto da detração penal e de todos os seus efeitos.

## 39.26. *SURSIS* E INDULTO

Discute-se a possibilidade de incidência de indulto aos condenados que se encontram em período de prova como decorrência da suspensão condicional da execução da pena. Há duas posições sobre o assunto:

*1.ª posição:* É possível. O indulto se destina a pessoas condenadas ao cumprimento de penas privativas de liberdade, e o *sursis* nada mais é do que uma forma diferenciada de execução da pena. Pode o decreto de indulto, portanto, beneficiar condenados que estejam cumprindo a suspensão condicional da pena.

*2.ª posição:* Não é possível. O indulto alcança somente os condenados que se encontram privados da liberdade, e aquele que teve suspensa sua pena não precisa desse benefício emanado do Poder Executivo federal.[15]

## 39.27. *SURSIS* E REGIME PENITENCIÁRIO

Em cumprimento ao previsto no art. 59, III, do Código Penal, deve o magistrado – depois de superado o critério trifásico e dosada a pena privativa de liberdade – estabelecer o regime prisional inicial.

E para encontrar o regime prisional adequado, o juiz se apoia nos critérios norteadores indicados pelo art. 33, §§ 2.º e 3.º, do Código Penal.

Superada essa etapa, passa o magistrado à fase seguinte: analisar a possibilidade de substituição da pena privativa de liberdade por restritiva de direitos ou multa.

Finalmente, se a pena privativa de liberdade aplicada não foi substituída por restritiva de direitos ou multa, e não ultrapassar dois anos, o juiz ingressa na derradeira operação: aferir o cabimento da suspensão condicional da pena.

Portanto, conclui-se que o juiz, ao decidir sobre a concessão ou não *do sursis*, já terá definido o regime prisional para início de cumprimento da pena privativa de liberdade (fechado, semiaberto ou aberto), respeitando o direito do condenado de saber as condições em que cumprirá a sanção penal, caso não aceite o benefício, ou na hipótese de ser este revogado no futuro.

Não deve ser aceita, portanto, a tese pela qual se sustenta que, uma vez concedido o *sursis*, prescinde-se da fixação do regime prisional. Essa definição é lógica e legalmente precedente, podendo-se concluir que, se assim agir o magistrado, estará violando o procedimento de aplicação da pena delineado pelo art. 59 do Código Penal.

---

[15] STJ: HC 276.416/SP, rel. Min. Laurita Vaz, 5.ª Turma, j. 27.03.2014.

# CAPÍTULO 40

# LIVRAMENTO CONDICIONAL

## 40.1. EVOLUÇÃO HISTÓRICA

O livramento condicional surgiu no ano de 1846, na França, com a decisão do magistrado Beneville, que se referiu ao instituto denominando-o **"liberação preparatória"**.

No Brasil, sua primeira manifestação ocorreu com a edição do Código Penal Republicano de 1890 (arts. 50 a 52), regulamentado pelos Decretos 4.577, de 5 de setembro de 1922, e 16.665, de 6 de novembro de 1924. A partir de então, foi mantido pela legislação penal brasileira, como derradeira etapa do processo escalonado de reforma do criminoso.

## 40.2. CONCEITO

Livramento condicional é o benefício que permite ao condenado à pena privativa de liberdade superior a 2 (dois) anos a liberdade antecipada, condicional e precária, desde que cumprida parte da reprimenda imposta e sejam observados os demais requisitos legais.

A liberdade é antecipada, condicional e precária. **Antecipada**, pois o condenado retorna ao convívio social antes do integral cumprimento da pena privativa de liberdade. **Condicional**, pois durante o período restante da pena (período de prova) o egresso submete-se ao atendimento de determinadas condições fixadas na decisão que lhe concede o benefício. E **precária**, pois pode ser revogada se sobrevier uma ou mais condições previstas nos arts. 86 e 87 do Código Penal. Em sintonia com a jurisprudência do Supremo Tribunal Federal:

> Para maior respeito à finalidade reeducativa da pena, o livramento condicional constitui a última etapa da execução penal, timbrada, esta, pela ideia central da liberdade responsável do condenado, de modo a permitir-lhe melhores condições de reinserção social. A Lei de Execução Penal é de ser interpretada com os olhos postos em seu art. 1.º. Artigo que institui a lógica da prevalência de mecanismos de reinclusão social (e não de exclusão do sujeito apenado) no exame dos direitos e deveres dos sentenciados. Isso para favorecer, sempre que possível, a redução de distância entre a população intramuros penitenciários e a comunidade extramuros. Essa particular forma de parametrar a interpretação da lei (no caso, a LEP) é a que mais se aproxima da Constituição Federal, que faz da cidadania e da dignidade da pessoa humana dois de seus fundamentos (incisos II e III do art. 1.º). A reintegração social dos apenados é, justamente, pontual densificação de ambos os fundamentos constitucionais.[1]

---

[1] HC 99.652/RS, rel. Min. Carlos Britto, 1.ª Turma, j. 03.11.2009. No STJ: HC 235.480/SP, rel. Min. Gilson Dipp, 5.ª Turma, j. 26.06.2012.

## 40.3. NATUREZA JURÍDICA

O livramento condicional constitui-se em **benefício** conferido pela lei ao condenado que preenche os requisitos legais.[2]

Embora se constitua em instituto penal restritivo da liberdade, por importar em limitação de diversos direitos da pessoa humana, funciona como **direito subjetivo**, pois a liberdade precoce não pode ser negada àquele que atende a todos os mandamentos aplicáveis à espécie.

Nada obstante seja concedido durante a execução da pena privativa de liberdade, não pode ser tratado como um de seus incidentes, pois não encontra previsão nos arts. 180 a 193 da Lei 7.210/1984 – Lei de Execução Penal.

Damásio E. de Jesus, entretanto, apresenta posicionamento diverso. Para ele, cuida-se de forma especial de cumprimento da pena:

> O instituto, na reforma penal de 1984, não constitui mais um direito público subjetivo de liberdade do condenado nem incidente de execução. É medida penal de natureza restritiva da liberdade, de cunho repressivo e preventivo. Não é um benefício.[3]

## 40.4. DIFERENÇAS COM O *SURSIS*

Livramento condicional e *sursis apresentam* pontos comuns.

São benefícios conferidos aos condenados à pena privativa de liberdade que atendem a diversos requisitos previstos em lei. São, ainda, condicionais, pois durante o período de vigência dos institutos seus destinatários sujeitam-se à fiscalização quanto à observância de condições judicialmente fixadas. Em ambos, esse período de prova tem início com a audiência admonitória. E, finalmente, apresentam a finalidade de evitar a execução da pena privativa de liberdade, total ou parcialmente.

Mas as diferenças são nítidas.

No livramento condicional o condenado retorna ao convívio social depois do cumprimento de parte da pena que lhe foi imposta, dependendo da natureza do crime e de suas condições pessoais. Foi condenado, cumpre uma fração da reprimenda e, posteriormente, é colocado em liberdade. Por sua vez, no *sursis* o condenado sequer inicia o cumprimento da pena privativa de liberdade. Daí o seu nome: suspensão condicional da execução da pena privativa de liberdade. É condenado, mas a execução da sua pena é suspensa, obstando seu início.

Distinguem-se também quanto à duração. Com efeito, no livramento condicional o período de prova, também chamado de **período de experiência**, isto é, o tempo em que o condenado deve observar as condições legais e judiciais impostas, bem como respeitar as causas de revogação, é representado pelo restante da pena ainda não cumprido. Exemplo: o réu, condenado a 8 (oito) anos, obtém o benefício depois de 4 (quatro) anos. O período de prova será composto pelos 4 (quatro) anos remanescentes. No *sursis*, de seu turno, o período de prova deve ser estipulado dentro dos parâmetros legalmente indicados: entre 2 (dois) e 4 (quatro) anos, mas que pode ser diverso, tal como no *sursis* etário e no *sursis* humanitário.

Finalmente, o *sursis* geralmente é concedido pela sentença condenatória, que comporta recurso de apelação (CPP, art. 593, I e § 4.º). Mas também pode ser concedido pelo acórdão, em grau de recurso ou em se tratando de competência originária dos tribunais. Já o livramento condicional é obrigatoriamente deferido pelo juízo da execução, e para impugnar essa decisão o recurso cabível é o agravo em execução (LEP, art. 197).

---

[2] STF: HC 119.938/RJ, rel. Min. Rosa Weber, 1.ª Turma, j. 03.06.2014; e STJ: HC 277.229/RS, rel. Min. Felix Fischer, 5.ª Turma, j. 18.09.2014.

[3] JESUS, Damásio E. de. *Direito penal*. Parte geral. 28. ed. 2. tir. São Paulo: Saraiva, 2006. v. 1, p. 625.

| LIVRAMENTO CONDICIONAL E *SURSIS* ||
|---|---|
| Pontos em comum | Diferenças |
| 1. Destinatários: condenados à pena privativa de liberdade;<br><br>2. Requisitos legais: devem ser preenchidos pelo condenado;<br><br>3. Condicionais: sujeitam-se ao cumprimento de condições;<br><br>4. Período de prova: iniciam-se com a realização da audiência admonitória; e<br><br>5. Finalidade: evitar a execução da pena privativa de liberdade, total ou parcialmente. | 1. Execução da pena: não tem início no *sursis*, enquanto no livramento condicional o condenado cumpre parte da pena imposta;<br><br>2. Duração do período de prova: 2 a 4 anos, no *sursis*, em regra, ou o restante da pena, no livramento condicional;<br><br>3. Momento da concessão: o *sursis* é concedido na sentença ou no acórdão, e o livramento condicional durante a execução da pena; e<br><br>4. Recurso cabível: apelação no *sursis* e agravo em execução no livramento condicional. |

## 40.5. JUÍZO COMPETENTE PARA CONCESSÃO DO LIVRAMENTO CONDICIONAL

O livramento condicional somente pode ser concedido depois de cumprida parte da pena privativa de liberdade. Normalmente, já existe trânsito em julgado da condenação, inclusive com cumprimento da pena, razão pela qual é competente o juízo da execução para analisar o cabimento ou não do benefício (LEP, art. 66, III, "e").

Todavia, o Supremo Tribunal Federal tem admitido a concessão do livramento condicional em sede de **execução provisória**, isto é, com o trânsito em julgado da condenação apenas para a acusação. A propósito: "A jurisprudência do STF já não reclama o trânsito em julgado da condenação nem para a concessão do indulto, nem para a progressão de regime de execução, nem para o livramento condicional".[4] Nesse caso, também será competente o juízo da execução.

Em face do caráter itinerante do processo de execução, é competente o juízo do local em que o condenado cumpre a pena, independentemente da comarca em que foi proferida a sentença condenatória. Exemplo: a sentença condenatória foi proferida na comarca de São Paulo, mas o agente encontra-se recolhido na penitenciária de Ribeirão Preto. Será competente o juízo da execução desta última comarca.

## 40.6. EGRESSO

É a nomenclatura dispensada pelo art. 26, II, da Lei de Execução Penal ao condenado beneficiado pelo livramento condicional, durante o período de prova.

## 40.7. REQUISITOS

O livramento condicional, para ser concedido, depende do preenchimento de vários requisitos objetivos e subjetivos.[5] Aqueles se relacionam à pena (espécie, quantidade e parcela já cumprida), bem como à reparação do dano; estes dizem respeito às condições pessoais do condenado.

---

[4]   HC 87.801/SP, rel. Min. Sepúlveda Pertence, 1.ª Turma, j. 02.05.2006. No mesmo sentido: HC 90.813/SP, rel. Min. Cármen Lúcia, 1.ª Turma, j. 24.04.2007. É também o entendimento do STJ: REsp 1.154.726/RS, rel. Min. Marco Aurélio Bellizze, 5.ª Turma, j. 08.05.2014.

[5]   STF: HC 106.218/RS, rel. Min. Dias Toffoli, 1.ª Turma, j. 26.04.2011; e STJ: HC 287.754/RN, rel. Min. Marco Aurélio Bellizze, 5.ª Turma, j. 20.03.2014.

660 | DIREITO PENAL – PARTE GERAL – VOL. 1 • CLEBER MASSON

## 40.7.1. Requisitos objetivos

O art. 83, I, II, IV e V, do Código Penal exige, para concessão do livramento condicional, 4 (quatro) requisitos objetivos, relacionados à pena e à reparação do dano:

### 1) Espécie da pena

Deve ser privativa de liberdade (reclusão, detenção ou prisão simples).

### 2) Quantidade da pena

A pena privativa de liberdade imposta ao condenado, a qual se encontra em sede de execução, deve ser igual ou superior a 2 (dois) anos. Nesse ponto, convém destacar que, nos termos do art. 84 do Código Penal: "As penas que correspondem a infrações diversas devem somar-se para efeito do livramento".

Essa medida é salutar, pois se não existisse estaria vedado o benefício a indivíduo que, exemplificativamente, fora condenado por dois furtos, de diminuta gravidade, cada um com pena de 1 (um) ano e 2 (dois) meses de reclusão, uma vez que o montante das penas impediria o *sursis*, enquanto para um criminoso autor de roubo com emprego de arma de fogo, com pena de 7 (sete) anos, a medida seria cabível.

Finalmente, não há como somar a pena aplicada em sentença ainda não transitada em julgado ao cálculo do total da pena a ser cumprida para efeito de concessão do livramento condicional.[6]

### 3) Parcela da pena já cumprida

O montante de pena cumprida depende das condições do condenado e da natureza do crime por ele praticado.

Para o condenado que não for reincidente em crime doloso e apresentar bons antecedentes, basta o cumprimento de mais de um terço da pena (CP, art. 83, I). Trata-se do livramento condicional **simples**.

E em relação ao reincidente em crime culposo?

Há duas posições: a) encaixa-se na regra prevista no art. 83, I, do Código Penal; e b) esse tratamento a ele não se aplica, pois um reincidente em crime culposo não pode ser considerado possuidor de bons antecedentes.

No caso, porém, de condenado reincidente em crime doloso, exige-se o cumprimento de mais de metade da pena (CP, art. 83, II). É o livramento condicional **qualificado**. E, na hipótese de diversos crimes, o requisito objetivo é o cumprimento de mais da metade do total das penas unificadas.[7]

Falhou a lei, contudo, ao olvidar-se de uma situação: condenado não reincidente em crime doloso, mas portador de **maus antecedentes**. Não se enquadra no inciso I nem no inciso II do art. 83 do Código Penal. Então é de se questionar: como deve ser tratado?

Formaram-se duas posições sobre o assunto:

---

6 HC 48.269/RS, rel. Min. Maria Thereza de Assis Moura, 6.ª Turma, j. 19.04.2007, noticiado no *Informativo* 317.

7 "Esta Corte possui orientação no sentido de que ao sentenciado reincidente em crime doloso, deve ser adotado o lapso preconizado no art. 83, II, do Código Penal, impondo-se o transcurso do patamar de 1/2 (um meio) da sanção para a obtenção da liberdade clausulada, não havendo de se cogitar na aplicação concomitante do patamar de 1/3 (um terço) para a execução de pena aplicada ao tempo em que o réu ostentava a primariedade e de 1/2 (um meio) para as demais execuções" (STJ: EDcl no HC 267.328/MG, rel. Min. Moura Ribeiro, 5.ª Turma, j. 03.06.2014). E também: "Na definição do requisito objetivo para a concessão de livramento condicional, a condição de reincidente em crime doloso deve incidir sobre a somatória das penas impostas ao condenado, ainda que a agravante da reincidência não tenha sido reconhecida pelo juízo sentenciante em algumas das condenações. Isso porque a reincidência é circunstância pessoal que interfere na execução como um todo, e não somente nas penas em que ela foi reconhecida" (STJ: HC 307.180/RS, rel. Min. Felix Fischer, 5.ª Turma, j. 16.04.2015, noticiado no *Informativo* 561).

CAP. 40 – LIVRAMENTO CONDICIONAL | 661

a) Deve receber igual tratamento dispensado ao reincidente em crime doloso, de modo que o livramento condicional só será possível com o cumprimento de mais de metade da pena. Como não possui bons antecedentes, não se amolda ao inciso I, que exige dois requisitos cumulativos (não ser reincidente em crime doloso e ostentar bons antecedentes). Aplica-se subsidiariamente, portanto, a regra delineada pelo inciso II.

b) É necessário seja adotada a posição mais favorável ao condenado, em face da ausência de expressa previsão legal. Destarte, será cabível o benefício com o cumprimento de mais de um terço da pena, pois, embora portador de maus antecedentes, não é reincidente em crime doloso. Alberto Silva Franco filia-se a esse entendimento:

Não se pode, em matéria penal, interpretar em detrimento de quem sofre a aflição da pena, texto que apresenta inadequação evidente, pena de se configurar ilegal restrição ao pedaço da liberdade individual cerceado à ausência de norma, pois a isso equivale a imprec são, a contradição ou a lacuna. Não há como enquadrar como detentor de duas circunstâncias exigidas cumulativamente pela lei para a exigência do prazo maior, de metade da pena, quem, na verdade, ostenta apenas uma dessas circunstâncias contra si. Impossível sair do problema, que é da lei, interpretando-a em detrimento do condenado em matéria penal.[8]

É também a posição do Superior Tribunal de Justiça:

No caso de paciente primário, de maus antecedentes, como o Código não contemplou tal hipótese, ao tratar do prazo para concessão do livramento condicional, não se admite a interpretação em prejuízo do réu, devendo ser aplicado o prazo de um terço. O paciente primário com maus antecedentes não pode ser equiparado ao reincidente, em seu prejuízo.[9]

Finalmente, em se tratando de condenado pela prática de crime hediondo (Lei 8.072/1990, art. 1.º) ou equiparado (tráfico de drogas, tortura e terrorismo), ou ainda pelo tráfico de pessoas, é necessário o cumprimento de mais de dois terços da pena, desde que não seja reincidente específico em delitos dessa natureza. Cuida-se do livramento condicional **específico**.[10]

Na hipótese de execução conjunta de penas por crime hediondo (ou equiparado) ou tráfico de pessoas e crime comum, a concessão do livramento condicional deve ser analisada separadamente, computando-se por primeiro o percentual de 2/3 referente à condenação pelo delito hediondo (ou equiparado) ou tráfico de pessoas e, em seguida, o percentual de 1/3 concernente ao delito comum.[11]

A leitura do art. 83, V, do Código Penal, e do art. 44, parágrafo único, da Lei 11.343/2006 – Lei de Drogas deixa nítida a proibição do livramento condicional para o condenado por crime hediondo (ou equiparado) ou tráfico de pessoas quando reincidente específico em delito dessa natureza.

Tal proibição é constitucional, pois a disciplina desta matéria é reservada à legislação ordinária, podendo ser impedido o benefício às pessoas que revelam comportamento social desajustado e elevada periculosidade. Em suma, a regra é o integral cumprimento da pena,

---

[8] FRANCO, Alberto Silva; STOCO, Rui. *Código Penal e sua interpretação jurisprudencial*. Parte geral. 7. ed. São Paulo: RT, 2001. v. 1, p. 1.543-1.544.

[9] HC 102.278/RJ, rel. Min. Jane Silva (Desembargadora convocada do TJ/MG), 6.ª Turma, j. 03.04.2008.

[10] Esta exigência é legítima e não ofende a Constituição Federal (STJ: HC 311.656/SP, rel. Min. Felix Fischer, 5.ª Turma, j. 25.08.2015, noticiado no *Informativo* 568; e HC 168.588/SP, rel. Min. Maria Thereza de Assis Moura, 6.ª Turma, j. 14.12.2010, noticiado no *Informativo* 460).

[11] STJ: HC 267.328/MG, rel. Min. Moura Ribeiro, 5.ª Turma, j. 25.02.2014.

facultando-se à lei restringir a liberdade antecipada àqueles que não preenchem os requisitos por ela exigidos. Como já decidido pelo Superior Tribunal de Justiça:

> O livramento condicional consiste na última etapa da execução da pena visando a ressocialização do apenado, atendidos os requisitos do art. 83 do CP, vedado, contudo, expressamente, o benefício para reincidentes específicos. A vedação legal à concessão do livramento condicional ao reincidente específico não padece de inconstitucionalidade por ofensa ao princípio da individualização da pena por atender aos fins repressivos da reprimenda.[12]

Nesse contexto, nas hipóteses em que o réu, reincidente específico, cumpre pena pela prática de delitos hediondos (ou equiparados) ou tráfico de pessoas, e também de crimes comuns, a possibilidade de concessão do livramento condicional estará condicionada ao **cumprimento integral** das penas referentes àqueles delitos.[13]

E surge nesse ponto mais uma discussão: Para fins de livramento condicional, o que se entende por reincidente específico?

Formaram-se basicamente duas posições:

a)  É reincidente específico aquele que, condenado pela prática de crime hediondo ou equiparado, pratica novamente qualquer um desses delitos, ainda que tipificados por dispositivos distintos. Exemplo: homicídio qualificado e tráfico de drogas. É a tendência atualmente dominante, pois a lei dos crimes hediondos não definiu a reincidência específica, e todos os delitos por ela abrangidos merecem igual tratamento, por força constitucional (CF, art. 5.º, XLIII).

b)  É reincidente específico o agente que, depois de condenado por crime hediondo ou equiparado, comete idêntico delito. Exemplo: latrocínio e latrocínio.

A Lei 13.964/2019, também conhecida como "Projeto Anticrime", promoveu uma importante modificação na seara do livramento condicional. Com efeito, não se admite o benefício para o condenado, **primário ou reincidente, por crime hediondo ou equiparado com resultado morte** (Lei 7.210/1984 – Lei de Execução Penal, art. 112, VI, "a" e VIII).

Na mesma direção, o art. 112, VI-A, da Lei de Execução Penal, implementado pela Lei 14.994/2024 ("Pacote Antifeminicídio"), veda o benefício ao condenado por **feminicídio**, independentemente de primariedade ou reincidência.

### 4) Reparação do dano

Dispensa-se esse requisito quando comprovada a efetiva impossibilidade do condenado em atendê-lo (CP, art. 83, IV).

Esse requisito pode ser ainda dispensado quando a vítima não for encontrada para ser indenizada, bem como quando renunciar a dívida ou mostrar-se desinteressada em ser ressarcida.

## 40.7.2. Requisitos subjetivos

Não bastam os requisitos objetivos. Reclama-se ainda o atendimento aos requisitos subjetivos legalmente previstos no art. 83, III e parágrafo único, do Código Penal, atinentes à pessoa do condenado. São eles:

---

[12]  HC 139.511/RJ, rel. Min. Arnaldo Esteves Lima, 5.ª Turma, j. 06.10.2009.
[13]  STJ: HC 84.189/RJ, rel. Min. Felix Fischer, 5.ª Turma, j. 18.12.2007.

### 1) Bom comportamento durante a execução da pena (art. 83, III, "a")

Antes da Lei 13.964/2019 ("Pacote Anticrime"), falava-se em "comportamento satisfatório". Agora a exigência é maior, pois a concessão do livramento condicional depende do "bom comportamento" durante o cumprimento da pena privativa de liberdade. A propósito, para fins de progressão de regime prisional, o art. 112, § 1.º, da Lei 7.210/1984 – Lei de Execução Penal reclama a "boa conduta carcerária". Embora tais expressões apresentem conteúdo similar, o legislador teria sido mais feliz se tivesse utilizado o "bom comportamento" também para fins de progressão de regime, até mesmo para padronizar sua linguagem frente à atitude esperada do condenado durante a execução da pena.

Esse requisito deve ser comprovado pelo **diretor do estabelecimento prisional**, levando em conta o modo de agir do condenado após o início da execução da pena, de uma forma ampla, desprezando-se seu comportamento pretérito. Além disso, sua análise deve incidir sobre **todo o histórico prisional do condenado**, não se limitando ao período de 12 meses exigido na alínea "b" do inc. III do art. 83 do Código Penal. Essa é a posição consagrada no **Tema 1.161 do Recurso Repetitivo**, no qual o Superior Tribunal de Justiça assim se pronunciou:

> Com o advento da Lei n. 13.964/2019 (Pacote Anticrime), foram acrescentados no art. 83 do Código Penal novos requisitos para o livramento condicional. A primeira mudança diz respeito à necessidade de se comprovar bom comportamento durante a execução da pena, e o outro é o de não cometimento de falta grave nos últimos 12 meses da data da concessão do benefício. A inclusão da alínea b no inciso III do art. 83 do Código Penal teve como objetivo impedir a concessão do livramento condicional ao apenado que tenha cometido falta grave nos últimos 12 meses, o que não significa, todavia, que "a ausência de falta grave no mencionado período seja suficiente para satisfazer o requisito subjetivo exigido para a concessão do livramento condicional" (AgRg no HC 730.327/RS, Ministra Laurita Vaz, Sexta Turma, *DJe* de 2/12/2022). A determinação incluída pela referida alínea *b* é um acréscimo ao bom comportamento carcerário exigido na alínea a do mesmo dispositivo, cuja análise deve considerar todo o histórico prisional do apenado. Trata-se de requisitos cumulativos, pois, além de ostentar bom comportamento durante todo o período de cumprimento da pena, o apenado não pode ter incorrido em nenhuma falta grave nos últimos 12 meses da data da análise da concessão do benefício.[14]

Nos termos da **Súmula 441 do Superior Tribunal de Justiça:** "A falta grave não interrompe o prazo para obtenção de livramento condicional". No caso concreto, entretanto, a falta grave pode inviabilizar o benefício, se cometida nos últimos 12 meses (CP, art. 83, III, "b"), e pela ausência de um dos seus requisitos subjetivos, qual seja, o bom comportamento durante a execução da pena.

### 2) Não cometimento de falta grave nos últimos 12 meses (art. 83, III, "b")

A relação das faltas graves aplicáveis aos condenados à pena privativa de liberdade encontra-se no art. 50 da Lei 7.210/1984 – Lei de Execução Penal.

Se a falta grave foi cometida em período anterior aos 12 meses do pedido de livramento condicional, em tese o benefício será cabível, desde que sua prática não seja incompatível com o "bom comportamento durante a execução da pena" elencado pelo art. 83, III, "a", do Código Penal. Nessa linha de raciocínio, cumpre destacar que a ausência de falta grave nos últimos 12 meses não autoriza, por si só, a conclusão no sentido da presença dos requisitos subjetivos exigidos para o livramento condicional. Para o Superior Tribunal de Justiça:

---

[14] REsp 1.970.217/MG, rel. Min. Ribeiro Dantas, 3.ª Seção, j. 24.05.2023, noticiado no *Informativo* 776.

A ausência de falta grave nos últimos 12 (doze) meses não é suficiente para satisfazer o requisito subjetivo exigido para a concessão do livramento condicional. A Lei n. 13.964/2019 incluiu a alínea b no inciso III do art. 83 do Código Penal, com o objetivo de impedir a concessão do livramento condicional quando há falta grave nos últimos 12 (doze) meses. Isso não significa que a ausência de falta grave no mencionado período seja suficiente para satisfazer o requisito subjetivo exigido para a concessão do livramento condicional, nem sequer que eventuais faltas disciplinares ocorridas anteriormente não possam ser consideradas pelo Juízo das Execuções Penais para aferir fundamentadamente o mérito do apenado. Assim, é legítimo que o julgador fundamente o indeferimento do pedido de livramento condicional em infrações disciplinares cometidas há mais de 12 (doze) meses, em razão da existência do requisito cumulativo contido na alínea a do art. 83 do inciso III do Código Penal, o qual determina que esse benefício será concedido apenas aos que demonstrarem bom comportamento durante a execução da pena.[15]

### 3) Bom desempenho no trabalho que lhe foi atribuído (art. 83, III, "c")

Nada obstante a proibição do trabalho forçado (CF, art. 5.º, XLVII, "c"), o exercício de atividade laboral é obrigatório para a concessão do livramento condicional. O preso não é forçado a trabalhar, mas, se não o fizer, será vedado o benefício da liberdade antecipada.

Esse requisito deve ser desprezado quando, em face de problemas do estabelecimento prisional, nenhum trabalho foi atribuído ao condenado.

### 4) Aptidão para prover à própria subsistência mediante trabalho honesto (art. 83, III, "d")

Exige-se unicamente prova da **aptidão** para o exercício de trabalho honesto, e não de emprego certo e garantido após a saída do estabelecimento prisional. De fato, requisito dessa natureza inviabilizaria o benefício, pois se até mesmo muitos primários e de vida pretérita escorreita encontram-se desempregados, o que falar-se daqueles que carregam em suas folhas de antecedentes a pecha da condenação por crimes e contravenções penais.

### 5) Para o condenado por crime doloso, cometido com violência ou grave ameaça à pessoa, a constatação de condições pessoais que façam presumir que o liberado não voltará a delinquir (art. 83, parágrafo único)

Esse requisito deve ser constatado pela Comissão Técnica de Classificação, responsável pela elaboração e fiscalização do programa de individualização da execução penal (LEP, arts. 5.º a 9.º). Faz-se um **juízo de prognose**, direcionado ao futuro, com o propósito de constatar se, em razão de suas condições pessoais, é provável a reincidência pelo condenado. Em caso positivo, nega-se o benefício.[16]

Esse requisito, obrigatório para os crimes cometidos com violência à pessoa ou grave ameaça, é facultativo para os demais delitos.

Pode ser inclusive realizado **exame criminológico** para elaboração desse prognóstico. Tal procedimento, entretanto, encontra resistência em parte da jurisprudência, pela falta de previsão legal.

---

[15] AgRg no HC 776.645/SP, rel. Min. Laurita Vaz, 6.ª Turma, j. 25.10.2022, noticiado no *Informativo* 756.

[16] Veja-se um exemplo extraído da jurisprudência do STJ: "O histórico prisional conturbado do apenado, somado ao crime praticado com violência ou grave ameaça (uma condição legal do atual art. 83, parágrafo único, do Código Penal), afasta a constatação inequívoca do requisito subjetivo para a concessão do livramento condicional" (HC 734.064/SP, rel. Min. Jesuíno Rissato – Desembargador convocado do TJDFT, 5.ª Turma, j. 03.05.2022, noticiado no *Informativo* 735).

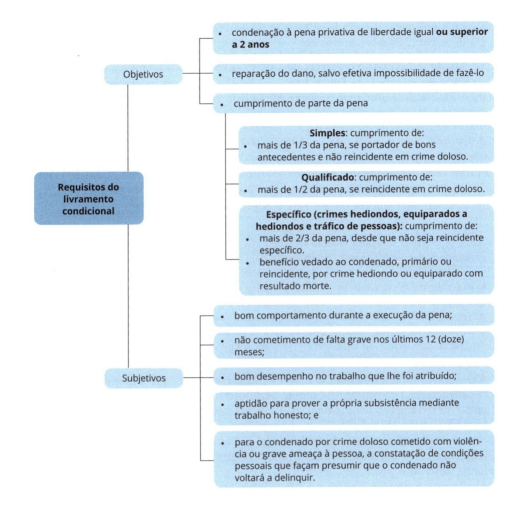

## 40.8. RITO DO LIVRAMENTO CONDICIONAL

O pedido de livramento condicional deve ser endereçado ao juízo da execução (LEP, arts. 66, III, "e", e 131). Não precisa ser subscrito por advogado, a teor do art. 712, *caput*, do Código de Processo Penal: "O livramento condicional poderá ser concedido mediante requerimento do sentenciado, de seu cônjuge ou de parente em linha reta, ou por proposta do diretor do estabelecimento penal, ou por iniciativa do Conselho Penitenciário".

A decisão que concede (ou denega) o livramento condicional será sempre motivada e precedida de manifestação do Ministério Público e do defensor (LEP, art. 112, § 2.º), sob pena de nulidade.

Discute-se a necessidade de manifestação do **Conselho Penitenciário** antes da concessão do livramento condicional. A polêmica reside na Lei 10.792/2003, que alterou diversos dispositivos da Lei de Execução Penal.

Com efeito, entre as incumbências do Conselho Penitenciário não mais se inclui emitir parecer sobre livramento condicional, pois esse encargo foi eliminado do art. 70, I, da Lei de Execução Penal pela lei acima indicada. Entretanto, essa mesma lei não modificou o art. 131 da Lei de Execução Penal, que reclama a oitiva do Conselho Penitenciário.

666 | DIREITO PENAL - PARTE GERAL - VOL. 1 • CLEBER MASSON

Essa é a polêmica. **Prescinde-se ou não do parecer do Conselho Penitenciário?** Há duas posições sobre o assunto:

*1.ª posição:* É necessário o parecer do Conselho Penitenciário. Embora a Lei 10.792/2003 tenha retirado do art. 70, I, da Lei de Execução Penal – dentre as incumbências do Conselho Penitenciário –, a de emitir parecer sobre livramento condicional, remanesce no art. 131 da LEP a necessidade dessa manifestação no procedimento da liberdade antecipada.

*2.ª posição:* Com a edição da Lei 10.792/2003, dispensa-se o parecer do Conselho Penitenciário. Pode o juiz da execução, portanto, conceder ou denegar o livramento condicional sem a prévia manifestação desse órgão. Anote-se, contudo, que o parecer do Conselho Penitenciário não foi extirpado peremptoriamente. Fica à discricionariedade do juiz, quando reputar necessário, determinar sua realização. Para o Supremo Tribunal Federal:

> A Lei 10.792/2003 deu nova redação ao artigo 112 da Lei de Execuções Penais (Lei n. 7.210/1984), excluindo a previsão de exame criminológico para a obtenção da progressão de regime, livramento condicional, indulto e comutação de penas. O silêncio da Lei a respeito da obrigatoriedade do exame criminológico, contudo, não inibe o juízo da execução do poder de determiná-lo, desde que fundamentadamente. Isso porque a análise do requisito subjetivo pressupõe a verificação do mérito do condenado, que não está adstrito ao "bom comportamento carcerário", como faz parecer a literalidade da lei, sob pena de concretizar-se o absurdo de transformar o diretor do presídio no verdadeiro concedente do benefício e o juiz em simples homologador.[17]

Ressalte-se, porém, qualquer que seja a posição adotada, que a manifestação do Conselho Penitenciário, tipicamente de índole administrativa, tanto pela concessão como pela denegação do livramento condicional, não vincula o juízo da execução, que pode acolher ou rejeitar o parecer lançado. Veja-se, a propósito, o teor do art. 713 do Código de Processo Penal: "As condições de admissibilidade, conveniência e oportunidade da concessão do livramento serão verificadas pelo Conselho Penitenciário, a cujo parecer não ficará, entretanto, adstrito o juiz".

Finalmente, a decisão judicial que concede ou denega o livramento condicional pode ser impugnada por recurso de agravo (LEP, art. 197).

Concedido o benefício, será expedida **carta de livramento** com cópia integral da decisão judicial em duas vias, remetendo-se uma à autoridade administrativa incumbida da sua execução e outra ao Conselho Penitenciário (LEP, art. 136).

Após, em dia marcado pelo presidente do Conselho Penitenciário, será realizada audiência admonitória, consistente em cerimônia solene no estabelecimento onde o condenado cumpre a pena privativa de liberdade, observando-se o procedimento previsto no art. 137 da Lei de Execução Penal: I – a sentença será lida ao liberando, na presença dos demais condenados, pelo presidente do Conselho Penitenciário ou membro por ele designado, ou, na falta, pelo juiz; II – a autoridade administrativa chamará a atenção do liberando para as condições impostas na sentença de livramento; e III – o liberando declarará se aceita as condições.

Se aceitar as condições, o liberado, ao sair do estabelecimento penal, receberá uma **caderneta**, que exibirá à autoridade judiciária ou administrativa sempre que lhe for exigida (LEP, art. 138, *caput*).

---

17  RHC 121.851/SP, rel. Min. Luiz Fux, 1.ª Turma, j. 13.05.2014. É também o entendimento do STJ: AgRg no HC 302.033/SP, rel. Min. Maria Thereza de Assis Moura, 6.ª Turma, j. 04.09.2014.

CAP. 40 – LIVRAMENTO CONDICIONAL | 667

## 40.9. CONDIÇÕES

Como indica o próprio nome do instituto, o livramento é **condicional**. Com efeito, a liberdade antecipada se sujeita ao cumprimento de condições a serem observadas pelo condenado durante o período de prova ou de experiência, isto é, pelo tempo restante da pena privativa de liberdade.

Esse período de prova tem início com a cerimônia realizada no estabelecimento prisional em que o condenado cumpre a pena, realizada após a concessão do benefício pelo juízo da execução. Na cerimônia, com suas etapas definidas pelo art. 137 da Lei de Execução Penal, o condenando declara se aceita ou não as condições a que fica subordinado o livramento (CP, art. 85).

Essas condições podem ser legais ou judiciais.

**Condições legais** são as que decorrem do mandamento legal. Estão previstas em **rol taxativo**. Nos termos do art. 132, § 1.º, da Lei de Execução Penal, serão **sempre** impostas ao liberado condicional as obrigações seguintes:

a) obter ocupação lícita, dentro de prazo razoável, se for apto para o trabalho. Esse prazo razoável deve ser estipulado pelo juiz. Entende-se que, se o condenado for pessoa portadora de deficiência física impeditiva de atividade laborativa, não se impõe essa condição.

b) comunicar periodicamente ao juiz sua ocupação. O prazo da comunicação também deve ser indicado pelo magistrado. Na praxe, normalmente é mensal.

c) não mudar do território da comarca do Juízo da Execução, sem prévia autorização deste.

Sem prejuízo dessas condições, podem ainda ser impostas **condições judiciais**. Não são de aplicação peremptória, reservando espaço para a discricionariedade do magistrado. Estão indicadas em **rol exemplificativo**, pois o juiz da execução tem a faculdade de estabelecer outras condições, desde que adequadas ao caso e em conformidade com os direitos constitucionais do condenado. Em conformidade com o art. 132, § 2.º, da Lei de Execução Penal, poderão ser ainda impostas ao liberado condicional, entre outras obrigações, as seguintes:

a) não mudar de residência sem comunicação ao juiz e à autoridade incumbida da observação cautelar e de proteção;

b) recolher-se à habitação em hora fixada;

c) não frequentar determinados lugares; e

d) utilizar equipamento de monitoração eletrônica.

Nas condições indicadas nas letras "b" e "c" – "recolher-se à habitação em hora fixada" e "não frequentar determinados lugares" – o juízo da execução deve indicar, precisamente, qual o horário para recolhimento à habitação e os lugares cuja frequência está proibida.

Fala-se ainda em **condições legais indiretas**. Consistem nas causas de revogação do livramento condicional, e recebem esse nome pela razão de se constituírem em **condições negativas**, ou seja, revogam o benefício se estiverem presentes. Portanto, o condenado, para não ensejar a revogação da liberdade antecipada durante o período de prova, deve evitar que tais acontecimentos se verifiquem.

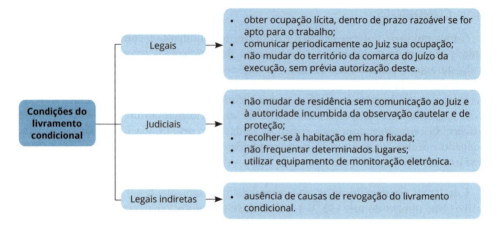

## 40.10. REVOGAÇÃO DO LIVRAMENTO CONDICIONAL

O livramento condicional é **precário**. Destarte, é inerente ao benefício sua possibilidade de revogação a qualquer momento, desde que não sejam cumpridas suas condições, legais, judiciais ou indiretas.

A revogação pode ser obrigatória ou facultativa, e suas causas encontram-se disciplinadas pelos arts. 86 e 87 do Código Penal.

Deve ser decretada pelo **juiz da execução**, de ofício, a requerimento do Ministério Público ou mediante representação do Conselho Penitenciário. Em qualquer caso, o juiz deve proceder à **prévia oitiva** do condenado, sob pena de nulidade por violação do princípio constitucional da ampla defesa.

### 40.10.1. Revogação obrigatória

De acordo com o art. 86 do Código Penal:

**Art. 86.** Revoga-se o livramento, se o liberado vem a ser condenado a pena privativa de liberdade, em sentença irrecorrível:
I – por crime cometido durante a vigência do benefício;
II – por crime anterior, observado o disposto no art. 84 deste Código.

Podem ser retiradas algumas conclusões desse dispositivo legal.

Inicialmente, são **causas legais de revogação**, pois ao magistrado não é dado o direito de recusá-las. Decorrem da lei, sem qualquer margem de discricionariedade para o Poder Judiciário.

Ademais, a condenação irrecorrível por contravenção penal, qualquer que seja o momento de sua prática, com aplicação de pena privativa de liberdade, não autoriza a revogação obrigatória do livramento condicional. Essa posição se reforça com a análise do art. 87 do Código Penal, que permite a revogação facultativa do benefício quando o liberado é condenado irrecorrivelmente por contravenção penal a pena que não seja privativa de liberdade.

Se não bastasse, não é possível a revogação obrigatória do livramento condicional quando o crime é cometido antes da cerimônia do livramento condicional, mas após a decisão judicial que concedeu o benefício. De fato, o inciso I do art. 86 refere-se ao crime cometido durante a vigência do benefício, ao passo que o inciso II reporta-se a crime anterior.

Finalmente, a decisão judicial que revoga o livramento condicional em razão de condenação irrecorrível dispensa fundamentação, pois toda a motivação já foi efetuada na sentença condenatória, limitando-se o juízo da execução a reconhecê-la.

### 40.10.1.1. Inciso I

O liberado deve ser condenado à pena privativa de liberdade, por decisão transitada em julgado, por crime **cometido durante a vigência do benefício**.

Nesse caso, o juiz poderá ordenar a prisão do liberado, ouvidos o Conselho Penitenciário e o Ministério Público, **suspendendo** o curso do livramento condicional, cuja revogação, entretanto, ficará dependendo da decisão final (LEP, art. 145).

Se a decisão final for condenatória, e transitar em julgado, o juiz deverá revogar o livramento condicional. De fato, o juiz não poderá declarar extinta a pena, enquanto não passar em julgado a sentença em processo a que responde o liberado, por crime cometido na vigência do livramento (CP, art. 89). Na esteira da jurisprudência do Supremo Tribunal Federal:

> À luz do disposto no art. 86, I, do Código Penal e no art. 145 da Lei das Execuções Penais, se, durante o cumprimento do benefício, o liberado cometer outra infração penal, o juiz poderá ordenar a sua prisão, suspendendo o curso do livramento condicional, cuja revogação, entretanto, aguardará a conclusão do novo processo instaurado. A suspensão do livramento condicional não é automática. Pelo contrário, deve ser expressa, por decisão fundamentada, para se aguardar a apuração da nova infração penal cometida durante o período de prova, e, então, se o caso, revogar o benefício.[18]

E como violou a confiança nele depositada pelo juízo da execução, praticando um crime durante a vigência do benefício, os efeitos da revogação são rigorosos, quais sejam:

a) não se computa na pena o tempo em que esteve solto o liberado;

b) não se concede, em relação à mesma pena, novo livramento; e

c) não se pode somar o restante da pena cominada ao crime à nova pena, para fins de concessão de novo livramento.

É o que se extrai do art. 88 do Código Penal,[19] bem como dos arts. 141 e 142 da Lei de Execução Penal. Para o Superior Tribunal de Justiça:

> Praticado pelo condenado novo crime, com trânsito em julgado, no curso do livramento condicional, deverá o benefício ser revogado e o lapso de tempo em que o beneficiário ficou em liberdade, não será computado como pena cumprida. O gozo do livramento condicional requer responsabilidade do beneficiário e um comportamento afastado da vida delitiva, de forma que ele dê mostras de que merece desfrutar do convívio social, sob pena de ver revogado o benefício e perdido o lapso temporal que esteve em liberdade.[20]

### 40.10.1.2. Inciso II

O livramento condicional deve ser revogado quando o liberado vem a ser condenado a pena privativa de liberdade, em sentença irrecorrível, **por crime anterior**, observado o disposto no art. 84 do Código Penal.

A referência ao art. 84 tem o seguinte significado: somente é possível a revogação quando a nova pena privativa de liberdade, somada à anterior, que ensejou o livramento condicional, resultar na impossibilidade de manutenção do benefício. Exemplo: depois de condenado a 12

---

18 HC 119.938/RJ, rel. Min. Rosa Weber, 1.ª Turma, j. 03.06.2014.

19 Para o STF, o art. 88 do Código Penal é aplicável unicamente ao livramento condicional, não incidindo no tocante à comutação da pena (HC 98.422/RJ, rel. Min. Gilmar Mendes, 2.ª Turma, j. 05.10.2010, noticiado no *Informativo* 603).

20 AgRg no REsp 897.696/RS, rel. Min. Jane Silva (Desembargadora convocada do TJ/MG), 6.ª Turma, j. 29.04.2008. Em igual sentido: HC 271.907/SP, rel. Min. Rogerio Schietti Cruz, 6.ª Turma, j. 27.03.2014, noticiado no *Informativo* 539.

anos de reclusão, o réu, primário e com bons antecedentes, cumpriu mais de quatro anos da pena e a ele foi concedida a liberdade antecipada. Após dois anos no gozo do benefício, e, portanto, faltando seis anos para a extinção da pena privativa de liberdade, é condenado a 20 anos de reclusão por crime anterior. Sua pena faltante, somadas as duas, é de 26 anos, razão pela qual é incompatível preservar o livramento condicional com os seis anos de pena até então cumpridos, que representam menos de um terço do total.

Como, entretanto, o liberado não abusou a confiança nele depositada pelo Poder Judiciário, pois o crime foi cometido antes da concessão da liberdade antecipada, os efeitos da revogação são mais suaves, quais sejam:

a) computa-se como cumprimento da pena o tempo em que o condenado esteve solto;

b) admite-se a soma do tempo das duas penas para concessão de novo livramento; e

c) permite-se novo livramento condicional, desde que o condenado tenha cumprido mais de um terço ou mais de metade do total da pena imposta (soma das penas), conforme seja primário e portador de bons antecedentes ou reincidente em crime doloso.

É o que consta do art. 88 do Código Penal, e dos arts. 141 e 142 da Lei de Execução Penal. Como já decidido pelo Superior Tribunal de Justiça:

> Determina o art. 141 da Lei de Execução Penal que, se a revogação do livramento condicional for motivada por infração penal anterior à vigência do benefício, computar-se-á como tempo de cumprimento da pena o período de prova, sendo permitida, para a concessão de novo livramento, a soma do tempo das duas penas. Por seu turno, o art. 142 do mesmo diploma legal estabelece que, no caso de revogação por outro motivo, não se computará na pena o tempo em que esteve solto o liberado, e tampouco se concederá, em relação à mesma pena, novo livramento.[21]

## 40.10.2. Revogação facultativa

Nos termos do art. 87 do Código Penal:

> **Art. 87.** O juiz poderá, também, revogar o livramento, se o liberado deixar de cumprir qualquer das obrigações constantes da sentença, ou for irrecorrivelmente condenado, por crime ou contravenção, a pena que não seja privativa de liberdade.

O dispositivo citado contém **causas judiciais** de revogação do livramento condicional, pois fica a critério do magistrado eventual manutenção do benefício. E, se decidir não revogá-lo, o juiz deverá advertir o liberado ou agravar as condições impostas (LEP, art. 140, parágrafo único).[22]

A revogação facultativa é possível em duas hipóteses:

*1.ª hipótese: Se o liberado deixar de cumprir qualquer das obrigações constantes da sentença*

O motivo dessa causa é simples: o livramento é condicional, mas o condenado não cumpre as condições assumidas por ocasião da concessão do benefício. Se ele não honrou sua palavra, o Estado pode revogar a liberdade antecipada, com a consequente retomada da execução da pena privativa de liberdade.

---

21  REsp 1.154.726/RS, rel. Min. Marco Aurélio Bellizze, 5.ª Turma, j. 08.05.2014.

22  "Na hipótese de deixar de cumprir uma das condições impostas pelo Juízo da Execução Penal, o liberado poderá ter seu benefício revogado, ser advertido ou as suas condições poderão ser agravadas" (STJ: AgRg no REsp 1.236.295/RS, rel. Min. Laurita Vaz, 5.ª Turma, j. 24.09.2013).

CAP. 40 – LIVRAMENTO CONDICIONAL | **671**

O descumprimento de qualquer condição, legal ou judicial, faculta a revogação do livramento condicional. É prudente, contudo, sem prejuízo da prévia oitiva do condenado (LEP, art. 143), que lhe seja feita nova advertência, com reiteração das condições impostas ou mesmo com o agravamento de tais condições. Em suma, razoável tentar-se a manutenção do benefício e somente revogá-lo com o desatendimento reiterado das condições que lhe são inerentes.

Porém, se o juiz optar pela revogação do benefício, seus efeitos serão rigorosos, pois o liberado abusou da confiança nele depositada pelo Estado. Como se infere do art. 88 do Código Penal, não se desconta na pena o tempo em que esteve solto o condenado, e também não se permite a concessão, no tocante à mesma pena, de novo livramento condicional.

*2.ª hipótese: Se o liberado for irrecorrivelmente condenado, por crime ou contravenção, a pena que não seja privativa de liberdade*

É irrelevante o momento da prática do crime ou da contravenção penal, isto é, se antes do livramento condicional ou durante o período de experiência. Saliente-se, porém, que a revogação facultativa depende de condenação irrecorrível a pena que **não seja privativa de liberdade**.

A condenação irrecorrível a pena privativa de liberdade pela prática de crime induz à revogação obrigatória (CP, art. 86), e não gera nenhum efeito se decorrente de contravenção penal.

De acordo com a regra estipulada pelo art. 88 do Código Penal, variam os efeitos, todavia, em razão do momento em que a infração penal foi praticada.

Se cometido o crime ou contravenção penal anteriormente ao benefício, os efeitos são os seguintes: desconta-se da pena o tempo em que esteve solto o condenado, e também se permite novo livramento condicional em relação à mesma pena.

Por outro lado, se praticado o crime ou contravenção penal na vigência do benefício, os efeitos são mais graves: não se desconta da pena o tempo em que esteve solto o condenado, e não se autoriza a concessão, no tocante à mesma pena, de novo livramento condicional.

## 40.11. SUSPENSÃO DO LIVRAMENTO CONDICIONAL

Dispõe o art. 145 da Lei de Execução Penal:

Praticada pelo liberado outra infração penal, o juiz poderá ordenar a sua prisão, ouvidos o Conselho Penitenciário e o Ministério Público, suspendendo o curso do livramento condicional, cuja revogação, entretanto, ficará dependendo da decisão final.

A revogação do livramento condicional, tanto na modalidade obrigatória como na forma facultativa, quando motivada pela prática de crime ou contravenção penal, depende do trânsito em julgado da condenação. É o que consta expressamente dos arts. 86 e 87 do Código Penal.

Pode acontecer, entretanto, de ser moroso o trâmite da ação penal iniciada em razão do cometimento do crime ou da contravenção penal, a ponto de não haver decisão definitiva ao tempo do término do período de prova do livramento condicional. Nesse caso, deveria ser declarada a extinção da pena privativa de liberdade, com fulcro no art. 90 do Código Penal.

Esse procedimento levaria ao inconveniente de, posteriormente à extinção da pena privativa de liberdade, ser o agente definitivamente condenado por crime ou contravenção penal cometidos antes ou durante a vigência do benefício. Para superar esse entrave, o art. 145 da Lei de Execução Penal permite ao magistrado, depois de ouvidos o Conselho Penitenciário e o Ministério Público, a suspensão do livramento condicional até a decisão final.

O dispositivo legal é aplicável às hipóteses descritas pelo art. 86, I e II, bem como pelo art. 87, ambos do Código Penal. Com efeito, o art. 145 da LEP limita-se a falar em **prática de outra infração penal** (crime ou contravenção), pouco importando se na vigência do livramento

672 | DIREITO PENAL - PARTE GERAL - VOL. 1 • CLEBER MASSON

condicional ou em momento pretérito. Não se exige, portanto, condenação definitiva, bastando o cometimento do crime ou da contravenção penal.[23]

Ademais, a condenação por sentença irrecorrível decorrente de crime do qual resulte pena privativa de liberdade **deve** ensejar a revogação do benefício, enquanto a condenação definitiva por crime ou contravenção penal a pena que não seja privativa de liberdade **pode** produzir igual efeito.

Mas não é possível a suspensão do livramento condicional quando o liberado deixa de cumprir qualquer das obrigações decorrentes da sentença (CP, art. 87, 1.ª parte), pois a Lei de Execução Penal autoriza essa medida somente quando praticada outra infração penal.[24]

## 40.12. PRORROGAÇÃO DO PERÍODO DE PROVA

É cabível a prorrogação do período de prova quando o beneficiário responde a ação penal em razão de **crime cometido na vigência do livramento condicional**. É o que dispõe o art. 89 do Código Penal: "O juiz não poderá declarar extinta a pena, enquanto não passar em julgado a sentença em processo a que responde o liberado, por crime cometido na vigência do livramento".

O juiz da vara das execuções não poderá declarar a extinção da pena privativa de liberdade enquanto não transitar em julgado a sentença proferida na ação penal ajuizada em decorrência do crime cometido na vigência do livramento condicional. Deve prorrogar o período de prova até o trânsito em julgado da sentença, que poderá ser condenatória ou absolutória.

Durante a prorrogação não subsistem as condições do livramento condicional, desde que já tenha sido ultrapassado o período de prova, ou seja, já tenha se esvaído o tempo restante da pena privativa de liberdade.

A dúvida reside em saber se essa prorrogação é automática ou se depende de expressa decisão judicial. Há duas posições sobre o assunto:

*1.ª posição:* A prorrogação é automática e prescinde de decisão judicial. Para essa corrente, basta o recebimento da denúncia ou da queixa. É o entendimento que se extrai da leitura do art. 89 do Código Penal.

*2.ª posição:* A prorrogação não é automática e depende de decisão judicial expressa. É a posição do Supremo Tribunal Federal:

> À luz do disposto no art. 86, I, do Código Penal e no art. 145 da Lei das Execuções Penais, se, durante o cumprimento do benefício, o liberado cometer outra infração penal, o juiz poderá ordenar a sua prisão, suspendendo o curso do livramento condicional, cuja revogação, entretanto, aguardará a conclusão do novo processo instaurado. A suspensão do livramento condicional não é automática. Pelo contrário, deve ser expressa, por decisão fundamentada, para se aguardar a apuração da nova infração penal cometida durante o período de prova, e, então, se o caso, revogar o benefício.[25]

Para ambas as posições, a prorrogação somente é possível em relação a crime cometido na vigência do benefício, pois o crime anterior permite o desconto na pena do tempo em que

---

[23] STJ: HC 15.379/RS, rel. Min. Felix Fischer, 5.ª Turma, j. 18.03.2010, noticiado no *Informativo* 427.

[24] O STJ já decidiu em sentido contrário: "O Superior Tribunal de Justiça, ao fazer a interpretação conjugada do art. 87 do Código Penal com o art. 145 da Lei de Execução Penal, entende que, não obstante a revogação do livramento condicional dependa da prévia oitiva do apenado, a suspensão cautelar do benefício quando o liberado deixa de cumprir as obrigações que lhe são impostas prescinde de tal formalidade" (AgRg no RHC 49.213/MG, rel. Min. Sebastião Reis Júnior, 6.ª Turma, j. 04.09.2014).

[25] STF: HC 119.938/RJ, rel. Min. Rosa Weber, 1.ª Turma, j. 03.06.2014.

esteve solto o condenado. Destarte, seria inócuo prorrogar o benefício além do período de prova, uma vez que a pena privativa de liberdade já estaria integralmente cumprida.

Pouco importa seja o crime doloso ou culposo, punido com reclusão ou detenção.

Não se admite, entretanto, a prorrogação do período de prova no caso de contravenção penal cometida durante a vigência do livramento condicional, pois a lei fala somente em **"crime"**.

Com o término da prorrogação em razão de crime cometido durante a vigência do benefício, operando-se o trânsito em julgado da sentença, podem ocorrer as seguintes situações:

a) o liberado é absolvido: declara-se a extinção da pena privativa de liberdade;

b) o liberado é condenado a pena privativa de liberdade: o benefício é obrigatoriamente revogado (CP, art. 86, I e II); e

c) o liberado é condenado a pena que não seja privativa de liberdade: a revogação do livramento condicional é facultativa (CP, art. 87, *in fine*).

## 40.13. EXTINÇÃO DA PENA

Superado sem revogação o período de prova do livramento condicional, considera-se extinta a pena privativa de liberdade (CP, art. 90).[26] Como estatui a Súmula 617 do Superior Tribunal de Justiça: "A ausência de suspensão ou revogação do livramento condicional antes do término do período de prova enseja a extinção da punibilidade pelo integral cumprimento da pena."

Cuida-se de **sentença meramente declaratória**, com **eficácia retroativa (*ex tunc*)** à data em que se encerrou o período de prova. Destarte, extingue-se a pena privativa de liberdade com o término sem revogação do período de prova, e não com a decisão judicial que se limita a reconhecer o fim da sanção penal.

Antes da decretação da extinção da pena privativa de liberdade, o magistrado deve ouvir o Ministério Público (LEP, art. 67).

## 40.14. QUESTÕES DIVERSAS SOBRE LIVRAMENTO CONDICIONAL

### 40.14.1. Livramento condicional insubsistente

É aquele em que o condenado foge do estabelecimento prisional depois da concessão do benefício, mas antes da aceitação das condições, realizada por ocasião da cerimônia solene descrita pelo art. 137 da Lei de Execução Penal. Não há causa para revogação do livramento condicional, que deve ser considerado insubsistente. Utiliza-se igual raciocínio para a hipótese em que o condenado, a quem foi deferido o livramento condicional, não comparece por qualquer motivo na referida cerimônia.

### 40.14.2. Livramento condicional e *habeas corpus*

O *habeas corpus* não é meio adequado para discutir eventual equívoco da decisão do juízo da execução que denegou o livramento condicional. De fato, no bojo do remédio constitucional não se admite dilação probatória, indispensável para análise do preenchimento dos requisitos legais exigidos para concessão do benefício.

---

[26] "Inexistindo, portanto, decisão que suspenda cautelarmente o livramento condicional e transcorrendo sem óbice o prazo do benefício, é impositivo, nos termos da jurisprudência desta Corte, reconhecer a extinção da pena pelo integral cumprimento" (STJ: HC 295.881/SP, rel. Min. Rogerio Schietti Cruz, 6.ª Turma, j. 26.08.2014).

Em hipóteses excepcionais, porém, o tribunal *ad quem* pode conceder livramento condicional em sede de *habeas corpus*, quando a decisão denegatória for teratológica, isto é, manifestamente ilegal, e todos os requisitos legais estiverem documentalmente comprovados.[27]

### 40.14.3. Livramento condicional humanitário

É o livramento condicional deferido ao condenado que ainda não cumpriu o montante da pena legalmente exigido (CP, art. 83, I, II ou V), mas está acometido por enfermidade grave e incurável. Baseia-se em razões de piedade, de forma análoga ao *sursis* humanitário.

Não pode ser permitido por ausência de previsão legal. Para a concessão do livramento condicional, o condenado deve atender a todos os requisitos objetivos e subjetivos exigidos pela legislação em vigor.

### 40.14.4. Livramento condicional cautelar

Cuida-se de criação pretoriana aplicável em duas hipóteses: (1) em substituição ao regime aberto, visando evitar a inócua prisão domiciliar, em face da inexistência de Casa de Albergado; e (2) nos casos em que o condenado preenche os requisitos objetivos, mas o juízo aguarda o parecer do Conselho Penitenciário, para aqueles que acreditam ainda ser essa medida necessária perante a Lei de Execução Penal. Se o parecer, posteriormente, for favorável, ratifica-se o livramento condicional, e, se negativo, ordena-se o retorno ao estabelecimento prisional.

Essa modalidade de livramento condicional deve ser rejeitada. Na primeira hipótese, por constituir-se em decisão judicial estranha ao pedido: o regime aberto deve ser deferido ou indeferido, não se permitindo a criação de uma terceira alternativa, automaticamente excluída. E, na segunda hipótese, por ausência de previsão legal: ou estão presentes os requisitos do livramento condicional, e o benefício deve ser concedido, ou estão ausentes, e há de ser negado. Não se permite uma "meia concessão" da liberdade antecipada.

### 40.14.5. Livramento condicional para estrangeiro

É possível a concessão de livramento condicional ao estrangeiro que cumpre pena no território nacional, imposta pela prática de crime comum, ainda que esteja em trâmite seu processo de expulsão. Extrai-se tal conclusão do art. 54, § 3.º, da Lei 13.445/2017 – Lei de Migração:

> Art. 54. A expulsão consiste em medida administrativa de retirada compulsória de migrante ou visitante do território nacional, conjugada com o impedimento de reingresso por prazo determinado.
> [...]
> § 3.º O processamento da expulsão em caso de crime comum não prejudicará a progressão de regime, o cumprimento da pena, a suspensão condicional do processo, a comutação da pena ou a concessão de pena alternativa, de indulto coletivo ou individual, de anistia ou de quaisquer benefícios concedidos em igualdade de condições ao nacional brasileiro.

### 40.14.6. Livramento condicional e Lei do Crime Organizado

O condenado por organização criminosa (Lei 12.850/2013, art. 2.º) ou por delito cometido no contexto da organização criminosa não poderá obter o livramento condicional, **se existirem elementos de prova indicando a manutenção do agrupamento ilícito.** É o que se extrai do art. 2.º, § 9.º, da Lei 12.850/2013, com a redação conferida pela Lei 13.964/2019 ("Pacote Anticrime"):

---

[27] O STF compartilha deste entendimento: HC 119.938/RJ, rel. Min. Rosa Weber, 1.ª Turma, j. 03.06.2014.

CAP. 40 – LIVRAMENTO CONDICIONAL | 675

Art. 2.º, § 9.º: O condenado expressamente em sentença por integrar organização criminosa ou por crime praticado por meio de organização criminosa não poderá progredir de regime de cumprimento de pena ou obter livramento condicional ou outros benefícios prisionais se houver elementos probatórios que indiquem a manutenção do vínculo associativo.

## 40.14.7. Livramento condicional e limite de cumprimento da pena

O livramento condicional, nada obstante constitua-se em benefício ao condenado que preenche os requisitos previstos no art. 83 do Código Penal, funciona como uma forma de cumprimento do restante da pena privativa de liberdade. Destarte, em sua execução deve ser observada a regra contida no art. 75 do Código Penal, atinente ao limite de cumprimento da pena privativa de liberdade.

Em síntese, o tempo da pena privativa de liberdade efetivamente cumprida pelo sentenciado, somado ao período de prova do livramento condicional (CP, art. 83, I, II ou V), não pode ser superior a 40 (quarenta) anos. O Superior Tribunal de Justiça compartilha dessa linha de raciocínio:

Aplica-se o limite temporal previsto no art. 75 do Código Penal ao apenado em livramento condicional. Inicialmente cumpre salientar que, no caso em tela, o Juiz da Execução Penal havia negado a extinção da pena, eis que entendeu inaplicável a consideração do tempo em livramento condicional para alcance do limite do art. 75 do CP. Deve ser sopesado que o art. 75 do CP decorre de balizamento da duração máxima das penas privativas de liberdade, em atenção ao disposto na Emenda Constitucional n. 1 de 17/10/1969 que editou o novo texto da Constituição Federal de 24/01/1967. Analisando-se a legislação infraconstitucional, tem-se que o livramento condicional é um instituto jurídico positivado, tanto no CP (arts. 83 a 90) quanto na Lei n. 7.210/1984 (Lei de Execução Penal – LEP) (arts. 131 a 146), a ser aplicado ao apenado para que ele fique solto, mediante condições, por um tempo determinado e denominado de "período de prova" (art. 26, II, da LEP), com a finalidade de extinguir a pena privativa de liberdade. Ultrapassado o período de prova, ou seja, não revogado o livramento condicional, encerra-se seu período declarando-se extinta a pena privativa de liberdade. Embora não se extraia da leitura dos dispositivos legais expressamente o prazo de duração do livramento condicional, é pacífica a compreensão de que o tempo em livramento condicional corresponderá ao mesmo tempo restante da pena privativa de liberdade a ser cumprida. Inclusive e em reforço de tal compreensão, o CP e a LEP dispõem que o tempo em livramento condicional será computado como tempo de cumprimento de pena caso o motivo de revogação do livramento condicional decorra de infração penal anterior à vigência do referido instituto. Com o norte nos princípios da isonomia e da razoabilidade, podemos afirmar que o instituto do livramento condicional deve produzir os mesmos efeitos para quaisquer dos apenados que nele ingressem e tais efeitos não devem ser alterados no decorrer do período de prova, ressalvado o regramento legal a respeito da revogação, devendo o término do prazo do livramento condicional coincidir com o alcance do limite do art. 75 do CP. Logo, em atenção ao tratamento isonômico, o efeito ordinário do livramento condicional (um dia em livramento condicional equivale a um dia de pena privativa de liberdade), aplicado ao apenado em pena inferior ao limite do art. 75 do CP, deve ser aplicado em pena privativa de liberdade superior ao referido limite legal. Sob outra ótica, princípio da razoabilidade, não se pode exigir, do mesmo apenado em livramento condicional sob mesmas condições, mais do que um dia em livramento condicional para descontar um dia de pena privativa de liberdade, em razão apenas de estar cumprindo pena privativa de liberdade inferior ou superior ao limite do art. 75 do CP. Assim, o Juiz da Execução Penal, para conceder o livramento condicional, observará a pena privativa de liberdade resultante de sentença(s) condenatória(s). Alcançado o requisito objetivo para fins de concessão do livramento condicional, a duração dele (o período de prova) será correspondente ao restante de pena privativa de liberdade a cumprir, limitada ao disposto no art. 75 do CP.[28]

---

[28] REsp 1.922.012/RS, rel. Min. Joel Ilan Paciornik, 5.ª Turma, j. 05.10.2021, noticiado no *Informativo* 712.

# CAPÍTULO 41

# EFEITOS DA CONDENAÇÃO

## 41.1. INTRODUÇÃO

Condenação é o ato exclusivo do Poder Judiciário que, representado por um de seus membros e depois de obedecido o devido processo legal, aplica em sentença ou acórdão uma pena ao agente culpável reconhecido como responsável por um fato típico e ilícito.

Efeitos da condenação são todas as consequências que, direta ou indiretamente, atingem a pessoa do condenado por sentença penal transitada em julgado.

Esses efeitos não se limitam ao campo penal, incidindo também nas áreas cível, administrativa, trabalhista e político-eleitoral, entre outras.

## 41.2. PRESSUPOSTO

Para se falar em seus efeitos, por óbvio, reclama-se a existência de uma sentença penal condenatória com trânsito em julgado.

Sentença penal condenatória é aquela proferida em regular ação penal, impondo pena ao envolvido (autor, coautor ou partícipe) em um crime ou contravenção penal. Transitada em julgado é a decisão judicial que não mais comporta recursos.

A sentença que aplica medida de segurança aos inimputáveis do art. 26, *caput*, do Código Penal, tem natureza absolutória (CPP, art. 386, parágrafo único).[1] Por corolário, ausente a condenação, não produz os efeitos ora em estudo.

Por outro lado, a sentença que aplica medida de segurança aos semi-imputáveis do art. 26, parágrafo único, do Código Penal, é condenatória. De fato, o sistema vicariante acolhido por nosso sistema jurídico impõe, ao juiz, a condenação do agente, com redução da pena de um a dois terços, e, posteriormente, se recomendável, a substituição da pena diminuída por medida de segurança (CP, art. 98, *caput*).

De seu turno, a decisão judicial que implementa a transação penal é homologatória do acordo celebrado entre o Ministério Público e o autor do fato. Como não há condenação, é vedado falar em seus efeitos. Como já decidido pelo Supremo Tribunal Federal:

> As consequências jurídicas extrapenais, previstas no art. 91 do CP, são decorrentes de sentença penal condenatória. Isso não ocorre, portanto, quando há transação penal, cuja sentença tem natureza meramente homologatória, sem qualquer juízo sobre a responsabilidade criminal do aceitante. As consequências geradas pela transação penal são essencialmente aquelas estipuladas por modo

---

[1] Como impõe medida de segurança, é chamada de *absolvição imprópria*.

consensual no respectivo instrumento de acordo. [...] Apesar de não possuírem natureza penal propriamente dita, não haveria dúvidas de que esses efeitos constituiriam drástica intervenção estatal no patrimônio dos acusados, razão pela qual sua imposição só poderia ser viabilizada mediante a observância do devido processo, que garantisse ao acusado a possibilidade de exercer seu direito de resistência por todos os meios colocados à sua disposição. Ou seja, as medidas acessórias previstas no art. 91 do CP, embora incidissem "ex lege", exigiriam juízo prévio a respeito da culpa do investigado, sob pena de transgressão ao devido processo legal.[2]

Esta conclusão também é extraída da **Súmula Vinculante 35**, do Supremo Tribunal Federal: "A homologação da transação penal prevista no art. 76 da Lei 9.099/1995 não faz coisa julgada material e, descumpridas suas cláusulas, retoma-se a situação anterior, possibilitando-se ao Ministério Público a continuidade da persecução penal mediante oferecimento de denúncia ou requisição de inquérito policial".

## 41.3. DIVISÃO DOS EFEITOS DA CONDENAÇÃO

Os efeitos da condenação se dividem em principais e secundários.

### 41.3.1. Efeitos principais

São a imposição da pena privativa de liberdade, restritiva de direitos, pecuniária, e, ainda, de medida de segurança ao semi-imputável dotado de periculosidade.

A imposição de sanção penal é, sem dúvida, o efeito precípuo da condenação. A circunstância de estar o condenado obrigado a cumpri-la, todavia, não afasta a existência de outros efeitos, de cunho penal ou não, que em determinadas situações obrigatoriamente a ela aderem.

### 41.3.2. Efeitos secundários

Também conhecidos como efeitos mediatos, acessórios, reflexos ou indiretos, constituem-se em consequências da sentença penal condenatória como fato jurídico.

Os efeitos secundários se dividem em dois blocos: penais e extrapenais. Estão previstos no Código Penal e fora dele.

#### 41.3.2.1. Efeitos secundários de natureza penal

O trânsito em julgado da sentença penal condenatória gera diversos efeitos jurídicos,[3] destacando-se no Código Penal:

a) caracterização da reincidência, se posteriormente for praticado novo crime, com todas as consequências daí resultantes (arts. 63 e 64);

b) fixação de regime fechado para cumprimento da pena privativa de liberdade, se for cometido novo crime (art. 33, § 2.º);

c) configuração de maus antecedentes (art. 59);

d) impedimento à concessão da suspensão condicional da pena, quando da prática de novo crime, e revogação, obrigatória ou facultativa, do *sursis* e do livramento condicional (arts. 77, I e § 1.º, 81, I, 86, *caput*, e 87);

---

[2] RE 795.567/PR, rel. Min. Teori Zavascki, Plenário, j. 28.05.2015, noticiado no *Informativo* 787.

[3] São inúmeros os efeitos penais secundários da condenação, e inviável e cansativo aqui enumerá-los. Escolhemos, por isso, os mais importantes e de maior incidência em concursos públicos.

CAP. 41 – EFEITOS DA CONDENAÇÃO | 679

e) aumento ou interrupção do prazo da prescrição da pretensão executória (arts. 110, *caput*, e 117, VI), em face do reconhecimento da reincidência quando da prática de novo crime;

f) revogação da reabilitação, como consequência do reconhecimento da reincidência (art. 95);

g) conversão da pena restritiva de direitos por privativa de liberdade, se não for possível ao condenado o cumprimento simultâneo da pena substitutiva anterior (art. 44, § 5.º); e

h) vedação da concessão de privilégios a crimes contra o patrimônio, como desdobramento do reconhecimento da reincidência (arts. 155, § 2.º, 170 e 171, § 1.º).

Produz também efeitos na legislação especial, tal como a impossibilidade de concessão da transação penal e da suspensão condicional do processo, na eventual prática de novo delito (arts. 76, § 2.º, I, e 89, *caput*, da Lei 9.099/1995).

### 41.3.2.2. Efeitos secundários de natureza extrapenal previstos no Código Penal

São assim denominados (extrapenais) por incidirem em áreas diversas do Direito. Dividem-se em genéricos e específicos.

**Efeitos genéricos**, chamados dessa maneira por recaírem sobre todos os crimes, são os previstos no art. 91 do Código Penal: obrigação de reparar o dano e confisco.

A interpretação *a contrario sensu* do art. 92, parágrafo único, do Código Penal, mostra serem tais efeitos **automáticos**, o seja, não precisam ser expressamente declarados na sentença. Toda condenação os produz.

**Efeitos específicos** são os indicados pelo art. 92 do Código Penal: perda do cargo, função pública ou mandato eletivo (inc. I), incapacidade para o exercício do poder familiar, da tutela ou da curatela (inc. II), inabilitação para dirigir veículo, quando utilizado como meio para a prática de crime doloso (inc. III) e, para o condenado por crime praticado contra a mulher, por razões da condição do sexo feminino, nos termos do art. 121-A, § 1.º, do Código Penal, a vedação da sua nomeação, designação ou diplomação em qualquer cargo, função pública ou mandato eletivo entre o trânsito em julgado da condenação até o efetivo cumprimento da pena (§ 2.º, II).

Esses efeitos têm essa denominação – específicos – pelo fato de serem aplicados somente em determinados crimes. Em regra, **não são automáticos**, necessitando de expressa motivação na sentença condenatória para produzirem efeitos, mas independem de pedido expresso da acusação (CP, art. 92, parágrafo único), **salvo no tocante ao condenado por crime praticado contra a mulher, por razões da condição do sexo feminino, hipótese em que os efeitos da condenação são automáticos** (CP, art. 92, § 2.º, III).

#### 41.3.2.2.1. Efeitos genéricos

##### 41.3.2.2.1.1. Reparação do dano

Para o art. 91, I, do Código Penal, é efeito da condenação "tornar certa a obrigação de indenizar o dano causado pelo crime".

Em sintonia com esse dispositivo, o art. 63 do Código de Processo Penal estatui que "transitada em julgado a sentença condenatória, poderão promover-lhe a execução, no juízo cível, para efeito de reparação do dano, o ofendido, seu representante legal e seus herdeiros".

Nesse sentido, estabelece o art. 515, VI, do Código de Processo Civil de 2015, ser título executivo judicial a sentença penal condenatória transitada em julgado.

Recorde-se que a sentença que concede perdão judicial não é condenatória, mas declaratória da extinção da punibilidade (**Súmula 18 do STJ**).

Por outro lado, a sentença que aplica medida de segurança ao inimputável é absolutória, enquanto a que impõe igual sanção penal ao semi-imputável é condenatória.

O cometimento de um crime acarreta na atribuição de duas responsabilidades ao autor, uma penal e outra civil, e, nada obstante tais instâncias sejam independentes, seria desarrazoado exigir que, já presente uma sentença penal condenatória com trânsito em julgado reconhecendo a prova da autoria e da materialidade de um fato delituoso, tivesse a vítima ou seu representante legal a necessidade de iniciar uma ação de conhecimento para conseguir a reparação do dano.

Busca-se, assim, facilitar o ressarcimento da vítima. Já estará reconhecido o caráter ilícito do fato, bem como a obrigação de reparar o dano (*an debeatur*). Entretanto, como o título executivo é incompleto, a sentença penal deverá ser liquidada por artigos, para se apurar com exatidão o *quantum debeatur*, na forma definida pelo art. 509, *caput*, do Código de Processo Civil de 2015.

De fato, o juiz, ao proferir sentença condenatória, obrigatoriamente fixará valor mínimo para reparação dos danos causados pela infração, considerando os prejuízos sofridos pelo ofendido (CPP, art. 387, inc. IV).[4] Opera-se a determinação de um valor mínimo, ainda impreciso, mas com o trânsito em julgado da sentença condenatória, a execução poderá ser efetuada por esse montante preestabelecido, sem prejuízo da liquidação para a apuração do dano efetivamente sofrido (CPP, art. 63, parágrafo único).[5]

Destarte, transitada em julgado a sentença penal condenatória, não se pode questionar no juízo cível a obrigação de reparar o dano causado pelo crime, mas somente o seu valor.

Não perde a condição de título executivo judicial a sentença penal condenatória com trânsito em julgado se posteriormente a ela verificar-se a extinção da punibilidade do agente.

Em se tratando de extinção da punibilidade derivada de *abolitio criminis* ou de anistia, embora rescindam a sentença condenatória no plano penal, persiste o efeito civil da reparação do dano.

Quando o titular do direito à reparação do dano for pobre, a execução da sentença penal condenatória será promovida, dependendo do seu requerimento, pelo Ministério Público (CPP, art. 68) ou pela Defensoria Pública, onde houver.

Se, após o trânsito em julgado da sentença penal, falecer o condenado, a execução civil será ajuizada em face de seus herdeiros, até os limites das forças da herança, em consonância com as regras previstas no art. 5.º, XLV, da Constituição Federal, e no art. 943 do Código Civil.

A sentença penal condenatória com trânsito em julgado apenas pode ser executada civilmente contra aquele que foi réu na ação penal. Para acionar o responsável civil que não foi criminalmente acusado, será obrigatório o ajuizamento de ação civil de conhecimento, funcionando a condenação como elemento probatório, e não como título executivo.

Se o réu condenado com trânsito em julgado for absolvido em revisão criminal, desaparece a força executiva, mesmo se já tiver sido iniciada a execução civil. Tal como fora criado, o título é desconstituído por decisão judicial.

---

[4] "A aplicação do instituto disposto no art. 387, inciso IV, do CPP, referente à reparação de natureza cível, quando da prolação da sentença condenatória, requer a dedução de um pedido expresso do querelante ou do Ministério Público, em respeito às garantias do contraditório e da ampla defesa. Neste caso houve pedido expresso por parte do Ministério Público, na exordial acusatória, o que é suficiente para que o juiz sentenciante fixe o valor mínimo a título de reparação dos danos causados pela infração. Assim sendo, não há que se falar em iliquidez do pedido, pois o quantum há que ser avaliado e debatido ao longo do processo, não tendo o *Parquet* o dever de, na denúncia, apontar valor líquido e certo, o qual será devidamente fixado pelo Juiz sentenciante" (STJ: REsp 1.265.707/RS, rel. Min. Rogerio Schietti Cruz, 6.ª Turma, j. 27.05.2014).

[5] No tocante à fixação do valor mínimo na sentença condenatória, e com o propósito de promover maior eficácia ao direito da vítima em ver ressarcido o dano sofrido, o Superior Tribunal de Justiça já decidiu que o magistrado pode estipular tanto o dano material como também o dano moral suportados pelo ofendido (REsp 1.585.684/DF, rel. Min. Maria Thereza de Assis Moura, 6.ª Turma, j. 09.08.2016, noticiado no *Informativo* 588).

CAP. 41 – EFEITOS DA CONDENAÇÃO | 681

Sempre que a decisão judicial não tiver natureza condenatória, como nos casos de sentença declaratória da extinção da punibilidade pela prescrição da pretensão punitiva, transação penal, entre outros, deverá o prejudicado intentar ação civil de indenização em razão de ato ilícito.[6]

O ofendido, seu representante legal ou herdeiros não precisam aguardar o final da ação penal para postular, no juízo cível, a reparação do dano. Mas, sem o título executivo, deverá ser ajuizada a ação civil *ex delicto*, situação em que o seu trâmite pode ser suspenso, por decisão judicial, até o julgamento definitivo da ação penal (CPP, art. 64, parágrafo único), visando evitar decisões judiciais contraditórias.

A absolvição na esfera penal faz coisa julgada no campo civil, impedindo a reparação do dano, quando fundamentada no reconhecimento inequívoco da inexistência do fato ou da autoria, no exercício regular do direito, no estrito cumprimento do dever legal e na legítima defesa.

Nas demais hipóteses de absolvição, arroladas no art. 386 do Código de Processo Penal, subsiste a possibilidade de se buscar civilmente a reparação do dano.

Finalmente, em caso de absolvição penal em razão da comprovação do estado de necessidade, permanece a responsabilidade civil, na forma prevista no art. 929 do Código Civil. Com efeito, quando o proprietário da coisa destruída ou deteriorada não foi o responsável pelo perigo, a ele é assegurado o direito à indenização do prejuízo que lhe foi causado, por parte do autor do fato típico.

Por sua vez, se o perigo foi causado por terceiro, quem sofreu o prejuízo deverá ajuizar ação indenizatória contra aquele que, em estado de necessidade, destruiu ou deteriorou o bem que lhe pertencia. A este, contudo, é reservado o direito de mover ação de regresso contra quem provocou o perigo, na forma do art. 930 do Código Civil.

### 41.3.2.2.1.2. Confisco

O confisco é previsto como efeito da condenação no art. 91, II, do Código Penal:

**Art. 91.** São efeitos da condenação:

[...]

II – a perda em favor da União, ressalvado o direito do lesado ou de terceiro de boa-fé:

a) dos instrumentos do crime, desde que consistam em coisas cujo fabrico, alienação, uso, porte ou detenção constitua fato ilícito;

b) do produto do crime ou de qualquer bem ou valor que constitua proveito auferido pelo agente com a prática do fato criminoso.

§ 1.º Poderá ser decretada a perda de bens ou valores equivalentes ao produto ou proveito do crime quando estes não forem encontrados ou quando se localizarem no exterior.

§ 2.º Na hipótese do § 1.º, as medidas assecuratórias previstas na legislação processual poderão abranger bens ou valores equivalentes do investigado ou acusado para posterior decretação de perda.

Confisco, como efeito da condenação, é a **perda de bens de natureza ilícita** em favor da União.

A medida possui dupla finalidade: impedir a difusão de instrumentos adequados à prática de novos crimes e proibir o enriquecimento ilícito por parte do criminoso.[7]

---

6   A sentença penal absolutória, em regra, não produz a obrigação de reparar o dano, salvo na hipótese de acórdão que absolve o réu em sede de revisão criminal. De fato, o injustamente condenado pode, ao efetuar pedido de revisão criminal, cumulá-lo com indenização por perdas e danos. Nesse caso, pode-se reconhecer o direito à indenização na esfera cível.

7   "O confisco é disciplinado no art. 91 do Código Penal, como forma de expropriação, em favor do Estado, dos instrumentos e produtos de crime, com a finalidade de assegurar a indisponibilidade dos bens ilícitos utilizados para a prática da infração

682 | DIREITO PENAL - PARTE GERAL - VOL. 1 • CLEBER MASSON

**Instrumento do crime** (*instrumenta sceleris*) é o meio de que se vale o agente para cometer o delito, e apenas pode ser confiscado quando seu fabrico, alienação, uso, porte ou detenção constituir fato ilícito. É o caso, por exemplo, da arma de fogo que o agente utilizou para cometer um roubo, salvo se ele possuir seu registro e autorização para portá-la.

Os veículos, embarcações, aeronaves e quaisquer outros meios de transporte não podem ser confiscados, exceto quando utilizados para a prática de crimes previstos na Lei de Drogas (Lei 11.343/2006, arts. 62 e 63), ou então quando sua fabricação ou uso constituir fato ilícito (CP, art. 91, II, "a").

Por mandamento constitucional, as propriedades rurais e urbanas de qualquer região do País onde forem localizadas culturas ilegais de plantas psicotrópicas ou a exploração de trabalho escravo na forma da lei serão expropriadas e destinadas à reforma agrária e a programas de habitação popular, sem qualquer indenização ao proprietário e sem prejuízo de outras sanções previstas em lei. Além disso, todo e qualquer bem de valor econômico apreendido em decorrência do tráfico ilícito de entorpecentes e drogas afins e da exploração de trabalho escravo será confiscado e reverterá a fundo especial com destinação específica, na forma da lei (CF, art. 243, *caput* e parágrafo único).

Embora existam entendimentos em contrário, os instrumentos de contravenção penal não podem ser confiscados, pois a lei penal deve ser interpretada restritivamente, e o art. 91, II, "a", do Código Penal fala somente em confisco dos instrumentos do crime.

A perda dos instrumentos do crime é **automática**, resultando do trânsito em julgado da sentença penal condenatória. Não cabe o confisco, por consequência, nos casos de absolvição, ou quando celebrada transação penal, por se tratar de sentença meramente homologatória, ou na hipótese de declaração da extinção da punibilidade fundada na prescrição da pretensão punitiva.

**Produto do crime** (*producta sceleris*) significa a vantagem **direta** obtida pelo agente em decorrência da prática do crime. É o caso do relógio roubado.

**Proveito do crime**, por outro lado, é a vantagem indireta do crime, resultante da especificação do produto do crime (é o caso do ouro derivado do derretimento do relógio), o bem adquirido pelo agente em razão de alienação do produto do crime (o dinheiro auferido com a venda do relógio roubado), bem como o preço do crime (*pretium sceleris*).

Inicialmente, o produto e o proveito do crime deverão ser restituídos ao prejudicado pelo crime ou ao terceiro de boa-fé. Essa restituição será possível ainda que se trate de bem cujo fabrico, alienação, uso, porte ou detenção se constitua em fato ilícito, desde que tal pessoa, por força de sua qualidade ou função, tenha autorização para ser seu proprietário. Exemplo: uma arma de guerra é apreendida, mas vem a ser devolvida ao seu legítimo dono, um colecionador de armas autorizado pelo Comando do Exército.

O confisco pela União somente será efetuado se for desconhecida a identidade do proprietário do bem ou não for reclamado seu valor, hipótese em que, uma vez confiscados, os instrumentos e produtos do crime passam à União, integrando o patrimônio do Fundo Penitenciário Nacional (art. 2.º, IV, da Lei Complementar 79/1994, regulamentada pelo Decreto 1.093/1994).[8]

Os §§ 1.º e 2.º do art. 91 do Código Penal foram introduzidos pela Lei 12.694/2012, com o propósito de proporcionar maior eficácia nas condenações proferidas em delitos cometidos no contexto de organizações criminosas. Nesses casos, poderá ser decretada a perda de bens ou valores equivalentes ao produto ou proveito do crime quando estes não forem encontrados ou

---

ou que tenham sido angariados com a conduta ilícita" (STJ: REsp 1.316.694/PR, rel. Min. Regina Helena Costa, 5.ª Turma, j. 17.12.2013).

[8] Depois da apreensão dos instrumentos e produtos do crime, serão esses bens inutilizados, leiloados ou recolhidos a museu criminal, se houver interesse na sua conservação. Os bens imóveis adquiridos pelo agente com o proveito do crime, ainda que transferidos a terceiro, serão sequestrados (CPP, arts. 122 a 125).

quando se localizarem no exterior, notas comuns aos delitos praticados pelas estruturas ilícitas de poder. Além disso, as medidas assecuratórias previstas na legislação processual (sequestro, arresto, especialização de hipoteca legal etc.) poderão abranger bens ou valores equivalentes do investigado ou acusado para posterior decretação de perda.

### 41.3.2.2.1.3. Confisco alargado

Na tradição do Direito Penal brasileiro, o alcance do confisco sempre foi limitado aos **instrumentos do crime** e ao **produto do crime** (ou de qualquer bem ou valor que constitua proveito auferido pelo agente com a prática do fato crime criminoso).

Esse tratamento legislativo, deveras tímido, deixava lacunas nas situações em que condenados por diversos crimes, notadamente tráfico de drogas, lavagem de capitais, corrupção e outros delitos ligados a organizações criminosas, apresentavam patrimônio elevado, com estilo de vida incompatível com seus rendimentos, mesmo com a perda dos bens que foram comprovados como instrumentos ou produtos do crime.

Tal panorama foi alterado com a Lei 13.964/2019, conhecida como "Pacote Anticrime". Para combater o **enriquecimento ilícito**, criou-se no art. 91-A do Código Penal o instituto conhecido como **confisco alargado** (ou **ampliado**).

Com efeito, na condenação por infração em que a lei comina **pena máxima superior a 6 anos de reclusão**, o juiz (ou Tribunal) poderá decretar a perda, como produto ou proveito do crime, **dos bens correspondentes à diferença entre o valor do patrimônio do condenado e aquele que seja compatível com seu rendimento lícito** (CP, art. 91-A, *caput*).

Ao contrário do confisco tradicional, disciplinado no art. 91 do Código Penal, o confisco alargado **não é efeito automático da condenação**. Cuida-se de instituto reservado à discricionariedade do magistrado, cabendo a ele a análise do caso concreto para avaliar a necessidade ou não da medida. O art. 91-A, *caput*, do Código Penal é claro nesse sentido, ao utilizar a expressão "poderá ser decretada a perda". É também **efeito específico** da condenação, pois não se aplica a qualquer crime, mas somente àqueles em que a pena máxima em abstrato seja superior a 6 anos de reclusão.

O patrimônio do condenado, para fins do confisco alargado, é composto por todos os bens de sua titularidade, ou em relação aos quais ele tenha o domínio e o benefício direto ou indireto, na data da infração penal ou recebidos posteriormente, bem como pelos bens transferidos a terceiros a título gratuito ou mediante contraprestação irrisória, a partir do início da atividade criminosa (CP, art. 91-A, § 1.º, I e II). Busca-se viabilizar a perda de bens do condenado nas transferências simuladas de bens a terceiros, os famosos "laranjas", como se dá em doações forjadas e "vendas" por valores simbólicos.

Reserva-se ao condenado, entretanto, a possibilidade de demonstrar a inexistência da incompatibilidade ou a procedência lícita do patrimônio (CP, art. 91-A, § 2.º). Em síntese, opera-se a **inversão do ônus da prova** quando o sujeito possui patrimônio incompatível com seus rendimentos lícitos. O Estado não precisa provar a origem ilícita dos bens do condenado. Cabe a ele demonstrar a procedência legítima do seu acervo patrimonial. Exemplificativamente, será dele a tarefa de provar que ganhou na loteria, que recebeu vultosa herança de um parente distante, que contraiu matrimônio com pessoa rica etc.

O confisco alargado deve ser expressamente requerido pelo Ministério Público **no oferecimento da denúncia**. Também cabe ao Parquet a indicação da diferença apurada entre os rendimentos lícitos do agente e o valor do seu patrimônio (CP, art. 91-A, § 3.º). Em outras palavras, além da **imputação criminal** – exposição do fato criminoso, com todas as suas circunstâncias, na forma exigida pelo art. 41 do CPP –, para fins de confisco alargado a denúncia também deve conter a **imputação patrimonial**, consistente na indicação dos bens correspondentes à diferença entre o valor do patrimônio do condenado e aquele que seja compatível com seus rendimentos lícitos, cuja perda se pretende seja decretada por ocasião da sentença.

Na sentença condenatória (ou acórdão condenatório), o juiz (ou Tribunal) deve declarar o montante da diferença comprovada entre os rendimentos lícitos do acusado e seu patrimônio, especificando os bens cuja perda for decretada (CP, art. 91-A, § 4.º).

Para sufocar financeiramente as organizações criminosas e milícias, dificultando a manutenção das suas atividades ilícitas, os instrumentos por elas utilizados para a prática de crimes deverão ser declarados perdidos em favor da União ou do Estado, dependendo da Justiça em que tramita a ação penal, ainda que não representem perigo à segurança das pessoas, à moral ou à ordem pública, nem ofereçam sério risco de ser utilizados para o cometimento de novos crimes (CP, art. 91-A, § 5.º). Nessa hipótese, **a perda dos bens é obrigatória** – "deverão ser declarados perdidos em favor da União ou do Estado" – não podendo o magistrado deixar de fazê-la.

### 41.3.2.2.2. Efeitos específicos

### 41.3.2.2.2.1. Perda de cargo, função pública ou mandato eletivo

O art. 92, I, do Código Penal define como efeito específico da condenação:

**Art. 92.** São também efeitos da condenação:

I – a perda de cargo, função pública ou mandato eletivo:

a) quando aplicada pena privativa de liberdade por tempo igual ou superior a 1 (um) ano, nos crimes praticados com abuso de poder ou violação de dever para com a Administração Pública;

b) quando for aplicada pena privativa de liberdade por tempo superior a 4 (quatro) anos nos demais casos.

Em regra, esses efeitos **não são automáticos,** devendo ser motivadamente declarados na sentença, mas independem de pedido expresso da acusação. Consequentemente, o magistrado precisa proceder à apreciação da natureza e da extensão do dano, bem como às condições pessoais do réu, para aferir seu cabimento no caso concreto, podendo fazê-lo ainda que o Ministério Público (ou o querelante) não tenha pleiteado sua incidência.

Cumpre destacar, entretanto, que a perda de cargo, função pública ou mandato eletivo incidirá como **efeito automático no tocante ao condenado por crime praticado contra a mulher, por razões da condição do sexo feminino**, nos termos do § 1.º do art. 121-A deste Código Penal (CP, art. 92, § 2.º, III).

Na **alínea "a"**, além do conceito de funcionário público contido no art. 327 do Código Penal, deve ser analisado se o crime ocorreu no exercício das funções exercidas pelo agente, isto é, se ele se valeu das facilidades proporcionadas por sua função para praticar o delito.[9]

Via de regra, esse efeito da condenação restringe-se ao cargo, função pública ou mandato eletivo ocupado pelo funcionário público na data em que o crime foi praticado. No caso concreto, entretanto, o magistrado pode estendê-lo a cargo, função pública ou mandato eletivo diverso, exercido pelo agente ao tempo da condenação, caso entenda que o novo posto

---

[9] "O reconhecimento de que o réu, condenado pelo crime de corrupção de testemunha, praticou ato incompatível com o cargo de policial militar, é fundamento válido para a decretação da perda do cargo público. No caso, verifica-se que a instância ordinária apresentou fundamentação válida para a aplicação do art. 92, I, a, do Código Penal, asseverando que houve clara violação de dever para com a Administração Pública por parte do sentenciado, que restou condenado por corromper testemunha que iria depor em processo penal no qual figurava como réu, ato que, de fato, é incompatível com o cargo de policial militar. Com efeito, o reconhecimento de que o réu praticou ato incompatível com o cargo por ele ocupado é fundamento suficiente para a decretação do efeito extrapenal de perda do cargo público" (STJ: HC 710.966/SE, rel. Min. Sebastião Reis Júnior, 6.ª Turma, j. 15.03.2022, noticiado no *Informativo* 731).

CAP. 41 – EFEITOS DA CONDENAÇÃO | 685

guarda relação com as atribuições anteriores. De fato, o art. 92, inc. I, do Código Penal fala em perda "de", e não do cargo, função pública ou mandato eletivo. Como já decidido pelo Superior Tribunal de Justiça:

A pena de perdimento deve ser restrita ao cargo ocupado ou função pública exercida no momento do delito, à exceção da hipótese em que o magistrado, motivadamente, entender que o novo cargo ou função guarda correlação com as atribuições anteriores. Cinge-se a controvérsia a saber se a pena de perdimento prevista no art. 92, I, do CP se restringe à atividade pública exercida no momento do delito. O STJ entende que o reconhecimento de que o réu praticou ato incompatível com o cargo por ele ocupado é fundamento suficiente para a decretação do efeito extrapenal de perda do cargo público (AgRg no REsp 1.613.927-RS, DJe 30/9/2016). Em regra, a pena de perdimento deve ser restrita ao cargo público ocupado ou função pública exercida no momento do delito. [...] Porém, salienta-se que se o magistrado de origem considerar, motivadamente, que o novo cargo guarda correlação com as atribuições do anterior, ou seja, naquele em que foram praticados os crimes, mostra-se devida a perda da nova função, uma vez que tal ato visa anular a possibilidade de reiteração de ilícitos da mesma natureza.[10]

Já na **alínea "b"**, é possível a incidência do efeito da condenação em qualquer crime, bastando a presença de dois requisitos, em decisão fundamentada: (1) natureza da pena: privativa de liberdade; e (2) quantidade da pena: superior a 4 (quatro) anos.[11] Para o Superior Tribunal de Justiça:

A determinação da perda de cargo público fundada na aplicação de pena privativa de liberdade superior a 4 anos (art. 92, I, b, do CP) pressupõe fundamentação concreta que justifique o cabimento da medida. De fato, para que seja declarada a perda do cargo público, na hipótese descrita no art. 92, I, *b*, do CP, são necessários dois requisitos: a) que o *quantum* da sanção penal privativa de liberdade seja superior a 4 anos; e b) que a decisão proferida se apresente de forma motivada, com a explicitação das razões que ensejaram o cabimento da medida. A motivação dos atos jurisdicionais, conforme imposição do art. 93, IX, da CF ("Todos os julgamentos dos órgãos do Poder Judiciário serão públicos, e fundamentadas todas as decisões, sob pena de nulidade..."), funciona como garantia da atuação imparcial e *secundum legis* (sentido lato) do órgão julgador. Ademais, a motivação dos atos judiciais serve de controle social sobre os atos judiciais e de controle pelas partes sobre a atividade intelectual do julgador, para que verifiquem se este, ao decidir, considerou todos os argumentos e as provas produzidas pelas partes e se bem aplicou o direito ao caso concreto.[12]

Não há incompatibilidade entre a substituição da pena privativa de liberdade por restritivas de direitos e a perda de cargo, função pública ou mandato eletivo. Em outras palavras, subsiste o efeito da condenação, quando motivadamente declarado pelo juiz, na hipótese em que a pena privativa de liberdade é substituída por penas alternativas.[13]

Esse efeito específico da condenação não se confunde com a *proibição do exercício de cargo, função ou atividade pública*, elencada no art. 47, I, do Código Penal como pena restritiva de direitos, espécie de pena de interdição **temporária** de direitos.

---

[10] REsp 1.452.935/PE, rel. Min. Reynaldo Soares da Fonseca, 5ª Turma, j. 14.03.2017, noticiado no *Informativo* 599. Com o merecido respeito, esse julgado comporta um reparo. A perda de cargo, função pública ou mandato eletivo constitui-se em **efeito da condenação**. Não se trata de pena.

[11] "A substituição da pena privativa de liberdade por restritiva de direitos não tem o condão de afastar o efeito disposto no art. 92 do Código Penal, pois a perda do cargo não está adstrita à efetiva privação da liberdade do réu" (STJ: AgRg no REsp 1.208.940/RS, rel. Min. Marco Aurélio Bellizze, 5ª Turma, j. 10.06.2014).

[12] REsp 1.044.866/MG, rel. Min. Rogerio Schietti Cruz, 6.ª Turma, j. 02.10.2014, noticiado no *Informativo* 549.

[13] STJ: AgRg no REsp 2.060.059/MG, rel. Min. Joel Ilan Paciornik, 5.ª Turma, j. 30.11.2023, noticiado no *Informativo* 798.

686 | DIREITO PENAL - PARTE GERAL - VOL. 1 • CLEBER MASSON

O efeito da condenação, por sua vez, é **permanente**, já que o condenado, ainda que seja posteriormente reabilitado, jamais poderá ocupar o cargo, função ou mandato objeto da perda, salvo se o recuperar por investidura legítima.

Anote-se, porém, que a possibilidade de perda do cargo público não precisa vir prevista na denúncia, posto que decorre de previsão legal expressa, como efeito da condenação, nos termos do art. 92 do Código Penal.[14]

É de se observar que, como o art. 92, inc. I, do Código Penal diz respeito à perda de "cargo, função pública ou mandato eletivo", este efeito da condenação não alcança a **cassação da aposentadoria**, ainda que o crime tenha sido praticado quando o funcionário público estava na ativa. Na esteira da jurisprudência do Superior Tribunal de Justiça:

> Ainda que condenado por crime praticado durante o período de atividade, o servidor público não pode ter a sua aposentadoria cassada com fundamento no art. 92, I, do CP, mesmo que a sua aposentadoria tenha ocorrido no curso da ação penal. De fato, os efeitos de condenação criminal previstos no art. 92, I, do CP – segundo o qual são efeitos da condenação criminal a "perda de cargo, função pública ou mandato eletivo" –, embora possam repercutir na esfera das relações extrapenais, são efeitos penais, na medida em que decorrem de lei penal. Sendo assim, pela natureza constrangedora desses efeitos (que acarretam restrição ou perda de direitos), eles somente podem ser declarados nas hipóteses restritas do dispositivo mencionado, o que implica afirmar que o rol do art. 92 do CP é taxativo, sendo vedada a interpretação extensiva ou analógica para estendê-los em desfavor do réu, sob pena de afronta ao princípio da legalidade. Dessa maneira, como essa previsão legal é dirigida para a "perda de cargo, função pública ou mandato eletivo", não se pode estendê-la ao servidor que se aposentou, ainda que no decorrer da ação penal.[15]

### 41.3.2.2.2.2. Perda do mandato de deputados federais e senadores

Se o condenado é Deputado Federal ou Senador, o Poder Judiciário pode decretar a perda do mandato eletivo?

A resposta é negativa, pois trata-se de matéria de competência reservada à casa legislativa respectiva, na forma prevista pelo art. 55, § 2.º, da Constituição Federal: "Nos casos dos incisos I, II e VI, a perda do mandato será decidida pela Câmara dos Deputados ou pelo Senado Federal, por maioria absoluta, mediante provocação da respectiva Mesa ou de partido político representado no Congresso Nacional, assegurada ampla defesa". O Supremo Tribunal Federal já decidiu nesse sentido:

> O Plenário condenou senador (prefeito à época dos fatos delituosos), bem assim o presidente e o vice-presidente de comissão de licitação municipal pela prática do crime descrito no art. 90 da Lei 8.666/93 ["Art. 90. Frustrar ou fraudar, mediante ajuste, combinação ou qualquer outro expediente, o caráter competitivo do procedimento licitatório, com o intuito de obter, para si ou para outrem, vantagem decorrente da adjudicação do objeto da licitação: Pena – detenção, de 2 (dois) a 4 (quatro) anos, e multa"] à pena de 4 anos, 8 meses e 26 dias de detenção em regime inicial semiaberto. Fixou-se, por maioria, multa de R$ 201.817,05 ao detentor de cargo político, e de R$ 134.544,07 aos demais apenados, valores a serem revertidos aos cofres do município. Determinou-se – caso estejam em exercício – a perda de cargo, emprego ou função pública dos dois últimos réus. Entendeu-se, em votação majoritária, competir ao Senado Federal deliberar sobre a eventual perda do mandato parlamentar do ex-prefeito (CF, art. 55, VI e § 2.º).[16]

---

14    STJ: AgRg no AREsp 46.266/SP, rel. Min. Laurita Vaz, 5.ª Turma, j. 26.06.2012.

15    REsp 1.416.477/SP, rel. Min. Walter de Almeida Guilherme (Desembargador convocado do TJ/SP), 5.ª Turma, j. 18.11.2014, noticiado no *Informativo* 552. Em igual sentido: REsp 1.317.487/MT, rel. Min. Laurita Vaz, 5.ª Turma, j. 22.08.2014.

16    AP 565/RO, rel. Min. Cármen Lúcia, Plenário, j. 07 e 08.08.2013, noticiado no *Informativo* 714. E também: AP 563/SP, rel. Min. Teori Zavascki, 2.ª Turma, j. 21.10.2014, noticiado no *Informativo* 764.

CAP. 41 - EFEITOS DA CONDENAÇÃO | 687

### 41.3.2.2.2.3. Perda do cargo de membro vitalício do Ministério Público

O art. 208 da Lei Complementar 75/1993 dispõe: "Os membros do Ministério Público da União, após dois anos de efetivo exercício, só poderão ser demitidos por decisão judicial transitada em julgado".

De seu turno, a Lei 8.625/1993 – Lei Orgânica Nacional do Ministério Público dos Estados estabelece em seu art. 38, § 1.º, I a III, que o membro vitalício do Ministério Público somente perderá o cargo por sentença judicial transitada em julgado, proferida em ação civil própria, em três casos: (1) prática de crime incompatível com o exercício do cargo, após decisão judicial transitada em julgado; (2) exercício da advocacia; e (3) abandono do cargo por prazo superior a 30 dias corridos.

Assim, fica fácil concluir que, no tocante aos membros vitalícios do Ministério Público da União, a perda do cargo decorrente de sentença penal condenatória transitada em julgado segue as regras do art. 92, I, do Código Penal.

A questão se torna mais complicada, todavia, em relação aos membros vitalícios dos Ministérios Públicos dos Estados, pelo fato de se exigir, para a perda do cargo, decisão judicial transitada em julgado em ação civil própria, ajuizada pelo Procurador-Geral de Justiça perante o Tribunal de Justiça, após condenação definitiva em ação penal movida pela prática de crime incompatível com o exercício do cargo.

Em síntese, para a perda do cargo, a teor da interpretação literal do mencionado dispositivo legal, seriam necessárias duas condenações transitadas em julgado, uma pela prática do crime, e outra em ação civil própria, a qual depende da anterior. Esta é a posição adotada pelo Superior Tribunal de Justiça:

> Em ação penal decorrente da prática de corrupção passiva praticada por membro vitalício do Ministério Público Estadual, não é possível determinar a perda do cargo com fundamento no art. 92, I, *a*, do CP. De acordo com o art. 92, I, *a*, do CP, é efeito não automático da condenação a perda do cargo, função pública ou mandato eletivo quando aplicada a pena privativa de liberdade por tempo igual ou superior a um ano, nos crimes praticados com abuso de poder ou violação de dever para com a Administração Pública. Entretanto, quanto à perda do cargo de membro do Ministério Público Estadual, há norma especial (Lei 8.625/1993 – Lei Orgânica Nacional do Ministério Público) que dispõe que a perda do referido cargo somente pode ocorrer após o trânsito em julgado de ação civil proposta para esse fim. O art. 38, § 2.º, da Lei 8.625/1993 ainda prevê que a ação civil para a decretação da perda do cargo somente pode ser ajuizada pelo Procurador-Geral de Justiça quando previamente autorizado pelo Colégio de Procuradores, o que constitui condição de procedibilidade, juntamente com o trânsito em julgado da sentença penal condenatória. Com efeito, em se tratando de normas legais de mesma hierarquia, o fato de a Lei Orgânica Nacional do Ministério Público prever regras específicas e diferenciadas das do Código Penal para a perda de cargo, em atenção ao princípio da especialidade – *lex specialis derogat generali* –, deve prevalecer o que dispõe a lei orgânica.[17]

Porém, há entendimento diverso, no sentido de que essa sistemática seria por demais protetiva e desnecessária. Basta o cumprimento das regras do Código Penal para que possa ser decretada na sentença condenatória a perda do cargo. Para Hugo Nigro Mazzilli:

> A nosso ver, o art. 38, § 1.º, da LONMP, refere-se às únicas hipóteses em que se admite perda do cargo por ação civil específica, mas não obsta a que, respeitados os pressupostos constitucionais, a lei admita outras hipóteses de perda do cargo de membro do Ministério Público, como em razão de condenação criminal.[18]

---

17 REsp 1.251.621/AM, rel. Min. Laurita Vaz, 5.ª Turma, j. 16.10.2014, noticiado no *Informativo* 552.
18 MAZZILLI, Hugo Nigro. *Introdução ao Ministério Público*. 5. ed. São Paulo: Saraiva, 2005. p. 91.

# 688 | DIREITO PENAL – PARTE GERAL – VOL. 1 • CLEBER MASSON

Com efeito, a garantia da vitaliciedade estaria respeitada, pois a ação penal contra Promotor de Justiça somente pode ser ajuizada pelo Procurador-Geral de Justiça, perante o Tribunal de Justiça respectivo. Não haveria motivo para esse procedimento ser repetido. É a posição a que nos filiamos.

### 41.3.2.2.2.4. Incapacidade para o exercício do poder familiar, da tutela ou da curatela

É também efeito específico da condenação "a incapacidade para o exercício do poder familiar, da tutela ou da curatela nos crimes dolosos sujeitos à pena de reclusão cometidos contra outrem igualmente titular do mesmo poder familiar, contra filho, filha ou outro descendente, tutelado ou curatelado, bem como nos crimes cometidos contra a mulher por razões da condição do sexo feminino, nos termos do § 1.º do art. 121-A deste Código" (CP, art. 92, II).

Em regra, esse efeito **não é automático, exceto em relação ao condenado por crime praticado contra a mulher, por razões da condição do sexo feminino** (CP, art. 92, § 2.º, III).

A incidência desse efeito exige três requisitos: (1) **natureza do crime**: somente os dolosos; (2) **natureza da pena**: reclusão; e (3) **qualidade da vítima**: pessoa igualmente detentora do poder familiar, filho, filha, outro descendente (exemplo: o agente abusa sexualmente da neta, e por esta razão perde o poder familiar em relação a um filho menor), tutelado, curatelado ou mulher, na hipótese de crime cometido em razão da condição do sexo feminino.

Presentes os requisitos, o juiz pode declarar na sentença esse efeito, ainda que ausente pedido expresso da acusação nesse sentido. Sua aplicação não é obrigatória, e sua pertinência deve ser avaliada no caso concreto, notadamente quando o crime provoque a incompatibilidade para o exercício do poder familiar, tutela ou curatela.

Na hipótese **de crime cometido contra a mulher, por razões da condição do sexo feminino**, tal efeito incidirá automaticamente, ou seja, independentemente de decisão judicial acerca do tema. É suficiente a condenação, a teor da regra condita no art. 92, § 2.º, III, do Código Penal.

Em qualquer dos casos – efeito automático ou não - pouco importa a quantidade da pena imposta, bem como o regime prisional.

Essa incapacidade pode ser estendida para alcançar outros filhos, pupilos ou curatelados, além da vítima do crime. Não seria razoável, exemplificativamente, decretar a perda do poder familiar somente em relação à filha de dez anos de idade estuprada pelo pai, aguardando fosse igual delito praticado contra as outras filhas mais jovens, para que só então se privasse o genitor desse direito.

Em relação à **vítima do crime doloso e punido com reclusão**, essa **incapacidade é permanente**. De fato, mesmo em caso de reabilitação é vedada a reintegração do agente na situação anterior (CP, art. 93, parágrafo único).

No tocante a **outros filhos, pupilos ou curatelados**, a **incapacidade é provisória**, pois o condenado, se reabilitado, poderá voltar a exercer o poder familiar, tutela ou curatela.

### 41.3.2.2.2.5. Inabilitação para dirigir veículo

O art. 92, III, do Código Penal, reza ser efeito específico da condenação a inabilitação para dirigir veículo, quando utilizado como meio para a prática de crime doloso.

A lei exige, portanto, dois requisitos: (1) o crime deve ser doloso; e (2) utilização do veículo como meio de execução. Não se autoriza esse efeito, pois, no caso de crime culposo.

Esse efeito da condenação não se confunde com a suspensão da autorização ou de habilitação, definida pelo art. 47, III, do Código Penal, como pena restrita de direitos aplicável aos responsáveis por crimes culposos de trânsito, com igual duração à da pena privativa de liberdade substituída.

No caso de crime praticado na direção de **veículo automotor**, os arts. 292 e 293 da Lei 9.503/1997 (Código de Trânsito Brasileiro) preveem a suspensão ou proibição de se obter a permissão ou habilitação como pena, a ser aplicada isolada ou cumulativamente com outras penas, pelo prazo de 2 (dois) meses a 5 (cinco) anos.

### 41.3.2.2.2.6. Proibição de nomeação, designação ou nomeação em cargo, função pública ou mandato eletivo

A Lei 14.994/2024, conhecida como "Pacote Antifeminicídio", criou mais um efeito da condenação, previsto no art. 92, § 2.º, II, do Código Penal, consistente na vedação de nomeação, designação ou diplomação em qualquer cargo, função pública ou mandato eletivo entre o trânsito em julgado da condenação até o efetivo cumprimento da pena.

Trata-se de **efeito específico**, aplicável unicamente ao condenado por crime praticado contra a mulher, por razões da condição do sexo feminino, nos termos do art. 121-A, § 1.º, do Código Penal. É também **efeito automático** (CP, art. 92, § 2.º, III), razão pela qual decorre naturalmente da condenação, ou seja, prescinde de fundamentação expressa na sentença condenatória.

Sua duração inicia-se com o trânsito em julgado da condenação, em respeito à presunção de não culpabilidade (CF, art. 5.º, LVII), e subsiste até o integral cumprimento da pena, pois a partir daí presume-se que suas finalidades retributiva e preventiva foram alcançadas.

Parte-se da acertada premissa que o condenado por crime contra mulher, por razões da condição do sexo feminino, não tem integridade para exercer qualquer cargo, função pública ou mandato eletivo, antes do efetivo cumprimento da pena que lhe foi imposta. Além disso, seria ilógico, inadequado e um péssimo exemplo social e uma afronta à vítima (se ainda viva) e aos seus familiares elevar uma pessoa de tal estirpe a representante do Estado, premiando-o com um cargo público em prejuízo da coletividade.

## 41.4. EFEITOS DA CONDENAÇÃO PREVISTOS FORA DO CÓDIGO PENAL

### 41.4.1. Abuso de autoridade

Como se extrai do art. 4.º da Lei 13.869/2019 – Abuso de Autoridade: "São efeitos da condenação: I – tornar certa a obrigação de indenizar o dano causado pelo crime, devendo o juiz, a requerimento do ofendido, fixar na sentença o valor mínimo para reparação dos danos causados pela infração, considerando os prejuízos por ele sofridos; II – a inabilitação para o exercício de cargo, mandato ou função pública, pelo período de 1 (um) a 5 (cinco) anos; III – a perda do cargo, do mandato ou da função pública."

O parágrafo único do mencionado dispositivo legal estatui que os efeitos previstos nos incisos II e III dependem da reincidência em crime de abuso de autoridade e não são automáticos, devendo ser declarados motivadamente na sentença.

Conclui-se, portanto, que o efeito da condenação contido no inc. I (obrigação de reparar o dano causado pelo crime) independe da reincidência em crime de abuso de autoridade, além de ser automático, razão pela qual prescinde de declaração fundamentada na sentença condenatória.

### 41.4.2. Suspensão dos direitos políticos

Nos termos do art. 15, III, da Constituição Federal, opera-se a suspensão dos direitos políticos em face da condenação criminal transitada em julgado, enquanto durarem seus efeitos.

Esse efeito é automático, prescindindo de motivação expressa na sentença condenatória, e a suspensão abrange os direitos políticos de natureza ativa e passiva. Subsiste até a extinção da sanção penal.

É indiferente o regime prisional fixado na sentença condenatória, bem como eventual substituição da pena privativa de liberdade por restritiva de direitos ou multa. Na linha da jurisprudência do Supremo Tribunal Federal:

> A suspensão de direitos políticos prevista no art. 15, III, da Constituição Federal, aplica-se no caso de substituição da pena privativa de liberdade pela restritiva de direitos. Com base nesse entendimento, o Plenário, ao apreciar o Tema 370 da repercussão geral, deu provimento a recurso extraordinário em que se discutia a suspensão dos direitos políticos de condenado por sentença criminal transitada em julgado, cuja pena privativa de liberdade foi substituída por pena restritiva de direitos. O Plenário afirmou que, de acordo com a jurisprudência firmada antes e depois de 1988, o art. 15, III, da CF é norma autoaplicável. Observou que, das constituições brasileiras, somente a Constituição de 1824 restringia a aplicabilidade da suspensão dos direitos políticos às hipóteses de sentença condenatória a pena privativa de liberdade (Constituição de 1824, art. 8, II). A partir da Constituição republicana de 1891, até a atual, não há mais essa diferenciação. A razão de ser da norma atual (CF, art. 15, III) é impedir aos condenados — após o devido processo legal e com sentença transitada em julgado — o exercício dos direitos políticos enquanto cumprirem pena. Não há nenhuma arbitrariedade no fato de a própria Constituição estabelecer, de forma excepcional, a possibilidade, seja temporária – no caso de suspensão –, seja permanente – no caso de perda –, do afastamento do exercício dos direitos políticos. Isso porque o exercício dos direitos políticos, assim como o exercício de qualquer outro direito fundamental, não é absoluto. Ressaltou que, ainda que em casos mais leves do que a condenação penal, a legislação reclamada pelos arts. 37, § 4.º, e 14, § 9.º, da CF também permite a parcial suspensão do exercício de direitos políticos. Até porque, na inelegibilidade, os efeitos nada mais são do que uma parcial suspensão da capacidade eleitoral passiva, ou seja, de poder ser votado. E, para isso, não se exige, no campo civil, sequer o trânsito em julgado. Entretanto, nos casos mais graves, em que se aplica o Direito Penal, a CF determina que, enquanto durar o cumprimento da pena aplicada, ficam suspensos os direitos políticos.[19]

A concessão do *sursis* ou do livramento condicional não influi na suspensão dos direitos políticos, pois tais institutos não acarretam na imediata extinção da pena.

Como estabelece a **Súmula 9 do Tribunal Superior Eleitoral**: "A suspensão de direitos políticos decorrente de condenação criminal transitada em julgado cessa com o cumprimento ou a extinção da pena, independendo de reabilitação ou de prova de reparação dos danos".

### 41.4.3. Rescisão contratual na Justiça do Trabalho

A condenação criminal transitada em julgado contra o empregado, qualquer que seja o crime, bem como o local de sua prática e a sua vítima, faz coisa julgada na Justiça do Trabalho.

Se a execução da pena não tiver sido suspensa, autoriza a demissão por justa causa pelo empregador. É o que dispõe o art. 482, "d", da Consolidação das Leis do Trabalho.

Esse efeito, como é lógico, não precisa ser motivadamente fundamentado na sentença penal condenatória.

### 41.4.4. Lei de Falências

O art. 181, I a III, da Lei 11.101/2005 – Lei de Falências estabelece como efeitos da condenação aos crimes nela previstos, a inabilitação para o exercício de atividade empresarial, o impedimento para o exercício de cargo ou função em conselho de administração, diretoria ou gerência das sociedades sujeitas à lei de falências, e a impossibilidade de gerir empresa por mandato ou por gestão de negócio.

Por sua vez, o art. 181, § 1.º, esclarece que tais efeitos não são automáticos, devendo ser motivadamente declarados na sentença, e perdurarão até 5 (cinco) anos após a extinção da punibilidade, podendo, contudo, cessar antes pela reabilitação criminal.

---

[19] RE 601.182/MG, rel. Min. Marco Aurélio, red. p/ acórdão Min. Alexandre de Moraes, Plenário, j. 08.05.2019, noticiado no *Informativo* 939.

CAP. 41 - EFEITOS DA CONDENAÇÃO | 691

Com o trânsito em julgado da condenação, o juiz deverá notificar o Registro Público de Empresas para que adote as medidas necessárias para impedir novo registro em nome dos inabilitados (art. 181, § 2.º).

### 41.4.5. Lei de Tortura

A condenação pela prática de crime definido pela Lei de Tortura, se o agente for funcionário público, acarretará a perda do cargo, função ou emprego público, bem como a interdição para seu exercício pelo dobro do prazo da pena aplicada (Lei 9.455/1997, art. 1.º, § 5.º).

Cuida-se de **efeito automático** da condenação. Como destaca o Superior Tribunal de Justiça: "Conforme dispõe o § 5.º do art. 1.º deste diploma legal, a perda do cargo, função ou emprego público é efeito automático da condenação, sendo dispensável fundamentação concreta".[20]

### 41.4.6. Lei de Drogas

No caso de crime ligado ao tráfico de drogas (arts. 33, *caput* e § 1.º, e 34 a 37 da Lei 11.343/2006), seu art. 56, § 1.º, permite ao juiz, por ocasião do recebimento da denúncia, decretar o afastamento cautelar do acusado de suas atividades, se for funcionário público, comunicando o órgão respectivo.

Trata-se de medida cautelar. Em caso de condenação, a perda do cargo ou função pública observa a regra geral delineada pelo Código Penal.

### 41.4.7. Crimes resultantes de preconceitos de raça e de cor

O art. 16 da Lei 7.716/1989 estabelece ser efeito da condenação aos crimes nela previstos a perda do cargo ou função pública, para o servidor público, e a suspensão do funcionamento do estabelecimento particular por prazo não superior a 3 (três) meses.

Esses efeitos **não são automáticos**, devendo ser expressamente declarados na sentença (art. 18).

### 41.4.8. Lavagem de capitais

O art. 7.º da Lei 9.613/1998 dispõe acerca dos efeitos da condenação atinentes aos crimes de "lavagem" ou ocultação de bens, direitos e valores, sem prejuízo da incidência das medidas previstas no Código Penal. Sua redação é a seguinte:

Art. 7.º São efeitos da condenação, além dos previstos no Código Penal:

I – a perda, em favor da União – e dos Estados, nos casos de competência da Justiça Estadual –, de todos os bens, direitos e valores relacionados, direta ou indiretamente, à prática dos crimes previstos nesta Lei, inclusive aqueles utilizados para prestar a fiança, ressalvado o direito do lesado ou de terceiro de boa-fé;

II – a interdição do exercício de cargo ou função pública de qualquer natureza e de diretor, de membro de conselho de administração ou de gerência das pessoas jurídicas referidas no art. 9.º, pelo dobro do tempo da pena privativa de liberdade aplicada.

§ 1.º A União e os Estados, no âmbito de suas competências, regulamentarão a forma de destinação dos bens, direitos e valores cuja perda houver sido declarada, assegurada, quanto aos processos de competência da Justiça Federal, a sua utilização pelos órgãos federais encarregados da prevenção, do combate, da ação penal e do julgamento dos crimes previstos nesta Lei, e, quanto aos processos de competência da Justiça Estadual, a preferência dos órgãos locais com idêntica função.

§ 2.º Os instrumentos do crime sem valor econômico cuja perda em favor da União ou do Estado for decretada serão inutilizados ou doados a museu criminal ou a entidade pública, se houver interesse na sua conservação.

---

[20] REsp 1.044.866/MG, rel. Min. Rogerio Schietti Cruz, 6.ª Turma, j. 02.10.2014, noticiado no *Informativo* 549.

**692** | DIREITO PENAL – PARTE GERAL – VOL. 1 • CLEBER MASSON

Como a Lei 9.613/1998 calou-se no tocante à aplicabilidade destes efeitos, é preciso utilizar a sistemática adotada pelo Código Penal. Desta forma, conclui-se que o efeito da condenação previsto no inc. I é **automático**, ao passo que o inc. II contempla efeito **não automático**, reclamando declaração motivada na sentença condenatória.

### 41.4.9. Crime organizado

O art. 2.º, § 6.º, da Lei 12.850/2013 contempla uma hipótese de efeito automático ao condenado pelo delito de organização criminosa:

> Art. 2.º Promover, constituir, financiar ou integrar, pessoalmente ou por interposta pessoa, organização criminosa:
>
> Pena – reclusão, de 3 (três) a 8 (oito) anos, e multa, sem prejuízo das penas correspondentes às demais infrações penais praticadas.
>
> (...)
>
> § 6.º A condenação com trânsito em julgado acarretará ao funcionário público a perda do cargo, função, emprego ou mandato eletivo e a interdição para o exercício de função ou cargo público pelo prazo de 8 (oito) anos subsequentes ao cumprimento da pena.[21]

### 41.4.10. Cadastro Nacional das Pessoas Condenadas por Crime de Estupro

A Lei 14.069/2020 criou, no âmbito da União, o Cadastro Nacional de Pessoas Condenadas por crime de estupro.

Esse cadastro deverá conter, no mínimo, as seguintes informações sobre as pessoas condenadas por tal delito: I – características físicas e dados de identificação datiloscópica; II – identificação do perfil genético; III – fotos; e IV – local de moradia e atividade laboral desenvolvida, nos últimos 3 (três) anos, em caso de concessão de livramento condicional.

Nada obstante a lei fale somente em "estupro", o cadastro deve contemplar tanto as pessoas condenadas pelo crime de estupro (CP, art. 213) como também aquelas sobre as quais recai condenação pelo delito de estupro de vulnerável, tipificado no art. 217-A do Código Penal.

Em respeito ao princípio da presunção de não culpabilidade, previsto no art. 5.º, LVII, da Constituição Federal, a Lei 14.069/2020 acertadamente utiliza a expressão "pessoas condenadas por crime de estupro", razão pela qual a inclusão no Cadastro somente poderá ser efetuada após o trânsito em julgado da condenação.

### 41.4.11. Código Civil, indignidade e exclusão da sucessão

O art. 1.814 do Código Civil estatui que são excluídos da sucessão os herdeiros ou legatários: I – que houverem sido autores, coautores ou partícipes de homicídio doloso, ou tentativa deste, contra a pessoa de cuja sucessão se tratar, seu cônjuge, companheiro, ascendente ou descendente; II – que houverem acusado caluniosamente em juízo o autor da herança ou incorrerem em crime contra a sua honra, ou de seu cônjuge ou companheiro; e III – que, por violência ou meios fraudulentos, inibirem ou obstarem o autor da herança de dispor livremente de seus bens por ato de última vontade.

De seu turno, o art. 1.815-A do Código Civil determina que em tais hipóteses de indignidade o **trânsito em julgado da sentença penal condenatória** acarretará a imediata exclusão do

---

[21] "É compatível com o princípio da proporcionalidade, em sua acepção substancial, a previsão normativa de perda do cargo, função, emprego ou mandato eletivo e da interdição para o exercício de função ou cargo público pelo prazo de 8 anos subsequente ao cumprimento da pena, no caso em que funcionário público esteja envolvido com organizações criminosas (Lei 12.850/2013, art. 2.º, § 6.º)" (STF: ADI 5.567/DF, rel. Min. Alexandre de Moraes, Plenário, j. 20.11.2023, noticiado no *Informativo* 1.177).

herdeiro ou legatário indigno, independentemente de sentença específica destinada a afastá-lo da sucessão. Cuida-se, portanto, de **efeito automático da condenação**.

## 41.5. QUADRO ESQUEMÁTICO

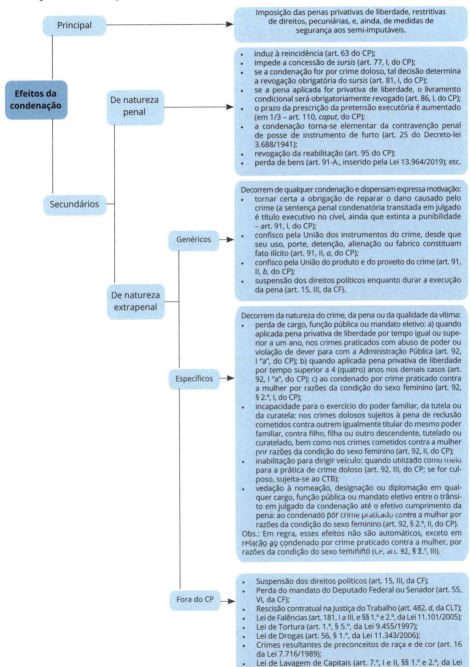

# CAPÍTULO 42

# REABILITAÇÃO

## 42.1. CONCEITO

Reabilitação é o instituto jurídico-penal que se destina a **promover a reinserção social do condenado**, a ele assegurando o **sigilo de seus antecedentes criminais**, bem como a **suspensão condicional de determinados efeitos secundários de natureza extrapenal e específicos da condenação**, mediante a declaração judicial no sentido de que as penas a ele aplicadas foram cumpridas ou por qualquer outro modo extintas. Busca, pois, reintegrar o condenado que tenha cumprido a pena na posição jurídica que desfrutava anteriormente à prolação da condenação.[1]

Tem, portanto, duas funções: (1) assegurar ao condenado o sigilo dos registros sobre seu processo e condenação (art. 93, *caput*); e (2) suspender condicionalmente os efeitos da condenação previstos no art. 92 do Código Penal (art. 93, parágrafo único). Na dicção do Superior Tribunal de Justiça:

> A reabilitação é uma medida no âmbito da política criminal que pretende a restauração da dignidade pessoal de indivíduos condenados, bem como a facilitação de sua reintegração na comunidade. É um instrumento essencial para a ressocialização e a reinserção de condenados na sociedade, uma vez que reconhece que, em certos casos, as pessoas podem demonstrar que estão prontas para reassumir plenamente seus direitos e responsabilidades como cidadãos.[2]

## 42.2. ORIGEM HISTÓRICA

A primeira manifestação do instituto da reabilitação ocorreu no Direito Romano, por meio da *restitutio in integrum*, forma de clemência soberana extintiva da pena e restauradora dos direitos patrimoniais e morais do condenado.

No Brasil, surgiu inicialmente no art. 86 do Código Penal de 1890, prevista como causa de extinção da condenação. Com o trânsito em julgado da revisão criminal, favorável ao réu, tinha ele automaticamente restabelecidos todos os seus direitos, bem como era garantida a indenização pelos prejuízos decorrentes da condenação.

## 42.3. NATUREZA JURÍDICA

Cuida-se de **medida de política criminal assecuratória do sigilo sobre os antecedentes criminais do condenado e, ainda, causa suspensiva condicional de certos efeitos secundários de natureza extrapenal e específicos da condenação.**

---

1   BETTIOL, Giuseppe. *Direito penal*. Trad. Paulo José da Costa Jr. e Alberto Silva Franco. São Paulo: RT, 1966. p. 226.

2   REsp 2.059.742/RS, rel. Min. Ribeiro Dantas, 5.ª Turma, j. 28.11.2023, noticiado no *Informativo* 797.

696 | DIREITO PENAL – PARTE GERAL – VOL. 1 • CLEBER MASSON

Não se trata, pois, de causa de extinção da punibilidade. De fato, como consta da Exposição de Motivos, item 82:

> Trata-se de instituto que não *extingue*, mas tão somente *suspende* alguns efeitos penais da sentença condenatória, visto que a qualquer tempo, revogada a reabilitação, se restabelece o *status quo ante*. Diferentemente, as causas extintivas da punibilidade operam efeitos irrevogáveis, fazendo cessar definitivamente a pretensão punitiva ou a execução.

## 42.4. MODALIDADES DE REABILITAÇÃO NO CÓDIGO PENAL

### 42.4.1. Sigilo das condenações: art. 93, *caput*

A reabilitação assegura ao condenado o sigilo dos registros sobre seu processo e condenação, nos termos do art. 93, *caput*, do Código Penal.

Mas qual é o verdadeiro alcance dessa finalidade da reabilitação?

O art. 202 da Lei de Execução Penal estatui que cumprida ou extinta a pena, não constarão da folha corrida, atestados ou certidões fornecidas por autoridade policial ou por auxiliares da Justiça, qualquer notícia ou referência à condenação, salvo para instruir processo pela prática de nova infração penal ou outros casos expressos em lei.

Esse sigilo, como se percebe, é garantido de forma automática e imediata depois do cumprimento integral ou extinção da pena por qualquer outro motivo. Prescinde da reabilitação.

Tal sigilo, entretanto, é mais restrito, pois pode ser quebrado por qualquer autoridade judiciária, por membro do Ministério Público ou, ainda, por Delegado de Polícia.

De outro lado, **o sigilo assegurado pela reabilitação é mais amplo**, pois as informações por ele cobertas somente podem ser obtidas por requisição (ordem), não de qualquer integrante do Poder Judiciário, mas exclusivamente do **juiz criminal**. É o que se extrai do art. 748 do Código de Processo Penal. Esta é a utilidade prática do instituto. Na esteira do pensamento do Superior Tribunal de Justiça:

> Esta Corte Superior de Justiça já pacificou o entendimento segundo o qual, por analogia à regra inserta no art. 748 do Código de Processo Penal, as anotações referentes a inquéritos policiais e ações penais não serão mencionadas na Folha de Antecedentes Criminais, nem em certidão extraída dos livros do juízo, nas hipóteses em que resultarem na extinção da punibilidade pela prescrição da pretensão punitiva, arquivamento, absolvição ou reabilitação.[3]

### 42.4.2. Efeitos secundários de natureza extrapenal e específicos da condenação: art. 93, parágrafo único

Os efeitos secundários de natureza extrapenal e específicos da condenação estão elencados no **art. 92 do Código Penal**.

A suspensão desses efeitos é **condicional**, porque do reabilitando exige-se o cumprimento de condições para retornar à situação em que estava previamente à condenação.

Vejamos cada um deles, e os reflexos provocados pela reabilitação.

#### 42.4.2.1. Perda de cargo, função pública ou mandato eletivo

O art. 92, I, do Código Penal, prevê como efeito secundário de natureza extrapenal e específico da condenação a perda de cargo, função pública ou mandato eletivo quando aplicada pena privativa de liberdade por tempo igual ou superior a um ano, nos crimes praticados com

---

3    RMS 42.972/SP, rel. Min. Laurita Vaz, 5.ª Turma, j. 22.04.2014.

CAP. 42 – REABILITAÇÃO | 697

abuso de poder, ou violação de dever para com a administração pública, ou ainda quando aplicada pena privativa de liberdade por tempo superior a quatro anos, nos demais crimes.

Esse efeito também é aplicável ao condenado por crime praticado contra a mulher, por razões da condição do sexo feminino (CP, art. 92, § 2.º, I).

O agente reabilitado não é automaticamente reintegrado à situação anterior, por expressa determinação do art. 93, parágrafo único, do Código Penal. Ele pode voltar, contudo, a exercer novo cargo, emprego ou função pública, **desde que proveniente de nova investidura**. Exemplo: o funcionário público condenado por peculato, que perdeu o cargo público que ocupava, desde que reabilitado, pode novamente ser funcionário público, se aprovado no concurso público respectivo.

### 42.4.2.2. Incapacidade para o exercício do poder familiar, da tutela ou da curatela

É também efeito secundário de natureza extrapenal e específico da condenação a incapacidade para o exercício do poder familiar, da tutela ou da curatela nos crimes dolosos sujeitos à pena de reclusão cometidos contra outrem igualmente titular do mesmo poder familiar, contra filho, filha ou outro descendente, tutelado ou curatelado, bem como nos crimes cometidos contra a mulher por razões da condição do sexo feminino, nos termos do § 1º do art. 121-A do Código Penal (CP, art. 92, II).

Esse efeito da condenação pode ser estendido a outros filhos, tutelados ou curatelados. Com a reabilitação, o condenado pode voltar a exercer o poder familiar, a tutela ou a curatela **em relação àqueles que não foram vítimas do delito doloso punido com reclusão**, pois em relação ao ofendido a incapacidade é permanente, conforme determina o art. 93, parágrafo único, do Código Penal.

Em outras palavras, jamais poderá ser exercido novamente o poder familiar, tutela ou curatela em face da vítima do crime cuja condenação produziu o efeito previsto no art. 92, II, do Código Penal.

### 42.4.2.3. Inabilitação para dirigir veículo

O art. 92, III, do Código Penal arrola como efeito secundário de natureza extrapenal e específico da condenação a inabilitação para dirigir veículo, quando utilizado como meio para a prática de crime doloso.

Uma vez reabilitado, o agente **poderá obter nova carteira de habilitação**, sem qualquer restrição legal.

### 42.4.2.4. Vedação da nomeação, designação ou diplomação em cargo, função pública ou mandato eletivo

O art. 92, § 2.º, II, do Código Penal, criado pela Lei 14.994/2024 – "Pacote Antifeminicídio", estatui que ao condenado por crime praticado contra a mulher, por razões da condição do sexo feminino, é vedada a sua nomeação, designação ou diplomação em qualquer cargo, função pública ou mandato eletivo entre o trânsito em julgado da condenação até o efetivo cumprimento da pena.

Esse efeito da condenação subsiste **"até o efetivo cumprimento da pena"**, ou seja, não há necessidade de reabilitação. Com a extinção da punibilidade, em tese será permitida ao agente a nomeação, designação ou diplomação em cargo, função pública ou mandato eletivo, caso ele preencha os requisitos legalmente exigidos para tal mister.

## 42.5. REABILITAÇÃO E REINCIDÊNCIA

A reabilitação suspende condicionalmente alguns efeitos secundários de natureza extrapenal e específicos da condenação.

698 | DIREITO PENAL – PARTE GERAL – VOL. 1 • CLEBER MASSON

A condenação, todavia, permanece íntegra, pois o instituto em análise não a rescinde. **Portanto, se, embora reabilitado, o agente vier a praticar novo delito, será considerado reincidente.**

Com efeito, o art. 64, I, do Código Penal é peremptório ao esclarecer que a condenação anterior somente perde força para gerar a reincidência quando, entre a data do cumprimento ou extinção da pena dela decorrente e a infração posterior tiver decorrido período de tempo superior a 5 (cinco) anos, computado o período de prova da suspensão ou do livramento condicional, se não ocorrer revogação.

Esse hiato temporal é o que se convencionou chamar de período depurador ou caducidade da reincidência.

## 42.6. PRESSUPOSTO E REQUISITOS DA REABILITAÇÃO

### 42.6.1. Pressuposto

A interpretação do art. 94 do Código Penal revela que a reabilitação possui um pressuposto e diversos requisitos.

O **pressuposto** é a existência de uma sentença condenatória transitada em julgado. É indiferente a natureza da sanção penal aplicada ao condenado, uma vez que a reabilitação alcança quaisquer penas aplicadas em sentença definitiva, tal como dispõe o art. 93, *caput*, do Código Penal.[4]

### 42.6.2. Requisitos

A lei exige, ainda, a observância de determinados requisitos, de natureza objetiva e subjetiva.

#### 42.6.2.1. Requisitos objetivos

São os que se relacionam ao tempo de cumprimento da pena e à reparação do dano.

*a) Tempo de cumprimento da pena*

O art. 94, *caput*, do Código Penal, condiciona a reabilitação a um marco temporal. Deve ter transcorrido o período de **2 (dois) anos** do dia em que tiver sido extinta, de qualquer modo, a pena ou terminar a sua execução, computando-se o período de prova do *sursis* e do livramento condicional, se não sobrevier revogação.

O prazo é o mesmo, seja o condenado primário ou reincidente.

Nas hipóteses de *sursis* e de livramento condicional, o termo inicial do prazo é a audiência admonitória.

Na pena de multa, o prazo se inicia a partir do seu efetivo pagamento, pois esse ato enseja a sua extinção. Se ocorrer a sua execução, motivada pela ausência do adimplemento voluntário, a multa será cobrada como dívida de valor, razão pela qual o decurso legal para a reabilitação inicia-se a partir da data em que deveria ter ocorrido o pagamento da pena pecuniária. Como já decidido pelo Superior Tribunal de Justiça:

> Consoante a jurisprudência, "compete ao Juízo da Execução Penal determinar a intimação do condenado para realizar o pagamento da pena de multa, a teor do que dispõe o art. 50 do Código Penal, e, acaso ocorra o inadimplemento da referida obrigação, o fato deve ser comunicado à Fazenda Pública a fim de que ajuíze a execução fiscal no foro competente, de acordo com as normas da Lei n. 6.830/80, porquanto, a Lei n. 9.268/96, ao alterar a redação do art. 51 do Código

---

4   Por esse motivo, se ocorrer a declaração da extinção da punibilidade pela prescrição da pretensão punitiva, de modo a apagar a condenação, falta ao acusado o interesse processual para se obter a reabilitação.

Penal, afastou a titularidade do Ministério Público" (STJ, REsp 832.267, rel. Min. Laurita Vaz, 5.ª Turma, *DJU* de 14.05.2007). Nessa linha de raciocínio, concluiu a Terceira Seção do Superior Tribunal de Justiça pela possibilidade de extinção da execução penal, quando, cumprida a pena privativa de liberdade, resta pendente a multa, na medida em que esta deverá ser cobrada, pela Fazenda Pública, no Juízo competente. Firmou-se o entendimento da 3.ª Seção do STJ no sentido de que, "considerando-se a pena de multa como dívida de valor e, consequentemente, tornando-se legitimado a efetuar sua cobrança a Procuradoria da Fazenda Pública, na Vara Fazendária, perde a razão de ser a manutenção do Processo de Execução perante a Vara das Execuções Penais, quando pendente, unicamente, o pagamento desta" (STJ, EREsp 845.902/RS, rel. Min. Maria Thereza de Assis Moura, 3.ª Seção, *DJe* de 01.02.2011). O entendimento contrário, ou seja, o de que a punibilidade do réu permaneceria incólume, enquanto não adimplida a multa, vincularia a finalização do procedimento penal à eventual cobrança do valor, pela Fazenda Pública, que – como se sabe – pode deixar de ajuizar a execução para cobrança da dívida ativa, em várias situações. Tal vinculação, assim, parece não se coadunar com as peculiaridades do processo penal, sendo desarrazoado que o réu, tendo cumprido a pena privativa de liberdade, fique impossibilitado de obter sua reabilitação, após o prazo estabelecido em lei, enquanto não comprovar o pagamento da multa, submetida a procedimento de cobrança cível.[5]

Em se tratando de extinção da pena pela ocorrência da prescrição, a contagem do prazo tem início na data em que ocorreu a causa extintiva da punibilidade, pouco importando o momento em que se deu o seu reconhecimento judicial.

**Se o agente ostentar diversas condenações, o pedido de reabilitação deve ser formulado no tocante a todas elas**. Não pode se limitar somente a parcela das penas, em razão de as demais ainda não terem sido integralmente cumpridas ou extintas por qualquer outra causa. A reabilitação tem por essência a totalidade de seus efeitos, proporcionando a plena reinserção social do condenado. Como leciona Aloysio de Carvalho Filho:

> Duas ou mais as penas impostas, a reabilitação não pode ser deferida, enquanto não preenchida a condição do cumprimento de todas elas. É da índole e da finalidade do instituto ser de efeitos totais, gerais. Do mesmo modo que não se compreenderia uma reabilitação em porções, não se justifica uma reabilitação que anule umas penas, deixando outras de pé. Teríamos o penoso espetáculo de um reabilitado manco, para quem a reabilitação, afinal, seria uma irrisória inutilidade, por lhe não haver restituído, senão em parte, a liberdade de ação, quando, no seu caso, ou toda ou nenhuma.[6]

*b) Reparação do dano*

O art. 94, III, do Código Penal autoriza a reabilitação ao condenado que tenha ressarcido o dano causado pelo crime ou demonstre a absoluta impossibilidade de fazê-lo, até o dia do pedido, ou exiba documento que comprove a renúncia da vítima ou novação da dívida.

Esse requisito é dispensado quando já se operou a prescrição do débito no âmbito civil.

Em homenagem à separação e independência entre as instâncias, subsiste a obrigação de reparar o dano, como requisito da reabilitação, quando em prol do penalmente condenado tiver sido julgado improcedente o pedido de indenização formulado no juízo civil. Com efeito, prevalece a decisão penal no tocante à prova da autoria e da materialidade do fato delituoso.

Não há falar em dano a ser reparado nos crimes que não o produzem, tal como apologia ao crime, ato obsceno e associação criminosa.

Da mesma forma, não incide esse requisito quando o crime não apresenta vítima determinada, ou ainda quando figura como sujeito passivo um ente destituído de personalidade jurídica (crime vago).

---

[5]   REsp 1.166.866/MS, rel. Min. Assusete Magalhães, 6.ª Turma, j. 20.08.2013.
[6]   CARVALHO FILHO, Aloysio de. *Comentários ao Código Penal*. Rio de Janeiro: Forense, 1944. v. IV, p. 388-389.

A pobreza, na acepção jurídica do termo, que justifica a dispensa da reparação do dano, pode ser provada por qualquer meio legítimo.

A renúncia da vítima ou a novação civil da dívida também autorizam a reabilitação independentemente do ressarcimento dos prejuízos.

O fato de a vítima não ter ajuizado ação indenizatória contra o condenado não significa estar ele livre de reparar o dano.

### 42.6.2.2. Requisitos subjetivos

Dizem respeito à **pessoa do condenado**. São dois: domicílio no país nos dois anos seguintes ao cumprimento ou extinção da pena e bom comportamento público e privado nesse período.

*a) Domicílio no país*

Exige-se que o condenado tenha sido domiciliado no Brasil no prazo de dois anos após a extinção da pena, o que admite liberdade de prova.

*b) Bom comportamento público e privado*

O condenado, no prazo de dois anos posteriormente à extinção da pena, deve ter apresentado, de forma efetiva e constante, bom comportamento público e privado. Não só a prática de novo delito impede a reabilitação. Qualquer ato capaz de macular a reputação do agente pode fazê-lo.

A demonstração efetiva e constante de bom comportamento público e privado pode ser feita, exemplificativamente, com frequência a estabelecimentos de ensino e cursos profissionalizantes, ocupação lícita e honesta, participação em programas filantrópicos e sociais etc.[7]

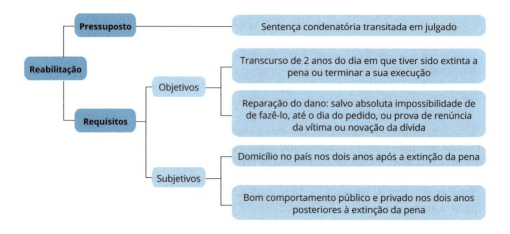

---

[7] "(...) o termo 'bom comportamento público e privado', constante no art. 94, II, do CPP, refere-se à conduta social e moral de um indivíduo, tanto em suas interações públicas quanto privadas. Ele engloba ações éticas, respeitosas e socialmente aceitáveis em todas as áreas da vida, independentemente de estar em um ambiente público, onde outras pessoas estão presentes, ou em situações privadas, mais íntimas e pessoais. Dito isso, constata-se que o fato de o acordo de não persecução penal não gerar reincidência ou maus antecedentes não necessariamente implica o reconhecimento de 'bom comportamento público e privado', conforme estabelecido no art. 94, II, do CP, que se refere à conduta social e moral do indivíduo na sociedade" (STJ: REsp 2.059.742/RS, rel. Min. Ribeiro Dantas, 5.ª Turma, j. 28.11.2023, noticiado no *Informativo* 797).

CAP. 42 – REABILITAÇÃO | 701

## 42.7. PEDIDO DE REABILITAÇÃO

A legitimidade para formular o pedido de reabilitação é **privativa do condenado**. Cuida-se de ato eminentemente pessoal, intransferível. Não se estende aos seus herdeiros ou sucessores em caso de falecimento do titular, o que se justifica pela finalidade do instituto (reinserção social do condenado).

Inexiste, pois, reabilitação em prol da memória do condenado falecido, uma vez que a medida somente produz efeitos para o futuro.

O condenado deve ser assistido por advogado e o pedido deve ser endereçado ao juízo de primeiro grau em que tramitou a ação penal, ainda que a decisão condenatória transitada em julgado tenha sido proferida em sede recursal. No caso de competência originária, a reabilitação deve ser ajuizada perante o Tribunal competente.[8]

A petição inicial deve estar acompanhada de todos os requisitos de índole objetiva e subjetiva, disciplinados pelo art. 94 do Código Penal.

Deve ser ouvido o Ministério Público previamente à decisão judicial.

A sentença que concede ou nega a reabilitação pode ser impugnada por meio de recurso de apelação, na forma do art. 593, II, do Código de Processo Penal. Na hipótese de concessão, comporta também recurso de ofício, conforme determina o art. 746 do citado diploma legal.

O art. 94, parágrafo único, do Código Penal revela o caráter *rebus sic stantibus* da reabilitação, pois, uma vez negada, poderá ser novamente requerida, a qualquer tempo, desde que o pedido seja instruído com novos elementos comprobatórios dos requisitos necessários.

## 42.8. REVOGAÇÃO DA REABILITAÇÃO

Preceitua o art. 95 do Código Penal: "A reabilitação será revogada, de ofício ou a requerimento do Ministério Público, se o reabilitado for condenado, como reincidente, por decisão definitiva, a pena que não seja de multa".

## 42.9. REABILITAÇÃO E *HABEAS CORPUS*

A via do *habeas corpus* não é a adequada para instrumentalizar o pedido de reabilitação, seja porque não há risco à liberdade de locomoção, seja pela impossibilidade de dilação probatória no âmbito do remédio constitucional.[9]

---

8 "No nosso sistema processual vigente, não se inclui a reabilitação entre os incidentes da execução, e o Código de Processo Penal comum (art. 743) e o Código de Processo Penal Militar (art. 651) determinam expressamente que o benefício seja requerido no juízo da condenação" (STF: CC 7.015/SP, rel. Min. Moreira Alves, Plenário, j. 01.08.1994).

9 STF: HC 90.554/RJ, rel. Min. Cármen Lúcia, 1.ª Turma, j. 06.03.2007.

# CAPÍTULO 43

# MEDIDAS DE SEGURANÇA

## 43.1. CONCEITO

Medida de segurança é a modalidade de sanção penal com finalidade exclusivamente preventiva, e de caráter terapêutico, destinada a tratar inimputáveis e semi-imputáveis portadores de periculosidade, com o escopo de evitar a prática de futuras infrações penais.

Em que pese o seu aspecto curativo, revela-se como espécie de sanção penal, pois toda e qualquer privação ou restrição de direitos, para quem a suporta, apresenta conteúdo penoso.

Há, contudo, entendimentos minoritários no sentido de tratar-se de instituto estritamente assistencial ou curativo, razão pela qual não estaria submetido aos princípios vetores do Direito Penal, dentre os quais o da reserva legal e da anterioridade.[1]

## 43.2. DISTINÇÕES ENTRE PENA E MEDIDA DE SEGURANÇA

No Direito Penal brasileiro, penas e medidas de segurança apresentam claras distinções.

As penas têm **finalidade** eclética, isto é, retributiva e preventiva, enquanto as medidas de segurança destinam-se exclusivamente à prevenção de novas infrações penais (prevenção especial).[2]

As penas são aplicadas por **período** determinado, guardando proporcionalidade com a reprovação do crime. Já as medidas de segurança são aplicadas por período determinado quanto ao limite mínimo, mas absolutamente indeterminado no tocante à duração máxima, pois a sua extinção depende do fim da periculosidade do agente.

As penas têm como **pressuposto** a culpabilidade, ao passo que as medidas de segurança reclamam a periculosidade do indivíduo.

No tocante aos **destinatários**, as penas se dirigem aos imputáveis e semi-imputáveis sem periculosidade. Por sua vez, as medidas de segurança se dirigem aos inimputáveis e aos semi-imputáveis perigosos. Não é possível a aplicação de medidas de segurança aos imputáveis.

---

[1] É o caso de TOLEDO, Francisco de Assis. *Princípios básicos de direito penal.* 5. ed. 13. tir. São Paulo: Saraiva, 2007. p. 40-42.

[2] "As funções, objetivos imediatos ou 'fins meios' das medidas de segurança são de prevenção especial de recuperação social do agente perigoso, através do tratamento da anomalia psíquica ou da correção da tendência criminosa e, ainda, inocuização ou neutralização da perigosidade criminal do infrator" (CARVALHO, Américo Taipa de. *Direito penal. Parte Geral.* Questões fundamentais. Teoria Geral do Crime. 2. ed. Coimbra: Coimbra Editora, 2008. p. 76).

**704** | DIREITO PENAL – PARTE GERAL – VOL. 1 • CLEBER MASSON

| | Penas | Medidas de segurança |
|---|---|---|
| **Finalidades** | Retribuição (castigo), prevenção geral e prevenção especial | Prevenção especial |
| **Duração** | Determinada | Determinada no mínimo e indeterminada no máximo (com a ressalva das divergências doutrinárias e jurisprudenciais) |
| **Pressuposto** | Culpabilidade | Periculosidade |
| **Destinatários** | Imputáveis e semi-imputáveis sem periculosidade (que não necessitam de especial tratamento curativo) | Inimputáveis e semi-imputáveis dotados de periculosidade (que necessitam de especial tratamento curativo) |

## 43.3. PRINCÍPIOS DAS MEDIDAS DE SEGURANÇA

### 43.3.1. Legalidade

Apenas a lei pode criar medidas de segurança. Não podem ser veiculadas por medida provisória, nos termos do art. 62, § 1.º, I, "b", da Constituição Federal.

### 43.3.2. Anterioridade

Somente se admite a imposição de uma medida de segurança quando sua previsão legal for anterior à prática da infração penal, eis que a essa espécie de sanção penal também incide o princípio constitucional da irretroatividade da lei penal mais severa (CF, art. 5.º, XL).

### 43.3.3. Jurisdicionalidade

A medida de segurança apenas pode ser aplicada pelo Poder Judiciário, com observância do devido processo legal.

## 43.4. REQUISITOS PARA APLICAÇÃO

A aplicação de medida depende de três requisitos: (1) prática de um fato típico e ilícito; (2) periculosidade do agente; e (3) não tenha ocorrido a extinção da punibilidade.

Deve ter sido praticada uma infração penal, ou seja, reclamam-se certeza da autoria e prova da materialidade do fato delituoso. O raciocínio a ser feito é o seguinte: há provas para a condenação, mas como o caso concreto não autoriza a imposição de pena, é necessária a aplicação de medida de segurança.

Destarte, o simples fato de ser a pessoa portadora de periculosidade não permite a incidência da medida de segurança. É imperioso o respeito ao devido processo legal, com o exercício do contraditório e da ampla defesa. Exemplificativamente, um inimputável que tenha praticado um fato típico em estado de necessidade não comete crime, razão pela qual não se aplica medida de segurança. Da mesma forma, não incide essa espécie de sanção penal quando ausentes provas inequívocas da autoria e da materialidade do fato.

Em segundo lugar, o agente deve possuir periculosidade.

Finalmente, é obrigatório que o Estado ainda possua o direito de punir. Nos termos do art. 96, parágrafo único, do Código Penal: "Extinta a punibilidade, não se impõe medida de segurança nem subsiste a que tenha sido imposta".

CAP. 43 – MEDIDAS DE SEGURANÇA | 705

Se já tiver verificado a extinção da punibilidade, pela prescrição ou por qualquer outra causa, não pode ser aplicada medida de segurança, ainda que disfarçadamente sob o rótulo de "interdição civil". Na linha da jurisprudência do Supremo Tribunal Federal:

A Segunda Turma concedeu ordem de *habeas corpus* para ratificar liminar anteriormente deferida que transferiu o paciente de Hospital de Custódia e Tratamento Psiquiátrico (HCTP) e o encaminhou a Centro de Atenção Psicossocial ou a unidade de saúde similar a fim de verificar a necessidade de tratamento médico. O paciente respondeu por homicídio em primeira instância e foi sentenciado a absolvição imprópria com aplicação de medida de segurança (internação). O cumprimento da pena começou no ano de 2010 em HCTP. Em 2015, o Tribunal de Justiça reconheceu a nulidade do processo criminal em face da extinção da pretensão punitiva. Entretanto, mesmo com a extinção da sentença, o paciente continuou internado em HCTP. A Turma afirmou que esse tipo de estabelecimento é destinado àqueles que cumprem medida de segurança, resposta penal oferecida às pessoas que apresentam diagnóstico psiquiátrico e tenham praticado crime. Ademais, a Lei de Execuções Penais (Lei 7.210/1984), em seu Título IV, elenca os HCTPs como "estabelecimentos penais". Extinta a punibilidade em decorrência do reconhecimento da prescrição, não há que falar em pena, medida de segurança ou manutenção do paciente em HCTP. (...) De acordo com a Convenção Internacional dos Direitos das Pessoas com Deficiência (CDPD), internalizada em nosso ordenamento como texto constitucional (Decreto Legislativo 186/2008 e Decreto 6.949/2009), as pessoas com impedimentos de longo prazo de natureza física, mental, intelectual e sensorial são consideradas deficientes e merecem a "plena e efetiva participação e inclusão na sociedade" (art. 3.º). Em outras palavras, a tônica da inclusão social da pessoa com deficiência apresenta-se como princípio de status constitucional. Tal entendimento – aliado ao que disciplina a Lei 10.216/2001, no sentido de que as internações terão caráter excepcional – autoriza a conclusão de que, no caso, a manutenção do paciente em HCTP apoia-se em narrativa inconstitucional, porquanto opta pela restrição de uma garantia fundamental – a liberdade – pela via da interdição civil de quem teve a punibilidade extinta e possui laudo psiquiátrico favorável à desinternação.[3]

## 43.5. CONCEITO DE PERICULOSIDADE

Periculosidade é a **efetiva probabilidade**, relativa ao responsável por uma infração penal, inimputável ou semi-imputável, de voltar a envolver-se em crimes ou contravenções penais. Extrai-se da natureza e da gravidade do fato cometido e das circunstâncias indicadas na legislação nacional. É considerada socialmente perigosa a pessoa que cometeu o fato, quando é de temer que pratique novos fatos previstos na lei como infrações.[4]

Não é, assim, a mera possibilidade de reincidência. Exige-se mais, é dizer, faz-se necessário um juízo de probabilidade, no qual a chance de nova infração penal ser praticada é concreta e potencial, segundo as regras da experiência comum.

Reclama-se um **prognóstico** completo, calcado em conjecturas razoáveis, de que o indivíduo tornará a cometer infrações penais. De fato, funcionando a periculosidade como um dos pressupostos das medidas de segurança, e tendo essa espécie de sanção penal como função exclusiva a prevenção especial, o magistrado deve analisar o futuro, com o escopo de aferir a probabilidade de o agente praticar novos ilícitos penais. Daí falar-se em **juízo de prognose**.

Nas penas, ao contrário, opera-se um diagnóstico acerca do passado do agente, para se concluir se é ou não necessária sua aplicação. Fala-se, nesse caso, de **juízo de diagnose**. Com efeito, as penas têm como pressuposto a culpabilidade.

---

3  HC 151.523/SP, rel. Min. Edson Fachin, 2.ª Turma, j. 27.11.2018, noticiado no *Informativo* 925.

4  NOGUEIRA, J. C. Ataliba. *Medidas de segurança.* São Paulo: Saraiva, 1937. p. 221.

**706** | DIREITO PENAL – PARTE GERAL – VOL. 1 • CLEBER MASSON

Em suma, a pena se justifica em razão daquilo que fez o agente. A medida de segurança, por outro lado, somente se legitima se necessária para evitar que o indivíduo venha novamente a enveredar pelo caminho da ilicitude penal.

## 43.6. ESPÉCIES DE PERICULOSIDADE

De acordo com o sistema adotado pelo Código Penal, a periculosidade pode ser presumida ou real.

**Periculosidade presumida** é a que ocorre quando a lei, expressamente, considera determinado indivíduo perigoso. Essa presunção é absoluta (*iuris et de iure*), e o juiz tem a obrigação de impor ao agente a medida de segurança. Aplica-se aos inimputáveis do art. 26, *caput*, do Código Penal, de modo que tais pessoas serão submetidas a medida de segurança quando comprovado seu envolvimento em uma infração penal.

Se um inimputável, portanto, praticou uma infração penal, será tratado como perigoso, prescindindo-se de conclusão pericial específica nesse sentido. Basta ser inimputável e responsável por um crime ou contravenção penal.

**Periculosidade real** é a que deve ser provada no caso concreto, isto é, a lei não presume sua existência. É aplicável aos semi-imputáveis do art. 26, parágrafo único, do Código Penal.

Destarte, quando um semi-imputável comete uma infração penal, será tratado como culpável, salvo se o exame pericial que constatar sua responsabilidade diminuída concluir também (e essa conclusão for aceita pelo magistrado) pela sua periculosidade, recomendando a substituição da pena por medida de segurança.

## 43.7. APLICAÇÃO DA MEDIDA DE SEGURANÇA

O **inimputável** (CP, art. 26, *caput*) que pratica uma infração penal é absolvido. Não se aplica pena, em virtude da ausência de seu pressuposto, qual seja, a culpabilidade. Essa absolvição está prevista no art. 386, VI, do Código de Processo Penal.

Diante de sua periculosidade, todavia, impõe-se uma medida de segurança. Trata-se de **sentença absolutória imprópria**, assim chamada por recair sobre o réu uma sanção penal, na forma definida pelo art. 386, parágrafo único, III, do Código de Processo Penal.

De acordo com a **Súmula 422 do Supremo Tribunal Federal**: "A absolvição criminal não prejudica a medida de segurança, quando couber, ainda que importe privação da liberdade".

Por outro lado, no tocante ao **semi-imputável** (CP, art. 26, parágrafo único) responsável por um crime ou contravenção penal a sentença é **condenatória**. A presença da culpabilidade, embora diminuída, autoriza a imposição de pena, reduzida obrigatoriamente de um a dois terços.

Se, entretanto, constatar-se a sua periculosidade, de forma a necessitar o condenado de especial tratamento curativo, a pena reduzida pode ser substituída por medida de segurança. O art. 98 do Código Penal acolheu o **sistema vicariante** ou **unitário**, pois ao semi-imputável será aplicada pena reduzida de um a dois terços ou medida de segurança, conforme seja mais adequado ao caso concreto.

Antes da reforma da Parte Geral do Código Penal pela Lei 7.209/1984, imperava o **sistema do duplo binário** (derivado do italiano *doppio binario*),[5] também chamado de **duplo trilho** ou **dupla via**, pelo qual o semi-imputável perigoso cumpria inicialmente a pena privativa de liberdade, e, ao final desta, se subsistisse a periculosidade, era submetido a medida de segurança.

Nada impede a imposição **simultânea** ao semi-imputável de pena privativa de liberdade e de medida de segurança, **pela prática de fatos diversos**, situação que não viola o sistema vicariante.

---

[5]    DOTTI, René Ariel. Visão geral da medida de segurança. In: SHECAIRA, Sérgio Salomão (Org.). *Estudos criminais em homenagem a Evandro Lins e Silva*. São Paulo: Método, 2001. p. 310.

CAP. 43 – MEDIDAS DE SEGURANÇA | 707

Nesse contexto, se o condenado estava cumprindo pena e sobreveio a imposição, em outra ação penal, de medida de segurança, não é obrigatória a conversão da reprimenda em internação ou tratamento ambulatorial. O Superior Tribunal de Justiça já se pronunciou nesse sentido:

> Durante o cumprimento de pena privativa de liberdade, o fato de ter sido imposta ao réu, em outra ação penal, medida de segurança referente a fato diverso não impõe a conversão da pena privativa de liberdade que estava sendo executada em medida de segurança. Inicialmente, convém apontar que o sistema vicariante afastou a imposição cumulativa ou sucessiva de pena e medida de segurança, uma vez que a aplicação conjunta ofenderia o princípio do *ne bis in idem*, já que o mesmo indivíduo suportaria duas consequências em razão do mesmo fato. No caso em análise, evidencia-se que cada reprimenda imposta corresponde a um fato distinto. Portanto, não há que se falar em ofensa ao sistema vicariante, porquanto a medida de segurança refere-se a um fato específico e a aplicação da pena privativa de liberdade correlaciona-se a outro fato e delito.[6]

Em relação aos semi-imputáveis, a sentença sempre será condenatória, tanto na hipótese de aplicação de pena privativa de liberdade como no caso de sua substituição por medida de segurança. Mas, uma vez aplicada a medida de segurança, segue-se o mesmo regramento existente para os inimputáveis no tocante à execução da sanção penal.

## 43.8. ESPÉCIES DE MEDIDAS DE SEGURANÇA

O art. 96 do Código Penal apresenta duas espécies de medidas de segurança: detentiva e restritiva.

**Detentiva**, prevista no inciso I, consiste em **internação** em hospital de custódia e tratamento psiquiátrico ou, à falta, em outro estabelecimento adequado. Importa em privação da liberdade do agente.

**Restritiva**, elencada pelo inciso II, é a sujeição a **tratamento ambulatorial**. O agente permanece livre, mas submetido a tratamento médico adequado.

O critério para escolha da espécie de medida de segurança a ser aplicada reside na **natureza da pena cominada** à infração penal. Com efeito, dispõe o art. 97, *caput*, do Código Penal, que se o fato é punido com reclusão, o juiz determinará, obrigatoriamente, sua internação. Se o fato, todavia, for punível com detenção, poderá o juiz optar entre a internação e o tratamento ambulatorial.

No caso de pena de detenção, a escolha entre as medidas de segurança detentiva e restritiva deve ser guiada pelo grau de periculosidade do réu.

O rígido critério adotado pelo Código Penal é alvo de críticas, por estabelecer um modelo padrão para medidas de segurança e levar à internação de diversas pessoas que poderiam ser tratadas de forma mais branda. Cria, inclusive, distinções injustas entre imputáveis e inimputáveis. O condenado pela prática de crime de furto simples dificilmente seria submetido ao cárcere, pois teria direito a diversos institutos que evitam a privação da liberdade, tais como penas restritivas de direitos, *sursis* etc. Se inimputável, contudo, seria inevitavelmente internado, por se tratar de crime punido com reclusão.

Em face disso, há propostas para a correção do equívoco legislativo, reservando a internação somente aos casos em que a periculosidade do agente efetivamente reclame a privação da liberdade. Para Carlota Pizarro de Almeida:

> Não é correto, portanto, quando se trate de portadores de anomalia psíquica, estabelecer uma correspondência entre a medida de segurança e a gravidade do fato praticado. Mas já será importante estabelecê-la em relação à perigosidade do agente: só assim se respeita o princípio da proporcionalidade.[7]

---

6   HC 275.635/SP, rel. Min. Nefi Cordeiro, 6.ª Turma, j. 08.03.2016, noticiado no *Informativo* 579.
7   ALMEIDA, Carlota Pizarro de. *Modelos de inimputabilidade*. Da teoria à prática. Coimbra: Almedina, 2000. p. 34.

O Supremo Tribunal Federal acolhe esta proposta doutrinária: "Em casos excepcionais, admite-se a substituição da internação por medida de tratamento ambulatorial quando a pena estabelecida para o tipo é a reclusão, notadamente quando manifesta a desnecessidade da internação".[8] É também o entendimento do Superior Tribunal de Justiça:

> Na aplicação do art. 97 do Código Penal não deve ser considerada a natureza da pena privativa de liberdade aplicável, mas sim a periculosidade do agente, cabendo ao julgador a faculdade de optar pelo tratamento que melhor se adapte ao inimputável. A Quinta Turma, há muito, firmou entendimento no sentido de que, "conforme a dicção do art. 97 do Código Penal, tratando-se de crime punível com reclusão, descabe a substituição da internação em hospital de custódia por tratamento ambulatorial". Lado outro, a Sexta Turma, em sucessivos julgados, tem proclamado a tese de que, "na fixação da medida de segurança, por não se vincular à gravidade do delito perpetrado, mas à periculosidade do agente, é cabível ao magistrado a opção por tratamento mais apropriado ao inimputável, independentemente de o fato ser punível com reclusão ou detenção, em homenagem aos princípios da adequação, da razoabilidade e da proporcionalidade". A doutrina brasileira majoritariamente tem se manifestado acerca da injustiça da referida norma, por padronizar a aplicação da sanção penal, impondo ao condenado, independentemente de sua periculosidade, medida de segurança de internação em hospital de custódia, em razão de o fato previsto como crime ser punível com reclusão. Nesse contexto deve prevalecer a jurisprudência da Sexta Turma.[9]

## 43.9. PRAZO MÍNIMO DA MEDIDA DE SEGURANÇA

A sentença que aplica medida de segurança deve, obrigatoriamente, fixar o prazo mínimo de internação ou tratamento ambulatorial, entre um a três anos, nos termos do art. 97, § 1.º, *in fine*, do Código Penal.

O prazo mínimo se destina à **realização do exame de cessação da periculosidade**.

## 43.10. PRAZO MÁXIMO DA MEDIDA DE SEGURANÇA

O Código Penal estabelece em seu art. 97, § 1.º, 1.ª parte: "A internação, ou tratamento ambulatorial, será por tempo indeterminado, perdurando enquanto não for averiguada, mediante perícia médica, a cessação de periculosidade".

A medida de segurança, pelo texto da lei, pode ser eterna. De fato, se a periculosidade durar por toda a vida do agente, pelo mesmo período se arrastará a internação ou o tratamento ambulatorial.

Essa opção legal se funda na premissa de que, por ser a medida de segurança um bem, destinada a proteger o responsável por uma infração penal, e também recuperá-lo do mal de que padece, não encontra limites no tempo. O que é bom não deve ser barrado por questões temporais.

A escolha legislativa, todavia, não é unânime. Diversos penalistas pugnam pela inconstitucionalidade da duração indeterminada, quiçá perpétua, da medida de segurança, espécie de sanção penal. Além disso, se o imputável é protegido, no tocante ao cumprimento da pena privativa de liberdade, pelo limite contido no art. 75 do Código Penal (40 anos), não poderia um inimputável, doente, ser internado por prazo indeterminado.[10] Essa posição é atualmente aceita pelo Supremo Tribunal Federal.[11]

---

[8] HC 85.401/RS, rel. Min. Cezar Peluso, 2.ª Turma, j. 04.12.2009.

[9] EREsp 998.128/MG, rel. Min. Ribeiro Dantas, 3.ª Seção, j. 27.11.2019, noticiado no *Informativo* 662.

[10] É o caso de ZAFFARONI, Eugenio Raúl; PIERANGELLI, José Henrique. *Manual de direito penal brasileiro*. Parte geral. 7. ed. São Paulo: RT, 2007. v. 1, p. 733.

[11] HC 84.219/SP, rel. Min. Marco Aurélio, 1.ª Turma, j. 16.08.2005. E também: HC 107.432/RS, rel. Min. Ricardo Lewandowski, 1.ª Turma, j. 24.05.2011, noticiado no *Informativo* 628.

O **Superior Tribunal de Justiça**, de seu turno, tem inovado sobre o assunto, decidindo que a duração da medida de segurança não pode ultrapassar o limite máximo da pena cominada ao delito praticado, em obediência aos **princípios da isonomia e da proporcionalidade, pois caso contrário os destinatários das medidas de segurança, normalmente inimputáveis, acabariam recebendo um tratamento jurídico-penal mais severo do que aquele dispensado aos imputáveis.** Este é o entendimento consolidado na **Súmula 527**: "O tempo de duração da medida de segurança não deve ultrapassar o limite máximo da pena abstratamente cominada ao delito praticado".

Em nossa opinião, a posição adotada pelo STJ desponta como a mais adequada acerca do máximo de duração da medida de segurança, especialmente no tocante à internação em hospital de custódia e tratamento psiquiátrico. Com efeito, se uma pessoa culpável (imputável ou semi-imputável), e, portanto, dotada de livre arbítrio e responsável por uma conduta reprovável, pode ser apenada até o limite previsto em lei, não há razão para se permitir que um indivíduo envolvido pela periculosidade (inimputável ou semi-imputável), normalmente portador de doença mental, receba uma medida de segurança por período superior.

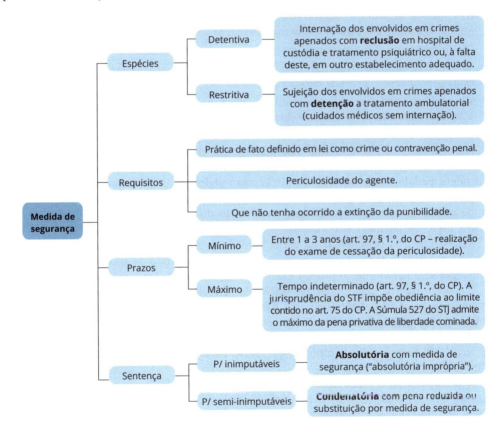

## 43.11. EXECUÇÃO DAS MEDIDAS DE SEGURANÇA

Com o trânsito em julgado da sentença que aplica a medida de segurança, será ordenada pelo juiz a expedição de **guia para a execução** (LEP, art. 171).

Essa guia é imprescindível, pois sem ela ninguém será internado em hospital de custódia e tratamento psiquiátrico, nem submetido a tratamento ambulatorial, para cumprimento da medida de segurança (LEP, art. 172).

Em se tratando de internação, o agente é obrigatoriamente submetido a exame criminológico. No tratamento ambulatorial esse exame é facultativo (LEP, art. 174).

Durante a execução da medida de segurança, o sentenciado pode contratar médico de sua confiança pessoal para orientar e acompanhar o tratamento. Em caso de divergência entre o profissional particular e o médico oficial, decidirá o juiz da execução, como *peritum peritorum*, isto é, o perito dos peritos (LEP, art. 43 e parágrafo único).

Ao término do prazo mínimo de duração da medida de segurança, será averiguada a cessação da periculosidade, pelo exame das condições pessoais do agente. O procedimento a ser seguido consta do art. 175 da Lei de Execução Penal:

I – a autoridade administrativa, até 1 (um) mês antes de expirar o prazo de duração mínima da medida, remeterá ao Juiz minucioso relatório que o habilite a resolver sobre a revogação ou permanência da medida;

II – o relatório será instruído com o laudo psiquiátrico;

III – juntado aos autos o relatório ou realizadas as diligências, serão ouvidos, sucessivamente, o Ministério Público e o curador ou defensor, no prazo de 3 (três) dias para cada um.

IV – o Juiz nomeará curador ou defensor para o agente que não o tiver;

V – o Juiz, de ofício ou a requerimento de qualquer das partes, poderá determinar novas diligências, ainda que expirado o prazo de duração mínima da medida de segurança; e

V – ouvidas as partes ou realizadas as diligências a que se refere o inciso anterior, o Juiz proferirá a sua decisão, no prazo de 5 (cinco) dias.

Excepcionalmente, o juiz pode determinar a antecipação do exame de cessação da periculosidade, embora não decorrido o período mínimo de duração da medida de segurança, atendendo a pedido fundamentado do Ministério Público ou do interessado, seu procurador ou defensor (LEP, art. 176). Ainda que não previsto em lei, entende-se que o juiz pode também, de ofício, ordenar antecipadamente a realização do exame, quando tiver ciência de fato relevante capaz de justificar sua atuação.

Se concluir pela persistência da periculosidade, o juiz manterá a medida de segurança, devendo a autoridade administrativa renovar o exame psiquiátrico de ano em ano, ou a qualquer tempo, se o determinar o juiz da execução (CP, art. 97, § 2.º).

Por outro lado, se concluir pela cessação da periculosidade, o juiz **suspende** a execução da medida de segurança, determinando a **desinternação** (para a espécie detentiva) ou a **liberação** (para a modalidade restritiva) do agente. Essa decisão comporta agravo em execução, **com efeito suspensivo**, pois a desinternação ou liberação dependem do trânsito em julgado (LEP, art. 179). Essa é a única hipótese de agravo de execução com efeito suspensivo (LEP, art. 197 c/c art. 179).

A desinternação e a liberação serão sempre **condicionadas**, pois o juiz deve impor ao agente as mesmas condições do livramento condicional (LEP, art. 178). Essas condições se dividem em obrigatórias e facultativas.

São **condições obrigatórias:** (1) obter ocupação lícita, se apto para o trabalho, (2) comunicar periodicamente ao juiz sua ocupação, e (3) não mudar da comarca sem prévia autorização judicial (LEP, art. 178 c/c o art. 132, § 1.º).

O juiz tem, ainda, a discricionariedade para impor **condições facultativas**, tais como: (1) não mudar de residência sem comunicação ao juiz e à autoridade incumbida da observância cautelar e de proteção, (2) recolher-se à habitação em hora fixada, (3) não frequentar determinados lugares, e (4) utilizar equipamento de monitoração eletrônica (LEP, art. 178 c/c o art. 132, § 2.º).

CAP. 43 - MEDIDAS DE SEGURANÇA | 711

A desinternação e a liberação, de natureza condicional, serão revogadas pelo juízo da execução se o agente, **antes do decurso de 1 ano**, praticar fato, e não necessariamente infração penal, indicativo da manutenção da sua periculosidade (CP, art. 97, § 3.º).

O internado ou submetido a tratamento ambulatorial que foi liberado pelo período de 1 (um) ano, a contar da saída do estabelecimento, é chamado de **egresso** pelo art. 26, I, da Lei de Execução Penal.

## 43.12. MEDIDA DE SEGURANÇA PROVISÓRIA OU PREVENTIVA

Em sua redação original, o art. 80, *caput*, do Código Penal previa a medida de segurança provisória ou preventiva, é dizer, aplicada durante o trâmite da ação penal. Entretanto, com a entrada em vigor da Lei 7.209/1984 – Reforma da Parte Geral do Código Penal, este instituto foi suprimido do sistema jurídico-penal brasileiro.

Com a edição da Lei 12.403/2011, reafirmou-se o instituto da **internação provisória**, inserida entre as medidas cautelares, de cunho pessoal, no art. 319, VII, do Código de Processo Penal.

Para a sua utilização, exigem-se os seguintes **requisitos cumulativos**:

a) **crime praticado com emprego de violência à pessoa ou grave ameaça** (exemplos: roubo, homicídio, estupro etc.);

b) **perícia** concluindo pela inimputabilidade ou semi-imputabilidade do agente. Nesse último caso, é imprescindível a demonstração da periculosidade, indicando a necessidade do tratamento curativo, e não somente da diminuição da pena;

c) **risco de reiteração** de novas condutas criminosas. Este risco é presumido no tocante aos inimputáveis, em face da sua periculosidade. No tocante aos semi-imputáveis, e desde que seja recomendável o especial tratamento curativo, o risco de reiteração deve ser provado no caso concreto. Se não for recomendado o especial tratamento curativo, cabe prisão preventiva, desde que presentes os requisitos legais (CPP, arts. 282 e 311 a 313).

Esta inovação é salutar, pois evita o encarceramento de pessoas portadoras de doenças mentais, as quais anteriormente eram presas preventivamente e ficavam desprovidas de tratamento médico, prejudicando ainda mais o seu já debilitado estado.

No entanto, há um inconveniente. Como a imputabilidade de todo ser humano é presumida a partir dos 18 anos, muitas pessoas continuarão sendo presas provisoriamente, e somente durante a instrução criminal, mais especificamente no bojo do incidente de insanidade mental, será provada a inimputabilidade (ou semi-imputabilidade), autorizando a partir daí a internação provisória.

Vale destacar que o art. 319, VII, do Código de Processo Penal prevê somente a internação provisória. Não se admite, por falta de previsão legal, o tratamento ambulatorial preventivo, ou seja, antes do trânsito em julgado da sentença (ou acórdão) que aplica essa modalidade de medida de segurança.

## 43.13. CONVERSÃO DO TRATAMENTO AMBULATORIAL PARA INTERNAÇÃO

De acordo com o art. 97, § 4.º, do Código Penal, "em qualquer fase do tratamento ambulatorial, poderá o juiz determinar a internação do agente, se essa providência for necessária para fins curativos".

E, ainda, estabelece o art. 184 da Lei de Execução Penal: "O tratamento ambulatorial poderá ser convertido em internação se o agente revelar incompatibilidade com a medida". Além disso, determina o parágrafo único do citado dispositivo legal que, nessa hipótese, o prazo mínimo de internação será de 1 (um) ano.

712 | DIREITO PENAL – PARTE GERAL – VOL. 1 • CLEBER MASSON

## 43.14. DESINTERNAÇÃO PROGRESSIVA

Cuida-se da **conversão da internação para tratamento ambulatorial**, durante o prazo de duração da medida de segurança, como forma de preparar o sentenciado, progressivamente, para o retorno ao convívio social, nos casos em que a internação não se mostra mais necessária, embora o agente dependa da manutenção dos cuidados médicos.

Essa providência, nada obstante não prevista em lei, tem sido admitida na prática forense, uma vez que a medida de segurança não possui o caráter de castigo, podendo ser abrandada quando a situação fática dispensar a privação da liberdade do agente. Confira-se a posição do Superior Tribunal de Justiça:

Ainda que a cessação da periculosidade do paciente tenha sido atestada por dois laudos consecutivos, não é recomendável a desinternação imediata, tendo em vista as circunstâncias do caso, já que a doença do paciente é controlada apenas mediante o uso contínuo da medicação, que este não tem qualquer respaldo familiar, e que possui extensa folha de antecedentes, demonstrando a possibilidade de reiteração de condutas previstas como crime. Cabível no caso, a **desinternação progressiva** do paciente, para que se adapte ao meio externo, e à responsabilidade de dar continuidade ao tratamento quando em liberdade.[12]

É também o entendimento reinante no Supremo Tribunal Federal: "Observou-se que, na espécie, o último laudo psiquiátrico informara que, apesar de persistir a periculosidade do agente, esta se encontraria atenuada, de modo a indicar ser cabível a adoção da desinternação progressiva".[13]

Para os partidários da desinternação progressiva, o inimputável ou o semi-imputável tem o direito à progressividade ao tratamento ambulatorial sob pena de afrontar-se a individualização na execução da sanção criminal, prevista constitucionalmente no art. 5.º, XLVI. A progressividade do internamento ao tratamento ambulatorial consiste numa garantia constitucional, inerente a qualquer cidadão, configurando-se sua inadmissibilidade um contrassenso às finalidades do tratamento.[14]

## 43.15. CONVERSÃO DA PENA EM MEDIDA DE SEGURANÇA

Se no curso da execução da pena privativa de liberdade sobrevier ao condenado doença mental ou perturbação de saúde mental, o art. 183 da Lei de Execução Penal autoriza o juiz, de ofício, a requerimento do Ministério Público ou da autoridade administrativa, a substituí-la por medida de segurança.

Essa substituição somente deve ocorrer quando a doença mental ou perturbação da saúde mental for de natureza **permanente**. Se transitória, transfere-se o condenado a hospital de custódia e tratamento psiquiátrico, e, uma vez curado, retorna ao estabelecimento prisional, nos moldes do art. 41 do Código Penal.

A conversão somente poderá ser efetuada **durante o prazo de cumprimento da pena, e necessita de perícia médica**. Realizada a conversão, discute-se o período máximo de duração da medida de segurança. É grande a controvérsia, existindo quatro posições sobre o assunto:

*1.ª posição:* A medida de segurança deverá persistir por prazo indeterminado, até a cessação da periculosidade, nos moldes do art. 97, § 1.º, do Código Penal. Pouco importa a duração da pena privativa de liberdade substituída.

---

[12] HC 89.212/SP, rel. Min. Maria Thereza de Assis Moura, 6.ª Turma, j. 27.03.2008.

[13] HC 98.360/RS, rel. Min. Ricardo Lewandowski, 1.ª Turma, j. 04.08.2009, noticiado no *Informativo* 554. Na mesma direção: HC 102.489/RS, rel. Min. Luiz Fux, 1.ª Turma, j. 22.11.2011, noticiado no *Informativo* 649.

[14] FERRARI, Eduardo Reale. *Medidas de segurança e direito penal no estado democrático de direito.* São Paulo: RT, 2001. p. 172-173.

CAP. 43 - MEDIDAS DE SEGURANÇA | 713

**2.ª posição:** A medida de segurança terá a duração máxima de 40 anos, limite fixado pelo art. 75 do Código Penal para a pena privativa de liberdade.

**3.ª posição:** A medida de segurança terá a duração da pena máxima cominada em abstrato à infração penal que ensejou a imposição da pena privativa de liberdade.

**4.ª posição:** A medida de segurança terá igual duração à pena privativa de liberdade originariamente aplicada. O sentenciado cumpre a medida de segurança pelo restante da pena aplicada. Como observa Antonio Carlos da Ponte:

"Realizada a conversão, que optará por uma medida de segurança detentiva (internação em hospital de custódia e tratamento psiquiátrico) ou restritiva (sujeição a tratamento ambulatorial), passam a reger a execução penal as regras próprias da sanção aplicada em substituição. Isso significa que a medida de segurança será estabelecida por um prazo mínimo, variável de um a três anos, sem, contudo, que seu prazo máximo ultrapasse aquele correspondente à pena substituída, sob pena de ofensa à coisa julgada, uma vez que a superveniência de doença mental não tem o condão de retroagir seus efeitos, de modo a alterar o que ficou decidido e transitou em julgado. Do contrário, estar-se-ia, de modo indireto, impondo-se ao sentenciado o cumprimento correspondente ao somatório da pena e da medida de segurança, possibilidade definitivamente afastada pelo sistema vicariante."[15]

É também a posição do Superior Tribunal de Justiça:

Em se tratando de medida de segurança aplicada em substituição à pena corporal, prevista no art. 183 da Lei de Execução Penal, sua duração está adstrita ao tempo que resta para o cumprimento da pena privativa de liberdade estabelecida na sentença condenatória, sob pena de ofensa à coisa julgada.[16]

## 43.16. DIREITOS DO INTERNADO

Reza o art. 99 do Código Penal: "O internado será recolhido a estabelecimento dotado de características hospitalares e será submetido a tratamento".

Como consequência desse mandamento legal, o sentenciado a quem foi imposta medida de segurança detentiva não pode ser colocado em estabelecimento prisional comum. Tal situação caracteriza nítido constrangimento ilegal, sanável pela via do *habeas corpus*. Ele deve aguardar o surgimento de vaga em tratamento ambulatorial, pois a responsabilidade pela precariedade do sistema penal não lhe pode ser transferida pelo Estado. É a posição do Supremo Tribunal Federal:

A 2.ª Turma não conheceu de "habeas corpus", mas deferiu a ordem, de ofício, para determinar a inclusão do paciente em tratamento ambulatorial, sob a supervisão do juízo da execução criminal. No caso, a pena privativa de liberdade ao paciente (dois anos, um mês e vinte dias de reclusão) fora substituída por medida de segurança consistente em internação hospitalar ou estabelecimento similar para tratamento de dependência química pelo prazo de dois anos, e, ao seu término, pelo tratamento ambulatorial. Nada obstante, passados quase três anos do recolhimento do paciente em estabelecimento prisional, o Estado não lhe teria garantido o direito de cumprir a medida de segurança fixada pelo juízo sentenciante.[17]

---

[15] PONTE, Antonio Carlos da. *Inimputabilidade e processo penal.* 2. ed. São Paulo: Quartier Latin, 2007. p. 87.

[16] HC 130.162/SP, rel. Min. Maria Thereza de Assis Moura, 6.ª Turma, j. 02.08.2012. E também: HC 219.014/RJ, rel. Min. Og Fernandes, 6.ª Turma, j. 16.05.2013.

[17] HC 122.670/SP, rel. Min. Ricardo Lewandowski, 2.ª Turma, j. 05.08.2014, noticiado no *Informativo* 753. É também o entendimento do STJ: RHC 38.499/SP, rel. Min. Maria Thereza De Assis Moura, 6.ª Turma, j. 11.03.2014, noticiado no *Informativo* 537.

714 | DIREITO PENAL – PARTE GERAL – VOL. 1 • CLEBER MASSON

## 43.17. MEDIDAS DE SEGURANÇA NA LEI DE DROGAS

Os arts. 45, parágrafo único, e 47, ambos da Lei 11.343/2006, disciplinam expressamente as medidas de segurança no tocante aos crimes nela previstos, em relação aos agentes inimputáveis e semi-imputáveis dependentes de drogas.

## 43.18. ADOLESCENTE INFRATOR E MEDIDAS DE SEGURANÇA

A internação decorrente da condenação pela prática de ato infracional é **medida socioeducativa** (e não sanção penal), e deverá ser cumprida em entidade exclusiva para adolescentes, em local distinto daquele destinado ao abrigo, obedecida rigorosa separação por critérios de idade, compleição física e gravidade da infração (Lei 8.069/1990 – ECA, art. 123). O fato de o adolescente infrator ter completado 21 (vinte e um) anos impõe a sua liberação compulsória da medida de internação (ECA, art. 121, § 5.º).

Portanto, com a superveniência dos 21 anos de idade, como inexiste espaço sequer à medida socioeducativa, não é possível aplicar, por analogia, medida de segurança prevista no Código Penal àquele sob proteção do Estatuto da Criança e do Adolescente, ainda que a personalidade do infrator revele manifesta periculosidade.

# CAPÍTULO 44

# AÇÃO PENAL

## 44.1. INTRODUÇÃO

O instituto da ação penal, em que pese ser mais intimamente relacionado ao processo penal, e, por consequência, disciplinado pelo Código de Processo Penal, é também tratado pelos arts. 100 a 106 do Código Penal, o que redunda em críticas doutrinárias, por ser o direito de ação um direito subjetivo **processual**, autônomo e distinto do direito material.

Essa postura se justifica pelo fato de diversas questões afetas à ação penal implicarem na extinção da punibilidade, ampliando a esfera de liberdade do cidadão e retirando do Estado o direito de punir.

## 44.2. CONCEITO

Ação penal é o direito de exigir do Estado a aplicação do direito penal objetivo em face do indivíduo envolvido em um fato tipificado em lei como infração penal.

## 44.3. CARACTERÍSTICAS

O direito ao exercício da ação penal apresenta as seguintes características:

a) **público:** a atividade jurisdicional provocada é incumbência do Poder Público;

b) **subjetivo:** o seu titular exige do Estado a prestação jurisdicional;

c) **autônomo:** independe da efetiva existência do direito material;

d) **abstrato:** independe do resultado final da postulação (favorável ou desfavorável); e

e) **instrumental:** embora o fim último do autor seja o de obter um resultado favorável à pretensão insatisfeita, o direito de ação tem por fim a instauração de um processo, com a tutela jurisdicional, para a composição da lide. Esse direito instrumental, porém, só existe porque é conexo a um caso concreto.[1]

## 44.4. CLASSIFICAÇÃO DA AÇÃO PENAL

A classificação da ação penal pode ser efetuada levando em consideração a tutela jurisdicional invocada ou a titularidade para sua propositura.

---

[1] DEMERCIAN, Pedro Henrique; MALULY, Jorge Assaf. *Curso de processo penal.* 3. ed. Rio de Janeiro: Forense, 2005. p. 87-88.

716 | DIREITO PENAL - PARTE GERAL - VOL. 1 • CLEBER MASSON

## 44.4.1. Divisão com base na tutela jurisdicional invocada

É a utilizada também no processo civil, e classifica as ações em:

a) **de conhecimento**: visa o reconhecimento do direito submetido à apreciação judicial. É exemplo a ação proposta pelo Ministério Público ou pelo ofendido ou seu representante legal, visando a condenação do responsável por um fato típico e ilícito. É também chamada de "**ação penal condenatória**".[2]

b) **cautelar**: busca resguardar o direito invocado na ação principal, de forma a permitir a eficácia da prestação jurisdicional. Há diversos provimentos cautelares, tal como o sequestro, previsto nos arts. 125 e 132 do Código de Processo Penal, medida destinada a efetuar a constrição dos bens adquiridos com os proventos da infração penal; e

c) **de execução**: almeja a satisfação de um direito já reconhecido. A Lei 7.210/1984 cuida da execução da sentença penal condenatória.

## 44.4.2. Divisão subjetiva

É a classificação adotada pelo art. 100 do Código Penal: "A ação penal é pública, salvo quando a lei expressamente a declara privativa do ofendido".

Essa divisão parte da titularidade para propositura da ação penal. É pública a proposta pelo Ministério Público, e privada a que tem como sujeito ativo o ofendido ou seu representante legal.

## 44.5. CONDIÇÕES DA AÇÃO PENAL

### 44.5.1. Condições genéricas

Ao contrário do que se dá no Código de Processo Civil (arts. 17 e 485, inc. VI), o Código de Processo Penal não indica de forma expressa as **condições genéricas** para a propositura da ação penal. São indicadas pela doutrina e pela jurisprudência, no entanto, três condições: possibilidade jurídica do pedido, legitimidade *ad causam* e interesse processual.[3]

Afrânio Silva Jardim aponta ainda uma quarta condição genérica, qual seja, a **justa causa**.[4] Essa posição, anteriormente doutrinária, foi recepcionada pela Lei 11.719/2008, que deu nova redação ao art. 395 do Código de Processo Penal, para o fim de estabelecer em seu inciso III a rejeição da denúncia quando faltar justa causa para o exercício da ação penal.

Passemos à análise de cada uma delas.

#### 44.5.1.1. Possibilidade jurídica do pedido

Para o possível exercício do direito de ação, o fato descrito na denúncia ou queixa-crime há de ser típico, ou seja, deve encontrar subsunção na lei penal incriminadora. Por tal motivo, dispõe o art. 395, II, do Código de Processo Penal: "A denúncia ou queixa será rejeitada quando faltar pressuposto processual ou **condição** para o exercício da ação penal". Para Fernando Capez:

> A fim de não se confundir a análise dessa condição da ação com o mérito, a apreciação da possibilidade jurídica do pedido deve ser feita sobre a causa de pedir (*causa petendi*) considerada em tese,

---

[2] Para o STJ, não há constrangimento na utilização do termo "ação penal condenatória" na denúncia apresentada pelo Ministério Público, porque essa é a classificação dada à ação penal instaurada pelo Estado contra o acusado (HC 88.448/DF, rel. Min. Og Fernandes, 6.ª Turma, j. 06.05.2010, noticiado no *Informativo* 433).

[3] O Código de Processo Civil prevê como condições da ação somente o interesse processual e a legitimidade para a causa.

[4] JARDIM, Afrânio Silva. *Ação penal pública*: princípio da obrigatoriedade. 2. ed. Rio de Janeiro: Forense, 1994. p. 39.

CAP. 44 – AÇÃO PENAL | 717

desvinculada de qualquer prova porventura existente. Analisa-se o fato *tal qual narrado na peça inicial*, sem se perquirir se essa é ou não a verdadeira realidade, a fim de se concluir se o ordenamento material comina-lhe, em abstrato, uma sanção. Deixa-se para o mérito a análise dos *fatos provados*.[5]

Tem-se, portanto, que a verificação do preenchimento da condição da ação em exame é efetuada tomando-se em consideração o ordenamento jurídico penal, isto é, verifica-se se os fatos narrados pela inicial acusatória encontram previsão em lei penal incriminadora, independentemente, nesse primeiro momento, da prova concreta de sua efetiva ocorrência.

### 44.5.1.2. Legitimidade ad causam *ou legitimidade para agir*

Na consagrada definição de Alfredo Buzaid, legitimidade *ad causam* é a pertinência subjetiva para a ação.

Nesses termos, apenas a pessoa cuja titularidade da ação penal é garantida pela lei tem o poder de ajuizá-la (legitimidade ativa), bem como somente aquele supostamente responsável pelo fato definido como infração penal pode figurar no polo passivo dessa mesma ação (legitimidade passiva).

A lei penal estabelece como regra geral a ação penal pública, que apenas poderá ser proposta pelo Ministério Público, na forma definida pelo art. 129, I, da Constituição Federal. Destarte, nos crimes de ação penal pública, se a demanda for iniciada pelo ofendido ou seu representante legal, manifesta será a ilegitimidade ativa *ad causam*, salvo na situação prevista no art. 5.º, LIX, da Constituição Federal, e no art. 29 do Código de Processo Penal (ação penal privada subsidiária da pública).

Da mesma forma, em caso de ação penal privada, se a contenda for iniciada pelo Ministério Público, estará configurada a ilegitimidade para agir.

Essa condição deve ser analisada pelo magistrado por ocasião do recebimento da denúncia ou queixa, constituindo-se em causa de sua rejeição a ilegitimidade da parte (CPP, art. 395, II).

### 44.5.1.3. Interesse processual

O interesse processual se relaciona com a **utilidade** ou **necessidade** da providência jurisdicional, e com a **adequação** do meio utilizado para alcançar o fim almejado.

A obrigatoriedade da providência jurisdicional para que se possa impor qualquer sanção ao envolvido em uma infração penal decorre do art. 5.º, LIV, da Constituição Federal: "ninguém será privado da liberdade ou de seus bens sem o devido processo legal".

Portanto, a ação penal é pressuposto para aplicação da pena, restando preenchido o requisito da **necessidade**.

A **utilidade**, por sua vez, se revela na eficácia da decisão judicial para satisfação do interesse pleiteado pelo titular da ação. Por esse motivo, a ocorrência de qualquer causa extintiva da punibilidade implicará na rejeição da denúncia ou queixa (CPP, art. 395, II), pois a ação penal será completamente inócua, ou ainda na absolvição sumária (CPP, art. 397, IV).

Aponta-se, rotineiramente, a prescrição antecipada ou virtual como hipótese de inutilidade do exercício da ação penal. Cumpre frisar, contudo, não ser essa espécie doutrinária de extinção da punibilidade aceita pelo Supremo Tribunal Federal, por ausência de previsão legal.[6]

Finalmente, a **adequação** desponta na compatibilidade entre o meio empregado pelo titular do direito posto em debate (ação penal) e a sua pretensão (condenação do autor do fato típico e ilícito).

---

5   CAPEZ, Fernando. *Curso de processo penal*. 13. ed. São Paulo: Saraiva, 2006. p. 113.
6   RHC 121.152/BA, rel. Min. Ricardo Lewandowski, 2.ª Turma, j. 11.03.2014. É também o entendimento consolidado na Súmula 438 do Superior Tribunal de Justiça: "É inadmissível a extinção da punibilidade pela prescrição da pretensão punitiva com fundamento em pena hipotética, independentemente da existência ou sorte do processo penal".

718 | DIREITO PENAL – PARTE GERAL – VOL. 1 • CLEBER MASSON

### 44.5.1.4. Justa causa

Para Afrânio Silva Jardim, às três condições clássicas que se apresentam no processo civil deve ser acrescentada uma quarta: a justa causa, ou seja, um **lastro mínimo de prova** capaz de fornecer arrimo à pretensão acusatória, uma vez que a simples instauração do processo penal atinge o *status dignitatis* do imputado.

Esse lastro probatório é fornecido pelo inquérito policial ou pelas peças de informação, procedimentos investigatórios e informativos que devem acompanhar a inicial acusatória (CPP, arts. 12, 39, § 5.º, e 46, § 1.º).[7]

Nessa esteira, os arts. 647 e 648, I, do Código de Processo Penal rotulam como coação ilegal a ausência de justa causa na ação penal, autorizando a concessão da ordem de *habeas corpus* para sanar o problema.[8]

Com a entrada em vigor da Lei 11.719/2008, a ausência de justa causa para o exercício da ação penal autoriza a rejeição da denúncia ou queixa (CPP, art. 395, III).[9]

## 44.5.2. Condições específicas ou condições de procedibilidade

São condições específicas ou condições de procedibilidade aquelas estabelecidas em lei, cuja ausência impede o regular exercício do direito de ação.

Encontram respaldo no art. 395, II, 2.ª parte, do Código de Processo Penal, ao estatuir que a denúncia ou queixa será rejeitada quando: "faltar [...] condição para o exercício da ação penal".

São exemplos de condições de procedibilidade: (1) a representação do ofendido ou de quem tiver qualidade para representá-lo e a requisição do Ministro da Justiça na ação penal pública condicionada (CPP, art. 24, *caput*); (2) a entrada do agente em território nacional em caso de crime praticado no exterior (CP, art. 7.º, § 2.º, "a"); e o trânsito em julgado da sentença que anula o casamento, no crime de induzimento a erro essencial e ocultação de impedimento (CP, art. 236, parágrafo único).

O Supremo Tribunal Federal e o Superior Tribunal de Justiça também reconhecem, como condição de procedibilidade, a conclusão do procedimento administrativo, com o consequente lançamento definitivo do tributo, quando se discute a existência do débito ou do montante devido, para a instauração da ação penal por crimes contra a ordem tributária, previstos no art. 1.º da Lei 8.137/1990.[10]

Relativamente aos crimes definidos no art. 1.º, I a IV, da Lei 8.137/1990,[11] o Supremo Tribunal Federal, para espancar qualquer polêmica, editou a **Súmula Vinculante 24**: "Não se

---

[7] JARDIM, Afrânio Silva. *Ação penal pública*: princípio da obrigatoriedade. 2. ed. Rio de Janeiro: Forense, 1994. p. 36. A verificação da justa causa admite inclusive a utilização do reconhecimento fotográfico na fase policial: "Para embasar a denúncia oferecida, é possível a utilização do reconhecimento fotográfico realizado na fase policial, desde que este não seja utilizado de forma isolada e esteja em consonância com os demais elementos probatórios constantes dos autos" (STJ: HC 238.577/SP, rel. Min. Sebastião Reis Júnior, 6.ª Turma, j. 06.12.2012, noticiado no *Informativo* 514).

[8] STJ: RHC 27.102/RR, rel. Min. Sebastião Reis Júnior, rel. p/ acórdão Min. Rogério Schietti Cruz, 6.ª Turma, j. 13.05.2014; e STJ: RHC 42.029/RJ, rel. Min. Laurita Vaz, 5.ª Turma, j. 26.08.2014.

[9] "[...] a imputação penal desacompanhada de documentos hábeis a demonstrar, ainda que de modo indiciário, a autoria e a materialidade do crime, destituída, desse modo, de base empírica idônea, implica ausência de 'justa causa', fato que, nos termos do art. 395, III, do CPP, desautoriza a instauração da *persecutio criminis in iudicio*" (STJ: RHC 61.822/DF, rel. Min. Felix Fischer, 5.ª Turma, j. 17.12.2015, noticiado no *Informativo* 577).

[10] STF: HC 122.755/PE, rel. Min. Luiz Fux, 1.ª Turma, j. 19.08.2014; e STJ: HC 266.462/SP, rel. Min. Laurita Vaz, rel. p/ acórdão Min. Regina Helena Costa, 5.ª Turma, j. 25.02.2014.

[11] Art. 1.º, I a IV, da Lei 8.137/1990: "Constitui crime contra a ordem tributária suprimir ou reduzir tributo, ou contribuição social e qualquer acessório, mediante as seguintes condutas: I – omitir informação, ou prestar declaração falsa às autoridades fazendárias; II – fraudar a fiscalização tributária, inserindo elementos inexatos, ou omitindo operação de qualquer natureza, em documento ou livro exigido pela lei fiscal; III – falsificar ou alterar nota fiscal, fatura, duplicata, nota de venda, ou qualquer outro documento relativo à operação tributável; IV – elaborar, distribuir, fornecer, emitir ou utilizar documento que saiba ou deva saber falso ou inexato".

tipifica crime material contra a ordem tributária, previsto no art. 1.º, incisos I a IV, da Lei n.º 8.137/90, antes do lançamento definitivo do tributo".[12]

Convém destacar que no descaminho, tipificado no art. 334 do Código Penal, é prescindível a prévia constituição do crédito tributário na esfera administrativa, a título de condição de procedibilidade, pois se trata de delito formal. Na visão do Superior Tribunal de Justiça:

> O fato de um dos bens jurídicos tutelados pelo direito penal no crime de descaminho ser a arrecadação tributária não pode levar à conclusão de que sua natureza jurídica é a mesma do crime previsto no art. 1.º da Lei 8.137/1990. De rigor conceder tratamento adequado às especificidades dos respectivos tipos, a fim de emprestar-lhes interpretação adequada à natureza de cada delito, considerado o sistema jurídico como um todo, à luz do que pretendeu o Legislador ao editar referidas normas. [...] A norma penal do art. 334 do Código Penal – elencada sob o Título XI: "Dos Crimes Contra a Administração Pública" – visa a proteger, em primeiro plano, a integridade do sistema de controle de entrada e saída de mercadorias do país, como importante instrumento de política econômica. Engloba a própria estabilidade das atividades comerciais dentro do país, refletindo na balança comercial entre o Brasil e outros países. Na fraude pressuposta pelo referido tipo, ademais, há artifícios mais amplos para a frustração da atividade fiscalizadora do Estado do que o crime de sonegação fiscal, podendo referir-se tanto à utilização de documentos falsificados, quanto, e em maior medida, à utilização de rotas marginais e estradas clandestinas para fuga da fiscalização alfandegária. A exigência de lançamento tributário definitivo no crime de descaminho esvazia o próprio conteúdo do injusto penal, equivalendo quase a uma descriminalização por via hermenêutica, já que, segundo a legislação aduaneira e tributária, nesses casos incide a pena de perdimento da mercadoria, operação que tem por efeito jurídico justamente tornar insubsistente o fato gerador do tributo e, por conseguinte, impedir a apuração administrativa do valor devido. A prática do descaminho não se submete à regra instituída pelo Supremo Tribunal Federal ao editar a Súmula Vinculante 24, expressa em exigir o exaurimento da via administrativa somente em "crime material contra a ordem tributária, previsto no art. 1.º, incisos I a IV, da Lei 8.137/1990". Em suma: o crime de descaminho perfaz-se com o ato de iludir o pagamento de imposto devido pela entrada de mercadoria no país. Não é necessária a apuração administrativo-fiscal do montante que deixou de ser recolhido para a configuração do delito, embora este possa orientar a aplicação do princípio da insignificância quando se tratar de conduta isolada. Trata-se de crime formal, e não material, razão pela qual o resultado da conduta delituosa relacionada ao quantum do imposto devido não integra o tipo legal.[13]

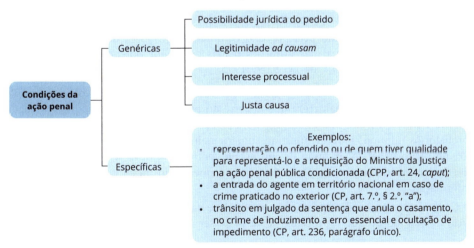

---

[12] É desnecessária, contudo, a juntada integral do Procedimento Administrativo Fiscal correspondente (STJ: RHC 94.288/RJ, rel. Min. Reynaldo Soares da Fonseca, 5.ª Turma, j. 22.05.2018, noticiado no *Informativo* 627).
[13] RHC: 35.180/RS, rel. Min. Laurita Vaz, 5.ª Turma, j. 01.04.2014.

720 | DIREITO PENAL – PARTE GERAL – VOL. 1 • CLEBER MASSON

## 44.6. AÇÃO PENAL PÚBLICA

Nos termos do art. 129, I, da Constituição Federal, é função institucional do Ministério Público promover, **privativamente**, a ação penal pública, na forma da lei.

A ação penal pública é iniciada por denúncia ajuizada pelo Ministério Público. O oferecimento da denúncia pode, no entanto, estar condicionado à representação da vítima ou seu representante legal, ou, ainda, à requisição do Ministro da Justiça, em hipóteses expressamente elencadas pela lei penal.

A ação penal pública, portanto, pode ser **condicionada** ou **incondicionada**, em conformidade com o art. 100, § 1.º, do Código Penal: "A ação pública é promovida pelo Ministério Público, dependendo, quando a lei o exige, de representação do ofendido ou de requisição do Ministro da Justiça".

No mesmo sentido o disposto pelo art. 24, *caput*, do Código de Processo Penal: "Nos crimes de ação pública, esta será promovida por denúncia do Ministério Público, mas dependerá, quando a lei o exigir, de requisição do Ministro da Justiça, ou de representação do ofendido ou de quem tiver qualidade para representá-lo".

### 44.6.1. Princípios

A ação penal pública é regida pelos seguintes princípios:

**1) Oficialidade ou autoritariedade:** os órgãos responsáveis pela persecução penal são públicos, oficiais, e a eles é atribuída autoridade, uma vez que o Estado detém a titularidade exclusiva do direito de punir.[14]

**2) Obrigatoriedade ou legalidade:** se estiverem presentes elementos suficientes à propositura da ação penal, não há discricionariedade por parte do Ministério Público, que deverá, obrigatoriamente, oferecer denúncia. Por esse motivo, diz o art. 24, *caput*, do Código de Processo Penal que **"esta será promovida"**. Pela mesma razão, o arquivamento do inquérito policial há de ser necessariamente motivado (art. 28 do CPP), dependendo de ordem expressa emitida pelo representante do *Parquet*, com posterior apreciação pela instância de revisão ministerial, para fins de homologação (ou rejeição). Em outras palavras, não há espaço no sistema processual brasileiro para o arquivamento implícito.[15]

Esse princípio é mitigado pela previsão contida no art. 98, I, da Constituição Federal, que permite a transação penal nas infrações penais de menor potencial ofensivo, na forma disciplinada pelo art. 76, *caput*, da Lei 9.099/1995.

**3) Indivisibilidade:** a ação penal pública deve englobar todos os envolvidos (coautores e partícipes) na infração penal, regra que decorre do próprio princípio da obrigatoriedade. O Ministério Público, porém, não está obrigado a ofertar denúncia quando não houver elementos probatórios mínimos para demonstrar, sumariamente, a participação de uma determinada pessoa no ilícito penal. A exclusão de um agente, entretanto, deve ser suficientemente justificada, determinando-se, no tocante a ele, o arquivamento do inquérito policial ou das peças de informação.[16]

Com interpretação divergente, há autores que falam na **divisibilidade** da ação penal pública, no sentido de que o processo penal pode ser desmembrado, pois o oferecimento de

---

[14] Este princípio também incide no tocante à ação penal privada ajuizada pela Defensoria Pública.
[15] HC 104.356/RJ, rel. Min. Ricardo Lewandowski, 1.ª Turma, j. 19.10.2010, noticiado no *Informativo* 605. O STJ compartilha deste entendimento: HC 224.246/DF, rel. Min. Sebastião Reis Júnior, 6.ª Turma, j. 25.02.2014).
[16] STJ: HC 237.168/SP, rel. Min. Laurita Vaz, 5.ª Turma, j. 08.04.2014.

CAP. 44 - AÇÃO PENAL | **721**

denúncia contra um acusado não exclui a possibilidade futura de ação penal contra outros envolvidos, e, além disso, permite-se o aditamento da denúncia com a inclusão de corréu a qualquer tempo e ainda a propositura de nova ação penal contra agente não incluído em processo já sentenciado. No famoso "inquérito do mensalão", assim se pronunciou o Supremo Tribunal Federal:

> Também não procede a alegação de que a ausência de acusação contra dois supostos envolvidos – beneficiados por acordo de delação premiada – conduziria à rejeição da denúncia, por violação ao princípio da indivisibilidade da ação penal. A jurisprudência do Supremo Tribunal Federal é pacífica no sentido da inaplicabilidade de tal princípio à ação penal pública, o que, aliás, se depreende da própria leitura do art. 48 do Código de Processo Penal.[17]

**4) Indisponibilidade ou indesistibilidade:** depois de instaurada a ação penal, o Ministério Público não poderá dela desistir (CPP, art. 42), bem como lhe é vedado desistir de eventual recurso interposto (CPP, art. 576). Esse princípio é abrandado pelo instituto disciplinado pelo art. 89 da Lei 9.099/1995, que autoriza o *Parquet* a propor ao acusado, depois do oferecimento da denúncia, a suspensão condicional do processo, pelo prazo de dois a quatros anos, o qual, se decorrido integralmente sem revogação, implicará na extinção da punibilidade.

**5) Intranscendência:** a ação penal somente pode ser ajuizada contra os supostos responsáveis pela prática da infração penal, não abrangendo seus sucessores ou eventuais responsáveis civis. Para a condenação dos responsáveis pela indenização, em se tratando de pessoas distintas dos envolvidos no ilícito penal, deverá ser proposta ação autônoma de conhecimento, em consonância com a legislação processual civil.

**6) Oficiosidade:** salvo no caso da ação pública condicionada, os órgãos encarregados pela persecução penal devem agir de ofício, independentemente de provocação.

**7) Suficiência:** a ação penal é capaz de solucionar, por si só, a questão prejudicial não ligada ao estado civil das pessoas. Logo, é prescindível aguardar a solução de qualquer outra questão no âmbito cível.

## 44.6.2. Ação penal pública incondicionada

É a espécie de ação penal iniciada pelo Ministério Público, com o oferecimento de denúncia, que depende somente da existência de prova da materialidade e de indícios de autoria de um fato previsto em lei como infração penal.

A grande maioria das infrações penais pertence a essa categoria de ação penal. Consequentemente, sua pertinência é obtida por via residual, isto é, sempre que a lei não exigir a representação do ofendido ou de quem tiver qualidade para representá-lo ("somente se procede mediante representação"), a requisição do Ministro da Justiça, ou, ainda, indicar o cabimento de ação penal privada ("somente se procede mediante queixa"), o Ministério Público poderá oferecer denúncia, se presentes seus requisitos, independentemente de qualquer tipo de provocação.

---

[17] Inq. 2.245/MG, rel. Min. Joaquim Barbosa, Tribunal Pleno, j. 28.08.2007. O STJ também já decidiu nesse sentido: "Não vigora o princípio da indivisibilidade na ação penal pública. O *Parquet* é livre para formar sua convicção incluindo na increpação as pessoas que entenda terem praticados ilícitos penais, ou seja, mediante a constatação de indícios de autoria e materialidade, não se podendo falar em arquivamento implícito em relação a quem não foi denunciado" (STJ: RHC 34.233/SP, rel. Min. Maria Thereza de Assis Moura, 6.ª Turma, j. 06.05.2014).

722 | DIREITO PENAL - PARTE GERAL - VOL. 1 • CLEBER MASSON

## 44.6.3. Ação penal pública condicionada

É condicionada a ação penal quando a lei expressamente exigir, como condição para o oferecimento da denúncia, a existência de representação do ofendido ou de quem tiver qualidade para representá-lo, ou ainda, de requisição do Ministro da Justiça (CP, art. 100, § 1.º, e CPP, art. 24).

A necessidade de representação do ofendido ou requisição do Ministro da Justiça visa proteger o ofendido, evitando que o escândalo do processo (*strepitus judicii* ou *strepitus fori*) seja ainda mais prejudicial do que a ocorrência do crime em si.

### 44.6.3.1. Representação do ofendido e requisição do Ministro da Justiça: natureza jurídica

Não há consenso doutrinário sobre o assunto.

Hélio Tornaghi as considerava condições objetivas de punibilidade,[18] enquanto Ada Pellegrini Grinover entende ser a representação uma parcela da possibilidade jurídica do pedido, já que, sem ela, a pretensão deduzida em juízo sequer pode ser admitida por ser juridicamente impossível.[19]

Para Fernando Capez[20] e Fernando da Costa Tourinho Filho,[21] a representação do ofendido ou de seu representante legal e a requisição do Ministro da Justiça são condições de procedibilidade.

Julio Fabbrini Mirabete, por sua vez, considera a representação e a requisição como condições suspensivas de procedibilidade, já que sem elas não pode ser proposta a ação penal pública.[22]

O Supremo Tribunal Federal entende tratar-se de **condição de procedibilidade:**

O oferecimento da representação, condição de procedibilidade da ação penal pública condicionada, não exige requisito formal, podendo ser suprida pela manifestação expressa da vítima ou de seu representante, no sentido do prosseguimento da ação penal contra o autor.[23]

### 44.6.3.2. Representação do ofendido

#### 44.6.3.2.1. Conceito

A representação, também chamada de *delatio criminis* **postulatória**, apresenta **duplo aspecto:** é, simultaneamente, autorização e pedido para que se possa iniciar a persecução penal nos casos exigidos em lei.

#### 44.6.3.2.2. Legitimados

Podem oferecer representação:

*1) O ofendido, quando maior de 18 anos* (CPP, art. 24, *caput*).

O art. 34 do Código de Processo Penal, que traçava a legitimidade concorrente para representação entre o ofendido maior de 18 e menor de 21 anos de idade e seu representante

---

[18] TORNAGUI, Hélio. *Curso de processo penal.* 5. ed. São Paulo: Saraiva, 1988. v. 1, p. 44.

[19] *Apud* DEMERCIAN, Pedro Henrique; MALULY, Jorge Assad. Op. cit., p. 116.

[20] CAPEZ, Fernando. *Curso de processo penal.* 13. ed. São Paulo: Saraiva, 2006. p. 121.

[21] TOURINHO FILHO, Fernando da Costa. *Manual de processo penal.* 8. ed. São Paulo: Saraiva, 2006. p. 296-302.

[22] MIRABETE, Julio Fabbrini. *Processo penal.* 18. ed. São Paulo: Atlas, 2007. p. 98-99.

[23] HC 88.387/MT, rel. Min. Ricardo Lewandowski, 1.ª Turma, j. 10.10.2006. É também a posição adotada pelo STJ: "A representação do ofendido – condição de procedibilidade da ação penal pública condicionada – prescinde de rigor formal, sendo suficiente a demonstração inequívoca da parte interessada de que seja apurada e processada a infração penal" (RHC 42.029/RJ, rel. Min. Laurita Vaz, 5.ª Turma, j. 26.08.2014).

legal, foi tacitamente revogado pelo art. 5.º do Código Civil de 2002, que não mais prevê a incapacidade relativa para tal faixa etária.

De fato, o fundamento da concorrência na legitimidade era o desenvolvimento civil incompleto do menor de 21 anos de idade, que ainda não tinha plena compreensão dos seus direitos e deveres, o que não mais se admite na legislação civil ora em vigor.

*2) O procurador com poderes especiais* (CPP, art. 39, *caput*).

Não se exige seja o procurador advogado regularmente inscrito nos quadros da Ordem dos Advogados do Brasil. Deve, porém, possuir poderes específicos para oferecer representação.

*3) O representante legal, se o ofendido for menor de 18 anos ou mentalmente enfermo* (CPP, art. 24, *caput*, c/c art. 33, aplicável por analogia).

*4) O curador especial, quando o ofendido for menor de 18 anos ou mentalmente enfermo, e não tiver representante legal ou os interesses deste colidirem com os daquele, nomeado de ofício pelo juiz ou a requerimento do Ministério Público* (CPP, art. 33, aplicável por analogia).

### 44.6.3.2.3. Eficácia objetiva da representação

Uma vez oferecida representação contra um dos responsáveis pela infração penal, o Ministério Público poderá oferecer denúncia contra qualquer dos envolvidos, em obediência ao princípio da indivisibilidade da ação penal pública.

E, se operar-se a retratação em relação a qualquer deles, seus efeitos se estenderão a todos, por aplicação analógica do art. 49 do Código de Processo Penal.

### 44.6.3.2.4. Prazo

O direito de representação poderá ser exercido no prazo de seis meses, contado a partir do dia em que o ofendido ou seu representante legal tomou ciência acerca da autoria da infração penal.

Decorrido esse prazo, com a omissão de quem tinha a prerrogativa de oferecer a representação, verificar-se-á a extinção da punibilidade pela decadência (CP, art. 107, IV, 2.ª figura).

Na hipótese de curador especial, tal prazo é computado a partir da aceitação da nomeação para exercer o *munus* público, e não do conhecimento da autoria.

Com a morte do ofendido, e se ainda não tiver se esgotado o prazo decadencial, o direito de representação será transmitido ao CADI (cônjuge, ascendente, descendente ou irmão – CPP, art. 24, § 1.º). E, nos termos do art. 38, parágrafo único, do Código de Processo Penal, a decadência, nesse caso, ocorrerá no mesmo prazo.

A doutrina diverge em relação à compreensão da contagem do prazo decadencial no caso de transmissão às pessoas acima indicadas. Deve ser contado a partir do dia em que o ofendido soube quem é o autor do crime? Ou deve ser contado a partir da data em que as pessoas indicadas pelo art. 24, § 1.º, do Código de Processo Penal tomaram conhecimento da autoria?

Para uma primeira corrente, o termo inicial ou *a quo* é o conhecimento da autoria pelo cônjuge, ascendente, descendente ou irmão.

Para outra corrente, no entanto, os sucessores terão o prazo de seis meses para o exercício do direito de representação, contado a partir da data em que tomaram conhecimento da autoria. Se os sucessores, entretanto, já tinham ciência da autoria da infração penal à época em que o ofendido estava vivo, o prazo decadencial se iniciará a partir da morte do ofendido.

No tocante ao ofendido menor de 18 anos ou enfermo mental, o prazo não começa a correr enquanto não cessar a incapacidade ou a enfermidade. Com efeito, não se pode falar

**724** | DIREITO PENAL – PARTE GERAL – VOL. 1 • CLEBER MASSON

na perda de um direito impossível de ser exercido. Todavia, para o representante legal, o prazo tem início com o conhecimento da autoria.

Se houver conflito entre o interesse do ofendido incapaz e o do seu representante legal, será necessária a nomeação de curador especial para defender os anseios da vítima. Nessa hipótese, o prazo para oferecimento da representação terá início na data em que o curador tiver ciência da sua nomeação. Como já decidido pelo Superior Tribunal de Justiça:

> Segundo o entendimento desta Corte Superior de Justiça, havendo conflito de interesses entre a vítima menor e o seu representante legal, poderá exercer o direito de representação o curador especial nomeado, de ofício ou a requerimento do Ministério Público, pelo Juízo condutor do feito, hipótese em que o prazo decadencial começará a fluir a partir da data em que o curador tomar ciência da nomeação.[24]

### 44.6.3.2.5. Representação na Lei 9.099/1995

Em relação às infrações penais de menor potencial ofensivo, isto é, as contravenções penais e os crimes com pena máxima em abstrato igual ou inferior a 2 (dois) anos, cumulada ou não com multa, independentemente da existência de rito especial, deve ser seguido o procedimento definido pelo art. 72 e seguintes da Lei 9.099/1995, a saber:

a) abre-se oportunidade para composição dos danos civis entre o ofendido e o autor do fato, no caso de ação penal iniciativa privada ou de ação penal pública condicionada à representação;

b) se obtida a composição, sua homologação judicial importa na renúncia ao direito de queixa ou de representação, com a consequente extinção da punibilidade;

c) se, contudo, não for obtida a composição dos danos civis, e em se tratando de ação penal pública condicionada à representação, será dada oportunidade ao ofendido ou ao seu representante legal para exercer o direito de representação, verbalmente, com posterior redução a termo. O não oferecimento da representação na audiência preliminar não implica decadência do direito, que poderá ser exercido no prazo previsto em lei (Lei 9.099/1995, art. 75, *caput* e parágrafo único), prazo este definido, como regra, pelo art. 38 do Código de Processo Penal.

### 44.6.3.2.6. Retratação da representação

Estatui o art. 102 do Código Penal: "A representação será irretratável depois de oferecida a denúncia".

Note-se que o dispositivo legal fala em **oferecimento** da denúncia, e não em recebimento. Assim, se o Ministério Público já ofereceu denúncia, mas o Poder Judiciário ainda não a recebeu formalmente, será vedada a retratação.

Na hipótese de retratação da representação, antes do oferecimento da denúncia, há dois entendimentos:

1) o juiz deve declarar a extinção da punibilidade, em que pese a ausência de previsão expressa pelo art. 107 do Código Penal; e

2) os autos devem permanecer em cartório, uma vez que antes do decurso do prazo decadencial será possível o oferecimento de nova representação, ou seja, a retratação da retratação.[25]

---

[24]  HC 170.030/PR, rel. Min. Laurita Vaz, 5.ª Turma, j. 28.08.2012.
[25]  "A doutrina e a jurisprudência admitem a retração de retratação dentro do prazo decadencial" (STJ: AgRg no REsp 1.131.357/DF, rel. Min. Sebastião Reis Júnior, 6.ª Turma, j. 05.11.2013).

Também é cabível a **retratação tácita da representação**, desde que demonstrada de forma inequívoca a prática de ato incompatível com o desejo de instaurar a persecução penal em juízo. Exemplo: a vítima de um crime de ameaça convida o apontado autor do fato para ser padrinho de seu filho.

O art. 104, *caput*, e seu parágrafo único, do Código Penal, entretanto, somente admitem essa possibilidade – retratação tácita – relativamente ao direito de queixa:

**Art. 104.** O direito de queixa não pode ser exercido quando renunciado expressa ou tacitamente.

**Parágrafo único.** Importa renúncia tácita ao direito de queixa a prática de ato incompatível com a vontade de exercê-lo; não a implica, todavia, o fato de receber o ofendido a indenização do dano causado pelo crime.

### 44.6.3.2.7. Forma

A representação **independe de forma especial**. O Supremo Tribunal Federal firmou o entendimento de que é suficiente a demonstração inequívoca da intenção do ofendido ou de quem tiver qualidade para representá-lo em iniciar a ação penal.[26]

No caso de vítima menor de 18 anos, admite-se seja a representação ofertada por qualquer pessoa que exerça sua guarda de fato, ou ainda por quem o sustente materialmente, com o propósito de evitar a impunidade do responsável pela prática da infração penal.

### 44.6.3.2.8. Requisição do Ministro da Justiça

Cuida-se de **condição de procedibilidade** consistente em ato de natureza administrativa e política, revestido de discricionariedade, pois há crimes em que a viabilidade de propositura da ação penal depende de um juízo de conveniência e oportunidade por parte do Ministro da Justiça.

As hipóteses de ação penal pública condicionada à requisição do Ministro da Justiça no Código Penal são: a) crime cometido por estrangeiro contra brasileiro fora do território nacional (art. 7.º, § 3.º, "b"); e b) crimes contra a honra praticados contra o Presidente da República e contra chefe de governo estrangeiro (art. 141, I, c/c o art. 145, parágrafo único).

### 44.6.3.2.9. Prazo

A legislação não impõe prazo decadencial para o oferecimento da requisição do Ministro da Justiça. Dessa forma, pode ser lançada a qualquer tempo, desde que não tenha ocorrido a extinção da punibilidade, pela prescrição ou qualquer outra causa.

### 44.6.3.2.10. Retratação da requisição

O direito positivo não previu a retratação da requisição. A doutrina, entretanto, apresenta dois posicionamentos:

1.º) A requisição do Ministro da Justiça é ato administrativo e político de caráter discricionário. Pode, portanto, ser revogado, se não subsistirem os motivos de conveniência e oportunidade que a ensejaram,[27] até o oferecimento da denúncia; e

2.º) Não se admite a retratação, seja por falta de previsão legal, seja pela seriedade de que deve revestir-se o ato, mormente diante da ausência de prazo decadencial para

---

[26] RHC 116.171/SC, rel. Min. Cármen Lúcia, 2.ª Turma, j. 03.09.2013. No STJ: HC 240.678/SP, rel. Min. Laurita Vaz, 5.ª Turma, j. 03.04.2014.

[27] ROMEIRO, Jorge Alberto. *Da ação penal*. Rio de Janeiro: Forense, 1978. p. 125.

726 | DIREITO PENAL – PARTE GERAL – VOL. 1 • CLEBER MASSON

seu oferecimento, o que proporciona tempo suficiente para reflexão acerca do seu cabimento.

### 44.6.3.2.11. Não vinculação da requisição

A palavra requisição significa ordem, mandamento, de modo que seu destinatário está obrigado a cumpri-la. Nesse sentido, o Ministério Público e a autoridade judiciária requisitam à autoridade policial a instauração de inquérito policial (CPP, art. 5.º, II, 1.ª parte).

Questiona-se: Com a requisição do Ministro da Justiça, estará o Ministério Público obrigado a oferecer denúncia?

Imagine-se a hipotética situação em que alguém se refira ao Presidente da República como "apreciador de bebidas alcoólicas". O chefe do Poder Executivo Federal, sentindo-se ofendido em sua honra subjetiva, determina ao Ministro da Justiça o endereçamento de requisição ao Ministério Público, para que a pessoa indicada como autora do delito seja denunciada pela prática de injúria. Nesse caso, ainda que entenda o representante do "Parquet" não ocorrida a tipicidade do crime definido pelo art. 140 do Código Penal, deverá oferecer denúncia?

A resposta é não, obviamente.

Com efeito, essa requisição é incompatível com a **independência funcional**, princípio institucional do Ministério Público, na forma do art. 127, § 1.º, da Constituição Federal.

Desse modo, os dispositivos legais que se referem à requisição do Ministro da Justiça devem ser interpretados em conformidade com a época em que foram editados, especialmente os do Código de Processo Penal, de 1941, em que o Ministério Público não tinha o perfil constitucional atual. Ao contrário, era um mero ramo do Poder Executivo, o que se justificava com a expressão "requisição do Ministro da Justiça", pois o *Parquet* a ele estava hierarquicamente vinculado.

A partir da Constituição de 1988, entretanto, a palavra requisição deve ser compreendida como **representação**.

## 44.7. AÇÃO PENAL PRIVADA

Diz-se privada a ação penal cuja legitimidade para propositura pertence ao ofendido ou a quem legalmente o represente, quando aquele for menor de 18 anos ou mentalmente enfermo. É iniciada com o oferecimento de **queixa-crime**, a qual deve conter os mesmos elementos da denúncia (CPP, art. 41).

Poucos crimes são processados por meio de ação penal privada, e, vale recordar, tais casos são expressamente indicados pela lei. No Código Penal, podem ser lembrados os exemplos dos crimes tipificados pelos arts. 184, 236 e 345 (sem emprego de violência), entre outros.

### 44.7.1. Prazo

A queixa-crime deve ser ajuizada no prazo de seis meses, contado a partir da data em que o ofendido ou seu representante legal tomar conhecimento da autoria da infração penal (CPP, art. 38).

Esse prazo é **decadencial**. Não se prorroga por força de domingos, feriados ou férias, e deve ser incluído em seu cômputo o dia do começo, excluindo-se o dia do final, em consonância com a regra traçada pelo art. 10 do Código Penal.

O art. 38 do Código de Processo Penal, ao utilizar a expressão "salvo disposição em contrário", admite a existência de prazos diferenciados, tal como se dá no crime definido pelo art. 236 do Código Penal e nos crimes de ação penal privada contra a propriedade imaterial que deixam vestígios (CPP, art. 529, *caput*).

CAP. 44 – AÇÃO PENAL | 727

## 44.7.2. Princípios

A ação penal privada é regida pelos seguintes princípios:

**1) Oportunidade ou conveniência:** o ofendido tem liberdade para iniciar a ação penal. Pode ou não o fazer, a seu exclusivo critério.

A renúncia tácita ou expressa ao direito de queixa encontra previsão nos arts. 50 e 57 do Código de Processo Penal. Contudo, a renúncia contra um dos autores do crime a todos se estenderá (CPP, art. 49).

O art. 74, parágrafo único, da Lei 9.099/1995 contém mais uma hipótese de renúncia ao direito de queixa, quando a composição dos danos civis causados pela infração de menor potencial ofensivo for homologada em juízo.

**2) Disponibilidade:** decorre do princípio da oportunidade, e permite ao ofendido ou representante legal a possibilidade de desistir da ação penal ou do recurso eventualmente interposto.

Pode ainda o querelante desistir da ação penal, até o trânsito em julgado da sentença condenatória, valendo-se dos institutos do perdão aceito e da perempção (CPP, arts. 51 e 60).

**3) Indivisibilidade:** a queixa-crime contra qualquer dos autores do crime obrigará ao processo de todos, e o Ministério Público zelará pela sua indivisibilidade (CPP, art. 48). Portanto, o ofendido ou representante legal pode escolher entre ajuizar ou não a queixa-crime. Não é cabível, todavia, optar por oferecê-la somente contra um ou outro envolvido na infração penal.[28] Como já decidido pelo Supremo Tribunal Federal:

> Não oferecida a queixa-crime contra todos os supostos autores ou partícipes da prática delituosa, há afronta ao princípio da indivisibilidade da ação penal, a implicar renúncia tácita ao direito de querela, cuja eficácia extintiva da punibilidade estende-se a todos quantos alegadamente hajam intervindo no cometimento da infração penal.[29]

Este princípio, contudo, tem limites. De fato, só se pode falar em indivisibilidade da ação penal privada quando todos os agentes são conhecidos pela vítima (ou pelo seu representante legal), isto é, ela tinha condições de oferecer a queixa-crime contra todos os envolvidos na prática do delito, mas optou por processar somente alguns (ou algum) deles. Nesse caso, a renúncia deliberada quanto a um dos agentes a todos se estenderá. Para o Superior Tribunal de Justiça:

> A não inclusão de eventuais suspeitos na queixa-crime não configura, por si só, renúncia tácita ao direito de queixa. Com efeito, o direito de queixa é indivisível, é dizer, a queixa contra qualquer dos autores do crime obrigará ao processo de todos (art. 48 do CPP). Descarte, o ofendido não pode limitar a este ou aquele autor da conduta tida como delituosa o exercício do *jus accusationis*, tanto que o art. 49 do CPP dispõe que a renúncia ao direito de queixa, em relação a um dos autores do crime, a todos se estenderá. Portanto, o princípio da indivisibilidade da ação penal privada torna obrigatória a formulação da queixa-crime em face de todos os autores, coautores e partícipes do injusto penal, sendo que a inobservância de tal princípio acarreta a renúncia ao direito de queixa, que de acordo com o art. 107, V, do CP, é causa de extinção da punibilidade. Contudo, para o reconhecimento da renúncia tácita ao direito de queixa, exige-se a demonstração

---

[28] "O princípio da indivisibilidade da ação penal privada destina-se a evitar o uso do Poder Judiciário para propósitos de vingança privada." (STJ: Processo em segredo de justiça, rel. Min. Messod Azulay Neto, rel. para acórdão Min. Joel Ilan Paciornik, 5.ª Turma, j. 27.08.2024, noticiado no *Informativo* 826).

[29] Inq 3256/DF, rel. Min. Roberto Barroso, 1.ª Turma, j. 02.02.2016, noticiado no *Informativo* 813. No STJ: APn 724/DF, rel. Min. Og Fernandes, Corte Especial, j. 20.08.2014, noticiada no *Informativo* 547.

728 | DIREITO PENAL – PARTE GERAL – VOL. 1 • CLEBER MASSON

de que a não inclusão de determinados autores ou partícipes na queixa-crime se deu de forma deliberada pelo querelante.[30]

No tocante à possibilidade de o Ministério Público aditar a queixa-crime para incluir eventuais coautores ou partícipes, há três posições acerca do assunto:

*1.ª posição:* O Ministério Público não pode fazê-lo, uma vez que estaria invadindo a legitimação do ofendido ou de seu representante legal.

*2.ª posição:* O aditamento é possível e expressamente previsto no art. 46, § 2.º, do Código de Processo Penal: "O prazo para o aditamento da queixa será de 3 (três) dias, contado da data em que o órgão do Ministério Público receber os autos, e, se este não se pronunciar dentro do tríduo, entender-se-á que não tem o que aditar, prosseguindo-se nos demais termos do processo".[31]

*3.ª posição:* O Ministério Público não pode aditar a queixa-crime. E, além disso, a inicial acusatória deve ser rejeitada, em razão da renúncia tácita com relação aos não incluídos, uma vez que referida causa de extinção da punibilidade se comunica aos demais (CPP, art. 49).

**4) Intranscendência:** a ação penal privada somente pode ser proposta contra os autores ou partícipes da infração penal, não abrangendo seus sucessores ou eventuais responsáveis civis.

### 44.7.3. Espécies

*44.7.3.1. Ação penal exclusivamente privada ou ação penal privada propriamente dita*

A legitimidade para ajuizamento da queixa-crime é do ofendido, se maior de 18 anos e capaz. Se for menor de 18 anos ou mentalmente enfermo, poderá ser proposta por seu representante legal (CPP, art. 30).

No caso de morte do ofendido ou quando declarado ausente por decisão judicial, o direito de oferecer queixa ou prosseguir na ação passará ao cônjuge, ascendente, descendente ou irmão (CPP, art. 31).

Se o ofendido for menor de 18 anos, ou mentalmente enfermo, e não tiver representante legal, ou colidirem os interesses deste com os daquele, o direito de queixa poderá ser exercido por curador especial, nomeado, de ofício ou a requerimento do Ministério Público, pelo juiz competente para o processo penal (CPP, art. 33).

*44.7.3.2. Ação penal privada personalíssima*

Nessa modalidade de ação penal, a lei confere exclusivamente ao ofendido a titularidade do direito de queixa, intransmissível mesmo na hipótese do seu falecimento. Também não é possível a nomeação de curador especial ao incapaz, nem o oferecimento de queixa-crime pelo seu representante legal.

O único exemplo de ação penal privada personalíssima subsistente em nosso ordenamento jurídico é o crime de induzimento a erro essencial e ocultação de impedimento, tipificado pelo art. 236 do Código Penal:

**Art. 236.** Contrair casamento, induzindo em erro essencial o outro contraente, ou ocultando-lhe impedimento que não seja casamento anterior:

---

[30] RHC 55.142/MG, rel. Min. Felix Fischer, 5.ª Turma, j. 12.05.2015, noticiado no *Informativo* 562.

[31] "Nos termos do artigo 45 do CPP, a queixa poderá ser aditada pelo Ministério Público, ainda que se trate de ação penal privativa do ofendido, desde que não proceda à inclusão de coautor ou partícipe, tampouco inove quanto aos fatos descritos, hipóteses, por sua vez, inocorrentes na espécie" (STJ: HC 85.039/SP, rel. Min. Felix Fischer, 5.ª Turma, j. 05.03.2009).

Pena – detenção, de 6 (seis) meses a 2 (dois) anos.

**Parágrafo único.** A ação penal depende de queixa do contraente enganado e não pode ser intentada senão depois de transitar em julgado a sentença que, por motivo de erro ou impedimento, anule o casamento.

A capacidade civil por emancipação ou pelo casamento não altera a impossibilidade de oferecer queixa. Destarte, o prazo decadencial apenas passará a fluir quando cessar a incapacidade penal, ou seja, quando o ofendido completar 18 anos de idade.

### 44.7.3.3. Ação penal privada subsidiária da pública

De acordo com o art. 100, § 3.º, do Código Penal: "A ação de iniciativa privada pode intentar-se nos crimes de ação pública, se o Ministério Público não oferece denúncia no prazo legal".

O direito à ação penal privada subsidiária da pública foi erigido à categoria de direito fundamental pelo art. 5.º, LIX, da Constituição Federal: "será admitida ação privada nos crimes de ação pública, se esta não for intentada no prazo legal".

Em caso de inércia do Ministério Público, o ofendido ou representante legal pode oferecer **queixa subsidiária**, no prazo de seis meses, contados do termo final do prazo para oferecimento da denúncia.

Nesse caso, o Ministério Público poderá aditar a queixa, repudiá-la e oferecer denúncia substitutiva, intervir em todos os atos do processo, fornecer elementos de prova, interpor recurso e, a todo tempo, no caso de negligência do querelante, retomar a ação como parte principal (CPP, art. 29).

Após o prazo de seis meses, cessa a possibilidade de ação privada subsidiária, nada obstante o *Parquet* ainda possa oferecer denúncia enquanto não extinta a punibilidade do agente, uma vez que a ação não perde seu caráter público.

Cumpre frisar que a ação privada subsidiária tem cabimento apenas na **inércia do Ministério Público**. Dessa forma, não é admitida quando o *Parquet* determinar o arquivamento do inquérito policial ou das peças de informação ou requisitar a realização de novas diligências para elucidar a materialidade do fato ou sua autoria.[32]

Nas palavras do Superior Tribunal de Justiça, a ação penal privada subsidiária da pública somente "teria guarida diante da prova inequívoca de haver a total inércia do Ministério Público: mesmo de posse de todos os elementos necessários para formular acusação, ele deixa de ajuizar a ação penal no prazo legal sem qualquer motivo justificado".[33]

### 41.7.3.4. Ação penal privada concorrente

Também se admite a ação penal privada concorrente, no tocante aos crimes contra a honra praticados contra funcionário público em razão de suas funções. Faculta-se ao ofendido escolher entre ajuizar a ação penal privada ou então oferecer representação autorizando o Ministério Público a exercitar a ação penal pública condicionada à representação.

Nos termos da **Súmula 714 do Supremo Tribunal Federal**: "É concorrente a legitimidade do ofendido, mediante queixa, e do Ministério Público, condicionada à representação do ofendido, para a ação penal por crime contra a honra de servidor público em razão do exercício de suas funções".

---

[32] Essa posição é acolhida pelo STJ: AgRg no RMS 27.518/SP, rel. Min. Marco Aurélio Bellizze, 5.ª Turma, j. 20.02.2014.

[33] HC 175.141/MT, rel. Min. Celso Limongi (Desembargador convocado do TJ/SP), 6.ª Turma, j. 02.12.2010, noticiado no *Informativo* 458.

Nessas hipóteses, a legitimidade, além de concorrente, é excludente da atuação do outro legitimado. Em síntese, o exercício da ação pública condicionada exclui a utilização da ação penal privada, e vice-versa. Na visão do Superior Tribunal de Justiça:

> Nos crimes contra a honra de servidor público, a legitimidade para a ação é concorrente, vale dizer, o ofendido pode propor a queixa-crime, ou pode representar ao Ministério Público para que ofereça denúncia. A opção por uma das vias torna a outra preclusa, não se admitindo que a vítima represente ao Ministério Público e, posteriormente, ofereça ela própria a queixa-crime.[34]

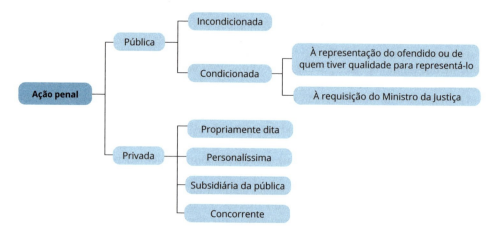

## 44.8. AÇÃO PENAL NOS CRIMES COMPLEXOS

Para o art. 101 do Código Penal: "Quando a lei considera como elemento ou circunstâncias do tipo legal fatos que, por si mesmos, constituem crimes, cabe ação pública em relação àquele, desde que, em relação a qualquer destes, se deva proceder por iniciativa do Ministério Público".

Crimes complexos são aqueles que resultam da fusão de dois ou mais tipos penais. Exemplos: roubo (furto + lesão corporal ou ameaça), latrocínio (roubo + homicídio) e extorsão mediante sequestro (extorsão + sequestro).

Destarte, o crime que resulta da união de dois outros será de ação penal pública, desde que um deles pertença a esta categoria, ainda que seja o outro de ação penal privada.

Como, porém, a lei sempre indica expressamente as hipóteses de crime de ação penal privada, essa regra é inócua e absolutamente desnecessária.

## 44.9. AÇÃO PENAL NOS CRIMES CONTRA A DIGNIDADE SEXUAL

Nos delitos contra a liberdade sexual e nos delitos sexuais contra vulneráveis, previstos nos Capítulos I e II do Título VI da Parte Especial do Código Penal – Crimes contra a dignidade sexual, **a ação penal é pública incondicionada**. É o que se extrai do art. 225 do Código Penal.

Mas nem sempre foi assim. Na sistemática original do Código Penal (texto de 1940), os então denominados "crimes contra os costumes" eram processados, em regra, mediante ação penal privada.

Com as alterações promovidas pela Lei 12.015/2009, a regra passou a ser a ação pública condicionada à representação, ficando excepcionada quando a vítima era menor de 18 anos

---

[34] HC 259.870/ES, rel. Min. Jorge Mussi, 5.ª Turma, j. 17.12.2013.

CAP. 44 – AÇÃO PENAL | **731**

ou pessoa vulnerável, hipóteses em que a ação penal era pública incondicionada. Em nossa opinião, esta era a opção mais acertada.

De fato, afastando-se a ação penal privada, retirava-se do ofendido (ou de seu representante legal) o ônus de oferecer a queixa-crime. Se não bastasse, a exigência da representação protegia a intimidade da vítima, que poderia optar por não oferecer a condição de procedibilidade para evitar o escândalo do processo (*strepitus fori*). Em síntese, se a vítima – maior de idade e capaz – desejasse preservar sua vida privada, bastava não representar. Porém, fazendo-o, cabia ao Ministério Público ajuizar a ação penal, sem ônus processuais ao ofendido.

Com a atual redação do art. 225 do Código Penal, dada pela Lei 13.718/2018, a **Súmula 608 do Supremo Tribunal Federal**: "No crime de estupro, praticado mediante violência real, a ação penal é pública incondicionada" – tornou-se desnecessária, pois o estupro, qualquer que seja seu meio de execução, passou a ser crime de ação pública incondicionada.

A finalidade do legislador, ao implementar a ação penal pública incondicionada, e nesse ponto ele andou bem, foi livrar a vítima da pressão de representar contra seu agressor, ou então de retratar-se da representação eventualmente já lançada.

Por fim, convém destacar um erro técnico na alteração promovida pela Lei 13.718/2018.

Diante da regra contida no art. 100, § 1.º, do Código Penal: "A ação pública é promovida pelo Ministério Público, dependendo, **quando a lei o exige**, de representação do ofendido ou de requisição do Ministro da Justiça", bastava ao legislador revogar o art. 225 do Código Penal, e automaticamente a ação penal no crime de estupro (e nos crimes contra a dignidade sexual) passaria a ser pública incondicionada, sem necessidade de subsistência deste dispositivo legal.

## 44.10. AÇÃO PENAL E CRIME DE LESÃO CORPORAL PRATICADO COM VIOLÊNCIA DOMÉSTICA E FAMILIAR CONTRA A MULHER[35]

No crime de lesão corporal com violência doméstica e familiar contra a mulher, em todas as suas modalidades (inclusive de natureza leve e culposa), a ação penal é pública incondicionada. Esta é a nossa posição.

As lesões leves e culposas, no plano histórico, sempre foram consideradas crimes de ação penal pública incondicionada pelo direito brasileiro. Todavia, com a entrada em vigor da Lei 9.099/1995, elas foram transformadas pelo seu art. 88 em delitos de ação penal pública condicionada à representação do ofendido ou de seu representante legal.

Esse panorama foi alterado com a Lei 11.340/2006 – Lei Maria da Penha –, pois estabelece seu art. 41: "Aos crimes praticados com violência doméstica e familiar contra a mulher, independentemente da pena prevista, não se aplica a Lei 9.099, de 26 de setembro de 1995".

Portanto, como não se aplicam as disposições da Lei 9.099/1995, afasta-se a incidência do seu art. 88, e os crimes de lesão corporal de natureza leve e culposa voltam a ser de ação penal pública incondicionada, exclusivamente quando cometidos com violência doméstica e familiar contra a mulher.

Além disso, podem ser apontados outros argumentos que justificam essa posição:

1) o art. 88 da Lei 9.099/1995 foi derrogado em relação à Lei Maria da Penha, em razão de o art. 41 deste diploma legal ter expressamente afastado a aplicação, por inteiro, daquela lei ao tipo descrito no art. 129, § 9.º, do CP;

2) isso se deve ao fato de que as referidas leis possuem escopos diametralmente opostos. Enquanto a Lei dos Juizados Especiais busca evitar o início do processo penal, que poderá

---

35  Súmula 600 do Superior Tribunal de Justiça: "Para a configuração da violência doméstica e familiar prevista no artigo 5º da Lei 11.340/2006 (Lei Maria da Penha) não se exige a coabitação entre autor e vítima."

732 | DIREITO PENAL – PARTE GERAL – VOL. 1 • CLEBER MASSON

culminar em imposição de sanção ao agente, a Lei Maria da Penha procura punir com maior rigor o agressor que age às escondidas nos lares, pondo em risco a saúde de sua família;

3) a Lei 11.340/2006 procurou criar mecanismos para coibir a violência doméstica e familiar contra as mulheres nos termos do § 8.º do art. 226 e do art. 227, ambos da CF/1988, daí não se poder falar em representação quando a lesão corporal culposa ou dolosa simples atingir a mulher, em casos de violência doméstica, familiar ou íntima.

Essa linha de raciocínio encontra-se consolidada na **Súmula 542 do Superior Tribunal de Justiça:** "A ação penal relativa ao crime de lesão corporal resultante de violência doméstica contra a mulher é pública incondicionada".

É preciso atentar para o art. 16 da Lei 11.340/2006 – Lei Maria da Penha,[36] o qual permite a retratação da representação perante a autoridade judicial. Mas este dispositivo há de ser interpretado sistematicamente, de modo que somente será possível a retratação nos crimes de ação penal pública condicionada praticado com violência doméstica ou familiar contra a mulher (exemplo: crime de ameaça, desde que não tenha sido cometido por razões de gênero – CP, art. 147, caput), e nesse rol não se inclui a lesão corporal. Este é o entendimento adotado pelo Supremo Tribunal Federal:

(...) evidenciou-se que os dados estatísticos no tocante à violência doméstica seriam alarmantes, visto que, na maioria dos casos em que perpetrada lesão corporal de natureza leve, a mulher acabaria por não representar ou por afastar a representação anteriormente formalizada. A respeito, o Min. Ricardo Lewandowski advertiu que o fato ocorreria, estatisticamente, por vício de vontade da parte dela. Apontou-se que o agente, por sua vez, passaria a reiterar seu comportamento ou a agir de forma mais agressiva. Afirmou-se que, sob o ponto de vista feminino, a ameaça e as agressões físicas surgiriam, na maioria dos casos, em ambiente doméstico. Seriam eventos decorrentes de dinâmicas privadas, o que aprofundaria o problema, já que acirraria a situação de invisibilidade social. Registrou-se a necessidade de intervenção estatal acerca do problema, baseada na dignidade da pessoa humana (CF, art. 1.º, III), na igualdade (CF, art. 5.º, I) e na vedação a qualquer discriminação atentatória dos direitos e liberdades fundamentais (CF, art. 5.º, XLI). Reputou-se que a legislação ordinária protetiva estaria em sintonia com a Convenção sobre a Eliminação de Todas as Formas de Violência contra a Mulher e com a Convenção de Belém do Pará. Sob o ângulo constitucional, ressaltou-se o dever do Estado de assegurar a assistência à família e de criar mecanismos para coibir a violência no âmbito de suas relações. Não seria razoável ou proporcional, assim, deixar a atuação estatal a critério da vítima. A proteção à mulher esvaziar-se-ia, portanto, no que admitido que, verificada a agressão com lesão corporal leve, pudesse ela, depois de acionada a autoridade policial, recuar e retratar-se em audiência especificamente designada com essa finalidade, fazendo-o antes de recebida a denúncia. Dessumiu-se que deixar a mulher – autora da representação – decidir sobre o início da persecução penal significaria desconsiderar a assimetria de poder decorrente de relações histórico-culturais, bem como outros fatores, tudo a contribuir para a diminuição de sua proteção e a prorrogar o quadro de violência, discriminação e ofensa à dignidade humana. Implicaria relevar os graves impactos emocionais impostos à vítima, impedindo-a de romper com o estado de submissão. Entendeu-se não ser aplicável aos crimes glosados pela lei discutida o que disposto na Lei 9.099/1995, de maneira que, em se tratando de lesões corporais, mesmo que de natureza leve ou culposa, praticadas contra a mulher em âmbito doméstico, a ação penal cabível seria pública incondicionada. Acentuou-se, entretanto, permanecer a necessidade de representação para crimes dispostos em leis diversas da 9.099/1995, como o de ameaça e os cometidos contra a dignidade sexual.[37]

---

36 "Art. 16. Nas ações penais públicas condicionadas à representação da ofendida de que trata esta Lei, só será admitida a renúncia à representação perante o juiz, em audiência especialmente designada com tal finalidade, antes do recebimento da denúncia e ouvido o Ministério Público".

37 ADI 4.424/DF, rel. Min. Marco Aurélio, Plenário, j. 09.02.2012, noticiado no *Informativo* 654. O Superior Tribunal de Justiça compartilha deste entendimento: Pet 11.805/DF, rel. Min. Rogerio Schietti Cruz, 3.ª Seção, j. 10.05.2017, noticiado no *Informativo* 604.

# CAPÍTULO 45

# EXTINÇÃO DA PUNIBILIDADE

## 45.1. INTRODUÇÃO

Praticado um crime ou uma contravenção penal, nasce automaticamente a **punibilidade**, compreendida como a **possibilidade jurídica de o Estado impor uma sanção penal ao responsável (autor, coautor ou partícipe) pela infração penal**.

A punibilidade consiste, pois, em **consequência da infração penal**. Não é seu elemento, razão pela qual o crime e a contravenção penal permanecem íntegros com a superveniência de causa extintiva da punibilidade. Desaparece do mundo jurídico somente o poder punitivo estatal: o Estado não pode mais punir, nada obstante a existência concreta e inapagável de um ilícito penal.

Em hipóteses excepcionais, entretanto, a extinção da punibilidade elimina a própria infração penal. Esse fenômeno somente é possível com a *abolitio criminis* e com a anistia, pois os seus efeitos possuem força para rescindir inclusive eventual sentença penal condenatória.

De fato, a *abolitio criminis* funciona como **causa superveniente de extinção da tipicidade**, pois a nova lei torna atípico o fato até então incriminado. De seu turno, a **anistia**, por ficção legal e por força de sua eficácia retroativa, provoca a **atipicidade temporária do fato** cometido pelo agente, resultando na exclusão da infração penal.

Isso se justifica pelo fato de tanto a *abolitio criminis* como a anistia serem veiculadas por meio de lei ordinária, de igual natureza àquela que no passado instituiu o crime ou a contravenção penal. Com efeito, se uma lei criou a infração penal, nada impede sejam os seus efeitos apagados por outra lei de igual hierarquia no universo jurídico.

## 45.2. O ART. 107 DO CÓDIGO PENAL

É unânime o entendimento doutrinário no sentido de ser **exemplificativo** o rol do art. 107 do Código Penal, o qual contém em seu interior algumas causas de extinção da punibilidade admitidas pelo Direito Penal brasileiro. Em verdade, diversas outras causas extintivas podem ser encontradas no Código Penal e na legislação especial, destacando-se:

a) término do período de prova, sem revogação, do *sursis*, do livramento condicional e da suspensão condicional do processo (Lei 9.099/1995, art. 89);

b) escusas absolutórias (CP, arts. 181 e 348, § 2.º);

c) reparação do dano, no peculato culposo, efetivada antes do trânsito em julgado da sentença condenatória (CP, art. 312, § 3.º);

d) pagamento do tributo ou contribuição social nos crimes contra a ordem tributária (Lei 10.684/2003, art. 9.º, § 2.º);[1]

e) confissão espontânea e pagamento das contribuições, importâncias ou valores e prestação das informações devidas à previdência social, na forma definida em lei ou regulamento, antes do início da ação fiscal, nos crimes de apropriação indébita previdenciária e sonegação de contribuição previdenciária (CP, arts. 168-A, § 2.º, e 337-A, § 1.º, e Lei 9.430/1996, art. 83, § 4.º);

f) anulação do primeiro casamento em crime de bigamia (CP, art. 235, § 2.º);

g) conciliação efetuada em relação aos crimes contra a honra, nos termos dos arts. 520 a 522 do Código de Processo Penal;

h) morte do cônjuge ofendido no crime de induzimento a erro essencial e ocultação de impedimento (CP, art. 236), por se tratar de ação penal privada personalíssima; e

i) cumprimento integral do acordo de leniência, relativamente aos crimes contra a ordem econômica tipificados na Lei 8.137/1990 (Lei 12.529/2011, art. 87, parágrafo único);

j) cumprimento integral do acordo de não persecução penal (CPP, art. 28-A, § 13).

A propósito, nada impede a construção de **causas supralegais** (não previstas em lei) de extinção da punibilidade, a exemplo daquela contida na Súmula 554 do Supremo Tribunal Federal: "O pagamento de cheque emitido sem provisão de fundos, após o recebimento da denúncia, não obsta ao prosseguimento da ação penal".[2]

## 45.3. MOMENTO DE OCORRÊNCIA: ANTES OU DEPOIS DO TRÂNSITO EM JULGADO DA CONDENAÇÃO

As causas de extinção da punibilidade podem alcançar a pretensão punitiva (interesse do Estado em aplicar a sanção penal: surge com a prática da infração penal) ou a pretensão executória (interesse do Estado em exigir o cumprimento de uma sanção penal já imposta: nasce com o trânsito em julgado da condenação), conforme ocorram antes ou depois do trânsito em julgado da sentença penal condenatória.

Quanto àquelas previstas no art. 107 do Código Penal, algumas causas extintivas atacam exclusivamente a **pretensão punitiva**. São elas: decadência, perempção, renúncia do direito de queixa, perdão aceito, retratação do agente e perdão judicial.

Por outro lado, duas outras causas atingem apenas a **pretensão executória**: indulto[3] e graça. Além disso, o *sursis* e o livramento condicional, previstos fora do art. 107 do Código Penal, afetam exclusivamente a pretensão executória, em face do término do período de prova sem revogação.

---

[1] "São constitucionais – por não violarem os preceitos dos arts. 3.º, I a IV, e 5.º, 'caput', ambos da CF/1988 nem o princípio da proporcionalidade, sob a perspectiva da proibição da proteção deficiente – dispositivos de leis que estabelecem a suspensão da pretensão punitiva estatal, em consequência do parcelamento de débitos tributários, bem como a extinção da punibilidade do agente, se realizado o pagamento integral. No caso, o legislador penal-tributário, atuando em espaço de conformação que lhe é próprio, conferiu prevalência à política de arrecadação dos tributos e de restabelecimento das atividades econômicas das empresas" (STF: ADI 4.273/DF, rel. Min. Nunes Marques, Plenário, j. 14.08.2023, noticiado no *Informativo* 1.103).

[2] No tocante ao furto de energia elétrica, convém destacar que o Superior Tribunal de Justiça entende que o pagamento do débito antes do oferecimento da denúncia não configura causa de extinção da punibilidade, sem prejuízo do reconhecimento do arrependimento posterior, previsto no art. 16 do Código Penal (RHC 101.299/RS, rel. Min. Nefi Cordeiro, rel. p/ acórdão Min. Joel Ilan Paciornik, 3.ª Seção, j. 13.03.2019, noticiado no *Informativo* 645; e HC 412.208/SP, rel. Min. Felix Fischer, 5.ª Turma, j. 20.03.2018, noticiado no *Informativo* 622).

[3] Pelo texto da Lei 7.210/1984 – Lei de Execução Penal, pois o Supremo Tribunal Federal, como se verá, admite o indulto antes do trânsito em julgado da condenação.

Finalmente, as causas de extinção da punibilidade remanescentes podem direcionar-se tanto contra a pretensão punitiva como, também, contra a pretensão executória, dependendo do momento em que ocorrerem, isto é, antes ou depois da condenação definitiva. Incluem-se nessa relação a morte do agente, a anistia, a *abolitio criminis* e a prescrição.

## 45.4. EFEITOS

As causas de extinção da punibilidade que atingem a pretensão punitiva eliminam todos os efeitos penais de eventual sentença condenatória já proferida. Destarte, esse ato judicial não serve como pressuposto da reincidência, nem pode ser usado como título executivo judicial na área cível.

Por sua vez, as causas extintivas que afetam a pretensão executória, salvo nas hipóteses de *abolitio criminis* e anistia, apagam unicamente o efeito principal da condenação, é dizer, a pena. Subsistem os efeitos secundários da sentença condenatória: pressuposto da reincidência e constituição de título executivo judicial no campo civil. Nesse contexto, estatui a **Súmula 631 do Superior Tribunal de Justiça**: "O indulto extingue os efeitos primários da condenação (pretensão executória), mas não atinge os efeitos secundários, penais ou extrapenais."

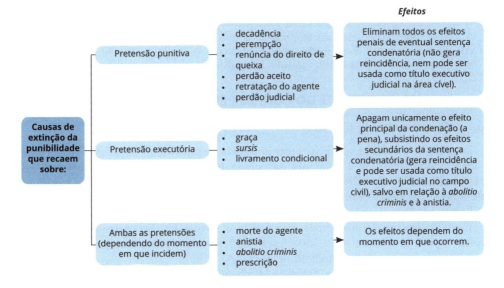

## 45.5. EXTINÇÃO DA PUNIBILIDADE NOS CRIMES ACESSÓRIOS, COMPLEXOS E CONEXOS

Estabelece o art. 108 do Código Penal: "A extinção da punibilidade de crime que é pressuposto, elemento constitutivo ou circunstância agravante de outro não se estende a este. Nos crimes conexos, a extinção da punibilidade de um deles não impede, quanto aos outros, a agravação da pena resultante da conexão".

**Crime acessório**, também denominado **de crime de fusão** ou **parasitário**, é aquele cuja existência depende da prática anterior de outro crime, chamado de **principal**. A extinção da punibilidade do crime principal não se estende ao crime acessório. Exemplo: a lavagem de dinheiro (Lei 9.613/1998, art. 1.º) será punível mesmo com a extinção da infração penal que permitiu a sua prática.[4]

---

[4] "A extinção da punibilidade pela prescrição quanto aos crimes antecedentes não implica o reconhecimento da atipicidade do delito de lavagem de dinheiro (art. 1.º da Lei n.º 9.613/1998) imputado ao paciente. Nos termos do art. 2.º, § 1.º, da lei

**Crime complexo**, por sua vez, é aquele que resulta da união de dois ou mais crimes. A extinção da punibilidade da parte (um dos crimes) não alcança o todo (crime complexo). Exemplo: eventual prescrição do roubo não importa na automática extinção da punibilidade do latrocínio.

**Crime conexo**, finalmente, é o praticado para assegurar a execução, a ocultação, a impunidade ou a vantagem de outro crime. É o que se dá com o indivíduo que, para vender drogas, mata um policial que o investigava. A ele serão imputados os crimes de homicídio qualificado pela conexão (CP, art. 121, § 2.º, V) em concurso material com o tráfico de drogas (Lei 11.343/2006, art. 33). E de acordo com o art. 108 do Código Penal, ainda que ocorra a prescrição do tráfico de drogas, subsiste, no tocante ao homicídio, a qualificadora da conexão.

No âmbito do **princípio da consunção** (conflito aparente de normas penais), a extinção da punibilidade do crime-fim igualmente atinge o direito de punir do Estado em relação ao crime-meio. Para o Superior Tribunal de Justiça:

> No caso em que a falsidade ideológica tenha sido praticada com o fim exclusivo de proporcionar a realização do crime de descaminho, a extinção da punibilidade quanto a este – diante do pagamento do tributo devido – impede que, em razão daquela primeira conduta, considerada de forma autônoma, proceda-se à persecução penal do agente. Isso porque, nesse contexto, exaurindo-se o crime-meio na prática do crime-fim, cuja punibilidade não mais persista, falta justa causa para a persecução pelo crime de falso, porquanto carente de autonomia.[5]

## 45.6. ANÁLISE DO ART. 107 DO CÓDIGO PENAL

### 45.6.1. Morte do agente (inciso I)

Extingue-se a punibilidade pela morte do agente (art. 107, I, do CP). Essa opção legislativa tem dois fundamentos: (1) o **princípio da personalidade da pena:** a pena não pode passar da pessoa do condenado (CF, art. 5.º, XLV, 1.ª parte); e (2) o brocardo de justiça pelo qual a morte tudo apaga (*mors omnia solvit*).

Essa regra alcança todas as espécies de penas (privativa de liberdade, restritiva de direitos e multa), além dos efeitos penais da sentença condenatória. Excepcionam-se, porém, por expressa disposição constitucional, a obrigação de reparar o dano, até os limites das forças da herança, e a decretação do perdimento de bens.

E como bem observa Júlio Fabbrini Mirabete, essa mesma regra se estende à pessoa jurídica, podendo a obrigação ser transferida à sua sucessora,[6] relativamente aos crimes que podem por ela ser praticados.

Mas se a morte do agente ocorrer após o trânsito em julgado da condenação, subsistem os efeitos secundários **extrapenais**, autorizando a execução da sentença penal no juízo cível contra os seus herdeiros.

A expressão "agente" foi empregada em sentido amplo, significando "indiciado", "réu", "sentenciado", "condenado" ou "reeducando", pois essa causa de extinção da punibilidade pode ocorrer em qualquer etapa da persecução penal, ou seja, da instauração do inquérito policial até o término da execução da pena.

---

mencionada, para a configuração do delito de lavagem de dinheiro não há necessidade de prova cabal do crime anterior, mas apenas a demonstração de indícios suficientes de sua existência. Assim sendo, o crime de lavagem de dinheiro é delito autônomo, independente de condenação ou da existência de processo por crime antecedente" (STJ: HC 207.936/MG, rel. Min. Jorge Mussi, 5.ª Turma, j. 27.03.2012, noticiado no *Informativo 494*).

[5] RHC 31.321/PR, rel. Min. Marco Aurélio Bellizze, 5.ª Turma, j. 16.05.2013, noticiado no *Informativo 523*.

[6] MIRABETE, Julio Fabbrini. *Manual de direito penal*. Parte geral. 24. ed. São Paulo: Atlas, 2007. v. 1, p. 402.

CAP. 45 - EXTINÇÃO DA PUNIBILIDADE | 737

Cuida-se de **causa personalíssima**, razão pela qual não se comunica aos demais coautores e partícipes, que respondem normalmente pela infração penal.

O art. 62 do Código de Processo Penal é claro ao exigir seja a prova da morte efetuada exclusivamente com a **certidão de óbito**. Alguns doutrinadores, tais como Nélson Hungria e Magalhães Noronha, entendiam que a declaração judicial de ausência (Código Civil, art. 6.º) ou da extrema probabilidade de morte de quem estava em perigo de vida ou prisioneiro ou desaparecido em campanha não encontrado até dois anos após o término da guerra (Código Civil, art. 7.º) teria o mesmo efeito de extinção da punibilidade.[7]

Essas propostas, entretanto, não têm amparo legal. Com efeito, em caso de morte do acusado, o juiz, somente à vista da certidão de óbito, e depois de ouvido o Ministério Público, declarará extinta a punibilidade (CPP, art. 62).

Discute-se o que pode ser feito se, com fundamento em certidão de óbito **falsa**, foi declarada a extinção da punibilidade. Surgiram dois posicionamentos distintos:

*1.ª posição:* o réu pode ser processado somente pelo crime de falso, pois o ordenamento jurídico brasileiro não contempla a revisão criminal *pro societate*. É a posição dominante em sede doutrinária; e

*2.ª posição:* poderá haver revogação da decisão judicial, pois a declaração com falso fundamento não faria coisa julgada em sentido estrito. Em verdade, trata-se de decisão judicial inexistente, inidônea a produzir os efeitos inerentes à autoridade da coisa julgada. Se não bastasse, o sujeito não pode ser beneficiado pela sua própria torpeza, e a formalidade não há de ser levada ao ponto de tornar imutável uma decisão lastreada em uma falsidade. É a posição do Supremo Tribunal Federal[8] e também do Superior Tribunal de Justiça.[9]

### 45.6.1.1. Extinção da pessoa jurídica, crimes ambientais e princípio da personalidade da pena

Como corolário do princípio da personalidade (intransmissibilidade ou intranscendência) da pena, consagrado no art. 5.º, XLV, da Constituição Federal, a extinção legal da pessoa jurídica acarreta a extinção da punibilidade no tocante às penas dos crimes ambientais a ela imputados. Em outras palavras, o encerramento não fraudulento da pessoa jurídica equivale, para fins penais, à sua "morte", razão pela qual deve ser aplicada a regra contida no art. 107, I, do Código Penal.[10]

### 45.6.2. Anistia, graça e indulto (inciso II)

Anistia, graça e indulto são modalidades de indulgência soberana emanadas de órgãos estranhos ao Poder Judiciário, que dispensam, em determinadas hipóteses, a total ou parcial incidência da lei penal. Concretizam a renúncia do Estado ao direito de punir.

Embora advenham de órgãos alheios ao Poder Judiciário, a anistia, a graça e o indulto somente acarretam na extinção da punibilidade de seu destinatário após acolhimento por decisão judicial.

---

[7] HUNGRIA, Nélson. *Novas questões jurídico-penais*. Rio de Janeiro: Forense, 1945. p. 108. NORONHA, E. Magalhães. *Direito penal*. 15. ed. São Paulo: Saraiva, 1978. v. 1, p. 396.

[8] "Afirmou que o suposto óbito do paciente seria fato inexistente e que, portanto, não poderia existir no mundo jurídico. Por essa razão, reputou não haver óbice à desconstituição da coisa julgada". (HC 104.998/SP, rel. Min. Dias Toffoli, 1.ª Turma, j. 14.12.2010, noticiado no *Informativo* 613).

[9] HC 143.474/SP, rel. Min. Celso Limongi (Desembargador convocado do TJ-SP), 6.ª Turma, j. 06.05.2010, noticiado no *Informativo* 433. E ainda: "O desfazimento da decisão que, admitindo por equívoco a morte do agente, declarou a extinção da punibilidade, não constitui ofensa à coisa julgada" (HC 31.234, rel. Min. Felix Fischer, 5.ª Turma, j. 16.12.2003).

[10] STJ: REsp 1.977.172/PR, rel. Min. Ribeiro Dantas, 3.ª Seção, j. 24.08.2022, noticiado no *Informativo* 746.

**738** DIREITO PENAL – PARTE GERAL – VOL. 1 • CLEBER MASSON

Essas causas extintivas da punibilidade têm lugar em crimes de ação penal pública (incondicionada e condicionada) e de ação penal privada. De fato, nesses últimos o Estado transferiu ao particular unicamente a titularidade para iniciativa da ação penal, mantendo sob seu controle o direito de punir, capaz de ser renunciado pelos institutos ora em análise.

### 45.6.2.1. Anistia

Anistia é a exclusão, por lei ordinária com efeitos retroativos, de um ou mais fatos criminosos do campo de incidência do Direito Penal.

A clemência estatal é concedida por **lei ordinária** editada pelo **Congresso Nacional** (CF, arts. 21, XVII, e 48, VIII).[11] A iniciativa do projeto de lei visando a concessão de anistia é livre, ao contrário do que ocorria na Constituição anterior, em que o art. 57, VI, reservava a iniciativa ao Presidente da República quando se tratasse de crimes políticos.

A competência da União para concessão de anistia abrange somente as **infrações penais**.[12]

Essa causa de extinção da punibilidade destina-se, em regra, a crimes políticos (anistia **especial**), abrangendo, excepcionalmente, crimes comuns.[13] Abrange **fatos**, e não indivíduos, embora possam ser impostas condições específicas ao réu ou condenado (anistia **condicionada**).

E, concedida a anistia, o juiz, de ofício, a requerimento do interessado ou do Ministério Público, por proposta da autoridade administrativa ou do Conselho Penitenciário, declarará extinta a punibilidade (LEP, art. 187).

É exemplo de anistia o determinado pelo art. 1.º da Lei 6.683/1979, pelo qual foi concedida anistia a todos que, no período compreendido entre 2 de setembro de 1961 e 15 de agosto de 1979, cometeram crimes políticos ou conexos com estes, crimes eleitorais, aos que tiveram seus direitos políticos suspensos e aos servidores da Administração Direta e Indireta, de fundações vinculadas ao poder público, aos servidores dos Poderes Legislativo e Judiciário, aos Militares e aos dirigentes e representantes sindicais, punidos com fundamento em Atos Institucionais e Complementares.

Veja-se, portanto, que a anistia abrangeu todos aqueles que praticaram crimes políticos ou conexos no período mencionado, sem qualquer alusão a pessoa determinada. O que importa, na anistia, é o **fato**, e não seu destinatário.

Divide-se em **própria**, quando concedida anteriormente à condenação, e **imprópria**, na hipótese em que sua concessão opera-se após a sentença condenatória. Pode ser também **condicionada** ou **incondicionada**, conforme esteja ou não sujeita a condições para sua aceitação.

A anistia tem **efeitos ex tunc**, isto é, para o passado, apagando todos os efeitos penais. Rescinde até mesmo a condenação. Portanto, se no futuro o agente praticar nova infração penal, não será atingido pela reincidência, em face da ausência do seu pressuposto. Permanecem íntegros, entretanto, os efeitos civis da sentença condenatória, que, por esse motivo, subsiste como título executivo judicial no campo civil.

A decisão judicial que reconhece a anistia e declara a extinção da punibilidade deve ser lançada pelo magistrado que conduz a ação penal. Se, todavia, a ação penal estiver no tribunal – em grau recursal ou por se tratar de processo de sua competência originária –, compete a ele a declaração da extinção da punibilidade. Por último, se a lei concessiva da anistia entrar

---

[11] "No Estado democrático de direito o Poder Judiciário não está autorizado a alterar, a dar outra redação, diversa da nele contemplada, a texto normativo. Pode, a partir dele, produzir distintas normas. Mas nem mesmo o Supremo Tribunal Federal está autorizado a rescrever leis de anistia. Revisão de lei de anistia, se mudanças do tempo e da sociedade a impuserem, haverá – ou não – de ser feita pelo Poder Legislativo, não pelo Poder Judiciário" (STF: ADPF 153/DF, rel. Min. Eros Grau, Plenário, j. 29.04.2010).

[12] STF: ADI 104/RO, rel. Min. Sepúlveda Pertence, Plenário, j. 04.06.2007; e STJ: RMS 40.534/BA, rel. Min. Humberto Martins, 2.ª Turma, j. 15.10.2013.

[13] STF: ADI 1.231/DF, rel. Min. Carlos Velloso, Tribunal Pleno, j. 15.12.2005.

CAP. 45 – EXTINÇÃO DA PUNIBILIDADE | 739

em vigor depois do trânsito em julgado da condenação, será competente o juízo da execução para a declaração da extinção da punibilidade (LEP, art. 66, II, e Súmula 611 do STF).

A anistia pode ser, ainda, **geral ou absoluta**, quando concedida em termos gerais, ou **parcial ou relativa**, na hipótese em que faz exceções entre crimes ou pessoas.

A causa extintiva apenas pode ser recusada por seu destinatário quando condicionada, isto é, vinculada ao cumprimento de determinadas condições.

Os crimes hediondos e os delitos a estes equiparados são incompatíveis com a anistia, em face da regra contida no art. 5.º, XLIII, da Constituição Federal: "a lei considerará crimes inafiançáveis e **insuscetíveis de** graça ou **anistia** a prática da tortura, o tráfico ilícito de entorpecentes e drogas afins, o terrorismo e os definidos como crimes hediondos, por eles respondendo os mandantes, os executores e os que, podendo evitá-los, se omitirem".

Esse mandamento constitucional foi regulamentado pelos arts. 2.º, I, da Lei 8.072/1990 (crimes hediondos), pelo art. 1.º, § 6.º, da Lei 9.455/1997 (tortura) e pelo art. 44, *caput*, da Lei 11.343/2006 (tráfico de drogas).

### 45.6.2.2. Graça

A graça tem por objeto **crimes comuns, com sentença condenatória transitada em julgado**, visando o benefício de **pessoa determinada** por meio da extinção ou comutação da pena imposta. É também denominada, inclusive pela Lei de Execução Penal, de **indulto individual**.

Em regra, depende de **provocação** da parte interessada. De fato, o indulto individual poderá ser provocado por petição do condenado, por iniciativa do Ministério Público, do Conselho Penitenciário, ou da autoridade administrativa (LEP, art. 188).

A petição, acompanhada dos documentos que a instruírem, será entregue ao Conselho Penitenciário, para a elaboração de parecer e posterior encaminhamento ao Ministério da Justiça (LEP, art. 189).

A graça é **ato privativo e discricionário do Presidente da República** (CF, art. 84, XII), desde que respeitas as vedações impostas pelo sistema constitucional, e passível de delegação aos Ministros de Estado, ao Procurador-Geral da República ou ao Advogado-Geral da União (CF, art. 84, parágrafo único).

Alcança apenas o cumprimento da pena, na forma realçada pelo decreto presidencial, restando íntegros os efeitos penais secundários e também os efeitos de natureza civil.

Classifica-se como **plena**, quando importa em extinção da pena imposta ao condenado, ou **parcial**, quando acarreta em diminuição ou comutação da pena.

A graça normalmente não poderá ser recusada, salvo quando proposta comutação de pena (CPP, art. 739) ou submetida a condições para sua concessão.

E, uma vez concedida a graça ou indulto individual, e anexada aos autos cópia do decreto, o juiz declarará extinta a punibilidade ou ajustará a execução aos termos do decreto, em caso de comutação da pena (LEP, art. 192).

A Constituição Federal, em seu art. 5.º, XLIII, considera insuscetíveis de graça a prática de tortura, o tráfico ilícito de entorpecentes e drogas afins, o terrorismo e os crimes definidos como hediondos. Essa regra foi regulamentada pelos arts. 2.º, I, da Lei 8.072/1990 (crimes hediondos), pelo art. 1.º, § 6.º, da Lei 9.455/1997 (tortura) e pelo art. 44, *caput*, da Lei 11.343/2006 (tráfico de drogas).

### 45.6.2.3. Indulto

O indulto propriamente dito, ou **indulto coletivo**, é modalidade de clemência concedida **espontaneamente** pelo Presidente da República a todo o grupo de condenados que preencherem os requisitos apontados pelo decreto.[14]

---

[14] Na dicção do STJ, o indulto "é um instrumento de política criminal e carcerária adotada pelo Executivo, com amparo em competência constitucional, que encontra restrições apenas na própria Constituição da República, que veda a concessão

740 | DIREITO PENAL - PARTE GERAL - VOL. 1 • CLEBER MASSON

Embora essa seja a regra, não se faz necessário o trânsito em julgado da sentença condenatória para sua concessão.[15]

O indulto leva em consideração a duração da pena aplicada, bem como o preenchimento de determinados requisitos subjetivos (exemplo: primariedade)[16] e objetivos (exemplo: cumprimento de parte da pena).[17] Admite-se o benefício ao condenado que cumpre pena em qualquer regime prisional (fechado, semiaberto ou aberto).[18]

Como se trata de instituto atinente à execução penal, o indulto não é cabível aos presos cautelares com direito à detração penal.[19]

O indulto pode ser **total**, quando há extinção da pena, ou **parcial** (diminuição ou comutação de penas), **incondicionado** ou **condicionado** (caso em que poderá ser recusado).

No indulto total extinguem-se as sanções penais mencionadas no decreto presidencial, subsistindo os demais efeitos, penais ou extrapenais, não abarcados pelo benefício. Exemplificativamente, se o decreto de indulto se limitou a prever o benefício à pena privativa de liberdade, não ocorrerá a extinção da punibilidade no tocante à sanção pecuniária cumulativamente aplicada.[20] A propósito, dispõe a **Súmula 631 do Superior Tribunal de Justiça**: "O indulto extingue os efeitos primários da condenação (pretensão executória), mas não atinge os efeitos secundários, penais ou extrapenais."

Na comutação de penas não se pode falar propriamente em extinção da punibilidade, mas somente em transformação da pena em outra de menor gravidade. Na diminuição de pena, por sua vez, há extinção da punibilidade só em relação ao quantum perdoado.[21]

A Lei de Crimes Hediondos – Lei 8.072/1990 –, em seu art. 2.º, I, vedou a concessão de indulto para crimes hediondos, prática de tortura, tráfico de drogas e terrorismo. Igual vedação é atualmente prevista no art. 44, *caput*, da Lei 11.343/2006, no tocante ao tráfico de drogas. E como a Constituição Federal proibiu expressamente apenas a concessão de graça ou anistia para os crimes mencionados no art. 5.º, XLIII, surgiram dois posicionamentos acerca da proibição legal:

---

de anistia, graça ou indulto aos crimes de tortura, tráfico de drogas, terrorismo e aos classificados como hediondos" (AgRg no HC 935.027/SP, rel. Min. Ribeiro Dantas, 5.ª Turma, j. 30.09.2024, noticiado no *Informativo* 833).

[15] "A jurisprudência do STF já não reclama o trânsito em julgado da condenação nem para a concessão do indulto, nem para a progressão de regime de execução, nem para o livramento condicional" (STF: HC 87.801/SP, rel. Min. Sepúlveda Pertence, 1.ª Turma, j. 02.05.2006).

[16] "Segundo a jurisprudência deste Tribunal Superior, para a análise do pedido de indulto ou comutação de penas, o magistrado deve restringir-se ao exame do preenchimento dos requisitos previstos no decreto presidencial, uma vez que os pressupostos para a concessão da benesse são da competência privativa do Presidente da República. Dessa forma, qualquer outra exigência caracteriza constrangimento ilegal" (STJ: AgRg no HC 537.982/DF, rel. Min. Jorge Mussi, 5.ª Turma, j. 13.04.2020, noticiado no *Informativo* 670).

[17] "Não é possível o cômputo do período de prova cumprido em suspensão condicional da pena para preenchimento do requisito temporal objetivo do indulto" (STF: HC 123.698/PE, rel. Min. Cármen Lúcia, 2.ª Turma, j. 17.11.2015, noticiado no *Informativo* 808).

[18] STJ: REsp 1.828.409/MS, rel. Min. Rogerio Schietti Cruz, 6.ª Turma, j. 01.10.2019, noticiado no *Informativo* 659.

[19] "O indulto é instituto da execução penal, não se estendendo os benefícios da norma instituidora aos presos cautelarmente com direito à detração penal. Discute-se a possibilidade de utilização da detração penal para fins de indulto. No entanto, a jurisprudência desta Corte, é no sentido de que o indulto é instituto da execução penal, não se estendendo os benefícios da norma instituidora, no caso o Decreto Presidencial n. 9.246/1997, aos presos cautelarmente com direito à detração penal, mas apenas aos que cumpriam prisão-pena na ocasião da edição da norma" (STJ: AgRg no AREsp 1.887.116/GO, rel. Min. Olindo Menezes – Desembargador convocado do TRF 1.ª Região, 6.ª Turma, j. 03.05.2022, noticiado no *Informativo* 736).

[20] STF: EP 11 IndCom-AgR/DF, rel. Min. Roberto Barroso, Plenário, j. 08.11.2017, noticiado no *Informativo* 884.

[21] "A concessão do indulto, pleno ou parcial, atinge a pena. Será pleno quando extinguir a pena por completo, resultando na extinção da punibilidade. E será parcial, também chamado de comutação, quando o afastamento da pena não se der por completo. No entanto, em ambos os casos, os demais efeitos penais e civis do crime permanecem inalterados. Assinale-se, ainda, que o indulto não é aplicado de forma automática. Necessita, assim, de um procedimento judicial em que o juiz da execução irá avaliar se o apenado preenche, ou não, os requisitos insculpidos no decreto presidencial" (STJ: REsp 1.557.408/DF, rel. Min. Maria Thereza de Assis Moura, 6.ª Turma, j. 16.02.2016, noticiado no *Informativo* 577).

CAP. 45 - EXTINÇÃO DA PUNIBILIDADE | 741

**1.ª posição:** a regra é **inconstitucional**, por abranger hipótese não prevista no texto constitucional; e

**2.ª posição:** a regra é **constitucional**, pois a graça seria gênero do qual o indulto é espécie. É a atual posição do Supremo Tribunal Federal:

"É constitucional o art. 2.º, I, da L. 8.072/90, porque, nele, a menção ao indulto é meramente expletiva da proibição de graça aos condenados por crimes hediondos ditada pelo art. 5.º, XLIII, da Constituição. Na Constituição, a graça individual e o indulto coletivo – que ambos, tanto podem ser totais ou parciais, substantivando, nessa última hipótese, a comutação de pena – são modalidades do poder de graça do Presidente da República (art. 84, XII) – que, no entanto, sofre a restrição do art. 5.º, XLIII, para excluir a possibilidade de sua concessão, quando se trata de condenação por crime hediondo."[22]

A natureza dos crimes abrangidos pelo indulto deve ser analisada à época da sua prática, e não no momento da concessão do benefício.[23] Exemplificativamente, se quando cometido o delito não era hediondo, e depois passou a ostentar esta característica, em tese será cabível o indulto.

Tal como na graça, o indulto coletivo é o ato que se insere na **atividade privativa e discricionária do Presidente da República**, que poderá optar pela concessão de benefício a determinados crimes e não a outros, por critérios razoáveis de política criminal. Como já decidido pelo Supremo Tribunal Federal: "O indulto é instrumento de política criminal de que dispõe o Chefe do Poder Executivo, configurando o seu emprego típica sanção premial, decisão esta sujeita a critérios de conveniência e oportunidade, a ser empreendida sob a ótica da prevenção criminal".[24]

Cumpre também destacar o teor da **Súmula 535 do Superior Tribunal de Justiça**: "A prática de falta grave não interrompe o prazo para fim de comutação de pena ou indulto". De fato, não basta a prática da falta grave para que ocorra automaticamente a interrupção do prazo. É preciso analisar, no caso concreto, o cumprimento dos requisitos previstos no decreto presidencial pelo qual foram instituídos o indulto ou a comutação da pena.

Finalmente, convém observar a incidência do indulto não só às penas, mas também às medidas de segurança. Na dicção do Supremo Tribunal Federal:

Reveste-se de legitimidade jurídica a concessão, pelo presidente da República, do benefício constitucional do indulto (CF, art. 84, XII), que traduz expressão do poder de graça do Estado, mesmo se se tratar de indulgência destinada a favorecer pessoa que, em razão de sua inimputabilidade ou semi-imputabilidade, sofre medida de segurança, ainda que de caráter pessoal e detentivo. Essa a conclusão do Plenário, que negou provimento a recurso extraordinário em que discutida a possibilidade de extensão de indulto a internados em cumprimento de medida de segurança. O Colegiado assinalou que a competência privativa do presidente da República prevista no art. 84, XII, da CF abrange a medida de segurança, espécie de sanção penal, inexistindo restrição à concessão de indulto. Embora não seja pena em sentido estrito, é medida de natureza penal e ajusta-se ao preceito, cuja interpretação deveria ser ontológica.[25]

---

22 HC 81.565/SC, rel. Min. Sepúlveda Pertence, 1.ª Turma, j. 19.02.2002. Em igual sentido: "Assinalou que a proibição do art. 5.º, XLIII, da CF seria aplicável ao indulto individual e ao indulto coletivo" (HC 118.213/SP, rel. Min. Gilmar Mendes, 2.ª Turma, j. 06.05.2014, noticiado no *Informativo* 745). O STJ compartilha deste entendimento: "Há expressa vedação legal ao benefício de indulto em se tratando de crimes hediondos ou a eles equiparados, e a Lei Antidrogas reforça tal proibição" (HC 271.537/SP, rel. Min. Moura Ribeiro, 5.ª Turma, j. 22.10.2013).

23 STF: RE 274.265/DF, rel. Min. Néri da Silveira, 2.ª Turma, j. 14.08.2001; e STJ: HC 276.686/SP, rel. Min. Maria Thereza de Assis Moura, 6.ª Turma, j. 18.06.2014.

24 HC 90.364/MG, rel. Min. Ricardo Lewandowski, Tribunal Pleno, j. 31.10.2007, noticiado no *Informativo* 486.

25 RE 628.658/RS, rel. Min. Marco Aurélio, Plenário, j. 05.11.2015, noticiado no *Informativo* 806.

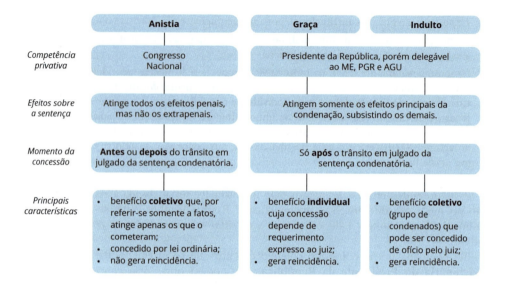

### 45.6.2.3.1. Há limites ao Presidente da República na concessão do indulto (e da graça)?

O indulto é ato discricionário do Presidente da República. Não há nenhuma dúvida nesse ponto. Reserva-se exclusivamente ao Chefe do Poder Executivo a análise da conveniência e da oportunidade no tocante à clemência soberana, seja para fins de extinção da punibilidade (indulto total), seja para fins de comutação da pena (indulto parcial).

Também não pairam maiores discussões sobre o alcance do benefício. O indulto, como causa extintiva da punibilidade, pode incidir sobre qualquer espécie de pena – privativa de liberdade, restritiva de direitos ou multa –, e também em relação à medida de segurança.

O ponto de divergência repousa na liberdade para concessão do indulto. Em outras palavras, existem limites ao Presidente da República?

No polêmico caso envolvendo o Decreto 9.246/2017, editado pelo então Presidente Michel Temer, o Supremo Tribunal Federal entendeu que não. Na visão da Corte, por se tratar de típico ato de governo, o indulto:

> É legítimo mecanismo de freios e contrapesos para coibir excessos e permitir maior equilíbrio na Justiça criminal. O exercício do poder de indultar não fere a separação de Poderes por, supostamente, esvaziar a política criminal definida pelo legislador e aplicada pelo Judiciário. Está contido na cláusula de separação de Poderes. O ato de clemência privativo do presidente pode ser total, independentemente de parâmetros. (...) Por sua vez, o ministro Ricardo Lewandowski registrou que o ato político é de amplíssima discricionariedade e, portanto, imune ao controle jurisdicional. (...) Não há base constitucional para qualquer intervenção do Poder Judiciário que direta, ou indiretamente, importe juízo de mérito sobre a ocorrência ou não de conveniência e oportunidade, porque o único juiz constitucional dessa matéria é o presidente da República.[26]

Com o merecido respeito à Corte Constitucional, nosso entendimento é diverso.

De fato, o indulto deve observar os limites impostos pela Lei Suprema. Tais barreiras, contudo, podem ser implícitas e decorrentes do sistema constitucional interpretado em sua totalidade.

---

[26] ADI 5.874/DF, rel. orig. Min. Roberto Barroso, red. p/ o ac. Min. Alexandre de Moraes, Plenário, j. 09.05.2019, noticiado no *Informativo* 939.

CAP. 45 – EXTINÇÃO DA PUNIBILIDADE | **743**

Em primeiro lugar, é imprescindível a obediência à **separação dos Poderes**, insculpida no art. 2.º da Constituição Federal. Não se pode, ao livre gosto do Presidente da República, muitas vezes motivado por acordos políticos, partidários e contrários aos interesses da nação, simplesmente ignorar uma decisão condenatória imposta pelo Poder Judiciário após anos, quiçá décadas, de tramitação de uma ação penal, norteada pelos princípios (também constitucionais) do contraditório, da ampla defesa e do devido processo legal.

Imagine-se um decreto de indulto exigindo, por exemplo, apenas o cumprimento de 1/10 da pena privativa de liberdade para extinção da punibilidade. Essa opção do Poder Executivo indiscutivelmente banalizaria a atuação jurisdicional, transformando as portas do sistema penal em uma autêntica "porta giratória" fomentadora da impunidade e da criminalidade.

Mas não para por aí. Na tradição do Direito Penal brasileiro, o indulto sempre se pautou em questões humanitárias e de controle do sistema prisional. Concede-se o benefício para aqueles que se comportaram de forma satisfatória e encontram-se próximos do cumprimento integral da pena, inclusive para abrir vagas nos estabelecimentos penais para quem inicia a execução da pena. O novo condenado deve sentir-se motivado para trilhar, adequadamente, caminho análogo ao seguido pelos seus antecessores, pois de tal modo será agraciado pelo beneplácito presidencial.

A concessão indiscriminada do indulto aniquila a busca pelas **finalidades da pena** – retribuição, prevenção geral e prevenção especial – compatíveis com os vetores impostos pelo art. 5.º, XL a L, da Constituição Federal.

Se não bastasse, o art. 37 da Lei Suprema elenca diversos princípios da Administração Pública, destacando-se a **moralidade**, a **impessoalidade** e a **eficiência**. O aniquilamento de penas pelo deferimento arbitrário do indulto indiscutivelmente ataca tais valores: contraria-se a ética que a sociedade espera (e exige) dos governantes, beneficia pessoas determinadas e invariavelmente ligadas ao Presidente da República por razões espúrias, e atira ao ralo a atuação eficaz do sistema de justiça penal, incentivando o descaso e o descrédito dos Poderes Constituídos pelo Estado.

Felizmente, a Corte Suprema alterou seu posicionamento, filiando-se à nossa linha de raciocínio, ao apreciar o igualmente polêmico decreto de indulto individual (graça) editado pelo ex-Presidente da República Jair Messias Bolsonaro em favor do então Deputado Federal Daniel Silveira:

> É inconstitucional – por violar os princípios da impessoalidade e da moralidade administrativa (CF/1988, art. 37, "caput") e por incorrer em desvio de finalidade – decreto presidencial que, ao conceder indulto individual (graça em sentido estrito), visa atingir objetivos distintos daqueles autorizados pela Constituição Federal de 1988, eis que observa interesse pessoal ao invés do público. O indulto é um dos mecanismos políticos de extinção da punibilidade previstos expressamente pela atual ordem constitucional e cuja utilização é vedada para crimes específicos. A partir de um complexo sistema de freios e contrapesos, ele é considerado como importante instrumento de política criminal, voltado a atenuar possíveis incorreções legislativas ou judiciárias em prol da reinserção e ressocialização de condenados que a ele façam jus. Diante de sua natureza jurídica de ato de governo ou ato político (espécie do gênero ato administrativo), o indulto reveste-se de ampla discricionariedade, contudo, disso não resulta a sua impossibilidade absoluta de ser questionado perante o Poder Judiciário, em especial para verificar se o seu objeto está de acordo com os ditames constitucionais. Na linha da jurisprudência desta Corte, é possível realizar o controle de constitucionalidade de decreto de indulto, notadamente quanto a possível ocorrência de desvio de finalidade. Na espécie, o então Presidente da República, utilizando-se de sua competência constitucional, editou decreto de indulto individual em favor de parlamentar federal que no dia imediatamente anterior foi condenado, pelo Plenário do STF, à pena de oito anos e nove meses de reclusão, em regime inicial fechado, pela prática dos crimes de ameaça ao Estado Democrático de Direito e de coação no curso do processo. Nesse contexto, verificado que o benefício foi concedido

744 | DIREITO PENAL – PARTE GERAL – VOL. 1 • CLEBER MASSON

de modo absolutamente desconectado do interesse público – mas em razão do mero vínculo de afinidade político-ideológico entre o chefe do Poder Executivo e o beneficiário – há evidente desrespeito aos princípios norteadores da Administração Pública, principalmente o da impessoalidade e da moralidade administrativa.[27]

### 45.6.3. *Abolitio criminis* (inciso III)

É a nova lei que exclui do âmbito do Direito Penal um fato até então considerado criminoso. Encontra previsão legal no art. 2.º, *caput*, do Código Penal, e tem natureza jurídica de causa de extinção da punibilidade (art. 107, III).

Alcança a execução e os efeitos penais da sentença condenatória, não servindo como pressuposto da reincidência, nem configurando maus antecedentes. Sobrevivem, entretanto, os efeitos civis de eventual condenação, isto é, a obrigação de reparar o dano provocado pela infração penal e a constituição de título executivo judicial.

Questão normalmente abordada em concursos públicos é a seguinte: **Qual é o juízo competente para aplicar a *abolitio criminis*?**

A resposta é simples. Guarde o seguinte raciocínio: a lei será sempre aplicada pelo órgão do Poder Judiciário em que a ação penal estiver em trâmite. Extraem-se as seguintes ilações:

1.ª) Em se tratando de inquérito policial ou de ação penal que se encontre em 1.º grau de jurisdição, ao juiz natural compete a aplicação da lei mais favorável. Exemplo: crime praticado na comarca de São Paulo, com inquérito policial distribuído e ação penal ajuizada na 10.ª Vara Criminal. O juiz de Direito responsável por esta Vara deverá aplicar a lei mais favorável.

2.ª) No caso de ação penal em grau de recurso, ou ainda na hipótese de crime de competência originária dos Tribunais, tal mister será reservado ao Tribunal respectivo.

3.ª) Se a condenação já tiver sido alcançada pelo trânsito em julgado, a competência será do juízo da Vara das Execuções Criminais. É o que se extrai do art. 66, I, da Lei de Execução Penal, e da Súmula 611 do Supremo Tribunal Federal.[28]

### 45.6.4. Prescrição, decadência e perempção (inciso IV)

#### 45.6.4.1. *Prescrição*

Em face de sua amplitude, será analisada no capítulo seguinte.

#### 45.6.4.2. *Decadência*

A decadência é a **perda do direito de queixa ou de representação em face da inércia de seu titular durante o prazo legalmente previsto**.

O prazo, salvo disposição legal em contrário, é de 6 (seis) meses, independentemente do número de dias de cada mês,[29] contados do dia em que o ofendido veio a saber quem é o autor do crime, ou, no caso de ação penal privada subsidiária da pública, do dia em que se

---

[27] ADPF 964/DF, ADPF 965/DF, ADPF 966/DF e ADPF 967/DF, rel. Min. Rosa Weber, Plenário, j. 10.05.2023, noticiado no *Informativo* 1.094.

[28] É o seu texto: "Transitada em julgado a sentença condenatória, compete ao Juízo das execuções a aplicação de lei mais benigna". No mesmo sentido o teor da Súmula 23 do extinto Tribunal Federal de Recursos: "O juízo da execução criminal é o competente para a aplicação de lei nova mais benigna a fato julgado por sentença condenatória irrecorrível".

[29] STJ: APn 562-MS, rel. originário Min. Fernando Gonçalves, rel. para acórdão Min. Felix Fischer, Corte Especial, j. 02.06.2010, noticiado no *Informativo* 437.

esgota o prazo para oferecimento da denúncia (CP, art. 103). Esse prazo é contado a partir do conhecimento inequívoco da autoria, e não de meras suspeitas.[30]

A contagem do prazo obedece aos ditames do art. 10 do Código Penal, pois possui índole penal. Logo, em caso de dúvida acerca do decurso ou não do prazo legal, a decadência não pode ser reconhecida.

O prazo decadencial é para o **oferecimento** da queixa-crime, e não para o seu recebimento pelo Poder Judiciário, e no caso de ser ela antecedida por inquérito policial (pedido de providências), deve o prazo ser apurado a partir da conclusão oficial deste procedimento preparatório, se somente nesse momento foi apurada a autoria da infração penal.[31]

O prazo decadencial é **preclusivo e improrrogável**, e não se submete, em face de sua própria natureza jurídica, à incidência de quaisquer causas de interrupção e suspensão.[32]

No caso de crime continuado, o prazo decadencial é contado separadamente para cada delito parcelar. De fato, a ficção jurídica de unidade de crime tem lugar exclusivamente para fins de aplicação da pena. E, no crime habitual, tal prazo deve ser computado a partir do último fato praticado pelo agente.

São nítidas as diferenças entre a decadência e a prescrição. Vejamos o gráfico:

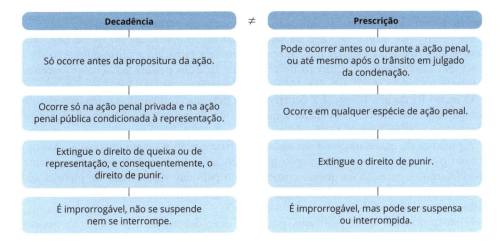

### 45.6.4.3. Perempção

É a **perda do direito de ação**, que acarreta na extinção da punibilidade, **provocada pela inércia processual do querelante**.[33]

A perempção não é aplicável na ação penal privada subsidiária da pública, uma vez que nessa hipótese o Ministério Público dará andamento à ação na hipótese de omissão ou desídia do querelante.[34]

As causas de perempção foram previstas no art. 60 do Código de Processo Penal:

---

[30] STF: HC 89.938/SP, rel. Min. Sepúlveda Pertence, 1.ª Turma, j. 14.11.2006.
[31] STF: RHC 85.951/PR, rel. Min. Gilmar Mendes, 2.ª Turma, j. 07.02.2006. No mesmo sentido: HC 85.872/SP, rel. Min. Eros Grau, 1.ª Turma, j. 06.09.2005.
[32] STF: Inq. 774/RJ, rel. Min. Celso de Mello, Tribunal Pleno, j. 23.09.1993.
[33] "De acordo com a jurisprudência do Superior Tribunal de Justiça, a perempção, como perda do direito de prosseguir na ação penal de iniciativa privada, é uma sanção jurídica, imposta ao querelante por sua inércia, negligência ou contumácia" (STJ: EDcl no HC 156.230/PE, rel. Min. Marco Aurélio Bellizze, 5.ª Turma, j. 06.03.2012).
[34] STJ: RHC 26.530/SC, rel. Min. Laurita Vaz, 5.ª Turma, j. 08.11.2011.

**746** | DIREITO PENAL – PARTE GERAL – VOL. 1 • CLEBER MASSON

**Art. 60.** Nos casos em que somente se procede mediante queixa, considerar-se-á perempta a ação penal:

I – quando, iniciada esta, o querelante deixar de promover o andamento do processo durante 30 (trinta) dias seguidos;

II – quando, falecendo o querelante, ou sobrevindo sua incapacidade, não comparecer em juízo, para prosseguir no processo, dentro do prazo de 60 (sessenta) dias, qualquer das pessoas a quem couber fazê-lo, ressalvado o disposto no art. 36;

III – quando o querelante deixar de comparecer, sem motivo justificado, a qualquer ato do processo a que deva estar presente, ou deixar de formular o pedido de condenação nas alegações finais;

IV – quando, sendo o querelante pessoa jurídica, esta se extinguir sem deixar sucessor.

Pelo texto legal, nota-se ser a perempção sanção que somente pode ser imposta **após a propositura da queixa**. Com efeito, fala o Código de Processo Penal em "início da ação penal", "atos do processo" etc.[35]

Na primeira hipótese (inc. I) se faz necessária a regular intimação do querelante para o ato processual. Se ainda assim não se manifestar no prazo legal de 30 dias, será declarada a extinção da punibilidade pela perempção.[36] Exemplo: o querelante deixa de nomear novo advogado, apesar de devidamente intimado da renúncia do patrono antecessor.

Há perempção, ainda, no caso de falecimento ou incapacidade do querelante, quando as pessoas determinadas pela lei não comparecerem em juízo, para prosseguimento do feito (inc. II). No caso de morte, o direito de prosseguir na ação passará ao cônjuge, ascendente, descendente ou irmão (CPP, art. 31). No caso de interdição, ao curador.

O inciso III do art. 60 prevê a ocorrência de perempção quando o querelante: a) deixar de comparecer, sem motivo justificado, a qualquer ato do processo; e b) nas alegações finais, deixar de formular pedido de condenação.

A presença do querelante deve ser **necessária** para a prática do ato processual. Assim, não se faz obrigatório o seu comparecimento na audiência preliminar, tanto por ser ato anterior ao recebimento ou rejeição da queixa-crime, quanto pelo fato de se tratar de mera faculdade conferida às partes.[37] Também não se dá a perempção pela ausência do querelante na audiência prevista no art. 520 do Código de Processo Penal.[38]

O ato processual a ser praticado, portanto, deve demandar a participação pessoal do querelante, não havendo perempção se nos demais atos ele se fizer representar por seu procurador. Não pode ser declarada a extinção da punibilidade, da mesma forma, se a ausência for justificada.

A declaração de perempção só pode ocorrer se o querelante for intimado para o ato a ser praticado. Portanto, nos casos de audiência realizada por carta precatória, em virtude da desnecessidade de intimação, não pode ser considerada perempta a ação pela ausência do querelante ou seu defensor.[39]

A falta de pedido de condenação nas alegações finais (atuais memoriais) é igualmente hipótese de perempção (inc. III, 2.ª parte). Esse fenômeno não tem lugar na ação penal pública, pois o magistrado pode proferir sentença condenatória mesmo com pedido de absolvição do Ministério Público (CPP, art. 385).

---

[35] STF: HC 86.942/MG, rel. Min. Gilmar Mendes, 2.ª Turma, j. 07.02.2006. É também o entendimento do STJ: HC 180.479/RS, rel. Min. Laurita Vaz, 5.ª Turma, j. 24.09.2013.

[36] STF: Inq. AgRg 920/DF, rel. Min. Celso de Mello, Tribunal Pleno, j. 03.08.1995. No mesmo sentido: STJ: REsp 440.237/SP, rel. Min. Gilson Dipp, 5.ª Turma, j. 20.05.2003.

[37] STF: HC 86.942/MG, rel. Min. Gilmar Mendes, 2.ª Turma, j. 07.02.2006.

[38] STF: HC 81.264/RJ, rel. Min. Maurício Côrrea, 2.ª Turma, j. 05.03.2003.

[39] STJ: RHC 26.530/SC, rel. Min. Laurita Vaz, 5.ª Turma, j. 08.11.2011.

CAP. 45 – EXTINÇÃO DA PUNIBILIDADE | **747**

Não é preciso que o querelante manifeste expressamente o pedido de condenação, bastando que dos seus termos possa extrair-se esse propósito. Nesse contexto, os pedidos de procedência da ação penal ou de aplicação da pena são suficientes para revelar tal vontade do ofendido.

A não apresentação de alegações finais no prazo legal equivale à falta de pedido de condenação, desde que intimado o querelante para o ato. Essa regra, nada obstante a manutenção do texto do art. 60, inc. III, do Código de Processo Penal, reclama interpretação em sintonia com as modificações introduzidas pela Lei 11.719/2008. Com efeito, a partir de então as alegações finais, tanto da acusação como da defesa, são lançadas oralmente em audiência. Mas o juiz poderá, considerada a complexidade do caso ou o número de acusados, conceder às partes o prazo de 5 (cinco) dias sucessivamente para apresentação de memoriais (CPP, art. 403, *caput* e § 3.º).

Por último, a ação penal é considerada perempta quando o querelante – pessoa jurídica – se extinguir sem deixar sucessor (CPP, art. 60, inc. IV).

Se houver sucessor, proceder-se-á na forma prevista no art. 60, inc. II, do Código de Processo Penal, exigindo-se habilitação no prazo legal para prosseguimento da lide, sob pena de perempção.

Além das hipóteses legais, também pode ser considerada perempta a ação penal com a morte do querelante na ação penal privada **personalíssima**. O único exemplo vigente é possível no crime tipificado pelo art. 236 do Código Penal (induzimento a erro essencial e ocultação de impedimento).

Em caso de **pluralidade** de querelantes, a perempção somente atingirá o desidioso, persistindo a ação penal no tocante aos demais.

## 45.6.5. Renúncia ao direito de queixa ou perdão aceito nos crimes de ação privada (inciso V)

### 45.6.5.1. Renúncia ao direito de queixa

A renúncia é **ato unilateral** pelo qual se efetua a desistência do direito de ação pela vítima. Nos termos do art. 104, *caput*, do Código Penal: "O direito de queixa não pode ser exercido quando renunciado expressa ou tacitamente".

A renúncia pode ocorrer na ação penal exclusivamente privada, mas não na subsidiária da pública, pois se o ofendido deixar de oferecer queixa o Ministério Público poderá iniciar a ação penal enquanto não extinta a punibilidade do agente, pela prescrição ou por qualquer outra causa.

A renúncia expressa constará de declaração assinada pelo ofendido, por seu representante legal ou procurador com poderes especiais (CPP, art. 50, *caput*). De seu turno, a renúncia tácita ao direito de queixa resulta da prática de ato incompatível com a vontade de exercê-lo, que admitirá todos os meios de prova (CP, art. 104, parágrafo único, e CPP, art. 57).

Não acarreta em renúncia tácita, todavia, o fato de receber o ofendido a indenização do dano causado pelo crime (CP, art. 104, parágrafo único).

Na hipótese, porém, da Lei 9.099/1995, tratando-se de ação penal de iniciativa privada ou de ação pública condicionada à representação, o acordo entre ofensor e ofendido, homologado em juízo, acarreta a renúncia ao direito de queixa ou representação (art. 74, parágrafo único). Portanto, nos crimes de iniciativa privada e pública condicionada à representação, **de competência dos Juizados Especiais**, a composição civil extingue a punibilidade do autor do fato.[40]

---

[40] "O querelante formulou proposta de composição de danos a dois dos querelados, o que implica, em sendo aceita e homologada judicialmente, a renúncia ao direito de queixa, nos termos do disposto no art. 74, parágrafo único, da Lei 9.099/1995. A renúncia, expressa ou tácita (art. 104 do CPB), é causa extintiva da punibilidade, sendo irretratável (art. 107, V, CPB)" (STJ: APn 724/DF, rel. Min. Og Fernandes, Corte Especial, j. 20.08.2014).

**748** | DIREITO PENAL – PARTE GERAL – VOL. 1 • CLEBER MASSON

Nos termos do art. 49 do Código de Processo Penal, "a renúncia ao exercício do direito de queixa, em relação a um dos autores do crime, a todos se estenderá".

Como já decidiu o Supremo Tribunal Federal, tratando-se de ação penal privada, o oferecimento de queixa-crime somente contra um ou alguns dos supostos autores ou partícipes da prática delituosa, com exclusão dos demais envolvidos, configura hipótese de violação ao princípio da indivisibilidade (CPP, art. 48), implicando, por isso mesmo, em renúncia tácita ao direito de querela (CPP, art. 49), cuja eficácia extintiva da punibilidade estende-se a todos quantos alegadamente hajam intervindo no suposto cometimento da infração penal (CP, art. 107, V, c/c o art. 104).[41]

A renúncia apenas pode ser exercida **antes** do oferecimento da queixa. De fato, depois do início da ação penal poderão ocorrer outras formas de extinção da punibilidade, tais como a perempção ou o perdão do ofendido. Na linha da jurisprudência do Superior Tribunal de Justiça:

> A renúncia a que alude o art. 104 do CP diz respeito ao direito de queixa, não influindo no prosseguimento da ação penal já promovida. Então, oferecida a queixa-crime, não é mais cabível a renúncia porque não há mais nada a renunciar. A pretensão do querelante de obstar o prosseguimento da ação penal pode ser acolhida pelo perdão do ofendido (arts. 105 e 106 do CP), a depender, contudo, da aceitação do querelado.[42]

No caso de morte da vítima, o direito de oferecer queixa passará ao cônjuge, ascendente, descendente ou irmão (CPP, art. 31). E a renúncia por parte de um dos colegitimados não impedirá o exercício da ação penal privada pelos outros. De igual modo, em caso de crime com duas ou mais vítimas, a renúncia de uma delas não obsta o direito de queixa pelas demais.

## 45.6.5.2. Perdão aceito

O perdão do ofendido é a **desistência** manifestada após o oferecimento da **queixa**, impeditiva do **prosseguimento da ação** (CP, art. 105). Portanto, seja ele expresso ou tácito, somente constitui-se em causa de extinção da punibilidade nos crimes que se apuram exclusivamente por ação penal privada.[43]

O perdão pode ocorrer a qualquer momento, depois do início da ação penal privada, até o trânsito em julgado da sentença condenatória (CP, art. 106, § 2.º).

De acordo com o art. 106 do Código Penal:

> **Art. 106.** O perdão, no processo ou fora dele,[44] expresso ou tácito:
>
> I – se concedido a qualquer dos querelados, a todos aproveita;
>
> II – se concedido por um dos ofendidos, não prejudica o direito dos outros;
>
> III – se o querelado o recusa, não produz efeito.

**Perdão tácito** é o que **resulta da prática de ato incompatível com a vontade de prosseguir na ação** (CP, art. 106, § 1.º) e admitirá todos os meios de prova (CPP, art. 57).

---

[41] HC 88.165/RJ, rel. Min. Celso de Mello, 2.ª Turma, j. 18.04.2006. No STJ: APn 724/DF, rel. Min. Og Fernandes, Corte Especial, j. 20.08.2014.

[42] APn 600-MS, rel. Min. Teori Albino Zavascki, Corte Especial, j. 18.08.2010, noticiado no *Informativo* 443.

[43] "Nos termos do art. 105 do Código Penal, 'o perdão do ofendido, nos crimes em que somente se procede mediante queixa, obsta ao prosseguimento da ação', logo, é de se concluir que a referida causa extintiva de punibilidade somente tem efetiva aplicabilidade nas ações penais exclusivamente privadas, já que na ação penal pública condicionada à representação, ao ser proposta, a titularidade é de imediato transferida ao órgão ministerial, não mais dela dispondo a parte" (STJ: HC 111.326/MT, rel. Min. Jorge Mussi, 5.ª Turma, j. 26.10.2010).

[44] O perdão concedido fora do processo é denominado **extraprocessual.**

CAP. 45 - EXTINÇÃO DA PUNIBILIDADE | 749

A **concessão** do perdão pode ser feita pelo ofendido ou por seu representante legal, quando menor de 18 anos ou incapaz, encontrando-se tacitamente revogado pelo novo Código Civil o disposto pelo art. 52 do Código de Processo Penal ("Se o querelante for menor de 21 e maior de 18 anos, o direito de perdão poderá ser exercido por ele ou por seu representante legal, mas o perdão concedido por um, havendo oposição do outro, não produzirá efeito").

Por se tratar de **ato bilateral**, o perdão depende da **aceitação** do querelado, pois a ele pode ser interessante provar a sua inocência. O perdão concedido a um dos querelados aproveitará a todos, sem que produza, todavia, efeito em relação ao que o recusar (CPP, art. 51).

No perdão, o querelado será intimado a dizer, dentro de três dias, se o aceita, devendo, ao mesmo tempo, ser cientificado de que o seu silêncio importará em anuência. Aceito o perdão, expressa ou tacitamente, o juiz julgará extinta a punibilidade (CPP, art. 58, *caput* e parágrafo único).

O perdão refere-se a cada crime individualmente considerado. Consequentemente, nada impede o posterior oferecimento de queixa em caso de reiteração da infração penal pelo perdoado.

Finalmente, se concedido o perdão por um ou alguns dos ofendidos, isso não prejudicará o direito das demais vítimas em prosseguir com a ação penal.

### 45.6.6. Retratação do agente, nos casos em que a lei a admite (inciso VI)

Retratar-se é desdizer-se, confessar que errou, revelando o arrependimento do responsável pela infração penal.

Tem cabimento como causa de extinção da punibilidade apenas nos casos em que a lei a admite (CP, art. 107, VI). É o que ocorre, exemplificativamente, quando o querelado, antes da sentença, se retrata cabalmente da calúnia ou da difamação (CP, art. 143). Por esse motivo, não extingue a punibilidade no crime de injúria, pois nessa situação não foi expressamente prevista.

A retratação depende dos requisitos exigidos pelo dispositivo legal que a prevê. Como já decidiu o Superior Tribunal de Justiça relativamente a tais crimes contra a honra:

> A retratação, para gerar a extinção da punibilidade do agente, deve ser cabal, ou seja, completa, inequívoca. No caso, em que a ofensa foi praticada mediante texto veiculado na internet, o que potencializa o dano à honra do ofendido, a exigência de publicidade da retratação revela-se necessária para que esta cumpra a sua finalidade e alcance o efeito previsto na lei.[45]

De igual modo, o Código Penal admite a retratação no art. 342, § 2.º, segundo o qual o fato deixa de ser punível se, antes da sentença no processo em que ocorreu o ilícito, o agente se retrata ou declara a verdade.[46]

### 45.6.7. Inciso VII – Revogado pela Lei 11.106/2005

O inc. VII do art. 107 previa como causa de extinção da punibilidade o casamento do agente com a vítima, nos crimes contra os costumes, definidos nos Capítulos I, II e III do Título IV da Parte Especial do Código Penal.

### 45.6.8. Inciso VIII – Revogado pela Lei 11.106/2005

O inc. VIII trazia como causa de extinção da punibilidade o casamento da vítima com terceiro, nos crimes referidos no inciso anterior, se cometidos sem violência real ou grave

---

45 REsp 320.958/RN, rel. Min. Arnaldo Esteves Lima, 5.ª Turma, j. 06.09.2007.

46 "A retratação, prevista como causa de extinção da punibilidade do delito de falso testemunho, deve ser realizada antes da sentença e no próprio processo no qual a afirmação inverídica foi feita" (STJ: RHC 33.350/RS, rel. Min. Jorge Mussi, 5.ª Turma, j. 01.10.2013).

**750** | DIREITO PENAL – PARTE GERAL – VOL. 1 • CLEBER MASSON

ameaça e desde que a ofendida não requeresse o prosseguimento do inquérito policial ou da ação penal no prazo de 60 dias a contar da celebração.

## 45.6.9. Perdão judicial (inciso IX)

### 45.6.9.1. Introdução

Perdão judicial é o ato exclusivo de membro do Poder Judiciário que, **na sentença**, deixa de aplicar a pena ao réu, em face da presença de requisitos legalmente exigidos. Somente pode ser concedido nos casos expressamente previstos em lei (CP, art. 107, inc. IX).

É vedada a sua aplicação a delito para o qual a lei não prevê a extensão do benefício.[47]

O perdão judicial, em regra, é aplicável aos crimes culposos. Entretanto, também tem incidência a crimes dolosos, dependendo apenas da vontade do legislador. Vejamos alguns casos em que foi previsto:

a) art. 121, § 5.º, do Código Penal: "na hipótese de homicídio culposo, o juiz poderá deixar de aplicar a pena, se as consequências da infração atingirem o próprio agente de forma tão grave que a sanção penal se torne desnecessária".

b) art. 129, § 8.º, do Código Penal: "aplica-se à lesão corporal culposa o disposto no § 5.º do art. 121".

c) art. 140, § 1.º, do Código Penal: no tocante ao crime de injúria, "o juiz pode deixar de aplicar a pena: I – quando o ofendido, de forma reprovável, provocou diretamente a injúria; II – no caso de retorsão imediata, que consista em outra injúria".

d) art. 180, § 5.º, do Código Penal: relativamente à receptação culposa, "na hipótese do § 3.º, se o criminoso é primário, pode o juiz, tendo em consideração as circunstâncias, deixar de aplicar a pena".

e) art. 8.º da Lei das Contravenções Penais: "no caso de ignorância ou de errada compreensão da lei, quando escusáveis, a pena pode deixar de ser aplicada".

f) art. 29, § 2.º, da Lei 9.605/1998 – Lei dos Crimes Ambientais: "no caso de guarda doméstica de espécie silvestre não considerada ameaçada de extinção, pode o juiz, considerando as circunstâncias, deixar de aplicar a pena".

g) art. 13 da Lei 9.807/1999: "Poderá o juiz, de ofício ou a requerimento das partes, conceder o perdão judicial e a consequente extinção da punibilidade ao acusado que, sendo primário, tenha colaborado efetiva e voluntariamente com a investigação e o processo criminal, desde que dessa colaboração tenha resultado: I – a identificação dos demais coautores ou partícipes da ação criminosa; II – a localização da vítima com a sua integridade física preservada; III – a recuperação total ou parcial do produto do crime".

No tocante ao homicídio e lesão culposos, cometidos na direção de veículo automotor, o Código de Trânsito não prevê o perdão judicial. É imperativa, contudo, a aplicação analógica do § 5.º do art. 121 e do § 8.º do art. 129, ambos do Código Penal, que são normas de caráter geral (CP, art. 12), justificativa que restou bem delineada com o veto do Presidente da República ao dispositivo legal que previa o perdão judicial em tais crimes do Código de Trânsito Brasileiro.[48]

---

[47] "Condenado por homicídio duplamente qualificado não faz jus ao perdão judicial por absoluta ausência de previsão legal à sua aplicação" (STJ: HC 55.430/RS, rel. Min. Gilson Dipp, 5.ª Turma, j. 04.05.2006).

[48] De fato, previa o art. 300 do Projeto de Lei 3.710/1993, origem do CTB (Lei 9.503/1997), que "nas hipóteses de homicídio culposo e lesão corporal culposa, o juiz poderá deixar de aplicar a pena, se as consequências da infração atingirem, exclu-

CAP. 45 - EXTINÇÃO DA PUNIBILIDADE | 751

## 45.6.9.2. Natureza jurídica

O perdão judicial é causa extintiva da punibilidade (CP, art. 107, inc. IX), e consubstancia-se em direito público subjetivo, razão pela qual o magistrado deve concedê-lo ao réu quando presentes os requisitos exigidos em lei. Em síntese, o juiz possui discricionariedade para verificar a presença dos requisitos legais, mas, se considerá-los existentes, a aplicação do perdão judicial é obrigatória.

## 45.6.9.3. Aplicabilidade

A jurisprudência tem conferido amplo alcance ao perdão judicial, permitindo sua aplicação quando as consequências da infração atingirem, de forma física ou moral, o próprio agente, seus familiares, noiva, amigos íntimos etc. Em qualquer caso, porém, é imprescindível o vínculo familiar ou afetivo entre o autor e a vítima do crime. Nas lições do Superior Tribunal de Justiça:

> O perdão judicial não pode ser concedido ao agente de homicídio culposo na direção de veículo automotor (art. 302 do CTB) que, embora atingido moralmente de forma grave pelas consequências do acidente, não tinha vínculo afetivo com a vítima nem sofreu sequelas físicas gravíssimas e permanentes. Conquanto o perdão judicial possa ser aplicado nos casos em que o agente de homicídio culposo sofra sequelas físicas gravíssimas e permanentes, a doutrina, quando se volta para o sofrimento psicológico do agente, enxerga no § 5.º do art. 121 do CP a exigência de um laço prévio entre os envolvidos para reconhecer como "tão grave" a forma como as consequências da infração atingiram o agente. A interpretação dada, na maior parte das vezes, é no sentido de que só sofre intensamente o réu que, de forma culposa, matou alguém conhecido e com quem mantinha laços afetivos. O exemplo mais comumente lançado é o caso de um pai que mata culposamente o filho.
>
> Essa interpretação desdobra-se em um norte que ampara o julgador. Entender pela desnecessidade do vínculo seria abrir uma fenda na lei, não desejada pelo legislador. Isso porque, além de ser de difícil aferição o "tão grave" sofrimento, o argumento da desnecessidade do vínculo serviria para todo e qualquer caso de delito de trânsito com vítima fatal. Isso não significa dizer o que a lei não disse, mas apenas conferir-lhe interpretação mais razoável e humana, sem perder de vista o desgaste emocional que possa sofrer o acusado dessa espécie de delito, mesmo que não conhecendo a vítima.
>
> A solidarização com o choque psicológico do agente não pode conduzir a uma eventual banalização do instituto do perdão judicial, o que seria no mínimo temerário no atual cenário de violência no trânsito, que tanto se tenta combater. Como conclusão, conforme entendimento doutrinário, a desnecessidade da pena que esteia o perdão judicial deve, a partir da nova ótica penal e constitucional, referir-se à comunicação para a comunidade de que o intenso e perene sofrimento do infrator não justifica o reforço de vigência da norma por meio da sanção penal.[49]

Se a conduta do agente acarretou a produção de dois ou mais resultados, o perdão judicial incidirá somente no tocante ao delito em que ficar comprovado o vínculo familiar ou afetivo entre ele e a vítima, de modo a tornar evidente que as consequências do crime o atingiram de forma tão grave que a sanção penal se revela desnecessária. Em outras palavras, a caracterização do concurso formal, mediante unidade de conduta e pluralidade de resultados, não autoriza o reconhecimento automático do perdão judicial para todos os delitos. Como já decidido pelo Superior Tribunal de Justiça:

---

sivamente, o cônjuge ou companheiro, ascendente, descendente, irmão ou afim em linha reta, do condutor do veículo". As razões do veto presidencial foram as seguintes: "O artigo trata do perdão judicial, já consagrado pelo Direito Penal. Deve ser vetado, porém, porque as hipóteses previstas no § 5.º do art. 121 e § 8.º do art. 129 do Código Penal disciplinam o instituto de forma mais abrangente".

49  REsp 1.455.178/DF, rel. Min. Rogerio Schietti Cruz, 6.ª Turma, j. 05.06.2014, noticiado no *Informativo* 542.

# 752 | DIREITO PENAL - PARTE GERAL - VOL. 1 • CLEBER MASSON

O fato de os delitos haverem sido cometidos em concurso formal não autoriza a extensão dos efeitos do perdão judicial concedido para um dos crimes, se não restou comprovado, quanto ao outro, a existência do liame subjetivo entre o infrator e a outra vítima fatal. A matéria tratada nos autos consiste em averiguar a possibilidade de concessão do perdão judicial (art. 121, § 5.º do CP) a autor de crime culposo de trânsito, que, mediante uma única ação imprudente, leva duas vítimas a óbito, independentemente de haver prova de que mantivesse fortes vínculos afetivos com uma das vítimas fatais. Sob esse prisma, cumpre observar que, quando a avaliação está voltada para o sofrimento psicológico do autor do crime, a melhor doutrina enxerga no § 5.º do art. 121 do CP a exigência de um vínculo, de um laço prévio de conhecimento entre os envolvidos, para que seja "tão grave" a consequência ao agente a ponto de ser despicienda e até exacerbada outra pena, além da própria dor causada, intimamente, pelo dano provocado ao outro.[50]

## 45.6.9.4. Incomunicabilidade

O perdão judicial constitui-se em **condição subjetiva** ou **pessoal**. Consequentemente, não se comunica aos demais envolvidos na empreitada criminosa.

De fato, somente quem ostenta as condições legalmente exigidas pelo perdão judicial pode ser beneficiado com a extinção da punibilidade. Imagine-se, exemplificativamente, um homicídio culposo praticado na direção de veículo automotor. No automóvel estavam o condutor, seus dois filhos de pouca idade e terceira pessoa, até então desconhecida, a quem havia dado carona. O motorista, em excesso de velocidade, é incentivado pelo carona a correr ainda mais. Em face dessa imprudência, perde a direção do veículo, que capota, resultando na morte das duas crianças. Os adultos sobrevivem. Nessa situação, o perdão judicial, se cabível, incidirá somente em relação ao motorista, pois apenas ele suportou as graves consequências do crime de modo a tornar desnecessária a aplicação da pena.

## 45.6.9.5. Natureza jurídica da sentença concessiva do perdão judicial

O perdão judicial somente pode ser concedido pelo Poder Judiciário na sentença ou no acórdão (em grau recursal ou em ações penais de competência originária dos tribunais).

Com base nessa premissa, discute-se a natureza jurídica da sentença (*lato sensu*) concessiva do perdão judicial. Há três posições sobre o assunto:

*1.ª posição: Condenatória* – Foi defendida pelo Supremo Tribunal Federal antes da reforma da Parte Geral pela Lei 7.209/1984, e subsistiu após a entrada em vigor do citado diploma legal até a promulgação da atual Constituição Federal.

Deveras, naquele período o STF apreciava e julgava questões infraconstitucionais, e firmou o entendimento de que somente se perdoa quem errou, isto é, quem cometeu uma infração penal. Portanto, o magistrado deve condenar o réu e, posteriormente, conceder o perdão judicial, deixando de aplicar a pena.[51]

Atualmente, quem defende essa posição o faz com amparo no art. 120 do Código Penal, o qual dispõe expressamente que a sentença concessiva de perdão judicial não prevalece para efeito de reincidência. Seria uma condenação, com todos os seus efeitos, exceto para fins de recidiva.

*2.ª posição: Absolutória* – Funda-se no fato de não existir condenação sem aplicação de pena. Desse modo, como há sentença, sem imposição de sanção penal, seria inevitavelmente de cunho absolutório.

---

[50] REsp 1.444.699/RS, rel. Min. Rogerio Schietti Cruz, 6ª Turma, j. 01.06.2017, noticiado no *Informativo* 606.

[51] "O perdão judicial pressupõe condenação, pelo que não se estende aos efeitos secundários próprios da sentença condenatória" (RE 104.679/SP, rel. Min. Aldir Passarinho, 2.ª Turma, j. 22.10.1985).

CAP. 45 – EXTINÇÃO DA PUNIBILIDADE | 753

Essa corrente falha em uma questão terminológica: somente se perdoa quem errou. Quem deve ser absolvido não depende de perdão. Além disso, a sentença concessiva do perdão judicial não se enquadra no art. 386 do Código de Processo Penal, responsável pela previsão das hipóteses de absolvição na justiça penal brasileira.

**3.ª posição: Declaratória da extinção da punibilidade** – O juiz reconhece a prática de um fato típico e ilícito, bem como a culpabilidade do réu, mas por questões de política criminal, reforçadas pela lei, deixa de aplicar a pena. A sentença não pode ser condenatória, pois é impossível falar-se em condenação sem pena. E também não pode ser absolutória, já que um inocente que deve ser absolvido não precisa clamar por perdão.

Resta, assim, uma única saída: a sentença é declaratória da extinção da punibilidade. O juiz não condena nem absolve. Em se tratando de crime que a admite e presentes os requisitos legais, o magistrado limita-se a declarar a ocorrência da causa extintiva da punibilidade. Essa posição foi consagrada pela **Súmula 18 do Superior Tribunal de Justiça**: "A sentença concessiva do perdão judicial é declaratória de extinção da punibilidade, não subsistindo qualquer efeito condenatório".

Contudo, existem autores que sustentam a aplicação do perdão judicial a qualquer tempo, amparados no art. 61, *caput,* do Código de Processo Penal, por se tratar de causa de extinção da punibilidade.[52] Não concordamos com esse entendimento, uma vez que o perdão judicial somente se justifica quando o réu deveria ser condenado (há prova da autoria e da materialidade do fato), mas a lei autoriza o juiz a declarar a extinção da punibilidade. Além disso, a prova segura do seu cabimento somente pode ser produzida durante a instrução criminal em juízo, sob o crivo do contraditório.

De qualquer modo, a decisão que concede o perdão judicial sempre é declaratória da extinção da punibilidade, independentemente da posição que se adote acerca do momento em que pode ser reconhecido.

### 45.6.9.6. *Distinção entre perdão judicial e escusas absolutórias*

Em ambos, o fato é típico e ilícito, e o agente possui culpabilidade. Subsiste a infração penal, operando-se exclusivamente a extinção da punibilidade. Em suma, há um crime ou contravenção penal e o seu responsável deve submeter-se ao juízo de reprovabilidade, mas o Estado está impedido de punir.

Além disso, tanto o perdão judicial como as escusas absolutórias são condições subjetivas ou pessoais, incomunicáveis aos demais coautores e partícipes da infração penal.

Nada obstante tais semelhanças, os institutos não se confundem.

O perdão judicial somente pode ser concedido na sentença ou no acórdão, depois de cumprido o devido processo legal. Por sua vez, as escusas absolutórias (CP, arts. 181 e 348, § 2.º) impedem a instauração da persecução penal. Sequer existe inquérito policial.

Com efeito, as escusas absolutórias se justificam por questões objetivas, provadas de imediato. Exemplo: relação de parentesco na linha reta.

De outro lado, o perdão judicial reclama o regular trâmite da ação penal para provar se estão ou não presentes os requisitos legalmente exigidos. Exemplificativamente, somente com o término da instrução criminal será possível concluir se, em um homicídio culposo praticado por um homem contra sua esposa, as consequências do crime foram tão graves de modo a tornar dispensável a aplicação da pena. O viúvo pode ter ficado profundamente abalado e até mesmo com depressão, hipótese em que será pertinente o perdão judicial, mas é possível

---

[52] Nesse sentido: CAPEZ, Fernando, e BONFIM, Edilson Mougenot. *Direito penal* – Parte Geral. São Paulo: Saraiva, 2004, p. 843.

também que, logo após a morte, tenha se casado com outra mulher e utilizado a herança da falecida para adquirir carros de luxo, bens que até então não possuía, e realizar festas caríssimas, afastando a causa extintiva da punibilidade.

### 45.6.9.7. Distinção entre perdão judicial e perdão do ofendido

O perdão judicial é ato exclusivo do Poder Judiciário. Além disso, é unilateral, ou seja, independe de aceitação da parte contrária, e tem lugar em crimes de ação penal pública ou privada.

Já o perdão do ofendido é concedido pela vítima de um crime que somente se processa por meio de ação penal privada. Se não bastasse, é bilateral, pois reclama, para surtir efeitos, a aceitação expressa ou tácita do querelado.

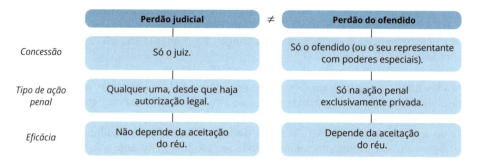

# CAPÍTULO 46

# PRESCRIÇÃO

## 46.1. INTRODUÇÃO

O Estado é o titular exclusivo do **direito de punir**. Somente ele pode aplicar pena ou medida de segurança ao responsável por uma infração penal.[1]

Esse direito tem **natureza abstrata**, pois pode ser exercido sobre todas as pessoas. Paira indistintamente sobre elas, independentemente da prática de um crime ou de uma contravenção penal, funcionando como advertência, pois a prática de um ilícito penal importará na imposição de uma sanção ao infrator.

Com a prática da infração penal, contudo, o *ius puniendi* automaticamente se concretiza, pois a partir de então o Estado tem o poder, e o dever, de punir o responsável pelo fato típico e ilícito. A pretensão punitiva, outrora abstrata e dirigida contra todos os indivíduos, transforma-se em concreta, visando uma pessoa determinada. Esse interesse estatal, de índole pública, se sobrepõe ao direito de liberdade do responsável pelo ilícito penal.

O direito de punir, todavia, é **limitado**. Encontra barreiras penais e processuais, tais como a representação do ofendido, nos crimes de ação penal pública condicionada, as condições da ação penal e a necessidade de obediência a regras constitucionais e processuais para ser efetivamente exercido (devido processo legal).

Mas não é só. Na ampla maioria dos casos, há ainda **limites temporais**, pois o direito de punir não pode se arrastar, ao longo dos anos, eternamente. O Estado deve aplicar a sanção penal dentro de períodos legalmente fixados, pois em caso contrário sua inércia tem o condão de extinguir a consciência do delito, renunciando implicitamente ao poder que lhe foi conferido pelo ordenamento jurídico. Cabe a ele, pois, empreender todos os esforços para que a punibilidade se efetive célere e prontamente.

Entra em cena o instituto da prescrição. É como se, cometida uma infração penal, o sistema jurídico virasse em desfavor do Estado uma ampulheta, variando o seu tamanho proporcionalmente à gravidade do ilícito penal. O poder-dever de aplicar a sanção penal precisa ser efetivado antes de escoar toda a areia que representa o tempo que se passa, pois, se não o fizer dentro dos limites legalmente previstos, o Estado perderá, para sempre, o direito de punir.

---

[1] "O interesse de punir constitui-se em monopólio do Estado e matéria de ordem pública, inclusive nos crimes de ação privada, em que se transfere ao particular unicamente a titularidade para a persecução penal" (STF: AP 584 QO/PR, rel. Min. Dias Toffoli, Plenário, j. 10.04.2014, noticiado no *Informativo* 742).

**756** | DIREITO PENAL – PARTE GERAL – VOL. 1 • CLEBER MASSON

## 46.2. ORIGEM HISTÓRICA

A prescrição existe desde os tempos antigos, mas como causa de extinção da punibilidade a sua adoção remonta à legislação penal francesa do final do século XVIII.[2]

Sempre foi calcada em idênticas premissas: o esquecimento do ilícito penal e a presunção de emenda do seu responsável, com a consequente inutilidade da pena. Com a prescrição, o Estado renuncia ao castigo pertinente ao agente culpável envolvido em determinada infração penal, limitando o seu próprio poder punitivo.

## 46.3. CONCEITO

Prescrição é a perda da **pretensão punitiva** ou da **pretensão executória** em face da inércia do Estado durante determinado **tempo legalmente previsto**.

Pretensão punitiva é o interesse em aplicar uma sanção penal ao responsável por um crime ou por uma contravenção penal, enquanto a pretensão executória é o interesse em executar, em exigir seja cumprida uma sanção penal já imposta.

## 46.4. FUNDAMENTOS

Os fundamentos da prescrição são os seguintes:

**a) Segurança jurídica ao responsável pela infração penal:** não seria justa nem correta a imposição ou a execução de uma sanção penal muito tempo depois da prática do crime ou da contravenção penal.

Imagine-se alguém que praticou um crime de pouca gravidade aos 18 anos de idade. Seria ilógico e absurdo não exercitasse prontamente o Estado seu direito de punir, e, décadas depois, essa mesma pessoa, com 70 anos de idade e avô de diversos netos, viesse a ser presa pelo fato há muito cometido, contrariando o bom-senso e as finalidades da pena, que não surtiria efeito algum. Ao contrário, implicaria somente em malefícios ao Estado, à sociedade, e, principalmente, ao agente e aos seus familiares. Nas palavras de Bento de Faria:

> Decorrido certo lapso de tempo, desde a prática do crime, sem que se tenha instaurado procedimento criminal contra o delinquente, e, se instaurado, sem que se tenha prosseguido nesse procedimento, ou desde a sentença condenatória, sem que se tenha feito executar a pena, a memória do fato punível apagou-se e a necessidade do exemplo desaparece. [...] E seria repugnante aos princípios de equidade e de justiça que ficasse perpetuamente suspensa sobre a cabeça do criminoso a ameaça do procedimento criminal.[3]

**b) Luta contra a ineficiência do Estado:** os órgãos estatais responsáveis pela apuração, processo e julgamento de infrações penais devem atuar com zelo e celeridade, em obediência à eficiência dos entes públicos, estatuída pelo art. 37, *caput*, da Constituição Federal como princípio vetor da Administração Pública. Serve, portanto, como castigo em caso de não ser alcançada uma meta pelo Estado, qual seja, aplicar a sanção penal dentro de prazos legalmente previstos.

**c) Impertinência da sanção penal:** a resposta do Estado somente cumpre a sua função preventiva (especial e geral) quando manifestada logo após a prática da infração penal. O Direito Penal intimida não pela gravidade da punição, mas pela certeza de seu exercício. Nos

---

[2] FONTÁN BALESTRA. *Derecho penal* – Introducción y parte general. 17. ed. atual. por Guillermo A. C. Ledesma. Buenos Aires: Abeledo-Perrot, 2002. p. 639.

[3] FARIA, Bento. *Código Penal brasileiro comentado*. Rio de Janeiro: Record, 1961. v. III, p. 197.

CAP. 46 – PRESCRIÇÃO | 757

idos de 1764 já afirmava Cesare Beccaria que quanto mais próxima do delito seja a aplicação da pena, tanto mais justa e útil será. De fato, o maior freio aos delitos não é a crueldade da pena, mas sua infalibilidade, porque a certeza do castigo, ainda que mais moderado, fará sempre maior impressão do que o temor de outro mais terrível, unido com a esperança da impunidade. Em suas palavras:

> É, pois, de suma importância a proximidade do delito e da pena, se se quiser que nas mentes rudes e incultas o quadro sedutor de um delito vantajoso seja imediatamente seguido da ideia associada à pena. A longa demora não produz outro efeito além de dissociar cada vez mais essas duas ideias; e ainda que o castigo de um delito cause uma impressão, será menos a de um castigo que a de um espetáculo, e isso só acontecerá após ter-se atenuado nos espectadores o horror de um certo delito em particular, que serviria para reforçar o sentimento da pena.[4]

## 46.5. NATUREZA JURÍDICA

A prescrição é **causa de extinção da punibilidade** prevista no art. 107, IV, 1.ª figura, do Código Penal.

A infração penal por ela atingida, portanto, permanece íntegra e inabalável. Desaparece tão somente a punibilidade, compreendida como consequência, e não como elemento de um crime ou de uma contravenção penal.

## 46.6. ALOCAÇÃO

A prescrição, embora produza diversos efeitos no processo penal, é **matéria inerente ao Direito Penal**, pois, quando ocorre, extingue o direito de punir de titularidade do Estado.

Para o cômputo de seu prazo observa-se o art. 10 do Código Penal: inclui-se o dia do começo e exclui-se o dia do final, contando-se os dias, os meses e os anos pelo calendário comum ou gregoriano.

Os **prazos prescricionais são improrrogáveis**, não se suspendendo em finais de semana, feriados ou férias.

Além disso, trata-se de **matéria de ordem pública**, podendo e devendo ser decretada de ofício, em qualquer tempo e grau de jurisdição, ou mediante requerimento de qualquer das partes. Nos termos do art. 61, *caput*, do Código de Processo Penal: "Em qualquer fase do processo, o juiz, se reconhecer extinta a punibilidade, deverá declará-la de ofício".[5]

Finalmente, constitui-se em **matéria preliminar**, isto é, impede a análise do mérito da ação penal, seja pelo juízo natural, seja em grau de recurso. Em caso de prescrição, não há que falar em absolvição ou condenação, mas apenas em extinção da punibilidade. Para o Superior Tribunal de Justiça, "a prescrição é matéria prejudicial ao exame do mérito por constituir fato impeditivo do direito estatal de punir e extintivo da punibilidade do réu, podendo ser, inclusive, analisada de ofício em qualquer fase do processo".[6]

## 46.7. IMPRESCRITIBILIDADE PENAL

O Código Criminal do Império, de 1830, dispunha em seu art. 65 que as penas impostas aos condenados não prescreviam em tempo algum.

---

[4] BECCARIA, Cesare. *Dos delitos e das penas*. Trad. Lucia Guidicini e Alessandro Berti Contessa. São Paulo: Martins Fontes, 1991. p. 85.
[5] STF: HC 110.221/RJ, rel. Min. Luiz Fux, 1.ª Turma, j. 03.12.2013, noticiado no *Informativo* 731. No STJ: AgRg no REsp 1.316.912/SP, rel. Min. Maria Thereza de Assis Moura, 6.ª Turma, j. 18.03.2014.
[6] Rcl 4.515/SP, rel. Min. Maria Thereza de Assis Moura, 3.ª Seção, j. 27.04.2011, noticiado no *Informativo* 470.

Os diplomas posteriores (Código Penal de 1890, Consolidação das Leis Penais de 1932 e Código Penal de 1940[7]) não repetiram aquela fórmula, já criticada em seu tempo.

Atualmente, a regra geral consiste na aplicação da prescrição a todas as modalidades de infrações penais, inclusive aos crimes hediondos.

A Constituição Federal, todavia, na contramão de seu próprio espírito, por vedar qualquer espécie de prisão perpétua (art. 5.º, XLVII, "b"), determina a imprescritibilidade de dois grupos de crimes que, a propósito, não são os mais graves em nosso Direito Penal:

a) racismo (art. 5.º, XLII), regulamentado pela Lei 7.716/1989;[8] e

b) ação de grupos armados, civis ou militares, contra a ordem constitucional e o Estado Democrático (art. 5.º, XLIV), disciplinados no Título XII da Parte Especial do Código Penal – "Crimes contra o Estado Democrático de Direito".

Como corolário dessas exceções, taxativamente indicadas pelo texto constitucional, prevalece em seara doutrinária o entendimento de que a legislação ordinária não pode criar outras hipóteses de imprescritibilidade penal.[9]

Com efeito, no momento em que o Poder Constituinte Originário admitiu apenas esses dois crimes como insuscetíveis de prescrição, afirmou implicitamente que as penas de todas as demais infrações penais prescrevem, e, pela posição em que tais exceções foram previstas (art. 5.º), a prescrição teria sido erigida à categoria de **direito fundamental do ser humano**, consistente na obrigação do Estado de investigar, processar e punir alguém dentro de prazos legalmente previstos.[10]

Foi essa a razão que levou a jurisprudência do Superior Tribunal de Justiça a firmar-se no sentido de que, em caso de citação por edital e consequente aplicação do art. 366 do Código de Processo Penal, não se admite a suspensão da prescrição por tempo indefinido, o que poderia configurar uma situação de imprescritibilidade.

Ao contrário, o processo penal deve permanecer suspenso pelo prazo máximo em abstrato relativo ao crime, na forma do art. 109 do Código Penal. Superado esse prazo, retoma-se o trâmite da prescrição, calculado pelo máximo da pena em abstrato legalmente previsto. Na prática, a prescrição passa a ser **calculada em dobro**, sem falar-se em imprescritibilidade. Exemplificativamente, uma ação penal por crime de furto simples (CP, art. 155, *caput*), em que o réu foi citado por edital e não compareceu ao interrogatório nem constituiu defensor, deve ser suspensa, operando-se também a suspensão do prazo prescricional, por 8 (oito) anos, uma vez que a pena máxima cominada ao delito é de 4 (quatro) anos. Em seguida, decorrido tal prazo, é retomado o curso da prescrição, que se efetivará após outros 8 (oito) anos. Esse é o entendimento consagrado na **Súmula 415 do Superior Tribunal de Justiça**: "O período de suspensão do prazo prescricional é regulado pelo máximo da pena cominada".

---

[7] A única exceção estava no art. 118: "É imprescritível a pena acessória imposta na sentença ou resultante de condenação". Essa regra não foi mantida pela Reforma Penal de 1984, inclusive pela extinção das penas acessórias.

[8] "A Constituição Federal de 1988 impôs aos agentes de delitos dessa natureza, pela gravidade e repulsividade da ofensa, a cláusula de imprescritibilidade, para que fique, *ad perpetuam rei memoriam*, verberado o repúdio e a abjeção da sociedade nacional à sua prática. [...] Jamais podem se apagar da memória dos povos que se pretendam justos os atos repulsivos do passado que permitiram e incentivaram o ódio entre iguais por motivos raciais de torpeza inominável. A ausência de prescrição nos crimes de racismo justifica-se como alerta grave para as gerações de hoje e de amanhã, para que se impeça a reinstauração de velhos e ultrapassados conceitos que a consciência jurídica e histórica não mais admitem" (STF: HC 82.424/RS, rel. Min. Moreira Alves, rel. p/ acórdão Min. Maurício Corrêa, Plenário, j. 17.09.2003).

[9] Em igual sentido: TRIPPO, Maria Regina. *Imprescritibilidade penal*. São Paulo: Juarez de Oliveira, 2004. p. 94.

[10] Para quem admite essa classificação, a prescrição se situaria entre os chamados direitos fundamentais de 1.ª geração. Seria uma liberdade pública negativa, consistente na omissão do Estado quanto à intervenção na esfera privada dos cidadãos relativamente à aplicação de uma pena atingida fatalmente pelo decurso do tempo. Para um estudo aprofundado das gerações dos direitos humanos: BOBBIO, Norberto. *A era dos direitos*. Trad. Carlos Nelson Coutinho. Rio de Janeiro: Campus, 1992. p. 5 e ss.

O Supremo Tribunal Federal, todavia, já entendeu que a Constituição Federal não veda seja indeterminado o prazo de suspensão da prescrição, uma vez que não se constitui em hipótese de imprescritibilidade e a retomada do curso da prescrição fica apenas condicionada a evento futuro e incerto. Além disso, aduziu que a Lei Suprema se restringe a enumerar os crimes sujeitos à imprescritibilidade (art. 5.º, XLII e XLIV), sem proibir, em tese, que lei ordinária crie outros casos.[11]

Cumpre também observar o teor do art. 29 do Estatuto de Roma do **Tribunal Penal Internacional**, promulgado no Brasil pelo Decreto 4.388/2002: "Os crimes de competência do Tribunal não prescrevem".

As penas dos **crimes contra a humanidade** submetem-se ao instituto da prescrição, pois não há norma no direito pátrio impondo a imprescritibilidade penal em tais delitos. Como já decidido pelo Supremo Tribunal Federal:

> A Corte se referiu a fundamentos expostos na ADPF 153/DF, no sentido da não aplicação, no Brasil, da imprescritibilidade dos crimes dessa natureza, haja vista o País não ter subscrito a Convenção sobre a Imprescritibilidade dos Crimes de Guerra e dos Crimes contra a Humanidade, nem ter a ela aderido, e, ainda, em razão de somente lei interna poder dispor sobre prescritibilidade ou imprescritibilidade da pretensão estatal de punir. Ponderou que, mesmo se houvesse norma de direito internacional de caráter cogente a estabelecer a imprescritibilidade dos crimes contra a humanidade, ela não seria aplicável no Brasil, por não ter sido ainda reproduzida no direito interno.[12]

### 46.7.1. Injúria racial *versus* racismo: o entendimento do Supremo Tribunal Federal

O Supremo Tribunal Federal decidiu que a injúria racial, então catalogada no art. 140, § 3.º, do Código Penal, constituía-se em espécie de racismo, razão pela qual a pena cominada a tal delito seria imprescritível, na forma determinada pelo art. 5.º, XLII, da Constituição Federal:

> O crime de injúria racial, espécie do gênero racismo, é imprescritível. A prática de injuria racial, prevista no art. 140, § 3.º, do Código Penal, traz em seu bojo o emprego de elementos associados aos que se definem como raça, cor, etnia, religião ou origem para se ofender ou insultar alguém. Consistindo o racismo em processo sistemático de discriminação que elege a raça como critério distintivo para estabelecer desvantagens valorativas e materiais, a injúria racial consuma os objetivos concretos da circulação de estereótipos e estigmas raciais. Nesse sentido, é insubsistente a alegação de que há distinção ontológica entre as condutas previstas na Lei 7.716/1989 e aquela constante do art. 140, § 3.º, do CP. Em ambos os casos, há o emprego de elementos discriminatórios baseados naquilo que sociopoliticamente constitui raça, para a violação, o ataque, a supressão de direitos fundamentais do ofendido. Sendo assim, excluir o crime de injúria racial do âmbito do mandado constitucional de criminalização por meras considerações formalistas desprovidas de substância, por uma leitura geográfica apartada da busca da compreensão do sentido e do alcance do mandado constitucional de criminalização, é restringir lhe indevidamente a aplicabilidade, negando-lhe vigência.[13]

O julgado deixava uma dúvida. A imprescritibilidade penal atingiria unicamente a injúria consistente na utilização de elementos referentes à raça, ou também quando atinentes à cor (parece-nos que sim), à etnia, à religião, à origem, ou à condição de pessoa idosa ou com

---

[11] RE 460.971/RS, rel. Min. Sepúlveda Pertence, 1.ª Turma, j. 13.02.2007. Compartilha deste entendimento, no âmbito doutrinário: SANTOS, Christiano Jorge. *Prescrição penal e imprescritibilidade*. São Paulo: Elsevier, 2010. p. 95.

[12] Ext 1.362/DF, rel. Min. Edson Fachin, red. p/ o ac. Min. Teori Zavascki, Plenário, j. 09.11.2016, noticiado no *Informativo 846*. O STJ compartilha deste entendimento: REsp 1.798.903/RJ, rel. Min. Reynaldo Soares da Fonseca, 3.ª Seção, j. 25.09.2019, noticiado no *Informativo 659*.

[13] HC 154.248/DF, rel. Min. Edson Fachin, Plenário, j. 28.10.2021, noticiado no *Informativo 1.036*.

deficiência, situações equiparadas pelo art. 140, § 3.º, do Código Penal? O Supremo Tribunal Federal omitiu-se acerca dessa questão.

De qualquer modo, em nosso entendimento a Corte Suprema acertou na finalidade do julgado, porém errou no meio empregado para alcançá-la.

Não há dúvida de que a injúria racial – crime abjeto, vil e altamente reprovável – necessitava ser severamente punida. A pena cominada pelo art. 140, § 3.º, do Código Penal (reclusão, de um a três anos, e multa) afrontava o princípio da proporcionalidade, em sua vertente de proibição da proteção deficiente (ou insuficiente) do bem jurídico.

Entretanto, a posição do Supremo Tribunal Federal, visando à tutela da igualdade racial, acabava desprezando outro direito fundamental, consistente no princípio da reserva legal, consagrado no art. 5.º, XXXIX, da Constituição Federal.

De fato, a reserva legal apresenta, em sintonia com a soberania popular, um indiscutível fundamento popular ou democrático. O povo, por seus representantes, escolhe os crimes e lhes comina as respectivas penas.

Em outras palavras, o povo – ainda que não se concorde com isso – havia inserido a injúria racial entre os crimes contra a honra, no art. 140, § 3.º, do Código Penal, e não entre os delitos de preconceito, intolerância ou discriminação, definidos na Lei 7.716/1989.

O ativismo do Supremo Tribunal Federal, ainda que repleto de boas intenções, desprezava o princípio da reserva legal, um dos pilares centrais do Direito Penal, conquistado a duras penas ao longo da história.

Felizmente essa celeuma foi superada com a entrada em vigor da Lei 14.532/2023. A conduta outrora prevista como injúria racial agora constitui crime de racismo, tipificado no art. 2.º-A da Lei 7.716/1989: "Injuriar alguém, ofendendo-lhe a dignidade ou o decoro, em razão de raça, cor, etnia ou procedência nacional. Pena: reclusão, de 2 (dois) a 5 (cinco) anos, e multa".

A tipicidade do fato foi deslocada do Código Penal para a lei que define os crimes resultantes de preconceito de raça ou de cor. O Congresso Nacional, por décadas omisso, movimentou-se graças ao "empurrão" do Supremo Tribunal Federal e solucionou a questão, dispensando a merecida proteção ao bem jurídico, sem relegar a segundo plano o princípio da reserva legal.

## 46.8. DIFERENÇAS ENTRE PRESCRIÇÃO E DECADÊNCIA[14]

Prescrição e decadência são causas de extinção da punibilidade, previstas no art. 107, IV, do Código Penal. Além disso, ocorrem em razão da inércia do titular de um direito durante determinado tempo legalmente definido.

Todavia, a decadência somente pode se verificar nos crimes de ação penal privada e de ação penal pública condicionada à representação do ofendido ou de quem o represente (decurso *in albis* do prazo para ajuizamento da queixa-crime ou oferecimento da representação). A prescrição, por sua vez, é capaz de atingir qualquer espécie de crime, pouco importando a forma pela qual se processa.

Consequentemente, somente pode ocorrer a decadência antes do início da ação penal, pois o legitimado tinha um prazo para ajuizar a queixa-crime ou lançar a representação, mas assim não o fez. Ao reverso, a prescrição pode se concretizar a qualquer momento, isto é, antes ou durante a ação penal, e até mesmo depois do trânsito em julgado da sentença penal condenatória.

---

[14] Sempre que uma pergunta é formulada nesse sentido (Qual a diferença entre...?), as matérias questionadas apresentam pontos comuns. Apresente sua resposta fornecendo, inicialmente, os pontos em comum, para, em seguida, indicar as diferenças. A resposta estará completa e revelará conhecimento aprofundado dos temas indagados.

Por último, a decadência importa diretamente na perda do direito de ação, pois, com seu advento, a ação penal não pode mais ser iniciada, seja pelo decurso do prazo para ajuizamento da queixa-crime, seja pelo transcurso do intervalo temporal para oferecimento da representação. Perde-se imediatamente o direito de ação, e mediatamente, o direito de punir, haja vista que, sem o direito de ação, o Estado não tem meios legítimos ("devido processo legal") para punir o responsável pela infração penal. Na prescrição, por outro lado, opera-se imediatamente em relação ao Estado a perda do direito de punir, fulminando qualquer possibilidade de exercício do direito de ação.

## 46.9. ESPÉCIES DE PRESCRIÇÃO

### 46.9.1. Introdução

O Código Penal apresenta dois grandes grupos de prescrição: (1) da pretensão punitiva e (2) da pretensão executória.

De seu turno, a prescrição da pretensão punitiva é subdividida em outras três modalidades: (1) prescrição da pretensão punitiva propriamente dita ou prescrição da ação penal, (2) prescrição intercorrente e (3) prescrição retroativa.

A prescrição da pretensão executória existe isoladamente, ou seja, não se divide em espécies.

A linha divisória entre os dois grandes grupos é o **trânsito em julgado da condenação:** na prescrição da pretensão punitiva, não há trânsito em julgado para ambas as partes (acusação e defesa), ao contrário do que se dá na prescrição da pretensão executória, na qual a sentença penal condenatória já transitou em julgado para o Ministério Público ou para o querelante, e também para a defesa.

Pelo fato, porém, de a prescrição intercorrente e a prescrição retroativa estarem situadas no § 1.º do art. 110 do Código Penal, é comum fazer-se inaceitável confusão. Diz-se que somente na prescrição da pretensão punitiva propriamente dita ou prescrição da ação não existe trânsito em julgado, ao contrário das demais espécies, mormente por tratar o *caput* do art. 110 do Estatuto Repressivo da **"prescrição depois de transitar em julgado a sentença condenatória"**.

Essa conclusão é equivocada. A prescrição intercorrente e a prescrição retroativa pertencem ao grupo da prescrição da pretensão punitiva. Só há prescrição da pretensão executória depois do trânsito em julgado da sentença penal condenatória para **ambas as partes do processo penal**. E na prescrição intercorrente e na prescrição retroativa há trânsito em julgado da condenação, **mas apenas para a acusação**.

Destarte, andou mal o legislador ao inserir no art. 110 do Código Penal a prescrição intercorrente e a prescrição retroativa. Em verdade, deveria ter delas tratado em dispositivo à parte, principalmente em razão da relevância dos institutos

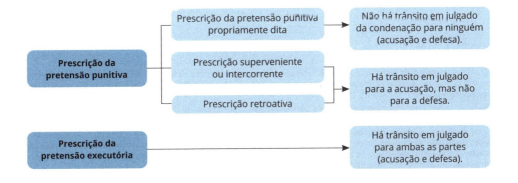

762 | DIREITO PENAL - PARTE GERAL - VOL. 1 • CLEBER MASSON

## 46.9.2. Efeitos da prescrição e competência para sua declaração

Os efeitos da prescrição no ordenamento jurídico brasileiro dependem da espécie em análise: da pretensão punitiva ou da pretensão executória.

*a) Prescrição da pretensão punitiva:*

Essa modalidade de prescrição **obsta o exercício da ação penal**, seja na fase administrativa (inquérito policial) ou na fase judicial (ação penal).[15] Não há interesse apto a legitimar a intervenção estatal, autorizando-se inclusive a rejeição da denúncia ou queixa, nos moldes do art. 395, II, do Código de Processo Penal.

Se já foi instaurada a persecução penal, por outro lado, a prescrição da pretensão punitiva impede a sua continuação. Deve o magistrado, depois de ouvido o Ministério Público, declarar a extinção da punibilidade, sem análise do mérito, arquivando-se os autos em seguida.[16] Caso assim não faça, assistirá ao acusado o direito de impetrar *habeas corpus* para cessar a coação ilegal, com fulcro no art. 648, VII, do Código de Processo Penal.

Seu reconhecimento é da competência do membro do Poder Judiciário a quem estiver afeta a ação penal: juízo de 1.ª instância ou tribunais, em grau de recurso ou no caso de infrações penais que sejam de sua competência originária.

Por último, a prescrição da pretensão punitiva **apaga todos os efeitos de eventual sentença condenatória já proferida, principal ou secundários, penais ou extrapenais.**[17] Não servirá como pressuposto da reincidência, nem como maus antecedentes. Além disso, não constituirá título executivo no juízo civil.

*b) Prescrição da pretensão executória:*

Como já existe trânsito em julgado da sentença penal condenatória para acusação e defesa, compete ao **juízo da execução** reconhecê-la e declarar a extinção da punibilidade, depois de ouvido o *Parquet*, comportando essa decisão recurso de **agravo**, sem efeito suspensivo (LEP, arts. 66, II, e 197).

**Extingue somente a pena (efeito principal),**[18] **mantendo-se intocáveis todos os demais efeitos secundários da condenação, penais e extrapenais.**

**Subsiste a condenação**, ou seja, não se rescinde a sentença penal, que funciona como pressuposto da reincidência dentro do período depurador previsto no art. 64, I, do Código Penal.[19]

Por igual fundamento, a condenação caracteriza antecedente negativo e serve como título executivo no campo civil.

---

15  STJ: REsp 1.113.662/SP, rel. Min. Laurita Vaz, 5.ª Turma, j. 18.02.2014.
16  STJ: REsp 908.863/SP, rel. Min. Og Fernandes, 6.ª Turma, j. 08.02.2011, noticiado no *Informativo* 462.
17  "O reconhecimento da extinção da punibilidade pelo implemento da prescrição da pretensão punitiva estatal enseja o desaparecimento de todos os efeitos penais e extrapenais da condenação" (STJ: AgRg nos EREsp 1.022.286/RS, rel. Min. Regina Helena Costa, 3.ª Seção, j. 27.08.2014).
18  No tocante aos semi-imputáveis dotados de periculosidade, a prescrição da pretensão executória também acarreta na extinção da medida de segurança aplicada em substituição à pena originariamente imposta.
19  "Vale gizar que os efeitos da condenação remanescem apenas na hipótese de prescrição da pretensão executória, que retira do Estado a possibilidade de executar a pena, isto é, extingue-se a reprimenda, sem, contudo, rescindir a sentença condenatória. Logo, ela produz os demais efeitos penais e extra penais. Aqui a sentença gera reincidência e serve como título executivo" (STJ: AgRg no AREsp 375.892/RJ, rel. Min. Jorge Mussi, 5.ª Turma, j. 05.08.2014).

CAP. 46 – PRESCRIÇÃO | **763**

## 46.10. PRESCRIÇÃO DA PENA PRIVATIVA DE LIBERDADE

### 46.10.1. Prescrição da pretensão punitiva propriamente dita ou prescrição da ação penal[20]

#### 46.10.1.1. Dispositivo legal

Essa espécie de prescrição está disciplinada pelo art. 109, *caput*, do Código Penal: "A prescrição, antes de transitar em julgado a sentença final, [...], regula-se pelo máximo da pena privativa de liberdade cominada ao crime...".

#### 46.10.1.2. Fundamento

Façamos um raciocínio simples, mas eficiente para compreender os prazos prescricionais. Entenda-o, e depois o memorize, pois será utilizado para todas as espécies de prescrição.

A prescrição é a perda do direito estatal de punir por força do decurso do tempo. Antes de se retirar um direito de qualquer pessoa, deve-se dar a ela todas as chances de exercê-lo. Com o Estado não é diferente, pois a ele também se reserva a ampla defesa de seus direitos.

Na prescrição da pretensão punitiva propriamente dita, não há trânsito em julgado para acusação nem para defesa. Nada impede, assim, a fixação da pena no máximo legal. E, se a reprimenda pode chegar ao limite máximo, não se pode privar o Estado do direito de punir com base em quantidade diversa de sanção penal.

Por esse motivo, essa prescrição deve levar em consideração o máximo da pena privativa de liberdade cominada ao delito, conforme determina o art. 109, *caput*, do Código Penal.

#### 46.10.1.3. Cálculo

O Código Penal estabeleceu um critério lógico e objetivo. A prescrição da ação penal é calculada com base no máximo da pena privativa de liberdade abstratamente cominada ao crime. Utiliza-se a quantidade máxima prevista no preceito secundário do tipo penal, enquadrando-a em algum dos incisos do art. 109 do Código Penal, com os quais podemos formar uma tabela:

| Máximo da pena privativa de liberdade abstratamente cominada ao delito | Prazo prescricional |
|---|---|
| Inferior a 1 ano (inciso VI) | 3 anos |
| Igual ou superior a 1 ano, até 2 anos (inciso V) | 4 anos |
| Superior a 2 anos até 4 anos (inciso IV) | 8 anos |
| Superior a 4 anos até 8 anos (inciso III) | 12 anos |
| Superior a 8 anos até 12 anos (inciso II) | 16 anos |
| Superior a 12 anos (inciso I) | 20 anos |

O prazo previsto no inciso VI do art. 109 do Código Penal (3 anos) era, anteriormente à Lei 12.234/2010, de 2 (dois) anos. Agora, o menor prazo prescricional **previsto no Código Penal** é de 3 (três) anos, no tocante às **penas privativas de liberdade**. Cuida-se do único prazo prescricional ímpar. Essa modificação fundamentou-se, precipuamente, no combate à impuni-

---

[20] A terminologia "prescrição da ação penal" era usualmente utilizada pelo art. 125 do Código Penal Militar – Decreto-lei 1.001/1969, mas foi abandonada em face das alterações promovidas pela Lei 14.688/2023.

dade das contravenções penais e dos crimes de reduzida lesividade, agravada pela reconhecida morosidade da justiça penal.

Anote-se, porém, que subsiste o prazo prescricional de 2 (dois) anos em duas hipóteses: (a) para a pena de multa, quando for a única cominada ou aplicada (CP, art. 114, I); e (b) para o crime tipificado no art. 28, *caput*, da Lei 11.343/2006 (porte de droga para consumo pessoal), nos termos do art. 30 da Lei de Drogas. Essas regras específicas não foram atingidas pelas alterações promovidas no Código Penal pela Lei 12.234/2010.

A propósito, existe uma situação em que o prazo prescricional independe da quantidade da pena cominada ao delito. Aliás, sequer existe limite máximo da pena. Trata-se da pena de morte, aplicável em tempo de guerra, cuja prescrição opera-se em 30 anos (CPM, art. 125, I).

Como, entretanto, a pena privativa de liberdade é calculada por meio de um sistema trifásico (CP, art. 68, *caput*), cada uma dessas etapas pode ou não influenciar no cômputo da prescrição. Vejamos.

### a) 1.ª fase: Circunstâncias judiciais do art. 59, "caput"

Nessa fase, o juiz deve navegar entre os limites (mínimo e máximo) previstos no preceito secundário do tipo penal, não podendo, em hipótese alguma, **ultrapassá-los**. Consequentemente, as circunstâncias judiciais não influenciam no cálculo da prescrição.

### b) 2.ª fase: Agravantes e atenuantes genéricas

As agravantes genéricas estão arroladas taxativamente pelos arts. 61 e 62 do Código Penal.

Por sua vez, as atenuantes genéricas, de caráter exemplificativo, encontram-se nos arts. 65 e 66 do Código Penal.

Como sabido, não podem ultrapassar os limites legais, isto é, o juiz deve respeitar, em caso de agravantes genéricas – por mais numerosas que sejam –, o máximo cominado pelo tipo penal, e, no tocante às atenuantes genéricas, o patamar mínimo, ainda que diversas estejam presentes e por mais ínfima que seja a reprovabilidade do agente.

Com efeito, agravantes e atenuantes não indicam o percentual de aumento ou de diminuição. A lei diz apenas: "são circunstâncias que sempre agravam" (art. 61), "a pena será ainda agravada" (art. 62), "são circunstâncias que sempre atenuam" ou "a pena poderá ser ainda atenuada" (art. 66). Portanto, a não observância dos parâmetros legais implicaria na criação de uma nova pena, convertendo o magistrado em legislador, em evidente violação da separação de Poderes consagrada pelo art. 2.º da Constituição Federal.

Nessa esteira a **Súmula 231 do Superior Tribunal de Justiça**: "A incidência da circunstância atenuante não pode conduzir à redução da pena abaixo do mínimo legal". Por identidade de razões, os motivos que levaram à criação do enunciado também se aplicam às agravantes genéricas.

Conclui-se, pois, que as agravantes e atenuantes genéricas também não influem na contagem do prazo prescricional.

Há, entretanto, duas exceções, por expressa previsão legal: **menoridade relativa** e **senilidade**.

Constituem-se em atenuantes genéricas, tratadas pelo art. 65, I, do Código Penal, as circunstâncias de ser o agente menor de 21 (vinte e um), **na data do fato**, ou maior de 70 (setenta) anos, **na data da sentença**.

Essas atenuantes, na forma do art. 115 do Código Penal, reduzem pela metade os prazos de prescrição, **qualquer que seja sua modalidade** (prescrição da pretensão punitiva ou prescrição da pretensão executória).

Em relação à **menoridade**, compreende-se o acusado maior de 18 anos, penalmente imputável, mas menor de 21 anos ao tempo do fato, pouco importando a data da sentença.

CAP. 46 – PRESCRIÇÃO | 765

Se, exemplificativamente, o agente pratica um crime aos 20, mas é condenado apenas quando já completados 25 anos de idade, a prescrição será contada pela metade.

Essa regra em nada foi alterada pelo Código Civil em vigor: (1) por se tratar de norma favorável ao réu, deveria ter sido revogada expressamente, em face da inadmissibilidade no Direito Penal da analogia *in malam partem*; e (2) os dispositivos penais foram expressamente preservados pelo art. 2.043 do Código Civil.

Anote-se não ser imprescindível para comprovação da menoridade a juntada aos autos de certidão de nascimento, o que pode ser feito por qualquer documento apto. Nos moldes da **Súmula 74 do Superior Tribunal de Justiça**: "Para efeitos penais, o reconhecimento da menoridade do réu requer prova por documento hábil".[21]

Para a **senilidade**, por sua vez, a idade de 70 anos deve ser aferida ao tempo da sentença, pouco importando a data da prática do fato.[22] Assim, se o réu pratica um crime com 68, mas somente é condenado aos 71 anos de idade, o prazo da prescrição será reduzido pela metade.

Nesse contexto, o Supremo Tribunal Federal decidiu que a palavra "sentença" deve ser interpretada em sentido amplo, para englobar também o acórdão, quando: a) tiver o agente sido julgado diretamente por um colegiado; b) houver reforma da sentença absolutória em julgamento de recurso para condenar o réu; e c) ocorrer a substituição do decreto condenatório em sede de recurso no qual reformada parcialmente a sentença.[23]

Em regra, o Supremo Tribunal Federal não admite a redução da prescrição da pretensão punitiva pela metade quando o condenado completa 70 (setenta) anos de idade após a prolação da sentença condenatória:

A prescrição da pretensão punitiva de condenado com mais de 70 anos se consuma com a prolação da sentença e não com o trânsito em julgado, conforme estatui o art. 115 do CP ["Art. 115. São reduzidos de metade os prazos de prescrição quando o criminoso era, ao tempo do crime, menor de 21 (vinte e um) anos, ou, na data da sentença, maior de 70 (setenta) anos"]. Com base nesse entendimento, a Primeira Turma denegou a ordem de *habeas corpus* em que se discutia a extinção da punibilidade de paciente que completara 70 anos após a sentença condenatória, porém, antes do trânsito em julgado.[24]

O Plenário da Suprema Corte, contudo, já aceitou a diminuição da prescrição pela metade quando a idade de 70 anos vem a ser atingida depois do julgamento, desde que na data do aniversário do acusado a condenação ainda não tenha transitado em julgado. Vale a pena acompanhar o teor do julgado:

Ao tecer considerações sobre a outra tese formulada nos embargos, o Ministro Luiz Fux aduziu a ocorrência da prescrição da pretensão punitiva, na modalidade retroativa, em face da redução decorrente da idade avançada [CP: "Art. 115. São reduzidos de metade os prazos de prescrição quando o criminoso era, ao tempo do crime, menor de 21 (vinte e um) anos, ou, na data da sentença, maior de 70 (setenta) anos"]. Pontuou que o acusado completara 70 anos no dia seguinte à sessão do julgamento e que o art. 115 do CP deveria ser interpretado à luz da irrecorribilidade

---

[21] Para o STF, a certidão do registro civil é exemplo de documento hábil (RHC 105.504/MS, rel. Min. Dias Toffoli, 1.ª Turma, j. 13.12.2011, noticiado no *Informativo* 652). Também podemos lembrar da Carteira de Identidade (RG) e da Carteira Nacional de Habilitação (CNH), entre outros.

[22] STF: HC 107.398/RJ, rel. Min. Gilmar Mendes, 2.ª Turma, j. 10.05.2011, noticiado no *Informativo* 626.

[23] HC 86.320/SP, rel. Min. Ricardo Lewandowski, 1.ª Turma, j. 17.10.2006. No mesmo sentido, STJ: HC 118.862/BA, rel. Min. Jorge Mussi, 5.ª Turma, j. 12.05.2009, noticiado no *Informativo* 394; e HC 132.347/RJ, rel. originário Min. Nilson Naves, rel. para acórdão Min. Maria Thereza de Assis Moura, 6.ª Turma, j. 22.09.2009, noticiado no *Informativo* 408.

[24] HC 129.696/SP, rel. Min. Dias Toffoli, 2.ª Turma, j. 19.04.2016, noticiado no *Informativo* 822. O Superior Tribunal de Justiça compartilha deste entendimento: HC 316.110/SP, rel. Min. Rogerio Schietti Cruz, 6.º Turma, j. 25.06.2019, noticiado no *Informativo* 652.

do título penal condenatório, e não da data do pronunciamento judicial. Realçou, ainda, que houvera recurso apenas da defesa. O Ministro Marco Aurélio acentuou que incidiria o prazo pela metade, pois o Código Penal, ao versar a matéria, não se referiria a sentença ou acórdão condenatórios simplesmente prolatados, mas recorríveis (CP: Art. 117. O curso da prescrição interrompe-se: [...] IV – pela publicação da sentença ou acórdão condenatórios recorríveis"). Avaliou que, na espécie, ele teria atingido a idade antes da publicação do acórdão. Por sua vez, o Ministro Dias Toffoli indicou que a publicação da mencionada decisão colegiada dar-se-ia na sessão de julgamento, mas o acusado, ao completar 70 anos antes do trânsito em julgado do acórdão, teria jus ao benefício relativo à prescrição da pretensão punitiva. O Ministro Ricardo Lewandowski, ao reduzir pela metade o prazo, também, assentou a prescrição. O Ministro Celso de Mello assinalou ser possível reconhecer a incidência da norma do art. 115 do CP quando o condenado completasse 70 anos após a sessão pública de julgamento, mas opusesse embargos de declaração reputados admissíveis, nos quais se buscasse infringir a decisão de modo processualmente legítimo, como no caso.[25]

Na visão do Superior Tribunal de Justiça, é cabível a redução da prescrição pela metade, com arrimo no art. 115 do Código Penal, se entre a sentença condenatória e o julgamento dos **embargos de declaração** o acusado atinge idade superior a 70 anos, uma vez que a decisão que julga os aclaratórios integra a própria sentença condenatória.[26]

Finalmente, o Supremo Tribunal Federal firmou jurisprudência no sentido de que o Estatuto da Pessoa Idosa – Lei 10.741/2003 –, ao conferir especial proteção às pessoas com idade igual ou superior a 60 anos, não derrogou o art. 115 do Código Penal, ao fundamento de ser completa a norma do Código Penal, não remetendo à disciplina legal do que se entende por pessoa idosa, mas fixando os 70 anos como capazes de levar à diminuição do prazo prescricional.[27] Em síntese, a redução da prescrição da pretensão punitiva pela metade somente ocorre quando o acusado era maior de 70 anos, e não de 60 anos, ao tempo da sentença condenatória (ou do acórdão condenatório).

### c) 3.ª fase: Causas de aumento e de diminuição da pena

As causas de aumento e de diminuição da pena estão delineadas na Parte Geral (genéricas) e na Parte Especial (específicas) do Código Penal.

Aumentam e diminuem a pena em quantidade fixa (exemplo: CP, art. 155, § 1.º – "aumenta-se de um terço") ou variável (exemplos: CP, art. 14, parágrafo único – "diminuída de um a dois terços", e art. 70, *caput* – "aumentada, em qualquer caso, de um sexto até metade)".

Como as causas de aumento podem levar a pena acima do limite máximo legal, e as causas de diminuição têm o condão de reduzi-la abaixo do piso mínimo, influem no cálculo da prescrição, ao contrário do que ocorre com as circunstâncias judiciais e com as agravantes e atenuantes genéricas.

E, aqui, aplica-se o raciocínio inicialmente formulado no item 46.10.1.2.

Nas causas de aumento da pena de quantidade variável, incide o percentual de **maior elevação**. Exemplo: no crime de roubo circunstanciado, com a pena aumentada em razão do concurso de pessoas (CP, art. 157, § 2.º, II), a exasperação é de 1/3 (um terço) até metade.

---

25 AP 516 ED/DF, rel. orig. Min. Ayres Britto, red. p/ o acórdão Min. Luiz Fux, Plenário, j. 05.12.2013, noticiado no *Informativo* 731.

26 EDcl no AgRg no REsp 1.877.388/CE, rel. Min. Antonio Saldanha Palheiro, 6.ª Turma, j. 02.05.2023, noticiado no *Informativo* 773.

27 HC 89.969/RJ, rel. Min. Marco Aurélio, 1.ª Turma, j. 26.06.2007.

A pena do roubo é de 4 (quatro) a 10 (dez) anos. O aumento máximo de 1/2 (metade). A prescrição da pretensão punitiva propriamente dita ou prescrição da ação penal deve ser calculada sobre a pena de 15 (quinze) anos, a qual resulta da pena máxima do roubo (10 anos) elevada da metade (maior causa de aumento da pena).

De fato, a pena pode chegar aos 15 anos, razão pela qual seria equivocado retirar do Estado seu direito de punir antes de a ele permitir seu pleno exercício.

> Causa de aumento de pena com quantidade variável = pena máxima em abstrato + maior aumento

Por outro lado, nas causas de diminuição da pena de quantidade variável, utiliza-se o percentual de **menor redução**. Exemplo: na tentativa (CP, art. 14, parágrafo único), aplica-se a pena do crime consumado, reduzida de 1 (um) a 2/3 (dois terços).

A título ilustrativo, a pena do peculato apropriação (CP, art. 312, *caput*, 1.ª parte) é de 2 (dois) a 12 (doze) anos. Em caso de tentativa, deve ser obrigatoriamente diminuída de 1/3 (um terço) a 2/3 (dois terços). O cálculo prescricional de uma tentativa de peculato apropriação (CP, art. 312, *caput*, 1.ª parte c/c o art. 14, II) seria o seguinte: 12 anos (pena máxima do crime) menos 1/3 (causa de menor diminuição). Logo, a prescrição deveria ser computada sobre uma pena de 8 (oito) anos.

Com efeito, as causas de diminuição da pena reduzem, **obrigatoriamente**, a pena. Em síntese, a pena será necessariamente reduzida, restando ao juiz, por ocasião da sentença, definir o percentual adequado.

Essa conclusão se coaduna com o raciocínio já formulado (item 46.10.1.2.). A pena até pode ser reduzida no máximo, mas não há certeza disso. Destarte, seria errado retirar do Estado seu direito de punir com base na diminuição mais elevada, quando no caso concreto a redução da pena pode se concretizar em percentual diverso.

> Causa de diminuição da pena com quantidade variável = pena máxima em abstrato – menor diminuição

Finalmente, se estiverem presentes, simultaneamente, causas de aumento e de diminuição da pena, ambas em quantidades variáveis, o magistrado deve calcular a prescrição da pretensão punitiva propriamente dita com base na pena máxima cominada ao delito, acrescida da causa que mais aumenta, subtraindo, em seguida, o percentual da causa que menos diminui.

> Causas de aumento e de diminuição da pena, simultaneamente, ambas em quantidade variável = pena máxima em abstrato + maior aumento – menor diminuição

O quadro esquemático a seguir sintetiza a matéria:

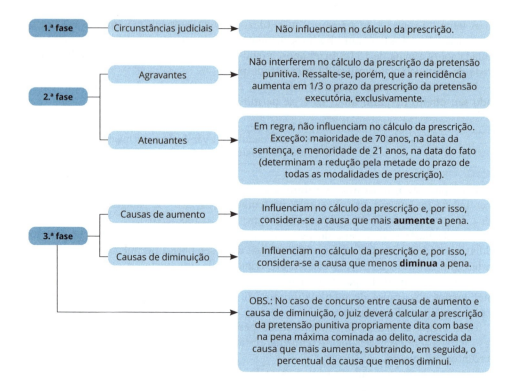

### 46.10.1.4. Termo inicial

Encontra-se regulado pelo art. 111 do Código Penal:

**Art. 111.** A prescrição, antes de transitar em julgado a sentença final, começa a correr:
I – do dia em que o crime se consumou;
II – no caso de tentativa, do dia em que cessou a atividade criminosa;
III – nos crimes permanentes, do dia em que cessou a permanência;
IV – nos de bigamia e nos de falsificação ou alteração de assentamento do registro civil, da data em que o fato se tornou conhecido.
V – nos crimes contra a dignidade sexual ou que envolvam violência contra a criança e o adolescente, previstos neste Código ou em legislação especial, da data em que a vítima completar 18 (dezoito) anos, salvo se a esse tempo já houver sido proposta a ação penal.

*a) Regra geral (inciso I)*

A normalidade é a fluência do prazo da prescrição da pretensão punitiva a partir da data em que o crime se consumou. Nos crimes materiais, inicia-se com a produção do resultado naturalístico, enquanto nos crimes formais e nos de mera conduta opera-se a partir da prática da conduta criminosa.

Em relação ao tempo do crime, o art. 4.º do Código Penal acolheu a teoria da atividade. Todavia, no tocante à prescrição, adotou-se a **teoria do resultado**, pois o que importa é o dia da consumação.

Se o caso concreto acarretar dúvida insolúvel, resolve-se a questão em prol do réu, considerando como data da consumação a mais remota, em que a prescrição terá se iniciado há mais tempo. Exemplo: encontra-se um feto, já em estado de putrefação, e descobre-se ter sido praticado por determinada mulher um aborto criminoso. A perícia conclui ter o delito ocorrido entre os meses de janeiro e setembro de um dado ano, sem especificar a data. Deve ser considerado, como início do prazo prescricional, o dia 1.º de janeiro.

### b) Exceções (incisos II a V)

As exceções foram **taxativamente** previstas em lei. Não se admite a analogia contrária ao réu, uma vez que o início tardio da prescrição seria a ele prejudicial, por dificultar a extinção da punibilidade.

### b.1) Tentativa (inciso II)

A prescrição tem início no **dia em que cessou a atividade criminosa**, isto é, no dia em que foi praticado o último ato de execução.

### b.2) Crimes permanentes (inciso III)

Crimes permanentes são aqueles em que a consumação se prolonga no tempo, por vontade do agente. É o caso do crime de extorsão mediante sequestro (CP, art. 159), no qual a situação ilícita se arrasta enquanto a vítima é mantida privada da sua liberdade. **Nesses delitos, enquanto não encerrada a permanência, é dizer, enquanto não cessada a consumação, não se inicia o trâmite do prazo prescricional.**

O fundamento dessa exceção é simples: a consumação se prolonga no tempo, somente se aperfeiçoando com o fim da permanência. Em suma, o crime continua se consumando. A propósito, no sequestro (CP, art. 148), de índole permanente, o Supremo Tribunal Federal já decidiu que tal delito "não prescreve enquanto não for encontrada a pessoa ou o corpo."[28]

### b.2.1) Crimes habituais

São crimes habituais os que se compõem da reiteração de diversos atos, isoladamente considerados irrelevantes perante o Direito Penal. É o caso do exercício ilegal da medicina (CP, art. 282), em que não basta a prática de um ato privativo de médico, mas que essa postura se revele como o estilo de vida do agente.

Nesses crimes, o prazo prescricional inicia-se **a partir da data da última das ações que constituem o fato típico**. Não há diversos delitos, mas um crime único que atinge a consumação apenas com o último ato executório. Exemplo: no exercício ilegal da medicina, flui a prescrição a partir da última prática ilegal de ato privativo de médico (a derradeira consulta, exemplificativamente), e não em relação a cada ato individualmente analisado (cada consulta, por exemplo).[29]

### b.3) Crimes de bigamia e de falsificação ou alteração de assentamento do registro civil (inciso IV)

Nesses crimes, a prescrição começa a correr **a partir da data em que o fato se tornar conhecido**.

O conhecimento do fato, exigido pela lei, refere-se à autoridade pública que tenha poderes para apurar, processar ou punir o responsável pelo delito, aí se incluindo o Delegado de Polícia, o membro do Ministério Público e o órgão do Poder Judiciário.[30]

---

[28] Ext 1270/DF, rel. orig. Min. Marco Aurélio, red. p/ o ac. Min. Roberto Barroso, 1.ª Turma, j. 12.12.2017, noticiado no *Informativo* 888.

[29] STF: HC 87.987/RS, rel. Min. Sepúlveda Pertence, 1.ª Turma, j. 09.05.2006, noticiado no *Informativo* 426. No STJ: HC 105.074/SP, rel. Min. Laurita Vaz, 5.ª Turma, j. 18.05.2010.

[30] STJ: RHC 7.206/RJ, rel. Min. José Dantas, 5.ª Turma, j. 28.04.1998.

Prevalece o entendimento de que não é necessária a ciência formal do crime (notícia do delito perante o Poder Público), bastando a de cunho presumido, relativa à notoriedade do fato.

*b.4) Crimes contra a dignidade sexual ou que envolvam violência contra a criança e o adolescente (inciso V)*

O inc. V do art. 111 do Código Penal foi criado pela Lei 12.650/2012, também conhecida como "Lei Joanna Maranhão",[31] e posteriormente alterado pela Lei 14.344/2022 – "Lei Henry Borel".[32] Sua redação atual é a seguinte: "nos crimes contra a dignidade sexual ou que envolvam violência contra a criança e o adolescente, previstos neste Código ou em legislação especial, da data em que a vítima completar 18 (dezoito) anos, salvo se a esse tempo já houver sido proposta a ação penal".

São relevantes exceções à regra geral adotada pelo sistema penal brasileiro, segundo a qual a prescrição da pretensão punitiva tem como termo inicial a data da consumação do delito. O inc. V do art. 111 do Código Penal é aplicável a todos os crimes contra a dignidade sexual ou que envolvam violência contra a criança e o adolescente, ou seja, contra pessoa menor de 18 anos de idade, previstos no Código Penal ou em leis especiais. A essência do tratamento legislativo diferenciado é simples e louvável.

Com efeito, lamentavelmente a ampla maioria dos crimes sexuais ou violentos envolvendo vítimas menores de 18 anos ocorre no ambiente doméstico, e seus autores são justamente aqueles que deveriam zelar pelo desenvolvimento das crianças e dos adolescentes: pais, padrastos, avós, parentes em geral e pessoas com alguma relação de afinidade.

Contudo, poderia surgir, como de fato surge, a seguinte crítica: tais delitos normalmente são de ação penal pública incondicionada – para os crimes sexuais há regra expressa nesse sentido no art. 225 do Código Penal –, razão pela qual a autoridade policial e o Ministério Público poderiam (e deveriam) iniciar a persecução penal de ofício, é dizer, independentemente de autorização da vítima ou do seu representante legal. É verdade. Entretanto, os crimes desta natureza normalmente ficam em sigilo, restritos ao palco em que ocorreram. As vítimas, por medo, ingenuidade ou até mesmo pela falta de acesso aos órgãos públicos, não levam os fatos ao conhecimento das autoridades competentes.

Como se sabe, abusos sexuais e violência em geral em crianças e adolescentes são tristes memórias que jamais se apagam. Os traumas psicológicos nunca são superados. Independentemente do decurso do tempo, as vidas das vítimas ficam eternamente marcadas por frestas instaladas no porão das lembranças horríveis de um drama cujo algoz, em geral, estava dentro da própria casa.

Em razão disso, o termo inicial da prescrição da pretensão punitiva iniciar-se-á na data em que a vítima completar 18 anos, salvo se a esse tempo já houver sido proposta a ação penal. Ao atingir a maioridade, a vítima terá plenas condições para manter-se por conta própria, encerrando a relação de dependência perante seu agressor ou qualquer outra pessoa que pretenda blindar-se com a impunidade. De outro lado, se a ação penal já tiver sido proposta, a prescrição começará a fluir da data da propositura da denúncia ou queixa (ação penal pri-

---

[31] Joanna Maranhão denunciou, no ano de 2008, os abusos sexuais que sofreu, aos 9 anos de idade, no início da carreira de nadadora, de Eugênio Miranda, seu então treinador.

[32] Henry Borel Medeiros, então com 4 anos de idade, foi assassinado no dia 8 de março de 2021, no apartamento em que moravam sua mãe, Monique Medeiros da Costa e Silva, e seu padrasto, o médico e à época vereador Jairo Souza Santos Júnior, conhecido como "Dr. Jairinho". A Lei 14.344/2022 criou mecanismos para a prevenção e o enfrentamento da violência doméstica e familiar contra a criança e o adolescente, nos termos do § 8.º do art. 226 e do § 4.º do art. 227 da Constituição Federal e das disposições específicas previstas em tratados, convenções ou acordos internacionais de que o Brasil seja parte, e implementou modificações no Código Penal, na Lei 7.210/1984 – Lei de Execução Penal, na Lei 8.069/1990 – Estatuto da Criança e do Adolescente, na Lei 8.072/1990 – Lei dos Crimes Hediondos e na Lei 13.431/2017, que estabelece o sistema de garantia de direitos da criança e do adolescente vítima ou testemunha de violência.

vada subsidiária da pública), e o Estado estará habilitado para aplicar a sanção adequada, com respeito ao devido processo legal.

A ação penal se considera **proposta** no dia em que o Ministério Público (ou querelante) oferece a denúncia (ou queixa-crime). De fato, se o dispositivo legal versasse sobre o "recebimento", seria de todo inútil, em face da interrupção da prescrição da pretensão punitiva (CP, art. 117, inc. I).

É fácil notar, portanto, que nas hipóteses alcançadas pelo dispositivo em apreço (CP, art. 111, inc. V), a prescrição pode ultrapassar o teto de 20 anos previsto no art. 109, inc. I, do Código Penal. Pensemos em um estupro de vulnerável (CP, art. 217-A) praticado contra criança de cinco anos de idade. A pena máxima deste delito (15 anos) prescreve em 20 anos. Se a denúncia não for ajuizada até a data da sua maioridade, terão transcorrido 13 anos, e a partir do seu 18º aniversário o Estado contará com mais 20 anos para a imposição da pena privativa de liberdade. Em síntese, a prescrição ocorrerá em 33 anos.

E mais. Se existir, na situação concreta, alguma causa impeditiva da prescrição da pretensão punitiva, o prazo prescricional não terá início enquanto o impedimento não for superado. É o que se dá, exemplificativamente, na hipótese em que, na data do 18.º aniversário da vítima, o agente encontrar-se cumprindo pena no exterior (CP, art. 116, inc. II). Será preciso aguardar o término da reprimenda para, a partir de então, iniciar-se o decurso da prescrição da pena atinente ao crime contra a dignidade sexual ou com violência contra a criança ou o adolescente.

Se a vítima do crime sexual ou violento vier a falecer, duas situações devem ser diferenciadas: (i) se a morte ocorrer antes do 18.º aniversário, a prescrição terá início na data da consumação do delito (regra geral do CP – art. 111, inc. I), pois o ofendido jamais alcançará a maioridade. Exemplo: estupro contra criança de 10 anos, que vem a suicidar-se cinco anos depois, ocasião em que deixa uma carta narrando o crime cometido pelo genitor contra ela; e (ii) se a morte ocorrer após o 18.º aniversário, a prescrição terá se iniciado com o advento da maioridade, na forma delineada pelo art. 111, inc. V, do Código Penal.

No campo dos **crimes contra a dignidade sexual**, é importante observar que a regra contida no art. 111, inc. V, do Código Penal somente incide no tocante aos delitos praticados contra crianças ou adolescentes, não se aplicando aos **demais vulneráveis**, diversos dos menores de 14 anos, elencados pelo parágrafo único do art. 217-A do Código Penal (pessoas com enfermidade ou deficiência mental, sem discernimento para o ato, ou que, por qualquer outra causa, não possam oferecer resistência).

### 46.10.1.5. *Termo inicial da prescrição da pretensão punitiva e regra especial da Lei de Falências*

Como regra, a Lei 11.101/2005 – Lei de Falências – estatui em seu art. 182 que a prescrição dos crimes nela previstos reger-se-á pelo Código Penal.

No tocante ao termo inicial, entretanto, possui critério diverso: o prazo da prescrição começa a correr do dia da decretação da falência, da concessão da recuperação judicial ou com a homologação do plano de recuperação extrajudicial.

Essa disposição somente se aplica a prescrição da pretensão punitiva, e jamais à prescrição da pretensão executória, que depende do trânsito em julgado da sentença condenatória para ambas as partes do processo penal.

### 46.10.1.6. *Causas interruptivas*

As hipóteses de interrupção da prescrição da pretensão punitiva foram definidas pelo art. 117, I a IV, do Código Penal:

**Art. 117.** O curso da prescrição interrompe-se:

I – pelo recebimento da denúncia ou da queixa;

II – pela pronúncia;

III – pela decisão confirmatória da pronúncia;

IV – pela publicação da sentença ou acórdão condenatórios recorríveis.

Os incisos V e VI do art. 117 do Código Penal referem-se à interrupção da prescrição da pretensão executória.

Interrupção do prazo significa que, verificada a causa legalmente prevista, o intervalo temporal volta ao seu início, desprezando-se o tempo até então ultrapassado. Os marcos interruptivos conduzem ao **reinício do cálculo**. É o que consta expressamente do art. 117, § 2.º, do Código Penal. Exemplo: se ocorrer uma causa interruptiva relativa a uma pena de 4 (quatro) anos, cuja prescrição se dá em (oito) anos, depois de transcorridos 7 (sete) anos, esse período será desconsiderado, e, para a extinção da punibilidade, exigir-se-á o decurso de outros 8 (oito) anos sem a atuação estatal.

Por se tratar de matéria prejudicial ao réu, **o rol do art. 117 é taxativo**, não admitindo o emprego da analogia para englobar situações semelhantes não apontadas pela lei.

Analisemos as causas interruptivas, que estabelecem os **períodos** entre os quais a prescrição pode se efetivar.

*a) Recebimento da denúncia ou da queixa:*

Anote-se, inicialmente, que o curso da prescrição da pretensão punitiva é interrompido pelo **recebimento** da inicial acusatória, e não pelo seu oferecimento por parte do Ministério Público ou do querelante.

A interrupção se dá com a **publicação** do despacho de recebimento da denúncia ou da queixa. Prescinde-se da veiculação do ato judicial na imprensa oficial, ainda que por meio do processo judicial eletrônico. Basta a publicação do ato em cartório, com a entrega do despacho em mãos do escrivão.[33]

A partir da reforma promovida no Código de Processo Penal pela Lei 11.719/2008, o Superior Tribunal de Justiça considera como adequado ao recebimento da denúncia ou queixa o momento previsto no art. 396: tão logo oferecida a acusação e antes mesmo da citação do acusado.[34]

Esse recebimento pode ainda ocorrer em 2.º grau de jurisdição, pois, no caso de a denúncia ou queixa ser rejeitada, a interrupção ocorrerá na data da sessão de julgamento do recurso em sentido estrito (CPP, art. 581, I) ou da apelação (Lei 9.099/1995, art. 82, *caput*) pelo Tribunal. É o que se extrai da **Súmula 709 do Supremo Tribunal Federal**: "Salvo quando nula a decisão de primeiro grau, o acórdão que provê o recurso contra a rejeição da denúncia vale, desde logo, pelo recebimento dela".

A denúncia ou a queixa recebida por juízo absolutamente incompetente não interrompe a prescrição, porque esse despacho tem índole de ato decisório, aplicando-se, portanto, a regra prevista no art. 567, 1.ª parte, do Código de Processo Penal.[35] A interrupção somente se efetivará com a publicação do despacho do juízo competente ratificando os atos anteriores.

---

[33] Quando os autos da ação penal são remetidos ao juiz para recebimento da denúncia ou da queixa, faz-se **conclusão** ("conclusos"). O magistrado recebe carga dos autos, e, quando os devolve, o escrivão registra essa baixa no livro respectivo. Nesse momento se opera a publicação do despacho em cartório.

[34] HC 138.089/SC, rel. Min. Felix Fischer, 5.ª Turma, j. 02.03.2010, noticiado no *Informativo* 425.

[35] "Doutrina e jurisprudência são uniformes no sentido de que o recebimento da denúncia por magistrado absolutamente incompetente não interrompe o curso do prazo prescricional" (STJ: RHC 29.599/RS, rel. Min. Jorge Mussi, 5.ª Turma, j. 20.06.2013). E mais: "Quando a autoridade que receber a denúncia for incompetente em razão de prerrogativa de foro do réu, o recebimento da peça acusatória será ato absolutamente nulo e, portanto, não interromperá a prescrição" (STJ: APn 295/RR, rel. Min. Jorge Mussi, Corte Especial, j. 17.12.2014, noticiado no *Informativo* 555). No STF: HC 104.907/PE, rel. Min. Celso de Mello, 2.ª Turma, j. 10.05.2011, noticiado no *Informativo* 626.

CAP. 46 – PRESCRIÇÃO | 773

Por sua vez, o recebimento da denúncia ou da queixa por juízo relativamente incompetente interrompe a prescrição. Na visão do Superior Tribunal de Justiça:

> Tratando-se de incompetência relativa, o exame da prescrição da pretensão punitiva deve considerar o recebimento da denúncia realizado pelo Juízo incompetente, e não a convalidação posterior do Juízo que detém competência territorial, uma vez que este último ato possui natureza declarativa, prestando-se unicamente a confirmar a validade do primeiro. Em outros termos: pelo princípio da convalidação, o recebimento da denúncia por parte de Juízo territorialmente incompetente tem o condão de interromper o prazo prescricional.[36]

Se o despacho de recebimento da denúncia ou da queixa for posteriormente **anulado**, por qualquer motivo, não se interrompe o curso da prescrição, pois os atos nulos não produzem efeitos jurídicos.

O recebimento do aditamento à denúncia ou à queixa não interrompe a prescrição, exceto se for acrescentado novo crime, quando a interrupção ocorrerá apenas em relação a esse novo delito.[37]

### b) Pronúncia:

É a decisão interlocutória mista não terminativa, fundada em prova da materialidade do fato delituoso e indícios suficientes de autoria, que submete o responsável pela prática de um crime doloso contra a vida a julgamento perante o Tribunal do Júri.

Consequentemente, essa causa de interrupção da prescrição da pretensão punitiva é aplicável somente aos crimes de competência do Tribunal do Júri.

A interrupção se efetiva com a **publicação da sentença de pronúncia**, que prescinde de publicação na imprensa oficial. É suficiente, para essa finalidade, a publicação da decisão em cartório.

No caso de o réu ter sido impronunciado, interpondo-se contra a decisão recurso de apelação (CPP, art. 416), ao qual se dá provimento para o fim de pronunciá-lo, a interrupção se dá na data da sessão de julgamento do recurso pelo Tribunal competente.

E, uma vez pronunciado, persiste a força interruptiva da prescrição, ainda que o Tribunal do Júri, no julgamento em plenário, desclassifique o crime para outro que não seja de sua competência. É o que se extrai da **Súmula 191 do Superior Tribunal de Justiça**: "A pronúncia é causa interruptiva da prescrição, ainda que o Tribunal do Júri venha a desclassificar o crime".

### c) Decisão confirmatória da pronúncia:

Essa forma de interrupção também é possível apenas nos crimes de competência do Tribunal do Júri, e ocorre quando o réu foi pronunciado, e contra essa decisão a defesa interpôs recurso em sentido estrito, com fundamento no art. 581, IV, do Código de Processo Penal, ao qual foi negado provimento.

Opera-se a interrupção na data de **sessão de julgamento** do recurso pelo Tribunal competente, e não na data da publicação do acórdão.

As decisões proferidas pelo Superior Tribunal Justiça (ou pelo Supremo Tribunal Federal), em recurso interposto contra o acórdão confirmatório da pronúncia, não se inserem no conceito do art. 117, III, do Código Penal como causa interruptiva da prescrição.[38]

Essas duas causas interruptivas (pronúncia e decisão que a confirma) são justificáveis pela amplitude e pela extensão do procedimento dos crimes de competência do Tribunal do

---

36 RHC 40.514/MG, rel. Min. Laurita Vaz, 5.ª Turma, j. 08.05.2014.
37 STJ: HC 188.471/ES, rel. Min. Napoleão Nunes Maia Filho, 5.ª Turma, j. 31.05.2011, noticiado no *Informativo* 475.
38 STJ: HC 826.977/SP, rel. Min. Ribeiro Dantas, rel. para acórdão Min. Reynaldo Soares da Fonseca, 5.ª Turma, j. 05.12.2023, noticiado no *Informativo* 798.

Júri, fatores que poderiam fomentar artimanhas processuais que levariam à impunidade pela prescrição.

*d) Publicação da sentença ou acórdão condenatórios recorríveis:*

No caso da **sentença condenatória**, a interrupção se opera com sua **publicação**, isto é, com sua entrega em mãos do escrivão, que lavrará nos autos o respectivo termo, registrando-a em livro especialmente destinado a esse fim (CPP, art. 389).

No tocante ao **acórdão condenatório**, a interrupção se dá com a **sessão de julgamento pelo Tribunal competente**, seja em grau de recurso da acusação, seja nas hipóteses de sua competência originária.[39]

Em sede recursal, o **acórdão confirmatório da condenação** funciona como causa interruptiva da prescrição da pretensão punitiva, pouco importando se mantém, aumenta ou reduz a pena aplicada pela instância inferior. Para o Supremo Tribunal Federal:

> (...) somente há se falar em prescrição diante da inércia do Estado. O art. 117 do Código Penal, o qual deve ser interpretado de forma sistemática, elenca todas as causas interruptivas da prescrição, ou seja, que demonstram que o Estado não está inerte. Relativamente ao inciso IV do art. 117, o CP não faz distinção entre acórdão condenatório inicial e acórdão condenatório confirmatório da decisão, nem seria razoável fazê-lo. Nessa segunda hipótese – acórdão condenatório confirmatório da decisão de primeira instância – o Estado juiz reanalisa a decisão condenatória ante a provocação da própria defesa. Se o faz dentro do prazo legal, seja mantendo, aumentando ou reduzindo a pena anteriormente imposta, há atuação, e não inércia estatal. Portanto, deve o prazo prescricional ser interrompido para o cumprimento do devido processo legal. Pontuou que a Lei 11.596/2007, ao alterar a redação do inciso IV do art. 117 do CP, corroborou esse entendimento e serviu para dirimir qualquer dúvida interpretativa. A nova redação acrescentou ao termo "sentença condenatória", como fator de interrupção dessa prescrição, a expressão "acórdão condenatório". Tratou-se de opção política-legislativa direcionada ao combate à criminalidade, que confirmou jurisprudência da Primeira Turma, que já entendia o anterior vocábulo como gênero das espécies "sentença" e "acórdão". O propósito da modificação emerge, inclusive, da leitura da Justificação do Projeto de Lei 401/2003, que culminou na edição da Lei 11.596/2007. Pretendeu-se evitar a interposição de recursos meramente protelatórios às instâncias superiores, uma vez que a publicação do acórdão condenatório recorrível interrompe o prazo prescricional, zerando-o novamente. Além disso, esclareceu-se que a interrupção da prescrição se dá pela simples condenação em segundo grau, seja confirmando integralmente a decisão monocrática, seja reduzindo ou aumentando a pena por ela anteriormente imposta. O relator observou, também, que não se pode desconsiderar o "efeito substitutivo" das decisões passíveis de reforma no âmbito recursal. O que será executado, a partir do trânsito em julgado, é o acórdão condenatório, ou seja, os termos da decisão definitiva de mérito de segundo grau. [40]

Essa posição sujeita-se a críticas, pois, ao menos no plano técnico, somente se pode falar em "acórdão condenatório" quando a sentença foi absolutória ou então nos crimes de competência originária dos Tribunais. Nesse contexto, se a sentença foi condenatória, e o acórdão limita-se a preservá-la, ainda que aumentando ou diminuindo a pena aplicada, não seria correto falar em acórdão condenatório, e sim em "acórdão confirmatório" da condenação.

---

[39] "A prescrição da pretensão punitiva do Estado, em segundo grau de jurisdição, se interrompe na data da sessão de julgamento do recurso e não na data da publicação do acórdão" (STF: RHC 125.078/SP, rel. Min. Dias Toffoli, 1.ª Turma, j. 03.03.2015, noticiado no *Informativo* 776).

[40] HC 176.473/RR, rel. Min. Alexandre de Moraes, Plenário, j. 05.02.2020, noticiado no *Informativo* 965. O STJ compartilha dessa linha de pensamento: Tema 1.110 do Recurso Repetitivo – REsp 1.930.130/MG, rel. Min. João Otávio de Noronha, 3.ª Seção, j. 10.08.2022, noticiado no *Informativo* 744.

Se, todavia, a sentença condenatória foi reformada pelo Tribunal em grau de apelação, absolvendo o réu, mantém-se a interrupção provocada pela publicação da decisão de 1.ª instância.

A sentença anulada não interrompe a prescrição, pois, repita-se, um ato nulo não produz efeitos jurídicos.

O acórdão proferido nas **ações penais de competência originária do Supremo Tribunal Federal** (CF, art. 102, I, *b* e *c*), nas hipóteses em que não comporta mais nenhum recurso, **não interrompe a prescrição, pois é irrecorrível**.

Finalmente, a sentença que aplica medida de segurança pode ou não interromper a prescrição. Não interrompe quando impõe medida de segurança ao inimputável, pois nesse caso tem natureza absolutória ("absolvição imprópria"). Interrompe, contudo, na hipótese de medida de segurança dirigida ao semi-imputável, já que a sentença é condenatória: o magistrado condena o réu, diminui a pena privativa de liberdade de 1 (um) a 2/3 (dois terços) e, comprovada sua periculosidade, substitui a pena diminuída por medida de segurança.

### 46.10.1.7. *Comunicabilidade das causas interruptivas da prescrição da pretensão punitiva*

Para o art. 117, § 1.º, do Código Penal:

§ 1.º Excetuados os casos dos incisos V e VI deste artigo, a interrupção da prescrição produz efeitos relativamente a todos os autores do crime. Nos crimes conexos, que sejam objeto do mesmo processo, estende-se aos demais a interrupção relativa a qualquer deles.

A previsão expressa da exceção relativa aos incisos V e VI se fundamenta na circunstância de se tratar de causas de interrupção da **prescrição da pretensão executória**.

O dispositivo legal apresenta duas regras distintas: comunicabilidade no concurso de pessoas e comunicabilidade nos crimes conexos que sejam objeto do mesmo processo.

*a) Concurso de pessoas*

Dispõe o texto de lei que "a interrupção da prescrição produz efeitos relativamente a todos os autores do crime".

A palavra "autores" foi utilizada pelo Código Penal como gênero, para englobar tanto coautores como partícipes do crime.

Fundamenta-se essa regra no fato de que quando o Estado exerce a persecução relativamente a um dos envolvidos no crime, revelou o seu interesse em também efetivá-la em relação a todos os demais.

Exemplo: "A" e "B" são regularmente processados pelo crime de roubo. Aquele é condenado, e este, absolvido. O Ministério Público interpõe recurso de apelação, objetivando a reforma da sentença somente em relação a "B", para condená-lo. Pela regra do art. 117, § 1.º, 1.ª parte, do Código Penal, o Tribunal deverá considerar a prescrição interrompida para "B", diante da sentença condenatória recorrível proferida contra "A".

Essa sistemática também se aplica a todas as demais causas interruptivas da prescrição da pretensão punitiva: recebimento da denúncia ou queixa, pronúncia, decisão confirmatória da pronúncia e acórdão condenatório recorrível.

*b) Crimes conexos que sejam objeto do mesmo processo*

Crimes conexos são aqueles que possuem alguma ligação entre si. Quando tais crimes forem objeto do mesmo processo, diga-se, da mesma ação penal, ou seja, forem imputados ao réu na mesma denúncia ou na mesma queixa-crime, a interrupção relativa a qualquer deles estende os seus efeitos aos demais.

Exemplo: "A" pratica três crimes: roubo, furto e tráfico de drogas. Os delitos são investigados em um único inquérito policial, ensejando o oferecimento de denúncia por todos eles.

**776** | DIREITO PENAL – PARTE GERAL – VOL. 1 • CLEBER MASSON

Após regular processamento, "A" é condenado pelo roubo, e absolvido pelos demais delitos. O Ministério Público apela, almejando a reforma da sentença na parte relativa às absolvições, para o fim de condenar o réu por todos os crimes. Pela regra contida no art. 117, § 1.º, *in fine*, do Código Penal, a sentença condenatória recorrível proferida em relação ao roubo interrompe a prescrição desse crime, estendendo-se esse efeito também ao furto e ao tráfico de drogas.[41]

Essa disposição aplica-se ainda às demais causas interruptivas da prescrição da pretensão punitiva: recebimento da denúncia ou queixa, pronúncia, decisão confirmatória da pronúncia e publicação do acórdão condenatório recorrível.

### 46.10.1.8. Causa especial de interrupção da prescrição da pretensão punitiva nos crimes falimentares

Estatui o art. 182, parágrafo único, da Lei 11.101/2005 – Lei de Falências: "A decretação da falência do devedor interrompe a prescrição cuja contagem tenha iniciado com a concessão da recuperação judicial ou com a homologação do plano de recuperação extrajudicial".

### 46.10.1.9. Causas impeditivas

As causas impeditivas da prescrição estão disciplinadas pelo art. 116, I e II, do Código Penal:

> **Art. 116.** Antes de passar em julgado a sentença final, a prescrição não corre:
>
> I – enquanto não resolvida, em outro processo, questão de que dependa o reconhecimento da existência do crime;
>
> II – enquanto o agente cumpre pena no exterior;
>
> III – na pendência de embargos de declaração ou de recursos aos Tribunais Superiores, quando inadmissíveis; e
>
> IV – enquanto não cumprido ou não rescindido o acordo de não persecução penal.

Nada obstante o Código Penal fale em "causas impeditivas", essas regras se aplicam ao impedimento e à suspensão da prescrição.

**Impedimento** é o acontecimento que obsta o início do curso da prescrição. De seu turno, na **suspensão** esse acontecimento desponta durante o trâmite do prazo prescricional, travando momentaneamente a sua fluência. Superado esse entrave, a prescrição volta a correr normalmente, nela se **computando** o período anterior.

Analisemos cada uma das hipóteses indicadas pelo Código Penal.

*Inciso I – Enquanto não resolvida, em outro processo, questão de que dependa o reconhecimento da existência do crime:*

Trata-se da **questão prejudicial** ainda não resolvida em outro processo.

Questão prejudicial é a que influencia na tipicidade da conduta, é dizer, aquela cuja solução é fundamental para a existência do crime e, consequentemente, para o julgamento do mérito da ação penal.

As questões prejudiciais estão previstas nos arts. 92 (relativas ao estado civil das pessoas) e 93 (relativas a questões diversas) do Código de Processo Penal.

O juiz criminal, geralmente, possui jurisdição para decidir qualquer questão, salvo a inerente ao **estado civil das pessoas**, caso em que a ação penal será **obrigatoriamente suspensa**

---

[41] O Superior Tribunal de Justiça encampa este entendimento: RHC 40.177/PR, rel. Min. Reynaldo Soares da Fonseca, 5.ª Turma, j. 25.08.2015, noticiado no *Informativo* 568.

até o trânsito em julgado da sentença proferida na ação civil (CPP, art. 92). Destarte, o termo inicial da suspensão da prescrição é o despacho que suspende a ação penal, e o termo final é o despacho que determina a retomada do seu trâmite.

O exemplo clássico é o do agente processado por bigamia que, no juízo cível, busca a anulação de um dos casamentos. Se obtiver sucesso, não haverá o crime tipificado pelo art. 235 do Código Penal.

Em relação às questões prejudiciais diversas, ou seja, não atinentes ao estado civil das pessoas (CPP, art. 93), a suspensão da ação penal é **facultativa**, mas, se o juiz por ela optar, também estará suspensa a prescrição.

*Inciso II – Enquanto o agente cumpre pena no exterior.*

Justifica-se essa causa impeditiva porque, normalmente, não se consegue a extradição de pessoa que cumpre pena no exterior. Em respeito à soberania do outro país, aguarda-se a integral satisfação da sanção penal no estrangeiro, para, posteriormente, ser o agente punido no Brasil.

*Inciso III – Na pendência de embargos de declaração ou de recursos aos Tribunais Superiores, quando inadmissíveis:*

A última causa interruptiva da prescrição da pretensão punitiva é a publicação da sentença ou acórdão condenatório recorríveis (CP, art. 117, IV).

Na prática, entretanto, é usual a utilização de embargos declaratórios com fins meramente protelatórios, ou seja, para afastar o trânsito em julgado da condenação e adiar a execução definitiva da pena. Igual procedimento se repete com recursos aos Tribunais Superiores, notadamente o recurso especial (STJ) e o recurso extraordinário (STF), em hipóteses nas quais claramente os instrumentos processuais são inadmissíveis.

Antes das alterações promovidas pela Lei 13.964/2019, também conhecida como "Pacote Anticrime", a prescrição fluía normalmente durante a apreciação de tais recursos, circunstância que, somada à morosidade da prestação jurisdicional, muitas vezes levava à extinção da punibilidade. A atividade procrastinatória era eficaz para garantir a impunidade de criminosos já condenados pelo Poder Judiciário.

O panorama jurídico felizmente mudou. Não corre a prescrição enquanto estiverem pendentes de apreciação tantos os embargos de declaração quanto os recursos aos Tribunais Superiores, quando inadmissíveis.

*Inciso IV – Enquanto não cumprido ou não rescindido o acordo de não persecução penal:*

Acordo de não persecução penal, disciplinado pelo art. 28-A do Código de Processo Penal, é o negócio jurídico formalizado por escrito e firmado pelo Ministério Público, pelo investigado e por seu defensor, cabível nas infrações penais praticadas sem violência ou grave ameaça e com pena mínima inferior a 4 (quatro) anos, obrigatoriamente homologado em audiência pelo juízo competente, qual seja, o juiz de garantias, a teor da regra contida no art. 3.º B, XVII, do Código de Processo Penal.

Somente pode ser celebrado quando não for caso de arquivamento do procedimento investigatório, e depende da confissão formal e circunstanciada acerca do crime ou da contravenção penal. Em troca do não oferecimento da denúncia, o investigado sujeita-se ao cumprimento de condições não privativas da liberdade pactuadas (CPP, art. 28-A, I a V) pactuadas com o *Parquet*.

Depois de homologado judicialmente, os autos são devolvidos ao Ministério Público para que inicie sua execução (CPP, art. 28-A, § 6.º). O cumprimento do acordo de não persecução penal pode exigir relevante tempo, a exemplo do que dá na prestação de serviços à comunidade ou a entidades públicas por período correspondente à pena mínima cominada ao delito, diminuída de um a dois terços (CPP, art. 28-A, III).

Se o acordo de não persecução penal for integralmente cumprido, o Poder Judiciário decretará a extinção da punibilidade (CPP, art. 28-A, § 13). Entretanto, se o investigado descumprir qualquer das condições estipuladas no acordo, o Ministério Público deverá comunicar ao juízo, para fins de sua rescisão e posterior oferecimento de denúncia (CPP, art. 28-A, § 10).

A persecução penal fica suspensa durante a vigência do acordo de não persecução penal. Nada mais correto, portanto, que a prescrição também não corra durante esse intervalo.

### 46.10.1.10. Natureza do rol das causas impeditivas e suspensivas previstas no Código Penal

Em se tratando de matéria prejudicial ao réu, por dificultar a ocorrência da extinção da punibilidade, a enumeração das causas suspensivas e interruptivas é **taxativa**, não comportando aplicação analógica.[42]

Dessa forma, é importante ressaltar que a instauração de incidente de insanidade mental, versado pelo art. 149 do Código de Processo Penal, não suspende a prescrição da pretensão punitiva, por falta de amparo legal.

### 46.10.1.11. Causas impeditivas e suspensivas da prescrição da pretensão punitiva previstas fora do Código Penal

A previsão de causas impeditivas e suspensivas da prescrição da pretensão punitiva não se restringe ao Código Penal, podendo ser encontradas nos seguintes diplomas legais:

a) **Art. 89, § 6.º, da Lei 9.099/1995:** Suspensão condicional do processo, nos crimes com pena mínima igual ou inferior a 1 ano, em que também se opera a suspensão da prescrição.

b) **Art. 366 do CPP:** Quando o réu, citado por edital, não comparecer ao interrogatório nem constituir defensor, suspende-se o processo e a prescrição.[43]

c) **Art. 368 do CPP:** Estando o acusado no estrangeiro, em lugar sabido, será citado mediante carta rogatória, suspendendo-se o curso da prescrição até o seu cumprimento.

d) **Art. 53, § 5.º, da Constituição Federal:** A sustação pela Câmara dos Deputados ou pelo Senado Federal, dos processos criminais contra Deputado Federal ou Senador, suspende a prescrição, enquanto durar o mandato. Com a modificação introduzida pela EC 35/2001, o Supremo Tribunal Federal pode receber a denúncia sem licença prévia da Casa respectiva. No entanto, deve comunicá-la à Câmara dos Deputados ou ao Senado Federal, conforme o caso, podendo o Poder Legislativo, por iniciativa de partido político nele representado e pelo voto da maioria absoluta de seus membros, sustar o andamento da ação, suspendendo-se, automaticamente, o curso da prescrição.

e) **Acordo de leniência nos crimes contra a ordem econômica:** Na forma do art. 87 da Lei 12.529/2011:

---

[42] "As causas suspensivas da prescrição demandam expressa previsão legal, (...) não sendo admissível a analogia *in malam partem*" (STJ: HC 682.633/MG, rel. Min. Olindo Menezes – Desembargador convocado do Tribunal Regional Federal da 1.ª Região, 6.ª Turma, j. 05.10.2021).

[43] "O termo final da suspensão do prazo prescricional pela expedição de carta rogatória para citação do acusado no exterior é a data da efetivação da comunicação processual no estrangeiro, ainda que haja demora para a juntada da carta rogatória cumprida aos autos. (...) Vale ressaltar que a questão é hermenêutica e não de integração da norma jurídica, sendo que a Súmula 710/STF estabelece que no processo penal os prazos contam-se da data da intimação, e não da juntada aos autos do mandado ou da carta precatória ou de ordem, valendo o mesmo raciocínio para a carta rogatória. Tal entendimento tem por base a regra específica do art. 798, § 5.º, "a", do CPP, que diferencia a sistemática adotada para os processos criminais em relação aos processos cíveis." (STJ: REsp 1.882.330/SP, rel. Min. Ribeiro Dantas, 5.ª Turma, j. 06.04.2021, noticiado no *Informativo* 691).

CAP. 46 – PRESCRIÇÃO | **779**

**Art. 87.** Nos crimes contra a ordem econômica, tipificados na Lei 8.137, de 27 de dezembro de 1990, e nos demais crimes diretamente relacionados à prática de cartel, tais como os tipificados na Lei 8.666, de 21 de junho de 1993[44], e os tipificados no art. 288 do Decreto-Lei 2.848, de 7 de dezembro de 1940 – Código Penal, a celebração de acordo de leniência, nos termos desta Lei, determina a suspensão do curso do prazo prescricional e impede o oferecimento da denúncia com relação ao agente beneficiário da leniência.

f) **Crimes contra a ordem tributária:** Nesses delitos, a suspensão da prescrição pode ocorrer em diversas hipóteses, entre elas a do parcelamento do débito tributário, que importa na suspensão da prescrição da pretensão punitiva com fundamento no art. 83, §§ 2.º e 3.º, da Lei 9.430/1996, com a redação que lhe foi conferida pela Lei 12.382/2011. Para o Supremo Tribunal Federal, nos crimes materiais contra a ordem tributária (Lei 8.137/1990, art. 1.º), o lançamento do tributo pendente de decisão definitiva do processo administrativo importa na falta de justa causa para a ação penal, suspendendo, porém, o curso da prescrição enquanto obstada a sua propositura pela falta do lançamento definitivo.[45]

### 46.10.1.12. *Recurso extraordinário com repercussão geral, suspensão dos processos pendentes em todo o território nacional e suspensão da prescrição*

Para o Supremo Tribunal Federal, a suspensão processual prevista no art. 1.035, § 5.º, do Código de Processo Civil ("Reconhecida a repercussão geral, o relator no Supremo Tribunal Federal determinará a suspensão do processamento de todos os processos pendentes, individuais ou coletivos, que versem sobre a questão e tramitem no território nacional") **produz efeitos nos processos penais** cuja matéria tenha sido objeto de repercussão geral reconhecida pela Corte.

Destarte, enquanto não julgado o recurso extraordinário paradigma, **é possível a suspensão da prescrição da pretensão punitiva** de crimes ou contravenções penais objeto das ações penais sobrestadas, com as seguintes características fundamentais:

a) a suspensão de processamento prevista no § 5.º do art. 1.035 do CPC não consiste em consequência automática e necessária do reconhecimento da repercussão geral realizada com fulcro no *caput* do mesmo dispositivo, sendo da discricionariedade do relator do recurso extraordinário paradigma determiná-la ou modulá-la;

b) a possibilidade de sobrestamento se aplica aos processos de natureza penal;

c) nesse contexto, em sendo determinado o sobrestamento de processos de natureza penal, opera-se **automaticamente** a suspensão da prescrição da pretensão punitiva relativa aos crimes que forem objeto das ações penais sobrestadas, a partir de interpretação conforme a Constituição Federal do art. 116, inc. I, do Código Penal;

d) **em nenhuma hipótese**, o sobrestamento de processos penais determinado com fundamento no art. 1.035, § 5.º, do CPC **abrangerá inquéritos policiais ou procedimentos investigatórios conduzidos pelo Ministério Público**;

e) **em nenhuma hipótese**, o sobrestamento de processos penais determinado com fundamento no art. 1.035, § 5.º, do CPC **abrangerá ações penais em que haja réu preso provisoriamente**;

---

[44] Os crimes em licitações e contratos administrativos atualmente encontram-se tipificados nos arts. 337-E a 337-O do Código Penal.

[45] ARE ED 709.719/SP, rel. Min. Luiz Fux, 1.ª Turma, j. 04.12.2012.

**780** | DIREITO PENAL – PARTE GERAL – VOL. 1 • CLEBER MASSON

f) em qualquer caso de sobrestamento de ação penal determinado com fundamento no art. 1.035, § 5.º, do CPC, **poderá o juízo de piso, no curso da suspensão, proceder, conforme a necessidade, à produção de provas de natureza urgente**.

Na visão do Supremo Tribunal Federal, a suspensão do prazo prescricional para a resolução de questão externa prejudicial ao reconhecimento do crime abrange a hipótese de suspensão do prazo prescricional nos processos criminais com repercussão geral reconhecida.

Se não bastasse, a interpretação conforme a Constituição Federal do art. 116, inc. I, do Código Penal se fundamenta nos princípios da unidade e da concordância prática das normas constitucionais. O legislador, ao impor a suspensão dos processos sem instituir, simultaneamente, a suspensão dos prazos prescricionais, cria o risco de erigir sistema processual que vulnera a eficácia normativa e a aplicabilidade imediata de princípios constitucionais.

Além disso, o sobrestamento de processo criminal, sem previsão legal de suspensão do prazo prescricional, impede o exercício da pretensão punitiva pelo Ministério Público e gera desequilíbrio entre as partes. Desse modo, fere a prerrogativa institucional do *parquet* e o postulado da paridade de armas, violando os princípios do contraditório e do devido processo legal.

Para a Suprema Corte, o princípio da proporcionalidade opera tanto na esfera de proteção contra excessos estatais quanto na proibição de proteção deficiente, vertente esta que seria flagrantemente violada pelo obstáculo intransponível à proteção de direitos fundamentais da sociedade de impor sua ordem penal.

Destacou-se que a interpretação conforme a Constituição, segundo os limites reconhecidos pela jurisprudência do Supremo Tribunal Federal, encontra-se preservada. A exegese proposta não implica violação à expressão literal do texto infraconstitucional, tampouco à vontade do legislador, considerando a opção legislativa que fixou todas as hipóteses de suspensão da prescrição da pretensão punitiva previstas no ordenamento jurídico nacional, qual seja, a superveniência de fato impeditivo da atuação do Estado acusador.

Aduziu que o sobrestamento de processos penais determinado em razão da adoção da sistemática da repercussão geral não abrangerá inquéritos policiais ou procedimentos investigatórios conduzidos pelo Ministério Público. O § 5.º do art. 1.035 do CPC prevê apenas a possibilidade de suspensão dos processos pendentes que versarem sobre a questão debatida e tramitarem no território nacional, não ostentando os mencionados expedientes de investigação a natureza jurídica de processo, e sim de procedimento.

Acrescentou que o sobrestamento de processos penais determinado em razão da adoção da sistemática da repercussão geral tampouco abrangerá ações penais em que haja réu preso provisoriamente. Não se mostra admissível, sob pena de ampliação injustificada do período de restrição do direito de liberdade do acusado, que a segregação processual perdure enquanto estiver suspenso o curso da marcha processual e do prazo prescricional concernente às infrações penais cogitadas.

Finalmente, registrou-se que, em qualquer caso de sobrestamento de ação penal determinado com fundamento no art. 1.035, § 5.º, do Código de Processo Civil, o juízo de piso poderá, a partir de aplicação analógica do disposto no art. 92, *caput*, do Código de Processo Penal, autorizar, no curso da suspensão, a produção de provas de natureza urgente.[46]

Em que pese a força desta decisão, e a inquestionável utilidade da sua aplicação prática, ousamos discordar do Supremo Tribunal Federal, por uma razão muito simples: a suspensão da prescrição é matéria prejudicial ao acusado, pois retarda (ou inviabiliza) a extinção da punibilidade.

---

[46] RE 966.177 RG/RS, rel. Min. Luiz Fux, Plenário, j. 07.06.2017, noticiado no *Informativo* 868. O STJ já decidiu que "Não há a suspensão dos prazos prescricionais em **execução penal**, por ausência de previsão legal, em razão da submissão de tema à repercussão geral na hipótese prevista no art. 1.035, § 5.º, do CPC, sem a declaração de sobrestamento dos processos, nem a suspensão expressa dos prazos citados" (HC 682.633/MG, rel. Min. Olindo Menezes – Desembargador convocado do Tribunal Regional Federal da 1.ª Região, 6.ª Turma, j. 05.10.2021, noticiado no *Informativo* 4 – Edição Especial).

Portanto, somente lei em sentido formal, cuidando expressamente desse tema, seria capaz de criar, de modo legítimo, nova causa suspensiva da prescrição da pretensão punitiva, em obediência ao princípio da taxatividade, compreendido como fundamento jurídico do princípio da reserva legal (CF, art. 5.º, inc. XXXIX, e CP, art. 1.º).

De fato, não se pode utilizar no Direito Penal, por analogia (*in malam partem*), um dispositivo do Código de Processo Civil para criar embaraço à prescrição. As regras estruturantes do sistema penal devem ser preservadas.

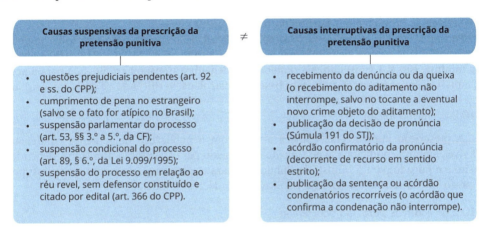

### 46.10.2. Prescrição superveniente, intercorrente ou subsequente

*46.10.2.1. Conceito*

É a **modalidade de prescrição da pretensão punitiva** (não há trânsito em julgado para ambas as partes) que se verifica entre a publicação da sentença condenatória recorrível[47] e seu trânsito em julgado para a defesa.[48] Daí seu nome: superveniente, ou seja, **posterior à sentença**.

Depende do trânsito em julgado para a acusação no tocante à pena imposta, seja pela não interposição de recurso, seja pelo seu improvimento.

Portanto, é possível falar em prescrição intercorrente ainda que sem trânsito em julgado para a acusação, quando tenha recorrido o Ministério Público ou o querelante sem pleitear o aumento da pena (exemplo: modificação do regime prisional).

Além disso, admite-se também a prescrição intercorrente quando o recurso da acusação visa ao aumento da pena, mas mesmo com o seu provimento e considerando-se a pena imposta pelo Tribunal, ainda assim tenha decorrido o prazo prescricional. Exemplo: a pena do furto simples foi fixada em 1 (um) ano. O Ministério Público recorre, requerendo seja a reprimenda elevada para 2 (dois) anos. Ainda que obtenha êxito, o prazo da prescrição permanecerá inalterado em 4 (quatro) anos.

*46.10.2.2. Cálculo*

É calculada com base na **pena aplicada**. Nos termos da **Súmula 146 do Supremo Tribunal Federal**: "A prescrição da ação penal regula-se pela pena concretizada na sentença, quando não há recurso da acusação".

---

[47] Engloba também o acórdão condenatório recorrível.
[48] STJ: AgRg no REsp 1.406.797/PR, rel. Min. Joel Ilan Paciornik, 5.ª Turma, j. 05.12.2017.

De fato, se a sentença condenatória aplicou uma pena ao réu, e contra ela não foi interposto recurso, ou, se o foi, negou-se provimento, o Tribunal não pode agravar a situação do condenado em recurso exclusivo da defesa, como determina o art. 617 do Código de Processo Penal, ao consagrar o princípio da *non reformatio in pejus*.

Com efeito, a pena imposta na sentença é a mais grave que o réu pode suportar. Pode ser mantida, diminuída ou mesmo suprimida no julgamento de seu eventual recurso. Logo, o Estado deve fazer com que seja cumprida no prazo a ela correspondente, e não mais levando em conta a pena máxima em abstrato.

Lembre-se do raciocínio formulado no item 46.10.1.2.

Portanto, em um crime de furto simples (CP, art. 155, *caput*), a prescrição da pretensão punitiva, calculada sobre a pena máxima, ocorre em 8 (oito) anos). Se, entretanto, foi aplicada a pena mínima, isto é, 1 (um) ano, e a sentença condenatória transitou em julgado para a acusação, a prescrição intercorrente será com base nela calculada, verificando-se em 4 (quatro) anos.

### 46.10.2.3. Termo inicial

A prescrição intercorrente começa a fluir com a publicação da sentença condenatória recorrível, embora condicionada ao trânsito em julgado para a acusação. Em suma, depende do trânsito em julgado para o Ministério Público ou para o querelante, mas, com esse pressuposto, seu prazo inicial retroage à data da publicação do decreto condenatório.

### 46.10.2.4. Motivos para sua ocorrência

A prescrição superveniente pode ocorrer por dois motivos: (1) demora em se intimar o réu da sentença, isto é, ultrapassa-se o prazo prescricional e o réu ainda não foi dela intimado (CPP, art. 392), ou (2) demora no julgamento do recurso de defesa, ou seja, o réu foi intimado, recorreu, superou-se o prazo da prescrição e o Tribunal ainda não apreciou o seu recurso.

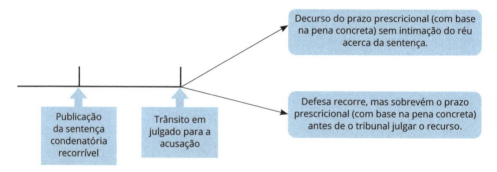

### 46.10.2.5. Momento adequado para o seu reconhecimento

A prescrição superveniente **não pode ser decretada na própria sentença condenatória**, em face da ausência do trânsito em julgado para a acusação, ou do improvimento do seu recurso.

Depois do trânsito em julgado para a acusação, seja com o decurso *in albis* do prazo recursal, seja com o improvimento do seu recurso pelo Tribunal, há duas posições acerca do momento adequado para o seu reconhecimento:

1) Pode ser reconhecida exclusivamente pelo Tribunal, pois o magistrado de 1.ª instância, ao proferir a sentença, esgota a sua atividade jurisdicional. Essa posição, extremamente conservadora, é custosa e demorada, pois obriga o réu a recorrer somente para que seja decretada a prescrição.

CAP. 46 – PRESCRIÇÃO | 783

2) Pode ser decretada em 1.º grau de jurisdição, por se tratar de matéria de ordem pública, a qual pode ser reconhecida de ofício a qualquer tempo (CPP, art. 61, *caput*). É o entendimento do Superior Tribunal de Justiça.[49]

### 46.10.2.6. Redução da pena imposta pela sentença e pendência de recurso da acusação

Na hipótese em que a pena imposta pela sentença de 1.ª instância for reduzida pelo Tribunal, a prescrição superveniente (entre a sentença e o acórdão) deve ser calculada com base na pena aplicada pela **sentença condenatória**, a teor da regra prevista no art. 110, § 1.º, do Código Penal. Esse raciocínio fica ainda mais reforçado com a eventual existência de recurso especial ou extraordinário ajuizado pela acusação contra o acórdão que diminui a reprimenda utilizada como parâmetro para o cômputo prescricional.[50]

## 46.10.3. Prescrição retroativa

### 46.10.3.1. Origem

Damásio E. de Jesus informa ter ocorrido em 12 de junho de 1946, nos autos do HC 29.370, rel. Min. Castro Nunes, a pioneira manifestação do Supremo Tribunal Federal sobre o que iria posteriormente se transformar na prescrição retroativa:

> Se o art. 109, depois de assentar o princípio de que a prescrição da ação é a que ocorre antes do trânsito em julgado da sentença final, admite uma exceção, a do parágrafo único do art. 110 [...], parece claro que a exceção se refere à prescrição do procedimento penal. A razão do dispositivo legal é óbvia: se pelo recurso do réu não seria possível uma *reformatio in pejus*, a fixação da pena se torna definitiva, como se fora a pena cominada na lei.[51]

### 46.10.3.2. Cálculo

A prescrição retroativa, **espécie da prescrição da pretensão punitiva** (não há trânsito em julgado da condenação para ambas as partes), é calculada pela **pena aplicada**, ou seja, pela pena imposta na sentença condenatória.[52] É o que se extrai do art. 110, § 1.º, do Código Penal,[53] e também da **Súmula 146 do Supremo Tribunal Federal**: "A prescrição da ação penal regula-se pela pena concretizada na sentença, quando não há recurso da acusação".

Depende, contudo, do **trânsito em julgado da sentença condenatória[54] para a acusação no tocante à pena imposta, seja pela não interposição do recurso cabível no prazo legal, seja pelo fato de ter sido improvido seu recurso.**

Se a sentença condenatória aplicou determinada pena ao réu, contra a qual não foi interposto recurso, ou, se o foi, negou-se provimento, a instância superior não pode agravar a situação do condenado em recurso exclusivo da defesa, como determina o art. 617 do Código de Processo Penal, ao consagrar o princípio da *non reformatio in pejus*.

Assim sendo, a pena concretizada na sentença é a mais grave a ser suportada pelo réu, pois pode ser mantida, diminuída ou mesmo suprimida no julgamento de seu eventual recurso.

---

[49] HC 162.084/MG, rel. Min. Og Fernandes, 6.ª Turma, j. 10.08.2010, noticiado no *Informativo* 442.

[50] STJ: HC 53.351/RJ, rel. Min. Maria Thereza de Assis Moura, 6.ª Turma, j. 24.04.2007, noticiado no *Informativo* 318.

[51] JESUS, Damásio E. de. *Prescrição penal*. 10. ed. São Paulo: Saraiva, 1995. p. 130.

[52] STF: HC 91.959/TO, rel. Min. Eros Grau, 2.ª Turma, j. 09.10.2007.

[53] A falha do legislador na elaboração da Lei 12.234/2010 criou uma situação teratológica, e lamentável, demonstrando profunda falta de técnica, ao instituir um § 1.º no art. 110 do Código Penal, sem existir o correspondente § 2.º (existia, mas foi revogado). Curiosamente, temos um § 1.º que, na verdade, se trata de parágrafo único.

[54] Por sentença condenatória compreenda-se também o "acórdão condenatório".

O Estado deve fazer com que a pena seja cumprida no prazo a ela correspondente, e não mais levando em conta a pena máxima em abstrato.

Recorde-se, uma vez mais, do raciocínio firmado no item 46.10.1.2.

Portanto, em um crime de furto simples (CP, art. 155, *caput*), a prescrição da pretensão punitiva, calculada sobre a pena máxima, ocorre em 8 (oito) anos). Se, entretanto, foi aplicada a pena mínima (1 ano), e a sentença condenatória transitou em julgado para a acusação, a prescrição retroativa será com base nela calculada, verificando-se em 4 (quatro) anos.

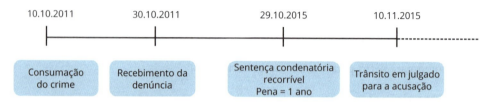

**Conclusão:** não houve prescrição da pretensão punitiva propriamente dita, pois não se passaram oito anos entre os períodos prescricionais. Mas, com base na pena concreta, ocorreu a prescrição retroativa entre a sentença condenatória recorrível e o recebimento da denúncia, em face do decurso de quatro anos.

**Lembre-se:** o prazo prescricional é de natureza penal. Inclui-se o dia do começo e exclui-se o dia do final. Por esse motivo, operou-se a prescrição em 29.10.2015, isto é, após quatro anos.

### 46.10.3.3. Termo inicial

A prescrição retroativa começa a correr a partir da publicação da sentença ou acórdão condenatório, desde que, é evidente, haja transitado em julgado para a acusação ou ao seu recurso tenha sido negado provimento.

Justifica-se seu nome, **"retroativa"**, pelo fato de ser contada da sentença ou acórdão condenatórios para trás. Desta forma, no campo dos crimes em geral, a prescrição retroativa pode ocorrer entre a publicação da sentença ou acórdão condenatórios e o recebimento da denúncia ou queixa.

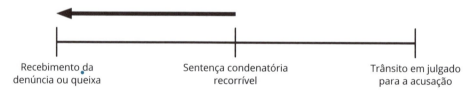

Já nos crimes de competência do Tribunal do Júri, a prescrição retroativa pode se verificar:

a) entre a publicação da sentença ou acórdão condenatório[55] e a decisão confirmatória da pronúncia;

---

[55] E aí, em regra, não se admite o acórdão condenatório, em homenagem à soberania dos veredictos constitucionalmente consagrada. Quando a sentença proferida no Tribunal do Júri é absolutória, o acórdão não pode condenar. Deve determinar a realização de novo julgamento, quando a decisão dos jurados for manifestamente contrária à prova dos autos. Há uma única exceção: o Conselho de Sentença condena o réu, mas o juiz presidente, ao lavrar a sentença, diverge das respostas dos jurados. O Tribunal faz, em sede recursal, a devida retificação, condenando o acusado (CPP, art. 593, III, *b*, e § 1.º). Tem-se um caso de acórdão condenatório recorrível, causa de interrupção da prescrição da pretensão punitiva, no procedimento dos crimes de competência do Tribunal do Júri.

b) entre a decisão confirmatória da pronúncia e a pronúncia;
c) entre a pronúncia e o recebimento da denúncia ou queixa.

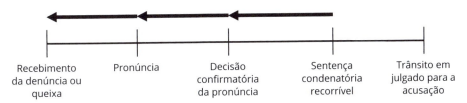

A Lei 12.234/2010, responsável pela atual redação do art. 110 do Código Penal, promoveu diversas modificações no âmbito da prescrição, notadamente na seara da prescrição retroativa.

Sua finalidade precípua, a teor do seu art. 1.º, consistia na **eliminação da prescrição retroativa**. Aliás, esta espécie de prescrição é criação genuinamente brasileira, introduzida em nosso Direito Penal na década de 1960 por diversos julgados que culminaram na edição da Súmula 146 do Supremo Tribunal Federal, e posteriormente sacramentada no revogado § 2.º do art. 110 do Código Penal, nos moldes da redação conferida pela Reforma da Parte Geral do Código Penal pela Lei 7.209/1984.[56]

Entretanto, seja por ausência de técnica legislativa, seja por manobra de bastidores,[57] não se operou a total eliminação da prescrição retroativa, como pretendia o art. 1.º da Lei 12.234/2010. De fato, o art. 110, § 1.º (e único!), do Código Penal passou a apresentar a seguinte redação:

> § 1.º A prescrição, depois da sentença condenatória com trânsito em julgado para a acusação ou depois de improvido seu recurso, regula-se pela pena aplicada, **não podendo, em nenhuma hipótese, ter por termo inicial data anterior à da denúncia ou queixa**.

Nota-se facilmente a sobrevivência da prescrição retroativa na fase processual, ou seja, após o oferecimento da denúncia ou queixa. Mas não se pode reconhecer a prescrição retroativa na fase investigatória, isto é, no período compreendido entre a data do fato e o oferecimento da inicial acusatória. Em síntese, a Lei 12.234/2010 promoveu a **extinção parcial** da prescrição retroativa.[58] Mas qual foi o fundamento desta opção legislativa?

A investigação criminal, desacompanhada de acusação formal e de cunho extraprocessual (não é processo, e sim procedimento), comporta dilação temporal mais ampla, orientada somente pelo máximo da pena privativa de liberdade em abstrato. Com efeito, não há falar em imprescritibilidade penal no período anterior ao recebimento da denúncia ou queixa, pois continua a incidir, normalmente, a prescrição da pretensão punitiva propriamente dita (prescrição da ação) como castigo à inércia estatal. Por essa razão, não há espaço para a prescrição retroativa na fase investigatória.

---

[56] Nesse ponto, cumpre recordar que o antigo § 2.º do art. 110 do Código Penal foi um sórdido expediente de "fantasmas" que existem, e sempre existiram, no Congresso Nacional, pois seu texto original, aprovado mas misteriosamente alterado, era o seguinte: "a prescrição, de que trata o parágrafo anterior, não pode ter como termo inicial data anterior à do recebimento da denúncia ou queixa".

[57] A comunidade jurídica aguardava a aprovação integral do Projeto de Lei 1.383/2009, de autoria do Deputado Federal Antonio Carlos Biscaia, o qual eliminava definitivamente a prescrição retroativa e, consequentemente, a prescrição virtual, tanto na fase investigatória como na fase judicial. Mas, de última hora e para surpresa geral, a redação foi modificada, extinguindo-se tão somente a prescrição retroativa (e indiretamente a virtual) na etapa investigativa.

[58] "É constitucional o art. 110, § 1.º, do CP ('§ 1.º A prescrição, depois da sentença condenatória com trânsito em julgado para a acusação ou depois de improvido seu recurso, regula-se pela pena aplicada, não podendo, em nenhuma hipótese, ter por termo inicial data anterior à da denúncia ou queixa'), na redação dada pela Lei 12.234/2010" (STF: HC 122.694/SP, rel. Min. Dias Toffoli, Plenário, j. 10.12.2014, noticiado no Informativo 771).

786 | DIREITO PENAL – PARTE GERAL – VOL. 1 • CLEBER MASSON

De seu turno, com o oferecimento da denúncia ou queixa, tem início a ação penal, impondo-se um ônus ao imputado em face da acusação formal contra ele endereçada. A lentidão em seu trâmite ofende um direito fundamental, consistente na razoável duração do processo (CF, art. 5.º, LXXVIII), e é sancionada com a prescrição retroativa.

A nova redação do § 1.º do art. 110 do Código Penal poderia ter sido mais precisa. Com efeito, ao invés de falar em "data anterior ao **recebimento** da denúncia ou queixa", como fez o art. 117, I, do Código Penal, falou em "data anterior à denúncia ou queixa", o que autoriza a conclusão no sentido de referir-se ao **oferecimento**, ou seja, ao ajuizamento da denúncia ou queixa.

Portanto, existem duas datas importantes relacionadas à prescrição: (a) a do **oferecimento** da denúncia ou queixa, destinada a impedir a prescrição retroativa em data anterior a esse fato (CP, art. 110, § 1.º, *in fine*); e (b) a do **recebimento** da denúncia ou queixa, voltada à interrupção do prazo prescricional (CP, art. 117, I).

### 46.10.3.4. Momento adequado para o seu reconhecimento

A prescrição retroativa **jamais pode ser reconhecida na própria sentença condenatória**, em face da ausência de um pressuposto fundamental: o trânsito em julgado para a acusação ou o improvimento do seu recurso.

Depois do trânsito em julgado para a acusação, seja com o decurso *in albis* do prazo recursal, seja com o improvimento do seu recurso pelo Tribunal, há duas posições acerca do momento adequado para a decretação da prescrição retroativa:

> **1.ª posição:** Pode ser reconhecida exclusivamente pelo Tribunal, pois o magistrado de 1.ª instância, ao proferir a sentença, exaure sua função jurisdicional. Essa posição, extremamente conservadora, é custosa e demorada, pois obriga o réu a recorrer somente para que seja decretada a prescrição.
>
> **2.ª posição:** Pode ser decretada em 1.º grau de jurisdição, pelo juízo sentenciante ou pelo juízo da execução, por se tratar de matéria de ordem pública, a qual pode ser reconhecida de ofício a qualquer tempo (CPP, art. 61, *caput*). É a posição consagrada no Superior Tribunal de Justiça.[59]

## 46.10.4. Prescrição da pretensão executória ou prescrição da condenação

### 46.10.4.1. Conceito

É a **perda**, em razão da omissão do Estado durante determinado prazo legalmente previsto, **do direito e do dever de executar uma sanção penal** definitivamente aplicada pelo Poder Judiciário.

### 46.10.4.2. Forma de contagem

A prescrição da pretensão executória da pena privativa de liberdade é calculada com base na **pena concreta**, fixada na sentença ou no acórdão, pois já existe trânsito em julgado da condenação para a acusação e para a defesa. É o que consta da **Súmula 604 do Supremo Tribunal Federal**: "A prescrição pela pena em concreto é somente da pretensão executória da pena privativa de liberdade".

Em consonância com o raciocínio esposado no item 46.10.1.2, o Estado não tem mais a expectativa de aplicação da pena máxima (em abstrato), pois o seu limite para execução é o da pena definitiva. Deve, portanto, exercer o direito de punir dentro do prazo correlato à pena concreta, pois depois não mais poderá fazê-lo.

---

[59] HC 162.084/MG, rel. Min. Og Fernandes, 6.ª Turma, j. 10.08.2010, noticiado no *Informativo* 442.

Na hipótese de **reincidência**, devidamente reconhecida na sentença ou no acórdão, **o prazo prescricional aumenta-se de um terço** (CP, art. 110, *caput*). Esse aumento é aplicável exclusivamente à prescrição da pretensão executória. A propósito, estabelece a **Súmula 220 do Superior Tribunal de Justiça**: "A reincidência não influi no prazo da prescrição da pretensão punitiva".

E, na forma do art. 113 do Código Penal: "No caso de **evadir-se o condenado** ou de **revogar-se o livramento condicional**, a prescrição é regulada pelo tempo que **resta** da pena".

Esse dispositivo consagra o princípio penal segundo o qual "pena cumprida é pena extinta".[60] Com efeito, se o condenado já cumpriu parte do débito correspondente à infração penal por ele cometida, o Estado não tem mais o poder de executá-la. Por conseguinte, esse período não pode ser computado no cálculo prescricional.

### 46.10.4.3. Termo inicial

Estatui o art. 112 do Código Penal:

> Art. 112. No caso do art. 110 deste Código, a prescrição começa a correr:
> 
> I – do dia em que transita em julgado a sentença condenatória, para a acusação, ou a que revoga a suspensão condicional da pena ou o livramento condicional;
> 
> II – do dia em que se interrompe a execução, salvo quando o tempo da interrupção deva computar-se na pena.

Esse dispositivo consagra três critérios, dois no inciso I, e outro no inciso II. Vejamos.

**1.º critério: Do dia em que transita em julgado a sentença condenatória para a acusação.**

Essa regra se afigura contraditória, mas é extremamente favorável ao réu.

De fato, a prescrição da pretensão executória depende do trânsito em julgado para ambas as partes, mas, a partir do momento em que isso ocorre, seu termo inicial retroage ao trânsito em julgado para a acusação. É o que se infere do art. 112, I, 1.ª parte, do Código Penal.

A opção do legislador foi infeliz. Para ilustrar nosso raciocínio, pensemos em um exemplo. Após o regular trâmite da ação penal, a sentença condenatória aplica a pena de um ano de reclusão. A acusação não apela, daí sobrevindo para ela o trânsito em julgado da condenação. A defesa, contudo, interpõe recurso de apelação, o qual demora três anos para ser julgado. Diante do seu caráter meramente protelatório, o Tribunal nega provimento ao recurso, e a sentença condenatória transita em julgado para a defesa. A partir desse momento, é viável o reconhecimento da prescrição da pretensão executória. Como seu início retroage à data do trânsito em julgado para a acusação, faltará somente um ano para a extinção da punibilidade, uma vez que já se passaram 3 anos desde tal data.

É fácil notar, portanto, que o legislador criou um sistema destinado a favorecer o acusado, inclusive com o estímulo à impunidade. De fato, não há coerência em condicionar a prescri-

---

[60] MIRABETE, Julio Fabbrini. *Execução penal*. 8. ed. São Paulo: Atlas, 1997. p. 262.

ção da pretensão executória ao trânsito em julgado para ambas as partes do processo penal e, com o seu advento, retroagir o termo inicial à data do trânsito em julgado para a acusação.

Nessa linha de raciocínio, que sustentamos há muitos anos, e partindo da premissa de que a expressão "para a acusação", contida no art. 112, I, do Código Penal, não foi recepcionada pela Constituição Federal, o Supremo Tribunal Federal fixou a seguinte tese no **Tema 788 da Repercussão Geral**: "O prazo para a prescrição da execução da pena concretamente aplicada somente começa a correr do dia em que a sentença condenatória transita em julgado para ambas as partes, momento em que nasce para o Estado a pretensão executória da pena, conforme interpretação dada pelo Supremo Tribunal Federal ao princípio da presunção de inocência (art. 5.º, inciso LVII, da Constituição Federal) nas ADC 43, 44 e 54".

De acordo com a fundamentação adotada pela Suprema Corte no julgamento em que tal tese foi definida:

> É incompatível com a atual ordem constitucional — à luz do postulado da presunção de inocência (CF/1988, art. 5.º, LVII) e o atual entendimento do STF sobre ele — a aplicação meramente literal do disposto no art. 112, I, do Código Penal. Por isso, é necessário interpretá-lo sistemicamente, com a fixação do trânsito em julgado para ambas as partes (acusação e defesa) como marco inicial da prescrição da pretensão executória estatal pela pena concretamente aplicada em sentença condenatória. Conforme jurisprudência firmada nesta Corte, o Estado não pode determinar a execução da pena contra condenado com base em título executivo não definitivo, dada a prevalência do princípio da não culpabilidade ou da presunção de inocência. Assim, a constituição definitiva do título judicial condenatório é condição de exercício da pretensão executória do Estado. Nesse contexto, a prescrição da pretensão executória pressupõe a inércia do titular do direito de punir. Portanto, a única interpretação do inciso I do art. 112 do Código Penal compatível com esse entendimento é a que elimina do dispositivo a locução "para a acusação" e define como termo inicial o trânsito em julgado para ambas as partes, visto que é nesse momento que surge o título penal passível de ser executado pelo Estado. Ademais, a aplicação da literalidade do dispositivo impugnado, além de contrária à ordem jurídico-normativa, apenas fomenta a interposição de recursos com fins meramente procrastinatórios, frustrando a efetividade da jurisdição penal. Com base nesse e outros entendimentos, o Plenário, por maioria, ao apreciar o Tema 788 de repercussão geral, negou provimento ao agravo em recurso extraordinário interposto pelo MPDFT e declarou a não recepção pela Constituição Federal da locução "para a acusação", contida art. 112, inciso I (primeira parte), do Código Penal, conferindo-lhe interpretação conforme a Constituição no sentido de que a prescrição começa a correr do dia em que transita em julgado a sentença condenatória para ambas as partes. Esse entendimento se aplica aos casos em que (i) a pena não foi declarada extinta pela prescrição; e (ii) cujo trânsito em julgado para a acusação tenha ocorrido após 12.11.2020.[61]

O Supremo Tribunal Federal solucionou a questão enveredando pela não recepção de parte do art. 112, I, do Código Penal frente ao texto constitucional. A saída é válida e correta, mas o mais prudente, em nosso entendimento, seria a alteração legislativa desse dispositivo legal, para afastar qualquer discussão acerca da caracterização da analogia *in malam partem*.

### 2.º critério: Do dia da revogação da suspensão condicional da pena ou do livramento condicional.

Com a revogação do *sursis* ou do livramento condicional, o juiz determina a prisão do condenado. A partir de então, o Estado tem um prazo, legalmente previsto, para executar a pena imposta (CP, art. 112, I, *in fine*).

---

[61] ARE 848.107/DF, rel. Min. Dias Toffoli, Plenário, j. 30.06.2023, noticiado no *Informativo* 1.101.

CAP. 46 – PRESCRIÇÃO | **789**

Recorde-se que, com a revogação do *sursis*, o condenado deverá cumprir integralmente a pena que lhe foi aplicada, e com base nela será calculada a prescrição da pretensão executória.

Já em relação ao livramento condicional, a revogação pode considerar ou não o tempo em que esteve solto o condenado (CP, art. 88). É com amparo na pena, total ou em seu restante, que deverá ser aferida a prescrição da pretensão executória.

**3.º critério: Do dia em que se interrompe a execução, salvo quando o tempo da interrupção deva computar-se na pena.**

Esse critério, previsto no art. 112, II, do Código Penal, abrange as seguintes situações:

a) Fuga do condenado, no regime fechado ou semiaberto, abandono do regime aberto, ou descumprimento das penas restritivas de direitos: a prescrição começa a correr a partir da data da evasão, do abandono ou do descumprimento, calculando-se em conformidade con ᴐ restante da pena. Lembre-se: pena cumprida é pena extinta.

b) Superveniência de doença mental: disciplinada pelo art. 41 do Código Penal. Interrompe-se a execução, mas esse período de interrupção é computado como cumprimento da pena, pois o condenado foi acometido de doença mental, necessitando de transferência para hospital de custódia e tratamento psiquiátrico, ou, à falta, a outro estabelecimento adequado.

## 46.10.4.4. Causas interruptivas

As causas de interrupção da prescrição da pretensão executória estão previstas no art. 117, V e VI, do Código Penal:

**Art. 117.** O curso da prescrição interrompe-se:

[...]

V – pelo início ou continuação do cumprimento da pena;

VI – pela reincidência.

Existem, pois, três causas interruptivas da prescrição da pretensão executória. Passemos à análise.

*1.ª causa: Início do cumprimento da pena*

Com a condenação, ordena-se o início do cumprimento da pena, e, quando isso efetivamente ocorre, interrompe-se a prescrição da pretensão executória.

*2.ª causa: Continuação do cumprimento da pena*

O cumprimento da pena foi interrompido, normalmente pela fuga, ou ainda por outro motivo que possa se apresentar. Quando o condenado é recapturado, interrompe-se novamente o prazo prescricional.

*3.ª causa: Reincidência*

Nesse ponto, é importante adotar redobrada cautela: a reincidência antecedente, ou seja, aquela que já existia por ocasião da condenação, aumenta em 1/3 o prazo da prescrição da pretensão executória, enquanto a reincidência **subsequente**, posterior à condenação transitada em julgado, interrompe o prazo prescricional já iniciado.

Opera-se a interrupção com a **prática do crime**, embora condicionada ao trânsito em julgado da condenação. Consoante o ensinamento de Antonio Rodrigues Porto:

O réu será considerado reincidente quando passar em julgado a condenação pelo segundo crime; mas o momento da interrupção da prescrição, relativamente à condenação anterior, é o dia da prática do novo crime, e não a data da respectiva sentença. A eficácia desta retroage, para esse efeito, à data em que se verificou o segundo delito.[62]

Destarte, se for absolvido pelo crime posterior, não será interrompida a prescrição da pretensão executória.

Existe, contudo, posição em sentido contrário: como decorrência do princípio da presunção de não culpabilidade (CF, art. 5.º, LVII), a interrupção deve ocorrer somente a partir do trânsito em julgado da condenação pelo segundo crime.

### 46.10.4.5. Incomunicabilidade das causas interruptivas da prescrição da pretensão executória

O art. 117, § 1.º, 1.ª parte, do Código Penal impõe expressamente a incomunicabilidade das causas interruptivas da prescrição da pretensão executória: **"Excetuados os casos dos incisos V e VI deste artigo**, a interrupção da prescrição produz efeitos relativamente a todos os autores do crime".

Fundamenta-se essa opção na natureza personalíssima dessas causas interruptivas, intransmissíveis aos coautores e partícipes da infração penal. De fato, alguém iniciou o cumprimento da pena, ou continuou a cumpri-la, ou é reincidente, e tais situações não são comunicáveis a qualquer outra pessoa.

### 46.10.4.6. Causa impeditiva da prescrição da pretensão executória

Dispõe o art. 116, parágrafo único, do Código Penal: "Depois de passada em julgado a sentença condenatória, a prescrição não corre durante o tempo em que o condenado está preso por outro motivo".

Se o Estado ainda não pode exigir do condenado o cumprimento da pena, porque ele está preso por outro motivo, não seria correto nem justo impossibilitá-lo de exercer, no futuro, seu direito de punir. Sua omissão não é voluntária, mas compulsória.[63]

Essa causa impeditiva tem incidência inclusive nas situações em que o condenado cumpre a pena privativa de liberdade em regime aberto ou prisão domiciliar, mesmo se o juízo da execução ainda não tiver determinado a soma ou a unificação das penas. Na ótica do Superior Tribunal de Justiça:

> O cumprimento de pena imposta em outro processo, ainda que em regime aberto ou em prisão domiciliar, impede o curso da prescrição executória. De acordo com o parágrafo único do artigo 116 do Código Penal, "depois de passada em julgado a sentença condenatória, a prescrição não corre durante o tempo em que o condenado está preso por outro motivo". Ao interpretar o referido dispositivo legal, esta Corte Superior de Justiça pacificou o entendimento de que o cumprimento de pena imposta em outro processo, ainda que em regime aberto ou em prisão domiciliar, impede o curso da prescrição executória. Assim, não há que se falar em fluência do prazo prescricional, o que impede o reconhecimento da extinção de sua punibilidade. Quanto ao ponto, é imperioso destacar que o fato de o prazo prescricional não correr durante o tempo em que o condenado está preso por outro motivo não depende da unificação das penas.[64]

---

[62] PORTO, Antonio Rodrigues. *Da prescrição penal*. 5. ed. São Paulo: RT, 1998. p. 89.
[63] STF: RHC 105.504/MS, rel. Min. Dias Toffoli, 1.ª Turma, j. 13.12.2011, noticiado no *Informativo* 652.
[64] AgRg no RHC 123.523/SP, rel. Min. Jorge Mussi, 5.ª Turma, j. 13.04.2020, noticiado no *Informativo* 670.

Finalmente, embora o Código Penal não considere, de forma explícita, a suspensão condicional da pena (*sursis*) e o livramento condicional como causas impeditivas da prescrição da pretensão executória, esse efeito deflui da lógica do sistema vigente.[65]

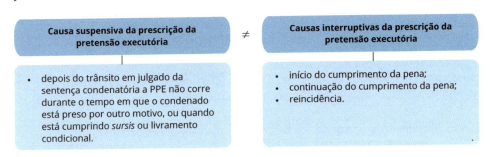

### 46.10.4.7. Prescrição da pretensão executória e indulto

Quando o indulto não funciona como causa extintiva da punibilidade, limitando-se somente a diminuir a pena (comutação da pena), irradia efeitos sobre o cálculo da prescrição da pretensão executória, que agora deve respeitar a nova sanção penal.[66]

### 46.10.5. Prescrição virtual, projetada, antecipada, prognostical ou retroativa em perspectiva

Trata-se de **construção doutrinária e jurisprudencial**. Decreta-se a extinção da punibilidade com fundamento na perspectiva de que, mesmo na hipótese de eventual condenação, inevitavelmente ocorrerá a prescrição retroativa.

Vejamos um exemplo: "A" pratica um crime de furto simples (CP, art. 155, *caput*), no dia 10 de outubro de 2008. A vítima comparece à Delegacia de Polícia, levando a *notitia criminis*, que resulta na instauração de inquérito policial para apuração do fato. O procedimento investigatório é relatado e encaminhado ao Fórum. O Ministério Público oferece denúncia, que vem a ser recebida em 10 de dezembro de 2008. O trâmite processual, entretanto, é extremamente lento, e a audiência de instrução e julgamento é designada para a data de 20 de novembro de 2015. Nos debates em audiência, o membro do *Parquet*, analisando a folha de antecedentes do réu, verifica tratar-se de pessoa primária e sem antecedentes criminais, sendo-lhe favoráveis as circunstâncias judiciais (ou inominadas) elencadas no art. 59, *caput*, do Código Penal.

Na hipótese narrada, não se operou a prescrição da pretensão punitiva propriamente dita (prescrição da ação), pois a pena máxima em abstrato do crime de furto simples é de 4 (quatro) anos, e entre a data do recebimento da denúncia e a provável publicação da sentença condenatória recorrível ainda não se passaram 8 (oito) anos. Desse modo, o magistrado não teria razões legais para declarar a extinção da punibilidade em face da prescrição (CP, art. 107, IV, 1.ª figura).

Todavia, o Promotor de Justiça faz o seguinte raciocínio: é razoável prosseguir na ação penal, ciente de que somente se evitará a prescrição retroativa com a aplicação da pena privativa de liberdade em seu patamar máximo, quando a situação real (diminuta gravidade do crime e circunstâncias judiciais favoráveis do agente) indica caminho contrário?

---

[65] STF: HC 91.562/PR, rel. Min. Joaquim Barbosa, 2.ª Turma, j. 09.10.2007. E também: "Durante a suspensão condicional da pena, não corre prazo prescricional (CP, art. 77 c/c o art. 112)" (STF: Ext 1254/Romênia, 2.ª Turma, rel. Min. Teori Zavascki, 2.ª Turma, j. 29.04.2014, noticiado no *Informativo* 744).
[66] STF: Ext. 689-4, rel. Min. Marco Aurélio, Tribunal Pleno, j. 19.12.1997.

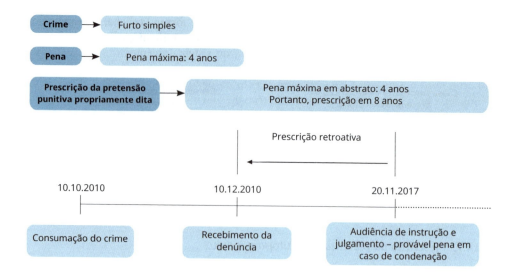

De fato, somente a pena máxima seria apta a impedir a ocorrência da prescrição retroativa (entre o recebimento da denúncia e a publicação da sentença condenatória recorrível), e o caso concreto apresenta motivos suficientes para fazer acreditar que a reprimenda, se condenado o réu, dificilmente ultrapassaria o limite mínimo legalmente previsto.

Relevante parcela da doutrina é favorável à adoção prática dessa espécie de prescrição, por dois motivos: **ausência de interesse de agir** e **economia processual**.

Não existiria utilidade na ação penal, pois irremediavelmente ocorreria a prescrição retroativa, tornando inócuo o seu emprego. Ademais, seria despropositado gastar tempo dos operadores da Justiça, e, principalmente, dinheiro público, com um processo penal fadado a ter reconhecida a extinção da punibilidade.

Advirta-se, contudo, que mesmo para os que aceitam essa construção científica é necessário agir com bom-senso. O réu não tem, antecipadamente, o direito de receber a pena mínima. Portanto, é equivocado desejar a incidência da prescrição antecipada quando, com a pena rasa, estaria extinta a punibilidade. Em verdade, só há falar nessa espécie de prescrição quando, exclusivamente, a pena máxima, ou algo dela muito próximo, seria capaz de evitar a extinção da punibilidade.

O Supremo Tribunal Federal, entretanto, não admite essa espécie fictícia de prescrição: "Não se admite a denominada prescrição em perspectiva, haja vista a inexistência de previsão legal do instituto".[67] Sustenta ainda ser precoce reconhecer a prescrição da pretensão punitiva com suporte na presunção de futura e incerta pena, uma vez que no curso da instrução criminal poderiam ser provadas circunstâncias judiciais desfavoráveis ao paciente, sem prejuízo da descoberta de novos fatos que poderiam inclusive alterar a tipicidade do fato.[68]

Na mesma direção, o **Superior Tribunal de Justiça** editou a **Súmula 438**: "É inadmissível a extinção da punibilidade pela prescrição da pretensão punitiva com fundamento em pena hipotética, independentemente da existência ou sorte do processo penal".

---

[67] Inq 3.574 AgR/MT, rel. Min. Marco Aurélio, 1.ª Turma, j. 02.6.2015, noticiado no *Informativo* 788.
[68] Inq. 2.584 ED-ED/SP, rel. Min. Ayres Britto, Plenário, j. 01.03.2012, noticiado no *Informativo* 656. Em nossa opinião, o principal óbice à aceitação da prescrição virtual repousa justamente na possibilidade de aditamento da denúncia (*mutatio libelli*), ao final da instrução probatória, para reconhecimento de crime mais grave (exemplo: de furto para roubo), nos moldes do art. 384, *caput*, do Código de Processo Penal.

CAP. 46 – PRESCRIÇÃO | 793

Vale destacar que a modificação do § 1.º do art. 110 do Código Penal pela Lei 12.234/2010, efetuada com a finalidade de impedir a prescrição retroativa em período anterior à denúncia ou queixa, tornou extremamente difícil a ocorrência prática da prescrição virtual. Como se sabe, a prescrição antecipada normalmente se verificava na fase investigatória, ou seja, entre o fato criminoso e a provável data do recebimento da denúncia ou queixa.

Subsiste, entretanto, a possibilidade de reconhecimento da prescrição retroativa na fase judicial, isto é, entre a publicação da sentença condenatória recorrível e o recebimento da denúncia ou queixa. Para os adeptos da prescrição virtual, esta brecha abre ensejo para sua constatação durante o desenrolar da ação penal.

Nos crimes de competência do Tribunal do Júri, para os defensores deste instituto, também seria possível a prescrição antecipada em três momentos distintos: (a) entre a publicação da sentença condenatória recorrível e a decisão confirmatória da pronúncia; (b) entre a decisão confirmatória da pronúncia e a pronúncia; e (c) entre a pronúncia e o recebimento da denúncia ou queixa.

## 46.11. PRESCRIÇÃO DAS PENAS RESTRITIVAS DE DIREITOS

Dispõe o parágrafo único do art. 109 do Código Penal: "Aplicam-se às penas restritivas de direito os mesmos prazos previstos para as privativas de liberdade".

As penas restritivas de direitos, por serem **substitutivas** das privativas de liberdade (não têm previsão independente nos preceitos secundários dos tipos penais), seguem os mesmos prazos das penas substituídas.

No tocante à **prescrição da pretensão executória** de pena restritiva de direitos descumprida pelo condenado, o prazo é calculado de acordo com o tempo faltante da pena alternativa aplicada em substituição à pena privativa de liberdade. Em sintonia com a jurisprudência do Superior Tribunal de Justiça:

> No caso de abandono pelo sentenciado do cumprimento da pena restritiva de direitos – prestação de serviços à comunidade –, a prescrição da pretensão executória será regulada pelo tempo restante do cumprimento da medida substitutiva imposta. Com base nesse entendimento, a Turma concedeu a ordem para declarar extinta a punibilidade do paciente pela ocorrência da prescrição executória da pena. Ao conferir interpretação extensiva ao art. 113 do CP, decidiu-se que o abandono no cumprimento da pena restritiva de direitos pode ser equiparado às hipóteses de "evasão" e da "revogação do livramento condicional" previstas no referido artigo, uma vez que as situações se assemelham na medida em que há, em todos os casos, sentença condenatória e o cumprimento de parte da pena pelo sentenciado.[69]

## 46.12. PRESCRIÇÃO E DETRAÇÃO PENAL

Discute-se se a detração penal (CP, art. 42) – consistente no desconto, na pena privativa de liberdade, do tempo de prisão provisória já cumprida pelo condenado – influencia ou não no cálculo da prescrição.

Para quem admite essa possibilidade, fundada na aplicação analógica do art. 113 do Código Penal, a prescrição deveria ser computada com base no restante da pena, ou seja, somente com o tempo ainda não cumprido pelo sentenciado. Exemplo: "A" foi condenado a seis anos. Provisoriamente (antes do trânsito em julgado), contudo, ficou preso por três anos. A prescrição, seguindo esse raciocínio, deveria ser calculada sobre a pena faltante, isto é, três anos, e não sobre a pena total.

---

[69] HC 232.764/RS, rel. Min. Maria Thereza de Assis Moura, 6.ª Turma, j. 25.06.2012, noticiado no *Informativo* 500.

794 | DIREITO PENAL – PARTE GERAL – VOL. 1 • CLEBER MASSON

O Supremo Tribunal Federal, inspirado no princípio da estrita legalidade, de observância cogente em matéria penal, tem posição diversa:

O art. 113 do Código Penal tem aplicação vinculada às hipóteses de evasão do condenado ou de revogação do livramento condicional, não se referindo ao tempo de prisão cautelar para efeito do cálculo da prescrição (CP: "Art. 113 – No caso de evadir-se o condenado ou de revogar-se o livramento condicional, a prescrição é regulada pelo tempo que resta da pena").[70]

Em síntese, o cálculo da prescrição deve observar a pena aplicada, a pena concretizada no título executivo judicial, sem diminuir-se o período em que o réu esteve, provisoriamente, sob a custódia do Estado (detração penal).

## 46.13. PRESCRIÇÃO DAS MEDIDAS DE SEGURANÇA

As medidas de segurança, qualquer que seja sua espécie, podem ser aplicadas aos inimputáveis (CP, art. 26, *caput*) ou aos semi-imputáveis (CP, art. 26, parágrafo único), quando comprovada a periculosidade e o condenado necessitar de especial tratamento curativo. Submetem-se, em qualquer hipótese, ao instituto da prescrição.[71]

No tocante aos **semi-imputáveis,** a prescrição segue a sistemática inerente às penas privativas de liberdade, uma vez que leva em conta a pena diminuída aplicada com a condenação e depois substituída por medida de segurança (CP, art. 98). Existe uma sentença condenatória concreta apta a servir de parâmetro para o cálculo do prazo prescricional.

A questão é diversa, porém, em relação aos **inimputáveis.** Destacam-se duas posições acerca do tema:

*1.ª posição:* É possível somente a prescrição da pretensão punitiva, com base na pena máxima em abstrato, e jamais a prescrição da pretensão executória, porque esta última exige a imposição de pena concreta, o que não se dá na medida de segurança aplicada ao inimputável. Depois de atribuída a medida de segurança, se o inimputável não for encontrado imediatamente (pela fuga ou qualquer outra causa), mas só depois de superado seu prazo mínimo, o correto é analisar se subsiste ou não a periculosidade do agente que legitimou a sanção penal. Em caso positivo, deve ser executada. Em caso negativo, declara-se sua extinção.

*2.ª posição:* Podem ocorrer ambas as espécies de prescrição: da pretensão punitiva e da pretensão executória, calculando-se as duas em conformidade com a pena máxima em abstrato.[72] É o entendimento consolidado no Supremo Tribunal Federal[73] e também no Superior Tribunal de Justiça:

"A prescrição da medida de segurança imposta em sentença absolutória imprópria é regulada pela pena máxima abstratamente prevista para o delito. O CP não cuida expressamente da prescrição de medida de segurança, mas essa é considerada uma espécie do gênero sanção penal. Assim considerada, sujeita-se às regras previstas no CP relativas aos prazos prescricionais e às diversas causas interruptivas da prescrição. O STF já se manifestou nesse sentido ao entender que incide

---

[70] RHC 85.026/SP, rel. Min. Eros Grau, 1.ª Turma, j. 26.04.2005; e HC 100.001/RJ, rel. Min. Marco Aurélio, 1.ª Turma, j. 11.05.2010, noticiado no *Informativo* 586. O STJ compartilha deste entendimento: "Não é possível a aplicação extensiva ou analógica do art. 113 do Código Penal, uma vez que o referido artigo especifica as situações de cabimento (evasão de condenado ou revogação de livramento condicional). Assim, o período de prisão provisória do réu é considerado somente para o desconto da pena a ser cumprida e não para contagem do prazo prescricional, o qual será analisado a partir da pena definitiva aplicada, não sendo cabível a detração para fins prescricionais" (HC 216.876/SP, rel. Min. Maria Thereza de Assis Moura, 6.ª Turma, j. 17.12.2013).

[71] STF: HC 97.621/RS, rel. Min. Cezar Peluso, 2.ª Turma, j. 02.06.2009, noticiado no *Informativo* 549.

[72] Nessa linha de raciocínio: FERRARI, Eduardo Reale. *Medidas de segurança e direito penal no estado democrático de direito.* São Paulo: RT, 2001. p. 200-207.

[73] STF: RHC 86.888/SP, rel. Min. Eros Grau, 1.ª Turma, j. 08.11.2005.

CAP. 46 - PRESCRIÇÃO | 795

o instituto da prescrição na medida de segurança, estipulando que "é espécie do gênero sanção penal e se sujeita, por isso mesmo, à regra contida no artigo 109 do Código Penal" (RHC 86.888-SP, 1.ª Turma, *DJ* de 2.12.2005). Esta Corte Superior, por sua vez, já enfrentou a questão, também considerando a medida de segurança como espécie de sanção penal e, portanto, igualmente sujeita à prescrição e suas regras, assentando, ainda, que o lapso temporal necessário à verificação da referida causa de extinção da punibilidade deve ser encontrado tendo como referência a pena máxima abstratamente prevista para o delito."[74]

## 46.14. PRESCRIÇÃO E ABSORÇÃO DE PENAS

O art. 118 do Código Penal estabelece, expressamente, que "as penas mais leves prescrevem com as mais graves".

A comparação de gravidade é a seguinte: a pena privativa de liberdade é a mais grave, enquanto mais leves são as restritivas de direitos e a multa. Como sustentam Zaffaroni e Pierangeli:

> Razões doutrinárias, e muito especialmente de política criminal, determinaram a solução legal. Aliás, seria incompreensível que o Estado, em razão do tempo, se conformasse com a não execução de uma pena de maior intensidade e determinasse a continuação da prescrição de penas mais leves.[75]

O dispositivo é absolutamente dispensável para as penas restritivas de direitos, as quais, por serem substitutivas, necessariamente prescrevem no mesmo prazo das penas privativas de liberdade substituídas. Aliás, isso já consta do art. 109, parágrafo único, do Código Penal.

Cumpre frisar, no entanto, que na hipótese de serem aplicadas, simultaneamente, uma pena privativa de liberdade e outra restritiva de direitos, como admitem diversos crimes tipificados pelo Código de Trânsito Brasileiro (Lei 9.503/1997, arts. 302 a 304 e 306 a 308), com a prescrição daquela a esta não se reservará melhor sorte.

No campo da pena de multa, o art. 114, II, do Código Penal previu regra específica, mas com o mesmo propósito da ora em análise.

Deve ser destacado, porém, que esse critério não tem incidência na seara do **concurso de crimes**, em que a pena de cada delito prescreve isoladamente (CP, art. 119).

## 46.15. PRESCRIÇÃO NO CONCURSO DE CRIMES

Conforme emana do art. 119 do Código Penal: "No caso de concurso de crimes, a extinção da punibilidade incidirá sobre a pena de cada um, isoladamente". Esse dispositivo é aplicável ao concurso material, ao concurso formal e ao crime continuado.[76]

Em relação ao **concurso material**, caracterizado quando o agente, mediante duas ou mais condutas, pratica dois ou mais crimes, idênticos ou não, o art. 69, *caput*, do Código Penal acolheu o **sistema do cúmulo material**, é dizer, somam-se as penas de todos os crimes.

---

[74] EREsp 39.920/RJ, rel. Min. Jorge Mussi, 5.ª Turma, j. 06.02.2014, noticiado no *Informativo* 535. E ainda: RHC 33.638/RJ, rel. Min. Maria Thereza de Assis Moura, 6.ª Turma, j. 05.08.2014; e RHC 30.915/SP, rel. Min. Rogério Schietti Cruz, 6.ª Turma, j. 18.06.2014.

[75] ZAFFARONI, Eugenio Raúl; PIERANGELLI, José Henrique. *Manual de direito penal brasileiro*. Parte geral. 7. ed. São Paulo: RT, 2007. v. 1, p. 652.

[76] "O artigo 109 do Código Penal disciplina que o prazo prescricional, antes do trânsito em julgado da decisão condenatória, regula-se pelo máximo da pena cominada ao crime. No cálculo, cada crime é considerado isoladamente, não se considerando o acréscimo decorrente do concurso formal, material ou da continuidade delitiva, a teor do disposto no artigo 119 do Código Penal" (STJ: AgRg no REsp 1.341.671/MG, rel. Min. Rogério Schietti Cruz, 6.ª Turma, j. 03.06.2014).

**796** | DIREITO PENAL – PARTE GERAL – VOL. 1 • CLEBER MASSON

No que concerne à prescrição, a extinção da punibilidade deve ser analisada sobre a pena de cada um dos delitos, isoladamente, e não sobre a pena final, resultante da soma das reprimendas cabíveis a cada um dos crimes.

Exemplo: "A" pratica três crimes. É condenado a 12 anos de reclusão: 2 (dois) anos pelo primeiro delito, 4 (quatro) anos pelo segundo, e 6 (seis) anos pelo terceiro. Para análise da prescrição, desconsidera-se a pena final. O que vale é a pena de cada um dos crimes: o primeiro prescreverá em 4 (quatro) anos, o segundo em 8 (oito) anos, e o terceiro em 12 (doze) anos. Conclui-se, assim, hipoteticamente falando, que após 10 (dez) anos, com a omissão do Estado em executar a pena, restará somente a pena de 6 (anos), atinente ao terceiro crime, pois as demais já terão sido atingidas pela prescrição.

Esse raciocínio igualmente se aplica ao **concurso formal impróprio**, ou **imperfeito** (CP, art. 70, *caput*, *in fine*), pois nele as penas dos diversos crimes também devem ser somadas.

Já no que diz respeito ao **concurso formal próprio**, ou **perfeito**, e também ao **crime continuado**, adotou-se o **sistema da exasperação** (CP, arts. 70, *caput*, 1.ª parte, e 71, *caput* e parágrafo único), pois o magistrado, para dosar a pena, aplica a inerente a qualquer dos crimes, se idênticas, ou a mais grave, se diversas, aumentada de determinado percentual.

Para o cálculo da prescrição, o juiz há de considerar somente a pena inicial, isto é, a pena derivada de um dos crimes, sem o aumento decorrente do concurso formal próprio ou da continuidade delitiva. Exemplo: "B" pratica dois crimes de furto qualificado pela destruição de obstáculo à subtração da coisa (CP, art. 155, § 4.º, I), devendo o segundo, pelas condições de tempo, local, modo de execução e outras semelhantes, ser considerado como continuação do primeiro. É condenado à pena de 2 (dois) anos de reclusão, com um acréscimo de 4 (quatro) meses em face da exasperação de 1/6 por se tratar de crime continuado. A sua pena final é de 2 (dois) anos e 4 (quatro) meses. A extinção da punibilidade ocorrerá em 4 (quatro) anos, pois incide sobre a pena de 2 (dois) anos, desprezando-se o aumento decorrente da continuação.

Nessa linha de entendimento é o teor da **Súmula 497 do Supremo Tribunal Federal**: "Quando se tratar de crime continuado, a prescrição regula-se pela pena imposta na sentença, não se computando o acréscimo decorrente da continuação".[77]

A orientação da súmula também incide em relação ao concurso formal próprio ou perfeito, pela identidade de fundamento. De fato, nas duas modalidades de concurso de crimes o legislador recepcionou, para fins de aplicação da pena, o sistema da exasperação.

## 46.16. PRESCRIÇÃO DA PENA DE MULTA

A matéria é tratada pelo art. 114 do Código Penal:

**Art. 114.** A prescrição da pena de multa ocorrerá:

I – em dois anos, quando a multa for a única cominada ou aplicada;[78]

II – no mesmo prazo estabelecido para prescrição da pena privativa de liberdade, quando a multa for alternativa ou cumulativamente cominada ou cumulativamente aplicada.

Convém fazer a distinção entre a prescrição da pretensão punitiva e a prescrição da pretensão executória da pena pecuniária.

---

[77] No STJ: AgRg no AREsp 221.016/SP, Rel. Min. Marco Aurélio Bellizze, 5.ª Turma, j. 25.02.2014.
[78] Esse prazo não foi alterado pela Lei 12.234/2010, a qual estipulou o prazo prescricional mínimo de 3 anos unicamente no tocante às penas privativas de liberdade disciplinadas no Código Penal.

### a) Prescrição da pretensão punitiva da pena de multa

O art. 114 do Código Penal é pacificamente aplicado quando a sanção pecuniária ainda não transitou em julgado para ambas as partes.

Além disso, incidem as causas impeditivas e interruptivas versadas pelos arts. 116, I e II, e 117, I a IV, do Código Penal.

### b) Prescrição da pretensão executória

Em relação à prescrição da pretensão executória, as causas suspensivas e interruptivas são as previstas nas normas da legislação relativa à dívida ativa da Fazenda Pública, isto é, na Lei 6.830/1980 (CP, art. 51).

A causa interruptiva mais importante é o despacho judicial que ordena a citação (Lei 6.830/1980, art. 8.º, § 2.º).

No tocante ao prazo prescricional, há duas correntes:

1) É de 5 (cinco) anos, pois a pena de multa, para fins da sua execução, deve ser considerada dívida de valor; e
2) É o mesmo prazo da pena privativa de liberdade, se aplicada conjuntamente com esta, em obediência ao art. 118 do Código Penal, pelo qual as penas mais leves prescrevem com as mais graves. E se foi a única imposta ao condenado, a pena de multa prescreve em 2 (dois) anos.

Vale ressaltar, qualquer que seja a corrente adotada, que a reincidência, embora devidamente reconhecida na sentença, não aumenta em 1/3 (um terço) o prazo da prescrição da pretensão executória da pena de multa. Como determina a **Súmula 604 do Supremo Tribunal Federal**: "A prescrição pela pena em concreto é somente da pretensão executória da pena privativa de liberdade".

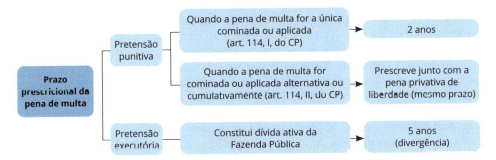

## 46.17. PRESCRIÇÃO NA LEGISLAÇÃO PENAL ESPECIAL

Aplicam-se as regras do Código Penal a todas as leis que não possuam tratamento específico acerca da prescrição. Extrai-se essa conclusão do art. 12 do Código Penal (princípio da convivência das esferas autônomas).

É o que ocorre, por exemplo, nos crimes de abuso de autoridade (Lei 13.869/2019), nos crimes contra a economia popular (Lei 1.521/1951), nos crimes eleitorais (Lei 4.737/1965), nas contravenções penais (Decreto-lei 3.688/1941), nos crimes contra o sistema financeiro nacional (Lei 7.492/1986), nos crimes ambientais (Lei 9.605/1998) e nos crimes de lavagem de bens, direitos e valores (Lei 9.613/1998), entre vários outros.

798 | DIREITO PENAL - PARTE GERAL - VOL. 1 • CLEBER MASSON

## 46.17.1. Lei de Drogas - Lei 11.343/2006

Para a conduta prevista no art. 28 da Lei 11.343/2006 - adquirir, guardar, ter em depósito, transportar ou trazer consigo, para consumo pessoal, drogas sem autorização ou em desacordo com determinação legal ou regulamentar -, opera-se em 2 (dois) anos tanto a prescrição da pretensão punitiva como a prescrição da pretensão executória. Nesse sentido, dispõe o art. 30 da Lei de Drogas:

> **Art. 30.** Prescrevem em 2 (dois) anos a imposição e a execução das penas, observado, no tocante à interrupção do prazo, o disposto nos arts. 107 e seguintes do Código Penal.

Esse prazo prescricional subsiste no patamar de 2 (dois) anos. Em se tratando de **lei especial**, e, portanto, de **regra específica**, não se aplica a alteração introduzida no art. 109, VI, do Código Penal pela Lei 12.234/2010. É o que se extrai da leitura do art. 12 do Código Penal: "As regras gerais deste Código aplicam-se aos fatos incriminados por lei especial, se esta não dispuser de modo diverso".

Anote-se, porém, que em relação a todos os demais crimes previstos na Lei 11.343/2006, o instituto da prescrição obedece aos mandamentos do Código Penal.

## 46.17.2. Código Penal Militar - Decreto-lei 1.001/1969

A prescrição da pretensão punitiva é regulada pelo máximo da pena privativa de liberdade cominada ao delito (art. 125, *caput*).

Por sua vez, a prescrição da pretensão executória é calculada pela quantidade de pena imposta, a qual será aumentada de um terço se o réu é criminoso habitual ou por tendência (art. 126).

Para a pena de morte, o prazo prescricional é de 30 anos (art. 125, I).

## 46.17.3. Prescrição e Estatuto da Criança e do Adolescente

As disposições do Código Penal relativas à prescrição são compatíveis com as medidas socioeducativas tratadas pela Lei 8.069/1990 - Estatuto da Criança e do Adolescente, pois tais formas de resposta estatal, a par de sua natureza preventiva e reeducativa, possuem também caráter retributivo e repressivo. Nesse sentido, a **Súmula 338 do Superior Tribunal de Justiça**: "A prescrição penal é aplicável nas medidas socioeducativas".

A prescrição da pretensão punitiva é calculada com base na pena máxima em abstrato cominada ao crime ou contravenção penal correspondente ao ato infracional, reduzida pela metade pelo fato de tratar-se de pessoa menor de 21 anos de idade.[79]

Na medida socioeducativa de internação aplicada sem termo final, utiliza-se o prazo de três anos como parâmetro para cálculo da prescrição da pretensão executória, a ser também reduzida pela metade, nos termos do art. 115 do Código Penal. Para o Superior Tribunal de Justiça:

> Tratando-se de medida socioeducativa aplicada sem termo, o prazo prescricional deve ter como parâmetro a duração máxima da internação (3 anos), e não o tempo da medida, que poderá efetiva-mente ser cumprida até que o socioeducando complete 21 anos de idade. Nos termos do Enunciado n. 338 da Súmula do STJ, a prescrição penal é aplicável nas medidas socioeducativas. Diante disso, a jurisprudência desta Corte firmou o entendimento de que, uma vez aplicada medida socioedu-

---

[79] STF: HC 107.200/RS, rel. Min. Celso de Mello, 2.ª Turma, j. 28.06.2011, noticiado no *Informativo* 633.; e STJ: HC 90.172/RJ, rel. Min. Laurita Vaz, 5.ª Turma, j. 21.02.2008, noticiado no *Informativo* 345.

CAP. 46 - PRESCRIÇÃO | 799

cativa sem termo final, deve ser considerado o período máximo de 3 anos de duração da medida de internação para o cálculo do prazo prescricional da pretensão socioeducativa, e não o tempo da medida, que poderá efetivamente ser cumprida até que o envolvido complete 21 anos de idade.

Tais conclusões fundamentam-se no fato de serem as normas gerais do Código Penal aplicáveis subsidiariamente em caso de omissão do Estatuto da Criança e do Adolescente.[80]

## 46.18. FALTA GRAVE NA LEI DE EXECUÇÃO PENAL E PRESCRIÇÃO DE INFRAÇÃO DISCIPLINAR

Em face da ausência de norma específica na Lei 7.210/1984 – Lei de Execução Penal – sobre o tema, é constitucional, porque mais benéfico ao reeducando, o entendimento pelo qual é de 3 (três) anos o prazo prescricional para a aplicação de sanção disciplinar em razão da prática de falta grave (LEP, arts. 52 e 53). Utiliza-se, analogicamente, o disposto no art. 109, VI, do Código Penal, levando-se em conta o menor lapso previsto.[81]

Em caso de fuga do condenado do estabelecimento prisional, o termo inicial do prazo de prescrição é a **data da recaptura**, tomando-se de empréstimo o art. 111, III, do Código Penal: "A prescrição, antes de transitar em julgado a sentença final, começa a correr: nos crimes permanentes, do dia em que cessou a permanência".[82]

---

[80] HC 88.788/SP, rel. Min. Joaquim Barbosa, 2.ª Turma, j. 22.04.2008, noticiado no *Informativo* 503.

[81] "Ante a inexistência de legislação específica quanto à prescrição de infrações disciplinares de natureza grave, aplica-se, por analogia, o Código Penal. (...) A Turma sublinhou que, em razão da ausência de norma específica, aplicar-se-ia, à evasão do estabelecimento prisional (infração disciplinar de natureza grave), o prazo prescricional de dois anos, em conformidade com o artigo 109, VI, do CP" (STF: HC 92.000/SP, rel. Min. Gilmar Mendes, 2ª Turma, j. 06.05.2014, noticiado no *Informativo* 745).

[82] STF: HC 92.000/SP, rel. Min. Ricardo Lewandowski, 1.ª Turma, j. 13.11.2007, noticiado no *Informativo* 488.

# BIBLIOGRAFIA

ALIMENA, Bernardino. *Principios de derecho penal*. Trad. Eugenio Cuello Callón. Madrid: Victoriano Suárez, 1915. v. I.

ALMEIDA, Carlota Pizarro de. *Modelos de inimputabilidade*. Da teoria à prática. Coimbra: Almedina, 2000.

ALTAVILLA, Enrico. *Psicologia judiciária*. O processo psicológico e a verdade judicial. Trad. Fernando Miranda. Coimbra: Armênio Amado, 1981. v. I.

ANCEL, Marc. *A nova defesa social* – um movimento de política criminal humanista. Trad. Osvaldo Melo. Rio de Janeiro: Forense, 1979.

ANDRADE, Manuel da Costa. *Liberdade de imprensa e inviolabilidade pessoal*: uma perspectiva jurídico-criminal. Coimbra: Coimbra Editora, 1996.

ANTOLISEI, Francesco. *Manual de derecho penal*. Parte general. Trad. espanhola Juan Del Rosal e Ángel Tório. Buenos Aires: Uteha Argentina, 1960.

ARAÚJO, Luiz Alberto David; NUNES JÚNIOR, Vidal Serrano. *Curso de direito constitucional*. São Paulo: Saraiva, 1999.

BARROS, Flávio Augusto Monteiro de. *Direito penal*. Parte geral. 5. ed. São Paulo: Saraiva, 2006.

BASTOS, Celso Ribeiro. *Dicionário de direito constitucional*. São Paulo: Saraiva, 1994.

BATISTA, Nilo. *Concurso de agentes*: uma investigação sobre os problemas da autoria e da participação no direito penal brasileiro. 2. ed. Rio de Janeiro: Lumen Juris, 2004.

BATTAGLINI, Giulio. *Direito penal*. Parte geral. Trad. Paulo Jose da Costa Jr. e Armínda Bergamini Miotto. São Paulo: Saraiva, Editora da Universidade de São Paulo, 1973. v. 1.

BAUMANN, Jürgen. *Derecho penal*: conceptos fundamentales y sistema. Trad. espanhola Conrado A. Finzi. Buenos Aires: Depalma, 1973.

BECCARIA, Cesare. *Dos delitos e das penas*. Trad. Lucia Guidicini e Alessandro Berti Contessa. São Paulo: Martins Fontes, 1991.

BELING, Ernst von. *Esquema de derecho penal*: la doctrina del delito tipo. Trad. Sebastian Soler. Buenos Aires: Depalma, 1944.

BETTIOL, Giuseppe. *Direito penal*. Trad. Paulo José da Costa Jr. e Alberto Silva Franco. São Paulo: RT, 1971. v. II.

BETTIOL, Giuseppe. *Direito penal*. Trad. Paulo José da Costa Jr. e Alberto Silva Franco. São Paulo: RT, 1976. v. III.

BITENCOURT, Cezar Roberto. *Erro de tipo e erro de proibição*. Uma análise comparativa. 4. ed. São Paulo: Saraiva, 2007.

BITENCOURT, Cezar Roberto. *Falência da pena de prisão*: causas e alternativas. 2. ed. São Paulo: Saraiva, 2001.

BITENCOURT, Cezar Roberto. *Novas penas alternativas*. São Paulo: Saraiva, 1999.

BITENCOURT, Cezar Roberto. *Tratado de direito penal*. Parte geral. 11. ed. São Paulo: Saraiva, 2007. v. 1.

BOBBIO, Norberto. *A era dos direitos*. Trad. Carlos Nelson Coutinho. Rio de Janeiro: Campus, 1992.

BOBBIO, Norberto. *Teoria do ordenamento jurídico*. Trad. Maria Celeste Cordeiro Leite dos Santos. 10. ed. Brasília: Editora Universidade de Brasília, 1999.

BONFIM, Edilson Mougenot. *Curso de processo penal*. São Paulo: Saraiva, 2006.

BRUNO, Aníbal. *Das penas*. Rio de Janeiro: Editora Rio, 1976.

BRUNO, Aníbal. *Direito penal* – Parte geral. 3. ed. Rio de Janeiro: Forense, 1967. t. I e II.

BUSATO, Paulo César. *Direito Penal*: parte geral. 2. ed. São Paulo: Atlas, 2015.

CAMARGO, Antonio Luís Chaves. *Imputação objetiva e direito penal brasileiro*. São Paulo: Cultural Paulista, 2002.

CAPEZ, Fernando. *Curso de direito penal*: parte geral. 6. ed. São Paulo: Saraiva, 2003. v. 1.

CAPEZ, Fernando. *Curso de processo penal*. 13. ed. São Paulo: Saraiva, 2006.

CARNELUTTI, Francesco. *Lecciones de derecho penal*. El delito. Buenos Aires: 1952.

CARRARA, Francesco. *Programa de derecho criminal*. Parte general. Bogotá: Temis, 2004. v. I.

CARVALHO FILHO, Aloysio de. *Comentários ao Código Penal*. Rio de Janeiro: Forense, 1944. v. IV.

CASTELLÓ NICÁS, Nuria. *El concurso de normas penales*. Granada: Comares, 2000.

CEREZO MIR, José. *Curso de derecho penal español*. Parte general. Madrid: Tecnos, 2001. v. III.

CEREZO MIR, José. *Derecho penal* – Parte general. São Paulo: RT, 2007.

CERNICCHIARO, Luiz Vicente. *Estrutura do direito penal*. 2. ed. São Paulo: José Bushatsky, 1976.

CERVINI, Raúl. *Los procesos de descriminalización*. 2. ed. Montevidéu: Ed. Universidad, 1993.

CÓRDOBA RODA, Juan. *El conocimiento de la antijuridicidad en la teoría del delito*. Barcelona: Bosch, 1962.

CORREIA, Eduardo Henriques da Silva. *A teoria do concurso em direito criminal*. Coimbra: Livraria Almedina, 1996.

COSTA, Álvaro Mayrink da. *Direito penal*. 8. ed. Rio de Janeiro: Forense, 2009. volume 1 – parte geral.

COSTA, Álvaro Mayrink da. *Direito penal*. 7. ed. Rio de Janeiro: Forense, 2007. volume 3 – parte geral.

COSTA E SILVA, A. J. da. *Código Penal anotado*. São Paulo: RT, 1943. v. I.

COSTA JR., Paulo José da. *Direito penal:* curso completo. 6. ed. São Paulo: Saraiva, 1999.

COSTA JR., Paulo José da. *Nexo causal*. 2. ed. São Paulo: Malheiros, 1996.

COSTA JR., Paulo José da. *O crime aberrante*. Belo Horizonte: Del Rey, 1996.

CUELLO CALÓN, Eugenio. *Derecho pena l* – Parte general. 10. ed. Barcelona: Bosch, 1953. t. I.

CURY URZÚA, Enrique. *Derecho penal* – Parte general. Santiago: Juridica de Chile, 1982. t. I.

D'AVILA, Fabio Roberto. *Ofensividade e crimes omissivos próprios*. Coimbra: Coimbra Editora, 2005.

DELMANTO, Celso. *Código Penal comentado*. 3. ed. 8. tir. Rio de Janeiro: Renovar, 1994.

DEMERCIAN, Pedro Henrique; MALULY, Jorge Assaf. *Curso de processo penal*. 3. ed. Rio de Janeiro: Forense, 2005.

DIAS, Jorge de Figueiredo. *Direito penal*. Coimbra: João Abrantes, 1975.

DIAS, Jorge de Figueiredo. *Direito penal*. Parte geral. Questões fundamentais. A doutrina geral do crime. Coimbra: Coimbra Editora, 2004. t. I.

DIAS, Jorge de Figueiredo. *Liberdade. Culpa. Direito penal*. 3. ed. Coimbra: Coimbra Editora, 1995.

DIAS, Jorge de Figueiredo. *O problema da consciência da ilicitude em direito penal*. 5. ed. Coimbra: Coimbra Editora, 2000.

DIAS, Jorge de Figueiredo. *Questões fundamentais de direito penal revisitadas*. São Paulo: RT, 1999.

DIAS, Jorge de Figueiredo. *Temas básicos da doutrina penal*. Coimbra: Coimbra Editora, 2001.

DOHNA, Alexander Graf zu. *La estructura de la teoría del delito*. Trad. espanhola Carlos Fontán Balestra. Buenos Aires: Abeledo-Perrot, 1958.

DORADO MONTERO, Pedro. *Bases para un nuevo derecho penal*. Buenos Aires: Depalma, 1973.

DOTTI, René Ariel. *Código Penal brasileiro comentado*. Rio de Janeiro: Record, 1961. v. III.

DOTTI, René Ariel. *Curso de direito penal*. Parte geral. 2. ed. Rio de Janeiro: Forense, 2004.

DOTTI, René Ariel. Visão geral da medida de segurança. *Estudos criminais em homenagem a Evandro Lins e Silva*. In: Shecaira, Sérgio Salomão (org.). São Paulo: Método, 2001.

FARIA, Bento. *Código Penal brasileiro comentado*. Rio de Janeiro: Record, 1961. v. II.

FELDENS, Luciano. *A constituição penal:* a dupla face da proporcionalidade no controle de normas penais. Porto Alegre: Livraria do Advogado, 2005.

FERNANDES, Antonio Scarance. *A reação defensiva à imputação.* São Paulo: RT, 2002.

FERNANDES, Antonio Scarance. *Processo penal constitucional.* 4. ed. São Paulo: RT, 2005.

FERNANDES, Paulo Silva. *Globalização, "sociedade de risco" e o futuro do direito penal.* Coimbra: Almedina, 2001.

FERRAJOLI, Luigi. *Direito e razão:* teoria do garantismo penal. 2. ed. Trad. Ana Paula Zomer Sica, Fauzi Hassan Choukr, Juarez Tavarez e Luiz Flávio Gomes. São Paulo: RT, 2006.

FERRARI, Eduardo Reale. *Medidas de segurança e direito penal no estado democrático de direito.* São Paulo: RT, 2001.

FERRAZ, Esther de Figueiredo. *A codelinquência no direito penal brasileiro.* São Paulo: José Bushatsky, 1976.

FERRI, Enrico. *Princípios de direito criminal.* 2. ed. Trad. Paolo Capitanio. Campinas: Bookseller, 1999.

FOLCHI, Mário O. *La importancia de la tipicidad en derecho penal.* Buenos Aires: Depalma, 1960.

FONTÁN BALESTRA, Carlos. *Derecho penal* – Introducción y parte general. 17. ed. atual. por Guillermo A. C. Ledesma. Buenos Aires: Abeledo-Perrot, 2002.

FRAGOSO, Heleno Cláudio. *Conduta punível.* São Paulo: José Bushatsky, 1961.

FRAGOSO, Heleno Cláudio. *Lições de direito penal* – Parte geral. 15. ed. rev. e atual. por Fernando Fragoso. Rio de Janeiro: Forense, 1994.

FRANCO, Alberto Silva. Globalização e criminalidade dos poderosos. *Revista Portuguesa de Ciência Criminal*, Coimbra, ano 10, fascículo 2, abr.-jun. 2000.

FRANCO, Alberto Silva; STOCO, Rui. *Código Penal e sua interpretação jurisprudencial.* Parte geral. 7. ed. São Paulo: RT, 2001. v. 1.

FRANCO, Alberto Silva; STOCO, Rui; MARREY, Adriano. *Teoria e prática do júri.* 6. ed. São Paulo: RT, 1997.

FRANK, Reinhart. *Sobre la estructura del concepto de culpabilidad.* Buenos Aires: B de F, 2004.

FREUD, Sigmund. Totem e tabu. *Obras completas de Sigmund Freud.* Trad. Órizon Carneiro Muniz. 2. ed. Rio de Janeiro: Imago, 1995. v. XIII.

FRIAS CABALLERO, Jorge. *El processo ejecutivo del delito.* 2. ed. Buenos Aires: Bibliográfica Argentina, 1956.

FUDOLI, Rodrigo de Abreu. *Da remição da pena privativa de liberdade.* Belo Horizonte: Del Rey, 2004.

FÜHRER, Maximiliano Roberto Ernesto. *História do Direito Penal (crime material e crime de plástico).* São Paulo: Malheiros, 2005.

GALVÃO, Fernando. *Responsabilidade penal da pessoa jurídica.* 2. ed. Belo Horizonte: Del Rey, 2003.

GARCIA, Basileu. *Instituições de direito penal*. 4. ed. 37. tir. São Paulo: Max Limonad, 1975. t. I e II, v. I.

GARCIA, Maria. *Desobediência civil*: direito fundamental. 2. ed. São Paulo: Editora Revista dos Tribunais, 2004.

GARCIA, Waléria Garcelan Loma. *Arrependimento posterior*. Belo Horizonte: Del Rey, 1997.

GARCÍA ALBERO, Ramón. *Non bis in idem material y concurso de Leyes Penales*. Barcelona: Marcial Pons Ediciones Juridicas, 1995.

GARCIA SOTO, Maria Paulina. *El estado de necesidad en materia penal*. Santiago: Jurídica Conosur, 1999.

GAROFALO, Raffaele. *Criminologia*: estudo sobre o delicto e a repressão penal. São Paulo: Teixeira e Irmão, 1893.

GOMES, Enéias Xavier. *Dolo sem vontade psicológica*: perspectivas de aplicação no Brasil. Belo Horizonte: Editora D'Plácido, 2017.

GOMES, Luiz Flávio. *Penas e medidas alternativas à prisão*. 1. ed. 2. tir. São Paulo: RT, 1999.

GOMES, Luiz Flávio; BIANCHINI, Alice; CUNHA, Rogério Sanches; OLIVEIRA, William Terra de. *Nova Lei de Drogas comentada*. São Paulo: RT, 2006.

GOMES, Luiz Flávio; PABLOS DE MOLINA, Antonio García; BIANCHINI, Alice. *Direito penal*: introdução e princípios fundamentais. São Paulo: RT, 2007. v. 1.

GONDIM, Reno Feitosa. *Epistemologia Quântica & Direito Penal*. Fundamentos para uma Teoria da Imputação Objetiva do Direito Penal. Curitiba: Juruá, 2005.

GONZAGA, João Bernardino. *A inquisição em seu mundo*. 4. ed. São Paulo: Saraiva, 1993.

GRACIA MARTÍN, Luis. *Modernización del derecho penal y derecho penal del enemigo*. Lima: IDEMSA, 2007.

GRECO, Luís. Dolo sem vontade. In: DIAZ, Augusto Silva e outros (coords.). *Líber Amicorum de José de Sousa Brito em comemoração do 70.º aniversário*. Coimbra: Almedina, 2009.

GRECO, Luís. *Problemas de causalidade e imputação objetiva nos crimes omissivos impróprios*. São Paulo: Marcial Pons, 2018.

GRECO, Luís. *Um panorama da teoria da imputação objetiva*. Rio de Janeiro: Lumen Juris, 2007.

GRECO, Rogério. *Curso de direito penal* – Parte geral. 10. ed. Rio de Janeiro: Impetus, 2008.

GRECO FILHO, Vicente; RASSI, João Daniel. *Lei de Drogas anotada*. São Paulo: Saraiva, 2007.

HASSEMER, Winfried. *Direito penal libertário*. Trad. Regina Greve. Belo Horizonte: Del Rey, 2007.

HASSEMER, Winfried. *Introdução aos fundamentos do direito penal*. Trad. Pablo Rodrigo Alflen da Silva. Porto Alegre: Sergio Antonio Fabris, 2005.

HASSEMER, Winfried. *Los elementos característicos del dolo*. Anuario de Derecho Penal y Ciencias penales. Trad. María del Mar Diaz Pita. Centro de Publicaciones del Ministerio de Justicia, 1990.

806 | DIREITO PENAL – PARTE GERAL – VOL. 1 • CLEBER MASSON

HASSEMER, Winfried. *Persona, mundo y responsabilidad penal:* bases para una teoría de la imputación en derecho penal. Trad. Francisco Munõz Conde e Maria del Mar Díaz Pita. Valencia: Tirant lo Blanch, 1999.

HULSMAN, Louk. *Sistema penal y seguridad ciudadana, hacia una alternativa.* Trad. espanhola Sergio Politoff. Barcelona: Ariel, 1984.

HUNGRIA, Nélson. *Comentários ao Código Penal.* Rio de Janeiro: Forense, 1949. v. I.

HUNGRIA, Nélson. *Comentários ao Código Penal.* 5. ed. Rio de Janeiro: Forense, 1979. v. V.

HUNGRIA, Nélson. *Novas questões jurídico-penais.* Rio de Janeiro: Forense, 1945.

JAKOBS, Günther. *A imputação objetiva no direito penal.* São Paulo: RT, 2000.

JAKOBS, Günther. *Ciência do direito e ciência do direito penal.* Trad. Maurício Antonio Ribeiro Lopes. Barueri: Manole, 2003.

JAKOBS, Günther. *Derecho penal del enemigo.* Trad. Manuel Cancio Meliá. Madrid: Civitas, 2003.

JAKOBS, Günther. *Derecho penal* – Parte general. Fundamentos y teoría de la imputación. 2. ed. Trad. espanhola Joaquin Cuello Contreras e Jose Luis Serrano Gonzales de Murillo. Madrid: Marcial Pons, 1997.

JAKOBS, Günther. *Fundamentos de direito penal.* Trad. André Luís Callegari. São Paulo: RT, 2003.

JARDIM, Afrânio Silva. *Ação penal pública:* princípio da obrigatoriedade. 2. ed. Rio de Janeiro: Forense, 1994.

JESCHECK, Hans-Heinrich. *Tratado de derecho penal.* Parte general. 5. ed. Trad. espanhola Miguel Olmedo Cardenete. Granada: Comares, 2002.

JESUS, Damásio E. de. *A imputação objetiva.* 2. ed. São Paulo: Saraiva, 2002.

JESUS, Damásio E. de. *Código Penal anotado.* 15. ed. São Paulo: Saraiva, 2004.

JESUS, Damásio E. de. *Da codelinquência em face do novo Código Penal.* São Paulo: RT, 1976.

JESUS, Damásio E. de. *Direito penal.* Parte especial. 27. ed. São Paulo: Saraiva, 2005. v. 2.

JESUS, Damásio E. de. *Direito penal.* Parte geral. 28. ed. 2. tir. São Paulo: Saraiva, 2006. v. 1.

JESUS, Damásio E. de. *Novíssimas questões criminais.* São Paulo: Saraiva, 1998.

JESUS, Damásio E. de. *Penas alternativas:* anotações à Lei n. 9.714, de 25 de novembro de 1998. 2. ed. São Paulo: Saraiva, 2000.

JESUS, Damásio E. de. *Prescrição penal.* 10. ed. São Paulo: Saraiva, 1995.

JESUS, Damásio E. de. *Teoria do domínio do fato no concurso de pessoas.* 3. ed. São Paulo: Saraiva, 2002.

JIMÉNEZ DE ASÚA, Luis. *La ley y el delito:* principios de derecho penal. 13. ed. Buenos Aires: Sudamericana, 1984.

JIMÉNEZ DE ASÚA, Luis. *Tratado de derecho penal:* filosofia y ley penal. 5. ed. Buenos Aires: Losada, 1992. t. II.

JUNQUEIRA, Gustavo Octaviano Diniz. *Finalidades da pena.* Barueri: Manole, 2004.

KANT, Emmanuel. *Doutrina do direito.* Trad. Edson Bini. São Paulo: Ícone, 1993.

LA MEDICA, Vincenzo. *O direito de defesa.* Trad. Fernando de Miranda. São Paulo: Saraiva, 1942.

LARENZ, Karl. *Metodologia da ciência do direito.* 3. ed. Lisboa: Fundação Calouste Gulbenkian, 1997.

LAROUSSE Cultural. *Grande dicionário da língua portuguesa.* São Paulo: Nova Cultural, 1999.

LENZA, Pedro. *Direito constitucional esquematizado.* 10. ed. São Paulo: Método, 2006.

LIMA, Renato Brasileiro de. *Manual de processo penal.* Niterói: Impetus, 2011. v. I.

LINHARES, Marcello Jardim. *Coautoria.* Rio de Janeiro: Aide, 1987.

LINHARES, Marcello Jardim. *Legítima defesa.* 4. ed. São Paulo: Saraiva, 1994.

LISZT, Franz von. *Tratado de direito penal alemão.* Trad. José Hygino Duarte Pereira. Rio de Janeiro: F. Briguiet, 1889. t. I.

LUISI, Luis. *O tipo penal, a teoria finalista e a nova legislação penal.* Porto Alegre: Sergio Fabris, 1987.

LUISI, Luis. *Os princípios constitucionais penais.* 2. ed. Porto Alegre: Sergio Fabris, 2003.

LUNA, Everardo da Cunha. *Capítulos de direito penal.* São Paulo: Saraiva, 1985.

LYRA, Roberto. *A expressão mais simples do direito penal.* Edição histórica. Rio de Janeiro: Editora Rio, 1976.

LYRA, Roberto. *Comentários ao Código Penal.* Rio de Janeiro: Forense, 1942. v. II.

LYRA, Roberto. *Como julgar, como defender, como acusar.* Rio de Janeiro: José Konfino, 1975.

LYRA, Roberto. *Novíssimas escolas penais.* Rio de Janeiro: Borsoi, 1956.

MACHADO, Martha de Toledo. *Proibições de excesso e proteção insuficiente no direito penal.* São Paulo: Verbatim, 2009.

MANZINI, Vicenzo. *Instituzoni di diritto penale italiano* (Parte generale). Padova: CEDAM, 1946. v. I.

MANZINI, Vicenzo. *Trattato di diritto penale italiano.* 5. ed. Torino: Torinese, 1981. v. II.

MARANHÃO, Odon Ramos *Curso básico de medicina legal.* 8. ed. 5. tir. São Paulo: Malheiros, 2000.

MARQUES, José Frederico. *Tratado de direito penal.* Campinas: Bookseller, 1997. v. II.

MARQUES, Oswaldo Henrique Duek. *Fundamentos da pena.* São Paulo: Juarez de Oliveira, 2000.

MARSICO, Alfredo de. *Diritto penale* – Parte generale. Napoli: Jovene, 1937.

MARTINS, José Salgado. *Direito penal:* introdução e parte geral. São Paulo: Saraiva, 1974.

MASSON, Cleber; MARÇAL, Vinícius. *Crime organizado.* 5. ed. São Paulo: Método, 2020.

MASSON, Cleber Rogério. O direito penal do inimigo. In: SILVA, Marco Antonio Marques da (coord.). *Processo penal e garantias constitucionais.* São Paulo: Quartier Latin, 2006.

MAURACH, Reinhart. *Tratado de derecho penal.* Trad. espanhola Juan Córdoba Roda. Barcelona: Ariel, 1962. v. 2.

MAXIMILIANO, Carlos. *Hermenêutica e aplicação do direito.* 19. ed. Rio de Janeiro: Forense, 2004.

MAZZILLI, Hugo Nigro. A descrição do fato típico na acusação penal. Disponível em: <http://www.mazzilli.com.br>. Acesso em: 01.11.2016.

MAZZILLI, Hugo Nigro. *Introdução ao Ministério Público.* 5. ed. São Paulo: Saraiva, 2005.

MEIRELLES, Hely Lopes. *Direito administrativo brasileiro.* 32. ed. atual. por Eurico de Andrade Azevedo, Délcio Balestero Aleixo e José Emmanuel Burle Filho. São Paulo: Malheiros, 2006.

MELLO, Celso Antônio Bandeira de. *Conteúdo jurídico do princípio da igualdade.* 3. ed. São Paulo: Malheiros, 1993.

MELLO, Celso Antônio Bandeira de. *Curso de direito administrativo.* 14. ed. São Paulo: Malheiros Editores, 2002.

MELLO, Celso D. Albuquerque. *Curso de direito internacional público.* Rio de Janeiro: Forense, 2001.

MERKEL, Adolf. *Derecho penal.* Parte general. Trad. espanhola Pedro Dorado Montero. Buenos Aires: Julio César Faira, 2004.

MEZGER, Edmund. *Tratado de derecho penal.* Trad. espanhola José Arturo Rodrigues Muñoz. Madrid: Revista de Derecho Privado, 1955. t. I.

MIR PUIG, Santiago. *Derecho penal.* Parte general. 5. ed. Barcelona: Reppertor, 1998.

MIRABETE, Julio Fabbrini. *Execução penal.* 8. ed. São Paulo: Atlas, 1997.

MIRABETE, Julio Fabbrini. *Manual de direito penal.* Parte geral. 24. ed. São Paulo: Atlas, 2007. v. 1.

MIRABETE, Julio Fabbrini. *Processo penal.* 18. ed. São Paulo: Atlas, 2007.

MORAES, Alexandre de; SMANIO, Gianpaolo Poggio. *Legislação penal especial.* 10. ed. 2. reimpr. São Paulo: Atlas, 2008.

MORILLAS CUEVA, Luís. *Curso de derecho penal español.* Parte general. Madrid: Marcial Pons Ediciones Jurídicas, 1996.

MUNHOZ NETTO, Alcides. *Da tentativa no Código Penal brasileiro.* Curitiba: Editora Lítero-Técnica, 1958.

NEVES, Cícero Robson Coimbra; STREIFINGER, Marcelo. *Apontamentos de direito penal militar.* Parte geral. São Paulo: Saraiva, 2005. v. 1.

NOGUEIRA, J. C. Ataliba. *Medidas de segurança.* São Paulo: Saraiva, 1937.

NORONHA, E. Magalhães. *Direito penal.* 15. ed. São Paulo: Saraiva, 1978. v. 1.

NORONHA, E. Magalhães. *Do crime culposo.* 2. ed. São Paulo: Saraiva, 1966.

NORONHA, E. Magalhães. Questões acerca da tentativa. In: *Estudos de direito e processo penal em homenagem a Nélson Hungria.* Rio de Janeiro: Forense, 1962.

NUCCI, Guilherme de Souza. *Código Penal comentado*. 6. ed. São Paulo: RT, 2006.

NUCCI, Guilherme de Souza. *Crimes contra a dignidade sexual*. São Paulo: RT, 2009.

NUCCI, Guilherme de Souza. *Individualização da pena*. 2. ed. São Paulo: RT, 2007.

NUCCI, Guilherme de Souza. *Manual de processo e execução penal*. 4. ed. São Paulo: RT, 2008.

PABLOS DE MOLINA, Antonio García. *Criminología*: una introducción a sus fundamentos teóricos. 6. ed. Santiago: LexisNexis, 2008.

PAGLIARO, Antonio; COSTA JÚNIOR, Paulo José da. *Dos crimes contra a administração pública*. 4. ed. São Paulo: Atlas, 2009.

PALAZZO, Francesco C. *Valores constitucionais e direito penal*. Trad. Gérson Pereira dos Santos. Porto Alegre: Sergio Fabris, 1989.

PEDROSO, Fernando de Almeida. *Direito penal*. Parte geral. Doutrina e jurisprudência: São Paulo: Método, 2008. v. 1.

PEÑARANDA RAMOS, Enrique. *Concurso de leyes, error y participación en el delito*. Madrid: Civitas, 1991.

PIERANGELI, José Henrique. *Códigos penais do Brasil*: evolução histórica. Bauru: Jalovi, 1980.

PIERANGELI, José Henrique. *O consentimento do ofendido na teoria do delito*. 3. ed. São Paulo: RT, 2001.

PIMENTEL, Manoel Pedro. *Crimes de mera conduta*. 3. ed. São Paulo: RT, 1975.

PIMENTEL, Manoel Pedro. *Do crime continuado*. 2. ed. São Paulo: RT, 1969.

PIMENTEL, Manoel Pedro. *O crime e a pena na atualidade*. São Paulo: RT, 1983.

PINHO, Ruy Rebello. *História do direito penal brasileiro*: período colonial. São Paulo: Bushatsky, Editora da Universidade de São Paulo, 1973.

PONTE, Antonio Carlos da. *Crimes eleitorais*. São Paulo: Saraiva, 2008.

PONTE, Antonio Carlos da. *Inimputabilidade e processo penal*. 2. ed. São Paulo: Quartier Latin, 2007.

PORTO, Antonio Rodrigues. *Da prescrição penal*. 5. ed. São Paulo: RT, 1998.

PRADO, Luiz Regis. *Curso de direito penal brasileiro* – Parte geral. 2. ed. São Paulo: RT, 2000.

PRINS, Adolphe. *Ciência penal e direito positivo*. Trad. Henrique de Carvalho. Lisboa: Livraria Clássica, 1915.

PUGLIA, Fernando. *Da tentativa*. 2. ed. Trad. Octavio Mendes. Lisboa: Livraria Clássica, 1907.

QUEIROZ, Narcelio de. *Teoria da "actio libera in causa"*. Rio de Janeiro: Livraria Jacintho, 1936.

QUEIROZ, Paulo. *Direito penal*. Parte geral. 3. ed. São Paulo: Saraiva, 2006.

QUEIROZ FILHO, Antonio. *Lições de direito penal*. São Paulo: RT, 1966.

RAMOS, Beatriz Vargas. *Do concurso de pessoas*. Belo Horizonte: Del Rey, 1996.

810 | DIREITO PENAL – PARTE GERAL – VOL. 1 • CLEBER MASSON

REALE JÚNIOR, Miguel. *Antijuridicidade concreta.* São Paulo: José Bushatsky, 1974.

REALE JÚNIOR, Miguel. *Instituições de direito penal* – Parte geral. 2. ed. Rio de Janeiro: Forense, 2004. v. I.

REALE JÚNIOR, Miguel; DOTTI, René Ariel; ANDREUCCI, Ricardo Antunes; PITOMBO, Sérgio M. de Moraes. *Penas e medidas de segurança no novo Código.* 2. ed. Rio de Janeiro: Forense, 1987.

RODRIGUES, Anabela Miranda. *A determinação da pena privativa de liberdade.* Coimbra: Coimbra Editora, 1995.

RODRIGUES, Anabela Miranda. *Novo olhar sobre a questão penitenciária.* 2. ed. Coimbra: Coimbra Editora, 2002.

ROMEIRO, Jorge Alberto. A noite no direito e no processo penal. In: *Estudos de direito e processo penal em homenagem a Nélson Hungria.* Rio de Janeiro: Forense, 1962.

ROMEIRO, Jorge Alberto. *Da ação penal.* Rio de Janeiro: Forense, 1978.

ROXIN, Claus. *A proteção de bens jurídicos como função do direito penal.* Organização e Trad. André Luís Callegari e Nereu José Giacomolli. Porto Alegre: Livraria do Advogado, 2006.

ROXIN, Claus. *Autoria y dominio del hecho en derecho penal.* 7. ed. Madrid: Marcial Pons, 1999.

ROXIN, Claus. *Derecho penal.* Parte general. Fundamentos. La estructura de la teoría del delito. Trad. espanhola Diego-Manuel Luzón Peña, Miguel Díaz y García Conlledo e Javier de Vicente Remensal. Madrid: Civitas, 2006. t. I.

ROXIN, Claus. *Estudos de direito penal.* Trad. Luís Greco. Rio de Janeiro: Renovar, 2006.

ROXIN, Claus. *Política criminal e sistema jurídico-penal.* Trad. Luís Greco. Rio de Janeiro: Renovar, 2002.

ROXIN, Claus. *Problemas fundamentais de direito penal.* 3. ed. Trad. Ana Paula dos Santos Luís Natscheradetz. Lisboa: Editora Vega, 2004.

SABINO JÚNIOR, Vicente. *Direito penal.* São Paulo: Sugestões Literárias, 1967. v. I e II.

SANTOS, Juarez Cirino dos. *Direito penal* – Parte geral. 2. ed. Curitiba: ICPC; Lumen Juris, 2007.

SAUER, Guillermo. *Derecho penal (Parte general).* Trad. Juan del Rosal. Barcelona: Bosch Casa Editorial, 1956.

SEMER, Marcelo. *Crime impossível e a proteção de bens jurídicos.* São Paulo: Malheiros, 2002.

SHECAIRA, Sérgio Salomão; CORRÊA JUNIOR, Alceu. *Teoria da pena:* finalidades, direito positivo, jurisprudência e outros estudos de ciência criminal. São Paulo: RT, 2002.

SILVA, Germano Marques da. *Direito penal português* – Parte geral. Lisboa: Verbo, 1998. v. II.

SILVA, José Afonso da. *Comentário contextual à Constituição.* 4. ed. São Paulo: Malheiros, 2007.

SILVA, José Afonso da. *Curso de direito constitucional positivo.* 26. ed. São Paulo: Malheiros, 2006.

SILVA, Marco Antonio Marques da. *Acesso à justiça penal e estado democrático de direito.* São Paulo: Juarez de Oliveira, 2001.

SILVA SÁNCHEZ, Jesús-María. *A expansão do direito penal:* aspectos da política criminal nas sociedades pós-industriais. Trad. Luiz Otávio de Oliveira Rocha. São Paulo: RT, 2002.

SILVA SÁNCHEZ, Jesús-María. *Aproximación al derecho penal contemporáneo.* Reimpresión. Barcelona: J.M. Bosch, 2002.

SILVEIRA, V. César da. *Tratado da responsabilidade criminal.* São Paulo: Saraiva, 1955. v. I.

SIQUEIRA, Galdino. *Tratado de direito penal.* Parte geral. Rio de Janeiro: José Konfino, 1947. t. I.

SIQUEIRA, Galdino. *Tratado de direito penal.* Parte geral. Rio de Janeiro: José Konfino, 1947. t. II.

SODRÉ, Moniz. *As três escolas penais.* 5. ed. Rio de Janeiro: Livraria Freitas Bastos, 1952.

SOLER, Sebastian. *Derecho penal argentino.* Buenos Aires: La Ley, 1945. t. II.

STEVENSON, Oscar. *Concurso aparente de normas penais. Estudos de direito e processo penal em homenagem a Nélson Hungria.* Rio de Janeiro: Forense, 1962.

STRATENWERTH, Günter. *Derecho penal.* Parte general. El hecho punible. Trad. espanhola Gladys Romero. Madrid: Edersa, 1976.

STRATENWERTH, Günter. *Derecho penal.* Parte general I. El hecho punible. Trad. Manuel Cancio Meliá e Marcelo A. Sancinetti. Buenos Aires: 2005.

TAIPA DE CARVALHO, Américo A. *Direito penal.* Parte Geral. Questões fundamentais. Teoria Geral do Crime. 2. ed. Coimbra: Coimbra Editora, 2008.

TAIPA DE CARVALHO, Américo A. *Sucessão de leis penais.* 3. ed. Coimbra: Coimbra Editora, 2008.

TAVARES, Juarez. *Direito penal da negligência.* Uma contribuição à teoria do crime culposo. 2. ed. Rio de Janeiro: Lumen Juris, 2003.

TELES, Ney Moura. *Direito penal* – Parte geral. São Paulo: Atlas, 2004. v. I.

TOLEDO, Francisco de Assis. *Ilicitude penal e causas de sua exclusão.* Rio de Janeiro: Forense, 1984.

TOLEDO, Francisco de Assis. *O erro no direito penal.* São Paulo: Saraiva, 1977.

TOLEDO, Francisco de Assis. *Princípios básicos de direito penal.* 5. ed. 13. tir. São Paulo: Saraiva, 2007.

TORNAGUI, Hélio. *Curso de processo penal.* 5. ed. São Paulo: Saraiva, 1988. v. 1.

TOURINHO FILHO, Fernando da Costa. *Manual de processo penal.* 8. ed. São Paulo: Saraiva, 2006.

TRIPPO, Maria Regina. *Imprescritibilidade penal.* São Paulo: Juarez de Oliveira, 2004.

VERGARA, Pedro. *Das circunstâncias atenuantes no direito penal vigente.* Rio de Janeiro: Bofoni, 1948.

WELZEL, Hans. *Derecho penal alemán*. Trad. Juan Busto Ramirez e Sergio Yañes Peréz. Santiago: Jurídica del Chile, 1987.

WELZEL, Hans. *La teoría de la acción finalista*. Buenos Aires: Depalma, 1951.

WELZEL, Hans. *O novo sistema jurídico-penal*. Uma introdução à doutrina da ação finalista. Trad. Luiz Regis Prado. São Paulo: RT, 2001.

WESSELS, Johannes. *Derecho penal* – Parte general. Buenos Aires: Depalma, 1980.

WILSON, James Q.; KELLING, George L. *Broken windows*: the police and neighborhood safety. Atlantic Monthly Magazine. Washington D.C., março de 1982.

ZAFFARONI, Eugenio Raúl. *Criminología: Aproximación desde um margen*. Tercera reimpresión. Bogotá: Temis, 2003.

ZAFFARONI, Eugenio Raúl. *Derecho penal*. Parte general. 2. ed. Buenos Aires: Ediar, 2002.

ZAFFARONI, Eugenio Raúl. *Em busca das penas perdidas*. 5. ed. Rio de Janeiro: Revan, 2001.

ZAFFARONI, Eugenio Raúl. *O inimigo no direito penal*. Trad. Sérgio Lamarão. Rio de Janeiro: Revan, 2007.

ZAFFARONI, Eugenio Raúl. *Tratado de derecho penal* – Parte general. Buenos Aires: Ediar, 1982. v. II.

ZAFFARONI, Eugenio Raúl; PIERANGELI, José Henrique. *Da tentativa*. 4. ed. São Paulo: RT, 1995.

ZAFFARONI, Eugenio Raúl; PIERANGELI, José Henrique. *Manual de direito penal brasileiro*. Parte geral. 7. ed. São Paulo: RT, 2007. v. 1.